MÖÐRUVALLABÓK

AM 132 Fol.

VOLUME TWO
TEXT

TRANSCRIBED BY

ANDREA VAN ARKEL-DE LEEUW VAN WEENEN

E.J. BRILL
LEIDEN • NEW YORK • KØBENHAVN • KÖLN
1987

Published with financial support from the Netherlands Organization for the Advancement of Pure Research (Z.W.O.)

Library of Congress Cataloging-in-Publication Data

Arkel-De Leeuw van Weenen, Andrea van, 1941-
Möðruvallabók, AM 132 fol.

Text in Icelandic; index, concordance, etc. in English.
Includes bibliographical references and indexes.
Contents: v. 1. Index and concordance / by Andrea van Arkel-de Leeuw van Weenen — v. 2. Text / transcribed by Andrea van Arkel-de Leeuw van Weenen.
1. Möðruvallabók—Criticism, Textual. 2. Sagas.
3. Möðruvallabók—Concordances. I. Möðruvallabók.
1987. II. Title.
PT7262.5.M633A75 1987 839'.63 87-33743
ISBN 90-04-08622-6 (set)
ISBN 90-04-08619-6 (v. 1)
ISBN 90-04-08621-8 (v. 2)

ISBN 90 04 08622 6
90 04 08621 8

vallgarð hınſ g̃ v̉ vlꝼr aurgoðı ē oððaũıar ēo ꝼ̃ kōn̄. Vlꝼraurgoðı var ꝼað ſuarz ꝼoður loðmunð ꝼ. ſıgꝼ̃ .ꝼ. Sæmunð enſ ꝼ̊ða en ꝼ̃ val g̊ðı ē komīn kolbeīn vngı. þr bb vlꝼr aꝛgoðı ꝫ valg̊ðr ēn g̃ı ꝼ̊ at bıðıa v̄nar. ꝫ gıptız h̅ valg̊ðı an raðı allra ꝼrænða ſīna En þ þóttı G. ılla ok N ꝫ morgū oðꝝ þ̇ at h v̉ m̄ g̃lynðr. ꝫ vuınſæll þaꝛ gatu ſ̄ ſon er Morðr h̅ ok er ſa lengı v̉ ꝥa ſǫ gu. þa ē h v̉ ꝼullkomīn at allð ſınū. v̉ h ılla t̉ ꝼrænða ſīna ꝫ eīna veſt t̉ .G. h v̉ ſlæguıtr m̄ ꝫ ıllgıarn ı raðū. Nu ſl̄ neꝼna ſonu .N. Sk̉phé ðīn h̅ hīn ellztı h v̉ mıkıll m̄ vextı ꝫ ſterkr vıgr vel ſynðr ſē ſelr. m̄ ꝼothuataztr ſkıot r aðr ꝫ oruġr ꝫ gagnorðr ꝫ ſkıotorðr en þo lōgū vel ſtılltr h v̉ ıarpr a hár. ꝫ ſueıpr ı harınu eygðr vel ꝼolleıtr ꝫ ſkarpleıtr ꝫ ſkarpleı tr lıðr a neꝼı ꝫ la hátt tan̄g̊ðrīn. mūnlıotr nockut en þo m̄ h̅mānlıgaztr. Grīr h̅ ānaʀ h v̉ ðockr a har ꝫ ꝼ̊ðarı ſynū en ſk̉ph̅. mıkıll ꝫ ſt̅kr. helgı h̅ hīn ꝥðı .ſ. nıalſ. h var ꝼ̊ðr ſyn ū ꝫ hærðr vel h v̉ ſterkr m̄ ꝫ vıgr vel. h v̉ vıtr m̄ ꝫ ſtıltr vel. Aller v̊ þa okuangaðer .ſſ.N. haꝛſkullðr h̅ hīn ꝼıorðı .ſ.N. h v̉ laungetīn. Mo ðer h̅ h̅ hroðny ꝫ v̉ h̅.ð. ſyſtır Jngıallðz at k ellðū. N. ſp̄ðı ſk̉ph eꝼ h vıllðı quangaz h bað ꝼoður ſīn raða. bað .n. t̉ handa hm þórhıllðar ð. Raꝼnſ ór þorolꝼſ ꝼellı. ꝫ attı h þı þ̇ an̄at bú ſıðan. ſk̉ph. ꝼeck þorhıllð ꝫ v̉ þo vıſtū m; ꝼoður ſınū. t̉ handa g̊mı bað h þurıðar aꝼ ðı vpar backa. h̅ v̉ eckıa ꝫ auðıg mıog. h ꝼeck

26 Aſg̊mr **capıtulum** [h̅n ꝫ v̊ þaꝛ m; N. h̅ m̄ h v̉ ellıðag̊mſ .ſ. aunðotz .ſ. k̅ku. Moðer h̅ h̅ Jorūn. h̅ v̉ teız .ð. ketılbıar nar .ſ. hınſ gāla ꝼra moſꝼellı. Moð teıtz v̉ hel ga .ð. þorð ſkegıa .ſ. raꝼnſ .ſ. bıarnar ſ. bunu Moð Jorūnar v̉ aloꝼ .ð. boðuarſ h̅ſıſſ vıkın gakara .ſ. b̊ð aſg̊mſ h̅ ſıgꝼ̃ h ð. v̉ þorg̊ðr mo ðer ſıgꝼ̃ ꝼoður Sæmunðar hīſ ꝼ̊ða. Gau kr t̅nðılſ .ſ. v̉ ꝼoſtb̊ð arg̊mſ ē ꝼræknaztr m̄ heꝼ̃ v̄ıt ꝫ bezt at ſer gıorr. þ̇ v̉ð ılla m; þeī aſg̊mı. þt aſg̊mr v̉ð banam̄ gaukſ. aſg attı .ıȷ. ſonu ꝫ h̅ hútueggı þorhallr. þr varu

bað eꝼnılıg̃ m̄n g̊mr h̅ ꝫ ſon aſg̊mſ en þhalla ð. h̅ v̉ kuēna vænſt ꝫ kurteıſuſt ꝫ vel at ſ̄ g̃ ı ollu. Nıall kō at malı v̉ helga ſon ſīn ꝫ m̄ hugat heꝼı ek þ̇ kuanꝼang ꝼ̊nðı eꝼ þu vılt at mınu raðı g̃a þ vıl ek vıſt ſ. h þ̇ ek veıt at þu munt bæðı kūna vel ꝫ vılıa vel e h̅r heꝼ̃ þu a ſtoꝼnat. v̉ ſl̄u bıðıa ð aſg̊mſ e.g.ſ þt ſa er koſtr beztr. **kuanꝼang helga n.ſ.**

27 Lıtlu ſıðaʀ ꝼ̊ þr ꝫ baðu konūnar rıðu veſtr yꝼ̃ þıorſá ꝫ ꝼ̊ þar t̉ ē þr komu ı tungu Aſg̊mr v̉ heıma. ꝫ tok vel v̉ þeī ꝫ v̊ þar v̄ nottına Eñ v̄ ðagıñ gengu þr a tal. þa vaktı .N. t̉ v̄ bon orðıt ꝫ bað þorhollu t̉ handa helga .ſ. ſınū. Aſg̃.ſ. þ̇ malı vel ꝫ q̃ð è v̉a þa m̄n at h v̉ı ꝼ̊a rı v̉ at kaupa. Sıðan toluðu þr v̄ malıt ok lauk ſua at aſg̊r ꝼaſtnaðı helga konuna ꝫ v̉ akueðıt a brullaupſteꝼnu. Gūnaʀ var at v eızlu þrı ꝫ marg̃ aðrer eñ beztu m̄n. En ep̅ veızluna bauð Nıall þorhallı. Aſ̄.ſ. t̉ ꝼoſtrſ ꝫ ꝼor h t̉ h̅ ꝫ v̉ m; hm lengı ſıðan. h v̄nı meıra N. en ꝼoð̅ ſınū. N. kenðı hm log ſ̃ at h v̉ð meſtr logmaðr a ıſlðe. **raðın vtan ꝼerð Gun̄arſ**

28 Skıp kō ı arn̄ bælıſſ oſ ꝫ ſtyrðı ſkıpınu hallúðr h̅te vıkv̊ſkr m̄ h ꝼor t̉ vıſſ t̉ hlıðar enða ꝫ v̉ m; G. v̄ vetrīn. ꝫ bað h ıaꝼn at G ſkyllðı ꝼ̊ vtan. G. talaðı ꝼatt ꝫ tok a engu vlıklıga. ꝫ v̄ varıt ꝼor h t̉ b̊gðorſ hualſ ꝫ ſpurðı .N. hue raðlıgt hm þættı at h ꝼærı v tan. raðlıgt þıkı m̄ þ. ſ.N. Muntu þ̇ þ̇ velkoma ſē þu ert. vılltu nockut taka v̉ ꝼıarꝼarı mīu. meðan ek em ı b̊ttu þ̇at ek vıl lata kolſkeG b̊ður mīn ꝼ̊ m; m̄. En ek vıllða at þu ſær v̄ buıt m; moður mın̄ı. Eckı ſl̄ þta v̉ nema .ſ.N. allt ſl̄ ek ſtunða þ er þu vıll. Vel mun þ̇ ꝼara .ſ.G. Reıð h þa heī. Auſtm̄ kō eñ a tal v̉ .G. ꝫ bað at h munðı vtan ꝼ̊. G. ſpyʀ eꝼ h heꝼðı nocku\t/ ſıglt t̉ ānarra lða. h q̃ haꝼa ſıglt meðal lða þra allra ē v̊ meðal noreg\s/ ꝫ garðarıkıſſ. ꝫ ſua heꝼı ek ꝫ ſıglt t̉ bıar malðz. vılltu ſıgla m; m̄. ſ.G. ı auſtr veg þ vıl ek vıſt. ſ. h. Sıðan reð G. vtanꝼ̊ð ſına v̉ hm Nıall tok v̉ ollu ꝼıarꝼarı .G.

29 Gv̄naʀ ꝼor vtan ⁊ kolſkeɢr bͦð̄ ħ m; ħm þr ſiglðu t tunbgſ ⁊ v̊ þ v̄ vetn̄. þa v̇ orðit loꝼðingıaſkıptı ı noregı v̇ þa ðauðr haralldr gꝼellðr ⁊ gūnħ. ʀeð þa rıkı hakon sıgð̄ .ſ. ꝼað̄ ħ v̇ hak .ſ. grıotgz .ſ. ᴍoð̄ hak. ħ bglıot ⁊ v̇ ð. þores Jarlſ. moðer ħn ħ aloꝼarbo`t´ ⁊ v̇ ð. haꝼ̄ enſ harꝼag̃. hallu̾ðr ſp̄ðı .G. eꝼ ħ vıllðı raðaz t hak .J. ė vıl ek þ. ſ.G. áttu nockur langſk ıp ſ.G a ek .íí. ſ. ħ. þa vıllða ek at v̇ ꝼærī ı h̄nat ⁊ reðī m̄n t m; ock. þ vıl ek. ſ.h. Sıðan ꝼ̊ þr tıl vıkrīnar ⁊ toku þ ſkıp .íj. ⁊ bıugguz þaðan þeī v̇ð gott t m̄. þt mıkıl agætı v̊ ꝼ̃ .G. huert vılltu nu hallða. ſ.G. auſtr t hıſıng̃. ſ.h. aꝼūð auluıſ ꝼrænða mınſ. huat vılltu ħm. ſ.G. ħ ē ðreīgr goðr. ſ.h. ⁊ mun ħ ꝼa ockr nockurn ſtyrk t ꝼ̄ðarīnar ꝼoru v̇ þangat þa. ſ.G. þe g̃ þr v̊ buñ helldu þr auſtr t hıſīgar ⁊ hoꝼ ðu þ goðar v̇tokur. Eıgı haꝼðı .G. lengı þar v̊ıt aðr aulu ı ꝼanz mıkıt v̄ ħ. Auluer ſp̄ ðı v̄ ꝼ̄ð ħ. hallu̾ .ſ. at .G. vıllðı ı h̄nat ⁊ aꝼla ſer ꝼıar þ er engı ælan. ſ. aulu̾ þ ſē þıð haꝼıt lıð eckı. Nu máttu ⁊ v̇ auka. ſ. hal̄. ek ætla gott at ſtyrkıa .ɢ. at nockuru. ſ. au̾ ⁊ þott þu eıg̃ ꝼræn`ð´ſemı at telıa vıð mık þa þıkı m̄ þo meırı ſlægr t ħ. huat v ılltu nu þa t leggıa ſ. ħ. langſkıp .íj. ānat tuıtugſeſſu en ānat .xxx.ſeſu. ſ. au̾. hu̾r ſ̄ þau ſkıpa. ſ.h. Ek ſ̄ ſkıpa h̄korlū mınum en bonðū añat. en þo heꝼı ek ſp̄t at vꝼ̇ðr ē komīn ı ána ⁊ veıt ek ė huart þıð kōız ı b̄tt hu̾r ēo kōñ. ſ.h. bb.íj. ſ. au̾. heıt̄ ānaʀ vanð ıll en añaʀ karl. ſyñ ſnæulꝼſ enſ gāla ór gautlðı auſtan. h. ſeg̃ .G. at aul̄. haꝼðı lagt t ſkıpın. G. v̇ð glaðr v̇ þ. þr bıuggu ꝼ̄ð ſína þa ðan þ t ē þr v̊ buñ. þr gīgu ꝼ̇ aulue. ⁊ þocku ðu ħm en ħ bað þa ꝼara varlıga ꝼ̇ þeī .bb.

30 Gv̄naʀ hellðr v́t ór elꝼ **capıtulum** Gīnı. ⁊ v̊ þr kolſk baðer a eınu ſkıpı. en hal̄ a oðru ſkıpı. þr ſıa nu ſkıpī ꝼ̇ ſer. þa mł̄ı .G. v̊u v̊ at nockuru v̇ buñ eꝼ þr leıta a oſſ. en eıgū eckı v̇ þa ellıgar þr g̃ðu ſua ⁊ bıugguz v̇ a ſkıpū ſınū. hıñ ſkıl ðu ıſunðr ſkıpın. ⁊ g̃ðu hlıð ı mıllı ſkıpāna .G. ꝼór ꝼ̄m̄ ımıllı ſkıpāna. vanðıll þreıꝼ vpp ſtaꝼnlıa. ⁊ kaſtaðe mıllı ſkıpāna ⁊ ı ſkıpıt .G. ⁊ þeg̃ ð̊ ħ at ſér. aulu̾ haꝼðe geꝼıt .G. ſu̾ð gott. Guñ bra nu ſu̾ðınu. ħ haꝼðı ė áðr a ſık ſett hıalmīn. ħ hleypr þeg̃ a ſaxıt a ſkıp vaɴðılſ ⁊ hıo mān t bana. karl lagðı at oðrū megín ſínu ſkıpı ⁊ ſkaut ſpıotı v̄ þu̾t ſkıpıt. ⁊ ſteꝼnðı a G. mıðıan. G. ſer ſpıotıð ē at ħm ꝼór ⁊ ſñız ſua ſkıott at ė mattı auga a ꝼeſta. ⁊ tok hīnı vī ſtrı henðı ſpıotıð. ⁊ ſkaut a ſkıp t k̄lſ ⁊ haꝼ ðı ſa bana ē ꝼ̇ v̇ð. kolſk. þreıꝼ vpp ack̄ı ⁊ kaſta ðı ı ſkıpıt k̄lſ ⁊ kō ꝼleīnīn ı borðıt. ⁊ vt ı gegnū ⁊ ꝼell īn ſıoȓ kolblaʀ ⁊ hlıopu m̄n aller aꝼ ſk eıðīnı ⁊ a ōnur ſkıp. Gūñ hleypr nu aptr a ſıtt ſkıp. þa kō at hal̄. ⁊ tokz þa bdagı mı kıll m; þeī ſa þr nu at ꝼorm̄ v̇ oruɢr ⁊ g̃ðı h v̊r at ſlıkt ē mattı. G. g̃ðı ymızt hıo eða ſkaut. ⁊ haꝼðı margr m̄ bana ꝼ̇ ħm. kolſk. ꝼylgðı ħm vel. karl hlıop a ſkıp t vanðılſ. broður ſınſ ⁊ borðuz þr þaðan baðer v̄ ðag īn. kol̄. tok huıllð a ſkıpı .G. ⁊ ſer .G. þ ⁊ mł̄tı t ħ. bet̄ heꝼ̄ þu oðrū v̊ıt ı ðag en þ þt þu heꝼ̄ g̃t þa oþyſta Sıðan tok ħ ītu eına ꝼulla aꝼ mı ðı ⁊ ðrack ⁊ toku ⁊ borðuz ep̄t þ. ⁊ þ kō at þr bræðr hlıopu vpp a ſkıp þra vanðılſ ⁊ geck kol̄. meðr oðru borðı en .G. m; oðru. J motı .G. geck vanðıll ⁊ hıo þeg̃ t ħ ⁊ kō ı ſkıollðīn G. ſnaraðı hart ſkıollðīn er ſu̾ðıt ꝼeſtı í ⁊ brotnaðı ſu̾ðıt vnðer hıolltunū. G. hıo ı m ótı. ⁊ ſynðız hınū .ííj. v̊a ſu̾ðın a loptı ⁊ ſa ħ ė huar ħ ſkyllðı ſer hellzt hlıꝼa. G. hıo vn ðan ħm ꝼætrna baða. kol̄. lagðı k̄l ſpıotı ı gegnū. Ep̄t þ toku þr h̄ꝼang mıkıt. þaðā helldu þr ſuðr t ðanm̄kr. ⁊ þaðan auſtr ı ſ malonð. ⁊ borðuz ıaꝼnan ⁊ hoꝼðu a vallt ſıgr eckı helldu þr aptr at hauſtı. añat ſu mar helldu þr t raꝼala ⁊ mættu þ vıkīgū ⁊ borðuz þeg̃ ⁊ ꝼengu ſıgr Sıðan helldu þr auſtr t eyſyſlu ⁊ lagu þar nockura hrıð vnðer neſı eınu. þr ſıa mañ eīn ganga oꝼā aꝼ neſınu ⁊ .G. geck alð vpp at ꝼīna mānīn

ꝫ toluðuz þr ᷗ. G. ſpurðı ħ at naꝼnı ꝫ neꝼnðız ħ toꝼı. G.ſ. huat ħ vıllðı. þık vıl ek ꝼīna. ħſkıp lıggıa ħ oðrū megın vnðer neſınu. ꝫ mun ek ſegıa ꝥ hu̅ır ꝼ raða. ꝥ raða ꝼ .bb.íj. heıẗ anñ hallg̊mr en ānaꝶ kolſkeGr. þa veıt ek meſta orruſtu m̄n ꝫ þ m; at þr haꝼa vapn ſua goð hallg̊mr heꝼ atgeır. þañ ē ħ heꝼ latıð ſeıða tıl. at ħm ſ̄ eckı vapn at bana v̊ða nēa ħ. þ ꝼylg̊ ꝫ at þeg̊ veıt eꝼ vıg er vegıt m; atgeır nū. þt þa ſyngr ı ħm aðr hátt. ſua heꝼ ħ n atturu mıkla a ſer. kolſkeGr heꝼ ſax. þ er ıt bezta vapn. þr haꝼa lıð þ̊ðıungı meıra en ꝥ ꝼe haꝼa þr ꝫ mıkıt ꝫ haꝼa ꝼolgıt a lðı ꝫ veı`t´ ek gıorla huar ē. en þr hoꝼðu ſenðt nıoſń ſkıp ꝼ neſıt ꝫ vıta þr allt ť yðuar. þr haꝼa nu ꝫ ᷗbunīg mıkīn ꝫ ætla þeg̊ at yðr at legg ıa ē þr ēo buñ. ē yðr nu ānat huar at hallða ı ƀtt þeg̊ ella buız ꝥ ᷗ ſē bezt. en eꝼ ꝥ haꝼ ıt ſıgr þa ſ̄ ek ꝼylgıa ꝥ ť ꝼıarīſ. ħ gaꝼ ħm ꝼīgr gull ꝫ geck ſıðan ť m̄ ſıña ꝫ ſagðı þeī at ħſkıp lagu oðrū megın neſſınſ. ꝫ vıta þr allt ť v̊. toku v̊ nu ́var ꝫ buūz ᷗ ollu vel. ꝫ ſkıott þt nu ť ꝼıar at vīna. Sıðan bıugguz þr ᷗ. ꝫ þa er þr v̊ buñ ſa þr at ſkıpın ꝼ̊ at þeī. tekz nu or roſta m; þeī ꝫ ƀıaz þr lengı. ꝫ v̊ðr mānꝼall mı kıt. G. va margan mān. þr hallg̊mr hlıopu ı ſk ıp ť .G. Gūñ ſñí ı mótı hallg̊mr lagðı ť ħſ atgeır nū. ſla eín v̊ v̄ þu̅t ſkıpıt ꝫ hlıop .G. aptr ıꝼ oꝼugr ſkıollðr .G. v̊ ꝼ ꝼ̄man ſlana. ꝫ lagðı hallgrīr ı geg nū ħ ꝫ ſua ı ſlána. G. hıo a honðına hallg̊mı ok lāðız hanðleGrīn en ſuerðıt beıt eckı. ꝼell þa nıðr atgeıꝶīn. G. tok atgeırīn ꝫ lagðı ı gegnū hallg̊m. G. ƀ atgeırīn ıaꝼnan ſıðan. þr borðuz naꝼń. ꝫ v̊ ſua næꝶ v̄ huarū væna horꝼðı þa kō .G. at ꝫ hıo þa kolſk. bana hoG. Epť þ beıð ðu vıkīg̊ ſer g̊ða. G. let ꝥ koſt. letu þr þa ran ſaka valīn. ꝫ taka ꝼe þ ſē ðauðer m̄n hoꝼðu att. en ħ gaꝼ hınū vapn ſín ꝫ klæðe ē ħ gaꝼ g̊ð ꝫ bað þa ꝼ̊ ť ꝼoſtr ıarða ſīna. hellðu þr ı brott en G. tok ꝼe allt þ ē epť v̊. Toꝼı kō at .G. epť ƀð agān ꝫ bauð at ꝼylgıa ħm ť ꝼıar ꝥ ē vıkīg̊ hoꝼðu ꝼolgıt. q̄ð þ bæðı v̊a meıra ꝫ betra en hıtt ē þr hoꝼðu áðr ꝼengıt G. quaðſ þ vılıa geck ħ a lð m; toꝼa. komu þr at ꝥ ſē uıðer v̊ mıklır ſaman borñ. toꝼı ſeg̊ at ꝥ v̊ ꝼeet vn ðer. ʀuððu þr aꝼ vıðınū ꝫ ꝼunðu ꝥ bæðı gull ꝫ ſılꝼr. ꝫ klæðı ꝫ vápn goð. baru þr ꝼé þta allt a ſkıp. G. ſp̄ðı toꝼa hu̅ laun ħ vıllðı ha ꝼa. ħ .ſ. ek em ðanſkr m̄ at ætt ꝫ vıllða ek at þu ꝼlytť mık ť ꝼrænða mīna. G.ſ. ħ ħ v̊ı ı auſtruegı. ek v̊ tekīn aꝼ vıkīgū. ſ. ħ. ꝫ v̊ m̄ ſko tıð ħ a lð ı eyſyſlu. ꝫ heꝼı ek ħ v̊ıt ſıðan

31 Gvnñ tok ᷗ ħm ꝫ mlı ť kolſk. **capıtulm** ꝫ hallſ. Nu munu v̊ hallða ť norðr lanða þr letu vel ıꝼ ꝥ ꝫ baðu ħ raða. G. ſıglır or auſtr vegı m; ꝼe mıklu. ħ haꝼðı .x. ſkıp. ħ hellt ť heıða bæıar ı ðanmork. harallðr gormſ .ſ. v̊ ꝥ a lð vpp. ħm v̊ v̊ ſagt ť .G. ꝫ þ m; at engı v̊ı ħ makı a ıſlðı. ꝶr ſenðı m̄n ſına ť ħ at bıoða ħm ť ſín. G. ꝼór þeg̊ a ꝶſ ꝼunð ꝶr tok ᷗ ħm vel ok ſettı ħ ıt næſta ſer. þar v̊ .G. halꝼan manut. ꝶr haꝼðı þ at gānı at ħ let .G. reyna ymıſſar ıþr otť ᷗ m̄n ſına ꝫ v̊ þr eng̊ at neına ıþrott heꝼ ðı ť ıaꝼnſ ᷗ ħ. ꝶr mlı ť .G. Sua vırðız m̄ at o vı́ða munı þīn ıaꝼnīgı ꝼaz. ꝶr bauð at ꝼa ħm kuanꝼáng ꝫ rıkı mıkıt. eꝼ ħ vıllðı ꝥ hıð az. G. þackaðı ħm vel. en q̊ ꝼara v̊ða ꝼyſt ť ıſlðz at ꝼīna ꝼrænðr ꝫ vínı. þa muntu all ð kōa ť ́var. ſ. ꝶr. auðna mū ꝥ raða ħ. G. gaꝼ ꝶı langſkıp gott. ꝫ ānat ꝼe mıkıt. ꝶr gaꝼ ħm tıgń klæðı ſín ꝫ gloꝼa gullꝼıallaða ꝫ ſkarbanð þ ē gullknuť v̊ a. ꝫ hatt g̊zkan. ɢ. ꝼor þa norðr þaðan ť hıſıngar. aɴ. tok ᷗ ħm baðū honðū ħ ꝼærðı auluı ſkıp ſín. ꝫ kallaðı þ v̊a hlutſk ıptı ħ. Aulu̅ tok ᷗ ꝼenu. ꝫ talðı ħ v̊a goðan ðr eīg ꝫ bað ħ v̊a ꝥ meðan ħ vıllðı. hallſ. G eꝼ ħ vıll ꝼīna haꝶ .J. G.ſ. ſ̊ þ v̊a næꝶ ſkapı þt nu em ek at nockuru reynðr. en þa v̊ ek at engu er þu baðt ꝥ ꝼyꝶ. Sıðan bıuggu þr ꝼ̄ð ſına ok ꝼ̊ norðr ť þranðheıſ a ꝼunð haꝶ .J. ꝫ tok ħ ᷗ ħm vel ꝫ bauð ħm at v̊a m; ſer v̄ vetrīn. ħ þektız þ. G vırðız ꝥ vel ollū m̄m. At Jolū gaꝼ .J. ħm gullhrıng. G. lagðı hug a ƀglıotu ꝼrænðkonu .J. ꝫ ꝼanz þ opt a. at .J. munðe

hana haꝼa gıpt .G. eꝼ h heꝼðı nockut ꝥ leıtað **vt**
32 UM varıt ſp̄ðı .J.G. h̄t **kuama Guṅarſſ**
h vıllðı raða ſīna. h ꝗ ætla vt ꝉ ıſlðz. J.
ꝗð ært lıtt ı lðı ꝫ mun lıtıl v̉a vtſıglıng.
en þo ſ̄tu haꝼa mıol ꝫ vıð ı ſkıp þıtt ſē þu vıll.
.G. þackaðe hm ꝫ bıo ſkıp ſıtt ſnēmēðıſſ hallv̉
ꝼór vt m; þeī G. þr komu vt ſnēma ſum̄ſ. ꝫ to
arnarbælıſ oſ. ꝫ var þ ꝼ alþıngı. Reıð .G. þeḡ h
eī ꝼ ſkıpı. en ꝼeck m̄n ꝉ at ryðıa ſkıpıt. ꝫ ꝼor
kolſk m; hm. en ē þr komu heī vrðu m̄n þeī
ꝼegṅ. þr v̉ blıðer vıð heımam̄n ſína ꝫ haꝼ
ðı eckı vaxıt ðrāb þra. G. ſp̄ðı hu̇t .N. v̉ı heıma
hm v̉ ſagt at h v̉ı heıma. let h þa taka heſt ſīn
ꝫ reıð ꝉ b̄gðorſ hualſ. ꝫ kol. m; hm. N. v̉ð ꝼeg
īn kuamu þra. ꝫ bað at þr ſkyllðı v̉a ꝥ v̄ not
tına. þr ḡðu ſua. ꝫ .ſ.G.N. ꝼ ꝼ̄ðū ſınū. N. ſagðe
h v̉a ēn meſta aꝼreks mān. ꝫ ertu mıog rey
nðr en þo muntu meıꝛ ſıðaꝛ. þt marg m̄
þık auꝼunða. Vıð alla vıllða ek gott eıga. ſ.
G. mart mun ꝉ v̉ða. ſ.N. ꝫ muntu ıaꝼnan
eıga henðr þıṅ at v̉ıa. vnð ꝥ v̉ı þa ꝗð .G. at
ek heꝼða mala eꝼnı goð. s̄ mun ꝫ v̉a. ſ.N.
eꝼ þu gellðr ė ānaꝛa at. N. ſp̄ðı .G. hu̇t h mū
ðı ꝉ þīgſ rıða. G.ſ. at h munðı rıða. ꝫ ſpyꝛ
hu̇t .N. munðı rıða. en h ꝗ ė rıða munðu. ꝫ s̄
vıllða ek at þu ḡðer. G. reıð þa heī ꝫ gaꝼ .N.
goðar gıaꝼ̄ ꝫ þackaðı hm ꝼıar uarð ueızlu
na. kol. ꝼyſtı h at rıða ꝉ þīgſ. Mun vaxa ſæð
þın v̇ þ þt margr mun ꝥ at ꝥ vıkía. lıtt he
ꝼı ek þa lunð haꝼt. ſ.G. at hroſa m̄. gott þı
kı m̄ at ꝼīna m̄n hal. v̉ ꝫ ꝥ komīn **Guṅaꝛ**
33 Gvnaꝛ reıð ꝫ þr aller ꝉ þīgſ. **reıð tıl þıngſ**
en ē þr komu a þıng. þa v̉ þr ſua vel
buṅ. at enḡ v̉ þr þar at ıáuel v̉ı buṅ.
ꝫ ꝼ m̄n m̄n v́t or hu̅rı buð. at unðraz þa. G.
reıð ꝉ buð rangænga ꝫ v̉ ꝥ ıbuð m; ꝼrænðū
ſınū. Margr m̄ ꝼór at ꝼīna .G. ꝫ ꝼpyrıa h tıð
enða. h v̉ v̇ alla m̄n lettr. ꝫ katr. ꝫ ſagðı
ſlıkt ſē h v̉ ſpurðr. þ var eīn hu̅n ðag ē .G.
geck ꝼ log b̄gı. h geck ꝼ neðan moſꝼellīga
buð. þa ſa h konur ganga ı motı ſer ꝫ v̉ vel
buṅ. Su v̉ ı ꝼ̄ðar b̄ððı konan ē bezt v̉ buī
En ē þau ꝼunðuz ꝗððı h̉ þeḡ .G. h tok vel .q. h̄ṅ.
ꝫ ſp̄ðı huat quēna h̉ v̉ı. h̉ neꝼnðız hallḡ. ꝫ ꝗ
v̉a .ð.h̉. ðalakollz .ſ. h̉ m̄ı ꝉ h̄ ðıarꝼlıga ꝫ bað
h ſegıa ſer ꝼ ꝼerðū ſınū. en h ꝗ h̄nı eckı mun
ðu varna malſ. Settuz þau þa nıðr ꝫ toluðu.
h̉ v̉ ſua buın at h̉ v̉ ırauðū kyrtlı ꝫ v̉ a bunıngr
mıkıll. h̉ haꝼðı yꝼ ſer ſkarlaz ſkıckıu ꝫ v̉ buī
hloðū nıðr ı ſkaut hárıt tok oꝼan a brīgu hē
nı. ꝫ v̉ bæðı mıkıt ꝫ ꝼagrt. Gūnaꝛ v̉ ıtıgnark
læðū þeī ē haꝼ. gormſ .ſ. gaꝼ hm. h haꝼðı ꝫ hrī
gīn a hēðı. hakoṅ naut. þau tauluðu lengı hát
ꝥ kō ē h ſp̄ðı hu̇t h̉ v̉ı en ogeꝼín. h̉ .ſ. at s̉ v̉ı.
ꝫ ē þ eckı marḡ at hætta a þ. ſ. h̉. huart ꝥ hu̅
gı ꝥ ꝼullkoſta ſ. h. ė ē þ. ſ. h̉ en mānuonð m̄
ek v̉a. hu̅ſu muntu ꝥ ſuara eꝼ ek bıð þín. þ
mun ꝥ eckı ıhug. ſ. h̉. ė ē þ. ſ. h. En eꝼ ꝥ er noc
kuꝛ hugr a. ſ. h̉. þa ꝼınðu ꝼoður mīn. Sıðan
ſkılðu þau talıt. G. geck þeḡ ꝉ buðar ðalam̄
ꝫ ꝼān m̄n vtı ꝼ buðarðyrū. ꝫ ſpurðı hu̇t h̉ v̉ı
ı buð. en þr .ſ. at s̉ v̉. geck þa G. īn. h̉. ꝫ ꝛ. toku
vel v̇ .G. h ſettız nıðr ı meðal þra. ꝫ ꝼanz þ eckı
ı talı þra at ꝥ heꝼðı nockur mıſþyckıa ı meðal
v̉ıt. þar komu nıðr ræður .G. at h ſp̄ðı hu̅ſu þr
.bb. myndı ꝥ ſuara. eꝼ h bæðı hallḡ. vel. ſ.h̉.
eꝼ ꝥ ē þ aluara. G.ſ. at þ ē ſatt. en ſua ſkıl
ðu v̉ næſtū at morgū munðı þ þıkıa lıklıgt
at h̉ munðı eckı ſā banð v̉ða. hu̅ſu lız ꝥ ꝛ.
ꝼrænðı. ſ.h̉. ꝛ.ſ. eckı þıkı m̄ þta ıāræðı h̄t
ꝼıṅr þu ꝉ þ. ſ.G. ꝥ mun ek .ſ. ꝥ v̄ þ ſē ſatt er
þv ēt m̄ vaſkr ꝫ vel at ꝥ. en h̉ ē blanðın m
ıog ꝫ vıl ek þık ı engu ſuıkıa. Vel mun
ꝥ ꝼ. ſ.G. en þo mun ek þ ꝼ ſatt haꝼa at ꝥ
vırðıt ı ꝼornan ꝼıanð ſkap eꝼ ꝥ vılıt eı
ḡa m̄ koſtıṅ. ė ē þ. ſ.ꝛ. Meıꝛ ē hıtt at ek ſe
at þu mátt nu eckı v̇ ḡa. en þo at v̉ keyptī
ė. þa vıllðī v̇ þo v̉a vıṅ þıṅ. Ek heꝼı talat v̇
hana. ꝫ ē þ eckı ꝼıaꝛı hēṅ ſkapı. ſ.G. veıt
ek at ſua mun v̉a at ykr ē baðū gırnð
rað ꝫ hættı þıð meſtu ꝉ hu̅ſu ꝼr. ꝛ. ſeḡ .G
allt v̄ ſkaplynðı hallḡ. oꝼregıt. ꝫ þottı .G.
þ ꝼyſt ærıt mart ē a ꝼátt var. En þar kō v̄
ſıðer at ſaman ꝼell kaupmalı þra v̉ þa

ſent epͭ hallᵹ̄. ⁊ v̊ þa v̄ talat ſua at hͦ v̊ v̇ ſıalꝼ le tu þr nu ēn ſē ꝼyꝶ at hͦ ꝼeſtı ſık ſıalꝼ. Skylldı boð v̊a at hlıðar enða. ⁊ ſkylldı ꝼͣ ꝼyſt leynılıga. en þo kō þar ē̄ aller vıſſu. G. reıð heī aꝼ þīgı ⁊ reıð þeᵹ̄ at ꝼīna .ɴ. ⁊ ſagðı ħm kaupī. ħ tok þungtá kaupū ħ. G. ſþ̄ðı huat ħ ꝼyndı t̄ at ħm þottı ſlık\`t´ ſua oraðlıgt. aꝼ ħnı mun ſtanða allt ıt ılla er hͦ kēr auſtr hıngat. ſ.ɴ. Allð ſſ hͦ ſpılla okru vī ꝼengı. ſ.G. þ mun þo ſua næꝶ leggıa. ſ.ɴ. en þo muntu ıaꝼnan bæta ꝼ̇ hēní. G. bauð .ɴ. t̄ boðſ. ⁊ ollū þeī þaðan ſē ħ vılldı at ꝼærı. ɴ. hͭ at ꝼara. Sıðan reıð .G. heī ⁊ reıð v̄ ħaðıt at bıoða m̄m.

34 Þraīn hͭ m̄ ħ v̊ ſıgꝼ̇ .ſ. **aꝼ þraın ſıgꝼ̇ .ſ.** ſıghuz .ſ. hınſ rauða ħ bıo at grıotá ı ꝼlıoz hlıð. ħ v̊ ꝼrænðı .G. ⁊ vırðīgam̄ mıkıll. ħ attı þorhılldı ſkallðkonu. hͦ v̊ orð gı ꝼr mıkıt ⁊ ꝼór m; ꝼlītan. þraīn v̄nı ħnı lıtıð ħm var boðıt t̄ boðſınſ t̄ hlıðarenða ⁊ ſkylldı kona ħ ganga v̄ beína ⁊ bͤgðora kona .ɴ. ke tıll hͭ añaꝶ ſıgꝼ̇ .ſ. ħ bıo ı mork ꝼ̇ auſtan m̄kͬ ꝼlíot ħ attı þ̄gðı .ɴ.ð. þorkell hͭ eñ þrıðı ſıg ꝼ̇.ſ. morðr ēn ꝼıorðı.v.\`tı´ lābı.v.\`tı´ Sıgm̄ðr.vıj.\`ðı´ ſıg urðr. þır bræðr v̊ aller ꝼrænðr .G. ⁊ v̊ kapþ̄ mık lır þeī haꝼðı .G. boðıt ollū t̄ boðſínſ. G. haꝼðı ok boðıt valᵹ̄ðı enū ᵹ̄ ⁊ vlꝼı aʀgoða ⁊ ſonū þra. ʀunolꝼı ⁊ m̄ðı. þr .ħ. ⁊ ʀ. komu ꝼıolm̄nır tıl boðſınſ. þ̄ v̊ .ſſ.ħ. þorleıkr ⁊ olaꝼr. þ̄ v̊ bruðrī ı ꝼor m; þeī ⁊ þorᵹ̄ðr .ð. ħñ ⁊ v̊ hͦ kuēna ꝼ̇ðuz. hͦ v̊ þa .xíííj. vetra. ᴍart v̊ m; ħnı ānaꝶa kuēna þar v̊ ⁊ þorhalla kona helga .ɴ.ſ. ⁊ dætr .ɴ. þ̄gðr ⁊ helga. G. haꝼðı marga ꝼ̇ boðſ m̄n. ⁊ ſkıpaðı ħ ſua ſınū m̄m. ħ ſat a mıðıan beck en īnar ꝼra þraīn ſıgꝼ̇ .ſ. þa vlꝼr aurgoðı þa valᵹ̄ðr ēn ᵹ̄ı. þa morðr ⁊ ʀunolꝼr þa ſıgꝼ̇ .ſſ. lābı ſat ınztr ıt næſta G. vtar ꝼ̄ ſat .ɴ. þa ſkͬpheðīn. þa hel gı. ⁊ ġmr þa ħſkulldr þa haꝼr ēn ſpakı. þa Jn gıalldr ꝼ̄ kellðū. þa .ſſ. þoreẛ auſtan or holltı þoꝛ̄ vılldı ſıtıa yztr vırðīga m̄ þ̄at þa þottı ollū gott þ̄ ſē ſat. ħ. ſat a mıðıan beck. en ſſ. ħ ıñar ꝼ̄ ħm. ʀ. ſat vt̄ ꝼ̄ ħ. en þa ē̄ ė ꝼ̄ ſagt hūſu oðrū ē̄ ſkıpat. bruðr ſat a mıðıū pallı. en t̄ ānaꝶar handar hēnı ſat þ̄gðr .ð. ħnar. En t̄ añaʀar hanð̊ þorhalla .ð. aſᵹ̄mſ ellıðaᵹ̄mſ .ſ. þorhılldr gengr v̄ beına. ⁊ baru þær bͤgðora mat a borð þraīn ſıgꝼ̇ .ſ. v̊ ſtarſyñ a þ̄gðı. þta ſ̊ kona ħ. þorhılldr hͦ reıðız ⁊ q̇ðr t̄ ħ kͬðlıng ᴇra gap rıplar goð̊ gægr ē̄ þ̄ ı augū þraīn. ſ. hͦ. ħ ſte þe ᵹ̄ ꝼ̄m̄ ıꝼ̇ borðet ⁊ neꝼñ ſer vatta. ⁊ .ſ. ſkılıt v̇ hana ⁊ vılldı ė haꝼa ꝼlītan ħñ ne ꝼaryrðı ıꝼ̇ ſér ⁊ ſua var ħ kappſār v̄ þta at ħ vılldı ė v̊a at veızlūnı nēa hͦ v̊ı ı bͤttu rekın ⁊ þ v̊ð at hͦ ꝼór ı bͤtt. ⁊ nu ſatu m̄n hūr ı ſínu rumí ⁊ ðrucku ⁊ v̊ kat̄. þa tok þraīn t̄ orða. eckı mun ek ᵹ̄a at launtalı þ ſē m̄ ē̄ ıhug. þ̄ vıl ek ſpyrıa þık ħ ðalakollz .ſ. vılltu gıpta m̄ þorᵹ̄ðı ꝼrænð ko nu þına. ė veít ek þ. ſ. ħ. M̄ þıkır þu lítt haꝼa v̇ þa ſkılıt ē̄ þu heꝼ̄ áðr átt. eða hūr m̄ ē̄ ħ .G. Gv̄naꝶ m̄lı vıl ek ꝼ̄ ſegıa m̄ ē̄ maðr īn ſkylldr ⁊ ſegþu ꝼ̄ níall. ſ.G. þͭ munu aller t̄a. Nıall m̄lı. þ ē̄ ꝼ̄ at ſeg ıa at m̄ ē̄ auðıgr at ꝼé ⁊ ᵹ̄r at ſer v̄ allt. ⁊ ıt meſta mıkılmēnı. ⁊ megı þ̄ þ̄ ᵹ̄a ħm koſtīn. þa m̄lı .ħ. ħt ſynız þ̄ ráð ʀ. ꝼrænðı. ᵹ̄a mattu þͭ koſtıñ at þta ē̄ ħnı ıāræðı. þa tala þr v̄ kaupın ⁊ v̊ða a allt ſat̄. ſtenðr þa .G. vpp ⁊ þ̄īn ⁊ ganga at pal lınū ſþ̄ðı .G. þær mæðᵹ̄ huart þær vılldı ıata þum kaupū. þær kuaðuz ė brıgða munðu. ꝼaſtnaðe hallᵹ̄ .ð. ſına. þa var ſkıpat konū ı ānat ſīn. ſat þa þorhalla meðal bruða ꝼ̄r boðıt vel ꝼ̄m̄. ⁊ ē̄ lokıt v̊ veızlūnı. ʀıða þr ħ. veſtr en rangænᵹ̄ t̄ ſína heımıla. G. gaꝼ morgū goðar gıaꝼ̄. ⁊ vırð m̄ vel t̄ ħ. hallᵹ̄ tok v̇ buraðū ⁊ v̊ ꝼengſaū ⁊ atq̄ðamıkıl þorᵹ̄ðr tok v̇ buraðū at grıot á ⁊ v̊ goð ħpeyıa

35 Þat v̊ ſıðuenıa þra .ɢ. ⁊ .ɴ. **capıtulum** Þat ſīn vetr þa huaꝶ heībоð at oðrū ꝼ̇ vınattuſak̄. Nu attı G. at þıggıa veızlu hıa ɴıalı. ⁊ ꝼ̄ þau. hallᵹ̄. t̄ bͤgðorſ.h. þa v̊ þau helgı ė heıma. ɴ. tok v̇ .G. vel. ok þa ē̄ þau hoꝼðu v̊ıt þ̄ nockura hrıð þa ko mu þau helgı ⁊ þorhalla heī. þa geck bͤðo ra at pallınū ⁊ þorhalla m; ħnı. ⁊ m̄lı bͤ. t̄ hallᵹ̄. þu ſſt þoka ꝼ̇ konu þı. hall̄. m̄lı huergı mun ek þoka þt engı horn k̄lıng vıl ek v̊a. Ek ſſ hͦ raða. ſ. bͤᵹ̄. Sıðan ſettız þorhalla nıðr. B. geck m; hanlaug̃ at borðınu. hall̄. tok honðına .B. ꝫ mlı ė ẽ þo koſtamunr m; yk̃r Nıalı. þu heꝼ̃ kartnagl a hu̇ıū ꝼıg̃ en ħ er ſkeGlaus. Satt ẽ þ. ſ.B. en huarkı ock̃t geꝼr þta þo oðru at ſok. en ė ṽ þoruallðr bonðı þīn ſkeGlaus ꝫ reð þu ħm þo bana. ꝼ̃ lıtıð kēr m̄ .ſ. hall̄. at eıga þañ mān ẽ vaſkaztr ẽ a ıſlðı eꝼ þu heꝼñ ė ꝥa. G. ħ ſp̃tt vpp ꝫ ſte ꝼrām ıꝼ̃ borð ıt. ꝫ mlı. heī mun ek ꝼara. ꝫ ẽ þ maklıgaz at þu ſēnır ṽ heıma m̄n þına. en ė ı ānaꝛa m̄ ħb̃ gıū enða a ek .N. marga ſæð at launa ꝫ mun ek eckı ṽa eggıañꝼıꝼl þıtt. Sıðan ꝼ̃ þau .G. heī. Mun þu þ. B. ſ. hall̄ at ṽ ſl̄m ė ſkılðar. B.ſ at ė ſkılı hēnar lutr batna ṽ þ. G lagðı t̄ eckı ꝫ ꝼór heī t̄ hlıðarenða ꝫ ṽ heıma allan þān ve tr ıgegnū. lıðr nu a ſumarıt ꝫ allt t̄ þīgſ ꝼ̃m

36 Gṽnaꝛ rıðr t̄ þīgſ **kolr va̅ ſvart** [an. en aðr ħ reıð heıman mlı ħ t̄ hall̄ ṽtu ðæl meðan ek em heıman ꝫ ſyn aꝼ ꝥ enga ꝼarſkapı. þar ſē ṽ vını mına ẽ ṽ at eıga. troll haꝼı þína vını. ſ. ħ. G. ſa at ė ṽ gott orðū ṽ hana at ſkıpta reıð ħ t̄ þīgſ. N. reıð ꝫ t̄ þıngſ ꝫ ſſ. ħ aller Nu ẽ ꝼ̃ ꝥ at ſegıa huat heīa er tıðenða. þr attu ſkóg ſaman. G. ꝫ N. ı rauðaſk̃ ðū. þr hoꝼðu eckı ſkıpt ſkogınū. en huaꝛ ṽ vanr at hoggua ſē þurꝼtı ꝫ talðı huargı a ānan. ṽ þ. kolr het ṽkſtıorı hall̄. ħ haꝼðı ṽıt m; ħnı lēgı ꝫ ṽ ıt meſta ıllm̄nı. Suartr ħ m̄. ħ var ħkarl .N. ꝫ .B. ꝫ lıkaðe þeī ṽ ħ vel. B. mlı at ħ ſkyllðı ꝼ̃ ı rauða ſk̃ður. ꝫ hogg̃ ſkog. en ek mun ꝼa þer t̄ m̄n at ðraga heī vıðīn. ħ q̇ vīna munðu þ ſē ħ vıllðı ꝫ ꝼor vpp ı rauðaſk̃ður. tekr ħ ꝥ ꝫ hoGr ſkog. ꝫ ſkyllðı þar ṽa víku. Snauð m̄n komu t̄ hlıðar enða auſtan ꝼ̃ mark̃ ꝼlıotı. ꝫ ſagðı at ſuartr haꝼðı ṽıt ṽıt ı rauðaſk̃ð ū ꝫ hoggıt ꝥ ṽ ꝫ g̃t mıkıt at. Sua mun .B. tıl ætla. ſ. hall̄. at ræna mık morgu. En ꝥ ſl̄ ek raða at ħ hoggı ė optaꝛ. Rānueıg heyrðı moðer .G. ꝫ mlı. þo haꝼa ħpreyıur ṽıt ħ goð þott ė haꝼı ſtaðıt ı mānraðū. Nu leıð aꝼ not tın ꝫ ṽ morgınīn kō ħ at malı ṽ kol. verk he ꝼı ek hugat ꝥ. ſ. hall̄. ꝫ ꝼeck ħm vapn. ꝫ mlı ꝼ̃ þu ı rauða ſk̃ður ꝥ muntu ꝼīna ſuart ħt ſl̄ ek ħm. ſ. ħ. Spyꝛ þu at ꝥ. ſ. ħ ꝥ ſē þu ẽt ıt meſ ta ıllm̄nı. vega ſl̄tu ħ. ſ. ħ. g̃t mun ek þ geta .ſ. ħ. en þ ẽ þo lıkaz at ek geꝼa mık ṽ. vex ꝥ huetuetna ı augu. ſ. ħ. ꝫ ꝼeꝛ ꝥ ılla ꝥ ſē ek he ꝼı mlt. hu̇n lut ept̄ ꝥ. ſ. ħ. Mun ek ꝼa ānan mān t̄ at g̃a þta eꝼ þu þor̄ ė. ħ tok exına ꝫ ṽ reıðr mıog ꝫ tekr heſt er .G. attı ꝫ rıðr nu ꝥ t̄ ẽ ħ kēr auſtr at mark̃ꝼlıotı. ħ ſteıg ꝥ aꝼ ba kı. ꝫ beıð ı ſkogınū ꝥ t̄ ẽ þr hoꝼðu borıt oꝼan vı ðīn ꝫ ſvartr ṽ eīn ept̄ hleypr kolr þa at ħm ꝫ mlı. ꝼleırı munu kūna at hogg̃ ſtort en þu eīn hleypr þa at ħm ꝫ hoGr ħ banahoggı ꝫ rıðr heī ſıðan. ꝫ .ſ. hall̄. mlı. Sua ſl̄ ek þık varðueıta at þık ſl̄ eckı ſkaða. ṽa ma þ. ſ. ħ. en hıtt heꝼ̃ mık ðreymt áðr ek ṽa vıgıt. Nu koma þr vpp ı ſkogīn ꝫ ꝼīna ſuart ðauðan ꝫ ꝼlytıa ħ heī. Hall̄. ſēðı m ān .G. t̄ þīgſ at ſegıa ħm vıgıt. G. hallmlтı eckı hallg̃. ꝼ̃ ſenðımānınū. ꝫ vıſſu m̄n þ ė ꝼyſt hu̇t ħ. þottı vel eða ılla. lıtlu ſıðaꝛ ſtoð ħ vpp ꝫ bað ħ m̄ ſına ganga m; ſer þr ꝼ̃ þa t̄ buðar nıalſ. ꝫ ſenðı mān ept̄ .N. ꝫ bað ħ vt koma. N. geck vt þeg̃ ꝫ gıngu þr .G. a tal. G. mlı. vıg heꝼı ek ꝥ at ſeg ıa ꝫ heꝼ̃ vallðıt kona mín ꝫ ṽkſtıorı mīn k olr en ꝼ̃ heꝼ̃ orðıt ſu̇tr ħkarl þīn. N. þagðı me ðan ħ ſagðı ꝥa ſogu. þa mlı .N. þurꝼa muntu at lata hana ė ollu koma ꝼrām. G. mlı. ſıalꝼr ſl̄tu ðæma. N. mlı. erꝼıtt mun ꝥ ṽða at bæta oll ſlyſ hallg̃. ꝫ mun ānarſtað meıra ſloða ð̃ ga en ħ ẽ ṽ eıgū hlut at. ꝫ mun þo mıkıt at ſk ıpta at vel ſe. ꝫ munu ṽ ꝥ. þurꝼa at muna þ er ṽ hoꝼū lengı ṽel ṽ mlz ꝫ vænt̄ mık at ꝥ ꝼarı vel. en þo muntu mıog ṽða at þreyttr. .N. tok ſıalꝼðæmı aꝼ .G. ꝫ eckı mun ek hallða malı ꝥu t̄ kapſ. þu ſl̄t gıallða .xíȷ́. aura ſıl ꝼrſ. En þ vıl ek t̄ ſkılıa. þott nockut komı þ ór varū g̃ðı. at ꝥ eıgıt ṽ at g̃a. G. greıððı aꝼ henðı ꝼeet vel. ꝫ reıð heī ſıðan. N. kō heī aꝼ þıgı ꝫ .ſſ. ħ. B̃. ſá ꝼéét. ꝫ vel ẽ ꝥu ı hóꝼ ſtí llt en ıāmıkıt ꝼé ſl̄ kōa ꝼ̃ kol ẽ ſtunðer lıða. G. kō heī aꝼ þıngınu. ꝫ talðı a hallg̃. ħ kallaðı bet̄ m̄n obætta lıggıa margſtaðar. G. quað

hana raða munðu ťtekıū ſınū. en ek ſſ raða
hŭſu malın lukaz. hallg̃. hælðız ıaꝼnan aꝼ vı
gı ſúz. en .B̃. lıkaðı þ ılla. ɴ. ꝼór vpp ı þorolꝼſ ꝼell
ꝫ .ſſ. ħ at ſkıpa ꝧ ť buſſ. en þān ſama ðag ẽ ħ v̇ í
brottu v̇ð ſa atburðr ẽ .B. v̇ vtı at ĥ ſer mān rı
ða at g̃ðı ſuortū heſtı. ĥ nam ſtaðar ꝫ geck ė īn.
ĥ kēðı ė mānīn. ſıa m̄ haꝼðı ſpíot ı henðı. ꝫ gy
rðr ſaxı ĥ ſp̄ðı þna mān at naꝼnı. **aꝼ atla**

Atlı heıtı ek. ſ. ħ. ĥ ſpyꝛ̄ huaðan ħ v̇ı. Ek em
auſtꝼırzkr. ſ. ħ. hŭt ſſtu ꝼ̊. ſ. ĥ. ek em m̄ vıſt
lauſſ. ſ. ħ. ꝫ ætlaða ek at ꝼīna .ɴ. ꝫ ſk̄pħ. ꝫ vıta eꝼ
þr vıllðı taka v̇ m̄. ħt ẽ ꝧ hentaz at vīna. ſ. ĥ. Ek
em akrg̃ðar m̄. ſ. ħ. ꝫ mart ẽ m̄ vel hent at g̃a
.ſ. ħ en ė vıl ek ꝧ leyna at ek em m̄ ſkapharðr ꝫ
heꝼ̃ margr hlotıð v̄ ſart at bınða. Eckı geꝼ ek
ꝧ þ at ſok. ſ. ĥ. þottu ſer ė bleyðım̄. atlı m̄ı er
tu nockꝛ̄ſ ĥ raðandı. Ek em kona .ɴ. ſ. ĥ ꝫ ræð ek ė
ſıðr hıon en ħ. Vılltu taka v̇ m̄. ſ. ħ. g̃a mun ek
koſt a ꝧ. ſ. ĥ eꝼ þu vıll vīna ſlıkt ſē ek vıl. ſ. ĥ
ꝫ ſua þott ek vılıa ſenða þık ť mānðrapa at
tu ſua ť uarıt v̄ m̄n. ſ. ħ. at þu munt ė þurꝼa
mín at ſlıku. ꝧ ſkıl ek. ſ. ĥ ſē ek vıl. kaupa m̄
v̇ at ꝧu. ſ. ħ. þa tok ĥ v̇ ħm. ɴ. kō heī ꝫ .ſſ. ħ ꝫ
ſp̄ðı .B̃. huat m̄ ſıa v̇ı. ħ ẽ ħk̄l þīn. ſ. ĥ. ꝫ tok ek
v̇ ħm. ꝫ q̇ ħ v̇a m̄ ohanðlatr. ærıt mun ħ ſtorv
ırkr. En ė veıt ek hue goðuırkr ħ ẽ. ſk̄pħ. var
vel ť atla. ɴ. rıðr ť þīgſ v̄ ſumarıt. ꝫ ſſ. G. v̇ ꝫ a
þıngı. ɴ. tok vpp ꝼeſıoð. ſk̄pħ. ſpurðı huatꝼe
er þ ꝼaðer. ĥ ẽ ꝼe þ ẽ .G. greıððı m̄ ꝼ̇ heıma m
an̄ várn ꝼyꝛ̄a ſum̄. kōa mun þ ť nockurſ. ſ.
ſkarpħ. ꝫ glottı vıð. **atlı vꜷ kol þræl-**

37 Nv ẽ at taka ꝧ ť at atlı ſp̄ðı B̃. huat ħ ſk
yllðı vīna v̄ ðagīn. hugat heꝼı ek ꝧ
verkıt. ſ. ĥ. þu ſſt ꝼ̊ ť ꝫ leıta kolſ ꝧ ť ẽ þu ꝼ
īnr ħ. þt nu ſſtu vega ħ ı ðag eꝼ þu vıllt g̃a
mīn vılıa. ĥ ẽ vel a komıt. ſ. ħ. þıat v̇ erū
baðer ıllmēnı en þo ſſ ek ſua ť ħ raða at an
naꝛ̄ hŭ ockaꝛ̄ ſſ ðeyıa. vel mun ꝧ ꝼ̊. ſ. ĥ. ok
ſſtu ė ť engıſſ vīna. ħ geck ꝫ tok vapn ſín ꝫ
heſt ꝫ reıð ı ꝧtt. ħ reıð vpp ť ꝼlıotz hlıðar
ꝫ mættı ꝧ m̄ ẽ ꝼ̊ ꝼ̃ hlıðar enða. þr attu heı
ma auſtr ı mork. þr ſpurðv hŭt ħ ætla

ðe. ħ q̇ rıða ſkyllðu klarſ eīſ. þr q̃ðu þ v̇a lıtıð
erenðı ſlıkū v̇km̄. En þo ẽ þa hellzt epť at
ſpyrıa ẽ nu haꝼa v̇ıt a ꝼ̄lı ı nott hŭır ẽo þr. ſ.
ħ. vıga kolr ħk̄l hallg̃. ꝼór ꝼ̃ ſelı aðan. ꝫ heꝼ̃
vakat ı alla nótt. ė veıt ek hŭt ek þorı at
ꝼīna ħ. ſ. atlı. ħ ẽ ſkapıllr. ꝫ ma v̇a at ek latı
an̄arſ vıtı at varnaðı. hīneg v̇ır þu vnðer
brun at lıta. ſ. þr ſē þu munð ė v̇a ragr ꝫ vı
ſuðu ħm ť kolſ. ħ keyꝛ̃ þa heſt ſīn ꝫ r'ı'ðr m
ıkīn. ꝫ ẽ ħ mæť kol m̄ı ħ ť ħ. gengr vel klyꝼ
ıaburðrīn. ſ. ħ. þ mun þık ſkıpta engu. ſ. koť
mānꝼylan ꝫ engan þān ſē þaðan ẽ. Atlı
m̄ı þ attu epť at erꝼıðaz ẽ. Sıðan lagðı atlı
ſpíotı ť ħ. ꝫ kō a ħ mıðıan. kolr ſueıꝼlaðı ť ħ
exīnı ꝫ mıſtı ħ ꝫ ꝼell aꝼ bakı. ꝫ ðo þeg̃. atlı
reıð ꝧ ť ẽ ħ 'ꝼān' v̇km̄n hallg̃. ꝼarıt vpp ť heſtzīſ
.ſ. ħ ꝫ geymıt ħſ. kolr ẽ ꝼallīn aꝼ bakı ꝫ ẽ ħ ðauðr
heꝼ̃ þu vegıt ħ. ſ. þr. Sua mun hallg̃. ſynaz
ſē ħ haꝼı ė ſıalꝼðauðr orðıt. reıð ſıðan atlı
heī ꝫ .ſ.B̃. ĥ þackaðe ħm v̇k þta. ꝫ orð þau ſē
ħ haꝼðı v̄ haꝼt. ė veıt ek. ſ. ħ hŭſu .ɴ. mun
þta þıkıa Vel mun ħ ı honðū haꝼa ſ. ĥ. ꝫ mun
ek ſegıa ꝧ eıtt ť markſ v̄ at ħ heꝼ̃ haꝼt ť þīgſ
þrælſgıollð þau ẽ v̇ tokū v̇ ꝼyꝛ̄a v́ar ꝫ mu
nu þau nu kōa ꝼ̇ kol. En þott ſæť v̇ðı þa ſſtu
þo v̇a vaꝛ̄ v̄ þık þt hallg̃ mun eng̃ ſæť hall
ða. vılltu nockut lata ſenða mān ť .ɴ. at ſegıa
ħm vıgıt. ė vıl ek þ. ſ. ĥ. m̄ þættı betr at kolr
v̇ı vgıllðr. hæťu þau þa talınu. hallg̃. var
ſagt vıgıt kolſ. ꝫ v̄mælı atla. ĥ q̇ launa ſk
yllðu atla. ĥ ſenðı mān ť þīgſ at ſegıa .G. vıg
kolſ. ħ .ſ. ꝼá ꝫ ſenðı mān .ɴ. ꝫ let .ſ. ħm. ħ .ſ.
engu. ſk̄pħ. m̄ı. mıklu ero þrælar atg̃ða
meırı en ꝼyꝛ̄ haꝼa v̇ıt. þr ꝼluguz þa a ꝫ þot
tı þ eckı ſaka. en nu vılıa þr veg̃ ꝫ hlo v̇. ɴ.
kıptı oꝼan ꝼeſıoðnū ẽ vppı v̇ ı buðīnı ꝫ geck
vt. ſſ. ħ gēgu ꝫ m; ħm. þr komu ť buðar
.G. Sk̄pħ. m̄ı v̇ mān ẽ v̇ ı buððyrū. Segðu
.G. at ꝼaðer mīn vıll ꝼīna ħ. G. geck vt þe
g̃. ꝫ ꝼagnaðı vel ɴ. Sıðan gengu þr a tal.
Jlla heꝼ̃ nu orðıt. ſ.ɴ. ẽ ħpreyıa mīn heꝼ̃
roꝼıt grıð ꝫ latıð ðrepa ħk̄l þīn. Eckı ſſ ĥ

amælı aꝼ ꝥu haꝼa. ſ.G. ðæmðu nu malıt. ſ.N. Sva
mun ek ğa. ſ.G. læt ek þa v̄a m̄n ıāðyra. Sůt ꝫ
kol. ſl̄tu greıða m̄. xíj. aura ſılꝼrſ. N. tok ꝼeſıo
ðīn ꝫ ſellðı .G. ħ kenðı ꝼéét at þ v̄ ıt ſama ſē ħ
haꝼðı ħm greıðt. ꝼór .N. t̄ buðar ſīnar. ꝫ v̄ ıam
vel m; þeī nu ſē aðr. þa ē .N. kō heī talðı h. a
ƀğ. en ħ q̄ allð ſkyllðu vægı ꝼ hallğ. Nu tal
ðı hallğ a .G. mıog ē ħ haꝼðı ſæzt a vıgıt. G.
q̄ allð ſkyllðu bregðaz nıalı ꝫ ſſ. ħ. ħ geıſaðı
mıog. G. gaꝼ ė gaū at þ. Sua gættu þr t̄ a þeī
mıſſarū at eckı v̄ð at. **vıg atla þrælſ**

38 VM várıt ræððı .N. v̄ atla. þ vıllða ek at þu
reðız auſtr ı ꝼıorðu at ė ſkapı hallğ. ꝥ
allðr. eckı hræðūz ek þ ꝫ vıl ek heıma
v̄a eꝼ ek a koſt. þ ē þo oraðlıgra. ſ.N. beť þıkı
m̄ at lataz ı þınu ħı. en ſkıpta v̄ lanar ðrotna.
En ꝥ vıl ek bıðıa þık eꝼ ek em vegīn at ė komı
þrælſgıollð ꝼ mık. Sua ſl̄ þık bæta ſē ꝼrıalſan
mān. en ƀğ. mun þ heıta ꝥ ſē ħ mun lata ꝼ̄m̄
koma at ꝼ þık munu koma mānheꝼnðer.
Réz ħ þ þa at hıone. Nv ē at .ſ. ꝼ̄ hallğ. at ħ ſen
ðı mān veſtr t̄ bıarnar ꝼıarðar epť brynıolꝼı
ꝼrænda ſınū roſta en ħ v̄ ıllm̄nı mıkıt. En .G.
vıſſı eckı t̄ ꝥa. hallğ q̄ð ħ ſer vel ꝼellðan tıl
v̄kſtıora. brynıolꝼr kō veſtan. ꝫ ſpurðı .G. ħ̄t
ħ ſkyllðı ħ q̄ þar v̄a ſkyllðu. Eckı muntu bæta
hıbylı v̄. ſ.G. ſua ē m̄ ꝼ̄ ꝥ ſagt. en eckı mun ek
víſa ı brott ꝼrændū hallğ. þeī ē ħ vıll at með
ħnı ſe. G. v̄ t̄ ħ ꝼáʀ ꝫ eckı ılla. leıð nu ſua ꝼra
man t̄ þíngſ. G. rıðr t̄ þíngſ ꝫ kolſkeGr. ꝫ ē þr
kōa t̄ þıngſ. ꝼunðuz þr. ꝫ .N. v̄ ħ a þīgı. ꝫ ſſ. ħ
attuz þr mart v̄ ꝫ vel. ƀ. talaðı t̄ atla. ꝼarðu
vpp ı þorolꝼſ ꝼell. ꝫ vīn þar vıku. ħ ꝼór ꝫ v̄ þ á
laun ꝫ brenðı þ kol ı ſkogı. hallğ mlı v̄ brynı
olꝼ. þ ē m̄ ſagt at atlı ſe ė heıma. ꝫ mun vīna
ı þorolꝼſ ꝼellı. huat þıkı ꝥ lıkaz at ħ vīnı. ı
ſkogı nockut ſeğ ħ ħ̄t ſl̄ þa. ſ. ħ. ðrepa ħ. ſ. ħ
ħ v̄ð v̄ ꝼaʀ. Mīnr munðı þıoſtolꝼı ı augu vax
a. ſ. ħ eꝼ ħ v̄ı a lıꝼı. Eckı ſl̄tu ħ ēn þurꝼa ſt
ort á at telıa. tok ħ þa vapn ſín ꝫ heſt ꝫ ſt
ıgr a bak ꝫ rıðr ı þorolꝼſ ꝼell. ħ ſa kolreyk
mıkīn auſtr ꝼ̄ bænū rıðr ħ þangat t̄. ſtígr
þa aꝼ heſtınū ꝫ bınðr en ħ gengr þ ſē meſtr v̄
reykrīn. Ser ħ þa hů kolgroꝼın ē ꝫ ē þ m̄ at.
ħ ſa at ħ haꝼðı ſett ſpıot ı vollīn hıa ſer. brynıol.
gengr m; reykınū allt at ħm. ħ v̄ óðr at v̄kı ſı
nu. ꝫ ſa ħ ė. brynıol hıo ı hoꝼut ħm m; exı ħ ƀz v̄
ſua ꝼaſt at bryñ. lét lauſa exına. ꝫ þreıꝼ ſpıotıð
ꝫ ſkaut epť ħm. bryñ. kaſtaðı ſer nıðr v̄ vellı
nū. en ſpıotıð ꝼló ıꝼ ħ ꝼ̄m̄. nautztu nu ꝥ. ſ. atle
ē ek v̄ ė v̄buīn. en nu mun hallğðı vel þıkıa ꝥt
þu munt ſegıa ðauða mīn. en þ ē t̄ bota at þu
munt eıga ſlıkan ƀtt. enða takþu nu exı þına
ē ħ heꝼ v̄ıt. ħ .ſ. ħm engu. ꝫ tok exına ė ꝼyʀ en
ħ v̄ ðauðr reıð þa heī ı þorol.ꝼ. ꝫ ſagðı vıgıt. en ſı
ðan heīꝫ ſagðı hallğ. ħ ſenðı mān t̄ ƀgðorſ.h. ꝫ lét
ſegıa .B. at nu v̄ launat víg kolſ. Síðan ſenðı h
allğ. mān t̄ þīgſ at .ſ.G. vıgıt atla. G. ſtoð vpp ꝫ geck
kolſk. m; ħm. ꝫ mlı. oþarꝼ munu ꝥ v̄ða ꝼrænðr
hallğ. þr gıngu nu t̄ ꝼunð v̄ .N. G. mlı víg atla he
ꝼı ek at .ſ. ꝥ ꝫ ſeğ ħm hůr ýa. ꝫ vıl ek nu bıoða
ꝥ bót ꝼ ꝫ vıl ek at þu ğır ſıalꝼr. N. mlı þ hoꝼu
v̄ ætlat at lata ockr eckı a greına. en þo mun ek
ė ğa ħ at þrælı. G. q̄ð þ vel v̄a. ꝫ rettı ꝼ̄m̄ hon
ðına. N. tok ꝫ neꝼnðı ſer vátta ꝫ ſættuz a ꝥta
Sƙpħ. mlı. eckı lætr hallğ v̄ða ellıðauða ħk̄la
vára. G.ſ. Sua mun moðer þín t̄ ætla at ymſ
ė hoG ı ğðı. ærıt bragð mun at þ. ſ.N. Sıðan ğ
ðı N.c. ſılꝼrſ. en .G. gallt þeğ. Marğ mltu ē hıa
ſtoðu at mıkıt þottı ğt v̄a. G. reıððız ꝫ q̄ð þa
bætta ꝼullū rettı ē ė v̄ vaſkarı m̄n en atle.
rıðu þr v̄ þ heī aꝼ þīgı. B. ræððı v̄ .N. ē ħ ſa ꝼe
et. eꝼnt þıkız þu haꝼa heıt þın. en nu ēo epť
mín heít. ė ē nauðſyn á at þu eꝼñ þau. ſ.N.
hınſ heꝼ þu t̄ getıð. ſ. ħ. ꝫ ſl̄ ſua v̄a. hallğ. m.
t̄ .G. heꝼ þu gollðıt .c. ſılꝼrſ ꝼ vıg atla ꝫ ğt
ħ at ꝼrıalſū m̄. ꝼrıalſ v̄ ħ áðr. ſ.G. enða ſl̄
ek eckı ğa at obotam̄m heımam̄n .N. ıāko
mıt mun a m; ykr er huartueggı ē blauðr
þ ē ſē reynız. ſ. ħ. var þa .G. lengı ꝼáʀ v̄ ħa
þ t̄ ē ħ let t̄ v̄ ħ. Nu ē kyrt þau mıſſarı vm
Þ varıt ıok N eckı hıon ſın. Nu rıða m̄n
t̄ þıngſ v̄ ſumarıt. **vıg brynıolꝼſ**

39 Þorðr het m̄. ꝫ var kallaðr laſıngıa .ſ.

Sıgtryɢr hͭ ꝼaðer ñ. ħ haꝼðı v͛ıt lauſıngı aſg͛ðar ⁊
ðruknaðı ımarkarꝼlıotı. vͬ þórðr ꝥͥ m; .ɴ. ſıðan
ħ vͬ mıkıll ⁊ ſterkr. ħ haꝼðı ꝼoſtrat alla .ſ.ſ.ɴ. ħ
haꝼðe lagt hug a Guðꝼīnu þorolꝼſ .ð. ꝼrændkon
u .ɴ. hͦ vͬ matſelıa heíma ꝥͬ. ⁊ vͬ þa ohrauſt. B͛. kō
at malı vͥ þorð lauſıngıa. þu ſł̄t ꝼͣ. ſ. hͦ. ⁊ ðrepa b
rynıolꝼ. eckı em ek vıga maðr. ſ. ħ en þo mun
ek g͛a ꝥ e͛ þu vıll. ꝥ vıl ek. ſ. hͦ. Sıðan tok ħ heſt ⁊
reıð vpp tͥ hlıðar enda. ⁊ kallaðe v́t hallg͛. ⁊ ſp̄͛
ðı hú brynıolꝼr v͛ı. huat vılltu ħm. ſ. hͦ. ek vıl
at ħ .ſ. m͛ huar ħ heꝼ͛ hulıt hræ atla. M͛ e͛ ſagt
at ħ haꝼı ılla v̄ buıt. hͦ vıſaðı tͥ ñ ⁊ q̈ð ħ vera
nıðrı ı akratungu. gættu. ſ. þorðr at ħm v͛ðı eͥ ſē
atla. engı ertu vıga mͬ. ſ. hͦ ⁊ mun eckı vnd͛ huar
þıð ꝼīnız alldͥ heꝼı ek ſeet mᷦ blóð. ſ. ħ ⁊ veıt ek
eͥ hv͛ſu m͛ bregðr vͥ. ⁊ hleyptı ór tunınu. ⁊ s̈ oꝼā
tͥ ak͛tungu. ʀānueıg mod͛ .G. haꝼðı heyrt á vͥtal
þra. mıog ꝼryr þu hallg͛ ħm hugar. en ek ætla
ħ oruggan mān. ⁊ mun ꝥ ꝼrændı þıñ ꝼīna. þr
mættuz a vegnū. bryñ. ⁊ þorðr. þa mł̄ı þorðr v͛ðu
þık bryñ. ꝥt ek vıl eͥ nıðaz a ꝥ͛. bryñ. reıð at hᷟ
⁊ hıo tͥ ñ. þorðr hıo exīnı ı motı ⁊ hıo í ſundr ſk
aptıð ꝼͥ ꝼ͛m̄ hendr bryñ. ⁊ hıo þeg͛ ı añat ſīn tͥ
ħſ ⁊ kō ꝼraman a brīguna brynıol̄. ⁊ geck þe
gar a hol. ꝼell ħ þa aꝼ bakı ⁊ var ðauðr. þor̄
ꝼān ſmalamān hallg͛. ⁊ lyſtı a hond ſer vıgınu
⁊ ſagðı huar ħ la. ⁊ bað ħ .ſ. hallg͛. vıgıt. Sıðan
reıð ħ heī. ⁊ .ſ.B͛. vıgıt ⁊ oðrū mᷟ. Nıottu heıll
handa. ſ. hͦ. Smala mͬ .ſ. hallg͛. vıḡ. hͦ v͛ð vͥ beıſk
⁊ q̈ð h͛ ſkyllðu mıkıt ıllt aꝼ leıða eꝼ hͦ mættı raða.

40 Nv kōa tıðēðın tͥ þíngſ. **ſætz a vıg-**
⁊ let .ɴ. ſegıa ſer atburðīn .ııȷ. ſīnum.
⁊ mł̄ı ſıðan. ꝼleırı g͛az nu vıga m̄n
en ek ætlaða. Sk͛pħ. mł̄ı. Sıa mͬ heꝼ͛ þo hellz
v͛ıt ꝼeıgr ſ. ħ e͛ latız heꝼ͛ ꝼͥ ꝼoſt͛ varū e͛ alldͥ
heꝼ͛ ſéét mᷦ bloð áðr ⁊ mundu ꝥ marg͛ ætla
at v͛ bræðr myndī ꝥta ꝼyꝛ̇ı g͛t haꝼa at þuı
ſkāplyndı ſē v͛ hoꝼū Skāt muntu tͥ ꝥ eıga
.ſ.ɴ. at þık mun ſlıkt henda. ⁊ mun þık þo
nauðr tͥ reka. þr gīgu þa tͥ motz vͥ G. ⁊ ſog
ðu ħm vıḡ. G. mł̄ı. ꝥ vͬ lıtıll mānſkaðı. en
þo vͬ ħ ꝼrıalſ mͬ. ɴ. bauð ħm þeg͛ ſættına.

.G. ıattaðı ꝥͥ. ⁊ ſkyllðı ſıalꝼr dæma ⁊ g͛ðı ħ .c. ſılꝼr`s´
.ɴ. gallt þeg͛ ꝼeet. ⁊ ſættuz at ꝥͥ. **capıtulum**

41 Sıgm̄dr hͭ mͬ ħ vͥ lāba .ſ. Sıgh͛z .ſ. enſ rauða
ħ vͬ ꝼarmͬ. mıkıll mͬ ⁊ ſterkr. ⁊ vǣn at a
lıtı. ħ vͬ metnaðarmͬ mıkıll ⁊ ſkalld
gott. ⁊ at ꝼleſtū ıþrottū vel buīn. ⁊ háuaða
mͬ mıkıll. ſpotz mͬ ⁊ odæll. ħ kō v́t auſtr ı h
ornaꝼırðı. ſkıollðr hͭ ꝼelagı ñ. ħ vͬ ſænſkr
mͬ ⁊ ıllr vıðr eıgñ. þr ꝼıngu ſer heſta ⁊ rıðu aꝯſ
tan ór hornaꝼ. ⁊ lıntu eͥ ꝼyꝛ̇ ꝼ͛ðīnı en þr ko
mu ı ꝼlıoz hlıð tͥ hlıd͛enda. G. tok vel vͥ þeım.
vͬ ꝥͬ ꝼrænſemı mıkıl m; þeī .G. bauð .G. Sıgm̄
ðı at v͛a ꝥͬ v̄ vetñ ħ q͛ ꝥ þıggıa mundu eꝼ
ſkıollðr v͛ı þar ꝼelagı ñ. Sua e͛ mͬ ꝼ͛ ħm ſagt
.ſ.ɢ. at ħ ſe ꝥ͛ engı ſkapbæt͛. en þu þarꝼt hīſ
hellðr at bætt ſe v̄ með ꝥ͛. e͛ h͛ ⁊ vond vıſtın v
ıllða ek raða yðr rað ꝼrændū mínū at ꝥ͛ hly
pıt eͥ vpp at ꝼrām eggıan hallg͛ðar konu mī
nar ꝥt hͦ tekr ꝥ mart vpp er ꝼıarrı e͛ mınū
vılıa. vellðrat ſa e͛ varar. ſ. Sıgm̄dr. þa e͛ at gey
ma raðſınſ. ſ.G. mıog muntu at þreyttr ⁊ gack
ıaꝼnan m; mer ⁊ h`l´ıt mınū raðū. Sıðan vͦ þr ı
ꝼylgð m; .G. hallg͛. vͬ vel tͥ. Sıgm̄d͛ ⁊ ꝥͬ kō at ꝥͬ
g͛ðız ſua mıkıll akaꝼı at hͦ bar ꝼe a ħ. ⁊ þıona
ðı ħm eckı mīnr en bonda ſınū. ⁊ logðu þeım
marg͛ ꝥ tͥ orðz. ⁊ þottuz eͥ vıta huat vnd͛ mū
d͛ munde bua. hallg͛. mł̄ı vͥ .G. eͥ e͛ gott vͥ at v
na ꝥ .c. ſılꝼrſ e͛ þu tokt ꝼͥ brynı͛. ꝼrænda mīn
enda ſł̄ ek heꝼna ꝥ eꝼ ek ma. ſ. hͦ. G. q͛ eckı
vılıa ſkıpta orðū vͥ hana. ⁊ geck ı bͦtt. ħ ꝼān
kolſk. ⁊ mł̄ı tͥ ñ. ꝼarþu ⁊ ꝼīn .ɴ. ⁊ ſeg ħm at
þorðr ſe vaꝛ̇ v̄ ſıg. þott ſæt͛ ſe. ꝥt mᷦ þık͛ eͥ tͮ
lıga v͛a. ħ reıð ⁊ ſagðı .ɴ. en ħ .ſ. þorðı ⁊ þac
kaðe þeī trulyndı ſına. ꝥ vͬ eī hv͛ıu ſıñı at
þr ſatu vtı .ɴ. ⁊ þorðr. at ꝥͬ vͬ vanr at ganga
haꝼr v̄ tunıt ⁊ ſkyllðı engı ħ ı bͦtt reka. þa
mł̄ı þorðr. vndarlıga bregðr nu vͥ. ſ. ħ. huat
s͛ þu nu ꝥ e͛ ꝥ͛ þık͛ m; vnd͛lıgu motı v͛a. ſ.ɴ.
ᴍer þık͛ haꝼrīn lıggıa h͛ ı dælīnı ⁊ e͛ alblo
ðugr allr. Nıall q̈ð ꝥͬ eͥ v͛a haꝼr ⁊ eckı an
nat huat e͛ ꝥ þa. ſ. þorðr þu munt v͛a maðr
ꝼeıgr. ſ.ɴ. ⁊ muntu ſéét haꝼa ꝼylgıu þına.

ꝫ v̄tu vaꝁ v̄ þık. eckı mun m̄ þ ſtoða. ſ. þorðr eꝼ m̄ ē þ ætlat. hallg̃ðr mlı v̇. þraın ſıgꝼ̃ .ſ. Mágr þættı m̄ þu v̄a. ſ. h̃ eꝼ þu ðræꝑ þorð lauſ ıngıa. ė mun ek þ g̃a. ſ. h. þt þa mun ek v̄ða ꝼ̇ reıðı .G. ꝼrænða mınſ. mun ꝫ þar ſtórt a lıggıa þt vıgſ ꝥ mun bratt heꝼnt v̄ða h veꝁ mun heꝼna. ſ. h̃ huart karl hīn ſkeǴ lauſı ė mun þ h. ſſ. ñ munu heꝼna. Sıðā tauluðu þau lengı þraīn ꝫ hallg̃. hlıott ꝫ vıſ ſı eng huat þau hoꝼðu ı raðag̃ðū. Eınu ſın nı v̄ þ þa ē .G. v̄ ė heıma. ꝫ þr ꝼelag̃ ꝥ v̇ kō ıñ þraīn ꝼ̃ grıotá. þa ſatu þau hallg̃. vt ok toluðu. þa mlı hallg̃. ꝥ haꝼa þr heıtıð ꝼela g̃ Sıgm̄ðr ꝫ ſkıollðr at ðrepa þorð lauſīgıa .ſ. ꝼoſtra .ɴ.ſſ. en þu heꝼ̃ m̄ ꝥ heıtıð at v̄a v̇ ſtaððr. þr gengu v̇ aller at þr hoꝼðu ꝥu heıt ıt h̄nı. Nu mun ek geꝼa raðıt t̄. ſ. h̃. ꝥ ſt̄ut rıð a auſtr t̄ horna.ꝼ. ept̃ ꝼe yðru ꝫ koma heī vm þıng aunðūt. en eꝼ ꝥ erut heıma. þa mun .ɢ. vılıa at ꝥ rıðıt t̄ þīgſ m; h̄m. ɴ. mun v̄ a a þıngı ꝫ .ſſ. ñ ꝫ ſua .G. En ꝥ ſt̄ut þa ðrepa þorð þr ıattuðu ʼatʽ ꝥı raðag̃ð ſkyllðı ꝼrām ko ma. Sıðan bıuggu þr auſtr ı ꝼıorðu ꝫ vara ðız .G. þ eckı. reıð .G. þa t̄ þıngſ. ɴ. ſendı þorð lauſıngıa .ſ. auſtr vnðer eyıaꝼıoll ꝫ bað h v̄a ı brott eına nótt. h ꝼór auſtr ꝫ gaꝼ h̄m ė auſ tan. ꝥat ꝼlıotıð v̄ ſua mıkıt at langt v̄ v̄ o reıðt. ɴ. beıð ñ eına nott þt h ætlaðı at h ſ kyllðı rıðıt haꝼa m; h̄m ɴ. mlı v̇ .B́. at h̃ ſkyllðı ſenða þorð t̄ þıngſ. þeg̃ h kæmı h eī. íj. nottū ſıðaꝁ kō þorðr auſtan. B. ſag ðı h̄m at h ſkyllðı t̄ þīgſ. en nu ſkalltu rıða vpp ı þorolꝼſ.ꝼ. ꝫ ſıa ꝥ v̄ bu ꝫ v̄a ꝥ ė meıꝁ en eına nott eða .íj. **ꝼall þorðar leyſıngıa .ſ.**

42 Sıgm̄ðr kō auſtan. ꝫ þr ꝼelag̃. hallg̃. .ſ. þeī at þorðr v̄ heıma en h ſkyllðe þa þeg̃ t̄ þīgſ rıða a ꝼaꝁa natta ꝼ̃ſtı mun yðr nu ꝼærı. ſ. h̃. en ė eꝼ þta beꝁ vnðā Mēn komu t̄ hlıðar enða or þorolꝼſ.ꝼ. ꝫ ſ. hallg̃. at þorðr v̄ þar. hallg̃. geck t̄ þra þraīnſ. ok mlı t̄ ñ. Nu ē þorðr ı þorolꝼſ.ꝼ. ꝫ ē yðr nu at vega at h̄m er h ꝼ̃r heī þ ſt̄u v̄ nu g̃a. ſ. ſıg munðr. gengu þr þa vt ꝫ toku vapn ſín ꝫ heſta ꝫ rıðu aleıð ꝼ̇ h. Sıgm̄ðr mlı t̄ ꝥınſ Nu ſt̄u eckı at g̃a þt oſſ mun ė alla t̄ þur ꝼa. Sua mun ek g̃a. ſ. h. þa reıð þorðr lıt lu ſıðaꝁ at þeī. Sıgm̄. mlı ñ. geꝼz þu vpp .ſ. h. þt nu ſt̄u ðeyıa. ė ſt̄ þ. ſ. þorðr. gacktu t̄ eīvıgıſſ v̇ mık. ė ſt̄ þ. ſ. Sıg̃. ꝥ ſt̄u v̄ nıota at v̄ erū ꝼleırı. En ė ē kynlıgt at ſkarph. ſe hetıa mıkıl. þt þ ē mlt ē at ꝼıorðungı breg ðı t̄ ꝼorſtrſ. at ꝥ mun ꝥ v̄ða. ſ. þór. þt ſk̄ph. mun mín heꝼna. Sıðan ſækıa þr at h̄m ꝫ brytr h. ſpıot ꝼ̇ huarū tueggıa þra. ſua v̄ ðız h vel. þa hıo ſkıollðr honð aꝼ h̄m v̄ðız h þa m; ānaꝁı nockᷓa ſtunð. ꝥ t̄ ē Sıgm̄. lagðı h ı gegnū ꝼell h þa ðauðr t̄ ıarðar. þr baru at h̄m torꝼ. ꝫ gríot. þraīn mlı. v̄ hoꝼū ıllt v̄k v̄ nít ꝫ munu .ſſ. ɴ. ılla kūna vıgınu þa ē þr ſpyrıa. þr rıðu heī. ꝫ ſogðu hallg̃. h̃ let vel ıꝼ̇ vıgınu. ʀānueıg .ſ. moðer .G. þ ē mlt at ſkam ma ſtunð v̄ðr honð hogg̃ ꝼegın. enða mun h̃ ſua. En þo mun .G. leyſa þık aꝼ ꝥu malı en eꝼ hallg̃. kēr ānaꝁı ꝼlugu ı mūn ꝥ. þa v̄ðr þ þıñ banı. hallg̃. ſenðı þa mān t̄ berg̃.h. at ſegıa vıgıt. añan mān ſenðı h̃ t̄ þīgſ. at ſegıa .G. vıg̃. B́. q̇. eckı munðu b̄ıa hallg̃ðı ıllyrðū v̄ ſlıkt q̄ð þ enga heꝼnð ꝼ̇ ſua mık.

43 En ē ſēðım̄ kō **Jllmælı vıð nıalſ .ſ.** [mal. t̄ þīgſ at ſegıa .G. vıg. h. ſ. þta ē ılla orðıt. ꝫ ė kæmı þau tıðēðı t̄ eyrna m̄ at m̄ þættı v̄rı. en þo ſt̄u v̄ nu ꝼ̃ þeg̃ at ꝼī na .ɴ. ꝫ vænt̃ mık at h̄m ꝼarı ēn vel þótt h ſe mıog at þreytr. gengu þr þa a ꝼunð .ɴ. ꝫ kolluðu h t̄ malſ v̇ ſık. h geck þeg̃ tıl ꝼunðar v̇ .G. þr tol. ꝫ v̄ eckı m̄ v̇ ꝼyrſtne ma kolſk. horð tıðenðı heꝼı ek at ſegıa ꝥ .ſ.G. víg þorð lauſīgıa .ſ. vıl ek bıoða ꝥ ſıa lꝼðæmı ꝼ̇ vígıt. ɴ. þagðı nockut ſkeıð. ꝫ mlı vel ē ſlıkt boðıt. ſ. h. ꝫ mun ek þ taka en þo er ė oruænt at ek haꝼa amælı aꝼ konu mīnı eða ſonū mınū ꝼ̇ þta þt þeī mun mıog mıſlıka. en þo mun ek a hæt ta þt ek veıt at ek a v̇ ðreīg v̄. vıl ek ꝫ ė at

aꝼ m̄ ſtanꝺı aꝼb̓gð ockaꝵar vínattu. Vılltu n
ockut .ſſ. þına v̇ lata v͛a. ſ.G. eckı. ſ.ɴ. ꝥt eıgı
munu ꝥr þa ſætt rıuꝼa e͛ ek g͛ı. en eꝼ ꝥr ero
v̇ ſtaꝺꝺ͛. þa munu ꝥr ė ſaman ꝺraga ſættına
ſua mun v͛a. ſ.G. ſıa þu eīn ꝼ̇ ꝥr tokuz þa ı hē
ꝺı ꝫ ſettuz vel ꝫ ſkıott. þa mľı .ɴ.cc. ſılꝼrſ g͛ı ek
ꝫ mun ꝥ mıkıt þıkıa. ꝥt þ e͛o tuēn māngıollꝺ. ė
þıkı m̄ ꝥta oꝼ mıkıt. ſ.G. ꝫ geck heī t́ buðar ſın
nar. ſſ.ɴ. komu heī. ꝫ ſꝑꝺı ſk̓pħ huaðan ꝼe þ
ıt mıkla ꝫ ıt goða kæmı er ꝼaðer ħ hellt á. ɴ.m.
Ek ſegı yðr víg þorðar ꝼoſt̄ yðuarſ ꝫ hoꝼu v̇ .G. nu
ſǽzt a malıt. ꝫ heꝼ̄ ħ gollꝺıt ħ tuēnū gıollꝺū hu͛ır
haꝼa vegıt ħ. ſ. ſk̓pħ. Sıgm̄ðr ꝫ ſkıollðr. en ꝥıṅ v̇
þo næꝵ ſtaꝺꝺr. ſ.ɴ. mıkılſ þottı þeī v̇ þurꝼa. ſ. ſk̓p.
en huar ſľ þa komıt e͛ v͛ ſľm hanꝺa heꝼıa. ſkāt
mun t́ ꝥ. ſ.ɴ. ꝫ muntu þa ė ꝥ lattr. En þo þıkı
m̄ nu mıkıt vnꝺer at ꝥ rıuꝼıt ė ꝥa ſǽtt. ſua mu
nu v͛ þa ꝫ g͛a. ſ. ſk̓p. en̄ eꝼ t́ v͛ðr nockut m; oſſ
þa munu v͛ mīnaz a hīn ꝼorna ꝼıanꝺ ſkap en
44 gıſſ mun ek þa v̄ bıðıa. ſ.ɴ. Nu rıða m̄n heım
aꝼ þıngı. ꝫ e͛ G. kō heī. mľı ħ t́ Sıgm̄ꝺ͛. meırı e͛tu
vgıptu m̄ en ek ætlaða ꝫ heꝼ̄ þu t́ ıllz þına
mēnīg. en þo heꝼı ek nu g͛uan þık ſattan ok
ſkyllꝺer þu nu en̄ ė ānaꝵı ꝼlugu lata koma
ı mūn ꝥ. ꝫ e͛tu m̄ eckı ſkaplıkr. þu ꝼ̄r m; ſpot́
ꝫ háð. en þ e͛ eckı mıtt ſkap. kēr þu ꝥ ꝥ́ vel v̇
hallg͛. at þıð eıgıt meıꝵ ſkap ſaman. ħ tal
ꝺı a ħ langa hríð en ħ .ſ. ħm vel. ꝫ q͛z meıꝵ
ñ raðū ꝼ̄m ꝼara þaðan aꝼ en ꝥ t́ haꝼðı v͛ıt
.G.ſ. ħm þ hlyða munꝺu. hellz m; þeī ſætt noc
kura hrıð en avallt mľtuz ꝥr vel v̇ .G. ꝫ .ɴ. ꝫ ſſ.
.ɴ. þótt ꝼátt v͛ı meðal an̄arſ lıðſınſ ſa atburðr
v͛ð at ꝼaranꝺkon̄ komu t́ hlıꝺ͛ enꝺa ꝼ̄ b͛gðorſ.h.
þær v͛ malg͛ ꝫ hellꝺr orð ıllar. hallg͛ áttı ꝺyn
gıu. ꝫ ſat ħ͛ ꝥ́ ıaꝼnan ı. þar v̇ þa þorg͛ðr .ꝺ. hē
nar ꝫ ꝥīn. þar v̇ ꝫ sıg͛. ꝫ ꝼıolꝺı q͛na. G. v̇ ė ꝥ́
ne kolſk. ꝼaranꝺkonur ꝥar gēgu ın̄ ı ꝺyn
gıuna. hallg͛. heılſaðı þeī ꝫ let geꝼa þeī rū
ꝫ ſꝑꝺı at tıðenꝺū. En þær q͛ðuz engı .ſ. hallg͛
ſꝑꝺı huar þær heꝼðı v̄ nottına v͛ıt. þær .ſ. ħt
hoꝼðuz .ſ.ſ.ɴ. at. ſ. hallg͛. ſtrıtaðız ħ v̇ at
ſıtıa. ſ. ꝥ. en .ſſ. ñ ꝥr þıkıaz nu hellz m̄n.

ᴍıkler e͛o ꝥr at vallar ſyn. en óreynꝺ͛ ero
ꝥr mıog. ſ. þǽr. ſk̓p. huattı exı ſína. en g͛mr ſ
keptı ſpıót. en helgı hnauð hıallt a ſu͛ðı. en haꝩſ
kullꝺr treyſtı munꝺrıða ı ſkıllꝺı t́ ſtorræða noc
kuꝵa munu ꝥr ætla. ſ. hallg͛. ė vıtu v̇ þ ſegıa ꝥ.
hvat g͛ðu ħk̓lar .ɴ. ſ. hallg͛. ė vıſſa ek huat ſum̄
g͛ðu. ſ. þær. en eīn ok ſkarnı a hola huı mun
ꝺı þ ſæta. ſ. hallg͛. þ .ſ. ħ q͛ðu þær at ꝥ́ yrꝺı taða
betrı en ānarſ ſtaðar. ᴍıſuıtr e͛ .ɴ. ſ. hallg͛. ꝥ́ ħ
kān t́ hu͛ſuetna rað. huat e͛ ı ꝥ́. ſ. þær þ mun
ek t́ ꝼīna ſē ſatt e͛. ſ. hallg͛. e͛ ħ ok ė ı ſkeɢ ſér at
ħ v͛ı ſē aðrer k̓lm̄n ꝫ kollū ħ nu k̓l ēn ſkeɢlaꝩ
ſa en .ſſ. ñ taðſkeglīga ꝫ q͛ꝺ þu v̄ nockut sıg
m̄ðr. ꝫ lat oſſ nıota ꝥ e͛ þu e͛t ſkallꝺ ħ q͛z ꝥ v͛a
albuīn. ꝫ q͛ð þeg͛ vıſur .íıj. eða .ıııȷ. ꝫ v͛ allar ıll
ar. g͛ſemı e͛tu. ſ. hallg͛. hu͛ſu þu e͛t m̄ eꝼt̄látr
þa kō .G. at ı ꝥ́. ħ haꝼðı ſtaðet ꝼ̇ ꝼ̄man ꝺyng
ıuna. ꝫ heyrt allt orðtakıt. ollū þeī bra v̇
mıog e͛ ħ ſa ın̄ ganga. þognvðu þa aller en
áðr hoꝼðu v͛ıt hlatrar mıklır. G. v̇ reıðr m
ıog ꝫ mľı t́ Sıgm̄. heıſkr e͛tu ꝫ oraðhollr. er
þu vıll hropa .ſ.ſ.ɴ. ꝫ ſıalꝼan ħ e͛ þo e͛ meſt v͛t
ꝫ ſlıkt ſē þu heꝼ̄ þeım aðr g͛t. ꝫ mun ꝥta v͛a þīɴ
hoꝼuðbanı. En eꝼ nockuꝵ m̄ ħm̄ ꝥı orð. þa
ſľ ſa ı b͛ttu v͛ða ꝫ haꝼa þo reıðı mına. en ſua
ſtoð þeī aꝼ ħm ógn mıkıl at engı þorðe ꝥı
orð at ħma. Sıðan geck ħ ı b͛tt. ꝼaranꝺkonur
toľ. ſín ı meðal at þær munꝺu haꝼa láun aꝼ
b͛gðoru eꝼ þær ſegðı ħnı orð ꝥı þær ꝼ̄ oꝼan þā
gat. ꝫ .ſ.B͛. oꝼregıt a laun **heıman ꝼerð nıalſ .ſ.**
Berg͛. mľı e͛ m̄n ſatu yꝼer borðū gıaꝼ̄
ero yðr geꝼñ ꝼeðgū. ꝫ v͛ðı ꝥ lıtlır ꝺreīg͛
aꝼ nema ꝥ launıt. hu͛nıg ero gıaꝼer
.ſ. ſk̓p. ꝥ ſyñ mıñ attuð aller eına gıoꝼ ſam
an þer erot tað ſkeglīg͛ en bonꝺı mīn karl
en̄ ſkeɢlauſı. Eckı hoꝼu v͛ kuēna ſkap. ſ. ſk̓p.
at v͛ reıðımz v̇ ollu. reıꝺꝺız .G. þo ꝼ̇ þına hōꝺ
.ſ. ħ͛. ꝫ þıkır ħ ſkapgoðr. ꝫ eꝼ ꝥ rekıt ė ꝥa ret
ť. þa munu ꝥ eng͛ ſkāma reka. gaman þıꝶ
kerlīgūnı at moður vaꝵı. ſ. ſk̓p. ꝫ glottı at
en þo ſꝑtt ħm ſueıtı ı ēnınu. ꝫ komu rauðer
ꝼleck̓ ı kīnr ħm. en þ v̇ eckı vant at vera.

Grīr v̈ð hlıoðr v̇ ꝫ beıt a vorrīnı. helga b̃ eckı
v̇. ꝫ mlı ħ eckı. ħ. geck ꝼ̃m m; b̃gðoru. ħ̊ kom
īnar ı añat ſīn ꝫ geıſaðe mıok. ɴ. mlı. kēz þo
at ſeīna ꝼarı ħpreyıa ꝫ ꝼ̃r ſua v̄ morg mal þoᵗ
ṁ haꝼı ſkapraun aꝼ. at ıaꝼnan orkar tuımæ
lıſſ þótt heꝼnt ſé. En v̄ kuellðıt ē .ɴ. v̈ komīɴ
ı reckíu heyrðı ħ at ex kō v̇ þılıt. ꝫ ſaung ı mı
og en lokreckıa v̈ ōnur. ꝫ hengu þ̃ a ſkıllðır
ꝫ ſer ħ at þr ēo ı b̃ttu. ħ mlı. hũr heꝼ̃ tekıt oꝼ
an ſkıollðu vara. ſſ. þıñ gengu ẃt m; .ſ. b̃g.
.N. kıptı ſkō a ꝼætr ſer ꝫ geck þeg̃ ẃt ꝫ geck oð
rū megın ħa ꝫ ſér at þr ſteꝼna vpp a hualīɴ
ħ mlı ᵗ ſk̊p̄. hũt ſſ ꝼara ſkarp̄. leıta ſauða
þīna. ſ. ħ. ɴ. mlı eckı munðu þ̃ þa v̈a vap
naðer. eꝼ þ̃ ætlaðet þ ꝫ mun ānat v̈a ēenðıt
laxa ſſu v̈ veıða ꝼaðer eꝼ v̈ rotū ė ſauðı
na. vel v̈ı þ þott ſua v̈ı at þa veıðı bærı ė
vnðan. þr ꝼ̊ leıð ſína. en .ɴ. geck ᵗ huılu ſın
nar. ħ mlı ᵗ b̃g. vtı ȍ .ſſ. þıñ m; vapnū alſ̃
ꝫ muntu haꝼa eggıat þa nu ᵗ nockurſ.
alluel ſſ ek þacka þeī. eꝼ þr ſegıa ṁ vıg ſıg

45 Nv ē at **vıg ſıgmunðar ꝫ ſkıall**[mðar. ȏ
ſegıa ꝼ̃ .ɴ.ſſ. at þr ꝼ̊ vpp ᵗ ꝼlıoz hlıð
ꝫ v̈ v̄ nottına v̇ hlıðına ꝫ ꝼ̊ ı ſug v̇ hlı
ðar enða ē morna tok. þēna morgı ēn ſama
ſtoðu þr Sıgm̄. vpp ꝫ ſkıollðr. ꝫ ætluðu at ꝼ̊
ᵗ ſtoð hroſſa þr hoꝼðu beıſl m; ſér. ꝫ toku h
roſſ ı tunı ꝫ rıðu ı b̃tt at leıta ſtoð heſtzīſ
ı hlıðına. ꝫ ꝼunðu meðal lækıa .íȷ́. ꝫ leıððu
roſſın oꝼan at gotū mıog. ſk̊p̄. mlı ſıaı þer
rauð alꝼīn. þr lıtu ᵗ ꝫ q̃ðuz ſıa ħ. en Sıgm̄. v̈
ı lıt klæðū. ſk̊p. mlı. þu ſſt g̃a at eckı ħ. þt
þu munt opt ſenðr eīn óvarlıga. en ek ætla
ṁ at eıga v̇ Sıgm̄ en þr g̊mr ꝫ helgı ſſu vega
at ſkıllðı. ħ. ſettız nıðr en þr gengu þ̃ ᵗ ē þr
komu mıog ſua at. Sk̊p̄. mlı ᵗ Sıgm̄. tak v
apn þın ꝫ v̈ þık ē þ̃ þ meírı nauð ſyn en que
ða ꝼlím v̄ oſſ. Sıgm̄. tok ẃapn ſın. en ſk̊pħ.
beıð meðan. Skıollðr ſñı ı mót g̊mı ꝫ helga.
ꝫ borðuz þr ı akaꝼa. Sıgm̄. haꝼðı hıalm a hoꝼ
ðı ſer ꝫ ſkıollð a hlıð. ꝫ gyrðr ſũðı ꝫ haꝼðı ſp
íot ı hēðı. Snyr nu ı motı ſk̊pħ. ꝫ leGr þegar

ſpıotınu ᵗ ſk̊pħ. ꝫ kō ı ſkıollðīn. ſk̊p̄ laꝺſtı
ſunðr ſpıot ſkaptıð m; exīní ꝫ ꝼæ̃ vpp exına
ꝫ hoGr ᵗ Sıgm̄. ꝫ kō ı ſkıollðīn ꝫ klauꝼ oꝼā
oðrū megū munȯða. Sıgm̄. bra ſũðı nu en
nı hægrı henðı ꝫ hoGr ᵗ ſk̊pħ. ꝫ kō ı ſkıoll
ðīn ꝫ ꝼeſtı ſũðıt ı ſkıllðınū. ſk̊pħ. ſnaraðe
ſua ꝼaſt ſkıollðīn at. Sıg̃. lét lauſt ſũðıt. ſk̊p.
hauGr þa ᵗ ſıgm̄. m; exīní. Sıgm̄. v̈ ı panza
ra exın kō a oxlına. ħ klauꝼ ħðar blaðıt
ꝫ hnyck̊ at ſer exīnı ꝫ ꝼell a kne bæðı ꝫ ſp̄ᵗ
vpp þeg̃. lauztu ṁ nu. ſ. ſk̊pħ. en þo ſſtu ı
moðurætt ꝼalla aðr v̇ ſkılıū. þ ē ılla þa. ſ.
Sıgm̄. Sk̊pħ. lauſt a hıalmīn ꝫ hıo ħ bana
hoG. G̊mr hıo a ꝼotīn ſkıllðı. ꝫ tok aꝼ ı rıſſ
lıðnū en helgı lagðı ſũðı ı gegnū ħ haꝼðı ħ
þa bana. Sk̊pħ. ſa ſmalamān hallg̃ þa haꝼ
ðı ħ hoggıt hoꝼut aꝼ ſıgm̄. ħ ſellðı ſmala
ṁ ı henðr hoꝼuðıt ꝫ bað ħ ꝼæra hallg̃. ok
q̃ð hana kēna munðu huart þ hoꝼut h
eꝼðı q̊ðıt nıð v̄ þa. Smalaṁ kaſtaðı nıðr
þegar hoꝼðınu er þr ſkılðu þt ħ þorðe ė
meðan þr ȍ v̇ þr ꝼ̊ þar ᵗ ē þr ꝼunðu m̄n
nıðrı v̇ markar.ꝼlíot. ꝫ ſagðı þeī tıðenðín l
yſtı ſk̊pħ. vıgı ſıgm̄. a honð ſer. en þr g̊mr
ꝫ helgı vıgı ſkıallðar ꝼ̊ þr þa heī. ꝫ ſ.ɴ.
tıðenðín. ħ .ſ. ſva nıotıð heılır hanða ħ̊ ſſu
ė ſıalꝼðæmı ꝼ̇ koma. at ſua bunu. Nu ē þ̃ ᵗ
malſ at taka at ſmala ṁ kēr heī ᵗ hlıðar
enða ħ .ſ. hallg̃. tıðenðín ꝼeck ħ ṁ ı henðr
hoꝼuð Sıgm̄. ꝫ bað mık ꝼæra þ̃. en ek þorða
þ ė. ſ. ħ þt ek vıſſa ė hũſu þu munðer kun
na þ̇. þ v̈ ılla ē þu g̃ðer þ ė. ſ. ħ̊. ek ſkyllða
ꝼæra .G. ꝫ munðı ħ þa heꝼna ꝼrænða ſınſ
eða ſıtıa ꝼ̇ hũſ manz amælı. Sıðan geck ħ̊
ᵗ ꝼunð v̇ .G. ꝫ mlı ᵗ ħ. Ek ſegı þ̃ víg Sıgm̄
ꝼrænða þínſ heꝼ̃ ſk̊pħ. vegıt ħ. ꝫ vıllðe
lata ꝼæra ṁ hoꝼuðıt. ſlıkſ v̈ ħm van. ſ.G.
þt ılla geꝼaz ıllráð. ꝫ heꝼ̃ huartueggıa
yckart opt g̃lıga g̃t ᵗ ānarſ. Geck þa .G. ı
b̃tt. ħ lét eckı ᵗbua vıgſmalıt ꝫ engan lut
at haꝼa hallg̃. mıntı opt á ꝫ ſagðı ſıgm̄.
v̈a obættan. G. gaꝼ eckı gaū at aeggıan

ħnar. Nu lıðu .ííj. þíng þau ẽ m̄n ætluðu at ħ
munðı ſækıa malıt. þa kō eıtt vanða mal
at hēðı .G. þ ẽ ħ vıſſı ė hūſu vpp ſkyllðı taka reíð
ħ þa t̉ ꝼunðar v͛ .N. ħ ꝼagnaðe .G. vel. G. mꝉı tıl
.N. heılræðı em ek komīn at ſækıa at ꝥ v̄ eítt
vanða mal. maklıgr ẽtu þra. ſ.N. ɜ réð ħm rað
ın. G. ſtoð þa vpp. ɜ þackaðe ħm. N. mꝉı þa ɜ tok
t̉ .G. ærıt lengı heꝼ nu v͛ıt Sıgm̄. ꝼrænðı þīn o
bættr. ꝼ longu var ħ bættr. ſ.G. en þo vıl ek eıḡ
ðrepa henðı v͛ ſoma mınū. G. haꝼðe allð ılla
mꝉt t̉ .N.ſſ. N. vıllðı eckı añat en .G. ḡðı v̄ mal.
ħ ḡðı .cc. ſılꝼrſ en let ſkıollð v͛a ogıllðan. þr
greıððu þegar allt ꝼéét. G. ſagðı ſætt þra
vpp a þīgſkala þīgı. þa ẽ þar var meſt ꝼıol
mēnı. ɜ tıaðe huerſu vel þeī haꝼðı ꝼarıt ok
ſagðı v̄ orð þau en ıllu ẽ ſıgm̄. ð̊ t̉ bana. þau
ſkıllðı engı vppı haꝼa ſıðan eða v͛a vgıllðr
ſa ẽ mꝉı. þr mꝉtu þ baðer .G. ɜ N. at enḡ luter
ſkyllðu þr t̉ v͛ða at ė ſēðı þr m; ſer ſıalꝼ eꝼn
ðu þr þ ɜ vel ſıðan. ɜ v̊ alla tıma vıñ. **aꝼ gızorı**

46 G JZOŘ hͭ m̄ ħ v͛ teız .ſ. **huíta ɜ Geır Goða**
ketılbıarnar .ſ. hınſ gāla ꝼ moſ
ꝼellı. Moðer .G. hͭ aloꝼ ɜ v͛ .ð. boðu
arſ ħſıſſ vıkīga kara .ſ. ħ .ſ. v͛ Jſl
eıꝼr ƀp. en moðer teız het helga
ɜ v͛ .ð. þorðar ſkeggıa hrapſ .ſ. bıarnar .ſ. bu
nu. Gızoŗ huıtı bıo at moſꝼellı. ɜ v͛ hoꝼðīgı
mıkıll. Sa m̄ ẽ neꝼnðr t̉ ſogūnar ẽ Geıŗ hͭ
ħ v͛ kallaðr Geıŗ goðı moðer ħ hͭ þorkatla
ɜ v͛ .ð. ketılbıarñ hınſ gāla ꝼ moſꝼellı. Geı`R´
bío ı hlıð. þr Gıž. ꝼylgðuz a hūıu malı. J
þna tıma bío Morðr valḡz .ſ. at hoꝼı a ráng
ár vollū. ħ v͛ ſlægr ɜ ıllgıarn. þa v͛ valḡðr v
tan ꝼaðer. ħ. en moðer ħ onðut. ħ oꝼunða
ðe mıog .G. ꝼ hlıðenða. ħ v͛ vellauðıgr at ꝼe.

47 O tkell hͭ m̄ ħ v͛ **aꝼ ottkelı J k͛kıu bæ**
ſkarꝼſ .ſ. hallkelſ .ſ. ſa hallkell barðız
v͛ ġm ı grīſ neſı. ɜ ꝼellðı ħ a holmı. þr v̊
bræðr hallkell ɜ ketılbıorn hīn gālı. Otkell
bıo ı kırkíu bǽ. þorḡðr hͭ kona ħ. ħ̊ v͛ marſ .ð.
braunðolꝼſ .ſ. naððaðar .ſ. hınſ ꝼær eyſka
.O. v͛ auðıgr at ꝼe. Son ħ hͭ þorgeıŗ. ħ v͛ a vng

ū allð ɜ ḡuılıgr m̄. Skākell hͭ m̄. ħ bıo at ho
ꝼı oðru ħ attı ꝼe vel. ħ v͛ m̄ ıllgıarn ɜ lygīn ó
ðæll ɜ ıllr vıðr eıgñ. ħ v͛ vınr otkelſ. hallkell
hͭ broðer otkelſ ħ v͛ mıkıll m̄ ɜ ſꝉkr ɜ v͛ þar m;
otk̄. ƀ̊ðer þra hͭ hallƀ hͭtı. ħ ꝼluttı v́t þræl er
ẽ melkolꝼr hͭ. ħ v͛ ıſkr ɜ hellðr vuınſæll. hall
bıorn ꝼór t̉ vıſtar m; Otk̄. ɜ þr melkolꝼr. þræl
līn mꝉı þ ıaꝼnan at ħ þættız ſæll eꝼ otk̄. ǽttı
ħ. O. v͛ vel t̉ ħ. ɜ gaꝼ ħm knıꝼ ɜ belltı. ɜ al kl
æðnat. En þræll̄ın vān allt þ ẽ ħ vıllðı. Otk̄.
ꝼalaðe þrælīn at ƀ̊ður ſínū ħ q̉ munðu geꝼ
a ħm þrælīn. ɜ q̄ð ħ þo v͛a v͛ra ġp en ħ ætlaðı.
En þegar. Otk̄. áttı þrælīn. þa vān ħ allt veŗ
Otk̄. ræððı v̄ opt ꝼ hallbırnı huıta at ħm þóttı
þræll̄ın lıtıð vīna. ħ ſeḡ ħm þo allt ānat veŗ
geꝼıt. J þān tıma kō hallærı mıkıt ſua at m̄ᴺ
ſkortı bæðı hey ɜ mat ɜ geck þ v̄ allar ſueıꝉ.
.G. mıðlaðı morgū mānı hey ɜ mat. ɜ hoꝼðu allẽ
þr ẽ ꝥ komu meðan t̉ v͛. Sua kō at .G. ſkortı bæ
ðı hey ɜ mat. þa q̄ððı .G. kolſkeG t̉ ꝼ̄ðar m; ſ̊
ɜ þraın ſıgꝼ .ſ. ɜ lāba Sıḡðar .ſ. þr ꝼ̊ ı k͛kıubæ
ɜ kolluðu otk̄. v́t ħ ꝼagnaðı .G. vel. ħ tok vel
queðıu ħ. Sua ẽ háttat. ſ.G. at ek em komīn
at ꝼala at ꝥ hey ɜ mat eꝼ t̉ v͛ı. huartueggıa
ẽ t̉. ſ. Otk̄ en huarkı vıl ek ꝥ ſelía. vılltu ge
ꝼa m̄. ſ.G. ɜ hætta a hūıu ek launa ꝥ. ė vıl ek
þ. ſ. ħ. ſkākell v͛ t̉ lagaıllr. ꝥīn ſıgꝼ mꝉı. ꝥ værı
vert at v͛ tækī vpp bæðı hey ɜ mat ɜ legðī v͛ð ı
ſtaðīn. Alðauða eru moſꝼellīgar þa eꝼ þér
ſıgꝼ .ſſ. ſꝉut þa ræna með engı rán vıl ek ꝼ̊
.ſ.G. vılltu kaupa þræl at m̄. ſ. otk̄. þ ſparı ek ė
.ſ.G. Sıðan keyptı .G. þrælīn ɜ ꝼór ı brott m; ſ̊
buıt. þta ſꝑðı .N. ɜ mꝉı. Jlla ẽ ſlıkt ḡt at v͛na ſ
aulu ſlıkū ſlıkū m̄ ſē .G. ẽ. ɜ mun þar ė oðrū
goðſ v́an ẽ ſlık ſꝉu ė ꝼa. huat þarꝼtu. ſ. ƀg
ðora mart t̉ ſlıkſ at tala ɜ ẽ nu mıklu ðreī
gılıḡ at mıðla ħm hey ɜ mat ẽ þık ſkortır
huarkı t̉. N. mꝉı. þta ẽ ðagſaña ɜ ſꝉ ek bırgıa
ħ at nockuru. ꝼor ħ vpp ı þorolꝼſ ꝼell ɜ .ſſ. ħ
ɜ bunðu ꝥ hey a .xv. heſta. en a .v. heſtū hoꝼ
ðu þr mat. N. kō t̉ hlıðar enða. ɜ kallaðı .G.
vt. G. ꝼagnaðe þeī vel. N. mꝉı. ħ̊ ẽ hey ɜ matr

ẽ ek vıl geꝼa ꝥ. vıl ek at þu leıt̃ allð̇ añaꝛ̃a en m
ín eꝼ þu þarꝼt nockurſ ṽ. goðar ero gıaꝼ̃ þıń
.ſ.G. en meíra þıkı m̃ ṽt vınꝼengı þıtt ꝫ .ſſ. þı̃
na. ꝼór ɴ. heī ꝫ lıðr nu varıt. **ſtulðr hallgerð**
48 Gṽnaꝛ̃ rıðr t̃ þıngſ ṽ ſumarıt. en at .G.
gıſtı ꝼıolmēnı mıkıt. auſtan aꝼ ſıðu ꝫ
bauð at þr gıſtı ꝥ ẽ þr rıðı aꝼ þıngı þr
q̃ðuz ſua g̃a munðu. rıða nu t̃ þıngſ. ɴ. ṽ ꝫ
a þīgı ꝫ ſſ. þıngıt ẽ kyrt. ꝫ ẽ þa ꝼátt ꝼ̃ at ſeg
ıa Nu ẽ þar t̃ at taka at hallg̃ at hlıðar ēða
kēr at malı ṽ melkolꝼ þræl. Senðıꝼor heꝼı
ek ꝥ hugat. ſ. ħ. þu ſ̃lt ꝼ̃ ı k̃kıubæ huat ſ̃l ek
þangat. ſ. ħ. þu ſ̃lt ſtela þaðan mat a tua heſ
ta ꝫ haꝼa ſmıor ꝫ oſt. en þu ſ̃lt leggıa ellð ı
vtı burıt ꝫ munu aller ætla at aꝼ vangeym
ſlu haꝼı orðıt en engı mun ætla at ſtolıt ha
ꝼı ṽıt. þrællīn m̃lı. ván ðr heꝼı ek verıt en þo
þo heꝼı ek allðrı þıoꝼr ṽıt heyr enðemı. ſ. ħ
þu g̃a þık goðan ꝥ ſē þu heꝼ̃ ṽıt bæðı þıoꝼr
ꝫ morðıngı ꝫ ſ̃ltu ė þora añat en ꝼara ella ſ̃l
ek lata ðrepa þık. ħ þottız vıta at ħ mun
ðı ſua g̃a eꝼ ħ ꝼærı ė. tok ħ ṽ nottına .íȷ́.
heſta ꝫ lagðı a lenur. ꝫ ꝼ̃r ı k̃kıubæ. hunðr
gó ė at ħm ꝫ kenðı ħ ꝫ hlıop ı motı ħm ꝫ let
vel ṽ ħ. Sıðan ꝼór ħ t̃ vtıburſ. ꝫ lauk vpp
ꝫ klyꝼıaðı þaðan .íȷ́. heſta aꝼ mat en brē
ðı burıt. ꝫ ðrap hunðīn. ħ ꝼ̃r vpp m; ráng á
þa ſlıtń ſkoþueīgr ñ ꝫ tekr ħ knıꝼīn ꝫ g̃ır at
ħm lıɢr epꞇ̃ knıꝼrīn ꝫ belltıð. ꝫ ꝼ̃r ꝥ t̃ er
ħ kēr t̃ hlıðar enða. þa ſaknar ħ knıꝼſīſ
ꝫ þoꞇ̃ ė aptr at ꝼara. ꝼæꞇ̃ nu hallg̃. mat
īn. ħ lét vel ıꝼ̃ ħſ ꝼ̃ð. Vm morgınīn ẽ m̃n
komu ýt ı k̃kıu bæ ſa m̃n ꝥ ſkaða mıkīn
var þa ſenðr m̃ t̃ þīgſ at ſegıa Otk̃. þt ħ ṽ
a þıngı. ħ ṽð vel ṽ ſkaðān q̃ð þ vallða mun
at ellð ħıt ṽ áꝼaſt vtı burınu. ꝫ ætluðu þ
þa aller at þ munðı t̃ ṽa. Nu rıða m̃n heī
aꝼ þīgı ꝫ rıða marg̃ t̃ hlıðar enða. hallg̃
bar mat īnar ṽ kuellðıt. ꝫ kō īnar oſtr
ꝫ ſmıor. G. vıſſı ſlıkſ maꞇ̃ þar eckı ván
ꝫ ſpurðı hallg̃. huaðan þ kæmı. þaðan
ſē þu mátt vel eta. enða ẽ þ eckı karla
at ānaz ṽ matreıðu. G. reıððız ꝫ m̃lı. ılla
er þa eꝼ ek em þıoꝼſ nautr. ꝫ lyſtr han
a kīn heſt. ħ k̃ þañ heſt muna ſkyllðu ꝫ
launa eꝼ ħ mættı. geck ħ þa ꝼ̃m ꝫ ħ m;
ħní. ꝫ ṽ þa borıt allt aꝼ borðınu. ꝫ borıt ın
nar ſlatr eıtt. ꝫ ætluðu aller at þ mun
ðı haꝼa t̃ borıt at þ munðı þıkıa ꝼēgıt
49 betr. ꝼ̃ nu ı ṽtt þīgm̃n. Nu er at ſegıa ꝼ̃
ſkākelı at ħ ríðr at ſauðū vpp m; rangá
ꝫ ſer ħ at gloar nockut ı gotūnı ꝫ hleypr
aꝼ bakı ꝫ tekr vpp ꝫ ṽ þ knıꝼr ꝫ belltı. ꝫ
þık̃ız ħ kēna huartueggıa ꝫ ꝼeꝛ̃ ı kırkıu
bæ. Otk̃. ẽ vtı ſtaððr. ꝫ ꝼagń ħ vel. Skākell
m̃lı. kēnır þu nockut t̃ g̃pa ꝥa. kēnı ek. ſ
ħ hũr á. ſ. ſkāk̃. ᴍelkolꝼr. ſ.O. kēna ſ̃lu ꝼleı
rı en ṽ. ſ. ſkā. þt ẏꝛ̃ ſ̃l ek ꝥ ı ráðū. þr ſynðu m
orgū ꝫ kenðu at ſa ṽ. þa m̃lı ſkā. huat muntu
nu t̃ raða taka. O.ſ. V̇ ſ̃lm ꝼara at ꝼīna ᴍaꝛ
rð valg̃ðz .ſ. ꝫ ṽa þta vpp ꝼ̃ ħ. Sıðan ꝼ̃ þr t̃ ho
ꝼſ. ꝫ ſyna m̃ðı knıꝼīn ꝫ ſpyꝛ̃ eꝼ ħ kēnı. ᴍorðr
kuez kēna knıꝼīn eða huat ẽ at ſlıku. eða
þıkız ꝥ t̃ hlıðarenða eıga epꞇ̃ nockuru at
ſıa. vant þık̃ oſſ m; ſlıku at ꝼ̃ ſ. ſkā. ẽ vıð
ſlıka oꝼreꝼlıſm̃n ẽ ṽ at eıga. ſua ẽ vıſt. ſ.
.ᴍ̃. en þo mun ek vıta þa lutı or hıbylū .G. er
huargı yckaꝛ̃ mun vıta. geꝼa vılıū ṽ ꝥ ꝼeꞇ̃
at þu leıꞇ̃ epꞇ̃ þu málı. þ ꝼe mun m̃ ꝼullk
eypt en þo ma ṽa at ek lıta á. Sıðan ga
ꝼu þr ħm .ııȷ. m̃kr ſılꝼrſ. t̃ þ at ħ ṽı meðr
þeī ı lıðueızlu. ħ gaꝼ þ t̃ raðſ at konur ſk
yllðu ꝼ̃ m; ſmá varnīg. ꝫ geꝼa ħpreyıum
ꝫ vıta hũıu þeī ṽı launat. þt aller haꝼa þ
ſkap at geꝼa þ vpp ꝼyrſt ẽ ſtolıt ẽ. eꝼ þ haꝼa
at varðueıta. ꝫ ſua mun ħ eꝼ aꝼ m̃ volldū
ẽ. ſ̃lu þær þa ſyna m̃ aꝼ hũıu geꝼıt ẽ hũgı
vıl ek þa ṽa lauſſ málſ ꝥa. eꝼ vppuıſt ṽðr. Sa
ṽ ſkılðagı þra. ꝼ̃ þr en ᴍorðr ſenðı konur ı
ħat ꝫ ṽ þær ı brott halꝼan manuð. þa kōu
þær aptr ꝫ hoꝼðu byrðar ſtorar. ᴍ̃. ſp̃ðı ħ
þeī heꝼðı meſt geꝼıt ṽıt. þær ſogðu er at
hlıðarenða ṽı meſt geꝼıt. ꝫ hallg̃ yrðe
þeī beztr ðreīgr. ħ ſpyꝛ̃ huat þeī ṽı ꝥ geꝼ̃.

þær .ſ. at þeī v̾ı þ᷑ gefıt oſtr ⁊ ſmıor. h̄ beıððız at
at ſıa þær ſynðu h̄m ⁊ v̊ þ ſneıð̄ marḡ tok h̄
þær ⁊ varðueıttı. lıtlu ſıðaꝛ̄ f̄r h̄ at fīna ot
k̄. ⁊ bað h̄ at taka ſkyllðı oſtkıſtu þorḡðar ⁊ v̾
ſua ḡt. lagðı h̄ þar ı ſneıðırn̄. ⁊ ſtoðz þ a enðū
⁊ oſtkıſtan. ſa þr þa at heıll hleıfr hafðı þeī
v̾ıt gefīn. þa mlı M̄. Nu megı þ᷑ ſía at hallḡ.
mun ſtolıt hafa oſtınū. ðrogu þr þa oll ðæ
mı ſaman. Seḡ þa M̄. at h̄ þıkız lauſſ v̾a malſ
þa ſkılðu þr at þ᷑. kolſk̄. kō at malı v̾ .G. ⁊ mlı.
ıllt ē at ſpyrıa alræt ē at hallḡ. munı ſtolıt
hafa ⁊ vallðıt þeī enū mıkla ſkaða or k̾kıu
bæ. G. q̊ ætla at ſua munðı v̾a. eða huat ē nu
t̄ ráða. kolſk̄. mlı. þu munt þıkıa ſkyllðaztr t̄
at bæta f̄ konu þına. ⁊ þıkı m̄ ráð at þu fa
r̄ at fīna otkel ⁊ bıoð̄ h̄m goð boð. þta er vel
mlt. ſ.G. ⁊ ſl̄ ſua v̾a. lıtlu ſıðaʀ ſenðı .G. epť þın
ſıgf̄ .ſ. ⁊ lāba ſıḡðar .ſ. þr f̊ þeḡ t̄ hlıðar enða
⁊ ſp̄ðı þīn huat þr ſkyllðı. G.ſ. ek ætla at f̊ ı k̾kı
v bæ. þīn lét vel ıf̄ þ᷑. þt h̄ v̾ vınr hallḡ. þr rıð
a .xíj. ſaman. ⁊ kōa ı k̾kıubæ. kalla vt otkel.
Þar v̾ ſkā. ⁊ mlı. ek ſl̄ vt ganga m; þ᷑. ⁊ mvn
nu beť at hafa v`ı´tz munı v̾. munða ek þ vılı
a at ſtanða þ᷑ þa næſt er þu þyrf̄ meſt ſem
nu mun v̾a. þıkı m̄ þat rað at þu later ðrıuglıga
Sıðan gengu þr vt. O. ⁊ ſkā. hallkell ⁊ hallbıorn
þr heılſuðu .G. h̄ tok þ᷑ vel. O. ſpyrr hv̾t h̄ ætla
ðı at f̊. ė leīgra en hıngat. ſ.G. ⁊ ē þ erenðı m
ıtt hīgat at ſegıa þ᷑ v̄ ſkaða þan̄ en̄ ılla at h̄ ē
af vollðū konu mīnar ⁊ þrælſ þ ē ek keypta at
þ᷑. ſlıkſ v̾ at h̄m ván. ſ. hallbıorn. G. mlı. h̄ vıl
ek bıoða f̄ goð boð at hın̄ beztu m̄n ſkıpı v̄ ı
h̄aðınu. ſkā. mlı. þta ē̄o aheyrılıg boð ⁊ óıaf
nlıg. þu ēt vınſæll af bonðū. En otkell ē v vī
ſæll. bıoða mun ek at ḡa v̄ ſıalfr ⁊ luka vpp
þeḡ ⁊ leggıa þo a vınattu mına ⁊ greıða nu allt
féét. ⁊ mun ek bæta þ᷑ tuēnū botū. ſkā.m. þē
na ſl̄tu ė þıggıa ⁊ ē þ grūnuðlıgt ef þu ætl
ar at ſelıa h̄m ſıalfðæmı. G.m. ſkıl ek h̄ t̄lo
ḡ m̄. nær ſē þ v̾ðr launat. ſ. h. enða ðæm þv
nu ſıalfr. O laut at ſkā. ⁊ m. hv̾ıu ſl̄ ek nu
ſv̾. þta ſl̄tu kalla vel boðıt en vıkıa malı
þínu vnð̄ Gız̄ huíta. ⁊ Geır goða. munu þat
þa marḡ mæla at þu ſer lıkr hallkatlı foður
foð̄ þınū at meſtr kappı hef̄ v̾ıt. O.m. vel ē
þta boðet .G. en þo vıl ek at þu lıaer m̄ tóm
ſtunð t̄ at fīna Gız̄ h. ⁊ Geır goða. G.m. f̄ðu
m; ſē þu vıll nu. En þ mūnu ſumer m̄n mæla
at þu kūn̄ ė at ſıa ſoma þīn ē þu vıllt ė þa
koſtı ē ek hefı boðıt. rıðr-.G. heī. en ē h̄ v̾ ı b̾t
tu tok hallbıorn t̄ malſ. h̄ veıt ek meſtan m̄
mun. G. bauð þ᷑ morg goð boð en þu vıll̄ð engı
af taka. Eða huat muntu mega ætla þ᷑ at
ðeıla v̾ .G. ıllðeıllðū þar ſē engı ē h̄ makı. en
þo ē h̄ ſua vel at ſ̄ at h̄ mun lata ſtanða boð
þı þottu þıgḡ ſıðaꝛ̄ þıkı m̄ ráð at þu faf̄ at
fīna. Gız̄ h̄ta ⁊ Geır goða nu þeḡ. O. let taka
heſt ſīn. ⁊ bıo ſık at ollu. O v̾ eckı glauGſk
ygn ſkā geck a leıð m; O. h̄ ræððı v̾ .o. vnðr
þottı m̄ ē broðer þīn vıllðı ė taka af þ᷑ þta ſtarf.
vıl ek bıoða þ᷑ at f̊ f̄ þık ē ek veıt at þ᷑ þıkır
mıkıt f̄ f̄ðū. þ mun ek þıggıa. ſ.O. ⁊ vertu ſē
rettorðaztr. ſua ſl̄ v̾a. ſ. ſkā. tok h̄ þa v̾ heſtı
.o ⁊ klæðū h̄. en .o. geīgr heī. hallb̄. v̾ vtı. ⁊ mlı
t̄ o. ıllt ē at eıga þræl at eīga vın ⁊ munu v̾
þa ıafnan ıðraz er þu hef̄ aptr horfıt ⁊ ē þ o
vıtrlıgt bragð at ſenða en̄ lygnazta mān þ
erenðıſ er ſua mun mega kalla at lıf m̄ lıg
gı v̾. hræððr munð̄ þu v̾ða. ſ.O. ef G. hefðı a l
optı atgeırīn er þu ert ſua ēn. ė veıt þ hv̾r
þa ē hræððaztr. en þ muntu eıga t̄ at ſegıa
at .G. mun eckı lengı munða atgeırnū ef h̄
ē reıðr. O.m. huıkıþ᷑ aller nēa ſkā. v̊ þr þa bað̄

50 Skākell kō t̄ moſ **capıtulum-** [reıð̄
ſfellz ⁊ hermðı boð oll f̄ Gız̄ı Sva vır
ðız m̄. ſ. Gız̄ ſē þta hafı allvel boðet
v̾ıt eða h̄ þa h̄ ė þı boð. þ v̾ meſt ı þ᷑ at aller
vıllðu leıta þ᷑ vegſ ı þ᷑ at bıða þıña atkuæ
ða ⁊ mun ollū þ bezt gegna. þar v̾ ſkā
v̄ nottına. Gız̄. ſenðer mān epť Geır goða
⁊ kō h̄ ofan ſnēma. ſeḡ þa G. h̄m eða hv̾ıu
vıllttu nu v̾a lata eða ſ. Gız̄ þ ſē þu m
unt hafa raðet v̾ þık. ſ. geıꝛ̄ g. at ḡa þ
af þu malı ſē bezt gegn̄. Nu mun ek la

koſt. en g̃t heꝼı ek þa ēn eıtt rað ꝼ m̄. ſ. h ꝫ ſl
þ ꝼrām koma. Gız̄ .ſ. þ vılıū v̄ at þu gıallð̄ ec
kı en þ̄ beıðu v̄ at þu ſér vınr O. þ ſl v̄ða all
ð ſ.G. meðan ek lıꝼı ꝫ mun h haꝼa vınattu
ſkā. þrı heꝼ̄ h lengı hlıtt. Gız̄ .ſ. þo vılıū v̄
nu luka malınu þottu raðer eīn ſkılðaga
nū v̊ þa hanſalaðar þar ſætt̄ allar. G. mlı
t O. raðlıgra ē þ̄ at ꝼ̊ t ꝼrænda þına en
eꝼ þu vıllt v̄a þar ı ſueıt þa g̃ðu eckı t
ſaka v̇ mık. G. q̄ð þ v̄a heılræðı. ꝫ ſl h s̃ g̃a. Gv̄.
haꝼðı mıkla ſæmð aꝼ malınu. rıðu m̄n ſı
ðan heī aꝼ þīgı. ſıtr .G. þa ı buı ſınu ꝫ ē nu

52 Rvnolꝼr ħ **aꝼ runolꝼı goð** [kyrt v̄ hrıð **a**
m̄ ſ. vlꝼſ aurgoða. h bıo ı ðal ꝼ auſtan
markarꝼlıot. h gıſtı \o/ ē h reıð aꝼ þīgı
o. gaꝼ hm vxa alſuartan ıx vet̄ gālan. ʀun
olꝼr þackaðı hm gıoꝼına ꝫ bauð hm heī þa
ē h vıllðı ꝼ̊. ꝫ ſtoð þta heībod nockut ſkeıð s̃
at h ꝼor ė. ʀunolꝼr ſendı hm opt m̄n ꝫ mī
tı a at h ſkyllðı ꝼara ꝫ ħ h ıaꝼnan ꝼ̃ðınnı.
O. áttı heſta .ıȷ. bleık alotta. þr v̊ bezt̄ reıð heſtar
ı h̄aðınu. ꝫ ſua elſkr huaʀ at oðrū at ħʀ rān
ept̄ oðrū. auſtm̄ v̄ a vıſt m; .O. ē auð vlꝼr ħ
h lagðı hug a ſıgnyıu .ð.O. auð vlꝼr v̄ mıkıll
maðr vextı ꝫ ſterkr. **ottkell ſottı heımboð**

53 Þat v̄ v̄ varıt at otk. mlı at þr myndı rıða
auſtr ı ðal at heīboðı. ꝫ letu aller vel ıꝼ̄
þ̄ ſkā. v̄ ı ꝼaur m; .O. ꝫ bb.íȷ. auðulꝼr
ꝫ ııȷ m̄n aðrer. O. rıðr hınū bleıkalotta heſ
tı en ānaʀ rān hıa lauſſ. ſteꝼna þr auſtr
t markarꝼlıotz. hleyper .O. ꝼ. æraz nu ba
ðer heſtarn̄ ꝫ hlaupa aꝼ leıðīnı vpp t ꝼlıozhl
ıðar. ꝼ̃r O. nu meıra en h vıllðı. G. haꝼðe ꝼ
ıt eīn ſaman heıman aꝼ bæ ſınū. ꝫ haꝼ
ðı kornkıppu ı ānarrı hēðı en ı ānaʀı hanð
exı. h gengr a ſað lð ſıtt ꝫ ſaar þar nıðr
kornınu ꝫ lagðı aꝼ ſer guðueꝼıarſkıckıu ꝫ
lagðı nıðr exına hıa ſer ꝫ ſár nu kornınınu
ū hrıð Nv er at .ſ. ꝼ̃ .O. at h rıðr meıra en h
vıllðı h heꝼ̄ ſpora a ꝼotū ꝫ hleyþ̄ neðan vm
ſáð lðıt ꝫ ſer huargı þra .G. ānan. ok ı þ̄ ē .ɢ. ſt
enðr vpp rıðr O. a h oꝼan ꝫ rekr ſporān vıð

eyra .G. ꝫ rıſtr h mıkla rıſtu ꝫ blæððı þeg̃
mıog. þar rıðu þa ꝼelag̃ .O. all̄ meguð
þ̄ ſıa. ſ.G. at þv heꝼ̄ bloðgat mık ꝫ ē ſlıkt
vſæmılıga ꝼarıt. heꝼ̄ þu ſteꝼnt
m̄ ꝼyſt en treðr mık nu unð̄ ꝼotū ꝫ rıðr
a mık. Skā mlı vel ē v̇ orðıt en hūgı vartu
oreıðulıg̃ a þīgı er þu hellt a atgeırnū
G. mlı. þa ē v̇ ꝼīnūz næſt. ſkā ſltu ſıa atgeır
ſıðan ſkılıa þr. Skā mlı hart rıðıð þ̄ ſueınar
G. geck heī ꝫ gat ꝼ engū m̄ v̄ ꝫ ætluðu eng̃
at þta munðe aꝼ m̄uollðū orðıt haꝼa eīu ·
hūıu ſīnı v̄ þ at h .ſ. kolſk b̄ður ſınū. h.m.
þta ſltu ſegıa ꝼleırū m̄m at ė ſe þ mlt at
þu geꝼ̄ ðauðū ſok. þt þrætt mun v̄a ı mo
tı eꝼ ė vıtu vıtnı aðr huat þ̄ haꝼıð ſamā
att. G.ſ. nabuū ſınū ꝫ v̄ lıtıl orðræða ꝼyſt
a. O. kēr auſtr ı ðal ꝫ ē þ̄ v̇ þeī vel tekıt ꝫ ſı
tıa þ̄ vıku. Skā. ſ. allt ʀunolꝼı. hūſu ꝼor m;
þeī .G. þa ꝼrettı eīn m̄ hūſu varð .G. v̇. ſkā
.ſ. þ munðı mlt eꝼ otıgīn m̄ v̄ı at gratıð heꝼðı
Jlla ē ſlıkt mlt. ſ.ʀ. ꝫ muntu þ t ſegıa næſt
er þıð ꝼīnız at ór ſe g̃trauſt or ſkapı h̄. ꝫ v̄ı
vel eꝼ ė gyllðı bet̄ m̄n þīnar ıllzku. lız m̄ nu
hıtt rað. þa ē þ̄ vılıt heī ꝼara at ek ꝼ̊ m; yðr
þt .G. mū ė g̃a m̄ meın. ė vıl ek þ ſ.O. ꝫ mu
nu v̄ rıða neðarlıga ıꝼ̄ ꝼlıotıð. ʀun̄ gaꝼ hm
goðar gı\a/ꝼ̄ ꝫ q̄ð þa ė ſıaz munðu optaʀ. Otk.
bað h þa muna ſynı ſınū eꝼ s̃ bærı v̇. þ ē með

54 Nv ē **ꝼall ottkelſ ꝫ** [þeī v̄ vel.
t at taka at hlıðarenða. G. ē vtı ꝫ
ſer ſmalamān ſīn hleypa at g̃ðe
h reıð heī ı tunıt. G.ſ. ħ rıðr þu ſua hart ek
vıllða v̄a þ̄ t̄lynðr. ek ſa m̄n rıða oꝼan með
markꝼlıotı .vııȷ. ſaman ꝫ v̊ ıııȷ ı lıtklæðū
G. mlı. þar mun v̄a O. ek heꝼı ꝫ opt heyrt ſ. ſ
mala m̄īn morg ſkaprauñ mal v̇ þıg tolut
þt ſkā. ſagðı auſtr ı ðal at þu gret̄ þa ē þr
rıðu a þıg oꝼan ꝫ ſagða ek þ̄ aꝼ þ̄ at m̄ þık̄
ıllt orð tak vanðramāna. eckı ſltu v̇ v̄a orð
ſıuk̄. ſ.G. en þ eıtt ſltu vīna ē þu vıllt heðan ı ꝼ̃
Skal ek nockut .ſ. kolſk.b. þınū. ꝼar þu ꝫ ſoꝼ
.ſ.G. en ek mun ſegıa kolſk. ſueīnīn lagðız nıðr

ꝫ ſoꝼnaðe þeǵ. G. tok ſmala heſtīn ꝫ lagðı a ſoðul ſ
īn. h̄ tok ſkıollð ꝫ gyrðı ſíg ſūðınu a꜌luıſ náut. ſetr
hıalm a hoꝼuð ſer. tekr atgeırīn ꝫ ſaung í h̄m h
átt. ꝫ heyrðe ʀānveıg moðer h̄. h᷎ geck ꝼ̄m ꝫ m̄lı.
ʀeıðulıgr ētu nu ſon̄ mīn. ꝫ eckı ſa ek þıg ſlıkan
ꝼyʀ̄. G. gēgr vt ꝫ ſtack nıðr atgeırnū. varp ſer ı
ſoðulīn. ꝫ rıðr b᷎tt. ʀān. geck t̄ ſtuꝼu. þ᷎ v᷎ hare
yſtı mıkıt. hatt q᷎ðı þ᷎. ſ. h᷎. en þo let hæra atgeıʀ̄
er .G. vt. kol̄.m. þ mun benða ꝼ̄ tıðenðū. þ er
vel. ſ. hallḡ. Nu munu þr reyna huart h̄ gēgr
ğtanðı vnðan þeī. kol̄. tekr vápn ſín. ꝫ leıſ s̄
at heſtı ꝫ rıðr epᷓ ſlıkt ē h̄ mattı. G. rıðr vm
akra tungu þūa. ꝫ s̄ t̄ geılaſtoꝼna. ꝫ þāneg tıl
ráng ár. ꝫ oꝼan t̄ vaðſ hıa hoꝼı. konur v᷎ þa
a ſtoðlı. G. hlıop aꝼ heſtı ſınū. ꝫ batt þa rıðu hın̄
at. mohellur v᷎ ı gotunū v᷎ vaðet. G. m̄lı t̄ þra.
nu ē at v᷎ıa ſık. er h᷎ nu atgeıʀīn. munu þ᷎ nu ꝫ
reyna. h᷎rt ek græt nockut ꝼ̄ yðr. þr hlıopu þa
aller aꝼ bakı. ꝫ ſottu at .ɢ. þ᷎ vıllða ek ſızt ıllt
ğa hallƀ. ſ.G. en ek mun engū hlıꝼa eꝼ ek a h
enðr mınar at v᷎ıa. þ mun eckı ğa. ſ. hallƀ. þu
munt þo ðrepa vılıa b᷎ður mīn. ꝫ ē þ ſkōm eꝼ
ek ſıt hıa ꝫ lagðı t̄ .G.íj. honðū m; mıklu ſpıo
tı. G. ſkaut ꝼ̄ ſkıllðınū. en hallƀ. lagðı ı gegn
v̄ ſkıollðīn. G. ſka꜌t ſua ꝼaſt nıðr ſkıllðınum
at h̄ ſtoð ꝼaſtr ı ıorðın̄ı. en h̄ tok t̄ ſuezınſ s̄
ſkıott at ė mattı auga a ꝼeſta. ꝫ hıo a honðı
na ꝼ̄ oꝼan vlꝼlıð. s̄ at aꝼ tok. ſkā. hleypr a b
ak .G. ꝫ hoɢr t̄ h̄ m; mıkıllı exı. G. ſn̄ız ſkíott
at h̄m ꝫ lyſtr v᷎ atgeırnū ꝫ kō vnð᷎ kuerk ex
īnı. ꝫ hraut h᷎ ór henðı h̄m ýt a ráng á. G. leɢr
atgeırnū ı gegnū ſkā ꝫ vegr h̄ vpp ꝫ kaſtar h᷎
ı leırgotuna at hoꝼðı. Auðvlꝼr þreıꝼ vpp ſpıot
ꝫ ſkaut at .G. h̄ tok a loptı ſpıotıð ꝫ ſkaut ap
tr þeǵ ꝫ ꝼlo ı gegnū ſkıollðīn ꝫ a꜌ſtmānīn ꝫ nıðr
ı vollīn. O. hoɢr m; ſuerðı t̄ .G. ꝫ ſteꝼn̄ a ꝼotīn
ꝼ̄ oꝼan kné. G. hlıop ı lopt vpp ꝫ mıſſer h̄ h̄. G.
leɢr t̄ h̄ atgeırnū ꝫ ı gegnū h̄. þa kēr at kolſk
ꝫ hleypr þeǵ at hallkatlı ꝫ hoɢr h̄ banahoɢ.
m; ſagſınu þar vega þr þa .víij. kona hlıop
heī t̄ bæıarınſ ē h᷎ ſa ꝫ ſagðı ᴍ᷎ðı ꝫ bað h̄ ſkıl
ıa þa. þr eın̄ munu v᷎a. ſ. h̄ at ek hırðı ė þoı̄ ðre
pız. ė muntu þ vılıa mæla. ſ. h᷎. þ᷎ mun v᷎a .G.
ꝼrænðı þīn ꝫ .o. klıꝼ̄ þu nockut avallt mān
ꝼyla þín. la h̄ īnı meðan þr borðuz. G. reıð
heī ꝫ kol̄. epᷓ v᷎k þı ꝫ rıða þr hart vpp ep
t̄ eyrunū ꝫ ſtauck .G. aꝼ bakı ꝫ kō ſtanðanðın
ıðr. kol̄.m. hart rıðr þu nu ꝼrænðı. þ lagðı m̄ tıl
orz. ſkāk̄. ē ek m̄lta ſua ē rıðıt v᷎ a mık oꝼan. h
eꝼnt heꝼ̄ þu þ nu. ſ. kol̄ huat ek veıt. ſ.G. huart
ek mun þ᷎ ovaſkarı en aðrer m̄n at m̄ þık᷎ meıra
ꝼ̄ en oðrū m̄m at vega m̄n. **Gunaʀ ꝼan̄ nıal**
55 Nv ſpyrıaz tıðenðı þı vıða ꝫ m̄ltu þ marger
at ė þottı þta ꝼyʀ̄ ꝼ̄m koma en lıklıgt v᷎
G. reıð t̄ b᷎gðorſ.h. ꝫ.ſ.ɴ. v᷎k þı. ɴ. m̄lı mı
kıt heꝼ̄ þu at ğt. enða heꝼ̄ þu v᷎ıt mıog at þre
yttr. huerſu mun nu ganga ſıðan. ſ.G. vılltu
þ lata ſegıa þ᷎ at ė ē ꝼ̄m kōıt. ſ.ɴ. þu munt rıða
t̄ þıgſ ꝫ muntu nıota v᷎ raða mīna ꝫ ꝼa aꝼ hı
na meſtu ſæmð. Mun þta nu vpp haꝼ vıgaꝼ̄la þī
na. rað þu m̄ heılræðı nockur ſ.G. Ek ſl̄ þ ğa ſeǵ
.ɴ. veg þu allðrı meıʀ̄ ı ēn ſama knerūn en vm
ſīn. ꝫ rıuꝼ allð᷎ ſætt þa ē goð᷎ m̄n ğa. meðal þın
ꝫ an̄aʀ̄a. ꝫ þo ſızt a þı malı. G. m̄lı. oðrū ætlaða
ek at þ munðı hættara v᷎ða en m̄. s̄ mun v᷎a. ſ.
nıall. En þo ſl̄tu ſua v̄ þıtt mal hugſa eꝼ þta
b᷎r ſaman at þa muntu ſkāt eıga olıꝼat. en
ella muntu v᷎ða gamall. G. m̄lı. veıztu h᷎t
þ᷎ mun v᷎ða at bana. veıt ek vıſt. ſ.ɴ. huat. ſ.G.
þ ſē aller munu m̄ ſızt ætla. Sıðan reıð .G. heī. ᴍ᷎
v᷎ ſenðr Gız̄ı. ꝫ Geır .g. þt þr attu epᷓ .o. at mæla. ꝼ
vnðuz þr þa at ꝫ tol̄. v̄ m; ſer h᷎ſu at ſkyllðı
ꝼ᷎. kō þ a ſát m; þeī at ſótt munðı malıt t̄ laga.
v᷎ þa at leıtað h᷎r v᷎ munðı taka vılıa. En en
gı v᷎ t̄ þ buīn. s̄ lız m̄. ſ.Ġ. ſē nu munı .íj. koſᷓ
at ānaʀ̄ h᷎ʀ̄ ockaʀ̄ ſækı malıt. ꝫ munu v᷎ þa h
luta v᷎ða m; ok᷎r. eða mun maðrīn v᷎a v gıllðr
Mvnu v᷎ ꝫ ſua t̄ mega ætla at þungt mun at
hræra malıt ꝫ erꝼıtt. ē .G. ꝼrænðmargr ꝫ
vınſæll. En ſa ockaʀ̄ ſē ė hlytr. ſl̄ t̄ rıða. ꝫ
eckı ór ganga ꝼyʀı en t̄ enða kēr malıt. ſı
ðan hlutuðu þr ꝫ hlaut ɢeʀ .g. at ꝼ᷎ m; ſau
kına. lıtlu ſıðaʀ̄ rıðu þr veſtan v̄ ár. ꝫ kōu
þar ſē ꝼunðrīn haꝼðı v᷎ıt v᷎ ráng a ꝫ groꝼu

vpp lıkamına ɜ nefndu ꝩatta at benıū. Sıðan ly`s´ tu þr. ɜ q̊ðdu .ıx. bua v̄ malıt. þr ſp̄ðu at .G. ṽ he`ı´ma ꝩ̇ .xxx. m̄. ſp̄ðı þa Geıꝶ g. h̄rt Gız̄. vılldı at rıð a ꝩ̇ .c. m̄. ė vıl ek þ. ſ. h. þott mıkıll ſe lıðſ munr. rıðu þr þa heī aptr. Malaꝉ bunaðrīn ſpyrſt vm oll h̄oð ɜ ṽ ſu orðræða a at roſtumıkıt mun ṽða

56 Skaptı h' m̄ **af skapta þoroðz** [þıngıt. .ſ. h ṽ þoroððſ ſon. ᴍoð̊ þoroððz ṽ þorvaur h̊ ṽ .ð. þormoðar. ſkapta .ſ. oleıfſ .ſ. breıðſ. aulueſ .ſ. barna kar`l´ſ. þr feðġ ṽ hofðīgıar mık ler ɜ logm̄n mıkler. þoroððr þottı nockut gra lynðr ɜ ſlægr. þr veıttu Ġ.h. at h̄uıu malı þr hlıð ṽıar ɜ rang ænġ fıolm̄ntu mıog ꝉ þıngſ. ṽ .G. ſua vınſæll at aller ſā mælltuz a þ at fylgıa h̄m kōa þr nu aller ꝉ þīgſ ɜ tıallða buðer ſıń. J ſā banðı m; Ġ.h. ṽ. þır hofðıngıar ſkaptı ɜ þor oððr ɜ aſġmr ellıða ġmſ .ſ. Oððr f̄ kıðıa bergı hall ðoꝶ ornolfſ .ſ. Nu ganga m̄n ꝉ logb̄gſ eīn h̄ūn ðag. Stoð þa vpp Geıꝶ .g. ɜ lyſtı vıgſok a henðr .G. ṽ vıg .O. Añaꝶı vıgſauk lyſtı h a honð .G. ṽ vıg hallb. huıta. þa ṽ víg auðolfſ. þa ṽ víg ſkākelſ þa lyſtı h vıgſok a honð kolſkeggı ṽ víg hallk elſ. ɜ þa ē h hafðı lyſt ollū vıgſokunū. ſogðv m̄n at h̄m mītız vel. h .ſ. at þıngfeſtı ɜ at heí mılıſ fangı. gıngu m̄n ſıðan f̄ logb̄gı. lıðr nu þīgıt þar ꝉ ē ðomar ſkyllðu f̊ vt ꝉ ſokń. fıol m̄na huaṙtueggıu þa vt lıðı ſınu. Geıꝶ .g. ɜ Ġ.h ſtoðu ſūnan at ráng ǽnga ðomı. Gv̄ñ ɜ ɴ. ſtoð v norðan at rangænga ðomı. Geıꝶ g. byðr Gv̄arı at hlyða ꝉ eıð ſpıallz ſınſ. ſıðan vān h eıð. ep ṫ þ .ſ. h f̄m̄ ſok þa lét h b̄a lyſīgar vættı þa let h bıoða buū ıſetu. þa bauð h ꝉ ruðnīgar v̄ q̇ð īn. þa gengu buar at ðomınū þr ē q̄ðð̊ hofðu ṽıt ɜ nefndu ſer vatta. ɜ letu þ ſtanða f̊ q̇ð burðe ṽ mal auð vlfſ at aðılı var ı noregı ɜ þr attu ė ṽ at ſkıla ṽ malıt. Epṫ þ baru þr q̇ð ṽ mal .o. ɜ baru .G. ſānan at þ' at h hafðı vegıt h. Epṫ þ bauð Geıꝶ .G. ꝉ varna ɜ nef nðı vatta at ollū gognū þeī ē f̄m̄ ṽ komın .G. bauð þa motı Geır .g. at hlyða ꝉ eıð ſpıallz ſınſ. ɜ þra varna ē h mundı frā færa vm malıt. þa vān h eıð. Gv̄. þa færı ek vorn fıṙ mal þta at ek nefnda vatta ɜ ohelgaða ek .O. f̊ buū af þr bloðuġ ben. ē .O. veıttı m̄ aūka m; ſpora ſınū. En ek ṽ þ' geıꝶ .g. lyrıtı mal þta at ſækıa. ɜ ſua ðomenðū at ðæma ɜ ony tı ek m; þu allan þīn mala ꝉ bunat. ṽ ek þ' laga lyrıtı ıvalauſu lyrıtı fullu ɜ foſtu ſua ſē ek a at ṽía at alþīgıſſ malı ɜ allzh̄ıar lo gū. Ek mun ɜ ſegıa þ' aðra m; for mına. ſ. G. ᴍuntu þa. ſ. Geıꝶ ſkora m̄ a holm ſē þu ēt vanr ɜ þola ė log. ė ſl̄ þ. ſ.Gv̄. Ek mun ſtefna þ' at log b̄gı v̄ þ ē þu q̄ðð̊ þ q̇ðar ē ė attı malı at fylgıa v̄ víg auðvlfſ. ɜ telıa þıg v̄ þ ſekıan fıorbaug`s´ mān. ɴ. mlı ė ma þta ſua f̊. þt þta mun nu m ıog m; kappı ṽða ðeıllt. hafa h̄ huaṙtueggıu mıkıt ꝉ ſınſ malſ at þ' ſē m̄ lız ero þau ſū vıg at þu munt eckı mega ı motı mæla at þu mūt ſekr v̄ ṽða. heṗ þu ɜ þān malaꝉbunat a h̄m at h mun ɜ ſekr v̄ ṽða. ſl̄tu ɜ þ vıta Geıꝶ at ēn er ė vpp kaſtað þrı ſkoggangſ ſok ē a þ' ſtenðr ɜ ſl̄ ſu ė nıðrı lıggıa ef þu vıllt eckı ġa f̊ mınorð þoroððr mlı. ſ̄ lız oſſ ſē þ munı f̊ð lıgaz at ſæzt ſe a malın. eða h' leɢr þu ſua fátt ꝉ Gız̄ .h. ſua lız m̄. ſ. h ſē rāmar ſkorður munı motı ſettar malı varu. ma þ ſıa at næꝶ ſtanða vıń. Gūńſ. ɜ mun ſa ṽða malahlutı ꝩaꝶ beztr at goðer m̄n ġı v̄ ef Gūñ vıll þ. ſátt gıarn hefı ek ıafn an ṽıt. ſ. Gv̄ñ. enða eıgı þ' nu epṫ mıkıt at mæ la en ek þıkıuz þo neyððr ꝉ hafa ṽıt. vrðu þær nu malalykṫ m; raðı hīna vıṫztu mā na. at malın ṽ oll lagın ı ðom. ſkyllðu ġa v̄ .vı. m̄n. ṽ þa þeġ ġt v̄ malın a þıngı. ṽ þ ġt at ſk ākell ſkyllðı oheılagr. en mān gıollð ıofn. ɜ ſpora hoɢ. en bætt ṽ vıgın ſē ṽt þottı. ɜ gafu frænðr Gv̄ńſ fe ꝉ at þeġ ṽ bætt vpp oll vıgın a þıngı. gengu þr þa ꝉ. ɜ veıttu Gv̄narı trygð̊ Geıꝶ .g. ɜ Gız.h. Reıð G. heī af þıngı. ɜ þackaðı m̄ lıð veızlu ɜ gaf morgū gıaf̄ ɜ feck af hīa meſtu ſæð. ſıtr .G. nu ı ſæmð ſīnı. **af ſtarkað**

57 Starkaðr h' m̄ h ṽ ſon barḱ ɜ **ſonum h** blatań ſkeɢſ þorkelſ .ſ. bunðınfota er lð nā v̄ hv̄fıſſ þ'hyrnīg h ṽ kuangaðr maðr ɜ h' kona h hallb̄a. h̊ ṽ .ð. hrolfſ hınſ rauða

ꝫ hılldıgūnar .ð þſteīſ tıtlıngſ ᴍoðē hılldıgūń
ṽ ūnr. ð. eyuındar karꝼa ſyſt̃ moðolꝼſ enſ ſpa
ka ē moðylꝼīgar ēo ꝼ̄ kōń. ſyń þra ſtarkaðar
ꝫ hallb̃u ṽ þr þorgeıꝶ ꝫ borkr. ꝫ þorkell. hılldıg
ūn lækń ṽ ſyſt̃ þra. þr ṽ oꝼſa m̄n mıklır ꝫ oðæ
lır ı ſkapı. þr ſatu ıꝼ̄ hlut margra m̊. **aꝼ eglı ꝫ**

58 **E**Gıll ħ m̄ ħ ṽ kolſ .ſ. ottaꝶſ .ſ. **ſonum hāſ**
ballar ē land haꝼðı numıt meðal ſto
talækıar ꝫ reyðar vaz. b̃ðer egılſ var
aunundr ı traulla ſkogı ꝼaðer halla enſ ſter
ka ē ṽ at vıgı hollta þoreſſ. m; ſſ. ketılſ hınſ
ſlettmala. egıll bıo ı ſandgılı. ſſ. ħ ṽ þr kolr
ꝫ ottaꝶ ꝫ haukr. moð̃ þra ṽ ſteınuor ſyſter
ſtarkaðar. ſſ. egılſ ṽ mıklır m̄n ꝫ kappſa
m̄ ꝫ hıń meſtu vıaꝼnað m̄n. þr ṽ at eınu ra
ðı ꝫ .ſſ. ſtarkaðar. ſyſt̃ þra var guðrun ńat
ſol. ꝫ ṽ kuēna kurteıſuz. Egıll haꝼðı tekıt
ṽ auſt m̄m .íȷ́. ħ ānaꝶ þoꝛ̄ en āńaꝶ þorgrīr
þr ṽ ꝼrūꝼ̄lar vt hınga. vınſæler ꝫ aug̃ þr ṽ
vıg̃ vel ꝫ ꝼrækń ū allt. Starkaðr attı heſt go
ðan rauð at lıt. ꝫ þottı engı heſtr ṽ þeī mū
ðu haꝼa ı vıgı. Eınhũıu ſīnı ṽ þ er þr bb.
or ſandgılı ṽ vnder þrıhyrnīgı þr hoꝼðu vıð
mælı mık ū alla bænðr ı ꝼlıoz hlíð ꝫ þar kō
at þr toluðu huart nockuꝶ munðı vılıa
etıa heſtū ṽ þa. en þr m̄n ṽ at mꝉtu þ t̉ ſoma
þeī ꝫ epꝼ̄lætıſſ at bæðı munðı ṽa at engı mun
ðı þora ṽ at etıa enða munðı engı eıga þ̄lıkā
heſt. þa .ſ. hılldıguń. Veıt ek þān mān at þo
ra mun at etıa ṽ yðr. neꝼðu þān. ſ. þr. G. at h
lıðar enða a heſt brúnan ꝫ mun ħ þora at
etıa ṽ yðr ꝫ alla aðra. Sva þık̃ yðr konū. ſ.
þr. ſē engı munı ṽa ħ makı. en þótt auuırð
lıga haꝼı ꝼarıt ꝼ̄ ħm Geıꝶ .g. Eða Gız̃.h. þa
ē ė raðet at ṽ ꝼarī s̃. yðr mun ꝼırſt ꝼ̊. ſ. ħ.
ꝫ varð þeī næſta aꝼ ðeıllð. Sꞇkaðr mꝉı. a
.G. vıllða ek at þ̄ leıtaðıt ſızt m̊. þt erꝼıt m̌
yðr ṽða at ganga ı motı gıptu ħ. leyꝼa mū
tu. ſ. þr at ṽ bıoðī ħm heſta at. leyꝼa mun
ek. ſ. ħ eꝼ þ̄ p̄ttıð ħ ı engu. þr q̄ðuz s̃ g̃a ſk
ylldu. ʀıða þr nu t̉ hlıðar enða. G. var heı
ma ꝫ geck vt. koꝉ. geck ít m; ħm. ꝫ hıortr .b.
þra ꝫ ꝼagna þeī vel ꝫ ſ. hũt þr ætlaðı a ꝼ̄a
ė lengra. ſ. þr. oſſ ē ſat at þu eıg̃ heſt goðan
ꝫ vılıu ṽ bıoða þ̄ heſta at lıtlar ſog̃ mega gā
ga ꝼ̄ heſtı mínū ħ er ýngr ꝫ óreyndr at ollu.
Koſt muntu lata at etía. ſ. þr. ꝫ gat þ t̉ hılldıgū.
at þu munðer góðr aꝼ heſtínū. huı toꝉ. þ̄ ū
þ. ſ.G. þr m̄n ṽ. ſ. þr ē þ gatu at engı munðı þo
ra at etıa ṽ ýarn heſt. þora mun ek at etıa. ſ.
G. en g̃lıga þıkı m̄ þta mꝉt. ſ̄lu ṽ t̉ þ ætla þa. ſ. þr
þa mun yðr ꝼaur yður þıkıa bezt eꝼ þ̄ rað
ıt þu. en þo vıl ek þ bıðıa yðr at ṽ etī s̃ heſtu
nū at ṽ g̃ım oðrū gaman en oſſ engı vanðræ
ðı ꝫ þ̄ g̃ıt m̄ enga ſkōm. en eꝼ þ̄ g̃ıt t̉ mín ſē
āńaꝶa. þa ē ė raðıt nema ek ſueıgıa þ at
yðr mun þıkıa hart vnder at bua. ᴍun ek
þ̄ epꞇ̃ g̃a ſē þ̄ g̃ıt ꝼ̉. ʀıða þr þa heī. ſp̄ðı ſꞇ̄k
at hũſu þeī haꝼðı ꝼarız. þr .ſ. at .G. g̃ðı goða
ꝼ̄ð þra. ħ ħ at etıa heſtı ſınū. ꝫ q̄ðu ṽ a næꝶ
þ heſtauıg ſkyllðı ṽa. ꝼanz þ a ı ollu at ħm
þottı ſık ſkorta ṽ oſſ. ꝫ baðzt ħ vnðan. þ mun
opt aꝼīnaz. ſ. hılldıgūn at .G. ē ſeīþreyttr tıl
vanðræða en harððrægr eꝼ ħ ma ė vnðan ko
maz. G. reıð at ꝼīna .ɴ. ꝫ ſagðı ħm ſē kōıt ṽ
ꝫ hũſu orð ꝼ̊ m; þeī. eða hũſu ætlar þu at ꝼa
rı heſta atıð. þu munt haꝼa meıra hluta. ſ.
ɴ. En þo mun ħ aꝼ hlıotaz margſ mānz banı.
Mun nockut mīn banı ħ aꝼ hlıotaz. eckı mun
þ aꝼ þu. ſ.ɴ. en þo munu þr ꝼornan ꝼıand ſk
ap ꝫ nyıan at þ̄ ꝼæra ꝫ muntu eckı āńat me
ga en hrauckua ṽ. G. reıð þa heī. **ꝼæððr hoſkull**

59 **Þ**a ſp̄ðı ħ lát. ħkullð mágſ **ð'r' huıta neſſ go**
ſínſ. ꝼā nottū ſıðaꝶ ṽð þorg̃ðr at g **ðı**
ríota kona þīnſ lettarı ꝫ kō þ̄ t̉ ſu
eınbarn. Senðı ħ þa mān t̉ moður ſīnar ꝫ
bað hana kıoſa huart heıta ſkyllðı Glúmr
eða .ħ. ħ bað at .ħ. ſkyllðı heıta ṽ þa þ naꝼn
geꝼıt ſueınınū. G. ꝫ hallg̃. attu .íȷ́. ſonu ħ
ānaꝶ haugnı en ānaꝶ g̃nı hognı ṽ maðr
g̃uılıgr. ꝫ hlıoð lynðr. tortrʏɢr ꝫ ſān orðr. Nu
rıða m̄n t̉ heſta vıgſ. ꝫ ē þar komıt mıkıt
ꝼıolm̄nı. Geck .G. ꝼyſtr þa koꝉ. þa hıortr
þa ſıgꝼ̄ .ſſ. en t̉ ānaꝶar hanðar .G. geck .ɴ.

ꝫ .ſſ. ħ. þr gíngu ı motı ſtkaðr ꝫ .ſſ ħ. ꝫ egıll ꝫ .ſſ. ħ. ꝫ ræððu t .G. at þr munðı ſaman leıða roſſ ın. G.ſ. at þ v͛ı vel ſk͛pħ .m. Vılltu at ek keyra heſt þīn. G. ꝼrænðı. ė vıl ek þ. ſ.G. ħ ē þo betr a kōıt. ſ. ſk͛pħ. v͛ erū huaꝛ̄tueggıu hauaða m̄n ꝥ munut ꝼátt mæla. ſ.G. eða g͛a áðr en yðr mun u vanðræðe aꝼ ſtanða. En ħ mun v͛ða ſeīna v þo at allt kōı t eınſ. Síðan v͛ Roſſın ſaman leıðð. G. bıo ſık at keyra. en ſk͛pħ. leıððı ꝼ̄m heſtīn. G. v͛ ı rauðū kyrtlı. ꝫ haꝼðı v ſık breıt belltı. ħ haꝼðe eīn ſtaꝼ ı henðı. Sıðan rēnaz a heſtarn̄. ꝫ bıtaz þr lengı s͛ at eckı þurꝼtı a at taka ꝫ v͛ þ ıt meſta gaman. þa baru þr ſaman ráð ſín þorgeıꝶ ꝫ kolr. at þr munðı hrınða heſ tı ſınū þa ē a ryn̄ız heſtarn̄. ꝫ vıta eꝼ .G. ꝼellı ꝼ

Nv rēnaz a heſtarn̄ ꝫ hlaupa þr þorgeıꝶ ꝫ kolr a lenðına. G. hrınðr ſınū heſtı ı motı. ꝫ v͛ðr þar ſkıotr atburðr at þr þorg̃. ꝼalla a bak aptr ꝫ heſtrīn a þa oꝼan. þa ſp\r/etta þr vpp ꝫ hlaupa at .G. ħ varp ſer vnðan. ꝫ þreıꝼ kol ꝫ kaſtaðe ħm a vollīn ſúa at ħ la ı ovıtı. þorg̃. lauſt heſt .G. s͛ at vt hlıop augat. G. lyſtr þa þorg̃. m; ſtaꝼn v. ꝼell þg̃. ı vuıt. en .G. geck t heſtz ſınſ ꝫ mlı v kolſk. hogðu heſtīn. eckı ſl ħ lıꝼa v orkūl. ħ hıo heſtīn. þa kōz þg̃. a ꝼætr. ꝫ tok vápn. ꝫ vıllðı at .G. en þ varð ſtoðuað. ꝫ v͛ð þraung mıkıl. ſk͛ꝥ. mlı leıðız m̄ þóꝼ þta. ꝫ ē mıklu greıðlıg̃ at m̄ vegı m; vápnū. G. v͛ kyꝶ ſua at ħm hellt eīn maðr. ꝫ mlı eckı orð þ ē aꝼátt v͛ı. N. leıtaðe v ſætt eða v g͛ð. þg̃. q̃z huarkı vılıa ſelıa g͛ð ne ne taka q̃z hellðr vılıa .G. ðauðan ꝼ hoggıt kolſk. mlı. ꝼaſtara heꝼ .G. ſtaðet en ħ haꝼe ꝼallıt ꝼ orðū eınū ꝫ mun ēn s͛. Nu rıða m̄n aꝼ heſta þıngı hu͛r t ſınſ heıma. Veıta .G. en gar atꝼarar. lıða s͛ oll þau mıſſarı. A þıngı v ſumarıt ꝼān .G. Olaꝼ pá mag ſīn. ꝫ bauð /olaꝼr\ ħm h eī. en bað ħ þo v͛a v ſık varan ꝥat þr munu g͛a oſ þ ıllt er þr mega. ꝫ ꝼarðu ꝼıolm̄nr ıaꝼn an ħ reð ħm morg ráð þau ē heıl v͛ ꝫ mltu þr tıl

60 Asgmr ellıða **capıtulum** [vınattu m; s͛. grīſ .ſ. haꝼðı mál at ſækıa a þīgınu þ v͛ erꝼðamal. malınu attı at .ſ. vlꝼr vGa .ſ. Aſg̊mı tokz ſua t ſē ſıallðan v͛ vant at vorn v͛ ı malı ħ. En ſu v͛ vornıní at ħ haꝼðı neꝼnt .v. bua ꝥ ē ħ attı .ıx. Nu haꝼa þr þta t varna. G mlı. Ek mun ſkora ꝥ a holm vlꝼr vGa .ſ. eꝼ m̄n ſlu ė na aꝼ ꝥ rettu malı. ꝫ munðu þ .N. æt la ꝫ helgı vın mīn at ek munða haꝼa nockͣ vorn ı malı m; ꝥ eꝼ þr v͛ı ė v. Eckı a ek þta v þıg. ſ.v. ꝼ hıtt mun nu þo ganga. ſ.G. lauk s͛ ꝥ malı at vlꝼr hlaut at greıða ꝼe allt. þa mlı aſg̊mr t .G. heī vıl ek ꝥ bíoða ı ſum̄. ꝫ ıaꝼnan ſl ek m; ꝥ ı malaꝼlū. en allð ı motı. Reıð .G. heī aꝼ þīgı. lıtlu ſıðaꝶ ꝼunðuz þr .N. ħ bað .G. v͛a varan v ſık. q̃ð ſer ſagt at þr vnðan ꝥhyrnī gı ætluðu at ꝼ at ħm. ꝫ bað ħ allð ꝼ v ꝼa m̄ ꝫ haꝼa ı hu͛n tıma vápn ſín. G. q̃ð s͛ v͛a ſkyllðu ħ. ſ. at aſg̊mr haꝼðe boðet ħm heī. ꝫ ætla ek nu at ꝼ ı hauſt lattu enga m̄n vıta áðr þu ꝼr. ok hu͛ſu lengı þu ert ı b͛ttu. En ek by ꝥ þo at ſyn̄ mın̄ rıðı m; ꝥ. ꝫ mun ė þa a þıg raðıt. reðu þr þ þa m; ſer. Nv lıðr a ſumarıt t .vííȷ́. vıkna þa .ſ.G. kolſk. bu þu ꝼð þına þt v͛ ſlm rıða ı tungu t heībꝺſ. ſl nockut nu g͛a orð .N.ſſ. ſ. kolſk. eckı. ſ.G. ė ſlu þr hlıota vanðræðı aꝼ m̄.

61 Þeır rıðu .ííȷ́. ſaman **ꝼ ſát uıð Gunnar** .bb. G. haꝼðı atgeırīn ꝫ ſu͛ðıt **ꝫ .bb. hanſ** aulueſ nát. en kol. haꝼ\ðı/ ſaxıt. hıortr haꝼðı ꝫ alvæpnı. Rıða þr nu ı tungu. Aſgrīr tok vel v þeī ꝫ ēo þr þar nockura hrıð. þa lyſer .G. ıꝼ ꝥ at þr ætla þa heī at ꝼara Aſg̊m\r/ geꝼr þeī goðar gıaꝼ. ꝫ bauð at rıða m; þeī auſtr. G. q̃ð engıſ munðu v þvrꝼa. en bað ħ g͛a ſē ħm lıkaðı en þo ꝼór ħ ė. Sıg̃ðr ſuín hoꝼðı ħ m̄. ħ kō vnð ꝥhyrnīg ħ bıo v þıorſ a. ħ haꝼðı heıtıð at hallða nıoſnū v ꝼð .G. ħ .ſ. þeī nu t ꝼða .G. ꝫ q̃ð eckı munðu v͛ða væna en ſua at ħ v͛ v þrıðıa mān hu͛ſu mar ga munu v͛ m̄n þurꝼa. ſ. ſtk ı ꝼſát. Ryrt mun v͛ða ꝼ ħm ſmamēnıt. ſ. ħ. ꝫ ė ē rað at haꝼa ꝼæ rı en xxx m̄ ħr ſlu v͛ ꝼ ſıtıa v knaꝼ hola. ſ. Sıg̃. þar ſer ė ꝼyꝶ en at ē kōıt. ꝼðu. ſ. ſtk. ı ſanðgıl ꝫ ſeg aglı at þr buız þaðan .xv. en v͛ munū kōa heðan aðrer .xv. t knaꝼhóla.

þgeıꝶ mlı. t hıllðıgūń þı honðın ſl ꝥ ſyna .G. ðauðan ı kuellð. En ek get. ſ. ħ at þu bꝛ bæðı lagt hoꝼut ꝫ honð aꝼ þeī ꝼunðe. þr ꝼ̊ .ííj. ꝼeðǵ vnðan þhyrnīgı ꝫ .xı. m̄n aðrer ꝼ þr t knaꝼahóla. ꝫ bıðu ꝥ. Sıḡðr kō ı ſanðgıl. Ek em ſenðr hīgat. ſ. ħ aꝼ ſtk. ꝫ .ſſ. ñ at .ſ. ꝥ egıll at ꝥ ꝼeðǵ ꝼarıt t k`n´aꝼahóla at ſıtıa ꝼ G. hűſu marḡ ſkyllðu ṽ ꝼ̊. ſ.e .xv. ſ. ħ m; m̄. kolr mlı. Nu ætla ek m̄ ı ðag at reyna v̇ kolſk. Mıog þıkı m̄ þu ætla ꝥ. ſ. sıḡ. E. bað aꝛ ſtm̄n ſína ꝼa þr q̄ðuz enǵ ſaker eıga v̇ .G. ēða þarꝼ ħ mıkılſ v̇. ſ. þoꝛ at ꝼıolðı m̄ ſl ꝼ̊ at .ííj. m̄ Geck þa e. ı bꝛtt ꝫ v̇ reıðr. ħpreyıa mlı þa t aꝛſt m̄. Jlla heꝼ guðrun .ð. mín brotıð oðð aꝼ ob lætı ſínu ꝫ legıt hía ꝥ. ē þu ſlt ė þora at ꝼyl gıa mágı þınū. ꝫ muntu ṽa ragr m̄. ſ. ħ. ꝼ̊ mun ek. ſ. ħ m; bonða þınū. ꝫ mun huargı ockaꝶ aptr kōa. Sıðan geck ħ t þorḡmſ ꝼe laga ſınſ. ꝫ mlı. takþu v̇ kıſtuluklū mınū þt ek mun þeī ė luka optaꝶ. bıð ek at þu eıgnız ſlıkt aꝼ ꝼe okru ſē þu vıllt. en ꝼar v tan ꝫ ætlaz eckı t heꝼnða ep̄ mık. En eꝼ þu ꝼr ė vtan þa mun ꝥ ṽða þīn banı. Auſt maðr tekr ʋápn ſın ꝫ ræz ı ꝼlock m; þeī. **aꝼ Guṅ**

62 Nv ē ꝥ t attaka at .G. rıðr auſtr ıꝼ **arı-** þıorſ á. en ē ħ v̇ komīn ſkāt ꝼ ānı ſyꝼıaðı ħ mıog ꝫ bað ħ þa æía. þr ǵðu ſua. ħ ſoꝼnaðı ꝼaſt. ħ let ılla ı ſueꝼnı. kolſk. mlı ðreym̄ .G. nu. hıortr .ſ. vekıa vıllða ek ħ. ė ſl ꝥ. ſ. kol. níota ſl ħ ðraū ſınſ. G. la mıog langa hrıð. ꝫ varp ſıðan aꝼ ſer ſkıckıūnı ꝫ var ħm varmt mıog. kol. mlı. ħt heꝼ þık ðreymt ꝼrænðı. ꝥ heꝼ mık ðr eymt. ſ.G. at ek mun ė rıðıt haꝼa or tungu s̄ ꝼam̄r eꝼ mık heꝼðı ꝥta ðreymt. Seg ꝼrænðı ðraū þīn. ꝥ ðreymðı mık. ſ.G. at ek þottūz rıða ꝼrām hıa knaꝼaholū. þar þottūz ek ſıa mar ga varga ꝫ þottı m̄ aller at m̄ ſækıa. En ek ſne rūz vnðan ꝼrā at ráng a. þa þottı m̄ þr ſækıa at ollū megın. en v̇ vorðūz. ek þottūz ſkıota aꝼ boga mınū alla þa. ē ꝼırſt ſtoðu. ꝥ t ē þr gī gu ſua at m̄ at ek matta ħm eckı v̇ koma. tok ek þa at vega m; ſűðınu ānaꝶı hēðı. en ek lag ða m; atgeırnū ānaꝶı. hlıꝼða ek m̄ þa eckı. ꝫ þottūz ek þa ė vıta huat m̄ hlıꝼðı. ðrap ek þa marga varga. ꝫ þu m; m̄ kol. En hıort þottı m̄ þr haꝼa vnð̄. ꝫ ſlıta aꝼ ħm brıoſtıð. ꝫ haꝼðı eīn hıartað ı mūnı ſer. en ek þottūz ṽða ſua reıðr at ek hıo vargīn m; ſűðı ı ſunðr ꝼ aptā boguna ꝫ ep̄ ꝥ þottı m̄ ſtauckua vargarñ

Nv er ꝥ ráð mıtt hıortr ꝼrænðı at þu rıðer veſtr aptr ı tungu. ė vıl ek ꝥ. ſ. ħ þott ek vı ta vıſan bana mīn þa vıl ek ꝥ ꝼylgıa. Sıðan rıðu þr ꝫ kōa auſtr hıa knaꝼa holū. kol. mlı. Ser þu ꝼrænðe. Morg ſpıot kōa vpp hıa holu nū. Eckı kēr m̄ ꝥ at vuorū. ſ.G. at ðraūr mīɴ ſan̄ız. ħt ſl nu t raða. ſ. kol. Ek get at þu vı lır ė rēna vnðan þeī. eckı ſlu þr oſſ ṽ ꝥ ſpot ta. ſ.G. En rıða munu ṽ ꝼ̄m at ránga ı neſıt þar var vıgı nockut rıða þr nu ꝼ̄m ı neſıt ꝫ bu az ꝥ v̇. kolr .m. ē þr rıðu hıa ꝼ̄m. ſl rēna nu .G. kolſk. ſ. ſegðu ſuaꝼremı ꝥ ē ꝥı ðagr ē allr. **þr Guṅ**

63 Sıðan eggıaðı ſtarḱ. **ar ðrapu xv m̄n** ſína m̄n. Snua þr þa ꝼ̄m ı neſıt at ꝥ eī. Sıḡ ſuınhoꝼðe ꝼor ꝼyſtr ꝫ haꝼðı taurgu ſkıollð eībyrðan. en ſuıðu ı ānaꝶı hē ðı. G. ſer ħ ꝫ ſkytr t ñ aꝼ boganū ħ bra vpp ſkıllðınū er ħ ſa orına hátt ꝼlıuga ꝫ kō orın ı gegnū ſkıollðīn ꝫ íaugat ſua at vt kō hnac kañ ꝫ ṽ ꝥ vıg ꝼyſt. ānaꝶı ór ſkaut ħ at vlꝼh eðnı raðamānı ſtarkaðar ꝫ kō ſu a ħ mıðıā. ꝫ ꝼell ħ ꝼ ꝼætr bonða eınū. ꝫ ꝼell bonðın ṽ ħ kolſk. kaſtaðı t ſteını ꝫ kō ı hoꝼut bonða nū ꝫ var ꝥ ñ banı. þa .m. ſtk. Eckı mun oſſ ꝥta ðuga at ħ kōı boganū ꝫ gōgū at ꝼ̄m vel ꝫ ſnp lıga. Sıðan eggıaðe hűr an̄an. G. varðı ſık m; boga ꝫ oruū meðan ħ mattı. Sıðan kaſtar ħ þeī nıðr. tok ħ þa atgeırīn. ꝫ ſűðıt. ꝫ vegr m; bað ṽ honðū ē þa barðagı hīn harðaztı lengı en þo vegr .G. ðrıugū m̄n. ꝫ kolſk. þa mlı þǵ. ſtk .ſ. Ek ħ at ꝼæra hıllðıgūnı hoꝼuð þıtt .G. ħ .ſ. Eckı mun hēnı ꝥ þıkıa ſua mıklu varða. ſ. .G. En þo muntu þa ṽða næꝶ at ganga. þǵ. mlı. v̇ .bb. ſína. hlaupu ṽ at ħm ꝼ̄m aller ſēn ħ heꝼ engan ſkıollð. ꝫ munu ṽ haꝼa ráð ñ ı henðı. þr hlıopu ꝼ̄m baurkr ꝫ þorkell ꝫ vrðꝛ

ſkıotarı en þg̃. borkr hoggr t̉ .G. h̄ lauſt v̉ at
geırnū ſua hart at ſv̊ðıt hraut ór hēðı b̄kı ſ̃
h̄ þa t̉ aṅaꝛ̄ar handar þkel ſtanda ı hoGꝼæ
rı v̉ ſık. G. ſtóð nockut hollū ꝼætı. G. ſueıꝼla\`r´
ſv̊ðınu ꝫ kō a halſīn þk̄. ꝫ ꝼauk aꝼ hoꝼu
ðıt. kolr m̄lı egılſ .ſ. latı mık ꝼ̃m̄ at kolſk̄. þ̉
at ek heꝼı þ m̄lt at v̉ myndī ıaꝼæꝛ̄ m̄n t̉ vıgſ
ſlıkt megu v̉ nu reyna. ſ. kolſk̄. kolr leGr tıl h̄
ſpıotı kolſk̄ v́a þa mān ꝫ attı ſē meſt at ſt̄ꝼa
ꝫ kō h̄ ė ꝼ̉ ſık ſkıllðınū. ꝫ kō lagıt ı lærıt vtan
ꝼot̄ ꝫ geck ı gegnū. kolſk̄. b̄z v̉ ꝼaſt. ꝫ oð at h̄m
ꝫ hıo m; ſaxınu a lærıt. ꝫ vndan ꝼotīn ꝫ m̄lı.
huart nā þıg eða ė. þ gallt ek. ſ. kolr ē ek
v̉ b̄ſkıallðaðr. ꝫ ſtoð nockura ſtund a hīn ꝼot
īn ꝫ leít a ſtuꝼīn. kolſk̄ m̄lı. ė þarꝼtu at hyg
ıaꝼnt ē ſē þ̄ ſynız aꝼ ē ꝼotrīn. kolr ꝼell þa
dauðr nıðr. En ē þta ſer egıll hleypr h̄ at .G.
ꝫ hoġr t̉ h̄. G. leGr ı motı atgeırnū. ꝫ kō a egıl
mıðıan. G. vegr h̄ vpp a atgeırnū ꝫ kaſt̄ h̄m
vt a rángá. þa m̄lı ſt̄kaðr allveſall ētu þorır
auſtm̄ ē þu ſıtr hía. nu ē vegīn egıll h̄boðı
þīn ꝫ mágr. þa ſp̄tt þoꝛ̄ vpp ꝫ v̄ mıog reıðr. hı
ortr haꝼðı orðıt .íj. māna banı auſt m̄ hleypr
at h̄m ꝫ hoGr ꝼ̃man a brıoſtıð hıortr ꝼell þa
þegar dauðr. G. ſ̃ þta ꝫ varpar ſer ſkıott t̉ hoGſ
v̉ auſtmānīn. ꝫ hoGr h̄ ı ſundr ı mıðıu. lıtlu
ſıðaꝛ̄ ſkytr .G. t̉ bark̄ atgeırnū ꝫ kō a h̄ mıð
ıan ꝫ ı gegnū h̄ ꝫ nıðr ı vollīn. þa hauGr kolſk̄.
hoꝼut aꝼ haukı egılſ .ſ. en .G. hond aꝼ ottarı
ı olbogabot. þa .m. ſt̄k̄. ꝼlyıū nu eckı ē h̄ vıð
m̄n v̄ at eıga. G.m. þ mun yk̄r þıkıa ıllt t̉ ꝼ̃
ſagn̄ eꝼ eckı ſt̄ mega ſıa a yk̄r at þıð haꝼıt
ı barðaga v̄ıt. Sıðan hlıop .G. at þeī ꝼeðgū
ꝫ veıttı þeī av̊ka. Epꝛ̄ þ ſkıldu þr ꝫ hoꝼðu þr
.G. marga þa ſærða ē vndan helldu a ꝼv̊ðı
nū letuz .xıııȷ. m̄n. ꝫ hıortr hīn .xv.\`dı´. G. reıdde
hıort heī a ſkılldı ſınū ꝫ v̉ h̄ þ̄ heygðr. Marg̃
m̄n hormuðu h̄ þt h̄ v̉ vınſæll. ſt̄k kō ꝫ heī
ꝫ græðde hılldıgūn ſar þra þgeırſ ꝫ m. yðr v̄ı
mık geꝼāda t̉ at þ̄ heꝼðıt eckı ıllt att
v̉ .G. S̃ v̄ı þ. ſ. ſt̄k. **Gunnar ꝼan nıal**
64 Steınuor ı ſandgılı bað þgrım auſt mān
v̄a ꝼ̉ ꝼıar ꝼorraðū. ꝫ ꝼ̊ ė vtan. ꝫ munu ſua lát
ꝼelaga ſınſ ꝫ ꝼrænda h̄ .ſ. þ ſpaðe m̄ þoꝛ̄ ꝼela
gı mīn at ek munda ꝼalla ꝼ̉ .G. eꝼ ek væra h̄
a ldı ꝫ mun h̄ vıta þ ꝼ̉ ē h̄ vıſſı dauða ſīn. Ek
mun geꝼa þ̄ t̉. Guðrunu .d. mına. ꝫ ꝼéét allt
at helmīgı v̉ mık. ė vıſſa ek at þu munder
þ ſua mıklu kaupa. ſ. h̄. Sıðan kaupa þau
þu at h̄ ſt̄ ꝼá hēnar ꝫ ē boð þ v̄ ſumarıt. G. rıðr
t̉ b̄gðorſ.h. ꝫ m; h̄m kolſk̄. N. v̉ vtı ꝫ .ſſ. h̄. ꝫ gīgu
ı motı ꝫ ꝼognuðu þeī vel. Sıðan gēgu þr a tal
G.m̄lı. hīgat em ek komīn at ſækıa at þ̄ trauſt
ꝫ heılræðı. N.ſ. at þ v̉ maklıgt. Ek heꝼı rat
að ı vandræðı mıkıl. ꝫ drepıt m̄n. ꝫ vıl ek vı
ta. ſ.G. hv̊ſu þu vıllt lata nu m; ꝼara. þat
munu marg̃ mæla. ſ.N. at þu haꝼ̉ mıog v̄ıt
t̉ neyddr. En nu ſt̄tu geꝼa m̄ tō t̉ raðag̃ðarī
nar. N. geck ı b̄tt eīn ſaman ꝫ hugſaðe malı\`t´
ꝫ kō aptr ſıðan ꝫ m̄lı. Nu heꝼı ek nockut at
hugat. ꝫ lız m̄ ſē þta mal munı nu nockut
m; kappı ꝫ harðꝼengı v̄ða at g̃a. þorgeıꝛ̄ he
ꝼ̉ barnat þorꝼīnu ꝼrænd konu mına. ꝫ mun
ek ſelıa þ̄ legorz ſokına aðra ſkoggangſ ſok
ſel ek þ̄ a hendr ſt̄kaðı ē h̄ heꝼ̉ hogg ı ſkogı
mınū a þ̄hyrnīgſ halſū ꝫ ſt̄tu ſækıa þær ſak̄
baðar. þu ſt̄t ꝼ̊ þangat ſē þ̄ borðuz ꝫ g̃ꝼa vpp e
na dauðu ꝫ neꝼna vatta at benıū at þu o
helg̃ alla hına dauðu ꝼ̉ þ ē þr ꝼ̊ m; þān hug
t̉ ꝼundar at veıta þ̄ ak̄mur ꝫ braðan bana
ꝫ bb. þínū. En eꝼ þta ē ꝑꝼat a þīgı. ꝫ þ̉ ſe vıð
loſtıð at þu haꝼ̉ aðr loſtıð þorgeır. ꝫ meg̃ hv̊kı
ſækıa þına ſok ne ānaꝛ̄a. þa mun ek .ſ þ̉ ma
lı. ꝫ ſegıa at ek helgaða þık a þīgſkala þīgı.
at þu ſkyllder bæðe mega ſækıa þıtt mal ꝫ
ānaꝛ̄a. ꝫ mun þa v̄ða .ſ. malı þ̉. þu ſt̄t ꝫ ꝼīna
tyrꝼīg ı b̄ıa neſı. ꝫ ſt̄ h̄ ſelıa þ̄ ſok a hond aɲ
nundı ē malıt a epꝛ̄ egıl. b̄ð ſīn. Reıð þa .G. heī
ꝼyſt. En nockurū nottū ſıðaꝛ̄ rıðu þr .N.ſſ.
ꝫ .G. þangat t̉ ſē lıkın v̊ ꝫ g̃ꝼu þa vpp alla ſē
ıarðader v̊. ſteꝼndı G. þeī ollū þa t̉ ohelgı
65 ꝼ̉ atꝼor. ꝫ ꝼıorráð. ꝫ reıð heī epꝛ̄ þ. þta haɲſt
ıt ſama kō vt valg̃ðr ēn g̃ı. ꝫ ꝼor heī t̉ hoꝼſ
þorgeıꝛ̄ ꝼ̉r at ꝼīna þa m̄. ꝫ valg̃ð. ꝫ ſagðı huer

ꝼırn ı ꝩ᷎. ē .G. ſkyllðı haꝼa ohelgat. þa alla ē ħ haꝼðı vegıt. Valg̃ðr q̄ð þta ꝩ᷎a munðu ráð .ɴ. ꝫ þo é oll vpp kōın þau ſē ħ munðı haꝼa raðet ħm. þg̃. bað þa ꝼeðga lıðueızlu ꝫ atgongu. en þr ꝼ᷎ lēgı vnðan ꝫ mꝉtu ꞇ ꝼe mıkıt. at lyktū. ꝩ᷎ þ ı raða g̃ðū at morðr ſkyllðı bıðıa þorkotlu .ð. Gız̃ar .h. ꝫ ſkyllðı þorg̃. þeg̃ rıða veſtr ū ár m; þeım valg̃ðı ꝫ m̃ðı. ꝫ ꝼór ħ þa é heī. **capıtulum**

ANan ðag epꞇ̃ rıða þr heīan .xíj. ꝫ kōa ꞇ moſꝼellz. ꝩ᷎ ꝥ. vm nottına. vekıa þr þa ꞇ mala ꝩ᷎ .G. ū bonorðıt lykr ſua þar m; þeī at raðın ſkyllðu takaz. ꝫ ſkyllðı boð ꝩ᷎a a halꝼſ manaðr ꝼreſtı at moſꝼellı. rıða þr heī Sıðan ꝼıolmēna þr ꝼeðg̃ mıog ꞇ boðſınſ. ꝩ᷎ ꝥ ꝫ m̄t ꝼ᷎ boðſ m̄ ꝫ ꝼor þ vel ꝼ᷎m̄. ꝼór þorkatla heī m; m̃ðı ꝫ ꝩ᷎ ꝼ᷎ buı. en valg̃ðr ꝼor vtan ū ſumarıt. .M̃. eggıar þg̃ a ū mala ꞇ bunat ꝩ᷎ .G. þg̃. ꝼór at ꝼīna onunð. bıðr ħ nu bua ꞇ vıgſ mál b᷎ður ſınſ. ꝫ ſſ. ħ. En ek mun bua ꞇ vıgſ mal .bb. mıña ꝫ aūka mal mıtt ꝫ ꝼoður mınſ. ħ q̄z ꝥ albuīn. ꝼ᷎ þr þa ꝫ lyſa vıgunū. ꝫ q᷎ðıa heı man ıx. vætꞇꝼangſ bua. ꝥı malaꞇbunaðr ſꝥðız ꞇ hlıðarenða. Reıð .G. þa at ꝼīna .ɴ. ꝫ .ſ. ħm ꝫ ſꝥ ðı huat ħ vıllðı þa lata at g̃a. ɴ. m̄tu. ſ.ɴ. ſteꝼn a vættꝼangſbuū þınū. ꝫ nabuū ſaman ꝫ neꝼ na ꝩatta ꝼ᷎ buū. ꝫ kıoſa kol ꞇ veganða at vı gı hıarꞇ broður þınſ. ꝥt þ ē rett. Sıðan m̄tuly ſa vıgſokīnı a honð kol. þótt ħ ſe ðauðr. þa m̄tu neꝼna ꝥ ꝩatta ꝫ q᷎ðıa bua alþīgıſſ reıðar at b᷎a ū þ. huart þr ꝩ᷎ı ı atuıſt ꝫ at ſokn þa er hıortr ꝩ᷎ vegīn. Nu m̄tu ꝫ ſteꝼna þorgeırı vm legorz ſokına. ꝫ ſua onunðı ı trollaſkogı vm ſokına tyrꝼıngſ. G. ꝼ᷎r nu at ollu ſua ſē ħm ꝩ᷎ ráð ꞇ kenð aꝼ ɴíalı. þta þottı ollū vnðarl ıgr mala ꞇ bunaðr. ꝼ᷎ nu ꝥı mal ꞇ þīgſ. G. reıð ꞇ þīgſ. ꝫ ſſ.ɴ. ꝫ ſıgꝼ᷎ .ſſ. G. haꝼðı ꝫ ſent m̄n magū ſınū at þr ſkyllðı rıða ꞇ þıngſ ꝫ ꝼıolm̄na mıog. q̄ð þeī þta mıog kappðræ gt munðu ꝩ᷎ða. þr ꝼıolmētu mıog veſtan .M̃ valg̃.ſ. reıð ꞇ þīgſ. ꝫ ʀunolꝼ or ðal ꝫ þr vnðā

Eþrıhyrnīgı ꝫ onunðr or trollaſkogı. **raða**

66 N er þr koma a þíng ganga **gıorð nıals**

þr ı lıð m; þeī. G᷎.h. ꝫ Geıʀ. Gv̄ñ ꝫ Sıgꝼ᷎ .ſſ. ꝫ .ɴ.ſſ. gıngu aller ı eınū ꝼlockı ꝫ ꝼ᷎ ſua ſnu ðıgt. at m̄n vrðu at gæta ſín eꝼ ꝼ᷎ ꝩ᷎ eꝼ é ꝼellı. ꝫ ꝩ᷎ eckı ıā tıð rætt ū allt þīgıt ſē ū malaꝼ᷎lı ꝥı hın mıklu. G. gengr ꞇ motz ꝩ᷎ maga ſína. ꝫ ꝼognuðu þr olaꝼr ħm vel þr ſpurðu .G. ū ꝼunðıñ en ħ .ſ. þeī ꝼ᷎ gıorla ꝫ bar ollū vel. ꝫ ſagðe þeī huat ħ haꝼðe ſıð an at gort. Olaꝼr m̄ı. Mıkılſ ē ꝩ᷎t hūſu ꝼaſt .ɴ. ſtenðr ꝥ ū alla raðagıorð þa ē ħ leɢr ꝼ᷎m̄. G. q̄z allð þ munðu launat ge ta. En beıððı þa lıðueızlu ꝫ atgongu. þr ſ. at þ ꝩ᷎ı ſkyllt ꝼ᷎ nu mal huartueggı í ðō a þīgı. ꝼlytıa huaꝼ̃ ſıtt mal. ᴍ̄. ſpyʀ h᷎ ſa m̄ ſkyllðı haꝼa mal ꝼrām̄ ē aðr haꝼðı ꞇ ohel gı vñıt ꝩ᷎ þgeır ſē .G. ē. ɴ.ſ. vartu a þīgſka la þīgı ū hauſtıð. ꝩ᷎ ek vıſt. ſ.ᴍ̄. heyrð᷎ þu at G bauð þeī boð. ꝫ alſættı. heyrða ek vıſt. ſ.ᴍ̄. þa ꝼ᷎ð helgaða ek G. ſ.ɴ. ꞇ allra l oglıgra mala. ʀett ē þta. ſ morðr. En h᷎ ſæt tı þ at .G. lyſtı vígı hıarꞇ a honð kol þar ſē auſtmaðrīn haꝼðı vegıt ħ. ʀétt ꝩ᷎ þ. ſ.ɴ. ꝥ ſē ħ kauſ ħ ꞇ veganða m; vattū. ʀett mun þta víſt. ſ.ᴍ̄. En ꝼ᷎ huat ſteꝼnðı G. þeī ollū ꞇ ohelgı. é þarꝼtu ꝥa at ſpyrıa. ſ.ɴ. ꝥ ſē þr ꝼ᷎ ꞇ aūka ꝫ manðrapa. é varð þ ꝼ᷎mko mıt ꝩ᷎ .G. ſ.ᴍ̄. bb. ꝩ᷎ þr kolſk. ꝫ hıortr .G. ok haꝼðı añaʀ bana en añar ſár a ſér. log haꝼı ꝥ at mæla ſ.ᴍ̄. þótt h᷎t ſe vnð᷎ at bua. þa geck ꝼ᷎m hıallꞇı ſkeggıa .ſ. or þıorſár ðal. ꝫ m̄ı. Eckı heꝼı ek hlutaz ꞇ malaꝼ᷎la yðū ra. En nu vıl ek vıta huat þu vıllt g̃a ꝼ᷎ orð mın .G. ꝫ vınattu. hūſ beıðer þu. ſ.G. ꝥ. ſ. ħ at þu legg̃ oll malın ꞇ ıaꝼnaðar ðōſ. ꝫ ðæmı goðer m̄n. þa m̄tu allð ꝩ᷎a ı motı m̄ ꝩ᷎ hꝩ᷎ıa m̄n ſē ek a ū. ꝥ vıl ek heıta ꝥ. ſ. ħ. Epꞇ̃ þ át tı ħ hlut ı ꝩ᷎ motſtoðu m̄n .G. ꝫ kō ꝥ vıð. at þr ſættuz aller. ꝫ epꞇ̃ þ veıttu huarır oðrū trygðer. En ꝼ᷎ aūka þorgeırſ kō legorz ſokın. en ſkog̃ hoggıt ꝼ᷎ aūka ſꞇk. bb. þor geırſ ꝩ᷎ bætter halꝼū botū. en halꝼar ꝼ ellu nıðr ꞇ ꝼor ꝩ᷎ .G. en ıoꝼn ſkyllðı ſok

tyrꝼıngſ ꝫ lát egılſ ı ſanðgılı ꝼ̇ vıg hıarť ſk
ylldı kōa víg kolſ ꝫ auſt m̄. þa v̊ aller aðrer
halꝼū botū. ɴ. v̇ ı gıorð ꝥı ꝫ aſg̊mr ellıðag̊m\`s´
.ſ. ꝫ hıalltı ſkeggıa .ſ. ɴ. attı ꝼe mıkıt vnðer
ſťkaðe ꝫ ı ſanðgılı ꝫ gaꝼ ħ ꝥ allt .G. ť bóta
ꝥa. Sva áttı .G. margan vın a þīgı at þa gal
lz ꝥ́ þeg̊ allt ꝼéét. en gaꝼ gıaꝼ̄ þeī hoꝼðīgıū
ē ħm hoꝼðu lıð veítt ꝫ haꝼðı hına meſtu ſ
æmð aꝼ ollu ꝫ vrðu aller a ꝥ ſatť at engı v̄ı ñ
ıaꝼnīgı ı ſūnlenðīga ꝼıorðungı. ʀeıð .G. heī aꝼ
þīgı ꝫ ſıtr nu v̄ kyrt. en þa auꝼunða motſto
ðum̄n ñ mıog ſæmð ñ. **aꝼ þorgeırı ottkelſ**

67 Nv ē at ſegıa ꝼ̄ þorgeırı otkelſ .ſ. ħ g̊ız **.ſ.**
mānaðr vel. mıkıll ꝫ ſterkr ťlynðr ok
v́ſlægr. nockut talhlyðīn. ħ v̇ vınſæll
aꝼ hınū beztū m̄m ꝫ áſtſæll aꝼ ꝼrænðū ſı
nū. Eınhůıu ſīnı heꝼ̄ þorgeıʀ ſťk.ſ. ꝼarıt
at ꝼīna M̄ð ꝼrænða ſīn. Jlla vní ek v̇. ſ. ħ. mala
lok þau ſē orðet haꝼa m; oſſ .G. En ek heꝼı ke
ypt at ꝥ́ lıðueızlu meðan v̇ erū baðer vppı
vıl ek nu at þu hugſer nockura raðag̊ð ꝫ legg
ız ðíupt mælı ek ꝥ́ ꝥta ſua ƀt at ek veıt at þu
ēt ēn meſtı vuın .G. ꝫ ſua ħ þīn. ſť ek auka mı
klu ſæmð þína eꝼ þu ſer vel ꝼ̇. Synız ꝥ ıaꝼnā
.ſ.M̄. at ek em ꝼegıarn enða mun ſua eñ ꝫ er
vant ꝼ̇ at ſıa at þu ſer ė g̊õnıðıngr. eða trygða
roꝼſ maðr. en þu kom̄ ꝥo þínu malı ꝼ̄m̄. en ꝥ er
ſagt at kolſk ætlı mál ꝼrām at haꝼa ꝫ rıpta
ꝼıorðung ı moeıðar hualı ē ꝼoður þınū v̇ gollð
ı ſoñbætr. heꝼ̄ ħ mal ꝥ tekıt aꝼ moður ſīnı. ꝫ
ē ꝥta ráð .G. at gıallða lauſa ꝼe. en lata ė lðıt
ſťm ꝥ at bıða ē ꝥta gengr ꝼ̄m̄. ꝫ kalla ħ þa r
ıuꝼa ſǽtt a yðr ħ heꝼ̄. ꝫ tekıt ſáð lð aꝼ þorgeırı
Otk.ſ. ꝫ roꝼıt ſua ſætt a ħm. ſťu ꝼ̊ at ꝼīna ꝥg̊
otk.ſ. ꝫ kōa ħm ı malıt m; ꝥ ꝫ ꝼ̊ at .G. en þott
ıbreſtı nockut v̄ ꝥta. ꝫ ꝼaı ꝥ ħ ė veıððan þa
ſťu ꝥ ꝥo ꝼ̊ at ħm opť Mun ek ſegıa ꝥ at .ɴ. he
ꝼ̄ ſpáð .G. ꝫ ſagt. ꝼ̇ v̄ æꝼı ñ eꝼ ħ vægı ı eñ ſa
ma knerūn opť en v̄ ſīn at ꝥ mundı ħm ƀð
az ť bana. bærı ꝥ þa ſua v̇ at ħ ryꝼı ſætt þá
ē g̊ v̄ı. ſťu ꝥ́ kōa þorg̊ı í malıt. er ħ heꝼ̄ aðr ve
gıt ꝼoður ñ. ꝫ eꝼ þıð erut a eınū ꝼunðe. þa

ſťu hlıꝼa ꝥ en ħ mun ganga ꝼ̄m̄ vel ꝫ mū .G.
vega ħ. heꝼ̄ ħ þa vegıt tyſuar ı eñ ſama k\`n´erūn.
en þu ſťt ꝼlyıa aꝼ ꝼunðınū. En eꝼ ħm vıll ꝥta
ť ðauða ðraga. þa mun ħ rıuꝼa ſættına ē ꝥ́ ť
at ſıtıa. Epť ꝥta ꝼ̄r ꝥg̊. heī. ꝫ .ſ. ꝼoður ſınum
aꝼ launūgu. ʀéðu ꝥr ꝥ m; ſer at ꝥa raðag̊ð
ſkylldu ꝥr aꝼ hlıoðı ꝼ̊ lata **aꝼ ꝥm nauꝼnum**

68 Nockuru ſıðaʀ ꝼór ꝥg̊. ſťk.ſ. ı k̄ku bæ at
ꝼīna naꝼna ſīn ꝫ gēgu ꝥr atal ꝫ toť ðag
allan hlíott. En at lyktū gaꝼ ꝥg̊. ſťk.
.ſ naꝼna ſınū ſpıot gull rekıt. ꝫ reıð heī ſıð
an g̊ðu ꝥr m; ſer ena kærſtu vınattu. a þīg
ſkala þíngı v̄ hauſtıð ſottı kolſk. ť lðz at mo
eıðarhualı. En .G. neꝼnðı vatta. ꝫ bauð þeım
vnðan ꝥ́hyrnīgı lauſa ꝼe eða lð ānat at log
lıg̊ vırðıngu. ꝥr vnðan ꝥ́hyrnīgı neꝼnðu ſer
v́atta at .G. ryꝼı ſætt a þeī. Epť ꝥ v̇ lokıt þín
gınu. lıða nu þau mıſſarı ꝼīnaz ꝥr naꝼ̄
ıaꝼnan. ꝫ ēo m; þeī eñ meſtu kærleıkar. kol
ſkeɢr mlı ť .G. Sagt ē m̄ at mıkıl ſe vınat
ta ꝥra ꝥg̊. Otk.ſ. ꝫ ꝥg̊. ſťk.ſ. ꝫ ē ꝥ margra m̊
mal at ꝥr munu v̄a oťlıg̊. ꝫ vıllða ek at þv
v̄ır v̊ v̄ þık. kōa mun ť mın ꝼeıgðın. ſ.G. ħ̄r
ſē ek em ſtaððr. eꝼ m̄ v̄ðr ꝥ auðıt. ſkıldu ꝥr
þa talıt. G. ſagðı ꝼ̇ v̄ hauſtıð at þar ſkylldı
vīna vıku heıma. en aðra nıðrı ı eyıū. ꝫ hæt
ta þar þa heyůkı. ſ. ħ s̄ ꝼ̇ at allt ſkylldı ꝼ̊
m̊ aꝼ bænū nēa ħ eīn ꝫ koñ. ꝥg̊. vnðan ꝥ́ħr
ꝼeʀ at ꝼīna naꝼna ſīn. en þegar ꝥr ꝼunð
vz toť. ꝥr at vanða ſınū. ꝥg̊. ſťk.ſ.m. Ek v
ıllða at v̇ ħðım okr ꝫ ꝼærī at .G. Sua at eín
v haꝼa ꝼunðer orðet v̇ G. ſ. ꝥg̊. Otk.ſ. at ꝼaır
haꝼa aꝥ́ ſıg̊z. enða þıkı mer ıllt at heıta
ta g̊õnıðīgr. ꝥr haꝼa roꝼıt ſættına en v̇ ė
.ſ. ꝥg̊. ſť.ſ. tok .G. aꝼ ꝥ ſáð lð þıtt. en moeıð
huál aꝼ okr ꝼeðgū ꝫ ſemıa ꝥr ꝥ m; ſer at
ꝼara at .G. ſeg̊ þa ꝥg̊. at gūñ mundı a ꝼaʀa
natta ꝼreſtı eīn heıma v̄a ſťu kōa vıð
xıȷ.\`ta´ mān ť moz v̇ mık en ek mun haꝼa ıā
marga. ſıðan reıð ꝥg̊. heī. **aꝼ ꝼıorra**

69 Þa ē ꝥr ħk̄lar ꝫ kolſk. hoꝼ **ðum vıð .G.**
ðu v̄ıt .íıȷ. nætr ı eyıū þa heꝼ̄ ꝥg̊. ſť.ſ.

nıoſn a þu ꝫ g̃ır orð nafna ſınū at ħ ſkyll ðı kōa ꞇ motz v̇ ħ a þ'hyrnīgſ halſū Sıðan bıoz þg̃ v̇ eñ xıȷ.`ta´ mān vnðan þ' hyrnīgı. ħ rıðr a þ'hyrnīgſ halſa. ꝫ bıðr þar nafna ſınſ. G. er nu eīn heıma a bænū. Rıða þr nafn̄ ı ſkoga nockura þar kō at þeī ſue fn þungı nockuꝶ ꝫ mattu þr eckı an̄at en ſofa feſtu þr ſkıollðu ſına ı lım̄ en bū ðu heſtana ꝫ ſettu hía ſer vapnın. N. v̊ þa nótt ı þorolfſfellı ꝫ mattı eckı ſofa ꝫ gek ymızt v́t eða īn þorhıllðr ſpurðı .N. huı ħ mættı ė ſofa. Mart b̃r nu f augu. ſ. ħ Ek ſe marg̃ fylgıur g̃mlıg̃ ouına GūnaRſ ꝫ ē er þo nockut vnðarlıga. þær lata olmlıga ꝫ f̊ þo raðlauſlıga. lıtlu ſıðar reıð m̄ at ðyrunū ꝫ ſte af bakı ꝫ geck īn ꝫ v̇ þ' ſa ðarm̄ þra. þorhıllðr .ſ. fantu ſauðına. fān ek þ ē ´meíra` munðe v̊ða. ſ. ħ. ħt v̇ þ. ſ.N. Ek fā fíora ꝫ .xx. m̄n ı ſkogınū vppı þr hofðu bunðıt heſta ſına. en ſuafu ſıalf̃. þr hof ðu feſt ſkıollð ſına ılımar. en ſua haf ðı ħ gıorla at hugat at ħ ſagðı f̃ allra þr a vapna`buna´ðı ꝫ klæðū. N. vıſſı þa gıorla hu̅r h v̊gı var ꝫ mlı ꞇ ħ. gott hıona tak ef ſlık̃ v̊ı marg̃ ꝫ ſl̄tu þa ıafnan nıota. En þo vıl ek nu ſenða þık ħ ıataðı at fara. þu ſl̄t f̊ ſeg̃ .N. ꞇ hlıðar enða ꝫ ſegıa .G. at ħ farı ꞇ grıot ár ꝫ ſenðı þa epꞇ m̄m. En ek mun f̊ ꞇ moz v̇ þa ꝫ fæla þa ı brott. hef̃ þta af þ' vel í motı borız at þr munu engıſſ afla ı þı en lata mıkıt. Sauða m̄ for ꝫ ſagðı .G. f̃ ollu ſē ſē gıorſt. Reıð þa .G. ꞇ grıot ár ſtefna þr þán gat m̄m. Nu ē f̃ Nıalı at ſegıa at ħ rıðr ꞇ funðar v̇ þa nafna. O v̊lıga lıggı þ̃. eða tıl hu̅ſ ſl̄ for ſıa g̃ hafa v̊ıt ꝫ ē .G. engı klektu nar m̄. en ef ſaıt ſl̄ v̄ tala. þa eru þta en meſtu fıor ráð. ſl̄u þ̃ þ ꝫ vıta at .G. er ılıð ſafnaðı. ꝫ mun ħ ḱ bratt kōa ꝫ ðrepa yðr ne ma þ̃ rıðıt vnðan ꝫ heī. þr brugðu v̇ ſkıott ꝫ v̊ð þeī mıog v̇ felmt ꝫ toku v́apn ſín ꝫ ſtıgu a heſta ſına. ꝫ hleyptu heī vnð̊ þ'hyr nīg. N. fór ꞇ motz v̇ .G. ꝫ bað ħ ´eckı` eyða fıol mēnı En ek mun f̊ ımeðal ꝫ leıta v̄ ſætꞇ. Munu þeır nu v̊a hoflıga hræðð̊. En f þı fıorrað ſl̄ ė kōa mīna ē v̇ alla þa ē v̄ at eıga. en ė ſl̄ meıra kōa f v`ı´g ānarſhuarſ þra nafna þótt þ kv̄nı v̇ at b̃a ſl̄ ek v̊ðueıta þta fe ꝫ ſua f ſıa at þa ſe þ̃ īnan handar ē þu þarft ꞇ at taka. **af Gun̄arı**

70 GV̊n̄ þackaðı ħm ꞇlogur ſın̄. N. reıð vnð̊ þ'hyrnīg ꝫ ſagðı þeī nofnū at G. munðı eckı eyða fyꝶ flockū en ór ſlıtı m; þeī buðu þr boð f ſık. ꝫ v̊ ottafuller ꝫ baðu .N. f̊ m; ſætꞇ boðunū. N. q̃z m; þ' eınu munðu f̊ ė fylg ðu ſuık. þr baðu .N. v̊a ı gıorðīnı ꝫ q̃ðuz hall ða munðu. þ. ſē ħg̃ðı. N. q̃z ė g̃a munðu nema a þıngı ꝫ v̊ı v̇ hın̄ beztu m̄n þr ıatuðu þ'. geck þa .N. ı mıllı ſua at huar̃ handſoluðu oðrū grıð ꝫ ſætt. ſkyllðı .N. g̃a ꝫ nefna þa ꞇ ſē ħ vıllðı. lıt lu ſıðaꝶ funðu þr M̃ valg̃.ſ. M̃ talðı a þa mıog ē þr hofðu lagıt mál vnðer .N. þ' ſē ħ v̊ vınr .G. mıkıll. q̃ð þeī þ ılla ðuga munðu. Rıða m̄n nu ꞇ alþīgıſſ at vanða. eru nu huar̃ tueggıu a þī gı. N. q̃ððı ſer hlıoðſ. ꝫ ſpyꝶ alla hofðıngıa ꝫ hı na beztu m̄n ē þ' v̊ kōn̄ hu̅t mal þeī þættı .G. eı ga a þeī f fıor ráðen. þr ſogðu at þeī þottı ſlı kr m̄ mıkīn rétt a ſer eíga. N.ſ. ħrt ħ ættı a ollū þeī eða ættı form̄n eın̄ at .ſ. malınu. þr .ſ at meſt f́m̄. en þo a ollū mıkıt. þ munu mar g̃ mæla. ſ.M̃. at ė hafı v̄ ſakleyſı v̊ıt. þar ſē G. ráuf ſætt v̇ þa nafna. ė ē þ ſatꞇ rof. ſ.N. at hu̅r hafı log v̇ ānan. þt m; logū ſl̄ lð várt byGıa en ologū eyða. Sagðı .N. þeī þa at .G. h afðe boðet lð f moeıðar húal. eða ānat fé. þottuz þr þa falſaðer nafn̄ af M̊ðı. valg̃.ſ ꝫ tolðu a ħ mıog. ꝫ q̃ðuz af ħm hlıota þta fe gıallð. N. nefn̄ .xíȷ́. m̊ ðō a þu malı. gallt þa .c. ſılfrſ hu̅r ē ꞇ hafðe farıt en .cc. huaꝶ þr ra nafna. tok .N. v̇ þu fe ꝫ v̊ðueıttı. en huar̃ veıttu oðrū þa trygðer ꝫ g̃ð. ꝫ mlı. N. f. Reıð .G. þa veſtr af þıngı ꞇ ðala. fór ħ þa ı hıarð hollt. tok Ólafr paı vel v̇ ħm. ſat ħ þ' hal fan manuð. ħ reıð vıða v̄ ðalı ꝫ toku aller v̇ ħm fegınſ henðı. En at ſkılnaðe .m. olafr Ek vıl gefa þ̃ .íıȷ́. g̃pı. Gullhrıng ꝫ ſkıckıu ē

átt heꝼ̃ myrkıartan ıra ǩgr. ⁊ hunð ẽ m̃ ṽ geꝼīn
a ırlðı. ħ ẽ mıkıll ⁊ ė ṽrı ť ꝼylgð̊ en rauſkr m̃
þ ꝼylg̃ ⁊ at ħ heꝼ̃ m̃ vıt. ħ mun ⁊ geyıa at hṽı
ū m̃ þeī ẽ ħ veıt at vuınr þīn ẽ. en alld̊ at vı
nū þınū. Ser ħ ⁊ a hṽıū m̃. huart ħm ẽ ť þī vel
eða ılla. ħ mun ⁊ lıꝼıt a leggıa at ṽa ꝥ ťǩ. ꝥı
hunðr heıť ſār. Sıðan mlı ħ ṽ hunðın. Nu
ſľtu .G. ꝼylgıa ⁊ ṽa ħm ſlıkr ſē þu máı ṽa
hunðrīn geck þeg̃ at .G. ⁊ lagðız nıðr ꝼ̇ ꝼætrħm.
Olaꝼr bað .G. ṽa varan ṽ ſık. ⁊ q̃ð ħ marga eı
ga eıga auꝼunðar m̃n. þar er þu þıǩ nu ṽ
a agætaztr m̃ ṽ allt lð. G. þackaðe ħm gıa
ꝼ̃ ⁊ heılræðe ⁊ reıð heī. Sıtr .G. nu heīa vm

71 Lıtlu ſıðaŕ ꝼīnaz **aꝼ þm merðı ⁊** [hrıð. **nauꝼ**
þr M̃. ⁊ þr naꝼń ṽða þr ė aſatť. þottuz þr **num**
lata vt ꝼe mıkıt ṽ .M̃. en haꝼa eckı ı motı. ok
baðu ħ ſetıa aðra raða g̃ð þa ẽ .G. ṽı ť meīſ
.M̃. q̃ð ſua ṽa ſkylldu. ⁊ er þ nu ráð mıtt. at þor
geıŕ otǩ.ſ. ꝼıꝼlı ormhılldı ꝼrændkonu .G.
En .G. mun aꝼ ꝥ lata vaxa oꝼocka ṽ þıg. ſľ
ek þa lıoſta þeī q̇tt vpp at .G. munı ė haꝼa
ſua buıt ṽ þıg. ſľu þıt þa nockuru ſıðaŕ ha
ꝼa at ꝼor ṽ .G. en þo ſľu þıt .G. ė heī ſækıa ꝥt þ
ma engı ætla meðan hunðrīn lıꝼ̃ þr ſōðu ꝥa ra
ðag̃ð m; ſer at ſıa ſkylldı ꝼ̃m̃ koma Nu lıðr ſ
vmarıt allt ór henðı. venr þorg̃. kuam̃ ſınar
ť ormhılldar. G. þottı þ ılla ⁊ g̃ðız oꝼockı mı
kıll m; þeī ⁊ ꝼor ſua ꝼrā ṽ vetrīn. Nu kēr ſu
m̃ ⁊ ṽða þa ēn ıaꝼnan ꝼunðer ꝥra a láun þr
ꝼīnaz nu ıaꝼnan þg̃. vnðan ꝥhyrnīgı ⁊ morðr
⁊ raða atꝼor ṽ .G. þa ẽ ħ rıðı oꝼan ı eyıar at
ſıa ṽ ṽk ħkarla ſīna ⁊ ſua bar ṽ eín hṽıu ſı
ñı at .M̃. ṽð vaŕ ṽ. ẽ .G. reıð oꝼan ı eyıar ⁊ ſē
ðı vð̃ ꝥhyrnīg. q̃ð þa vænſt munðu at ꝼara
at .G. þr brugðu ṽ ſkíott ⁊ ꝼ̊ oꝼan þaðan ṽ ēn
.xıȷ.\`ta´ mān. en ẽ þr kōa ı ǩkıu bæ þa ẽo ꝥ ꝼ̇ xıı̇ȷ.
m̃n þr ræða ṽ huar þr ſľu ſıtıa ꝼ̇ .G. ⁊ kō þ a
ſāt at þr ſkylldu ꝼ̊ ť rangár ⁊ ſıtıa þar ꝼıꝼ̃
ħm. En ẽ .ɢ. reıð neðan ór eyıū þa reıð kolſǩ.
m; ħm. G. haꝼðe boga ſīn ⁊ oruar ⁊ atgeırīn

72 Skolſǩ haꝼðı ſaxıt ⁊ aluæpnı. **capıtulm**
Sa atburðr varð ẽ þr rıðu ť ráng ár vpp
at bloð kō mıkıt a atgeırīn. kolſǩ. ſꝥðı ħ þ
munðı gegna. G.ſ. eꝼ ſlıkr atburðr yrðı at
þ ṽı ı oðrū lonðū kallat benraugn ⁊ .ſ. sua
aulṽ bonðı at þ ṽı ꝼ̇ ſtorꝼunðū. Rıða þr vpp
ꝥ ť ẽ þr ſa mēnına ṽ ána ſıa at þr ſıtıa en
haꝼa bunðıt heſtana. G.m. ꝼ̇ſát ẽ nu. kol.
.ſ. lengı haꝼa þr vťlıg̃ ṽıt. ſ. ħ eða huat ſľ
nu ť raða. hleypa ſľu ṽ vpp hıa þeī. ſ.G. ť vað
ſınſ. ⁊ buaz ꝥ ṽ. hıñ ſıa þ. ⁊ ſnua vpp epter
þeī. G. benðer vpp bogān. ⁊ tekr oruarnar.
⁊ ſteyꝥ nıðr ꝼ̇ ſık ⁊ ſkytr þeg̃ ẽ þr kōu ı ſkot
mal. Særðı .G. ṽ þ mıog marga en ðrap ſuma þa
mlı þorg̃. otǩ.ſ. ꝥtta ðug̃ oſſ eckı. gongū at ſem
harðaz þr g̃ðu ſua ꝼyrſt geck aunūðr hīn ꝼag̃
ꝼrænðı þorg̃. G. ſkaut atgeırnū ť ħ ⁊ kō a ſk
ıollðīn ⁊ kloꝼnaðı ħ ı tua lutı en atgeıŕīn h
lıop ı gegnū aununð. Avgm̃ðr ꝼlokı hlıop a
bak .G. en kolſǩ. at ħm ⁊ hıo vnðan ħm baða
ꝼætr ⁊ hratt ħm vt a rang á ⁊ ðruknaðı ħ þeg̃
g̃ðız þa harðr barðagı. hıo .G. þa ānaŕı hēðı
en lagðı ānaŕı. kolſǩ. ṽa ðrıugt m̃n en ſær
ðı marga ẽ nu harðr ꝥðagı. þg̃. ſťǩ.ſ. mľtı
ť naꝼna ſınſ. allıtt. ſer þ á at þu eıg̃ ꝼoður
þınſ at heꝼna ħ .ſ. vıſt ė heꝼı ek mıog ꝼrā
gengıt. en þo heꝼ̃ þu ė gēgıt m̃ ı ſpor. enða ſľ
ek ė þola þın ꝼryıuorð hleypr aꝼ mıkıllı at .G. ⁊
lagðı ı gegnū ſkıollðīn ⁊ ſua ı gegnū honð .G. ħ
ſnaraðe ſ̃ hart ſkıollðīn at ſpıotıð brotnaðe
ıſunðr ı ꝼalnū. G. ſē ānan mān komīn ı hoɢ ꝼæ
rı ṽ ſık ⁊ hoɢr þān banahoɢ. en þrıꝼr tueī
honðū atgeırīn þa ṽ þorg̃. Otǩ.ſ. komīn ſua
næŕ ħm ⁊ haꝼðı ſṽðıt reıðt. G. ſnyz at ħm
ſkıott aꝼ mıkıllı reıðı ⁊ rekr ı gegnū ħ atg
eıŕ. ⁊ vegr ħ vpp alopt. ⁊ keyꝼ̃ ħ ѵt a rang áá.
⁊ rekr ħ a vaðet oꝼan ⁊ ꝼeſtı þar a ſteını eı
nū ⁊ he\`ı´ť ꝥ ſíðan þorg̃.vað. þgeıŕ ſťǩ.ſ. mľtı.
ꝼlyıu ṽ nu eckı mun oſſ ſıgrſ ṽða auðıt at
ſua bunu. Sñu þr þa aller ꝼ̃. leggıu ṽ nu ep
ť þeī. ſ. kol. ⁊ taktu bogān ⁊ oruarń. ⁊ mun
tu kōaz ı ſkotꝼærı ṽ þorgeır. G.ſ. eyðaz mu
nu þo þıkıa ꝼeſıoðarner ṽ þ er ꝥır er bæt
ť ẽ ħ lıggı\`a´ ðauðer. Eckı mun ꝥ ꝼeꝼatt ṽða.

ſagðı kolſk. En þorg̃. mun ė aꝼ lata ꝼyꝛ̃ı. en þu ꝼ
ær ðauða. Stanða munu nockuꝛ̃ ħ mak̃ a gotv
mīnı áðr en ek hræðūz þá. ſ.G. Sıðan rıða þr h
eī. ꝫ ſegıa tıðenðín. hallg̃. ꝼagnaðe þū tıðēðv̄.
ꝫ loꝼaðe v̄kın. Rānveıg mlı. v̄a ma at gott ſe v̄
kıt en v̄ra v̄ð m̄ en ek ætla gott munı aꝼ leı
73 Þeſſı tıðendı ſpyrıaz **capıtulum-** [ða.
vıða ꝫ v̇ þg̃. morgū mıog harm ðauðı þr
Gız̃ .h. rıðu t̃ ꝫ lyſtu vıgunū. ꝫ quoððu bu
a t̃ þıngſ. rıðu þa veſtr aptr. þr .N ꝼunðuz ok
.G. ꝫ toluðu v̄ bar ðagān. mlı .N. t̃ .G. v̄tu nu v̄
v̄ þıg. nu heꝼ̃ þu vegıt tueī ſīnū ı ēn ſama k
nerūn. ꝫ hyGG nu ſua ꝼ̃ hag þınū at þ̃ lıGr v̇ líꝼ
þıtt eꝼ þu hellðr ė þa ſætt ſē g̃ ē. hūgı ætla ek
m̄. ſ. G. aꝼ at bregða en þo mun ek þurꝼa lıðſī
nı yðuart a þīgı. N.ſ. hallða mun ek v̇ þıg mí
nū trunaðe t̃ ðauða ðagſ. Reıð .G. þa heī. lıðr
nu t̃ þíngſ ꝫ ꝼıolmēna huaꝛ̃tueggıu mıog ē
þta nu allꝼıolrætt a þīgı hūſu þı mál munðu lu
kaz. þr Gız̃ ꝫ geıꝛ̃ .g. ræððu v̄ m; ſer. huaꝛ̃ þra
ſkyllðı lyſa vıg ſokīnı þg̃. En þ̃ kō at Gız̃ tok
vnðer ſık malıt ꝫ lyſtı ſok at logb̃gı ꝫ q̃ð s̃ at
orðı at ek lyſı laugmætu ꝼrū hlaupı a honð
.G. ham̄ð .ſ. v̄ þ ē ħ hlıop logmætu ꝼrūhlaupı tıl
þg̃ſ. otk.ſ. ꝫ ſærðı ħ holunð ſarı þ̃ ē at ben g̃
ðız en þg̃. ꝼeck bana aꝼ telek ħ eıga at v̄ða v̄
ſok þa ſekıan ſkog̃ mān ohælan ꝫ oꝼerıanða.
oraðanðı ollū bıargraðū tel ek ſekt ꝼe ħ halꝼt
m̄ en halꝼt ꝼıorðungſ m̄ þeī ē ſekt ꝼe eıgu
at taka at logū lyſı ek t̃ ꝼıorðungſ ðōſ þ̃ er
ſokın a ı at koma at logū lyſı ek loglyſıng ı
heyranða hlıoðe at logbergı lyſı ek nu t̃ ſokn̄
ꝫ t̃ ſekt ꝼullrar a honð .G. ıānat ſīnı. Neꝼn̄ Gız̃
ſer vatta ꝫ lyſtı ſok a honð .G. ham̄ð .ſ. v̄ þ ē ħ ſær
ðı þg̃. otk.ſ. holunðſarı. þ̃ ē at ben g̃ðız en þ̃
geıꝛ̃ ꝼeck bana aꝼ þ̃ vættꝼangı ē .G. hlıop t̃ þg̃ſ
logmætu ꝼrūhlaupı áðr. Sıðan lyſtı ħ þı lyſıng
ſē hīnı ꝼyꝛ̃ı þa ſpurðı ħ at þıngꝼeſtı ꝫ heımılıſ
ꝼangı. Epſ̃ þ gengu m̄n ꝼ̃ logb̃gı. ꝫ mltu aller
at ħm mltız vel. G. v̄ vel ſtılltr. ꝫ lagðı ꝼatt t̃
Lıðr nu þıngıt þart̃ er ðomar ꝼ̃ vt. G. ſtoð norð at
rangæınga ðómı ꝫ ħ m̄n. Gız̃ .h. ſtoð ſūnan at ꝫ

ħ m̄n ꝫ neꝼnðı vatta ꝫ bauð .G. at hlyða tıl
eıð ſpıallz ſınſ ꝫ t̃ ꝼ̃m ſogu ſak̃ ꝫ ſokn̄ gagna
þra allra ſē ħ hugðe ꝼ̃m at ꝼæra. Epſ̃ þ vān
ħ eıð þa ſagðı ħ ꝼ̃m ſok ſua ſkapaða ı ðō ſē ħ
lyſtı. þá lét ħ b̃a lyſıng̃ vættı. en þ̃ ė ſakarto
ku vættı at ħ v̇ aðılīn. þa bauð ħ buū ı ſetu ꝫ
tıl ruðnıngar v̄ k̃ðīn. **raðın vtanꝼerð Gunaſſ**
74 Þa mlı .N. nu mun ė mega ſıtıanða hlut
ı eıga. gongū nu þ̃ t̃ ē buarn̄ ſıtıa. þr gīgu
þangat t̃. ꝫ ruððu .ıííȷ. bua or quoðīnı
en kuoððu hına .v. bıarkuıðar ē epſ̃ v̊ v̄ má
lıt. Gūnarſ huart þr þg̃. ſtk.ſ. eða þorgeıꝛ̃ otk.
.ſ. heꝼðı ꝼarıt m; þān hug t̃ ꝼunðarınſ at vī
na a .G. eꝼ þr mættı. En aller baru þ ſkıott at
þ heꝼðı v̄ıt. kallaðı .N. þta loguorn ꝼ̃ malıt
ꝫ q̃z munðu ꝼrā b̃a vornına nema þr leg
ðı t̃ ſætta v̊ ı þu malı þa marg̃ hoꝼðıngıar
at bıðıa ſættana. ꝫ ꝼekz þ aꝼ at .xíȷ. m̄n ſ
kylldu g̃a v̄ malıt ganga huaꝛ̃tueggıu þa
t̃ ꝫ handſala þa ſætt. epſ̃ þ var g̃t v̄ ma
lıt ꝫ queðıt a ꝼegıollð ꝫ ſkyllðı allt greítt
þeg̃ þar a þīgı en .G. ſkyllðı ꝼ̃ vtan ꝫ kolſk. ꝫ
v̄a ı brottu .ííȷ. vetr. En eꝼ .G. ꝼærı ė ꝫ mættı
ħ kōaz þa ſkyllðı ħ ðræpr ꝼ̃ ꝼrænðū hınſ veg
na. G. let eckı a ſer ꝼīna at ħm þættı ė goð
ſættın. G. ſp̄ðı .N. at ꝼe þ̃ ē ħ haꝼðe ꝼengıt ħm
t̃ v̄ðveızlu. N. haꝼðe a vaxtat ꝼeet. ꝫ greıððı
þa allt ꝼ̃m ꝫ ſtoðz þ a enðū ꝫ þ er .G. áttı at g
ıallða ꝼ̃ ſık. rıða m̄n nu heī. þr .N. ꝫ G. rıðu bað
ſamt aꝼ þīgı. þa mlı .N. t̃ .G. g̃ðu ſua vel ꝼela
gı at þu hallt ſætt þa ꝫ mun huat v̇ hoꝼū v̇
mlz. ſ. ħ. ꝫ ſua ſē þ̃ varð hın ꝼyꝛ̃ı vtanꝼ̃ð þī
mıog t̃ ſæmðar. þa mun þ̃ þo ſıa v̄ða meıꝛ̃
t̃ ſæmðar. Muntu kōa vt m; mānuırðıngu
mıkıllı. ꝫ v̄ða m̄ gamall ꝫ mun engı m̄ h̄ þa
þ̃ a ſporðe ſtanða En eꝼ þu ꝼ̃r ė vtan. ꝫ ryꝼr
ſætt þína. þa muntu ðrepīn v̄a h̄ a lðı ꝫ ē þ
ıllt at vıta þeī vın̄ þın̄ ero. G. q̃z eckı ætla at
rıuꝼa ſætſ̃. G. rıðr heī ꝫ ſeg̃ ſættına. Rānveıg
75 Þ q̃ð vel at ħ ꝼærı vtan ꝫ ættı þr v̇ ānan
Raīn ſıgꝼ̃ **aꝼ gunarı ꝫ kol** [at ðeıla. **skegı**
.ſ.ſ. þ konu ſīnı at ħ ætlaðe at ꝼ̃ vtan.

þ ſuṁ h᷑ ſagðı at þ ṽı vel. tok h̄ ſer ꝼarı m; h
ogna hınū huıta. G. tok ſer ꝼar. ɜ kolſk. m; arꝼī
nı hınū vıkuerſka þr g̊mr ɜ helgı .ɴ.ſſ. baðu ꝼo
ður ſīn at leyꝼa þeī at ꝼᷓ vtan. ɴ.ſ. erꝼıtt mū
ykr ṽða vtan ꝼ̃ð ſua at tuıſynt mun ṽða h̄rt
þıt ꝼaıt halldıt lıꝼınu en þo munuþıt ꝼa ſǣð
ı ſumu ɜ mañuırðıng en ė auruænt at aꝼ leıðı
vanðræðı ē þıt komıt vt. þr baðu ıaꝼnan at ꝼᷓ
ɜ ṽð þ at h̄ bað þa ꝼara eꝼ þr vılldı reðu þr þa
ſer ꝼar m; barðe ſuarta ɜ Olaꝼı ſynı ketılſ
ór ellðu ɜ er nu mıkıl ṽræða at mıog leyſız a
b᷑tt hıñ bet᷑ m̄n or ſueıtīnı þr ṽ ꝼrūuaxta .ſſ.
.G. hognı ɜ g̃ní ɜ ṽ m̄n oſkapglık̃. haꝼðı g̃nı mık
aꝼ ſkapı moður ſīnar. En hognı ṽ vel at ſ̃. G.
lætr ꝼlytıa ṽ þra .bb. ť ſkıpſ ɜ þa ē oll ꝼong.
.G. ṽ komın ɜ ſkıp ṽ mıog buıt. þa rıðr .G. ť b᷑gð
hualſ. ɜ a aðra bæı at ꝼīna m̄n ɜ þackaðe lıð
veızlu ollū þeī ē h̄m hoꝼðu lıð veítt. ānan .ð.
epť byr h̄ ſnēmenðıſſ ꝼ̃ð ſına ť ſkıpſ ɜ ſagðı
þa ollu lıðı at h̄ munðı rıða ı brott alꝼarı. ok
þottı m̄m þ mıkıt en væntu þo ťkuamu h̄ ſı
ðaꝶ. G. hũꝼr ť allra māna ē h̄ ṽ buīn. ɜ gēgu
m̄n ít m; h̄m aller h̄ ſtíngr nıðr atgeırnum
ɜ ſtıklar ı ſoðulīn. ɜ rıða ı brott. þr rıða ꝼ̃m m;
mark᷑ ꝼlıotı. þa ðrap heſtr .G. ꝼætı. ɜ ſtock G.
or ſoðlınū. h̄m varð lıtıð ť hlıðarīnar. ɜ bæı
arınſ at hlıðarenða. ɜ m̄lı ꝼogr ē hlıðın ſ̃ at
m̄ heꝼ̃ h᷑ allð ıāꝼogr ſynz bleık̃ akrar ɜ ſle
gın tun ɜ mun ek rıða heī aptr ɜ ꝼᷓ hũgı. g̃ðu
ė þān ouınaꝼagnat. ſ. kolſk. at þu rıuꝼır ſætt
þına þt þ̃ munðe engı m̄ þ ætla ɜ mattu þ h
vgſa at ſuamun allt ꝼara ſē .ɴ. heꝼ̃ ſagt hũ
gı mun ek ꝼᷓ. ſ.G. ɜ ſua vıllða ek at þu g̃ðer.
ė ſl̄ þ. ſ. kolſk. huarkı ſl̄ ek a þ̃u nıðaz. ɜ ongu
oðru þ᷑ ē m̄ ē ť truat. ɜ mun ſıa eīn hlutr ſ̃
ṽa at ſkılıa mun m; okr. en ſeg þ ꝼrænðū
mınū ɜ moður mīnı at ek ætla mer eckı at
ſıa ıſlð. þt ek mun ſpyrıa þık latīn ꝼræðı.
ɜ hellðr mık þa eckı ť vtꝼ̃ðar. Skılr þar
m; þeī ɜ rıðr .G. heī ť hlıðarenða. en kolſk
ť ſkıpſ ɜ ꝼ̃r vtan. hallg̃ ṽð ꝼegın .G. ē h̄ kō
heī en moðer h̄ lagðı ꝼátt ť. G. ſıtr nu heīa

hauſt ɜ þna vetr ɜ haꝼðı eckı m̄t m̄ ṽ ſık lıðr
nu vetr or g̊ðı. Olaꝼr paı ſēnðı .G. mān. ɜ bað h̄
ꝼᷓ veſtr. þangat ɜ hallg̃. en ꝼa buıt \ı/ henðr moð̃
ſīnı ɜ ſynı ſınū haugna. G. þottı þ ꝼyſılıgt ꝼyrſt
ɜ ıataðe þ᷑. en þa ē at kō vılldı h̄ ė. En a þīgı ṽ ſu
marıt lyſa þr Gız̃ at logb̃gı ſekt h̄. en áðr en
þınglauſn̄ ṽı ſteꝼnðı Gızuꝶ ollū vuınū .G.
ı alm̄ gıa. Sťk. vnðan þrıhyrnīgı ɜ þorg̃ı .ſ. h̄ ɜ
m̄ðı ɜ valg̊ðı hınū g̃. Geır .g. ɜ hıallta ſkeggıa
.ſ. þorbranðı ɜ aſbranðı þorleıkſ .ſ.ſ. eılıꝼı ɜ o
nunðı ſynı h̄ ɜ onunðı or trolla ſk̄ogı. þorg̊mı
or ſanðgılı. Ek vıl bıðıa yðr at ṽ ꝼarī at .G.
ıſumar. ɜ ðrepım h̄. hıalltı m̄lı. þ᷑ h᷑ ek G. h̄ a þī
gı þa ē h̄ g̃ðı meſt ꝼ mín at ek ſkyllða allðrı
ı atꝼorū ṽa ṽ .G. ɜ ſl̄ ſua ṽa. Sıðan geck hıall
tı ı brott en þr réðu atꝼor at .G. ē epť ṽ ɜ hoꝼðu
hanð tak at ɜ logð ṽ ſekt eꝼ nockuꝶ gengı ór
ꝟ ſkyllðı hallða níoſn ṽ næꝶ bezt ꝼærı ṽı a
ɜ ṽ þ .xl. m̄ ē̄ı þu ſā banðı ṽ. þottı þeī ſer nu
lıtıð munðu ꝼ ṽða at veıða .G. ē a brottu ṽ kolſk
ɜ þraīn ɜ marg̃ aðrer þr ē .G. vıñ ṽ. rıða m̄n nu
heī aꝼ þīgı. ɴ. ꝼór at ꝼīna .G. ɜ ſagðe h̄m ſekt
ſína ɜ raðna at ꝼor at h̄m. vel þıkı m̄ þ̃ ꝼᷓ. ſ.G.
ē þu g̃ır mık varan ṽ. Nu vıl ek. ſ.N. at ſk᷑ph̄.
ꝼarı ť þín ɜ h̄. ſ. mīn. ɜ munu þr leggıa ſıtt
lıꝼ ṽ þıtt lıꝼ. ė vıl ek þ. ſ.G. at .ſſ. þıñ ſe ðrepñ ꝼ
mınar ſaker. ɜ attu ānat at m̄ ꝼ eckı mun þ
kōa. ſ.N. þangat mun ſnuıt vanðræðū þa ē þu
ert latīn. ſē ſſ. mıñ ero. ė ē þ vlıklıgt. ſ.G. at
ſ̃ ſe en ė vıllða ek at þ hlytız aꝼ m̄. en þ̃ vıl ek
bıðıa at þ̃ ſıaet á m; hogna .ſ. mınū en ek tala
eckı ṽ g̃na þt h̄ g̃ır mart eckı at mınu ſka
pı reıð .ɴ. þa heī ɜ h᷑ þ᷑. þ er ſagt at .G. reıð ť
allra logþīga ɜ gamanſ ɜ ꝼunða allra ɜ þor
ðu ouıñ h̄ allð a h̄ at raða. ꝼór ſ̃ ꝼ̃m nockura
hrıð at h̄ ꝼór ſē oſekr m̄. **raðın atꝼerð ṽ Guñar**

76 Um hauſtıt ſenðı ꝟ. valg̊z .ſ. orð at .G. m̄
ðı eīn heīa. en lıð allt munðı ṽa nıð
ı eyıū ɜ luka heyũkū. Rıðu þr Gız̃ .h᷑.
ɜ geıꝶ .g. auſtr ıꝼ̃ ár. þeg̃ þr ſpyrıa þ ɜ auſtr
ť hoꝼſ. þa ſenðu þr orð ſťkaðı vnð̃ þ̃hyrnī
gı ɜ ꝼunðuz þr þar aller ē at .ɢ. ſkyllðu ꝼᷓ.

ꝫ reðu hu̅ſu þr ſkylldu m; ꝼara. ᴍ̅.ſ. at þr munꝺ
ė kōaz a vuart .ɢ. nēa þr tæki bonꝺa þar a næſ
ta bæ ē þorkell .h. ꝫ leti h̄ ꝼ̊ nauðgan m; ſer at
taka hunꝺīn ſam ꝫ ꝼæri h̄ eīn heī a bæīn. ꝼ̊ þr
ſiðan auſtr t̓ hliðar enꝺa en ſenꝺu m̄n at ꝼa ept̄
þorkatli toku h̄ ꝫ g̊ðu h̄m .íj. koſti at þr munꝺi ꝺ
repa h̄ ella ſkyllꝺi h̄ taka hunꝺinn en h̄ keyri
hellꝺr at leyſa liꝼ ſitt ꝫ ꝼór m; þeī. t̄ðer v̊ ꝼ oꝼan
garðīn at hliðar enꝺa ꝫ namu þr ꝥ ſtaðar m;
ꝼlockīn. þorkell geck heī ꝫ lá rackīn a h̄ū vppi
ꝫ teyg̊ h̄ hunꝺīn brott m; ſér i geilar nockurar
i ꝥ ſer hunꝺ̄n at ꝥ eru m̄n ꝼ ꝫ hleypr a h̄ þor
kel vpp ꝫ g̊pr i narān. Onunꝺr ór trolla ſkogi
hio m; exi i hoꝼut hunꝺinū ſua at allt kō i hei
lan̄ hunꝺ̄n q̄ð v̓ hátt s̄ at þ þotti m; oðæmū ꝫ
ꝼell h̄ ꝺauðr niðr. **ꝼall Gunnarſſ**

77 Gvnnaꝛ̄ vaknaðe i ſkalanū ꝫ m̄lti.
Sárt ē tu leikīn ſamr ꝼoſt̓ ꝫ mun s̄
t̓ ætlat at ſkāt ſkili ockar i meðal
skali .G. v̓ g̊r aꝼ viði einū ꝫ ſuð þaktr vtan ꝫ glugg̊
hia brunaſunū. ꝫ ſnuin ꝥ ꝼiꝛ̄ ſpellꝺ. G. ſuaꝼ i lop
ti einu i ſkalanū. ꝫ hallg̊ ꝫ moðer h̄. þa ē þr ko
mu at. viſſu þr ė huart .G. munꝺi heima v̄a ꝫ
baðu at eīn hueꝛ̄ munꝺi ꝼ̊ ꝫ ꝼoruitnaz v̄. en þr
ſettuz niðr a vollīn. þorg̊mr geck vpp a ſkalān
.G. ſer at kyrtil beꝛ̄ v̓ ɢluggīnū rauðan ꝫ leggr ýt
m; atgeirnū a h̄ miðian. Auſtmāninū varð la
vſ ſkiollꝺrīn. ꝫ ſpruttu h̄m ꝼætrn̄ ꝫ hrataði
oꝼan aꝼ þekiūni gengr ſiðan at þeī. Gizi ē þr ſa
tu a vellinū. Giz̄. leít v̓ h̄m ꝫ m̄li. huart ē .G. heima
eða ė þorg̊mr .ſ. viti ꝥ þ en hitt viſſa ek at atgeiꝛ̄
h̄ v̓ heima ſiðan ꝼell h̄ niðr ꝺauðr. þr ſottu þa at
h̄unū. G. ſkaut ýt aurū at þeī ꝫ varðiz vel. ꝫ ga
tu þr ecki at g̊t þa hliopu ſum̄ i h̄n īn. ꝫ ætlu
ðu þaðan at ſækia. G. kō þangat at þeī orunū ꝫ
gatu þr ecki at gort ꝫ ꝼór ſua ꝼ̄m v̄ hrið. þr toku
huillꝺ ꝫ ſottu at i ānat ſīni. G. ſkaut ēn vt oru
nū. ꝫ gatu þr ēn ecki at g̊t ꝫ hraucka ꝼ̊ iānat
ſīni þa m̄li .G̊.h̓. Sækiū at betr. ecki verðr aꝼ
oſſ. g̊ðu þr þa hrið hina þriðiu ꝫ v̊ v̓ lengi.
Ept̄ þ hrucku ꝥ ꝼra. G. m̄li ór liɢr þar vti a
vegginū ꝫ ē þ aꝼ þra orū ꝫ ſl̄ ek þri ſkiota til

þra ē þeī þ ſkōm eꝼ þr ꝼá geig aꝼ vápnū ſinū
Moðer h̄ m̄li g̊ðu ė þ at þu veker nu v̓ þa ē þr haꝼa
aðr ꝼ̊ horꝼit. G. þreiꝼ orina ꝫ ſkaut t̓ þra ꝫ kō
a eiliꝼ onunꝺar .ſ. ꝫ ꝼeck h̄ aꝼ ſár mikit. h̄ h
aꝼðe ſtaðet eīn ſaman ꝫ viſſu þr ė at h̄ v̓ ſærðr
Honꝺ kō þar vt. ſ.G̊. ꝫ v̓ a gullhrīgr. ꝫ tok ór er
la a þekiūni. ꝫ munꝺi ė ýt leitað við ꝼanga
eꝼ gnogt v̄i īni. ꝫ ſl̄u v̊ nu ſækia at h̄m. ᴍ̅.m.
brēnu v̊ h̄ īni. þ ſl̄ v̊ða allꝺ. ſ.G̊. þott ek vita
at liꝼ mitt liggi v̓. ē ꝥ ſialꝼratt at leggia til
rað þau ē ꝺugi ſua ſlægr ſē þu ē t. Streīg̊ lagu
a vellinū ꝫ v̊ haꝼðer t̓ at ꝼeſta m; h̄ iaꝼnan
ᴍ̅.m̄li. Toku v̊ ſtreīgína ꝫ b̄ū v̄ aſſ enꝺana en ꝼeſ
tū aðra enꝺa v̄ ſteina ꝫ ſnuū i vinꝺ aſa ꝫ vinꝺū
aꝼ ræꝼrit aꝼ ſkalanū. þr toku ſtreīgina ꝫ veit
tu þa v̄ búð alla. ꝫ ꝼān .G. ė ꝼyꝛ̄ en þr hoꝼðu vn
ꝺit allt ræꝼrit aꝼ ſkalanū. G. ſkytr þa aꝼ bog
anū ſua at þr komaz allꝺri at h̄m. þa m̄li .ᴍ̅. i
ānat ſin̄i. brēnu h̄ īni. G̊.ſ. ė veít ek h̓ þu vill
þ mæla ē engi vill ānaꝛa. ꝫ ſl̄ þ allꝺ v̊ða. J
þu bili hleypr vpp a þekíuna þorbranꝺr þór
leikſ .ſ. ꝫ hoɢr i ſunꝺr boga ſtreīgīn .G. h̄ þriꝼr
þá baðū honꝺū atgeirīn ꝫ ſnyz at h̄m s̄ ſki
ótt ꝫ rekr i gegnū h̄ atgeirīn ꝫ kaſtar h̄m
vt aꝼ þekiūni. þa hliop vpp aſbranꝺr b̄ðer h̄
.G. leɢr t̓ h̄ atgeiꝛ̄ ꝫ kō h̄ ſkillꝺi ꝼ ſik atgeiꝛ̄ ren
ꝺi i gegnū ſkiollꝺīn. ꝫ imeðal hanꝺ leggiāna
Snaraðe .G. þa atgeirīn s̄ at kloꝼnaði ſkioll
ꝺ'r'īn kloꝼnaðe en b̄tnuðu hanꝺ leggirn̄ ꝫ ꝼell
h̄ vt aꝼ þekiūni. Áðr haꝼðe .G. ſærða .víij. m̄n
en vegit .íj. þa ꝼeck .G. ſár .íj. ꝫ .ſ. þ aller m̄n at
h̄ brygði ſér huarki v̓ ſár ne bana. h̄ m̄lti t̓ ha
llg̊. ꝼa m̄ leppa .íj. ór hari þinu ꝫ ſnui þið moð̄
mín ſaman t̓ bogaſtreīgſ m̄. liɢr ꝥ nockut v̓
.ſ. h̄. liꝼ mitt liġr v̓. ſ. h. þt þr allꝺ ꝼa ſótt meðā
ek kē boganū v̓. þa ſl̄ ek nu ſ. h̄ muna ꝥ kī
heſtīn ꝫ hirði ek allꝺ h̄rt þu v̄r þig lengr eða
ſkēr. heꝼ̄ hu̅r t̓ ſinſ agætiſſ nockut. ſ.G. ꝫ ſl̄
þig þa ė lengi biðia. ʀānveig m̄li. Jlla ꝼ̄r ꝥ
ꝫ mun þin ſkō lengi vppi. G. varði ſik vel ok
ꝼræknliga ꝫ ſær̄ nu aðra .víij. m̄n ſua ſtorum
ſarū at morgū la v̓ bana. G. veꝛ̄ ſik þar til

ē h ꝼell aꝼ mæðı. þr ſærðu h þa morgū ſtorū ſarū en þo kōz h þa ēn ór honðū þeī ⁊ varðı ſık þa ēn lengı en þo kō þar at þr ðrapu h. Vm vorn ñ ortı þor kell elꝼara ſkallð ı vıſu þı. Spurðū v hue varðız vıgmoðr kıalar ſloða glaðſſtyranða geırı. Gūnar ꝼ kıol ſūnan. ſoknryr vān ſára .xvı. vıðar mana hrıðar hīðımeıða hauðr menſ en .íj. ðauða Gız.m. Mıkīn ollðung hoꝼu v nu at vellı lagt. ⁊ heꝼ oſſ erꝼıt veıtt ⁊ mun ñ vorn vppı. ſ. h meðan lðı er bygt. Sıð an geck h t ꝼunðar v rānueıgu. ⁊ mlı. vılltu veıta m varū .íj. ıorð ē ðauð ēo at þr ſe h heygðer. at he llðr .íj. at ek munða veıta yðr ollū. ſ. h. varkūn ē þ t þ ē þu mælır. ſ. h. þt þu heꝼ mıkılſ mıſt. ok ſagðı at þ ſkyllðı engu ræna ne ſpılla. ꝼ a bt ſıð an. þa mlı þorg. ſſk.ſ. é megu v va heıma heıma ı buū varū ꝼ þeī. ſıgꝼ.ſſ. nēa þu G. eða Geıꝛ ſe ſuðr h nockura hrıð þta mun s va. ſ. Gız ⁊ hlutuðu þr ⁊ hlaut Geıꝛ epť at va. Sıðan ꝼór h ı oðða. ⁊ ſettız þar h attı ſon ē h. h v laungetīn. moðer ñ h bıart ey ⁊ v ſyſť þoruallðz enſ veıla ē veg īn v v heſtlæk ıgmſ Neſı h hroſaðe þ at h heꝼ ðı veítt .G. bana ſár. hroallðr v m; ꝼoður ſınū þorg. ſſk.ſ. hroſaðe oðru ſarı at h heꝼðı ſært .G. Gız. ſat heıma at moſꝼellı vıg Gūnarſ m ælltız ılla ꝼ v allar ſueıtır ⁊ var h morgv harmðauðı. vınū ñ. **Guñaʀ kuað uıſu ðauþr**

78 Nıall kūnı ılla latı G. ⁊ ſua ſıgꝼ.ſſ. þr ſpurðu huart Nıalı þættı nockut eıga at lyſa vıgſok .G. ⁊ bua mal t h q̄ð þ eckı mega ē maðr v ſekr orðīn ⁊ q̄ð hellðr munðu vða at veıta þeī ı þ veg ſkð at vega nockura ı heꝼnð epť h. þr vrpu haug epť .G. ⁊ letu h ſıtıa vpp ı haugınū Rā veıg vıllðı é at atgeıꝛīn færı ı haugīn ⁊ q̄ð þān eīn ſkyllðu a hm taka ē heꝼna vıll G tok þ en gı a atgeırnū. h v ſua horð v hallg at hēnı hel lt v at h munðe ðrepa hana ⁊ q̄ð hana vallðıt haꝼa vıgı .G. Stock þa hallg t grıot ar ⁊ gnı ſon hēnar. v þa gt ꝼeſkıptı m; þeī ſkyllðı h ognı taka lð at hlıðar enða ⁊ bu á. En granı ſkyllðı haꝼa leıgulonð Sa atburðr vð at hlı ðarenða at ſmalam ⁊ gð kona rak ꝼe hıa h augı .G. þeī þottı .G. va katr ⁊ q̊ða ı haugınum.

ꝼ þau heī ⁊ ſogðu Rānv. moður .G. atburðīn. en h bað þau ſegıa .N. þau gðu ſua. En h let þau ſegıa ſer ííj ſınū ſıðan talaðı h lengı hlıott v ſkarph. Sıðan tok ſkp exı ſına ⁊ ꝼr m; þeī t hlıðar enða þau haugnı ⁊ rānueıg toku v hm alluel ⁊ vrðu hm ꝼegın mıog. Rānv bað h va þ lengı. ⁊ h het þ þr hognı gıngu út ⁊ īn ıaꝼnan. hognı v m vaſklıgr. ⁊ vel at s gr ⁊ tortryGr. þorðu þau é aꝼ þ at .ſ. hm at burðīn. þr ſkph. ⁊ hognı v vtı eıtt quellð. ꝼır ſūnan haug .G. tunglſkın v bıart en ſtunðū ðro ꝼ. þeī ſynðız haugrīn opīn ⁊ haꝼðı .G. ſnu ız ı haugınū ⁊ ſa ı motı tunglınu. þr þottuz .ıııȷ. lıoſ ſıa brēna ı haugınū. ⁊ b hūgı ſkugga á. þr ſa at .G. v katlıgr. ⁊ m; gleðı motı mıklu h q̄ð vıſu ⁊ ſua hátt at þo mattu þr gıorla hey ra þótt þr vı ꝼıꝛ. Mættı ðaugla ðeılır ðaðū rackr ſa ē haðı bıartr m; beztu hıarta. ben raugn ꝼaðer haugna hellðr q̄z hıalmı ꝼall ðēn. hıorþılıu ſıa vılıa vættı ðraugr en vægıa valꝼreyıu ſtaꝼr ðeyıa valꝼreyıu ſtaꝼr ðey ía. Sıðan laukz aptr haugrīn. Munð þu t a. ſ. ſkp. ꝼburð þum. eꝼ .N.ſ. þ. trua munða ek þ ē h ſegðı. ſ. hognı. þt þ ē ſagt at h lıugı allð. Mıkıt ē v ꝼburðe ſlıka. ſ. ſkp. ē h ſıalꝼr vıťz ockr. vıllðı hellðr ðeyıa en vægıa ꝼ v vınū ſınū ⁊ kenðı h okr þau rað. engu mū ek t leıðar koma. ſ. hognı nēa þu vılır m at veíta. Nu ſl ek þ muna. ſ. ſkp. hūſu .G. ꝼor epť víg ſıgmð ꝼrænða yðuarſ ſl ek nu veıta þ ſlıkt ē ek ma. het ꝼað mīn þ. þar er þu æť hlut at ⁊ moðer ñ gēgu þr ſıðan heī t hlıðarenða ſkp. ræððı **ꝼall þra ꝼeðga**

79 Nv ſſu v ꝼ þeg ı nott. þ at eꝼ ſpyrſt at ek em h þa munu þr va at ollu va rare. þınū raðū vıl ek ꝼrā ꝼ. ſ. hognı Epť þ toku þr vapn ſín. þa ē aller m̄n v ırec kıū. hognı tekr oꝼan at geıꝛ. ⁊ ſaung ı hm Rānv ſpratt vpp aꝼ æðı mıkıllı. ⁊ ſ. hueꝛ tekr at geıꝛ. þ ē ek bānaða ollū m; at ꝼara ek ætla. ſ. haug. at ꝼæra ꝼoður mınū. ⁊ haꝼı h t valhallar. ⁊ bı ꝼm a vapnaþıngı. ꝼyꝛı

þr komu v̄ nottına ı oððа þr raku ꝼen
at heī a hın. þa hlıop vt hroallðr ꝫ tıoruı ꝫ
raku ꝼeet vpp ı geılarnar. ꝫ hoꝼðu vapn
ſın m; ſer. Sk᷑p̄ ſp̄ttr vpp ꝫ mlı. e᷎ ꝥꝼtu at h
yggıa at ıaꝼnt ē ſē ꝥ ſynız. Sıðan hauGr
ſk᷑p̄. h banahoG hroallðr haꝼðe ſpıot ı hēðı
ꝫ hleypr haugnı at hm. hroallðr leg᷑r t hog
na en h hıo ı ſunðr ſpıot ſkaptıð m; atgeıʀ
en rekr atgeıʀ ı gegnū h. Sıðan gengu þr
ꝼ̄ þeī ðauðū. Snua þaðan vpp vnðer ꝥhyrnīg
Sk᷑p. hleypr a h vpp ꝫ reyttı graſ ꝫ ætluðu þr
ē īnı v̊ at ꝼenaðr v̄ı. tok ſtk. ꝫ þorḡ. klæðe
ſın ꝫ ꝼ̊ vt ꝫ hlıopu vpp v̄ ḡðīn. en er ſtk ſa
Sk᷑p. hræððız h ꝫ vılldı aptr ſnua ſk᷑p. hauGr
h v᷎ ḡðınū. þa kēr hognı ı mot þorḡı ꝫ vegr h
m; atgeırnū. þaðan ꝼ̊ þr t hoꝼſ. ꝫ var ᴍ̄ vtı a
vellı ꝫ bað ſer grıða. ꝫ bauð alſættı. ſk᷑p. ſ. m̄ðı
vıg þra .ııȷ. ꝫ ſeḡ at ſlıka ꝼaur ſt h haꝼa. eða
ſelıa ſıalꝼðæmı eꝼ hognı vılldı taka hognı q̊
hıtt haꝼa ætlat at ſætt̄ eckı v᷎ ꝼoðurbanaſı
na en tok h ſıalꝼðæmı v̄ ſıðer. **ſ a vıg**

80 Nıall attı hlut at v᷎ þa ē epꞇ̄mal attu
epꞇ̄ þa ſtk ꝫ þorgeır at þr ſkyllðı ta
ſættū ꝫ v᷎ hlaðſ ꝼunðr t lagðr ꝫ teknır
m̄n t ḡðar. ꝫ v̊ vırðır í aller hluꞇ̄. tılꝼor v᷎ .G
þott h v̄ı ſekr en ſlık ꝼegıollð ſē ḡ v̊ þa ga
llt ᴍ̄. allt ꝥ at þr luku e᷎ vpp ꝼyʀı gıorð a
honð hm en ḡt v᷎ aðr v̄ hıtt malıt ꝫ letu ꝥ
a enðū ſtanðaz. v̊ þr þa alſatt̄. en a ꝥīgı
v᷎ ræða mıkıl. ꝫ kō ꝥ at þr ſættuz. þr Geıʀ .g.
ꝫ hognı. ꝫ hellz ſu ſætt m; þeī ſıðan. bıo Geı`ʀ´
g. ı hlıð t ðauða ðagſ ꝫ ē h or ſogūnı. ɴ. bað
konu t hanða hogna. Albeıðar .ð. vetrlıða ſ
kallðz ꝫ v᷎ h hm geꝼın. þra ſon v᷎ arı ē ſıg
lðı t hıallt lðz. en vaſkaztı m̄. hognı hellt vī
Nattu ſīnı v᷎ .ɴ. ꝫ ē h or ꝥı ſogu.

81 Nv ē at ſegıa ꝼ̄ kolſk **aꝼ kolſkeḡı**
epꞇ̄ ꝼ̄r h auſtr t ðanm̄kr ꝫ ꝼelz a hēðı Sueı
nı kgı tıugu ſkeG. ꝫ haꝼðı þar v᷎ðınḡ mık
lar eınhūıa nott ðreymðı h at m̄ kō at hm
Sa v᷎ lıoſſ. hm þottı h vekıa ſık h mlı v᷎ h ſt
attu vpp ꝫ ꝼ̊ m; m̄ huat vılltu m̄ ſ. h ek ſt ꝼa
ꝥ kuan ꝼáng ꝫ ſttu v̊a Rıððarı mīn h þottız
íata ꝥ epꞇ̄ ꝥ vaknaðe h. Sıðan ꝼor h t ſpek
ıngſ eınſ. ꝫ ſagðı hm ðraumīn En h reð ſva
at h munðı ꝼ̊ ſuðr ı lonð ꝫ v̊ða guðſ Rıððarı
Kolſk tok ſkırn ı ðanmorku en nā ꝥ þo eıg`e´
ynðı ꝫ ꝼór auſtr ı ḡða rıkı ꝫ v᷎ ꝥ eīn vetr
þa ꝼor h þaðan vt ı mıklaḡð ꝫ geck ꝥ a ma
la. Spurðız ꝥ ſıðaz t h at h kuangaðez þar
ꝫ v᷎ hoꝼðıngı ꝼ̊ værīgıa lıðı. ꝫ v᷎ ꝥ t ðauða ðag`s´.
ꝫ ē h or ꝥı ſogu ꝫ þottı ēn vaſkazte m̄.

82 Nv ē þar t at taka at ꝥīn ſıgꝼ̊.ſ.
kō t noꝛ̄ þr komu norðr v᷎ halugalð ꝫ
ꝫ helldu ſuðr t þranð heīſ ꝫ t hlaða en
þegar hakon ıarl ſpurðe ꝥ. ſendı h m̄n t þra
ꝫ vılldı vıta huat māna væıı a ſkıpı. ꝥu en
þr komu aptr ꝫ ſogðu hakonı hūır v̄ı Jarl
ſendı þa epꞇ̄ þraın ſıgꝼ̊.ſ. ꝫ kō h a h ꝼunð J
ſpurðe h hūrar ætt̄ h v̄ı. h. ſ. at h v̄ı ſkyllðr
mıog .G. at hlıðar enða. J. mlı. Nıota ſttu ꝥ
ꝥat ſeet heꝼı ek marga ıſlenzka m̄n ꝫ ēgan
h maka. þraīn mlı vılı ꝥ at ek ſe m; yðr ı vetr
J. tok v᷎ hm. v᷎ ꝥīn ꝥ v̄ vetrīn. ꝫ vırðız vel. kolr
h᷎ m̄ h var vıkıgr eīn h v᷎ .ſ. aſm̄ð eſkıſıðu aſ
tan or ſmalonðū h la ı gauteꝼı auſtr ꝫ haꝼ
ðı .v. ſkıp ꝫ lıð mıkıt. þaðan hellt kolr or elꝼī
nı t noꝛ̄ ok geck vpp a ꝼollðīnı. ꝫ kō a vuart
hallūðı ſota ꝫ ꝼunðu h ı loptı eınu. h v᷎ðız þa
ðan vel. ꝥ t ē þr baru ellð at. þa gaꝼz h vpp.
En þr ðrapu h ꝫ toku þar ꝼe mıkıt. ꝫ helldu þa
ðan t lıoð ha. ꝥı tıðenðı ſp̄ðı hakon .J. ꝫ let ðæ
ma kol vtlægan v̄ allt rıkı ſıtt. ꝫ lagðı ꝼe tıl
hoꝼuðſ hm. Eınhūıu ſīnı tok .J. ſ̄ t orða oꝼ
ꝼıaʀı ē oſſ .G. at hlıð enða. h munðı ðrepa vt
laga mīn eꝼ h v̄ı h. en nu munu ıſlenðīgar
ðrepa h ꝫ ē ꝥ ılla ē h heꝼ̄ e᷎ tıl var ꝼarıt ꝥīn
.ſ. eıgı em ek .G. en þo em ek ſkyllðr hm ꝫ vıl
ek ıataz vnð ꝥa ꝼ̄ð. J. mlı ꝥ vıl ek gıarna ſt

ꝫ þına ꝼor vel bua. Sıðan tok eırekr .ſ. ħ ꞇᷝ or
ða vͥ marga heꝼ̅ þu heıt góð. en mıſıaꝼnt þı
ꝁ̅ vt ſelıaz. ē̃ þta en toruellıgſta ꝼ̅ð. þt vıkīgr
ſıa ē̃ bæðı harðr ꝫ ıllr vıðr eıgń. ᴍuntu þurꝼa
at vanða ꞇᷝ ꝼ̅ðar ꝥar bæðı lıð ꝫ ſkıp. þo ſꞇ̅ ek
nu ꝼ̅a at ė ſe ꝼ̅ðın rıꝼlıg. Sıðan ꝼeck .J. ħm .v. ſk
ıp ꝫ oll uel ſkıput. ᴍeð þranı vͨ. G. lāba .ſ. ꝫ lābı
ſıg̅ðar .ſ. Gūń vͨ ꝭður.ſ. þraınſ. ꝫ haꝼðı kōıt v
ngr ꞇᷝ ħ. ꝫ v̄nı huartueggı oðrū mıkıt. Eırꝁ
h.ſ. geck ꞇᷝ m; þeī ꝫ hugðı at m̅ꝫ vapna aꝼla.
ꝫ ſkıptı ꝥͤ v̄ ē̃ ħm þottı þurꝼa. Sıðan þr vͦ bu
ń ꝼeck eırꝁ þeī leıð ſogumān. Sıglðu þr þa ſuðr
m; lðı. en huar ſē þr kæmı vͥ. þa heımılaðe .J.
ꝥ ſē þr þyrꝼtı at haꝼa. þr hellðu auſtr tıl
lıoð ħa. þa ſpurðu þr at kolr vͨ ꝼarīn auſtr
ꞇᷝ ðanm̅kr. hellðu þr ſuðr þangat. en ē̃ þr ko
mu ſuðr ꞇᷝ helſınga borgar. ꝼunðu þr bat eīn ꝫ m̅ⁿ
a ꝫ ſogðu at ꝥͤ vͨ kolr ꝼ̇ ꝫ munðı ðuelıaz þar
nockura hrıð. eīn tıma ē̃ veðr ðagr vͨ goðr þa
ſa kolr ſkıpın ē̃ at ꝼͦ ꝫ q̅ð ſık ðreymt haꝼa
haꝁ.J. v̄ nottına. ꝫ q̅ð þta vͣ munðu m̅n ħ. bað
ħ m̅n ſına taka vapn ſín. Sıðan bıugguz þr
vͥ ꝫ tekz ꝥͤ orroſta. ꝭıaz þr lengı. ſua at ė
vͦða v̄ ſkıptı. Sıðan hlıop kolr vpp a ſkıp ꞇᷝ
þraınſ. ꝫ ruððuz ꝼaſt v̄. ðrepr margan māɴ
ħ haꝼðı gyllðan hıalm. Nu ſer þraīn at ė m̅ⁿ
ðuga. eggıar ħ m̅n ſına. en ħ gengr ſıalꝼr
ꝼyſtr ꝫ mæter kol. kolr hoɢr ꞇᷝ ħſ ꝫ kom ı
ſkıollðīn þraīſ ħ klauꝼ oꝼan ſkıollðīn. epꞇ̅
ꝥ ꝼeck kolr ſteīſ hoɢ a honðına ꝼell þa n
ıðr ſuerðıt þraīn hıo ꞇᷝ kolſ ꝫ kō a ꝼotīn ſ̊
at vnðan tok ꝼotīn. epꞇ̅ ꝥ ðrapu þr kol. hıo
þraīn hoꝼut aꝼ ħm en ſteyptı bukınū a ſıo
vt en vͦðueıttı hoꝼuð ħ. þr toku þar ꝼe mı
kıt hellðu þa norðr ꞇᷝ þranðheīſ ꝫ ꝼͦ a ꝼunð
.J. tok ħ vel vͥ ꝥnı. ħ ſynðı .J. hoꝼuð kolſ en
J. þackaðe ħm vͦk ꝥ. Eıꝛ̅. q̅ð meıra vͭ en
orða eīna. J.ſ. at ſua vͨ. ꝫ bað þa ganga
m; ſer. gengu þr þangat ſē .J. haꝼðı lat
ıð g̅a ſkıp goð. J. haꝼðe latıð g̅a ſkıp ꝥ eıtt
er ė vͨ g̅t ſē langſkıp. þar vͨ gāſ hoꝼut a
ꝫ bunaðr mıkıll a hoꝼðınu. J. mꞇ̅ı. þu ert

logðu þr þa at þeī ꝫ tekz þ᷑ þa bᷣꝺagı ı ānat ſīn
En ē᷑ þr haꝼa barız nockura hrıð. hleypr kᷣı vpp
a ſkıp tͥ ſnækolꝼſ. ħ ſnyr ı motı kᷣa. ꝫ hoGr þeg᷑
tͥ ħ. kᷣı hleypr ıꝼ᷑ ſla eína ē᷑ la v̄ þu᷑t ſkıpıt aptr
auꝼugr. Snæk. hoGr ı ſlana ſua at ꝼeſt᷑ baða egg
teına ſu᷑zınſ kᷣı hoG tͥ ħ ꝫ kō ſu᷑ðıt a oxlına ꝫ vᷣð
hoggıt ſ᷑ mıkıt at ħ klauꝼ ꝼ᷑ oꝼan honꝺına. ꝫ haꝼ
ðe ſnæk. þeg᷑ bana. Grıog᷑ðr ſkaut ſpıotı tͥ kᷣa. kᷣı ſa
þ ꝫ hlıop ı lopt vpp. ꝫ kō ė a ħ. J þͥ vͦ þr helgı ꝫ gͥmr
kōner tͥ motz vͥ kara. hleypr þa helgı at grıot
g᷑ðı ꝫ leGr ſu᷑ðı ı gegnū. ꝫ vᷣ þ ħ banı. ganga þr
þa v̄ ſkıp oll. ᴍēn bıðıa ſer þa gͥða. gaꝼu þr þa
gͥð ollū en toku ꝼe allt ept᷑ þ leggıa þr ſkıpın
oll v́t vnꝺer eyıar. **aꝼ sıgurðı Jarllı cpm**

85 Sıg᷑ðr hͭ Jarl ē᷑ reð ꝼͥ orkneyıū. ħ vᷣ hlauðu᷑ſ .ſ.
þorꝼınz .ſ. hauſaklıuꝼſ torꝼeıñſ .ſ. ʀognvallz
.ſ. aꝼ mærı eyſteīſ .ſ. glūru. kᷣı vᷣ hırðm᷑
Sıg᷑ðᷣ .J. ꝫ haꝼðe tekıt ſkatt aꝼ eyıunū aꝼ gılla .J.
kᷣı bıðr þa nu ꝼͣ tͥ ʀoſſeyıar ꝫ .ſ. at ſıg᷑ðr .J. mun ta
ka vel vͥ þeī. þr þagu þ. ꝫ ꝼͦ m; kᷣa ꝫ komu tͥ hroſſ
eyıar. kᷣı ꝼylgır þeī a ꝼunꝺ .J. ꝫ .ſ. hu᷑ır m̄n þr vͦ
Hvᷣſu komu þr. ſ .J. a þīn ꝼunꝺ. Ek ꝼān þa ı ſkot
lanz ꝼıorðū. ꝫ borðuz þr vͥ .ſſ. mollꝺanſ ꝫ vorð
vz þr ſua vel at þr vrpuſer ı mıllı vıðāna ıaꝼ
nan ꝫ vͦ þ᷑ optaz er meſt þurꝼtı. Vıl ek nu bıðıa
þeī hırðvıſtar. þͥ ſſ᷑tu raða. ſ.J. tekız heꝼ᷑ þu ſ᷑
mıkıt a henꝺr vͥ þa áðr. þr vͦ þa m; J. v̄ vetͥñ
ꝫ vͦ vel vırðer. helgı vᷣ hlıoðr er aleıð. J. þottız
ė vıta huı þ munꝺı ſæta. ꝫ ſpurðı hͥ ħ vᷣı hlıoðr
eða hͭt ħm þættı þ᷑ ė gott. Gott þıkı m᷑. ſ. ħ. hͭt h
vgſar þu þa. ſ.J. ė þ᷑ nock᷑ſ rıkıſſ at gæta. ſ.h. í
ſkotlꝺı ſ᷑ mun oſſ þıkıa. ſ.J. eða huat ē᷑ at þͥ. ħ
.ſ. Skot᷑ munu haꝼa tekıt ſyſlumān yðuarn
aꝼ lıꝼı. ꝫ tekıt nıoſ᷑ñ allar at eng᷑ ſkyllꝺu gan
ga ıꝼ᷑ petlꝺz ꝼıorð. auka ſſ᷑ ek ſæmꝺ þína. ſ.J eꝼ
þta ē᷑ ſua. ella mun þ᷑ gıallꝺ at vᷣða. Eckı er ħ
þs hat᷑ m᷑. ſ. kᷣı ꝫ mun ħ ſatt tͥ ſegıa. þͥ at ꝼað᷑ ħ
er ꝼorſpáꝛ. Sıðan ſenꝺı .J. m̄n ſuðr tͥ ſtraum
eyıar arnlıotı ſyſlu m᷑ ſınū: Sıðan ſenꝺı arn
lıotr m̄n ſuðr ıꝼ᷑ betlꝺz ꝼıorð ꝫ toku þr þ᷑ níoſ᷑ñ
at hūꝺe .J. ꝫ melſnatı .J. hoꝼðu tekıt aꝼ lıꝼı hau᷑ðz
ı þ᷑ðſvık mag Sıg᷑ðᷣ .J. Senꝺı arnlıotr þa orꝺ ſıg᷑.J.

at ħ ſkylld kōa ſuðr m; lıð mıkıt at reka ȷarla
þa aꝼ rıkınu. þeġ .J ſpurðı þta. ðro ħ ħ ſaman ṽ all

86 Síðan ꝼor .J. **aꝼ ȷarllı ꝫ kara ꝫ nı**[areyıar. **als**
ſuðr m; ħīn ꝫ ṽ kı ı ꝼor m; ħm ꝫ ſ. ɴ.ſſ. þr **.ſ.**
komu ſuðr ṽ kataneſ. J. attı þı rıkı ı ſkotlðı
ʀoſ ꝫ myr æuı ſyð lonð ꝫ ðalı. komu þar ımotı
þeī ſkoť aꝼ þeī rıkıū. ꝫ ſegıa at ıarlarñ ṽı ſk
amt ı bttu m; mıkīn ħ. þa ſnyr Sıġðr J þangat
ħınū ꝫ heiť þar ðungallz gnıpa. ē ꝼunðrīn ṽ ꝼ o
ꝼan ꝫ lauſt ı barðaga m; þeī mıkīn. ſkoť hoꝼ
ðu latıð ꝼ ſūt lıðıt lauſt ꝫ kō þ ı opna ſkıolld
v .J.ṁ. ꝫ varð þ mān ꝼall mıkıt. þ t ē þr. ɴ.ſſ.
ſñu ı motı. ꝫ borðuz ṽ þa. ꝫ komu þeī a ꝼlotta
Verðr þa þo barðagīn harðr. Snua þr helgı þa
ꝼm hıa ṁkıū .J. ꝫ bıaz vel. Nu ſnyr karı ı mote
melſnata .J. ħ ſkaut ſpıotı t ka. karı ſkaut aptr
ſpıotınu. ꝫ ı gegnū .J. þa ꝼlyðı hunðı .J. en þr ra
ku ꝼlottān allt þ t ē þr ſpurðu t ᴍelkolꝼſ at ħ
ðro ſaman lıð ı ðungallz bæ. attı .J þa rað ṽ ṁn
ſına. ꝫ ſynız þeī þ ollū rað at ſnua aptr ꝫ bı
az ė ṽ ſua mıkīn lanð ħ ſñu þr þa aptr. en ē
.J. kō ı ſtraū ey skıptı ħ þ a ħꝼangı. Sıðan ꝼór
ħ norðr t ʀoſſeyıar. ɴ.ſſ. ꝼylgðu ħm ꝫ kı. J ġ
ðı þa veızlu mıkla. ꝫ at þrı veızlu gaꝼ .J. ka
ſūð gott ꝫ ſpıot gullrekıt en helga gullhrīg
ꝫ ſkıckıu. en ġmı ſkıollð ꝫ ſuerð. epť þ ġðı ħ
þa hırð ṁn ſína Grī ꝫ helga ꝫ þackaðe þeī
ꝼrāgaungu goða þr ṽ m; .J. þān vetr. ꝫ þ ſumar
ꝫ ꝼ ı ħnat m; ka ſolmunðar .ſ. þr ħıuðu vıða ṽ
ſumarıt. ꝫ ꝼengu hůuetna ſıgr þr borðuz vıð
Guðrauð kg ı mon ꝫ ſıgruðu ħ ꝼ ṽ þ aptr. ꝫ hoꝼ
ðu ꝼengıt mıkıt ꝼe ṽ þr m; .J. ṽ vetrīn ꝫ ſatu þ

Vm varıt **nıals .ſ. komu tıl no**[ígoðu ıꝼlætı. **regſ**
beıððuz þr .ɴ.ſſ. at ꝼ t noregſ. J. mlı at
þr ſkyllðu ꝼ ſē þeī lıkaðe ꝫ ꝼeck þeım
gott ſkıp ꝫ vaſka ṁn. kı .ſ. at ħ munðı þta ſu
mar kōa t noř m; ſkatta hak J. ꝫ munðu þr
þ ꝼīnaz ꝫ ſ kō at þr ſā mælltuz a þ. Sıðan letu
þr .ɴ.ſſ. vt ꝫ ſıglðu t þranheīſ. **aꝼ hrappı cpm**

87 Kolbeīn ħ maðr. ꝫ ṽ arnlıotz .ſ. ħ ṽ þrænſ
kr ṁ. ħ ſıglðı þ ſuṁ vt t ıſlðz. er þr kol
ſkeɢr ꝫ .ɴ.ſſ. ꝼ heðan. ħ ṽ þān vetr ı breıð
ðal auſtr. En ṽ ſumarıt epť bıo ħ ſkıp ſıtt
ı gautauık ꝫ þa ē þr ṽ mıog buñ. rerı at þeī
ṁ a batı ꝫ ꝼeſtı batīn ṽ kaupſkıpıt. en geck
ſıðan vpp a ſkıpıt t ꝼunðar ṽ kolbeın. ħ ſpðı
þna mān at naꝼnı. hrappr heıtı ek. ſ. ħ. huat
vılltu ṁ. ſ. koť. Ek vıl beıða þık. ſ. hrappr.
at þu ꝼlytır mık ṽ ıſlðz haꝼ. koť. ſ. hůſ ſon
ertu. Ek em .ſ. orgūleıða. Geırolꝼſ .ſ. ġpıſ. koť. ſ.
hů hů nauðſyn er þ a. Ek heꝼı vegıt vıg eıť
ſ. ħ. hůt víg ṽ þ. ſ.k. eða hůır ēo t epť málſ.
Ek heꝼı vegıt orlyg auluıſ .ſ. hroðgeırſ .ſ. enſ ħ
ta ꝫ ēo t epť malſ vapnꝼırðīgar. þ get ek. ſ.
koť. at ſa haꝼı veṙ ē þıg ꝼlytr. ħ m. vınr em
ek vına mīna. en gellð ek þ ē ılla ē t mín ġt
enða ſparı ek ė at leıga ꝼar. þt ek heꝼı nogt
ꝼe t þa. Sıðan tekr. koť ṽ ħm. lıtlu ſıðaṙ gaꝼ
þeī byr ꝫ ſıgla þr t haꝼſ. hrapp þraut vıſť ı haꝼı
ſettız ħ þa at m; þeī ē næſter ṽ. þr ſpruttu vpp
m; ıllyrðū ꝫ ſua kēr at þr raðaz a. ꝫ heꝼ ħpr
þa vnðer þeġ .íȷ. ṁn. þa ṽ ſagt. koť. ꝫ bauð
ħ hrappı ı motuneytı ſıtt ꝫ ħ þá þ. þr kōa aꝼ
haꝼı vtan ṽ agðaneſ. þa ſpurðe koť. hů er
ꝼe þ ē þu bauðt ı leıgu vnðer þıg. þ ē vt a ıſ
lðı. ſ. ħ. ṽa muntu ꝼleırū ꝑttottr en ṁ en þo
vıl ek þ nu vpp geꝼa alla leıguna. ħ. bað ħ
haꝼa þock ꝼ. eðahuat leɢr þu nu t ráðſ m;
ṁ. þ ꝼyſt. ſ.k. at þu ꝼar ſē braðaz ꝼ ſkıpı
þt aller auſtṁn munu ılla tulka ꝼ þ. En þo
ræð ek þ þ ānat heılræðe at þu ſuık allðre
lañ ðrottın þīn. Sıðan geck hrappr a lð vpp
m; vapnū ſınū ħ haꝼðe exı mıkla vaꝼī
ſkeptu ı henðı. ħ ꝼr þar t ē ħ kēr t Guðbr
anðz ı ðalı. ħ ṽ hīn meſtı vın hakoñ .J. þr at
tu hoꝼ baðer ſaman ꝫ ṽ þ allð vpp lokıt ne
ma þa ē .J. kō þangat þ ṽ ānat meſt hoꝼ
ı noř en ānat a hlauðū. þnðr ħ ſon Guðbnz
en Guðrun .ð. hrappr geck ꝼ Guðbranð ok
qððı ħ vel ħ ſpðı huat ṁ ħ ṽı. ħ.ſ. t naꝼnſ
ſınſ ꝫ þ m; at ħ ṽı vtan aꝼ ıſlðı. Sıðan bıðr
ħ Guðbnð at ħ ſkyllðı taka ṽ ħm. Guðbðr
mlı Eckı lız ṁ a þıg ſē þu muñ gæꝼu ṁ
ṽa Mıog þıkı ṁ ꝫ logıt ꝼ þ. ſ.ħ. er þ ṽ ſagt

at þu tæk̃ v̇ ollū þeī ē þıg bæðı. ⁊ engı m̄ ṽı ıā
a gætr ſē þu. ᴍun ek ꝥ ı motı mæla eꝼ þu tekr
ė v̇ m̄. Guð. mł. ħ muntu ṽa hlıota. huar vı
ſar þu m̄ at ſıtıa. ſ.ħ. a ēn o æðra beck. gegnt
aunðuegı mınu. ħ. geck ť ſætıſſ ſınſ. ħ kūnı ꝼ̄
morgu at ſegıa. ṽ þ ꝼyſt at Gvð. þóttı gaman at
⁊ morgū oðrū. en þa kō ſua at morgū þottı oꝼk
eſkı. ⁊ ſua kō at ħ ſloz atal v̇ guðrunu s̃ at
marg̃ tauluðu at ħ munðı ꝼıꝼla hana. En ē Guð
ṽð þ vaꝶ. talðı ħ a hana mıog ē ħ áttı tal v̇ ħ. ⁊
bað hana varaz at mæla v̇ ħ nockurt orð ſua at
ė m̄n aller heyrı. ħ het goðu ṽ ꝼyrſt. en þo ðro ť
enſ ſama ṽ tal þra. þa ſettı Guð. ť aſuarð verk
ſtıora ſīn. at ganga m; hēnı hůt ē ħ ꝼærı. Eın
hůıu ſīnı ṽ þ at ħ beıððız at ꝼ̊ a hnotſkog ⁊
ſkēta ſér. ⁊ ꝼylgðı aſuarðr ħní. ħ. leıť epť þeī
⁊ ꝼīnr þau a hnotſkogınū ⁊ tok ı honð ħní ⁊
leıððı hana eına ſaman. Sıðan ꝼór aſůðr at leí
ta þra ⁊ ꝼān þau ı rūnı eınū lıggıa bæðı ſa
man. ħ hleypr at m; exı reıðða ⁊ hauꜱr tıl
ꝼotarīſ ħm. en .ħ. braz v̇ ꝼaſt ⁊ mıſtı ħ ñ. ħ.
ſp̄tt a ꝼætr ſē ſkıotaz ⁊ þreıꝼ exı ſına. Sıðā
vıllðı aſuarðr vnðan ſnuaz. ħ. hauꜱr ı ſunðr
ı ħm hryggīn. þa mł guðrun. Nu heꝼ̄ þu vn
nıt þ ṽk ē þu munt ė lengr ṽa m; ꝼoður
mınū En þo ē þ ſūt ē ħm mun ēn veꝶ þık
ıa ꝥ at ˊekˋ em m; barnı. ħ.ſ. ė ſł ħ þta aꝼ oðrū
ꝼretta ⁊ ſł ek ꝼ̊ heī at ſegıa ħm hůtueggıa
þa muntu ė m; ꝼıoruı ı brott kōaz m; ꝼıor
vı. ſ. ħ. a þ ſł hætta. ſ. ħ. Epť þ ꝼylg̃ ħ hē
nı ť kuēna añaꝶ. en ħ ꝼor heī. Guðꝥ
ſat ı aunðuegı ⁊ var ꝼátt m̄ ı ſtoꝼu. ħ. geck
ꝼ ħ ⁊ bar hatt exına. Gvð.ſ. ħ ē bloðug ex þín.
Ek g̃ða at bak ṽk aſůðar. þ mun ė aꝼ goðu.
Þv munt haꝼa vegıt ħ. s̊ ē vıſt. ſ.ħ. hvat ṽ
ť ſaka. ſ. Guð lıtıð munðı yðr þıkı. ſ.ħ. ħ
vıllðı haugg̃ aꝼ m̄ ꝼotīn huat haꝼðer þu
ť g̃t aðr. ſ.G̃. þ ē ħ áttı enga ſok á. ſ.ħ. þo m
attu þ ſegıa huat þ ṽ. ħ.m. Eꝼ þu vıll vıta þ
þa la ek hıa .ð. þīnı. ⁊ þottı ħm þ ılla. G. mł.
ſtanðı m̄n vpp ⁊ takı ħ. ⁊ ſł ħ ðrepa. Allıtt læ
tr þu mık nıota magſēðar ſ.ħ. en þo heꝼ̄
þu ė þ mānual at þta munı ſkıotlıga g̃a.
þr ſtoðu vpp. en ħ opaðe ǘt vnðan. þr hlaupa
epť. en ħ komz a ſkog vnðan ⁊ hoꝼðu þr ñ
eckı. G. ſaꝼñ lıðı ⁊ lætr kaña ſkogīn ⁊ ꝼīna
þr ħ ė. ꝥ at ſkogrīn ṽ ſua mıkıll ⁊ þraungr ⁊
geck þeī ꝥ ılla at leıta ñ. ħ. ꝼ̄r epť ſkogınū ꝥ ť
rıoðr nockut ṽðr ꝼ ħm. ꝥ ꝼān ħ ħa bæ. ⁊ mān
vtı ⁊ klauꝼ ſkıð. ħ ſp̄ðı þañ mān at naꝼnı. en
ħ neꝼnðız toꝼı. ⁊ ſp̄ðı ħ at naꝼnı .ħ q̇ ħ.h. ħ.ſ.
ħ bonðe byggı s̃ ꝼıarrı oðrū m̄. ꝥ. ſ. ħ at ek
þıkıūz ħ lıtt þurꝼa at amaz v̇ aðra m̄. vıð
ꝼorū kynlıga m; okr ṽ malın. ſ.ħ. ⁊ mun .ſ. ꝥ.
hůr ek em. Ek heꝼı ṽıt m; .G. ı ðolū. ⁊ ſtock
ek þaðan ꝼ þ ē ek haꝼða ðrepıt ṽk ſtıora ñ.
En ek veıt at v̇ erū baðer ıllm̄nı ꝥ at þu m̄
ð̃ eckı ħ komīn ꝼ̄ oðrū nēa þu ṽır nockurˋsˊ
m̄ vt lagı. ⁊ g̃ı ꝥ .íj. koſtı at ek mun ſegıa ť
þín. eða v̇ neytī baðe ıaꝼnt þ ſē ħ ē. bonðı
.ſ. þta ē beīnt epť ꝥ ſē þu .ſ. Ek nā konu
ꝥa ē ħ ē hıa m̄. ⁊ heꝼ̄ margr m̄ epť m̄ leıt
at. ſıðan leıððı ħ .ħ. ıñ m; ſér. ꝥ ṽ ħ lıtıl ⁊ vel
g̃. bonðı .ſ. ħpreyıu ſīnı at ħ haꝼðe ħp raðıt m;
ſer. ꝼleſť munu aꝼ m̄ þū ıllt hlıota. ſ. ħ. en
þo muntu raða vılía. Sıðan ṽ .ħ. ꝥ ħ ṽ ꝼorvll
mıog ⁊ ṽ ſıallðan heıma. ħ ꝼær náð ꝼun
ðı Guðrunar ıaꝼnan. þr ſatu ṽ ħ ꝼeðg̃ ꝥðr
⁊ .G. ⁊ ṽð þ allðrı at þr ꝼengı ꝼærı a ħm. ok
ꝼor ſua ꝼrā oll þau mıſſarı. G. let .ſ. hakı .J.
hů vanðræðe ħ haꝼðe aꝼ hrapp ħ let ðæma
hrapp vtlaga. ⁊ leggıa ꝼe ť hoꝼuðſ ħm en ħ
þo at ꝼ̊ ſıalꝼr ⁊ reyna epť ħm. en þ ꝼorſt þo
ꝼ ⁊ þottı J. þeī ſıalꝼratt at taka ħ ē ħ ꝼór s̃ oṽlı

88 Nv ē þ at ſegıa **aꝼ vıga hrappı-** [ga.
at ṽ ſumarıt ꝼ̊ .ɴ.ſſ. aꝼ eyıū ť noꝛ̃ ⁊ ṽ ꝥ
ı kaup ſteꝼnu ṽ ſumarıt. þīn ſıgꝼ̄ .ſ.
bıo þa ſkıp ſıtt ť ıſlðz ⁊ ṽ þa mıog albuīn.
þa ꝼor hak.J. a veızlu ť Guðꝥnz. ṽ nottı ꝼor ví
ga hrappr ť goðaħ þra .J. ⁊ Gvð. ⁊ geck īn í
ħıt. ħ ſa þorg̃ðı holða bruðı ſıtıa ⁊ ṽ ħ ſua
mıkıl ſē m̄ roſkīn ħ haꝼðı mıkīn gullhrīg
a henðı ⁊ ꝼallð a hoꝼðe. ħ ſuıpť ꝼallðınum
hēnar. en tekr aꝼ hēnı gullhrīgīn. þa ſér

h̄ kek̄u þorſ ꝫ tekr aꝼ h̄m ānan hrıng. h̄ tok ēn
þrıðıa aꝼ ırpu ꝫ ᷣ þau oll ví ꝫ tok aꝼ þeī allan
bunīgīn. Sıðan lagðı h̄ ellð ı goða h̄ıt ꝫ brenðı vpp
Epᷣ þ gengr h̄ b̄tt. tok þa at morna ꝫ gengr vm
akr lð nockut. þa ſpruttu vpp .vı. m̄n m; vap
nū ꝫ ſækıa þeḡ at h̄m. en h̄ v̄ſt vel v̄ða þær ma
lalykᷣ at h̄ vegr þrıa en ſær̄ þranð ť olıꝼıſſ en
ellᷣ .íj. ı ſkóg ᷤ at þr baru enga nıoſn. J. h̄ geck
at p̄nðı ꝫ mh̄ı. koſt a ek nu at vega þık. ꝫ vıl ek
þ ė. ſī ek meıra vırða v̇ þık magſēð. en p̄ vırðıt
v̇ mık. hrappr ætlar nu at ſnuaz aptr a ſkogīN
Ser h̄ at þ̍ ēo kōn̄ m̄n ı mıllı ſkogarenſ ꝫ h̄. ꝫ tr
eyſtız ė þangat at leıta. legz h̄ þa nıðr nock̄a.
ꝫ lıGr þ̍ v̄ ſtunð. þr hak̄.J. ꝫ Gðb. ganga þna mór
gın ſnēma ť goða h̄ſınſ. ꝫ ſá at þ v̄ brūnıt. vpp.
en vtı .íıj. goðın ꝫ ór ollū ſkruða. þa tok Guð. tıl
orða. Mıkıll mattr ē geꝼīn goðū varū. ē þa ha
ꝼa gıngıt ſıalꝼ ví ór ellðınū. ė munu goðın
p̄u vallða. ſ.J. M̄ mun haꝼa brent hoꝼıt. en borıt
vt goðın. en goð v̄ heꝼna ė allz þega`r´. ꝫ mun
ſa m̄ brott rekīn ór val hollu. ꝫ þar allð koma.
ē þta heꝼ ḡt. J þ̍ bılı hlıopu þangat m̄n .J. ꝼıo
r̄ ꝫ ſogðu þeī ıll tıðenðı. q̄ðuz ꝼunðıt haꝼa .íıj.
m̄n vegna a akrınū en ſærðan þranð ť olıꝼıſ
Hv̄r mun p̄u vallða. ſ.J. vıga hrappr. ſ. þr þa
mun h̄ brent haꝼa goða h̄ıt. ſ.J. þeī þottı h̄
víſt ť p lıklıgr huar mun h̄ nu v̄a. ſ.J. þ.ſ.
at h̄ heꝼðı lagz nıðr ı rūna nockura. J. ꝼeR
þangat at leıta h̄ ꝫ ꝼunðu þr h̄ ė. J. v̄ ꝫ ſıalꝼr
ı leıtın̄ı ꝫ bað þa huılaz nockut ꝼyrſt. J. geck
eīn ſaman ꝼ̄ ollū m̄ ꝫ bað engan mān m; ſer gā
ga ꝫ ðualðız þar v̄ ſtunð. h̄ ꝼell a knebeð. ꝫ hellt
ꝼ augu ſer. Sıðan geck h̄ aptr ť þra. h̄ mh̄ı v̇ þá.
gangıt m; m̄ þr ḡðu ſ̄. ꝫ geck h̄ þūſ aꝼ leıðın
nı þrı ſē þr hoꝼðu aðr ꝼarıt. ꝫ komu at ðalū
pı eínu þar ſp̄tt h̄ppr vpp ꝼ þeī. ꝫ haꝼðı h̄ þar
ꝼolgıt ſık aðr. J. eggıar þa m̄n ſına at hlau
pa epᷣ h̄m en .h̄. v̄ ſua ꝼóthuatr at þr kōuz
hūgı ı nanð h̄m. h̄. ſteꝼn̄ ť hlaða. þ̍ v̄ þr þa bu
n̄ ť haꝼſ huar̄tueggıu p̄īn ſıgꝼ̄ .ſ. ꝫ N.ſſ. h̄
hleypr þ̍ at ſē .N.ſſ. v̄ a lðı. h̄ mh̄ı. bıargıt mer
goðer ðreīḡ þ̍ at .J. vıll ðrepa mık. helgı leıt v̇

h̄m ꝫ mh̄ı. Ogæꝼuſālıga lız m̄ a þıg. ꝫ mun
ſa v̄r haꝼa ē v̇ p̄ tekr. þ munða ek vılıa. ſ.
h̄ at þıð hlytıð aꝼ m̄ meſt ıllt. M̍ em ek ť p̄. ſ.
helgı at heꝼna p̄ þ þa ē ſtunðer lıða. h̄. ſn̄ı þa
ť motz v̇ þraī ꝫ bað h̄ aſía. huat ē p̄ a honðū
.ſ.p̄. brent heꝼı ek goða h̄ ꝼ .J. ꝫ ðrepıt m̄n
nockura ꝫ mun h̄ h̄ kōa ſıalꝼr ı epᷣ leıt.
Varla ſam̄ m̄ þ ſeḡ .p̄. ſ̄ mıkıt gott ſē .J. heꝼır
gort m̄. þa ſynðı h̄ p̄. ꝼeıt þ ē h̄ haꝼðı borıt
ór hoꝼınu. ꝫ bauð at geꝼa h̄m ꝼeet. h̄ .ſ. at
h̄ munðı ė þıggıa ꝼéét nēa an̄at ꝼe kæmı í
mot. h̄.m. h̄ mun ek þo nēa ſtaðar. ꝫ ſī m
ık h̄ ðrepa ꝼ augū p̄. ꝫ muntu þa bıða aꝼ
hūſ m̄ amælı. þa ſıa þr ꝼ̄ð .J. ꝫ h̄ m̄. þa tok p̄.
v̇ h̄m. en let ſkıota bátı ꝫ ꝼluttız ví a ſkıpıt.
þraīn mh̄ı. Nu ē p̄ta ꝼylſnı hellzt at brıota ór
botna ór tūnū .íj. ꝫ ſī̄tu þ̍ ꝼ í. v̄ þ ḡt at h̄ ꝼór
ı tūnurn̄ ꝫ v̄ latn̄ ſaman ſıðan. ꝫ ſkotıt ꝼ borð
Þa kēr .J. at m; lıðı ſınu. h̄ leıſ ť þra .N.ſſ. ꝫ
ſp̄ðı eꝼ þar heꝼðı komıt .h̄. þr .ſ. at h̄ heꝼðı
þar komıt. En J.ſ. hūt h̄ heꝼðı þaðan ꝼarıt
en þr q̄ðuz ė haꝼa reıður at þ̍ hent. Sa ſkyll
ðı þo mıkla ſæmð haꝼa ē m̄ ſegðı ť h̄. Grīr .m.
ť helga hlıott h̍ ſī̄u v̇ ė ſegıa. ek veıt ė nema
p̄īn launı ockr engu goðu ė ſī̄u v̇ .ſ. at hellðr
.ſ. helgı. þar ē líꝼ h̄ lıGr v̇. Grīr .ſ. J. mun ſnua
a ok̄r heꝼnðīnı þ̍ at h̄ ē nu ſua reıðr at nıðr
mun nockur v̄ða at koma. Eckı munu v̇
at þ̍ ꝼ̄. ſ. helgı En þo munu v̇ nu lata ı brott ſkı
pıt ꝫ ı haꝼ þeḡ geꝼr. þr leggıa vt v̄ð ey eīhū
ıa ꝫ ðuelıaz þar. J. geck at ſkıpam̄ ꝫ leıtaðı
epᷣ v̇ þa alla en aller ðulðu at neıtt vıſſı ť
.h̄. þa mh̄ı .J. Nu munu v̄ leıta ť p̄ınſ ꝼelaga
mınſ. ꝫ mun h̄ ſelıa ꝼ̄m mānīn eꝼ h̄ veıt noc
kut ť. Epᷣ þ toku þr lángſkıp eítt ꝫ ꝼ̄ ví tıl
kaupſkıpſınſ. p̄īn kēnır ꝼ̄ð .J. ꝫ ſtenðr vpp. ꝫ
ꝼagnar h̄m blıðlega. J. tok þ̍ vel ꝫ mh̄ı ſua
Manz ꝼ̄ ek at leıta ē .h̄.h. ꝫ ē ıſlenzkr. h̄ heꝼ̄
ḡt oſſ huetuetna ıllt. vılıu v̄ nu bıðıa yðr
at p̄ ſelıt h̄ ꝼ̄m. eða ſegıt oſſ nockut ť h̄. p̄.
mh̄ı. Vıſſır þu at ek ðrap vtlaga yðuarn
h̄ra ꝫ hætta ek þ̍ ť lıꝼı mınu ꝫ þa ek þar

ꝼ aꝼ yðr ſtorar ſæmðer. Meírı ſæmð ſ᷑tu nu haꝼa
.ſ.J. þ͛. hugſaðe ꝼ ſér. ꝫ þottız é vıta huat .J. m
vndı þa meſt meta ꝫ þræꞇ nu at h̅ v᷑ı þ͛. en b
að þo .J. leıta ꝫ at hyggıa. J. haꝼðı lıtıð v͛ þ
ꝫ geck a lð. h̅ geck þa ꝼ oðrū m̅. ꝫ v͛ reıðr mıog
ſua at engı þorðı v͛ h̅ at mæla. J. mlı þa vıſı
m̅ t .N.ſſ. ꝫ ſ᷑ ek nauðga þa at þr ſegı m̅ et
ſāna þa v͛ h̅m ſagt at þr hoꝼðu vt latıð ec
kı ma þ. þa. ſ.J. En vazkollð v͛ þ .íj. v͛ ſkıpıt .þ͛.
ꝫ ma þar vel m̅ haꝼa ꝼolgız í. ꝫ eꝼ .þ͛. heꝼer
ꝼolgıt h̅. þa mun h̅ þ ı haꝼa v᷑ıt. ꝫ munu vǽr
nu ꝼara ı ānat ſīn at ꝼīna h̅ .þ͛. ſ þta at .J.
ætlar eñ ʋ́t. ꝫ mlı. Sua reıðr ſē .J. v͛ næſt þa
mun h̅ nu v᷑a halꝼu reıðarı ꝫ lıGr nu v͛ líꝼ
allra þra m̅ ſē a ſkıpınu ē̄o. þr hetu aller at
leyna þ at hu᷑r v͛ v̄ ſıg mıog hræððr. þr tok
v ſecka nockura or bulkanū. En letu þ .h̅.
kōa ı ſtaðīn. v͛ nu aðrer ſeckar latñ a h̅ oꝼan
þr ē letꞇ v͛. ꝫ nu kēr .J. ē þr haꝼa v̄ h̅ buıt
Þraīn q̅ððı vel J en h̅ tok q̅ðıu ñ ꝫ eckı ꝼlıoꞇ
ꝫ ſa þr at h̅ var reıðr mıog. J. mlı t .þ͛. Selðu
þīn .h̅. þt ek veıt vıſt at þu heꝼır ꝼolgıt h̅ h
mun ek haꝼa ꝼolgıt h̅ hra. þ mun þ kūnaz
.ſ.J. En eꝼ ek ſ᷑ geta t. þa ætla ek at þu muñ
haꝼa ꝼolgıt h̅ ı kollðunū. é vıllða ek hra. ſ .þ͛.
at þ vænðıt mık lygı hellðr vıllða ek at þ
leıtaðıt v̄ ſkıp̄. þa ꝼór .J. aſkıpıt. ꝫ leıtaðı ꝫ ꝼān
é. br þu mık nu vnðan. ſ.þ͛. ꝼıarı ꝼr þ. ſ.J. En é
ꝼīnu v͛ h̅. veıt ek é h ſæꞇ. ſ.J. Ek þıkıūz allt ſ
ıa ı gegnū. ſ.J. þa ē ek kē a lð. En þa eckı ē ek
em h. lætr h̅ nu roa t lðz m; ſık. h̅ var ſ reıðr
at eckı mattı v͛ h̅ mæla. Sueīn .ſ. ñ v͛ m; h̅m. h̅
mlı. vnðlıgt ē þ at lata oūða m̅n gıallða reı
ðı ſīnar. J. geck þa ēn eīn ꝼ oðrū m̅m. Sıðan g
eck h̅ þegar aptr t þra. h̅ mlı þa. Roū v͛ ēn
ʋ́t t þra. þr g̅ðu ſua. hu᷑ mun h̅ ꝼolgīn haꝼa
v᷑ıt. ſ. sueīn. é mun þ nu ſkıpta. ſ.J. þat h̅
mun nu ı brottu v᷑a. En ſeckar .íj. v͛ hıa bul
kanū ꝫ mun h̅ komıt haꝼa ı ſtaðīn þra ı bul
kān. þ͛. tok t orða. ꝼm̅ hrınða þr .J. eñ ſkı
pınu ꝫ munu ætla vt t ʋ́ar. ſ᷑u v͛ nu taka
h̅ or bulkanu ꝫ lat\a/ ānat þ ı ſtaðīn. En þo ſ᷑u
ſeckñ lauſer .þr g̅ðu ſua. þa mlı. þ͛. latu v͛ .h̅.
nu ı ſeglıt. þ ē heꝼlat vpp v͛ rana. þr g̅a ſua
.J. kēr nu vt þangat. h̅ v͛ þa reıðr mıog. ꝫ mlı.
Vılltu nu ſelıa ꝼm̅ mānīn .þ͛. ꝫ ē nu v͛\r/a en næſt
Þraīn .ſ. ꝼ longu ſellða ek h̅ ꝼm̅ eꝼ h̅ v᷑ı ı mīnı
varð ueızlu eða huar mun h̅ v᷑ıt haꝼa. ı b
vlkanū. ſ.J. h leıtuðu þ ñ é þ. ſ.þ͛. é kō oſſ þ
ı hug. ſ.J. Sıðan leıtuðu þr ñ v̄ allt ſkıpıt
ꝫ ꝼunðu h̅ é .þa mlı. þ͛. vılı þ mık nu vnðan
ba hra. é ſ᷑ þ. ſ.J. þt ek veıt at þu heꝼ ꝼolgı\t/
mānīn þott ek ꝼīna h̅ é. En hellðr vıl ek at
þu nıðız am̅ en ek aþ. ſ.J. ꝼór h̅ þa t lðz. Nvþ
ıkıūz ek ſıa at h̅ heꝼ ꝼolgıt hpp ı ſeglınu.
þa kaſtaðe a byr ꝫ ſıglðı .þ͛. t haꝼſ. h̅ mlı þta
at lengı ē vppı haꝼt ſıðan. latū geıſa gamīn
g̅at þraīn vægıa. En ē .J. ſ̅pðı huat þraīn haꝼ
ðı mlt. þa .ſ.J. é br h t vanuıt mıtt. hellðr þ ſam
banð þra ē þeī ðregr baðū t baðū t bana. þ͛. v͛
ſkāma ſtunð ı haꝼı. ꝫ kō t ıſlðz ꝫ ꝼór t buſſ ſīſ.
Hrapr ꝼór m; h̅m ꝫ var m; h̅m þau mıſſerı. En
ānat ſumar epꞇ ꝼeck þraīn h̅m bu a hrapſtoðū
ꝫ bıo hrapr þ. h̅ var þo lengſtū at grıotá. h̅ þot
tı þar ollu ſpılla. þ m̅tu ſum̅ at vıngott v᷑ı
m; þeī hallg̅ðı en ſum̅ m̅tu þ ımotı. þ͛. ꝼeck
ſkıpıt Morðı orækıu ꝼrænða ſınū. Sa Morðr ʋ́a oðð
hallðorſ .ſ. auſtr ı gauta vık ı bu ꝼırðı. **hrakꝼar**

89 Aller ꝼrænðr þraıſ hellðu h̅ **níals ſona-**
ꝼ hoꝼðıngıa. Nu ē þ t at taka ē hak.J.
mıſtı .þ͛. at h̅ ræððı v͛ sueın ſon ſıñ. toku
v͛ nu langſkıp .íííj. ꝫ roū epꞇ þeī N.ſſ. ꝫ ðrepū
þa þ at þr munu vıtað haꝼa m; .þ͛. þ ē é gott
ráð. ſ. ſueīn at ſnua ſokīnı a ovallða. en la
ta þān vnðan ſetıa at ſekr ē. Ek ſ᷑ þu raða
.ſ.J. hellðr nu epꞇ þeī Nıalſ.ſſ. ꝫ leıꞇ þra ꝫ ꝼīn\r/
þa vnðer ey eīnı. Grīr ſa ꝼyſtr ſkıp .J. hſkıp ꝼ
h. ſ. h̅ ꝫ kēnı ek at þ ē .J. ꝫ mun h̅ oſſ engan
ꝼð bıoða. þ ē mlt. ſ. helgı at ſa þıkı hu᷑r vaſkr
at ſık v᷑r v͛ hu᷑n ſē h̅ á. ſ᷑u v͛ ꝫ v᷑ıa oſſ. aller
baðu h̅ ꝼ ſıa. toku þr þa ʋ́apn ſín. J. kēr nu
at ꝫ kallaðe a þa ꝫ bað þa vpp geꝼaz. helgı
.ſ. at þr munu v᷑ıaz meðan þr mega. J. bað
ollū g̅ð þeī ē é vılldu v᷑ıa h̅. en ſua v͛ helgı

vınſæll at aller vıllðu hellðr ðeyıa m; ħm. J. ſækır
at ⁊ ħ m̄n en þr v̊ıaz vel ⁊ v̊ þr .ɴ.ſſ. þar ıaꝼnan
ſē meſt v́ raunın. J. bauð opt g̊ð en þr ſ. enu ſa
ma ⁊ ſogðuz allð munðu vpp geꝼaz. þa ſottı at
þeī ꝼaſt aſlakr ór lang ey ⁊ kōz vpp a ſkıpıt. ííj.
ſīnum þa mlı Grīr. þu ſæk̄ ꝼaſt at ⁊ v̊ı vel at þu
heꝼðer eyrınðı. Grīr tok ſpíot. ⁊ ſkaut vnð̄ kūkı
na ⁊ haꝼðı aſlakr þeg̊ bana. lıtlu ſıðaR̄ va helgı e
gıl m̄kıſ mān .J. þa ſottı at sueīn .h.ſ. ħ let b̄a at
þeī ſkıollðu ⁊ vrðu þr hanðtekn̄. J. vıllðı þegar
ðrepa lata þa. Sveīn q̄ð þ é v̊a ſkyllðu ⁊ ſagðı
at þa v̊ı nott. þa mlı .J. ðrepı þa a morgín en bī
ðı þa rālıga ı nótt. Sva mun v̊a v̊ða. ſ. ſveīn. en
é heꝼı ek vaſkarı m̄n ꝼ ꝼunðıt. en þa ⁊ ē þ ēn meſ
tı ſkaðı at taka þa aꝼ lıꝼı. J. mlı. þr haꝼa ðrepıt .íj.
ena voſkuztu varam̄n ⁊ ſl̄u v̊ þra ſua heꝼna at þa
ſl̄ ðrepa m̄n v̊ þr at vaſkare. ſ.sv̊. En þo mun þta
g̊a v̊ða ſē þu vıll v̊ þr þa bunðn̄ ⁊ ꝼıotrað̄. Ep̄t þ
ſoꝼnaðe .J. En þa ē ħ var ſoꝼnaðr. mlı Grīr t̄ hel
ga. b̄ott vıllða ek kōaz eꝼ ek mætta. leıtu v́ noc
kuR̄a bragða þa. ſ. helgı. Grīr .ſ. at þar lıɢr ex e
ín ⁊ horꝼ̄ vpp eggın. Grīr ſkrıðr þangat t̄. ħ getr
ſkorıt bogaſtreīgīn aꝼ ſer v́ exīnı en þo ꝼeck ħ
ſár mıkıl a honðū þa leyſtı ħ helga. Ep̄t þ ſkre
ıððvz þeır ꝼ borð. ⁊ komuz at lanðı. s̄ at þr .J. vrðu
é var̄ v́ þr brıota aꝼ ſer ꝼıotrana ⁊ ganga an
nan veg a éyna tok þa at morna þr ꝼunðu þ̄.
⁊ kenðu at þar v́ komīn karı ſolmunðar ſon
ꝼ̊ þegar a ꝼunð ħ. ⁊ q̄ðu .J. ſueꝼnı ⁊ ſogðu ħm
hraknīgar ſın̄ ⁊ ſynðu ħm ſár ſín. karı mltı
Jlla v̊ðr ſlıkt ē þ̄ ſl̄ut taka hraknīg̊ ꝼ vænð
ıſſ m̄n. Eða huat ē nu g̊t næſt ſkapı ykru ꝼ̊
at .J. ⁊ ðrepa ħ. ſ. þr. Eckı mun þ auðıt v̊ða. ſ.
k̄ı. en eckı ſkorter ykr a huga. En þo ſl̄u v̊
vıta huart ħ ſe þar. Sıðan ꝼ̊ þr þangat ⁊ var
þa. J. ı brottu þa ꝼor k̄ı īn t̄ hlaða a ꝼunð .J.
⁊ ꝼærðı ħm ſkattīn. J. mlı. heꝼ̄ þu tekıt .ɴ.ſſ.
t̄ þín S̊ ē vıſt. ſ. k̄ı. vılltu ſelıa m̄ .ſſ.ɴ. þ vıl
ek é. ſ. k̄ı. vılltu ſv̊ıa. ſ.J. at þu vıllð é at m̄
ꝼ̊ m; ɴ.ſſ. Þa mlı Eır̄ekr .J.ſ. Eckıé ſlık`ſ´ at
beıða. heꝼ̄ k̄ı v̊ıt ıaꝼnan vın v̊. ⁊ ſkyllðı s̊ eıgı
ꝼarıt haꝼa eꝼ ek heꝼða þ̄ v̊ıt. ɴ.ſſ. ſkyllðu
ollu haꝼa hallðıt heılu. en hın̄ ſkyllðu haꝼa
haꝼt reꝼſıng ē t̄ v̄nu. þættı m̄ nu ſæmılıgra
at geꝼa .ɴ.ſſ. goðar gıaꝼ̄ ꝼ hraknīgar þær
ſē þr hoꝼðu ⁊ ſaraꝼar. J. mlı s̄ mundı v̊a vıſt
en̄ é veıt ek huart þr vılıa takaſæt̄. þa mlı
.J. at k̄ı ſkyllðı leıta v́ .ɴ.ſſ. v̄ ſæt̄. Sıðan ræð
ðı k̄ı v́ helga hu̅t ħ vıllðı taka ſæmðer aꝼ .J.
helgı .ſ. taka vıl ek aꝼ eırıkı ſynı ħ. en eckı vıl
ek eıga v́ .J. þa .ſ. k̄ı. eırıkı ſuaur þra Sva ſl̄
v̊a. ſ. Eır̄. at ħ ſl̄ aꝼ m̄ taka ſæmðer eꝼ ħm þı
kır þ beẗ ⁊ ſegı þeī þ at ek byð þeī tıl mín
⁊ ſl̄ ꝼaðer mīn eckı meín þeī g̊a þta þagu
þr ⁊ ꝼ̊ t̄ eır̄. ⁊ v̊ m; ħm þar t̄ er k̄ı v́ buīn
veſtr at ſıgla. þa g̊ðı eır̄. k̄a veız ⁊ gaꝼ ħm
gıaꝼ̄ ⁊ s̄ .ɴ.ſſ. Sıðan ꝼor k̄ı veſtr v̄ haꝼ a
ꝼunð Sıḡðar .J. ⁊ tok ħ v́ þeī alluel ⁊ v̊ m;
.J. v̄ vetrīn. En v̄ varıt bað k̄ı .ɴ.ſſ. at ꝼ̊ með
ħm ı h̄nat. En Grīr q̄ þ g̊a munðu eꝼ ħ vıll
ðı ꝼ̊ m; ħm t̄ ıſlðz. karı h̄ þ̄. **aꝼ þm bræðꝛ**

Foru þr m; ħm ı h̄nat. þr h̄ıuðu ſuðr vm
aunguleyıar ⁊ allar ſuðr eyıar. þa
hellðu þr t̄ ſaltırıſ ⁊ gengu þar vpp ⁊ bor
ðuz v́ lðz m̄n ⁊ ꝼīgu þar ꝼıar mıkılſ. ⁊ ꝼ̊
t̄ ſkıpa. þa ꝼ̊ þr ſuðr t̄ bretlðz. ⁊ h̄ıuðu þ̄
þaðan hellðu þr t̄ manar. þ̄ mættu þr Guð
rauðı k̄gı or mon. ⁊ b̄ıaz þr v́ ħ. þr hoꝼðu þ̄
ſıgr ⁊ ðrapu ðuꝼgal ſon k̄gſ þar toku þr
ꝼe mıkıt. þa hellðu þr norðr t̄ kolnı. ⁊ ꝼun
ðu þar gılla .J. ⁊ tok ħ v́ þeī vel ⁊ ðuolðuz
m; ħm nockura hrıð. J. ꝼor m; þeī t̄ ork
neyıa aꝼunð Sıḡðar .J. En v̄ varıt gıptı
Sıḡ. J. Gılla nerıðı ſyſt̄ ſına ꝼor ħ þa ı ſuðr [eyıar.

90 Þat ſum̄ **vtkuama nıals ſona**
bıugguz þr k̄ı. ⁊ ɴ.ſſ. t̄ ıſlðz. ⁊ þa ē
þr v̊ albun̄ gengu þr a ꝼunð .J. en J.
gaꝼ þeī goðar gıaꝼ̄ ⁊ ſkılðu þr m; mıkıllı
vınattu. lata þr nu ıhaꝼ. þr haꝼa vtı vıſt̄
ſkāmar ⁊ gaꝼ þeī vel byrı. ⁊ komu v́ eyr̄
Fa þr ſer heſta. ⁊ rıða ꝼra ſkıpı ⁊ heī t̄ b̄g
ðorſhúalſ. En er þr komu heī vrðu aller
m̄n þeī ꝼegn̄ þr ꝼluttu heī ꝼe ſıtt ⁊ reðu
ſkıpı t̄ hlunz. þar v́ karı þān vetr m; ɴ.

En v̄ varıt bað k͛ı .ð.N. ꝫ ꝼluttu þr Grīr ꝫ hel
gı m; ħm ꝫ lauk ſua at h͛ v́ ꝼoſtnut k͛a. ꝫ v́
kueðıt a brullaupſ ſteꝼnu ꝫ v́ boðıt halꝼum
manaðe ꝼ͛ mıð ſumar. ꝫ vͦ þau þān vetr með
.N. þa keyptı k͛ı lð at ðyrholm auſtr ı myð
al ꝫ g͛ðı þar bu þau ꝼīgu ꝥ ꝼ͛ raðamān ꝫ ra
ðakonu. En þau vͦ m; Nıalı ıaꝼnan. **vıðrtal**

91 HRappr áttı bu a hrapp **nıals .ſ. ꝫ kara**
ſtoðū. en þo v́ ħ at gríotá ıaꝼnan ꝫ þot
tı ħ ꝥ ollu ſpılla. þraīn v́ t́ ħ vel. Eın
hu͛ıu ſıñı er ketıll ór mork var at berðor\`s´
.h. þa ſegıa .N.ſſ. ꝼ͛ hraknīgū ſínū. ꝫ q̄ðuz
mıkıt eıga at þraín næꝶ ſē þr talaðı v̄
þ. N. ſeg͛ at þ v́ bezt at ketıll talaðı v̄ v́ b͛ð
ſīn þraın ħ h͛ ꝥ. gaꝼu þr katlı tō ſtunð t́ at
tala v́ þraın. lıtlu ſıðaꝶ ıntu þr t́ v́ ketıl
en ħ q́ ꝼátt munðu ħma aꝼ orðū þra. ꝥat
þ ꝼanz á at þraın þotta ek mıkılſ vırða
mag ſēð v́ yðr ſıðan hættu þr talınu. ꝫ þot
tuz ſıa at erꝼıðlıga munðı horꝼa ꝫ ſpur
ðu ꝼoður ſīn ráðſ hu͛ſu m; ſkyllðı ꝼara.
q̄ðuz é vna at ſua ſtæðı. N.ſ. é ē ſlıkt ſua
ouant. þ mun þıkıa v̄ ſakleyſı eꝼ þr ero ðrep
ñ ꝫ er þ mıtt rað at ſkıota at ſē ꝼleſtum
v̄ at tala v́ þa at ſē ꝼleſtū v͛ðı heyrī kūn
ıgt eꝼ þr ſuara ılla. þa ſl k͛ı v̄ tala ꝥ at ħ ē
ſkapðeıllðar m̄ mun þa vaxa oꝼockı m;
yðr. ꝥat þr munu hlaða ſaman ıllyrðū er
m̄n eıga hlut at þr ē͛o m̄n heīſk͛. þ kān ꝫ
v͛a at mł ſe at .ſſ. mıñ ſe ſeıñ t́ atg͛ða ok
ſłu ꝥ þ þola v̄ ſtunð. þt allt orkar tuımæ
lıſſ þa er g͛t ē. en ſua ꝼremı ſłu ꝥ orðı a ko
ma er ꝥ ætlıt nockut at at g͛a eꝼ yðuar ē
ılla leıtað. En eꝼ ꝥ heꝼðıt v́ mık v̄ leıtaz
ı ꝼyſtu þa munðu ꝥ allð haꝼa orðe a komıt
ꝫ myndı yðr þa engı ſuıuırða ı v͛a. en nu ha
ꝼı ꝥ aꝼ hına meſtu raun ꝫ mun þ þo aukā
ða ꝼara v̄ yðra ſuıuırðu at ꝥ munut ꝼa
eckı at gort ꝼyꝶı en ꝥ leggıt vanðræðe
a yðr ꝫ vegıt m; vapnū ꝫ mun aꝼ ꝥ langa
nót at ðraga. Ep͛ þ hættu þr talınu ꝫ v
arð h͛ v̄ margſ manz v̄ræða. eın hu͛ıu ſī
nı ræððu þr at k͛ı munðı ꝼ͛ ħm q́ ōnur ꝼ͛ð þıkıa
bet́ en q́ þo munðu ꝼ͛ ē þta vͦ ráð .N. Sıðan ꝼ͛r k͛ı
t́ ꝼunðar v́ þraín. tala þr þa v̄ malıt. ꝫ þıkır
þeī é eīn ueg baðū k͛ı kēr heī ꝫ ſpyrıa þr .N.ſſ.
k͛a hu͛ſu ꝼor m; þeī. ħ q́ eckı munðu ħma orð
þra. ꝫ ē meırı ván at mł ſe ſlıkt ſua at þer
heyrıt. þ͛īn haꝼðı xv. karla vıgıa a bæ ſınum
ꝫ rıðu .víıj. m; ħm hu͛t ſē ħ ꝼór. þ͛. v́ ſkraut m̄
nı mıkıt. ꝫ reıð ıaꝼnan ı blaꝛı kapu ꝫ haꝼðı
gyllðan hıalm ꝫ ſpıot\`ıt´ .J.naut. ꝫ ꝼagran ſkıo
llð ꝫ ſu͛ðı gyrðr. m; ħm v́ ıaꝼnan ı ꝼor Gūnaꝶ
lāba .ſ. ꝫ lābı Sıg͛.ſ. ꝫ Granı Gūnaꝶſ .ſ. vıga
hrappr geck ħm þo næſt ıaꝼnan. loðīn het
heıma m̄ ħ. ħ v́ ꝫ ıaꝼnan ı ꝼ͛ðū m; þ͛ın. þr
logðu veſt t́ þra. N.ſſ. vıga h͛ppr ꝫ Granı
ꝫ ollu meſt ē þeī v́ engı ſǽtt boðın. N.ſſ.
mıntu opt k͛a á eꝼ ħ vıllðı ꝼ͛ m; þeī. ꝫ þ
v͛ð v̄ ſıð ꝫ .ſ. at þ v͛ı vel at þr heyrðı ſuor

Bıugguz þr **nıals .ſſ. beıððu bota** [þ͛ınſ.
þa .ííıj.N.ſſ. ꝫ k͛ı eñ .v.\`tı´. þr ꝼ͛ t́ gríot
ár. þar var anðyrı breıðt ꝫ mattu m̄
g͛ m̄n ſtanða ıā ꝼrām. kona eín v́ vtı. ꝫ ſa
ꝼ͛ð þra .N.ſſ. ꝫ .ſ. þ͛nı. ħ bað m̄n ganga ı an
ðyrıt ꝫ taka vapn ſín. þr g͛ðu ſ͛. Stoð þ͛ıñ
ı mıðıū ðyrū En þr ſtoðu t́ ſīnar hanðar
huaꝛ. vıga.h͛. ꝫ Granı .G.ſ. þa ꝥ næſt. Gūn͛
lāba .ſ. þa loðīn ꝫ tıoruı. þa lābı Sıg͛.ſ. þa
hu͛r at henðı ꝥ k͛lar vͦ aller heıma. þr ſk͛þ͛.
gāga neðan at. ꝫ geck ħ ꝼyſtr. en þa karı
Sıðan .h͛. ꝫ g͛mr ꝫ helgı. En ē þr kōa at ne
ðan. þa ꝼelluz þeī allar q͛ðıur ē ꝼ͛ v͛. Sk͛pħ.
mł. aller ſe v́ vel kōner. hallg͛. ſtoð ıanð͛.
ꝫ haꝼðı tal. hlıott v́ .h͛. ꝫ mł. þ mun engı mæ
la ſa ē ꝼ͛ ē at ꝥ ſéét velkōñ. ſk͛þ͛. mł. Eckı
munu mega orð þín. þu ēt ānat hu͛t horn k͛
lıng eða puta gollðın ſłu ꝥ v͛ða þ͛ı orð. ſ. h͛.
aðr þu ꝼ͛r heī. helgı mł. þıg em ek komıñ at
ꝼīna þraín. eꝼ þu vıll g͛a m̄ nockura ſæð ꝼı͛
hraknīg͛ þær ē ek hlaut ı noregı ꝼ͛ þıñ ſak͛. þ͛.
mł. Alðrı vıſſa ek at þıð bræðr munðut g͛a
ðreīgſkap yckarn t́ ꝼıar. eða hu͛ſu lengı ſł
ꝼıar bón þ͛ı ıꝼ͛ ſtanða. þ munu marg͛ mæla

ſeğ helgı at þu ætť at bıoða ſættına þar ē lıꝼ
þıtt la v̇. þa mł̄ı hrappr þar ğðı nu gæꝼu mun
ē ſa hlaut ſkellīn ē ſkyllðı ꝫ ðro yðr vnð̃ hra
knīgına en oſſ vnðan. lıtıl v̊ þ gæꝼa. ſ. helgı
at bregða trunaðı ſınū v̇ .J. en taka þıg v̇. þı
kız þu ė at m̄ botına eıga. ſ.h̄. Ek mun bæta
ꝥ þ̇ ſē m̄ þıḱ maclıgt. þau eín ſkıptı munu
v̊ eıga. ſ. helgı at ꝥ mun eckı betr gegna ſḱꝥ.
mł̄ı. ſkıptū eckı orðū v̇ .h̄. en gıallðı h̄m rau
ðan belg ꝼ̇ grán. h̄. mł̄ı. þegı þu ſḱꝥ. Eckı ſł̄ ek ſp
ara at ƀa mına exı at hoꝼðı ꝥ. Reynt mun ſlık\`t´
v̊ða. ſ. ſḱꝥ. hūr grıotı hleðr at hoꝼðı oðrū. ꝼare
heī tað ſkeglīgar. ſ. hallğ. ꝫ munu v̊ ſua a vallt
kalla yðr heðan aꝼ. en ꝼoður yðuarn ḱl ēn ſk
eğlauſa. þr ꝼ̊ ė ꝼyrı ı ƀtt en aller vrðu ſeḱ ꝥa
orða þr er ꝼ̇ v̊. nēa ꝥīn h þeckti m̄n aꝼ orðū ꝥū
þr ꝼ̊ ı brott .N.ſſ. ꝫ komu heī. þr ſogðu ꝼoðurſı
nū. Neꝼnðu ꝥ nockura vatta at orðunū. ſ.N.
enga. ſ. ſḱꝥ. v̊ ætlū eckı at ſækıa ꝥta nēa a
vápna þīgı. þ mun engı nu ætla. ſ. ƀgðora at
ꝥ þorıt vápn at ƀa. haꝼðu lıtıð v̇ ḱpreyıa. ſeğ
karı at eggıa .ſſ. þına ꝥat þr munu þo ærıt ꝼ
rāgıarn̄. Epť þ tala þr aller ꝼeðga hlıott ok

92 Nv v̊ðr v̄ **raðın atꝼ̇ð vıð þraın** [karı lengı.
ræða mıkıl v̄ ðeıllð þra ꝫ þottuz aller
vıta at ė munðı ſua buıt ſıatna. Runo
lꝼr .ſ. vlꝼſ aurgoða auſtr ı ðal v̊ vınr ꝥınſ. ꝫ haꝼ
ðe boðet ꝥın heī. ꝫ v̊ aq̄ðıt at h ſkyllðı kōa au
ſtr þa ē .ííj. vıkur v̊ aꝼ ſūrı eða manuðr. ꝥıN
bað ť ꝥar ꝼ̇ðar .h̄. m; ſer. ꝫ grana .G.ſ. Gunh̄
lāba .ſ. lāba Sığ.ſ. ꝫ loðın ꝫ tıorua. þr v̊ vííj. þ
ær ſkylldu ꝫ ꝼara hallğ. ꝫ þorğðr. þ̇ lyſtı ꝫ ꝥın̄
at h ætlaðe at v̊a ı mork m; katlı broður ſınū
ꝫ ğ aq̄ðıt hūſu margar nætr h ætlaðe ı ƀtt
at v̊a. þr hoꝼðu aller aluæpnı. Rıða nu auſtr
ıꝼ̇ markarꝼlıot ꝫ ꝼunðu ſnauð̊ konu ꝫ baðu
at þær ſkyllðı reıða veſtr ıꝼ̇ ꝼlıotıð þr ğðu ſ̃
þa rıðu þr ı ðal ꝫ hoꝼðu þar goðar v̇tokur ꝥ
var ketıll ór mork. ſatu þr þar .íj. nætr. Runol
ꝼr ꝫ ketıll baðu þraín at h munðı ſemía v̇
.N.ſſ. En h q̄z allð̇ ſkylldu ꝼe gıallða ꝫ ſua
raðe ſtygt. en h q̄z hūgı þıkıaz varbuīn vıð

.N.ſſ. hū ſē þr ꝼynðız. v̊a má at ſ̃ ſe. ſ. Runoł.
en hına ſkılnīg heꝼı ek at engı þra makı ſıðan
Gūh̄ lez. ꝫ ē þ lıkara at h̄ ðragı oðrū huarū tıl
bana. ꝥ. q̄ eckı þ munðu hræðaz. þa ꝼór .ꝥ. vpp
ı mork ꝫ var ꝥ .íj. nætr. Sıðan reıð h oꝼan ı ðal
ꝫ v̊ h hútueggıa v́t leyſtr m; ſæmılıgū gıoꝼū.
Markar ꝼlíot ꝼell ı meðal hoꝼuð ıſa. ꝫ v̊ ſma ſpeīgr
h̄ ꝫ hū a. ꝥ.ſ. at h ætlaðe heī at rıða v̄ kuellð
ıt. Runoł. bað h ė heī rıða q̄ð þ v̊a varlığ at ꝼ̊
ė ſē h haꝼðı ſagt. ꝥ.ſ. hræzla ē þ ꝫ vıl ek þ ė. **ꝼall**

Koñ þær ē þr reıððu ıꝼ̇ ána komú **þraınſ ſıgꝼ̇.ſ.**
ť ƀgðorſ.h. ꝫ ſꝥðı ƀgðora huaðan þær v̊ı en
þær ſogðuz v̊a auſtan vnðan eyıaꝼıollū
hūr reıððı yðr ıꝼ̇ marḱ ꝼlıot. ſ. h̄. þr ē meſť oꝼ
laſ ēo. ſ. þær hūır ēo þr. ſ.B. ꝥ. ſıgꝼ̇ .ſ. ꝫ ꝼylgðar
m̄n h̄.ſ. ꝥ. En þ þottı oſſ at er þr v̊ ſ̊ ꝼıol orðer
ꝫ ıllorðer hıngat ť bonða þínſ. ꝫ ſſ. h̄. Marğ kıo
ſa eckı orð a ſık. ſ. h̄. Sıðan ꝼ̊ þær ƀtt ꝫ gaꝼ h̄
þeī goðar gıaꝼ̇ ꝫ ſpurðe þær hūſu lengı ꝥ. mū
ðı ı brottu v̊a. En þær ſogðu at h munðı vera
.ííj. nætr eða ꝼīm. Sıðan ſagðı h̄ .ſſ. ſínū ok
ḱa magı ſınū. ꝫ toluðu þau lengı leynılıga.
En þān morgın ēn ſama reıð .ꝥ. auſtan. N. v
aknaðe ſnēma ꝫ heyrðı at ex ſḱꝥ. kō v̇ þılıt.
Stenðr þa. N. vpp ꝫ gengr v́t. h ſer at .ſſ. h̄ ēo alĺ
m; vapnū ꝫ ſ̃ ḱı magr h̄. ſḱꝥ. v̊ ꝼrēſtr. ꝫ v̊ ı bl
ā ſtackı ꝫ haꝼðe taurguſkıollð ꝫ exı ſına r
eıðða v̄ auxl. næſt h̄m geck ḱı h haꝼðe ſılkı
treyíu ꝫ hıalm gylltan. ſkıollð ꝫ v̊ ðregın a
leo. Næſt h̄m geck helgı h haꝼðe rauðan kyr
tıl ꝫ hıalm ꝫ rauðan ſkıollð ꝫ markaðr a hıo
rt. aller v̊ þr ı lıt klæðū. N. kallaðı a ſḱꝥ. hūt
ſł̄ ꝼ̊ ꝼrænðe ı ſauða leıt. ſ. h. ſ̃ v̊ eıtt ſīn ꝼyrı. ſ.
.N. ꝫ veıððu ꝥ þa m̄n. ſḱꝥ. hlo ꝫ mł̄ı. heyrı ꝥ h̄t
karlīn ſeğ. ė ē h grólauſſ. Hue nærı mł̄tu ꝥ ꝥta
ꝼyrı. ſ. ḱı. þa v́a ek ſıgm̄ð eñ h̄ta ꝼrænða .G.
.ſ. ſḱꝥ. ꝼ̇ h̄t. ſ. ḱı. h haꝼðe ðrepıt. ſ. ſḱꝥ þorð ley
ſíngıa ꝼrænða mīn. N. geck heī en þr ꝼ̊ vpp ı rau
ðaſkrıður ꝫ bıðu þar mattu þr þaðan ſıa þeğ
hın̄ rıðı auſtan ꝼ̃ ðal epť eyrunū. Solſkın v̊
v̄ ðagīn ꝫ heıðuıðrı. Nu rıðr þraīn oꝼan ꝼ̃ ðal
Lābı sığ.ſ. mł̄ı. Skıllðır blıka uıð ı rauðaſkrıðū

ẽ ſolın ſkīn a. ꝫ mun ꝥ v̄a nockuꝛa m̄ ꝼſát. þa ſťu v̄. ſ.ꝥ. ſnua oꝼan m; ꝼlıotınu. ꝫ munu þr þa ť motz v́ oſſ eꝼ þr eıga v́ oſſ nockur erendı. Sn̄u þr þa oꝼan m; ꝼlıotınu. Sk̄ꝥ. mlı. Nu haꝼa þr ſéét oſſ. ꝥ ſnua þr nu leıðīnı. ꝫ ẽ oſſ nu engı ānaꝛ ť en hlaupa oꝼan ꝼ þa k̄ı mlı. Marğ munu ꝼ ſıtı a ꝫ haꝼa ė þānueg lıðſ mun ſē v̄. ẽo þr .vííj. en v̄ .v. Snua þr nu oꝼan m; ꝼlıotınu ꝫ ſıa at ſp aung ẽ ıꝼ nıðrı ꝫ ætla þr k̄ı þar ıꝼ. ꝥ. ꝫ þr namu ſtaðar vpp ꝼ ſpongīnı a ıſınū. ꝥ. mlı. h̄t munu þır m̄n vılıa þr ero .v. en v̄ erū .vííj. lābı mlı. ꝥ get ek at þo mundı þr ť hætta þótt mānı ſtæðı ꝼle ra ꝼ ꝥ. ꝼeꝛ aꝼ kapūnı ꝫ tekr aꝼ ſer hıalmīn ꝥ v̄ð ſk̄ꝥ. þa ẽ þr hlıopu oꝼan m; ꝼlıotınu at ſtauck ı ſunðr ſko þueīgr ħ ꝫ ðuelz ħ epť. h́ h́kaz ꝥ s̄. ſk̄ꝥ ſ. Grīr. bınð ek ſko mīn. ſ. ſk̄ꝥ. ꝼoru v̄ ꝼ q̄ð k̄ı ſua lız m̄ ſē ė munı ħ v̄ða ſeīnı en v̄. Snua þr oꝼan ť ſpeīgrīnar. ꝫ ꝼ mıkīn. Sk̄ꝥ. ſpratt vpp þeğ. ħ h aꝼðı bunðıt ſkoīn. ꝫ haꝼðı vppı exına. ħ hleypr at ꝼm̄ at ꝼlıotınu en ꝼlıotıð var ſua ðıupt at langt v̄ v̄ oꝼært. Mıkıt ſuell var hlaupıt vpp oðrū megín ꝼlıotzınſ ꝫ ſua hállt ſē gler ꝫ ſto ðu þr þraīn a mıðıu ſuellınu. ſk̄ꝥ. heꝼr ſık al opt. ꝫ hleypr ıꝼ ꝼlıotıð meðar hoꝼut ıſa ꝫ ſto ðuar ſık ꝫ rēnır aꝼ ꝼm ꝼotſkrıðu. Suellıt v̄ hállt mıog ꝫ ꝼór ħ ſua hart ſē ꝼugl ꝼlygı. ꝥīn ætlaðı þa at ſetıa a ſıg hıalmīn ſk̄ꝥ. beꝛ nu at ꝼyꝛı ꝫ hoğr ť .ꝥ. m; exīnı ꝫ kō ı hoꝼuðıt. ꝫ kláuꝼ oꝼan ı ıaxlana s̄ at þr ꝼellu nıðr a ıſīn. ꝥı atburðr v̄ð m; s̄ ſkıotrı ſuípan at en gı ꝼec hoğ a ħ kōıt. ħ renðı þeğ ꝼ oꝼan óðꝼlu ga. tıoruı renðı ꝼ ħ torgu ꝫ ſteðıaðı ħ ıꝼ vpp ꝫ rēn̄ a enða ſuellzınſ. þa kōu þr k̄ı ı mot ħm. karlmānlıga ẽ at ꝼarıt. ſ. k̄ı. Epť ẽ ēn yðuaꝛ h lutı. ſ. ſk̄ꝥ. ſnua þr þa Snua þr þa vpp. þr Gmr ꝫ helgı ſa hú .h̄. v́ ꝫ ſn̄u þeğ at ħm. h̄. hauGr m; exīnı ť Grīſ. helgı ſer ꝥ ꝫ hauGr a honðına .h̄. ſua at aꝼ tok en nıðr ꝼell exın. h̄. mlı ꝥta heꝼ þu mıkıt nauðſynıa v̄k v̄nıt ꝥt ꝥı honð heꝼır morgū m̄ meín gort. ꝫ bana. h̄ ſť nu enð v̄a. ſ. Grīr ꝫ leGr ſpıotı ıgegnū ħ. ꝼell .h̄. þa ðauðr n ıðr. tıoruı ſnyr ı motı k̄a. ꝫ ſkytr at ħm ſpíotı k̄ı hlıop ı lopt vpp ꝫ ꝼlo ſpıotıð ꝼ neðan ꝼætrna k̄ı hleypr at ħm. ꝫ hoGr ť ħ m; ſūðınu ꝫ kō a brıoſtıð. ꝫ þeğ a hol. ꝫ haꝼðı ħ bana. Sk̄ꝥ. ğpr þa baða .Gūnar lāba .ſ. ꝫ ğna. G.ſ. ꝫ mlı tekıt heꝼı ek huelpa .íj. eða huat ſť v́ ğa. koſt atter þu. ſ. helgı at ðrepa huarntueggıa þra eꝼ þu vıllðer þa ꝼeıga. ė nēnı ek. ſ. ſk̄ꝥ. at haꝼa ꝥ ſaman. at veıta haugna en ðrepa ꝥður ħ. ko ma mun ꝥ eīhūıu ſīnı. ſ. helgı at þu munð vılıa haꝼaꝼa ðrepıt ħ ꝥt ħ mun allðrı ꝥ trúꝛ v̄ða. ꝫ engı þra ẽ h̄ ero nu. ſk̄ꝥ. mlı eckı mun ek hræ ðaz þa. Sıðan gaꝼu þr grıð ğna .G.ſ. ꝫ Gūnarı .l. .ſ. ꝫ lāba ſığ.ſ. ꝫ loðnı. Epť ꝥ ſn̄u þr heī. ꝫ ſꝥðe .N. þa tıðenða. ꝫ þr ſogðu ħm ſē gıorſt. N. mlı mı kıl ẽo tıðenðı ꝥı. ꝫ ẽ ꝥ lıkara at h̄ leıðı aꝼ ðauða eínſ ſoń mınſ. eꝼ ė v̄ðr meıra at. Gūń .l.ſ. kō heī ꝫ ꝼluttı lık .ꝥ. m; ſer ť grıot ár ꝫ v́ ħ ꝥ heygðr.

93 KEtıll ı mork attı þorğðı **capıtulum** ðotť .N. En ħ v́ broðer .ꝥ. ꝫ þottız vant v́ komīn. ꝫ reıð ť .N. ꝫ ſpurðı hút ħ vıllðı n ockut bæta víg þraīſ. N.ſ. bæta vıl ek s̄ at vel ſe. ꝫ vıl ek at þu leıť ꝥ v́ bræðr þına þa ẽ bauga eıgu at taka at þr takı ſættū. ketıll q̄ ꝥ vıllðu ğa gıarna. v̄ ꝥ þa ráð þra at ketıll ſkyllðı ꝼ ꝫ ꝼīna þa alla er gıollð attu at taka. ꝫ kōa a grıðū. Sıðan reıð keť. heī. ħ ꝼr nu at ꝼīna alla .bb. ſına ꝫ ſteꝼnðı þeī ollū ſaman ť hlıð enða tekr þar v̄ræðu v́ þa. ꝫ v́ haugnı m; ħm ı ollu v̄talı. ꝫ kō s̄ at m̄n v́ ť ğðar tekń. epť ꝥ var lagðr ť ꝼunðr. ꝫ v́ gıor māngıollð ꝼ víg ꝥīnſ ꝫ toku þr aller v́ botū. ſē log ſtoðu ť. Epť ꝥ v́ mlt ꝼ trygðū ꝫ buıt v̄ ſē trulıgaz. greıððı .N. ꝼe allt vel aꝼ henðı. ꝫ ẽ þa kyrt v̄ ſtunð Eínhūıu ſīnı reıð .N. vpp ımork. ꝫ ꝼunðuz þr ketıll. ꝫ toluðu ðag allan. Reıð .N. heī at kuell ðı ꝫ vıſſu m̄n ė huat ıraðağð haꝼðe v̄ıt. ketıll ꝼr ť grıot ár. ħ mlı ť þorğðar. lengı heꝼı ek mıkıt vnt ꝥīn broður mınū. mun ek ꝥ nu ſyna. ꝥ at ek vıl bıoða hauſkullðı ť ꝼoſtrſ ſy nı ꝥınſ. s̄ ſť ꝫ v̄a. ſ. h̄. at ꝥ ſť ğa koſt a ꝥu. þu ſťt veıta ꝥum ſueıní þa ẽ ħ ẽ roſkīn. allt ꝥ ſē þu mátt. ꝫ heꝼna ħ eꝼ ħ er m; vapnū vegīn.

ꝫ leggıa ꝼe ͭ kuanar munðar hm ꝫ ſᷝtu þo ſu͂ıa
ꝥ h ıáttaðe ꝥu ollu. ꝼ̄r .h́. nu heī m; hm. lıðr nu ꝰ
ꝼ̄ṁ nockura hrıð at .h́. ē m; katlı **capıtulum**
94 Einhu͂ıu ſīnı rıðr .ɴ. vpp ı mork. ꝫ v́ tekıt
v́ hm vel ꝥ v́ h v̄ nott. v̄ kuelldıt gek̄
ſueīnīn at hm ꝫ kallaðı. ɴ. a h. ɴ. haꝼ
ðı ꝼıngr gull a hendı. ꝫ ſyndı ſueınınū. sueīnī.
tok v́ gullınu ꝫ leıt a ꝫ ðro a ꝼıngr ſer. ɴ. mͥı. v
ılltu þıggıa gullıt at gıoꝼ vıl ek. ſ.ſv̄. veıztu
.ſ.ɴ. huat ꝼoður þínū varð at bana. ſv̄.ſ. v
eıt ek at ſk̄ꝥ. va h. ꝫ þurꝼu v́ eckı a þ at m
īnaz ē ſæzt heꝼ̄ a v̄ıt. ꝫ ꝼullar bætr haꝼa ꝼ̄
kōıt. betr ē .ſ. ſeḡ .ɴ. en ek ſpurða. ꝫ muntu ver
ða goðr ṁ. goðar þıkı ṁ vırðınḡ yðrar ē ꝥ ſpa
ıt ṁ. ſ.ſu͂. ꝥ at ek veít at þu ēt ꝼorſpak̄ ꝫ o
lygīn. ɴ. mͥı. nu vıl ek bıoða ꝥ ꝼoſtr eꝼ þu vı
ll þıggıa. h q̄ þıggıa vılıa bæðı þañ goða ꝫ an
nan þān ſē h ḡðı hm. vrðu þær mala lyktır
at h́ ꝼór heī m; .ɴ. h lét ſueınınū eckı ı meín
ꝫ v̄nı hm ſua mıkıt. þr .ſſ.ɴ. leıððu h epꝉ ſer ꝫ ḡ
ðu þr hm allt ͭ ſoma. Nu lıðr þar ͭ er h́. ē ꝼrū
vaxtı. h ē bæðe mıkıll ꝫ ſterkr. ṁ ꝼrıðaztr ſy
nū ꝫ hærðr vel. blıðmællt ꝫ aurlatr ꝫ ſtıılltr vel
ṁ bezt vıgr. goð orðr ͭ allra ṁ h v́ vınſæll ṁ
ꝫ alld ſkılðı þa .ſſ.ɴ. a v̄ neīn hlut. **her ſeḡ aꝼ**
95 MAðr er neꝼnðr ꝼloſı. h **brennu ꝼloſa**
v́ .ſ. þorðar ꝼreyſgoða auzur̄ .ſ. aſb
ıarn̄ .ſ. eyıangrſ. bıarn̄ .ſ. helga .ſ. bıar
n̄ .ſ. bunu Moðer ꝼloſa h́ ıngūn ðotꝉ
þóres a eſpıholı hamunðar .ſ. helıarſkınz h
ıorſ .ſ. halꝼſ .ſ. ꝥ ē reð ꝼ̄ halꝼſ reckū hıorleıꝼſ
.ſ. enſ quenſama. moðer þores. v́ Jngūn ðotꝉ
helga enſ magra ē nā eyıa ꝼıorð. ꝼloſı attı st
eīuoru .ð. hallz a ſıðu. h́ v́ laungetın ꝫ haꝼ
ðe ſoluor moðer hēnar h́ v́ h́ıolꝼſ .ð enſ huı
ta ꝼloſı bıo at ſuınaꝼellı ꝫ v́ hoꝼðıngı mıkıll.
h v́ mıkıll vextı ꝫ ſterkr ṁ kappſamaztr b̄ð
h h́ ſtarkaðr. h v́ ſāꝼeðra v́ ꝼloſa. Moðer ſꝉka
ðar h́ þraſlaug ꝫ v́ .ð. þoſteīſ tıtlıngſ geırleı
ꝼſ .ſ. en moðer þraſlauḡ. h́ v̄nr. ꝫ v́ .ð. ey
ꝼınd karꝼa lðnamamanz ſyſtır moðolꝼſ
enſ ſpaka. bræðr ꝼloſa v́ þr þorgeır̄ ꝫ ſteīn
kolbeīn ꝫ egıll. hılldıgūn h́ .ð. ſꝉkaðar b̄ðurðotꝉ
ꝼloſa. h́ v́ ſkorungr mıkıll ꝫ q̄na ꝼ̄ðuz ſynum
h́ v́ ſua haug at ꝼár konur v́ þær ē hagarı v́
h́ v́ allra q̄na grīmuz ꝫ ſkap horðuz. ꝫ ðreīgr mı
kıll ꝥ ſē vel ſkyllðı v̄a. **aꝼ ſıðu hallı cp̄m**
96 Hallr h́ maðr ē kallaðr v́ ſıðu hallr h
v́ þorſꝉ.ſ. boðuarſ .ſ. Moðer hallz het
þorðıſ ꝫ var ozur̄ .ð. hrollauḡ .ſ. Rogn
vallz .ſ. ıarlſ aꝼ mærı eyſteīſ .ſ. glū
ru. hallr áttı ıoreıðı þıðranða .ð. enſ ſpaka
ketılſ .ſ. þrymſ. þoreſſ .ſ. þıðranda or v̄aðal.
broðer ıoreıðar v́ ketıll þrymr ı nıarðuık ꝫ
þoruallðr ꝼaðer helga ðroplauḡ ſoń. hallk
atla v́ ſyſtır ıoreıðar moðer þorkelſ geıtıſſ
.ſ. ꝫ þra þıðranda. þoſꝉ het b̄ðer hallz. ꝫ var
kallaðr breıðmagı. ſon h v́ kolr ē k̄ı vegr í
ı bretlðı. ſſ. hallz a ſıðu v́ þr þorſꝉ ꝫ egıll
þoru͂ðr ꝫ lıotr. þıðrandı þān ē ſeḡ at ðıſer væ
gı. þoꝛ̄ h́ ṁ er kallaðr var hollta þoꝛ̄. h .ſ. v́
ſkorar geır̄. bræðr h v́ þr þorleıꝼr krakr ē
ſkogu͂ıar ēo ꝼ̄ kōner. ꝫ þorgrīr ēn mıklı. **kuánꝼāg**
97 Nv ē þar ͭ malſ at taka at **hoſkulldar h́ta**
.ɴ. kō at malı v́ .h́. Ráðſ vıllda ek þer **neſſ**
leıta ꝼoſtrı mīn at aꝼla ꝥ konu. h́. **goða**
bað h ꝼ̄ raða ꝫ ſꝥðı huar h mundı hellzt a
leıta kona .h. hılldıgūnr. ſ. h. ꝫ ē ſꝉkaðar .ð.
þorðar .ſ. ꝼreyrſ goða. veít ek þān koſt bez
tan. ſ. h. h́. mͥı. Sıa þu ꝼ̄ ꝼoſtrı þ ſꝉ mıtt r
áð ſē þu vıll v̄a lata. h́ munu v́ a lıta. ſ.ɴ.
Epꝉ þ q̄ðr .ɴ. ṁn ͭ ꝼ̄ðar m; ſér ꝼ̄ þr ſıgꝼ̄.ſſ.
ꝫ ſſ.ɴ. aller ꝫ karı ſolmunðar. þr rıða a
vſtr ͭ ſuına ꝼellz ꝫ ꝥ ꝼa þr goðar v́ tok̄
ꝫ v̄ ðagīn epꝉ ganga þr .ɴ. ꝫ ꝼloſı a tal ꝫ ꝥ ko
ma nıðr ræður .ɴ. at h mͥı þ ē erēðı mıtt hī
gat ē v́ ꝼorū bonorz ꝼaur ꝫ mælū ͭ mægða
v́ þıg ꝼloſı en ͭ eıgın orz v́ hılldıgūnı broður
.ð. þına. ꝼ̄ hu͂ſ honð. ſ. ꝼloſı. ꝼ̄ honð. h́. ꝥınſ. ſ.
ꝼoſtra mınſ. ſ.ɴ. Vel er ſlıkt ſtoꝼnat. ſ.ꝼꝉ. en
þo haꝼ ꝥ mıkıt ı hættu huaꝛ̄ v́ aðra. eða huat
ſeḡ þu ꝼ̄ h́. gott ma ſegıa ꝼ̄ hm. ſ. ɴ. ꝫ ſꝉ ek ſua
ꝼe ͭ leggıa at yðr þıkı ſæmılıga eꝼ ꝥ vıl
ıt þta mal at alıtū ḡa. kalla munu v̄ a hana.
[.ſ. ꝼꝉ.

ɜvıta ´hũſu` hēnı lıtız m̄. þa v́ kallat a hana ɜ kō h͛
þagat. ꝼl.ſ. hēnı bonorðıt h͛ q̊z v̊a kona ſkapſ
tór ɜ veıt ek ė huerſu m̄ er hent v́ þ ē þ́ ẽo m̄
s̃ ꝼ̇. En þ þo ė ſıðr at ſıa m̄ heꝼ̃ eckı m̄ ꝼorrað
en þu heꝼ̃ þ mĺt at þu ė gıpta mık goðorðz
lauſū m̄. þ ē ærıt t́. ſ.ꝼl. eꝼ þu vıll ė gıptaz at
þa mun ek engan koſt a g̃a. þ mælı ek ė. ſ. at ek
vılıa vılıa ė gıptaz h̃. eꝼ þr ꝼa hm m̄ ꝼorrað en
ella mun ek engan koſt a g̃a. þa vıl ek bıða lata
mín. ſ.N. v̄ þta mál .ííj. vetr. ɜ þrıu ſum̃. ꝼl.ſ.
at s̃ ſkyllðı v̊a. þān hlut vıllða ek ſkılıa. ſ. hıll
ðıgūn eꝼ þ̄ı rað tækız at v́ v̊ım auſtr h̃. N. q̊ þ
vılıa ſkılıa vnðer h̃ q̊ morgū vel t̃a en ēgū ıam
vel ſē ꝼoſtra ſınū Nu rıðu þr auſtan. N. leıtaðe
h̃ v̄ m̄ ꝼorrað ɜ vıllðı engı ſelıa ſıtt ꝼorrað. lıðr
nu t́ alþīgıſſ. þta ſumar v́ þıng ðeıllð mıkıl.
Geyrðı þa margr ſē vant ē at ꝼ̊ t́ motz v́ .N. en
h lagðe þ t́ mala m̊ ſē eckı þottı lıklıgt. at eyð
ðuz ſokner. ɜ ſua varñ ɜ v̊ð aꝼ þ́ þræta mıkıl
er malın mattu ė lukaz. ɜ rıðu m̄n heī aꝼ þī
gı oſatt̃. lıðr nu þar t́ er kēr ānat þīgıt ꝼ̃r þa
.N. t́ þıngſ ɜ nu ē ꝼyſt kyrt þīgıt allt þar t́ ē .N.
talaðı at m̊ v̊ı mal at lyſa ſokū ſínū. marger
mĺtu at t́ lıtılſ þættı þ koma at engı kæmı ſınu
malı ꝼ̃m̄ þott t́ þınga v̊ı ſteꝼnt. ɜ vılıū v̊ hellðr
ſegıa þr heīta m; oððı ɜ eG. s̃ ma ė. ſ.N. ɜ hlyðır
þ hũgı at haꝼa ė laug ı lðı en þo hafı þ̃ mıkıt t́
yðuarſ málſ v̄ þ. ɜ kēr þ t́ vár ē kūnū logın
ɜ þeī ſĺm ſtıorna þıkı m̄ ráð at v̊ kallımz ſā
an aller hoꝼðıngıar. ɜ talī v̄ ɜ gangī t́ logret
tu. þa mĺı nıall. þıg q̊ð ek at þu ſkaptı þór
oððz .ſ. ɜ aðra hoꝼðıngıa at m̄ þıkıR ſē malū
varū ſe komıt ı onytt eꝼnı. eꝼ v̊ ſĺm ſækıa
mál ı ꝼıorðungſðomū ɜ v̊ðı ſua vaꝼıt at eıgı
megı lukaz ne ꝼ̃m̄ ganga. þıkı m̄ þ raðlıgaz
at v̊ ættī eñ ꝼītarðō ɜ ſæktī þau mal ı ꝼītar
ðómı ē ė mega luk̃ ı ꝼıorðungſ ðomı. ſĺtu neꝼ
na. ſ. ſkaptı ꝼītarðomīn ē ꝼ̇ ꝼorn goðorðın er
neꝼnðr ꝼıorðungſ ðōr þrēnar tylꝼ̃ or ꝼıorðū
gı hũıū. Sıa mun ek rað t́ þ. ſ.N. at tak vpp
ny goðorð þr ē bezt ẽo t́ ꝼallner or ꝼıorðungı
hũıū ɜ ſegız þr ı þıng m; þeī ē vılıa þna koſt
vılıū v̊. ſ. ſkaptı eða hue vanðar ſokñ ſĺu her
v̊a eða ı kōa. þau mal ſĺu h̃ ı kōa. ſ.N. v̄ alla
þīgſ aꝼ glaupun eꝼ m̄n b̃a lıuguıtnı ɜ lygı
q̊ttu. Her ſĺu ɜ kōa veꝼangſmál þau ē m̄n
veꝼengıa ı ꝼıorðungſ ðómı. ɜ ſĺ þeī ſteꝼna t́ ꝼī
t́ðōſ. Sva ɜ eꝼ m̄n bıoða ꝼe eða taka t́ lıðſ ſer ɜ īnı
haꝼñ þræla eða ſkyllðar m̄. J þum ðomı ſĺu v̊a al
ler hıñ ſtyrkuſtu eıðar. ɜ ꝼylgıa .íj. hũıū eıðı
ē þ ſĺu leggıa vnðer þegnſkap ſīn ē hıñ ſũıa. h̃
ſĺ ɜ s̃ eꝼ aðrer ſækıa rétt. en aðrer rangt. þa ſĺ ep
t̃ þeī ðæma ē rétt ꝼ̊ m; ſokn. h̃ ſĺ ɜ ſækıa hũt m
al ſē ı ꝼıorðungſ ðomı vtan þ er neꝼnðar ẽo
ííıj. tylꝼ̃ ı ꝼīt́ðō. þa ſĺ ſækıanðı neꝼna .vı. m̄n ór
ðómı. en v̊ıanðı aðra .vı En eꝼ h vıll ė ór neꝼna. þa
ſĺ ſækıanðe neꝼna ór þa ſē hına ſē v̊ıanðı áttı
En eꝼ ſækıanðı neꝼñ ė. þa ē onytt hũt mal þt .ííj.
tylꝼ̃ ſĺu v̄ ðæma. V́ ſĺm ɜ haꝼa þa logrettu
ſkıpun. at þr ē ſıtıa a mıðıū pollū ſĺu rettır
at raða ꝼ̇ louū ɜ logū ɜ ſĺ þa velıa þ́ t́ ē vıt̃z̃
ero ɜ bezt at ſer þar ɜ v̊a ꝼīt́ ðór. en eꝼ þr v̊
ða ė aſatt̃ ē ı logrettu ſıtıa. h̃t þr vılıa loꝼa
eða ı log leıða. þa ſĺu þr ryðıa logrettu t́ ɜ ſĺ
raða aꝼl m; þeī. En eꝼ ſa er nockuR ꝼ̇ vtan l
ogrettu at ė náı īn at ganga. eða þıkız borīn
v̊a malı. þa ſĺ h v̊ıa lyrıtı s̃ at heyrı ı logret
tu. ɜ heꝼ̃ h þ onytt ꝼ̇ þeī oll loꝼ þra. ɜ allt þ ē
h mĺı t́ logſkıla ɜ varðı lyrıtı. Ept̃ þ leıððı S
kaptı þoroððz .ſ. ı log ꝼīt́ ðō. ɜ allt v́ þta ı log l
eıðt ſē nu ē talt. Ept̃ þ ganga m̄n t́ log bergſ
Toku m̄n þa ny goð orð vpp ı norðlenðīga ꝼıorðū
gı. Voru þſı ny goðorð. þar. Melm̊ goð orð ı m
ıð ꝼırðı. ɜ lauꝼæſınga goð orð ı eyıa ꝼırðı. þa
q̃ððı .N. ſer hlıoðſ ɜ mĺı. þ ē nu morgū kūnıg`t´
hũſu ꝼór m; .ſſ. mınū ɜ grıot ár m̊. ē þr ð̃pu þ̃
ın Sıgꝼ̃ .ſ. En þo ſættūz v̊ a malī. ɜ heꝼı eknu
tekıt v́ .h̃. ɜ raðet hm q̃nꝼang eꝼ h ꝼær g
oð orð nock. En engı vıll ſelıa hm ſıtt goðorð
Vıl ek nu beıða yðr at þ̃ leyꝼıt m̄ at taka vpp
ny goð orð a h̓ta neſı t́ handa .h̃. h ꝼeck þ aꝼ
ollū. Sıðan tok h vpp goð orð t́ handa .h̃. ɜ v̊
h ſıðan kallaðr huıtaneſgoðe. Ept̃ þ rıða m̄n
heī aꝼ þīgı. N. ðuelz ſkāma ſtunð. heıma aðr

ħ rıðr auſtr t́ ſuınaꝼellz. ꝫ ſſ. ñ ꝫ vekr nu t́ v̄
bonorðıt. ꝼloſı q̊z eꝼna ſkyllðu v́ þa. ē þa hıllðı
gūn ꝼoſtnut .ħ. ꝫ queðıt a brullaupſ ſteꝼnu ꝫ
lykr ſua. rıða þr þa heī ēn ı ānat ſīnı rıða þr tıl
brullaupſ. leyſtı ꝼloſı v́t allt ꝼe hıllðıgūnar ep
t̄ boðıt ꝫ leyſtı vel aꝼ hendı ꝼ̊ þau t́ b̄gðor.h.
ꝫ v̊ þar þau mıſſarı ꝫ ꝼor allt vel m; þeī hıll
ðıgūnı ꝫ bergðoru. **níall keyptı lð J oſſa bæ**
EN v̄ ſumarıt ept̄ keyptı .ɴ. lð ı oſſa bæ ꝫ
ꝼær ꝥ .ħ. ꝫ ꝼ̄r ħ þangat bygðū. ɴ. reð ħ̊
hıon oll. ꝫ ſua v́ ðáðt m; þeī ollū at eng
v̄ þottı ráð raðıt nēa þr reðı aller v̄. bıo .ħ. ı
oſſabæ lengı ſ̄ at huarer ſtuððu ānaꝁa ſæm
ðer. ꝫ v̊ .ſ.ſ.ɴ. ı ꝼorū m; ħ. Sua v́ akaꝼt v̄ vınat
tu þra at huarır buðu oðrū heī ˊhu̅tˋ hauſt ꝫ gaꝼu ſtor
gıaꝼ̄ ꝼeꝁ ſ̄ ꝼrām lengı **aꝼ lytıngı capítulm**
98 Maðr ħ̍ lytıngr. er bıo a ſamſſtoðū. ħ attı þa
konu er ſteınuor ħ̍ ħ̊ v́ ſıgꝼ̄.ð. ſyſt̄ ꝧınſ
lytīgr var mıkıll vextı. ꝫ ſterkr auðıgr
at ꝼe. ꝫ ıllr vıðr eıgnar. ꝥ v́ eınhu̅ıu ſıñı at lytīgr
haꝼðı boð īnı a ſāſtoðū ħ haꝼðe þangat boðet
.ħ. ꝫ ſıgꝼ̄.ſſ. ꝫ komu þr aller. ꝥ v́ ꝫ g̃nı ꝫ Gūħ̊ .l.ſ.
ꝫ lābı .ſ.ſ. ħ. Nıalſ .ſ. ꝫ moðer ñ hroðny attu bu
ı holltı ꝫ reıð .ħ. ıaꝼnan t́ buſſ ſınſ ꝼ̄ bergðorſ.h.
ꝫ la leıð ñ v̄ g̊ð a ſāſtoðū. ħ. attı ſon þān ē amū
ðı ħ̍. ħ haꝼðe blınðr v̊ıt borīn. ħ v́ þo mıkıll vex
tı ꝫ auꝼlugr. lytīgr attı bræðr .íȷ́. ħ̍ ānaꝁ hallſte
īn en ānaꝁ hallg̊mr. þr v̊ eñ meſtu oeıru m̄n
ꝫ v̊ þr ıaꝼnan m; broður ſınū. ꝥ at aðrer ko
mu eckı ſkapı v́ ꝥ. lytīgr v́ vtı ıaꝼnan v̄ ðaga.
en ſtunðū geck ħ t́ ſtarꝼſ m̄. ħ ſezt nu ı ſætı
ſıtt. þa kō kona īn ē vtı haꝼðe v̊ıt. ħ̍ mlı. oꝼꝼ
ıarrı v̊ ꝥ̄ vtı at ſıa er oꝼlatīn reıð v̄ g̊ð hu̅r
ē oꝼlatıſa. ſ. lyt̄. ē þu .ſ. ꝼ̄ .ħ.ɴ.ſ. ſ. ħ̍ reıð ħ̊ vm
g̊ð. lytīgr mlı. opt rıðr ħ ħ̊ v̄ garð. ꝫ ē m̄ ė ſkap
rauna ˋrˊ lauſt. ꝫ bıoðūz ek t́ ꝥ at ꝼ̊ m; ꝥ̄ .ħ. eꝼ þu
vıll heꝼna ꝼoður þınſ. ꝫ ðrepa .ħ.ɴ.ſ. ꝥ vıl ek
ė. ſ.ħ. ꝫ launa ek þa v̊r en v̊a ſkyllðı ꝼoſtra
mınū. ꝫ þrıꝼztu allð̊ ꝼ heībođ ꝫ ſꝑtt vpṗ v̄ðan
borðınu ꝫ let taka heſta ſına ꝫ reıð heī. lytīgr
mlı þa t́ g̃na .G.ſ. þu v́t hıa ē þraīn var vegīn
ꝫ mun ꝥ̄ ꝥ mīnıſamt ꝫ ſ̄ þu .G.l.ſ. ꝫ lābı .ſ.ſ.
vıl ek nu at v̊ raðım at .ħ.ɴ.ſ. ꝫ ðrepī ħı k
vellð ē ħ rıðr heī. neı. ſ. g̃nı. Eckı mun ek ꝼ̊
at .ɴ.ſſ. ꝫ rıuꝼa ſætt þa ē goð̊ m̄n g̊ðu. ſlı
kū orðū mlı hu̅r þra ꝫ ſ̄ ſıgꝼ̄.ſſ. ꝫ toku þ r
aðſ at rıða ı brott. þa mlı lytīgr ē þr voru
ı b̊ttu. ꝥ vıta aller at ek heꝼı eckı v́ botū
tekıt ept̄ ꝧın mag mīn. ſſ ek ꝫ allðrı vna
ꝥ at engı komı mānheꝼnð eꝼt̄ ħ. Sıðan q̄ððı
ħ t́ ꝼ̊ðar m; ſer bræðr ſína .íȷ́. ꝫ ħkarla .ííȷ́.
þr ꝼ̊ a leıð ꝼ .ħ. ꝫ ſatu ꝼ ħm norðr m; g̊ðınū
ı gróꝼ eīnı. ꝫ bıðu ꝥ t́ ꝥ ē lıðr t́ mıðſ aptanſ.
þa rıðr .ħ. at þeī. Spretta þr þa vpp aller m;
vapnū ꝫ ſækıa at ħm. ħ. v̊ſt ſ̄. harðlıga at
þr ꝼá lengı ė ſottan ħ. en ꝥ kō v̄ ſıðer at ħ
ſærðı lytīg ahendı en ðrap .íȷ́. heıma m̄n ħſ
ꝫ ꝼell þa ſıðan. þr ſærðu .ħ.xvı. ſarū en ė
hıuggu þr hoꝼut aꝼ ħm þr ꝼ̊ ı ſkogana ꝼ
auſtan rang á ꝫ ꝼalu ſık þar. þta kuellð
et ſama haꝼðe ſmalaħ̄ hroðnyıar ꝼunðıt
.ħ. ðauðan ꝫ ꝼor heī ꝫ ſagðı hēnı vıg ſoñ ſınſ
ħ̍ mlı ė mun ħ ðauðr eða v́ aꝼ hoꝼuðıt. ė v́ þ. ſ. ħ vı
ta mun ek eꝼ ek ſe. ſ. ħ. ꝫ taktu heſt mīn ꝫ ak
ꝼærı ħ g̊ðı ſ̄. bío v̄ m; ollu ꝫ ſıðan ꝼ̊ þau þāgat
ſē ħ la. leít ħ̍ a ſarın. ꝫ mlı. Sua ē ſē m̄ kō ı hug
at ħ munðı ė ðauðr m; ollu. ꝫ mun .ɴ. græða
ſtæꝁı ſár. Sıðan toku þau lıkıt ꝫ logðu ı vag̃
ñ. ꝫ oku t́ b̄gðorſ.h. ꝫ ðraga ꝥ īn ı ſauða ħ. ꝫ la
ta ħ ſıtıa vpp v́ veggīn. Sıðan gengu þau heī
bæðe. þau ðrepa a ðyrū ꝫ geck ħkarl t́ hurð̊
ħ̍ ſnarar þeg̃ īn hıa ħm. ꝫ ꝼ̄r þar t́ ē ħ̍ kemr
at huılu ðyrū. ħ̍ ſꝑðı hu̅t .ɴ. vektı. ħ q̄ ſoꝼıt
haꝼa t́ ꝥ en q̊z þa vaka. eða ħ̍ ertu ħ̍ komī
ſ̄ ſnēma. Stattu vpp. ſ. ħ̍ ór bıngınū ꝼ̄ elıu m
ıñı ꝫ gack v́t m; mer ꝫ ſ̄ ħ̍ ꝫ .ſſ. þıñ. þa ſto
ðu vpp ꝫ gıngu v́t. Sꝁp. mlı. toku v̊ vapn v
ár ꝫ hoꝼū m; oſſ. ɴ. lagðe eckı t́ ꝥ ꝫ hlıopu þr
īn ꝫ gīgu v́t vapnaðer ꝼ̄r ħ̍ ꝼ þar t́ ē þau ko
ma at ſauða ħınu ħ̍ gengr īn ꝼ en bað þa
ganga ept̄. ħ̍ vatt vpp ſkrıðlıoſı. ħ ē .ħ.ſ.
þīn. ſ. ħ. ꝫ heꝼ̄ ꝼengıt a ſer ſár morg ꝫ mun
ħ nu þurꝼa læknīg̃. ɴ. mlı. ðauða mork ſe
ek a ħm en engı lıꝼſ mork eða ħ̍ heꝼ̄ þu ė

veıtt ħm nabıarg̃ ē opń ēo naſarń. þ ætlaða ek
ſkarp̄. ſ. ħ. ſk̄p̄. geck at ꝫ veıttı ħm nabıarg̃
þa mlı ſk̄p̄. v́ ꝼoður ſīn. hůr ſeg̃ þu at ħ haꝼı
vegıt. n.ſ. lytıngr aꝼ ſāſtoðū mun ħ haꝼa ve
gıt. ꝫ bb.ñ. hroðny mlı. ꝥ ꝼel ek a honðum
ſk̄p at heꝼna broður þınſ ꝫ þót ħ ſe ė ſkılge
tīn þa ætla ek þo at ꝥ munı vel ꝼara ꝫ þu
muń þo meſt epť ganga. b̄gðora .m. vnðarlı
ga er yðr ꝼarıt. ꝥ vegıt víg þau ē yðr rekr lí
tıð t́. en melltıð þta ꝫ ſıoðet ꝼ yðr s̃ at eckı
v̄ðr aꝼ. Mun ħ þegar ſpyrſt kōa .ħ. ħtaneſ
goðı ꝫ bıðıa yðr ſætta. ꝫ munu ꝥ veıta ħm þ.
ꝫ ē nu t́ at raða eꝼ ꝥ vılıt ſk̄p̄.m. Eggıar mo
ðer ýar oſſ log eggıun nu. Sıðan hlıopu þr
ýt. hroðny geck īn m; .n. ꝫ v́ þar v̄ nottına.

99 Nu ē at .ſ. ꝼ̄ ſk̄p̄ ꝫ þeī .bb. at þr ſteꝼna vpp m;
rang á. þa mlı ſk̄p̄. ſtonðu v̄ nu ꝫ hlyðū t́
Sıðan mlı ħ ꝼoru v̄ nu hlıott. ꝥ at ek heyrı
m̄ mal vpp m; ānı. eða huart vılı þıt hellðr
eıga v́ lytıng eða .bb.ñ.íȷ́. þr q̊ðuz hellðr vıl
ıa eıga v́ lytīg eīn. J ħm er þo veıðrın meırı. ſ.
ſk̄p̄. ꝫ þıkı m̄ ılla eꝼ vnðan beꝶ. en ek treyſtı
m̄ at ė ðragı vnðan. t́ ſlu v́ s̃ ſteꝼna. ſ. helgı
eꝼ v́ komūz ı ꝼærı at ė rekı vnðan. Sıðan gen
gu þr þangat ſē ſk̄p̄. haꝼðı heyrt m̄ malıt. ok
ſıa huar þr lytıngr ero v́ læk eīn. ſk̄p̄ hleypr
þegar ıꝼ̄ lækīn ꝫ ı melbackān oðrū megın. ꝥ
ſtoð hallg̊mr a vppı ꝫ þr bb. ſk̄p̄. hauGr a læ
rıt hallg̊mı s̃ at þeg̃ tok vnðan ꝼotīn. En
þrıꝼr hallkel ānaꝶı hēðı. lytīgr leGr t́ ſk̄pħ
helgı kō þa at. ꝫ bra v́ ſkıllðınū ꝫ kō þar ı lagıt ly
tīgr tok vpp ſteī ānaꝶı henðı. ꝫ lauſt ſk̄p̄. ꝫ varð
hallkell þa lauſſ hallk̄ hleypr þa vpp a backān
ꝫ kēz ė a vpp ānan veg en ħ ſkaut nıðr knıa
nū ſk̄p̄. ſlæm̄ t́ ñ exīnı ꝫ haug̊ ı ſunðr ı ħm
hryggīn lytīgr ſnyr nu vnðan en þr Grīr ꝫ hel
gı epť ꝫ kēr ſınu ſarı huaꝶ a lytıng. ħ kōz
vt a ana vnðan þeī ꝫ ſua t́ hroſſa ꝫ hleyp̄
t́ ꝥ ē ħ kō ı oſſabæ. ħ. v́ heıma. ꝫ ꝼīnr ħ þeg̃
lytıngr. ſ. ħm v̄kın ſlıkſ v́ ꝥ ván. þu ꝼórt raſ
anðı mıog. Mun ħ ſānaz þ ſē mlt er at ſkā
ma ſtunð v̄ðr honð hoǴ ꝼegın. enða þıkı m̄ nu
ſē ꝥ þıkı ıſıa v̄t. hút þu munt hallðıt þıg ꝼa e
ða ė. S̊ ē vıſt. ſ. lyť. at ek komūz nauðuglıga ı
ı brott En þo vıllða ek nu at þu kæm̄ m̄ ı ſǽtt
v́ .n. ꝫ .ſſ.ñ. ꝫ mætta ek hallða buı mínu ſua
ſī v̄a. ſ.ħ. Sıðan let .ħ. ſauðla heſt ſīn. ꝫ reıð t́
b̄gðorſ hualſ v́ ēn .vı. mān. þa v̊ .ſſ.n. heī kōń
ꝫ hoꝼðu lagız t́ ſueꝼnſ. ħ. ꝼór þeg̃ at ꝼīna .n.
ꝫ gengu þr a tal. ħ. mlı t́ .n. hīgat em ek kom
īn at bıðıa ꝼ lyť. magı mınū. heꝼ̃ ħ ſtort aꝼ g̃t
v́ yðr. roꝼıt ſǽtt. ꝫ ðrepıt ſon þīn. n. mlı. lytī.
mun nu þıkıaz mıkıt aꝼroð gollðıt haꝼa
ılatı .bb. ſīna. En eꝼ ek g̃ı nockurn koſt a þa
mun ek þín lata at nıota ꝫ mun ek þ þo ſkı
lıa ꝼ ſættına at .bb. lytī ſſu oheılg̃ ꝼallıt haꝼa
ſī ꝫ lyť. eckı haꝼa ꝼ ſár ſıtt. en bæta .ħ. ꝼullū
botū. ħ .ſ. þ vıl ek at þu ðæm̄. n.ſ. þ mun ek
nu ꝫ g̃a ſē þu vıll. eða vılltu nock. ſ.ħ. at .ſſ.
þıń ſe hía. n.ſ. eckı mun þa næꝶ ſættum.
en hallða munu þr þ ſē ek g̃ı. þa mlı .ħ. lu
ku v́ nu malınu ꝫ ſelðu ħm g̊ð ꝼ .ſſ. þı
na S̃ ſī v̄a. ſ.n. þ vıl ek. ſ. n. at ħ gıallðe
.cc. ſılꝼrſ ꝼ vıg .ħ. En buı a ſāſtoðū. ꝫ þıkı
m̄ þo rað lıgra at ħ ſelı lðıt ꝫ ꝼarı ı brott
En ė ꝼ ꝥ eckı mun ek rıuꝼa a ħm trygðer
ne .ſſ. mıń. en þo þıkı m̄ v̄a mega at noc
kuꝶ rıſı ſa vpp ħ ı ſueít at ħm ſe vıð ſía
v̄t. En eꝼ ħm þıkır ſē v̄ g̃ım ħ ħaðſ ſekıā
þa leyꝼı ek ħm at bua ħ ı ſueıt. en ħ abyr
gız meſtu t́. Sıðan ꝼor ħ. heī. þr voknuðu
.n.ſſ. ꝫ ſp̄ðu ꝼoð̃ ſīn huat komıt heꝼðı en ħ
.ſ. þeī at .ħ. v́ þar ꝼoſtrı ñ. ħ munðı bıðıa ꝼ ly
tī. ſ. ſk̄p. Sua var. ſ.n. þ var ılla. ſ. Grīr. Eckı
munða ek. ſ.n. haꝼa ſkotıð ſkıllðı ꝼ ħ eꝼ þu
heꝼðer þa ðrepıt ħ ē ꝥ v́ þ ætlat. telıu vær
eckı. ſ. ſk̄p̄. a ꝼoður ýarn. Nu ē at ſegıa ꝼ̄ ꝥ

Þ at ꝥı ſætt hellz m; þeī. **hoꝼðıngıa**
100 ān tıma var hoꝼ **ſkıptı ı noregı**
ðıngıa ſkıptı ı noř. hak.J. v́ lıðīn
vnðer lok. En komīn ı ſtaðīn Olaꝼr
tryg̃g̃ .ſ. vrðu æꝼılok hak.J. at k̄kr
þræll ſkar ħ a halſ a rımul ı gaularðal. þ ſpur
ðız þar m; at ſıða ſkıptı varð ı noř. ꝫ hoꝼðu

þr kaſtað enū ꝼorna aľnaðe. ⁊ k̄grīn haꝼðe kͥſtnat veſtrlonð. hıallt lð ⁊ orkneyıar. ⁊ ꝼæreyıar. þa mħu marḡ s̄ at .N. heyrðı at ſlıkt v̄ı mıkıl ꝼırn at ha ꝼna ꝼornū aľnaðı. N.ſ. þa. Sua lız m̄ ſē hīn ny ı aľnaðr munı v̄a mıklu beť. ⁊ ſa munı v̄a ſæll ē þān ꝼær. ⁊ eꝼ þr m̄n kōa vt hıngat ē þān ſıð bıoða þa ſł ek þ vel ꝼlytıa. ħ mħı þ opt. ħ ꝼor opt ꝼ̄ oðrū m̄. ⁊ þulðı eīn ſaman. þta hauſt et ſama kō vt ſkıp auſtr ı ꝼıorðū í beru ꝼırðı. þar ſē heıtır gautauık. ħ þangbranðr ſtyrım̄ ħ v̄ ſ. vılballðuſ greıꝼa or ſaxlðı. þangbranðr v̄ ſenðr vt aꝼ Olaꝼı k̄ı.t.ſ. at boða ť. með ħm v̄ ıſlenzkr m̄ ē guðle ıꝼr ħ. ħ v̄ .ſ. ara marſ .ſ. atla .ſ. vlꝼſ .ſ. enſ ſkıalga hogna .ſ. huıta otryGſ .ſ. Oblauðſ .ſ. hıorleıꝼſ .ſ. q̄nſama horðalðz k̄ſ. Guðleıꝼr v̄ vıgam̄ mıkıll ⁊ m̄ rauſkuaztr. ⁊ ħðgıorr ı ollu. bræðr .ıȷ́. bıuggu a b̄uneſı ħ ānaꝵ þorleıꝼr ⁊ ketıll. þr v̊ holmſteīſ .ſſ. ozuꝵ .ſ. breıððælſka þr logðu ť ꝼunð ⁊ bōnuðu m̄m at eıga kaup v̇ þa. þta ſpurðı hallr aꝼ ſıðu.

aꝼ ſıðu hallı

Hallr bıo at þuátt a ı alꝼtaꝼırðı ħ reıð ť ſkıpſ v̇ .xxx. m̄ ħ ꝼ̄r þeḡ a ꝼunð þang branðz ⁊ mħı ť ħ ganga eckı mıog kaupın v̇ m̄n ħ .ſ. at s̄ v̄. Nu vıl ek ſegıa þ̄ mıtt eyrındı ſ hallr at ek vıl bıoða yðr ollū heīť mın. ⁊ hætta á huart ek geta kaup ꝼ yðr þangb̄nðr þac kaðe ħm. ⁊ ꝼór þangat. v̄ hauſtıð v̄ þ at þang branðr v̄ vtı ſnēma v̄ morgın ⁊ let ſkıota tıall ðe ⁊ ſaung meſſu ıtıallðınu. ⁊ haꝼðı mık vıð þ̄ at hatıð var mıkıl. hallr mħı ť þang b̄nz. J hűıa mīnıng hellðr þu þna ðag. Mıchaelſ en gılſ. ſ. þanḡ. ħ ſł meta allt þ ē þu ḡðer vel ⁊ ē ħ s̄ mıſkunſār at ħ metr allt þ meıra at ħm þıkır vel. eıga vıllða ek ħ. ſ. hallr m̄ at vın. þat muntu mega. ſ. þanḡ. ⁊ geꝼz þu ħm þa ı ðag m; guðı. ⁊ vıl ek þ þa ť ſkılıa. ſ. hallr at þu heıť þ̄ ꝼ ħ at ħ ſe þa ꝼylgıu engıll mīn. þ̄ mun ek heı ta. ſ. þāgb̄. tok hallr þa ſkírn ⁊ oll hıu ħ.

101 UM várıt epť ꝼór þāgb. at boða tru. ⁊ hallr m; ħm. En ē þr ko mu veſtr v̄ lonſ heıðı ť ſtaꝼa ꝼellz. þa bıo þar þorkell ħ mħı meſt ı motı trú ok ſkoraðı þangb̄nðı a hólm. þa b̄ þāgb. roðu k̄s ꝼ ſkıollðīn. En þo lauk s̄ m; þeī at þāgb. haꝼðı ſıgr ⁊ ðrap þorkel. þaðan ꝼ̊ þr ť hor naꝼıarðar. ⁊ gıſtu ı borḡhoꝼn ꝼ veſtan heına bergſ ſanð þar bıo hıllðır ēn gālı. ħ.ſ v̇ Glūr ē ꝼór ť brēnu m; ꝼloſa. þ̄ tok v̇ ť hıllð̄. ⁊ híu ħ oll. þaðan ꝼ̊ þr ť ꝼellz hűꝼıſſ ⁊ gıſtu at kalꝼa ꝼellı. þ̄ bıo kolr þorſť.ſ. ꝼrænðı hallz ⁊ tok ħ v̇ ť. ⁊ hıu ħ oll. þaðan ꝼ̊ þr ť breıð ár. ⁊ bıo þ̄ ozuꝵ hroallz .ſ. ꝼrænðı hallz. ħ tok ꝑmſıgnīg. þaðan ꝼ̊ þr ť ſuınaꝼellz. ⁊ tok ꝼloſı ꝑmſıgnīg. en het at ꝼylgıa þeī a þīgı. þaðan ꝼ̊ þ veſtr ť ſkoga hűꝼıſſ ⁊ gıſtu ı kırkıubæ. þar bıo ſurtr aſbıar nar .ſ. þſť.ſ. ketılſ .ſ. enſ ꝼıꝼlſka þr hoꝼðu al ler lang ꝼeðḡ v̄ıt k̄ſtnað̄. Epť þ ꝼ̊ þr or ſkoga hűꝼı ⁊ ť hoꝼðabrecku. þa ſpurðez allt ꝼ vm ꝼ̄ð þra. Maðr ħ gallð̄heðīn ē bıo ı k̄līgar ðal. þ̄ keyptu heıðnır m̄n at ħm at ħ ſkyllðı ðeyða þangb̄nð ⁊ ꝼoruneytı ħ. ⁊ ꝼór ħ vpp a arn̄ſtakſ heıðı ⁊ eꝼlðı þar blot mıkıt. þa er þāgb. reıð auſ tan. þa braſt ı ſunðr ıorðın vnð̄ heſtı þāgb En ħ hlıop aꝼ heſtınū ⁊ kōz vpp a backān. en ıorð ın ſualg heſtīn m; ollū reıðıngı. ⁊ ſa þr ħ allðrı ſıðan. þa loꝼaðe þāgb. guð.

ðráp Gallðra heðınſ

102 Gvðleıꝼr leıtar gallðraheðınſ ⁊ ꝼīnr ħ a heı ðīnı ⁊ ellť ħ oꝼan a k̄līgar ðalſ á ħ kēz ı ſkot ꝼærı v̇ ħ. ⁊ ſkytr ť ħ ſpıotınu. ⁊ ı gegnū ħ. þaðan ꝼ̊ þr ť ðyrholma. ⁊ attu þar ꝼunð ⁊ boðaðı ħ þar ť. ⁊ k̄ſtnaðez þ̄ ıngıallðr ſon þorkelſ haeyıartyrðılſ. þaðan ꝼ̊ þr ť ꝼlıoz hlıðar. ⁊ buðu þ̄ ť. þar mħı meſt ı mot vetrlı ðı ſkallð ⁊ arı .ſ.ħ. ⁊ ꝼ þ vagu þr vetrlıða. ⁊ er þar v̄ kueðın vıſa þı. Ryðꝼıoń geck reynır ranða ſuðr a lðı. bærſ ı bona ſmıðıu. ballðrſ ſıgtolū hallða. ſıðreyń let ſıðan ſnıallr m orð hamar gıalla hauðrſ ı hatť ſteðıa. hıallðr vetrlıða ſkallðı. þaðan ꝼór þanḡ ť b̄gðorſ.h. ⁊ tok .N. v̇ ť ⁊ oll hıu ħ. En þr Morðr ⁊ valḡðr gī gu mıog ı motı ť. ꝼ̊ þr þaðan veſtr ıꝼ̄ ár. þr ꝼ̊ ı hauka ðal. ⁊ ſkırðu hall ⁊ v̄ ħ þa þreuetr þaðan ꝼ̊ þr ť ḡmſ neſſ. þa eꝼlðı ꝼlock ı motı þeī þoruallðr ēn veılı. ⁊ ſenðı orð vlꝼı vgga .ſ. at ħ ſkyllðı ꝼ̊ at þāgb. ⁊ ðrepa ħ ⁊ q̄ð ť vıſu.

ꝥa Yɢſ bıalꝼa mun ek vlꝼı enðılſ ⁊ boð ſenða m̅
ē v́ ſtala ſtyrı ſtuɢlauſt ſynı vgga at gnyſku
ta geıtıſſ goðvarg ꝼ̇ argan þān ē v́ raugn ⁊
⁊ rıgn̄ rekı h̄ en ek mun an̄an. vlꝼr .v.ſ. q̄ð
aðra vıſu ı motı. Geckaða ek ſumz þott ſenðı
ſān elboðe tāna. huarꝼſ v́ hleypı ſkarꝼı. harƀðſ
veaꝼıarð þo at raꝼáka rækī rong ē͛o mal a gā
gı. ſe ek ꝼ̇ mınu meını mínlıkt ꝼlugu at gína
⁊ ætla ek eckı. ſ. h̄ at v͛a gīnın̄g̃ ꝼıꝼl h̄. En gæ
tı h̄ at h̄m veꝼız ė tungan v̄ hoꝼut. ⁊ epter
þ ꝼor ſenðım̄ aptr t̓ þorvallðz enſ veıla. ⁊ ſag
ðı h̄m orð vlꝼſ. þoruallðr haꝼðe mart m̄ vm
ſık ⁊ haꝼðe þ v́ orð at ſıtıa ꝼ̇ þeī a blaſkogaheı
ðı. þr þāgƀ. rıða ꝼ̄ haukaðal. ⁊ guðleıꝼr. þr mæt
tu þa mānı eınū ē reıð ı motı þeī. Sa ſp̄ðı at
guðleıꝼı. ⁊ ē h̄ ꝼān h̄. mlı h̄. nıota ſl̄tu þorgılſ ƀ
ður þınſ a reykıa holū. at ek vıl g̃a ꝥ nıoſn at
þr haꝼa marg̃ ꝼ̇ ſat̄. ⁊ þ m; at þoruallðr en̄ veılı
er m; ꝼlock ſın̄ v́ heſtlæk ı grīſ neſı. Eckı ſl̄u
v͛ rıða at ſıðr. ſ. guðleıkr t̓ ꝼundar v́ h̄. Sn̄u ſıð
an oꝼan tıl heſtlækıar. **ðrap þuallðz veıla**

Þorv͛. v́ þa komīn ıꝼ̄ lækīn. Guðl̄. mlı tıl
þangƀ. h̄ ē nu þorv͛. ⁊ hlaupū at h̄m. þāg̃
ſkaut ſpıotı ı gegnū þorv͛ en guðl̄. hıo a
aulına. ⁊ ꝼ̄ oꝼan honðına v͛ þ h̄ banı. Epꞇ̄ þ
rıða þr a þıng vpp. ⁊ haꝼðe ſua næꝁ at ꝼræðr
þorū̊. munðu ganga at þeī. veıttu þr .ɴ. ok
auſtꝼırðīgar þāgƀ. hıalltı ſkeggıa .ſ. q̄ð q̇ðlīg
þna. Sparı ek ė goð geyıa. grey þıkı m̄ ꝼreyıa.
æ mun ānat tueggıa oðīn grey eða ꝼreyıa. h
ıalltı ꝼor vtan v̄ ſumarıt. ⁊ Gızoꝁ h̓tı En ſk
ıp þangƀ. braut auſtr v́ bulðz neſ. ⁊ h̓ ſkıpıt
vıſunð. þāgƀ. ꝼor allt veſtr v̄ ſueıꞇ̄. Steınunn
kō ı mot h̄m moðer ſkallð reꝼſ. h̓ boðaðı þāg
ƀ. heıðnı. ⁊ talðı lengı ꝼ̇ h̄m. þangƀ. þagðı me
ðan h̓ tal̄. en talaðe lengı epꞇ̄. ⁊ ſn̄ı ꝥ ollu er
h̓ haꝼðe mlt ı vıllu. heꝼ̄ þu heyrt þ. ſ. h̓. ē þóꝁ
bauð k̓ſtı a holm. ⁊ treyſtız h̄ ė at ƀıaz v́
þor. heyrt heꝼı ek þ. ſ. þāgƀ. at þorr v͛ı eckı
ānat en mollð ⁊ aſka. þeg̃ guð vıllðı ė at
h̄ lıꝼðı veıztu. ſ. h̓ hu̅r braut ſkıp þıtt h̄t .ſ.
þu t̓. ſ. h̄. þ mun ek ſegıa ꝥ. ſ. h̓. Braut ꝼ̇ b\ı/ollu

gætı. bonð raku val ſtranðar mıog ꝼellanðı
mellu moſtallz vıſunð allan. hlıꝼðıt k̓ſtr þa er
kneyꝼðı. knorr malmꝼeta v́aꝁa lıtt get ek at
guð gættı gylꝼa reīſ at eınu. aðra vıſu q̄ð h̓ Þoꝁ
bra þun̄īgſ ðyrı. þangƀnz or ſtað longu. hrıſtı
buſſ ⁊ beyſtı barð ⁊ lauſt v́ ıorðu. muna ſkıð
v̄ ſıo ſıðan ſunð ꝼært atalſ grunðar hregg
ꝥ at hart tok leggıa. hanū kennt ı ſpanū. Epꞇ̄ þ
ſkılðuz þau ſteınūn. ⁊ þāgƀ. ⁊ ꝼ̊ þr veſtr t̓ ƀðaſt̄n

103 Gɪꜱtr oððleıꝼſ .ſ. **aꝼ Geſtı oððleıꝼſ** [ðar **.ſ.**
bıo ı haga a barðaſtronð. h̄ var m̄ vıt
raztr s̃ at h̄ ſa ꝼ̇ orlug m̄. h̄ g̃ðı veızlu
í motı þeī þāgƀ. þr ꝼ̊ ı haga v́ .lx. m̄ þa
var ſagt at ꝥ v͛ı ꝼ̇ .cc. heıðīna m̄. ⁊ þangat v͛ı
van ƀſerkſ þ ē otryɢr h̓ ⁊ v̊ aller v́ h̄ hræððer
Fra h̄m v́ ſagt s̃ mıkıt. at h̄ hræððez huarkı ellð
ne eɢ. ⁊ v̊ heıðn̄ m̄n hræðð̃ mıog. þa ſp̄ðı þāgƀ.
eꝼ m̄n vıllðı taka v́ t̄. En aller heıðn̄ m̄n mlu
mıog ı motı. koſtı mun ek g̃a yðr. ſ. þāgƀ. at ꝥ ſ
kolut reyna huár bet̓ ē truan. v͛ ſl̄m g̃a ellða
.ııȷ. ⁊ ſl̄u ꝥ heıðn̄ m̄n vıgıa eīn en ek ānan
en ēn þðı ſl̄ ouıgðr v͛a. en eꝼ ƀſerkrīn hræðız
þān ē ek vıgða en vaðı yðuarn ellð þa ſl̄u ꝥ
taka v́ tru. þta ē vel mlt. ſ. geſtr ⁊ mun ek ꝥu
ıata ꝼ̇ mık. ⁊ heımam̄n mína. ⁊ er .G. haꝼðe
þta mlt. þa ıatuðu mıklu ꝼleırı ⁊ v͛ð at romr
mıkıll. þa ē ſagt at ƀſerkrīn ꝼærı at bænum
⁊ v̊ þa g̃uır ellðarn̄. ⁊ brūnu. Toku m̄n þa vapn
ſín ⁊ hlıopu vpp ı beckına ⁊ bıðu ſua ƀſerk̓n̄
hleypr at m; vapnū ⁊ īn ı ðyꝁın h̄ kēr ı ſtuꝼu
na īnar ⁊ veðr þegar ellðīn þān ē hın̄ heıðnu
vıgðu ⁊ kēr h̄ at ellðe þeī ē þāgƀ. haꝼðe vıgt
⁊ þorðı ė at vaða þān ellðīn ⁊ q̄z brēna allr h̄
hoɢr ſu̅ðınu vpp a beckīn kō ı þu̅treet er h̄
reıððı hatt þāgƀ. lauſt m; roðu k̓ſſı a honðı
na ⁊ v͛ð ıartegn s̃ mıkıl at ſu̅ðıt ꝼell or henðı
ƀſerknū. þa leɢr þāgƀ. m; ſu̅ðı ꝼ̇ brıoſt h̄m
En guðl. hıo a honðına s̃ at aꝼ tok gengu at þa
marg̃ ⁊ ðrapu ƀſerk. Epꞇ̄ þ ſp̄ðı þāgƀ eꝼ þr v
ıllðı v́ t̄ taka. G. q̇ þ eıtt haꝼa v̄ mlt ē h̄ ætla
ðe at eꝼna. Skırðı þāgƀ. þa .G. ⁊ hıu h̄ oll ⁊ m̄
ga aðra. ʀez þa þāgƀ. v̄ v́ .G. huart h̄ ſkyllðe
nockut ı ꝼıorðuna veſtr. en h̄ lattı þ ⁊ q̄ð ꝥ

v̂a m̄n harða. ꝫ ılla vıðr eıgń. en eꝼ þ ē ætlat ꝼ̇ at t̃a þ̄ı ſkylı v̇ gangaz. ſ.G. þa mun a alþīgı v̇ gan gaz ꝫ munu þar þa v̂a aller hoꝼðīgıar ór hūıu ħaðe. ꝼlutta ek a þīgı. ſ. þangƀ ꝫ v̇ð m̄ þar ēbıð lıgaz v̄. þu heꝼ̄ þo meſt at g̃t. ſ.G. þott oðꝛū v̂ ðı auðıt ı log at leıða. En þ ē ſē mlt ē at ė ꝼe̜llr tre v̇ et ꝼyrſta hoɢ. Sıðan gaꝼ .G. þāgƀ. goðar gıaꝼ̄ ꝫ ꝼor ħ ſuðr aptr. ħ ꝼor þa ıſūnlenðīgaꝼıor ðung. ꝫ þaðan t̉ auſt ꝼıarða ħ gıſtı at ƀgþorſ.h. ꝫ gaꝼ .ɴ. ħm goðar gıaꝼ̄ þa reıð ħ auſtr ı alꝼta ꝼıorð t̉ hallz. ħ let bæta ſkıp ſıtt. ꝫ kolluðu h eıðnır m̄n þ ıarnmeıſ. a þ̇ ſkıpı ꝼor þāgƀ. vt an ꝫ Guðleıkr m; ħm. **vm ſekt hıallta ſkegıa**

104 Þa v̄ ſumarıt v̇ð hıalltı ſkeɢıa .ſ. ſekr a **.ſ.** þīgı v̄ goðga. þāgƀ.ſ. Olauı k̄gı ꝼ̄ meīg̃ ðū ıſlenðīga v̇ ſık .ſ. þa v̂a ſ̃ ꝼıolkūnı ga at ıorðın ſpryngı ı ſunðr ꝫ tækı heſt ħ. þa varð Ol̄. k. ſ̃ reıðr at ħ let taka alla ıſlenzka m̄n. ꝫ ſetıa ı myrkua ſtoꝼu. ꝫ ætlaðe þa t̉ ðrap\`s´ þa gengu þr Gızoꝛ ħ̇tı at. ꝫ hıalltı ꝫ buðu at leg gıa ſık ı veð ꝼ̇ þa m̄n ꝫ ꝼ̊ vt t̉ ıſlðz at boða tru k̄gr tok þ̄u vel ꝫ þagu þr alla þa vnðan. þa bıug gu þr Gız̄. ꝫ hıal̄ ſkıp ſıtt t̉ ıſlðz. ꝫ vrðu ſnēma buń. þr toku lð a eyrū er .x. vıkur v̊ aꝼ ſumrı ꝼengu þr þa þegar ſer heſta. en m̄n t̉ at ryðıa ſkıp. Rıðu þr þa xxx. m̊ t̉ þıngſ g̃ðu þa orð k̇ſ tnū m̊ at v̇ buń ſkyllðı v̂a. hıalltı v̂ ep̄ at rey ðar mula. þ̇ at ħ ſpurðe at ħ haꝼðe ſekr orðet v̄ goðgá. En þa ē þr komu ı vellanðkotlu oꝼan ꝼra gıabacka þa kō hıalltı þar ep̄. ꝫ q̃z ė vıl ıa ſyna þ heıðnū m̊ at ħ hræððız þa. Rıðu þa k̇ſtń m̄n marg̃ a motı þeım. ꝫ rıðu þr m; ꝼylkī gu mıkıllı a þīgıt. heıðń m̄n hoꝼðu ꝫ ꝼylkt ꝼ̇ ꝫ v̇ þa ſ̃ næꝛ at allr þīgheīr munðı ƀıaz. en

105 þ v̇ð þo ė. þorgeıʀ ħ̇ maðr ē bıo at lıoſauatnı ħ var tıorua .ſ. þorkelſ .ſ. langſ. moðer ñ ħ̇ þorūɴ ꝫ v̇ þorſ̄.ð. ſıgmunðar .ſ. gnupaƀðar .ſ. Guðrıðr ħ̇ kona ñ ꝫ ħ̄ v̇ .ð. þorkelſ enſ ſuarta or hleıð rar g̃ðı ñ broðer var ormr tauſkubak ꝼað̃ hlē na enſ gāla ór ſaurbæ. þr þorkell v̊ .ſſ. þoreſſ ſn epılſ ketılſ .ſ. þ̄mılſ ornolꝼſ .ſ. bıornolꝼſ .ſ. g̃mſ .ſ. loðınkīna ketılſ .ſ. hængſ hallbıarnar .ſ. ha

lꝼtrollz or hraꝼnıſtu. k̇ſtń m̄n tıollðuðu buð̃ ſınar ꝫ v̊ þr Gız̄ ꝫ hıal̄ ı moſꝼellīgabuð. vm ðagīn ep̄ ganga huaꝛ̄tueggıu t̉ logbergſ ok neꝼnðu huaꝛ̄ vatta k̇ſtń m̄n ꝫ heıðń. ꝫ ſogðuz ór logū ānaʀa. ꝫ v̇ð þa ſua mıkıt ohlıoð at log ƀgı at engı nā ānarſ mal. Sıðan gengu m̄n ı ƀtt þaðan. ꝫ þottı ollū horꝼa t̉ ēnar meſtu vhæ

Kꝛıſtner m̄n **krıſtnı logtekın a ıſlð** [ꝼu ı toku ſer t̉ logſogum̄. hall aꝼ ſıðu. en hallr ꝼor at ꝼīna þorgeır goða ꝼ̄ lıoſa vatnı. ꝫ gaꝼ ħm t̉ .ííȷ. m̊kr ſılꝼrſ at ħ ſegðı vpp logín. en þ var þo abyrgðar ráð. þ̇ at ħ var heıð īn. þorgeıʀ la ſ̃ ðag allan ꝫ breıððı ꝼellð a ho ꝼut ſér. En ānan ðag gengu þr t̉ logƀgſ þa beıððı þgeıʀ ſ̃ hlıoðſ. ꝫ mlı. ſ̃ þıkı m̄ ſē malum ꝛarū ſe komıt ı onytt eꝼnı eꝼ ė haꝼa eın log aller. Eꝼ ſunðr ſkıpt ē logunū þa mun ꝫ ſunðr ſkıpt ꝼrı ðınū ꝫ mun ė v̇ þ mega bua. Nu vıl ek þ̄ ſpyrıa heıðna m̄n. ꝫ k̇ſtna. huart þr vılıa haꝼa log þau ſē ek ſegı vpp. þ̇ ıatuðu aller ħ q̃z vılıa haꝼa ſuarðaga aꝼ þeī. ꝫ ꝼeſtu at hallða þr ıatuðu þ̇. ꝫ tok ħ aꝼ þeī ꝼeſtu. þ ē vpphaꝼ laga vaʀa. ſ. ħ at m̄n ſl̄u aller v̂a krıſtń ħ̄ a lðı. ꝫ t̃a a eīn Guð ꝼoður ꝫ ſon ꝫ anða helgan en lata aꝼ all rı ſkurð goða vıllu. ƀa ė vt born ꝫ eta ė hroſſa ſlatr. ſl̄ ꝼıorbaugſ ſok a v̂a eꝼ vıſt v̂ðr En eꝼ le ynılıga er m; ꝼarıt þa ſl̄ v̂a vıtıſſlauſt en þ̄ı heıðnı v̂ oll aꝼ numın ꝼ̇ā vetrū ſıðaʀ at ė ſk yllðı þta hellðr a laun g̃a en hīnueg. ħ .ſ. þa v̄ ðrottıſ.ð. ꝫ ꝼoſtu.ð. Jola.ð. ꝫ paſka.ð. ꝫ allra hīna ſtærſtu hatıða þottuz heıðń m̄n mıog ſu ıkń v̂a. en þo v̂ ı log leıðð t̃an ꝫ aller m̄n k̇ſtń g̃u ħ̄ a lðı ꝼ̊ m̄n v̇ þ heī aꝼ þīgı. **vıg lytıngs**

106 Sa atburðr v̇ð þrē vetrū ſıðaʀ a þīgſka la þıngı at am̄ðı ēn blınðı v̂ a þīgı .ħ.ſ. Nıalſ .ſ. ħ lét leıða ſık buða ı meðal ħ kō ı buð þa er lytīgr v̂ īnı aꝼ ſāſtoðū ħ lætr l eıða ſık īn ı buðına. ꝫ þar ꝼ̇ ſē lytīgr ſat ħ mlı ē ħ̄ lytīgr aꝼ ſāſtoðū huat vılltu. ſ. lyꝛ̄. ek vıl vı ta. ſ. am̄ðe hūıu þu vıllt bæta m̄ ꝼoður mīn ek em laungetīn. ꝫ heꝼı ek v̇ engū botū tekıt b ætt heꝼı ek vıg ꝼoður þınſ ꝼullū botū ꝫ tok v̇

.N. ꝫ ꝼoðurbræðr þıñ. en bb mıñ v̊ vgıllð ꝫ v́ bæðı at ek haꝼða ılla t́ gort enða kō ek ꝫ hart n ıðr. eckı ſpyr ek at þ. ſ. am̄ðı at þu heꝼ̄ bætt þeī. veıt ek at ꝥ erut ſatt. en at þ ſpyr ek h verıu þu vıll m̄ bæta allz aungu ſeḡ lyt̄. ė ſkıl ek. ſ. am̄. at þ munı rétt ꝼ guðı s̄ næꝛ h ıarta ſē þu heꝼ̄ m̄ hauggð. enða kān ek .ſ. ꝥ eꝼ ek væra heıleygðr baðū augū at haꝼa ſkyllða ek ānat huart. ꝼebætr ꝼ ꝼoður mīɴ eða mān heꝼnð enða ſkıptı guð m; ockr epᷓ þ geck ħ vt. En ē ħ kō ı buðar ðyrrın ſnyz ħ īnar epᷓ buðīnı þ t́ ē ħ kēr ꝼ lytīg ꝫ hoɢr exīnı ı hoꝼut ħm s̄ at ħ ſtoð a hārı ꝫ kıpþ at ſer exīnı. lyt̄ ꝼell a ꝼrā ꝫ v́ þeg̃ ðauðr. amunðı gengr vt ı buðar ðyꝛın ꝫ ē ħ kō ı þau ſpor en ſomu ſē vpp hoꝼ ðu lokız augun. þa lukuz aptr augu ñ ꝫ v́ ħ alla æꝼı blınðr ſıðan Epᷓ þ lætr ħ ꝼylgıa ſer t́ .ɴ. ꝫ .ſſ.ñ. ſ. ħ þeī vıg lytīgſ. Eckı ma ſaka þıg v̄ ſlıkt .ſ.ɴ. þat ſlıkt ē mıog aq̄ðıt en vuorunar v̊t eꝼ ſlıker atburðer v̊ða ꝫ ſtınga ė aꝼ ſtockı v́ þa ē s̄ næꝛ ſtanða. Sıðan bauð .ɴ. ſætt ꝼrændū lyt̄. .ħ. hıtaneſgoðı attı hlut at þr ſkyllðu taka botīa ꝫ var þa lagıt malıt ıgð. ꝼellu halꝼar bætr nıðr ꝼ ſaka ſtaðe þa er ħ þóttı a eıga. Epᷓ þat gengu m̄n t́ trygða. ꝫ veíttu ꝼrænðr lyt̄ Am̄ða trygðer. m̄n rıðu heī aꝼ þıngı ꝫ ē nu kyrt lengı

107 Ualg̃ðr en g̃ı kō vt ħ v́ þa **aꝼ valgarðı gra** heıðīn. ħ ꝼor t́ hoꝼſ t́ m̄ð .ſ.ſ. ꝫ v́ ꝥ v̄ vet rīn. ħ mlı t́ m̄ð. Rıðıt heꝼı ek ħ v̄ bygðı na vıða ꝫ þıkı m̄ eıgı mega kēna at en ſama ſe ek kō a huıtaneſ ꝫ ſa ek buðartopt̄ margar ꝫ v̄bt mıkıl. ek kō ꝫ a þīgſkala. ꝫ ſa ē ꝥ oꝼan b̃tna búð v́ara alla eða ħ ſæta ꝼırn ſlık. m̄.ſ. ħ ero tekın vpp ny goðorð ꝫ ꝼītar ðōſ log ꝫ haꝼa m̄n ſık ſagt ór þíngı ꝼ̄ mer. ꝫ ı þıng m; .ħ. valg̃ðr mlı Jlla heꝼer þu launat m̄ goðorðıt. er ek ꝼeck ꝥ ı he nðr at ꝼara s̄ omānlıga m;. vıl ek nu at þu l auñ þeī þ at þeī ðragı ollū t́ bana. en þ ē t́ þs at þu ræg̃ þa ſaman. ꝫ ðrepı .ſ.ſ. nıalſ .ħ. en þar ēo marg̃ t́ epᷓ malſ v̄ ħ. ꝫ munu þa .ɴ.ſſ. aꝼ þeī ſokū ðrepñ v̊a. ė mun ek þ g̃t geta. ſ.m̄ ek ſſ leggıa rað t́. ſ. valg̃ðr. þu ſſt bıoða heım .ſſ.ɴ. ꝫ leyſa þa a b̃tt m; gıoꝼū en ſua ꝼremı ſſtu rogıt ꝼ̄mı haꝼa ē orðın ē vınatta mıkıl m; yðr ꝫ þr ła ꝥ ė v̊r en ſer. Mattu s̄ heꝼnaz v́ ſkp̄. ꝥ ē þr toku aꝼ ꝥ ꝼeít epᷓ lat Gūñſ. Muntu s̄ ꝼremı ta ka hoꝼðıngſkap ē þır ēo aller ðauð. þaraðag̃ð ꝼeſtu þr m; ſer at ſıa ſkyllðı ꝼ̄m koma. þ vıllða ek ꝼaðer at þu tæk̄ v́ t́. ſ.m̄. þu ēt m̄ gamall. ė vıl ek þ. ſ. valg̃ðr. hellðr vıl ek at þu kaſt̄ trūní. ꝫ ſıa h v̊ſu þa ꝼarı. m̄. q̄ þ ė g̃a munðu. valg̃. braut kroſ ſa ꝼ merðı. ꝫ oll heılug takn. þa tok val ſott ꝫ anðaðız ꝫ v́ ħ heygðr. **aꝼ merðı ꝫ nıalſ .ſſ.**

108 Nockuru ſıðaꝛ reıð .m̄. t́ b̃gðorſ.ħ. ꝫ ꝼān þa ſkp̄. ħ ſló á ꝼagrmælı v́ þa ꝫ tal. ħ ðag al an ꝫ q̄z v́ þa mart vılıa eıga ſkp̄. tok þ oll vel en q̄ð ħ þo ꝥ eckı leıtað haꝼa ꝼyꝛı. s̄ kō at ħ kō sér ı s̄ mıkla vınattu v́ þa at huarıgū þottı rað raðıt nēa v̄ reðız v́ aðra. Nıalı þottı a vallt ıllt ē m̄ kō þangat. ꝫ ꝼor ſua ıaꝼnan at ħ amaðez v́. Ein hū ıu ſīnı v́ þat .m̄. ꝼor t́ b̃gðorſ.ħ. at ħ mlı t́ þra .ɴ.ſſ. veızlu heꝼı ek ꝥ ſtoꝼnaða. ꝫ ætla ek at ðrecka erꝼı epᷓ ꝼoður mīn. en t́ þrar veızlu vıl ek bıo ða yðr .ɴ.ſ. ꝫ kara ꝫ þ heıta at ꝥ ſſut ė ꝼ gıaꝼa lauſt ı brott. þr hetu at ꝼ. ꝼr ħ nu heī. ꝫ byr veızluna. ħ bauð þangat morgū bonðū ꝫ var v́ eızla ſu ꝼıolm̄n. kōa þangat .ɴ.ſſ. ꝫ kı. ħ gaꝼ ſkp̄. gullſylgıu mıkla en k̃a ſılꝼrbelltı. en G̃mı ꝫ helga goðar gıaꝼ̄. þr kōa heī ꝫ hroſa gıoꝼū þeſū ꝫ ſyna .ɴ. ħ .ſ. at þr munðu ꝼullu v̊ðı keypthaꝼa ꝫ hyɢıtat þ at ꝥ launıt ė þ ſē ħ mun vılıa **aꝼ hoſk**

109 Lıtlu ſıðaꝛ hoꝼðu þr heībōð **ullðı ꝫ nıalſ ſonū** m̄ ſer .ħ. ꝫ .ɴ.ſſ. ꝫ buðu þr ꝼyꝛı .ħ. ſkp̄. áttı heſt brunan ıııȷ. bæðı mıkīn ꝫ ſıalıgan. ħ v́ g̃ðr ꝫ haꝼðı eckı v̊ıt ꝼ̄m leıððr. þān heſt gaꝼ ħ .ħ. ꝫ m; merar .ıȷ. aller gaꝼu þr .ħ. gıaꝼ̄ ꝫ mltu tıl vınáttu. Sıðan bauð .ħ. þeī heī ı oſſabæ ħ haꝼ ðı þar marga ꝼ boðſ m̄n ꝫ mıkıt ꝼıol m̄nı. ħ haꝼðe latıt taka oꝼan ſkala ſīn. en ħ attı vtí bur .ııȷ. ꝫ v̊ þau buın at huıla í. þr kōa aller t́ veızlu ſē ħ haꝼðe boðet. Veızlan ꝼor allvel ꝼrā ꝫ þa er m̄n ſkyllðu heī ꝼ. valðı ħ. m̄ goðar gıaꝼ̄ ꝫ ꝼor a leıð m; ɴ.ſ. Sıgꝼ.ſſ. ꝼylgðu ħm ꝫ ꝼıol mēnıt allt. mltu þ þa huaꝛ at eng̃ ſkyllðu kōaz

ı meðal þra. Nockuru ſıðaŕ kō .m̄. ı oſſabǽ ɜ k
allaðe t́ malſ ꝟ ſık .ĥ. þr gıngu a tal. ɱ. mlı
Mıkıll māna munr ꝟ̃ðr m; yðr .n.ſſ. þu gaꝼt
þeī goð gıaꝼ̃. en þr gaꝼu ꝥ gıaꝼ̃ m; mıklu ſp
ottı huat ꝼæꝛ̃ þu t́ ꝥ. ſ.ĥ. þr gaꝼu ꝥ heſt bru
nan ē̃ þr kolluðu ꝩaꝼola ɜ g̃ðu þ ꝼ́ ſpotz ſakır
ꝟ þıg ꝥt þeī þott̃ þu ɜ vreynðr. ek kan̄ ɜ at
ſegıa ꝥ at þr auꝼunða þık v̄ goðorðıt. tok ſꝁꝥ
þ vpp a þīgı at þu kōt é t́ þíngſ a ꝼītarðōſ ſteꝼ
nu ætlar ſꝁꝥ. ɜ allð lauſt at lata goðorðıt. é ē̃
þ. ſ.ĥ. Ek tok ꝟ a leıð motı a hauſtı. n. heꝼ̃ ꝥ ollat
þa. ſ.ɱ. þr ruꝼu ɜ .ſ.ɱ ſætt a lytıngı. Eckı ætla ek
þ þeī at kēna. ſ.ĥ. é maıtu mæla ımotı ꝥ. ſ.ɱ. þa
er þıð ſꝁꝥ. ꝼorut auſtr at m̄kꝼlıotı. ꝼell ex vnðā
belltı hm ɜ haꝼðe h ætlat at ðrepa þık. þ ꝟ .ſ.ĥ.
vıðar ex ĥ ɜ ſa ek ē̃ h let vnð belltı ſer. ɜ ē̃ ĥ ſ̃
ſkıott at ſegıa. ſ.ĥ. v̄ mık at þu .ſ. allð ſ̃ ıllt ꝼ̃
.n.ſſ. at ek muna ꝥ t́a. en þo at ꝥ ſe at ſkıpta
ɜ .ſ. þu ſatt at ānat huart ſe at þr ðrepı mık eða
ek þa. vıl ek halꝼu hellðr þola ðauða aꝼ þeī en
ek g̃a þeī nockut meın. en þu ert m̄ at ꝟ̃rı er
þu heꝼ̃ þta mlt. Sıðan ꝼór ɱ. heī. Nockuru ſıð
aŕ ꝼeʀ h at ꝼīna .n.ſ.ſ. h tal̄. mart ꝟ þ bræðr
ɜ k̃a. Sagt ē̃ m̄. ſ.ɱ. at .ĥ. haꝼı þ mlt. at þu ſꝁꝥ. ha
ꝼ̃ roꝼıt ſætt a lytīgı. En ek varð ꝥ vıſſ at hm þ
ott̃ þu haꝼa haꝼt ꝟ ſık ꝼıorráð ē̃ þıð ꝼorut a
uſtr t́ markar ꝼlıotz. en þau þıkı m̄ þo eckı
mīnı ꝼıorrað ē̃ h bauð ꝥ t́ veızlu. ɜ ſkıpaðe
ꝥ ı vtıbur. þ er ꝼırſt ꝟ ĥū. ɜ ꝥ var borīn at vıðr
alla nottına. ɜ ætlaðe h at brēna yðr īnı. en
þ bar ꝟ at haugnı kō v̄ nottına. ɜ ꝟ̃ð þa eckı
aꝼ ꝥ at þr gengı at. ꝥ at þr hræððuz h. Sıðan
ꝼylgðı h þeī a leıð ɜ mıkıll ꝼlockr m̄. þa ætla
ðe h ꝥ aðra atgaungu. ɜ ſettı t́ G̃na .G.ſ. ɜ G.l.ſ.
at vega at ꝥ en þeī ꝟ̃ð bılt. ɜ þorðu é a þıg at
raða. En ē̃ h haꝼðe þta mlt. þa mltu þr ꝼyrſt
ı motı. en þar kō ē̃ þr t́ðu. ɜ g̃ðuz þa ꝼaleıkar
mıkler aꝼ þra hendı t́ .ĥ. ɜ mltu næŕ eckı ꝟ h
huar ſē þr ꝼunðuz. En ĥ. gaꝼ þeī lıtt t́lætı ɜ
ꝼór ſ̃ ꝼ̃m v̄ hrıð. ĥ. ꝼór auſtr t́ ſuınaꝼellz. at
heīboðe v̄ hauſtıð. ɜ tok ꝼloſı ꝟ hm vel. hıllðı
gūn ꝟ ɜ ꝥ. ꝼl. mlı t́ .ĥ. þ .ſ. hıllð m̄ at ꝼaleık̃
ſe mıkler m; yðr .n.ſſ. ɜ þıkı m̄ þ ılla. ɜ vıl e bıoða
ꝥ at þu rıð é veſtr. ɜ mun ek ꝼa ꝥ buſtað ıſkap
taꝼellı. en ek mun ſenða þorgeır broður mīn
ı oſſa bæ ɜ ſī h þar bua. þa munu þ mæla ſum̄
.ſ.ĥ. at ek ꝼlyıa þaðan ꝼ́ hræzlu ſak̃ ɜ vıl ek
þ é. þ ē̃ þa lıkara. ſ. ꝼloſı. at ĥ leıðı aꝼ ſtorvā
ðræðı. Jlla ē̃ þa. ſ.ĥ. ꝥ at hellðr vıllða ek ꝟ̃a v
gıllðr en marg̃ hlytı ıllt aꝼ m̄. ĥ. bıoz heī ꝼā
nottū ſıðaŕ. En ꝼl. gaꝼ hm ſk̃laz ſkıckıu. ɜ
ꝟ hlað ı ſkaut oꝼan. Reıð .ĥ. heī ı oſſabæ. ɜ er
nu heıma v̄ hrıð. ĥ. ꝟ ſ̃ vınſæll at ꝼaē̃ ꝟ̊ ĥ o
vın̄. en ſama ē̃ vþekt m; þeī allan vetr ı gegnū
.N. haꝼðe tekıt t́ ꝼoſtrſ .ſ. k̃a ē̃ þorðr ĥ. h haꝼðe
ɜ ꝼoſtrað þorhall ſon aſg̃mſ ellıðag̃mſ .ſ. þorha
llr ꝟ rauſkr m̄. ɜ harðg̃r ı ollu. h haꝼðı numıt
ſ̃ log at Nıalı at h ꝟ ēn þrıðı meſtr logm̄ a ıſlðı
Nv ꝩaſ̃ ſnēma v̄ varıt. ɜ ꝼærðu m̄n ſnēma nıðr
110 Þat ꝟ eīn ðag **aꝼ merðı ɜ nıalſ.ſo** [korn. **nū**
at ɱ. kō t́ bergðorſ.h. þr gengu þeg̃ a tal
.n.ſſ. ɜ k̃ı. ɱ. ræg̃ .ĥ. at vanða ɜ heꝼır
þa en̄ marg̃ nyıar ſog̃. ɜ eggıar eınart ſꝁꝥ.
ɜ þa at ðrepa .ĥ. ɜ q̃ð h munðu ꝟ̃ða ſkıotara
eꝼ þr ꝼærı é þegar at hm g̃a ſī ꝥ koſt a ꝥu. ſ.
ſꝁꝥ. eꝼ þu vıll ꝼara m; oſſ ɜ g̃a at nockut
þat vıl ek t́ vīna. ſ.ɱ. ɜ bunðu þr þ m; ꝼaſt
mælū. ɜ ſkyllðı h ꝥ kōa v̄ quellðıt. ꝥgðora .ſ.
Nıal. huat tala þr vtı. Eckı em ek ı raðag̃ð
m; þeī. ſ. h. Sıallðan ꝟ ek þa ꝼ̃ q̃ððr ē̃ en go
ðu ꝟ̊ raðın. Sꝁꝥ. lagðız eckı t́ ſueꝼnſ v̄
kuellðıt ɜ eckı .bb. ĥ ne k̃ı. ꝥa nott enu ſo
mu kō .m̄. ɜ toku þr .n. þa vapn ſín ɜ heſta
ɜ rıða ſıðan ı brott aller. **ðrap hǫſkullðar**
Þeíʀ ꝼ̃ ꝥ t́ ē̃ þr komu ıoſſabæ ɜ bıðu ꝥ
hıa g̃ðı nockurū. Veðr ꝟ gott ɜ ſol
111 vpp komín. J þna tıma vaknaðe .ĥ.
huıtaneſgoðı. h ꝼor ı klæðe ſín ɜ tok ıꝼ̃ ſık ſk
ıkkıuna ꝼl.naut. h tok kornkıpp ɜ ſuerð ı
aðra honð ɜ ꝼ̃r t́ g̃ðıſſınſ. ɜ ſár nıðr kornınu
þr ſꝁpĥ hoꝼðu þ mlt m; ſer at þr ſkylldu
aller nockut at g̃a a hm at vīna. ſꝁꝥ. ſꝥttr
vpp vnðan garðınū. En er ĥ. ſa h vıllðı h vn
ðan ſnua. þa hlıop ſꝁꝥ. at hm ɜ mlı. hırð é þu

at opa h̾tanef.g. ɜ hoGr t᷑ ħ. ɜ kō ı hoꝼuðıt. ɜ ꝼell .ħ.
a kneın. ħ mlı þta. Guð hıalpı m̄ en ꝼ geꝼı yðr. hl
ıopu þr þa at ħm aller ɜ v̄nu a ħm. Ept̄ þ mlı .M̄.
Ráð kēr m̄ ı hug. hu̇t ē þ. ſ. ſkp̄. þ at ek mun ꝼ heī
ꝼyrſ. en ſıðan mun ek ꝼ t grıot ár ɜ ſegıa þeī tıð
endín ɜ lata ılla ıꝼ v̄kınu. en ek veıt víſt at þor
g̃ðr mun bıðıa mık at ek lyſı vıgınu ɜ mun ek
þ g̃a þt þeī megu þ meſt mala ſpell v̄ða Ek m
vn ɜ ſenda mān ı oſſabæ. ɜ vıta hu̇ſu ſkıott þa
taka t raða. ɜ mun ſa ſpyrıa þar tıðendın ꝼar
þu s̄ m; vıſt. ſ. ſkp̄. þr .bb. ꝼ heī ɜ k̄ı. ɜ ē þr komu
heī ſogðu þr .N. tıðendın. hormulıg tıðenðendı
.ſ.N. ɜ ē ſlıkt ıllt at vıta. þ at þ ē ſānlıgt at ſeg
ıa at s̄ ꝼellr m̄ nær v̄ trega at m̄ þta betra
at haꝼa latıð .íȷ́. ſonu mına. ɜ v̄ı .ħ. alıꝼı. þ er
nu nockur varkūn. ſ. ſkp̄. þu ēt m̄ gamall ɜ
er ván at þ ꝼallı nær. ė ē þ ſıðr. ſ.N. en ellı
at ek veít gıorr en þ huat ept̄ mun kōa. huat
mun ept̄ kōa. ſ. ſkp̄. ðauðı mīn. ſ.N. ɜ konu m
ıñar. ɜ allra ſona mīna. h̄t ſpár þu ꝼ m̄. ſ. k̄ı
erꝼıtt mun þeī veıta at ganga ı motı gıptu þī
nı ſ.N. þ at þu munt ollū þeī v̄ða ðrıugarı. Sıa
eīn hlutr v̄ s̄ at .N. ꝼell s̄ nær at ħ mattı allðrı
oklauckuanðe vm tala. **aꝼ hıllðıgunnı**

112 Hılldıgūnr vaknaðı ɜ ꝼān at .ħ. v̄ ı b̄ttu ór
ruminu. h̄ mlı. harðer haꝼa ðraumar v̄
ıt ɜ ė goðer. ɜ leıtı þ at ħm .ħ. þr leıtu
ðu ħ v̄ bæīn ɜ ꝼunðu ħ ė. þa haꝼðe h̄ klæðt
ſık. ꝼr h̄ þa ɜ íȷ́. m̄n t g̃ðıſſınſ. ꝼīna þau þar
.ħ. vegīn. þar kō þa ɜ at ſmalam̄ m̄ð ɜ .ſ. hen
nı at þr ſkarp̄. heꝼðı ꝼarıt neðan þaðan ok
kallaðe ſkp̄. amık ɜ lyſtı a honð ſer vıgınu.
Karlmānlıgt v̄k v̄ı þta. ſ. h̄ eꝼ eīn heꝼðı at v̄ıt. h̄
tok ſkıckıuna ɜ þerðı þ m; bloðet allt ɜ vaꝼ
ðı þar ı bloð lıꝼrarñ ɜ braut s̄ ſaman ſkıck
ıuna ɜ let ı kıſtu ſına. Nu ſenðer h̄ mann
vpp t grıótár at ſegıa þangat tıðenðın þ v̄
.M̄. ꝼ ɜ haꝼðı ſagt aðr. þar v̄ ɜ komīn ketıll
ór Mork. þorg̃ðr mlı tıl ketılſ. Nu er .ħ. ðauðr
ſē v̄ vıtū. ɜ munðu nu hu̇ıu þu hezt þa ē þu
tokt ħ t ꝼoſtrſ. þa ma v̄a. ſ. ħ at ek haꝼa no
gu morgu heıtıð. þ at ek ætlaða eckı at ꝥır
ðag̃ munðu v̄ða ſē nu ēo orðñ enða em ek v̄ vant
v̄ komīn þ at naıt ē neꝼ augū þ ē ek a ðott̄ .N.
hu̇t vılltu. ſ. þorg̃ðr at .M̄. lyſı vıgınu. ė veıt ek þ
.ſ. ket̄. En þeg̃ .M̄. talaðe v̄ ket̄. þa ꝼór ħm ſē oðrū
at ħm þottı ſē .M̄. munðı ħm trúr ɜ v̄ þ ráð þra
at .M̄. ſkyllðı lyſa vıgınu. ɜ bua malıt at ollu tıl
alþıngıſſ. ꝼor .M̄. þa oꝼan ı oſſabæ. þangat komu .ıx
buar. þr ē næſt bıuggu væıꝼangı. M̄. haꝼðe .x. m̄n
m; s̄. ħ ſyñ ſarín .ħ. buunū ɜ neꝼñ vatta at be
níū ɜ neꝼñ mān t hu̇ſ ſarſ nēa eínſ. þ let ħ ė
ſē ħ vıſſı hu̇r þ haꝼðı ſært. En þ haꝼðı ħ ſært
ſıalꝼr. En ħ lyſtı vıgınu a henðr ſkpħ en ſarū á
henðr .bb. ħ ɜ k̄a. Sıðan q̄ððı ħ heıman vættꝼ
angſ bua ıx t alþīgıſſ. Ept̄ þ reıð ħ heī. ħ ꝼān
nær allð .N.ſſ. en þo v̄ ſtyGt m; þeī þa ē þr ꝼun
ðuz. ɜ v̄ þ raðag̃ð þra. víg .ħ. ſpurðız v̄ allar ſ
veıt̄. ɜ mlız allítt ꝼ. þr N.ſſ. ꝼ at ꝼīna aſg̃m .e.g.ſ.
ɜ baðu ħ lıðueızlu. þ megı þ ván vıta. ſ. ħ at ek
mun yðr veıta at ollū enū ſtærū malū. en þo
ſeg̃ m̄ þungt hugr v̄ malın þ at marg̃ ero tıl
ept̄ málſ ɜ mælız víg þta allılla ꝼ v̄ oll ħut.
Nu ꝼoru Nıalſ .ſſ. heī. **aꝼ Guðmunðı rıka**

113 Maðr ē neꝼnðr Guðmunðr ēn rıkı er
bıo a moðru vollū ı eyıaꝼ. ħ v̄ eyıolꝼs
.ſ. eınſ .ſ. auðuñ .ſ. rotınſ. þorolꝼſ .ſ. ſ
mıorſ. þoſt̄ .ſ. ſkroꝼa. Grīſ .ſ. kābanſ. Moðer
Guðm̄. h̄ hallbera .ð. þoroððz hıalſ .ſ. En moðer
hallb̄u var regınleıꝼ .ð. ſæmunð enſ ſuðreyſ
ka v̄ þān ē kenð ſæmunð hlíð ı ſkaga.ꝼ. Moð
eyıolꝼſ ꝼauð Guðm̄. v̄ valg̃ðr Runolſ.ð. Mo
ðer valg̃ðar h̄ valborg. hēnar moðer v̄ ıorūn
en oborna .ð. oſualldz kſ hınſ helga. Moðer orıūñ
v̄ h̄n .ð. Jatm̄ðar kgſ enſ helga. Moðer eınarſ
ꝼoður eyıolꝼſ v̄ helga .ð. helga enſ magra ē nā
eyıa.ꝼ. helgı v̄ .ſ. eyuınð auſtm̄. Moðer helga
v̄ raꝼarta .ð. kıarꝼalſ ırakgſ. Moðer helgu
.ð. helga v̄ þorūn kyrna .ð. ketılſ ꝼlatneꝼſ.
bıarnar .ſ. bunu. Grīſ .ſ. h̄ſıſſ. Moðer Grīſ var
h̄vor en moðer h̄uar h̄ þorg̃ðr .ð. haleygſ.k̄.
aꝼ haluga lðı. þorlaug h̄ kona Guðm̄. enſ rı
ka .ð. atla enſ rāma eılıꝼſ .ſ. árñ. barð .ſ. ı
al. ketılſ .ſ. reꝼſ. ſkıða .ſ. enſ gāla h̄ðıſ hét

moðer þorlaug̃ .ð. þorðar at hoꝼða. bıarn̄ ſon̄
byrðuſmıorſ. hroallðz .ſ. hryg̃ſ bıarn̄ .ſ. ıarn ſı
ðu. ʀagn̄ſ .ſ. loð brok̃. Sıg̃ðar .ſ. hrıngſ ranðv̄ſ
.ſ. rað barz .ſ. moðer h̄ðıſar .ð.þ. v̄ þorg̃ðr ſkı
ða .ð. hēnar moðer v̄ ꝼðg̃ðr .ð. kıarꝼalſ ıra k̃gſ.
Guðm̄. v̄ hoꝼðıngı mıkıll ꝫ auðıgr h̄ haꝼðe .c.
hıona. h̄ ſat ıꝼ̃ v̇ðıngu allra hoꝼðıngıa ꝼ̃ nor
ðan exna ðalſ heıðı s̃ at ſum̄ letu buſtaðe
ſína en ſuma tok h̄ aꝼ lıꝼí en ſum̄ letu goð
orð ſín ꝼ̃ h̄m. ꝫ ē ꝼ̃ h̄m kōıt allt mānual et m
eſta a ıſlðı. oððau̅ıar ꝫ ſturlung̃. ꝫ þorvarðr
þorarēſ .ſ. ꝫ huām̄u̅ıar. ꝫ ꝼlıotam̄n. ꝫ ketıll
bp. ꝫ marg̃ eñ meſtu m̄n. Guð. v̄ vınr aſg̃mſ .e.
.g.ſ. ꝫ ætlaðe aſg̃mr ꝥ t̄ lıðueızlu. **aꝼ snorra**

114 SNOʀ̄ı h̄ m̄ er kallaðr v̄ goðe. h̄ bıo at **goða**
helga ꝼellı áðr Guðrun oſuıꝼrſ .ð. keyp
tı at h̄m ꝫ bıo h̄ þar ſıðan. en ſnorrı ꝼór
þa t̄ huāſ ꝼıarðar. ꝫ bío ı ſælīgſ ðalſ tungu. þor
grımr h̄ ꝼaðer ſnorra. ꝫ v̄ þorſt̄.ſ. þorſkabıtz
þorolꝼſ .ſ. moſtrar ſkeɢſ ornolꝼſ .ſ. ꝼıſkreka. en
arı ēn ꝼoðe ſeg̃ h̄ v̄a ſon þorgılſ reyðarſıðu. þor
olꝼ moſt̄rſkeɢ attı oſku .ð. þorſt̄. enſ rauða moðer
þorg̃mſ h̄ þora .ð. olaꝼſ ꝼeılanſ þorſt̄.ſ. enſ rau
ða oleıꝼſ .ſ. enſ huıta. Jngıallðz .ſ. helgaſ. ᴍoðer
Jngıallðz h̄ þora .ð. ſıg̃ðar ormſ ı auga ʀagn̄ſ .ſ.
loðbrokar. En moðer ſnorra goða v̄ þorðıſ ſurſ
.ð. ſyſt̄ Gıſla. Snorrı v̄ vınr mıkıll aſg̃mſ ell.g.
.ſ. ꝫ hugðı h̄ þar t̄ lıðueızlu. Snorrı v̄ ı þān tīa
vıt̄ztr m̄ kallaðr a ıſlðı þra ē ė v̊ ꝼorſpaer h̄ v̄
goðr vınū ſınū en g̃m̄r vuınū. J þna tıma var
þıngreıð mıkıl or ollū ꝼıorðungū ꝫ hoꝼðu
m̄n morg mal t̄buıt. **aꝼ ꝼloſa capıtulm**

115 Floſı ſpyʀ̄ vıg .h̄. ꝫ ꝼær h̄m þ mıkıllar a
hyggıu ꝫ reıðı ꝫ v̄ h̄ þo vel ſtılltr. h̄m v̄
ſagðr mala t̄bunaðr ſa ſē haꝼðr haꝼðı
v̄ıt epṫ víg .h̄. ꝫ lagðı h̄ ꝼátt t̄. h̄ ſenðı orð hal
lı á ſıðu magı ſínū. ꝫ lıotı .ſ.h̄ at þr ſkyllðu ꝼı
olmēna mıog t̄ þıngſ. lıotr þottı bezt hoꝼðī
gıa eꝼnı auſtr þar. h̄m v̄ þ ſpáð eꝼ h̄ rıðı .ííȷ.
ſumur t̄ þıngſ ꝫ kæmı heıll heī at þa munðı
h̄ v̄ða meſtr hoꝼðīgı ſīna ꝼrænda ꝫ ellztr. h̄
haꝼðe þa rıðıt eıtt ſumar t̄ þıngſ. en nu ætla
ðı h̄ t̄ añat. ꝼloſı ſenðı orð kol þſt̄.ſ. ꝫ glumı
hıllðıſſ .ſ. enſ gāla. Geırleıꝼı ſynı aununðar
toſku bakſ ꝫ moðolꝼı ketılſ .ſ. ꝫ rıðu þr aller
t̄ motz v̇ ꝼloſa. hallr h̄ ꝫ at ꝼıolmēna mıog.
ꝼl̄. reıð þar t̄ ē h̄ kō ı k̄kıubæ t̄ ſurz aſbıarn̄
.ſ. þa ſenðı h̄ epṫ kolbeını egılſ .ſ. boður.ſynı
ſínū ꝫ moðolꝼı ketılſ .ſ. ꝫ kol þſt̄.ſ. ꝫ komu þr
aller t̄ h̄. þaðan reıð h̄ t̄ hoꝼða brecku en ꝥ
bıo þorg̃mr ſkrautı .ſ. þorkelſ en ꝼagra ꝫ bað
h̄ rıða t̄ alþıngıſſ m; ſer. en h̄ ıataðe ꝼ̃ðīṇı ꝫ
m̄lı þorg̃mr t̄ h̄ opṫ heꝼ̃ þu ꝼyʀ̄ v̄ıt glaðarı
en nu bonðı ꝫ ē þo nockur varkūn a at ſua
ſe. ꝼl̄. m̄lı þ heꝼ̃ nu vıſt at honðū borıt at ek
munða geꝼa t̄ mına eígu at þta heꝼðı ė ꝼ̃m̄
komıt. er ꝫ ıllu kornı ſáað orðıt enða man ıllt
aꝼ gróa. þaðan reıð h̄ yꝼ̃ arn̄ ſtakſ heıðı ꝫ a ſ
olheīa v̄ kuellðıt. þar bıo loðmunðr vlꝼſ .ſ. en
h̄ v̄ vınr mıkıll ꝼloſa ꝫ v̄ h̄ þar v̄ nott. en v̄ mor
gınīn reıð loðm̄ðr m; h̄m ıðal. ꝫ v̊ ꝥ v̄ nott ꝥ bıo
ʀunolꝼr .ſ. vlꝼſ aurgoða. ꝼl̄. m̄lı t̄ ʀunolꝼſ her
munu v̄ haꝼa ſañar ꝼreṫ v̄ vıg .h̄. h̄taneſgoða
ētu m̄ ſānorðr ꝫ komīn næʀ̄ ꝼ̃tt ꝫ mun ek ꝥ t̄a
ollu ē þu ſeg̃ m̄ ꝼ̃. h̄t t̄ ſaka heꝼ̃ orðıt m; þeī.
Runolꝼr m̄lı. Eckı þarꝼ þ orðū at ꝼegra. h̄ heꝼ̃
meıʀ̄ en ſaklauſſ vegīn v̄ıt. ꝫ ē h̄ ollū m̄m h
armðauðe. ꝫ þık̃ engū ıā mıkıt ſē .ɴ. ꝼoſtra h̄
þa mun þeī v̄ða ıllt t̄ lıðueızlu m̊. ſ.ꝼl̄. ok epṫ
mælanða. s̃ mun þ. ſ.ʀ. eꝼ eckı ðregr t̄. h̄t ē nu
at g̃t. ſ.ꝼl̄ Nu ēo q̃ððer buar. ſ.ʀ. ꝫ lyſt vıgınu.
hv̄r g̃ðı þ. ſ.ꝼl̄. ᴍ̄.v.ſ. hue trygt mun þ. ſ. ꝼloſí
Skyllðr er h̄ m̄. ſ.ʀ. en þo man ek ſatt ꝼ̃ .ſ. at ꝼl
eırı hlıota aꝼ h̄m ıllt en gott. ꝥ vıl ek nu bıðıa
þıg. ſ.R. at þu geꝼ̃ ro reıðı ꝫ tak̃ þ vpp at m
ınzt vanðræðı hlıotız aꝼ. ꝥ at .ɴ. mun goð boð
bıoð. ꝫ aðrer eñ beztu m̄n. ꝼl̄ m̄lı. Rıð þu tıl
þıngſ .R. ꝫ ſt̄u mıkıt ſtoða orð þín v̇ mık nēa
nēa t̄ v̄`r´a ðragı v̄ en v̄a ſkyllðı. Sıðan hætta
þr talınu. ꝫ h̄ .R. ꝼ̃ðīn̄. ʀ. ſenðı orð haꝼrı en
v̄ ſpaka ꝼrænda ſınū. h̄ reıð þeg̃ t̄ h̄. ꝼl̄. reıð ı

116 Hıllðıgūnr **ꝼloſı kom ı oſſa bæ** [oſſabæ.
var vtı ꝫ m̄lı. Nu ſt̄u aller v̄a vtı heíma
m̄n ē ꝼl̄. rıðr ı g̃ðrīn. en kon̄ ſt̄u ræſta h̄ın.

ꝫ tıallða. ꝫ bua ꝼl. aunðuegı Sıðan reıð ꝼl ıtu nıt. hıllð̄. ſn̄ı at ħm. kō heıll ꝫ ſæll ꝼrænðı. ſ. ħ. ꝫ ē nu ꝼegıt hıarta mıt ıłkuamu þīnı. ꝼl. mlı. ħ ſtu v̄ mataz. ꝫ rıða ſıðan. þa v̊ bunðn̄ heſtarn̄ ꝼl. geck īn ı ſtoꝼuna ꝫ ſettız nıðr ꝫ kaſtaðe ı pal līn haſætınu vnðan ſer. ꝫ mlı huarkı em ek kr ne Jarl. ꝫ þ̄ꝼ eckı at ġa haſætı vnðer m̄. ꝫ þarꝼ eckı at ſpotta mık. hıllð. v́ næꝁ ſtoðð ꝫ mlı s̄ þ ē ılla eꝼ þ̄ mıſlıꝁ. þ́ at þta ġðū v̄ aꝼ heılum hug. ꝼl. mlı. Eꝼ þu heꝼ̄ heılan hug v́ mık þa mun ſıalꝼt loꝼa ſık eꝼ vel ē. ᴍun ꝫ ſıalꝼt l aſta ſık eꝼ ılla ē. hıllð. hlo kallðan hlatr. ok mlı eckı ē ēn mark at. næꝁı munu v́ ganga eñ aðr lykr. ħ ſettız nıðr hıa ꝼl. ꝫ tauluðu þaꝛ lengı hlíott. Sıðan v̊ borð tekın. en ꝼl. tok hā lauġ ꝫ lıð ħ. ꝼl. hugðı at þēr̄ūnı ꝫ v́ ħ rauꝼ eınar ꝫ numın ť ānarſ ıaðarſınſ. ꝫ kaſtaðı ı beckīn ꝫ vıllðı ė þ̄ra ſer á. ꝫ reıſt aꝼ borððukı nū ꝫ þ̄ðı ſer þar á. ꝫ kaſtaðe ť m̄ ſıña. Sıðan ſettız ꝼl. vnðer borð ꝫ bað m̄n ſına eta. þa kō hıllð. ı ſtoꝼuna ꝫ geck ꝼ̇ ꝼl. ꝫ greıððı hár ıt ꝼ̄ augū ſer ꝫ gret þa. ꝼl. mlı. ſkapþungt ē þ̄ nu ꝼrænðkona ē þu grætr. En þo ē þ vel at þu ġť goðan mān. Hu͛t epť mælı ſl ek nu aꝼ þ̄ haꝼa eða lıðueızlu. ſ. ħ. ꝼl.ſ. Sækıa m̊ ek mal þıtt ť ꝼullra laga. eða veıta ť þra ſ ætta ē goðer m̄n ſía at v̄ ſé vel ſæmðer aꝼ ı alla ſtaðe. ħ mlı. heꝼna munðı .ħ. þín eꝼ ħ ættı epť þıg at mæla. ꝼl.ſ. ė ſkorť þıg ġm leık. ꝫ ſéét er huat þu vıll. hıllð. mlı. Mın na haꝼðe mıſġt arnoꝁ ornolꝼſ .ſ. or ꝼoſſar ſkogū v́ þorð ꝼreyſ goða ꝼoður þīn ꝫ vagu .bb. þıñ ħ a ſkaptaꝼellz þıngı. kolbeīn ꝫ egıll Hıllðıgūnr geck þa ꝼrām ı ſkala. ꝫ lauk vpp k ıſtu ſīnı. tok ħ þa vpp ſkıckıuna ꝼl.naut. ı þrı ſkıckıu haꝼðı .ħ. vegīn v̊ıt. ꝫ haꝼðe ħ þar varð veıtt ı bloðet allt ħ geck þa ınn̄ ı ſtoꝼuna m; ſkıckıuna. ħ geck þegıanðı at ꝼl. þa v́ ꝼl. mettr. ꝫ ꝼ̄m̄ borıt aꝼ borðınu. hıllð. lagðı þa ıꝼ̄ ꝼl. ſkıcꝁ. ðunðı þa bloðıt v̄ ħ allan. ħ mlı þa. þa ſkıcꝁ. gaꝼtu ꝼl.ħ. ꝫ geꝼ ek þ̄ nu aptr. v́ ħ ꝫ ı þı vegīn. ſkyt ek þ́ ť guðſ ꝫ goðra m̊ at ek ſærı þıg ꝼ̇ alla krapta ꝁſtz þınſ ꝫ ꝼ̇ mānðō. ꝫ ꝁlmenzku þína at þu heꝼn̄ allra ſara þra ē ħ haꝼðe a ſer ðauðū eða hu͛ſ m̄ nıðıngr. ꝼl. kaſtaðe aꝼ s̄ ſkıꝁ. ꝫ rakıꝼang hē nı ꝫ mlı þu ēt et meſta ꝼorað ꝫ vıllð̄ at þ tækı v̄ vpp ē oſſ gegnðı veſt ꝫ ero kaullð q̊nna rað. ꝼl. bra s̄ v́ at ħ v́ ſtunðū ı ānlıtı ſē bloð. ꝫ ſtun ðū ꝼaulr ſē ġſ. ſtunðū blarr ſē hel. þr ꝼl. ꝼ̄ tıl heſta ſīna. ꝫ rıðu ı b̄tt. ħ reıð ť hollz vaðſ ꝫ beıð þ̄ Sıgꝼ̇.ſſ. ꝫ ānaꝁa vına ſīna. **aꝼ Jngıallðı**

INgıallðr bıo at kellðū. broðer hroðnyıar moð̄ .ħ.ɴ.ſ. þa v̊ born .ħ. enſ ħta. Jngıallzſ. enſ ſťka Geırꝼınz.ſ.enſ rauða.ſaulua.ſ. Gūnſteīſ.ſ. b̄ſer kıa bana. Jngıallðr attı þraſlaugu egılſ .ð. þorð̄ .ſ. ꝼ reyſgoða. moð̄ egılſ v́ þraſlaug .ð. þſť. tıtlīgſ. Moð̄ þraſ lauġ v́ v̄nr .ð. eyuınðar karꝼa ſyſť ᴍoðolꝼſ enſ ſpaka. ꝼl ſenðı orð Jnġ. at ħ kæmı ť ħ. Jnġ ꝼ ór þeġ v́ ēn .xv. mān þr v̊ aller heımam̄n ħ. Jnġ. v́ mıkıll m̄ ꝫ ſterkr. ꝼalatr v́ ħ ıaꝼnan heíma. ꝫ ēn rauſkuaztı karlm̄ ꝫ ꝼeðreīgr goðr v́ uını ſína. ꝼl. ꝼagnaðı Jnġ. vel. ꝫ mlı ť ħſ. Mıkıl v anðræðe ero komın at henðı oſſ magr ꝫ ē nu vant ór at raða. bıð ek þıg þ̄ at þu ſkılız ė vıð mıtt mal ꝼyꝁı en lykz ıꝼ̄ vanðræðı þı. Jnġ. mlı. v́ vant em ek v̄ komīn ꝼ̇ teīgða ſaꝁ v́ .ɴ. ꝫ .ſſ.ħ. ꝫ ānaꝁa ſtorra hluta ē ħ huarꝼa ı mıl lū. ꝼl. mlı. þ ætlaða ek þa ē ek gıpta þ̄ broður ðotť mına at þu heť m̄ þ́ at veíta m̄ at hu͛ıu malı. þ ē ꝫ lıkaz. ſ. Jnġ. at ek ġa s̄. En þo vıl ek nu heī rıða ꝼyſt ꝫ þaðan ť þıngſ. **aꝼ ſıgꝼuſſ ſonum ꝫ ꝼloſa**

117 Sıgꝼ̇.ſſ. ſp̄ðu at ꝼloſı v́ v́ hollz vað ꝫ rıðu þangat ť motz v́ ħ. ꝫ v́ þ̄ ketıll or mork ꝫ lābı b̄ðer ħ. þorkell ꝫ morðr. ꝫ ſıghuatr ſıgꝼ̇ .ſſ. lābı ſıġðar .ſ. G lāba .ſ. ꝫ ġnı .G.ſ. vebranðr ham̄ðar .ſ. ꝼl ſtoð vpp ı motı ꝫ ꝼagnaðe þeī glaðlıga. þr gengu ꝼrām at ānı. ꝼl. haꝼðe aꝼ þeī ſānar ſogur. ꝫ ſkılðı þa eckı á ꝫ runolꝼ ı ðal. ꝼl. mlı ť ketılſ þıg q̊ð ek at þu. hu͛ſu harðſnuīn ertu a þta m al. eða aðrer ſıgꝼ̇.ſſ. ketıll mlı. þ vıllða ek at yrðı ſæť ımeðal vár. En þo heꝼı ek ſuarıt eí ða at ſkılıaz ė v́ þı mal ꝼyꝁ en ıꝼ̄ lykr ꝫ leɢıa

líꝼa ꝼl. mħ. ðreīgr ertu mıkıll ꝫ ẽ ſlıkū m̄m alluel
ꝼarıt. þr toku baðer ſēn t̄ orða .G.l.ſ. ꝫ G̃ní .G.ſ. Sek
t̃ vılıū v̄ at ꝼ̃m kōı. ꝫ mānráð. ꝼl. mħ. é ẽ raðıt at
bæðı ſé at v̄ kıoſım. ꝫ ðeılım. Granı mħ. þ v̄ m̄ þa
ı hug ẽ þr ðrapu þraın v́ markꝼlíot. en ſıðan .ħ.
.ſ.ħ at ek munða alld ſættaz v́ þa heılū ſattū.
þ͛ at ek vıllða v̄a þ͛ gıarna ẽ þr v̄ı aller ðrep
ner. ꝼl. mħ. Setıð heꝼ þu s̃ nær er þu mætt̃ ꝥa
heꝼnt haꝼa eꝼ þu heꝼðer t̄ þrek ꝫ karlmen
zku. þıkı m̄ ſē ꝥ bıðer þu nu. ꝫ margr ānar
ra ẽ þu munðer mıkıt ꝼe geꝼa t̄ ẽ ſtunðer
lıða at þu heꝼð é orðeð v́ ſtaððr. Se ek gıorla
þott oſſ veıttı þ at vılıa at v̄ ðræpī .n. eða .ſſ.
ħ. þa eru þr s̃ mıkılſ háttar m̄n ꝫ ſtorættað
at þ͛ man ſua mıkıt ept̃ mal v̄ða at v̄ mu
nū ꝼ margſ manz kne ganga v̄ða ꝫ bıðıa
oſſ lıðſīnıſſ áðr v̄ komī oſſ or ꝥū vanða. Me
gı ꝥ ꝫ s̃ t̄ ætla at þr munu marg̃ ſnauðer v̄
ða. ẽ nu eıga ſtor ꝼe. en ſum̄ munu lata bæ
ðı ꝼéét ꝫ lıꝼıt. Maurðr .v.ſ. reıð t̄ ꝼunð v́ ꝼl.
ꝫ q̃z rıða vılıa t̄ þīgſ m; ħm m; ollu lıðı ſınu
ꝼl. tok þ͛ vel. ꝫ hóꝼ bonorð v́ ħ at ħ ſkyllðı gıp
ta Rānueıgu .ð. ſına ſtarkaðe ẽ bıo at ſtaꝼaꝼel
lı broður.ſ.ꝼl. Geck ꝼl. þ t̄ at ħ þottız s̃ raða v̄
ð ſık t̄nað ħ ꝫ ꝼıolm̄nı. M̄. tok vænlıga a þ͛. ꝫ
veık vnðer Gız̃ eñ h͛ta ꝫ bað tala v̄ a þīgı. M̄
áttı þorkautlu .ð. Gız̃ar .h. þr M̄. ꝫ ꝼl. rıðu ba
ðer ſaman t̄ þīgſ ꝫ toluðu alla ðaga. **aꝼ nıalı**

118 Nıall mħ t̄ ſk͛ꝥ. hv̄ıa raða **ꝫ ſonum hanſ**
g̃ð haꝼı ꝥ nu ꝼ yðr .bb. ꝫ mag̃. ſk͛p.ſ.
lıtt rekıu v̄ ðrauma t̄ ꝼleſtra hluta
en ꝥ t̄ at ſegıa þa munu v̄ rıða ı tungu t̄ aſg̃m\`s´
.e.g.ſ. ꝫ þaðan t̄ þīgſ. En huat ætlar þu v̄ reıð
þína ꝼað. N.ſ. Rıða man ek t̄ þīgſ þ͛ at þ ẽ ſomı
mīn at ſkılıaz é v́ yðuar mal meðan ek lıꝼı
vænt̃ mık ꝥ at marg̃ v̄pı þ͛ vel orðū a mık ꝫ
nıotı ꝥ mín en gıallðıt hv̄gı. þar v̄ þorhallr
.A.ſ. ꝼoſt̄ .N. þr .N.ſſ. hlogu at ħm ẽ ħ v̄ ı kaſtı
morenðu ꝫ ſpurðu hue lengı ħ ætlaðe at ha
ꝼa þ. þorħ.ſ. kaſtað ſl͛ þ͛ ẽ ek a at mæla epter
ꝼoſtra mīn. N. mħ þa mantu bezt geꝼaz er
meſt lıGr v́. þr buaz nu aller heıman þaðā.
ꝫ v̄ nær̄ .xxx. m̄ ꝫ rıða þar t̄ ẽ þr komu t̄ þíorſ
ár þa komu þr ept̃ ꝼrænðr .N. þorleıꝼr kŕakr ꝫ þor
g̃mr eñ mıklı. þr v̄ .ſſ. hollta þoreſſ ꝫ buðu lıð ſıtt
.N.ſſ. ꝫ at gaungu ꝫ þr þágu þ. Rıða þa aller ſaman
ıꝼ̃ þıorſ á ꝫ þar t̄ ẽ þr kōa a laxár backa ꝫ æıa þar
kō þar t̄ motz v́ þa hıalltı ſkeggıa .ſ. ꝫ toku þr .N.
tal m; ſér ꝫ toluðu lengı hlıótt hıalltı mħ. þ man
ek ſyna ıaꝼnan at ek em eckı myrkr ı ſkapı.
.N. heꝼ mık beðıt lıðueızlu heꝼı ek ꝫ ıgıngıt ok
heıtıð ħm mínu lıðſīní. heꝼ ħ áðr ſellt m̄ laun ꝫ
morgū oðrū ı heılræðū ſınū. hallt̄ı .ſ. ꝫ .N. allt v̄
ꝼ̃ðer ꝼl. þr ſenðu þorhall ꝼ ıtungu at ſegıa at
þr ætlaðe þangat v̄ quellðıt. Aſg̃mr bıoz þeg̃ v́
ꝫ v̄ vtı ẽ N. reıð ı tun. Nıall v̄ ı blar̄ı kapu ꝫ haꝼ
ðı þoꝼa hatt a hoꝼðı. ꝫ tapar exı ı henðı. Aſg̃mr
tok N. aꝼ heſtınū ꝫ bar ħ ıñ ꝫ ſettı ħ ı haſætı
Sıðan gıngu þr īn aller .N.ſſ. ꝫ k͛ı. A. geck þa
v́t. hıalltı vıllðı ſnua ı brott ꝫ þottı þar v̄a
oꝼmart Aſg̃mr tok ı taumana ꝫ q̃ð ħ é ſkyll
ðu na ı b͛tt at rıða. ꝫ let taka aꝼ heſtū þra ok
ꝼylgðı hıallta īn. ꝫ ſettı ħ hıa .N. En þr þorleıꝼr
ſatu a ānan beck ꝫ m̄n þra. A. ſettız a ſtol ꝼ .N.
ꝫ ſ͛ꝥðı. hv̄ſu ſeg̃ yðr hugr v̄ mala ꝼ̃lın. N.ſ. hellðr þu
ngt þ͛ at mık vg̃ at h͛ munı é gæꝼum̄n hlut at eı
ga. N. mħ. sentu ept̃ ollū þíngm̄m þınv̄ ꝫ rıð tıl
þīgſ með m̄ þ heꝼı ek ætlat. ſ. aſg̃. ꝫ þ͛ man ek
heıta ꝥ m; at ór yðrū malaꝼerlū man ek alld
ganga meðan ek ꝼæ nockura at m; m̄. en all̃
þockuðu ħm. þr ẽ ıñı v̄ ꝫ q̃ðu ſlıkt ðreīgılıga
mħ þar v̄ þr v̄ nottına. En v̄ ðagīn ept̃ kō þ͛ allt
lıð. A. Sıðan rıða þr aller ſaman þar t̄ ẽ þr kōu
a þīg vpp. ꝫ v̄ aðr tıallðaðar buðer þra. **þıng**

119 Floſı v̄ þa komīn a þíng. ꝫ ſkıpaðı **ðeıllð**
alla buð ſına. Runolꝼr ſkıpaðe ðalv̄ıa
buð. en M̄. rangænga buð. hallr aꝼ ſıðu
var leīgſt komīn auſtan. en nær̄ eckı ānar̄a
māna. hallr haꝼðe þo ꝼıolm̄nt mıog or ſīnı
ſueít. ꝫ ſn̄ız ı lıð m; ꝼl. ꝫ bað ħ ſatt̃. ꝫ ꝼrıðar
hallr v̄ vıtr m̄ ꝫ goðgıarn. ꝼl.ſ. vel ꝫ tok aꝼ lı
tıð. hallr ſ͛ꝥðı hv̄rır ħm heꝼðı lıðſīnı heıtıð. ꝼl.
neꝼnðı t̄ .M̄.v.ſ. ꝫ q̃z haꝼa beðıt .ð. ħ t̄ hanða ſt̄k
aðe ꝼrænða ſınū. ħ q̃ð goðan koſt ıkonūne en

ſeḡ allt ıllt ᷉v .ꝟ. at eíga ⁊ mantu þ reyna aðr þu
þíngı ē lokıt. Sıðan hættu þr talınu. þ ᷉v eīn hūn
ðag at þr .ɴ. ⁊ Aſġmr toluðu lengı hlıoðt. þa
ſꝑtt aſġmr vpp ⁊ mľı. Ganga mun ek ⁊ .N.ſſ.
at leıta oſſ at vınū at ᷉v ᷉vðım ė borñ oꝼrlıðı
ꝥ at þta mal mun m; kappı ſótt ᷉vða. A. geck
þa ýt. ⁊ næſt ħm helgı .ɴ.ſ. En þa ꝃı. þa Gm`r´
.N.ſ. þa ſꝃꝑ. þa þórhallr aſġmſ .ſ. þa þorġmr
mıklı þa þorleıꝼr ꝃkr þr gengu ᷈t buðar Gızar
.h. ⁊ ıñ ı buðına. Gız. ſtoð vpp ı motı þeī ⁊ bað
þa ſıtıa ⁊ ðrecka. A.ſ. ė ē þaňeg ᷉v vaxıt ⁊ ſľ
þta eckı a mutr mæla. hūrar lıðueızlu ſľ
ek ꝥ ýan eıga ē þu ēt ꝼrændı. G.ſ. þ mun
ðı Jorūn ſyſꝉ mın ætla at ek munða ė vnðā
ꝥ ſkeraz at veıta. ſľ ſ᷉ ᷉va nu ⁊ opꝉ at eıtt ſľ
ıꝼ ockr baða ganga. A. þackaðe ħm ⁊ geck ı b
rott ſıðan. þa ſꝑðı ſꝃꝑ. hūt ſľ nu ganga. A.
.ſ. Tıl buðar aulbyſınga. Sıðan ganga þr þā
gat. A. ſꝑðe huart ſkaptı þoroððz .ſ. ᷉vı ı buð
ħm ᷉v ſagt at ħ var þar. gengu þr þa īn ı bu
ðına. ſkaptı ſat apallınū ⁊ ꝼagnaðe Aſġ.
ħ tok ꝥ vel ⁊ bauð ħmat ſıtıa hıa ſér. A. ꝙz ſ
kāma ðuol eıga munðu. En þo ē ᷉v þık erēðıt
lattu heyra þ. ſ. ſk`a´ptı. Ek vıl bıðıa þıg lıð ſın
nıſſ. ſ.A. at þu veıꝉ m̄ lıð ⁊ magū mínū. hıtt h
aꝼða ē ætlat. ſ. ſkaꝑ at eckı ſkyllðu koma van
ðræðı yðvr ı hıbylı mín. A.ſ. Jlla ē ſlıkt mľt
at ᷉vða þa ſızt at gagnı ē meſt lıGr ᷉v. hūr
ē ſa m̄. ſ.ſꝃ ē .ííıj. m̄n ganga ꝼyꝃı mıkıll
m̄ ⁊ ꝼaulleıtr ⁊ ogæꝼuſamlıgr harðlıg ok
traulzlıgr. ħ .ſ. ſꝃꝑ heıtı ek. ⁊ heꝼ þu ſeet m
ık ıaꝼnan a þıngı. en mun ek ꝥ vıtrarı en þu
at ek þarꝼ ė at ſpyrı`a´ þıg huat þu heıꝉ. þu .h.
ſꝃ. þoroððz ſ. en ꝼyꝃı kallað þu þıg buſtakoll
þa ē þu haꝼð ðrepıt ketıl ór ellðu. ǵðer þu ꝥ
koll ⁊ bart tıoru ı hoꝼut ꝥ. Sıðan keypꝉ þu
at þrælū at rıſtı vpp ıarðar men ⁊ ſkreıð
þu þar vnðer ṽ nottına. Sıðan ꝼortu ᷈t þoro
lꝼſ loptz .ſ. a eyrū ⁊ tok ħ ᷉v ꝥ ⁊ bar þıg vt ı m
ıolſekkū ſınū. Epꝉ þ gengu þr aſġmr vt.
ſꝃꝑ. mľı. hūt ſľu ᷉v nu ꝼ. Tıl buð ſnorra goða
Sıðan gıngu þr ᷈t buðar ſnorra þar ᷉v eīn m̄

vtı ꝼ buð ðyrū. A.ſ. hūt ſnorrı ᷉vı ı buð ħ. ſ.
at ħ ᷉v ꝥ. Aſġ geck ıñ ı buðına ⁊ þr aller. Sñ
ſat a ballı. A. geck ꝼ ħ ⁊ q̄ððı ħ vel. Sñ`r´. tok
ħm blıðlıga ⁊ bað ħ ſıtıa. A. ꝙz ꝥ munðu eıga
ſkāma ðuol en þo ē ᷉v þıg erenðıt Sñ`rı´ bað ħ .ſ.
þ. A. mľı ek vıllða at þu ꝼæꝛ ᷈t ðoma m; m̄. ok
veıꝉ m̄ lıð. ꝥ at þu ert vıtr ⁊ ꝼ᷉mkuæð maðr
þvngt ganga oſſ nu malaꝼlın. ſ. ſnōrı ⁊ ðraga
ſık marǵ mıog ꝼ᷉m ımotı oſſ. ⁊ ēo ᷉v ꝥ trauðır
at taka vanðræðe m̄ ıaðra ꝼıorðunga. varkūɴ
ē þ. ſ.A ꝥ at þu átt oſſ eckı varlaunat. veıt ek
at þu ēt goðr ðrengr. ſ. ſnōrı. ⁊ vıl ek ꝥ at ek ſľ ė
᷉va ımotı ꝥ ⁊ ė veıta lıð ouınū þınū. A. þacka
ðe ħm. ſnōr. mľı. hūr ē ſa m̄ ē .ííıj. ganga ꝼyꝃı
ꝼolleıtr ⁊ ſꝃpleıtr. ⁊ glotꝉ tōnın ⁊ heꝼ exı reıð
ða ṽ auxl. heðīn .h. ek. ſ. ħ. en ſum̄ kalla mık ſꝃp.
ollu naꝼnı. eða huat vılltu ꝼleıra ᷈t mín tala
Snōr. mľı. m̄ þıꝃ þu harðlıgr. ⁊ mıkılꝼenglıgr en
þo get ek at þrotın ſe nu þın en meſta gæꝼa. ok
ſkāt get ek epꝉ þīnar æꝼı. vel ē þ. ſ. ſꝃꝑ. ꝥ at
þa ſkull`ð´ eıga aller at gıallða. En þo ē ꝥ meí
rı nauðſyn at heꝼna ꝼoður þınſ. Marǵ haꝼa þ
þ ꝼ ꝥ mľt áðr. ſ. ſnōrı. ⁊ man ek eckı ᷉v ſlıku reı
ðaz. Epꝉ þ gengu þr ýt. ⁊ ꝼengu ꝥ enga lıðv
ezlu. þaðan ꝼ þr ᷈t buðar ſkagꝼırðınga. þa buð
attı haꝼr ēn auðgı. ħ var .ſ. þorkelſerıkſ .ſ., aur
ðū ſkeggıa er ꝼellðı Grıotgarð ıſokñðal ı noregı
Moð haꝼrſ ħ þorūn ⁊ ᷉v .ð. Aſbıarñ myrkar ſkal
la hroſbıarñ .ſ. þr .A. gengu īn ı buðına. haꝼr
ſat ı mıðrı buðīnı ⁊ talaðe ᷉v mān. A. geck at
ħm ⁊ heılſaðe ħm. ħ tok ħm vel ⁊ bauð ħm at
ſıtıa. A. mľı. hınſ vıllða ek bıðıa þıg at þu veıꝉ
m̄ lıð. ⁊ magū mınū. haꝼr. ſ. ſkıott. ⁊ ꝙz eckı m
vnðu taka vnðer þra vanðræðe. en þo vıl ek ſp
yrıa. hūr ſa ē ēn ꝼaulleıtı ē .ííıj. m̄n ganga
ꝼyꝃ. ⁊ ē ſ᷉ ıllılıgr ſē gengīn ſe ýt ór ſæꝼbıorgū
ſꝃꝑ. mľı. hırtu eckı þ mıolkı þīn ⁊ manek þo
ra þar ꝼ᷉m at ganga ē þu ſıtr ꝼ. ⁊ munða ek
allohræððr þótt ſlıkır ſueıñ ᷉vı a gotu ꝼ mer
Er ꝥ ⁊ ſkyllðra at ſækıa ſuanlaugu ſyſtır þı
na ē eyðıſ ıarn ſaxa ⁊ þau ſteðıakollr to
ku or hıbylū þınū. A. mľı. gaūgum ýt. Ec

, ´or guððolū Geırm̄ð .ſ. hroallðz .ſ. eırıkſ .ſ.`

kı ē h̄ van lıðueızlu. Sıðan gengu þr t̄ mauðrv
ellīgabuðar ɜ .ſ. huart. Guðm̄ðr ēn ʀ̄ v̄ı ı buð.
þeī v̄ ſagt at h̄ v̄ þ̄. A. geck īn ı buðına. hafætı
var ı mıðrı buðīnı ɜ ſat þ̄ Guðm̄ðr ı A. geck ꝼ̄ **120**
.G. ɜq̄ððı h̄. G. tok h̄m vel ɜ bauð h̄m at ſıtıa. A m
ė vıl ek ſıtıa. en bıðıa vıl ek þıg lıðſīnıſ. þ̄at þu
ert kappſamr ɜ mıkıll hoꝼðıngı. G. ml̄ı eckı ſl̄
ek ı motı þ̄ v̄a. en eꝼ m̄ ſynız at veıta þ̄ lıð þa
munu v̄ vel mega tala v̄ þ ſıðaʀ̄ ɜ tok a ollu
vel. A. þackaðe h̄m orð ſín. G. mlı. Maðr ē ſa ı
lıðı þınu. ē ek heꝼı horꝼt a v̄ hrıð. ɜ lız m̄ olıkr
ꝼleſtū m̄ þeī ē ek heꝼı ſéét. huar ē ſa. ſ.A. ííıj.
m̄n ganga ꝼyʀ̄ en h̄. ſ.G. ıarpr a harſ lıt ok
ꝼol leıtr mıkıll voxtū. ɜ ſua ſkıotlıgr t̄ k̄lm̄z
ku at hellðr vıllða ek ñ ꝼylgı haꝼa en .x. an
naʀ̄a ɜ ē þo maðrīn o gæꝼuſālıgr. ſk̄p̄. mlı. veıt
ek at þu þıkız v̄ mık mlt haꝼa. ɜ ē ė eīnueg
ꝼarıt ogæꝼu ockaʀ̄ı. Ek heꝼı amælı aꝼ vıgı .h̄. h̄
taneſgoða ſē varkūn ē En þr g̃ðu ıllmælı v̄ þıg þor
kell hákr ɜ þoꝛ̄ helga .ſ. ɜ heꝼ̄ þu aꝼ þ̄ amælı gē
gu þr þa vt. þa mlı ſk̄p̄. hū̃t ſl̄u v̄ nu ganga. t̄
lıoſuetnīga buðar. ſ.A. þa buð haꝼðe tıallðat þ
orkell hakr h̄ v̄ .ſ. þorgeırſ goða tıorua .ſ. þorkelſ
.ſ. langſ. en moðer þorkelſ var þorūn þorſt̄.ð. ſıgm̄
ðar .ſ. gnupa barðar .ſ. Moðer þorkelſ hakſ h̄ guð
rıðr h̄ v̄ .ð. þkelſ enſ ſuarta or hleıðrarg̃ðı þoreſſ
.ſ. ſneꝼılſ ketılſ .ſ. brımılſ ornolꝼſ .ſ. bıornolꝼſ .ſ.
Grīſ .ſ. loðınkīna ketılſ .ſ. hænſ hallbıarnar .ſ.
halꝼtrollz þorkell hakr haꝼðe ꝼarıt vtan ɜ ꝼ̄
mıt ſık ı oðrū londu. h̄ haꝼðe ðrepıt ſpelluırk
ıa auſtr a ıātalðı. Sıðan ꝼór h̄ auſtr ı ſuıþıoð
ɜ ꝼór t̄ lagſ m; ſaurkuı k̄lı. ɜ h̄ıuðu þaðan í
auſtr veg. En ꝼ̄ auſtan balag̃z ſıðu attı þorkell
at ſækıa þeī vatn eıtt q̄llð þa mættı h̄ ꝼīn
galknı. ɜ varðez þ̄ lengı. en ſua lauk m; þeım
at h̄ ðrap ꝼīngalknıt þaðan ꝼor h̄ auſtr ıað
alſyſlu. þar ꝩa h̄ at ꝼlugðreka Sıðan ꝼór h̄ ap
tr t̄ ſuıðıoð ɜ þaðan t̄ noregſ. ɜ vt t̄ ıſlðz ɜ let
h̄ g̃a þrekuırkı þı ıꝼ̄ lokhuılu ſīní. ɜ a ſtolı ꝼıꝛ̄
hafætı ſınu. h̄ barðız. ɜ a lıoſuetnīga leıð v̄ Guð
m̄ð rıka m; .bb. ſınū ɜ hoꝼðu lıoſuetnīg̃ ſıgr g̃
ðu þr þa ıllmælı v̄ .G. þoꝛ̄ .h.ſ. ɜ þorkell .h. þkell
mlı at ſa v̄ı engı aıſlðı at h̄ mundı ė t̄ eīuígıſſ gā
ga v̄ eða hæl opa ꝼ̄ v̄ h̄ þ̄ kallaðr þkell hakr at
h̄ eırðı huarkı ı orðū ne ı oðru v̄ hū̃n ſē h̄ áttı.

A sḡmr .e.g.ſ. ɜ þr ꝼelag̃ gēgu **capıtulum**
t̄ buðar þkelſ. A. mlı t̄ ꝼelaga ſīna þa
buð a þkell .h. kappı mıkıll ɜ v̄ı oſſ munr
at v̄ ꝼīgī lıðſīnı ñ. ſl̄u v̄ h̄ gæta t̄ ı alla ſtaðe.
þt h̄ er eīlynðr. ɜ ſkapvanðr. vıl ek nu bıðıa þıg ſk̄p̄
at þu laꝛ̄ eckı t̄ þín taka. ſk̄p̄. glottı v̄ ɜ v̄ ſua bu
īn at h̄ v̄ ı blā kyrtlı ɜ ı blarenðū brokū ɜ vpp
haꝼa ſuarta ſkua. h̄ haꝼðe ſılꝼrbelltı v̄ ſık ɜ
exı þa ı hēðı ē h̄ haꝼðe ðrepıt þraın m; ɜ kallaðı
hana rīmu gygı ɜ taurgu buklara ɜ ſılkı hlað
v̄ hoꝼuð ɜ greıtt harıt aptr v̄ eyrat. h̄ v̄ allra
m̄ h̄mānlıgaztr. ɜ kenðu h̄ aller oſenan h̄ geck
ſē h̄m v̄ ſkıpat hū̃kı ꝼyʀ̄ ne ſıðaʀ̄. þr gīgu īn
ı buðına ɜ īnanū̃ða. þkell ſat a mıðıū pallı ok
m̄n ñ alla vega vt ı ꝼ̄. A. q̄ððı h̄. þk̄ tok þ̄ vel
A. mlı t̄ þ ē̃o v̄ kōn̄ hīgat at bıðıa þıg lıðveızlu
at þu gang̃ t̄ ðoma m; oſſ. þk̄ mlı. huat mun
ðu þ̄ þurꝼa mīnar lıðueızlu v̄. þ̄ ſē þ̄ gīgut t̄
Guðm̄ð. ɜ mundı h̄ veıta yðr lıð. A.ſ. ė ꝼıngu
v̄ ñ lıðueızlu. þk̄. mlı. þa þóttı .G. ovınſællt ma
lıt ɜ mun ſ̃ v̄a. þ̄at ſlık haꝼa v̄k veſt v̄nın v̄
ıt. ɜ veıt ek h̄t þ̄ heꝼ̄ t̄ gengıt hīgat at ꝼ̄ at
þu ætlað̄ at ek munða ohlutuanðarı. en .G.
ɜ munða ek veıta at raungu malı. þagnaðı
A. þa ɜ þottı þungt ꝼ̄. þk̄ mlı. hū̃r er ſa ēn
mıkı. ɜ ēn ꝼeıknlıgı ɜ ganga .ííıj. ꝼyʀ̄ı ꝼolle
ıtr ɜ ſkapleıtr ogrunſālıgr ɜ ıllmañlıgr ſk̄p̄.
ml̄ Ek heıtı ſk̄p̄ ɜ ē þ̄ ſkylldu lauſt at velıa
m̄ hæðyrðı ſaklauſū mānı. heꝼ̄ mık allð̄ þ
hent at ek haꝼa kugat ꝼoður mīn ɜ barız v̄
h̄ ſē þu g̃der v̄ þīn ꝼoður. heꝼ̄ þu lítt rıðıt tıl
alþīgıſſ eða ſtarꝼat ı þīgðeıllðū ɜ mun þ̄ k̄nga at
haꝼa lıoſa v̄k at buı þınu at exar á ı ꝼá ſīnınu
ē þ̄ ɜ ſkylldara at ſtanga ór tōnū þ̄ razgarn̄ē
ðān m̄arīnar ē þu átzt aðr þu reıtt t̄ þīngſ ɜ
ſa ſmala maðr þīn ɜ vnðraðez h̄ þu g̃der ſlıka
ꝼulm̄nzku. þk. ſp̄tt vpp aꝼ mıkıllı reıðı ɜ greıp
ſaxıt ɜ mlı. þta ſax ꝼeck ek ı ſuıþıoðu ɜ ðrap ek
t̄ ēn meſta kappa. en ſıðan ꝩa ek marganmān
[m;

ꝫ þeᵹ̃ ek naı ꝥ. ſł ek reka ſaxıt ı gegnū þıg ꝫ ſłtu
ꝥ haꝼa ꝼ̇ ꝼáryrðı þín. ſk̃ꝑ. ſtoð m; reıðða exına
ꝫ glottı v̇ ꝫ mł̄ı. ꝥa exı haꝼða ek þa ıhendı ė ek h
lıop ıꝼ̄ markar ꝼlıot ꝫ ek ѵ́a ꝥın .ſ.ſ. ꝫ ſtoðu þar
.víij. m̄n hía ꝫ ꝼengu eckı ꝼán\g/ aꝼ m̄. heꝼı ek
allð ſua rett vapn at mānı at ė haꝼı v̇ kōıt
Sıðan hratt h̄ ꝼ̄ bræðrū ſınū ꝫ ſua kara ꝫ óð ꝼ̄
m̄ at ꝥk. ſk̃ꝑ. mł̄ı þa. ĝðu ānat huart .ꝥk. at
þu ſlıðra ſaxıt ꝫ ſezt nıðr eða ek keyrı exına
ı hoꝼ̄ ꝥ ꝫ klyꝼ ı h̄ðar nıðr. ꝥk ſlıðrar ı ſaxıt ꝫ
ſez þeᵹ̃ nıðr ꝫ haꝼðı huarkı a orðıt ꝼ̇ ꝥk. aðr ne
ſıðan. þr .A. gengu vt. ſk̃ꝑ. mł̄ı þa hūt ſłu v̇ nu
ganga. A.ſ. heī t̄ buðar ѵ́aꝛ̄ar. þa ꝼauru vær
bónleıðır t̄ buðar. ſ. ſk̃ꝑ. A. ſn̄ız at h̄m ꝫ mł̄ı.
Margſtaðar heꝼ̄ þu hellðr v̄ıt orðhuaſſ en h̄ ė ꝥk
attı hlut at. þıkı m̄ þu ꝥ eıtt a h̄ haꝼa lagt ė
maklıgt ė gengu þr þa heī t̄ buðar ſıñar ꝫ .ſ.
Nıalı ꝼra ollu ſē gıorſt h̄ mł̄ı mun ė arka at a
vðnu nu t̄ hūſ ſē ðraga vıll **aꝼ Guðmundı**
Gvðm̄ðr ēn rıkı haꝼðı ſp̄n aꝼ hūſu ꝼ̄ıt
haꝼðı m; þeī ſk̃ꝑ. ꝫ ꝥk ꝫ mł̄ı s̃. kūní
gt man yðr v̄a hūſu ꝼarıt heꝼ̄ m; oſſ
lıoſuetnīgū ꝫ heꝼı ek allðrı ꝼarıt ıā mıkla
ſneypu ꝼ̇ þeī ſē nu ꝼór ꝥk. ꝼ̇ ſk̃ꝑ. ꝫ ė ꝥta vel
orðıt. Sıðan mł̄ı Guðm̄ t̄ eıñ þueræīgſ broður
ſınſ. þu ſłt ꝼ̄ m; ollu lıðı mınu ꝫ veıta .N.ſſ. ꝥa
ė ðomar ꝼ̄ vt. en eꝼ þr þurꝼa lıðſ v̇ añat ſum̄
þa ſł ek veıta þeī lıð ſıalꝼr. Eıñ ıataðe ꝥu ꝫ
let ſegıa .A. h̄ mł̄ı. Olıkr er .G. ꝼleſtū hoꝼðīgıū
.a.ſ. ſıðan .N. **aꝼ mala tılbunaðı-**

121 An ðag epꝉ̄ ꝼunðuz þr .A. ꝫ Gız̄ h̄. ok
hıalltı ſkeggıa .ſ. ꝫ eıñ ꝥūængr ꝥ var
ꝥa ꝫ M̄.v.ſ. h̄ haꝼðı þa latıð aꝼ honðum
ſoknına ꝫ ſellt ı henðr ſıgꝼ̄.ſſ. þa mł̄ı .A. þıg q̄ð
ek at ꝥu ꝼyſtan .Gız̄.h. ꝫ hıallta ꝫ eıñ at ek vıl
ſegıa yðr hūſ eꝼnı ı ē͛o. yðr ė kūnıgt at M̄ he
heꝼ̄ ſott malıt. en s̃ ė vıðuaxıt at .M̄ heꝼ̄ v̄ıt
at vıgı .h̄. ꝫ ſært h̄ ꝥ ſarı ė engı v̇ t̄ neꝼnðr.
Synız m̄ ſē ꝥ mal munı onytt v̄a ꝼ̇ laga ſakır
ꝥa vılıū v̇ b̄a ꝥ ꝼ̄m̄. ſ. hıalł. þorhall\r/ .A.ſ. mł̄ı.
ꝫ q̄ð ꝥ eckı ŕað at ė ꝼærı leynt ꝥ t̄ ė ðom̄ ꝼæ
rı vt. huat ſkıpꝉ̄ ꝥ. ſ. hıalł. A. mł̄ı. eꝼ þr /vıta\ nu þeᵹ̃
at rangt heꝼ̄ v̄ıt t̄ buıt. þa mega þr ſua bıar
ga ſaukīnı at ſenða þeᵹ̃ mān heī aꝼ þīgı. ꝫ ſteꝼ
na heıman t̄ þıngſ en q̄ðıa bua a þíngı ꝫ ė þa rétt
ſótt malıt. vıtr m̄ ētu .A. ſ. þr ꝫ ſł þín ráð haꝼa
Epꝉ̄ ꝥ geck hūr þra t̄ ſīnar buðar. Sıgꝼ̄.ſſ. lyſtu
ſaukū at logb͛gı ꝫ ſꝑðu at þīgꝼeſtı ꝫ heımılıſꝼā
gı. en ꝼaunott ſkyllðu ꝼ̄ vt ðomar t̄ ſoknar ė nu
kyrt þīgıt þarꝉ̄. Marᵹ̃ m̄n leıðuðu ſætꝉ̄ m; þeī
ꝫ v̄ð ꝼł. erꝼıðr en aðrer þo mıklu orð ꝼleırı. ok
þottı ouænlıga horꝼa. Nu kēr at ꝥ er ðom̄ ſłu
vt ꝼ̄ ꝼauſtu kuellðıt. gengr þa allr þīg heīr tıl
ðóma. ꝼł. ſtoð ſūnan at rangænga ðómı ꝫ lıð h̄. ꝥ
v̇ m; h̄m hallr aꝼ ſıðu. ꝫ Runolꝼr vlꝼ.ſ. ꝫ aðrer þr ė
ꝼł. hoꝼðu lıðı heıtıð. En norðan at rangænga ðomı ſ
toðu þr .A. ꝫ Gız̄ .h̄. hıalł. ꝫ eıñ ꝥūæīgr. En .N.ſſ. v̇ h
eıma at buð ꝫ k̄ı ꝫ þorleīꝼr k̄kr ꝫ þorġmr ēn mıklı
ꝫ ſatu m; vapnū ꝫ v̇ þra ꝼlockr o arēnılıgr. N. haꝼ
ðı leıðt ðomenðr at ganga ıðomīn. ſıgꝼ̄.ſ.ſ. ſækıa
nu malıt. þr neꝼnðu ѵ́atta. ꝫ buðu .N.ſſ. at hlyða t̄
eıð ſpıallz ſıðan v̄nu þr e\ı/ð þa ſogðu þr ꝼrā ſok þa
letu þr b̄a lyſıng̃ vættı buðu þr buū í ſetu. þa buðu þr
t̄ ruðnīgar v̄ q̄ðīn. þorhallr A.ſ. neꝼnðı ѵ́atta ok
v̄ðı lyrıtı q̄ðburðīn. ꝫ ꝼān ꝥ t̄ at ſa haꝼðı lyſt ſok
īnı ė ſāner lagaleſꝉ̄ v̇ a ꝫ ſıalꝼr v̇ vtlagı. t̄ hūſ mæl̄
þu ꝥta. ſ.ꝼł. þorh.ſ. M̄.v.ſ. ꝼór t̄ vıgſ .h̄. m; N.ſſ. ok
ſærðı h̄ ꝥ ſarı er engı v̇ t̄ neꝼnðr ꝥa ė vatſ v̇ neꝼ
nðer at benıū. Megı ꝥ ė ımotı mæla at onytt ė malıt.

122 Nıall ſtoð vpp ꝫ mł̄ı **aꝼ nıalı bonða**
ꝥ bıð ek hall aꝼ ſıðu ꝫ ꝼł. ꝫ alla ſıgꝼ̄.ſſ. ꝫ
alla ѵ́aram̄n at ꝥ gangıt ė a brott ꝫ hey
rıt mal mıtt. þr ĝðu s̃. Sva ſynız m̄ ſē ꝥta mal ſe
kōıt ı onytt eꝼnı. ꝫ ė ꝥ at lıkenðū. ꝥ at aꝼ ıllū ro
tū heꝼ̄ vpp rūnıt. Ek vıl yðr kūnıgt ĝa at ek vn
na meıra .h̄. en ſſ. mínū ꝫ þa ė ek ſpurða at h̄
v̇ vegīn þottı m̄ ſlaukt et ſætazta lıoſ augna
mīna. ꝫ hellðr vıllða ek mıſt haꝼa allra mın
na .ſſ. ꝫ lıꝼðı h̄. Nu bıð ek ꝥ hall aꝼ.ſ. ꝫ Runolꝼ ór
ðal Gız̄ .h. Eıñ ꝥūæng ꝫ haꝼr ēn ſpaka at ek ńa
at ſættaz a vıgıt ꝼ̇ honð .ſſ. mīna ꝫ vıl ek at ĝı v̄
þr ė bezt ē͛o t̄ ꝼallñ. þr Gız̄. ꝫ eıñ ꝫ haꝼr toluðu la
ngt erīðı ſıtt ſīnı hūr þra. ꝫ baðu ꝼł. ſættaz ok
hétu h̄m ſıñı vínattu a mót. ꝼł.ſ. ollu vel ꝫ h̄ þo ė

hallr aꝼ ſıðu mꝉı t ꝼꝉ. vılltu nu eꝼna orð þín ꝫ veí
tam̄ bæn mína ẽþu hezt m̄ þa ẽ kō vtan þorg̃mı
ðıgrketılſ .ſ. ꝼrænða þínū. er ħ haꝼðe vegıt halla
ēn rauða. ꝼꝉ. mꝉı. veıta vıl ek ꝥ mágr ꝥ at þu mūt
ꝥ bıðı`a´ at mín ſæmð ſe þa meırı en áðr. ħ. mꝉı þa
vıl ek at þu ſættız ſkıott. ꝫ laſ̃ goða m̄n g̃a. ꝫ k
aup ꝥ ſua vínáttu ēna beztu m̄. ꝼꝉ. mꝉı. ꝥ vıl ek
yðr kūnıgt g̃a at ek vıl g̃a ꝼ orð hallz mágſ m
ınſ ꝫ ānaꝁa ēna beztu māna at ħ g̃ı v̄ .vı. mn aꝼ
huaꝁa hēðı loglıga t neꝼnðer. þıkı m̄ maklıgr
.ɴ. at ek v̄na ħm ꝥa. ɴ. þackaðe þeī ollū ꝫ aðrer
þr ẽ hıa v̊. ꝫ ſegıa ꝼꝉ vel ꝼ̊. ꝼꝉ mꝉı. ꝼꝉ. mꝉı. Nu
man ek neꝼna mına g̃ðar m̄n Neꝼnı ek ꝼyſt
an hall ꝫ ozur ꝼ̃ breıð a. surt aſbıarnar .ſ. ór
kırkıu bæ. Moðolꝼ ketılſ .ſ. ħ bıo þa ı áſū. haꝼr
ꝫ runolꝼr ór ðal ꝫ mun eínmꝉt at ꝥır eru bezt
tıl ꝼallner aꝼ ollū mínū m̄m ꝫ bað .ɴ. neꝼna ſı
na g̃ðarm̄n. ɴ. ſtoð vpp ꝫ mꝉı. t ꝥa neꝼnı ek ꝼyſ
tan Aſg̃m .e.g.ſ. ꝫ hıallta .ſ.ſ. ꝫ Gız̃ .ħ. ꝫ eın̄ þūæg
ſnorra .g. Guðm̄ð rıka. Sıðan tokuz þr ı henðr
.ɴ. ꝫ ꝼꝉ. ꝫ ſıgꝼ.ſſ. ꝫ hanðſalaðe ɴ. ꝼ alla .ſſ. ſína
ꝫ ꝁa ꝫ ſkyllðu ꝥır .xíj. m̄n ðæma ꝫ mattı s̃ at q̃ða
at allr þıng heīrīn yrðı ꝥu ꝼegīn. V̊ þa ſenðer
m̄n epꝉ ſnorra ꝫ Guð. ꝥt þr v̊ ı buðū ſınū. v̄ þa
mꝉt at ðomenðr ſkyllðu ſıtıa epꝉ ılogrettu en

123 SNorrı **hæðyrðı ſkarphe**[allꝉ aðꝼ gēgu ı b̃t **ðīs**
goðı mꝉı s̃. Nu ēo v̄ ħ .xíj. ðomēðr er malū
ꝥū ẽ t ſkotıð. vıl ek bıðıa yðr alla at v̄
haꝼī engı trega ı malū ꝥū s̃ at þr megı é vel
ſatꝉ v̄a Guðm̄ðr mꝉı. vılı ꝥ nockuꝛ ħaðſ ſekꝉ
g̃a eða vtanꝼ̃ðer. aunguar. ſ. ſnorrı ꝥ at ꝥ he
ꝼ̃ opt é eꝼ̃zt ꝫ haꝼa m̄n ꝼ ꝥ ðrepn̄ v̄ıt. ꝫ orðıt
oſatꝉ. en g̃a vıl ek ꝼe ſætt s̃ mıkla at engı m̄
haꝼı ðyꝁı v̄ıt a lðınu en ħ. ħ orð mꝉtuz `vel´ ꝼ. Sıðan
toluðu þr v̄ ꝫ vrðu é aſatꝉ hūr ꝼyſt ſylðı vpp q̃ða
hūſu mıkıt ꝼéſætt at v̄a ſkyllðı ꝫ kō s̃ at þr
hlutuðu. ꝫ hlaut ſnorrı vpp at q̃ða. ſnorrı mꝉı
eckı man ek lengr ıꝼ̃ ꝥu ſıtıa. ꝥ ēu mín at q̃
ðı at ek vıl lata .ħ. bæta ꝥrēnū māngıollðū
en ꝥ ēo .vı. hunðrut ſılꝼrſ. ſꝉu ꝥ nu at g̃a eꝼ
yðr þıꝁ oꝼmıkıt eða oꝼlıtıð. þr .ſ. at þr vılıðu
hūgı at g̃a ꝥ ſꝉ ꝫ ꝼylgıa at ħ ſꝉ allt ꝼeet vpp

gıallðaz a þıngınu. þa mꝉı .Gız̃. ꝥta þıkı mer
varla v̄a mega ꝥ at þr munu ħ lıtīn hlut ha
ꝼa at gıallða ꝼ ſık. Gvðm̄ðr mꝉı ek veıt ħt
ſnorrı vıll. ħ vıll at v̄ geꝼī t aller g̃ðar m̄nın̄
ſlıkt ſē váʀ ðreīgſkapr ẽ t. ꝫ munu ꝥ marg̃
epꝉ g̃a. hallr aꝼ ſıðu þackaðe ħm ꝫ q̃z gıarna
vılıa t geꝼa ſē ſa ẽ meſt gæꝼı. ıatuðu ꝥ þa
aller g̃ðarm̄n. Epꝉ ꝥ gengu þr ı b̃tt ꝫ reðu
ꝥ m; ſer at hallr ſkyllðı ſegıa vpp g̃ðına at
logb̃gı. Epꝉ ꝥ v̄ hrīgt ꝫ gıngu aller m̄n t logb̃g`s´.
hallr ſtoð vpp. ꝫ mꝉı. mal ꝥı ẽ v̄ hoꝼū g̃t hoꝼū
v̄ orðıt aſatter ꝫ g̃ðū .cccccc. ſılꝼrſ ſꝉu v̄ gıa
llða vpp helmīgīn g̃ðar m̄n. ꝫ ſꝉ ħ allt gollðıt
a þıngınu. Er ꝥ bænar ſtaðr mīn t allrar al
þyðu at nockurn hlut geꝼı t ꝼ guðſ ſaꝁ en
aller .ſ. vel neꝼnðı hallr þa vaıta at g̃ðīnı at
engı ſkyllðı hana ríuꝼa mega. ɴ. þackaðe þeī
g̃ðına. ſꝁꝥ. ſtoð hıa ꝫ þagðe. ꝫ glottı v̇. gīgu m̄n
þa ꝼ̃ logbergı. ꝫ t buða ſīna ꝫ g̃ðar m̄n baru ſa
man ı bonða kırkıu g̃ðı ꝼe ꝥ ſē þr hoꝼðu heıtıð
t at leggıa. ſſ.ɴ. ſellðu ꝼ̃ ꝼe ꝥ ẽ þr hoꝼðu ꝫ s̃ ꝁı
ꝫ v̄ ꝥ .c. ſılꝼrſ. ɴ. tok þa ꝼe ꝥ ẽ ħ haꝼðı ꝫ v̄ ꝥ .c.
Sıðan v̄ borıt ſaman ꝼe ꝥta allt ı logrettu. ꝫ ga
ꝼu m̄n þa s̃ t at engan pēnīg ſkortı á. ɴ. tok
ſılkıſlæður. ꝫ bota ꝫ lagðe a oꝼan a hruguna
Sıðan mꝉı hallr at .ɴ. ſkyllðı ganga epꝉ ſonū
ſınū. en ek mun ganga epꝉ ꝼꝉ. ꝫ veıtı nu hua
ꝛ̃ oðrū trygðer. ɴ. geck þa heī t buðar ꝫ mꝉı
t .ſſ. ſīna. Nu ẽ malı varu kōıt ı gott eꝼnı v̄
erū m̄n ſatꝉ ꝫ ꝼe allt kōıt ı eīn ſtað ſꝉu nu h
uaꝛ̃tueggıu ganga t ꝫ veıta oðrū g̃ð ꝫ tryg
ðer. vıl ek nu bıðıa yðr at ꝥ ſpıllıt ı ongu v̄. ſꝁꝥ
ſtrauk v̄ ēnıt. ꝫ glottı ı motı. Ganga þr þa al
ler t logrettu. hallr geck t motz v̇ ꝼꝉ. ꝫ mꝉtı
gack þu nu t logrettu ꝫ ẽ nu ꝼeet allt vel aꝼ hen
ðı gollðıt ꝫ ſaman kōıt ı eīn ſtað. ꝼꝉ bað ſıgꝼ ſſ.
ganga t m; ſér gengu þr þa vt aller. ꝫ gīgu a
vſtan at logrettu. ɴ. geck veſtan at ꝫ .ſſ.ħ. ſꝁꝥ.
geck a mıð pallīn ꝫ ſtoð ꝥ. ꝼꝉ. geck ı logrettu
at hyggıa at ꝼenu. ꝫ mꝉı ꝥta ꝼe ẽ mıkıt ok
gott. ꝫ vel aꝼ honðū greıðt ſē van ẽ at. Sıðan
tok ħ vpp ſlæðurnar ꝫ veıꝼðı ꝫ ſꝥðı hūr tıl

munðı haꝼa geꝼıt. en engı .ſv̂. h̄m. J ānat ſīn
veıꝼðı h̄ ſlæðunū ꝫ ſp̄ðı enſ ſama ꝫ hlo at ꝫ ſv̂.
engı. ꝼl. mlı huart ē ꝥ at engı yðuaꝶ veıt h
v̂r þna bunīg heꝼ̄ átt eða þorı ꝥ̄ ė at ſegıa m̄.
ſk̄p̄. mlı. h̄t ætlar þu hūr t haꝼı geꝼıt. ꝼl.
mlı. eꝼ þu vıll þ vıta þa man ek ſegıa ꝥ̄ h̄t
ek ætla. þ ē mín ætlan at t haꝼı geꝼıt ꝼaðer
þīn karl ēn ſkeGlauſı. ꝥ at marḡ vıta ė ē h
ſía huart h ē k̄lm̄ eða kona ſk̄p̄'. mlı. Jlla
er ſlıkt ḡt at ſneıða a h̄m aꝼgōlū. ē engı heꝼ̄ t
orðıt áðr ðugandı m̄. ᴍegı ꝥ̄ þ vıta at h ē k̄l
m̄. ꝥ at h heꝼ̄ ſonu getıð v̇ konu ſıñı. haꝼa
ꝼaer vaꝛ̄ ꝼrænðr legıt obætt̄ hıa ḡðı. s̄ at v̂
haꝼī ė heꝼnt. Sıðan tok ſk̄p̄ t ſín ſlæðurn̄
en kaſtaðe brokū blā t ꝼl. ꝫ q̄ð h þær meıꝶ
þurꝼa. ꝼl. mlı. huı man ek þra meıꝶ þurꝼa
ſk̄p̄. mlı. Eꝼ þu ēt bruðr ſuın ꝼellz áſſ ſem
ſagt ē hūıa ena nıunðu nótt ꝫ ḡı h þıg at ko
nu. ꝼl. hratt þa ꝼenu ꝫ q̊z þa engan pēnīg
ſkyllðu aꝼ haꝼa ꝫ ſagðı at v̂a ſkyllðı ānath
vart at .h̄. ſkyllðı v̂a ogıllðr ella ſkyllðı þr
heꝼna h̄. vıllðı þa ꝼl. engı ḡð ſelıa ꝫ engı taka
ꝫ mlı t ſıgꝼ̄.ſſ. gongū nu heī eıtt ſl ıꝼ̄ oſſ ganga
Sıðan gıngu þr heī t buðar. hallr mlı. h̄ eıgu
haullztı mıklır vgæꝼu m̄n hlut at. þr .ɴ. ꝫ .ſſ.
h̄ gīgu heī t buðar. ɴ. mlı. Nu kēr þ ꝼrām ē
m̄ ſagðı lengı hugr v̄. at oſſ munðı þungt ꝼal
la ꝥı mal. ė ē þ. ſ. ſk̄p̄. þr mega allðregı ſækıa
oſſ at lðz logū. þ man þa ꝼrā kōa. ſ.ɴ. ē ollū
man veſt gegna. Mēn toluðu v̄ þr er geꝼıt h
oꝼðu ꝼéét at þr munðu ı b̄tt taka. Guðm̄ðr
mlı. þa ſkō kyſ ek ė m̄ t hạnða at taka þ aptr
ē ek geꝼ hūkı h̄ ne ānarſ ſtaðar. vel ē þ mlt. ſ.
þr vıllðı þa ꝫ engı ıb̄tt taka. Snorrı goðe mlı.
þ ē mıtt ráð at Gız̄ h̄tı ꝫ hıalltı ſkeggıa .ſ. v̊ðueí
tı ꝼe þta t ānarſ alþīgıſſ. ſeḡ m̄ s̄ hugr v̄ at ė
munı langt lıða aðr tıl man þurꝼa at taka t
ꝥa ꝼíar. hıalltı tók ꝫ varðueıttı helmīg ꝼıarınſ
en Gız̄ ſūt. gengu m̄n þa t buða ſīna. **raðın at**

124 Floſı ſteꝼnðı ollū ſınū m̄m **ꝼ̄ð ú nıal ꝫ .ſſ. h̄.**
vpp ı alm̄gía ꝫ geck þangat ſıalꝼr. þa
v̂ þar kōner aller h̄ m̄n ꝫ v̂ þ tıutıgır

m̊. ꝼl. mlı t ſıgꝼ̄.ſſ. hūſu veıtı ek yðr ſua at ma
lū at yðr ſe ſkapꝼellıgaz. Gūn̊ lāba .ſ. mlı. Eckı
lıkar oſſ ꝼyꝶ en þr bræðr ēo aller vegn̄. ꝼl mlı
ꝥ vıl ek heıta ſıgꝼ̄.ſſ. at ſkılıaz ė v̇ þra mal ꝼyꝶ
en aðrer huaꝛ̄ hnıga vıl ek ꝫ þ vıta huart noc
kuꝶ ē ſa h̄ at oſſ vılı ė veıta at ꝥu malı. Aller
q̄ðuz þeī veıta vılía. ꝼl. mlı. gangı aller t mī
ꝫ ſuerı eıða at engı ſk̄ız ór ꝥu malı. gīgu þa al
ler t ꝼl. ꝫ ſoru h̄m eıða ꝼl. mlı. v̂ ſlm ꝫ haꝼa hā
ðtak at ꝥ at ſa ſl haꝼa ꝼ̄ gort ꝼe ꝫ ꝼıoruı ē or gēgr
ꝥu malı. þır v̊ hoꝼðıngıar m; ꝼl. kolr ſon þorſt̄.
breıðmaga b̊ð̄.ſ. hallz aꝼ ſıðu. hroallðr auzuꝛ̄
.ſ. auz̊ aunūðar .ſ. tauſkubakſ þorſt̄. ꝼaḡ geırleıꝼ`s´
.ſ. Glumr hıllðıſſ .ſ. enſ gāla Moðolꝼr ketılſ .ſ. þo
rıſſ .ſ. þorð̄ .ſ. Jlluga .ſ. or mortungu ꝼrænðr ꝼl. kol
beīn ꝫ egıll ketıll. ſıgꝼ̄ſ. ꝫ morðr b̊ð̄ h̄ þorkell ꝫ lā
bı. Ḡnı .G.ſ. Gūn̊ .l.ſ. ꝫ ſıḡðr b̊ð̄ h̄. Jngıallðr ꝼ̄ kell
ðū hroaꝶ hamunðar .ſ. ꝼl. mlı t ſıgꝼ̄.ſſ. kıoſı ꝥ̄
yðr hoꝼðıngıa þān ē yðr þıkır bezt tılꝼallīn
ꝥ at eīn hūr mun þurꝼa ꝼ̄ at v̂a malınu. ketıll
mlı. eꝼ vnð̄ oſſ ſl kıorıt þa munu v̂ þ aller kıo
ſa at þu ſer ꝼ̄. hellðr ꝥ̄ mart t ꝥ. þu ert ættſtoꝶ
ꝫ hoꝼðıngı mıkıll. harððrægr ꝫ vıtr. vırðu v̂ ok
s̄ at þu ſetız ꝼ̄ vara nauðſyn ı malıt. ꝼl.ml.
þ ē lıkaz at v̂ ıatīz vnðer ꝥta ſē bæn yður ē
t mun ek nu ꝫ aq̊ða hūıa at ꝼor v̂ ſkolū haꝼa
ꝫ ē þ mıtt ráð at hūr rıðı heī aꝼ þıngınu ꝫ ſe
v̇ bu ſıtt ı ſumar meðan tauðu āner ero. Ek
mun. ꝫ rıða heī ꝫ v̂a heıma ıſumar. En ōttīſ ðag
þa ē atta vıkur ero t vetrar. þa man ek lata
ſyngıa m̄ meſſu heıma ꝫ rıða ſıðan veſtr ıꝼ̄ lo
ma gnupſ ſanð. hūr váʀ man haꝼa .íj. heſta
eckı man ek lıð auka ór ꝥ ſē nu heꝼ̄ t eıða gē
gıt. ꝥ at v̂ hoꝼū þ ærıt mart eꝼ oſſ kæmı v
el at hallðe. Ek man rıða ōttīſ ðagīn ꝫ s̄ nottı
na m;. en ānan .ð. vıkūnar man ek komīn a
ꝥ hyrnīgſ halſa ꝼ̄ mıðıan aptan. ſlu ꝥ̄ þa all̄
þar kōner ē eıðſuaꝛ̄ ēo. En eꝼ nockuꝶ ē ſa þa
ė ꝥ komīn ē ı mal ꝥı heꝼ̄ gengıt. ſa ſl engu ty
na ꝼ̄ nēa lıꝼınu eꝼ v̂ megū raða. ketıll mlı.
hūſu ma þ ſaman ꝼara at þu rıðer ōttīſ.ð.
heıman en kom̄ añan .ð. vıku a ꝥhyrnīgſ halſa

ꝼl̄. mlı. Ek mun rıða vpp ór ſkapt ár tungu
ꝫ ꝼ͛ norðan eyıaꝼıallaıokul ꝫ oꝼan ı goðalð ok
ma þtta enðaz eꝼ ek rıð huatlıga man ek nu
ſegıa yðr alla mına ætlan at þa er v͛ komū ħ
ſaman ſlu v͛ rıða t bgðorſ.h. m; ollu lıðınu. ꝫ ſæ
kıa .ɴ.ſſ. m; elldı ꝫ ıarnı. ꝫ ganga e ꝼyꝛ ꝼ͛ en þr
eo aller ðauðer ſlu þ þı raðagð leyna þat líꝼ
v́art allra lıgr v munu v͛ nu lata taka heſta
vara ꝫ rıða heī. gīgu þr þa t buða ſīna. Sıðan l
et ꝼl ſauðla heſta þra. ꝫ rıðu ſıðan heī ꝫ bıðu
engra m̄. þ at ħ vılldı e ꝼıña hall mag ſīn. ħ
þottız vıta at ħ mundı letıa allra ſtoruırkıa.
.N. reıð heī aꝼ þīgı ꝫ .ſſ. ꝫ v͛ þr heíma aller v ſūa
rıt. ɴ. ſpurðı kara huart ħ mundı rıða auſtr
t ðyrholma t buſſ ſınſ. kı .ſ. eckı ſl auſtr rıða
þ at eítt ſl ganga ıꝼ mık ꝫ ſonu þına. ɴ. þacka
ðı ħm. ꝫ qð ſlıkſ at ħm v́an. þ v ıaꝼnan næꝛ
halꝼū þrıðıa tıgı vígra karla m; hkorlū. þ var
eınu ſīnı e hroðny .h.ð. kō t kellðna. Jngıallðr
bð hn ꝼagnaðe hēnı vel h tok eckı queðıūnı
en bað ħ vt ganga m; ſer. ħ gðı s. þau gıngu
ór gðı bæðı ſaman ſıðan þreıꝼ h t ħ ꝫ ſettuz þa
nıðr. h mlı. þa e þ ſatt at þu heꝼ ſuarıt eıð at
ꝼ at .ɴ. ꝫ ſſ.ħ ꝫ ðrepa þa. ħ. ſ. ſatt e þ. þu et all
mıkıll nıðıngr. ſ. h. þar ſē .ɴ. heꝼ þıg þryſuar
leyſt ór ſkogı s er nu komıt. ſ. ħ. at lıꝼ mıtt lıɢr
v eꝼ ek gı e þta e mun þ ſ. h lıꝼa muntu allt at
eınu ꝫ heıta þa goðr m̄ eꝼ þu ſuıkr þān e e þuát
bezt at launa. h tok þa lınhuꝼu ór puſſı ſınū
albloðga ꝫ mlı þa haꝼðe .h.ɴ.ſ. ꝫ ſyſt.ſ. þīn a
hoꝼðe ſer þa e þr vagu ħ. þıkı m̄ þ þ v͛r ſama
at veıta þeī e þaðan ſtanða at. ħ. ſ. s man nu ꝫ
ꝼ. ſ. ħ at ek mun e v͛a ımot .ɴ. huat ſē a bak
kēr. en þo veıt ek at þr munu at m̄ ſnua van
ðræðū. h mlı þu matt nu mıkıt lıð ga .ɴ. ꝫ ſeg
ıa ħm raðagıorð þra. þ man ek e ga. ſ. Jngıall
þ at þa em ek huſ manz nıðıngr. eꝼ ek ſegı þ er
þr t ðu m̄ t. en þ e karlmānlıgt bragð at ſkılı
az v þra mal e m̄ veıt heꝼða v́an en ſegþu þ
.ɴ. ꝫ ſſ.ħ at ħ ſe þta ſumar allt vaꝛ v ſık ꝫ haꝼı
mān mart. þ at þ e ħm heılræðı. Sıðan ꝼor h
t bgðorſ.h. ꝫ .ſ.ɴ. þa raðagð alla. ɴ. þackaðe

hēnı ꝫ q̄ð hana vel haꝼa gort. þat ħm mundı
hellzt mıſgð ı at v̄a ı motı m̄ allra m̄. h ꝼor þa
heī en .ɴ.ſ. þa .ſſ. ſınū. klıng v ſu at bgðorſ.h. er
ſæūn h. h v ꝼroð at morgu ꝫ ꝼmſyn. en þa v h
gomul mıog ꝫ kolluðu .ɴ.ſſ. hana gamalæra
e h mltı mart en þo geck þ mart epť. þ v eīn
ðag at h þreıꝼ lurk ı honð ſer. ꝫ geck vpp v h.
at arꝼa ſatu eīnı. h lauſt arꝼaſatuna ꝫ bað
hana allð þrıꝼaz. ſua veſlug ſē h v. ſkꝑ. hló
at ꝫ ſpurðı huſ h kyñı arꝼaſatuna klıng
mlı. þı arꝼa ſata mun tekın ꝫ kueyktr vıð
ellðr þa e .ɴ. e īnı brenðr ꝫ bgðora ꝼoſtra mín
ꝫ bıþ hana a vatn. ſ. h. eða brēıt hana ſē ſkıo
taz e munu v þ ga. ſ. ſkꝑ. þat ꝼaz man ānat
t ellðkueykna þott h ſe e eꝼ þ v͛ðr auðıt klīg
klıꝼaðı opt v arꝼa ſatuna at ıñ ſkyllðı ba. ᴇn
125 þo ꝼorz þ a vallt ꝼ. at reykıū a ſkeıðū bıo ʀun
olꝼr þorſteīſ .ſ. hılldıglumr h .ſ.ħ. ħ geck vt
ottınſ nótt þa e .xíj. vıkur v t vetrar ħ heyr
ðı breſt mıkīn ꝫ þottı ħm ſkıalꝼa bæðı ıorð ꝫ
hımīn Sıðan leít ħ ı veſtrættına ꝫ þottız ħ ſ
ıa hrıng ꝫ ellðz lıt a ꝫ ı hrīgınū mañ a gm
heſtı. ħ bar ſkıott ıꝼ ꝫ ꝼór ħ hart. ħ haꝼðı log
anða branð ı hēðı ħ reıð ſua næꝛ næꝛ ħm at ħ
mattı gıorla ſıa ħ. ħm ſynðız ħ ſuartr ſē bık.
ꝫ heyrðı at ħ qð vıſu. m; mıkıllı rauſt. Ek rıð
heſtı helugbarða vrıgtoppa ıllz vallðanða
ellðr e ı enðū eıtr e ımıðıu s e v ꝼloſa rað ſē
ꝼarı keꝼlı s e v ꝼloſa rað ſē ꝼarı keꝼlı. þa
þottı ħm ħ ſkıota branðınū auſtr t ꝼıallan
na ꝫ þottı ħm hlaupa vpp ellðr s mıkıll at ħ
þottız eckı ſıa t ꝼıallāna ꝼ. Sıðan geck ħ īn
ꝫ t rūſ ſınſ. ꝫ ꝼeck lant vuıt ꝫ rettı v ór þuı
ħ mundı allt þ e ꝼ ħ haꝼðı borıt. ꝫ ſagðe ꝼoð
ſınū. en ħ bað ħ ſegıa hıallta ſkeɢıa .ſ. ħ ꝼor ꝫ
ſagðe ħm ħ mlı þu heꝼ ſéét ganðreıð ꝫ e þ
a vallt ꝼ ſtortıðenðū. **ꝼloſı reıð heıman**

126 F loſı bıo ſık auſtan. þa e .íj. manaðır
v t vetrar. ꝫ ſteꝼnðı t ſın ollū ſınum
m̄m þeī e ħm hoꝼðu ꝼð heıtıð. huſ þra
haꝼðı .íj. heſta. ꝫ goð v́apn. þr komu aller
t ſuına ꝼellz. ꝫ v þar v nottına. ꝼl. let ſnēma

veıta ſer tıðer ᵒðttīſ.ð. Sıðan geck ħ ᵗ borðz ⁊ epꞇ̄
þ geck ħ ᵗ heſta ſīna en aðr ſeg̃ ħ ꝼ ollū heīa
m̄m ħ̄t hūgı ſkyllðı ſtarꝼa meðan ħ ᵛ̄ı ı brottu
þr ꝼl̄ rıðu veſtr a ſanð. ꝼl̄. bað þa ꝼyrſt ė allakaꝼt
rıða. q̃ð þo hīnueg lvka munðu ħ mꝉ̄ı at ſkyllð
u bıða eꝼ nockuꝶ þyrꝼtı at ðuelıaz. þr rıðu ve
ſtr ᵗ ſkoga hūꝼıſſ ⁊ komu ı kᷘkıu bæ. ⁊ bað alla m̄n
koma ᵗ kᷘkıu ⁊ bıðıa ꝼ ſer m̄n g̃ðu ſ̃ Sıðan ſtıgu
þr a heſta ſína ⁊ rıðu vpp a ꝼía. ⁊ ſ̃ ᵗ ꝼıſkıuatna
⁊ rıðu nockuru ꝼ veſtan votnín. ⁊ ſteꝼnðu ſ̃ veſtr
a ſanðīn. letu þr þa eyıaꝼıalla ıokul auınſᵗ hōð
⁊ ſ̃ oꝼan ı goða lð. ⁊ ſ̃ ᵗ markᷘ ꝼlıotz ⁊ komu ṽ non
ſkeıð añanðag vıku a þrıhyrnīgſ halſa ⁊ bıðu þ̃
ᵗ mıðſ aptanſ. komu þar aller nema Jng̃. ꝼrá
kellðū. ⁊ tolðu ſıgꝼ̃.ſſ. a ħ mıog. en ꝼl̄. bað þa
eckı amæla Jng̃. meðan ħ var ė hía en þo ſꝉ̄u

127 ᵛ̄ heꝼna ħm Nu ē̃ ᵗ malſ at taka at b̃gðorſ.h. at
þr ġmr ⁊ helgı ꝼ̊ ᵗ hola þar ᵛ̊ þeī ꝼoſtruð born. ⁊
ſogðu ꝼoður ſınū at þr munðu ė heī ṽ kuellðıt
þr ᵛ̊ ı hólū allan ðag. þar komu konur ꝼætækᷘ
⁊ q̃ðuz komıt haꝼa at langt. þr ſpurðu þær tı
ðenða þær kuaðuz ė ſegıa tıðendı. en ſegıa þo
nylunðu nockura. þr ſpurðu hũıa nylunðu þæ\`r´
.ſ. ⁊ baðu þær ė leyna þær ſogðu at ſ̃ ſkyllðı
ᵛ̄a. ᵛ komū at oꝼan or ꝼlıoz hlıð ⁊ ſa ᵛ̄ ſıgꝼ̃.ſſ.
rıða alla m; aluæpnı. ⁊ ſteꝼnðu þr vpp a þ̃hyrn
ıngſ.h. ⁊ ᵛ̄ .xv. ı ꝼlockı. ᵛ ſaū ⁊ grana .G.ſ. ⁊ G.l.
.ſ. ⁊ ᵛ̄ þr .v. ſaman ⁊ rıðu aller eına leıð ⁊ kal
la ma at nu ſe allt a ꝼaur. ⁊ a ꝼlaúg. helgı ɴ.
.ſ. mꝉ̄ı þa man ꝼl̄. komīn auſtan ⁊ munu þr allꝉ̄
koñ ᵗ motz ᵛ ħ ⁊ ſꝉ̄u ᵛ ġmr ᵛ̄a þ̃ ſē ſkᷘp̄ħ. ē. ġm\`r´
.ſ. at ſ̃ ſkyllðı ᵛ̄a ꝼ̊ þr þa heī. nu er ᵗ malſ at taka
at b̃gðorſ.h. b̃gðora mꝉ̄ı ᵗ hıona ſīna. ɴu ſꝉ̄u þ̃
kıoſa yðr mat ı kuellð at hũr haꝼı þ meſt ꝼyſır
ᵗ. þat þēna aptan man ek ſıðazt b̃a mat ꝼ hıon
mín þ ſkyllðı ė ᵛ̄a. ſ. þr ē hıa ᵛ̄. þ mun þo ꝼram
kōa. ſ. ħ̃. ⁊ ma ek þ ſegıa mıklu ꝼleıra eꝼ ek vıl
⁊ man þᵗ marka at þr ġmr munu heī kōa ı kuellð
⁊ eꝼ þta gengr epꝉ̄ þa man ſua ꝼara ānat ſē ek
ſegı Sıðan bar ħ̃ mat a borð. ɴ. mꝉ̄ı. vnðarlı
ga ſynız m̄ nu. Ek þıkıūz ſía ṽ alla ſtuꝼuna
⁊ þıkı m̄ ſē vnðan ſe baðer ſtaꝼnarñ en blóð

vgt allt borðıt. ⁊ matñ. ollū ꝼanz þa mıkıt ṽ oðꝫ.
en ſkᷘpħ. ħ bað þa eckı. ħ bað þa eckı ſyrgıa ne
lata oðrū hūꝼılıgū latū ſ̃ at m̄n mættı orð a þ̃ g̃a
man oſſ vanðara g̃t en oðrū eꝼ ᵛ̄ b̃ū oſſ ė vel ⁊ ē̃
þ mıkıl várkūn. þr Grīr ⁊ helgı kōu heī áðr borð
ᵛ̊ oꝼan tekín ⁊ bra þa ᵛ mıog ollū. ɴ. ſpyꝶ ħ̇ þr
ꝼærı ſ̃ hūꝼt. en þr ſogðu ſlıkt ſē þr hoꝼðu ꝼrétt
.ɴ. bað engan mān nıðr leggıaz. ṽ kuellðıt. **ꝼloſı**

128 Nv er þ̃ ᵗ at taka ē̃ ꝼl̄. ē̃ **reıð tıl bergþorſ**
at ħ mꝉ̄ı. ɴu munu ᵛ̄ rıða ᵗ b̃gðorſ.h. ⁊ **huáls**
kōa þ̃ ꝼ natt mal. ðalr ᵛ̄ ı húalnū ⁊ rıðu
þr þangat ⁊ bunðu þar heſta ſına ⁊ ðuolðuz þ̃ ᵗ
ꝥ ē mıog leıð a kuellðıt ꝼl̄. mꝉ̄ı. Nu ſꝉ̄u ᵛ̄ ganga
heī. at bænū ⁊ ganga þraungt ⁊ ꝼ̊ ſeınt ⁊ ſıa ħ̄t
þr taka ᵗ. Nıall ſtoð vtı ⁊ .ſſ.ñ ⁊ kᷘı ⁊ aller heīa
m̄n. ⁊ ſkıpuðuz ꝼ a hlaðınu ⁊ var þ .xxx. m̊ ꝼl̄. nā
þa ſtaðar ⁊ mꝉ̄ı. ɴu ſꝉ̄u ᵛ̄ at hyɢıa huat þr taka
ᵗ raðſ þ̃ at m̄ lız ſ̃ á eꝼ þr ſtanða vtı ꝼ at vær
manī þa allðregı ſótt geta. þa ē̃ var ꝼaur ıll. ſ. g̃
nı eꝼ ᵛ̄ ſꝉ̄m ė þora at ſækıa þa. þ ſꝉ̄ ⁊ ė ᵛ̄a. ſ.ꝼl̄. ⁊ ſꝉ̄u
ᵛ̄ at ganga þott þr ſtanðı vtı en þ aꝼroð munu
ᵛ̄ gıallða at margr man ė kūna ꝼ̃ at ſegıa hua
ꝼ̃ ſē ſıgraz. Nıall mꝉ̄ı ᵗ ſıña m̊. huat ſegı þ̃ ꝼra
hũſu mıkıt lıð þr haꝼa. þr haꝼa harðſnuıt lıð
.ſ. ſkᷘp̄. ⁊ þo mıkıt en þ̃ nema þr ſtaðar at þeī þıkır
ſē ılla munı ſækıaz at vīna oſſ þ man eckı. ſ.ɴ.
⁊ vıl ek at ᵛ̄ gangī īn þ̃ at ılla ſottız þeī. Gūñ at
hlıðar enða ⁊ ᵛ ħ eīn ꝼ ēo ħ̃ ħ̃ rālıg ſē þ̃ ᵛ̄. ⁊ mu
nu þr ė ſótt geta. þta er eckı ſ̃. ſ. ſkarp̄. G. ſot
tu heī þr hoꝼðıngıar ē̃ ſ̃ ᵛ̄ vel at ſer at hellðr
vıllðu ꝼ̃ hūꝼa en brēna ħ īnı en þır munu
ſækıa oſſ m; ellðı eꝼ þr mega ė ānan veg þ̃ at
þr munu allt ᵗ vīna at ıꝼ takı ᵛ oſſ. munu þr
þ ætla at ė ē̃ olıklıgt at þ manı þra banı eꝼ oſſ
ðregr vnðan. em ek ⁊ oꝼus ꝥ at lata ſuæla
mık īnı ſē melracka ı grenı. ɴ. mꝉ̄ı. Nu man
ſē optaꝶ at þ̃ munut b̃a mık raðū .ſſ. mıñ ⁊ vırða
mık engıſ. en þa ē̃ þ̃ vorut vng̃. þa g̃ðu þ̃ eckı ſ̃
⁊ ꝼor yðr þa betr. helgı mꝉ̄ı. Gerū ᵛ̄ ſē ꝼaðer v
aꝶ vıll þ man oſſ bezt gegna ė veıt ek þ vıſt
.ſ. ſkᷘp̄. þ̃ at ħ ē̃ nu ꝼeıgr en þo ma ek g̃a þta ᵗ ſk
apſ ħſ at brēna īnı m; ħm þat ek em eckı hr

æððr v̄ lıꝼ mıtt ne v̇ ðauða ꝫ mł̄ı v̇ k᷑a ꝼylgıūz
v̄ vel magr s̄ at engı vaꝶ ſkılı v̇ ānan þ heꝼı
ek ætlat. ſ. karı. En eꝼ ānarſ v̄ðr auðıt. þa m
an þ v̄ða ꝼrā at koma. ꝫ mun þ v̄ða ꝼrā
at kōa ꝫ mun eckı mega v̇ g̃a. heꝼnðu var. ſ. ſk᷑ꝑ
en v̄ ſł̄m þın eꝼ v̄ lıꝼū epł̄ karı .ſ. at s̄ ſkılı v̄a gē
gu þr þa īn aller ꝫ ſkıpuðuz ı ðyꝶın. ꝼł. mł̄ı. Nu
ero þr ꝼeıg̃ ē þr haꝼa ıñ gēget ſł̄u v̄ nu heī gan
ga ſē ſkıotaz. ꝫ ſkıpa ſē þyckaz ꝫ geyma ꝥ at
engı komız ı b᷑tt. k᷑ı eða .ſſ. nıalſ. ella ē þ vaꝶ
banı þr ꝼł. komu heī ꝫ ſkıpuðuz v̄ b᷑gıſſ h᷑ın eꝼ
nockurar v̄ı launðyꝶ á ꝼł. geck ꝼ̄man at hu
ſunū ꝫ ħ m̄n hroallðr auzurar .ſ. hlíop at ꝥ ſē
ſk᷑ꝑ v̄ ꝼ̇. ꝫ lagðı t̄ ħ. ſk᷑ꝑ hıo ſpıotıð aꝼ ſkaptı
ꝼ̇ ħm ꝫ hlıop at ħm ꝫ hıo t̄ ħ ꝫ kō exın oꝼan ı ſkıo
llðīn ꝫ bar at ħm þeg̃ allan ſkıollðīn en hyrn
an ꝼrērı tok ānlıtıð ꝫ ꝼell ħ a bak aptr ꝫ þeg̃
ðauðr. k᷑ı mł̄ı. lıtt ðro ēn vnðan ſk᷑ꝑ. þu ēt var
ꝼræknaztr. ė veít ek þ. ſ. ſk᷑ꝑ. ſa ek at ħ bra g
raunū ꝫ glottı vıð. þr k᷑ı ꝫ g̃mr ꝫ helgı logðu
vt morgū ſpıotū ꝫ ſærðu marga m̄n. En þr ꝼł.
gatu eckı at gort. ꝼł. mł̄ı. v̄ hoꝼū ꝼengıt mıkīn
ſkaða a m̄m varū ē marg̃ ēo ſærðer. en ſa ve
gīn ē v̄ munðū ſızt t̄ kıoſa. Nu ē þ ſéét at v̄
getū þa ė m; vapnū v̄nıt. ē ſa nu margr at
ė gengr ıā ſkarplıga at ſē ætluðu en þo eg
gıuðu meſt mælı ek þta meſt t̄ g̃na .G.ſ. ꝫ G.
.l.ſ. ē ſer letu veſt eıra. en þo munu v̄ v̄ða
at g̃a ānat rað ꝼ̇ oſſ. ero nu .íj. koſł̄. ꝫ ē hū
gı góðr. Sa añaꝶ at hūꝼa ꝼ̄ ꝫ ē þ vaꝶ banı en
hīn añaꝶ at b᷑a at ellð ꝫ brēna þa īnı ꝫ ē þ þo
ſtór abyrgð ꝼ̇ guðı ē v̄ ēū krıſtñ ſıalꝼ̇ ꝫ mu
nu v̄ lata taka ellð ſē ſkıotaz ꝫ b᷑a ħ at. **nıalſ**

129 Sıðan toku þr ellð ꝫ g̃ðu bal mıkıt **breṅa**
ꝼ̇ ðyrunū. þa mł̄ı ſk᷑ꝑ. ellð kveykı ꝥ
nu ſueıñ. hvart ſł̄ nu bua t̄ ſeyðıſſ.
Granı q. s̄ ſł̄ þ v̄a. ꝫ ſł̄u ė þurꝼa heıtara at
baka. ꝥ launar þu m̄ ſē þu ēt maðr t̄ ꝫ vır
ðer þ lıtılſ ē ek heꝼnða ꝼoður þínſ. þa ba
ru konur ſyru ı ellðīn ꝫ ſlauktu ꝼ̇ þeī ſum̄
baru vatn eða hlanð. kolr þorſł̄.ſ. mł̄ı tıl
ꝼł. Rað þ kēr m̄ ı hug. Ek heꝼı ſéét lopt í
ſkalanū a þuertrıā ꝫ ſł̄u v̄ ꝥ b᷑a īn ellð ꝫ ku
eykıa v̇ arꝼa ſatuna ē h̄ ē ꝼ̇ oꝼan h̄ın. Sıð
an toku þr arꝼa ſatuna ꝫ baru þar ı ellðīn ꝫ
ꝼunðu þr ė ē īnı v̊ ꝼyꝶ en logaðı oꝼan ſka
līn allr g̃ðu þr ꝼł̄ þa ſtór bál ꝼ̇ ollū ðyrum
tok þa quēna lıðıt ılla at þola þ ē ıñı v̇. N.
mł̄ı t̄ þra v̄ðıt vel v̇. ꝫ mælıt ė æðru. ꝥ at él
eítt man v̄a. En þo ſkyllðı langt t̄ ānarſ
ſlıkſ. t̄ı ꝥ ꝫ ꝥ at guð er mıſkūnſ. ꝫ man ħ
oſſ ė bæðı lata brēna ꝥa heīſ ꝫ ānarſ ſlık᷑
ꝼortolur haꝼðe ħ ꝼ̇ þeī ꝫ aðrar hreyſtılıg̃
Nv taka oll h̄ın at loga þa geck .N. t̄ ðyra. ꝫ
mł̄ı ē ꝼł. s̄ næꝶ at ħ megı heyra mal mıtt
ꝼł. q̊z heyra. vılltu nockut taka ſættū v̇ .ſſ.
mına. ſ.N. eða leyꝼa nockurū m̄m vtgōgu.
ꝼł.ſ. ė vıl ek taka ſættū v̇ .ſſ. þına ꝫ ſł̄ nu
ıꝼ̇ luka m; oſſ ꝫ ė ꝼ̄ ganga ꝼyꝶ en þr ēo al
ler ðauðer en þo vıl ek leyꝼa vt gongu ko
nū ꝫ bornū ꝫ h̄korlū. N. geck þa īn. ꝫ mł̄ı v̇ ꝼol
kıt vt ſł̄u þr nu aller ganga ē leyꝼt ē. ꝫ
gak þu vt þorhalla aſg̃mſ .ð. ꝫ allr lyðr m;
ꝥ ſa ē loꝼat er þorhalla mł̄ı. Añaꝶ v̄ðr ſkıl
naðr ockaꝶ helga en ek ætlaða v̄ hrıð en
þo ſł̄ ek eggıa ꝼoður mīn ꝫ bræðr at þr heꝼ
nı ꝥa mānſkaða ē h̄ ē gıórr. N. mł̄ı velm̄
ꝥ ꝼ̇̊. ꝥ at þu ēt goð kona. Sıðan geck h̄ vt
ꝫ nart lıð m; hēnı. Aſtrıðr aꝼ ðıupár backa
mł̄ı t̄ helga gack þu vt m; m̄ ꝫ mun ek kaſ
ta ıꝼ̇ þık kuenſkıckıu ꝫ hoꝼuð ðuk ħ tal
ðız vnðan ꝼyſt en þo g̃ðı ħ þta ꝼ̇ bæn þra
Aſtrıðr vaꝼðı hoꝼuð ðukı at hoꝼðı ħm. En
þorhıllðr lagðe ıꝼ̇ ħ ſkıckıuna ꝫ geck ħ vt ı
mıllū þra. þa geck vt þorg̃ðr .N.ð. ꝫ helga ſ
yſł̄ hēnar ꝫ mart ānat. En er helgı kom
vt. þa mł̄ı ꝼł. Su er há kona ꝫ mıkıl vm
h̄ðar ꝫ takı ꝥ hana ꝫ hallðıt hēnı en er
þta heyrðe helgı kaſtaðe ħ ſkıckıūní ħ haꝼ
ðe haꝼt ſūðıt vnðer ſkıckıūnı ꝫ hıo t̄ māz
ꝫ kō ı ſkıollðīn. ꝫ aꝼ ſporðīn ꝫ ꝼotın m; þa
kō ꝼł. at ꝫ hío a halſ helga s̄ at þeg̃ tok aꝼ
hoꝼuðıt. ꝼł. geck þa at ðyrunū. ꝫ mł̄ı at .N.
ſkyllðı ganga t̄ malſ v̇ ħ ꝫ s̄ b᷑gðora þau g̃ðu
[s̄

ꝼł. młı vtgaungu vıl ek ꝥ bıoða. þ́ at þu brēnr
omaklıgr ıñı. ɴ. młı. ė vıl ek út ganga þ́ at ek
em m̄ gamall ꝫ em ek lıtt tᷝ buīn at heꝼna .ſſ.
mīna. en ek vıl ė lıꝼa vͥ ſkōm. ꝼł. młı tᷝ ƀgðoru
gak þu út þ́ at ek vıl þıg ꝼ̄ engan mun ıñı ƀn
na. ƀgðora młı ek vͥ vng geꝼın .ɴ. ꝫ ſł eıtt ıꝼ̄ ockr
ganga bæðı. Sıðan gengu þau īn ƀgð. młı hͣt
ſłu vͥ nu tᷝ taka. ɴ. młı. ganga munu vͥ tᷝ huılu
ockaꝛ ꝫ leggıaz nıðr. Sıðan młı hͦ vͥ ſueınīn
þorð ƙa .ſ. þıg ſł ƀa vt ꝫ ſłu ė īn brēna. hınu
heꝼ̄ þu m̄ heıtıð. ſ. þorðr at vͥ ſkylldī alldr ſkí
lıa ꝫ ſł s̄ v͛a þ́ at m̄ þıkır beẗ at ðeyıa m; yƙr
Sıðan bar hͦ ſueınīn tᷝ huılūnar. ɴ. młı vͥ bry
tıa ſīn ɴu ſłu ſıa huar vͥ leggūz nıðr ꝫ hůſu
ek byg v̄ okr þ́ at ek ætla m̄ hůgı heðan at
hræraz hút ſē m̄ angͬ reykr eða brunı mā
tu þa næſt geta huar beına ockaꝛa ē at leı
ta. ħ .ſ. at s̄ ſkylldı v͛a. vxa eínū haꝼðe ſlatr
at v͛ıt ꝫ la ꝥ huðın. ɴ. młı vͥ brytıa at ħ ſkyll
ðı breıða huðına ıꝼ̄ þau. ꝫ g͛ðı ħ s̄. þau leggıaz
nıðr bæðı ı rumıt. ꝫ logðu ſueınīn ımıllı ſın.
þa ſıgnðu þau ſıg bæðı ꝫ ſueınīn. ꝫ ꝼalu aunð
ſına guðı a henðı ꝫ młtu ꝥ ſıðazt þa tok bry
tīn huðına. ꝫ breıððı ıꝼ̄ þau ꝫ geck ſıðan út ke
tıll or mork tok ı mót ħm ꝫ kıptı ħm út ꝫ ſꝑ
ðı vanðlıga at .ɴ. magı ſınū ħ .ſ. ħm allt et
ſāna. ketıll młı mıkıll harmr ē at oſſ ꝗðīn ē
vͥ ſłm s̄ mıkla vgæꝼu átt ſaman. Sƙꝑ haꝼ
ðe ſéét ē ꝼað̄ ħ haꝼðe nıðr lagz. ꝫ hůſu ħ haꝼ
ðe v̄ ſıg buıt ꝫ młı þa. ſnēma ꝼ̄ ꝼað̄ váꝛ ı huı
lu ꝫ ē ꝥ ſē van ē þ́ at ħ ē maðr gamall. þa
toku þr ſƙꝑ. ꝫ ƙı ꝫ ǵmr branðana ıā ſkíott
ſē oꝼan ðuttu ꝫ ſlaungðu vt a þa ꝫ geck ꝥ
v̄ hrıð þa ſkutu þr ſpıotū īn at þeī ꝫ toku
þr oll a loptı ꝫ ſenðu vt aptr. ꝼł. bað þa hæt
ta at ſkıota þ́at oſſ mun oll vapna ſkıptı
þungt ganga vͥ þa megı ꝥ vel bıða ꝥ ē ellð
rīn vīnr þa þr g͛ðu s̄. þa ꝼellu oꝼan ſtor vıð
ırħ́ ór ræꝼrınu. ſƙꝑ. młı. ɴu mun ꝼað̄ mīn ða
vðr v͛a ꝫ heꝼ̄ hůkı heyrt tᷝ ħ ſtyn ne hoſta ſı
ðan gengu þr ıſkala enðān þar vͥ ꝼallıt oꝼ
an þuertreet ꝫ vͥ brūnıt mıog ı mıðıu ƙı młı.

tᷝ ſƙꝑ. hlauptu ħ́ út ꝫ man ek beına at með
ꝥ. En ek man hlaupa þegar epẗ ꝫ munu vͥ
bað̄ a ƀtt komaz eꝼ vͥ breytū s̄ þ́ at hīgat
leɢr allan reykīn ſƙꝑ młı. þu ſłt hlaupa
ꝼyꝛı en ek mun þeǵ epẗ. Eckı ē ꝥ rað. ſ. ƙı ꝥt
ek man kōaz ānarſ ſtaðar ė vıl ek ꝥ. ſ. ſƙꝑ.
hlaup þu út ꝼyꝛı en ek mun þeǵ epẗ. ƙı młı
ꝥ ē hůıū boðet at leıta ſḗ lıꝼſ ꝫ ſł ek s̄ g͛a. en þo
mun nu ſa ſkılnaðr m; ockr v͛ða at vͥ munum
allð ſıaz ſıðan eꝼ ek hleyp út ór ellðınum.
þa man ek ė haꝼa ſkap tᷝ at hlaupa īn aptr
tᷝ þín ı ellðīn. ꝫ man þa ſına leıð ꝼ̄ huaꝛ oc
kaꝛ ſƙꝑ. młı. ꝥ hlæǵ mık eꝼ þu kēz ı ƀtt
at þu muñ heꝼna vár. þa tok ƙı eīn ſtock lo
ganða ı honð ſer ꝫ hleypr út epẗ þůtrenu
ſlaungv͛ þa ſtockınū vt aꝼ þekıūnı ꝫ ꝼellr ħ
oꝼan at þeī. þr hlıopu vnðan. þa loguðu klæð
ın oll a kara ꝫ s̄ harıt. ħ ſteypır s̄ vt aꝼ þek
ıūnı ꝫ ſtıklar þa m; reykınū þa młı m̄ eīn ħ́rt
hlıop þar m̄ aꝼ þekıūnı ꝼıaꝛı ꝼor ꝥ. ſ. ānaꝛ ok
kaſtaðe ꝥ ellðı ſtockı at oſſ. Sıðan grunuðu
þr eckı. karı hlıop tᷝ ꝥ ē ħ kō at lækınū ꝫ kaſ
taðe ſer ı oꝼan ꝫ ſlauktı a ſer ellðīn þaðan
hlıop ħ m; reykınū ı groꝼ nockura ꝫ huıll
130 ðı ſık ꝫ ē ꝥ kollut ſıðan ƙa gróꝼ. Nu ē at ſegıa
ꝼ̄ ſƙꝑ. at ħ hlíop vt a þůſıt þeǵ epẗ ƙa. en ē
ħ kō ꝥ ſē meſt vͥ brūnıt þuertreıt þa braſt
nıðr vnð̄ ħm. ſƙꝑ. kō ꝼotū vnð̄ ſıg ꝫ reð þeǵ
tᷝ ıānat ſīn ꝫ rān vpp veggīn. þa reıð at ħm
brun aſſīn ꝫ hrataðe ħ īn aptr. ſƙꝑ młı þa ſeð
ē nu huat v͛a vıll geck ħ þa ꝼ̄m at hlıðueg
gınū. Gūnaꝛ lāba .ſ. hlıop vpp a veggīn ꝫ ſer
ſƙꝑ. hút grætr þu nu ſƙꝑ. ė ē ꝥ. ſ. ħ en hıtt ē
ſatt at ſurñ ı augunū. en s̄ ſynız m̄ ſē þu hlæ
er. ſ. ſƙꝑ. eða huart ē s̄ ꝥ ē vıſt. ſ.G. ꝫ heꝼı ek
allðrı ꝼyꝛ hlegıt ſıðan þu vatt þraín. ſƙꝑ.ſ.
þa ē ꝥ ħ́ menıa ǵprīn. tok ıaxl or pungı ſınū
ē ħ haꝼðe hoggıt or ꝥın ꝫ kaſtaðı ı auga Gūñı
s̄ at þeǵ la vtı a kīīnı ꝼell .G. þa oꝼan aꝼ þe
kıūı. ſkarꝑ. geck þa tᷝ Grīſ ƀð̄ ſınſ hellðuz þr
þa ı henðr ꝫ tráðu ellðīn. En ē þr komu ı mıð
ıan ſkalān þa ꝼell ǵmr ðauðr nıðr ſƙꝑ geck tᷝ

enða h͛ſınſ þa v͛ð breſtr mıkıll reıð þa oꝼan
oll þekıan v͛ð h̄ þa ı mıllū ꝥ ꝫ gaꝼlaðſınſ mat
tı h̄ þaðan huergı hræraz þr ꝼl. ꝰ v͛ ellðana
ꝥ t͛ er mıog v͛ mornat þa kō þar m̄ rıðandı
at þeī. ꝼl ſꝑðı h̄ at naꝼnı h̄ neꝼndız Geırm
ūðr ꝫ q̊z v͛a ꝼrændı ſıgꝼ.ſſ. ꝫ mlı. ꝥ haꝼıt m
ıkıt ſtoruırkı v̄nıt. ꝼl.ſ. bæðı munu m̄n þta
kalla ſtoruırkı ꝫ ılluırkı. ꝫ þo ma nu eckı
at ꝼ͛. Geırm̄ðr mlı. hūſu mart heꝼ͛ h͛ ꝼ͛ m̄
latız. ꝼl.ſ. h͛ heꝼ͛ latız .N. ꝫ b͛gðora helgı
ꝫ ġmr ꝫ ſkarꝥ þorðr k͛a .ſ. ꝫ karı ſolmūðar
.ſ. en þa vıtu v͛ ogıorla v̄ ꝼleırı m̄n þa er
oſſ e͛ro okūnarı. G. mlı. ðauðan ſegı ꝥ þān
mān e͛ a b͛tt heꝼ͛ kōız ꝫ ek heꝼı talat vıð
hūr e͛ ſa. ſ.ꝼl. kara ſolm̄ð .ſ. ꝼunðu v͛ barðr
buı mīn. ſ.G. ꝫ ꝼeck b͛ðr h̄m heſt ſīn ꝫ v͛ brū
nıt aꝼ h̄m harıt ꝫ s͛ klæðın haꝼðı h̄ nock
ut vapna. ſ.ꝼl. haꝼðı h̄ ſūðıt ꝼıorſoꝼnı.
ꝫ var blanaðr ānak͛ eGteīnīn a ꝫ ſogðu v͛
at ðıgnat munðı haꝼa. en h̄ .ſ. ꝥ at h̄ ſkyll
ðı h͛ða ſūðıt ı bloðe ſıgꝼ.ſſ. eða ānak͛a m̄ ꝼl.
huat .ſ. h̄ t͛ ſk͛ꝑ. eða ġmſ. ſ.ꝼl. a lıꝼı. ſ. h̄
þa baða þa e͛ þr ſkılðu. ſ.Ġ. en þo q̄ð h̄ þa
munðu nu baða ðauða. ꝼl. mlı ſagt heꝼ͛
þu oſſ þa lutı e͛ oſſ man e͛ ſetu g͛ð bıoða ꝥ
ſa m̄ heꝼ͛ nu brott komız er næſt gengr
.G. at hlıðar enða ı ollū lutū. ſlu ꝥ þ nu ok
hugſa ſıgꝼ.ſſ. ꝫ aðrer vaꝛ͛ m̄n at s͛ mıkıt ep
t͛ mal mun v͛ða epꝛ͛ b͛nu þa ꝫ margan māɴ
mun þ g̃a hoꝼut lauſan. en ſum̄ munu gā
ga ꝼ͛ ollu ꝼenu. g͛n mık nu þ at engı yðuak͛
ſıgꝼ.ſſ. þorı nu at ſıtıa ı buı ſınu ꝫ e͛ þ þo m
ıkıl varkūn vıl ek nu bıoða yðr ollū auſtr
t͛ mī ꝫ lata eıtt ganga ıꝼ͛ oſſ alla. þr þocku
ðu h̄m. þa q̄ð moðolꝼr ketılſ .ſ. vıſu. Staꝼr
lıꝼ͛ eīn ꝥ e͛ īnı. vnðꝼorſ vıð͛ brūnu. ſyn̄ ollu þuí
ſnıallır ſıgꝼ͛. ɴıalſ k͛a. nu gollnıſ ſonr gollðet
geck ellðr v̄ ſıot recka. lıoſſ bran̄ hyk͛ ı h͛um
hauſkullðz banı enſ rauſkua. Auðru munu
v͛ hælaz. ſ.ꝼl. hellðr en ꝥ e͛. ɴ. heꝼ͛ īnı brūnıt. ꝥ
at þ e͛ engı ꝼ͛mı. ꝼl geck þa vpp a gaꝼlaðıt. ꝫ
Glūr hıllðıſ .ſ. ꝫ nockuꝛ͛ m̄n aðꝛ͛. þa mlı Glumr

huart mun ſk͛ꝑ nu ðauðr. en aðrer ſogðu h̄ ꝼ͛ la ungu ðauðan munðu v͛a. ꝥ gauſſtunðū vpp ellð rīn en ſtunðū ſloknaðı. ꝥ heyrðu þr ı ellðīn nıðr at ꝥ v͛ q̊ðın vıſa. Munðıt mellu kınðar mıðıo ngſ burar ıðıa gūnr v̄ geıra ſēnu gallðrſ brareg nı hallða e͛ hræſtyttīſ hlacka hrauſtr ſınſ vın̄ mınu. trygg͛ ek oððı eggıar vnðgengın ſpıorr ðunðu. Granı .G.ſ. mlı. huart mun ſk͛ꝑ. haꝼa q̊ðıt vıſu ꝥa ðauðr eða lıꝼſ engū getū mun ek v̄ leıða. ſ.ꝼl. leıta vılu v͛. ſ. g̃nı ſk͛ꝑ. eða ā nak͛a m̄ þra e͛ h͛ haꝼa brūnıt. e͛ ſl þ. ſ.ꝼl. ꝫ ero ſlıkt heīſkır m̄n. ꝥ ſē m̄n munu ſaꝼna lıðı v̄ allt h͛aðıt. mun ſa allr eīn e͛ nu a ðua lar ꝫ þa mun v͛ða s͛ hræððr at e͛ mun vıta huert hlaupa ſl. ꝫ e͛ þ mıtt ráð at v͛ rıðım ı brott aller ſē ſkıotaz ꝼl geck ſkynðılıga t͛ heſta ſīna ꝫ aller ꝼ̄ m̄n. ꝼl. mlı t͛ Geırm̄ð huart mun Jngıallðr heıma at kellðū. G. q̊ ætla at h̄ munðı heıma ꝥ e͛ ſa m̄. ſ.ꝼl. e͛ ro ꝼıt heꝼ͛ eıð a oſſ ꝫ allan t͛nat ꝫ mlı t͛ ſıgꝼ.ſſ. hvern koſt vılı ꝥ g̃a ꝼ̄ h͛rt vılı ꝥ geꝼa h̄m vpp eða ſlu v͛ nu ꝼ͛ at h̄m. ꝫ ðrepa h̄ þr ſuoruðu aller at þr vıllðu nu at h̄m ꝼ͛. þa hlıop ꝼl. a heſt ſīn ꝫ aller þr ꝫ rıðu ı b͛tt ꝼl. rıðr ꝼ͛. ꝫ ſteꝼnır vpp t͛ rang ár ꝫ vpp m; ānı. þa ſa h̄ mān rı ða oꝼan oðrū megın arīnar kēðı h̄ at þ var ıngıallðr ꝼ͛ kellðū. ꝼl. kallaðı a h̄. Jng͛ nā ſtað ar ꝫ ſn̄ız v͛ ꝼ͛m̄ at ān̄ı. ꝼl. mlı t͛ ꝼ̄. þu heꝼ͛ ro ꝼıt ſætt a oſſ ꝫ heꝼ͛ þu ꝼ͛ g̃t ꝼe ꝫ lıꝼınu. e͛o h͛ ꝫ ſıgꝼ.ſſ. ꝫ vılıa gıarna ðrepa þıg en m̄ þıkır þu v͛ vant v̄ komīn ꝫ man ek geꝼa ꝥ lıꝼ eꝼ þu vıllt ſelıa m̄ ſıalꝼðæmı. Jng͛.ſ. ꝼyk͛ı ſl ek rıða t͛ k͛a en ſelıa ꝥ ſıalꝼðæmı en ꝥ vıl ek .ſ. ſıgꝼ.ſſ. at ek ſl e͛ hræððarı v͛ þa en þeır e͛o v͛ mık bıð þu þa. ſ.ꝼl. eꝼ þu e͛t e͛ ragr ꝥ at ek ſl ſenða ꝥ ſenðīg bıða ſl ek vıſt. ſ.Jng͛. þorſt͛. kolbeīſ .ſ. b͛ður.ſ.ꝼl. reıð m; h̄m ꝫ haꝼðı ſpıot í henðı. h̄ var hrauſtaztr m̄ m; ꝼla. ꝼl. þreıꝼ aꝼ h͛ ſpıotıð ꝫ ſkaut t͛ íng͛ ꝫ kō a ena vınſtrı hlıðīa. ꝫ ı ſkıollðīn ꝼ͛ neðan munðrıða ꝫ s͛ ı ꝼotīn ꝼ͛ oꝼan kne ꝫ s͛ ı ſoðulꝼıolna ꝫ nā þar ſtaðar. ꝼl. mlı t͛ ıng͛. h͛t kō a þıg. a mıg kō vıſt. ſ.ıng͛. ꝫ kalla

ek þta ſkeınu en eckı ſár. Jnᵹ̄. kıpť ſpıoť ór ꝼæ
tınū ⁊ mľı ť ꝼľ. bíttu nu eꝼ þu ert ė blauðr ok
ſkaut ħ þa ſpıotınu ıꝼ̄ ána. ꝼľ. ſer at ſpıotıð
ſteꝼn̄ a ħ mıðıan. opar ħ þa heſtınū ſpıotıð
ꝼlo ꝼ̇ ꝼ̄man brıoſt ħm ꝼľ. ⁊ mıſtı ħ̄. ⁊ kō a þ
oſteín mıðıan ⁊ ꝼell ħ ðauðr aꝼ heſtınū. Jnᵹ̄.
hleyptı þa ı ſkóg. ⁊ naðu þr ħm eckı. ꝼľ. mľı ť
ſīna m̄. Nu hoꝼū v̄ ꝼīgıt mıkīn mānſkaða
megu v̄ nu ⁊ vıta ē þta heꝼ̄ at borıt hūt heıl
la leyſı v̄ hoꝼū. er þ nu mıtt ráð at v̄ rıðī a
ꝥhyrnīgſ halſa megu v̄ þaðan ſıa māna reı
ðer ı ħ̄aðıt ꝥ at nu munu þr haꝼa ſē meſtan
lıð ſaꝼnat. ⁊ munu þr ætla at v̄ haꝼī rıðıt a
vſtr ť ꝼlıotz hlıðar aꝼ ꝥhyrnīgſ halſū ⁊ mu
nu þr ætla at v̄ rıðī norðr a ꝼıall ⁊ s̄ auſtr tıl
ħ̄aða mun þangat epť rıða meſtr hlutı lıðſıſ
en ſum̄ munu rıða et ꝼrēra auſtr tıl ſelıa lꝺz
mula ⁊ man þeī þıkıa þangat þo v̄ mīní ván.
en nu mun ek ᵹ̄a rað ꝼ̇ oſſ at v̄ rıðī vpp ı ꝼıa
llıt ꝥhyrnīg ⁊ bıðım þar ť þ ē en þrıðıa ſol er
aꝼ hīnı. þr v̊ ꝥ v̄ ðagīn en rıðu ſıðan ı ꝼıallıt

131 Nv ē ꝥ ť malſ at taka **karı ꝼan̄ þorgeır**
at karı ē. ħ ꝼór or ᵹ̄ꝼıñı ꝥ ť ē ħ mættı ƀ'
ðı ⁊ ꝼ̄ ſua orð m; þeī ſē Geırm̄ðr haꝼðı ſa
gt reıð ǩı þaðan ť ꝟꝺ̇ .v.ſ. ⁊ ſagðe ħm tıðēðın
en ħ aumkaðe mıog ǩı q̄ð añat ǩlmānlıgra
en grata þa ðauða. ⁊ bað ħ ſaꝼna lıðı ⁊ kōa ollu
ť hollz vaðſ. Sıðan rıðr ħ ı þıorſár ðal ť hıallta
ſkeGía .ſ. ⁊ þa ē ħ kō vpp m; þıorſá. þa ſer ħ mān
rıða epť huatlıga. ⁊ bıðr ǩı ħ. kēn̄ at ꝥ v̄ Jnᵹ̄. ꝼ̄
kellðū ⁊ v̇ bloðugr mıog. ħ ſp̄ðı hūr ħ heꝼðı ſær
ðan. ꝼľ.ſ. ħ̄r ꝼunðuz þıð. ſ. ǩı. v̇ ráng a. ſ. ħ ⁊ ſk
aut ħ ıꝼ̄ ana ť mín. ᵹ̄ðır þu eckı ı motı. ſ. ǩı apt'r'
ſkaut ek ſpıoť. ſ.ınᵹ̄. ⁊ ſogðu þr at m̄ yrðı ꝼıř
⁊ v̄ı ſa ðauðr hūr mundı ſa. ſ. ǩı. lıkaz þottı m̄
v̄a þſteıní ƀður.ſ.ꝼľ. ſ.ınᵹ̄. nıottu heıll handa
.ſ. ǩı. Sıðan rıðu þr baðer ſaman ť motz vıð
hıallta .ſ.ſ. ⁊ .ſ. ħm tıðēðın ħ tok ılla a v̄kū þū
⁊ q̄ð ollū nauðſyn at rıða epť þeī ⁊ ðrepa þa
alla Sıðan ſaꝼnaðe ħ lıðı ⁊ q̄ððı vpp almēníng
⁊ rıða þr ǩı þa þeᵹ̇ ť mótz v̇ .ꝟ.v.ſ. ⁊ ꝼunðuz
þr v̇ hollz vað v̄ ꝟ. ꝥ ꝼ̇ m; mıklu lıðı. þa ſkıpta

þr leıtīnı rıðu ſum̄ et ꝼ̄mra auſtr ť ſelıa lꝺz
mula. en ſum̄ vpp ť ꝼlıoz hlıꝺ̇. en ſum̄ et eꝼra
v̄ ꝥ hyrnīgſ halſa. ⁊ oꝼan ⁊ s̄ ı goðalꝺ. þa rıðu
þr norðr allt ť ſanꝺz. en ſum̄ auſtr ť ꝼıſkı vat
na ⁊ hurꝼu ꝥ aptr ſum̄ auſtr ı hollt et ꝼ̄mra ok
ſogðu þorgeırı tıðenðın ⁊ ſp̄ðu huart þr heꝼðı ec
kı ꝥ v̄ rıðıt. þᵹ̄. mľı þān ē þott ek ſe eckı mıkıll
hoꝼðıngı at ꝼľ. mun þo ānat rað taka en rıða
ꝼ̇ augu m̄ ꝥ ſē ħ heꝼ̄ ðrep̄ .N. ꝼoðurƀður mīn ⁊ .ſſ.
ħ̄ ⁊ er yðr engı ānaꝶ a ᵹ̄r en ſnua aptr ꝥ at ꝥ̄ mu
nut leıtað haꝼa langt v̄ ſkāt ꝼ̄m̄ en ſegıt þ ǩa
at ħ rıðı hīgat ť mın ⁊ v̄ı m; m̄ eꝼ ħ vıll. en þott
ħ vılı ė auſtr hīgat þa man ek ānz v̄ bu ħ̄ at ðyr
holmū eꝼ ħ vıll en ſegıt ħm þ at ek mun veıta
ħm ⁊ rıða ť alþīgıſſ. mun ħ ⁊ vıta þ at v̄ bræðr
ēū aðılar v̄ epť malıt ætlu v̄ ⁊ at ganga s̄ epť
at ſekť ſkylı v̄ða a malınu eꝼ v̄ megū raða
⁊ s̄ mānheꝼnꝺ̄ epť þ. En ek ꝼ̄ nu ꝼ̇ ꝥ ė m; yðr
at ek veıt at eckı man ᵹ̄a. ⁊ munu þr nu v̄a ſē
varazť. Sıðan rıðu þr aptr ⁊ ꝼunðuz at hoꝼı
aller ⁊ toluðu v̄ m; s̄ at þr hoꝼðu ſuıuırðu aꝼ ꝼ
engıt ē þr hoꝼðu ė ꝼunðıt þa. ꝟ. q̄ð þ eckı v̄a
þa eggıuðu marᵹ̄ at ꝼ̊ ſkyllðı vpp ť ꝼlıoz hlıðar
⁊ taka vpp bu þra allra ē at þū v̄kū hoꝼðu v̄
ıt. en þo v̄ vıkıt ť atq̄ða ꝟꝺ̇. ħ .ſ. at þta et meſ
ta orað þr ſp̄ðu ħ' ħ mľı þ. ħ .ſ. Eꝼ bu þra ſtan
ða. þa munu þr vıtıa þra. ⁊ q̄na ſīna ⁊ mun
þa ꝥ mega veıða á. ē ſtunꝺ̄ lıða. ſľu ꝥ̄ nu ec
kı eꝼa yðr at ek ſľ ǩa ťꝶ ı ollū raðū ꝥ at ek
a ꝼ̇ ſıalꝼan mık at ſúa. hıalltı bað ħ s̄ ᵹ̄a ſē ħ
ħ'. þa bauð hıalltı ǩa ť ſín. ħ q̄z þāgat munðu ꝼ
yrſt rıða þr ſogðu ⁊ ħ̄t þᵹ̄. haꝼðe boðet ħm
en ħ q̄z ħ̄ boðſ ſıðaꝶ nıota ſkyllðu. en q̄z vel
munðu treyſta eꝼ ſlıǩ v̄ı marᵹ̄. ðreıꝼðu þr þa
ollu lıðınu. þr ꝼľ. ſa oll tıðenðı ꝥ ſē þr v̄ ıꝼıallı
nu. ꝼľ. mľı. Nu ſľu v̄ taka heſta vara. ⁊ rıða ı ƀtt
ꝥ at nu man oſ þ vel hlyða. þr ſıgꝼ̇.ſſ. ſp̄ðu hu
art þeī munðı ðuga at kōa ť bua ſīna ⁊ ſegıa ꝼ̇
þ mun .ꝟ. ætla. ſ.ꝼľ. at ꝥ̄ munıt vıtıa buāna ⁊ ē þ
geta mín at þ ſe rað ħſ at ſtanða ſkylı buın ór
ænt. ⁊ ē þ mıtt ráð at engı v́aꝶ ſkılız nu v̇ ānan ⁊
rıðı aller auſtr m; m̄. Toku þr þ þa ť raðſ aller

rıðu þr þa ı ƀtt ⁊ ꝼ̇ norðan ıokul ⁊ s̃ auſtr t̉ ſuına
ꝼellz ꝼl̃. ſenðı þeg̃ m̄n at ðraga at ꝼaung s̃ at ē
gī lut ſkyllðı ſkorta. ꝼl̃. hælðız allð v̄ v̄kín enða ꝼāɴ
engı m̄ hræzlu a h̄m ⁊ v̄ h̄ heīa allan vetn̄ ꝼrām
132 Karı bað hıallta **ꝼunðuz lık þra ꝼe**[v̄ íol. **ðga**
ꝼ̊ at leíta beına .ɴ. þ̇ at aller munu t̉a þ̇ ē
þu ſeg̃ ꝼ̃. hıallti q̊z þ ꝼuſlıga munðu g̃a.
at ꝼlytıa beın .ɴ. t̉ k̉kıu. Sıðan rıðu þr þaðan .xv.
m̄n þr rıðu auſtr ıꝼ̃ þıorſá ⁊ quauððu þar m̄n
vpp t̉ þ̇ ē þr hoꝼðu .c. m̄ m; nabuū ɴıalſ kōmu
þr t̉ ƀgðorſ.h. at haðegı. hıalt̃.ſ. k̉a huar .ɴ. mun
ðı lıggıa. En k̉ı vıſaðı þ̇ t̉ ⁊ v̄ þ̇ mıkıllı auſku aꝼ
mokat. þ̇ ꝼunðu þr vnð̄ huðına ⁊ v̄ ſē h̉ v̄ı ſkor
pnut v̇ ellð. þr toku hana vpp ⁊ v̊ þau bæðı o br
ūnın vnðer aller loꝼuðu guð ꝼ̇ þ ⁊ þottı ſtór ı
artegn ı v̄a Sıðan v̄ tekīn ſueīnīn ē legıt haꝼðeı
ı mıllū þra ⁊ v̄ aꝼ h̄m brūnīn ꝼīgrīn ē h̄ haꝼðe
rétt vpp vnðan huðīnı. ɴ. v̄ vt borīn ⁊ s̃ ƀgðora
Sıðan gıngu t̉ aller m̄n at ſıa lıkamı þra. hıalltı
m̄lı. hũſu ſynaz yðr lıkam̄ þ̇ır. þr .ſ. þīna atq̊ða
vılıu v̄ at bıða. hıalt̃. m̄lı. ė mun m̄ v̄ða eın̄ðꝼatt
lıkamı ƀgð. þıkı m̄ at lıkenðū. ⁊ þo vel. En .ɴ. aſıa
na ⁊ lıkamı ſynız m̄ ſua bıartr at ek heꝼı engan
ðauðſ manz lıkama ſéét ıā bıartan aller ſogðu
at s̃ v̄ı. þa leıtuðu þr ſk̉þ̇. þar vıſuðu heımam̄n
t̉. ſē þr ꝼl̃. hoꝼðu vıſuna heyrt kueðna ⁊ v̄ þ̇
þekıan ꝼallın at gaꝼlaðınu ⁊ þ̇ m̄lı hıalt̃. at t̉ ſk
yllðı g̃ꝼa. Sıðan g̃ðu þr s̃ ⁊ ꝼunðu þ̇ lıkama ſk̉þ̇
⁊ haꝼðı h̄ ſtaðıt vpp v̇ gaꝼlaðıt ⁊ v̊ brūn̄ ꝼætr aꝼ
h̄m mıog s̃ neðan t̉ knıa en allt an̄at obrūnıt a
h̄m. h̄ haꝼðe bıtıð a kāpı ſınū. Augu h̄ v̊ opın ⁊ o
þrutın. h̄ haꝼðe rekıt exına ı gaꝼlaðıt ſua ꝼaſt
at gengıt haꝼðe allt vpp a mıðıan ꝼetān ⁊ v̄
eckı ðıgnut. Sıðan v̄ vt borın exın. hıalltı tok
vpp exına ⁊ m̄lı. þta ē ꝼagætt vapn ⁊ munu ꝼā
ƀa mega. k̉ı m̄lı. Se ek mān t̉ hũr ƀa ſl̃ exına
hũr ē ſa. ſ. hıalt̃. þgeıʀ̇ ſkoꝼgeıʀ̇. ſ. k̉ı ē ek ætla
nu meſtan mān v̄a ı þ̇ı ætt. þa v̄ ſk̉þ̇. aꝼ klæðū
⁊ haꝼðe lagıt henðr ſın̄ ı k̉ſſ ⁊ a oꝼan ena hægrı
en .ıȷ. ðıla ꝼunðu þr a h̄m. ānan meðal h̉ðāna
en ānan a brıoſtınu ⁊ v̄ hũtueggı brenðr ı k̉ſſ.
⁊ ætluðu m̄n at h̄ munðı ſık ſıalꝼr brent haꝼa.

aller m̄n m̄ltu þ at bet̃ þættı hıa ſk̉þ̇. ðauðū en æt
luðu þ̇ at engı m̄ hræððız h̄. þr leıtuðu Ġmſ ⁊ ꝼ
vnðu beın h̄ ımıðıū ſkalanū. ı veꝼıarſtuꝼūnı ꝼ
ūðu þr ſæūnı k̉lıngu ⁊ ıȷ. m̄n aðra allz ꝼunðu
þr þ̇ beín aꝼ .xı. m̄. Sıðan ꝼluttu þr lık þau tıl
k̉kıu þa reıð hıalt̃ heī ⁊ k̉ı m; h̄m blaſtr kō ı ꝼotīn
Jng̃. ꝼor h̄ þa t̉ hıalt̃. ⁊ græððı h̄ Jng̃. ⁊ v̄ h̄ þo ıaꝼn
an haltr ſıðan. karı reıð ı tungu t̉ aſg̊mſ. þa v̄
þorhalla heī komın ⁊ haꝼðe h̉ ſagt aðr þ̇ı tıðenðı
Aſg̊mr tok v̇ kara baðū honðū ⁊ ſagðı at h̄ ſkyll
ðı þar v̄a oll þau mıſſarı k̉ı q̄ð ſua v̄a ſkyllðu
A. bauð þ̇ ollu lıðı t̉ ſın ē at ƀgðorſ.h. haꝼðe v̄ıt.
karı .ſ. at þ v̄ı vel boðet ⁊ ſl̃ þ þıggıa ꝼ̇ honð þra.
v̄ þa ꝼlutt þangat allt lıðıt þorhallı aſg̊mſ .ſ.
ƀ ſua v̇ ē h̄m v̄ ſagt at .ɴ. ꝼoſt̉ h̄ v̄ ðauðr ⁊ h̄ h
aꝼðe īnı brūnet at h̄ þrutnaðe allr ⁊ bloð bogı
ſtoð or huaʀ̇ıtueggıu hluſtīnı ⁊ v̊ð ė ſtauðuað
⁊ ꝼell h̄ ı ouıt ⁊ þa ſtauðuaðız. ept̃ þ ſtoð h̄ vpp
⁊ q̄ð ſer lıtılmānlıga v̊ða ⁊ þ munða ek vılıa
at ek heꝼnða þ̇a a þeī ē h̄ brēðu īnı ē nu heꝼır
mık hent ⁊ þr ſogðu at engı munðı vırða h̄m
þta t̉ ſkāmar en h̄ en h̄ q̄ð eckı mega taka ꝼ̇ þ
huat m̄lı. Aſg̃ ſṗðı k̉a hũt trauſt h̄ munðı eıga
aꝼ þeī ē ꝼ̇ auſtan ar eru k̉ı .ſ. at .M̄. ⁊ hıalltı ſ.ſ.
munðu veıta þeī ſlıkan ſtyrk ſē þr mættı ⁊ þgeıʀ̇
ſkorargeıʀ ⁊ þr aller bræðr. A. q̄ð þ mıkīn aꝼla.
hṽn ſtyrk ſl̃u v̄ aꝼ þ̇ haꝼa. ſ. k̉ı. allan þān er ek
ma veıta. ſ.A. ⁊ ſl̃ ek lıꝼıt a legga. g̃ðu ſua. ſ. k̉ı.
Ek heꝼı ⁊. ſ.A. kōıt Gız̄ı h̉ ı malıt. ⁊ ſp̄ða ek h̄ h
hũſu m; ſkyllðı ꝼ̊. þ v̄ vel. ſ. k̉ı eða h̉t lagðı h̄ t̉
A.ſ. þ lagðı h̄ at v̄ ſkyllðī ollu kyʀ̇u hallða t̉ varſ
en rıða þa auſtr ⁊ bu t̉ malın a henðr ꝼl̃. v̄ vıg
helga ⁊ q̊ðıa bua heıman en lyſa a þıngı bren
nu malū. ⁊ q̊ðıa þ̇ ena ſaumu bua ı ðom ek ſp̄
⁊ Gız̄ hũr ſækıa ſkyllðı v̄ vıgſmalıt. en h̄ .ſ.
at M̄ ſkyllðı ſækıa þott h̄m þættı ıllt. ſl̃ h̄ þ̇ þū
gaz aꝼ haꝼa at h̄m haꝼa oll malın veſt ꝼarıt
k̉ı ſl̃ ⁊ ſıreıðr a vallt ē h̄ ꝼīnr h̄ ⁊ man h̄ ſlıkt
allt t̉ ðraga. ⁊ ꝼorſıa mın ı ānan ſtað. k̉ı m̄lı þa
þınū raðū munu v̄ ꝼ̃m ꝼara meðan v̄ eıgū þ̇
koſt at þıð vılıt ꝼ̇ v̄a. Sva ē at .ſ. ꝼ̃ k̉a at h̄ m
attı eckı ſoꝼa v̄ nætr. A. vaknaðı nott eína

ꝫ heyrðı at k̅ı vaktı. A. mł̅ı. v̄ðr eckı ſueꝼnſát
v̄ nætrń. k̅ı q̊ð þa vıſu. Kēꝛat vllr v̄ alla. aꝼlſı
ma m̄ ǵmu. baughlıðar man ek bæðı bauga ſu
eꝼn á augu. ſız branðuıðer brenðu bauðuar nauſz
a hauſtı ek em at mínu meını mīnıgr nıal ínnı.
enğ m̄ gat Karı ıā opt ſē. Nıalſ ꝫ ſk̅p̄. ꝫ b̄gðoru ꝫ
helga. en allðrı amællti ouınū ſınū ꝫ allð heıtaðız

133 N v ē þ̄ t̉ malſ at **capitulum** [h̄ v̉ þa.
taka at ꝼł. lét ılla ı ſueꝼnı eına nott.
Glumr vaktı h̄ ꝫ v̉ lengı áðr en h̄ vakna
ðe. ꝼł. bað h̄ kalla ketıl or mork ketıll kō þan
gat. ꝼł. mł̅ı. Segıa vıl ek þ̄ ðraum mīn. þ ma vel. ſ.
keꝼ̄. Mık ðreymðı þ. ſ.ꝼł. at ek þottūz v̄a at lōa
gnupı ꝫ ganga v́t. ꝫ ſıa vpp t̉ gnupſınſ. ꝫ opna
ðez h̄ ꝫ geck m̄ vt ór gnupınū ꝫ v̉ ı geıtheð
ne ꝫ haꝼðe ıarnſtaꝼ ı henðı h̄ ꝼor kallanðe ꝫ kal
laðe a m̄n mına ſuma ꝼyꝛ̄ en ſuma ſıðaꝛ̄ ꝫ neꝼ
nðı a naꝼn h̄ kallaðe ꝼyrſtan ǵm ēn rauða ok
arna kolſ .ſ. þa þottı m̄ vnðarlıga. m̄ þottı ſē h̄
kallaðe eyıolꝼ baulůkſ .ſ. ꝫ lıot .ſ. ſıðuhallz ok
nockura .vı. m̄n. þa þagðe h̄ ſtunð nockura. ſı
ðan kallaðe h̄ .v. m̄n. ꝫ v̉ þar lābı ꝫ moðolꝼr. ok
Glumr þa kallaðı h̄ .ííj. m̄n. ſıðazt kallaðe h̄.
Gūnar .l.ſ. ꝫ kol þſ̄t.ſ. Epꝉ̄ þ geck h̄ at m̄ ek ſp̄
ða h̄ tıðēða. h̄ q̉ ſegıa munðu tıðenðı. ꝫ ſp̄ða ek h̄
at naꝼní. h̄ neꝼnðız ıarnǵmr ek ſpurða hu̅t h̄ ſk
yllðı ꝼ̊. h̄ q̉ ꝼ̊ ſkyllðu t̉ alþıgıſſ. h̅t ſł̅tu þ̄ ǵa. ſ.
ꝼł. ꝼyrſt ſł̅ ek ryðıa q̇ðu en þa ðoma. en þa víg
voll ꝼ̉ vegunðū. ſıðan quað h̄ þta. HoGorma m̄
heꝼıaz. h̅ðı þunðr a lðı. ſıa munu m̄n a mollðu m̄
ǵ heılaborǵ. nu vex blaꝛ̄a broðða beyſtıſullr ı ꝼ
ıollū. kōa mun ſūra ſeggıa. ſueıta ðauG á leggı.
þa lauſt h̄ nıðr ſtaꝼnū ꝫ v̄ð þa þa breſtr mıkıll g
eck h̄ þa īn ıꝼıallıt. en m̄ bauð otta. vıl ek nu at
þu .ſ. huat þu ætlar ðraumīn v̄a. þ ē hugboð m
ıtt. ſ.ketıll at þr munu aller ꝼeıǧ ē kallaðer
v̊ ſynız m̄ þ ráð at þna ðraū ſegı v̉ engū at s̄
bunu ꝼł. q̄ð s̄ v̄a ſkyllðu. Nu leıð þ̄ t̉ veꝉ̄n er
lokıt var Jolū. ꝼł. mł̅ı t̉ ſīna m̄ Nu ætla ek at
v̄ ſkılım rıða heıman. þıkı m̄ ſē v̄ munī nu
varla ſetuǵð eıga ꝫ ſł̅u v̄ nu ꝼ̊ ılıðſ bon man
nu þ ſānaz ſē ek ſagða yðr at v̄ munðī morgū

134 ꝼ̉ kné gāga v̄ða aðr en lokıt ē þū malū. Sıðan
bıugguz þr aller. ꝼł. v̉ ı leıſt b̄kū þ̄ at h̄ ætlaðe
at ganga ꝫ h̄ vıſſı at oðrū munðı þa mīna þıkıa ꝼ̉
at ganga. þr ꝼ̊ heıman a knappa voll en ānat q̊ll
ðıt t̉ breıð ár. en ꝼ̄ breıða t̉ kalꝼa ꝼellz. þaðan ı b
ıarnaneſ ı horna ꝼıorð þaðan t̉ ſtaꝼaꝼellz ı lon
þa t̉ þuatt ár t̉ ſıðuhallz. ꝼł. áttı ſteınuoru ðotꝉ̄
hallz. hallr tok v̉ þeī alluel. ꝼł. mł̅ı t̉ hallz bıð
ıa vıl ek þıg mágr at þu rıðer t̉ alþīgıſ m; m̄ ꝫ
veıꝉ̄ m̄ m; alla þıngm̄n þına. hallr mł̅ı. Nu ē s̄
orðıt ſē mł̅t ē at ſkāma ſtunð v̄ðr honð hogǵ
ꝼegın ꝫ ē ſa nu allr eīn ı þınu ꝼoruneytı ē nu h
eꝼr ė hoꝼuðſ ꝫ hīn ē þa ꝼyſtı enſ v̄ra. en lıð
veızlu mına em ek ſkyllðr at leggıa t̉ alla ſlı
ka ſē ek má. ꝼł. mł̅ı. h̅t leGr þu nu t̉ raðſ m; m̄
þ̄ ſē nu ē kōıt. h̄ .ſ. ꝼ̊ ſł̅tu allt norðr t̉ vapna.ꝼ.
ꝫ bıðıa alla hoꝼðıngıa lıð ſīnıſſ. ꝫ muntu þo þ̄ꝼa
þra allra áðr þıngınu ē lokıt. ꝼł. ðualðız þ̄ .ííj. næt r
ꝫ huılðı ſık ꝫ ꝼór þaðan auſtr t̉ geıta hellna
ꝫ ſua t̉ b̄u.ꝼ. ꝫ v̊ þ̄ v̄ nótt. þaðan ꝼ̊ þr auſtr t̉ bre
ıððalſ ı heyðalı. þar bıo hallbıorn ſterkı h̄ attı
oððrunu ſyſtur ſaurla broðð helga .ſ. ꝫ haꝼðe
ꝼł. þ̄ goð v̉tokur hallbıorn ſp̄ðı margſ aꝼ bren
nūnı en ꝼł.ſ. h̄m ꝼ̄ ollu gıorla. hallbıorn ſp̄ðı hu̅
ſu langt ꝼł. ætlaðı norðr ı ꝼıorðuna. h̄ q̉ ꝼ̊ ætla t̉
vapna.ꝼ̊. ꝼł. tok þa ꝼeſıoð aꝼ bellꝉı ſer. ꝫ q̉ vılıa
geꝼa h̄m. h̄ tok v̉ ꝼenu. en q̉ þo eckı eıga gıaꝼ̄ at ꝼł.
en þo uıl ek vıta hu̅ıu þu vıll at ek launa. eckı þarꝼ
ek ꝼíar. ſ.ꝼł. en þ vıllða ek at þu rıð̄ t̉ þıgſ m; m̄.
ꝫ veıꝉ̄ at malū mínū þo a ek hu̅kı at telıa tıl
v̉ þıg mægð̄ ne ꝼrænðſemı. hallb̄. mł̅ı. þ̄ man
ek heıta þ̄ at rıða t̉ þıngſ ꝫ veíta þ̄ at malū ſē
ek munða þottu v̄ır broðer mīn. ꝼł. þackaðı h̅
þaðan reıð ꝼł. breıððalſ heıðı ꝫ s̄ a hraꝼnk
elſtaðı þar bıo Raꝼnkell þorıſ .ſ. Raꝼnkelſ .ſ R
aꝼnſ .ſ. ꝼł. haꝼðe þar goðar v̉ tokur. ꝫ leıtaðe
h̄ epꝉ̄ v̉ Raꝼnkel v̄ þıgreıð ꝫ lıðueızlu Raꝼnk̄
ꝼor vnðan en þo kō þar at h̄ h̉ at þoꝛ̄ ſon ñ mū
ðı rıða m; þıngm̄ þra ꝫ v̄a ı ſlık̉ lıðueızlu ſē
ſāþīgıſgoðar ñ. ꝼł. þack. h̄m ꝫ ꝼór ı b̄tt ꝫ a b̄ſa
ſtaðe þar bıo holmſteīn ſon ſpak b̄ſa ꝫ tok h̄
alluel v̉ ꝼł. ꝫ bað ꝼł. h̄ lıðueızlu. holmſꝉ̄ q̄ð h̄

ꝼ laugu haꝼa laun ſellt t̉ lıðueızlu. þaðan ꝼ̊ þr a v
alþıoꝼſtaðe. þar bıo ſaurlı broððhelga .ſ. broð̄ bıar
na. ħ áttı þorðıſı .ð. Guðm̄ðar enſ rıka aꝼ moðru
vollū. þr hoꝼðu þ̄ goð ỽtokur. ⁊ v̄ morgınīn vak
tı ꝼl̄. t̉ v̇ ſaulua at ħ munðı rıða t̉ þıngſ m; ħ̃.
⁊ bauð ħ ꝼe t̉. ė veıt ek þ. ſ. ˋħˊ meðan ek veıt ė hua
huaðan Guðm̄ðr mágr mīn ſtenðr at þ̉ at ek
ætla ħm at veıta huaðan ſē ħ ſtenðr at. ꝼl̄.m.
ꝼīn ek þ a ſuorū þınū at þu heꝼ̃ kuanꝉ. Sıðan
ſtoð ꝼl̄. vpp ⁊ bað taka klæðı þra ⁊ ꝺapn ꝼ̊ þr
þa ı brott ⁊ ꝼengu þar enga lıðueızlu ꝼ̊ þr ꝼıꝛ̃
neðan lag̃ ꝼlıot ⁊ v̄ heıðı t̉ nıarðuıkr. þar bío
ggu bræðr .íȷ́. þorkell ꝼullſpakr. ⁊ þoruallðr. þr
v̊ .ſſ. ketılſ þrymſ þıðranða .ſ. enſ ſpaka ketılſ .ſ.
þrymſ þoreſſ .ſ. þıðranða. Moð̄ þra þorkelſ ⁊ þor
vallðz ħ̉ yngıllðr .ð. þorkelſ ꝼullſpakſ. ꝼl̄. haꝼ
ðe þar goðar ỽtokur. ħ ſagðe þeī ðeılı a v̄ erēðı
ſın. ⁊ bað þa lıð veızlu. en þr ſynıuðu áðr ħ gaꝼ
.ııȷ. m̄k ſılꝼrſ huarū þra t̉ lıð veızlu þa ıatuðu
þr at veıta ꝼl̄. yngıllðr moð̄ þra v̊ hıa ſtoðð. ħ̉
gret ė ħ̉ heyrðı er þr hétu alþıgıſſ ꝼ̊ðīnı. þorkell
mlı ħ̉ grætr þu moð̄. Mık ðreymðı at þoruallðr
b̄ð̄ þīn v̄ı ı rauðū kyrtlı. ⁊ þottı m̄ ſ̃ þraungr v̄a
ſē ſaumaðr v̄ı at ħm. m̄ þottı ħ ⁊ v̄a ı rauðū ho
ſū vnð̄ ⁊ vaꝼıt at vanðū ðreglū m̄ þottı allt a
at ſıa ſē ħm v̄ı mıog v hægt. en ek mætta þa ec
kı at g̃a. þr hlogu at ⁊ q̊ðu v̄a lokleyſu ſogðu g
eıp hēnar eckı ſkyllðu ꝼ̊ þıgreıð ſıñı. ꝼl̄ þackar
þeī vel ⁊ ꝼ̊ þaðan t̉ vapna.ꝼ̃. ⁊ komu t̉ hoꝼſ. þ̉
bıo bıarnı broððhelga .ſ. þorgılſ .ſ. þorſt̃.ſ. enſ ħ̉
ta auluıſ .ſ. auluallz .ſ. auxnaþorıſ .ſ. Moðer bıar
na v̊ halla lytıngſ .ð. Moð̄ b̄ðð helga var aſuor
.ð. þorıſ grautatlaſ. þorıſ .ſ. þıðranða. bıarnı .b.h.
.ſ. áttı rānueıgu þorgeırſ .ð. eırıkſ .ſ. ı guððolū.
geırm̄ðar .ſ. hroallz .ſ. eırıkſ .ſ. aurðū ſkeggıa
bıanı tok v̇ ꝼl̄ baðū honðū. ꝼl̄. bauð bıarna ꝼe
t̉ lıðueızlu. b. mlı allðre heꝼı ek ſellt karlm
enzku mına v̇ ꝼe mutu ne ſ̃ lıðueızlu. en nu ė
þu þarꝼt lıðſ man ek g̃a þ̉ v̄ vınueítt ⁊ rıða t̉
þıngſ ⁊ veıta þ̉ ſē ek munða b̄ður mínū. þa ſ
nyr þu ollū vanða a henðr m̄. ſ.ꝼl̄. en þo v̊ m̄
ſlıkſ at þ̉ ván. Sıðan ꝼor ꝼl̄. t̉ k̄ſſauıkr þor
kell geıtıſ .ſ. v̊ vın þra mıkıll áðr. ꝼl̄.ſ. ħm erē
ðı ſín. þk q̄ð þ ſkyllt v̄a at veıta ħm ſlıkt ė ħ
v̄ı t̉ ꝼæꝶ. ⁊ ſkılıaz ė v̇ ħ mal. þk. gaꝼ ꝼl̄. goðar
gıaꝼ̃ at ſkılnaðe. þa ꝼór ꝼl̄. norð. or vapna.ꝼ. ⁊
vpp ı ꝼlıoz ðalſ.h. ⁊ gıſtı at holmſteīſ ſpakb̄ſa .ſ.
⁊ ſagðe at aller hoꝼðu vel ſtaðet vnðer ħ nauð
ſyn nēa ſauluı broðð h̃.ſ. holmſt̃ q̄ð þ t̉ þ b̄a at
ħ v̊ engı oꝼſtopa m̄. holmſt̃. gaꝼ ꝼl̄ goðar gıaꝼ̃
Fl̄. ꝼor vpp ꝼlıoz.ð. ⁊ þaðan ſuðr a ꝼíall v̄ exar hr
aun ⁊ oꝼan ſuıðınhorna ðal. ⁊ ꝺt m; alꝼta.ꝼ̃. ꝼ̊
veſtan ⁊ lauk ꝼl̄. ė ꝼ̊ð ꝼyꝶ en ħ kō t̉ þuaꝉ ár
t̉ hallz mágſ ſínſ. þar v̊ ꝼl̄. halꝼan manuð
⁊ m̄n ħ. ⁊ huıllðu ſıg. ꝼl̄. ſp̄ðı hall huat ħ lag
ðe t̉ raðſ ħūſu ħ ſkyllðı m; ꝼ̊ ⁊ breyta haugū
ſínū. hallr mlı þ ræð ek at þu ſer heıma v̇
bu þıtt ⁊ ſıgꝼ̃.ſſ. en ſēðı m̄n t̉ ˊatˋ ſkıpa t̉ bua ſın
na. en ér rıðıt heī at ſīnı en þa ė þ̉ rıðıt tıl
þıngſ rıðıt aller ſaman. ⁊ ðreıꝼıt eckı ꝼloc
kı yðrū ꝼarı þa ſıgꝼ̃.ſſ. at ꝼına konur ſınar.
Ek mun ⁊ rıða t̉ þıngſ ⁊ líotr ſonr mīn með
þıngm̄n mína alla þa ė ek ꝼæ. ⁊ veıta þ̉ lıð ſ
lıkt ſē ek ma m̄ v̇ koma. ꝼl̄. þackaðe ħm. en
hallr gaꝼ ħm gıaꝼ̃ goðar at ſkılnaðe ꝼl̄. ꝼór
þa ꝼ̃ þuatt á ⁊ ė eckı v̄ ħ ꝼ̊ð at tala ꝼyꝶ eñ
ħ kō heī t̉ ſuına ꝼellz. ė ħ þa heıma þ ė epꝉ̃ v̇
vetrarınſ ⁊ ſumarıt allt t̉ þıgſ ꝼ̃man **aꝼ kā**
135 Nv er þ̉ t̉ malſ at taka **ra ⁊ þorhallı**
at karı ſolmunðar ſon ⁊ þorhallr .A.ſ.
rıðu t̉ moſꝼellz þ̉ bıo Gız̃ huıtı. ħ tok
v̇ þeī baðū honðū ⁊ v̊ þr þar at ħ mıog langa h
rıð. þ v̊ eínhūıu ſīnı þa ė þr toluðu v̄ brēnuna Nıalˋsˊ
at Gız̃ q̄ð þ v̄a mıkla gıptu ė k̉ı haꝼðı ı b̄tt ko
mız. þa v̊ð k̉a vıſa mūnı. Hıalmſkaſſa ꝼór hu
eſſır ħ̄ðımeıðr aꝼ reıðı ꝺt or elreſ ſueıta vꝼus
Nıalſ ħa. þ̉ ė ellðgūnar īnı oððrūnar þ̉ brūnu.
m̄n nemı mal ſē ek īnı. mın harmſak̃ tına.
þa mlı Gız̃. varkūn ė þ at þ̉ ſe mīnı ſát ⁊ ſtu v̇
nu eckı v̄ tala ꝼleıra at ſıñı. karı ſagðe at ħ
ætlaðe þa heī at rıða Gız̃. mlı. Ek mun nu g̃a
m̄ ðællt v̄ raða g̃ð v̇ þıg. þu ſīt ė heī rıða en
þo ſītu nu ı b̄tt rıða eꝼ þu vıll. þu ſīt allt auſtr
ı hollt rıða vnð̄ eyıa ꝼıoll at ꝼīna þa þorgeír

ſkorargeır ꝫ þorleıꝼ k͛k þr ſtu rıða auſtan með ꝥ ꝥ at þr ēo aðılar allra ſakāna. m; þeī ſt rıð a þorġmr eñ mıklı b͛ðer þra. ꝥ ſtut rıða t̄ ᴍ ðar .v.ſ. ſtu .ſ. ħm orð mín t̄ at ħ takı v̇ vıgſ malı ept̄ helga a henðr ꝼl. En eꝼ ħ mæler n ockurt orð ı motı ꝥu. þa ſtu ġa þıg ſē reıðaztā ꝫ lat ſē þu muñ haꝼa exı ı hoꝼðe ħm. þu ſt ꝫ ſegıa ı ānan ſtað reıðı mına eꝼ ħ vıll lata ılla at ꝥu kōaz ꝥ m; ſtu ſegía at ek mun ſækıa þorkautlu ðott̄ mına ꝫ lata ꝼ heī t̄ mín. En þ mun ħ ė þola ꝥ at ħ ān hēnı ſē augū ı hoꝼðe ſer. k͛ı þackaðe ħm ſína raðaġð. Eckı talaðe k͛ı v̄ lıðueızlu v̇ ħ ꝥ at ħ ætlaðe at þ mundı ħm ꝼ vınueıtlıga ſē ānat. k͛ı reıð þaðan auſtr ıꝼır ár ꝫ ſua t̄ ꝼlıoz hlıðar. ꝫ auſtr ıꝼ̄ mark͛ ꝼlıot. ꝫ ſ̄ t̄ ſelıa lðz mula. þr rıða auſtr ı hollt. þorgeıꝶ tok v̇ þeī baðū honðū. ħ .ſ. þeī v̄ ꝼ̄ðer ꝼl. ꝫ hu̅ſu mıkıt lıð ħ haꝼðe þegıt ı auſtꝼıorðū. k͛ı ſagðı at þ v̇ mıkıl varkūn at ħ bæðe ſér lıðſ ſ̄ mor gu ſē ħ mundı .ſv̇. eıga. þorgeıꝶ mlı. ꝥ betr ē þeī ꝼ̄r allt veꝶ. ꝥ harðara ſtu v̇ a þa ſækıa. k͛ı .ſ. þ t̄logur Gız̄ar. Sıðan rıðu þr auſtan a ŕāg ár vollu t̄ m̄ð .v.ſ. ħ tok v̇ þeī vel. k͛ı .ſ. ħm orð ſendıng Gız̄. h. magſ ſínſ. ħ v̇ helldr erꝼıðr ꝫ toruelldra q̄ð ħ at ſækıa ꝼl. en .x. aðra. k͛ı.m. Jaꝼnt ꝼ̄r ꝥ þta ſē ħ ætlaðı ꝥ at ꝥ ēo aller hlut̄ ılla geꝼñ er þu ert bǽðı hræððr ꝫ huglauſſ hıtt ꝼylġ ꝫ at ꝥ er maklıgt at þorkatla ſt ꝼ heī t̄ ꝼoður ſınſ h͛ bıoz þeġ ꝫ q̄ð þ v̄a næꝶ ſ kapı ſınu at ſkılðı m; þeī. ᴍ. ſkıptı þa ſk ıptı þa ſkıott ſkapı ſınu ꝫ ſua orðū ꝫ bað aꝼ ſer reıðı ꝫ tok þeġ v̇ malınu. k͛ı mlı þa. Nu heꝼ̄ þu tekıt v̇ malınu ꝫ ſæk nu vhræððr þt líꝼ þıtt lıɢr v̇. ᴍ. q̊z allan hug ſkylldu a leg gıa at ġa þta vel ꝫ ðreīgılıga. Ept̄ þ ſteꝼndı .ᴍ. t̄ ſín .ıx. buū þr v̊ aller vættvangſ buar

M̄. tok þa ı honð þorgeırı ꝫ neꝼndı vatta.íј. J þ vættı at þġ. þoreſ .ſ. ſelr m̄ vıg ſauk a henðr ꝼl þorð͛ .ſ. at ſækıa v̄ víg helga nıalſ .ſ. með ſocknar gognū þeī ollū ē ſokīnı eıgu at ꝼ ylgıa ſelr þu m̄ ſauk ꝥa at ſækıa ꝫ at ſæt̄ á ſ̄ allra gagna at níota ſē ek ſe rettr aðılı

ſelr þu m; logū en ek tek m; logū. J ānat ſīn neꝼndı .ᴍ̄. ſér vatta. J þ vættı at ek lyſı laug mætu ꝼrūhlaupı a honð ꝼl. þorðar .ſ. ē ħ veít tı helga ɴıalſ. helunðar ſár eða holunðar. þ er at ben ġðız en helgı ꝼeck bana aꝼ lyſı ek ꝼ buū ꝼīm. ꝫ neꝼndı þa alla. lyſı ek lauglyſíng lyſı ek hanðſelld ſok þgeırſ þorıſ .ſ. J oðru ſīnı ne ꝼndı ħ vatta ı þ vættı at ek lyſı helund͛ ſarı .e. hol vnd͛ .e. m̄gunðar. a honð ꝼl.þ.ſ. ꝥ ſarı ē at ben ġðız ꝥ ſarı ē at ben ġðız en helgı ꝼeck bana aꝼ a þeī vætt vangı ē ꝼl. hlıop t̄ helga laugmætu ꝼrū hlaupı áðr lyſı ek ꝼ buū ꝼīm. Sıðan neꝼndı ħ þa alla lyſı ek lauglyſíng lyſı ek hanð ſelld ſok þorgeırſ þorıſ .ſ. þa neꝼndı morðr ſér vatta ıt ꝥ ðıa ſīn. J þ vættı. ſ. ħ at ek queð vættuangſbua ꝥa .ıx. ꝫ neꝼðı þa alla a naꝼn alþíngıſſ reıðar ꝫ bua q̇ðar at b͛a v̄ þ huart ꝼl.þ.ſ. hlıop laugmætu ꝼ̌m hlaupı t̄ helga .ɴ.ſ. a þeī vættvangı ē ꝼl.þ.ſ. ve ıttı .h.ɴ.ſ. holund͛ ſár .e. helunðar .e. m̄gunðar ꝥ ē at ben ġðız. en helgı ꝼeck bana aꝼ. q̊ð ek yðr þra orða allra ē yðr ſkyllða laug t̄ v̄ at ſkılıa ꝫ ek vıl yðr at ðomı beıtt haꝼa. ꝫ ꝥu malı a at ꝼyl gıa. q̊ð ek yðr laugquauð ſua at ꝥ heyrıt a ſıal ꝼer. q̊ð ek v̄ hanðſellt mál þġ.þ.ſ. M̄. neꝼndı ſ̄ vatta. J þ vættı at ek q̊ð vættvangſ bua ꝥa .ıx. alþıngıſſ reıðar ꝫ buaq̇ðar at b͛a v̄ þ. huart ꝼl.þ.ſ. ſærðe .h.ɴ.ſ. holund͛ ſarı .e. helund͛ .e. m̄gund͛. ꝥ ē at ben ġðız en .h. ꝼeck bana aꝼ a þeī vættvangı. ē ꝼl. hlıop t̄ .h.ɴ.ſ. ꝼ̌mhlaupı a ꝺ̄r. q̊ð ek yðr þra orða allra ē yðr ſkyllða laug t̄ v̄ at ſkılıa en ek vıl at ðomı beıtt haꝼa ꝫ ꝥu malí a at ꝼylgıa queð ek laug quauð q̊ð ek ſ̄ at ꝥ heyrıt a ſıalꝼ̄ q̊ð ek v̄ hanðſellt mál þġſ þoꝛ̄. .ſ. þa mlı .ᴍ̄. Nu ē h͛ mal t̄ buıt ſē ꝥ baðut. ꝫ vıl ek nu beıða þıg þġ. at þu kom̄ t̄ mín ē þu rıðr t̄ þıngſ ꝫ rıðū þa m; baða ſaman ꝼlockana ꝫ holldū okr vel ſaman ꝥ at ꝼlockr mīn ſt þe gar buīn t̄ aunðu̅z þīgſ. ꝫ ſt ek yðr ı ollū hlutū truꝶ v̄a. þr toku ꝥ ollu vel. ꝫ var þta bunðet ſuarðogū at engı ſkylldı v̇ ānan ſkılıa ꝼyꝶ en k͛ı vılldı. ꝫ hu̅r þra ſkylldı leggı ſıtt lıꝼ v̇ ān arſ líꝼ. Sıðan ſkılðu þr m; vınattu. ꝫ mltu mót

m; ſer a þıngı. Reıð þa þǧ. auſtr aptr en k̄ı reıð
veſtr ıẛ ár. þar t̄ ē h̄ kō ı tungu t̄ aſǵmſ. h̄ tok vıð
þeī agæta vel. k̄ı ſagðı .A. alla raðaǧð Gıž. h̄ta.
ꝫ malat̄bunat. Slıkſ v̄ m̄ ván at h̄m. ſ.A. at
h̄m munðı vel ẛ. ꝫ heẛ h̄ þ ēn ſynt. A. ſp̄ðı h̄t ſpyr
þu auſtan ẛ ꝼl. k̄ı .ſ. h̄ ꝼór allt auſtr ı vapna.ẛ. ꝫ
haꝼa nalıga aller hoꝼðıngıar heıtıð h̄m lıðueız
lu ꝫ alþıngıſ reıð. þr vænta ſer ꝫ lıðſ aꝼ reyk
ðælū. ꝫ lıoſuetnīgū ꝫ exꝼırðıngū. þr toluðu þar
mart v̄. Nu lıða ſtunðer allt ẛman t̄ alþīgıſſ.
þorhallr .A.ſ. tok ꝼot meín ſua mıkıt. at ẛ oꝼan auk
la var ꝼotrīn ſ̄ ðıgr ꝫ þrutīn ſē konu lær. ꝫ máttı
h̄ eckı ganga nēa v̄ ſtaꝼ. h̄ var mıkıll m̄ vextı
ꝫ rār at aꝼlı. ðauckr a hár. ꝫ ſ̄ a ſkınz lıt. vel
orðſtılltr ꝫ þo brað ſkapaðr. h̄ v̄ hın þrıðı m̄ meſtr
laug m̄ a ıſlðı. Nu kēr at þ̄ at m̄n ſl̄u heıman
rıða t̄ alþīgıſ. A. mlı v̄ k̄a. þu ſl̄t rıða t̄ aunðūz
þıngſ. ꝫ tıallða buðer várar. ꝫ m; þ̄ þorhallr .ſ.
mīn. þ̄ at þu munt bezt ꝫ hoglıgaz ē h̄ ē ꝼot
meıððr m; h̄ ẛ þ̄ at v̄ munū h̄ meſt þurꝼa a
þu þīgı. Með ykr ſl̄u ꝫ rıða .xx. m̄n aðrer. Ep
t̄ þ v̄ buın ẛð þra. ꝫ rıðu þr ſıðan t̄ þıngſ ꝫ tı
ollðuðu buðer ꝫ bıuggu vel v̄. **aꝼ brenu m̄m**

136 Floſı reıð auſtan ꝫ þr tıu tıǧ m̄ ē at brēnu v̄ m;
h̄m. þr rıðu þ̄ t̄ ē þr komu t̄ ꝼlıotz hlıðar ſkı
puðu þa ſıǧẛ.ſſ. t̄ bua ſīna ꝫ ðuolðuz þ̄ v̄ ða
gīn en v̄ kuellðıt rıðu þr veſtr v̄ þıorſ a ꝫ ſuaꝼu þ̄
v̄ nottına. en v̄ morgınīn ſnēma toku þr heſta ſına
ꝫ rıðu ẛm a leıð. ꝼl mlı t̄ m̄ ſīna Nu munu v̄ rıða ı
tungu t̄ A. t̄ ðagūðar. ꝫ ſ̄ða ıllſak̄ v̄ h. þr q̄ðu þ vel
ǧt. þr rıða nu þ̄ t̄ ē þr eıga ſkāt t̄ tungu. A. ſtoð v
tı ꝫ nockuẛ m̄n m; h̄m. þr ſa þeǧ ꝼlockīn ē ſıa
mattı. heīa m̄n .A. mlu. þ̄ mun v̄a þǧ ſkoꝛgeıʀ. A.m.
ė ætla ek þ. þır m̄n ẛ m; hlat̄ ꝫ gapı. En ꝼrænðr
.N. munu ė hlæıa ꝼyk̄ en ñ ē heꝼnt. ꝫ mun ek ge
ta ānarſ t̄. kān v̄a at yðr þıkı þ vlıklıgt. þ ē ætlā
mın at v̄a munı ꝼl ꝫ brēnum̄n m; h̄m ſl̄u v̄ nu gā
ga īn aller þr ǧðu ſ̄. A. let ſopa k̄. ꝫ tıallða ſet
ıa borð ꝫ b̄a mat a. ſetıa ꝼorſætı m; enðlongum
beckıū v̄ alla ſtoꝼu. ꝼl reıð ı tun ꝫ bað m̄n ſtıga
aꝼ heſtū ꝫ ganga īn. þr ǧðu ſ̄. þr ꝼl. komu ı ſtuꝼ
una. en .A. ſat a pallı. ꝼl. leıt a beckına ꝫ ſa at
allt v̄ reıðu buıt þ ē m̄n þurꝼtu at haꝼa.
A. q̄ððı þa eckı ꝫ mlı t̄ ꝼl. þ̄ eru borð ſett at
heımıll ē matr þeī ē haꝼa þurꝼa ꝼl. ſte vnðer
borð ꝫ aller ñ m̄n en logðu vapn ſın vpp t̄ þıl
ıſ. þr ſatu a ꝼorſætū ē ė mattu vppı ſıtıa a b
eckıū. en .ıııj. m̄n ſtoðu m; vapnū ẛ ẛmar þ̄
ē ꝼl. ſat meðan þr autuðuz. A. þagðe v̄ matm
alıt. ꝫ v̄ ſ̄ lauðr a at ſıa ſē bloð. En ē þr v̄ met̄
baru kon̄ aꝼ borðū. en ſum̄ baru īnar laugar
ꝼl. ꝼor at engu oðara en h̄ v̄ı heıma. bol ex la ı pa
ll hornínu. A. þreıꝼ hana tueī honðū ꝫ hlıop vpp
a pallz ſtockīn ꝫ hıo t̄ hıo t̄ hoꝼuðſ ꝼl. Glūr hıll
ðıſ .ſ. gat ſéét t̄ ræðıt hlıop vpp þeǧ ꝫ þreıꝼ ex
ına ẛ ẛman henðr h̄m. ꝫ ſñı þeǧ eggīnı at. A. þ̄
at Glūr v̄ rār at aꝼlı. þa hlıopu vpp mıklu ꝼleí
rı m̄n ꝫ vıllðu raða a .A. ꝼl. q̄ð engan mān h̄m
ſkyllðu meín ǧa. þ̄ at v̄ hoꝼū ǧt h̄m oꝼ raun
En h̄ ǧðı þ at ſē h̄ attı ꝫ ſynðı þ at h̄ v̄ oꝼr hugı.
ꝼl. mlı t̄ .A. h̄ munu v̄ nu ſkılıaz heılır en ꝼīn
az a þīgı ꝫ taka þ̄ t̄ oſpıllt̄ mala. Sva mun v̄a
.ſ.A. ꝫ munða ek þ vılıa v̄ þ ē þīgı ē lokıt at þ̄
ꝼarıt lægra. ꝼl.ſ. þa engu gengu þr þa vt. ꝫ ſtı
gu a heſta ſına ꝫ rıðu ı brott. þr rıðu t̄ þ ē þr ko
mu t̄ laugar vaz ꝫ v̄ þ̄ v̄ nottına. en v̄ morgı
nī rıðu þr ꝼrā a beıtı vollu ꝫ áðu þ̄. þa rıðu þ̄
at þeī ꝼlock̄ m̄ǧ. v̄ þ̄ hallr aꝼ ſıðu ꝫ aller auſt
ꝼırðınǧ ꝼl. ꝼagnaðe þeī alluel. ꝫ ſagðı þeī ẛ ẛðū
ſınū. ꝫ ẛ ſkıptū þra .A. Marǧ loꝼuðu ꝼl. ꝫ q̄ðu
ſlıkt rauſlıga ǧt v̄a. hallr mlı. þta lız m̄ oðru
vıſ. m̄ þóttı þta ǧt vuıtrlıga munðu þr þo mu
na harm ſaker ſınar þott þr v̄ı ė mıntır a aꝼ
nyıu. Er þeī m̄m alluant v̄ ē ſua leıta añaka
m̄ þunglıga ꝼanz þ a hallı at h̄m þottıþta m
ıog oꝼǧt. þr rıðu þaðan aller ſaman t̄ þ ē þr
komu a vollu ena eꝼrı ꝫ ꝼylktu þ̄ lıðı ſínu
ꝫ rıðu rıðu ſıðan a þıng oꝼan. ꝼl. haꝼðı latıð
tıallða bırgıſ buð áðr h̄ reıð a þıng En auſt
ꝼırðınǧ rıðu t̄ ſīna buða. **aꝼ þorgeırı ſkoꝛ Geır**

137 Nv ē þ̄ ẛ at .ſ. at þǧ. ſkoꝛǧ. reıð auſtan m;
mıklu lıðı. ꝫ v̄ .bb. ñ m; h̄m þleıꝼr k̄kr ꝫ
þǧmr ēn mıklı þr rıðu þ̄ t̄ ē þr komu t̄ ho
ꝼſ t̄ m̄ð .v.ſ. ꝫ bıðu þ̄ t̄ þ ē h̄ v̄ buīn M̄. haꝼðı ſaꝼ

nat hu͛ıū m̄ ē vapnꝼæꝶ v͛ ꝫ ꝼundu þr at h v͛ ēn au
ruggaztı ı ollu. rıðu þr ſıðan t͛ ꝥ ē þr komu veſ
tr ıꝼ͛ ar. ꝫ bıðu ꝥ͛ hıallta ſeggıa .ſ. h kō þa ē þr h
oꝼðu lıtla ſtunð beðıt. ꝼognuðu þr hm vel ꝫ rıðu
ſıðan aller ſaman t͛ ꝥ ē þr komu t͛ reykıa ı bpſ
tungu ꝫ bıðu ꝥ͛ .A. kō h þar t͛ motz v͛ þa. rıðu
þr þa veſtr ıꝼ͛ bruar a. ꝫ ſeg͛ .A. þeī þa allt hue
ꝼór m; þeī ꝼl. þg͛. mlı. ꝥ munða ek vılıa at vær
reynðī k͛lmenzku þra aðr lykr þıngınu. Rıðu
þr ſıðan t͛ ꝥ ē þr komu a beıtıuollu. kō ꝥ͛ Giꝁ h͛
tı m; allmıkıt lıð. toku þr þa tal langt m; ſér
Rıðu þr þa a vollu ena eꝼrı ꝫ ꝼylktu ollu lıðı ſı
nu ꝥ͛ ꝫ rıðu ſ͛ a þıng ꝼl. ꝫ m̄n hſ hlupu t͛ vapna
aller ꝫ v͛ þa buıt t͛ at þr munðu b͛ıaz En þr A.
ꝫ þra ſueıt g͛ðuz eckı t͛ ꝥ ꝫ rıðu t͛ buða ſīna. v͛ nu
kyrt þān ðag ſ͛ at þr attuz eckı v͛. þa v͛ kōn̄ hoꝼ
ðıngıar ór ollū ꝼıorðungū a lanðınu. ꝫ haꝼðı all
138 ð þīg v͛ıt ıā ꝼıolm̄t aðr ſ͛ at m̄n myndı. Eyıolꝼ'r'
h͛ m̄. h v͛ baulu͛kſ .ſ. eyıolꝼſ .ſ. enſ g͛ or oꝛðal þorð
.ſ. gellıſ Olaꝼſ .ſ. ꝼeılanſ. moðer eyıolꝼſ hroðny .ð
mıðꝼıarða'r' ſkeggıa ſkīnabıarnar .ſ. ſkutaðar
ſkeGıa .ſ. eyıolꝼr v͛ vırðīga m̄ mıkıll. ꝫ allra mā
na laugkænaztr ſ͛ at h v͛ ēn ꝥ͛ðı meſtr lagam̄ a
ıſlðı. h var allra m̄ ꝼrıðaſtr ſynū mıkıll ꝫ ſterkr
ꝫ ıt bezta hoꝼðıngıa eꝼnı h v͛ ꝼegıarn ſē aðrer ꝼr
ænðr h. ꝼl. geck eīn hu͛n ðag t͛ buð bıarna broðð
helga .ſ. bıar tok v͛ hm baðū honðū. ꝫ ſez ꝼl nıðr h
ıa .b. þr toluðuz mart v͛. ꝼl. mlı t͛ .b. huat ſl nu tıl
raða taka. b.ſ. Ek ætla nu ór vonðu at raða en
ꝥ ſynız m̄ þo raðlıgaz at bıðıa ſer lıðſ ꝥ͛ at þr ð
raga aꝼla at yðr ek vıl ꝫ ſpyrıa þıg ꝼl. huart
nockuꝶ ē allmıkıll logm̄ ı ꝼoruneytı. ꝥ͛ at yðr ēo
.íj. koſtır t͛ ānat huart at bıðıa ſætta. ꝫ ē ſa all
goðr hīn ē ānaꝶ at v͛ıa mal m; logū eꝼ má ꝫ
ſe varn̄ t͛. þott ꝥ þıkı m; kappı at gengıt. þıkı
m̄ ꝥ͛ v͛ða ꝥ aꝼ at raða at ꝥ haꝼıt aðr at ꝼarıt
m; oꝼſtopa ꝫ ſam̄ nu ė at ꝥ mınkıt yðr. ꝼl. mlı
þar ē þu ſpurðer ept͛ v͛ laugm̄n þa mun ek ꝥ
ſkíott ſegıa ꝥ at engı ē ı varū ꝼl. ꝫ engıſ veít
ek van ı auſtꝼıorðū nēa þorkelſ geıtıſ .ſ. ꝼræ
ða þínſ. B m. Eckı munu v͛ h telıa þótt h væri
m̄ lauguıtr þa ē h þo ꝼorſıall mıog þarꝼ ꝥ en
gı m̄ at ætla at haꝼa h at ſkotſpænı en ꝼylg
ıa mun h ꝥ. ſē ſa ē bezt ꝼylg͛ ꝥ͛ at h ē oꝼrhugı
en ſegıa mun ek ꝥ. ꝥ v͛ðr ꝥ m̄ banı er vaurn ꝼæ
r͛ ꝼm̄ ꝼ͛ brēnumalıt. en ek ān ꝥ ė þkelı ꝼrænða
mınū munu v͛ v͛ða at leıta ānarſtaðar a. ꝼl. q͛ ė
vıta ſkyn a hu͛ır laugm̄n v͛ meſter. B. mlı. eyı
olꝼr .h. m̄ ꝫ ē baulu͛kſ .ſ. h ē meſtr laugm̄ ı v
eſtꝼırðınga ꝼíorðungı. ꝫ mun hm þurꝼa at ge
ꝼa t͛ ꝼe mıkıt eꝼ hm ſl v͛ða komıt í malıt en þo
munu v͛ eckı at ꝥ͛ ꝼara. v͛ ſl̄m ꝫ ganga m; vapnū
t͛ allra laugſkıla ꝫ v͛a ſē varazter v͛ oſſ en raða
ė a þa nēa v͛ eıgī henðr vararat verıa. Mun ek
nu ganga m; ꝥ ı lıðſ bonına ꝥ͛ at m̄ ſynız ſē eıgı
megı kyꝶu ꝼ͛ hallða. Sıðan gengu þr vt ór buðī
ní ꝫ t͛ þra eyꝼırðınga. talaðı .B. þa v͛ lytīg ꝫ bl
æng ꝫ hroa aurſteīſ .ſ. ꝫ ꝼeck .B. ſkíott aꝼ þeī
ſlık heıt ſē h vıllðı. þa ꝼ͛ þr t͛ ꝼunð v͛ kol ſon
vıga ſkutu ꝫ eyuınð þkelſ .ſ. aſkelſ .ſ. goða. ꝫ
bað þa lıðueızlu. en þr ꝼ͛ lengı vnðan. en þo kō
ſ͛ at þr toku t͛ .ííj. m̄kr ſılꝼrſ. ꝫ gīgu þa ı malī
m; þeī þa ganga þr t͛ lıoſuetnīga buðar ꝫ ðuolðuz
ꝥ͛ nockura hrıð ꝼl. beıððı lıoſuetnīga lıðueızlu. en
þr v͛ ēꝼıð. ꝫ torſotꝛ ꝼl. mlı þa m; mıkıllı reıðı. Jlla
ē yðr ꝼarıt ēot agıarn̄ heıma ı h͛aðı ꝫ ranglat͛ en vı
lıt m̄ ė at lıðı v͛ða a þıngū þott yðr kreꝼı. ꝥ mun ꝫ la
gıt mıog t͛ amælıſ v͛ yðr ꝫ at brıgzlū haꝼt v͛ yðr. a
þıngū eꝼ ꝥ munıt ė hraknīgar ꝥ͛ær ē ſk͛ꝥ hrak
tı yðr lıoſuetnīga. J ānan ſtað haꝼðı ꝼl. v͛ þa h
lıoðmælı. ꝫ bauð þeī þa ꝼm̄ ꝼé. ꝫ lockaðe ſ͛ þa t͛
lıðueızlu ꝥ͛ kō at þr hetu lıðueızlu. ꝫ g͛ðu þr
ſıg þa ſua aurugga at þr q͛ðuz b͛ıaz ſkyllðu
m; ꝼl. þoı ꝥ þyrꝼtı v͛. B. mlı t͛ ꝼl vel ē ꝥ ꝼarıt
þu ēt hoꝼðıngı mıkıll ꝫ rauſkr m̄ ꝫ eınarðr
ꝫ ſkeꝼr lıtt aꝼ m̄. Sıðan ꝼ͛ þr ı brott ꝫ veſtr
ıꝼ͛ exar a ꝫ ſ͛ t͛ hlaðbuð. þr ſa at mart v͛ m̄
vtı ꝼ͛ buðīnı. ꝥ͛ v͛ eīn m̄ ſa ē haꝼðe ſkarlaz
ſkıckıu a h͛ðū ꝫ gullhað v͛ hoꝼut ꝫ exı ſılꝼrec
na ı hendı. B. mlı. h͛ b͛r vel tıl h͛ ē eyıolꝼr baul
v͛kſ .ſ. Sıðan gengu þr t͛ motz v͛ eyıolꝼ ꝫ q͛uð
ðu h. Eyıolꝼr kendı þeg͛ bıarna ꝫ tok hm v
el. B. tok ı honð hm. ꝫ leıððı h vpp ı almāna
gıa. B. bað ꝼl. ganga ept͛. ꝫ m̄n hſ. Mēn eyıol͛.

gengu ꝫ m; ħm þr baðu þa v̊a vppı a gıabacka
nū ꝫ ſıaz þaðan v̄. þr ganga þar ť ē þr ſa h
var gata lá oꝼan aꝼ hīnı eꝼrı gıānı ꝼł. q̄ð ꝥ
v̊a gott at ſıtıa ꝫ mega vıða ſıa þr ſettuz þa
nıðr. þr v̊ ꝥ .ıííj. m̄n ſaman. ꝫ ė ꝼleırı. B. młı
þa ť eyıoł þıg ēo v̊ kōnír at ꝼīna vınr. ſ. ħ. ꝥt
v̊ þurꝼū mıog ꝥīnar lıðueızlu ı alla ſtaðe eẏ̄
młı. ħ̄ er nu gott mānual a ꝥīgınu ꝫ mun yðr
lıtıð ꝼ̄ at ꝼīna þa m̄n ē yðr mun mıklu m
eırı ſtyrkr ē at en ħ̄ ſē em. B. młı. þ ē eckı
s̄. ꝥ at þu heꝼ̄ marga þa hlutı ť at engı ē ꝥ̄
meırı m̄ ħ̄ a þıngınu. þ ē ꝼyrſt at þu ēt æt
taðr ſua vel ſē aller ēo þr ē kōner ero ꝼ̄ rag
narı loð brok haꝼa ꝼorellrar þıñ avallt ı ſtor
mælū ſtaðet bæðı a þıngū ꝫ ſua heıma ı ħ̄
aðe ꝫ hoꝼðu þr ıaꝼnan meıra lut. þıkır oſſ
ꝥ lıklıgt ť at þu muñ v̊a ſıgrſæll ſē ꝼræðr
þıñ. Eyıoł .ſ. vel talar þu en lıtıð ætla ek
at ek muna ı eıga. ꝼł. młı. Eckı þarꝼ at k
raꝼſa aꝼ ꝥ oꝼan ē oſſ ē ı hug lıðueızlu vılıu
v̊ þıg bıðıa at þu veıť at malū valū várum
ꝫ gang̃ at ðómū m; oſſ ꝫ tak̄ varñ eꝼ v̊ða
ꝫ ꝼær̄ ꝼ̄ vara hon ꝫ veıť oſſ v̄ alla lutı a
þīgı ꝥu þa ē ť kūna at ꝼalla. Eyıoł ſp̄tt
vpp reıðr. ꝫ .ſ. s̄ at eñgı m̄ þarꝼ ſer þ at æt
la at haꝼa ħ at gīnīgar ꝼıꝼlı .e. hleypı ꝼıꝼ
lı ꝼ̄ ſer eꝼ ħ ðregr eckı ť. ꝫ ſe ek nu. ſ. ħ ħ̄t
yðr heꝼ̄ ť gengıt ꝼagr mælıſſ ꝥ. ē ꝥ̄ hoꝼðu`t´
ꝼ̄m̄ v̇ mık. hallƀ. ſt̄kı þreıꝼ ť ħ. ꝫ ſettı ħ
nıðr a mıllū þra bıarna. ꝫ młı. ė ꝼellr tre
v̇ ıt ꝼyrſta hoɢ vınr. ſ. ꝫ ſıt ħ̄ ꝼyſt hıa oſſ.
ꝼł. ðro gullhrıṅg aꝼ hendı ſer. ꝫ młı. þēna
hríng vıl ek geꝼa ꝥ̄ tıl vínattu ꝫ lıðueızlu
ꝫ ſyna ꝥ̄ s̄ at ek vıl ė gīna þıg. Er ꝥ̄ ꝥ bezt
at þıggıa hrıngīn at ė ē ſa maðr ħ̄ a þīgınu
at ek haꝼa ꝥlıka gıoꝼ geꝼıt. hrīgrīn var
s̄ mıkıll ꝫ s̄ vel gıorr at ħ tok .xíj. hunðruð
morenð. hallbıorn ð̊ a honð ħm hrīgīn. Eẏ̄
młı. þ ē lık̄a at ek þıggıa nu hrīgīn. s̄ ſē
ꝥ̄ ꝼ̄r vel muntu ꝫ s̄ ť mega ætla at ek m̊
taka v̇ vaurn ꝫ g̃a at ſlıkt ē þar. B. młı.
Nu ꝼ̄ huarūtueggıa yckrū vel. ēo ħ̄ nu ꝫ
m̄n vel ť ꝼallñ at v̊a vatſñ ꝥ ſē v̇ hallbıorn
erū at þu tak̄ v̇ malınu. ſtoð eẏ̄. þa vpp ꝫ
s̄ ꝼł. tokuz þr þa ı henðr. tok þa ey. varñ
gaugn oll aꝼ ꝼł. ꝫ s̄ ꝫ eꝼ ſak̄ nockuꝛ̄ g̃ðız
aꝼ vornīnı ꝥ at þ ē opt ānarſ malſ ſokn
er ānarſ ē vorn þa tok ħ oll þau ſoknar
gogn ē þeī ſokū attu at ꝼylgıa huart ſē
ſækıa ſkyllðı ı ꝼīť ðomı eða ꝼıorðungſðo
mı. ꝼł ſellðı at logū. en ey. tok at logū. ħ
młı þa ť ꝼł. ꝫ .B. Nu heꝼ`ı´ ek ħ̄ tek̄ v̇ malı
ſē ꝥ̄ beıððut. Nu v̇ ek at ꝥ leynıt ꝥu ꝼyſt.
En eꝼ malıt kēr ı ꝼītar ðō þa ſlu ꝥ̄ þ meſt
varazt at ſegıa at ꝥ̄ haꝼıt ꝼe geꝼıt ť lıð
veızlu. ꝼł. ſtoð þa vpp ꝫ s̄ .B. ꝫ aller þr gēgu þr
ꝼł. ꝫ bıarnı huaṙ ť ſīnar buðar en eyıolꝼr
geck ť buðar ſnorra goða ꝫ ſettız nıðr hıa
ħm. þr toluðuz v̇ mart. Snorrı goðe þreıꝼ ť
hanðarīnar eyıoł. ꝫ ꝼlet̄ vpp ermīnı ꝫ ſer
at ħ heꝼ̄ gullhrıng mıkīn. þa młı .Sñ. h
vart ē ꝥı hrıngr keyptr eða geꝼīn. Ey. ꝼāz
v̄ ꝼatt ꝫ v̊ð orð ꝼall. Sñ młı. Ek ſkıl nu gıor
la at þu munt at gıoꝼ þegıt haꝼa ꝫ ſkyllðı ꝥı
hrīgr ė v̊ða ꝥ̄ at hoꝼuð bana. Ey. ſp̄tt vpp ok
geck ı ƀtt ꝫ vılldı eckı v̄ tala. Sñ młı er ħ ſa
at ey. ſtoð. ſkynðılıga vpp. þ ē lık̄a v̄ þ er
ðomū ē lokıt at þu vıť huat þu heꝼ̄ þegıt. g
eck ey. ť buðar ſīnar. **raða gıorðır**

139 Nv ē ꝥ ť malſ at taka at A.e.G.ſ. ē ꝫ
K̄ı ſolm̄ð .ſ. at þr ꝼūnuz aller ſaman
.G. ħ̄tı hıallltı ſkeggıa .ſ. ꝫ ꝥg̃.ſ.g̃.M̄.v.
.ſ. A. tok þa ť orða. Eckı þarꝼ ꝥta ı hlıoðmæ
lı at ꝼæra ꝥ at þr eıñ m̄n ēo ħ̄ nu v̇ ē huek̄
veıt añarſ trunat. vıl ek nu ſpyrıa yðr eꝼ ꝥ̄
vıtıð nockut aꝼ raðag̃ðū þra ꝼł. Synız m̄ ſē
v̊ munī þurꝼa at g̃a rað vart ı oðrū ſtað. G.
ħ̄tı .ſ. Sñ goðı ſenðı mān ť mín. ꝫ let ſegıa
m̄ at ꝼł. haꝼðı þegıt mıkıt lıð aꝼ norðlē
ðıngū. En .ey. bolv̊kſ. ꝼrænðı ñ haꝼðı þegıt
gullhrīg aꝼ nockurū ꝫ ꝼór leynılıga m;. ꝫ
q̄ð ſñrı þ ætlan ſına at .Ey.b.ſ. munðı v̊a
ætlaðr ť at ꝼæra ꝼrā loguarñ ı malínu
ꝫ munðı hrīgr ť ꝥ geꝼīn v̊a. þr vrðu aller

a þ ſatꝭ at þta mundı s̄ v̄a. Gız̄ mlı t. Nu heꝼ̄
maurðr mágr mīn tekıt v̇ malı þ᷑ at ollū mun
toruellıgaz þıkıa at ſækıa ꝼı̄ vıl ek nu at ꝥ ſk
ıptıð ſokū m; yðr þ᷑ at nu mun bratt v̄ða at ly
ſa ſaukū at logb̄gı. munu v̄ nu ⁊ þurꝼa at bı
ðıa oſſ lıðſ. A.ſ. s̄ ſl nu ⁊ v̄a. En bıðıa vılıū v̄
þıg at þu ſer ı lıðſ bonīnı m; oſſ. Gız̄. q̄z þ m̄ðu
t leggıa. Sıðan valdı Gız̄ alla hına vıtraztu
m̄n aꝼ lıðı þra t ꝼylgðar v̇ ſık. ꝥ v̄ hıalltı ⁊
.A. ⁊ k̄ı ⁊ þg̃.ſ.g. þa mlı. Nu ſl̄m v̄ ganga ꝼyſt
t buðar ſkapta þoroððz .ſ. Sıðan gıngu þr t
aulꝼuſīga bvðar. Gız̄ geck ꝼyſtr þa hıalltı.
þa k̄ı þa þg̃ þa .bb. ñ þr gıngu īn í buðına Skap
tı ſat a pallı. ⁊ ē h ſa Gız̄. ſtoð h vpp ı mot hm ⁊
ꝼagnaðı hm vel ⁊ ollū þeī ⁊ bað Gız̄ ſıtıa hıa
ſer h ſettız nıðr. G. mlı v̇ .A. Nu ſl̄tu t vekıa v̄
lıðſ bón v̇ ſkapta en ek mun þa t leggıa ſlıkt
ē m̄ ſynız. A. mlı. t þ ēu v̄ kōner hīgat at ſæ
kıa at ꝥ trauſt ſkaptı ⁊ lıðſīnı Skaptı mlı.
torſottr þottı yðr ek næſtū v̄a ē ek vıllða ė
taka vnðer vanðræðı yðᷣ. G.m. Nu ē ānan
veg t ꝼarıt ē nu at mæla epꝭ .N. bonða ⁊ b̄g
ðoru konu ñ ē bæðı v̄ ſaklauſ īnı brenð. ⁊ epꝭ
.ííȷ. ſonu .N. ⁊ marga aðra goða m̄n ⁊ muntu þ
allð vılıa g̃a at v̄ða m̄m ė at lıðı ⁊ veıta ꝼr
ænðū þınū ⁊ magū. Sk.ſ. þ v̄ m̄ þa ı hug er
ſk̄p̄. mlı v̇ mık at ek ſıalꝼr heꝼðı borıt tıo
ru ı hoꝼut m̄ ⁊ ſkorıt a mık ıarðarmen ⁊ h
q̄ð mık orðīn s̄ hræððan at þorolꝼr loptz
ſon aꝼ eyrū bærı mık ı mıolkylū ſınū á
ſkıp ⁊ ꝼlyttı mık s̄ t ıſlðz. G.m. Eckı ē nu á
ſlıkt at mīnaz þ᷑ at ſa ē ðauðr ē þta heꝼ̄
mlt. Muntu vılıa veıta m̄ þottu vılır ė g̃a
ꝼ ſak̄ ānaꝛa m̄. Sk.ſ. þta mal kēr eckı t
þín nema þu vılır vaſaz ı m; þeī. G. reıððız
þa mıog. ⁊ mlı. vlıkr ertu þınū ꝼoður þoı
h þættı nockut blanðīn. varð h þa m̄m ıaꝼ
nan at lıðı ē ñ þurꝼtı meſt. Sk.m. v̄ ēom v
ſkaplık̄ ꝥ þıkız haꝼa ſtaðet ı ſtormalū þu
.G.h̄. þa ē þu ſotꝭ .G. at hlıðar enða. en .A. aꝼ
þ᷑ ē h ðrap gauk ꝼoſt b̄ður ſīn. A.ſ. ꝼaꝛ br
egðr hınu beſ̄ eꝼ veıt ıt v̄ra. en þ munu m̄g̃
mæla at ė ðræpa ek gauk ꝼyꝛı en m̄ v̄ nauðrá
ē þ nockur varkūn at þu veıtꝭ oſſ ė lıð. en
hıtt ē v̄kūnarlauſt at þu bregðer oſſ brıgzlū
munða ek þ vılıa áðr þıngınu ſe lokıt at þu
ꝼıng̃ aꝼ þū malū ína meſtu vuurðıng ⁊ bætı ꝥ
engı þa ſkōm. Stoðu þr .G. þa vpp aller ⁊ gīgu ı
b̄tt. ⁊ t buðar ſñꝛa goða ⁊ gīgu īn ı buðına. Sñ.
ſat a pallı ı buðīnı h kenðı þeg̃ m̄nına ⁊ ſtoð vpp
í motı þeī. ⁊ bað þa alla vel kōna ⁊ gaꝼ þeım
rum at ſıtıa hıa ſer. Sıðan ſp̄ðuz þr tıðē
ða. A. mlı t ſñra t þ ēo v̇ .G ꝼrænðr kōner hī
gat at bıðıa þıg lıð ueızlu. Sñ ſ. þ mæler þu
ꝥ ē ꝥ hellðr varkūn t at mæla epꝭ maga þīa
ſlıka ſē þu atꝭ. þagu v̄ morg heıl ræðı aꝼ nıalı
þo at nu munı þ ꝼaē. enða veıt ek ė huerrar
lıðueızlu ꝥ þıkız meſt þurꝼa. A.ſ. Meſt þıkıūz
v̄ þurꝼa eꝼ v̄ berıūz a þıngınu vaſkra ðreī
gıa ⁊ vapna goðra. Sñ. mlı. Sua ē ⁊. ſ. h. mık
lıɢr yðr v̇ þ. er þ lıkazt at ꝥ ſækıt m; kappı
enða munu þr ſua v̄ıa. ⁊ munu huarıg̃ g̃a oð
rū rétt. Munu ꝥ þa ė þola þeī. ⁊ raða a þa. ⁊ ē
þa ſa eīn t. þ᷑at þr vılıa gıallða yðr ſkōm ꝼ mān
ſkaða ⁊ ſuıuırðu ꝼ ꝼrænðalát. ꝼanz þ a at h
huattı þa hellðr ꝼrām. G. mlı þa. vel mæl̄ þu
Sñ. ſ h. ꝼ̄r ꝥ þa bezt ıaꝼnan. ⁊ hoꝼðınglıgaz ē
ē meſt lıɢr v̇. A. mlı. þ vıl ek vıta ſeg̃ h huat
þu vıll veıta oſſ. eꝼ ſua ꝼ̄r ſē þu mltır. Sñ.ſ. G̃a
ſl ek ꝥ vınattubragð þ ē yðr ſæmð ſl oll v̇ lıggıa
en eckı mun ek t ðoma ganga. En eꝼ ꝥ b̄ız a þī
gı þa raðı ꝥ þ᷑ at eīſ a nēa ꝥ ſéét aller ſē aurug
gazꝭ. þ᷑ at mıklır kappar ero t motz. En eꝼ ꝥ v̄ð
ıt ꝼoruıða þa munu ꝥ lata ſlaz hıgat t motz
v̇ oſſ. þ᷑ at ek mun haꝼa ꝼylkt lıðı mınu h̄ ꝼ̄
⁊ v̄a v̇ buīn at veıta yðr. En eꝼ hīn veg ꝼeꝛ
at þr látı ꝼ. þa ē þ ætlan mín at þr munı æt
la at rēna t vıgıſſ ı alm̄ gía. en eꝼ þr kōaz þā
gat. þa ꝼaı ꝥ þa allð ſotta. mun ek þ a henðr ta
k̄ at ꝼylgıa þar ꝼ lıðı mınu at v̄ıa þeī vıgıt en
eckı munu v̄ epꝭ ganga huart ſē þr haurua m;
ánı vt eða ſuðr. En þa er ꝥ haꝼıt vegıt ı lıð þr
ra s̄ nock̄ mıog at m̄ þıkı ꝥ mega hallða vpp
ꝼe botū s̄ at ꝥ hallðıt goðorðū yðrū ⁊ h̄aðſ vıſ

tū mun ek þa hlaupa t᷎ m; m̄n mına alla ꝫ ſkı
lıa yðr ſl̄u ꝥ þa g̃a ꝥta ꝼ mín orð. G. þackaðı h̄
vel ꝫ q̄ð ꝥta ı allra ꝥra þaurꝼ ml̄t. Gengu ꝥr þa
vt aller. G. ml̄ı. hu̾t ſl̄ nu ganga. A.ſ. t᷎ mauðr
vellınga buðar. ſ. h ꝼ ꝥr þangat. **capıtulum**

140 Ok ē ꝥr komu ı buðına ſa ꝥr hvar Guðm̄ðr ſat
ꝫ talaðe v einar konal.ſ. ꝼoſtra ſīn h v vıtr
m̄ gengu ꝥr þa īn ı buðına. ꝫ ꝼ guðm̄ð h tók
þeī vel. ꝫ let ryðıa ꝼ buðına ꝫ ſkyllðu aller ſıtıa
mega ſꝑðuz ꝥr þa tıðenða. A. ml̄ı. Eckı þarꝼ ꝥta
a mutr at mæla. t᷎ ꝥ erū kōn̄ h̄ at bıðıa þıg aur
uggrar lıð ueızlu. Guðm̄ðr. h .ſ. haꝼı ꝥ nockura
hoꝼðıngıa ꝼūnıt aðr. ꝥr .ſ. at ꝥr heꝼðı ꝼūnıt ſk
apta ꝫ Sn̄. goða ꝫ ſogðu h̄m allt ı hlıoðı hu̾ſu
ꝼarıt haꝼðı huarū ꝥra. þa ml̄ı .Guðm̄. Næſtū ꝼ
or m̄ t᷎ yðuar lıtıl mān̄lıga ē ek v yðr erꝼıðr ſl̄ ek
nu ꝥ ſkēr ðraga ꝼ yðr ē þa var ek torſottarı mun
ek ganga t᷎ ðoma m; yðr m; alla þīgm̄n mına ꝫ
veıta yðr ſlıkt ē ek ma. ꝫ b̄ıaz m; yðr þott ꝥ þur
ꝼı v ꝫ leggıa lıꝼ mıtt v yðuart líꝼ. Ek mun ꝫ ꝥ la
na ſkapta at ꝥſteīn holmuðr .ſ.h̄ ſl̄ v̾a ı barðaga
nū m; oſſ ꝥt h mun e treyſta oðru eng̃a ſē ek
vıl. þar ſē h a ıoðıſı ðott̄ mına mun ſkaptı þa
vılıa ſkılıa oſſ ꝥr þockuðu h̄m ꝫ toluðu þo lē
gı ſıðan s̃ at eckı vıſſu aðrer t᷎. Guðm̄ðr bað
þa eckı ꝼ ꝼ kne ꝼleırū hoꝼðıngıū q̄ð h ꝥ v
a lıtıl mānlıgt. Munu v nu a hætta m; ꝥta
lıð ſē nu hoꝼu v. ꝥ ſl̄ut ꝫ ganga m; vapnum
t᷎ allra laugſkıla en b̄ıaz þo e s̃ buıt. gıngu
ꝥr þa vt aller. ꝫ heī t᷎ buða ſína. v ꝥta ꝼyſt at
ꝼáꝛa m̄ vıt orðı lıðr nu s̃ þıngıt. **aꝼ mala tıl**

141 Þat v eīn hu̾n ðag ē m̄n gıngu **ſkıpan**
t᷎ log b̄gſ ꝫ v s̃ ſkıpat hoꝼðıngıū at .A.e.G.ſ.
ꝫ Gız̄.h. Guðm̄ðr rıkı ꝫ Sn̄.g. v vppı a l
ogbergı en auſtꝼırðıngar ſtoðu nıðrı ꝼ. M̄.v.ſ.
ſtoð hıa Gız̄ı .h. magı ſınū. h v allra m̄ ſníall m
ælltaztr. G.m. þa at h ſkyllðı lyſa vıgſokun
ū ꝫ bað h mæla s̃ hátt at vel mættı ſkılıa.
M̄. neꝼnðı ſer vatta. Neꝼnı ek ı ꝥ váettı at ek ly
ſı laugmætu ꝼrūlaupı a honð ꝼl.þ.ſ. ē h hlı
op t᷎ helga .n.ſ. a þeī vættvangı. ē ꝼl.þ.ſ. hlı
op t᷎ helga .n.ſ. ꝫ veıttı h̄m holunðar .e. m̄gū
ðar ſarı ꝥ ē at ben g̃ðız en helgı ꝼeck bana aꝼ
tel ek þıg eıga at v̾ða v̄ ſauk þa ſekıan ſkog̃
mān vhælanða vꝼıanða. vraðanða ollū bıar
graðū. tel ek ſekt ꝼe ꝥıtt allt halꝼt m̄ en h
alꝼt ꝼıorðungſ m̄m þeī ē ſekt ꝼe eıgu at ta
ka ept̄ h at logū. lyſı ek vıgſok ꝥı t᷎ ꝼıorðun
gſ ðōſ ꝥ ē ſokın a ı at kōa at logū lyſı ek log
lyſıng lyſı ek ı heyranða hlıoðı at log b̄gı. ly
ſı ek nu t᷎ ſoknar ꝫ t᷎ ſekt ꝼullrar a honð ꝼl.
.þ.ſ. lyſı ek hanðſellð ſok ꝥgeırſ þorıſ .ſ. at
log b̄gı v̾ð mıkıll rōr at ꝥ gıorr at .M̄. heꝼðe
ml̄t vel ꝫ ſkorulıga. M̄. tok t᷎ malſ ı ānat ſ
īn. Neꝼnı ek ı ꝥ vættı. ſ. h at ek lyſı ſok a h
onð ꝼl.þ.ſ. v̄ ꝥ ē h ſærðe helga .n.ſ. holunðar
ſarı eða m̄gunðar ꝥ ſarı ē at ben g̃ðız en
helgı ꝼeck ban aꝼ a þeī vættuangı ē ꝼl.þ.ſ.
hlıop t᷎ helga .n.ſ. laugmætu ꝼrūlaupı aðr
tel ek þıg ꝼl. eıga at v̾ða v̄ ſauk þa ſekıan
ſkog̃ mān vhælanða vꝼıanða vraðanða
ollū bıargraðū tel ek ſekt ꝼe ꝥıtt allt ha
lꝼt m̄ en halꝼt ꝼıorðungſ m̄. þeī ē ſekt ꝼe
eıgu at taka ept̄ h at logū. lyſı ek ſok ꝥı tıl
ꝼıorðungſ ðōſ ꝥ ē ſokın a ı at koma at logū
Lyſı ek loglyſıng lyſı ek ı heyranða hlıoðı at log
bergı. lyſı ek nu t᷎ ſokn̄ ı ſumar ꝫ t᷎ ſektar
ꝼullrar a honð ꝼl.þ.ſ. lyſı ek hanðſellðrı ſ
ok ꝥg̃ſ þorıſ .ſ. Sıðan ſettız .M̄. nıðr ꝼl. gaꝼ g
ott hlıoð t᷎. ꝫ ml̄ı eckı orð meðan .ꝥg̃. ſkoꝛ.g. ſtoð
vpp ꝫ neꝼnðı vatta. Neꝼnı ek ı ꝥ vættı at ek
lyſı ſauk a honð Glumı hıllðıſſ .ſ. v̄ ꝥ ē h tok
ellð ꝫ kueyktı ꝫ bar ı h̄ īn at b̄gðorſ.h. þa ē
ꝥr brenðu īnı Nıal ꝥgeırſ .ſ. ꝫ b̄gðoru ſk̄ꝼh.
.ð. ꝫ þa m̄n alla ē ꝥ letuz tel ek h eıga at v̾ða
v̄ ſauk þa ſekıan ſkog̃ mān vælanða vꝼer
ıanða v raðanðanða ollū bıargraðū. tel ek
ſekt ꝼe h̄ allt. halꝼt m̄ en halꝼt ꝼıorðungſ
m̄. þeī er ſektar ꝼe eıgu at taka ept̄ h at logū
Lyſı ek ſauk ꝥı t᷎ ꝼıorðungſ ðōſ ꝥ ē ſaukın a ı at
kōa at logū. Ek lyſı loglyſıng lyſı ek ı hey
ranða hlıoðe at log b̄gı. lyſı ek nu t᷎ ſokn̄ ı ſum̄
ꝫ t᷎ ſektar ꝼullrar a honð Glumı hıllðıſ .ſ. karı
ſol.ſ. ſottı kol ꝥſt̄.ſ. ꝫ Gūn̄ .l.ſ. ꝫ g̃na .G.ſ. ꝫ v

ꝥ mal mͣ at hm mľtız ꝼurðulıga vel þorleıꝼr
k̃kr ſottı ſıgꝼ̃.ſſ. alla en þgͥmr mıklı b͛ðer ħ ſottı
moðolꝼ ketılſ .ſ. ꝫ lāba ſıg̃ð .ſ. ꝫ hroar ham̄ð .ſ. b͛ð
leıðolꝼſ enſ ſterka. A. ſottı leıðolꝼ. ꝫ þſť. geírleı
ꝼſ .ſ. arna kolſ .ſ. ꝫ gͥm īn rauða. ꝫ mľtız þeım
ollū vel. Sıðan lyſtu aðrer ſokū ſınū ꝫ v̓ ꝥ lēgı
ðagſ ē ꝥ geck ꝼ̊ m̄n þa heī t̓ buða ſīna. Eyıoľ.
.b.ſ. geck t̓ buð m; ꝼľ. þr gīgu auſtr v̄ buðına ꝫ
ſp̄ðı ꝼľ. eꝼ ħ ſæı nock͛a vorn ı malū ꝥū. enga. ſ.
ħ. ħ̃t nu t̓ raðſ. ſ.ꝼľ. Nu ē or vonðu at raða. ſ.
.Ey. En þomun ek t̓ leggıa nock͛ rað ēn með
yðr. Nu ſľtu ſelıa aꝼ hēðı goðorð þıtt. ꝫ ı hēðr
þorgılſı b͛ður þınū. en þu ſegz ı þīg m; aſkatlı go
ða þkelſ .ſ. norðan ór reykıa ðal. En eꝼ þr vıta
þta ė þa ma v̓a at þeī v̓ðı at ꝥu meín. þr munu
ſækıa ı auſt ꝼırðınga ðō. En þr ættı ı norðlenðın
ga ðom at ſækía. ꝫ mun þeī þta ıꝼ̃ ſıaz. ꝫ ēꝼıŀ
ðōſ mal a þeī eꝼ þr ſækıa ı ānan ðō en v̓a a ſľu
v̓ þa ſok vpp taka ꝫ þo at eꝼzta koſtı ꝼľ. mľı.
v̓a ma at oſſ ſe launaðr hrīgrīn ė veıt ek ꝥ. ſ.ey.
En veıta ſľ ek yðr t̓ laga ſ̃ at ꝥ ſe malm̃ at ė ſe
ván ꝼ̃mak. ſľtu nu ſenða epť aſkatlı. En þgılſ
ſľ nu þeg̃ kōa t̓ þín. ꝫ eīn m̃ m; hm lıtlu ſıðak
kō þgılſ þar. tok ħ þa v̓ m̃ ꝼorraðe þa kō ꝥ ꝫ aſ
kell. ſagðız ꝼľ. þa ı þıng m; hm. v̓ þta nu eckı

142 at ꝼleırı m̃ vıtorðı en þra. Er nu kyrt ꝥ t̓ er
ðomar ſľu vt ꝼ̃. bıuggu þr þa ſıg t̓ huaꝼ̃tueg
gıu ꝫ vapnuðuz. þr hoꝼðu þa ꝫ huaꝼ̃tueggíu
g̃t ħkūl a hıalmū ſínū. þorhallr mľı ꝼarıt ꝥ at
engu allæſť g̃ıt nu allt ſē rettaz. en eꝼ nocku't'
vanðaz ı ꝼ̃ yðr latıð mıg vıta ſē ſkıotaz ꝫ ſľ ek
þa geꝼa rað m; yðr þr .A. ꝼað ħ lıtu t̓ ħ ꝫ v̓ ān
lıt ħ at ſıa ſē a bloð ſæı en ſtort hagl hraut ór
augū hm ħ bað ꝼæra ſer ſpıot ſıt ꝥ haꝼðı ſk͛ꝥ.
geꝼıt hm ꝫ v̓ en meſtı g̃ſemı. A. mľı ė v̓ þorhal
lı ꝼrænða gott ı hug er ħ v̓ epť ı buðīnı ꝫ eıḡ
veıt ek huat ħ tekr t̓. Nu ſľu v̓ ganga t̓ m; m̃ðı
.v.ſ. ſagðı .A. ꝫ lata ꝼyſt ſē eckı ſe ānat. ꝥt meı
rı ē veıðr ı hm en ı oðꝫ þeī. A. ſēðı mān t̓ Gıẑ.ħ. ꝫ hıalľ.
ꝫ Guðm̃.r. ꝫ kōu þr allť ſamā ꝫ gīgu þeg̃ t̓ auſtꝼ̃ðīga
ðōſ þr gīgu ſūnan at ðómınū. þr ꝼľ. ꝫ allť auſtꝼ̃
ðīg̃ m; hm gīgu norðan at ðómınū ꝥ v̓ ꝫ reyk

ðælar. ꝫ exꝼ̃ðıng̃. ꝫ lıoſuetnīg̃ ꝼľ. ꝥ v̓ ꝫ eyoľ.b.ſ.
ꝼľ. laut at hm. ꝫ mľı. ħ ꝼ̃r vænt at. kān v̓a at ė
ꝼarı ꝼıak͛ı ꝥ ſē þu gazt t̓. lattu hlıott ıꝼ̃ ꝥ. ſ. ħ. ko
ma mun ꝥ at v̓ munū þurꝼa t̓ þra at taka.
M̃.v.ſ. neꝼnðı ſē vatta. ꝫ bauð t̓ lutꝼalla þeī m̃.
ē ſkoggangſ ſak͛ áttu at ſækıa ı ðomīn hu͛r ſına
ſauk ſkyllðı ꝼyſtr ꝼ̃m ſegıa. eða hu͛r þar næſt.
.e. hu͛r ſıðarſt. bauð ħ laugboðe at ðomı ſ̃ at ðo
menðr heyrðu. þa v̓ hlutaðar ꝼ̃mſaug̃ ꝫ hlaꝩt
ħ ꝼyſtr ꝼ̃m at ſegıa ſına ſauk. M̃. neꝼnðı ſer
vatta ı añat ſīn. Neꝼnı ek ı ꝥ vættı at ek tek m
ıſq̇ðu alla ór malı mınu huart ſē m̃ v̓ðr oꝼmľt .e.
vanmľt vıl ek eıga allra orða mīna leıðréttıng.
vnz ek kē malı mínu t̓ rettra laga. neꝼnı ek
m̃ þa vatta. M̃. mľı. Neꝼnı ek ıꝥ vættı at ek byð
ꝼľ.þ.ſ.e. þeī m̃ oðꝫ at hanðſellða laugvorn
heꝼ̃ ꝼ̃ ħ at hlyða t̓ eıð ſpıallz mınſ ꝫ t̓ ꝼ̃mſo
gu ſakar mīnar ꝫ ſoknargagna þra allra er
ek hyɢ ꝼ̃m at ꝼæra a henðr hm. byð ek laug
boðe at ðomı ſ̃ at ðomenðr heyra v̄ ðō þu͛an
M̃. mľı. Neꝼnı ek ıꝥ vættı. ſ. ħ at ek vīn eıð at bok
laug eıð ꝫ ſegı ek ꝥ guðı at ek ſľ ſ̃ ſauk ꝥa ſæ
kıa ſē ek veıt ſānaz ꝫ rettaz. ꝫ hellzt at log
ū ꝫ oll logmæt ſkıl aꝼ hēðı īna meðan ek em
a ꝥu þıngı. Sıðan q̄ð ħ ſ̃ at orðe. þoroðð n
eꝼnða ek ı vættı añan þorbıorn. neꝼnða ek
ı ꝥ vættı at ek lyſta laugmætu ꝼrūhlaupı a
honð ꝼľ.þ.ſ. a þeī vætt v̓. ē ꝼľ.þ.ſ. hlıop laugmæ
tu ꝼrūlaupı t̓ helga .ɴ.ſ. þa ē ꝼľ.þ.ſ. ſærðı .h.ɴ.ſ.
holunð ſarı eða m̃gunðar ꝥ ē at ben g̃ðız ꝫ
.h. ꝼeck bana aꝼ talða ek ħ eıga at v̓ða vm
ſauk þa ſekıan ſkog̃ mān vælanða vꝼ̃ıanða
vraðanða ollū bıargraðū. talða ek ſekt ꝼe ħ allt
halꝼt m̃ en halꝼt ꝼıorðungſ m̃. þeī ē ſekť ꝼe eı
gu at taka epť ħ at logū. lyſta ek t̓ ꝼıorðungſ
ðōſ ꝥ ē ſaukın áttı ı at kōa at logū lyſta ek log
lyſıng lyſta ek ı heyranða hlıoðe at logb͛gı lyſ
ta ek nu t̓ ſoknar ı ſumar ꝫ t̓ ſekť ꝼullrar a h
onð ꝼľ.þ.ſ. lyſta ek hanðſellðrı ſok þg̃ſ. þorıſ .ſ.
haꝼðı ek þau orð oll ı lyſıngu mīnı ſē nu heꝼı ek
ı ꝼrāſaugn ſak͛ mīnar. Segı ek ſ̃ ſkapaða ſk
oggangſ ſok ꝥa ꝼ̃m ı auſtꝼ̃ðīngaðō ıꝼ̃ hoꝼðı

Jonı ſē ek q̃ð at þa ẽ ek lyſta. lyſıng̃ vatſ ᴍ́ð gīgu
þa at ðomı. ꝫ q̃ðu s̃ at orðe at ānaꝶ talðı vættı ꝼ
rām. En baðer gullðu ſāquæðı at .ᴍ̃. neꝼnðe
þoroðð ı v́ættı ānan mık en ek heıtı þbıorn ſı
ðan neꝼðı h̄ ꝼoður ſīn. ᴍ̃. neꝼnðı ockr ı þ v́ættı
at h̄ lyſtı laugmætu ꝼrūlaupı a honð ꝼl.þ.ſ.
ẽ h̄ hlıop t́ .h.ɴ.ſ. a þeī vætt vangı ẽ ꝼl.þ.ſ. ve
ıttı .h.ɴ.ſ. holunðar ſár .e. m̄gunðar þ́ ẽ at ben
g̃ðız. en h. ꝼeck bana aꝼ. talðı h̄ ꝼl. eıga at ṽ
ða v̄ ſauk þa ſekıan ſkog̃ mān v ælanða vꝼ̃ı
anða vraðanða ollū bıargraðū. talðı h̄ ſekt ꝼe
ñ allt. halꝼt ſ̃. en halꝼt ꝼıorðungſ m̊. þeī ẽ ſek
tar ꝼe attu at taka epꝉ̃ h̄ at logū lyſtı h̄ t́ ꝼíor
ðūgſðóſ þ ẽ ſaukın áttı ı at kōa at logū lyſtı h̄ l
oglyſıng lyſtı h̄ ı heyranða hlıoðı at logƀ̃gı. l
yſtı h̄ nu t́ ſokñ ı ſum̄ ꝫ t́ ſekꝉ ꝼullrar a honð
ꝼl.þ.ſ. lyſtı h̄ hanð ſellð ſok þg̃ſ þorıſ .ſ. haꝼ
ðı h̄ þau orð oll ı lyſıngu ſīnı ſē hæꝼðı ı ꝼ̃m
ſaugn ſakar ſīnar ꝫ v́ hoꝼū ı vıtnıſ burð ok
rū. hoꝼu v́ nu rett borıt vættı ockart ꝫ ṽðū
baðer a eıtt ſatꝉ̃. ƀ̃ū v́ ſuaſkapat lyſıng̃ væt
tı þta ꝼ̃m ı auſt ꝼ̇ðınga ðō ıꝼ̃ hoꝼðı ıonı ſē .ᴍ̃.
q̃ð at þa ẽ h̄ lyſtı. J añat ſīnı ſaugðu þr ꝼ̃m ı
ðō lyſıng̃ vættı. ꝫ hoꝼðu þa ſár ꝼyꝶ en ꝼrū
laup ſıðaꝶ ꝫ hoꝼðu oll orð ōnur en ſomu ſē
ꝼyʀ. ꝫ baru s̃ ſkapat lyſıng̃ vættı þta ꝼ̃m ı
auſtꝼırðınga ðom. ſē ᴍ̃. q̊ð at þa ẽ h̄ lyſtı.
Sakartauku vatſ m̊ð gēgu þa at ðomınū ꝫ tal
ðı ānaꝶ vættı ꝼrā en baðer gullðu ſāquæðı
ꝫ q̃ðu s̃ at orðı at þr .ᴍ̃.v.ſ. ꝫ þg̃. þorıſ .ſ. neꝼ
nðu þa ı þ vættı. at þg̃.þ.ſ. ſellðı vıgſauk ı honð
ᴍ̊ðı .v.ſ. a henðr ꝼl.þ.ſ. v̄ víg .h.ɴ.ſ. Sellðı h̄
h̄m ſok þa m; ſoknar gognū ollū þeī ẽ ſauk
ıñı attu at ꝼylgıa. ſellðı h̄ h̄m at ſækıa ꝫ at
ſættaz a ꝫ ſua allra gagna at nıota ſē h̄ ṽı
rettr aðılı ſellðı þg̃. at logū en ᴍ̃. tokat lo
gū. baru þr s̃ ſkapat ſakꝉauku vættı þta ꝼ̃m
ıauſtꝼ̇ðınga ðō ıꝼ̃ hoꝼðı ıonı ſē þr þg̃r ꝫ ᴍ̃.
neꝼnðu þa at. alla vatta ſına letu þr eıða
vīna aðr en vættı bærı ꝫ s̃ ðomenðr. ᴍ̃.v.ſ.
neꝼnðı ſẽ vatta. J þ vættı. ſ. h̄ at ek byð bu
ū þeī .ıx. ẽ ek quaðða v̄ ſauk þa ẽ ek hoꝼða

ða a honð ꝼl.þ.ſ. t́ ſetu veſtr á árbacka ꝫ tıl
rettıg̃ v̄ q́ð þān. byð ek logboðe at ðōı s̃ at
ðomenðr heyra. ᴍ̃. neꝼnðı ſer vatta ı ānat
ſıñ. Neꝼnı ek yðr ı þ v́ættı. at ek byð ꝼl.þ.ſ.
eða þeī m̄ oðrū ẽ hanðſellða lauguaurn ha
ꝼı ꝼ̇ h̄. at t́ ruðnīgar v̄ q́ð þān ẽ ek heꝼı ſa
man ſettan veſtr a ár backa. byð ek laug
boðe at ðómı ſua at ðomenðr heyra. J ānat
ſīnı neꝼnðı h̄ ſer v́atta. J þ vættı. ſ. h̄ at nu
ẽo ꝼrūgaugn oll ꝼrā komın þau ẽ ſaukīnı
eıga at ꝼylgıa boðıt t́ eıðſpıallz v̄nīn eıðr
ſaugð ꝼ̃m ſauk. borıt lyſıng̃ vættı. borıt ſa
k̃ toku vættı boðıt buū ıſetu. boðıt t́ ruðnī
g̃ v̄ q́ð. neꝼnı ek m̄ þa vatta at gognū þeī ẽ
nu ẽo ꝼ̃m komın. ꝫ ſua at þ́ at ek vıl ė ṽa
ſokn horꝼīn þótt ek ganga ꝼ̃ ðomı gagna
at leıta .e. añaꝶa erenða. þr ꝼl. gengu
þa þangat t́ ſē buarñ ſatu. ꝼl. mlı t́ þra þta
munu Sıgꝼ̇.ſſ. vıta hue retꝉ̃ vætt uangſ bu
ar þır ẽo ẽ h̃ ẽo q̃ðer. ketıll or mork .ſ. h̃ er
ſa buı. ſ. h. ẽ hellt m̊ðı .v.ſ. vnðer ſkırn. en
ānaꝶ ẽ þ́mēnīgr ñ at ꝼrænðſemı tolðu þr þa
ꝼrænðſemı. ꝫ ſōnuðu m; eıðı. Eyıoꝉ. neꝼñ
ſer vatta at q́ðrīn ſkyllðı ſtanða ꝼyſt þ́ t́ ẽ
ruððr ṽı. J ānat ſīn neꝼnðı eyıoꝉ. s̃ vatta J þ
vættı. ſ. h̄ at ek ryð þa m̄n baða or q́ðnū ok
neꝼnðı þa baða ꝫ s̃ ꝼeðr þra. ꝼ̇ þa ſok. ſ. h̄ at
ānaꝶ ẽ þ́m̄nīgr ᴍ́ð at ꝼrænðſemı en ānaꝶ at
guðſıꝼıū þeī ẽ q́ðu a v̄ at ryðıa ẽo þıð ꝼ̇ laga ſa
k̃ onyꝉ̃ ıq́ðnū. þ́ at nu ẽ rett laugruðnīg t́ yc
k̃ komın. Ryð ek yckr ór at alþıngıſſ malı r
ettu ꝫ allz h̃ıarlogū. ʀyð ek hanðſellðu ma
lı ꝼl.þ.ſ. þa mlı oll alþyða ꝫ q̃ðu vnytt malıt
ꝼ̇ ᴍ̊ðı. vrðu þa aller aþ ſatꝉ̃ at vorn v́ ꝼ̃maꝶ
en ſokn. A. mlı v́ ᴍ̃. ė ẽ þra ēn allt þoıt þr þık
ız nu haꝼa ꝼaſt ꝼ̃m gıngıt. ſt ꝼyrſt ꝼīna þhall
.ſ mīn. ꝫ vıta huat h̄ leggı t́. þa var ſenðr ſkıl
rıkr m̄ t́ þorhallz ꝫ ſagðe ſa h̄m vanðlıga
ꝼ̃ h̃r þa v́ komıt malı at þr ꝼl. þottuz vnyt
haꝼa q́ðīn. þh̄.m. þ ſt ek at g̃a. at yðr ſt þta
eckı ṽða at ſakar ſpellı. ꝫ ſeg þeī at þr t̃ı ec
kı þo at loguıllur ſe g̃uar ꝼ̇ þeī. þ́ at vıtrīgı
[nū

heꝼ̃ nu ıꝼ̃ ſez eyıolꝼı ſꞇ̄u nu ganga heī ſē hua\`t´
lıgaz. ꝫ ſeg .ᴍ̃. gangı at ꝺomı ꝫ neꝼnı ſer vat
ta at vnyt ē laugruðníng þra. ꝫ ſagðı ħ þa ꝼ̇
greínılıga allt hűſu þr ſkylldu m; ꝼ̊. Senðı
m̄ ꝼór ꝫ .ſ. þeī t̉ log̃ þħ. ᴍ̃. geck at ꝺomı ꝫ neꝼ
nðı ſer vatta. J þ vættı. ſ. ħ at ek onytı laug
ruðnīg eyıol̄.b.ſ. ꝼīn ek þ t̉ at ħ ruððı ė v̇
aðılıa ꝼrūſak̇. helldr v̇ þān ē m; ſok ꝼor. ɴeꝼ
nı ek m̄ ꝥa vatta .e. þeī ē nıota þurꝼa þeſſa
vættıſſ. Sıðan bar ħ vætıð ıðō. Nu geck ħ ꝥ t̉
ē buar ſatu. ſ. at þr ſkylldu nıðr ſetıaz ē vpp
hoꝼðu ſtaðıt. ꝫ q̃ð þa retta v̊a ı ꝗðnū. Mꞇ̄u
þa aller at þħ. heꝼðı mıkıt at g̃t. þottı þa ol
lū ꝼramaꝶ ſokn en vorn. ꝼl̄.m. v̇ Eyıol̄. ætl
ar þu þta laug v̊a. þ ætla ek víſt. ſ. ħ ꝫ heꝼ̃
oſſ ıꝼ̃ ſez. at vıſu. En þo ſꞇ̄m v̄ þta þreyta
meıꝶ meıꝶ m; oſſ. Ey. neꝼnðı ſer þa vatta
ı þ vættı. ſ. ħ at ek ryð ꝥa .íȷ́. m̄n or ꝗðnū ꝫ neꝼ
nðı þa baða ꝼ̇ þa ſok at þıð eroð buð ſetum
ēn en ė buar. ān ek yckr ė at ſıtıa ı ꝗðnū
ꝥ at nu ē rett laugruðnīg koín t̉ yckar. ʀyð
ek yckr ór ꝗðnū at alþīgıſſ malı rettu ꝫ allz
ħıar logū. q̃ð .ey. ſer nu mıog at vuorū ko
ma. eꝼ þta mættı rengıa. ᴍꞇ̄u þa aller at v
orn v̊ı ꝼramaꝶ en ſokn. loꝼuðu nu aller m
ıog eyıol̄. kolluðu engan munðu þurꝼa v̇
ħ at reyna v̄ logkænı. þr A. ꝫ .ᴍ̃. ſenðu nu m
ān t̉ þħ. at ſegıa ħm huar þa var komıt en
ē þħ. heyrðı þta. ſp̄ðı ħ at huat þr ættı goz
eða v̊ı þr ſnauðer. ħ .ſ. ſenðımaðrīn at an
naꝶ þra bıo v̇ malnytu ꝫ haꝼðe bæðe bæðe
kyr ꝫ ǽr at buı. en ānaꝶ a þrıðıung ılðı ꝥ
er þr bua a en ꝼæðer ſık ſık ſıalꝼr. haꝼa þr
eına ellðz ſto. ꝫ ſa ē lðıt leıgðı ꝫ eīn ſmala
mān. þħ. mꞇ̄ı ēn mun þeī ꝼ̊ ſē ꝼyꝶ at þeım
mun haꝼa ıꝼ̃ ſez. ꝫ ſꞇ̄ ek þta allſkıott reīgıa
ꝼ̇ þeī ꝫ s̃ þótt eyıol̄. heꝼðı ħ̃ allðıgr orð v̄ at réꞇ̇
v̊ı Sagðı nu ſenðımānı allt ſē greınılıgaz
hűſu þr ſkylldu m; ꝼ̊. kō ſenðım̄ aptr ꝫ ſ. ᴍ̃ðı
ꝫ A. ráð þau ē þħ haꝼðı t̉ lagt. ᴍ̃. geck at ꝺo
mı ꝫ neꝼnðı ſer vatta. J þ vættı at onyt er
logruðnīg ey.b.ſ. ꝼ̇ ꝥ at ħ ruððı þa m̄n ór

ꝗðnū ē at rettu attu ı at v̊a. er ſa hűr rettr ı bua
ꝗð ē ħ a .ccc. ı lðı ꝫ þaðan aꝼ meıra þott ħ haꝼı
enga malnytu. hīn ē ꝫ réꞇ̇r ı buaꝗð ē ħ byr v̇
malnytu þott ħ leıgı ė lð. let ħ þa kōa vættıð
ı ꝺomīn. Geck ħ þangat ē buarñ ſatu. ꝫ bað þa
nıðr ſetıaz. ꝫ q̃ð v̊a retta þa ı bua ꝗðnū. þa v̊ð
op mıkıt ꝫ kall ꝫ mꞇ̄u þa aller at mıog v̊ı hra
kıt malıt ꝼ̇ þeī ꝼl̄. ꝫ vrðu nu a þ ſat̃. at ſokn v̊
nu ꝼ̃m̄ en vorn. ꝼl̄.m. t̉ ey. ᴍun þta nockut v̊a.
Ey. ꝗ þ ė vıta víſt. Senðu þr þa mān t̉ ſkapta
logſogum̄ at ſpyrıa ħ ep̃ huart rett v̊í. ħ ſenðı þeī
þau orð aptr at þta v̊ at vıſu log. þótt ꝼaē kyn
nı v̇ þta ſagt þeī ꝼl̄. Ey. ſp̄ðı þa ſıg̃ꝼ.ſſ. at v̄ að
ra bua þa ē q̃ðð̃ v̊ þr q̃ðu v̊a þa .íííȷ́. ē rang q̃ð
ꝺer v̊ ꝥ at þr ſıtıa heīa ē næꝶı v̊. Ey neꝼñ ſer þa
vatta at ħ ryðr þa alla .íííȷ́. m̄n ór ꝗðnū ꝫ mꞇ̄ı r
ettū ruðnīg̃ malū. Sıðan mꞇ̄ı ħ t̉ buāna. ꝥ erot
ſkylldır t̉ at g̃a oſſ huarūtueggıū log. Nu ſꞇ̄u
ꝥ ganga at ꝺomı. þa ē ꝥ erot q̃ðder. ꝫ neꝼna yðr
vatta at ꝥ latıð þ ſtanða ꝼ̇ ꝗðburð yðrū at þér
erot .v. beıðð̃ bua ꝗðar at ꝥ eıgıt .ıx. at bera.
Mun þħ. þa ollū malū ꝼ̃m̄ kōa. eꝼ ħ bergr ꝥu
v̇. ꝼanz þ a ı ollu at þr ꝼl̄. ꝫ Eyıol̄ hælðuz nu
mıog g̃ðız þa rōr mıkıll. at ꝥu at eyðt v̊ı b̃nnu
malınu. ꝫ nu v̊ı vorn ꝼ̃maꝶ en ſokn. A. mꞇ̄ı t̉ ᴍ̃ð
Eıgı vıta þr ēn hűıu þr hælaz áðr .þħ. ē hıttr. ſag
ðı Nıall ſua at ħ heꝼðı kent þħ. log at ħ mun
ðı meſtr logm̄ v̊a aıſlðı. þott reyna þyrꝼtı
var þa m̄ ſenðr þħ. at ſegıa ħm huar þa var
komıt ꝫ hol þra. ꝫ orðrō alþyðu at þ\`a´ v̊ı eytt
malınu ꝼ̇ þeī. vel ē þ. ſ.þħ. en enga ꝼa þr ēn
vırðıng aꝼ ꝥu. ſꞇ̄u nu ꝼ̃a ꝫ ſegıa ᴍ̃ðı at ħ
neꝼnı vatta. ꝫ vīnı eıð at meırı hlutı ē reıꝗ̊ððr
ſꞇ̄ ħ þa lata kōa vættıð ı ðō ꝫ bergr ħ þa ꝼrū
ſaukīnı. en ſekr ē ħ .íííȷ́. morkū v̄ hűn þān ē
rang quaððr ē. ᴍa þ ė ſækıa a ꝥu þīgı. ſ. ħ ſꞇ̄u
nu ꝼ̊ aptr. ꝫ ſıðan ꝼór ſēðım̄. ꝫ ſagðı þeī allt
ſē gıorſt ꝼ̃ orðū þħ. ᴍ̃. geck at ꝺomı ꝫ neꝼn
ðı ſer vatta ꝫ vān eıð at meırı hlutr v̊ reıꝗ̊ððr
buañā q̃z ħ þa haꝼa borgıt ꝼrūſaukīnı ſꞇ̄u
vuıñ varır aꝼ oðru haꝼa metnað en ꝥu at v̊
haꝼī ħ̃ mıkıt rangt ı g̃\`t´. v̊ þa orð romr mıkıll

aꝼ m̃ ṽ mal Mð at h gíngı vel ꝼm̃ ımalınu. en þa ꝼl. ꝫ
ħ m̃n ꝼ m; loguıllur eıñ. ꝫ rangındı ꝼl ſꝑ. eyıol.
huart ꝥtamundı rett ṽa. en h q̃ ꝥ vıſt ė vıta .ſ. logſ
ogumān ſkyllðu ór ꝥ leyſa. ꝼór ꝥk. geıtıſ .ſ. aꝼ ꝥra
hendı ꝫ .ſ. log ſogu m̄ ħr komıt ṽ. ꝫ ſꝑ. ħrt ꝥta ṽı
nockut rétt ē M̃. haꝼðe mlt. Skaptı .ſ. ꝼleırı ēo
nu allmıklır logm̃n a ıſlðı en ek ætlaða. En ꝥ tıl
at ſegıa þa ē ꝥta ſ̃ rétt ı alla ſtaðe at ħ ma eckı ı
motı mæla. En þo ætlaða ek at ek munða nu eīn
kūna ꝥa lagarettīg nu ē nıall ē ðauðr ꝥ at h eīn
vıſſa ek kūna. ꝥk. geck aptr ꝉ ꝥra .ꝼl. ꝫ Eẏ. ꝫ ſagðı
þeī at ꝥta ṽ log. M̃. geck at ðomı ꝫ neꝼnðı ſer v
143 atta. J ꝥ vættı. ſ. h at ek beıðı bua þa ē ek q̃ðða
ṽ ſauk þa ē ek hoꝼðaða a honð ꝼl.þ.ſ. ꝼmbur
ṽ q̇ð. ƀa ānat tueggıa a .e. aꝼ. beıðı ek logbeıð
ıngu at ðomı ſ̃ at ðomēðr heyra ṽ ðō þuerā
buar m̄ðar gıngu at ðómı ꝫ talðı eīn ꝼm q̇ðīn en
aller gullðu ſāquæðı ꝫ q̃ð ſ̃. M̃.v.ſ. quaððe oſſ
q̇ðar þegna .ıx. en ṽ ſtonðū ħ nu .v. en .ííıj. ēo ór
ruðð heꝼ nu ỏaı orð komıt ꝼ þa ē ƀa attu með
oſſ. ſkyllða \`nu´ ꝉ log at ſegıa ꝼm̄ q̇ðīn ṽ ṽ q̃ðð er at
ƀa ṽ ꝥ huart ꝼl.þ.ſ. lıop logmætu ꝼrūlaupı a
þeī vættṽ. ē ꝼl.þ.ſ. veıttı .h.n.ſ. holunð ſár .e.
m̄gunðar ꝥ er at ben g̃ðız. en .h. ꝼeck bana aꝼ.
quaððı h oſſ ꝥra orða allra ē oſſ ſkyllða log
ꝉ ṽ at ſkılıa ꝫ h vıllðı at ðōı beıtt haꝼa. ꝫ ꝥu
malı attı at ꝼylgıa. q̃ððı h laugquauð q̃ððı h ſ̃ at
ṽ heyrðū a. q̃ððı h ṽ hanð ſellt mál. ꝥg̃. þorıſ .ſ.
hoꝼu ṽ nu aller eıða ṽnıt. ꝫ veıttan q̇ð ỏarn.
ꝫ orðıt a eıtt ſatꝉ ƀum a ꝼl. q̇ðīn ꝫ ƀū h ſañan
at ſokīnı. ƀu ṽ ſ̃ ſkapaðan .ıx. bua q̇ð ꝥna ꝼ-
m̄ ı auſtꝼrðınga ðom ıꝼ hoꝼðe íone ſē M̃. q̃ððı
oſſ at. er ſa q̇ðr ỏar allra. ſ. ꝥr. J añat ſīn ba
ru ꝥr q̇ðīn ꝫ baru ṽ ſár þa ꝼyꝶ en ṽ ꝼrū laup
ſıðaꝶ en oll ōnur orð ſē ꝼyꝶ baru ꝥr a ꝼl. q̇ð
īn ꝫ baru h ſānan at ſokıñı. M̃.v.ſ. geck at
ðomı ꝫ neꝼnðı ſer ỏatta at buar ꝥr ē h haꝼ
ðı q̃ðða ṽ ſauk þa ē h hoꝼðaðe a honð ꝼl.þ.ſ.
hoꝼðu borıt a h q̇ðīn ꝫ borıt h ſānan at ſokın
ní. neꝼnðı h ſer ꝥa ỏatta .e. þeī ē neyta þur
ꝼa ꝥa vættıſ. J ānat ſīn neꝼnðı ſer vatta. neꝼ
nı ek ı ꝥ vættı. at ek byð ꝼl.þ.ſ.e. þeī m̄ oðrū

ē loguorn heꝼ ꝼ h. at taka ꝉ varna ꝼ ſauk þa
ē ek heꝼı hoꝼðat a honð ħm. ꝥ at nu ēo oll ſ
oknargogn ꝼm̄ komın þau ē ſokīnı eıgu at
ꝼylgıa at logū borın vættı oll. ꝫ bua q̇ðr ꝫ neꝼ
nðer vatꝉ at q̇ðburðı ꝫ ollū gognū þeī er
ꝼm̄ ero komın. en eꝼ nockuꝶ lutr g̃ız ſa ı l
oguorn ꝥra ē ek þurꝼa ꝉ ſoknar at haꝼa þa
kyſ ek ſokn vnðer mık byð ek logboðe at ðo
mı ſ̃ at ðom̄ðr heyra. ꝥ hlæg̃ mık nu .Ey. ſ.ꝼl.
ı hug m̄ at þeī mun ı brun bregða ꝫ oꝼarlga
klæıa. þa ē þu ƀr ꝼm̄ vaurnına. **aꝼ eyulꝼı bol**
Eyıolꝼr .b.ſ. geck at ðómı ꝫ neꝼn **verkſ .ſ.**
ðı ſer vatta. J ꝥ vættı at ꝥı ē loguorn m
alſ ꝥa at ꝥ haꝼıt ſótt malıt ı auſtꝼðī
ga ðom ē ſækıa áttı ı norðlenðīga ðóm ꝥ at ꝼl.
heꝼ ſagz ı þıng m; aſkatlı goða. Ero ħ nu vat
tarñ huaꝶtueggıu ꝥr ē ṽ ṽ ꝫ ꝥ munu ƀa at ꝼl.
ſellðı aðr aꝼ hendı goð orð ſıtt þorgılſı ƀður ſın
ū en ſıðan ſagðız h ı þıng m; aſkatlı. neꝼnı
ek m̄ ꝥa vatta .e. þeī ē nıota þarꝼ .e. neyta
ꝥa vættıſ. J añat ſīn neꝼnðı .Ey. ſér vatta.
Neꝼnı ek ı ꝥ vættı at ek byð m̄ðı ē ſok heꝼ at ſ
ækıa .e. ſakar aðıla at lyða ꝉ eıðſpıallz mīſ
ꝫ ꝉ ꝼm̄ſogu varñ ꝥrar ē ek mun ꝼm̄ ƀa ꝫ ꝉ
allra gagna ꝥra ſē ek mun ꝼm̄ ƀa. byð ek log
boðe at ðomı ſua at ðomenðr heyra. Ey. neꝼ
nðı ſer eñ ỏatta. Neꝼnı ek ı ꝥ ỏættı at ek vīn
eıð at bok logeıð. ꝫ ſegı ek ꝥ guðı at ek ſl ſ̃
mal ꝥta ṽıa ſē ek rettaz. ꝫ ſānaz ꝫ hellz at
logū. ꝫ oll logmæt ſkıl aꝼ hendı īna. þau ē vn
ð mık koma meðan ek em a þíngı. Ey. mlı ꝥa
tua m̄n neꝼnı ek ı vættı at ek ꝼærı ꝼm̄ log v
orn ꝥa at mal ꝥta ṽ ſótt ı ānan ꝼıorðungſðō
en ṽa attı. tel ek ꝼ ꝥ vnyta ſauk ꝥra. Segı ek
ſua ſkapaða vorn ꝥa ꝼm̄ ı auſt ꝼðīga ðō. Sı
ðan let h ꝼm̄ ƀa ỏættı þau oll ē vornīn attu
at ꝼylgıa. Sıðan neꝼnðı h ỏatta at ollū var
nargognū at nu ṽ oll ꝼrām komın. Ey. neꝼn
ðı ſer ỏatta. Neꝼnı ek ıꝥ ỏættı. at ek ṽ goðaly
rıtı ðomanðū at ðæma ſok ꝥra m̄ð. ꝥat nu
ē loguorn ꝼm̄ komın ı ðomīn. ṽ ek lyrıtı go
ða lyrıtı lagalyrıtı ıꝼalauſa lyrıtı ꝼullu ꝫ ꝼoſ

tu s̃ ſē ek a at v̉ıa at alþıngıſ malı rettu ok
allzħ̃ıar logū Sıðan let ħ ðæma vornına. þr
A letu ſækıa v̄ brēnu malıt ꝫ gengu þaꝫ ꝼrā

144 Nv ẽ þ̇ t̉ malſ at taka at þr ſē **vm tılog̃**
ðu m̄n t̉ þħ.A.ſ. ħm ħ̃r þa **þorhallz-**
v̉ komıt. Oꝼꝼıaꝶ̃ v̉ ek þo nu q̃ð þħ. þ̇
at eñ mundı þta mál ė þāneg ꝼarıt haꝼa eꝼ
ek heꝼða v̇ v̉ıt. Se ek nu at ꝼor þra at þr mu
nu ætla at ſteꝼna yðr ı ꝼımt̉ ðóm ꝼ̇ þīgſ aꝼg
lopun. þr munu ꝫ ætla at veꝼengıa brēnuma
lín ꝫ lata ė ðæma mega. þ̇ at nu ẽ ſu atꝼor þra at
þr munu engıſ ıllz ſuıꝼaz ſt̄u nu ganga heī ſē
ſkıotaz ꝫ ſegıa þeī at .ꝳ. ſteꝼnı þeī baðū .ꝼl̄. ꝫ Ey.
v̄ þ at þr haꝼa ꝼe borıt ı ðomīn. ꝫ lata varða ꝼ
ıorbaugſ g̃ð. þa ſt̄ ħ ſteꝼna þeī ānaꝶ̃ ſteꝼnu
v̄ þ ẽ þr baru vættı þau ẽ ė attu malı at ſkıp
ta m; þeī. ꝫ g̃ðu ı þ̇ þīgſ aꝼglopun. Seg þeī at ek
ſegı ſua eꝼ .íj. ꝼıorbaugſ ſaꝶ̃ ero a hendı m̉ at
þān ſt̄ ðæma ſkog̃ mān. ſt̄u þ̃ þ̇ ꝼyrrı t̉ bua
yðuart mal at þa ſt̄u þ̃ ꝼyꝶ̃ ſækıa ꝫ ðæma. Nu
ꝼór ſendımaðrīn a bt̃t. ꝫ .ſ. þeī m̃ðı ꝫ .A. Sıðan
gıngu þr t̉ logbergſ. ꝳ. neꝼ̃ ſer vatta. Neꝼ
nı ek ıþ́ vættı at ek ſteꝼnı ꝼl̄.þ.ſ. v̄ þ ẽ ħ gaꝼ ꝼe
t̉ lıðſ ſer .Ey.b.ſ. ħ̃ a þıngı. tek ħ eıga at v̉ða v̄
ſauk þa ſekıan ſkog̃ mān þ̇ at eınſ ꝼ̃ıanða. ne
ꝼeſtū helganða. nema ꝼıorƀ .e. aða aðalꝼeſtr
kōı ꝼ̃m̉ at ꝼeranſ ðomı. en alſekıanſkog̃ mān
ella tel ek ſekt ꝼe ħ allt. halꝼt m̉ en halꝼt ꝼ
ıorðungſ m̉. þeī ẽ ſekt̉ ꝼe eıgu at taka ept̉ ħ
at logū. ſteꝼnı ek malı þu t̉ ꝼīt̉ ðōſ ſē malıt
a ı at kōa at logū. ſteꝼnı ek nu t̉ ſokñ ꝫ tıl
ſekt̉ ꝼullrar. ſteꝼnı ek logſteꝼnu ſteꝼnı ek
ı heyranða hlıoðe at logƀ. ſlık̇ ſteꝼndı ħ ey.
v̄ þ ẽ ħ haꝼðı þegıt ꝼéet. ſteꝼndı ħ ꝫ þrı ſok í
ꝼīmt ðóm. J ānat ſīn ſteꝼndı ħ ꝼl̄. ꝫ ey. v̄ ſok
þa er þr baru vætı þau a þıngı ẽ ė attu malı
at ſkıpta m; m̄m ꝫ g̃ðu ı þ̇ þıngſ aꝼ glaupun.
let ħ ꝫ þ varða þeī ꝼıorbaugſ g̃ð gengu þr þa
ı bt̃t ꝫ t̉ logrettu þ̇ v̉ ꝼīt̉ ðómr ſettr. þa ẽ þr .A.
ꝫ ꝳ. v̉ ı bt̃t gengñ þa vrðu ðomendr eckı aſatt̉ h
vat ðæma ſkyllðı. þ̇at ſum̃ vılldu mæla með
ꝼl̄. en ſum̃ m; m̃ðı. ꝫ A. vrðu þr þa at veꝼengıa.

ðomīn. ðuolðuz þr ꝼl̄. ꝫ ey. at þu meðan ſteꝼ
ññ hoꝼðu v̉ıt. Lıtlu ſıðaꝶ̃ v̉ þeī ꝼl̄. ꝫ ey. ſagt
at þeī v̉ ſteꝼnt at logb̃gı ı ꝼīmtarðō .ıj. ſteꝼnū ħ̃rū
þra. Ey. m̄lı. Jllu heıllı hoꝼu v̉ ðualız ẽ þr haꝼa
ꝼyꝶ̃ı orðıt at bragðı at ſteꝼna en v̉. heꝼ̃ ħ̃ nu
ꝼ̃m̉ komıt ſlægð þħ. ꝫ ẽ ħ engū m̉ lıkr at vıtı
ſınu. eıga þr nu ꝼyꝶ̃ at ſækıa ıðō ſín mal. la
þeī þ̇ ꝫ allt v̇. en þo ſt̄u v̉ nu ganga t̉ logbergſ ꝫ
bua t̉ mal a hendr þeī. þótt oſſ kōı þ ꝼ̇ lıtıð. ꝼ̊
þr þa t̉ logb̃gſ. ꝫ ſteꝼndı ey. þeī v̄ þıngſ aꝼglo
pun. ſıðan gīgu þr t̉ ꝼīt̉ðōſ. **aꝼ merðı ꝫ asgrımı**
Nv ẽ þ̇ t̉ malſ at taka ẽ ꝳ. ẽ. at þa er þr .A.
komu t̉ ꝼīt̉ ðōſ. þa neꝼndı ꝳ. ſer ȷ́vatta
ꝫ bauð at hlyða t̉ eıð ſpıallz ſínſ. ꝫ t̉ ꝼ̃m
ſogu ſakar ſīnar ꝫ t̉ ſoknar gagna þra allra
ẽ ħ hugðe ꝼ̃m̉ at ꝼæra a honð ꝼl̄. bauð ħ logbo
ðı at ðomı s̃ at ðomendr heyrðu v̄ ðō þueran.
J ꝼımt̉ ðomı ſkylldu ꝫ .ſaūnuñ m̄n ꝼylgıa eıðnū
ꝫ ſkylldu þr ꝫ eıða vīna. ꝳ. neꝼndı s̃ þa ȷ́vatta.
Neꝼnı ek ı þ vættı. ſ. ħ. at ek vīn ꝼīt̉ðōſ eıð. bıðr
ek s̃ Guð hıalpa m̉ ı þ̇ſa lıoſı ꝫ ı oðru ꝫ at ek ſt̄ s̃
ſok mına ſækıa ſē ek veıt rettaz ꝫ ſaññaz ꝫ h
ellzt at logū ꝫ hyɢ ek ꝼl̄. ſaññan at ſok þ̃ı v̉a eꝼ
eꝼnı ẽo at þ̇ ꝫ ek heꝼka ꝼe borıt ı ðō þna t̉ lıðſ
m̉ v̄ ſok þa ꝫ ek munka bıoða ek heꝼka ꝼe ꝼū
ðıt ꝫ ek munka ꝼīna huarkı t̉ laga ne t̉ vlaga
Sānaþar m̄n m̃ð .íj. gengu at ðomı ꝫ neꝼndu
vatta. J þ vættı at v̇ vīnū eıð at bok laug eıð
bıðıu v̇ ɢuð s̃ hıalpa ok̇r ı þ̇ſa lıoſı ꝫ ı oðru at v̇
leggıū þ vnðer þegn ſkap ockarn at v̇ hyggıū
at .ꝳ. mun s̃ ſækıa ſauk ſına ſē ħ veıt rettaz
ꝫ ſānazt ꝫ hellzt at logū. ꝫ ħ heꝼ̃ð ꝼe boðıt ı ðō
þna v̄ ſok þa t̉ lıðſ ſer ꝫ ħ munkat bıoða ꝫ
ħ heꝼ̃t ꝼe ꝼūnıt ꝫ ħ munkat ꝼīna. t̉ laga ne
t̉ vlaga. ꝳ̃. haꝼðı q̃ðða þīguallar bua .ıx. t̉ ſa
karīnar Sıðan neꝼ̃ .ꝳ s̃ vatta ꝫ ſagðe ꝼ̃m
ſaꝶ̃ þær .íííj. ẽ ħ haꝼðe t̉ buñ a honð ꝼl̄. ꝫ ey. ꝫ
haꝼðe .ꝳ. þau orð oll ı ꝼ̃m ſaugn ſakarīnar ſē
ħ haꝼðe ı ſteꝼnū ſınū. Sagðı ħ s̃ ſkapaꝺ̃ ꝼıor
baugſ ſaꝶ̃ þar ı ꝼīt̉ ðō ꝼ̃m̉ ſē ħ q̃ð at þa ẽ ħ ſt
eꝼndı. ꝳ̃.n.ſ.v. ꝫ bauð buū þeī ıx. ıſetu veſtr
a árbacka. ꝳ̃.n.s̃.v. ꝫ bauð þeī ꝼl̄. ꝫ eyıolꝼı

at ryðıa q̇ðīn. þr gengu t́ at ryðıa q̇ð ⁊ hugðu at ⁊ gatu hū̃gı reīgðan gengu ꝼ̃ v̇ s̃ buıt ⁊ vn ðu allılla v̇. M̃.n.s̃.v. ⁊ beıððı bua þa .ıx. ꝼ̃mb̃ ðar v̄ q̇ðīn ē h̄ haꝼðe q̊ðða at b̃a ānat tueggıa a eða aꝼ. buar ḿðar gengu at ðómı ⁊ talðı eīn q̇ð ꝼ̃m en aller gullðu ſāquæðe. þr hoꝼðu aller vñıt ꝼītar ðōſ eıð ⁊ baru ꝼl̄. ſānan at ſokīnı. ⁊ baru a h̄ q̇ðīn. baru þr ſuaſkapaðan ꝼ̃m̄q̇ðīn ıꝼī tarðom ıꝼ̃ hoꝼðı þeī m̄ ē .m̄. haꝼðe ſok ſına ꝼrā ſagt. Sıðan baru þr q̇ðu þa alla ē þr v̊ ſkyllð̃ at b̃a t́ allra ſakāna ⁊ ꝼor þ loglıga aꝼ henðı.

Ey.b.ſ. ⁊ ꝼl̄ ſatu v̄ at reīgıa ⁊ ꝼengu eckı at g̃t .M̃. neꝼnðı ſer vatta. neꝼnı ek ı þ vættı. buar þr ıx. ē ek q̃ðða t́ ſaka ꝥa ē ek hoꝼðaða a honð ꝼl̄. .þ.ſ. ⁊ ey.b.ſ. haꝼa borıt a q̇ðīn ⁊ borıt þa ſāna at ſokū. Neꝼnðı h̄ ſér ꝥa vatta. J ānat ſīn neꝼ nðı h̄ ſer vatta. Neꝼnı ek ı þ vættı. ſ. h̄ at ek byð ꝼl̄.þ.ſ.e. þeī m̄ ē hanð ſellða loguorn he ꝼ̃ ꝼ̇ h̄ at taka t́ varna. þ́ at nu ē̃o ꝼrūgogn oll ꝼ̃m komın. boðıt t́ eıðſpıaz v̄nīn eıðr. ſogð ꝼ̃m ſok. borıt ſteꝼnu vættı. boðet buū ı ſetu. boðıt t́ ruðnīg̃ v̄ q̇ð borīn q̇ðr neꝼnð̃ vatt̃ at q̇ðb̃ðı.

Neꝼnðı h̄ s̃ ꝥa vatta at gaugnū þeī ſē þa v̊ ꝼ̃m komın. þa ſtoð ſa vpp ſok haꝼðı ıꝼ̃ hoꝼðe v̊ıt ꝼ rām ſogð. ⁊ reıꝼðı malıt. h̄ reıꝼðı þ ꝼyrſt er m̄ bauð at hlyða t́ eıð ſpıa`ll´z ⁊ t́ ꝼ̃m̄ ſaugu ſakar ⁊ t́ ſokn̄ gagna allra. þa reıꝼðı h̄ þ þ́ næſt ē m̄. vān eıð ⁊ ſōnunar m̄n h̄. þa reıꝼðı h̄ þ ē .m̄. ſag ðı ꝼ̃m̄ ſok ⁊ q̃ð s̃ at orðe at h̄ haꝼðı þau orð oll ı reıꝼīgu ſīnı ſē .m̄. haꝼðe aðr ı ꝼ̃m ſaugu ſakar ſīnar ⁊ h̄ haꝼðı ı ſteꝼnu ſīnı ⁊ h̄ ſagðe s̃ ſkapa ða ſokına ꝼrā ı ꝼītar ðō ſē h̄ q̃ð at þa ē h̄ ſteꝼ nðı. þa reıꝼðı h̄ ꝥ. ē þr baru ſteꝼnu vættı. ⁊ tal ðı oll orð þau er h̄ haꝼðı ı ſteꝼnūnı. ⁊ þr hoꝼðu ı vættıſ burð ſınū. ⁊ nu heꝼı ek. ſ. h̄ ıreıꝼīgu m īnı. ⁊ þr baru s̃ ſkapaðan q̇ðīn ꝼ̃mıꝼītar ðō ſē h̄ q̃ð þa at ē h̄ ſteꝼnðı. Sıðan reıꝼðı h̄ þ er h̄ buū ı ſetu. þa reıꝼðı h̄ þ́ næſt þ ē h̄ bauð ꝼl̄. at at ryðıa q̇ðīn .e. þeī m̄ ē hanðſellða loguorn h aꝼðı ꝼ̇ h̄. þa reıꝼðı h̄ þ ē buar gengu at ðomı ⁊ baru a q̇ðīn. ⁊ baru h̄ ſānan at ſokīnı. baru þr s̃ ſkapaðan .ıx. bua q̇ð. ꝼ̃m̄ ı ꝼīt ðō. þa reıꝼðı h̄ þ ē m̄. neꝼnðı vatta at þ́ ē q̇ðr v̊ a borīn. þa reıꝼðı h̄ þ ē .m̄. neꝼnðı vatta at gognū ⁊ bauð t́ varn̄.

.M̃. n.s̃.v. Neꝼnı ek ı þ vættı. ſ. h̄ at ek bāna ꝼl̄.þ. .ſ.e. þeī m̄ oðrū ē hanðſellða loguorn heꝼ̃ ꝼ̇ h̄ at taka t́ varna. þ́ at nu ero ſokn̄ gogn oll ꝼ̃m̄ komın þau ē ſaukīnı eıgu at ꝼylgıa at reıꝼðu malı ⁊ s̃ bornū gognū. Sıðan reıꝼðı reıꝼīgarm̄ ꝥta v́att orð .M̃. n. v. ⁊ beıððı ðomenðr at ðæma ma lıt. þa .ſ. Gız̃.h́. ꝼleıra mun v̊ða at að g̃a. þ́ at ė mu nu ꝼ̃n̄ tylꝼ̃ ðæma eıga. ꝼl̄.m. v̇ Ey. huat ē nu tıl raða. Ey.ſ. Ek ætla nu ór vonðu at raða ⁊ ſ̄lu v̇ nú bıða þ́ at ek get at nu g̃ı þr rangt ı ſoknī nı. þ́ at .m̄. beıððı þeg̃ ðōſ a malınu. en þr eıga at neꝼna ór ðomınū .vı. m̄n. sıðan eıga þr at bıo ða okr v̇ vatta at neꝼna or aðra .vı. en þ ſ̄lu þ ſ̄lu v̇ g̃a ė eıga þr þa at neꝼna ór .vı. ⁊ mun þ ıꝼ̃ ſıaz ē þa onytt allt mal þra eꝼ þr g̃a þ ė. ꝥt þrē nar tylꝼ̃ eıgu at ðæma malıt. ꝼl̄. m̄lı vıtr m̄ ētu s̃ at ꝼaer m̄n munu ſtanða a ſporðı ꝥ. m̄.n.s̃.v.

Neꝼnı ek ı þ v́ættı at ek neꝼnı ꝥa .vı. m̄n or ðomı nū ⁊ neꝼnðı þa. ān ek yðr ė ıſetu ıðomınū neꝼ nı ek yðr ór at alþıngıſ malı rettu ⁊ allz h̄ıar logū. Epꝼ̃ þ bauð h̄ þeī ꝼl̄ ⁊ ey. v̇ vatta at neꝼ na ór aðra aðra .vı. m̄n ðomınū. En þr ꝼl̄. vıll ðu ė ór neꝼna. m̄. lét þo ðæma malıt. þa neꝼ nðı ey. ſer vatta ⁊ kallaðe onyttan ðō þra ⁊ allt þ ē þr hoꝼðu at g̃t. ꝼān þ t́ at ðæmt haꝼ ðe halꝼ ꝼıorða tylꝼt ꝥ ſē þrēnar attu ſ̄lu v̊ nu ſækıa ꝼītar ðōſ ſaker varar a þa. ⁊ g̃a þa ſekıa

Gız̃.h́.m. v̇ .m̄. Allmıog heꝼ̃ ꝥ ıꝼ̃ ſéz. ſ. h̄ ē þu ſk yllð̃ ꝥta rangt g̃a ⁊ ē ſlıkt vgıpta mıkıl .e. huat ſ̄lu v̊ nu t́ raðſ taka .A. ꝼrænðı. ſ. h̄. Nv ſ̄lu v̊ ſenða mān .ꝥh̄ ⁊ vıta huat h̄ vılı t́ raðſ

145 Nv ē þar **barðagı a alþıngı** [leggıa t́ malſ at taka at Snorrı ē goðe at h̄ ꝼylk̃ lıðı ꝼ̇ neðan alm̊ gıa mıllū ⁊ hlað buðar ⁊ ſagðı h̄ ꝼ̇ áðr ſınū m̄. h̄t þr ſkylldu at g̃a. Nu ē ꝼ̃ þ́ at ſegıa at ſenðımaðrīn kēr t́ ꝥh. ⁊ .ſ. h̄m h̄r þa v̊ komıt at þr mundu ſekır v̊ða g̃uır all̃ en eyðt ollu vıgſmalınu. En ē h̄ heyrðı ꝥta bra h̄m s̃ v̇ at h̄ máttı eckı orð mæla h̄ ſp̃tt vpp or ru

mınu. ɜ greıp ſpıotıt ſkᷣp̄. naut tueī honðū ɜ rak ı
gegnū fotīn ſer. v̇ þ᷑ a hollðıt. ɜ queıſunaglīn a
ſpıotınu þt h̄ ſkar v́t ór fætınū. h̄ geck þa v́t ór
buðīnı vhalltr ɜ fór s̃ h̄t at ſenðımaðrīn feck ė
fylgt h̄m. h̄ kō t fīſ ðōſınſ. þa mættı h̄ Grımı e
nū rauða. ɜ ıāſkíott ſē þr funðuz lagðı þh̄. tıl
h̄ ſpıotínu ɜ kō ı ſkıollðīn ɜ klofnaðı h̄ ı ſunðr
ɜ geck ſpıotıð ı gegnū G̊m. s̃ at v́t kō mıllum
h̄ðāna. kaſtaðe þh̄. h̄m ðauðū af ſpıotınu. kı
.ſ.ſ. gat ſeð þta. ɜ m. v̇ .A. h̄ ē komīn þh̄. ſon þīn
ɜ hef̄ vegıt víg nu þeg̃ ɜ ē þta ſkaūm mıkıl ef
h̄ eīn ſī hug t hafa hug t at hefna brēnūnar
þ ſī ė v̄a ɜ .ſ.A. ɜ ſnuū nu at þeī. ſ. h̄. v̇ þa kallat
vm allan h̄īn ɜ ſıðan æpt h̄óp. þr fl. ſñuz þa
v̇ ɜ eggıuðuz faſt. Nu ē at ſegıa f̃ kᷓa .ſoī.ſ. at
h̄ ſnyr at þ᷑ ē f v̇ arnı kolſ .ſ. ɜ hallb̄. īn ſterkı
ɜ þeg̃ ē halī. ſa kᷓa. hıo h̄ t h̄ ɜ ſtefnðı a fotınn
en karı hlıop ı lopt vpp ɜ mıſtı halī. h̄ kı ſñız
at arna kolſ .ſ. ɜ hıo t h̄ ɜ kō a auxlına ɜ tok í
ſunðr axlarbeınıt ɜ v̇beınıt ɜ klauf h̄ allt
ofan ı brıoſtıt. fell arnı þeg̃ ðauðr nıðr. Sð
an hıo h̄ t halī. ɜ kō ı ſkıollðīn ɜ tok af h. tana
meſtu. holmſteīn ſkaut ſpıotı t kᷓa en h̄ toka
loptı ɜ ſenðı aptr ɜ v̇ð þ m̄ banı ı lıðı fl. þor
geıꝶ ſkof.G. kō at þ᷑ ē halī. v̇ ēn ſt̄kı. þg̃. lag
ðe ſua faſt t h̄ m; ānaꝶı henðı at halī. fell
f ɜ kōz nauðulıga a fætr. ɜ ſñı þeg̃ vnðan
þa mættı þg̃. þuallðı þrūketılſ .ſ. ɜ hıo t h̄ þeg̃
m; exīnı rīmugygı. ē átt hafðı ſkᷣp̄. h̄ kō f ſ
ık ſkıllðınū. þg̃. hıo ı ſkıollðīn ɜ klauf en
hyrnan nā brıoſtıt. ɜ geck a hol ɜ fell þvallðr
þeg̃ ɜ v̇ þa ðauðr. Nu ē at .ſ. f̃ þ᷑. at .A. ɜ þh̄.ſ.h̄
ɜ hıalltı ɜ Gız̃.h́. ſottu at þar ſē f v̇ .fl. ɜ ſıgf.ſſ.
ɜ brēnu m̄n aðrer þ᷑ v̇ allharðr barðagı. lauk
m; þ᷑ at þr .A. gengu at s̃ faſt at þr fl. hrucku
f. Guðm̄ðr ꝶ. ɜ M̄.v.ſ. ɜ kı .ſ.ſ. ɜ þg̃.ſ.G ſottu þ᷑ at
ē f v̇ exfðıng̃ ɜ reykðælar v̇ð þar allſnapr b᷑
ðagı. kı kō at þ᷑ ē bıarní v̇ b᷑ððhelga .ſ. kı þreıf
vpp ſpíot ɜ lagðı t h̄ ɜ kō ı ſkıollðīn. B. ſkaut
hıa ſer ſkıllðınū. ella hefðı ſpıotıð ſtaðıt ı
gegnū h. h̄ hıo þa t kᷓa ɜ ſtefnðı a fotīn. kı kıp
pır fætınū ɜ ſñız vnðan a hælı ɜ mıſtı B. h̄ſ.

kı hıo þeg̃ t h̄. ɜ hlıop m̄ f̃m̄ m; ſkıolld f h̄ kı k
lauf ofan allan ſkıollðīn. ɜ nā bloðrefıllīn læ
rıt ɜ reıſt ofan allan fotīn. h̄ fell þeg̃ ɜ v̇ð all
ð aurkūlalauſſ ſıðan h̄ lıfðı. kı þreī þa tueī hō
ðū ſpıotıð ɜ ſñız at .B. m; ɜ lagðe t h̄. En h̄ ſa
engan ānan ſīn koſt en h̄ let fallaz þűſ vnðā
lagınu. en þeg̃ h̄ kōz a fætr þa hrauck h̄ vnðā
þg̃.ſ̄ G. ſottı þa at þ᷑ ē f v̇ holmſteīn .ſ. ſpakb᷑ſa.
ɜ þk. geıtıſ .ſ. lauk s̃ m; þeī at þr holmſt̄. hruc
ku f. v̇ð þa op mıkıt at þeī af m̄ Guðm̄ð. þor
varðr tıorua .ſ. f̃ lıoſa vatnı feck ſár mık. h̄ v̇
ſkotīn ı hanðleɢ. ɜ ætluðu m̄n at ſkotıð hefðı
hallðorr .ſ. Guðm̄ð rıka. ɜ hafðe h̄ þta ſar bota
lauſt alla æfı ſıðan. v̇ð þar þraung mıkıl. En þo
at h̄ ſe ſagt f̃ nockurū atburðū þa ēo hıñ þo
mıklu fleırı. ē m̄n hafa eng̃ ſagñ f̃. fl. hafðı
ſagt þeī aðr at þr ſkyllðu leıta t vıgıſſ ı al m̄gıa
þ᷑ at þar mattı eınū megū at ſækıa. En flockr
ſa ē ſıðuhallr hafðe. ɜ þeır lıotr feðg̃ var haur
vaðr f̃ ı b᷑tt f atgaungu m̄ afg̃mſ. Sñu þr ofan
f auſtan exara. hallr mlı þa. h̄ ſlær ı allmıkıl
vefnı ē allr þīgheīr berſt. vıllða ek at v̇ bæðī
okr lıðſ at ſkılıa m̄n. þott okr ſe þ t orðz lagıt
af nockurū m̄. ſītu bıða v̇ b᷑ar ſporð. en ek mū
ganga ı buðer. ɜ fa m̄ lıð. lıotr mlı. Ef ek ſe at
þr fl. þ᷑fa lıðſ af m̄ varū. þa mun ek þeg̃ hlaᴊ
pa t m; þeī. þ muntu g̃a. ſ.h. ſē þ᷑ lık. en bıð
ıa vıl ek at þu bıðer mín. Nu ē þar t malſ at
taka at flóttı braſt ı lıðı þra fl. ɜ flyðu aller
veſtr v̄ exar á. En þr .A. ɜ Gız̃.h́. gengu eptır
m; h̄īn. þr fl. hauruuðu neðan mıllı vırkıſ
buðar ɜ hlað buðar. Snorrı .g. hafðe þ᷑ fylkt
f ſınu lıðı s̃ þykt at þeī geck ė þar at f̊. Sñ.
.g. kallaðe a fl. h́ farı þ᷑ s̃ geyſtır. ſ. h̄ hűr ellī
yðr. fl.ſ. ė ſpyꝶ þu af þ᷑ þa at þu vıī ė. En
huart vellðr þu þ᷑ at v̇ megū ė ſækıa t vıgıſ
ıalm̄ gıa. ė veıt ek þ᷑. ſ. h̄. En veıt ek hueꝛ v
allða mun. ɜ mun ek ſegıa þ᷑ v f̃gıt. at þr v
allða þ᷑. þvallðr kroppnſkeggı ɜ kolr þr v̇
þa baðer ðauðer ɜ hofðu v̇ıt ın meſtu ıll
m̄nı. J añan ſtað ſñre goðe v̇ ſına m̄n g̃ı
þ᷑ nu bæðı. hauguıt t þra. ɜ keyrıð þa ı b᷑tt.

heðan. munu þr þa ſkāma ſtunð ħ̄ v̇ halldaz er hıñ
ſækıa at neðan. Skvlu þ̄ þa eckı epꝛ̄ ganga ⁊ latıð
þa ſıalꝼa a ſıaz. Skapta þoroððz .ſ v̇ ſagt at þſteīn
holmuðr .ſ. ñ v̇ ı barðaga m; Guðm̄ðı rıka magı ſı
nū. ⁊ þeǵ ſkaptı vıſſı þta. geck ħ t̉ buðar ſñ.g. ⁊
ætlaðe at bıðıa Sñ. at ħ gīgı t̉ at ſkılıa þa m; ħm
en ē ħ v̇ ė allt komīn at buðar ðyrunū .sñ. þa v̇
barðagīn ſē oðaztr. þr .A. ⁊ ñ m̄n gīgu þar þa at
neðan. þħ. mł. þ̄ ē ſkaptı þoroðz .ſ. ꝼað. ſ. ħ. A. ſ̄ þ.
⁊ ſkaut ħ þeǵ ſpıotı t̉ ſkapta. ⁊ kō ꝼ neðan þ ē
kálꝼı ē ſē ðıgraztr ⁊ kō ı gegnū baða ꝼætrna
Sk. ꝼell v̇ ſkotıð. ⁊ ꝼeck ė vpp ſtaðet. ꝼengu þr þ
raðſ tekıt ē hıa v̊ at þr ðrogu ſk. ꝼlatan ıñ ı buð
ſuerðſk̉ða nockurſ. þr A. gengu þa at s̄ ꝼaſt
at ꝼł. ⁊ m̄n ñ hrucku vnðan ſuðr m; ānı t̉ mau
ðruellīga buðar þ̄ v̇ m̄ vtı hıa buð nockuk̉ı er
ſauluı ħ̉. ħ ſauð ı katlı mıklū ⁊ haꝼðe þa vpp
ꝼært en vellan v̇ ſē akauꝼuz. ſauluı gat at lí
ta huar þr ꝼlyðu auſtꝼırðıngñ. ⁊ v̊ þa komnır
mıog ſua þar gegnt ſoluı.m. ħ̄rt munu þ̄ır allır
raǵ auſtꝼ̉ðıngarñ ē ħ̄ ꝼlyıa. ſ. ħ. Ok ıāuel rēnr
ħ þk. geıtıſ .ſ. ⁊ ē allmıog logıt ꝼ̄ ħm ē marger
haꝼa þ ſagt at ħ v̄ı hugr eīn en nu rēnr ēgı ħ̉
ðara en ħ. hallƀ ſt̄kı v̇ þ̄ nær̄ ſtaððr ⁊ mł ė ſt̄tu
þ eıga t̉ at ſegıa at aller ſe raǵ. þreıꝼ ħ þa t̉ ñ ok
bra ħm a lopt ⁊ rak ħ at hoꝼðı ı ſoð ketılīn. ðo
ſoluı þeǵ. var þa ſótt at hallƀ. ⁊ v̇ð ħ þa vnðan
at leıta. ꝼł. ſkaut ſpıotı t̉ bruna haꝼlıða .ſ. ⁊ kō
a ħ mıðıan ⁊ v̇ð þ ñ banı. ħ v̇ ı lıðı Guðm̄ð rıka
þſt̄. hlēna .ſ. tok ſpıotıð ór ſarınu ⁊ ſkaut aptr
at ꝼł. ⁊ kō a ꝼotīn. ꝼł. ꝼeck ſar mıog mıkıt a
ꝼætınū ⁊ ꝼell v̇ ⁊ ſtoð vpp þeǵ. hauruuðu þr þa
t̉ vaz ꝼ̉ðīga buð. lıotr ⁊ þr hallr gengu þa auſ
tan ıꝼ̄ a m; allan ꝼlock ſīn. ⁊ þa ē ħ kō a hrau
nıt var ſkotıð or lıðı Guðm̄ð. ⁊ kō þ a lıot mıð
ıan. ꝼell ħ þeǵ ðauðr nıðr. ⁊ varð allðrı vpp vı
ſt hūr þta vıg haꝼðı vegıt. þr ꝼł. horuoðu vpp v̄
vaz ꝼ̉ðīga buð. þǵ.ſ.ǵ. mł. þ̄ er ħ eyıoł.b.ſ. nu
k̉ı. ſ. ħ launa þu ħm nu hrīgīn. þa þreıꝼ karı
ſpıot aꝼ m̄ ⁊ ſkaut at eyıoł. ⁊ kō a ħ mıðıan ⁊
geck ı gegnū ħ ꝼell eyıoł. þeǵ ðauðr nıðr. þa v̇ð
huılld nockur a v̄ barðagān. Sñ.g. kō þa at m;
ꝼlock ſīn ⁊ v̇ þa ſk ı lıðı m; ħm. ⁊ hlıopu þeǵ
ı mıllū þra. naðu þr þa ė at b̄ıaz hallr geck
þa ı lıð m; þeī. ⁊ vılldı ſkılıa þa. v̊ þa ſett ǵð
var þ þaꝼyſt v̄ þıngıt v̇ þa buıt v̄. ⁊ ꝼærð t̉
k̉kíu. en bunðın ſár þra m̄ ē ſaꝛ̄ v̊. añan .ð.
epꝛ̄ gengu m̄n t̉ logƀ̉gſ. hallr aꝼ ſıðu ſtóð
vpp ⁊ quaððı ſer hlıoðſ ⁊ ꝼekz þegar. ħ młı
Ħ haꝼa orðet harðer atburðer ı m̄ latı ⁊ mala
ſoknū. Mun ek nu ſyna þ at ek em lıtıl m̄nı.
Vıl ek bıðı Aſǵm. ⁊ þa m̄n aðra ē ꝼ malū þ̄ū ē̄o.
at þr v̄nı oſſ ıāſættıſſ. ꝼor ħ þ̄ v̄.morgū ꝼogꝝ
orðū. k̉ı młı. þott aller ſættız aðrer a ſín mál
þa ſł ek ė ſættaz. þ̄ at þ̄ munut vılıa vırða v
íg þ̄ı motı brēuñı. en v̄ þolū þ ė. Slıkt ıt ſa
ma młı þǵ. ſkoꝛ̄ǵ. þa ſtoð vpp Sk̄. ⁊ młı. beꝛ̄
v̄ı þ̄ at haꝼa ė rūnıt ꝼ̄ magū þınū ⁊ ſk̄az nu
ė ór ſættū. k̉ı q̄ð þa vıſu þa. Hvat ſt̄tu rūnr
þott rýnı. ranðlınz v̄ ſok mīnı. ſkur ðreıꝼ ſk
arpt a ſkoglar. ſkyıū oſſ at ꝼryıa hīn ē h
ellt þa ē hıallta hatunǵ mıog ſungu. brynıu
meıðr t̉ buðar. blauðr m; ſkeɢıt rauða. k̉ıq.
.v. aðra. Varð þa ē vıga níorðū. vılıa þraut at
ſkılıa. lıtt geck ſkallð ꝼ ſkıolldu ſkapta m̄t
at haptı. ē mat ſıoð moða malmrogſ ꝼlatā
ðrogu. ſlıkt ē allt aꝼ æðru ıñ ı buð at truðar. k̉ı
.q. ena þ̄ðıu .v. Hoꝼðu ǵmſ at gāní græðıſ elgſ
⁊ helga. rangt v̄nu þa rūnar rēenðr nıalſ b̄n
nu. nu mun borgſ ı bıorgū baugſ hnyckıanðū
þıkıa. lyngſ a loknu þīgı. lıotz ānan veg þıota.
þa v̇ð hlatr mıkıll. Sñ.g. b̄ſtı at. ⁊ q̄ð þta ꝼ mū
nı ſer. s̄ þó at marǵ heyrðu. Vel kān ſkaptı
ſkılıa. ſkaut aſǵmr ſpıotı vıllat holmſteınn
ꝼlyıa vegr þorketıll nauðıgr. hlogu m̄n nu all
mıog. hallr aꝼ ſıðu młı. Aller m̄n vıtu hūnh
arm ek heꝼı ꝼīgıt. at lıotr ſon mīn ē latınn
Munu þ marǵ ætla. at ħ munı ðyrſtr ǵr v̄a. En
ek vıl vīna þ t̉ ſætta at leggıa ſon mīn vgıllð
an. ⁊ ganga þo t̉ at veıta þeī bæðı trygð ⁊ ǵð.
ē mıñ mótſtoðu m̄n ero. bıð ek þıg Sñ.g. ⁊ aðra
ına beztu m̄n at þ̄ kōıt þ̄ t̉ leıðar at ſætꝛ̄ v̇ðı
m; oſſ. Sıðan ſettız hallr nıðr. ⁊ v̇ð rōr mıkıll
⁊ goðr ǵr at malı ñ. ⁊ loꝼuðu aller mıog. góð

gırnð ħ. Sn̄. g. ſtoð þa vpp ⁊ talaðe langt erēðı ⁊
ſnıallt ⁊ bað. A. ⁊ Gız̄. ⁊ aðra þa þa m̄n ḗ ꝼ malı
nu v̊ þaðan at ḗ þr ſkylldu ſættaz. A. mł̄ı. þ æt
laða ek þa ḗ ꝼł reıð heī at m̄ at ek munða all
ð̊ v̇ ħ ſættaz En þo vıl ek nu ꝼ orð þın ſn̄.g. ⁊ ānar
ra vína mīna ė vnðan ſk̄az. ſlıkt mł̄tu þr þleı
ꝼr k̄kr ⁊ þg̊mr ēn mıklı at þr munðu ſættaz
⁊ ꝼyſtu þḡ.ſk̄.G. b̄ō ſīn at ſætt̄. en ħ ſkarſt v̄
ðan ⁊ q̄z allð̊ ſkylldu ſkılıa v̇ k̄a. þa mł̄ı Gız̄.
Nu ma ꝼł. ſıa ſīn koſt. ħ̄rt ħ vıll ſætt̄ v̇ þ. at ſum̄
ſe vtan ſætta. ꝼł.q̄ ſætt̄ vılıa. þıkı m̄ þ betr. ſ. ħ
ḗ ek heꝼı ꝼærı goða m̄n ı motı m̄. Guðm̄ðr ꝶ.m.
þ vıl ek bıoða at hanð ſala ꝼ víg þau ḗ ħ̄ haꝼa orðı\t/
a þīgınu at mınū hluta t̄ þ at ekkı ꝼallı þar ꝼ
nıðr brēnu malıt. ſlıkt mł̄tu þr Gız̄.ħ́. ⁊ A. ⁊ hıalltı
⁊ v̇ þta geck ſaman ſættın. v̄ þa hanðſalat ı .xíȷ́.
m̄ ðóm. V̊ Sn̄.g. ꝼ g̃ð ⁊ aðrer goðer m̄n m; ħm.
var þa ſaman ıaꝼnat vıgū en bætt̄ þr ḗ v̄ ꝼ̄m voru
þr g̃ðu ⁊ v̄ brēnu malın. Skylldı Nıal bæta þren
nū mān gıolldū. en b̄gðoru tuēnū. vıg ſk̄þ. ſky
llðı ıaꝼnt ⁊ .ħ. ħ́taneſ goða tuēnū mangıoll
ðū ſkylldı bæta huarn þra G̊mſ ⁊ helga. þa ſk
ylldu eín māngıolld kōa ꝼ hūn añaꝶ. a vıg þor
ðar k̄a .ſ. v̇ eckı ſæzt. ꝼł. v̇ ⁊ g̃r vtan ⁊ aller b̄n
nu m̄n ⁊ ſkylldı ė ꝼ̊ ſāſumarſ nēa ħ vıllðı. En eꝼ
ħ ꝼærı ė vtan ⁊ aðrer þr áð þ̄r vetr v̄ı lıðn̄. þa
ſkylldı ħ ⁊ aller brēnu m̄n v̄a ſek̄ ſkog̃ m̄n ⁊ v̇
s̃ ꝼ mł̄t. at lyſa ſkylldı ſekt þra. ħ̄rt ḗ þr vıllðı
a várþīgı eða hauſt þīgı. ꝼł. ſkylldı þo v̄a vtan
.ííȷ́. vetr. Guñaꝶ .l.ſ. ⁊ Granı .G.ſ. Glūr hıllðıſ .ſ.
kolr þſt̄.ſ. þr ſkylldu allð̊ ύt kōa. þa var ꝼł. ſ
ꝑðr eꝼ ħ vılldı lata ðæma v̄ ſár ſıtt. En ꝼł. q̄z
eckı vılıa taka ꝼemut̄ a ſer. Eyıolꝼr .b.ſ. var
lagıðr vgılldr ꝼ ꝼ vıaꝼnat ħ ⁊ rangınðı v̄ ꝑı
ſætt nu hanð ſalut. ⁊ eꝼnðız oll. þr gaꝼu ſn̄
g. goðar gıaꝼ̄. haꝼðı ħ v̇ðıng mıkla aꝼ malū
ꝑum. Sk̄. v̄ bættr au᷑kīn. þr Gız̄.ħ́. ⁊ hıalltı. ⁊
A. buðu heī Guðm̄ðı rıka ⁊ þa ħ heī boðın. ⁊
gaꝼ ſīn gullhrīg hu᷑r þra ħm. Rıðr guðm̄ðr nor
ðr heī ⁊ haꝼðe allra m̄ loꝼ ꝼ þ hu᷑ſu ħ kō s̄ v̇
ı ꝑū malū. þg̃. bauð k̄a m; s̄. en þo rıðu þr
ꝼyſt m; Guðm̄ðı allt a ꝼıall norðr. k̄ı Guðm̄ðı

gullſylgıu. en þg̃. ſılꝼr belltı. ⁊ v̄ ħ̄rtueggıa ēn
beztı g̊pr ⁊ ſkılðu m; īnı meſtu vınattu reıð
Guðm̄ðr þa heī ⁊ ḗ ħ ór ſogūı þr k̄ı rıðu ſuðr
aꝼ ꝼıallınu ⁊ oꝼan ı hreppa ⁊ s̃ t̄ þıorſ ár. Nu
ḗ ꝼ̃ þeī ꝼł. at .ſ. at þr b̄num̄n aller rıðu auſtr
t̄ ꝼlıoz hlıð̊. ꝼł. let þa ſıgꝼ̄.ſſ. ſkıpa t̄ bua ſī
na. þa ꝼ̊ttı ꝼł. at þg̃. ⁊ k̄ı hoꝼðu rıðıt norðr
m; Guðm̄ðı ⁊ ætluðu m̄n nu at þr munðu v̄a
ꝼ norðan lð. þa beıððu ſıgꝼ̄.ſſ. at ꝼ̊ auſtr vð̄
eyıa ꝼıoll at ꝼıarheıtū ſınū. þ̄ at þr attu ꝼıar
heıtu auſtr at hoꝼða b̄cku. ꝼł. leyꝼðı þeī þ en
bað þa þo ðuelıaz ſē ſkēſt. ꝼł. reıð þa vpp v̄ go
ða lð ⁊ s̃ a ꝼıall ⁊ ꝼ norðan eyıaꝼıalla ıokul. ⁊
lettı ė ꝼyꝶ en ħ kō heī t̄ ſuınaꝼellz. Nu er
þ̄ t̄ malſ ḗ ſıðu hallr ḗ at ħ haꝼðe lagt vgıll
ðan ſon ſīn ⁊ vān þ t̄ ſatta. þa bættu ħm aller
þıng heyınðr ⁊ v̄ð þ ė mīna ꝼé en .vííȷ́.c. ſılꝼrſ
en þ v̊ ꝼ̄n mān gıollð. En aller aðrer þr ḗ m;
ꝼł. hoꝼðu v̄ıt ꝼengu eng̃ bætr ꝼ vanſa ſınn
⁊ vnðu v̇ ıt veſta Sıgꝼ̄.ſſ. ðuolðuz heıma .íȷ́.
nætr. en hīn þrıðıa .ð. rıðu þr auſtr t̄ rauꝼar
ꝼellz ⁊ v̊ þ̄ v̄ nottına. þr v̊ ſaman .xv. ⁊ v̇gðu at
ſer allz eckı. þr rıðu þaðan ſıð ⁊ ætluðu auſtr
t̄ hauꝼða brecku v̄ quellðıt. þr aðu ı k̄lıg̃ ðal ⁊
toku þ̄ a ſık ſueꝼı mıkīn. **aꝼ kara ⁊ þorgeırı**

146

Nv ḗ þ̄ t̄ malſ at taka ḗ þr k̄ı ē̊o at þr rıðu
auſtr ıꝼ̄ markarꝼlíot ⁊ s̃ auſtr t̄ ſelıa
lðz mula. þ̄ ꝼunðu þr kon̄ nockurar þ̄
kenðu þa þeg̃. ⁊ mł̄tu t̄ þra. Mīnr gēſı þıð en
þr ſıgꝼ̄.ſſ. en þo ꝼarı þıð vuarlıga. ħ́ ḗ ykr s̃
ſtátt v̄ ſıgꝼ̄.ſſ. ħ̄t vıtı þıt t̄ þra. ſ. k̄ı. þr v̊ ı nótt
at rauꝼ ꝼellı en ætluðu ı quellð ı myðal. en þ
þottı okr gott ḗ þeī v̄ þo ottı at ykr ⁊ ſꝑðu
hue næꝶ þıð munðut heī kōa. þa ꝼ̊ þær leıð
ſína. En þr keyrðu heſtana. þg̃. mł̄ı. ħ̄t er þ̄
næſt ſkapı. vılltu at v̇ rıðım ept̄ þeī. k̄ı .ſ.
ė mun ek þ letıa. þg̃.m. ħ̄t ſlu v̇ ætla okr ė v̇
eıt ek þ. ſ. ħ kān þ opt v̄ða at þr m̄n lıꝼa lan
gan allðr ḗ m; orðū ē̊o vegn̄. En veıt ek ħ̄t þu
munt þ̄ ætla .vííȷ́. m̄n ⁊ ḗ þ þo mīna en þ ḗ
þu vátt þa .víȷ́. ı ſkorīnı ⁊ ꝼort ı ꝼeſtı oꝼan t̄
þra. En yðr ꝼrænðū ḗ s̃ háttað at þ̄ vılıð yðr

allt tͥ agætıſſ g̃a. nu mun ek ė mīna at g̃a. en v̾a hıa þ᷑ tͥ ꝼ̃ꝼagn̄ ſꝉu v̇ nu ꝫ .ıj́. epᷣ rıða þt ek ſe at þu heꝼ̃ s̃ tͥ ætlat. Sıðan rıðu þr auſtr ıt eꝼra ꝫ kōu eckı ı hollt. þ᷑ at þg̃. vıllðı eckı at br æðrū h̄ mættı v̄ kēna h̄t ſē tͥ tıðenða g̃ðız þr rıðu þa auſtr allt tͥ myðalſ. þ᷑ mættu þr mānı nockurū. ꝫ haꝼðe torꝼhrıp a hroſſı. h̄ tok tͥ or ða. oꝼ ꝼam̄nr ētu nu þg̃. h̄t ē nu ı þ᷑. ſ. h̄. þ᷑ at nu bærı veıðı ı henðr. h̃ rıðu ſıgꝼ̃.ſſ. ꝫ munu ſoꝼa auſtr ı k̃līgarðal ı allan ðag þ᷑ at þr ætla ė leī g̃ en tͥ hoꝼðabrecku ı quellð. Sıðan rıðu h̄rır leıð ſına. rıðu þr þg̃. auſtr a arn̄ſtakſ heıðı. ē nu eckı at ſegıa v̄ ꝼerð þra ꝼyꝛ̄ en þr komu tıl k̃lıng̃ ðalſ ár. aın v̾ mıkıl. rıðu þr vpp m; ānı þ᷑ at þr ſa þ᷑ ʀoſſ nock̃ m; ſoðlū. rıðu þr þang at tͥ ꝫ ſá at m̄n ſuaꝼu ı ðælı nockuꝛ̄ı ꝫ ſtoðu ſpıot þra oꝼan ꝼ̃ þeī. þr toku ſpıotín ꝫ baru vt a ána. Sıðan mꝉı þgeıꝛ̄ h̄rt vıılltu at vıð vekım þa. k̃ı .ſ. ė ſpyꝛ̄ þu þa aꝼ þ᷑ at þu haꝼír ė raðıt aðr ꝼ̇ þ᷑ at vega ė at lıggıanðı m̄m. ꝫ vega ſkām̄ vıg. Sıðan æptu þr a þa. vauknuðu þr þa ꝫ hlıopu vpp aller ꝫ þ᷑ra tͥ vapna. þr k̃ı reðu ė a þa ꝼyꝛ̄ en þr v̊ vapnað̊. þg̃. hlıop at þ᷑ ſē v̾ þk. ſıgꝼ̃ .ſ. þa hlıop m̄ at bakı h̄m ꝫ ꝼyʀ en h̄ gætı v̄nıt a þg̃ı. þa reıððı h̄ exına rīmu gygı tueī honðū ꝫ s̃ ſkıott ꝫ hart at þa ē h̄ reıððı exına a bak ſer rak h̄ ı hoꝼut þeī exar hamarīn ē at bakı h̄m ſtóð s̃ at hauſſīn brot naðı ı ſman mola ꝼell ſa þeg̃ ðauðr nıðr. En h̄ reıððı ꝼ̃m̄ exına hıo h̄ a auxl þkatlı ꝫ kla uꝼ ꝼ̃ oꝼan alla honðína. J motı k̃a reð ᴍaurðr ſıgꝼ̃ .ſ. ꝫ Sıgm̄ðr lābaſ. ꝫ lābı ſıg̃ðar .ſ. h̄ hlıop at bakı h̄m ꝫ lagðı tͥ h̄ ſpíotı. k̃ı ꝼeck ſéét h̄ ꝫ hlıop vpp ꝫ b̃ ı ſunðr ꝼotunū v̇ ē h̄ lagðı kom lagıt ı vollīn en k̃ı hlıop a ſpıotſkaptıð ꝫ braut ı ſunðr. h̄ haꝼðı ſpıot ı ānaꝛ̄ı hēðı enı ānaʀı ſuerð en engan ſkıollð h̄ lagðı īnı hæg̃ henðı tͥ ſıgm̄ð lāba .ſ. kō lagıt ı brıoſtıð. ꝫ geck ſpıo tıð vt v̄ h̄ðarnar ꝼell h̄ þeg̃ ðauðr īnı vınſtͥ henðı hıo h̄ tͥ m̄ðar ꝫ hıo a mıoðmına ꝫ tok h ana ı ſunðr ꝫ ſua ryggīn ꝼell h̄ aꝼrā ꝫ þegar ðauðr epᷣ þ ſn̄ız h̄ a hælı s̃ ſē ſkaptk̃ngla ꝫ

at lāba sıg̃ðar .ſ. en h̄ ꝼeck þ. eítt ꝼangaráð at h̄ tok araſ vnðan. Nu ſn̄ı þg̃. ı mótı leıð ol ꝼı ſterka ꝫ hıo huarr tͥ ānarſ ıāſnēma ok varð hoɢ leıðolꝼſ s̃ mıkıt at allt tok aꝼ ſkıll ðınū þ ē a kō. þg̃ haꝼðe hauguıt tueī honðū m; exīnı ꝫ kō ín epᷣ hyrnan ı ſkıollðīn ok kloꝼnaðı h̄ ı ſunðr. en hın ꝼrērı hyrnan tok vıð beınat. ꝫ ıſūðr ꝫ reıſt oꝼan ı brıoſtıð a hol k̃ı kō ı þ᷑ at ꝫ rak vn̄ðan h̄m. ꝼotīn ı mıðıu lærínu ꝼell leıðolꝼr ðauðr. ketıll or mork mꝉı. ʀēna munu v̾ tͥ heſta v́aꝛ̄a. megu v̾ eckı v̇ halldaz ꝼ̇ oꝼreꝼlıſ m̄ þum. rēna þr ſı ðan tͥ heſtāna ꝫ hlıopu a bak. þg̃. mꝉı vıılltu at v̇ elltī þa. ꝫ munu v̇ ēn geta ðrepıt nockura ſa rıðr ſıðazt ē ek vıl ė ðrepa. en þ᷑ ē ketıll ór mork. þ᷑ at v̇ eıgu ſyſtr .ıj́. En h̄m heꝼ̃ ꝼarıt bezt ı malunū aðr ſtıgu þr a heſta ſína. ꝫ rı ðu þ᷑ tͥ ē þr komu heī ı hollt. let þg̃. þa bræðr ſína ꝼ̊ auſtr ı ſkoga attu þr þar ānat buıt þ᷑ at þg̃r vıllðı ė at bræðr h̄ v̾ı kallaðer g̃ðnıðīgar hoꝼ ðu þr þa m; s̃ m̄t m̄ s̃. ſva at allðrı v̾ þ᷑ ꝼæra m̄ vígra en .xxx. v̾ þ᷑ þa gleðı mıkıl. þóttı m̄m þg̃r haꝼa ꝼ̃mıt ſık mıog ı þu ꝫ bað̊ þr k̃ı hoꝼðu m̄n mıog at mīnū epᷣ reıð þra ē þr rıðu .ıj́. eın̄ at .xv. m̄. ꝫ ðrapu þa .v. en renðu þeī er v̄ ðan komuz. Nu ē ꝼ̃ þeī katlı at at ſegıa ē þr rıðu ſē þr mattu þ᷑ tͥ ē þr komu tͥ ſuına ꝼellz ꝫ ſogðu ſınar ꝼaꝼ̃ ė ſlettar. ꝼꝉ. q̃ð ſlıkſ atván ꝫ ē yðr þta v̇ vorun. ſ. h̄. ſꝉu þ᷑ nu allð ꝼ̊ s̃ ſıð an. ꝼꝉ. var allra m̄ glaðaztr. ꝫ beztr heīa at hıtta. ꝫ ē s̃ ſagt at h̄m haꝼı ꝼleſᷣ luᷣ hoꝼ ðınglıgazt geꝼn̄ v̾ıt. v̾ h̄ heıma v̄ ſumarıt ꝫ s̃ v̄ vetn. En epᷣ ıolv̄ vetrīn kō hallr aꝼ ſıðu auſtan ꝫ kolr .ſ.h̄. ꝼꝉ v̾ð ꝼegīn h̄ q̃mu ꝫ toluðu oppt v̄ malaꝼ̊lın. Seg̃. ꝼꝉ. at þr hoꝼðu nu mıkıt aꝼ roð gollðıt. Hallr q̃z næꝛ̄ gætr orðıt haꝼa malū þra ꝼꝉ. Sp̄ðı h̄ þa ráðſ huat h̄m þættı lıkaz. h.ſ. þ leɢ ekᷣ raðſ at ſætᷣ v̇ þg̃. eꝼ koſtr ē. ꝫ mun h̄ þo at allrı ſætt v̾a vāðr ætlar þu þa munu lokıt vıgunū. ſ.ꝼꝉ. ė ætla ek þ. ſ.h. En v̇ ꝼærı ē þa at eıga v̄ eꝼ k̃ı ē eīn En eꝼ þu ſættız ė v̇ þg̃ þa v̾ðr þ þīn banı. hv̾ıa ſætt ſtu ᷞ bıoða ħm. ſ.ғꝉ. haurð mun yðr ſu þı kía. ſ. ħ ē ħ mun þiggıa. ꝥ at eīſ mun ħ ſættaz vılıa nēa ħ gıallðı eckı ꝼ þ ē ħ heꝼ̄ aғ g̃t en ta kı bætr ꝼ nıal ꝫ .ſſ. ħ at ſınū þrıðıūgı. haurð ſætt ē ꝥı. ſ.ғꝉ Eckı ē ꝥ ſía ſætt horð. ſ.h. ꝥ at þv átt eckı vıgſ mal epꝉ. Eıga .bb þra mal epꝉ þa. en ham̄ðr hallti epꝉ ſon ſīn. En þu munt nu ná ſættū ᷝ þg̃. ꝥ at ek mun rıða ꞇ m; ꝥ. ꝫ mun þg̃r m̄ vel nockurnīn taka. En engı þra ē mal ꝥı eıga munu þora at ſıtıa at buū ſınū ı ғlıoz hlıð eғ þr ero vtan ſætta. ꝥ at þ ᷞðr þra baní ꝫ ē þ at vanū ᷝ ſkaplyndı þg̃ſ. Nu ᷞ ſent epꝉ ſıgꝼ.ſſ. baru þr þta mal vpp ꝼ þa ꝫ lauk s̃ þra ræðū aғ ғortolū .h. at þeī þottı s̃ allt ſē .h. tal ðı v̄ ꝼ þeī ꝫ vıllðu gıarna ſættaz. Granı .G.ſ.m. ꝫ Gūn̄ .l.ſ. Sıalғrátt ē oſſ eғ k͛ı ē eīn epꝉ at ħ ſe vhræððarı ᷝ oſſ en ᷞ erō ᷝ ħ. Eckı ē s̃ at mæla .ſ.h. mun yðr ᷞða ſárkeypt ᷝ ħ. ꝫ munu ꝥ mıkıt aғroð gıallða áðr lykr m; yðr. Sıðan hættu þr ta

147 Hallr aғ ſıðu **aғ hallı aғ ſıðu** [lı ſınu. ꝫ kolr .ſ.ħ ꝫ þr .vı. ſaman rıðu veſtr v̄ lomagnupſ ſanð ꝫ ſua veſtr ıғ arn̄ ſtak`s´ heıðı ꝫ lettu ė ғyꝶ en þr komu ı myðal. ſꝑðu þr ꝥ at huart þg̃r mundı heīa ᷞa ı hollti en þr .ſ. at ħ ᷞ heıma ꝫ ſꝑðu hu͛t .h. ſkyllðı rıða. þan gat ı hollt. ſ. ħ. þr .ſ. ħ mundu haғa gott erēðı ðualðız .h. ꝥ nockura ſtunð ꝫ aðu ꝥ. Epꝉ þ to ku þr heſta ſína ꝫ ríðu a ſolheıma ꝫ ᵒ ꝥ v̄ nottı na. Añan ðag epꝉ rıðu þr ı hollt. þg̃r ᷞ vtı ꝫ s̃ k͛ı ꝫ m̄n þra ꝫ kenðu hall. ħ reıð ı blaꝶı kapu ꝫ haғðe lıtla exı ı henðı lıғr rekna. En ē þr komu ı tun þa geck þg̃r ı motı þeī ꝫ tok hall aғ bakı ꝫ mıntuz þr karı ꝫ þg̃r baðer ᷝ hall. ꝫ leıððu ħ ı mıllı ſín ı ſtuғu ꝫ ſettu ħ ı haſætı ꝫ ſꝑðu ħ marg̃ tıðenða ᷞ ħ ꝥ v̄ nottına. v̄ morgınīn epꝉ vaktı hallr ꞇ malſ ᷝ þg̃. ꝫ leıtaðe v̄ ſætꝉ. ꝫ ſeg hu͛ıar ſ ætꝉ þr buðu ħm ꝫ talaðe ꝥ v̄ morgū orðū ғogrū ꝫ goð gıarnlıgū. þg̃.ſ. kūnıgt mun ꝥ ᷞa at ek vıllða engū ſættū taka ᷝ brēnum̄n. Allt ᷞ þ ānat. ſ.h. ᵒ ꝥ þa vıgreıðır haғı ꝥ nu ꝫ mıkıt at g̃t v̄ m̄ ðrap ſıðan s̃ ē þ. ſ.þg̃. En hu͛ıa ſætt bıoðı ꝥ k͛a. ſ. ħ. boð ın mun ħm ᷞa ſættın ſæmılıg eғ ħ vıll ſættaz k͛ı mꝉı. þa. ꝥ vıl ek bıðıa `þıg´ þg̃r vınr at þu ſættız ꝥ at þīn lutr ma ė ᷞða beꝉ en goðr. Jllt þıkı m̄ at ſæt taz ꝫ ſkılıaz ᷝ þíg nema þu taker ſlıka ſǽtt ſē ek tek. ė vıl ek þ at ſættaz. en þo kalla ek nu at ᷝ haғī heғ`n´t brēnu en ſoñ mınſ Kalla ek ᷞa vheғnt ꝫ ætla ek m̄ þ eınū ſlıkt ſē ek get at g̃t En þg̃r vıllðı ė ғyꝶı ſætꝉ en k͛ı ſagðe vſátt ſına á eғ ħ ſættız ė. hanð ſalaðe þg̃r þa g̊ð ғꝉ. ꝫ ħ m̄ ꞇ ſatꝉ ғunðarınſ en hallr ſellðı ōnur ı mótı ē ħ haғðı tekıt aғ ғꝉ. ꝫ ſıgꝼ.ſſ. En áðr þr ſkılðu g aғ þg̃r hallı gullh͛ng ꝫ ſkarlatz ſkıkkıu ꝫ k͛ı gaғ ħm ſılғr men ꝫ ᵒ a gullk͛ſſar .ííj. þacka ðe hallr þeī vel gıaꝼnar. ꝫ reıð ı b͛tt ᷝ ena meſ tu ſæmð. ꝫ léttı ė ғyꝶ en ħ kō ꞇ ſuınaғellz ꝫ tok ғꝉ. vel ᷝ hallı. Sagðı ħ ғꝉ. allt ꝼ̄ ēınðū ſınū. ꝫ ꝼ̄ vræðu þra ꝫ s̃ ꝼ̄ ꝥ at þg̃r vıllðı ė ſætꝉ ғyꝶ en k͛ı geck at ꝫ bað ħ ꝫ ſagðe vſátt ſína a eғ ħ ſ ættız ė en k͛ı vıllðı eckı ı ſætꝉ ganga ғꝉ.m. ғā m̄ ē k͛ı lıkr. ꝫ þāneg vıllða ek hellz ſkap ғar īn ᷞa ſē ħ ē. hallr ðualðız þar nockura hrıð ſıðan rıðu þr veſtr at aq̃ðīnı ſtunðu ꞇ ſattar ғunðarínſ ꝫ ғunðuz at hoғða brecku ſē mꝉt haғðe ᷞıt m; þeī. kō þg̃r þa ꞇ motz ᷝ þa veſꝉ at. Toluðu þr þa v̄ ſǽtt ſına geck þ allt epꝉ ꝥ ſē hallr haғðe ſagt. þg̃r.ſ. þeī ꝼ ſættırn̄ at k͛ı ſkyllðı ᷞa m; ħm a vallt ē ħ vıllðı ſtu ꝥ huar ıg̃ oðrū ıllt g̃a at heíma mınu. En ek vıl eckı eıga at heīta at ſerhu͛ıū yðrū. vıl ek at þu ᷞ ðer eīn ᷝ mık ғꝉ. en heıꝉ at ſueıtungū þınū Ek vıl at ſu g̃ð hallðez aull ē a þīgı ᷞ gíor v̄ b͛nu na vıl ek at þu gıallðer m̄ ꝥðıung mīn. ғꝉ. geck ſkıott at ꝥu ollu. þg̃r gaғ huarkı vpp vtanꝼ ð̄. ne ħaðſ ſekꝉ. rıðu þr ғꝉ. ꝫ hallr þa auſtr. h. mꝉı. ꞇ ғꝉ. eғn þu vel mágr ſǽtt ꝥa bæðı vtan ꝼ̄ð þína ꝫ ſuðr gongu. ꝫ ғe gıollð. muntu þa þıc ıa rauſkr m̄ þottu haꝼ̄ hıtt ı ſtorræðı þta eғ þu īnır rauſklıga aғ honðū alla lutı. ғꝉ.q̃ s̃ ſkyllðu g̃a reıð hallr heī auſt`r´ en ғꝉ. reıð heī ꞇ ſuınaғellz.

148 Þer ē nu ꞇ malſ at taka **aғ þm þgeırı ꝫ kāra** ē þg̃r reıð heī ꝼ̄ ſætꝉ g̃ðīnı. k͛ı ſꝑðı þa ħrt ſaman gengı ſættın þg̃r at þr ᵒ m; ollu k͛ı vıllðı þa taka heſt ſīn ꝫ rıða ı b͛t. þg̃r mꝉı. ė ꝥꝑtu

ı ꝟt at rıða ꝼ ꝥ at þ ṽ ſkılıt ı ſætt vara at þu ſ
kyllð̄ ħ̄ ṽa ıaꝼnan hūntıma ē þu vıllð̄. eckı ſť
s̄ ṽa mágr. ſ. ħ ꝥ at ek veg víg nockut þa mu
nu þr þ þeǧ mæla at þu ſer ı raðū m; m̄ ꝫ vıl
ek þ ė. en nu vıl ek at þu taǩ v̇ handſolū a ꝼé
mınu ꝫ eıgñ ꝥ̄ ꝫ helgu nıalſ .ð. konu mīnı ok
ðætrū mınū mun þ ė ṽa vpp tekıt aꝼ þeī ſau
ku ðolgū varū. þǧr ıattı ꝥ ſē ǩı vılldı beıtt ha
ꝼa. þa tok þǧr handſolū a ꝼe ǩa Sıðan reıð
ǩı ı ꝟtt ꝫ haꝼðı heſta tua ꝫ vápn ſín ꝫ klæðı ꝫ
nockut lauſa ꝼe ı gullı ꝫ ſılꝼ̇. ħ reıð nu veſtr
ꝼ ſelıa lðz mula ꝫ vpp m; marǩ ꝼlıotı. ꝫ s̄ vpp
ı þorſ mork. ꝥ ēo .íıȷ. bæır ē ı mork heıta a mıð
bænū bıo ſa m̄ ē ħ bıorn ꝫ ṽ kallaðr .b. ħtı ħ ṽ
kaðalſ .ſ. bıalꝼa .ſ. bıalꝼı haꝼðe ṽıt lauſıngı aſ
ǧðar moður ɴıalſ ꝫ hollta þorıſſ ħ attı þa ko
nu ē valǧðr ħ ħ̊ ṽ þorbranðz .ð. aſꝟ̄nðz .ſ. Mo
ð̄ ħn̄ ħ guðlaug ħ̊ ṽ ſyſť hamūð ꝼauður Gunn̄ſ
at hlıðarenða ħ̊ ṽ geꝼī bırnı ť ꝼıar ꝫ v̄nı ħ̊ ħ̄
eckı mıkıt en þo attu þau born ſaman. þau
attu gnoť ı buı. b. ṽ m̄ ſıalꝼhælīn en ħprey
ıu ñ þottı þ ıllt. b. ṽ m̄ ſkygn. ꝫ ſkıotr a ꝼætı
þangat kō ǩı ť gıſtīǧ ꝫ toku þau v̇ ħm ba
ðū honðū ṽ ħ þar v̄ nottına v̄ morgınınīn
toluðuz þr v̇. karı mł ť .b. þ vıllda ek at þu
tæǩ v̇ m̄ þıkıūz ek ħ̊ vel komīn. vıllda ek at
þu ṽır ı ꝼ̄ðū m; m̄ ē þu ēt m̄ ſkygn ꝫ ꝼ̄ꝶ ꝫ æt
la ek attu mun̄ ṽa goðr aræðıſſ. b.ſ. huarkı
ꝼry ek m̄ ſkygnleıkſ ne aræðıſſ. ne ſua ānar
rar m̄ť. En ꝥ muntu hegat komīn at nu
mun ꝼokıt ı ſk`ı´olın oll. en v̇ aſkorun þına ǩı
.ſ.b. þa ſť ek eckı ǧa þıg lıkan hūſdagſ m̄. ſť
ek vıſt ṽða ꝥ̄ at lıðı ollu ſlıku ſē þu beıðır
ħpreyıa heyrðı ť. troll haꝼı þıtt ſkrū ꝫ hól
ſ. ħ̊ ſkylldır þu ė mæla baðū ykr tal ꝫ he
góma ı þ̄u. en gıarna vıl ek veıta ǩa mat ꝫ
aðra goða lutı. þa ē ek veıt at ħm ma gagn
at ṽða. En a harðræðı .b. ſťu eckı treyſta ꝥ
at ek vggı at ħ munı ė hugtruꝶ reyñ s̄ ſē
ħ lætr. b.ſ. opt heꝼ̄ þu veıtt m̄ v̄ þ amælı en
ek treyſtı m̄ s̄ vel þott ek kōa ı raun v̄ þ at
ek mun ꝼ engū a hæl opa. ē ħ̊ raun ť at ꝥ leı
ta ꝼaır a mık at enǧ ꝥ ṽ ǩı nocǩa ſtunð a lauɴ
ꝫ ṽ þ at ꝼarra m̊ vítı. ætluðu m̄n at ħ munðı rı
ðıt haꝼa norðr v̄ lð a ꝼunð Guðm̄ð rıka ꝥ at ǩı
let .b. þ .ſ. nabuū ſınū at ħ heꝼðı ꝼūnıt ǩa a ꝼ
aurnū vegı. ꝫ rıðı ħ þaðan vpp a goðalð ꝫ s̄ nor
ðr a gaſa ſanð. ꝫ s̄ ť Guðm̄ð rıka. ſpurðız þ þa
149 v̄ allar ſueıť. Nv ē ꝥ ť malſ at taka ē ꝼł. ē. ħ
młı ť brēnu m̊ ꝼelagaſīna. ė mun oſſ ēn ðuga
kyꝶu ꝼ at hallda. munu ṽ hlıota at hugſa v̄
vtanꝼ̄ð varar ꝫ ꝼegıollð ꝫ eꝼna ſæť vaꝶ ſem
ðreīgılıǧ taka oſſ ꝼarı. ꝥ hūr ē lıǩ þıǩ. þr ba
ðu ħ ꝼ ſıa. ꝼł. młı. Auſtr munu ṽ rıða ť horna
ꝼıarð. ꝥ at ꝥ ſtenðr ſkıp vppı ē a eyıolꝼr neꝼ þ
rænſkr m̄ ꝫ vıll ħ bıðıa ſer konu ꝫ naır ħ ė ra
ðınu nēa ħ ſetız aptr. munu ṽ kaupa ſkıpıt at
ħm. ꝥat ṽ munū haꝼa ꝼe lıtıð en m̄ mart ē þ
ſkıp mıkıt ꝫ mun þ taka oſſ vpp alla. hættu
þr þa talı ſınu. en lıtlu ſıðaꝶ rıðu þr auſtr ꝫ let
tu ė ꝼyꝶ en þr komu ı bıarnaneſ ı horna.ꝼ̄. ꝼun
ðu þr þar eyıolꝼ. ꝥ at ħ haꝼðe ꝥ ṽıt avıſt v̄ veťn
ꝥ ṽ tekıt vel v̇ .ꝼł. ṽ þr ꝥ v̄ nottına. en v̄ morgī
īn epť ꝼalaðı ꝼł. ſkıp at ſtyrım̄. ħ q̊ eckı mū
ðu þūr ı at ſelıa ſkıꝑ. eꝼ ħ heꝼðı þ ꝼ ſē ħ vılldı
ꝼł. ſꝑ. ı hūıū aurū ħ vılldı ꝼ. Avſtmaðrīn q̊z
vılıa ꝼ lð ꝫ þo næꝶ ſer. ſagðı auſtm̄ ħm allt hū
ſu ꝼarıt ṽ v̄ kaup þra. ꝼł. q̊z ſkylldu ſaman roa
s̄ at keypt yrðı. ꝫ kaupa ſıðan ſkıp at ħm. auſt
m̄ gladdız v̇ þta ꝼł. bauð ħm lð ı borǧ hoꝼn. ſı
ðan hellt auſt m̄ a malınu v̇ bonða s̄ at ꝼł. var
hía. ꝼł. lagðı ť orð ſín m; þeī ſua at ſaman geǩ
m; þeī kaupıt. lagðı ꝼł. ť lðıt ı bǧ hoꝼn m; auſt
m̄ en tok handſolū a kaupſkıpınu. ꝼł. haꝼðı
ꝫ aꝼ auſt m̄ .xx.c. voru ꝫ ṽ þ ı kaupı þra. Reıð
ꝼł. þa aptr. ħ var s̄ vınſæll aꝼ ſınū m̄m at ħ
haꝼðe ꝥ voru at gıoꝼ .e. laní ſē ħ vılldı. Reıð
ħ heī ť ſuınaꝼellz ꝫ var þa heıma v̄ rıð. ꝼł. ſē
ðı þa kol þſť.ſ. ꝫ Gun̄ar .l.ſ. auſtr ı horna.ꝼ. ſky
llðu þr ꝥ ṽa v̇ ſkıp ꝫ buaz v̄ tıallða buð̄. ꝫ ſecka
voru ꝫ ðraga at. Nu ē at ſegıa ꝼ̄ ſıgꝼ̇. ſſ. at þr. ſ.
ꝼł. at þr munðu rıða veſtr ı ꝼlıoz hlıð at ſkıpa
ť bua ſīna. ꝫ haꝼa þaðan voru ꝫ ſlıkt an̄at ſē
þr þyrꝼtı. Er nu ė ǩa at varaz ē ħ ē ꝼ norðan lð.

ꝼl.ſ. ė veit ek v̄ ſagn̄ ſlıꝁ ꝥat ekveit ė huat
ſatt ē̇ ſagt v̄ ꝼ̄ðer kára. þıkı m̄ opt rıuꝼaz ꝥ
ē̇ ſkēra ē̇ at ſpyrıa en þaðan. ē̇ ꝥ mitt rað at ꝥ̄
ꝼarıt marḡ ſaman ꝫ ſkılız lítt ꝫ v̂ıt v̄ yðr ſē
varazt ſkalltu nu ꝫ muna ðraū þān ē̇ ek
ſagða ꝥ̄. þu baðt at við ſkyllðī leyna ꝥat m̄ḡ
ero þr ı ꝼor m; ꝥ̄ ē̇ kallaðer v̊. ketıll mlı allt
mun ꝥ ꝼ̄m̄ ganga v̄ allðr m̊ ſē ætlat ē̇. en gott
gengr ꝥ̄ t̄ vorunar þīnar. toluðu þr eckı vm
ꝼleı. Sıðan bıugguz þr ſıgꝼ̄.ſſ. ꝫ þr m̄n m; þeī
ſē t̄ ꝥ v̊ ætlaðer. v̊ þr .xvííj. ſaman. Rıðu þr þa
ı b̄tt ꝫ aðr þr ꝼ̄ mıntuz þr v̇ ꝼl. h .ſ. at þr mū
ðu ė ſıaz optaꝛ ſum̄ ē̇ ı b̄tt rıðu. En þr letu
ė letıaz. Rıðu þr nu leıð ſına. ꝼl. haꝼðe mlt
at þr ſkylldu taka v̊ h̄. ı meðalðı ꝫ ꝼlytıa auſtr
ſ̄ ꝫ ı lðb̄tı ꝫ ı ſkogahꝼ̄ı. Sıðan rıðu þr t̄ ſka
pt ár tungu ꝫ ſ̄ vpp a ꝼıall ꝼ̄ norðan eyıa
ꝼıalla ıokul ꝫ oꝼan ı goða lð ꝫ ſ̄ oꝼan vm ſ
kogana ı þorſ mork. B. or mork gat ſéét mā
na reıðına. ꝫ ꝼór þeḡ t̄ ꝼunð v̇ mēnina ꝫ q̊ð
ðuz þr vel. þr ſpurðu at ǩa ſolm̄ð .ſ. B.ſ. ꝼā
ek ǩa. ſ. h. var ꝥ nu mıog ꝼ̄ longu. reıð h ꝥ
aðan norðr a gaſaſanð. ꝫ ætlaðe t̄. Guðm̄ðar
rıka. ꝫ þottı m̄ nu ſē h mundı hellðr ottaz yðr
þottız nu v̄a mıog eınmanı. Granı .G.ſ. ſvaꝛ̄
meıꝛ ſkyllðı h ſıðaꝛ. Mun h þa vıta ē̇ h kēr
ı kaſt v̇ oſſ. hræðūz h nu allz eckı ē̇ h ē̇ eīn
ſınſ lıðſ. ketıll bað h þegıa. ꝫ haꝼa engı ſtór
yrðı v̄. B. ſp̄ðı næꝛ þr mundı. vıku munu
v̊ ðuelıaz ıꝼlıotz hlıð. q̄ðu þa a ðag ꝼ̄ h̄m
næꝛ þr munðu a ꝼıall rıða. ſkılðu þr v̇ ꝥta.
Rıðu ſıgꝼ̄.ſſ. t̄ bua ſına ꝫ vrðu þeī ꝼegn̄ heıma
m̄n þra. v̊ þr ꝥ̄ vıku. Nu kēr .B. heī ꝫ ꝼīnr
ǩa ꝫ ſeḡ h̄m allt v̄ ꝼ̄ðer ſıgꝼ̄.ſſ. ꝫ ꝼ̄ ætlan þra
ǩı q̄ð h ſynt haꝼa ı ꝥu vınſkap mıkīn ꝫ t̄leık
v̇ ſık. b.ſ. ꝥ ætla ek eꝼ ek heta nockurū
m̊ v̄ſıa mīnı at þeī ſkyllðı mun ı ꝥ̄ ꝼ̄ h̄prey
ía .ſ. ꝼyꝛı v̄ı ılla en þu v̄ır ðrottīſ ſuıkı. ǩı
ðualðız þar .vı. nætr ſıðan. **aꝼ kara ꝫ bırnı**

150 Karı mlı v̇ .B. Nu ſſu v̇ rıða auſtr v̄ ꝼıall
ꝫ oꝼan ı ſkapt ár tungu ꝫ ꝼ̄ leynılıga
v̄ þīg m̊ ſueıt ꝼl. ꝥ̄ at ek ætla at koma
m̄ vtan auſtr ı alꝼta ꝼırðı. B.m. ꝥta ē̇ hættu ꝼor
mıkıl ꝫ munu ꝼaer haꝼa hug t̄ nēa þu ꝫ ek
h̄preyıa .m. eꝼ þu ꝼylḡ ǩa ılla. þa ſſtu ꝥ vı
ta at þu ſſt allðrı koma ı mına reckıu. ſſu ꝼ
rænðr mın̄ ḡa ꝼıarſkıptı með oǩr. B.ſ. ꝥ ē̇ lıkaz
.h̄. ſ. h at ꝼ̄ oðru hlıoſ̄ þu ráð at ḡa. en ꝥ b̄ı t̄ ſk
ılnaðar ockarſ. ꝥ̄ at ek mun m̄ b̄a vıtnı v̄
ꝥ hu̅r ḡpr .e. aꝼrekſ m̊ ek em ı vapna ſkıp
tı. þr rıðu þa auſtr a ꝼıall ꝼ̄ norð ıokul ꝫ rıðu
allð alm̊ veg ꝫ oꝼan ı ſkaptár tungu. ꝫ ꝼ̄ oꝼan
bæı alla t̄ ſkapt ár ꝫ leıððu heſta ſína ı ðælı noc
kura en þr v̊ anıoſn. ꝫ hoꝼðu ſ̄ buıt v̄ ſık
at ė mattı ſía. k.m. þa v̇ .B. huat ſſu v̇ t̄ ta
taka eꝼ þr rıða h̄ at oǩr oꝼan m; breckunū
aꝼ ꝼıallınu. munu ė tueır t̄. ſ.B. ānat h̄rt at
rıða vnðan norðr m; breckunū ꝫ lata þa
rıða v̄ ꝼ̄m̄ .e. bıða eꝼ nockuꝛ̄ ðuelıaz epter
ꝫ rıða þa at þeī. Mart tolu þr v̄ ꝫ haꝼðe B.
ıſınu orðı h̄rt at h vılldı ꝼlyıa ſē harðaz .e.
hıtt at h vılldı bıða ꝫ taka ı motı þeī ꝫ þot
tı ǩa at ꝥu mıkıt gaman. Nu ē̇ at .ſ. ꝼ̄ ſıg
ꝼ̄ ſonū at þr rıðu þān .ð. heıman ē̇ þr hoꝼðu
ſagt .b. komu ı mork ðrapu a ðyrr. ꝫ vılldu
ꝼīna .B. En h̄. geck t̄ ðyra ꝫ heılſaðe þeī
þrſp̄ðu þeḡ at .b. h̄ .ſ. at h haꝼðı rıðıt o
ꝼan vnðer eyıaꝼıoll. ꝫ ſ̄ auſtr ı hollt ꝥ̄ at
h a þar ꝼıar heītu. þr truðu ꝥu ꝫ vıſſu at
ꝥta var ſatt. rıðu auſtr a ꝼıall ſıðan ꝫ let
tu ė ꝼyꝛ en þr komu ı ſkaptár tungu ꝫ rı
ðu oꝼan m; ſkaptá. ꝫ aðu þar. ſē þr ǩı ætlu
ðu. Skıptu þr ꝥ̄ lıðı ſınu. ketıll or mork reıð
auſtr ımeðallð. ꝫ víıj. m̄n m; h̄m hın̄ logðuz
nıðr t̄ ſueꝼnſ. ꝫ vrðu ė ꝼyꝛı v̇ vaꝛ̄. en þr .k.
komu at þeī. ꝥ̄ geck neſ lıtıð ı ána ꝼ̄m̄. geǩ
ǩı þar ıꝼrām. ꝫ bað .b. ſtanða at bakı ſ̄.
ꝫ haꝼa ſık ė allmıog ı ꝼrāmı. ꝫ ḡa ſer gagn
ſlıkt ſē h mættı. B.ſ. hıtt haꝼða ek ætlat
ǩı. ſ. h at ek ſkyllða engan mān haꝼa at
ſkılldı ꝼ̄ m̄. en nu ē̇ ꝥo þar komıt at þu m
unt raða v̄ða. En m; vıtzmunū mınū ꝫ h̄t
leık þa mun ek ꝥo v̄ða vuínū ockrū eckı
oſkeınıſār. þr ſtoðu þa vpp aller ꝫ hlíopu at

þeī. ꝫ v̑ð ſkıotaztr moðolꝼr ketılſ .ſ. ꝫ lagðı ſpıo
tı t̉ .k. ħ haꝼðe ſkıolld ꝼ̇ ſer. kō lagıt ı ſkıollðī
ꝫ ꝼeſtı ı ſkıllðınū. k̄ı ſnaraðe ſkıollðīn s̃ at b̃t
naðe ſpıotıð ħ haꝼðe brugðıt ſūðınu. ꝫ hıo tıl
moðolꝼſ. ħ hıo ꝫ ı motı. ſūðıt k̄a kō a hıalltıð
ꝫ ſtauck aꝼ ꝫ a vlꝼlıðīn. ꝫ tok aꝼ moðolꝼı honðı
na. ꝫ ꝼel ħ̊ nıðr. ꝫ ſua ſūðıt. ꝫ hlıop þa ſūðıt k̄a
a ſıðu moðolꝼı ꝫ īn ı mıllı rıꝼıāna. ꝼell ᴍoð. þa ð **151**
auðr. Granı .G.ſ. þreıꝼ ſpíot. ꝫ ſkaut at k̄a en ħ ſkáᴧt
nıðr ſkıllðınū s̃ ꝼaſt at ſtoð ıvellınū en tok vın
ſtrı henðı ſpıotıð a loptı ꝫ ſkaut aptr at g̃na.
ꝫ tok þeg̃ ſkıollðīn ēnı vınſtrı henðı. Granı haꝼ
ðı ſkıolld ꝼ̇ s̃ kō ſpıotıð ı ſkıollðīn. ꝫ geck þeg̃ í
gegnū. ꝫ kō ı lærıt .G. ꝼ̇ neðan ſmaþarma ꝫ ı g-
egnū ꝫ ſua ı vollın. ꝫ kōz ħ ė aꝼſpıotınu ꝼyʀ
en ꝼelag̃ ħ̄ ðrogu ħ aꝼ ꝫ bıuggu v̄ ħ ı ðælı noc
kuʀ̄ı m; hlıꝼū. Maðr eīn ſkautz at. ꝫ ætlaðı
at hogg̃ ꝼót vnðan k̄a ꝫ kōz a hlıð ħm. B. hıo
t̉ ħ̄ ꝫ aꝼ honðına ꝫ ſkauz þa aptr at bakı k̄a
ꝼengu þr engan geıg g̃uan ħm. karı ſlæðı t̉ ħ̄
ſūðınu ꝫ hıo ħ ıſunðr ımıðıu. þa hlıop lābı ſıg
ꝼ̇ .ſ. at k̄a ꝫ hıo t̉ ħ̄ m; ſuerðınu. k̄ı b̄ v̇ ꝼlotū
ſkıllðınū ꝫ beıt ſuerðıt eckı a k̄ı lagðı t̉ ħ̄
ſūðınu ꝼ̃man ı brıoſtıð s̃ at vt geck mıllum
herðāna v̑ð þ ħ̄ banı. þa hlıop at k̄a þſteīɴ
geırleıꝼſ .ſ. ꝫ ætlaðe a hlıð ħm. ħ ꝼeck ſéét þſ̄t
ꝫ ſlæðı ſūðınu v̄ þūar ħðarń. s̃ at ı ſunðr
tok mānīn. lıtlu ſıðaʀ̄ hıo ħ bana hoggı.
Guñar ór ſkal goðan bonða. B. haꝼðı. ſæ
rt .ííj. m̄n þa ē ætlat hoꝼðu at vīna a k̄a.
ꝫ v̇ þo allðrı ꝼrāmı s̃ at ħm v̑ı mān rauní
v̇ ħ ꝫ eckı ſáʀ̄. ꝫ huargı þra ꝼelaga a ꝼun
ðı þum. En þr v̊ aller ſarer er vnðan komuz h
lıopu þr a heſta ſına. ꝫ hleyptu v́t á ſkapt á ſē
meſt mattu þr ꝫ vrðu s̃ hræððer at þr kōu t̉
bæıa ꝫ hūgı þorðu þr at ſegıa tıðenðín. þr
k̄ı æptu at þeī ē þr hleyptu vnðan. þr rıðu
auſtr ıſkoga hūꝼı ꝫ lettu ė ꝼyʀ̄ en þr kōu
t̉ ſuınaꝼellz ꝼ̄. var ė heıma ē þr komu þ̇.
ꝫ v̑ð þ̇ þaðan eckı ept̄ leıtað. Ollū þottı þra
ꝼaur en ſuíuírðlıgſta karı reıð ı ſkál ꝫ lyſ
tı þar vıgū þū a henðr ſér. ſagðı þ̇ ānlát

ħ̄ bonða ꝫ þra ꝼīm ꝫ ſár .G̃. ꝫ bet̄ q̄ð k̄ı mū
ðu at ꝼæra ħ t̉ ħſ eꝼ ħ ſkyllðı lıꝼa. B. q̊z eí
nēna at ðrepa ħ. en q̄ð ħ þ þo maklıgan en
þr ſogðu ē ſuoruðu at ꝼaır heꝼðı ꝼ̇ ħm ꝼu
nat. B. q̊z nu koſt eıga at ꝼunaðe s̃ marg̃
aꝼ ſıðu m̄m ſē ħ vıllðı. þr ſogðu at þa v̑ı ıll at
þr karı rıðu þa ı brott. **enn aꝼ kára ꝫ bırnı**

Karı ſpurðı .B. ħt ſl̄u v̇ nu t̉ bragðz taka
ſl̄ ek nu reyna vıtz munı þına. B.ſ. ħrt
þıkı þ vnðer þ̇ ſē meſt at v̇. ſeē ſē v̄tz
t̄. Ja. ſ. k̄ı s̃ er víſt. þa ē ſkíott t̉ raðſ at taka. ſ.
.B. vıð ſl̄m gīna þa alla ſē þurſa. ſl̄u v̇ lata ſē
v̇ munī rıða norðr a ꝼıall. en þeg̃ leítı b̄r ı m
ıllū v́ar þa ſl̄u v̇ ſnua aptr ꝫ oꝼan m; ſkaptá.
ꝫ ꝼelaz þar ſē ockr þık̄ vænlıgaz meðan leı
tın ē ſē a kauꝼuz eꝼ þr rıða eꝼ þr rıða ept̄. k̄ı
.ſ. s̃ munu v̇ g̃a þ̇ at ek haꝼða s̃ ætlat aðr. s̃
mun þ reynaz. ſ.B. at ek mun eckı v̑a hıatæ
kr ı vıtzmunū ė ſíðr en ı harðræðunū. þr k̄ı
rıðu ſē þr hoꝼðu aðr ætlat oꝼan m; ſkapt á
þa ꝼellr aın ſū ı auſtr. en ſū ı lð ſuðr. ſn̄u þr
m; mıð kuıſlīnı ꝫ lettu ė ꝼyʀ̄ en þr komu í
meðal lð. ꝫ a myrı þa ē krīglumyʀ̄ heıt̄. þ̇ er
hraun allt v̄hūꝼıſſ. k.m. v̇ .B. at ħ ſkyllðı gæ
ta heſta þra. ꝫ v̑a a varð hallðı. en m̄ g̃ır ſu
eꝼnhoꝼugt. b. gættı heſta. en k̄ı lagðız nıðr
ꝫ ſuaꝼ allſkāma ſtunð aðr en .b. vaktı ħ. þa
haꝼðı ħ leıðða ſaman heſtana. ꝫ v̊ þ̇ nærʀ̄ þeī.
.B. m. Allmıog þarꝼtu mın t̉. munðı ſa nu haꝼa
hleypt ı b̄t ꝼra þ ē ė v̑ı ıáuel hugaðr ſē ek em
þ̇ at ħ̄ rıða nu vuıń þıń at þ ſl̄tu s̃ v̇ buaz k̄ı
geck þa vnð̃ hamar klett nockurn. b.m. ħr ſl̄
ek nu ſtanða. k.ſ. tueır ēo nu koſt̄ ꝼ̇ honðum
Sa ē añaʀ̄ at þu ſtanð̃ at bakı m̄ ꝫ haꝼ̄ ſkıollð
īn at hlıꝼa þ m;. eꝼ þ kēr ħ at nockuru gagnı
hīn ē ānaʀ̄ at þu ſtıg a heſt þīn. ꝫ rıð vnðan ſē
þu mátt meſt. þ vıl ek ė. ſ.B. hellðr þ̇ mart t̉
þ ꝼyſt at v̑a kān. at nockuꝼ̄ tunguſkæðer m̄n
takı s̃ t̉ orðz at ek rēna ꝼ̃ þ ꝼ̇ hugleyſı eꝼ ek
rıð ı brott. En ek veıt huer veıðr þeī mun
þıkıa ım̄. munu rıða ept̄ .ıȷ.e. þ̇r. En ek v̑ð þ
þa þo at engu lıðı. vıl ek þ̇ hellðr ſtanða hıa þ.

ꝫ v̊ıaz m; ꝥ. þa v̍ ė langt at bıða. at rekn̄ v̊ kly
ꝼıa heſt̄ ꝼ̄m v̄ myrína ꝫ ꝼ̊ ꝥ m; .ííj. m̄n. k.m. ꝥır
ſıa okr eckı latū þa v̄ rıða. Sıðan rıðu þr vm
ꝼrām. en hın̄ .vı. rıðu þa at ꝼ̄m ꝫ hlıopu þa aꝼ
bakı aller ſēn. ꝫ ſottu at þeī .k. ꝼyſtr hlıop at
h̄m Glumr hılldıſſ .ſ. ꝫ lagðı t̄ h̄ m; ſpıotı karı
ſn̄ız vnðan aꝼ hælı. ꝫ mıſtı .Gl̄. h̄ ꝫ kō lagıt ı
bıargıt. B. ſer þ ꝫ hıo þeg̊ ſpıotıð aꝼ ſkaptı ꝼ̊ Gl̄.
.k. hıo t̄ h̄ hollū ꝼǽtı ꝫ kō ſuerðıt a lærıt. ꝫ tok
vnðan ꝼotīn vpp ı lærınu. ðo Gl̄. þeg̊ þa hlıopu
ꝼrām at h̄m þorꝼınz .ſſ. vebranðr ꝫ aſbranðr
.k. hlıop at vebranðı ꝫ rak ſuerð ı gegnū h̄. en ſı
ðan hıo h̄ baða ꝼætr vnðan Aſbranðı. J ꝥı ſuí
pan vrðu þr ſar̄ baðer .k. ꝫ .b. þa hlıop ketıll
or mork ꝫ lagðı t̄ h̄ ſpıotı. k. bra vpp ꝼætınum
ſpıotıð kō ı vollīn. k. hlıop a ſkaptıð ꝫ braut
ı ſunðr. þa þreıꝼ k̄ı ketıl honðū. B. hlıop at
þeg̊. ꝫ vılldı vega ketıl. k.m. láttu v̊a kyrt
ek ſl̄ geꝼa katlı g̊ð. ꝫ þótt ſua ſe at ek eıga
optaꝛ͛ vallð a lıꝼı þınu. ſl̄ ek þıg þo allðre
ðrepa ketıll .ſ. ꝼá ꝫ reıð ı brot̄. ꝫ ep̄ ꝼelogū
ſınū ꝫ ſagðe þeī ē ė vıſſu áðr tıðēðı ꝥsı
þr ſogðu h̄aðſm̄m tıðenðín. en h̄aðſ m̄n g̊ðu her
hlaup mıkıt ꝫ ꝼoru þr m; ollū vatnꝼollū. ꝫ sua
langt norðr a ꝼıall at þr v̊ .ííj. ðægr ı leıtīnı þa
ſn̄u þr aptr ꝫ ꝼór hueꝛ͛ t̄ ſınſ heımılıſſ. En ket
ıll ꝫ þr ꝼelag̊ rıðu auſtr t̄ ſuınaꝼellz ꝫ ſogðu
ꝥ tıðenðın. ꝼl̄. tok lıtt a ꝥra ꝼ̄ð. ꝫ q̄ð þo ė vıſt
v̄ h̄rt h̄ næmı ſta. Er k̄ı engū m̄ lıkr þeī er
152 nu ē alðı varu. Nu ē at ſegıa ꝼ̄ k̄a at h̄ reıð
vt a ſanð ꝫ leıððı vnðer melbacka heſtana at
þr ðæı ė aꝼ ſulltı. k̄ı v̍ s̄ næꝛ͛gætr at h̄ reıð þe
gar ı brott ē þr hættu leıtīnı. h̄ reıð v̄ nottına
vpp ep̄ h̄aðınu ꝫ ſıðan a ꝼıall. ꝫ ſua alla ına
ſomu leıð ſē þr rıðu auſtr lettu þr ė ꝼyꝛ͛ı en
þr komu ı mork. B. m̄lı þa v̍ k̄a. nu ſl̄tu v̊a vın
mīn mıkıll ꝼ̊ h̄preyıu mīnı ꝥ at h̄ mun engu or
ðı t̄a ꝥ ſē ek ſegı en m̄ lıGr h̄ nu allt v̍. launa
þu m̄ nu goða ꝼylgð er ek heꝼı ꝥ veıtta s̄ ſl̄
v̊a. ſ. k̄ı Sıðan rıðu þr heī a bæīn h̄preyıa ſp̄
ðı þa tıðenða ꝫ ꝼagnaðe þeī vel. B.ſ. aukız
haꝼa hellðr vanðræðın k̄lıng h̄ .ſ. ꝼá ꝫ b̄ſtı at.
h̄ m̄lı þá hūſu gaꝼz .B. ꝥ. k̄ı .ſ. b̄r ē hūr at ba
kı nēa b̄ður ė alluel gaꝼz .B. m̄ ꝫ vān a þrēr
m̄ en ē þo ſáꝛ͛ ſıalꝼr. var h̄ m̄ ēn hallkuæmſtı
ı ollu ꝥ ē h̄ máttı þar v̊ þr .ííj. nætr. Sıðan rı
ðu þr ı hollt t̄ þgeırſ. ꝫ ſogðu h̄m eınū ſamā
tıðenðın. ꝥ at ꝥ haꝼðı ė ſpurz aðr þḡr þacka
ðe k̄a ꝫ ꝼanz þ a at h̄ varð ꝥu ꝼegīn. en þo
ſp̄ðı h̄ k̄a at huat þa v̊ı oūnıt. þ er h̄ ætlaðı at
vīna. k.ſ. ðrepa ætla ek Gūnar .l.ſ. ꝫ kol ꝥſ̄.ſ.
eꝼ ꝼærı gæꝼı á hoꝼū v̍ ðrepıt þa .xv. m̄n m;
þeī .v. ē v̍ ðrapū baðer ſama. ek vıl ꝫ bıðıa þıg
bæn̄. þg̊. q̊ veıta h̄m munðu þ ē h̄ bæðı. k.m.
þ vıl ek at mān þna ē .b. heıt̄ tak̄ þu t̄ þín ē at
vıgū v̍ m; m̄. ꝫ ſkıpt̄ þu v̄ buſtaðe v̍ h̄ ꝫ ꝼaer
þu h̄m bu alg̊t h̄ hıa ꝥ. ꝫ hallt ſua henðı ıꝼır
h̄m at eng̊ heꝼnð ſe t̄ h̄ ſnuıt ē ꝥ þ ſıalꝼrátt
ꝼ̊ ſak̄ hoꝼðıngſkapar þínſ. Sua ſl̄ v̊a. ſ.þg̊. Sı
ðan ꝼek h̄ .b. bu alg̊t at ſolꝼſſkala en tok v̍ buí
ı mork. þg̊. ꝼærðe ſıalꝼr hıon .b. t̄ ſolꝼ.ſ. ꝫ allt
buꝼ̄lı h̄ſ. h̄ ſættız a oll mal ꝼ̊ .B. ꝫ g̊ðı h̄ alſáttā
v̍ m̄n. ꝫ þottı .B. nu mıklu hellðr m̄ ꝼ̊ ſer en aðr
K̄ı reıð ı brott ꝫ lettı ė ꝼyrrı en h̄ kō tıl aſg̊mſ
.e.g.ſ. h̄ tok v̍ k̄a alluel. k̄ı.ſ. h̄m ꝼ̄ ollū atbur
ðū þeī ē orðıt hoꝼðu ıuıgunū A. let vel ıꝼır
ꝥ. h̄ ſp̄ðe h̄t k̄ı ætlaðe þa ꝼ̊ ſer h̄ .ſ. at h̄ mun
ðı ꝼ̊ vtan ep̄ þeī. ꝫ ſıtıa s̄ at þeī at ðrepa þa
eꝼ h̄ naır. A.ſ. at h̄ v̍ engū m̄ lıkr ꝼ̊ hreyſtı
ſakır. ꝥ v̍ h̄ nock̄ar nætr. Sıðan reıð h̄ Gız̄. huıta
Gız̄ tok v̍ k̄a baðū honðū. k. ðualðız þar nock̄a
hríð. h̄ .ſ. Gız̄ı at h̄ munðı vt a eyrar rıða. Gız̄.
gaꝼ .k. ſuerð gott at ſkılnaðe. Sıðan reıð h̄ oꝼ
an a eyrar ꝫ tok ſer þar ꝼarı m; kolbeını
ſuarta h̄ v̍ orkneyſkr m̄ ꝫ allða uınr .k. ꝫ v̍
ēn vaſkaztı m̄ h̄ tok v̍. k .baðū honðū ꝫ q̄ð
h̄ eıtt ſkyllðu ganga ıꝼ̊ þa baða. **capıtul̄m**
153 Nv er ꝥ t̄ malſ at taka ē ꝼl̄. ē at þr rıð
u auſtr t̄ hornaꝼıarðar. ꝼylgðu ꝼl̄. ꝼleſ
t̄ aller þıngm̄n h̄. ꝼluttu þr þa voru ſı
na auſtr ꝫ ōnur ꝼong þau ē þr ſkyllðu ha
ꝼa m; ſer. Sıðan bıuggu þr ſkıp ſıtt var ꝼl̄.
vıð ſkıp ꝥ t̄ ē buıt var en þegar ē byr gaꝼ
letu þr ı haꝼ. hoꝼðu þr langa vtı uıſt ꝫ veðrat

tu ılla ꝼ̊ þr hunðuıllır. þ v̊ eınu ſīnı at þr ꝼēngu
aꝼaull ííj. ſtor. ⁊ ſagðı ꝼl. þa at þr v̄ı næꝛ̇ lon
ðū ⁊ þta v̄ı gruñꝼoll. þoka v̊ a mıkıl en veðrıð
ox ⁊ g̃ðı at þeī hrıð mıkla ꝼunðu þr ė ꝼyꝛ̇ en
þa keyrðı alð vpp v̄ nott. ⁊ ú̇ð þ̇ mān bıorg en
ſkıp b̊tnaðe allt ı ſpon. en ꝼe mattu þr ec
kı bıarga. vrðu þr at leıta ſer v̄ma en vm
ðagīn epꝼ̃ gēgu þr vpp a hæð nockura. v̊ þa
veðr gott. ꝼl. ſpurðı eꝼ þr kenðı lð þta ē ꝼarıt
hoꝼðu áðr. tueır v̊ m̄n þr ē kenðu lðıt ⁊ ſog
ðu þa v̄a kōna ı orkneyıar ı hroſſey. ꝼa mat
tu v̊ bet̉ lðtoku. ſ.ꝼl. þ̇ at helgı v̊ hırðmaðr ſıg̃
ðar .J. hlauðu̇ſ .ſ. ē ek va leıtuðu þr ſer leyn
ıſſ ⁊ reyttu a ſık moſa. ⁊ lagu þar nockura
ſtunð. ⁊ ė langa áðr ꝼl.m. Eckı ſt̄u v̊ h̄ lıgg
ıa s̃ at lðz m̄n v̄ðı vıð þ vaꝛ̃ ſtoðu þr vpp ſı
ðan ⁊ g̃ðu rað ſín. ꝼl. mt̄ı. Ganga ſt̄u v̊ a vallð
.J. g̃ır oſſ eckı ānat. þ̇ at .J. heꝼır at lıku lıꝼv
art eꝼ h̄ vıll epꝼ̃ þ̇ leıta. Ganga þr þa aller ꝼl.
mt̄ı at þr ſkyllðu engū m̄ ſegıa tıðenðı aꝼ ꝼ̃
ðū ſınū ꝼyꝛ̇ en h̄ segðı .J. ꝼ̊ þr þa t̉ þ ē þr ꝼū
ðu m̄n þa ē þeī vıſuðu t̉ .J. Gengu þr þa ꝼ̇ .J. q̃ð
ðı ꝼl. h̄ ⁊ aller þr. J. ſp̄ðı huat m̄ þr v̄ı. ꝼl. neꝼn
ðı ſıg ⁊ ſagðı or hu̅rı ſueıt h̄ var. J. haꝼðe ſp̄t
aðr brēnuna kēðız h̄ þa v̇ mēnına. h̄ ſp̄ðı .ꝼl.
Hvat .ſ. þu m̄ t̉ helga hırðm̄ mınſ. þ. ſ.ꝼl. at ek
hıo hoꝼuð aꝼ h̄m. J. bað taka þa alla v̊ s̃
g̃t. þa kō at þar þſteīn ſıðu hallz .ſ. ꝼl. attı
ſteīuoru ſyſtur þſt̃. h̄ v̊ hırð m̄. Sıg̃ðar .J. en ē
þſt̃ ſa ꝼl. haunlaðan þa geck h̄ ꝼ̇ ꝼl. ⁊ bauð ꝼ̇
h̄ allt þ ē h̄ attı. J. var ē̄n reıðaztı ⁊ ē̄n ē̃ꝼıð
aztı lengı. En þokō s̃ at lyktū v̇ v̄tolur goðra
m̄ m; þſt̃. þat h̄ v̊ vel vınū horꝼīn gengu þa
marg̃ t̉ at ꝼlytıa m; þſt̃. kō þa s̃ at .J. tok ſættū
v̇ þa ⁊ gaꝼ ꝼl g̃ð ⁊ ollū þeī. haꝼðı .J a þ̇ rıkra m̄
hátt at ꝼl. geck vnð̃ þa þıonoſtu ſē helgı Níalſ
.ſ. haꝼðe haꝼt. g̃ðız ꝼl. þa hırðm̄. sıg̃ð .J. kō h̄
ſer bratt ı kærleıka mıkla v̇ h̄. **vtan ꝼerð**

154 Nv ē ꝼ̃ þ̇ at ſegıa at þr k̄ı letu vt **kara**
halꝼū manaðe ſıðaꝛ̇. gaꝼ þeī vel byrı
v̊ þr ſkāma ſtunð vtı. toku þr ꝼrıðar
ey h̄ ē a mıllū hıallt lðz ⁊ orkneyıa. Tok v̇ k̄a ſa
ſa m̄ ē ðaguıðr h̄tı h̄ h̄ .ſ. k̄a allt v̄ ꝼ̃ðer þra ꝼl ſlıkt
ſē h̄ v̊ vıſſ orðīn. h̄ v̊ hīn meſtı vín k̄a v̊ karı m;
h̄m v̄ vetrīn hoꝼðu þr þa ꝼret̃ auſtan v̄ vetrīn
or hroſſeyıu allar þær ē þ̇ g̃ðuz. Nu ē þ̇ t̉ malſ at
taka. ē .J. bauð t̉ ſın Gılla .J. ór ſuðr eyıū magı ſınū
h̄ áttı huarꝼlauðu ſyſt̃ ſıg̃ð .J. þa kō ⁊ þ̇ k̄gr ſá ē
ſıgtryGr h̄ aꝼırlðı. h̄ v̊ .ſ. Olaꝼſ q̊ranſ. Moðer h̄ h̄
kormlauð h̄ v̊ quēna ꝼegrſt. ⁊ bez orðın v̄ allt þ er
hē̄ı v̊ v ſıalꝼratt en þ ē mal m̄ at hēnı haꝼı allt v̊
ıt ılla geꝼıt þ ē hēnı v̊ ſıalꝼratt. Brıān h̄ k̄r ſa
ē han\`a´ haꝼðı atta ⁊ v̊ þau þa ſkılð. h̄ v̊ allra k̄ga
bezt at ſer. h̄ ſat ı kūnıaꝛa borg. b̊ðer h̄ v̊ vlꝼr
hræða īn meſtı kappı ⁊ h̄m̄. ꝼoſt̉ Brıanſ k̄gſ h̄
k̄þıalꝼaðr. h̄ v̊ .ſ. kylꝼıſ k̄ſ. þ ē marg̃ orroſtur at
tı v̊ Brıan .k. ⁊ ſtock ór lðı ꝼ̇ h̄m ⁊ ſettız ı ſteín
en þa ē .B.k. geck ſuðr þa ꝼān h̄ kylꝼī. k̄g. ſæt
tuz þr þa tok þa .B.kr v̇ ſynı h̄ k̄þıalꝼaðı ⁊
v̄nı meıra en ſınū ſonū h̄ v̊ þa roſkīn er h̄ v̊
komít ſogūnı ⁊ v̊ allra m̄ ꝼræknaztr. ðung
aðr h̄. ſ.B.k̄. ānaꝛ̇ margaðr. þ̇ðı taðkr. þañ kol
lu v̊ tān. h̄ v̊ þra yngſtr. eñ ellrı .ſſ.B. v̊ ꝼrum
vaxta. ⁊ m̄ vaſklıgſt̃. Eckı v̊ kormlauð moðer
barna .B. En s̃ v̊ h̄ vorðın g̃m .B. epꝼ̃ ſkılnat
þra at h̄ vıllðı h̄ gıarna ꝼanga. B.k̄r. gaꝼ vpp
at laugū ſınū þryſuar ena ſomu ſok. en eꝼ þr
mıſg̃ðu optaꝛ. þa let h̄ ðæma þa at logū ⁊ ma
aꝼ þlıku marka h̄lıkr k̄r h̄ v̊ kormlauð eg
gıaðı mıog ſıgtryG. at ðrepa .B. Senðı h̄ h̄ þ̇ tıl
Sıg̃ðar .J. at bıðıa h̄ lıðſ. kō Sıgꝼ̃. ꝼ̇ Jol t̉ orkney
ıa. þar kō ⁊ þa Gıllı .J. Sua var ſkıpat at k̄r
ſat ı mıðıu haſætı. en t̉ ſīnar hanð̃ h̄m huaꝛ̇
Jarlāna. Satu m̄n þra Sıgꝼ̃. ⁊ Gılla ıñar ꝼ̃. m̄n
Sıg̃ð .J.ꝼl. ⁊ þſt̃.h.ſ. v̊ þa ſkıput oll hollın. Sıgꝼ̃.
⁊ Gıllı vıllðu heyra tıðenðı þau ē g̃z hoꝼðu
v̄ b̊nnuna ⁊ s̃ ſıðan ē h̄ v̊ð þa v̊ ꝼengīn tıl
Gūnaꝛ̇ lāba .ſ. at ſegıa ſoguna ⁊ v̊ ſettr vnð̃

155 Nv ē þ̇ t̉ malſ **ðráp Guṅarſ lam**[h̄ ſtoll eīn. **ba .ſ.**
at taka ē k̄ı ē ⁊ þr ðaguıðr ⁊ kolbeīn.
⁊ komu a vuart. ⁊ gengu vpp þegar
a lð en nockuꝛ̃ m̄n gættu ſkıpſ. k̄ı ⁊ þr ꝼela
g̃ gengu vpp t̉ .J.bæıarınſ ⁊ komu at hollıñı v̄
ðryckıu. b̊ þ ſaman at þa ſagðe Gūn̊ ſoguna en

þr k͛ı hlyꝺðu t̍ vtı. ꝥta v͛. Jolaꝺagīn ſıalꝼan Sıgt͛
.k. ſꝑ̃ðı hűſu þolꝺı ſk͛pħ. ı brēnūní. Vel ꝼyſt. ſ. ħ
en þo lauk s̃ at ħ g̊t. v̄ allar ſagn͛ hallaðe ħ mıog
t̍ ꝫ lo ꝼ̃ vıða k͛ı ſtoðz ꝥta ė hlıop þa īn m; brug
ðnu ſuerðı ꝫ q̃ð vıſu ꝥa. Hroſa hıllꝺar ꝼuſer.
h̃t haꝼa t̍ ꝼregıt ſkatn͛. hue raꝼaka rakum
rēnenꝺr nıalſ brēnu varð at veıtı nıorðū víð
heīſ at þ ſıðan. hratt gat hraꝼn at ſlıta h
ollꝺ ſlælıga gollꝺıt. þa hlıop ħ īnar ept͛ hollī
nı ꝫ hío a halſīn Gūnarı .l.ſ. tok aꝼ s̃ ſnogt
hoꝼuðıt at þ ꝼauk vpp a borðıt ꝼ̍ .JJ. vrðu bor
ðın ı bloðı eínu ꝫ s̃ klæðın .JJ. Sıg̃ðr .J. kenꝺı
mānīn þān ē vegıt haꝼðı vıgıt. ꝫ mł̄ı Takı ꝥ
k͛a. ꝫ ꝺrepıt k͛ı haꝼðı v͛ıt hırðm͛ .J. ꝫ v͛ allra m̊
vınſælſtr ſtoð engı vpp ꝥ hellꝺr þott .J. ræððı
k͛ı mł̄ı. þ muu marg̃ mæla. ſ. ħ at ek haꝼa ꝥta
v͛k ꝼ̍ yðr v̄nıt at heꝼna hırð manz yðuarſ.
ꝼł. mł̄ı. ė g̃ðı k͛ı ꝥta ꝼ̍ ſakleyſı ē ħ ı engum
ſættū v̍ oſſ. g̃ðı ħ þ at ſē ħ attı. k͛ı geck ı brot
ꝫ varð eckı ept͛ ħm gengıt. ꝼór k͛ı t̍ ſkıpſ. ok
þr ꝼelagar. v͛ þa veðr gott. ſıglꝺu þr ſuðr tıl
kataneſſ ꝫ ꝼ̊ vpp ı ꝑ̃z vık. t̍ gauꝼugſ m͛ ē ſk
eggı h͛ ꝫ v̊ m; ħm mıog lengı. Nu ē ꝥ t̍ malſ
at taka at þr ı eyıunū hreīſuðu borðın ꝫ baru
vt hīn ꝺauða. J. v͛ ſagt at þr heꝼðı ſıglt ſuðr tıl
ſkotlꝺz Sıgt͛ kr m. ꝑı v͛ h͛ðım͛ mıkıll ē s̃ rauſ
klıga vān at. ꝫ ſáz eckı ꝼ̍ Sıg̃.J.ſ. engū m͛ ē k͛ı lıkr
at huatleık ſınū. ꝼł. tok t̍ ꝫ ſagðe ſoguna ꝼ̃ brē
nūnı ꝫ bar ollū m̄m vel ꝫ v͛ ꝥ truat. Sıgt͛. vak
tı þa t̍ v̄ erenꝺı ſín v̍ ſıg̃ð.J. ꝫ bað ħ ꝼ̊ t̍ orruſtum;
s̃ motı Bríænı kgı. J. v͛ ꝼyrſt lengı erꝼıðr en ꝥ kō
v̄ ſıðer at ħ g̃ðı a koſt. mł̄ı .J. þ t̍ at eıga moður
ħ ꝫ v͛a ſıðan kr ı írlꝺı eꝼ þr ꝼellꝺı brían. en allır
lottu Sıg̃.J. ı at ganga ꝫ tıaðı eckı þ. Skılꝺu þr m;
ꝥ at Sıg̃.J. h͛ ꝼ̃ð ſīnı en sıgt͛. h͛ ħm moður ſınní
ꝫ kgꝺomı. var s̃ mł̄t at sıg̃.J. ſkyllꝺı kōa m; her
ſīn allan t̍ ꝺyꝼlīnar at palmſūnu.ꝺ. ꝼor Sıgt͛. þa ſ
vꝺr t̍ ırlꝺz. ꝫ ſagðı moður ſīnı at .J. haꝼðı ı gē
gıt ꝫ ſua h̃t ħ haꝼðı ħm íað. h͛ let vel ıꝼ̃ ꝥ en
q̃ð þau þo ſkyllꝺu ꝺraga mıklu meıra aꝼla ſa
man. Sıgt͛. ſpurðı h̃ðan ꝥ v͛ı at v́an. h͛ .ſ. vık
ıng̃ .íj. lıggıa vtı ꝼ̍ vtan maun ꝫ haꝼa xxx
ſkıpa ꝫ s̃ harðꝼeng̃ at eckı ſtenꝺr v̍. heıt͛ ānaꝛ͛ o
ſpakr en ānaꝛ͛ b̊ðer þu ſł̄t ꝼ̊ t̍ ꝼunꝺ͛ v̍ þa. ꝫ lat eckı
at ſkorta at koma þeī ı m; ꝥ h̃t ſē þr mæla t̍. Sıgt͛
ꝼór þa at leíta vıkīgāna. ꝫ ꝼān þa ꝼ̍ vtan maun. b͛r
ſıgt͛ þa þeg̃ vpp ē enꝺı ſın. en b̊ðer ſkarſt vnꝺan allt
þar t̍ ē sıgt͛. h͛ ħm kgꝺómı ꝫ moður ſīnı ꝫ ſkyllꝺı ꝥta
ꝼ̊ s̃ hlıott at Sıg̃.J. yrðı ė vıſſ. ħ ſkyllꝺı ꝫ koma ꝼ̍ p
almaꝺag m; h͛ ſīn t̍ ꝺyꝼlınn͛. Sıgt͛. ꝼór heī ꝫ ſagðı mó
ður ſīnı. Ept͛ ꝥta toluðuz þr v̍ broðer ꝫ oſpakr. ſag
ðı þa b̊ðer ħm alla v̍ræðu þra Sıgt͛. ꝫ bað ħ ꝼ̊ t̍ b͛ða
ga m; s̃ ı motı B̍. kgı q̃ð ſer mıkıt v̍ lıggıa. Oſpakr
q̃ ė vılıa b͛ıaz ımotı s̃ goðū kı. vrðu þr þa baðer reı
ð͛ ꝫ ſkıptu lıðı ſınu haꝼðe oſp̄.x. ſkıp en b̊ð͛ .xx. o
ſpakr v͛ heıðīn ꝫ allra m̊ vıt͛ztr. ħ lagðe ſkıp ſín
īn a ſunꝺıt en b̊ðer la ꝼ̍ vtan. Broðer haꝼðe v͛ıt
k͛ſtīn m͛ ꝫ meſſuðıakn at vıgſlu. en ħ haꝼðe kaſ
tað t͛ ſīnı. ꝫ g̃z guðnıðıngr ꝫ blotaðe heıðn͛ vætt͛
ꝫ v͛ allra m̊ ꝼıolkūnıgaztr. ħ haꝼðe h͛bunat þān
ē ė bıtu ıarn á. ħ v͛ bæðı mıkıll ꝫ ſterkr. ꝫ haꝼðı
hár s̃ mıkıt at ħ vaꝼðı vnꝺer belltı s̃. þ v͛ ſuart
156 Þ v͛ eına nótt at gnyꝛ͛ kō mıkıll ıꝼ̃ þa. s̃ at þr vok
nuðu v̍ aller ꝫ ſpruttu vpp ꝫ ꝼ̊ ı klæðı ſín. ꝥ með
rıgnꝺı a þa bloðe vellanꝺa. hlıꝼðu þr ſer þa með
ſkıollꝺū ꝫ brūnu þo marg̃. vnꝺr ꝥta hellz t̍ ꝺagſ
ᴍaðr haꝼðı latız aꝼ hűıu ſkıpı. Súaꝼu þr þa vm
ꝺagīn. Aðra nott v͛ð gnyꝛ͛. ꝫ ſpruttu þa ēn aller vpp
renꝺu þa ſűð ór ſlıðrū. en exar ꝫ ſpıot ꝼlugu ı lopt
vpp ꝫ borðuz. ſottu vapnī ſua ꝼaſt at þeī at þr vr
ðu at hlıꝼa ſer ꝫ vrðu þo marg̃ ſar͛. en þo lez m͛
aꝼ ſkıpı hűíu. hellzt vnꝺr ꝥta t̍ ꝺagſ. Suaꝼu þr
þa v̄ ꝺagīn ept͛. þrıðíu nott v͛ð gnyꝛ͛ m; ſama hǽt
ttı þa ꝼlugu at þeī hraꝼn͛ ꝫ ſynꝺız þeī ór ıarnı neꝼín
ꝫ klærn͛ hraꝼnarn͛ ſottu þa ꝼaſt en þr vorðu ſıg m;
ſűðū en hlıꝼðu s̃ m; ſkıollꝺū. geck ꝥ ꝼ̃m͛ t̍ ꝺagſ.
haꝼðe þa ꝫ latız m͛ a hűıu ſkıpı. þr ſuaꝼu ēn þa
ꝼyſt. En ē b̊ðer vaknaðe varp ħ mæðılıga aun
ꝺīnı ꝫ bað taka bát. ꝫ q̃ vılıa ꝼīna oſpak ꝼoſtb̊
ður ſīn. ſte ħ þa ı batīn ꝫ m̄n m; ħm. en ē ħ ꝼān
oſpak ſagðe ħ ħm oll vnꝺr þau ē ꝼ̍ ħ haꝼðe bor
ıt ꝫ bað ħ .ſ. ſér. ꝼ̍ hűıu v͛a. Oſp̄. vıllꝺı ė ſegıa ꝼyꝛ͛
en ħ ſellꝺı ħm g̍ð. b̊ðer het ħm g̍ðū. En Oſp̄. ꝺro
þo vnꝺan allt t̍ nætr. ꝥ at b̊ðer v́a allꝺ̍ vıg vm

nætr. Oſṗ̄ m. þa. þar ē bloðı rıgndı a yðr. þ̄ munu þ̄
hella vt margſ m̄ bloðe bæðı yðru ꝫ ānaꝃa. En þ̄
ſē þ̄ heyrðut gny mıkīn. þ̄ mun yðr ſynðr heımſ
breſtr. munu þ̄ ðeyıa aller brátt. En þ̄ ē vapnī
ſottu at yðr þ mun v̄a ꝼ orroſtu. En þ̄ ē hrafn̄ ſot
tu at yðr þ ēo vuın̄ þr at þ̄ hafıt truat á ꝫ yðr
munu ðraga t̄ heluıtıſſ quala. Bðer v̄ð s̄ reıðr
at h̄ mattı engu ſuara. ꝫ for þeḡ t̄ m̄ ſīna ꝫ lét
þekıa ſunðıt allt m; ſkıpū. ꝫ b̄a ſtreīgı a lð ꝫ æt
laðı at ðrepa þa alla v̄ morgınīn. Oſṗ. ſa alla rá
ða g̃ð þra. þa h̄ h̄ at taka t̄ retta. ꝫ ꝼ t̄ Bān ſ k̄s
ꝫ fylgıa h̄m t̄ ðauða ðagſ. h̄ let þa taka þ t̄ ra
ðſ at þekıa oll ſkıpín ꝫ forka m; lðınu ꝫ hıug
gu ſtreīgı þra Bður. ꝫ reıððı ſaman ſkıpın þa ē
þr v̄ ſofnaðer. þr Oſṗ. ꝼ þa vt ór fırðınū ꝫ s̄
veſtr t̄ ırlðz. ꝫ lettu ė fyꝃ en þr komu t̄ ku
nıata ꝫ .ſ. Oſṗ.B.kı allt þ ē h̄ v̄ vıſſ vorðīn ok
tok ſkırn af h̄m ꝫ falz h̄m a henðı. Sıðan
let .B.k. ſafna lıðı v̄ allt rıkıt ꝫ ſkyllðı komīn h̄
rīn t̄ ðyflīnar ı vıkūnı ꝼ palma ðag. **brıanſ ora**

157 SIGVRðr .J. hlauðūſ .ſ. bıoz af eyıunum
fl. bauð at ꝼ m; h̄m. J. vıllðı þ ė þ̄ ē h̄
áttı ſuðr at ganga. fl. feck h̄m .xv.
m̄n af lıðı ſínu. En h̄ fór m; Gılla ı ſuðr
eyıar. þſt̄ hallz .ſ. fór m; J. ꝫ hrafn ēn
rauðe. Erlıngr af ſtraū ey. J. vıllðı ė at harekr f
ærı. en q̄ ſegıa h̄m munðu fyſtū tıðendı. J. kō
m; allan h̄īn at palmaðegı t̄ ðyflī. þ̄ v̄ komīn
Bðer m; ſınu lıðı reynðı Bðer t̄ m; fyrnſku.
hūſu ganga munðı orroſtan. V̄ s̄ ſagt ef foſ
tuðagīn v̄ı barız munðı Bān falla ꝫ hafa ſıgr
En ef barız v̄ı fyꝃ þa munðu þr aller falla ē ı
mot v̄ı. þa .ſ. Bð. at foſtu.ð. ſkyllðı b̄ıaz. fīta.ð.
reıð m̄ at þeī apalg̃m heſtı. h̄ talaðı lengı v̄ þau
Bð ꝫ kormloðu. B.k. v̄ komīn m; allan h̄ ſīn tıl
borgarīnar. foſtu.ð. fór vt h̄rīn af borgınnı
ꝫ v̄ fylkt lıðınu huaꝃatueggıu. Bð v̄ ı an̄an
arm fylkīgar. en ı ānan Sıgt̄.k. Sıg.J. v̄ ı mı
ðıu lıðınu. Nu ē at .ſ. ꝼ .B. kı at h̄ vıllðı ė b̄ıaz
foſto.ð. v̄ ſkotın v̄ h̄ ſkıallð borg ꝫ fylkt þar
lıðınu ꝼ ꝼman. Vlfr h̄ða v̄ ı þān fylkīgar arm
er broðer v̄ t̄ motz en í ānan fylkīg arm var
Oſṗ. ꝫ .ſſ.h̄. þ̄ ē ſıgt̄. v̄ ímotı. En ı mıðrı fylkīg v̄
k̄þıalfaðr ꝫ v̄ ꝼ h̄m borın m̄kın. fallaz þa at
fylkīg. v̄ð þa orroſta all horð. geck ı gegnū
lıð ꝫ fellðı alla þa ē frēſt̄ v̄. en h̄ bıtu eckı ıarn
Vlfr hreða ſn̄ı þa ı motı h̄m ꝫ lagðı t̄ h̄ þryſuar
ſīnū ſua faſt at Bð fell ı hūt ſīn ꝫ hellt v̄ at
h̄ munðı ė a fætr komaz en þeḡ ē h̄ gat vpp ſ
taðıt flyðı h̄ vnðan ꝫ ı ſkog. Sıg.J. attı harðā
barðaga v̄ k̄þıalfat þat h̄ geck s̄ faſt ꝼm̄ at h̄
fellðı alla þa m̄n .J. ſē frēſt̄ v̄. Rauf h̄ fylkīg
.J. allt at m̄kınu ꝫ ðrap m̄kıſmānīn. feck þa .J.
t̄ ānan at b̄a m̄kıt. v̄ð ēn orroſta horð k̄þ hıo
ānan m̄kıamān þeḡ banahogg̃. ꝫ hūn at oðrū
þa ē ı nanð v̄. Sıg.J. bað þſt̄.h.ſ. b̄a m̄kıt þſt̄
ætlaðe vpp at taka m̄kıt. þa m̄lı am̄ðı h̄tı þu
ſīt ė b̄a m̄kıt. ſ. h̄. þt aller ero ðrepn̄ þr ē b̄a.
hrafn rauðı. ſ.J. ber þu m̄kıt. hrafn .ſ. b̄ þu
ſıalfr fıanða þīn. J.ſ. þ mun maklıgaz v̄a
at allt farı ſaman karl ꝫ kyll. tok ſıalfr m̄
kıt af ſtongīnı ꝫ kō mıllū klæða ſīna. lıtlu
ſıðaꝛ v̄ vegīn amunðı h̄tı. þa v̄ ꝫ .J. ſkotīn
ſpıotı ı gegnū. Oſṗ. hafðe gengıt af allan
fylkīgar armīn. v̄ h̄ orðīn ſáꝃ mıog en latıð
.ſſ. ſína baða aðr Sıgt̄. flyðı ꝼ h̄m. braſt þa
flottı ı ollu lıðınu. þſt̄.h.ſ. nā ſtaðar. þa er
aller flyðu aðrer ꝫ batt ſko þueıng ſīn. þa ſṗ.
k̄þ. h̄ h̄ ryn̄ı ė. þſt̄.ſ. at h̄ tok ė heī v̄ kuellðıt
þ̄ ē h̄ attı heıma a ıſlðı. k̄þıal̄. gaf h̄m g̃ð
hrafn rauðı v̄ elltr vt a á nockura. ꝫ þottız
þar ſía heluıtı ı nıðrı ꝫ þottı h̄m ðıoflar vılıa
ðraga ſık. hrafn m̄lı. þa. Rūnıt hef̄ hunðr þīn
pétr p̄lı tyſuar t̄ rōſ ꝫ munðı rē ıt þrıðıa ſīn
ef þu leyfð. þa letu ðıoflarn̄ h̄ lauſan kōz
h̄ þa ıꝼ ana broð ſa at lıðıt .B.k. rak flottān
ꝫ fátt v̄ m̄ hıa ſkıallð borgīnı ꝫ rauf h̄ þa ſkı
allð borgına ꝫ hıo t̄ k̄ſ. ſueīnīn tānr bra vpp h
enðīnı ꝫ tok af honðına. ꝫ hofuðıt af k̄gınum
En bloð k̄gſınſ kō a hanð ſtufīn ſueīſīſ ꝫ g̃rı
þeḡ ꝼ ſtufīn. Bð kallaðe þa hátt. kūnı þ m̄
m̄ at ſegıa at Bð fellðı .B. þa v̄ rūnıt epꞇ̄ þeī
ē flottān raku. ꝫ ſagt þeī fallıt .B.k. Sn̄u þr
þa aptr þegar. vlfr h̄ða ꝫ k̄þıal̄. ꝫ ſlogu þr þa

hrıng v̄ þa b̃ður ꝫ ꝼellðu þa at þeī vıðu v̓ þa b̃ðer
honðū tekīn. vlꝼr h̃ða reıſt a h̄m q̊ðīn ꝫ leıððı h̄ v̄
eık. ꝫ raktı ór h̄m þarmana ðo h̄ ė ꝼyꝛ̄ en or h̄m v̊
rakı̄ aller. Mēn h̄ v̊ ꝫ aller ðrepn̄. Sıðan toku þr
lık brıanſ k̄ſ ꝫ bıuggu v̄. hoꝼut h̄ v̓ g̃ıt v̓ bolīn. xv.
m̄n aꝼ b̃nnu m̄ ꝼellu ı brıanſ orroſtu. þ̃ ꝼell hall
ðoꝛ̄ Guðm̄ð .ſ. ꝫ erlıngr aꝼ ſtraū ey ꝼoſtu morgınīɴ
v̓ð ſa atburðr a katanesı at m̄ h̓ ðaurruðr ė vt geck
h̄ ſa at m̄n rıðu .xıȷ. ſaman t̄ ðyngıu nockurrar
ꝫ hurꝼu þ̃ aller. h̄ geck t̄ ðyngıūnar ꝫ ſa īn ı gl
uɢ at þar v̊ konur īnı ꝫ hoꝼðu veꝼ vpp ꝼærðan
Mañ hoꝼut v̊ ꝼ̇ klıana. ꝫ þarm̄ or m̄ ꝼ̇ vıptu ꝫ g̃n
Sv̊ð v̓ ꝼ̇ ſkeıð en aur ꝼ̇ hræl. þær q̊ðu þa vıſur n
ockuꝛ̄. Vıt ė orpıt ꝼ̇ valꝼallı rıꝼſ reıðıſky rıgnır
bloðı. nu ė ꝼ̇ geırū graꝛ̄ vpp komīn. veꝼr v̊þıo
ð. þær ė vın̄ ꝼylla rauðū veptı ranðueſ bana
Sıa ė orpīn veꝼr yta þaurmū. ꝫ harð klıaðr h
oꝼðū m̄ ėo ðreyrrekın ðauꝛ̄ at ſkoptū ıarn v̓ðr
yllır en aurū hrælaðr. ſl̄m ſla ſuerðū ſıgrveꝼ
þēna. Gengr hıllðr veꝼa. ꝫ hıorþ̃mul. ſangrıðr
ſuıpul ſuerðū tognū. ſkapt mun gneſta ſkıoll
ðr mun breſta. mun hıalmgagaꝛ̄ ı hlıꝼ koma.
Vınðū vınðū veꝼ ðarrað. ſa ė vngr k̄r attı ꝼyrı
ꝼ̃m ſl̄m ganga ꝫ ıꝼolk vaða. þ̃ ė vın̄ vaꝛ̄ vap
nū ſkıpta. Vınðū .v. veꝼ ðaꝛ̄ ꝫ ſıklīgı ſıðan
ꝼylgıū. þ̃ ſa b̃a bloðgar ranðer guðr ꝫ gonðul
ė g̃mı hlıꝼðu. Vınðū v.v. ðaꝛ̄. þ̃ ė ve vaða vıg̃
m̄. latū ė lıꝼ h̄ ꝼaraz. eıga valkyrıor vıgſ vm
koſtı. þr munu lyðer lonðū raða ė vt ſkaga
aðr v̄ bygðu. q̊ð ek rıkū g̃m raðın̄ ðauða. nu ė
ꝼ̇ odðū ıarl m̄ hnıgın̄. Ok munu ırar angr vm
bıða þ ė allð mun ytū ꝼynaz. nu ė veꝼr oꝼī
en vollr roðın̄. munu v̄ lonð ꝼ̊ læſpıoll gota.
Nv ė og̃lıgt v̄ at lıtaz at ðreyrugt ſky ðregz
m; hīnı. mun lopt lıtað lyða bloðe. ė ſpar v̓ð
ſyng̊. Vel q̊ðu v̄ v̄ k̄g vngan. ſıgr hlıoða ꝼıo
lð ſyngıū heılar. en hīn nēmı ė heyꝛ̄ a. geır
lıoða ꝼıolð ꝫ gumū ſegı. Rıðū heſtū allz vt
b̃ū brugðnū ſu̇ðū a b̃tt heðan. ʀıꝼu þær þa
ı ſunðr veꝼın̄ ſın̄. ꝫ haꝼðı hu̇ þ ė hellt a. Geck
h̄ þa ı b̃tt ꝼ̃ gluggınū. ꝫ heī. en þær ſtıgu a h
eſta ſına ꝫ rıðu .vı. ı ſuðr en aðrar .vı. ı norðr

Slıkan atburð bar ꝼ̇ b̃nð gneıſta .ſ. ı ꝼær eyıū. A ıſ
lðı at ſuınaꝼellı kō bloð oꝼan ameſſu hokul p̄ſtz
ꝫ v̓ð h̄ ór at ꝼ̊. At þuatt á ſynðız p̄ſtınū ꝼoſtu ðagī
langa ſıaꝼ̇ ðıup hıa altarınu ꝫ ſa þar í ogn̄ margar
ꝫ v̓ þ lengı at h̄ mattı ė ſyngıa tıðırn̄. Sa atburðr
v̓ð ı orkneyıū at harekr þottız ſıa sıg̃.J. ꝫ nock̃a
m̄n m; h̄m. tok harekr heſt ſīn ꝫ reıð. ꝫ ſa m̄n at
þr ꝼunðuz. ꝫ rıðu vnð̊ leítı nockurt. ſaz þr þa
allð ſıðan. ꝫ engı ormul ꝼunðuz aꝼ harekı. Gılla .J.
ı ſuðr eyıū ðreymðı at m̄ kō at h̄m ꝫ neꝼnðız h̃ꝼıðr
ꝫ q̃z v̊a komīn aꝼ ırlðı. J. þottız ſpyrıa tıðenða. h̄ q̃ð
þta. Var ek þ̃ ė bragn̄ borðuz. branðr gall a ırlðı m̄
gr þ̃ ė mættuz torg̃ malmr gnaſt ı ðyn hıalma. ſokn
þra ꝼ̃ ek ſnarpa. ſıg̃ðr ꝼell ıðyn vıgra aðr tæðı ben b
læða. brıān ꝼell ꝫ hellt vellı. þr ꝼl. ꝫ .J. toluðu mart
v̄ ðraū þēna. vıku ſıðaꝛ̄ kō þ̃ hraꝼn ēn rauðı ꝫ ſag
ðı þeī tıðınðín oll or b̃anſ orroſtu ꝼall k̄ſ ꝫ Sıg̃.J. ꝫ
b̃ð̃ ꝫ allra vıkīgāna. ꝼl.m. huat .ſ. þu m̄ t̄ māna mī
na. þ̃ ꝼellu þr aller. ſ. h̄. en þſ̄ mágr þīn þa g̊ð aꝼ k̃
þıalꝼ̇. ꝫ ė nu m; h̄m. hallðorr Guðm̄ðar .ſ. lez þ̃ ꝼl.
.ſ. J. at h̄ munðı ı b̃tt ꝼ̊ eıgū v̄ ſuðr gaungu aꝼ hon
ðū at īna. J. bað h̄ ꝼ̊ ſē h̄ vıllðı. ꝫ ꝼeck h̄m ſkıp ꝫ þ ſē
þr þurꝼtu ꝫ ſılꝼr mıkıt. Sıglðu þr ſıðan t̄ bret lðz
ꝫ ðuolðuz þar v̄ ſtunð. **her enðar nıalſ ſogv**

158

Nv ė at .ſ. ꝼ̃ k̃a at h̄ .ſ. Skeggıa at h̄ vıllðı h̄ ꝼen
gı h̄m ſkıp. h̄ ꝼeck þeī langſkıp alſkıpat
ſtıgu þr þ̃ á m; k̃a. ðaguıðr ꝫ kolbeīn. ſıglðu
ſuðr ꝼ̇ ſkotlðz.ꝼ. þ̃ ꝼunðu þr m̄n ór ſuðr eyıū. þr ſegıa
k̃a tıðınðı ór ırlðı. ꝫ ſ̃ þ at ꝼl. v̓ ꝼarīn t̄ bretlðz ꝫ m̄
h̄. En ė k̃ı ſp̄ðı þta. þa .ſ. h̄ m̄ ſınū at h̄ vıll hallða ſ
uðr t̄ bretlðz t̄ motz v̓ þa. bað h̄ þa þān v̓ ſkılıaz
ſıtt ꝼoruneytı ė vıllðı. ꝫ q̃z at engū m̄ vel ðraga
munðu at h̄ q̃z ēn haꝼa vanheꝼnt a þeī harma
ſın̄. aller keyru at ꝼylgıa h̄m. Sıglðı h̄ þa ſuðr
t̄ bretlðz ꝫ logðu þ̃ ı leynıvag eīn. þēna morgın
geck kolr þſ̄.ſ. ı borg̃ ꝫ ſkyllðı kaupa ſılꝼr. h̄ haꝼ
ðı meſt hæðı yrðı v̓ aꝼ brēnu m̄m. kolr haꝼðı haꝼ
ðı talat mart v̓ ꝼ̃ eına rıka ꝫ v̓ mıog ı gaðða ſleg̃
at h̄ munðı eıga hana ꝫ ſetıaz þ̃. þēna morgın
geck k̃ı ꝫ ıbgına. h̄ kō þ̃ at ė kolr talðı ſılꝼ̇t k̃ı
kenðı h̄ Sıðan hlıop k̃ı t̄ h̄ m; ſv̊ð brugðıt ꝫ hıo a
halſīn. en h̄ talðı ſılꝼ̇t ꝫ neꝼnðı hoꝼuðıt tıu. er aꝼ

bolnū ꝼauk. k᷑ı .m. ſegı ꝥ ꝼł. at k᷑ı ſolmunꝺ᷑ .ſ. heꝼ̄ ꝺre
pıt kol ꝥſt̄ .ſ. lyſı ek vıgı ꝥu m̄ a henꝺr. gīgu ꝥr ꝥa t᷑ ſkı
pſ ſínſ. ſ. k᷑ı ꝥ ꝥa ꝫ vıgıt ſkıpu᷑ıū ſınū. ꝥa ſıglꝺu ꝥr no
rꝺr t᷑ b᷑uvıkr ꝫ ſettu vpp ſkıp ſıtt. ꝫ ꝼ̊ vpp ı huıtz borg
ı ſkotlꝺ. ꝫ v᷑ m; melkolꝼı .J. ꝥau mıſſarı. Nv ē at ſe
gıa ꝼ̄ ꝼł. at h̄ gengr vpp ꝫ tekr lık kolſ ꝫ byr v̄ ꝫ gaꝼ
mıkıt ꝼe t᷑ legſ h̄m. allꝺ᷑ ſtauck h̄m orꝺ t᷑ k᷑a. ꝼł. ꝼór
ꝥa ſuꝺr v̄ ſıa. ꝫ hoꝼ ꝥa vpp gaungu ſína ꝫ geck ſuꝺr.
ꝫ létti ė ꝼyꝛ̄ı en h̄ kō t᷑ rōa b᷑g. ꝥa ꝼeck h̄ s̄ mıkla ſ
æmꝺ at h̄ tok lauſn aꝼ paꝼanū ſıalꝼū ꝫ gaꝼ ꝥ t᷑ ꝼe
mıkıt. h̄ ꝼór aptr ena eyſtrı leıꝺ ꝫ ꝺualꝺız vıꝺa ı bor
gū ꝫ geck ꝼ̄ rıka m̄n ꝫ ꝥa aꝼ ꝥeī ſæmꝺer. h̄ v᷑ ı nore
gı v̄ vet̄ epꝼ̄ ꝫ ꝥa ſkıp aꝼ eırıkı .J. t᷑ vtꝼ̄ꝺar. ꝫ h̄ ꝼek̄
h̄m mıol mıkıt ꝫ marḡ aꝺrer ḡꝺu ſæmılıga t᷑ h̄. ſıg
lꝺı h̄ ſıꝺan vt t᷑ ıſ lꝺz ꝫ kō ı horna.ꝼ. ꝼór h̄ ꝥa heī tıl
ſuınaꝼellz. haꝼꝺı h̄ ꝥa aꝼ henꝺı ınt alla ſǽtt ſına.

159 ı vtanꝼ̄ꝺū ꝫ ꝼegıollꝺū. Nu ē ꝥar t᷑ malſ at taka ſē
k᷑ı ē at v̄ ſumarıt epꝼ̄ ꝼor h̄ t᷑ ſkıpſ ſínſ ꝫ ſıglꝺı ſu
vꝺr v̄ ſę ꝫ hoꝼ vpp gaungu ſına ı norꝺmanꝺı ꝫ geck
ſuꝺr ꝫ ꝥa lauſn ꝫ aptr ena veſtrı leıꝺ. ꝫ tok ſkıp ſıtt
ı norꝺm̄ꝺı. ꝫ ſıglꝺı norꝺr v̄ ſıa t᷑ ꝺoꝼ̄ a englꝺı. ꝥaꝺan
ſıglꝺı h̄ veſtr v̄ bret. ꝫ s̄ norꝺr v̄ bret ꝫ s̄ norꝺr m;
brettlꝺı ꝫ v̄ ſkotlꝺz ꝼıorꝺu ꝫ lauk ė ꝼ̄ꝺ ꝼyꝛ̄ı en h̄ kō
norꝺr ı ꝥ`r´az vık a kataneſı t᷑ ſkeggıa ꝼeck h̄ ꝥa b
yrꝺıng ꝥeī kolbeínı ꝫ ꝺaguıꝺ Sıglꝺı kolbeīn ꝥu
ſkıpı t᷑ noregſ en ꝺaguıꝺr v᷑ epꝼ̄ ıꝼrıꝺ᷑ey. k᷑ı v᷑ ꝥ
na vetr a kataneſı. A ꝥū vet᷑ anꝺaꝺız h᷑preyıa h̄
a ıſlꝺı. v̄ ſumarıt epꝼ̄ bıoz k᷑ı t᷑ ıſlꝺz. Skeggı ꝼeck
ꝥeī byrꝺıng v᷑ ꝥr .xvííj. a. ꝥr vrꝺu hellꝺr ſıꝺ bun̄.
Sıglꝺu ı haꝼ ꝥr hoꝼꝺu langa vtıuıſt. en v̄ ſıꝺır tok
u ꝥr ıngolꝼſ hoꝼꝺa ꝫ brutu ꝥ ſkıpıt allt ı ſpán ꝫ
v᷑ꝺ mān bıorg. hrıꝺın v᷑ en ſama. ꝥr ſpurꝺu kara
h̄t ꝥa ſkyllꝺı t᷑ raꝺſ taka. en h̄ .ſ. ꝥ raꝺ ſıtt at ꝼ̊
t᷑ ſuınaꝼellz ꝫ reyna ꝥegnſkap ꝼł. gengu ꝥr ꝥa
t᷑ ſuınaꝼellz ı hrıꝺīnı. ꝼł. var ı ſtuꝼu ꝫ kenꝺı ꝥe
gar k᷑a ꝫ ſpratt vpp ı motı h̄m ꝫ mıntız v᷑ h̄. ꝫ ſet
tı h̄ ı haſætı. h̄ bauꝺ k᷑a ꝥ at v᷑a allan vet̄. h̄ ꝥa ꝥ.
ſættuz ꝥr ꝥa heılū ſattū. Gıptı ꝼł. ꝥa k᷑a hıllꝺıg
ūnı b᷑ꝺurꝺotꝼ̄ ſına bıuggu ꝥau ꝥa ꝼyſt at breıꝺ
á. ꝥ ſegıa m̄n at ꝥau yrꝺı æꝼılok ꝼł. at h̄ ꝼærı
vtan ꝥa ē h̄ v᷑ orꝺīn gamall at ſækıa s̄ h᷑a vıꝺ
ꝫ v᷑ h̄ ı noregı ꝥan̄ vetr en v̄ ſumarıt v᷑ꝺ h̄ ſıꝺbu

īn. ræꝺꝺu m̄n v̄ at v́ant v᷑ı ſkıpıt. ꝼł.ſ. at værı
ærıt gott gomlū ꝫ ꝼeıgū. ꝫ ſte a ſkıp ꝫ let ı h
aꝼ ꝫ heꝼ̄ t᷑ ꝥ ſkıpſ allꝺ᷑ ſꝥz ſıꝺan ꝥı v᷑ born k᷑a
ꝫ helgu nıalſ .ꝺ. ꝥorḡꝺr ꝫ ʀagneıꝺr ꝫ vaḡꝺr ꝫ ꝥo
rꝺr ē ıñı brān. En born ꝥra hıllꝺıgūnar ſtark
aꝺr ꝫ ꝥorꝺr ꝫ ꝼloſı. Son ꝼloſa v᷑ kolbeīn ē agæ
taztr m̄ heꝼ̄ v᷑ıt eīn huer̄ ıꝥrı ætt. ꝫ lyk ek ꝥ
brennunıalſ ſogu.

h̄ heꝼ̄ upp egılſ ſogu
aꝼ kuelld̄ ulꝼı bu

1 Ulꝼr het m̄. ſon bıalꝼa ꝫ hall b̄u **anda**
ðottur vlꝼſ hınſ óarga. h̄ v̄
ſyſtır hallbıarnar halꝼtrollz.
ı ʀaꝼnıſtu ꝼoður ketılſ hæ
gſ. Vlꝼr v̄ maðr ſua mıkıll
ꝫ ſterkr at ė v̊ h̄ ıaꝼnīgıar
en ē h v̄ a vnga alld̄. la h ı
vıkıngu ꝫ h̄ıaðe. m; h̄m var ı ꝼelagſkap ſa
maðr er kallaðr v̄ berðlu karı. goꝼugr m̄ ꝫ hınn
meſtı aꝼrekſ m̄ at aꝼlı ꝫ aræðı h var berſerkr
þr vlꝼr attu eīn ſıoð bað̄. ꝫ v̄ m; þeī hın kærſta
vınatta. En ē þr reðuz ór h̄naðı. ꝼor karı t́ buſſ ſīſ
ı b̄ðlu. h var maðr ſtor auðıgr. karı attı .ııȷ. born
het ſon h̄ eyvındr lābı. ānaʀ auluır hnuꝼa. ðot
t̄ h̄ h́ ſalbıorg. h̄ v̄ kuēna vænſt. ꝫ ſkorungr mı
kıll. hēnar ꝼeck vlꝼr. ꝼor h þa ꝫ t́ bua ſīna. Vlꝼr
var m̄ auðıgr bæðı at londū ꝫ lauſū aurū. h tok
lenðz manz rett ſua ſē haꝼt haꝼðu langꝼeð
gar h̄ ꝫ g̊ðız m̄ rıkr. Sua ē ſagt at vlꝼr var
buſyſlumaðr mıkıll var þ ſıðr h̄ at rıſa vpp arðe
gıſſ ꝫ ganga þa v̄ ſyſlur māna. eða þar ē ſmıðer v̊
ꝫ ſıa yꝼ̄ ꝼenat ſīn. ꝫ akra. en ſtunðū v̄ h a talı v́
m̄n þa ē raða h̄ þurꝼtu. kūnı h t́ allz goð rað at
leggıa. þt h v̄ ꝼoruıtrı. ᴇn ðag hūn ē at kuellðı
leıð. þa g̊ðız h ſtyɢr ſua at ꝼaē m̄n mattu orðū v́
h kōa var h kuellðſuæꝼr. þ var mal māna at h
v̄ı mıog hārāmr. h v̄ kallaðr kuellðulꝼr. þau ku
ellðulꝼr attu .ıȷ. ſonu. het hīn ellrı þorolꝼr en
hīn yng̊ g̊mr. En ē þr voxu vpp þa v̊ þr bað̄ m̄n
mıklır ꝫ ſterk̄ ſua ſē ꝼað̄ þra v̄ v̄ þorolꝼr man
na venſtr ꝫ g̊uılıgaſtr h var lıkr moður ꝼræn
ðū ſınū gleðım̄ mıkıll auʀ̄ ꝫ akaꝼam̄ mıkıll
ıollu ꝫ hīn meſtı kaupm̄ v̄ h vınſæll aꝼ ollū
m̄m. Grīr v̄ ſuartr maðr ꝫ líotr. lıkr ꝼeðr ſı
nū bæðı yꝼ̄lız ꝫ at ſkaplynðı. gıorðız h v̄ſyſlu
m̄ mıkıll. h v̄ hagr m̄ a tre ꝫ ıarn ꝫ gıorðız hīn
meſtı ſmıðr. h ꝼor ꝫ opt v̄ vetrū ıſıldꝼıſkı m;
lagn̄ ſkutu ꝫ m; h̄m h̄karlar marg̊. En ē þor
olꝼr v̄ a tuıtugſ alld̊ þa bıoz h ı h̄nat. ꝼeck .k.
h̄m langſkıp. Tıl þrar ꝼ̄ðar reðuz ſyn̄ berðlu
kara eyvındr ꝫ aulū̊. þr hoꝼðu lıð mıkıt ok
ꝫ ānat langſkıp ꝫ ꝼoru v̄ ſumarıt ı vıkıng ok
ſer ꝼıar ꝫ hoꝼðu hlutſkıptı mıkıt. þ v̄ noc
kur ſumur ē þr lagu ı vıkıng. en v̊ heıma v̄
vetrū m; ꝼeðrū ſınū. haꝼðı þorolꝼr heī m̄
ga ðyr g̊pı ꝫ ꝼærðı ꝼoður ſınū ꝫ moður. var
þa bæðı gott t́ ꝼıar ꝫ mānuırðıngar. kuell
ðulꝼr v̄ þa mıog a eꝼra alld̊ en ſynır h̄ voru
roſkner. [h́ ıarl h̄. en þorer ſon
2 Avðbıorn h́ þa k̄r yꝼ̄ ꝼırðaꝼylkı. hroa\l/lðr
ıarlſınſ. þa var atlı hīn mıoꝼı ıarl. h bıo
a gaulū h̄ born v̊ þau hallſteīn holmſteīn her
ſteīn. ꝫ ſolueıg hın ꝼagra. þ v̄ a eınu hauſtı at
ꝼıolm̄nt v̄ a gaulū at hauſtblotı. þa ſa aulū̊
hnuꝼa ſolueıgu ꝫ gıorðı ſer v̄ tıðt ſıðan bað h
hēnar en ıarlınū þottı mānamunr ꝫ vıllðı ė
gıpta hana. Sıðan ortı aulū̊ morg manſaun
gſ kuæðı. ſua mıkıt gıorðı aulū̊ ſer v̄ ſolueıg
u. at h \let/ aꝼ h̄ꝼorū. ꝫ v̊ þa ı h̄ꝼorū þorolꝼr ꝫ ey
3 Haralldr [vındr lambı.
ſon halꝼðanar ſuarta haꝼðı tekıt arꝼ
epꝼ̄ ꝼoður ſīn. h haꝼðı þ heıt ſtreıngt
at lata ė ſkera har ſıtt ne kēba ꝼyʀ̄ en h v̄ı
eınuallðz k̄r yꝼ̄ noregı. h v̄ kallaðr .h. luꝼa. ſı
ðan barðız h v́ þa k̄ga ē næſt̄ v̊ ꝫ ſıgraðı þa. ꝫ
ero þar langar ꝼraſagn̄. Sıðan eıgnaðız h vpp
lonð. þaðan ꝼor h norðr ı þranðheī ꝫ attı þar
margar orroſtur aðr h yrðı eınuallðı yꝼır ol
lū þrænðalogū. Sıðan ætlaðız h at ꝼara norðr
ı naumu ðal a henðr þeī bræðrū h̄laugı ꝫ hr
ollaugı ē þa v̊ k̄gar yꝼ̄ naumuðal En ē þr .bb.
ſpurðu t́ ꝼ̄ðar h̄. þa geck h̄laugr ı haug þān
m; xıȷ. \ta/ mān ē aðr hoꝼðu þr g̊a latıð þrıa vetr.
var ſıðan haugrīn aptr lokīn. en hrollaugr
k̄r velltız ór k̄gðōı ꝫ tok vpp ıarlſ rétt ꝫ ꝼor
ſıðan a valld̄ haralldz .k̄. ꝫ gaꝼ vpp rıkı ſıtt.
Sua eıgnaðız hallðr k̄r naūðælaꝼylkı. ꝫ halu
ga lð. Settı h þar m̄n yꝼ̄ rıkı ſıtt. Sıðan bıoz
h.k. or þranðheımı m; ſkıpalıðı ꝫ ꝼor ſuðr a
mærı. attı þar orroſtu v́ hunþıoꝼ k̄g ꝫ haꝼðı
ſıgr ꝼell þar hunþıoꝼr þa eıgnaðız h.k̄r
norðmærı ꝫ raumſ ðal. En ſauluı kloꝼı

ſon hunþıoꝼſ haꝼðı vnðan kōız ꝫ ꝼór h̄ a ſ
ūnmærı t̉ arnuıðar k̄gſ ꝫ bað h̄ ſer ꝼulltīgſ
ꝫ ſagðı ſua. þott ꝥtta vanðræðı haꝼı nu bor
ıt oſſ at henðı. þa mun ė langt t̉ at ſama v
anðræðı mun t̉ yðuar kōa. ꝥt h̄allðr ætla ek
at ſkıott man h̃ kōa þa ē h̄ heꝼ̄ alla m̄nþ
rælkat ꝫ aþıað ſē h̄ vıll a norð mærı ok í
raūſ ðal. Munu ꝥ̄ hīn ſama koſt ꝼ̄ honðū eí
ga ſē vær attū at v̄ıa ꝼe yðuart ꝫ ꝼrelſı ꝫ
koſta ꝥ̄ t̉ allra þra māna ē yðr ē lıðſ at ván
ꝫ vıl ek bıoðaz t̉ m; mınu lıðı motı ꝥ̄ū oꝼſa
ꝫ víaꝼnaðı En at oðrū koſtı munu ꝥ̄ vılıa
taka vpp þ rað ſē naūðælar g̃ðu at ganga
m; ſıalꝼuılıa ı anauð ꝫ g̃az þrælar harallz. þat
þóttı ꝼoður mínū ſıgr at ðeyıa ı k̄gðōı m; ſæ̃ð
hellðr en g̃az vnð̃ m̄ ānarſ k̄gſ a gamalſ allð
hyɢ ek at ꝥ̄ munı ꝫ ſua þıkıa. ꝫ oðrū þeī ē noc
kuꝛ̄ ēo borðı. ꝫ kappſm̄n vılıa v̄a. Aꝼ ſlıkum
ꝼortolū v̄ krīn ꝼaſtraðīn t̉ ꝥ at ſāna lıðı ꝫ v̄ıa
lð ſıtt. bunðu ꝥr ſauluı þa ſā lag ſıtt. ꝫ ſenðu
orð auðbırnı k̄ı. ē reð ꝼ̄ ꝼırða ꝼylkı at h̄ ſkyll
ðı kōa t̉ lıðſ v̇ þa. En ē ſenðım̄n komu t̉ auð
bıarnar .k̄. ꝫ baru h̄m ꝥ̄a orðſenðıng. þa réz
h̄ v̄ v̇ vını ſına. ꝫ reðu h̄m þ aller at ſāna lı
ðı ꝫ ꝼara t̉ motz v̇ mærı ſē h̄m v̊ orð t̉ ſenð.
Auðbıorn k̄r let ſkera vpp h̃or ꝫ ꝼara h̃boð
v̄ allt rıkı ſıtt. h̄ ſenðı m̄n t̉ rıkıſm̄ at boða
þeī t̉ ſín. En ē ſenðım̄n k̄. komu t̉ .k.vlꝼſ
ꝫ ſogðu h̄m ſın ēenðı. ꝫ þ at k̄r vıll at .k.vlꝼr
kōı t̉ h̄. m; alla h̃karla ſína. k.v.ſv̄. ſua þ m̃
k̄gı ſkyllt þıkıa at ek ꝼara m; h̄m. eꝼ h̄ ſꝉ
v̄ıa lð ſıtt ꝫ ſe h̃ıat ı ꝼırðaꝼylkı. en hıtt ætla
ek m̄ alloſkyllt at ꝼ̄a norðr a mærı ꝫ b̃ıaz ꝥ̄ ok
v̄ıa lð þra. Ē yðr þ ſkıotaz at ſegıa þa ē þer
hıttıð k̄g yðuarn at .k.v. mun heıma ſıtıa vm
ꝥtta h̃hlaup. ꝫ h̄ mun ė h̃lıðı ſaꝼna ꝫ ė g̃a ſı
na þa heımanꝼ̃ð at b̃ıaz motı h̄allðı luꝼu
ꝥt ek hyɢ at h̄ haꝼı þar byrðı gnoga hamīg
ıu er k̄r vaꝛ̄ haꝼı ė kreppıng ꝼullan. ꝼoru
ſenðım̄n heī t̉ k̄ſ. ꝫ ſogðu h̄m ēenðıſlok ſī
En .k v. ſat heıma at búm ſınū.

4 Avðbıorn k̄r ꝼor m; lıð ſıtt þ ē h̄m ꝼylgðı
norðr a mærı ꝫ hıttı þar arnuıð k̄g ꝫ
ſaulua kloꝼa. ꝫ hoꝼðu ꝥr aller ſam
an h̃ mıkīn h̄allðr k̄r var þa ꝫ norðan kom
īn m; ſınu lıðı ꝫ v̄ð ꝼunðr þra ꝼ̄ īnan ſolſkel
v̄ ꝥ̄ orroſta mıkıl ꝫ mānꝼall mıkıt ı huaꝛ̄a
tueggıu lıðı. ꝥ̄r ꝼellu or h̄allðz lıðı. ıarlar
.íj. aſgautr ꝫ aſbıorn. ꝫ íj.ſſ. hakonar hlaða
ıarlſ grıotg̃ðr ꝫ h̃laugr ꝫ mart ānat ſtor
m̄nı. En aꝼ lıðı mæra arnuıðr k̄r ꝫ auð
bıorn k̄r. en ſauluı kloꝼı kōz vnðan a ꝼlotta
ꝫ v̄ ſıðan vıkıngr mıkıll. ꝫ g̃ðı opt ſkaða mı
kīn a rıkı h̄r.k̄. ꝫ v̄ kallaðr ſauluı kloꝼı.
Epꝉ̄ þ lagðı h̄r. k̄r vnð̃ ſık ſūnmærı. Vemu
nðr broðer auðbıarnar .k̄. hellt ꝼırðaꝼylkı
ꝫ g̃ðız ꝥ̄ k̄gr yꝼ̄. ꝥtta v̄ hauſtıð ꝫ g̃ðu m̄n þ
rað m; h̄r. k̄ı at h̄ ſkyllðı ė ꝼ̄a ſuðr v̄ ſtað a
hauſt ðegı. þa ſettı haꝛ̄. k̄r. Rognuallð Jarl
yꝼ̄ mærı huaratueggıu. ꝫ raūſðal ꝫ haꝼðı v̄
ſık mıkıt ꝼıolm̄nı. þ ſama hauſt veıttu ſy
nır atla heīꝼaꝛ at auluı hnuꝼu. ꝫ vıllðu ð
repa h̄. ꝥr hoꝼðu lıð ſua mıkıt at auluer
haꝼðı enga vıðſtoðu ꝫ kōz m; hlaupı vn
ðan. ꝼor h̄ þa norðr a mærı ꝫ hıttı þar h̄r.
k̄g ꝫ geck aulū t̉ handa h̄m ꝫ ꝼor norðr t̉
þranðheīſ m; k̄gı v̄ hauſtıð. ꝫ kōz h̄ ı hīa
meſtu kærleıka v̇ k̄g. ꝫ v̄ m; h̄m lengı ſı
ðan. ꝫ g̃ðız ſkallð h̄. þān vetr ꝼor rognv
allðr .J. ıt ıðra v̄ eıðſıo ſuðr ı ꝼıorðu ꝫ haꝼðı
nıoſn̄ aꝼ ꝼ̄ðū vemunðar k̄g`ſ´ ꝫ kō´v̄ nótt` þar ſem
heıꝉ nauſtðalr ꝫ v̄ vemunðr þar a veızlu
tok ꝥ̄ Rogvallðr .J. h̃ a þeī ꝫ brenðı k̄gīn
īnı m; ıx. tıgū māna. Epꝉ̄ þ kō b̃ðlu
karı t̉ Rognuallz .J. m; langſkıp alſkıp
at ꝫ ꝼoru ꝥr baðer norðr a mærı. tok .R̄.
ſkıp þau ē att haꝼðı vem̄ðr .kr. ꝫ allt
þ lauſaꝼe ē h̄ ꝼeck. b̃ðlukarı ꝼor þa n
orðr t̉ þranðheīſ a ꝼunð haꝛ̄.k̄. ꝫ g̃ðız h̄
m̄. Vm varıt epꝉ̄ ꝼór h̄r. k̄r ſuðr m; lðı
m; ſkıpa h̃. ꝫ lagðı vnðer ſık ꝼıorðu ok
ꝼıalır. ꝫ ſkıpaðı þar t̉ rıkıſſ m̄m ſınum.

ħ ſettı hroallꝺ .J. yꝼ̃ ꝼırða ꝼylkı. ħr. ꝁr v̄ mıog gıorh
ugall þa ē ħ haꝼðı eıgnaz þau ꝼylkı ē nykomın
v̊ ı vallꝺ ħ v̄ lenꝺa m̄n ⁊ rıka buenꝺr. ⁊ alla þa er
ħm v̄ grunr a at nockurrar vppreıſt v̄ aꝼ van.
þa let ħ hūn g̃a an̄at huart at g̃az ħ þıonoſtu
mān eða ꝼara aꝼ lꝺı a b̃tt. en at þrıðıa koſtı
ſæta aꝼarkoſtū eða lata lıꝼıt. en ſum̄ v̊ ham
laðer at honꝺū eða ꝼotū. Haꝛ̃. ꝁr eıgnaðız
ı hủıu ꝼylkı oðul oll. ⁊ allt lꝺ. byg̀t′ ⁊ v bygt. ⁊
ıāuel ſıoīn ⁊ votnın. ⁊ ſkyllꝺu aller buenꝺr
v̄a ħ leıglenꝺıngar. Sua þr ē a morkına ortu
⁊ ſaltkarlarner ⁊ aller veıðım̄n. bæðı á ſıo ⁊
lꝺı þa v̊ aller þr ħm lyðſkyllꝺ. En aꝼ þı aþıan ꝼl
yðu marg̃ m̄n aꝼ lꝺı a b̃tt ⁊ bygðuz þa margar
auðñ vıða bæðı auſtr ı ıāta lꝺ. ⁊ helſıngalꝺ. ⁊ v
eſtrlꝺ. Suðr eyıar ꝺyꝼlīnar. ſkıðı ırlꝺ normāꝺı
a vallꝺı kataneſ a ſkotlꝺı. ⁊ hıallt lꝺı ꝼæreyıar.
⁊ ıþān tıma ꝼanz ıſlꝺ. **ꝁgr gıorðı orð kuellꝺul**

5 Haralldr ꝁr la m; ħ ſīn ı ꝼıorðū. ħ ſenꝺı **ꝼı**
m̄n þar v̄ lꝺ a ꝼunꝺ þra māna ē ė hoꝼðu
kōıt t̉ ħ ē ħ þottız ē̃enꝺı v̇ eıga. ꝁſ ſēðı
m̄n komu t̉ kuellꝺvlꝼſ ⁊ ꝼengu þar goðar v̇tok̃
þr baru vpp erēðı ſın. ſogðu at ꝁr vıllꝺı at .k.v.
kæmı a ꝼunꝺ ħ. ħ heꝼ̃ ſogðu þr ſpurn aꝼ at þu
ert goꝼugr maðr ⁊ ſtorættaðr. muntu eıga koſt
aꝼ ħm vırðıng̃ mıkıllar. ē ꝁı mıkıt kapp a þuı
at haꝼa m; ſer þa m̄n at ħ ſpyꝛ̃ at aꝼrekſ m̄
ē̊o at aꝼlı ⁊ hreyſtı. k.v.ſ. Sagðı at ħ v̄ þa gā
all ſua at ħ v̄ þa eckı ħ̃ꝼæꝛ̃ at v̄a vtı a ħ̃ſkı
pū. mun ek nu heıma ſıtıa. ⁊ lata aꝼ at þıo
na ꝁgū. þa mlı ſenꝺı m̄. lattu þa ꝼara ſon
þīn t̉ ꝁgſ ħ ē m̄ mıkıll ⁊ garplıgr. mun ꝁr
g̃a þık lenꝺan mān eꝼ þu vıll þıona ħm. Ec
ꝁı vıl ek ſagðı g̃mr g̃az lenꝺr maðr meðan ꝼa
ðer mīn lıꝼ̃. þt ħ ſl̄ v̄a yꝼ̃ m̄ mīn. meðan ħ lı
ꝼ̃. Senꝺım̄n ꝼoru ı b̃tt. en er þr kōu t̉ ꝁſ ſogðu
þr ħm allt þ er .k.v. haꝼðı ræðt ꝼ̃ þeī. ꝁr v̄ð
v̇ ſtyɢr ⁊ mlı v̄ nockurū orðū. ſagðı at þr m
unðu v̄a m̄n ſtorlaꝛ̃. eða huat þr munðu ꝼ̃
ætlaz. Aulū hnuꝼa v̄ þa næꝛ̃ ſtaððr ⁊ bað ꝁg
v̄a ė reıðan. Ek mun ꝼara a ꝼunꝺ .k.vlꝼs.

⁊ mun ħ vılıa ꝼara a ꝼunꝺ yðuarn þeg̃ ē ħ veıt
at yðr þıꝁ̃ malı ſkıpta. Sıðan ꝼór aulū a ꝼunꝺ
.k. vlꝼſ ⁊ ſagðı ħm at ꝁr v̄ reıðr ⁊ ė munðı ꝺ
uga nēa an̄aꝛ̃ huaꝛ̃ þra ꝼeðga ꝼærı t̉ .ꝁ. ok
ſagðı at þ myndı ꝼa vırðıng mıkla aꝼ ꝁgı.
eꝼ þr vıllðı ħ þyðaz. Sagðı ꝼra mıkıt ſem
ſatt v̄ at ꝁr var goðr m̄m ſınū. bæðı t̉ ꝼıar
⁊ metnaðar. k.v. ſagðı at þ v̄ ħſ hugboð at
v̊ ꝼeðgar munī eckı bera gæꝼu t̉ þa ꝁgſ
⁊ mun ek eckı ꝼara a ꝼunꝺ ħ. En eꝼ þoro
lꝼr kēr heī ı ſumar þa mun ħ auðbeðīn
þar ꝼaꝛ̃. ⁊ ſua at g̃az ꝁſ m̄. Segðu ſua ꝁı
at ek mun v̄a vınr ħ. ⁊ alla m̄n þa ē at mí
nū orðū lata hallða t̉ vınattu v̇ ħ. Ek mun
⁊ hallða hınu ſama v̄ ſtıorn ⁊ v̄boð aꝼ ħ hen
ðı. ſē aðr haꝼða ek aꝼ ꝼyꝛ̃a ꝁı. eꝼ ꝁr vıll at
ſua ſe. ⁊ ēn ſıðaꝛ̃ ⁊ ſıa hủſu ſēz m; oſſ ꝁgı.
Sıðan ꝼor aulū aptr t̉ ꝁſ. ⁊ ſagðı ħm. at .k.v.
munðı ſenðı ſenða ħm ſon ſıñ. ⁊ ſagðı at ſa
var betr t̉ ꝼallīn ē þa v̄ ė heıma. let ꝁr þa v̄
a kyrt. ꝼor ħ þa v̄ ſumarıt īn ı ſogn. en ē haꝯſ
taðı bıoz ħ at ꝼara norðr t̉ þranðheīſ **aꝼ þo**

6 Þorolꝼr .k.v.ſ. ⁊ eyuınðr **rolꝼı ⁊ eyuín**
lābı komu v̄ hauſtıð heī or vıkıng. **ðı**
ꝼór þorolꝼr t̉ ꝼoður ſınſ. taka þr ꝼeðg̃
þa tal ſín ı mıllí. ſpyꝛ̃ þorolꝼr ep̃ huat v̄ıt heꝼ̃
ı erenðū þra m̄ er .ħr. ſenðı þagat. k.v. ſagðı
at ꝁr haꝼðı t̉ þ orð ſent at .k.v. ſkyllðı g̃az m̄ ħ
eða ſonr ħ an̄aꝛ̃huaꝛ̃. hủneg ſū. þu kuað þor.
ek ſagða ſua ſē m̄ v̄ ı hug at ek munða allð
ganga a honð haꝛ̃. ꝁı. ⁊ ſua munðu þıð g̃a
baðer eꝼ ek ſkyllða raða. ætla ek at þær
lykꝛ̃ munı a v̄ða at v̊ munī allðrtıla hlıota
aꝼ þeī ꝁı. þ v̄ðr allmıog a ānan veg ſagðı þoꝛ̃.
en m̄ ſeg̃ hugr v̄. þt ek ætla mık ſl̄u aꝼ ħm
hlıota hīn meſta ꝼrama. ⁊ t̉ þ em ek ꝼaſtra
ðīn at ꝼ̃a a ꝼunð ꝁſ ⁊ g̃az ħ m̄. ⁊ þ heꝼı ek
ſānſpurt at hırð ħ ē ſkıput aꝼrekſ m̄m eı
nū. þıkı m̄ þ allꝼyſılıgt at kōa ı þra ſuıt eꝼ
þr vılıa v̇ m̄ taka. ē̊o þr m̄n hallðñ mıklu be
tr en aller aðrer ı þu lðı. Er m̄ ſua ꝼ̃ ſagt

ꝁı at ħ ſe hīn mılldaztı aꝼ ꝼegıoꝼū vͬ m̄n ſına ⁊
é ſıðr þ auꝁ at geꝼa þeī ꝼ̄mgang. ⁊ veıta rıkı þeī
ẽ ħm þıkıa tͥ þ ꝼallner. en m̄ ſpyrſt a þān veg tıl
v̄ alla þa ẽ bakūpaz vılıa vͬ ħm. ⁊ þyðaz é ħ m;
vınattu ſē aller vͬðı eckı at m̄. ſtauckua ſum̄
aꝼ lðı a ƀtt. en ſum̄ g̃az leıgu m̄n. þıkı m̄ þ vn
ðarlıgt ꝼað̄ v̄ ſua vıtran mān ſē þu ẽt. ⁊ met
naðargıarnan ẽ þu vıllðer é m; þockum ta
ka vegſēð þa ẽ ꝁr bauð þ̄. en eꝼ þu þıkız
vͬa ꝼorſpaꝁ v̄ þ at vͬ munī hlıota aꝼ ꝁı þum
oꝼarnat. ⁊ munı vılıa vͬa vaꝁ vuınr. huı ꝼor
tu é þa tͥ orroſtu ı motı ħm m; ꝁı þeī ẽ þu ert
aðr hanðgengīn. Nu þıkı m̄ þ o ſæmılıgaz at
vͬa huarkı vınr ħ ne vuınr. Epͭ geck þ kua
ð .k.v. ẽ m̄ bauð hugr v̄ at þr munðu eng̃ ſıgr
ꝼaur ꝼ̄a ẽ borðuz vͬ harallð luꝼu norðr a mæ
rı. En ſlıkt ſama mun þ vͬa ſatt at ħr. mun
vͬða at mıklū ſkaða mınū ꝼrænðū ꝼræn
ðū. En þu þorol̄ munt raða vılıa athoꝼnū
þınū. Eckı ottūz ek þ þottu kom̄ ı ſueıt m;
hırð m̄m har̄. at é þıkır þu hlutgengr eða
ıaꝼn hınū ꝼrēſtū ı ollū mānraunū. Varaz
þu þ at é ætlır þu hoꝼ ꝼ̄ þ̄ eða keppız vͬ þer
meırı m̄n. En é muntu ꝼ̄ vægıa at hellðr En
ẽ þor̄. bıoz a ƀtt. þa leıððı .k.v. ħ oꝼan tͥ ſkıp\s/.
huarꝼ tͥ ħ ⁊ bað ħ vel ꝼara ⁊ bað þa heıla h
ıttaz **aꝼ bıorgol** [gū. ħ vͬ lenðr maðr rıkr **ꝼı**

7 Bıorgolꝼr het m̄ a haloga lðı ħ bıo ıtor
⁊ auðıgr. En halꝼbergrıſı at aꝼ aꝼlı
⁊ vextı ⁊ kynꝼ̄ð. ħ attı ſon ẽ ħͭ bryn
ıolꝼr. ħ var lıkr ꝼeðr ſínū. bıorgolꝼr vͬ þa
gamall ⁊ onðut kona ħ. ⁊ haꝼðı ħ ſellt ı h
enðr oll rað ſynı ſınū ⁊ leıtað ħm kuanꝼā
gſ. brynıolꝼr attı helgu ðottur ketılſ hæng\s/
or hraꝼnıſtu. barðr er neꝼnðr ſonr þra. ħ vͬ
ſnēma mıkıll ⁊ ꝼ̄ðr ſynū ⁊ varð hīn meſ
tı atg̃uıſ m̄. þ var eıtt hauſt at þar vͬ gıllðı
ꝼıolm̄nt ⁊ vͬ þr bıorgolꝼr ꝼeðgar ı gıllðınu
gauꝼgazter m̄n. þar var hlutaðr tuım̄n
ıngr a auptū ſē ſıðuenıa vͬ tͥ. En þ̄ at gıll
ðınu vͬ ſa m̄ er haugnı ħͭ. ħ attı bu ı leku

ħ vͬ m̄ ſtorauðıgr. allra m̄ ꝼ̄ðaztr ſynum
vıtr m̄ ⁊ ættſmaꝁ ⁊ haꝼðı haꝼız aꝼ ſıalꝼū
ſer. ħ attı ðottur allꝼrıða ẽ neꝼnð ẽ hıllðı
rıðr ħͦ hlaut at ſıtıa hıa bıorgolꝼı. taulu
ðu þau mart v̄ kuellðıt. leız ħm mærın
ꝼogr. lıtlu ſıðaꝁ vͬ ſlıtıð gıllðınu. þ ſama
hauſt g̃ðı bıorgolꝼr gālı heımanꝼor ſína
⁊ haꝼðı ſkutu er ħ attı. ⁊ a .xx\x/. m̄n. ħ kō
ꝼrām ı leku ⁊ gēgu þr heī tͥ ħſ .xx. en .x.
gættu ſkıpſ. en er þr kōu a bæīn þa geck
haugnı a mot ħm ⁊ ꝼagnaðí vel. bauð
ħm þar at vͬa m; ſınu ꝼoruneytı. en ħ þ
ektız þ. ⁊ gengu þr īn ı ſtuꝼu. en ẽ þr hoꝼ
ðu aꝼklæðz ⁊ tekıt vpp yꝼ̄haꝼn̄ þa let h
augní bera īn ſkaptꝁ̄ ⁊ mungát. hıllðırıðr bō
ða.ð. bar aul geſtū. bıorgolꝼr kallar tͥ ſín haug
na .b. ⁊ ſeg̃ ħm at erēðı er þ hīgat at ek vıl at
ðotͭ þín ꝼarı heī m; m̄ ⁊ mun ek nu g̃a tͥ hen̄
lauſabrullaup en haugnı ſa engan ānan ſīn koſt
en lata allt ſua vͬa ſē bıorgol̄. vıllðı. bıorg̃. keyp
tı hana m; eyrı gullz. ⁊ gengu þau ı eına rec
kíu bæðı. ꝼor hılldırıðr heī m; bıorg̃ ı torg̃. br
ynıolꝼr let ılla yꝼ̄ þı raða g̃ð. þau bıorg̃. ok hıll
ðırıðr attu .ıȷ́. ſonu. het ānaꝁ harekr en ān̄aʀ
hrærekr. Sıðan anðaz bıorg̃. en þeg̃ ħ var vt
haꝼıðr. þa let brynıol̄. hıllðır̄. a ƀtt ꝼara m; ſo
nu ſına. ꝼor ħͦ þa ıleku tͥ ꝼoður ſınſ ⁊ ꝼæððuz
þ̄ vpp. ſyn̄ hıllðır̄. þr vͬ m̄n ꝼrıð̄ ſynū lıtler v
extı. vel vıtı born̄. lıꝁ̄ moðurꝼrænðū ſınū þr vͬ
kallað̄ hıllðır̄.ſſ. lıtılſ vırðı brynıol̄. þa ⁊ let
þa eckı haꝼa aꝼ ꝼoður arꝼı þra. hıllð. vͬ ẽꝼī
gı haugna ⁊ tok ħͦ ⁊ .ſſ. hen̄ arꝼ epͭ ħ. ⁊ bıug
gu þa ı leku ⁊ hoꝼðu auð ꝼıar. þr vͬ mıog mıog
ıāallðrar barðr brynıol̄.ſ. ⁊ hıll𝔡̄.ſſ. þr ꝼeðgar
bryn̄. ⁊ bıorg̃. hoꝼðu lengı haꝼt ꝼīnꝼerð ⁊ ꝼīn
Norðr a haloga lðı heıͭ ꝼıorðr veſͭ þ̄ [ſkatt
lıɢr ey ı ꝼırðınū ⁊ heıͭ aloſt mıkıl ey ⁊ goð. ı
hēnı heıͭ béꝁ a ſanðneſı. þar bıo m̄ ẽ ſıgurðr
ħͭ. ħ vͬ auðgaztr norðr þ̄. ħ var lenðr m̄. ⁊ ſpak\r/
at vıtı. Sıgrıðr ħͭ ðotͭ ħ ⁊ þottı koſtr beztr
a haloga lðı. ħͦ vͬ eınƀnı ħ. ⁊ attı arꝼ at taka

epť Sıg̃. ꝼoður ſın̄. barðr brynıol̄.ſ. g̃ðı heıman ꝼ̃ð
ſına. haꝼðı ſkutu. ꝫ a .xxx. m̄. ħ ꝼor norðr ı aloſt.
ꝫ kō a ſanðneſ ť ſıg̃. barðr heꝼ̃ vppı orð ſín ꝫ bað
ſıgrıðar. ꝥ malı v̓ vel ſuarað ꝫ lıklıga ꝫ kō ſua at
barðı v̓ heıtıð meyıūnı rað þau ſkyllðu takaz
at oðru ſūrı. ſkyllðı þa barðr ſækıa norðr þangat
8 Haꝼ̃. k̄r haꝼðı þ ſumar **capıtulum** [raðıt
ſent orð rıkıſm̄m. þeī ē v̊ a haloga lðı. ꝫ
ſteꝼnðı ť ſín þeī ē aðr hoꝼðu ė v̊ıt aꝼūð
ħ. var bryn̄. raðīn ť þrar ꝼ̃ðar ꝫ m; ħm barðr
ſon ħ. ꝼoru þr v̄ hauſtıð ſuðr ť þranðheīſ. ꝫ hıttu
ꝥ k̄g. tok ħ v̓ þeī allꝼegīſamlıga. g̃ðız þa bryn̄
lenðr m̄ k̄. ꝼeck k̄r ħm veızlur mıklar aðrar.
en aðr haꝼðı ħ haꝼt. ħ ꝼeck ħm ꝫ ꝼīn ꝼ̃ð. k̄ſ ſyſlu
a ꝼıallı ꝫ ꝼīnkaup. Sıðan ꝼór bryn̄. a b̄tt ꝫ heī tıl
bua ſīna. en barðr v̓ epť ꝫ g̃ðız k̄ hırð m̄. Aꝼ oll
ū hırð m̄m vırðı k̄r meſt ſkallð ſın. þr ſkıpu
ðu ānat aunðuegı þra ſat īnaſt auðun ıllſk
ællða ħ v̓ ellztr þra. ꝫ ħ haꝼðı v̊ıt ſkallð halꝼ
ðanar ſuarta ꝼauður haꝼ̃.k̄. þar. næſt ſat þor
bıorn hornkloꝼı. En þar næſt ſat aulu̍ hnuꝼa
En ħm ıt næſta v̓ ſkıpat barðı. ħ v̓ ꝥ kallaðr
barðr huıtı. eða barðr ſť̃kı. ħ vırðız þar vel
hu̍ıū m̄. m; þeī aulu hnuꝼu v̓ ꝼelagſkapr
mıkıll. þ ſama hauſt kōu ť haꝼ̃.k̄. þr þorolꝼr
.k.v.ſ. ꝫ eyuınðr lābı .ſ. b̄ðlukara. ꝼengu þr ꝥ
goðar v̓tokur. þr hoꝼðu þangat ſneckıu tuı
tugſeſſu vel ſkıpaða ē þr hoꝼðu aðr haꝼt í ví
kıng. þeī v̓ ſkıpat ı geſtaſkala m; ſueıt ſına.
þa ē þr hoꝼðu ꝥ ðualız ť þ ē þeī þóttı tımı ť at
ganga a ꝼunð k̄. geck ꝥ m; þeī berðlu karı. ok
aulu̍ hnuꝼa. þr kueðıa k̄g. þa ſeg̃ aulu̍ hnuꝼa
at ꝥ ē komīn .ſ.k.v. ſē ek ſagða yðr ı ſumar at .k.v.
munðı ſenða ť yðuar. munu yðr heıt ħ oll ꝼoſt
megu ꝥ̃ nu ſıa ſānar ıartegn̄ at ħ vıll v̊a vī
yðuar̄ ꝼullkomīn. ē ħ heꝼ̃ ſent ſon ſīn hīgat
ť þıonoſtu v̓ yðr ſua ſkorulıgan mān ſē ꝥ̃ meg
ut nu ſıa. er ſu bæn .k.v. ꝫ allra v́ar at þu ta
ker v̓ þorolꝼı vegſālıga ꝫ g̃ır ħ mıkīn mann
m; yðr. k̄r .ſ. vel malı ħ. ꝫ kuez ſua g̃a ſkyllðu
eꝼ m̄ reynız þorol̄. ıāuel mānaðr ſē ħ ē ſynū

ꝼullðrengılıgr. Sıðan g̃ðız þorol̄ hanðgengīn k̄ı
ꝫ geck þar ı hırðlog en b̄ðlukarı ꝫ eyuınðr lābı
ſon ħ ꝼoru ſuðr m; ſkıp þ ē þorol̄. haꝼðı norðr h
aꝼt. ꝼor þa karı heī ť bua ſīna. ꝫ þr eyuınðr bað̄
þorol̄ v̓ m; k̄ı ꝫ vıſaðı k̄r ħm ť ſætıſſ mıllı þra
auluıſ hnuꝼu ꝫ barðar. ꝫ g̃ðız m; þeī ollū hīn
meſtı ꝼelagſkapr. þ v̓ mal māna v̄ þorol̄. ok
barð at þr v̊ı ıaꝼn̄ at ꝼ̃ðleık ꝫ a voxt ꝫ aꝼl ꝫ al
la atg̃uı. Nu ē þorol̄. þar ı allmıklū kærleıkū
aꝼ k̄ı ꝫ baðer þr barðr. En ē vetn̄ leıð aꝼ ꝫ ſum̄
kō. þa bað barðr ſer orloꝼſ k̄g at ꝼ̃a at vıtıa
raðſ þ ē ħm haꝼðı heıtıð v̊ıt. hıt ꝼyrr̄a ſumar. En
ē k̄r vıſſı at barðr attı ſkyllt erēðı. þa loꝼaðı ħ
ħm heīꝼ̃ð. En ē ħ ꝼeck orloꝼ. þa bað ħ þorolꝼ
ꝼ̃a m; ſer norðr þagat. ſagðı ħ ſē ſatt v̓ at ħ m
ynðı ꝥ mega hıtta marga ꝼrænðr ſına gauꝼ
ga þa ē ħ munðı ė ꝼyrr̄ ſéét haꝼa eða v̓ kan
naz. þorol̄. þottı þ ꝼyſılıgt. ꝫ ꝼa þr ť þ orloꝼ aꝼ
k̄ı. buaz ſıðan hoꝼðu ſkıp gott ꝫ ꝼoruneytı
ꝼoru þa leıð ſína ē þr v̊ bun̄. en ē þr kōa ı torgar
þa ſenða þr ſıgurðı m̄n ꝫ lata ſegıa ħm at bar
ðr mun þa vıtıa raða þra er þr hoꝼðu bunðıt
m; ſer hıt ꝼyrr̄a ſumar. Sıgurðr ſeg̃ at ħ vıll þ allt
hallða ſē þr hoꝼðu m̄lt. g̃a þa akueðıt v̄ brulla
upſteꝼnu. ꝫ ſ̄tlu þr barðr ſækıa norðr þagat a
ſanðneſ. en ē at þrı ſteꝼnu kō þa ꝼ̃a þr bryn̄.
ꝫ barðr. ꝫ hoꝼðu m; ſer mart ſtorm̄nı. ꝼræ̃ðr
ſına ꝫ teīgða m̄n. v̓ þ ſē barðr haꝼðı ſagt at þor
olꝼr hıttı þar marga ꝼrænðr ſına þa ē ħ haꝼðı
eckı aðr v̓ kan̄az. þr ꝼoru ť þ ē þr kōu a ſanðne`s´.
ꝫ var ꝥ hın pruðlıgſta veızla. En ē lokıt v̓ veı
zlūnı ꝼor barðr heī m; konu ſína ꝫ ðualðız heı
ma v̄ ſumarıt ꝫ þr þorol̄. baðer. en v̄ hauſtıt
kōa þr ſuðr ť k̄. ꝫ v̊ m; ħm vetr ānan. a þeī
vet̄ anðaðız bryn̄. en er þ ſpyrr̄ barðr at ħm
haꝼðı ꝥ arꝼr tæmz þa bað ħ ſer heī ꝼar̄ leyꝼ
ıſſ. en k̄r veıttı ħm þ. ꝫ aðr þr ſkılðız g̃ðız b̄ðr
lenðr m̄ ſē ꝼaðer ħ haꝼðı v̊ıt. ꝫ haꝼðı a k̄ı ve
ızlur allar ꝥlık̄ ſē bryn̄ haꝼðı haꝼt. barðr ꝼór
heī ť bua ſīna ꝫ g̃ðız bratt hoꝼðıngı mıkıll
en hıllðırıð .ſſ. ꝼengu eckı aꝼ arꝼınū þa hellðr

en ꝼyk̄. barðr attı ſon v̇ konu ſīnı ɜ h́ ſa g̊mr. þór olꝼr v̇ m; k̄ı ɜ haꝼðı þ́ v̇ðıng̊ mıklar. **capıtulm**

9 Haŕ. k̄r bauð vt leıðang̊ mıklū ɜ ðro ſa man ſkıpalı̄. ſteꝼnðı t́ ſın lıðı vıða v̄ lonð. h̄ ꝼór or þranðheımı ɜ ſteꝼnðı ſu ðr ılð. h̄ haꝼðı þ ſpurt at h̄r mıkıll v̇ ſamanð regīn v̄ agð̃ ɜ rogalð ɜ haurðalð ɜ vıða t́ ſaꝼ nat. bæðı oꝼan aꝼ lðı ɜ auſtan or vık. ɜ v̇ þ́ mart ſtorm̄nı ſaman kōıt ɜ ætlar at v̊ıa lð ꝼ́ haŕ. k̄ı. haŕ. k̄r hellt norðan lıðı ſınu. h̄ haꝼ ðı ſıalꝼr lıð mıkıt. ɜ ſkıpat hırð ſıñı þ́ v̇ ı ſ taꝼnı. þorol̄.k.v.ſ. ɜ barðr huítı. ɜ .ſſ. berðlu kara aulū̊ hnuꝼa. ɜ eyuınðr lābı. En ber ſerk̄̃ k̄ſ .xíj. v̊ ı ſoxū. Funðr þra v̇ ſuðr a ro galðı ı haꝼrſ ꝼırðı. v̇ þar hın meſta orroſta ē haŕ k̄r haꝼðı atta ɜ mıkıt mānꝼall ı huar ratueggıu lıðı. lagðı k̄r ꝼ̃marlıga ſkıp ſıt ɜ v̇ þ́ ſtraunguſt orroſtan. en ſua lauk. at haŕ. k̄r ꝼeck ſıgr. En þ́ ꝼell þoŕ haklangr k̄r aꝼ augðū. En kıotuı hīn auðgı ꝼlyðı ɜ allt l ıð h̄. þ er vpp ſtoð nēa þ er t́ hanða geck epť orroſtuna. þa ē kānat v̇ lıð haŕ. k̄ſ v̇ mart ꝼallıt ɜ marg̊ v̊ mıog ſaŕ. þorol̄ v̇ ſak̄ mıog en barðr meık̄. ɜ engı v̇ oſak̄ a k̄ſ ſkıpınu ꝼ́ ꝼraman ſıglu. nēa þr ē ė bıtu ıarn en þ v̊ berſerk̄̃. þa let k̄r bınða ſár māna ſınna ɜ þackaðı m̄m ꝼ̃mgongu ſına. ɜ v`e´ıttı gıaꝼır ɜ lagðı þar meſt loꝼ t́ er h̄m þottı maklıg̊. ɜ het þeī at auka vırðıng þra. neꝼnðı t́ þ ſk ıpſtıornarm̄n ɜ þar næſt ſtaꝼnbua ſına ɜ aðra ꝼrābyggıa. þa oꝛo attı haŕ. k̄r ſıðarſt īnan lðz ɜ epť þ ꝼeck h̄ enga v̇ſtoðu ɜ eıgnaðız h̄ ſıðan lð allt. k̄r let græða m̄n ſína þa ē lıꝼſ var av ðıt. en veıta v̄ buð dauðū m̄m. þān ſē þa v̇ ſıðuenıa tıl. þorol̄ ɜ barðr lagu ı ſarū. toku ſár þorol̄. at groa en barðar ſar g̊ðuz ban væn. þa let h̄ kalla k̄g t́ ſín ɜ ſagðı h̄m ſua eꝼ ſua v̊ðr at ek ðeyıa ór þum ſarū þa vıl ek þ bıðıa yðr at þ́ latıð mık raða ꝼ́ arꝼı mınū en ē k̄r haꝼðı þ́ ıatað. þa ſagðı h̄ arꝼ mīn allan vıl ek at takı þorol̄. ꝼelagı mīn ɜ ꝼ̄nðı lonð ɜ lauſa aura. h̄m vıl ek ɜ geꝼa konu mına ɜ ſon mīn t́ vppꝼæzlu. þt ek t́ı h̄m t́ þ bezt allra māna. h̄ ꝼeſtır þtta mal ſē log v̊ t́ at leyꝼı k̄. Sı ðan anðaz barðr ɜ v̇ h̄m veıttr v̄ bunaðr ɜ v̇ h̄ harmðauðı mıog. þorol̄. v̊ð heıll ſara ſīna. ɜ ꝼylgðı k̄ı v̄ ſumarıt. ɜ haꝼðı ꝼengıt allmıkīn orð ſtır. k̄r ꝼor v̄ hauſtıð norðr t́ þranð heīſ þa bıðr þorol̄. orloꝼſ at ꝼ̄a norðr a haloga lð at vıtıa gıaꝼ̄ þrar ē h̄ haꝼðı þegıt v̄ ſumarıt at barðı ꝼrænða ſınū. k̄r loꝼar þ. ɜ g̊ır m; orð ſenðıg ɜ ıartegn̄ at þorol̄. ſł þ allt ꝼa ē barðr gaꝼ h̄m. lætr þ at ſu gıoꝼ var gıor m; raðı k̄. ɜ h̄ vıll ſua v̊a lata. gıorer k̄r þa þorol̄. lenðan mān ɜ veıť h̄m þa allar veızlur þær ſē aðr haꝼðı barðr haꝼt. ꝼær h̄m ꝼīnꝼ̄ðına m; þ́lıkū ſkıl ðaga ſē áðr haꝼðı haꝼt barðr. k̄r gaꝼ þorol̄. langſkıp gott m; reıða ollū. ɜ let bua ꝼ̄ð h̄ þaðan ſē bezt. Sıðan ꝼór þorol̄. þaðan ꝼerð ſína. ɜ ſkılðuz þr k̄r m; hınū meſta kærleık En ē þorol̄. kō norðr ı torg̊. þa v̇ h̄m þ́ vel ꝼagn at. Sagðı h̄ þa ꝼ̃ꝼall bar̊ð. ɜ þ m; at barðr haꝼðı geꝼıt h̄m epť ſık. lð ɜ lauſa aura. ɜ kuanꝼang þ ē h̄ haꝼðı aðr att. b́r ꝼrām ſıðan orð k̄. ɜ ıartegn̄. En ē ſıgrıðr heyrðı þı tıðenðı þa þottı hēnı ſkaðı mıkıll epť mān ſīn. En þorol̄. v̇ hēnı aðr mıog kūnıgr ɜ vıſſı h̊ at h̄ v̇ hīn meſtı merkıſ m̄. ɜ þ gıaꝼorð v̇ allgott. ɜ m; þ́ at þ v̇ k̄ boð þa ſa h̊ þ at ra ðı ɜ m; hēnı vınır h̄nar at heıtaz þorol̄. eꝼ þ v̊ı ꝼeðr h̄nar ė ımotı ſkapı. Sıðan tok þor ol̄. þ́ v̇ ꝼorraðū ollū ɜ ſua v̇ k̄. ſyſlu. þorol̄. g̊ðı heımanꝼaur ſına ɜ haꝼðı lāgſkıp ɜ a næk̄ .l.x m̄. ɜ ꝼór ſıðan ē h̄ var buīn norðr m; lðı ɜ eīn ðag at kuellðı kō h̄ ıaloſt a ſanðneſ. logðu ſkıp ſıtt t́ haꝼn̄. en ē þr h oꝼðu tıallðat ɜ v̄ buız. ꝼor þorol̄. vpp t́ bæı ar með .xx. m̄n. Sıg̊ðr ꝼagnaðı h̄m vel ɜ bauð h̄m þar at vera. þt þ́ v̊ aðr kūnle ıkar mıklır m; þeī ſıðan er mægð haꝼðı tekız m; þeī ſıg̊ðı ɜ barðı. Sıðan gıngu þr þorol̄. īn ı ſtoꝼu ɜ toku þar gıſtıng. Sıg̊ðr

ſettız a tal vͥ þolꝼ. ⁊ ſpurðı at tıꝺenꝺū. þolꝼr ſagðı
ꝼ̃ ořo þrı ē̃ v̊ıt haꝼðı v̄ ſumarıt ſuðr a lꝺı ⁊ ꝼall m
argra m̊ þra ē̃ ſıg̃. vıſſı ꝺeılı a. þorlꝼr ſagðı at bͦðr
mágr ħ haꝼðı anꝺaz ór ſarū þeī ē̃ ħ ꝼeck ı ořo. þottı
þ baðū þeī hīn meſtı ſkaðı. þa ſeg̃ þolꝼr ſıg̃ðı hu
at v̊ıt haꝼðı ı eınkamalū m; þeī bárðı aðr ħ an
ꝺaðız ⁊ ſua bar ħ ꝼ̃m orðſenꝺıngar k̇. at ħ vıllꝺı
þ allt hallꝺaz lata. ⁊ ſynꝺı ꝥ m; ıartegň. Sıðan
hoꝼ þol̄. vpp bonorð ſıtt vͥ ſıg̃. ⁊ bað ſıgrıðar ꝺ. ħ.
Sıg̃. tok ꝥ malı vel. ſagðı at marg̃ hluť hellꝺu ť
ꝥ. ſa ꝼyrſtr at k̄r vıll ſua v̊a lata. ſua þ at bͦðr
haꝼðı ꝥ beðıt. ⁊ þ m; at þol̄. v̊ ħm kūnıgr ⁊ ħm
þottı ꝺotť ſın vel gıpt. var þ mal auðſótt vıð
ſıg̃ð. ꝼoru þa ꝼ̃m ꝼeſtar. ⁊ akueðın brullaup\`s´
ſteꝼna ı torgū v̄ hauſtıð. ꝼor þa þol̄. heī ť buṡ
ſínſ ⁊ ħ ꝼorunautar ⁊ bıo þar ť veızlu mıkılla\`r´
⁊ bauð þagat ꝼıolmēnı mıklu var þar mart
ꝼrænꝺa þolꝼſ gauꝼugra. Sıḡ. bıoz ⁊ norðan ⁊
haꝼðı langſkıp mıkıt ⁊ mānual gott. var at
þrı veızlu ıt meſta ꝼıolm̄nı. bratt ꝼanz þ at þ
olꝼr v̊ auk̇ m̊ ⁊ ſtorm̄nı mıkıt. haꝼðı ħ v̄ ſık
ſueıt mıkla. en bratt g̃ðız koſtnaðarmıkıt
⁊ þurꝼtı ꝼaung mıkıl. þa v̊ ár gott ⁊ auðue
llt at aꝼla ꝥ ē̃ þurꝼtı. a þeī veť anꝺaðız sıg̃
a ſanꝺneſı. ⁊ tok þol̄. arꝼ allan epť ħ. var þ
allmıkıt ꝼe. þr .ſſ. hıllꝺıř. ꝼoru a ꝼunꝺ þorol̄
⁊ hoꝼu vpp ťkall þ ē̃ þr þottuz þar eıga v̄ ꝼe
þ ē̃ att haꝼðı bıorgolꝼr ꝼaðer þra. þol̄.ſ. ſua
þ v̊ m̊ kūnıgt oꝼ brynıolꝼ ⁊ ēn kūnara vm
barð at þr v̊ manꝺōſm̄n ſua mıklır at þr m
unꝺu haꝼa mıðlat yk̄r þ aꝼ arꝼı bıorgolꝼſ
ſē þr vıſſı at rettınꝺı v̊ı tıl. var ek næk̇ þuı
at þıð hoꝼut ꝥtta ſama akall vͥ barð ⁊ heyr
ðız m̊ ſua ſē ħm þættı þar engı ſānynꝺı tıl
ꝥt ħ kallaðı ykr ꝼrıllu ſonu. harekr ſagðı
at þr munꝺu vıtnı ť ꝼa at moꝺer þra var
munꝺı keypt. en ſatt var þ at vͥ leıtuðū
eckı ꝼyrſt ꝥa mala vͥ brynıolꝼ broður ock
arn. var ꝥ ⁊ m; ſkyllꝺū at ſkıpta. en aꝼ bͦ
ðı ventu vͥ ockr ſæmꝺar ı alla ſtaðı. vrꝺu ⁊
ė long var vͥſkıptı en nu ē̃ arꝼr ꝥı kōınn
vnꝺer oſkyllꝺa m̄n ok̄r. ⁊ megu vͥ nu ė
m; ollu þegıa yꝼ̃ mıſſu ockak̇ı. En v̊a kān at
ēn ſe ſē ꝼyk̇ ſa rıkıſſ munr at vͥ ꝼaī ė rett aꝼ
ꝥu malı. ꝼ̇ ꝥ̃ eꝼ þu vıll engı vıtnı heyra þau
er vͥ hoꝼū ꝼrām at ꝼlytıa at vͥ ſē m̄n aðal
borň. þol̄.ſ. þa ſtyɢlıga. ꝥ ſıðr ætla ek ykr arꝼ
borna at m̊ er ſagt moꝺer yckur v̊ı m; vall
ꝺı tekın ⁊ ħnumın heım hoꝼð. Epť þ ſkılꝺu

10 Þorol̄. g̃ðı v̄ **ꝼerð þorl̄.** [þr þeſſa ræðu.
v̄ vetrīn ꝼ̃ð ſína a ꝼıall vpp ⁊ haꝼðı m;
ſer lıð mıkıt ė mīna en níu tıgu m̊.
en aðr haꝼðı vanꝺı a v̊ıt at ſyſlum̄n hoꝼ
ðu haꝼt .xxx. m̊ en ſtunꝺū ꝼæra. ħ haꝼðı
m; ſer kaupſkap mıkīn. ħ g̃ðı bratt ſteꝼnu
lag vͥ ꝼīna ⁊ tok aꝼ þeī ſkatt. ⁊ áttı vͥ þa k
aupſteꝼnu. ꝼor m; þeī allt ımakenꝺum
⁊ ı vınſkap en ſūt m; hræzlugæðı. þol̄. ꝼor
vıða v̄ morkına. En ē̃ ħ ſottı auſtr a ꝼıal
lıt ſpurðı ħ at kylꝼīgar voru auſtan kōň
⁊ ꝼoru þar at ꝼīnkaupū en ſūſtaðar með
ránū. þol̄. ſettı ť ꝼīna at níoſna v̄ ꝼ̃ð kylꝼī
ga. en ħ ꝼor epť at leıta þra ⁊ hıttı ı eınu bolı.
.xxx. māna ⁊ ꝺrap alla ſua at engı kōz vn
ꝺan. en ſıðan hıttı ħ ſaman .xv.e.xx. allz ꝺra
pu þr næʀ .c. m̊ ⁊ toku ꝥ vgryňí ꝼıar ⁊ komu
aptr v̄ varıt vͥ ſua buıt. ꝼor þol̄. þa ť buſſ ſínſ
a ſanꝺneſ ⁊ ſat þar lengı. v̄ varıt let ħ g̃a lāg
ſkıp mıkıt ⁊ a ꝺrekahoꝼut. let þ bua ſē bezt
haꝼðı þ norðan með ſer. þol̄. ſopaz mıog v̄ ꝼōg
þau ē̃ þa v̊ a halugalꝺı. haꝼðı m̄n ſına ıſılꝺ
verı ⁊ ſua ı ſkreıðꝼıſkı. ſelů v̊ ⁊ nog ⁊ eɢv̊.
let ħ þ allt at ſer ꝼlytıa. ħ haꝼðı allꝺregı ꝼæ
ra ꝼrelſīgıa heíma en .c. ħ v̊ auk̇ m̊ ⁊ gı\`o´ꝼull
⁊ vıngaðız mıog vͥ ſtorm̄nı. alla þa m̄n ē̃ ħm
v̊ ı nánꝺ. ħ gıorðız rıkr m̊ ⁊ lagðı mıkīn hug
a v̄ ſkıpabunat ſīn ⁊ vapna. **þorl̄ bauð k̄ı**

11 Hať k̄r ꝼór þ ſum̊ a haluga lꝺ. ⁊ v̊ g̃uar
veızlur ı motı ħm bæðı þar ē̃ ħ bu v̊
⁊ ſua g̃ðu lenꝺer m̄n ⁊ rık̃ bænꝺr þ
olꝼı bío veızlu ımotı k̄ı ⁊ lagðı a koſtnat
mıkīn v̊ þ akueðıt næk̇ k̄r ſkyllꝺı ꝥ koma
þol̄ bauð þangat ꝼıolꝺa m̊. ⁊ haꝼðı ꝥ allt

ıt bezta mānual þ ē koſtr v̄. ƙr. hafðı næƙ ccc. m̄
ē h kō t veızlūnar. en þol hafðı f .v. hunðrut m̄.
þol. hafðı latıð bua korn hloðu mıkla ē þ v̄ ꝫ la
tıð leggıa beckı í ꝫ let þ ðrecka. þt þ v̄ engı ſtofa
ſua mıkıl ē þ fıolm̄nı mættı allt īnı v̄a. þar v̄
ꝫ feſt ſkıllðır v̄hūfıſſ ı ħınu. ƙr ſettız ı haſætı.
En ē alſkıpat v̄ ıt efra ꝫ ıt frēra. þa ſaz ƙr vm
ꝫ roðnaðı. ꝫ mltı eckı. ꝫ þottuz m̄n fīna at h v̄
reıðr. veızla v̄ hın pruðlıgſta. ꝫ oll faung hın
beztu. ƙr v̄ hellðr okatr. ꝫ var þ .íıj. nætr ſēætlat
v̄. þan̄ ðag ē ƙı ſkyllðı b̄tt fa geck þol. t ħ ꝫ bað
at þr ſkylldu fa ofan t ſtranðar. ƙr ḡðı ſua þ
flaut f lðı ðrekı ſa ē þol. hafðı ḡa latıð m; tı
olldū ꝫ ollū reıða. þol. gaf ƙı ſkıpıt. ꝫ bað at
ƙr ſkyllðı ſua vırða ſē ħm hafðı t gengıt. at
h hafðı f þ haft fıolm̄ní ſua mıkıt at þ v̄ı ƙı
vegſēð en eckı f kappſ ſaƙ v̄ h. ƙr tok þa vel
orðū þol. ꝫ ḡðı ſık þa blıðan ꝫ katan. laugðu
þa ꝫ marḡ goð orð t. ſogðu ſē ſatt v̄ at veızlan
va hın vegſālıgſta ꝫ vt leızlan hın ſkaurulıgſ
ta. ꝫ ƙı v̄ ſtyrkr mıkıll at ſlıkū m̄m. ſkılðuz
þa m; kærleık mıklū. fór ƙr norðr a haluga
lð ſē h hafðı ætlat. ꝫ ſn̄ı aptr ſuðr ē a leıð ſūa
rıt. for þa ēn at veızlū þ ſē f ħm v̄ buıt. **af**

12 Hıllðır̄.ſſ. foru a funð ƙ. **hıldırıðar .ſſ.**
ꝫ buðu ħm heī t .ííí. natta veızlu. ƙr
þektız boð þra ꝫ kuað a næƙ h munðı þar
kōa. En ē at þrı ſtefnu kō. þa kō ƙr þ m; lıð
ſıtt ꝫ v̄ þ eckı fıolm̄n f. en veızla fór f̄m ıt
bezta. var ƙr allkatr. harekr kō ſer ı ræðu
v̄ ƙg. ꝫ kō þ ræðu ħ at h ſpyƙ v̄ f̄ð ƙſ. þær er
þa hofðu v̄ıt v̄ ſumarıt. ƙr ſagðı ſlıkt er h ſ
purðı. kuað alla m̄n hafa ſer vel fagnat. ꝫ
mıog hūn epť fongū ſınū. Mıkıll munr ſ
agðı harekr mun þ hafa v̄ıt at ı torgū mū
ðı veızla fıolmēnuz ƙr ſagðı at ſua v̄. har
ekr .ſ. þ var vıſ ván. þt t þrar veızlu v̄ meſt
aflat. ꝫ baru þ ƙr þ ſtorlıgar gæfur t ē ſ
ſn̄ız at þ komut ı engan lıfſ haſka. fór
þ ſē lıklıgt v̄ at þu vart vıtraztr ꝫ hamīgıu
meſtr. þt þu grunaðer þegar at ė mū

ðı allt af heılu v̄a. ē þu ſatt fıolm̄nı þ ıt m
ıkla ē þar v̄ ſaman ðregıt. en m̄ v̄ ſagt at
þu letır allt lıð þıtt ıafnan m; aluæpnı v̄a
eða hafðer varð ha\v/llð oruɢ bæðı nott ꝫ ðag
ƙr ſa t hſ. ꝫ mltı. huı mæler þu ſlıkt harekr
eða huat kantu þar af at ſegıa. h .ſ huart
ſl ek mæla ı orlofı ƙr. þ ē m̄ lıkar. mælðu. ſ ƙr
þat ætla ek. ſ. harekr. ef þu ƙr hūſ m̄ orð er
m̄n mæla heıma epť hugþocka ſınū hū a
kurun þ þıƙ ē þ veıtıð ollu man̄folkı. En
yðr ē þ ſānaſt at ſegıa ƙr at alþyðuna ſkorť
eckı ānat tıl motgangſ v̄ yðr. en ðırfð ꝫ forſtıora
En þ ē eckı vnðarlıgt ſagðı h v̄ ſlıka m̄n ſē þolfr
ē at h þıkız v̄frām huern mān. h ſkorť ė afl
ė f̄ðleık. h heƒ ꝫ hırð v̄ ſık ſē ƙg. h heƒ morð
fíar. þott h hefðı þ eína ē h ættı ſıalfr. En h
ıtt ē meıra at h lætr ſer ıāheımıllt ānaƙa
fe ſē ſıtt þ hafıt ꝫ veıtt ħm ſtorar veızlur. ꝫ
var nu buıt v̄ at h munðı þ ė vel launa. þt þ
er yðr ſānaz f̄ at ſegıa. þa ē ſpurðız at þ
forut norðr a haloga lð m; ė meíra lıðı. en
þ hofðut ccc māna. þa v̄ þ ħ ráð māna at
ħ ſkyllðı heƙ ſaman kōa ꝫ taka þık af lıfı
ƙr ꝫ allt lıð þıtt ꝫ v̄ þol hofðıngı þrar rað
agıorðar þt ħm var þ t boðıt at h ſkyllðı
ƙr v̄a yƒ haleygıafylkı ꝫ nāðælafylkı.
for h ſıðan vt ꝫ īn m; hūıū fırðı. ꝫ v̄ allar eyıar
ꝫ ðro ſaman huern mān er h feck ꝫ hūt vapn
ꝫ for þ þa eckı leynt at þeī ħ ſkyllðı ſtefna ı
motı harallðı ƙı. t orō. en hıtt ē ſatt ƙr þott þ
hefðıt lıð nockuru mīna þa ē þ funðuz at bu
anðkorlū ſkaut ſkelk ı brıngu þeḡ þr ſa ſıglıng
yðra. v̄ þa hıtt rað tekıt at ganga a motı yðr
m; blıðu ꝫ bıoða t veızlu en þa v̄ ætlat ef þ yr
ðıt ðrukn̄ ꝫ lægıt ſofanðı at veıta yðr atgon
gu. m; ellðı ꝫ vapnū. ꝫ þ t ıartegna ef ek he
fı rett ſpurt at yðr v̄ fylgt ı kornhlauðu eīa
þt þolfr vıllðı ė brēna vpp ſtofu ſına nyıa ok
vanðaða mıog. þ v̄ ēn t ıartegna at hūt ħ v̄
fullt af vapnū ꝫ ħklæðū en þa ē þr fengu
engū velræðū v̄ yðr kōıt toku þr þ rað ſem

hellzt ᷝ ꝉ. ðrapu ollu a ðreıꝼ v̄ ꝥa ꝼ͛ætlan. ætla
ek þ alla kūna at ðylıa ꝥa raða. ꝥt ꝼaır hygg
ek at ſık vıtı ſık ſaklauſa eꝼ hıt ſaña kēr vpp.
Nv ē þ mıtt rað ꝁr. at þu taꝁ͛ þoroꝉ. ꝉ þín ꝫ laꝉ
ħ ᷝa ı hırð þīnı. bera m̄kı þıtt ꝫ ᷝa ı ſtaꝼnı
a ſkıpı þınu. ꝉ ꝥ ē ħ ꝼallīn allra māna bezt
En eꝼ þu vıllt at ħ ſe lenðr m̄ þa ꝼa ħm ve
ızlur ſuðr ıꝼıorðū. þar ē ættırnı ħ allt. megu
ꝥ þa ſıa yꝼ͛ at ħ g͛ız ė oꝼſtorr. en ꝼa ħ ſyſlu
a haloga lðı ı honð þeī m̄m ē hóꝼſm̄n ſe. ok
yðr munu m; ꝉ͛leık þıona. ꝫ ħ eıgu kyn. ꝫ þra
ꝼrænðr haꝼa ħ aðr haꝼt. ꝥlıkt ſtarꝼ ſſu vıð
bræðr ᷝa buñ ꝫ boðner ꝉ ſlıkſ ſē ꝥ vılıt oꝁr
ꝉ nyta. haꝼðı ꝼaðer ockarr ħ lengı ꝁſ ſyſlu
varð ħm þ vel ı honðū. ē yðr ꝁr vanð ſetꝉ͛ ħ
m̄n yꝼ͛ ꝉ ꝼorraða. ꝥt ꝥ munut ħ ſıallðan kōa
ſıalꝼer. her ē lıtıð lðz megín ꝉ ꝥ at ꝥ ꝼarıt m; ħ
yðuarn. ꝫ munuð þ ė optaꝁ g͛a at ꝼara hıga\`t´
m; ꝼa lıðı ꝥt ħ ē aꝺtryGt lıð mart. ꝁr reıððı\`z´
mıog ᷝ ræður ꝥar ꝫ mītı þo ſtıllılıga ſē ħ ᷝ
vanr ıaꝼnan þa ē ħ ꝼrettı þau tıðendı ē mí
kılſ ᷝ ᷝð. ħ ſpurðı þa huart þorolꝼr ᷝı heīa
ı torgū. harekr ſagðı at ꝥ ᷝ engı ván ē þorolꝼr
ſua vıtı borīn at ħ mundı kuña ſer at ᷝa ė ꝼıꝉ͛
lıðıyðru ꝁr. ꝥt ħm myndı ꝥ van at ė ſkyllðı
aller ſua hallðınorðer at þu ꝁr munder ᷝ
ᷝða ᷝ ꝥı tıðendı. ꝼor ħ norðr ı aloſt þeg͛ ē ħ ſpu\`r´
ðı at ꝥ vorut norðan a leıð. ꝁr ræððı ꝼátt v̄
ꝥı tıðendı ꝼ͛ m̄m. en ꝼanz þ a at ħ mundı ꝉ͛nat
a ꝼeſta ꝥa orð ræðu ē ħm ᷝ ſagt. ꝼor ꝁr ſıðan
ꝼ͛ðar ſīnar. leıððu hılldıꝛ͛.ſſ. ħ vırðulıga a ꝥtt
m; gıoꝼū. en ħ ħ͛ þeī vınattu ſıñı. þr bræðr ga
ꝼu ſer erendı īn ı naumuðal ꝫ ꝼoru ſua ı ſu
ıg ᷝ ꝁg at þr ħıttu ħ at auðruhᷝıu. tok ħ
ıaꝼnan vel malı þra. **aꝼ þorgıſlı gıallanða**

13 Þorgılſ gıallandı ħ͛ m̄. ħ ᷝ heıma m̄ þor
olꝼſ ꝫ haꝼðı aꝼ ħm meſta vırðıng ħk
arla ħ. ħ haꝼðı ꝼylgt þolꝼı þa ē ħ ᷝ í
vıkíng. var þa ſtaꝼn buı ħ. ꝫ merkıſſ maðr
þgılſ haꝼðı ᷝıt ı haꝼrſ ꝼırðı. ı lıðı harallðz
ꝁſ. ꝫ ſtyrðı þa ſkıpı ꝥ ē þolꝼrattı ꝫ ħ haꝼ
ðı haꝼt ıvıkıng. þgılſ ᷝ rāmr at aꝼlı ꝫ hīn m
eſtı hreyſtımaðr. ꝁr haꝼðı veıtt ħm vıngıaꝼ͛
epꝉ͛ orō ꝫ heıtıð vınattu ſıñı. þgılſ ᷝ ꝼorſtıorı
ꝼ͛ buı ı torgū. þa ē þolꝼr ᷝ ė heıma. haꝼðı þ
gılſ þa þar rað. en er þolꝼr haꝼðı heıman
ꝼarıt. þa haꝼðı ħ ꝉ greıtt ꝼīnſkatt ꝥān allā
ē ħ haꝼðı haꝼt aꝼ ꝼıallı ꝫ ꝁr attı ꝫ ꝼeck ı h
enðr þgıſlı. ꝫ bað ħ ꝼæra ꝁgı eꝼ ħ kæmı ė
heī aðr v̄ þ ē ꝁr ꝼærı norðan ꝫ ſuðr v̄. þgılſ
bıo byrðıng mıkīn ꝫ goðan ē þoꝉ. attı. ok
bar þar a ſkattīn ꝫ haꝼðı næꝁ .xx. m̄m.
Sıglðı ſuðr epꝉ͛ ꝁı. ꝫ ꝼān ħ īn ı naumuðal. En er
þgılſ kō a ꝼunð ꝁſ. þa bar ħ ꝁı kueðıu þolꝼſ.
ꝫ ſagðı at ħ ꝼor ꝥ m; ꝼīnſkatt. ꝥān ē þolꝼr ſē
ðı ħm. ꝁr ſa tıl ħſ ꝫ ſuarar engu. ꝫ ſa m̄n at ħ
var reıðr. geck þa þgılſ abrott. ꝫ ætlaðı at ꝼa
betra ðagrað at tala ᷝ ꝁg. ħ kō a ꝼunð aul
uıſ hnuꝼu. ꝫ ſagðı ħm allt ſē ꝼarıt haꝼðı ꝫ
ſpurðı eꝼ ħ vıſſı nockut ꝉ hᷝıu gegndı. Eıgı ve
ıt ek þ ſagðı ħ. hıtt heꝼı ek ꝼundıt at ꝁr þagñ
hᷝt ſīn er þolꝼſ ē getıð ſıðan ē ᷝ vorū ı leku. ꝫ
grunar mık aꝼ ꝥ at ħ munı rægðr ᷝa. þ veít ek
v̄ hılldıꝛ͛.ſſ. at þr ero longū a eınmælū ᷝ ꝁg.
en þ ē auðꝼundıt a orðū þra at þr ēo vuınır
þolꝼſ. En ek mun ꝥa bratt vıſſ ᷝða aꝼ ꝁgı.
Sıðan ꝼor aulᷝ ꝉ ꝼunðar ᷝ ꝁg. ꝫ mītı. þgılſ gı
allandı ē ħ kōīn vınr yðuaꝁ m; ſkatt ꝥān ē
kōın ē aꝼ ꝼīnmork ꝫ ꝥ eıgut ꝫ ē ſkattrīn
mıklu meırı en ꝼyꝁ heꝼ͛ verıt ꝫ mıklu be
ꝉ vara ē ħm tıðt v̄ ꝼ͛ð ſína. Gıor ſua vel ꝁr
gack ꝉ ꝫ ſe. ꝥt engı mun ſeeð haꝼa ıāgoða
grauoru ꝁr ſᷝ. engu ꝫ geck þo þar ē ſkıpıt lá
þorgılſ ꝥ þeg͛ vpp voruna ꝫ ſyndı ꝁı. En er ꝁr
ſa at þ ᷝ ſatt at ſkattrīn var mıklu meırı.
ꝫ beꝉ en ꝼyꝁ haꝼðı ᷝıt. þa hoꝼ ħm hellðr vpp
brun. ꝫ mattı þgılſ þa tala ᷝ ħ ħ ꝼærðı ꝁı
bıorſkīn nockur ē þolꝼr ſendı ħm. ꝫ ēn ꝼleırı
ðyrgrıpı ē ħ haꝼðı ꝼengıt a ꝼıallı. ꝁr glaððız
þa ꝫ ſpyꝁ huat ꝉ tıðenda heꝼðı vorðıt v̄ ꝼ͛ðır
þra þolꝼſ. þgılſ ſagðı þ allt greınılıga. þa
mītı ꝁr. Skaðı mıkıll ē þ ē þolꝼr ſſ ė vera

tryGr m̄ eða v̄a bana m̄ mīn. þa ſuoruðu marǧ ē h̄ ıa v̊ ꝫ aller a eına lunð. Sogðu at v̄a munðı rog ıllra m̄. eꝼ kı v̄ı ſlıkt ſagt. en þolꝼr munðı oſannr at v̄a. kō þa ſua at kr kuez ꝥ munðu hellðr aꝼ ťa. v̇ kr þa lettr ı ollū ræðū v̇ þgılſ ꝫ ſkılðuz ſatť en ē þgılſ hıttı þolꝼ ſagðı h̄ h̄m allt ſē ꝼıt haꝼðı.

14 Þorolꝼr ꝼór þān vetr eñ **aꝼ þorolꝼuı** a morkına ꝫ haꝼðı m; ſer næꝶ .c. m̄. ꝼor h̄ ēn ſē hīn ꝼyꝶa vetr. attı kaupſteꝼnu. vıð ꝼīna ꝫ ꝼór vıða v̄ morkına. En ē h̄ ſottı lan gt auſtr. ꝫ ꝥ ſpurðız ť ꝼ̄ðar h̄. þa komu kueñ ť h̄ ꝫ ſogðu at þr v̊ ſenðer ť h̄. ꝫ þ haꝼðı gıort ꝼara vıð kr aꝼ kuenlðı at kırıalar h̄ıuðu a lð h̄. En h̄ ſenðı ť þ orð at þolꝼr ſkyllðı ꝼ̄a þagat ꝫ veıta h̄m lıð. ꝼylgðı þ orðſenðıng at þolꝼr ſkyllðı haꝼa ıā mıkıt hlutſkıptı ſē kr. en hueꝶ m̄ h̄ ſē ꝥr kue ñ En þ v̊ log m; kuenū at kr ſkyllðı haꝼa or lut ſkıptı ꝥðıung v̇ lıðſm̄n. ꝫ v̄ꝼ̄m at aꝼnámı bíor ſkīn oll ꝫ ſaꝼala ꝫ aſkraka. þolꝼr bar þtta ꝼ̄ lıðſ m̄n ſına. ꝫ bauð þeī koſt a huart ꝼ̄a ſkyllðı eða ė. En þ k̄u ꝼleſť at hætta ť ē ꝼeꝼang la v̇ ſua m ıkıt. ꝫ v̄ þ aꝼ raðıt at þr ꝼoru a\`v´ſtr m; ſenðı m̄m. Fīn mork er ſtorlıga vıð. gengr haꝼ ꝼ̄ veſtan ꝫ ꝥ aꝼ ꝼ̄ ðer ſtoř. Sua ꝫ ꝼ̄ norðan ꝫ allt auſtr v̄ en ꝼ̄ ſūnan ē noregr ꝫ tekr morkın nalıga allt ıt eꝼra ſuðr ſua ſē halugalð ıt ytra. En auſtr ꝼ̄ naumuðal er ıātalð ꝫ þa helſıngalð. ꝫ þa kueınlð. þa ꝼīnlð þa kırıalaŕ. En ꝼīnmork lıGr ꝼ̄ oꝼan ꝥı oll lonð. ꝫ ē̊o vıða ꝼıallbygðer vpp a morkına. ſūpt ı ðalı en ſūpt m; votnū. aꝼīnmork ē̊o votn ꝼurðıga ſtor ꝫ ꝥ m; votnunū marklonð ſtór. en háꝼıoll lıggıa epť enðılanǵ morkīnı. ꝫ ē̊o þ kallað kıľ En er þolꝼr kō auſtr ť kuenlðz ꝫ hıttı kg ꝼ̄auıð þa buaz þr ť ꝼ̄ðar. ꝫ hoꝼðu .ııȷ. hunðrut m̄. en norðm̄n ıt ꝼıorða .h. ꝫ ꝼoru ıt eꝼra v̄ ꝼīnmork ꝫ komu ꝥ ꝼrām ē kırıalar v̊ a ꝼıallı. þr ē ꝼyrr hoꝼðu h̄ıat a kuęnı. En ē þr urðu vaŕ v̇ vꝼ̄ð ſoꝼnuðuz þr ſaman. ꝫ ꝼoru ı mot ventu ſer ēn ſē ꝼyꝶ ſıgrſ. En er orroſta tokz gīgu norðmenn hart ꝼrām. hoꝼðu þr ſkıolldu ēn trauſtı en k ueñ. Sn̄ı þa mān ꝼallı ılıð kırıala. ꝼell mart

en ſum̄ ꝼlyðu. ꝼīgu þr ꝼarauıð kr ꝫ þolꝼr ꝥ ogryn ní ꝼıar. ſn̄u aptr ť kuęnlðz. en ſıðan ꝼór þorolꝼr ꝫ h̄ lıð a morkına. ſkılðu þr ꝼarauıð kr m; vınattu. þoľ. kō aꝼ ꝼıallınu oꝼan ı veꝼſnı ꝼór þa ꝼyſt ť buſſ ſınſ a ſanðneſ. ðualðız ꝥ v̄ hrıð ꝼor norðr v̄ varıt m; lıðı ſınu ť torga. En ē h̄ kō þar. v̇ h̄m ſagt at hılldır.ſſ. hoꝼðu v̄ıt v̄ vetrīn ı þranðheımı m; haralldı kı. ꝫ þ m; at þr munðu eckı aꝼ ſpara at rægıa þolꝼ v̇ kg. Var þolꝼı mart ſagt ꝼ̄ ꝥ hu͛t eꝼnı þr hoꝼ ðu ı v̄ rogıt. þolꝼr ſv̄. ſua. ė mun kr ťa ꝥ þott ſlık lygı ſe vpp borın ꝼ̄ h̄. þt h̄ ē̊o engı eꝼnı ť ꝥa. at ek muna ſuıkıa h̄. þt h̄ heꝼ marga lutı gıort ſtór vel ť mín. en engan lut. ılla. ꝫ ē at ꝼıꝶ at ek mū ðı vılıa ǧa h̄m meín þott ek ætta ꝥ koſtı at ek vıl mıklu hellðr v̄a lenðr m̄ h̄. en heıta kr ꝫ v̄ı ānaꝶ ſālenðr v̇ mık. ſa ē mık mık mættı ǧa at þrælı ſer eꝼ vıllðı. **capıtulū** [m; tolꝼta N̄.

15 Hılldır.ſſ. hoꝼðu v̄ıt þān vetr m; haŕ. kı ꝫ hoꝼðu m; ſer heımam̄n ſına ꝫ nabua þr bræðr v̊ optlıga a talı v̇ kg ꝫ ꝼluttu eñ a ſomu leıð mal þolꝼſ. harekr ſpurðı. lıkaðe yðr vel ꝼīn ꝼīnſkattrīn kr ē þorlꝼr ſenðı yðr vel ſagðı kr. þa munðı yðr mart vm ꝼīnaz .ſ.h. eꝼ ꝥ heꝼðıt allan þān ſē ꝥ attuð. En nu ꝼór þ ꝼ\`ı´aꝶı. v̄ hıtt mıklu meırı hlutr ē þolꝼr ðro vn ðer ſık. h̄ ſenðı yðr at gıoꝼ bıorſkīn .ııȷ. En ek veıt vıſt at h̄ haꝼðı epť .ııȷ. tıgu þra er ꝥ attuð ꝫ hyG ek at ſlıkan mun haꝼı ꝼarıt v̄ ānat. Satt mun þ kr eꝼ þu ꝼær ſyſluna ı honð okr br æðrū at meíra ꝼe ſl̄u v̇ ꝼæra ꝥ. En allt þ ē þr ſogðu a henðr þolꝼı þa baru ꝼaurunautar þr ra vıtnı m; þeī. kō þa ſua at kr v̄ hīn reıðaztı.

16 Þorolꝼr ꝼór v̄ ſumarıt ſuðr **aꝼ þorolꝼuı** ť þranðheīſ a ꝼunð haŕ.k̄. ꝫ haꝼðı þar m; ſer ſkatt allan ꝫ mıkıt ꝼe ānat. ꝫ ıx. tıgu m̄ ꝫ alla vel buna. En ē h̄ kō ť k̄ v̇ þeím ſkıpat ı geſta ſkala ꝫ veıtt þeī ıt ſtormānl ıgſta. Epť v̄ ðagīn geck auluer hnuꝼa ť þorolꝼſ ꝼrænða ſınſ. toluðuz þr v̇. Sagðı aulu͛ at þolꝼr v̇ þa hropaðr mıog ꝫ kr hlyððı a ſlıkꝛ [ꝼortolur.

Þorolꝼr bað auluı byrıa mal ſıtt v̇ ƙg. þt ek mun ſag
ðı ħ v̊a ſkātalaðr ꝼ̇ ƙı. eꝼ ħ vıll hellðr trua rogı
vanðra māna. en ſānynðū ⁊ eınurð ē̇ ħ mun r
eyna at m̄. Añan ðag kō aulū̊ t̉ motz v̇ þolꝼ
⁊ ſagðı at ħ heꝼðı ræðt mal ħ̄ v̇ ƙg. Veıt ek nu
ė ſagðı ħ gıoꝛ̄ en aðr. huat ħm ē̇ ı ſkapı Ek ſt̄
þa ſıalꝼr ganga t̉ ħ̄. ſ. þol̄. Gıorðı ħ ſua. Geck
tıl ƙ. þa ē̇ ħ ſat yꝼ̄ matborðı. ⁊ ē̇ ħ kō īn heıl
ſaðı ħ ƙı. ƙr tok kueðıu ħ̄. ⁊ bað þolꝼı geꝼa
at ðrecka. þol̄. ſagðı at ħ haꝼðı þar ſkatt
þān ē̇ ƙr attı ē̇ komīn var aꝼ ꝼīn mork. ⁊
eñ ꝼleırı lutı heꝼı ek t̉ mīníngar v̇ yðr ƙr
þa er ek heꝼı yðr at ꝼæra. Veıt ek at þ̇
mun m̄ v̊a ollu bezt varıt ē̇ ek heꝼı g̊t
t̉ þacka yðuaƙa. ƙr .ſ. at eckı mattı ħ u
enta at þolꝼı nēa goðſ eına. þt ek em en
gıſſ. ſ. ħ ānarſ aꝼ v̊ðr. en þo ſegıa m̄n nockut
tuent t̉. hū̊ſu varꝼæƙ þu munt v̄ v̊a hū̊neg
m̄ ſt̄ lıka. ė ē̇ ek þ̇ ꝼ̇ ſōnu haꝼðr. ſ. þol̄. eꝼ nocku
rer ſegıa þ at ek haꝼa otruleıka lyſt v̇ yðr
ƙr. hyɢ ek at þr munı v̊a þıñ vıñ meırı en ek
er ſlıkt haꝼa vpp borıt ꝼ̇ þ̇. en hıtt ē̇ lıoſt at
þr munðu vılıa v̊a vuıñ mıñ ꝼullkōñ. En þ ē̇
⁊ lıkaz at þr kōız þ̇ at keyptu eꝼ v̊ ſt̄um
eıñ v̇ eıgaz. Sıðan geck þol̄. a brott. En an
nan ðag ep̄t greıðır þol̄. ſkattīn aꝼ hēðı.
⁊ v̊ ƙr v̇ ſtaððr. ⁊ ē̇ þ v̇ allt greıðt. þa bar
þol̄. ꝼ̄m̄ bıorſkīn nockur. ⁊ ſaꝼala. ſagðe
at þ vıll ħ geꝼa ƙı. Marg̊ mt̄u ē̇ þar v̊
hıa ſtaðð̊ at þ var vel g̊t ⁊ v̊ vınattu ꝼ̇ v̊t
.ƙr ſagðı at þol̄. haꝼðı þar ſealꝼr ſer laun
ꝼ̇ ſkapıt. þol̄. ſ. at ħ heꝼðı m; t̉leık g̊t allt
þ ē̇ ħ kūnı t̉ ſkapſ ƙſ. ⁊ eꝼ ēn lık̊ ħm ė. þa
mun ek ꝼa eckı at gort. v̊ ƙı þ kūnıgt þa ē̇
ek v̊ m; ħm ⁊ ı ħ̄ ſueıt. hū̊ıa m; ꝼ̊ð ek haꝼða
en þ þıkı m̄ vnðarlıgt eꝼ ƙr ælar mık nu an
nan mān. en þa reynðı ħ mık. ƙr. ſ. Vel ꝼor
tu. þol̄. m; þınū hattū ē̇ þu v̊t m; oſſ. ætla ek
þ ēn bezt aꝼ at g̊a at þu ꝼaꝛ̄ t̉ hırðar mīñ.
tak v̇ m̄kı mınu ⁊ v̊ ꝼ̇ oðrū hırðm̄m. mun þa
engı m̄ rægıa þık eꝼ ek ma yꝼ̄ ſıa nott ⁊ ðag.

hū̊ıar m; ꝼ̊ðer þu heꝼ̄. þol̄. ſa t̉ beggıa han
ða ſer þar ſtoðu ħkarlar ħ̄. ħ mt̄ı. Trauðr
mun ek aꝼ henðı lata ſueıt þ̊a muntu rað
a ƙr naꝼngıptū v̇ mık. ⁊ veızlū þınū. En ſ
eıtunga mına mun ek eckı aꝼ henðı lata.
meðan mer enðaz ꝼaung t̉ þott ek vela v̄
mına koſtı eína. Er hıtt bæn mın ⁊ vılı at þ̊
ƙr at þ̊ ꝼarıt at heīboðı t̉ mín ⁊ heyrıt þa orð
þra māna ē̇ þu truır. hū̊t vıtnı þr b̊a m̄ vm
þtta mal. g̊ıt þa ep̄t ſē yðr ꝼıñaz ſānınðı tıl.
ƙr .ſ. ⁊ ſeg̊ at ė mun ħ op̄t veızlu þıggıa at þ
olꝼı Geck þol̄. þa ı brott ⁊ bıoz ſıðan tıl heī ꝼ̊
ðar. En er ħ var ı b̊tt ꝼarīn. þa ꝼeck ƙr ı hōð
hıllðıꝛ̄.ſſ. ſyſlu þa a halugalðı. er aðr haꝼðe
þolꝼr haꝼt. ſua ꝼīn̄ꝼ̊ð. ƙr. kaſtaðı eıgu ſīnı a
bu ı torgū ⁊ allar þær eıgñ ē̇ brynıolꝼr haꝼ
ðı att. ꝼeck þ allt t̉ v̊ðueızlu hıllðıꝛ̄.ſſ. ƙr
ſenðı m̄n m; ıartegnū a ꝼunð þolꝼſ at ſegıa
ħm þ̊a t̉ſkıpan ſē ħ haꝼðı g̊t. ſıðan tok þol̄.
ſkıp þau ē̇ ħ áttı ⁊ bar þar a lauſa ꝼe allt þ
ē̇ ħ mattı m; ꝼ̊a. ⁊ haꝼðı m; ſer alla m̄n ſına.
bæðı ꝼrelſınga ⁊ þræla. ꝼor ſıðan norðr a ſāð
neſ t̉ buſſ ſınſ. haꝼðı þol̄. þar ė mīna ꝼıolm̄ní
⁊ ė mīnı rauſtn. **aꝼ hıllðırıð .ſſ.** [engı maðr

17 Hıllðıꝛ̄.ſſ. toku v̇ ſyſlu a halugalðı mt̄ı
ı motı ꝼ̇ rıkı ƙ. en morgū þottı þtta ſk
ıptı mıog ımotı ſkapı. þeī ē̇ v̊ ꝼrænðr
þol̄. eða vıñ. þr ꝼoru v̄ vetrīn a ꝼıall. ⁊ hoꝼ
ðu m; ſer .xxx. m̊. þottı ꝼīnū mıklu mīnı
vegr at þ̄ū ſyſlumm en þa ē̇ þol̄. ꝼór greıð
ðız allt mıklu v̊r gıallð þ er ꝼīnar ſkyllðu
reıða. þān ſama vetr ꝼor þol̄. vpp a ꝼıall m;
.c. m̊. ꝼor þa þeg̊ auſtr a kuenlð. ⁊ hıttı ꝼ̊auıð
ƙg. Gıorðu þr þa rað ſıtt. ⁊ reðu þ at ꝼara
a ꝼıall en ſem hīn ꝼyƙa vetr ⁊ hoꝼðu .cccc.
māna. ⁊ komu oꝼan ı kırıala lð. hlupu þar
ı bygðer ē̇ þeī þottı ſıtt ꝼærı v̊a. ꝼ̇ ꝼıolm̄
nıſſ ſaker. herıuðu þar ⁊ ꝼíngu oꝼ ꝼıar ꝼo
ro þa aptr er a leıð vetrīn vpp a morkına
For þol̄. heī v̄ varıt t̉ buſſ ſínſ. ħ haꝼðı þa m̄n
ı ſkreıðꝼıſkı ı vagū. en ſuma ı ſılðꝼıſkı ⁊ leí

taðı allz konar ꝼanga t͛ buſſ ſınſ. þorlꝼr
attı ſkıp mıkıt ꝥ v͛ lagt t͛ haꝼſ. ꝥ v͛ vanðað at
ollu ſē meſt. ſteīt mıog ꝼ͛ oꝼan ſío. ꝥ͛ ꝼylgðı
ſegl ſtaꝼat m; venðı blam ⁊ rauðū. allr var
reıðı vanðaðr mıog m; ſkıpınu. ꝥ ſkıp lætr ꝥ
olꝼr bua ⁊ ꝼeck t͛ ħkarla ſína m; at ꝼ͛a let ꝥ͛
a ꝥa ſkreıð ⁊ huð͛. ⁊ voru líoſa. þar let ħ ⁊ ꝼylg
ıa grauoru mıkla. ⁊ aðra ſkīna voru. þa er ħ h
aꝼðı haꝼt aꝼ ꝼıallı. ⁊ v͛ ꝥ ꝼe ſtor mıkıt. Skıpí
ꝥ͛ let ħ hallða veſtr t͛ englðz at kaupa ſer
klæðı ⁊ auñur ꝼaung þau ē ħ þurꝼtı. hellðu
þr ſkıpı ꝥ͛ ſuðr m; lðı ⁊ ſıðan ı haꝼ ⁊ komu ꝼr
ām a englðı. ꝼengu ꝥ͛ goða kaupſteꝼnu hloðu
ſkıpıt m; hueıtı ⁊ hunangı. vını ⁊ klæðū ⁊ he
llðu aptr v̄ hauſtıð. þeī byrıaðı vel. komu at
haurðalðı. Þat ſama hauſt ꝼoru hıllðıꝛ͛.ſſ.
m; ſkatt ⁊ ꝼærðu k͛ı. en ē þr reıððu ſkattīn aꝼ
henðı. þa v͛ k͛r ſıalꝼr v͛. ⁊ ſa. ħ mltı. ē nu allr ſ
kattrīn aꝼ honðū reıððr. ſa er þıð tokut v͛ a ꝼı
ñmork. ſua ē ſogðu þr. bæðı ē nu ſagðı k͛r ſkat
trīn mıklu mīnı ⁊ veꝛ aꝼ henðı golllðīn en þa
er þolꝼr heītı ⁊ ſogðu ꝥ͛ at ħ ꝼærı ılla m; ſyſlun
nı. Vel er ꝥ k͛r. ſ. harekr. er þu heꝼ͛ hugleıtt
hūſu mıkıll ſkattr ē vanr at kōa aꝼ ꝼīnmor\`k´
ꝥt þa veıztu gıorr huerſu mıkılſ ꝥ͛ mıſſıt. eꝼ ꝥ
olꝼr eyðır m; ollu ꝼīnſkattınū ꝼ͛ yðr. v͛ vorum
ı vetr .xxx. m͛ a morkīnı ſua ſē ꝼyꝛ heꝼ͛ v͛ıt vā
ðı ſyſlumāna. Sıðan kō þar þol. m; .c. m͛. Sp͛ðv
v͛ ꝥ t͛ orða ñ at ħ ætlaðı aꝼ lıꝼı at tak ok͛r bræðr
⁊ alla þa m̄n er ok͛r ꝼylgðu. ⁊ ꝼān ħ ꝥ t͛ ſaka er
þu k͛r haꝼðer ſellt ok͛r ı henðr ſyſlu þa ē ħ vıll
ðı haꝼa. Sa v͛ þān hellzt varn koſt at ꝼırraz ꝼūð
ñ. ⁊ ꝼorða oſſ. ⁊ komu v͛ ꝼ͛ þa ſok ſkāt ꝼ͛ bygðū a ꝼıal
lıt. En þol. ꝼór v̄ alla morkına. m; h͛ manz. haꝼðı
ħ kaup oll. gullðu ꝼīnar ħm ſkatt. En ħ bazt ı ꝥ͛
at ſyſlum̄n yðrer ſkylldu eckı kōa a morkına.
ætlar ħ at g͛az k͛r yꝼır norðr þar. beðı y͛ morkī
nı ⁊ haluga lðı. ⁊ ē ꝥ vnðr er ꝥ͛ latıð ħm huetuetna
hlyða. Munu h͛ ſōn vıtnı t͛ ꝼīnaz v̄ ꝼıarðratt þāɴ
ē þol. heꝼ͛ aꝼ morkīnı. ꝥt knauꝛ ſa ē meſt v͛ a
haluga lðı v͛ buīn ı vár a ſanðneſı ⁊ kallaðız

þol. eıga eīn ꝼarm allan þān ē a v͛. hyɢ ek
at næꝛ v͛ı hlaðīn aꝼ grauoru ⁊ ꝥ͛ hyɢ ek at ꝼī
naz munðı bıorr ⁊ ſaꝼalı meırı en ꝥ ē þol. ꝼær
ðı ꝥ͛ ⁊ ꝼor m; þgılſ gıallanðı. ætla ek at ħ haꝼı
ſıglt veſtr t͛ englðz. En eꝼ þu vıll vıta ſānīðı
aꝼ ꝥu. þa hallðıt t͛ nıoſn v̄ ꝼ͛ð þgılſ. þa ē ħ ꝼ͛r
auſtr ꝥt ek hyɢ at \`a´ eckı kaupſkıp haꝼı komıt
ıāmıkıt ꝼe a varū ðaugū. ætla ek ꝥ ſānaz at
ſegıa at ꝥ͛ k͛r eıgıt hūn pēnīg þān er ꝥ͛ var
a. ꝥtta ſōnuðu ꝼorunauſ ñ allt ē harekr ſag
ðı. en h͛ kūnu eng͛ ı motı at mæla **capıtulū**

18 Sıgtryɢr ſnarꝼarı ⁊ halluarðr harð
ꝼarı. hetu bræðr .íȷ́. þr v͛ m; haꝛ͛. k͛ı vıkūſ
kır m̄n v͛ moður ætt þra a veſt ꝼollð ⁊
v͛ þr ı ꝼrænðſemıſ tolu v͛ haꝛ͛. k͛g. ꝼaðer þra
haꝼðı kyn átt tueī megū gaut elꝼar. ħ haꝼðı
bu átt ı hıſıng. ⁊ var maðr ſtor auðıgr. En þa
hoꝼðu þr tekıt v͛ arꝼı ep͛ ꝼoður ſīn. þr v͛ .íííȷ́.
bræðr het eīn þorðr. ⁊ þorgeıꝛ ⁊ v͛ þr yngrı. þr v͛
heıma. ⁊ reðu ꝼ͛ buı þr ſıgtryɢr. ⁊ halluarðr
hoꝼðu ſenðıꝼ͛ðır k͛ allar. bæðı īnan lðz ⁊ vtan
lðz ⁊ hoꝼðu margar ꝼ͛ðer ꝥ͛ ꝼ͛ıt ē haſkaſālı
gar v͛. bæðı t͛ aꝼtoku māna eða ꝼe vpp at ta
ka. ꝼ͛ þeī m̄m. ē k͛r lætr heīꝼerðır veıta. þr
hoꝼðu ſueıt mıkla vm ſık. eckı v͛ þr vıngaðer
alþyðu manz. En k͛r mat þa mıkılſ ⁊ voru þr
allra m͛ bezt ꝼæꝛ͛ bæðı a ꝼætı ⁊ a ſkıðū Sua
⁊ ıſkıpꝼaurū v͛ þr huatꝼæꝛ͛rı en aðrer mēn
hreyſtım̄n v͛ þr ⁊ mıklır ⁊ ꝼorſıaler v̄ ꝼleſt. þr
v͛ þa m; k͛ı ē ꝥtta v͛ tıðenða. Vm hauſtıð ꝼór
k͛r at veızlū v̄ haurða lð. Þat v͛ eīn ðag at
ħ let kalla t͛ ſín þa bræðr halluarð ⁊ ſıgtryɢ
En ē þr komu t͛ ñ. Sagðı ħ þeī at þr ſkylldu ꝼ͛a
m; ſueıt ſına ⁊ hallða níoſn v̄ ſkıp ꝥ ſē þgılſ
gıallanðı ꝼor m; ⁊ ħ haꝼðı ı ſum͛ veſtr t͛ eng
lðz. ꝼærıt m͛ ſkıpıt ⁊ allt ꝥ ē a ē nēa m̄n.
latıð þa ꝼ͛a ı ꝥtt leıð ſına ı ꝼ͛ðı eꝼ þr vılıa ec
kı v͛ıa ſkıpıt. þr bræðr v͛ ꝥ albuner. ⁊ tok ſıt
langſkıp huaꝛ þra ꝼ͛a ſıðan at leıta þra
þgılſ ⁊ ſpurðu at ħ var veſtan kōıṅ. ⁊ ħ
haꝼðı ſıglt norðr m; lðı. þr ꝼ͛a norðr ep͛ þeī.

ꝫ hıtta þa ı ꝼuruſundı. kenðu bratt ſkıpıt ꝫ log
ðu at ānat ſkıpıt a vt borða. en ſum̄ gíngu a lanð
vpp ꝫ vt a ſkıpıt at brygginū. þr þgılſ vıſſu ſer en
gıſſ otta v́an ꝫ voruðuz eckı. ꝼunðu þr ė ꝼyꝶ en
ꝼıolðı manz v̊ vppı a ſkıpınu m; aluæpnı ꝫ þr v̊
aller hanðtekn̄. ꝫ leıððır ſıðan a lð vpp ꝫ vapnla
ſer. ꝫ hoꝼðu eckı nēa ıgangſ klæðı eín. En þr hall
varðr ſkutu v́t bryggíunū ꝫ ſlogu ſtreīgınū ꝫ ðro
gu vt ſkıpıt. ſnua ſıðan leıð ſína. ꝫ ſıglðu ſuðr ꝥ
t̉ ꝥ ē þr ꝼunðu k̄g. ꝼærðu h̄m ſkıpıt ꝫ allt ꝥ ē a
var. En ē ꝼarmrīn v̊ borīn aꝼ ſkıpınu þa ſa k̄r
at ꝥ v̊ ſtorꝼe ꝫ ė v̊ ꝥ lygı ē harekr haꝼðı ſagt. en
þgılſ ꝫ h̄ ꝼelag̃ ꝼengu ſer ꝼlutnīgar ꝫ leıta þra
ꝼunð .k.v. ꝫ þra ꝼeðga. ꝫ ſagðı ſınar ꝼ̇ar ė ſlett
ꝼengu ꝥ þo goðar v́tokur. Sagðı .k.v. at þa mū
ðı þar t̉ ðraga ſē h̄m haꝼðı ꝼ̇ boðat at þolꝼr
munðı ė t̉ alſenðıſſ gæꝼu t̉ b̅a v̄ vınattu har̄.
k̄. ꝫ þættı m̄ eckı mıkılſ v̊t v̄ ꝼelat þtta ē þ
olꝼr heꝼ̇ mıſt nu. eꝼ nu ꝼærı ė h̄ ıt meıra
epꞇ̄. grunar mık ēn ſē ꝼyꝶ at þol̄. munı ė
gıorr kūna at ſıa eꝼnı ſın v̇ oꝼreꝼlı ſlıkt ſē
h̄ a at ſkıpta ꝫ bað þgılſ ſua ſegıa þolꝼı at m
ıtt rað ē þ. ſ. h̄. at h̄ ꝼarı or lðı a b̅tt. þt v̄a kāɴ
at h̄ kōı ſer betreꝼ h̄ ſæk̄ a honð engla kı .e.
ðana kı .e. ſuıa kı. Sıðan ꝼeck h̄ þḡ. roðrar
ſkutu eına ꝫ ꝥ m; reıða allan. ſua tıollð ꝫ
vıſꞇ̄ ꝫ allt ꝥ ē þr þurꝼtu t̉ ꝼ̇ðar ſıñar. ſıð
an ꝼoru þr ꝫ lettu ė ꝼyꝶ ꝼ̇ð ſīnı en þr kōu
norðr t̉ þol̄. ꝫ ſogðu h̄m ꝥ ē t̉ tıðenða haꝼ
ðı ǵzt. þol̄. varð vel v̇ ſkaða ſīn. ſagðı ſua
at h̄ munðı eckı ꝼe ſkorta. ē goꞇ̄ ꝼelag at eı
ga v̇ k̄g. Sıðan keyptı þol̄. mıol ꝫ mallt.
ꝫ ꝥ ānat ē h̄ þurꝼtı t̉ ꝼrā ꝼlutnīgar lıðı ſı
nu. ſagðı h̄ at h̄karlar munðu v̄a eckı ſua
ꝼagrbun̄ ſē h̄ haꝼðı ætlat v̄ hrıð. þol̄. ſell
ðı ıarðer ſın̄ en ſumar veðſettı h̄. en hellt
vpp koſtnaðı ollū ſē ꝼyꝶ. haꝼðı h̄ þa ꝫ ec
kı ꝼæra lıð m; ſer en hına ꝼyꝶı vetr. he
llðr haꝼðı h̄ nockuru ꝼleıra māna. ſua
v̄ veızlur ꝫ heī boð v̇ vını ſına. þa haꝼðı h̄
meıra eꝼnı v̄ ꝥ allt en ꝼyꝶ. var h̄ heīa þāɴ

19 Þa ē var kō **aꝼ h̄naðı þol̄** [vetr allan.
ꝫ ſnæ leyſtı ꝫ ıſa. þa let þol̄. ꝼrā ſetıa
langſkıp mıkıt ē h̄ attı ꝫ let ꝥ bua
ꝫ ſkıpaðe h̄korlū ſínū. ꝫ haꝼðı m; ſer meıꝶ
en .c. m̄. v̊ ꝥ lıð ıt ꝼ̇ðazta. ꝫ vapnat allvel.
En ē byrgaꝼ. hellt þol̄. ſkıpınu ſuðr m; lðı ꝫ þe
gar ē h̄ kō ſuðr v̄ byrðu þa hellðu þr vtleıð
ꝼ̇ vtan eyıar allar en ſtunðū ſua at ſıorr v̊
ı mıðıū hlıðū. letu ſua ganga ſvðr ꝼ̇ lðıt. h
oꝼðu eckı tıðenðı aꝼ m̄m ꝼyꝶ en þr komu
auſtr ı vık. þa ſpurðu þr at har̄. k̄r v̊ ı vıkī
ní. ꝫ h̄ ætlaðı v̄ ſumarıt at ꝼara t̉ vpplanða. Eckı
vıſſu lðz m̄n t̉ v̄ ꝼ̇ð þolꝼ. h̄m byrıaðı vel. ꝫ hellt
h̄ ſuðr t̉ ðanm̄kr ꝫ þaðan ı auſtrueg ꝫ h̄ıaðı ꝥ
v̄ ſumarıt. ꝫ v̊ð eckı gott t̉ ꝼıar. Vm hauſtıð h
ellt h̄ auſtan t̉ ðanm̄kr ı þān tıma ē leyſtız
eyraꝼlotı. ꝥ haꝼðı v̊ıt v̄ ſumarıt ſē vant v̊ ꝼıol
ðı ſkıpa aꝼ noregı. þolꝼr let ꝥ lıð ſıgla allt ꝼıꝛ̄
ꝫ gıorðı eckı vart v̇ ſık. h̄ ſıglðı eīn ðag at kuell
ðı t̉ moſtraſunðz. ꝥ var ꝼ̇ ı hoꝼnīnı knorr eīn
mıkıll komīn aꝼ eyrı. þorer þruma het m̄
ſa er ſtyrðı h̄ var armaðr har̄. kſ. h̄ reð ꝼ̇ buı h̄
ı þrumu ꝥ v̊ mıkıt bu ſat k̄r þar laungū þa er h̄
var ı vıkīnı. þurꝼtı ꝥ ſtorꝼaung t̉ buſſ ꝥ. haꝼ
ðı þoꝛ̄ ꝼarıt ꝼ̇ þa ſauk t̉ eyrar at kaupa þar
þunga mallt ꝫ hueıtı ꝫ hunang. ꝫ varıt þar
t̉ ꝼe mıklu. ē k̄r attı. þr logðu at kn̄rınū ꝫ
buðu þeī þorı koſt á at v̄ıaz. En ꝼ̇ ꝥ at þr þo
r̄ hoꝼðu engan lıðſ koſt t̉ varnar. motı ꝼıol
m̄nı ꝥ ē þol̄. haꝼðı. gaꝼuz þr vpp. Tok þolꝼr
ſkıp ꝥ m; ollū ꝼarmı. en ſettı þorı vpp ı eyna
hellt þol̄. þa ſkıpū þeī baðū norðr m; lðı en
er h̄ kō ꝼ̇ elꝼına þa lagu þr ꝥ ꝫ bıðu nætr. En
ē myrkt v̊ reru þr langſkıpınu vpp ı ana. ok
logðu t̉ bæıar ꝥ ē þr attu halluarðr ꝫ ſıgtry
ɢr. kōa þr ꝥ ꝼ̇ ðag. ꝫ ſlogu māngarð æptu
ſıðan h̄ op ꝫ voknuðu þr v̇ ꝥ ē īnı v̊ ꝫ hlıopu
þeḡ vpp t̉ vapna ſıña. ꝼlyðı þorgeıꝶ þeḡ vt ór
ſueueꝼnſkēmūnı. Skıðgarðr haꝶ var v̄ bæ
īn. Þorgeıꝶ hlıop at ſkıðǵðınū ꝫ greıp hen
ðīnı vpp a garðſtaurīn ꝫ kaſtaðı ſer vt vm

garðın̄. þ̇ ᷡ nærꝛ̄ ſtaððr þgılſ gıallandı ħ ſueıꝼla
ðı ᷠ ſu᷎ðınu epᷣ þgeırı ꝫ kō a honðına ꝫ tor aꝼ ᷡ
garðſtaurın̄. hlıop þgeıꝛ̄ ſıðan ᷠ ſkogar. En þor
ðr bᷣðer ħ ᷡ þ̇ ꝼellðr. ꝫ meıꝛ̄ en .xx. m̄n. ſıðan
ræntu þr þar ꝼe ollu. ꝫ brenðu bæın̄ ꝼoru ſı
ðan v́t epᷣ ānı ᷠ haꝼſ. þeı̄ byrıaðı vel ꝫ ſıgl
ðu norðr ı vıkına. þa hıttu þr ēn ꝼ̇ ſer kaupſk
ıp mıkıt ē̇ attu vıku᷎ıar hlaðıt aꝼ malltı ꝫ mıoluí
þr þol̄. logðu at ſkıpı þ̇. En þr ē̇ ꝼ̇ ᷡ þottuz engı
ꝼong haꝼa ᷠ varnar. ꝫ gaꝼuz vpp. Gengu þr a
lð vpp ſlyppır. En þr þorl̄. toku ſkıpıt m; ꝼarm
ı. ꝫ ꝼoru leıðar ſı̄nar. Haꝼðı þol̄. þa .ííȷ. ſkıp er
ħ ſıglðı auſtan ū ꝼollðına. Sıglðu þa þıoðle
ıð ᷠ lıðandıſſneſſ. ꝼoru þa ſē ſkynðılıgaz. en n
amu neſnā þar ſem þr komu ᷡ. ꝫ hıuggu ſtrā
ð hoɢ. En er þr ſıglðu norðr ꝼ̄ lıðandıſſ neſı
ꝼoru þr meıꝛ̄ vtleıð. En þar ſē þr komu ᷡ lð. þa
ræntu þr. En ē̇ þol̄. kō norðr ꝼ̇ ꝼıorðu þa ſn̄ı ħ
ın̄ aꝼ leıð. ꝫ ꝼor a ꝼund .k.v.ꝼ. ſınſ ꝫ ꝼıngu þar
goðar ᷡtokur. Sagðı þol̄.ꝼ. ſınū huat ᷠ tıðen
ða haꝼðı vorðıt ı ꝼorū ħſ ū ſumarıt. þol̄. ðualð
ız þar lıtla hrıð ꝫ leıððı .k.v. ꝫ þr ꝼeðgar ħ ᷠ ſkı
pſ. En aðr þr ſkılðuz tauluðuz þr ᷡ. Sagðı k.v.
ė heꝼ̄ þ̇ ꝼıarrı ꝼarıt þol̄. ſē ek ſagða þ̄ þa ē̇ þu
ꝼort ᷠ hırðar haᷣ k̄. at þ̄ munðı ſua vtgāga
at huarkı þ̄ ne oſſ ꝼrænðū þınū munðı hāın
gıa at ᷡða. heꝼ̄ þu nu þ rað vpptekıt ē̇ ek
varaða þıg meſt ᷡ ē̇ þu etr kappı ᷡ haᷣ. k̄g.
En þott þu ſer vel buın̄ at hreyſtı. ꝫ allrı at
ġuı þa heꝼ̄ þu eckı ᷠ þ̄ gæꝼu at hallða ᷠ ıa
ꝼnſ ᷡ haᷣ.k. er engū heꝼ̄ oðrū enðzt ħ̄ ı lðı
þott aðr haꝼı haꝼt rıkı mıkıt ꝫ ꝼıolm̄nı. er
þ mıtt hug boð at ſıa ᷡðı ꝼunðr ockaꝛ̄ ēn ſı
ðaztı ꝫ ᷡı þ at ſkaupuðu ꝼ̇ allðrſ ſaꝃ at þu
lıꝼðer lengr ockar. En ānan veg ætla ek
at ᷡðı ſıðan ſteıg þol̄. a ſkıp ſıtt. ꝫ hellt a
brott leıð ſına. Er þa eckı ſagt ꝼra ꝼerð ħ a\`t´
tıl tıðenða yrðı aðr ħ kō a ſanðneſ heı̄ ꝫ let
ꝼlytıa ᷠ bæıar ħ̄ꝼang þ allt ē̇ ħ haꝼðı heı̄
haꝼt. en ſetıa vpp ſkıp ſıtt. Skortı þa ė ꝼong
at ꝼæða lıð ſıtt ū vetrı̄n. Sat þol̄. heı̄a ıaꝼn̄.

ꝫ haꝼðı ꝼıolm̄nı ė mı̄na en hına ꝼyꝛ̄ı vetr. **kap̄**
20 Maðr ħ̇ ynguaꝛ̄. rıkr ꝫ auðıgr **aꝼ ynguarı**
3 ħ haꝼðı ᷡıt lenðr maðr hı̄na ꝼyꝛ̄a k̄ga. En
ſıðan ē̇ haᷣ kōᷠ rıkıſſ ſettız ynguaꝛ̄ heı̄a
ꝫ þıonaðı eckı k̄ı yn̄ġ ᷡ m̄ kuangaðr ꝫ attı ðotᷣ
6 er ħ̇ bera. ynguaꝛ̄ bıo ı ꝼıorðū. bᷣa ᷡ eınbᷣnı ħſ
ꝫ ſtoðᷠ arꝼſ epᷣ ħ. Grımr .k.v.ſ. bað bᷣu ᷠ hanða ſer.
ꝫ ᷡ þ at raðı ġt. ꝼeck ġmr bᷣu þān vetr ē̇ þr þolꝼr
9 hoꝼðu ſkılız aðr ū ſumarıt ᷡ ġmr þa halꝼþrıtugr
at allð ꝫ ᷡ þa ſkaullottr. Sıðan ᷡ ħ kallaðr ſkal
laġmr ħ haꝼðı þa ꝼorrað oll ꝼ̇ buı þra ꝼeðga ꝫ
12 ᷠoꝼlun alla. En þo ᷡ .k.v. hreſſ m̄ ꝫ vel ꝼæꝛ̄
Mart hoꝼðu þr ꝼrelſıngıa m; ſer ꝫ marga þa m̄n ē̇
heıma þ̇ hoꝼðu vpp vaxıt ꝫ ᷡ nærꝛ̄ ıāallðrar
15 ſkallaġmí. voru þr marġ aꝼrekſm̄n mıklır
at aꝼlı. þt .k.v. ꝫ þr ꝼeðgar volðu m̄n mıog
at aꝼlı ᷠ ꝼylgð ᷡ ſık ok taumðu ᷡ ſkaplyn
18 ðı ſıtt. Skallaġmr ᷡ lıkr ꝼeðr ſınū a voxt ꝫ
at aꝼlı. ſua ꝫ at ẏꝼlıtū ꝫ ſkaplynðı. **aꝼ hıllðı**
21 Haᷣ kr ᷡ ı vıkı̄nı þa ē̇ þol̄ var ı ħ̄na **rıðar .ſſ.**
21 ðınū ꝫ ꝼor ū hauſtıð ᷠ vpplða ꝫ þaðan nor
ðr ᷠ þranðheı̄ſ ꝫ ſat þ̇ ū vetrı̄n ꝫ haꝼðı ꝼı
olmēnı mıkıt. þar ᷡ þa m; k̄ı ſıgtryɢ ꝫ hallu᷎ðr
24 ꝫ hoꝼðu ſpurt hu᷎neg þol̄ haꝼðı buıt at ħ̄bgıū
þra ı hıſıng ꝫ huern mānſkaða ꝫ ꝼıarſkaða ē̇
ħ haꝼðı þ̇ gert þr mıntu k̄g opt a þ. ꝫ ſua þ m;
27 at þol̄ haꝼðı rænt k̄g ꝫ þegna ħ. ꝫ ꝼarıt með
ħ̄naðı þ̇ ı̄nan lðz. þr baðu k̄g orloꝼſ ᷠ at þr br
æðr ſkyllðu ꝼ̄a m; lıðı þ̇ ē̇ vant var þeı̄ at
30 ꝼylgıa ꝫ ſækıa heı̄ at þolꝼı. k̄r ſᷡ. ſua ᷡa mu
nu yckr þıkıa ſaꝃ ᷠ þo at þıð raðıt þolꝼ aꝼ lı
ꝼı. En ek ætla at ykr ſkortı mıkıt hamı̄gıu
33 ᷠ þ̄ ᷡkſ. Er þol̄. eckı yckaꝛ̄ makı þo at þıð þı
kız ᷡa m̄n hrauſter eða vel at ykr ġuır. þr
bræðr ſogðu at þ munðı bratt reynt ᷡða eꝼ
36 k̄r vıll þeı̄ loꝼ ᷠ geꝼa. ꝫ ſegıa at þr haꝼa op\`t´
lagt a hættu mıkla ᷡ þa m̄n ē̇ þr attu mı̄na
ı at heꝼna ꝫ haꝼðı þeı̄ optaz orðıt ſıgrſ au
39 ðıt. En er varaðı þa bıugguz m̄n ꝼ̄ða ſı̄na.
þa var ēn ſē ꝼyꝛ̄ var ſagt at þr hall̄.bb. hell
ðu a þ̇ malı at þr ꝼarı tıl ꝫ takı þol̄. aꝼ lıꝼı.

þra ẽ lıfuæñ ẽo. En eckı ſ̄t ħ̄ ræna þ̇ at þtta er
allt mıtt fe. Sıðan geck k̄r ofan t̄ ſkıpanna
ꝫ fleſt lıð m; ħm. En ẽ þr v̊ a ſkıp kōñ þa to
ku m̄n at bında ſar ſın. k̄r geck v̄ ſkıpıt ꝫ le
ıt a ſar māna. ħ ſa huar maðr batt ſauðuſar
eıtt k̄r ſagðı at eckı hafðı þolfr veıtt þ ſar.
ꝫ allt bıtu ħm ānan veg vapnın. faer ætla
ek at þau bındı ſarın ẽ ħ veıttı ꝫ ſkaðı mı
kıll ẽ ept̄ m̄n ſlıka. En þegar at mornı ðagſ
let k̄r ðraga ſegl ſín. ꝫ ſıglðı ſuðr ſē af tok. En
er a leıð ðagīn. þa funðu þr k̄r roðrar ſkıp
morg ı hũıu eyıar ſunðı. ꝫ hafðı lıð þ ætlat t̄
funðar v̇ þolf. þt n'ı'oſner ñ hofðu v̊ıt allt ſ
vðr ınaumuðal ꝫ vıða v̄ eyıar. hofðu þr or
ðıt vıſır at þr halluarðr bræðr v̊ kōner ſun
nan m; lıð mıkıt ꝫ ætlu at þol̄ hofðu þr h
allv̊ðr haft ıafnan anðuıðrı ꝫ hofðu þr ðu
alıt ı ymſū hofnū t̄ þ̇ er nıoſn hafðı farıt
ıt efra v̄ lð ꝫ hofðu þ̇ orðıt var̄ nıoſnar m̄
þolfſ ꝫ hafðı þtta ħ̄laup ꝼ þa ſok v̊ıt. k̄r
ſıglðı hraðbyrıa tıl þ̇ ẽ ħ kō ı naumuðal.
let þ̇ ſkıpın ept̄. en ħ for lðueg ı þranðheım
tok ħ þar ſkıp ſın ſē ħ hafðı ept̄ latıð hellt þ
a lıðınu vt t̄ hlaða Spurðuz bratt þı tıðenðı
ꝫ komu ꝼ þa halluarð þar ẽ þr lagu. Sn̄u þr þa
aptr t̄ k̄ſ ꝫ þottı þra f̄ð hellðr hę̃ðılıg. þr bb. aul
uer hnufa ꝫ eyuınðr lābı ðuaulðuz v̄ hrıð ı ſanð
neſı letu þr bua v̄ val þān ẽ þ̇ hafðı fallıt bı
uggu þr v̄ lık þol̄ ept̄ ſıðueníu ſua ſē tıt̄t v̇ at
bua v̄ lık gofugra māna. ſettu ept̄ ħ bautaſt
eına. þr letu græða ſıuka m̄n. þr ſkıpuðu ꝫ tıl
buſſ m; ſıgrıðı. var þar ept̄ allr fıarafl̄ı. en m
eſtr hafðı īnı bruñıt ħ̄bunaðr ꝫ borðbunaðr ꝫ
klæðnaðr māna. En ẽ þr bræðr v̊ buñ þa foru þr
norðan ꝫ komu a funð har̄. k̄ſ. ẽ ħ v̇ ı þranðheı
mı ꝫ v̊ m; ħm v̄ hrıð. þr v̊ hlıoðer ꝫ m̄tu fatt v̇
m̄n. Þ̇ v̇ eīn hũn ðag at þr .bb. gengu ꝼ k̄g þa
m̄tı aulũ ꝥeſſ orlofſ vılıu v̇ bb þık bıðıa k̄r.
at þu lof̄ okr heīferð t̄ bua ockar̄a þ̇ at ħ̄ ha
fa þau tıðenðı gıorz ẽ v̇ berū ė ſkaplynðı tıl
at eıga ðryck ꝫ ſeſſ v̇ þa m̄n ẽ baru vapn a þ
olf frænða ockarn k̄gr leıt v̇ ħm ꝫ ſũ hellðr
ſtutt ė

nan ðag ept̄
gat þa auluı bb Nu ſ̄lu þıt vıta. ſ. k̄r v̄ erenðı
þ ẽ þıð hofut v̇ mıg ꝫ beıððuz heīf̄ð hafı þıð
v̊ıt ħ̄ v̄ hrıð m; m̄ ꝫ v̊ıt vel ſıðað en hafıt vel ı
afnan ðugat hef̄ m̄ t̄ yckar aller hlut̄ vel h
ugnat. Nu vıl ek eyuınðr at þu f̄ır norðr aha
logalð. vıl ek gıpta þ̇ ſıgrıðı a ſanðneſı konu þa
er þolfr hafðı att. Vıl ek gefa þ̇ fe þ allt er
þol̄. attı. ſ̄tu þ̇ hafa m; vınattu mına ef þu
kant t̄ gæta. En aulũ ſ̄l m̄ fylgıa vıl ek ħ ė
lauſan lata ꝼ ſakar ıþrotta ñ. þr .bb. þockuðu
k̄ı þān ſoma ẽ ħ veıttı þeī. ſogðu at þr vılløu þ
fuſlıga þeckıaz. bıoz ey. þa t̄ f̄ðar feck ſer g
ott ſkıp þ ẽ ħm hæfðı. feck k̄r ħm ıartegñ ſı
nar t̄ raðſ ꝼ̇a Greıððız f̄ð eyū. vel ꝫ kō frām
norðr ı aloſt a ſanðneſı. Sıgrıðr tok vel v̇ þeım
Sıðan bar eyv. frām ıartegñ k̄ſ ꝫ erenðı ſín ꝼ
ſıgrıðı ꝫ hof bonorð ſıtt v̇ hana ſagðı at þ v̇ k̄ſ
orðſenðıng at eyv. naı raðı ꝼ̇u. En Sıgrıðr ſa
þān eīn ſīn koſt ſua ſē þa var kōıt at lata k̄r
ꝼ raða for þ rað frām at eẙv feck ſıgrıðar.
Tok ħ þa v̇ buı a ſanðneſı ꝫ v̇ fe þ̇ ollu ẽ þolfr haf
ðı att var ey. gaufugr m̄ v̊ ſon þra fıðr ſkıal
gı fað eyuınð ſkallðaſpıllıſſ ꝫ geırlaug ẽ attı S
ıghuatr rauðı. Fıðr ēn ſkıalgı attı Gūnhıllðı
ðott̄ halfðanar ȷarlſ moð hēnar ħ̄ Jngıbıorg .ð.
har̄ k̄ſ hınſ harfagra. Eẙv. lābı hellz ı vınattu
v̇ k̄g meðan þr lıfðu baðer. **ðrap hıllðırıð ſona**

23 Ketıll hængr het m̄. ſon þorkelſ naūðæla
ıarlſ ꝫ hrafnhıllðar .ð. ketılſ hængſ or
rafnıſtu. hængr v̇ gofugr m̄ ꝫ agætr ħ
hafðı v̊ıt hīn meſtı vınr þolfſ .ꝁ v.ſ ꝫ frænðı
ſkyllðr. ħ var þa ı vthlaupı þ̇ er lıðſafnaðr v̇ a
halugalðı ꝫ m̄n ætluðu t̄ lıðſ v̇ þolf ſua ſē fyꝛ
v̇ rıtað. En ẽ har̄. k̄r for norðan ꝫ m̄n vrðu þ̇ va
r̄ at þol̄. v̇ af lıfı tekīn þa rufu þr ſafnaðīn
hængr hafðı m; ſer lx m̊ ꝫ ſn̄ı ħ t̄ torga en þ̇
v̊ ꝼ hıllðır̄.ſſ. ꝫ hofðu fatt lıð En ẽ hængr

kō a bæīn veıttı ħ þeī atgongu. ꝼellu þar hılldırıð
.ſſ. ꝫ þr m̄n ꝼleſt̄ er þ̓ v̊ ꝼ̄ en þr hængr toku ꝼe allt
þ ē þr ꝼengu. Ept̄ þ tok hængr knorru .íj þa er ħ
ꝼeck meſta. let þ̓ b̄a a vt ꝼe þ allt ē ħ attı ꝫ ħ
mattı m; kōaz ħ haꝼðı m; ſer konu ſına ok
born Sua þa m̄n alla ē at þeī v̊kū hoꝼðu v̊ıt
m; ħm. Baugr ħ́ m̄ ꝼoſtb̊ðer hængſ. ættſtorr m̄
ꝫ auðıgr. ħ ſtyrðı oðrū kn̄rınū. En ē þr v̊ bun̄. ok
byr gaꝼ þa ſıglðu þr ı haꝼ vt. Fám vetrū aðr hoꝼðu
þr Jngolꝼr ꝫ hıorleıꝼr ꝼarıt at byGıa ıſlð ꝫ var
m̄m þa alltıðrætt v̄ þa ꝼ̄ð. Saugðu m̄n þar v̊a
allgoða lð koſtı. Hængr ſıglðı veſtr ı haꝼ ꝫ leıta
ðı ıſlðz. En ē þr vrðu v̓ lð vaꝛ̄ þa v̊ þr ꝼ̄ ſuñan at
kōner. En ꝼ̄ þ̓ at veðr v̊ huaſt en brım a lðıt ꝫ ec
kı haꝼnlıgt þa ſıglðu þr veſtr v̄ lðıt ꝼ̄ ſanðana
En ē veðrıt tok mınka ꝫ lægıa brım. þa v̊ð ꝼ̄ þeī
ar oſſ mıkıll ꝫ hellðu þr þar ſkıpunū vpp ı a
na ꝫ logðu v̓ ıt veſtra lð. Su á heıt̄ nu þıorſ a.
ꝼell þa mıklu þraungra ꝫ v̊ ðıuparı en nu er.
Þeır ruððu ſkıpın. toku þa ꝫ kōnuðu lðıt ꝼıꝛ̄
auſtan ána ꝫ ꝼluttu ept̄ ſer bu ꝼe ſıtt. Var
hængr hīn ꝼyrſta vetr ꝼ̄ auſtan rang á hına yt̓
En v̄ varıt kānaðı ħ auſtr lðıt. ꝫ nā þa lð mıllı
þıorſár ꝫ markarꝼlıotz. a mıllı ꝼıallz ꝫ ꝼıoru
ꝫ bygðı at hoꝼı vıð rangá hına eyſtrı Jngūn
kona ħ ꝼæððı bar v̄ varıt. þa er þau hoꝼðu þ̓
v̊ıt hıñ ꝼyrſta vetr. ꝫ ħ́ ſueīn ſa hraꝼn. En ē ħ
v̊ þ̓ oꝼan tekın. þa v̊ þ̓ ſıða kallat hraꝼntoꝼt̄
Hængr gaꝼ baugı lð ı ꝼlıotz hlıð oꝼan ꝼra m̄kı
a t̓ arīnar ꝼ̄ vtan breıðabolſtað ꝫ bıo ħ at hlı
ðar enða. ꝫ ꝼra baugı ē kōın mıkıl kynſloð í
þrı sueıt. Hængr gaꝼ lð ſkıpuerıū ſınū. En ſell
ðı ſumū v̓ lıtlu v̊ðı ꝫ ē̄o þr lðnama m̄n kallað
Storolꝼr ħ́ ſon hængſ. ħ attı hualīn. ꝫ ſtorolꝼſ voll
ħ ſon var ormr hīn ſterkı. Herıolꝼr ħ́ ānaꝛ̄ ſon
hængſ. ħ attı lð ı ꝼlıoz hlıð t̓ motz v̓ baug ꝫ vt t̓
hualſ lækıar ħ bıo vnðer breckū ſonr ħ het
ſumarlıðı ꝼað̄ veſtlıða ſkallðz helgı v̊ hīn þ̓ðı
ſon hængſ. ħ bıo a vellı. ꝫ attı lð t̓ rangár ıt eꝼ
ra ꝫ oꝼan t̓ motz v̓ bræðr ſına. Veſtaꝛ̄ het hīɴ
ꝼıorðı ſon hængſ. ħ attı lð ꝼ̄ auſtan rang a.

mıllı ꝫ þu̇ar ꝫ hīn neðra lut ſtorolꝼſ vallar. ħ
attı moeıðı ðott̄ hılldıſſ ór hılldıſſ ey þra ðotter
var aſny ē attı oꝼeıgr gret̄ veſtaꝛ̄ bıo at moeıð̓
hualı helgı hængſ .ſ. attı mobıl .ð. hallgeırſ ı hall
geırſ ey þra .ð. var helga er attı oððbıorn aſka
ſmıðr ē oððbıarnarleıð er v̓ kenð. hraꝼn var hīn
.v. hængſ .ſ. ħ v̊ ꝼyſtr logſogu m̄ a ıſlðı. ħ bıo at
hoꝼı ept̄ ꝼoður ſīn. þorlaug v̊ ð. hraꝼnſ ē attı
ıorunðr goðı. þra ſon v̊ valgarðr at hoꝼı hraꝼn
var gauꝼgaztr ſona hængſ. **hrygð kuellðulꝼſ**

24 Kvellðvlꝼr ſpurðı ꝼall þolꝼſ ſonar ſınſ
v̊ð ħ hryGr v̓ þı tıðenðı. ſua at ħ lagðız
ı reckıu aꝼ harmı ꝫ ellı. Skallagrımr
kō opt t̓ ħ ꝫ talðı ꝼ̄ ħm. bað ħ hreſſa ſık. ſagðı
at allt v̊ ānat at hæꝼılıgra en þ at auuırðaz
ꝫ leggıaz ı kaur. Er hıtt hellðr rað at v̊ leıtī tıl
heꝼnða ept̄ þolꝼ. Ma v̊a at v̊ komım ı ꝼærı vıð
nockura þa m̄n er v̊ıt haꝼa at ꝼallı þolꝼſ. En
eꝼ þ er ė. þa munu þr v̊a m̄n ē v̊ munū na ē kı
mun ſer þıkıa motı ſkapı. k.v.q. vıſu. Nv ꝼ̄
ek norð ı eyıu norn ēum grīm t̓ ſnīma. þunðr
ꝼell þremıa vanðar þolꝼr vnð lok ꝼorū. letumz
þung at þıngı þarſ ꝼang vına at ganga ſkıot
munat heꝼnt þott hvettı hugr maglunar
brugðıt haꝛ̄. kr ꝼor
þ ſumar t̓ vpplða ꝫ ꝼor v̄ hauſtıð veſtr a vallðr
eſ ꝫ allt a vorſ. Avlu̇ hnuꝼa v̊ m; kgı. ꝫ kō opt a
mal v̓ kg eꝼ ħ munðı vılıa bæta þolꝼ. Veıta
.k.v. ꝫ ſkallagmı ꝼebætr eða mānſoma þann
nockurn er þr mættı v̓ vna. kr varnaðı þ ėm;
ollu eꝼ þr ꝼeðgar ꝼærı a ꝼunð ħ. Sıðan byrıa
ðı aulu̇ ꝼ̄ð ſına norðr ı ꝼıorðu. lettı ė ꝼyꝛ̄ en ħ
kō at kuellðı ðagſ t̓ þra ꝼeðga. Toku þr þack
ſā lıga v̓ ħm. ðualðız ħ þ̓ nockura hrıð. k.v.
ſpurðı auluı vanðlıga ꝼ̄ atburðū þeī er gıorz
hoꝼðu a ſanðneſı þa er þolꝼr ꝼell. ſua at þuı
huat þol. vān t̓ ꝼrama aðr ħ ꝼellı. Sva ꝫ hueꝛ̄
vapn baru a ħ. eða huar ħ haꝼðı meſt ſár eða h
verneg ꝼall ħ yrðı. Aulu̇ ſagðe allt þ ē ħ ſpur
ðı. ſua þ at haꝛ̄. kr veıttı ħm ſar þ er ærıt mun
ðı eıtt t̓ bana ꝫ þolꝼr ꝼell næꝛ̄ a ꝼætr kı. a gruꝼv.

þa ſů.k.v. Vel heꝼ̃ þu ſagt. þt þ haꝼa gāler m̄n
mꞁt. at ꝥ manz mundı heꝼnt v̊ða eꝼ h̄ ꝼellı a
gruꝼu ɜ þeī næꝶ koma heꝼndın ē ꝼ̇ yrðı ē hīn
ꝼellı. En olıklıgt ē at oſſ v̊ðı þrar hamīgıu aʋ
ðıt. Auluer ſagðı þeī ꝼeðgū at h̄ ventı eꝼ þr
vıllðı ꝼara a ꝼunð kſ. ɜ leıta epꞇ̃ botū at þat
mundı ſoma ꝼaur v̊ða. ɜ bað þa ꞇ́ ꝥ hætta. ok
lagðı morg orð ꞇ́ .k.v. ſagðı at h̄ v̇ hvergı ꝼæꝶ
ꝼ̇ ellı ſakar. mun ek v̊a heıma ſagðı h̄. vılltu
ꝼara ģmr ſagðı aulů. Eckı erendı ætla ek
mık eıga ſagðı ģmr. mun kı ek þıkıa eckı o
rð ſıallr. ætla ek mık eckı lengı munu bıðıa
hotāna. Aulů ſagðı at h̄ mundı ꝥ ė þurꝼa. S
kolu v̇ mæla allt ꝼ̇ honð þına ſlıkt ē v̇ kun
nū En m; þ́ at aulů ſottı þ mal mıog. þa het
Grīr ꝼ̃ð ſīnı þa ē h̄ þættız buīn kuaðu þr auluır
a m; ſer þa ſtunð er G. ſkyllðı koma a kſ ꝼvnð.
ꝼor þa aulů ꝼyrſt a b̊tt ɜ ꞇ́ kſ. **ꝼerð ſkalla ģmſ a kgſ**

25 Skalla ģmr bıoz ꞇ́ ꝼ̃ðar þrar ē ꝼyꝶ v̇ ꝼra **ꝼūð**
ſagt. h̄ valðı ſer m̄n aꝼ heıma m̄m ſīnū
ɜ nábuū. þa ē v̊ ſterkaſꞇ̃ at aꝼlı ɜ hruſ
taſꞇ̃ þra ē ꞇ́ v̇. Maðr h́ aní bondı eīn auðıgr. An
naꝶ het granı. þrıðı ģmolꝼr ɜ ģmr b̊ðer h̄. heīa
m̄n ſkalla ģmſ. ɜ þr bræðr þorbıorn krūmr ɜ þor
ðr beıgallðı. þr v̊ kallaðer þoraurnu .ſſ. h́ bıo ſ
kamt ꝼra ſkallaģmı. ɜ v̇ ꝼıolkūnıg. beıgallðı v̇
kolbıtr. Eīn h́ þoꝛ̃ þurſ ɜ broðer h̄ þorgeıꝶ ıa
rðlangr oððr h́ m̄ eınbuı. Grıſſ lauſıngı .xíȷ.
v̊ þr ꞇ́ ꝼararıñar ɜ aller hıñ ſterkuſtu m̄n. ɜ
marģ hamrāmer. þr hoꝼðu roðrarꝼerıu ē s. G.
attı. ꝼoru ſuðr m; lðı. logðu īn ı oſtrar ꝼıorðu
ꝼoru þa lð veg vpp a vorſ ꞇ́ vaz ꝥ ē þ́ verðr en
leıð þra bar ſua tıl at þr ſkylldu þar yꝼ̃ ꝼ̃a
ꝼengu þr ſer roðrar ſkıp þ er v́ þra hæꝼı var
reru ſıðan yꝼ̃ vatnıt. en þa var langt ꞇ́ bæí
ar ꝥ ē krīn v̇ a veızlu. kōu þr .G. þ́ þān tıma
er kr v̇ gengīn ꞇ́ borða. þr .G. hıttu m̄n at ma
lı vtı ı garðınū ɜ ſpurðu huat þ́ v̇ tıðenda en
ē þeī var ſagt. þa bað .G. kalla ꞇ́ malſ v̇ ſık
auluı hnuꝼu. Sa m̄ geck īn ı ſtoꝼuna ok
þ́ ꞇ́ ē aulů ſat ɜ ſagðı h̄m Mēn ēo h́ kōner

vtı .xıȷ. ſaman eꝼ m̄n ſꞁ kalla En lıkarı ēo þr
þurſū at vextı ɜ at ſyn en menzkū m̄m aulů
ſtoð vpp þegar ɜ geck vt þottız h̄ vıta hůır kōñ
mundu ꝼagnaðı h̄ vel ģmı frænda ſınū ok
bað h̄ ganga īn ı ſtuꝼu m; ſer. G. ſagðı ꝼoru
nautū ſınū þ mun h́ v̊a ſıðr at m̄n gangı v
apnlauſer ꝼ̇ kg ſꞁu v̊ ganga īn .vı. en aðrer .vı.
ſꞁu v̊a vtı ɜ gæta vapna vaꝶa. Sıðan ganga
þr īn geck aulů ꝼ̇ kīn. s.G. ſtoð at bakı h̄m
Avlů tok ꞇ́ malſ. nu ē Grīr h́ kōīn. ſ.k.v. kūnu
v̊ nu auꝼuſu kr at ꝥ ģıt h̄ ꝼaur goða hıngat
ſua ſē v̊ væntū at v̊a munı. Fa þr marģ aꝼ
yðr ſæmð mıkla er ꞇ́ mīna ero kōñ en h̄ ɜ
hu̅gı næʀ ēo ıāuel at ſer ģuır v̄ ꝼleſtar ıþ
rotꞇ̃ ſē h̄ mun v̊a. Mattu þtta ſua ģa
kr at m̄ þıꝁ meſtu malı ſkıpta eꝼ þıkır þ
nockurſ v̊t. aulů talaðı langt ɜ ſnıallt þ́
at h̄ var orðꝼæꝶ m̄. Marģ aðrer vıñ auluıſ
gıngu ꝼ̇ kg ɜ ꝼluttu þtta mal kr lıtaðız v̄
h̄ ſa at maðr ſtoð at bakı auluı. ɜ v̇ hoꝼðı hæ
rı en aðrer m̄n ɜ ſkaullottr. Er þtta h̄ .s.G.
ſagðı kr. hīn mıklı m̄. Grīr ſagðı at h̄ kendı
rett Ek vıl þa ſagðı kr eꝼ þu beıðız bota ꝼ̇
þolꝼ at þu ģız mīn m̄ ɜ ganģ h́ ı hırðlog ɜ þıo
ner m̄ ma m̄ ſua vel lıka þın þıonoſta. at
ek veıta ꝥ bætr epꞇ̃ b̊ður þīn eða aðra ſæð
ė mīnı en ek veıtta h̄m þolꝼı b̊ður þınū ok
ſkılldır þu betr kūna at gæta en h̄ eꝼ ek ģ
ða þık at ſuamıklū m̄ ſē h̄ v̇ orðīn. s.G.ſv̊. þ
v̇ kuṅıgt hůſu mıklu þoroꞁ. v̇ ꝼramaʀ en ek
en at ſer ģr v̄ alla lutı ɜ bar h̄ enga gæꝼu ꞇ́
at þıona ꝥ kr Nu mun ek eckı taka þ rað
ė mun ek þıona ꝥ þ́at ek veıt at ek mun ė g
æꝼu ꞇ́ bera at veıta ꝥ þa þıonoſtu ſē ek m
vnda vılıa ɜ v̊t v̊ı. hyG ek at m̄ v̊ðı meırı mv
na vant en þolꝼı. kr þagðı ɜ ſettı h̄ ðreyrr
auðan a at ſıa. aulů ſñı þeģ ı b̊tt ɜ bað þa
grī ganga v́t þr ģðu ſua. Gıngu vt ɜ toku
vapn ſın bað aulů þa ꝼ̃a ı brott ſē ſkıotaz
Geck aulů a leıð m; þeī tıl vazınſ ɜ margır
m̄n m; h̄m Aðr þr .s.G. ſkıldız mꞁtı aulů

Añanan veg v᷎ ꝼaur þın .G. ꝼrænꝺı t᷎ ꝁ. en ek m
vnꝺa kıoſa ꝼyſta ek þıg mıog hıngat ꝼararīń
en nu vıl ek hınſ bıðıa at þu ꝼar̄ heī ſē ſkynꝺı
lıgaz. ꝫ ꝥ m; at þu kōer e᷎ a ꝼunꝺ har̄ ꝁſ nema
betrı v᷎ðı ſætt yckur en m̄ þyk᷎ nu a horꝼaz. ok
gæt þín vel ꝼ᷎ kı ꝫ ħ m̄m. Sıðan ꝼoru þr .G. ıꝼır
vatnıt. En þr auluer gengu þ᷎ t᷎ ſkıp þau ꝩ e᷎
vpp ꝩ ſett v᷎ vatnıt. ꝫ hıuggu ſua at eckı var
ꝼært þ᷎ at þr ſa mānꝼaur oꝼan ꝼra ꝁſ bænū
Voru þr m̄n marg᷎ ſaman. ꝫ vapnaðer mıog
ꝫ ꝼoru æſılıga. þa m̄n haꝼðı har̄ ꝁr ſent ep᷎
þeī t᷎ ꝥ at ꝺrepa. G. haꝼðı ꝁr tekıt t᷎ orða lıtlu
ſıðaꝁ en þr G hoꝼðu v́t gengıt. Sagðı ſua ꝥ ſe
ek a ſkalla þeī hınū mıkla at ħ e᷎ ꝼullr vpp vl
ꝼuðar ꝫ ħ v᷎ðr at ſkaða þeī m̄m nockurum
er oſſ mun þıkıa aꝼnā ı eꝼ ħ naır. Megu þ᷎ þat
ætla þr m̄n e᷎ ħ mun kalla at ı ſokū ſe v᷎ ħ at
ſa ſkallı mun enguan yðua\r/n ſpara eꝼ ħ kēz
ı ꝼærı. ꝼarıt nu þa ep᷎ ħm ꝫ ꝺrepıt ħ. Sıðan
ꝼoru þr ꝫ komu t᷎ vazınſ ꝫ ꝼengu þar engı ſk
ıp þau er ꝼær v᷎ı. ꝼoru aptr ſıðan ꝫ ſogðu ꝁı.
ſına ꝼ᷎ð. ꝫ ſua ꝥ at þr .G. munðu þa kōń ıꝼ᷎ vat
nıt. S G ꝼór leıð ſına ꝫ ꝼauruneytı ħ t᷎ ꝥ er ħ
kō heī. ſagðı .S.G.k.v. ꝼra ꝼ᷎ð þra. k.v. let vel
ıꝼ᷎ þ᷎ er G. haꝼðı e᷎ ꝼarıt t᷎ ꝁ ꝥ erēðıſſ at gāga
t᷎ hanða ħm. ſagðı ēn ſē ꝼyꝁ at þr munðu aꝼ kı
hlıota ſkaða eīn en enga vppreıſt. k.vlꝼr ꝫ .s.
.G. ræððu opt v̄ raðagıorð ſına ꝫ kō ꝥ allt aſāt
m; þeī. Saugðu ſua at þr munðu eckı mega
v᷎a þar ı lðı hellðr en aðrer m̄n þr e᷎ ı vſætt v᷎
ꝁg ꝫ munðı þeī hıtt rað at ꝼ᷎a aꝼ lðı a brott
ꝫ þottı þeī ꝥ ꝼyſılıgt at leıta t᷎ ıſlðz þ᷎ at þa
var ſagt þar vel ꝼra lð koſtū þar ꝩ þa kōń
vınır þra ꝫ kūnıngıar. Jngolꝼr arń .ſ. ꝫ ꝼaur
unautar ħ. ꝫ tekıt ſer lðz koſtı ꝫ buſtaðe á
ıſlðı. Mattu m̄n þar nēa ſer lonð okeypıſſ
ꝫ velıa buſtaðı. Staðꝼeſtız ꝥ hellz v̄raða g᷎ð
þra at þr munðu bregða buı ſínu. ꝫ ꝼara aꝼ lðı
a b᷎tt. þor̄ hroallðz .ſ. haꝼðı v᷎ıt ı barnæſku at
ꝼoſtrı m; k.v. ꝫ ꝩ þr ſkalla.G. mıog ıaꝼn allðr
ar. v᷎ar þar allkært ı ꝼoſtbræðralagı. þor̄ v᷎
orðīn lenðr m̄ ꝁ e᷎ þtta v᷎ tıðenða. En vınatta
þra .S.G. hellz a vallt. Snēma v̄ varıt bıug
gu þr k.v. ſkıp ſın. þr hoꝼðu mıkīn ſkıpa k
oſt ꝫ goðan bıuggu .ıȷ. knorru mıkla ꝫ hoꝼ
ðu a huarū .xxx. māna þra e᷎ lıðꝼær̄ v᷎. ꝫ v̄
ꝼrā konur ꝫ vngm̄nı. þr hoꝼðu m; ſer lau
ſaꝼe allt ꝥ e᷎ þr mattu m; komaz. En ıarð
þra þorðı engı maðr at kaupa ꝼ᷎ rıkı ꝁſ. En e᷎
þr ꝩ buń þa ſıglðu þr ı brott. þr ſıglðu ı eyıar
þær e᷎ ſolunðer heıta. ꝥ eru margar eyıar. ꝫ
ſtorar. ꝫ ſua mıog vagſkorń at ꝥ e᷎ mlt at þar
munu ꝼaer m̄n vıta allar haꝼner. **capıtulum**

26 Gvttormr ħ m̄ ſon ſıgurðar hıarſ. ħ v᷎
moðurbroðer har̄. ꝁ. ħ v᷎ ꝼoſtrꝼaðer
ꝁſ. ꝫ raðam̄ ꝼ᷎ lıðı ħ þt ꝁr v᷎ þa a barn\s/
allðrı ꝼyrſt er ħ kō t᷎ rıkıſſ. Gutthormr v᷎ ħto
gı ꝼ᷎ lıðı har̄. ꝁſ. þa e᷎ ħ vān lð vnðer ſık. ꝫ v᷎
ħ ı ollū orroſtū þeī e᷎ ꝁr attı. þa e᷎ ħ geck t᷎ lðz
ı noregı. En er har̄. var orðīn eınuallðz ꝁr
ıꝼ᷎ lðı ollu ꝫ ħ ſettız v̄ kyrt. þa gaꝼ ħ gutthor
mı ꝼrænða ſınū veſtr ꝼollð. ꝫ auſtr agðer ok
hrıngarıkı ꝫ lð ꝥ allt er att haꝼðı halꝼðan
ſuartı ꝼaðer ħ Gutth attı .ſſ.ıȷ́. ꝫ ðætr tuær
Syń ħ hetu ſıgurðr ꝫ ragnaꝁ. en .ðð. ħ ragnhıllðr
ꝫ aſlaug. Gutth. tok ſott. en e᷎ at ħm leıð þa
ſenðı ħ m̄n a ꝼunð har̄. ꝁ ꝫ bað ħ ſıa ꝼ᷎ bornū
ſınū ꝫ ꝼ᷎ rıkı ſınu. lıtlu ſıðaꝁ anðaðız ħ En
e᷎ ꝁr ſpurðı anðlat ħ. þa let ħ kalla t᷎ ſın h
alluarð harðꝼ᷎a ꝫ þa .bb. ſagðı at þr ſkyllðu
ꝼara ſenðıꝼaur ħ auſtr ı vık. ꝁr v᷎ þa ſtaððr
ı þranðheımı. þr .bb. bıugguz t᷎ ꝼ᷎ðar þrar ſē
veglıgaſt. Vaulðu ſer lıð ꝫ hoꝼðu ſkıp ꝥ e᷎
þr ꝼengu bezt. þr hoꝼðu ꝥ ſkıp er att haꝼ
ðı þorol.k.v.ſ. ꝫ þr hoꝼðu tekıt aꝼ þorgıſlı
gıallanða. En er þr ꝩ buń ꝼ᷎ðar ſīnar þa
ſagðı ꝁr þeī erenðı at þr ſkyllðu ꝼ᷎a auſtr t᷎
tunſ bergſ. þ᷎ v᷎ þa kaupſtaðr. þ᷎ haꝼðı Gutth.
haꝼt atſetu. ſſu þıð ſagðı ꝁr ꝼæra m̄ ſonu
Guth en ðætr ħ ſſu þar vpp ꝼæðaz t᷎ ꝥ e᷎ ek
gıptı þær. Skal ek ꝼa m̄n t᷎ at varðueıta
rıkıt ꝫ veıta meyıunū ꝼoſtr. En e᷎ þr bb. ꝩ

buñ þa ꝼ̇a þr leıð ſına. ꝫ byrıaðı þeī vel. komu þr
v̄ varıt ı vık aſtr ť tunſbergſ ꝫ baru ꝥ ꝼ̄ṁ erē
ðı ſın. taka þr halluarðr v̇ .ſſ. Guth. ꝫ mıklu
lauſaꝼe. ꝼara þr þa ē þr ero buñ aptr a leıð.
byrıaðı þeī þa nockurū mun ſeīna. ꝫ v̊ð eckı ť
tıðenða ı þra ꝼ̊ð ꝼyꝶ en þr ſıgla norðr v̄ ſogn
ſæ byr goðan ꝫ bıart veðr ꝫ v̊ þa allkater.

27 Kvellð .v. ꝫ þr .S.G. **dráp þra bræðra**
hellðu nıoſnū ıaꝼnan v̄ ſumarıt īn
a þıoðleıðīnı. S.G. var hũıū m̄ ſkyg
nrı. ħ ſa ſıglıng þra hallū ꝫ kenðı ſkıpıt ꝥt
ħ haꝼðı ꝥ ſkıp ſéð ꝼyꝶ þa ē ꝥgılſ ꝼor m;. s.
.G. hellt vorð a v̄ ꝼ̊ð þra. huar þr logðu ť haꝼ
nar v̄ kuellðıt. Sıðan ꝼeꝶ ħ aptr ť lıðſ ſınſ
ꝫ ſeĝ .k.v. ꝥ ē ħ haꝼðı ſet. Sua ꝥ at ħ haꝼ
ðı kent ſkıpıt ꝥ er þr hallū̃. hoꝼðu tekıt aꝼ
þorgıſlı. ꝫ þoł. haꝼðı átt ꝫ þar munðu þr m̄n noc
kurer ꝼylgıa ē veıðr munðı ı v̊a. Sıðan bua\`z´
þr ꝫ bua baða batana ꝫ hoꝼðu .xx. m̄n a ħr
ū. Styrðı oð .k.v. en oðrū ſkalla.G. roa þr ſı
ðan ꝫ leıta ſkıpſınſ. En er þr kōa at þar er
ſkıpıt la. þa laugðu þr at lðı. þr hałl hoꝼð
tıallðat ıꝼ ſkıpı ſínu. ꝫ hoꝼðu þa lagız ť ſue
eꝼnſ. En er þr .k.v. komu at þeī þa hlıopu
varðm̄n vpp ē ſatu v̇ bryggıu ſporð ꝫ kol
luðu a ſkıp vt. baðu m̄n vpp ſtanða ſogð
u at oꝼ̊ðr ꝼor at þeī. hlıopu þr hałl. ť vap
na ſīna. En ē þr .k.v. komu at bryggıuſporðı
nū þa geck ħ vt at ſkutbryggıu. en s.G. ge
ck ꝼ̄ṁ at bryggıūnı. k.v. haꝼðı ı henðı brynt
roll. En er ħ kō a ſkıpıt þa bað ħ m̄n ſına gā
ga ıt ytra m; borðū ꝫ hoggua tıollðın or klo
ꝼū. En ħ oð aptr ť lyptīgarīnar. ꝫ ſua ē ſagt
at þa hamaðız ħ ꝫ ꝼleırı v̊ þr ꝼaurunautar
ñ er þa haumuðuz. þr ðrapu m̄n þa alla er
ꝼ þeī vrðu. Slıkt ſam\`a´ g̊ðı .s.G. þar ē ħ geck
v̄ ſkıpıt. letu þr ꝼeðġ é ꝼyꝶ en hroðıt var
ſkıpıt. En ē .k.v. kō aptr at lyptıngūnı reı
ððı ħ vpp bryntrollıt ꝫ hoGr ť hallū̃ ı geg
nū hıalmīn ꝫ hoꝼuðıt. ꝫ ſauck allt at ſkap
tı. hnyktı ħ þa ſua hart at ſer at ħ bra hałl.

a lopt ꝫ ſlaungðı ħm vtbyrðıſſ. S.G. ruððı
ꝼrā ſtaꝼnīn. ꝫ ðrap ſıgtryG. mart hlıop m̊
akaꝼ. En m̄n ſkalł.G. toku batīn ē þr hoꝼ
ðu þagat haꝼt ꝫ reru ť ꝫ ðrapu þa alla ē
a ſunðınu v̊. þar lez allz m̊ hałl. meıꝶ en
.l. m̊. En þr s.G. toku ſkıpıt ꝥ er þr hałl.
hoꝼðu þangat haꝼt. ꝫ ꝼe allt ꝥ ſē a var
þeır toku honðū m̄n .íj. eða íıj. þa ē þeım
þottı ſē mınzť v̊ı ꝼ ſer. ꝫ gaꝼu grıð. ꝫ hoꝼ
ðu aꝼ þeī tıðenðı. ꝼrettu hueŕ m̄n heꝼ
ðı v̊ıt a ſkıpınu ꝫ ſua hũneg ꝼ̊ð þra heꝼ
ðı ætlut v̊ıt. En er þr v̊ vıſır orðñ allz
hınſ ſāna þa kōnuðu þr valīn þān er
a ſkıpınu la. ꝼanz þeī þa ꝥ a. at meırı lutr
m̊ haꝼðı ꝼ borð hlaupıt. ꝫ hoꝼðu tynz en ꝥ ē
ꝼallıt haꝼðı a ſkıpınu. þr .ſſ. Gutth. hoꝼðu
ꝼ borð hlavpıt ꝫ hoꝼðu tynz. þa v̇ ānaꝶ þra
.xíj. veť en ānaꝶ .x. ꝫ hıñ vænlıgſtu m̄n. Sı
ðan let .s.G. lauſa ꝼara þa m̄n ē ħ haꝼðı g̊ð
geꝼıt ꝫ bað þa ꝼ̇a aꝼunð haŕ. ƙſ ꝫ ſegıa ħ
venðılıga ꝼ̃ þeī tıðenðū ē þar g̊ðuz. ꝫ ſua
hũır þar hoꝼðu at v̊ıt. Skolu ꝥ. ſ. ħ ƀa tıl
ƙſ kuıðlıng þna. Nu er ħſıſ heꝼnð v̇ hılmí
eꝼnð. geīgr vlꝼr ꝫ aurn oꝼ ynglıngſ born.
ꝼlugu haugguın hræ. halluarz a ſæ grár
ſlıtr vnðer arı ſnarꝼara. Sıðan ꝼluttu þr
grımr ſkıpıt m; ꝼarmı vt ť ſkıpa ſīna ſ
kıptu þa ſkıpunū. hloðu ꝥtta ē þa hoꝼðu
þr ꝼengıt. En ruððu hıtt ē þr hoꝼðu aðr ꝫ
mīna var. baru ꝥ ı grıot. ꝫ brutu þar a rau
ꝼar. ꝫ ſauktu nıðr. Sıglðu ſıðan a haꝼ vt.
þegar byr gaꝼ. Sua er ſagt at þeī m̄m v̊ı ꝼa
rıt ē hārāmer ero. eða þeī ē beſſerkſ gāgr
v̊ a at meðan ꝥ v̊ ꝼramıt. þa v̊ þr ſua ſter
ƙ at eckı hellz v̇ þeī. en ꝼyſt ē aꝼ v̊ gengıt
þa v̊ þr omatkarı en at vanða. k.v. v́. ꝫ ſua
at þa er aꝼ ħm geck hārēmın. þa kenðı ħ
mæðı aꝼ ſokn þrı ē ħ haꝼðı veıtt ꝫ v́ ħ þa aꝼ
ollu ſaman omattugr ſua at ħ lagðız ı rec
kıu. En byꝶ bar þa ı haꝼ v́t. kuellð vlꝼr
reð ꝼ ſkıpı ꝥ ē þr hoꝼðu tekıt aꝼ þeī hałl.

þeī byrıaðı vel ꝫ helldu mıog ſāflotı ſua at
huaꝛ̄ vıſſu longū t̔ ānaꝛ̄a. En er ſottız haf
ıt. þa elna ſott a hendr k.vlfı. En ē ðro at ꝥ
at ħ var banuæn þa kallaðı ħ t̔ ſkıpûıa
ſīna ꝫ ſagðı þeī at ħm þottı lıklıg at þa mū
ðı bratt ſkılıa vega þra hefı ek ſagðı ħ eckı k
vellıſıukr v̄ıt En ef ſua ferꝛ ſē m̄ þıꝁ nu lıkıg
az at ek aunðūz þa g̅ıt m̄ kıſtu. ꝫ latıð mık fa
ꝼ borð. Ok v̄ðr þtta ānan veg en ek hugða at v̄a
mundı ef ek ſt̄ ėkōa t̔ ıſlðz ꝫ nēa þar lð. ꝥ ſt̄ut
bera kueðıu mína g̅mı .ſ. mınū. þa er ꝥ fıñız ꝫ
ſegıt ħm þ m; ef ſua v̄ðr at ħ kēr t̔ ıſlðz. ꝫ berı
ſua at. þott þ munı olıklıgt þıkıa at ek ſıa ꝥ ꝼ
þa takı ħ ſer þar buſtað ſē næſt ꝥ ē ek hefı at
lðı kōıt. lıtlu ſıðaꝛ̄ anðaðız .k.v. Gıorðu ſkıp
v̄ıar ħ ſua ſē ħ hafðı ꝼ mlt. at þr logðu ħ ı kıſ
tu ꝫ ſku ſıðan ꝼ borð Grīr ħ m̄ ſon þorıſ ketılſ
.ſ. kıolꝼa. kynſtorr m̄ ꝫ auðıgr. ħ var ſkıpuerı
kuellðvlfſ. ħ hafðı v̄ıt allðauınr þra feðga
ꝫ hafðı v̄ıt ı ferðū bæðı m; þeī ꝫ þorolfı. haf
ðı ħ ꝫ fengıt reıðı ꝁſ ꝼ þa ſok ħ tok t̔ forraða
ſkıpıt epꝉ ē .k.v. var ðauðr. En ē þr v̄ komñ
v̇ ıſlð. þa ſıgldu þr ſūnan at lðı. þr ſıgldu ve
ſtr ꝼ lðıt. þt þr hofðu þ ſpurt. at Jngolfr h
afðı ſer þar buſtað tekıt en ē þr komu ꝼ
reykıaneſ. ꝫ þr ſa fırðınū vpp luka. þa ſtef
na þr īn ı fıorðīn baðū ſkıpunū. Veðr g̅ðı
hvaſt ꝫ væta mıkıl. ꝫ þoka. Skılðuz þa
ſkıpín. Sıgldu þr īn epꝉ ƀgarfırðı t̔ ꝥ er
þraut ſker aull. kauſtuðu þa ackerū tıl
þſ ē veðr lægðı ꝫ lıoſt g̅ðı þa bıðu þr flæð.

Sıðan fluttu þr ſkıpıt vpp ıar oſ nockurn
ſu ē kollut gufu a. leıððu ꝥ ſkıpıt vpp ep
ꝉ ānı ſua ſē geck. baru ſıðan farm af ſkı
pınu. ꝫ bıugguz ꝥ v̄ hıñ fyrſta vetr þr kō
nuðu lðıt m; ſæ bæðı vpp ꝫ v́t. En ē þr hofð
v ſkāt farıt. þa fundu þr ı vık eīnı. huar
vpp v̄ rekın kıſta kuellðulfſ. fluttu þr kıſ
tuna a neſ þ ē þar v̄ð ſettu hana ꝥ nıðr ok
hloðu at grıotı. **ſkalla grımr nam lð**

28 Skalla g̅mr kō þar at lðı ē neſ mıkıt
geck ı ſæ vt ꝫ eıð mıótt ꝼ ofan neſıt. ꝫ baru þar
farm af. þ kolluðu þr knarꝛ̄ neſ. Sıðan kānaðı
ſkallag̅mr lðıt ꝫ v̄ ꝥ myrlendı mıkıt ꝫ ſkogar
vıðır. langt ı mıllı fıallz ꝫ fıoru. Selueıðar gno
g̅ ꝫ fıſkıfang mıkıt. En er þr kōnuðu lðıt ſuðꝛ̄
m; ſíonū ꝫ varð þa ꝼ þeī fıorðr mıkıll en ē þr fo
ru īn m; fırðı þeī. þa lettu þr ė fyꝛ̄ ferðıñı en
þr fundu faurunauta ſína g̅m hīn haleyſka ꝫ
þa faurunauta. varð ꝥ fagna fundr. Sogðu þr
.s.G. at .k.v. v̇ ꝥ t̔ lðz komīn ꝫ þr hofðu ħ ıarðat.

Sıðan fylgðu þr .s.G. þar t̔. ꝫ ſyndız ħm ſua ſē þa
ðan mundı ſkamt a ƀtt. þ ē bolſtaðar gıorð goð
munð v̄a. Fór G. þa ı ƀtt ꝫ aptr t̔ ſkıpuerıa ſī
na. ꝫ ſatu ꝥ huarer v̄ vetn̄ ſē þr hofðu at ko
mıt. þa nā .s.G. lð mıllı fıallz ꝫ fıoru myrar
allar v́t t̔ ſela lonſ. ꝫ ıt efra t̔ ƀgar hraunſ.
en ſuðr t̔ hafnar fıalla. ꝫ allt þ lð ē vatnfoll
ðeıla t̔ ſıoꝼ. ħ flutti v̄ varıt epꝉ ſkıpıt ſuðr
t̔ fıarðarınſ. ꝫ ıñ ı vag þān ē næſtr v̇. ꝥ ē .k.v.
hafðı t̔ lðz kōıt ꝫ ſettı þar bæ. ꝫ kallaðı at ƀg.

En fıorðın borg̅fıorð ꝫ ſua ħaðıt vpp ꝼ̄ kendu
þr v̇ fıorðīn. Grımı hínū haleyſka gaf ħ bu
ſtað ꝼ ſūnan borg̅ fıorð ꝥ ē kallat v̄ a huān ey
rı. þar ſkāt vt ꝼ̄ ſkarſt īn vık eín mıkıl.
fundu þr þar anðer marg̅ ꝫ kolluðu anða
kıl en anðakılſ a ē ꝥ fell t̔ ſıoꝼ. vpp ꝼ̄ a þrı
t̔ þrar ár ē kollut v̄ grīſa. ꝥ ı mıllı attı .G. lð

Vm varıt þa ē .s.G. let reka kuık fe ſıtt vtan meðr
ſıo. þa komu þr a neſ eıtt lıtıð ꝫ veıððu þar alf
ꝉ nockurar ꝫ kolluðu alfta neſ. S.G. gaf lð ſk
ıpûıū ſınū. Ana gaf ħ lð mıllı lang ár ꝫ háfſ
lækıar. ꝫ bıo ħ at anabrecku. ſon ħ var aunū
ður ſıonı. Grīolfr bygðı fyrſt a g̅molfſ ſtoðū.
v̇ ħ ē kenð grīolfſ fıt ꝫ g̅molfſ lækr. Grīr ħ
ſon ħ ē bıo ꝼ ſūnan fıorð. ħ ſon v̄ g̅maꝛ̄ ē bıo
a g̅marſtoðū. v̄ ħ ðeıllðu þr þorſteīn ꝫ tungu
oððr. Granı bıo at granaſtaū ı ðıgraneſı. þor
bırnı krū gaf ħ lð vpp m; gufua ꝫ þorðı beıg
allða. bıo krūr ı krūſ holū. en þorðr at beıg
allða. þorı þvrſ ꝫ þeī bræðrū gaf ħ lð vpp fra
eınkūnū ꝫ ıt ytra m; langa. þoꝛ̄ þurſ bıo a

ſtauðū. ħ ðottᷣ v̊ þorðıſ ſtaung ē bıo ı ſtangar
hollti ſıðan þorgeıꝛ bío a ıarðlangſ ſtoðū
.s.G. kānaðı lꝺ vpp v̄ ħat. ꝼor ꝼyrſt ıñ m; bor
garꝼırðı t̄ þ̄ er ꝼıorðīn þraut. en ſıðan m; an
nı ꝼ̄ veſtan ē ħ kallaðı huıtá. þt þr ꝼauruna
tar hoꝼðu ė ſeð ꝼyꝛ votn þau ē or ıoklū hoꝼð
u ꝼallıt þottı þeī aın vnðarlıga lıt. þr ꝼoru
vpp m; huıta. þa kolluðu þr norðr á. ꝫ ꝼoru vpp
m þrı á t̄ þ̄ ē ēn varð a ꝼ̄ þeī ꝫ var þ lıtıð vatn
ꝼall. ꝼoru þr ıꝼ̄ a þa. ꝫ eñ vpp m; norðr á. Sa þ
a bratt huar hın lıtla aın ꝼell or glıuꝼrum
ꝫ kolluðu þa glıuꝼra. Sıðā ꝼoru þr ıꝼ̄ norðrá
ꝫ ꝼoru aptr ēn t̄ huıt ár. ꝫ vpp m; hēnı. varð
þa eñ bratt a ſu ē þűſ v̊ð ꝼ̄ þeī ꝫ ꝼell ı huıtá
þa kolluðu þr þűa. þr vrðu þ̄ vaꝛ at þ̄ v̊ huert
vatn ꝼullt aꝼ ꝼıſkū Sıðan ꝼoru þr vt aptr tıl

29 Skalla ġmr v̊ **aꝼ ıðıu ſkalla ġmſ** [borgar
ıðıu maðr mıkıll. ħ haꝼðı m; ſer ıaꝼn
an mart m̄. let ſækıa mıog ꝼaung. þau
er ꝼ̄ v̊ ꝫ t̄ atuīnu m̄m v̊. þ̄ at þa ꝼyrſt hoꝼðu
þr ꝼátt kuıkꝼıar hıa þ̄ ſē þurꝼtı t̄ ꝼıolm̄n
nıſſ þ̄ ſē var. En þ ſē v̊ kuıkꝼıarınſ. þa geck
ollū vetrū ſıalꝼ ala ı ſkogū. S.G. var ſkıp
a ſmıðr mıkıll. en rekauıð ſkortı ė veſtr ꝼ̄
myrar. ħ let ġa bæ a alꝼtaneſı ꝫ attı þ̄ bu
añat. let þaðan ſækıa vt roðra ꝫ ſelueıðar.
ꝫ eGᷣ er þa v̊ gnog ꝼaung þau oll. ſua reka
vıð at lata at ſer ꝼlytıa. hualakuam̄ v̊ þa ꝫ
mıklar. ꝫ ſkıota mattı ſē vılldı allt v̊ þ þa k
yrt ı veıðıſtoð. ē þ v̊ ouant mānı et þrıðıa bu
attı ħ v̇ ſıoīn a veſtanűðū myrū v̊ þar ēn b
etr kōıt at ſıtıa ꝼ̄ rekū ꝫ þar let ħ haꝼa ſæðı
ꝫ kalla at okrū. Eyıar lagu þar vt ꝼ̄ ē hualr ꝼ
anz ı ꝫ kolluðu þr hualſeyıar. S.G. haꝼðı ok
m̄n ſına vppı v̇ laxarnar t̄ veıða. Oðð eın
bua ſettı ħ v̇ glıuꝼrá at gæta þar laxueıðar
Oððr bıo vnðer eınbua breckū. vıð ħ ē kent eın
bua neſ. Sıgmunðr ħ̇ m̄ ē .S.G. ſettı v̇ norðra ħ
bıo þ̄ ē kallat v̊ a aſmunðar ſtoðū. þ̄ ē nu kal
lat at haugū v̇ ħ er kent ſıgmunðar neſ. Sıð
an ꝼærðı ħ buſtað ſīn ı munoðar neſ. þottı þ̄
hæġ t̄ laxueıða. En ē ꝼrām geck mıog kuık
ꝼe .s.G. þa geck ꝼeıt vpp t̄ ꝼıalla allt aſūrū.
ħ ꝼān mıkīn mun a at þ ꝼe varð betra ꝫ ꝼeı
tara ē a heıðum geck. sua þ at ſauðꝼe hellz
a vetrū ı ꝼıallðaulū. þott eı v̊ðı oꝼan rekıt.
Sıðan let .S.G. ġa bæ vppı v̇ ꝼıallıt. ꝫ attı þ̄ bu
let þ̄ varðueıta ſauð ꝼe ſıtt. þ bu v̊ðueıttı ġſ.
ꝫ ē v̇ ħ kenð ġſartunga. Stoð þar a morgum
ꝼotū ꝼıaraꝼlı .s.G. Stunðu ſıðaꝛ en .S.G.
haꝼðı v́t komıt kō ſkıp aꝼ haꝼı ı borgar ꝼ
ıorð ꝫ attı ſa m̄ er oleıꝼr var kallaðr halltı
ħ haꝼðı m; ſer konu ſína. ꝫ born ꝫ ānat ꝼr
ændlıð ſıtt. ꝫ haꝼðı ſua ætlat ꝼ̄ð ſına at ꝼa
ſer buſtað a ıſlðı. Oleıꝼr v̊ maðr auðıgr ꝫ
kynſtoꝛ ꝫ ſpakr at vıtı. S.G. bauð oleıꝼı h
eī t̄ ſın t̄ vıſtar ꝫ lıðı ħ ollu. En oleıꝼr þek
tız þ. ꝫ var ħ m; ſkalla .G. hīn ꝼyrſta vetr ē
oleıꝼr v̊ a ıſlðı. En epť v̄ varıt vıſaðı .s.G.
oleıꝼı t̄ lðzkoſtar ꝼ̄ ſūnan ġmſ á. huıt á ē
vpp ꝼra ġmſ a t̄ ꝼloka ðalſ ár. Oleıꝼr þekt
ız þ ꝫ ꝼór þangat buꝼlı ſínu ꝫ ſettı þar bu
ſtað er heıť at varma læk. ħ var gauꝼu
gr m̄ ħ ſyñ v̊ þr ragı ı lauġ ðal ꝫ þorarēn raga
broðer ē laugſaugu tok a ıſlðı. næſt epť hra
ꝼn hængſ .ſ. þorarīn bío at varmalæk. ħ attı
þorðıſ ðottur olaꝼſ ꝼeılanſ. ſyſtur þorðar gellıſ.

30 Haꝛ. kr hīn harꝼagrı **vtkuama ynguarſſ**
lagðı eıgu ſína a ıarðer þær allar er
þr ꝫ K.v. ꝫ .s.G. hoꝼðu epter
átt ı noregı. ꝫ allt þ ꝼe ānat ē ħ naðı. ħ leıtaðı
ꝫ mıog epť m̄m þeī ē v̊ıt hoꝼðu ı raðū ꝫ vıtor
ðū. eða nockurū t̄beına m; þeī .S.G. v̄ verk
þau ē þr v̄nu aðr. s.G. ꝼór or lðı a brott ꝫ ſua
kō ſa ꝼıanðſkapr ē kı v̊ a þeī ꝼeðgū at ħ ha
taðız v̇ ꝼrænðr þra eða aðra nauðleytam̄
eða þa m̄n ē ħ vıſſı at þeī hoꝼðu allkærır
v̊ıt ı vınattu. Sættu ſum̄ aꝼ hm reꝼſıngū
ꝫ marġ ꝼlyðu vnðan ꝫ leıtuðu ſer hælıſ.
Sum̄ īnan lðz en ſum̄ ꝼlyðu m; ollu aꝼ
lðı abrott. yngvaꝛ magr S.G. v̊ eīn aꝼ þum
m̄m ē nu var ꝼra ſagt. tok ħ þ rað at ħ v̊ðı

ꝼe ſınu ſua ſē ħ mattı ı lauſa eyrı ɜ ꝼeck ſer haꝼ
ſkıp. reð þa m̄n t̓ ɜ bıo ꝼ͛ð ſına t̓ ıſlꝺz. ꝥ at ħ haꝼðı
þa ſpurt at .s.g. haꝼðı tekıt þar ſtaðꝼeſtu ɜ eıgı
munðı þar ſkorta lꝺa koſtı m; s.g. En ē þr ͧ bunır
ɜ byr gaꝼ. þa ſıglðı ħ ı haꝼ ɜ greıððız ꝼ͛ð ħ vel. kō
ħ t̓ ıſlꝺz ꝼ̓ ſūnan lꝺıt. ɜ hellt veſtr ꝼ̓ reykıaneſ
ɜ ſıglðı ın̄ a bgar ꝼıorð. ɜ hellt īn í langá ɜ vpp allt
t̓ ꝼoſſ. baru ꝥ ꝼarm aꝼ ſkıpınu. En ē S.G. ſpurðı
at kuamu ynguarſ. þa ꝼor ħ þeg̃ a ꝼunð ħ ɜ ba
vð ħm t̓ ſın m; ſua morgū m̄m ſē ħ vıllðı. yng
vaʀ þecktız þ. ͮ ſkıpıt vpp ſett. en yngvaʀ ꝼor
t̓ borgar m; marga m̄n ɜ var þān vetr m; s.g.
En at varı bauð .S.G. ħm lꝺa koſtı. ħ gaꝼ yngua
rı bu þ ē ħ áttı a altaneſı. ɜ lꝺ īn t̓ leırulækıar
ɜ vt t̓ ſtraūꝼıarðar. Sıðan ꝼór ħ t̓ vt buſſ þſſ
ɜ tok þar ͮ. ɜ var ħ hīn nyztı maðr ɜ haꝼðı a
vð ꝼıar. S.G. g̃ðı þa bu ı knaʀar neſı ɜ attı þar
bu lengı ſıðan. S.G. ͮ ıarn ſmıðr mıkıll ɜ haꝼ
ðı rauða blaſtr mıkīn a vetrīn. ħ let g̃a ſmı
ðıu m; ſıonū míog langt vt ꝼra borg. þar ſē
heıt̃ rauꝼ neſ. þottı ħm ſkogar þar ꝼıarlæg̃
En ē ħ ꝼeck ꝥ engan ſteın þān er ſua ͮı ha
rðr eða ſlettr at ħm þættı gott at lyıa ıarn
ͮ ꝥ at ꝥ ē eckı malargrıot. ero þar ſmaer
ſanðar allt m; ſæ. þ var eıtt kuellð þa ē að
rer m̄n ꝼoru at ſoꝼa at .s.g. geck t̓ ſıoꝼar ɜ
hratt ꝼrām ſkıpı attæru ē ħ áttı ɜ rerı vt t̓
mıðꝼıarðar eyıa let þa hlaupa nıðr ſtıora
ꝼ̓ ſtaꝼn a ſkıpınu. ſıðan ſteıg ħ ꝼ̓ borð ɜ kaꝼ
aðı ɜ haꝼðı vpp m; ſer ſteín ɜ ꝼærðı vpp ı ſkı
pít. Sıðan ꝼor ħ ſıalꝼr vpp ı ſkıpıt ɜ rerı tıl
lꝺz. ɜ bar ſteınīn t̓ ſmıðıu ſīnar. ɜ lagðı nıðr
ꝼ̓ ſmıðıuðyrū. ɜ luðı þar ſıðan ıarn ͮ. lıgr
ſa ſteīn þar ēn ɜ mıkıt ſınðr hıa. ɜ ſer þ a ſteı
nınū at ħ ē at ħ ē barðr oꝼan. ɜ þ ē brımſorꝼ
ıt grıot ɜ eckı ꝥ grıotı glıkt auðru er ꝥ ē. ok
munu nu eckı meıra heꝼıa .íííj. m̄n. S.G.
ſottı ꝼaſt ſmıðıu ͮkıt. en ħkarlar ħ vōðu
ðu ͮ ɜ þottı ſnēma rıſıt. þa ortı ħ vıſu þa.
Mıog tekr ar ſa ē aura. ıſarnſ meıðr at rıſ
a. vaðır vıðða broður. veðr leggıar ſkal
kueðıa. Gıalla let ek a gullı geıſla nıotz me
ðan þıota. heıtu hrærıkytur. hreGſ vınð ꝼre
kar ſleggıur. **her ſegır aꝼ bornū ſkalla g̊ms**

31 SKALLA GRIMR ɜ þau bera at
tu born mıog morg ɜ ͮ þ ꝼyſt
at oll onðuðuz þa gatu þau
ſon ɜ var vatnı auſīn ɜ het
þorolꝼr. En ē ħ ꝼæððız vpp þa
var ħ ſnēma mıkıll vextı ɜ hīn vænſtı ſynū
var þ allra māna mal at ħ munðı ͮa hīn lı
kaztı þolꝼı kuellðvlſ .ſ. er ħ ͮ ept̃ heıtīn. þor
olꝼr ͮ langt ͮ ꝼrā ıā allðra ſína at aꝼlı. En ē
ħ ox vpp. g̃ðız ħ ıþrotta m̄ ͮ ꝼleſta þa hlutı er
þa ͮ m̄m tıtt at ꝼremıa þeī er vel ͦ at ſer g̃
uır. þolꝼr ͮ gleðım̄ mıkıll Snēma ͮ ſua ꝼull
komīn at aꝼlı at ħ þottız at ħ þottı vel lıðꝼæʀ
m; oðrū m̄m varð ħ bratt vınſæll aꝼ alþyðu
ͮnı ħm ɜ vel ꝼaðer ɜ moðer. þau .S.G. attu .ðð.
.ıȷ. ħ onur ſæūnr en ōnur þorūn. ͦ þær ɜ eꝼnı
lıgar ı vppuextı. Eñ attu þau .S.G. ſon ͮ ſa v
atnı auſıñ ɜ naꝼn geꝼıt ɜ kallaðr egıll. En
ē ħ ox vpp. þa mattı þ bratt ſıa a ħm at ħ mū
ðı ͮða mıog lıotr ɜ lıkr ꝼeðr ſınū ſuartr a h
ar. En þa ē ħ ͮ þreuetr þa var ħ mıkıll ok
ſterkr. ſua ſē þr ſueınar aðrer er ͦ .vı. vet̃
eða .víȷ. ħ ͮ bratt malugr ɜ orð uıſſ hellðr ͮ
ħ ıllr vıðr eıgnar. er ħ var ı leıkū m; oðrū
vngmēnū þ var ꝼór ynguaʀ t̓ bgar ɜ ͮ þ
at erenðū at ħ bauð .s.g. t̓ boðſ vt þangat
t̓ ſın ɜ neꝼnðı t̓ þrar ꝼerðar b͛u ðottur ſı
na ɜ þorolꝼ ſon hēnar ɜ þa m̄n aðra ē þau
.S.G. vılldu at ꝼærı. S.G. het ꝼaur ſıñı. ꝼor
ynguaʀ þa heī. ɜ bıo t̓ veızlūnar. ɜ let þa
aul heıta. En ē at þrı ſteꝼnu kēr ē .S.G. ſ
kıllðı t̓ boðſınſ ꝼara ɜ þau b͛a. þa bıoz þór
olꝼr t̓ ꝼ͛ðar m; þeī ɜ ħkarlar. ſua at þau ͮ
xv ſaman. egıll ræððı ͮ ͮ ꝼoður ſīn at ħ
vıllðı ꝼara. a ek ꝥ ſlıkt kyñı ſē þol. ſ. ħ
eckı ſſtu ꝼ̓a. ſ.S.G. þt þu kant eckı ꝼ̓ þer
at ͮa ı ꝼıolmēnı þa er ðryckıur ero m
ıklar er þu þıkır eckı goðr vıðſkıptıſſ

at þu ſer vꝺrckīn. Steıg þa .s.G. a heſt ſīn ꝫ reıð
ı brott. en egıll vnꝺı ılla v̇ ſīn lut. ħ geck or ǵꝺı. ꝫ
hıttı eyk heſt eīn. ē .s.G. attı. ꝼor a bak ꝫ reıð ep
ꝉ þeī .s.G. ħm varð ħm v̊ð ogreıðꝼært v̄ myrar
nar. þͥ at ħ kūnı enga leıð. en ħ ſa þo mıog opt r
eıð þra .s.G. þa ē ė bar ꝼ hollt eða ſkoga. Er þ
at ſegıa ꝼ̄ ħ ꝼ̄ð. at ſıð v̄ kuellꝺıt. kō ħ a alta
neſ þa ē m̄n ſatu þar at ꝺryckıu. Geck ħ īn í ſt
vꝼu. En ē ynguaꝛ̄ ſa egıl. þa tok ħ v̇ ħm ꝼegīſālı
ga. ꝫ ſpurðı huı ħ heꝼðı ſua ſıð kōıt. Egıll ſagðe
huat þr .s.G. hoꝼðu v̇ mītz. ynguaꝛ̄ ſettı egıl h
ıa ſer. Satu þr gagnu᷑t þeī S.G. ꝫ þorolꝼı. þ v̇ þar
haꝼt aulteıtı. at m̄n kuaðu vıſur. þa kuað e.v.
Komīn em ek ꝉ erna ynguarſ beð lyngua. ħ
var ek ꝼuſſ at ꝼīna ꝼranþueıngıar geꝼr ꝺr
eīgıū. mun ė þu þægır þreuetran m̄ betra
lıoſunꝺīna lanꝺa lınz oðar ſmıð ꝼīna. Ynǵ
hellt vpp vıſu þrı ꝫ þackaðı vel aglı vıſuna
en v̄ ꝺagīn epꝉ þa ꝼærðı ynguaꝛ̄ aglı at
ſkallꝺſkapar launū kuꝼunga .ííj. ꝫ anꝺar
eG. En v̄ ꝺagīn epꝉ v̇ ꝺryckıu .k.e.v. aðra v̄
bragar laū Sıþaugla gaꝼ ſauglū. ſarga
glſ þrıa aglı herðımeıðr v̇ hroðrı hagr brım
rotar gagra. ꝫ beck ꝼıðrſ blacka. borꝺuallar
gaꝼ ꝼıorða. kēnımeıðr ſa ē kūnı kaurbeð e
gıl gleðıa. Vel lagðı egıll ı ı þauck ſkallꝺſka
p ſīn v̇ marga m̄n. Eckı varð þa ꝼleıra ꝉ tıð
enꝺa ı ꝼ̄ð þra. ꝼor Egıll heī m; S.G. **capıtulm**

32 Bıorn het ħſır rıkr ı ſognı ē bıo a aurlꝺı
ħ ſon v̇ brynıolꝼr ē arꝼ allan tok eptır
ꝼoður ſīn. Synır brynıolꝼſ v̊ þr bıorn ꝫ
þorðr. þr v̊ m̄n a vngū allꝺrı er þtta v̇ tıðenꝺa
bıorn var ꝼarm̄ mıkıll v̇ ſtunꝺū ıvıkıng. En
ſtunꝺū ı kaupꝼ̄ðū. Bıorn v̇ hīn ǵuılıgſtı maðr
þ barſt at a eınuhuerıu ſumrı at bıorn v̇ ſtað
ꝺr ı ꝼıorꝺū at veızlu nockuꝛ̄ı ꝼıolmēꝛı. þ̄ ſa
ħ mey ꝼag̃ þa ē ħm ꝼanz mıkıt v̄. ħ ſpurðe
epꝉ huerrar ætꝉ ħ̄ var. ħm v̇ þ ſagt at ħ̄ var
ſyſꝉ þorıſſ ħſıſ hroallz .ſ. ꝫ het þora hlað hōð
bıorn hoꝼ vpp bonorð ſıtt ꝫ bað þoru. en þorer
ſynıaðı ħm raðſınſ ꝫ ſkılꝺuz þr at ſua ǵuu. En

þ ſā`a´ hauſt ꝼeck bıorn ſer lıðſ ꝫ ꝼor m; ſkutu alſkı
puða norðr ı ꝼıorðu. ꝫ kō ꝉ þorıſſ ꝫ ſua at ħ v̇ ė heīa
bıorn nā þoru a brott. ꝫ haꝼðı heī m; ſer a aurlꝺ voru
þau þar v̄ vetrīn ꝫ vıllꝺı .b. ǵa bruꝺlaup ꝉ hēnar. br
ynıolꝼı ꝼeðr ħ lıkaðı þ ılla ē .b. haꝼðı gort. þottı ſuí
vırðıng ı þ̄. þar ſē áðr haꝼðı laung vınatta v̊ıt m;
þórı ꝫ brynıolꝼı. þͥ ſıðr ſkalltu .b. ſ. brynıolꝼr br
uðlaup ꝉ þoru ǵa. ħ̄ m; m̄ at oleyꝼı þorıſſ broður
hēnar at ħ̄ ſī ħ̄ ſva vel ſett ſē ħ̄ v̊ı mın ꝺotꝉ en ſ
yſꝉ þín. En ſua v̊ð at v̊a allt ſē brynıolꝼr kuað
a þar ı ħ hıbylū. huart ē .b. lıkaðı vel eða ılla. bryn
ıolꝼr ſenꝺı m̄n ꝉ þorıſ at bıoða ħm ſætt. ꝫ ıꝼ̄ bætr
ꝼ ꝼaur þa ē bıorn haꝼðı ꝼarıt. þoꝛ̄ bað brynıolꝼ
ſenꝺa heī þoru. Sagðı at eckı munꝺı aꝼ ſætt v̊ða
ella. En bıorn vıllꝺı ꝼ engan mun lata hana ı brott ꝼ̊
þo at brynıolꝼr beıꝺꝺı þ̄. leıð ſua aꝼ vetͭ. En ē va
ra tok. þa ræꝺꝺu þr brynıolꝼr ꝫ .b. eīn ꝺag v̄ rað
aǵꝺ̊ ſınar. ſpurðı brynıolꝼr. huar ħ ætlaðız ꝼ.
.b.ſ. þ lıkaz at ħ munꝺı ꝼ̄a aꝼ lꝺı a brott. Er m̄
þ næſt ſkapı ſagðı ħ at þu ꝼaē m̄ langſkıp
ꝫ þar lıð m; ꝫ ꝼara ek ı vıkıng. Engı van ē þ
ſagðı bryñ. at ek ꝼa þ̄ ı henꝺr ħ̄ſkıp ꝫ lıð mık
ıt þt ek veıt ė nēa þa kom̄ þu þar nıðr ē m̄
ē oll oauꝼuſa a ꝫ ſtenꝺr þo nu aðr ærın óro aꝼ
þ̄. kaupſkıp mun ek ꝼa þ̄ ı henꝺr ꝫ þar m;
kaupeyrı. ꝼarðu ſıðan ſuðr ꝉ ꝺyꝼlīnar. ſu er
nu ꝼ̄ð ꝼrægſt mun ek ꝼa þ̄ ꝼauruneytı gott
b.ſ. ſua at ħ munꝺı þ v̊ða vpp at taka ſem
bryñ. vıllꝺı. let ħ þa bua kaupſkıp gott ok
ꝼeck m̄n ꝉ. bıoz .b. þa ꝉ þrar ꝼ̄ðar. ꝫ varð eckı
ſnē buīn. En ē .b. v̇ albuīn ꝫ byꝛ̄ rān a þa
ſteıg ħ a bat m; .xıȷ. m̄n ꝫ rerı īn a aurlꝺ ꝫ
gengu vpp ꝉ bæıar ꝫ ꝉ ꝺyngıu þrar ē moꝺ̊ ħ
attı. ſat ħ̄ þ̄ īnı ꝫ konur mıog marǵ. þar v̇
þora. b.ſ. at þora ſkıllꝺı m; ħm ꝼara. leıꝺꝺ
þr hana ı b̊tt. En moðer ħ bað konurn̄ v̊a ė
ſua ꝺıarꝼar at þær ǵꝺı vart v̇ īn ı ſkalaN.
Sagðı at bryñ munꝺı ılla ı honꝺū haꝼa eꝼ
ħ vıſſı ꝫ ſagðı at þa v̊ı buıt v̇ geıg mıklū m;
þeī ꝼeðgū. En klæðnaðr þoru ꝫ grıpır v̊
þar aller lagðer ꝉ hanꝺargagnſ ꝫ hoꝼðu

þr .b. þallt m; ſer. ꝼoru þr ſıðan v̄ nottına vt ť ſkıp\s/
ſınſ. ðrogu þeǵ ſegl ſıtt ⁊ ſıglðu vt epť ſogn ſæ ⁊
ſıðan ı haꝼ. þeī byrıaðı ılla ⁊ hoꝼðu rettu ſtora
⁊ velktı lengı ı haꝼı ꝥt þr v̊ aurugǧ ı ꝥ at ꝼır
raz noreg ſē meſt. þ var eīn ðag at þr ſıglðu
auſtan at hıallt lðı huaſt veðr ⁊ leſtu ſkıpıt
ı lð toku v̇ moſ ey. baru þar aꝼ ꝼarmīn ⁊ ꝼo
ru ı borg þa ē ꝥ var. ⁊ baru þangat allan var
nīg ſīn ⁊ ſettu vpp ſkıpıt ⁊ bættu ē brotıð var.
33 Lıtlu ꝼ vetr kō ſkıp ť hıalltlðz ſūnan
or orkneyıū. Sogðu þr þau tıð **capıtulm**
enðı at langſkıp haꝼðı komıt v̄ hauſtıð tıl
eyıāna. v̊ þ ſenðımn̄ haꝛ̄.k̄. m; þeī erenðū
ť sıgurðar ıarlſ at kr vıllðı ðrepa lata .b.
bryn̄.ſ. huar ſē h yrðı a henðr ⁊ ſlıkar orð
ſenðıngar ǧðı h ť ſuðreyıa allt ť ðyꝼlīnar. b.
ſpurðı ꝥı tıðenðı. ⁊ þ m; at h var vtlægr ı nore
gı. En þegar ē b haꝼðı komıt ť hıallt lðz
ǧðı h brullaup ť þoru. satu þau v̄ vetrīn ı
moſeyıarborg. En þeǵ v̄ varıt er ſıo tok at læ
gıa ſettı .b. ꝼrām ſkıp ſıt ⁊ bıo ſē akaꝼlıgazt En
ē h var buīn ⁊ byr gaꝼ. sıglðı h ıhaꝼ ꝼengu þr
veðr ſtór ⁊ v̊ lıtlaſtunð vtı. komu ſunnan at ıſ
lðı. geck þa veðr alð ⁊ bar þa veſtr ꝼ lðıt ⁊ þa í
haꝼ vt. En ē þeī gaꝼ byr aptr þa ſıglðu þr at lð
ínu. Engı v̇ ſa m̄ þar īnan borz er v̊ıt heꝼðı ꝼy
ꝶ a ıſlðı. þr ſıglðu ın̄ a ꝼıorð eīn ꝼurðulıga mı
kīn ⁊ bar þa at hīnı veſtrı ſtronðīnı. ſa ꝥ tıl
lðz ın̄ eckı nēa boða eına ⁊ haꝼnleyſur. beı
ttu þa ſē þueraz auſtr ꝼ lðıt allt ť ꝥ ē ꝼıorðr
v̊ð ꝼ þeī ⁊ ſıglðu þr īn epť ꝼırðınū tıl ꝥ ē lok
ıt var ſk̄ıū ollū ⁊ brımı. þa logðu þr at neſı eı
nu. la þar ey ꝼ vtan en ſunð ðıupt ı mıllı. ꝼeſ
tu þar ſkıpıt. Vık geck vpp ꝼ veſtan neſıt. En
vpp aꝼ vıkīnı ſtoð borg mıkıl. b. geck a bat eīɴ
⁊ m̄n m; h. b. ſagðı ꝼorunautū ſínū at þr ſk
ylldu varaz at ſegıa þ eckı ꝼ̄ ꝼ̄ðū ſınū ē þeī
ſtæðı vanðræðı aꝼ ꝥ. þr .b. reru ť bæıarınſ ⁊
hıttu ꝥ m̄n at malı. Spurðu þr þ ꝼyſt huar þr
v̊ at lðı kōner. mēn ſogðu at þ het at borǵ.ꝼ.
en bæꝶ ſa ē þar var het at borg. En .s.G. bō
ðīn. b. kānaðız bratt v̇ h ⁊ geck ť moz v̇ S.G.
⁊ toluðuz þr v̇. Spurðı .s.G. huat m̄m þr v̊ı. b.
neꝼnðı ſık ⁊ ꝼoður ſīn. en .s.G. var allr kūn
leıkı a bryn̄. ⁊ bauð .b. allan ꝼorbeına ſīn þ
ān er h þurꝼtı. b. tok ꝥ þak ſamlıga. þa ſpur
ðı .S.G. huat ꝼleıra v̊ı þra m̊ a ſkıpı er vır
ðınga m̄n v̊ı. b. ſagðı at þar v̊ þora hroallz
.ð. ſyſtır þorıſ h̄ſıſ. s.G. varð v̇ þ allglaðr ⁊ .ſ.
ſua at þ var ſkyllt. ⁊ heımollt v̄ ſyſtur þorı\s/
ꝼoſtbroður ſınſ at h ǧðı ſlıkan ꝼor beına ſē þ
urꝼtı eða h heꝼðı ꝼaung ť. ⁊ bauð þeī .b. ba
ðū ť ſín m; alla ſkıpuerıa ſına. b. þektız þ
Var þaꝼluttr ꝼarmr aꝼ ſkıpınu vpp ı tun at ƀg
ſettu þr ꝥ buðer ſınar. en ſkıpıt var leıtt vpp ı
læk þān ē ꝥ v̊ðr. En ꝥ ē kallat bıarń tauður ſē
þr bıorn hoꝼðu buðer. b. ⁊ þr ſkıpu̅ıar aller
ꝼoru ť vıſtar m; s.G. h haꝼðı allðrı ꝼærı m̄n m;
ſer en l.x. vıgra karla. **auıt ſkalla ǵmſ v̇ bıorn**
34 Þat var v̄ hauſtıð þa ē ſkıp hoꝼðu kō
ıt ť ıſlðz aꝼ noregı at ſa kuıttr kom
ıꝼ at bıorn munðı haꝼa hlaupız a broť
m; þoru ⁊ eckı at raðı ꝼranða hēnar. kr haꝼ
ðı ǧt h vtlaga ꝼ þ ór noregı. En ē .S.G. varð ꝥ
vaꝶ. þa kallaðı h bıorn tıl ſín. ⁊ ſpurðı hu̅n
eg ꝼarıt v̊ı v̄ kuanꝼang ſ̄. huart þ heꝼðı
gort v̊ıt at raðı ꝼrænða. var mer ė þ ván
ſagðı h v̄ ſon brynıolꝼſ at ek munða ė vıta et
ſaña aꝼ ꝥ̄. b.ſ. Satt eıtt heꝼı ek ꝥ ſagt. ǵmr en
ė mattu amæla m̄ ꝼ þ þott ek ſegða ꝥ ė leī
gra en þu ſpurðer. en þo ſ̄l nu v̇ ganga ꝥ ē ſaí
ē at þu heꝼ̄ ſānſpurt. at eckı var ꝥtta rað ǧt
v̇ ſamþyckı þorıſ broður hēnar. þa mlı .S.
.G. reıðr mıog. huı vartu ſua ðıarꝼr at þu ꝼor\t/
a mīn ꝼunð. eða vıſſır þu ė hu̅ vınatta var
m; okr þorı. b.ſ. Vıſſa ek. ſ.h. at m; ykr var
ꝼoſtbræðra lag ⁊ vınatta kær. En ꝼ ꝥ ſotta
ek þık heī at mık haꝼðı h̄ at lðı h̄ at lðı bo
rıt. ⁊ ek vıſſa at m̊ munðı eckı tyıa at ꝼ
orðaz þık. mun nu v̊a a þınu vallðı hueꝶ
mīn hlutı ſ̄l v̊ða. en goðſ væntı ek aꝼ. ꝥ at
ek em heıma maðr þīn. Sıðan geck ꝼrām

þorolꝼr ſon S.G. ⁊ lagðı t̄ morg orð. ⁊ bað ꝼauður
ſīn at h̄ gæꝼı .b. ė þtta at ſauk. ẽ þo haꝼðı h̄ tekıt
v̇ bırnı. Marḡ aðrer logðu þar orð t̄. kō þa ſua
at .G. ſeꝼaðız ſagðı at þoŀ. munðı þa raða ⁊ tak
þu v̇ bırnı. ⁊ eꝼ þu vıllt. v̄ t̄ h̄ ſua vel ſē þu vıllt
35 Þora ol barn v̄ ſumarıt **ꝼæðð ăſgerðr**
⁊ var þ mær. v̇ h̄ vatnı auſın ⁊ naꝼn ge
ꝼıt. ⁊ het aſḡðr. b̄a ꝼeck t̄ konu at gæta
meyıarīnar. b. var v̄ vetrīn m; ſ.G. ⁊ aller ſkıp
v̄ıar h̄. þoŀ. ḡðı ſer tıtt v̇ b. ⁊ var h̄m ꝼylgıuſamr.
En ẽ var kō. þa var þ eīn hūn ðag at þoŀ. geck t̄
malſ v̇ ꝼoður ſīn. ⁊ ſpurðı h̄ þ huert ráð h̄ vıllðı
leggıa t̄ v̇ .b. vetr geſt ſīn. eða hūıa aſía h̄ vıllðı
h̄m veıta. G. ſpurðı þoŀ. huat h̄ ætlaðız ꝼ. þ æt
la ek. ſ. þoŀ. at .b. vıllðı hellzt ꝼara t̄ noregſ eꝼ
h̄ mættı þar ı ꝼðı v̄a. þættı m̄ þ ráð ꝼ lıggıa ꝼaðır
at þu ſenðır m̄n t̄ noregſ at bıoða ſætt̄ ꝼ .b. ⁊ m
un þoŕ mıkılſ vırða orð þín. Sua kō þoŀ. ꝼtolū
ſınū at .s.G. ſkıpaðız v̇. ⁊ ꝼeck m̄ t̄ vtanꝼ̄ð v̄ ſu
marıt. ꝼoru þr m̄ m; orð ſenðıngar ⁊ ıarteg̃ tıl
þoreſ hroallðzſ. ⁊ leıtu v̄ ſætt̄ m; þeī .b. En þeg̃ er
bryñ vıſſı þa orðſenðıng. þa lagðı h̄ allan huga
at bıoða ſætt̄ ꝼ. b. kō þa ſua þ malı at þoŕ tok ſ
ætt̄ ꝼ .b. þ at h̄ ſa þ at þa v̇ ſua kōıt at .b. þurꝼtı
þa eckı at ottaz v̄ ſık. tok bryñ. þa ſættū ꝼ .b. En
ſenðım̄ .G. v̊ v̄ vetrīn m; þorı. en .b. v̇ þān vetr
m; s.G. En ept̄ v̄ ſumarıt ꝼoru ſenðım̄n .S.G. a
ptr. En er þr komu aptr v̄ hauſtıð þa ſogðu þr
þau tıðenðı at .b. v̇ ı ſætt tekīn ı noregı. b. var
hīn þrıðıa vetr m; ſ.G. En ept̄ \v̄/ varıt. bıoz h̄ tıl
brotꝼerðar. ⁊ ſu ſueıt m̄ ẽ h̄m haꝼðı þagat ꝼy
lgt. En ẽ .b. v̇ buīn ꝼ̄ðar ſīnar. þa ſagðı b̄a at h̄
vıll at aſḡðr ꝼoſtra hēnar ſe ept̄. En þau .b. þek
tuz þ ⁊ var mærın ept̄. ⁊ ꝼæððız þar vpp. með
þeī .s.G. þoŀ ſon .s.G. reðzt t̄ ꝼ̄ðar m; .b. ⁊ ꝼeck .S.G.
h̄m ꝼarar eꝼnı. ꝼór h̄ vtan v̄ ſumarıt m; .b. Greıð
ðız þeī vel ⁊ komu aꝼ haꝼı vtan at ſognſæ. Sıglðı
.b. þa īn ı ſogn. ⁊ ꝼor ſıðan heī t̄ ꝼoður ſınſ. ꝼór þor
olꝼr heī m; h̄m. Tok bryñ. þa v̇ þeī ꝼegīſālıga. sı
ðan v̊ gıor orð þorı hroallz .ſ. laugðu þr bryñ ſte
eꝼnu ſín a mıllı. kō þ ⁊ bıorn t̄ þrar ſteꝼnu. tryg
ðu þr þoŕ þa ſætt̄ m; ſer. Sıðan greıððı þoŕ aꝼ hē
ðı ꝼe þ ẽ þora attı ı h̄ garðı. ⁊ ſıðan toku þr vpp þo
ŕ ⁊ bıorn vınattu m; teīgðū. Var .b. þa heıma a aur
lðı m; bryñ. þoŀ. v̇ ⁊ þar ı allgoðu ıꝼlætı aꝼ þeī ꝼeð
36 Haŕ. k̄r haꝼðı longū **eırekr þa kar** [gum ꝼañ
at ſetu ſına a haurðalðı eða roga lðı.
at ſtor buū þeī ẽ h̄ attı at vtſteını eða
augualldz neſı .e. a. ꝼıtıū a alrekſtauðū .e. a lyg
ru. a ſæheımı. En þān vetr ẽ nu v̇ ꝼ̄ ſagt v̇ k̄r
norðr ı lðı. En ẽ þr .b. ⁊ þoŀ. hoꝼðu v̄ıt eīn vetr
ı noregı ⁊ var kō. þa bıuggu þr ſkıp ⁊ auꝼlu
ðu m̊ t̄ ꝼoru v̄ ſumarıt ıvıkıng ı auſtrueg. En
ꝼoru heī at hauſtı ⁊ hoꝼðu aꝼlat ꝼıar mıkılſ
En er þr komu heī þa ſpurðu þr at haŕ k̄r v̇
þa a roga lðı ⁊ munðı þar ſıtıa v̄ vetrīn þa
tok haŕ. k̄r at ellðaz mıog en ſyñ h̄ v̊ þa mıog
a leɢ kōnır marḡ. Eırıkr ſon haŕ.k̄ er kall
aðr v̇ bloðaux v̇ þa a vngū allðrı. h̄ v̇ a ꝼoſt̄
m; þorı h̄ſı hroallz .ſ. k̄r v̄nı eırıkı meſt ſon
a ſīna. þoŕ v̇ þa ı hınū meſtū kærleıkū v̇ k̄g
.b. ⁊ þr þoŀ. ꝼoru ꝼyrſt a aurlð ẽ þr komu heī.
en ſıðan byrıuðu þr ꝼ̄ð ſına norðr ı ꝼıorðu.
at ſækıa heī þorı h̄ſı. þr hoꝼðu karꝼa þān ẽ
reru a borð .xíj. m̄n eða xııȷ. ⁊ hoꝼðu næꝶ
.xxx. m̊. Skıp þ hoꝼðu þr ꝼengıt v̄ ſumarıt
ıvıkıng. þ var ſteınt mıog ꝼ oꝼan ſıo ⁊ var
ıt ꝼegrſta. En er þr komu tıl þoreſ. ꝼengu þr
þar goðar vıðtaukur ⁊ ðuaulðuz þar nocku
ra hrıð. en ſkıpıt ꝼlaut tıallðat ꝼ benum.
þ var eīn ðag er þr þoŀ ⁊ bıorn gengu oꝼan t̄
ſkıpſınſ. þr ſa at eıŕ.k̄.ſ. v̇ þ. geck ſtunðū a
ſkıpıt vt en ſtunðū a lð vpp. ſtoð þa ⁊ hor
ꝼðı a ſkıpıt. þa m̄tı .b. t̄ þoroŀ. mıog vnðraz
k̄.ſ. ſkıpıt. ⁊ bıoð þu h̄m at þıggıa at þ. þ at
ek veıt at ok̄r v̄ðr þ at lıðſēð mıkıllı v̇ k̄g
eꝼ eıŕ. ẽ ꝼlutnīgſ m̄ ockaꝶ. heꝼ ek heyrt þ
ſagt at k̄r haꝼı þungan hug a þ aꝼ ſokum
ꝼoður þınſ. þoŀ.ſ. at þ munðı v̄a gott rað gen
gu þr ſıðan oꝼan t̄ ſkıpſınſ ⁊ m̄tı þoŀ. vanð
lıga hyɢr þu at ſkıpınu .k̄.ſ. hūſu lız þ a.
vel. ſ. h̄ ıt ꝼegrſta ẽ ſkıpıt. ſ. h̄. þa vıl ek geꝼa

ꝥ ſagðı þol̄. ſkıpıt eꝼ þu vıll þiggıa. þıggı
a vıl ek. ſ. eıꝛ̄ en ꝥ munu lıtıl þıkıa launı̄.
þott ek heıta ꝥ vınattu mīní. En þ ſtenðr
þo t̉ vanar eꝼ ek helld lıꝼı. þol̄. ſ. at þau l
aun þottı ħm mıklu meıra v̄ð en ſkıpıt
Skılðuz þa ſıðan. en þaðan aꝼ v̉ k̄.ſ. allk
atr v̉ þa þol̄ þr .b. ɜ þol̄. kōa a ræðu v̉ þorí
huat ħ ætlar huart þ ſe m; ſānınðū at k̄.
haꝼı þungan hug a þorol̄. þoꝛ̄ ðylr þ eckı.
at ħ heꝼðı þ heyrt. þa vıllða ek þ ſagðı .b.
at þu ꝼæꝛ̄ a ꝼunð k̄. ɜ ꝼlytꝛ̄ mal þol̄. ꝼ̄ ħm
þt eıtt ſl̄ ganga ıꝼ̄ okr þol̄. baða. ḡðı ħ ſua
v̉ mık þa ē ek v̉ a ıſlðı. Sua kō at þoꝛ̄ het
ꝼ̄ðīnı t̉ k̄. ɜ bað þa ꝼreıſta eꝼ eıꝛ̄ k̄.ſ. vıll
ðı ꝼara m; ħm. En ē þr þol̄. ɜ bıorn komu
a ꝥar ræður ꝼ̄ eıꝛ̄. þa het ħ ſīnı v̄ſyſlu vıð
ꝼoður ſīn. Sıðan ꝼoru þr þol̄. ɜ .b. leıð ſí
na ı ſogn. En þoꝛ̄ ɜ eıꝛ̄.k̄.ſ. ſkıpuðu kar
ꝼa þān hīn nygeꝼna ɜ ꝼoru ſuðr a ꝼunð k̄.
ɜ hıttu ħ a haurða lðı. tok ħ ꝼegınſā lı
ga v̉ þeī ðuolðuz þr þar v̄ hrıð ɜ leıtuðu
ꝥ ðagraðſ at hıtta k̄g at ħ var ı goðu ſka
pı. baru þa vpp þtta mal ꝼ̄ k̄g. ſogðu at ſa m̄
var þar komīn er þorolꝼr ħ̉ ſon .s.G. vılldu v̄
ꝥ bıðıa k̄r. at þu mıntız ꝥ er ꝼrænðr ħ haꝼa
vel t̉ þín gort. En letır ħ ė gıallða ꝥ ē ꝼað ħ
ḡðı þott ħ heꝼnðı broður ſınſ. talaðı þoꝛ̄ v̄ þ
mıuklıga. En k̄r ſv̄. helldr ſtutt ſagðı at þeī
haꝼðı otılı mıkıll ſtaðıt aꝼ k.v. ɜ .ſſ. ħ. ɜ let
ꝥ ván at ſıa þol̄. munðı ēn v̄a ſkaplıkr ꝼ
rænðū ſınū. Ero þr aller ſagðı ħ oꝼſam̄ mıkl
ır ſua at þr haꝼa eckı hóꝼ vıð ɜ hırða ė v̉ hū
ıa þr eıgu at ſkıpta. Sıðan tok eıꝛ̄. t̉ malſ
ſagðı at þol̄ heꝼðı vıngaz v̉ ħ. ɜ geꝼıt ħm a
gætan ġp ſkıp þ ē þr hoꝼðu þar. heꝼı ek heı
tıð ħm vınattu mīnı ꝼullkomīnı. Munu ꝼa
er t̉ v̄ða at vıngaz v̉ mık eꝼ ꝥum eꝼ ꝥū ſl̄
eckı tıa. Muntu ė þ v̄a lata ꝼaðer v̄ þann
mañ ē t̉ ꝥ heꝼ̄ ꝼyſtr vorðıt at geꝼa m̄ ðyr
grıpı. Sua kō at k̄r het þeī ꝥ aðr lettı at
þorol̄. ſkyllðı ı ꝼrıðı v̄a ꝼ̄ ħm. En eckı vıl ek
kuað ħ at ħ kōı a mīn ꝼunð. En gıora mattu
eıꝛ̄. ħ ſua kæran ꝥ ſē þu vıllt. eða ꝼleırı þa
ꝼrænðr. en v̄a mun ānat huart at þr munu
ꝥ v̄ða mıukarı en m̄ haꝼa þr vorðıt. Eða þu
munt ꝥar bænar ıðraz. ɜ ſua ꝥ eꝼ þu lætr þa
lengı m; ꝥ v̄a. Sıðan ꝼor eıꝛ̄ bloð ex. ɜ þr þoꝛ̄
heī ı ꝼıorðu. Senðu ſıðan orð ɜ letu ſegıa þor
olꝼı huert þra erenðı v̉ vorðıt t̉ k̄ſ. þr þol̄. ɜ .b.
v̊ þān vetr m; bryñ. En morg ſumur lagu
þr ı vıkıng. en v̄ vetrū v̊ þr m; bryñ. en ſtun
37 Eırıkr **bıarma lðz ꝼerð** [ðū m; þorı.
bloð ex tok þa v̉ rıkı. ħ haꝼðı ıꝼ̄ſokn
a haurða lðı ɜ v̄ ꝼıorðu. tok ħ þa ɜ haꝼ
ðı m; ſer hırðm̄n. ɜ eıtt hūt var bıo eıꝛ̄. bloð
ex ꝼaur ſína t̉ bıarmalðz ɜ vanðaðı mıog l
ıð tıl þrar ꝼ̄ðar. þol̄. rez t̉ ꝼ̄ðar m; eıꝛ̄. ɜ v̄ ı
ſtaꝼní a ſkıpı ħ ɜ bar m̄kı ħ. þol̄. v̉ þa hūı
ū mānı meırı ɜ ſterkarı ɜ lıkr v̄ þ ꝼeðr ſín
ū. ıꝼ̄ð þrı var mart t̉ tıðenða. Eıꝛ̄. attı orroſtu
mıkla a bıarma lðı v̉ vínu. ꝼeck eıꝛ̄. þar ſıgr
ſua ſē ſeḡ ı kuæðū ħ. ɜ ıþrı ꝼerð ꝼeck ħ Gūn
hıllðar ðottur auzuraı tota. ɜ haꝼðı hana heī
m; ſer. Gūnhıllðr v̉ allra kuēna vænſt ɜ vıtruſt
ɜ ꝼıolkūníg mıog. kærleıkar mıklır v̊ með
þeī þolꝼı ɜ Gūnhıllðı. þol̄. v̉ þa ıaꝼnan a vetrū.
m; eıꝛ̄. en a ſūrū ı vıkıngu. Maðr het þorge
ıR þyrnıꝼotr. ħ bıo a haurðalðı ı ꝼenhrıng. ꝥ
heıter a aſkı. ħ attı .ííȷ. ſonu. het eīn haððr an
naR berg aununðr. þrıðı het atlı hīn ſkāmı.
ꝥgaununðr v̉ hūıū meırı. ɜ ſterkarı. ɜ v̉ maðr
a gıarn ɜ oðæll atlı hīn ſkāmı v̉ m̄ eckı haR
ɜ rıðuaxīn ɜ var rār at aꝼlı. þorgeıR v̉ maðr
ſtor auðıgr at ꝼe. ħ v̉ blot maðr mıkıll ɜ ꝼıol
kūnıgr. haððr la ı v̉ ı vıkīg ɜ v̉ ſıallðan heíma.
38 Þorolꝼr .S.G. ſon bıoz eítt **vtkvama þorolꝼſ**
ſumar t̉ kaupꝼ̄ðar ætlaðı þa ſē ħ ḡðı
at ꝼara t̉ ıſlðz. ɜ hıtta ꝼoður ſīn. ħ haꝼ
ðı þa lengı a brottu v̄ıt. ħ haꝼðı þa ogryñı ꝼı
ar. ɜ ðyrgrıpı marga En ē ħ buīn t̉ ꝼerðar
þa ꝼór ħ a ꝼunð eıꝛ̄.k̄. En er þr ſkılðuz ſellðı k̄r
ı henðr þorol̄. exı er ħ kuez geꝼa vılıa .s.G. exın

var ſnaghyrnð ⁊ mikil ⁊ gullbuin. vpp ſkellt ſkap
tið m; ſilꝼri ⁊ v̄ þ hīn virðiligſti g̊pr. þoꝛ. ꝼor ꝼ̄ðar **39**
ſiñar þegar ħ var buīn. ⁊ greiððiz ħm vel ⁊ kō ſki
pi ſínu i borgar ꝼiorð ⁊ ꝼor þegar braðliga heī t̄ ꝼo
ður ſínſ. varð þar ꝼagnaꝼunðr mikill ẽ þr hittuz
Siðan ꝼór .s.G. t̄ ſkipſ moti þoꝛ. let ſetia vpp ſkipit.
en þoꝛ. ꝼor heī t̄ borgar m; xíj.\`ta´ mān. En ẽ ħ kō heim
bar ħ .s.G.k. eiř.k̄. ⁊ ꝼærði ħm exi þa ẽ k̄r haꝼði ſ
ent ħm. s.G. tok v̇ exīni. hellt vpp ⁊ ſa a v̄ hrið ⁊ ræð
ði ecki v̄. ꝼeſti vpp hia rumi ſinu. þ v̇ v̄ hauſtið einn
huern ðag at borg at .s.G. let reka heī yxn miog
marga er ħ ætlaði t̄ hauGſ. ħ let leiða .íj. yxn ſa
man vnðer ħueG ⁊ leiða a vixl. ħ tok helluſtein v
el mikīn ⁊ ſkaut niðr vnðer halſana. Siðan geck
ħ t̄ m; exina k̄.naut ⁊ hio yxnina baða ſēn ſua
at hoꝼuðit tok aꝼ huarū tueggia. en exin hli
op niðr i ſteinīn. ſua at muðrīn braſt or allr. ⁊ riꝼ
naði vpp i gegnū ħðuna. s.G. ſa i eGina ⁊ ræððí
ecki v̄. geck ſiðan īn i elldaħ. ⁊ ſteig ſiðan a ſtock
vpp ⁊ ſkaut exīni vpp a hurðaſa. la ħ þar v̄ vetŕ
en v̄ varit lyſti þoꝛ. iꝼ þ at ħ ætlaði vtan at ꝼ vm
ſumarið. S.G. latti ħ. ſagði at þa v̇ gott heilum
vagni heī at aka. heꝼ þu ſagði ħ ꝼarit ꝼrēðar
ꝼaur mikla. en þ ẽ mlt ẽ ymſar v̇ðr er margar **40**
ꝼeR. Tak þu nu her v̇ ꝼiarhlut ſua miklū at þu þ
ikiz v̇ða mega gillðr maðr aꝼ. þoꝛ.ſ. at ħ vill ēn
ꝼara einhu̇ia ꝼ̄ð. ⁊ a ek nauðſynlig erenði t̄ ꝼarī
nar. En þa ẽ ek kē vt auðru ſīni mun ek ħ ſtað ꝼ
eſtaz. en aſgerðr ꝼoſtra þín ſl ꝼara vtan með
m̄ a ꝼunð ꝼoður ſinſ. bauð ħ mer v̄ þ. þa ẽ ek ꝼor
auſtan. S.G.q. ħ ⁊ raða munðu Siðan ꝼor þoꝛ. til
ſkipſ ſinſ ⁊ bio þ. En ẽ ħ v̇ albuīn. ꝼluttu þr
v́t ſkipit t̄ ðigraneſſ ⁊ la þar t̄ byriar. ꝼor þa
aſḡðr t̄ ſkipſ m; ħm. En aðr þoꝛ. ꝼor ꝼ̄ bg. þa ge
ck .s.G. t̄ ⁊ tok exina oꝼan aꝼ hurðaſū k̄ſ.gio
ꝼina ⁊ geck vt m;. v̇ þa ſkaptit ſuart aꝼ reyk
en exin ryðgengin. S.G. ſa i eG exīni. Siðan ſe
llði ħ þoꝛ. exína. S.G.q.v. Liggia ygſ i eggiu
a ek ſueigar kaur ðeiga. ꝼokſ ẽ illt i exi vnð
vargſ ꝼlauſur margar. arghyrnu láttu arn
a. aptr m; roknu ſkapti. þaurꝼ erat m̄ t̄ þrar
þ var hringa gioꝼ hingat. **GeiR ꝼeck þoruṅar**
Þat v̇ð t̄ tiðenða meðan þoꝛ. haꝼði v̇it
vtanlenðiſſ en s.G. bio at borg at eit
ſumar kō kaupſkip aꝼ noregi i bor
gar ꝼiorð. var þa viða hoꝼð vppſát kaupſkip
um. i ár eða i lækiar oſa eða i ſik. Maðr het ket
ill er kallaðr v̇ ketill blunðr ẽ atti ſkip þ. ħ var
norræn m̄. kynſtorr ⁊ auðigr. GeiR̄ ħ .ſ. ħ er þa
var ꝼulltiði ⁊ v̇ a ſkipi m; ħm. ketill ætlaði at
ꝼa ſer buſtað a iſlði. ħ kō ſið ſumarſ. S.G. viſſi
oll ðeili a ħm. bauð .S.G. ħm t̄ viſtar m; ſer m;
allt ꝼoruneyti ſitt. ketill þektiz þ. ⁊ v̇ ħ v̄ vetr
īn m; .s.G. þān vetr bað geiR̄ ſon ketilſ þo
rūnar .ð.S.G. ⁊ v̇ þ at raði gort. ꝼeck GeiR̄ þor
unṅ. En ep̄ v̄ varit viſaði .s.G. katli t̄ lðz vpp
ꝼ̄ lði oleiꝼſ m; huit á ꝼ̄ ꝼlokaðalſar oſi ⁊ t̄
reykia ðalſ ár oſſ. ⁊ tungu þa alla ẽ þar
var a milli vpp t̄ rauðſ gilſ. ⁊ ꝼloka ðal allā
ꝼ oꝼan breckur. ketill bio i þranðar hollti. en
geiR̄ i geirſ hlið. ħ atti aṅat bu i reykiaðal
at reykiū hinū eꝼrū. ħ v̇ kallaðr GeiR̄ hinn
auðgi. ħ .ſſ. v̊ þr blunð ketill ⁊ þorgeiR̄ blunðr
þði v̇ þor oððr hriſablunðr ẽ ꝼyrſtr bio i hriſū.
Skalla.G. henði mikit **egill ðrap maṅ vii ve**
gaman at aꝼlraunū ⁊ leikū. vm þ **tra**
þotti ħm gott at ræða. knattleikar v̊
þa tiðir. v̇ þ i ſueit gott t̄ ſterkra m̄ i þān tīa.
en þo haꝼði engi aꝼl v̇ .S.G. ħ g̊ðiz þa hellðr hní
gīn at allðri. þorðr ħ .ſ. grana at granaſtauðū.
⁊ v̇ ħ hīn mānvænligſti maðr. ⁊ v̇ a vngū allð. ħ
var elſkr at agli .s.G.ſ. Egill v̇ miog at glimū
v̇ ħ kapſamr miog ⁊ reiðīn. en aller kūnu þ
at kēna ſonū ſinū at þr vegði ꝼ agli. knattlei
kr v̇ lagiðr a huit ár vollū allꝼiolm̄nr a aunðūð
an vetr. Sottu m̄n þ t̄ viða vm ħað. heimam̄n
.S.G. ꝼoru þangat t̄ leikſ marḡ. þorðr grana .ſ.
var hellzt ꝼ þeī. Egill bað þorð at ꝼara með
ħm t̄ leikſ. þa var ħ a .víj.\`ða´ vetr. þorðr let þ ep̄
ħm ⁊ reiððí ħ at baki ſer. En er þr komu a leik
motið. þa v̇ m̄m ſkipt þ t̄ leikſ. þar v̇ ⁊ kōit
mart ſmaſueina. ⁊ g̊ðu þr ſer ānan leik. var

þar ⁊ ſkıpt t̾. Egıll hlaut at leıka v̾ ſueın þān er
grımr het .ſ. hegſ aꝼ hegſ ſtoðū. Grīr v̾ .xı. vetra
eða .x. ⁊ ſterkr at ıoꝼnū alld̾. En ē þr lekuz v̾.
þa v̾ egıll oſterkarı. Grímr ḡðı ⁊ þān mun allaɴ
er h̄ mattı. þa reıðdız egıll ⁊ hoꝼ vpp knatttre
ıt ⁊ lauſt ģm. en ģmr tok h̄ hondū ⁊ keyrðı
h̄ nıðr ꝼall mıkıt. ⁊ lek h̄ hellðr ılla. ⁊ kuez m
unðu meıða h̄ eꝼ h̄ kyn̄ı ſık ė. En ē egıll kōz
aꝼætr þa geck h̄ ór leıknū. en ſueınarn̄ æp
tu at h̄m. Egıll ꝼor t̾ ꝼunðar v̾ þorð grana .ſ.
⁊ ſagðı h̄m huat ı haꝼðı ḡz. þorðr m̄ltı. ek. ſl
ꝼara m; þ̄ ⁊ ſl̄u v̾ heꝼna h̄m. h̄ ſellðı h̄m ı hēðr
ſkeɢ exı eına ē þorðr haꝼðı haꝼt ı henðı. þa
ýapn v̾ þa tıð. Ganga þr þar t̾ ē ſueına leıkr
īn var. Grīr haꝼðı þa hent knottīn. ⁊ rak
vnðan en aðrer ſueınarn̄ ſottu epter.
Þa hlıop egıll at grımı ⁊ rak exına ı hoꝼ
uð h̄m ſua at þegar ſtoð ı heıla. þr egıll
⁊ þorðr gengu ı brott ſıðan. ⁊ t̾ man̄a ſīna. hlıu
pu þr myra mēn þa t̾ vapna. ⁊ ſua huartu
eggíu. Oleıꝼr halltı hlıop t̾ þra ƀgar māna
m; þa m̄n er h̄m ꝼylgðu. v̾ þr þa mıklu ꝼıol
mēnrı. ⁊ ſkıldǔz at ſua ḡuu. þaðan aꝼ hoꝼ
uz ðeıllðır m; þeī oleıꝼı ⁊ heɢ. þr borðuz a
lax ꝼıt v̾ ģmſ a. þ̄ ꝼellu .víj. m̄n en heɢr v̾ð
ſar t̾ olıꝼıſſ ⁊ kuıgr ꝼell broðer h̄. En ē egıll
kō heī let .s.ɢ. ſer ꝼatt v̄ ꝼīnaz. En ƀa .q. e
gıl v̾a vıkıngſ eꝼnı. ⁊ q. þ munðu ꝼ lıɢıa
þegar h̄ heꝼðı allðr t̾ at h̄m v̾ı ꝼengın her
ſkıp. Egıll .q.v. Þat m̄ltı mın moðeı at m̄
ſkyllðı kaupa. ꝼley ⁊ ꝼagrar arar. ꝼara
a brott m; vıkıngū. ſtanða vpp ı ſtaꝼnı.
ſtyra ðyrū knerrı. hallða ſua tıl haꝼn̄
hauggua mān ⁊ ānan. þa ē .eḡ. v̾ .xíj. ve
tra gamall. var h̄ ſua mıkıll vegſtı at ꝼa
er v̾ m̄n ſua ſtoꝛ̄. ⁊ at aꝼlı bun̄ at egıll yn̄ı
þa ė þa ꝼleſta m̄n ı leıkū. þān vetr ē h̄m v̾
hın̄ xíj.`tı´ v̾ h̄ mıog at leıkū. þorðr grana ſon
v̾ þa a tuıtugſ allðrı. h̄ var ſterkr at aꝼlı
þ v̾ opt ē a leıð vetrīn at þeī aglı ⁊ þorðı
.ıı var ſkıpt ı motı .S.G. þ v̾ eıtt ſın̄ vm
vet̄n ē a leıð at knattleıkr v̾. at borg ſuðr ı ſ
anðuık. þa v̾ þr þorðr ı motı .S.G. ı leıknum
⁊ mæððız h̄ ꝼ þeī. ⁊ geck þeī lettara. En v̄ ku
ellðı ept̄ ſolar ꝼall. þa tok þeī aglı v̾r at gan
ga. Gıorðız ģm þa ſua ſterkr at h̄ greıp þorð
vpp ⁊ keyrðı nıðr ſua hart at h̄ lamðız allr
⁊ ꝼeck h̄ þegar bana. Sıðan greıp h̄ t̾ egılſ
þorgerðr brák het ambatt .s.G. h̄ haꝼðı ꝼoſ
trað egıl ı barnæſku. h̄ v̾ mıkıl ꝼ ſer. ſterk
ſē karlar ⁊ ꝼıollkūnıg mıok. brak m̄lı. ha
maz þu nu. s.G. at ſynı þınū. S.G. let þa lauſ
an egıl. en þreıꝼ t̾ hēnar. h̄ braz v̾ ⁊ ran̄ vnð
an. En s.G. ept̄ ꝼoru þau ſua ı vtanūt ðıḡneſ
þa hlıop h̄ v́t aꝼ bıargínu a ſunð. S.G. kaſtaðı
ept̄ hēnı ſteını mıklū. ⁊ ſettı mıllı herða hē
nı ⁊ kō huarkı vpp ſıðan. þ̄ ē nu kallat brak̾
ſunð. en ept̄ v̄ kuellðıt ē þr komu heī t̾ borḡ
var egıll allreıðr. En ē S.G. haꝼðı ſezt vnðer
borð ⁊ alþyða m̄. þa v̾ egıll ė komīn ı ſætı ſıtt.
þa geck h̄ īn ı ellðahuſ ⁊ at þeī m̄ ē þ̄ haꝼðı
þa verk ſtıorn ⁊ ꝼıar ꝼorrað m; s.G. ⁊ h̄m var
kærſtr. Egıll hıo h̄ banahoɢ ⁊ geck ſıðan t̾
ſætıſſ ſınſ. En s.G. ræððı þa eckı v̄ ⁊ v̾ þ mal þa
ðan aꝼ kyrt. En þr ꝼeðgar ræððuz þa eckı v̾
huarkı gott ne ıllt ⁊ ꝼór ſua ꝼrā þān vetr. en
hıt næſta ſumar ept̄ kō þoł. vt ſē ꝼyʀ v̾ ſagt
En ē h̄ haꝼðı v̾ıt eīn vetr a ıſlðı þa bıo h̄ ept̄
v̄ varıt ſkıp ſıtt ı brakar ſunðı. en ē h̄ var al
buīn þa var þ eīn ðag at egıll geck t̾ ꝼunð v̾
ꝼoður ſīn ⁊ bað h̄ ꝼa ſer ꝼarar eꝼní. vıl ek ſagðı
h̄ ꝼara vtan m; þoroł. G. ſpurðı eꝼ h̄ heꝼðı noc
kut þ mal rætt ꝼ þoł. egıll ſeḡ at þ v̾ eckı. G.
bað h̄ þ ꝼyſt ḡa. En er egıll vaktı þ mal v̾ þoł.
þa kuað h̄ þs enga ýan at ek muna þık ꝼ
lytıa m; m̄ a ƀtt eꝼ ꝼaðer þīn þıkız ė mega
v̄ þık tæla h̄ ı hıbylū ſınū. þa ber ek ė tra`v´ſt
t̾ þs at haꝼa þık vtan lenðıſ m; m; m̄. þ̄ at
þ̄ mun þ eckı hlyða at haꝼa þ̄ ſlıkt ſkap
lynðı ſē h̄. v̾a ma ſagðı egıll at þa ꝼarı h
vargı ockaʀ. vm nottına ept̄ ḡðı a æðı v
eðr vtſyn̄ıng. en v̄ nottına er myrkt var

⁊ ꝼloð v̊ ſıoꝼar. þa kō egıll þar ⁊ geck ꝼ̇ vtan tıoll
ðín. hío h̄ ıſunðr ꝼeſtar þær ē a vtborða v̊. Geck
h̄ þegar ſē ſkıotaz vpp v̄ bryggıuna. ſkaut vt
þeg̊ bryggıunū ⁊ hıo þær ꝼeſtar ē a lð vpp v̊. r
ak þa v́t ſkıpıt a ꝼíorðīn. en ē þr þol̄. vrðu vaꝛ̄
v́ er ſkıpıt rak. hlıopu þr ı batīn. en veðrıt v̊ mıc
lu huaſſara en þr ꝼengu nockut at gort. rak ſ
kıpıt ıꝼ̇ t́ anðakılſ. ⁊ þar a eyrar vpp. en egıll
ꝼor heī t́ borgar. En ē m̄n vrðu vaꝛ̄ v́ bragð þ
ē egıll haꝼðı gort. þa lauſtuðu þ ꝼleſtır. h̄ ſagðı
at h̄ ſkyllðı ſkāt t́ lata at ḡa þol̄. meıra ſkaða
⁊ ſpelluırkı eꝼ h̄ vıllðı é ꝼlytıa h̄ ı brott. En þa at
tu m̄n hlut at ı mıllı þra ⁊ kō ſua at lyktū at þol̄.
tok v́ aglı ⁊ ꝼór h̄ vtan m; h̄m v̄ ſumarıt. þeg̊ þolꝼr
kō t́ ſkıpſ. þa ē h̄ haꝼðı tekıt v́ exı þrı ē .S.G. haꝼðı
ꝼengıt ı henðr h̄m. þa kaſtaðı h̄ exīnı ꝼ̇ borð. a
ðıúpı ſua at h̊ kō eckı vpp ſıðan. þol̄. ꝼor ꝼ̄ðar ſın
nar v̄ ſumarıt. ⁊ greıððız vel v̄ haꝼıt ⁊ komu v
tan at haurða lðı. Steꝼn̄ þol̄. þeg̊ norðr t́ ſognſ
En ꝥ hoꝼðu þau tıðenðı vorðı v̄ vetrīn at bry
nıolꝼr haꝼðı anðaz aꝼ ſott. en .ſſ. h̄ hoꝼðu ſkıpt
arꝼı. haꝼðı þorðr aurlð bæ þān er ꝼaðer þra h
aꝼðı buıt a. haꝼðı h̄ ḡz k̄ı hanðgengīn ⁊ gıorz
lenðr lenðr maðr. ðotꝛ̄ þorð̊ h̄ rānueıg. moðer
þra þorðar ⁊ helga. þorðr v̊ ꝼað̊ rānueıg̊ moður
ıngıríðar ē attı Olaꝼr .kr. helgı v̊ ꝼaðer brynı
olꝼſ ꝼauður þra ſerkſ or ſognı ⁊ ſueınſ. **aꝼ bırnı**

41 Bıorn hlaut an̄an buſtað goðan ⁊ vırðılı
gan. gıorðız h̄ eckı hanðgengīn k̄ı. ꝥ var
h̄ kallaðr bıorn haullðr. v̊ h̄ maðr vellauðıgr ⁊
ſtorm̄nı mıkıt. þol̄. ꝼór bratt a ꝼunð bıarnar.
þeg̊ ē h̄ kō aꝼ haꝼı ⁊ ꝼylgðı heī aſḡðı .ð. h̄. v̊ð
þar ꝼagna ꝼunðr. aſḡðr v̊ hın vænſta kona ok
hın ḡuılıgſta. vıtr kona ⁊ alluel kūnanðı. þor
olꝼr ꝼór a ꝼunð eıꝛ̄.k̄. En ē þr hıttuz. bar þol̄.
eıꝛ̄. k̄ı .q.s.G. ⁊ ſagðı at h̄ haꝼðı þakſālıga te
kıt ſenðıng k̄. bar ꝼrā ſıðan langſkıpſſegl
gott ē h̄ ſagðı ē .s.G. heꝼðı ſenðt k̄ı. eıꝛ̄. k̄r tok
vel v́ gıoꝼ þrı. ⁊ bauð þol̄. at v̊a m; ſer v̄ vet
rīn. þol̄. þackaðı k̄ı boð ſıtt. Ek mun nu ꝼ
yrſt ꝼara t́ þoreſſ a ek v́ h̄ nauðſynıa eren
ðı. Sıðan ꝼor þol̄ t́ þorıſ ſē h̄ haꝼðı ſagt. ⁊ ꝼeck
ꝥ allgoðar v́tokur. bauð þoꝛ̄ h̄m at v̊a m; ſer
þol̄. ſagðı at h̄ munðı ꝥ þeckıaz ⁊ ē ſa m̄ m; m̄
at ꝥ ſ̄ vıſt haꝼa ſē ek em. h̄ er broðer mīn ⁊
heꝼ̄ h̄ eckı ꝼyꝛ̄ heıman gengıt. ⁊ þarꝼ h̄ at
ek veıta h̄m v̄ſıa. þoꝛ̄.ſ. at þ var heımollt. þo
at þol̄. vıllðı ꝼleırı m̄n haꝼa m; ſer þangat.
þıkır oſſ. ſ. h̄ ſueıſ̄bot at broður þínū. eꝼ h̄ er
nockut ꝥ lıkr. Sıðan ꝼor þol̄. t́ ſkıpſ ſınſ. ⁊
let þ vpp ſetıa ⁊ vm bua. En h̄ ꝼor ⁊ egıll t́ þor
ıſſ h̄ſıſ. Þoꝛ̄ attı ſon ē h̄ arınbıorn. h̄ v̊ nocku
ru ellrı en egıll. arīb. v̊ þegar ſnēma ſkoru
lıgr m̄ ⁊ hīn meſtı ıþrottamaðr. Eg̊. ḡðı ſer títt
v́ arīb. ⁊ v̊ h̄m ꝼylgıuſār en hellðr v̊ ꝼátt m; þeī

42 Þorol̄.S.G.ſ. **kuánꝼang þorol** [bræðrū. **ꝼſ**
hoꝼ ræðu þa v́ þorı. huerneg h̄ munðı
taka ꝥ malı eꝼ þol̄. bæðı aſḡðar ꝼr
ænð konu h̄. þoꝛ̄ tok ꝥ lettlıga. Sagðı at h̄ mū
ðı ꝼlytıanðı ꝥ malſ. Sıðan ꝼór þol̄. norðr ı ſogn
⁊ haꝼðı m; ſer gott ꝼoruneytı. þol̄. kō t́ buſſ
bıarnar. ⁊ ꝼeck þar goðar v́tokur. bauð b.
h̄m at v̊a m; ſer ſua lengı ſē h̄ vıllðı. þolꝼr
bar bratt vpp erenðı ſıtt v́ .b. hoꝼ þa bonorð
ſıtt. ⁊ bað aſḡðar .ð.b. h̄ tok ꝥ malı vel ⁊ v̊
þ auðſott v́ h̄. ⁊ reðz þ aꝼ at ꝥ ꝼoru ꝼeſtar
ꝼrām ⁊ kueðıt a brullaupſ ſteꝼnu. Skyllðı
veızla ſu v̊a at .b. þa v̄ hauſtıð. Sıðan ꝼór
þol̄. aptr t́ þorıſ. ⁊ ſagðı h̄m þ ſē t́ tıðenða h
aꝼðı ḡz ı ꝼaur h̄. þoꝛ̄ let vel ıꝼ̇ er þau rað ſ
kyllðu takaz. En er at þrı ſteꝼnu kō ē þol̄
ſkyllðı ſækıa t́ veızlūnar. þa bauð h̄ m̄m
tıl ꝼarar m; ſer. bauð ꝼyſt þorı ⁊ arınbır
ní. ⁊ h̄korlū þra ⁊ rıkū buenðū ⁊ v̊ t́ þrar
ꝼ̄ðar ꝼıolm̄nt ⁊ goðm̄nt. En þa ē mıog var
kōıt at ſteꝼnuðegı. þeī ē þol̄. ſkyllðı heīan
ꝼara ⁊ bruðm̄n v̊ kōner. þa tok egıll ſott ſua at
h̄ v̊ é ꝼæꝛ̄ þr þol̄. hoꝼðu langſkıp eítt mıkıt
alſkıpat ⁊ ꝼoru ꝼ̄ðar ſınar ſua ſē akueðıt v̊.

43 Avlū het m̄ h̄ v̊ h̄karl þorıſ **aꝼ aulꝼı-**
⁊ v̊ ꝼorſtıorı ⁊ raðam̄ ꝼ̇ buı h̄. haꝼðı h̄
ſkullða heītur.·⁊ v̊ ꝼehırðır. Aulū var

aꝼ æſku allꝺ᷎. ⁊ þo m̄ hīn hreſſaſtı. Sua bar
t᷎ at auluır attı heıman̄ꝼ̄ð at heīta lꝺ ſkyll
ꝺır þorıſ. þær ē̄pt̄ hoꝼðu ſtaðıt v̄ varıt. haꝼ
ðı h̄ roðrar ꝼerıu. ⁊ v̊ þr a .xíȷ́. h̄karlar þor
ıſ. þa tok egıll at hreſſazt ⁊ reıſ h̄ þa vpp.
h̄m þottı þa g̃az ꝺauꝼlıgt heıma er alþy
ða mãna var a brott ꝼarın. kō h̄ at malı
v᷎ auluı ⁊ ſagðı at h̄ vıllꝺı ꝼ̊ m; h̄m. En aul
uı þottı ė goðū lıðſmāní oꝼ aukıt. þ᷎ at ſk
ıp koſtr var ærīn. rez eg̃. t᷎ ꝼ̄ðar þrar. Egıll
haꝼðı vapn ſín. Suerð ⁊ keſíu ⁊ buklara
ꝼara þr ꝼerðar ſīnar er þr v̊ bun̄ ⁊ ꝼengu
veðra balk harðan. huauſſ veðr ⁊ ohagſ
tæð en þr ſottu ꝼ̄ðına knalıga. toku roðrar
leıðı. sua bar t᷎ ꝼerð þra at þr komu aptan
ꝺagſ t᷎ atla eyıar ⁊ laugðu þar at lꝺı. En
þar var ı eyıūnı ſkāt vpp bu mıkıt er attı
eır̄. k̄r. En þar reð ꝼ̇ m̄ ſa er barðr het h̄ var
kallaðr atleyıar barðr ⁊ v᷎ ſyſlum̄ mıkıll ⁊
ſtarꝼſ m̄ goðr. Eckı v᷎ h̄ kynſtorr m̄. en kæꝵ
mıog eır̄. kı ⁊ Gvnhıllꝺı .ꝺ. þr auluır ꝺrogu vꝓ
ſkıp ſıtt or ꝼlæðar malı. Gengu ſıðan t᷎ bæıa`r´
⁊ hıttu barð útı. ⁊ ſogðu h̄m v̄ ꝼ̄ð ſína. Sua
þ at þr vıllðu þar v̄a v̄ nottına. barðr ſa at
þr v̊ vaſ̄ mıog ⁊ ꝼylgðı h̄ þeī t᷎ ellꝺa h̄ſ noc
kurſ. var þ brott ꝼra oðrū huſū. h̄ let g̃a ellꝺ
mıkīn ꝼ̇ þeī ⁊ v̊ þar þurkut klæðı þra. En er
þr hoꝼðu tekıt klæðı ſın þa kō barðr þ᷎. Nu
munu v̄ ſeg̃ h̄ h̄ ſetıa yðr borð. ek veıt at yðr
mun v̄a tıtt at ſoꝼa. þ᷎ erut m̄n moð̃ aꝼ v
aſı. Auluı lıkaðı þ vel. Sıðan var ſett borð
⁊ geꝼīn þeī matr brauð ⁊ ſmıor. ⁊ ſett̄ ꝼrā
ſkyr aſkar ſtoꝛ̄. barðr ſagðı harmr er þ
nu mıkıll er aul er eckı ıñı. þ er ek mega
yðr ꝼagna ſē ek vıllða. v̄ðı þ᷎ nu at bıargaz
v᷎ ſlıkt ſē t᷎ er. þr aulū v̊ þyſt̄ mıog ⁊ ſupu
ſkyrıt Sıðan let barðr b̄a īn aꝼr ⁊ ꝺruck
u þr þ ⁊ þa ēn eñ ept̄ lag̃. Fuſſ munꝺa ek
kuað barðr at geꝼa yðr betra ꝺryck eꝼ t᷎
værı halm ſkortı þar ė ıñı. bað h̄ þa þ᷎
nıðr leggıaz tıl ſueꝼnſ. **ꝺráp barðar**

44 Eır̄. k̄r ⁊ Gūnhıllꝺr komu þ ſama kuellꝺ
ı atley ⁊ haꝼðı barðr þar buıð veızlu mo
tı h̄m ⁊ ſkyllꝺı þ᷎ v̄a ꝺıſablot ⁊ v᷎ þar
veızla hın bezta ⁊ ꝺryckıa mıkıl īnı ı ſtuꝼūnı.
k̄r ſpurðı huar barðr v̄ı ē ek ſe h̄ hūgı. Maðr
.ſ. barðr ē vtı ⁊ greıðır ꝼ̇ geſtū ſínū. hūır ero geſ
t̄ þr. ſ. k̄r ē h̄ lætr ſer þ ſkyllꝺara en v̄a īnı h̄
hía oſſ. Maðrīn ſagðı h̄m at þ᷎ v̊ kōner h̄karl
ar þorıſ herſıſ. k̄r m̄lı gangı ept̄ þeī ſē tıðaz
⁊ kallı þa īn hıngat. ⁊ v᷎ g̃t. Sagt at k̄r vıll hıt
ta þa. Sıðan ganga þr. ꝼagnaðı k̄r vel auluı.
⁊ bað h̄ ſıtıa gagnuert ſer ı aunꝺuegı. ⁊ þar ꝼo
runauta h̄ vtar ꝼra. þr g̃ðu ſua ſat egıll næſtr
auluı. Sıðan v᷎ þeī borıt aul at ꝺrecka ꝼorru m
īnı morg ⁊ ſkyllꝺı horn ꝺrecka ı mīnı hūt. en er
a leıð vm kuellꝺıt þa kō ſua at ꝼaurunavt̄
auluıſ g̃ðuz marg̃ oꝼær̄. Sum̄ ſpıo þ᷎ ıñı ı ſtuꝼ
ūnı. en ſum̄ komuz vt ꝼ̇ ꝺyꝵ barðr geck þa at
ꝼaſt at b̄a þeī ꝺryck. þa tok egıll v᷎ hornı þ᷎ ē
bárðr haꝼðı ꝼīgıt auluı ⁊ ꝺrack aꝼ barðr ſag
ðı at h̄ þyſtı mıog ⁊ ꝼærðı h̄m þegar hornıt
ꝼullt. ⁊ bað h̄ aꝼ ꝺrecka. Egıll tok v᷎ hornı
nu ⁊ .q.v. Saugðut ſverrı ꝼlagðı ſumbekkıu þ᷎
kumla. þ᷎tel ek blıotr þ᷎er bletuð bragðvıſan þık
ꝺıſır. leynꝺut alltz t᷎ ılla vkuña þer ruña. ıllt
haꝼıt bragð oꝼ brugðıt baruðr hugar ꝼarı.
barðr bað h̄ ꝺrecka ⁊ hætta ꝼlımtun
þrı. Egıll ꝺrack ꝼull hūt ē at h̄m kō ⁊ ſua ꝼ̇
auluı. þa geck .b. t᷎ ꝺ̊tnīgar ⁊ ſagðı hēnı at þ᷎
v᷎ m̄ ſa ē ſkōm ꝼærðı at þeī. ⁊ allꝺregı ꝺrack
ſua at ė ſegðı h̄ ſık þyrſta. ꝺ. ⁊ .b. blonꝺuðu
þa ꝺryckın olyꝼıanı ⁊ baru þa īn. Sıgnꝺı .b.
ꝼullıt ꝼeck ſıðan aulſelıūní. ꝼærðı h̊ aglı.
⁊ bað h̄ ꝺrecka. Egıll bra þa knıꝼı ſınū ⁊ ſt
ack ı loꝼa ſer. h̄ tok v᷎ hornınu ⁊ reıſt a run̄
⁊ reıð a bloðınu. h̄. q. Rıſtū run a hornı rıoðū
ſpıoll ı ꝺreyra. þau vıl ek orð tıl eyrna oðſ ꝺyrſ
vıðar rota. ꝺrekkū veıg ſem vılıum vel gly
ıaðra þygıa vıtum hve oſſ oꝼ eırı aul þ ē
barðr oꝼ ſıgnꝺı hornıt ſprack ı ſunꝺr en
ꝺryckrīn ꝼor nıðr ı halm. þa tok at lıða at a͛luı

a ꝫ mattı ė ꝼrām komaz. kuꝛ̄ ſottu epꞇ̄
þeī ı quına en ſum̄ ſottu vtan at. ꝫ logðu
ſpıotū ꝫ ſuerðū ı gegnū garðana. en ſum̄
baru klæðı a vapn þra vrðu þr ſaꝛ̄ ꝫ þ᷎ næ
ſt hanðteknır ꝫ aller bunðner. leıððır ſua
heī ꞇ̇ bæíarínſ. Maðr ſa ē bæ þañ attı ꝫ v̇ rıkr
ꝫ auðıgr. ħ áttı ſon roſkīn. Sıðan ᷦ v̄ ræðt hu
at v̇ þa ſkyllðı ḡa. Sagðı bonðı at ħm þottı þ rað
at ðrpīn ᷦı hueꝛ̄ a ꝼætr oðrū. bonðaſon ſagðı at
þa ḡðı myrkt aꝼ nott ꝫ mættı þa enga ſkētan aꝼ
haꝼa at kuelıa þa. bað ħ lata bıða morgınſ. ᷦ
þeī þa ſkotıð ı ħ́ eítt. ꝫ bunðñ rālıga. Egıll var
var bunðīn v̇ ſtaꝼ eīn bæðı henðr ꝫ ꝼætr. Sı
ðan v̇ ħ́ıt læſt rālıga. en kuꝛ̄ gıngu īn ı ſtuꝼu
ꝫ motuðuz ꝫ ᷦ allkaꝛ̄ ꝫ ðrucku. Egıll ꝼærðız
v̇ ꝫ treyſtı ſtaꝼīn ꞇ̇ ꝥ er vpp loſnaðı or golꝼínu
ſıðan ꝼell ſtaꝼrīn ſmeygðız egıll þa aꝼ ſtaꝼnū
ſıðan leyſtı ħ henðr ſınar m; tauñum. En er
henðr ñ ᷦ lauſar. leyſtı ħ bonð aꝼ ꝼotū ſer.
ſıðan leyſtı ħ ꝼelaga ſına. En er þr ᷦ aller la
ſer. leıtuðuz vm ı ħ́ın huar lıkaz var vt at kō
az. ħ́ıt ᷦ ḡt at veggıū aꝼ tībr ſtockū ſtorū en ı
ānan enða ħ́ſínſ var ſkıallð þılı ꝼlatt. hlıopu
þr þ᷎ at ꝫ bru þılıt. v̇ þ᷎ ħ́ ānat ē þr komu ı. ᷦ þ᷎ ꝫ
tımbr veḡ vm. þa heyrðu þr māna mal vnðer
ꝼætr ſer nıðr. leıtuðuz þr þa v̄ ꝫ ꝼunðu hurð ı g
olꝼınu luku þr þar vpp. var þar vnðer grauꝼ ð
ıup. heyrðu þr þangat māna mal. Sıðan ſpur
ðı egıll huat māna þar ᷦı. Sa neꝼnðız akı er
v̇ ħ mꞇ̄ı. Egıll ſpurðı eꝼ ħ vıllðı vpp or groꝼīní
akı .ſ. at þr vıllðu þ gıarna. Sıðan letu þr egıll
ſıga ꝼeſtı oꝼan ı groꝼına þa ē þr ᷦ bunðner m;
ꝫ ðrogu þar vpp .íííj. m̄n. akı ſagðı at þ ᷦ ſyñ ñ
.íj. ꝫ þr ᷦ m̄n ðanſker. hoꝼðu þar orðıt ħ́tek
ner ıt ꝼyꝛ̄a ſum̄. v̇ ek ſagðı ħ vel hallðīn ı
vetr haꝼða ek mıog ꝼıar varðueızlur buā
ða. en ſueınarñ ᷦ þíaðer ꝫ vnðu þı ılla ı var re
ðu ᷦ ꞇ̇ ꝫ hlupū a brott ꝫ vrðū ſıðan ꝼunðñ ᷦ ᷦ
þa ħ́ ſetꞇ̄ ı grauꝼ þa. ꝥ mun ħ́ kuñıgt v̄ huſa
ſkıpan. ſ.eḡ. huar ē oſſ vænſt a ꝥtt at kom
az. akı ſagðı at þ᷎ v̇ ānat ſkıallðþılı brıotı

ꝥ þ vpp munu ꝥ þa koma ꝼrā ı kornhlauð en
þar ma vt ganga ſē vıll. þr egıll ḡðu ſua brutu
vpp þılıð gengu ſıðan ı hlauðuna ꝫ þaðan ýt
nıðamyrkr var a þa mꞇ̄tu þr ꝼaurunautar
at þr ſkyllðu ſkunða a ſkogīn. eḡ. mꞇ̄ı v̇
aka. eꝼ ꝥ ēo ħ́ kūnıg hıbylı. þa muntu vıſa
oſſ ꞇ̇ ꝼeꝼanga nockuꝛ̄a. Akı .ſ. at ė munðı
ꝥ ſkorta lauſa ꝼe. ħ́ ē lopt mıkıt. ē bonðe
ſeꝼr ı ꝥ ſkorꞇ̄ ė vapn īnı. eḡ. bað þa þāgat
ꝼara ꞇ̇ loptſınſ. En ē þr komu vpp ı rıðıt þa
ſa þr at loptıð v̇ opıt. v̇ þar lıoſ īnı ꝫ þıonoſtu
m̄n ꝫ bıuggu reckıur māna. eḡ. bað þa ſuma
vtı ᷦa ꝫ gæta at engı kæmız ýt. Eḡ. hlıop īn
ı loptıð. greíp þar vapn þ᷎ at þau ſkortı þar
ė ıñí. ðrapu þar m̄n alla þa er þar ᷦ ıñı. þr
toku ſer aller aluæpnı. Akı geck ꞇ̇ þ᷎ ē hlēr
var ı golꝼ þılínu. ꝫ lauk vpp mꞇ̄ı at þr ſkyllðu
þar oꝼan ganga ı vnð̄ ſkēmuna. þ toku ſer lıo\`s´
ꝫ gengu þangat ᷦ þar ꝼehırzlur bonða ꝫ ġpır
goðer. ꝫ ſılꝼr mıkıt. Toku m̄n ſer þar byrðar.
ꝫ baru vt. Eḡ. tok vnðer honð ſer mıoð ðrec
ku eína vel mıkla ꝫ bar vnðer henðı ſer ꝼoru
þr þa ꞇ̇ ſkogar. En ē þr komu ı ſkogīn þa nā
eḡ. ſtað ꝫ mꞇ̄ı. ꝥı ꝼ̄ð er allıll. ꝫ ė hermānlıg
Vær hoꝼū ſtolıð ꝼe bonða ſua at ħ veıt eckı ꞇ̇
ſꞇ̄ oſſ allðregı þa ſkōm henða ꝼorū nu aptr
ꞇ̇ bæıarınſ ꝫ latū þa vıta huat tıtt ē. aller
mꞇ̄tu þı mot. Saugðu at þr vıllðu ꝼ̊ ꞇ̇ ſkıpſ
eḡ. ſetr nıðr mıoððreckıuna. Sıðan heꝼr ħ a
raſ ꝫ rān ꞇ̇ bæıarınſ. En ē ħ kō heī ꞇ̇ bæıarīſ
þa ſa ħ at þıonoſtuſueınar gengu ꝼra ellða
ſkala m; ſkutılðıſka ꝫ baru īn ı ſtoꝼuna.
eḡ. ſa at ı ellða ħ́ínu var ellðr mıkıll ꝫ kat
lar ıꝼ̄. Geck ħ þangat ꞇ̇ þar hoꝼðu ᷦıt ſtoc
kar ſtoꝛ̄ ꝼlutꞇ̄ heī ꝫ ſua ellðar ḡū ſē þar
ē ſıðuenıa ꞇ̇ at ellðīn ſꞇ̄ leggıa ı ſtokſ
enðān ꝫ brēnr ſua ſtoꝛ̄krīn. Egıll greıp vpp
ſtockīn ꝫ bar heī ꞇ̇ ſtoꝼūnar ꝫ ſk\`a´ut þeī
enðanū er logaðı vpp vnðer vpſına ꝫ ſua
vpp ı næꝼrına. ellðrīn laſ ſkıott troð vı
ðīn. en þr er v̇ ðryckıuna ſatu ꝼunðu eıgı

ꝼyꝶ en logı̄n ſtoð ı̄n. v̄ ræꝼrıt. hlíopu m̄n þa tıl
ðyrāna. en þar v̊ eckı greıðꝼært vt bæðı ꝼ̨ vıð
unū. ſua þ at eḡ. varðı ðyrnar. ꝼellðı h̄ m̄n bæ
ðı ı ðyrunū ⁊ vtı ꝼ̨ ðyrunū. En þ var ſuıpſtunð
eın aðr ſtuꝼan brān ſua at h̃ ꝼell oꝼan. tynðı\`z´
þar lıð allt er þ̍ var ı̄nı. En egıll geck aptr t̉
ſkogarınſ ꝼān þ̍ ꝼaurunauta ſına. ꝼara
þa aller ſaman tıl ſkıpſ. Sagðı eḡ. at mıoð
ðrecku þa vıll h̄ haꝼa at aꝼnāſ ꝼe. ē h̄ ꝼor
m; En h̃ var reynðar ꝼull aꝼ ſılꝼrı. þr þol̄
vrðu allꝼegn̄ er eḡ. kō oꝼan hellðu þr þa
þeḡ ꝼ̨ lðı er mornaðı. Akı ⁊ þr ꝼeðgar v̊ ı ſu
eıt egılſ. þr ſıglðu v̄ ſumarıt ē a leıð t̉ ðā
markar ⁊ lagu þar ēn ꝼ̨ kaupſkıpū ⁊ ræ
tu þar er þr komuz v̇. **aꝼ þorolꝼı ⁊ eglı-**

47 Haralldr gormſ .ſ. haꝼðı þa tekıt v̇
rıkı ı ðanmork. En gormr ꝼað
h̄ var þa ðauðr lðıt var þa herſk
att. lagu vıkı̄gar mıog vtı ꝼ̨ ðanmorku
aka var kūnıgt ı ðanmorku bæðı a ſıa ⁊
lðı. Spurðı egıll h̄ mıog ept̄. huar þr ſtaðer
v̊ı er ſtor ꝼeꝼaung munðu ꝼ̨ lıggıa. en ē
þr komu ı eyrar ſunð. þa ſagðı akı at þ̍ v̊
a lð vpp kaupſtaðr mıkıll er het ı lunðı
Sagðı at þar var ꝼeván. En lıklıgt at þa\`r´
munðı v̊a v̇taka ē bæıar m̄n v̊ı. þ mal
vpp borıt ꝼ̨ lıðſm̄n huart þar ſkyllðı ra
ða t̉ vppgaungu eða ė. m̄ntoku þar all
mıſıaꝼnt a ꝼyſtu ſum̄. en ſumer laut
tu. var þ̍ malı ſkotıð t̉ ſtyrımaña. þol̄.
ꝼyſtı hellðr vppgaungu. þa var rætt v̇ eḡ. huat
h̄m þottı rað. h̄. q.v. Vpp ſkolū varū ſu᷎ðū
vlꝼſ tañlıtuðr glıtra. eıgū ðáð at ðrygıa ı
ðalmıſkuñ ꝼıſka. leıtı vpp t̉ lunðar lyða
hueꝶ ſem braðaz. ḡum þar ꝼ̨ ſetr ſolar
ſuſeıð oꝼagran vıgra. Sıðan bıugguz
m̄n t̉ vppgaungu. ⁊ ꝼoru t̉ kaupſtaðarınſ
en er bæıar m̄n vrðu var̄ v̇ vꝼrıð. þa ſteꝼn
ðu þr ı mot. v̊ þ̍ treborg v̄ ſtaðı̄n. ſettu þr þ̍
m̄n t̉ at v̊ıa. tokz þar barðarðagı. Eḡ. gēgr
ꝼyſtr ı̄n v̄ borgına. Sıðan ꝼlyðu bæıar m̄

v̊ð þar mānꝼall mıkıt. ʀæntu þr kaup ſta
ðı̄n en brenðu aðr þr ſkılðuz v̇. ꝼoru ſıðan o
ꝼan t̉ ſkıpa ſı̄na. **aꝼ vıðræðu þorıs ⁊ kgs**

48 Þorol̄. hellt lıðı ſínu norðr. ꝼ̨ hallanð
⁊ logðu þ̍ t̉ haꝼnar ē þeı̄ bægðı veðr
ræntu þar eckı. þar v̊ ſkāt a lð vpp
ıarl ſa ē arnꝼıðr er neꝼnðr. En er h̄ ſpurðı
at vıkınḡ v̊ þar kōner v̇ lð. þa ſenðı h̄ m̄n
ſına a ꝼunð þra þ erenðıſſ at vıta huart
þr vıllðı þar ꝼrıðlð haꝼa eða h̄nat. En er
ſenðım̄n v̊ kōner a ꝼunð þol̄. m; ſın erēðı
þa ſagðı h̄ at þr munðu þar eckı herıa. Sag
ðı at þeı̄ var engı nauð ſyn t̉ at h̄ıa þar ⁊
ꝼara herſkıllðı. Sagðı at þar v̊ lð eckı au
ðıgt. Senðım̄n ꝼara aptr tıl ıarlſınſ ⁊ ſog
ðu h̄m erenðıſ lok ſın. En ē ıarlı̄n v̊ð þ vaꝶ
at h̄ þurꝼtı eckı lıðı at ſaꝼna ꝼ̨ þa ſauk
þa reıð h̄ oꝼan m; eckı lıð t̉ ꝼunðar v̇ vık
ınga. en er ꝼunðuz þa ꝼoru þar allt vel
ræður m; þeı̄. Jarl bauð þol̄. tıl veızlu m;
ſer ⁊ lıðı h̄. þ̍ er h̄ vıllðı. þol̄. het ꝼerðı̄nı en
þa ē a v̊ kueðıt let Jarlı̄n ſenða reıð ſkıo
ta oꝼan motı þeı̄. ʀeðuz þr t̉ ꝼ̨ðar bæðı þór
olꝼr ⁊ egıll. ⁊ hoꝼðu m; ſer .xxx. m̄. En ē þr
komu t̉ ıarlſınſ. ꝼagnaðı h̄ þeı̄ vel. v̊ þeım
ꝼylgt ı̄n ı ſtoꝼu var þ̍ þegar ı̄nı mungát ⁊
geꝼıt þeı̄ at ðrecka. ſatu þr þar t̉ kuellðz.
En aðr borð ſkyllðu vpp ꝼara þa ſagðı Jarl at
þ̍ ſkyllðı ſætı hluta Skyllðı ðrecka ſaman
karlmaðr ⁊ kona ſua ſē t̉ ȳnız en þr ſer ē ꝼl
eırı v̊ı. M̄n baru þa hlutı ſına ı ſkaut. ⁊ tok J
arlı̄n vpp. Jarl attı ðott̄ allꝼrıða ⁊ þa vel ꝼr
v̄uaxta. Sua ſagðı hlutr t̉ at egıll ſkyllðı
ſıtıa hıa ıarlſ .ð. v̄ kuellðıt. h̃ geck v̄ golꝼ ⁊
ſkemtı ſer. Egıll ſtoð vpp ⁊ gec t̉ rūſ þ er
.ð. Jarlſınſ haꝼðı ſetıð v̄ ðagı̄n. En ē m̄n ſkı
puðuz ı ſætı ſín. þa geck .J.ð. at rumı ſınu
h̃ .q. Hvat ſ̄tu ſueı̄n ı ſeſſ mı̄n þ̍ at þu ſıall
ðan heꝼ̄ geꝼnar vargı varmar braðer v̊a
vıl ek eı̄n v̄ mına. ſáttuðu hraꝼn ı hauſtı
oꝼ hræſollı gıalla varat þ̍ ē eggıar a ſkel þū

nar rūnuz. Eğ. tok ẗ heñar ꝫ ſettı hana nıðr hı
a ſer. ħ. q. Farıt heꝼı ek bloðgū branðı ſuaat
m̄ ben þıðuðr ꝼylgðı ꝫ gıallanða geırı. gāgr
var harðr o vıkıngū. gıorðū reıðır roſtu rāN
ellðr oꝼ ſıot māna. Ek let bloðga buka ı borg
hlıðū ſæꝼaz. þa ðrucku þau ſaman v̄ kuellð
ıt ꝫ vͦ allkat. v̇ þar veızla hín bezta. ꝫ ſua
vm ðagīn epẗ. ꝼoru þa vıkıngar ẗ ſkıpa ſī
na. Skılðuz þr .J. m; vínattu. ꝫ ſkıptuz gıo
ꝼū v̇. hellðu þr þoꝉ. lıðınu ẗ brēneyıa þar
var ı þañ tıma vıkıngabælı mıkıt. þat ꝥ ſ
ıglðu kaupſkıp mıog ı gegnū eyıarṅ. Akı
ꝼór heī ẗ bua ſīna ꝫ ſynır ñ. ħ v̇ maðr vellaꝫ
ðıgr. ꝫ attı morg bu a ıotlðı. Skılðuſt þr m;
kærleık ꝫ mıẗu ẗ vınattu mıkıllar mıllı
ſín. En er hauſtaðı ſıglðu þr þoꝉ. norðr ꝼ̇ noreg
ꝫ koma ꝼrām ıꝼıorðū. ꝼara a ꝼunð þores ħ̇
ſeſſ. Tok ħ vel v̇ þeī. en arınƀ.ſ. ñ mıklu b
etr. byðr ħ at egıll ſẗ þar v̄a v̄ vetrīn. Eğ. tok
þ m; þockū. En ē þoꝛ̄ vıſſı boð arīƀ. þa kall
aðı ħ þ hellðr brað mıẗ veıt ek ė ſagðı ħ h
verſu þ lıkar eırıkı k̇ı. þt ħ mıẗı ſua epẗ aꝼ
tauku barðar at ħ vıllðı eckı at eğ. v̄ı ħ̇ ı
lðı. Raða mattu vel ꝼaðer. ſ. arīƀ. ꝥ v̇ k̇g.
at ħ telı eckı at v̄ vıſt eğ. þu munt bıoða
þoꝉ. magı þınū ħ̇ at v̄a. en v̇ egıll munum
haꝼa eítt vetr grıð baðer. en aꝼ ꝥı ræðu ſa
þoꝛ̄ at arīƀ munðı ꝥu raða. buðu þr ꝼeðgar
þa þoꝉ. þar vetr grıð. en ħ þektız. þ. vͦ þr þar
v̇ .xíȷ́. m̄n v̄ vetrīn. Bræðr .íȷ́. ero neꝼnðır
þoruallðr oꝼſı. ꝫ þorꝼıðr ſtrangı. þ vͦ naꝼræ
nðr bıarnar haullðz ꝫ hoꝼðu m; ħm ꝼæzt
þr vͦ m̄n mıklır ꝫ ſterkır. kapſ m̄n mıklır
ꝫ ꝼrā gıarnır. þr ꝼylgðu bırnı þa er ħ v̇ ı
vıkıng. en ſıðan ē ħ ſettız v̄ kyrt. þa ꝼo
ru þr bræðr ẗ þoꝉ. ꝫ voru m; ħm ıḣnaðı. þr
vͦ ı ſtaꝼnı a ſkıpı ñ. En þa er eğ. tok ſkıpſ
tıorn þa v̇ þorꝼıðr ñ ſtaꝼnbuı. þr bræðr ꝼyl
gðu þoꝉ ıaꝼnan ꝫ mat ħ þa meſt ſkıpuer
ıa ſīna. þr .bb. vͦ þān vetr ı ñ ſueıt ꝫ ſatu
næſt þeī bræðrū. þoꝉ. ſat ı aunð vegı ꝫ at

tı ðryckıu v̇ þorı en eğ. ſat ꝼ̇ aðryckıu arī
bıarṅ. Skyllðı ꝥ v̄ golꝼ ganga at mīnū ollū
Þoꝛ̄ ħ̇ſır ꝼór vm hauſtıð a ꝼunð erıkſ k̇gſ. tok
k̇r v̇ ħm ꝼorkuñar vel. En ē þr toku ræður
ſıṅ. þa bað þoꝛ̄ k̇g at ħ ſkyllðı ė ꝼ̇ kūna ħ þ
ē ħ haꝼðı egıl m; ſer v̄ vetrīn. k̇r .ſ. ꝥ vel
Sagðı at þoꝛ̄ mattı þıggıa aꝼ ħm ſlıkt er ħ
vıllðı. En eckı munðı ꝥtta ſua ꝼara eꝼ an
naꝛ̇ m̄ heꝼðı v̇ aglı tekıt. En ē Gūnħ. heyr
ðı huat þr ræððu þa mıẗı. þ ætla ek eıꝛ̄. at
nu ꝼarı ēn ſē optaꝛ̇ at þu ſer mıog talhl
yðīn. ꝫ mān\`t´ þ ė lengı ē ılla ē gort ẗ þín. ē
ða muntu ẗ þ ðraga ꝼrā ſonu .s.G. at þr mu
nu ēn ðrepa nıðr nockura naꝼrænðr þīa
En þottu later ꝥ engıſſ þıkıa v̄t v̄ ðrap bar
ðar. þa þıkı mer ė ſua þo. k̇r .ſ. Meıꝛ̇ ꝼryr
þu m̄. Gūnħ. g̊mleıkſ en aðrer m̄n. en verıt
heꝼ̄ kæꝛ̇a v̇ þoꝉ. aꝼ þıñı henðı en nu er
en eckı mun ek orð mın aptr taka v̇ þa
.bb. Vel v̇ þoꝉ. ħ̇ ſagðı ħ aðr egıll ſpılltı ꝼ̇
ħm. en nu ætla ek engan mun. þoꝛ̄ ꝼór heī
þa er ħ v̇ buīn ꝫ ſagðı þeī .bb. orð k̇ſ ꝫ ðtnīg̊

49 **A**yuınðr ſkreyıa **ðráp þoruallðz oꝼſa**
ꝫ álꝼr hetu bræðr Gūnħ.ſſ. auzu
rar tóta. þr vͦ m̄n mıklır ꝫ allſẗkır
ꝫ kaupm̄n mıklır. þr hoꝼðu þa meſt ıꝼır
lat aꝼ eıꝛ̄. k̇ı ꝫ Guñħ. Eckı vͦ þr m̄n þocka
ſælır aꝼ alþyðu. vͦ þa a vngū allðrı. ꝫ þo ꝼu
llkōner at þroſka. Þat v̇ v̄ varıt at blot
mıkıt ſkyllðı v̄a at ſūrı a gaulū. þ v̇ agæ
zt hoꝼuð hoꝼ. Sottı þangat ꝼıolmēnı mı
kıt or ꝼıorðū ꝫ aꝼ ꝼıolū ꝫ or ſognı ꝫ ꝼleſt
allt ſtorm̄nı. Eıꝛ̄. k̇r ꝼor þangat. þa mıẗı
Gūnħ. v̇ .bb. ſına. þ vıl ek at þıð hagıt ſua
ẗ ı ꝼıolmēnı ꝥu at þıð ꝼaıt ðrepıt añan
huarn þra ſona .S.G. ꝫ bazt at baðer v̄ı.
þr ſogðu at ſua ſkyllðı vera. þoꝛ̄ ħ̇ſır bıoz
ẗ ꝼerðar þrar. ħ kallaðı arīƀ ẗ malſ v̇
ſık. Nu mun ek ſagðı ħ ꝼara ẗ blotſınſ
en ek vıl eckı at egıll ꝼarı þangat. ek k
ān ræðū. Gvnħ. en kapſēð egılſ. en rıkı

ꝁſ. at ꝥ mun ė hægt at gæta allz ſaman. en
egıll mun eckı letıaz lata nema þu ſer ep
t̃ en þol̃. ſt̃ ꝼara m; m̃ ſagðı ħ ɜ aðrer þr ꝼa
runautar. ſt̃ þol̃ blota ɜ leıta heılla þeím
bræðrū. Sıðan ſagðı arīƀ. aglı at ħ mun h
eıma v̂a ɜ v̇ baðer ſagðı ħ. Eḡ. kuað ſua v̂
a ſkylldu. En þr þol̃ ꝼoru t̉ blotzınſ ɜ v̇ ꝥ
allmıkıt ꝼıolmēnı ɜ ðryckıur mıklar. þol̃.
ꝼór m; þorı huar ſē ħ ꝼór ɜ ſkılðuz allðregı
ðag ne nótt. Eyuınðr ſagðı Gūnħ. at ħ ꝼeǩ
eckı ꝼærı v̇ þol̃. ħ̃ bað ħ þa ðrepa eīn hũn
māna ñ. hellðr en allt berı vnðan. ꝥ var e
ıtt kuellð þa ē ǩr v̂ t̉ ſueꝼnſ gengīn ɜ ſua
þr þol̃ ɜ þol̃. En þr ſatu ept̃. þorꝼıðr ɜ þorva
llðr þa komu þr þar bræðr. eyuınðr. ɜ alꝼr
ɜ ſettuz hıa þeī ɜ v̂ allkater. ðrucku ꝼyſt
ſueıtar ðryckıu þa kō ꝥ ē horn ſkyllðı ðre
cka t̉ halꝼſ. ðrucku þr ſaman eyuınðr ɜ
þoruallðr. en alꝼr ɜ þorꝼıðr. En ē a leıð ku
ellðıt þa v̂ ðruckıt v̇ ſleıtur ɜ ꝥ næſt orða
hnıppıngar ɜ þa ſtoryrðı. þa hlıop eyuīðr
vpp ɜ bra ſaxı eınu ɜ lagðı a þorvallðı ſua
at ꝥ var ærıt banaſar. Sıðan hlıopu vpp
huaꝛtueggıu. ǩſ m̄n ɜ ħkarlar þorıſſ. En
m̄n v̂ aller vapnlauſer īnı ꝥ at þar hoꝼ`s´
helgı. ɜ gengu m̄n ı mıllı ɜ ſkılðu þa ē oð
aſter v̂. v̂ð þa eckı ꝼleıra t̉ tıðenða ꝥ k
vellð. Eyuınðr haꝼðı vegıt ı veū ɜ var ħ
vargr orðīn ɜ varð ħ þegar brott at ꝼa
ra. ǩr bauð bætr ꝼ̇ mānīn. En þol̃. ɜ þorꝼı
ðr ſaugðu at þr hoꝼðu allðregı tekıt mān
bætr. ɜ þr vılldu eckı þær taka. Skılðuz at
ſuabunu ꝼoru þr þol̃ heī. Eıř ǩr. ɜ þau Gūnħ.
ſenðu eyuınð ſuðr t̉ ðanmerkr. t̉ haꝛ̃. ǩ. gor
mſ .ſ. ꝥ at ħ mattı þa ė v̂a ı norrænū logū. ǩgr
īn tok vel v̇ ħm ɜ ꝼauruneytı ñ. Eyuınðr haꝼ
ðı t̉ ðanm̄kar langſkıp allmıkıt. Sıðan ſettı
ǩr eyuınð ꝥ t̉ lðvarnar ꝼ̇ vıkıngū. Eyuīðr
var herm̄ hīn meſtı. En er vár kō ept̃ vetr
þān þa buaz þr þol̃. ɜ egıll ēn at ꝼara ı vı
kıng. En ē þr v̂ buñ þa hallða þr ēn ı auſtr
veg. En ē kōa ı vıkına þa ſıgla ſuðr ꝼ̇ ıotlð ɜ ħ̃ıa
þar ɜ þa ꝼara þr t̉ ꝼrıſ lðz ɜ ðuelıaz mıog lengı
vm ſumarıt. en þa hallða ēn aptr t̉ ðanm̄kr
En er þr koma tıl lanðamærıſ þar er mætız ðan
mork ɜ ꝼrıſlð ɜ lagu þa v̇ lð þa v̂ ꝥ eıtt kuellð
er m̄n bıugguz t̉ ſueꝼnſ a ſkıpū. at m̄n .ıȷ́. kōu
a ſkıp egılſ ɜ ſogðu at þr attu v̇ ħ eyrenðı var
þeī ꝼylgt t̉ ñ. þr ſegía at akı hīn auðgı haꝼðı
ſenðt þa þangat m; þeī erenðū at eyuınðr ſkr
eyıa lıGr ýtı ꝼ̇ ıotlðz ſıðu ɜ ætlar at ſæta yðr
þa er ꝥ ꝼarıt ſūnan ɜ heꝼ̃ ħ lıð mıkıt ſaman
ðregıt ſua at ꝥ haꝼıt engı ahollð v̇ eꝼ ꝥ hıttıð
lıð ñ allt. en ħ ſıalꝼr ꝼ̃r m; lettı ſkıpū tueīr. ɜ
ē nu ħ̃ ſkāt ꝼra yðr. En ē tıðenðı ꝥı komu ꝼ̇ eḡ.
þa lata þr þegar aꝼ ſer tıollðın. bað þa ꝼara
hlıoðlıga. þr ḡðu ſua. þr komu ı ðaugun at þeī
eyuínðı þar ē þr lagu v̄ ackerı. logðu þeḡ at
þeī. letu ganga bæðı grıot ɜ vapn ꝼell ꝥ lıð m
art aꝼ eyuınðı en ħ ſıalꝼr hlıop ꝼ̇ borð. ɜ kōz m;
ſunðı t̉ lðz ɜ ſua allt ꝥ lıð er vnðan kōz. en þr
egıll toku ſkıpın ɜ ꝼaut þra ɜ vapn ꝼoru þa
aptr v̄ðagīn t̉ lıðſ ſınſ. hıttu þa þolꝼ. Spyꝁ ħ
hūt egıll haꝼðı ꝼarıt eða huar ħ haꝼðı ꝼēgıt
ſkıp þau ē þr ꝼara m; eḡ. ſeḡ at eyuınðr ſkrey
ıa haꝼðı haꝼt ſkıpın ɜ þr hoꝼðu aꝼ ħm tekıt.
þa .q. eḡ. Gıorðū haullztı harða. hrıð ꝼ̇ ıotlðz
ſıðu. barðız vel ſa ē varðı. vıkıngr ðanarıkı
áðr aſunð ꝼ̇ ſunðı ſnarꝼeıngr m; lıð ðreīgıa auſtr
ꝼ̃ heſtū. eyuınðr oꝼ hlıop ſkreyıa. þol̃.ſ. ꝥt
ta ætla ek yðr ſua haꝼa ḡt at oſſ mun eckı h
auſtlangt ráð at ꝼara tıl noregſ. egıll ſagðı at
ꝥ v̂ vel þott þr leıtaðı þa í ānan ſtað. **capıtlm**

50 Alꝼraðr hīn rıkı reð ꝼ̇ englðı. ħ var ꝼy
rſtr eīuallðz kr ıꝼ̇ englðı ſīna kynſm̄
ꝥ var a ðogū haꝛ̃ hínſ harꝼagra nore
gſ ǩſ. Ept̃ ħ v̂ ǩr ıenglðı ſon ñ ıatuarðr. ħ v̂
ꝼaðer aðalſteınſ hınſ ſıgrſæla ꝼoſtra hako
nar hınſ goða. J þēna tíma tok aðalſteīn ǩg
ðō ıenglðı ept̃ ꝼauður ſīn. þr v̂ ꝼleırı bræðr
ſyñ ıatuarz. En er aðalſteīn haꝼðı tekıt
ǩgðom þa hoꝼuz vpp t̉ vꝼ̇ðar þr hoꝼðīgıar

ẽ aðr hoꝼðu latið rıkı ſín ꝼ̇ þeī langꝼeðgū þottı
nu ſē ðælſt munðı t̉ at kalla er vngr ƙr reð ꝼ̇
rıkı. ṽ þ bæðı bretar ꝫ ſkoꞇ̇ ꝫ ırar. En aðalſteıɴ
ƙr ſaꝼnaðı ƕlıðı at ſer. ꝫ gaꝼ mala þeī m̄m
ollū er þ vılldu haꝼa t̉ ꝼeꝼangſ ſer bæðı vt
lenðzkū ꝫ īnlenzkū. þr .bb. þoꞇ̇. ꝫ eḡ. hellðu ſ
vðr ꝼ̇ ſaxlð ꝫ ꝼlæmıngıa lð. þa ſpurðu þr at ēg
lðz ƙr þottız lıðſ þurꝼa ꝫ þar ṽ ván ꝼeꝼāgſ
mıkılſ. ḡa þr þa þ ráð at hallða þangat lıðı
ſınu ꝼoru þr þa v̄ hauſtıð t̉ þ ẽ þr komua ꝼunð
aðalſteınſ ƙſ. Tok ħ vel v̇ þeī. ꝫ leızt ſua a at
lıðſemð mıkıl munðı ṽa at ꝼylgð þra. Verðr
þ bratt ı ræðū englðz ƙ. at ħ byðr þeī t̉ ſın at
taka þar mala. ꝫ ḡaz lð varnarm̄n ħ. Semıa þr
þ ſín ı mıllı at þr ḡaz m̄n aðalſteınſ. Englð var
krıſtıð. ꝫ haꝼðı lengı ṽıt þa ẽ þtta ṽ tıðenða. Að
alſteīn ƙr ṽ vel krıſtīn. ħ ṽ kallaðr aðalſteīn
hīn truꝼaſtı. ƙr bað þolꝼ ꝫ þa bræðr at þ ſky
llðu lata prīſıgnaz. þt þ var þa mıkıll ſıðr.
bæðı m; kaupm̄m. ꝫ þeī m̄ ẽ a mala gengu
m; ƙſtnū m̄m. þt þr m̄n er prīſıgnaðer voru
hoꝼðu allt ſāneytı v̇ ƙſtna m̄n ꝫ ſua heıðna.
en hoꝼðu þ at atrunaðı er þeī ṽ ſkapꝼellðaz.
þr þoꞇ̇. ꝫ eḡ. ḡðu þ epꞇ̇ bæn ƙſ. ꝫ letu ꝑmſıgnaz
baðer. þr hoꝼðu þar .ccc. ſīna m̄ þra ẽ mala to

51 Olaꝼr rauðı **aꝼ olaꝼuı ſkota** [ku aꝼ .ƙı. **ƙgı**
het ƙr a ſkotlðı ħ ṽ ſkozkr at ꝼauð
kyní. en ðanſkr at moður kynı. ꝫ ko
mīn aꝼ ætt ragnarſ loðbrokar. ħ ṽ rıkr m̄
Skot lð var kallað þrıðıungr rıkıſſ v̇ englð.
Norðımbra lð er kallað ꝼītungr englðz ꝫ ẽ þ
norðazt næſt ſkotlðı ꝼ̇ auſtan. þ hoꝼðu haꝼt
at ꝼornu ðana ƙgar. íoruık ẽ þar hoꝼuð ſt
aðr. þ rıkı attı aðalſteīn. ꝫ haꝼðı ſett ıꝼ̄ ıarla
tua. hét an̄aƙ alꝼge\ı/ʀʀ en ānaƙ guðrekr. þr
ſatu þar lðuarnar. bæðı ꝼ̇ agangı ſkota ꝫ ða
na eða norðm̄ ẽ mıog ƕıuðu a lðıt ꝫ þottu\z/
eıga t̉kall mıkıt þ̇ t̉ lðz. þt a norðımbralðı
ṽ þr eın̄ m̄n eꝼ nockut ṽ tıl at ðanſka ætt
attı at ꝼaðerní eða moðernı. en marḡ
huaꝛtueggıu. ꝼ̇ bretlðı reðu .bb.íȷ́. hrıngr
ꝫ aðılſ ꝫ ṽ ſkattgıllðır vnð̄ aðalſꞇ̇ ƙg ꝫ ꝼylg
ðı þ. þa er þr ṽ ı ƕ m; ƙı. at þr ꝫ þra lıð ſkyll
ðu ṽa ı brıoſtı ı ꝼylkīg ꝼ̇ m̄kıū ƙſ. ṽ þr bræðr
hın̄ meſtu ƕm̄n. ꝫ ė allunḡ m̄n. Elꝼraðr hīn
rıkı haꝼðı tekıt alla ſkatt ƙga aꝼ naꝼnı ꝫ v
ellðı. hetu þr þa Jarlar ẽ aðr ṽ ƙgar eða ƙa
.ſſ. hellz þ allt v̄ ħ æꝼı. ꝫ ıatvarðar ſonar ħ
en aðalſteīn kō vngr t̉ rıkıſ. ꝫ þóttı aꝼ ħm m
īnı ógn ſtanða. Ǵðuz þa marḡ otryǴ. þr ẽ aðr

52 Olaꝼr **aꝼ lıðſ ſamanðræ** [ṽ þıonoſtuꝼullır
ſkotaƙr ðro ſaman her mıkīn ꝫ ꝼór
ſıðan ſuðr a englð. En ẽ ħ kō a norð ımb
ra lð. ꝼor ħ allt ƕſkıllðı. En ẽ þ ſpurðu ıarlar
ħ̄ ẽ þ̇ reðu ꝼ̇. ſteꝼna þr ſaman lıðı ꝫ ꝼara motı
ƙgı. En ẽ þr ꝼīnaz ṽð þar orroſta mıkıl ꝫ lauk
ſua at oꞇ̇. ƙr haꝼðı ſıgr. En goðrekr .J. ꝼell. en
alꝼgeıƙ ꝼlyðı vnðan. ꝫ meſtr hlutı lıðſ þ ẽ þeī
haꝼðı ꝼylgt. ꝫ ƀtt kōz ór barðaga. ꝼeck alꝼg
eıƙ þa enga v̇ſtoðu. lagðı oꞇ̇. ƙr þa allt norð
ımbralð vnð̄ ſık. Alꝼgeıƙ ꝼór a ꝼunð aðalſꞇ̇.ƙ.
ꝫ \ſ/agðı ħm vꝼarar ſınar. En þeḡ ẽ aðalſꞇ̇ ƙr
ſpurðı at ƕr ſua mıkıll ṽ komīn ı lð ħ. þa ḡðı
ħ þeḡ m̄n ꝼra ſer. ꝫ ſteꝼnðı at ſer lıðı. ḡðı orð
Jorlū ſınū ꝫ oðrū rıkıſſ m̄m. Sn̄ı ƙr þegar a
leıð m; þ lıð ẽ ħ ꝼeck ꝫ ꝼór ımot ſkotū. En ẽ þ
ſpurðız at oꞇ̇. ſkotaƙr haꝼðı ꝼengıt ſıgr. ꝫ haꝼ
ðı lagt vnðer ſık mıkīn hluta aꝼ englðı. haꝼ
ðı ħ þa ƕ mıklu meıra en aðalſꞇ̇. En þa ſottı t̉
ħ mart rıkıſſ m̄. En er þtta ſpyrıa þr hrīgr ꝫ
aðılſ. hoꝼðu þr ſaman ðregıt lıð mıkıt. þa ſnu
az þr ı lıð m; oꞇ̇. ƙı. hoꝼðu þr þa vgrȳnı lıðſ.
En er aðalſꞇ̇. ſpurðı þtta allt. þa attı ħ ſteꝼnu
.v̇ hoꝼðıngıa ſına ꝫ raðam̄n. leıtaðı þa epter
huat t̉tækılıgaz ṽı. Sagðı þa allrı alþyðu g
reınılıga þ ẽ ħ haꝼðı ꝼrett v̄ at hauꝼn ſkot
aƙ. ꝫ ꝼıolmēnı ħ. aller m̄tu þar eıtt v̄ at alꝼ
geıƙ .J. haꝼð hīn veſta hlut aꝼ ꝫ þottı þ tıl
lıggıa at taka aꝼ ħm tıgnına. en ſu raða
ḡð ſtaðꝼeſtız at aðalſꞇ̇ ƙr. ſkyllðı ꝼara ap
tr ꝫ ꝼara a ſūnan ṽt. englð. ꝫ haꝼ þa ꝼ̇ ſer
lıðſaꝼnat norðr epꞇ̇ lðı ollu þ̇ at þr ſa ellı

gar munðı ſeınt ſaꝼnaz ꝼıolm̄nıt ſua mıkıt
ſē þyrꝼtı eꝼ ė ðrægı k̄r ſıalꝼr at lıðıt. En ſa h̄r
ē þa var þar ſamankomīn þa ſettı k̄r ꝥ yꝼır
hoꝼðıngıa þolꝼ ꝫ egıl. Skyllðu þr raða ꝼ ꝥ lıðı. er
vıkıngar hoꝼðu þangat haꝼt t̄ k̄ſ. En alꝼgeıꝶ ſ
ıalꝼr haꝼðı þa ēn ꝼorrað ſınſ lıðſ. þa ꝼeck k̄r ēn
ſueıt̄ hoꝼðıngıa þa ē h̄m ſynðız. En ē egıll kom
heī aꝼ ſteꝼnūnı t̄ ꝼelaga ſīna. þa ſpurðu þr h
vat h̄ kyn̄ı at ſegía þeī tıðenða ꝼ̄ ſkotakı. h̄ .q.
Olaꝼr oꝼ kō ıoꝼrı ótt vıg a bak ꝼlotta. þıng harð
an ſpyr ek þengıl. þān er ꝼellðı ānan. glapſtı
gu let gnoga goðrekr a mo troðna. ıorð ſpenr
engla ſkerðer alꝼgreıꝶ vnð ſık halꝼa
Sıðan ḡa þr ſenðım̄n t̄ ol̄.k̄. ꝫ ꝼīna þ t̄ erēða
at aðalſt̄. k̄r vıll haſla h̄m voll. ꝫ bıoða oꝛ̄o ſt
að a vín heıðı v̇ vınuſkoga. ꝫ h̄ vıll at þr h̄ı ė
a lð n̄ en ſa þra raðı rıkı a englðı ē ſıgr ꝼær ı or
roſto. lagðı t̄ vıkuſteꝼ vm ꝼunð þra En ſa bıðr
ānarſ vıku er ꝼyꝶ kēr. en þ v̇ þa ſıðr þegar
k̄ı v̇ vollr haſlaðr at h̄ ſkyllðı ė h̄ıa at ſkālauſ
ſu ꝼyꝶ en oꝛ̄o v̄ı lokıt. Gıorðı ol̄. k̄r ſua at h̄ ſta
ðuaðı h̄ ſīn ꝫ h̄ıaðı eckı ꝫ beıð t̄ ſteꝼnuðagſ þa
ꝼluttı h̄ h̄ ſīn t̄ vínheıðar. borg eın ſtoð ꝼ norðā
heıðína. Settız ol̄. k̄r ꝥ ı borgına ꝫ haꝼðı ꝥ meſ
tan hlut lıðſ ſínſ. þt þar v̇ vt ı ꝼ̄ h̄uð ſtór ꝫ þot
tı h̄m ꝥ betra t̄ at ꝼlutnīga v̄ ꝼaung þau er
h̄rīn þurꝼtı at haꝼa. en h̄ ſenðı m̄n ſına vpp
a heıðına þar ſē oꝛ̄o ſtaðrīn v̇ akueðīn. Skyllð
v þr taka ꝥ tıallð ſtaðı ꝫ buaz ꝥ v̄ aðr h̄rīn
kuæmı. En er þr m̄n komu ı þān ſtað ē voll
rīn v̇ haſlaðr þa v̊ ꝥ ſett̄ vpp heſlıſteīgr allt
t̄ v̄merkıa þar ē ſa ſtaðr var er orroſtan ſky
llðı v̄a. þurꝼtı þān ſtað at vanða at h̄ værı
ſlettr ē mıklū h̄ ſkyllðı ꝼylkıa v̇ ꝥ ꝫ ſua ē or
roſtu ſtaðrīn ſkyllðı v̄a at þar v̇ heıðr ſlett. En ā
nan veg ꝼ̄ ꝼell a eín. En a ānan veg ꝼ̄ v̇ ſkogr m
ıkıll. En þar ē ſkēſt v̇ mıllı ſkogarınſ ꝫ arīnar
ꝫ v̇ þ mıog laung leıð. ꝥ hoꝼðu tıallðat m̄n að
alſt̄. k̄. ſtoðu tıollð þra allt mıllı ſkogarınſ. ꝫ
arīnar. ꝫ v̇ þ mıog laung leıð. þr hoꝼðu ſua tıall
ðat at ė v̊ m̄n ı hıno þrıðıa huerıu tıallðı. ok
þo ꝼaē ı eínu. en m̄n olaꝼſ k̄ſ komu t̄ þra þa
hauꝼðu þr ꝼıolm̄nt ꝼ ꝼraman tıollðın oll. ꝫ
naðu þr eckı īn at ganga. Saugðu m̄n aðalſt̄.
at tıollð þra v̄ı oll ꝼull aꝼ m̄m. ſua at h̄ḡı
næꝶ heꝼðı ꝥ rū lıð þra. en tıollðın ſtoðu ſ̊
hátt at eckı mattı yꝼ̄ vpp ſía. huart þa ſto
ðu morg eða ꝼa a þyktına. þr hugðu at ꝥ
munðı v̄a h̄r mānz. Ol̄. k̄ſ m̄n tıollðuðu ꝼ
norðan hoſlurnar. ꝫ v̇ þangat allt nockut
aꝼ hallt. Aðalſt̄. m̄n ſogðu ꝫ an̄an ðag ꝼra
oðrū at k̄r þra munðı þa koma eða v̄a kom
īn ı borg þa ē var ſūnan vnðer heıðīnı. lıð
ðroz t̄ þra bæðı ðag ꝫ nótt. En ē ſteꝼna ſu
var lıðın ē akueðıt var. þa ſenða m̄n aðal
ſteīſ eyrenðreka a ꝼunð olaꝼſ k̄. m; þeī orðū
at aðalſteīn k̄r ē buīn t̄ oꝛ̄o ꝫ heꝼ̄ h̄ allmıkīn.
en h̄ ſenðer .ol̄. k̄ı þau orð at h̄ vıll ė at þr ḡı ſua
mıkıt mānſpell ſē þa horꝼðız t̄. bað
h̄ hellðr ꝼara heī ı ſkotlð en aðalſt̄. vıll ꝼa h̄m
at vıngıoꝼ ſkıllıng ſılꝼrſ aꝼ plogı h̄ūıū v̄ allt rı
kı ſıtt ꝫ vıll at þr leggı m; ſer vınattu. En ē ſenðı
m̄n kōa t̄ ol̄.k̄. þa tok h̄ at bua h̄ ſīn ꝫ ætlaðı
at að rıða. en er ſenðım̄n baru vpp erenðı þa
ſtauðuaðı k̄r ꝼ̄ð ſına þān ðag. Sat þa ı raða ḡð
ꝫ hoꝼðıngıar h̄ſ m; h̄m. logðu m̄n ꝥ allmıſ ıa
ꝼnt t̄. Sum̄ ꝼyſtu mıog at þna koſt ſkyllðı taka
ſogðu at þ var þa orðın hın meſta ꝼrēðar ꝼ̄ð
at þr ꝼærı heī ꝫ heꝼðı tekıt gıallð ſua mıkıt
aꝼ aðalſt̄. Sum̄ lottu ꝫ ſogðu at aðalſt̄ mūðı
bıoða mıklu meıra ı ānat ſīn eꝼ þtta v̄ı ė tek
ıt. ꝫ v̇ ſu raðaḡð ſtaðꝼeſt. þa baðu ſenðım̄n
ol̄. k̄g at geꝼa ſer tom t̄ at þr hıttı ēn aðalſteī
k̄g. ꝫ ꝼreıſtaðı eꝼ h̄ vıllðı ēn meıra gıallð aꝼ hē
ðı reıða t̄ þ at ꝼðr v̄ı. þr beıððu grıða eīn ðag t̄
heīreıðar. en ānan t̄ vmraða. En hīn þrıðıa t̄
aptr ꝼ̄ðar. k̄r ıattaðı þeī ꝥ. ꝼara ſenðım̄n heī
ꝫ koma aptr hīn þrıðıa ðag ſē akueðıt v̇. Seg
ıa Ol̄. k̄ı at aðalſt̄. vıll geꝼa allt ſlıkt ſē h̄ bað
ꝼyꝶ. ꝫ þar v̄ ꝼrām t̄ hlutſkıptıſſ lıðı. Ol̄.k̄. Sk
ıllıng m̄ huerıū ꝼrıalſbornū. En mork ſueıt̄
hoꝼðıngıa huerıū þeī ē reðı ꝼ .xíj. m̄m eða

ꝼleırū. en mork gullz hırð ſtıora hv̊ıū. En .v.M̄.
gullz Jarlı hv̊ıū. Sıðan let k̄r þtta vpp bera ꝼ
lıð ſıtt. var ēn ſē ꝼyꝛ̄ at ſum̄ lauttu en ſumer
ꝼyſtu. En at lyktū veıttı k̄r orſkurð. ſeg̃ at þē
na koſt vıll h̄ taka eꝼ ꝥ ꝼylg̃ at aðalſt̄. k̄r lætr
h̄ haꝼa norð ımbralð allt m; þeī ſkottū ⁊ ſkyll
ðū ē þar lıggıa. Senðım̄n bıðıa ēn ꝼreſta v̄ þrıa
ðaga. ⁊ ꝥ m; at ol̄. k̄r. ſenðı þa m̄n ſína at heyra
orð aðalſt̄.k̄. huart h̄ vıll eða ė þna koſt. Segıa
at þr hyggıa at aðalſt̄. k̄r munðı lata ꝼatt vıð
nēa at ſættín tækız. Ol̄. k̄r íatt̄ þ᷎. ⁊ ſenðer m̄n
ſína t᷏ aðalſteıſ k̄ſ. Rıða þa ſenðım̄n aller ſa
man. ⁊ hıtta aðalſt̄. k̄g ı borg þrı ē v᷎ næſt heıðī
ní ꝼ ſuñan. Senðım̄n .Ol̄.k̄. bera vpp erenðı
ſín ꝼ aðalſt̄. k̄g ⁊ ſættaboð. Aðalſt̄. k̄. m̄n ſogðu
⁊ m; hv̊ıu þr hoꝼðu ꝼarıt t᷏. Ol̄.k̄ ⁊ ꝥ m; at ꝥ var
raðag̃ð vıtra m̄ at ðuelıa ſua oꝛ̄o meðan k̄r kæ
mı ė. En aðalſteīn k̄r veıttı ſkıotan orſkurð vm
þtta mal ⁊ ſagðı ſenðım̄m ſua. Berıt þau orð mī
.ol̄. k̄ı at ek vıl geꝼa h̄m orloꝼ t᷏ ꝥ at ꝼara heī t᷏
ſkot lðz m; lıð ſıtt ⁊ gıallðı h̄ aptr ꝼe ꝥ allt er h̄
tok vpp at raungu h̄ ı lðı. Setıū h̄ ſıðan ꝼðı m
ıllū lða vaꝛ̄a ⁊ h̄ı huarıg̃ a aðra. ꝥ ſt̄ ⁊ ꝼylgıa.
at Ol̄. k̄r ſt̄ g̃az mīn m̄ ⁊ hallða ſkotlð aꝼ mer
⁊ v̊a vnðer k̄r mīn. ꝼarıt nu ſeg̃ h̄ aptr ⁊ ſeg
ıt h̄m ſua buıt. Senðım̄n ſn̄u aptr leıð ſína
þegar v̄ kuellðıt. ⁊ komu t᷏ .Ol̄. k̄ſ. næꝛ̄ mıðrı
nott. Voktu þa vpp k̄g ⁊ ſogðu h̄m þeg̃ orð að
alſt̄.k̄. k̄r let þeg̃ kalla t᷏ ſín ıarlana ⁊ aðra h
oꝼðıngıa. let þa ſenðım̄n koma t᷏ ⁊ ſegıa vpp
erenðıſſ lok ſín. ⁊ orð aðalſt̄.k̄. En ē þtta v᷎ kū
nıgt g̃t ꝼ lıðſ m̄m. þa v᷎ eıtt orðtak allra at
ꝥ munðı ꝼ lıggıa at buaz t᷏ oꝛ̄o. Senðı m̄n ſog
ðu ⁊ ꝥ m; at aðalſt̄ haꝼðı ꝼıolða lıðſ ⁊ h̄ haꝼ
ðı þañ ðag komıt t᷏ borgarıñar ſē ſenðım̄n ko
mu. þa m̄ltı aðılſ ıarl. Nu mun ꝥ ꝼrām komıt
k̄r ſē ek ſagða at yðr munðu þr reynaz braug
ðott̄ hıñ enſku. hoꝼū v᷎ h̄ ſetıð langa ſtunð ⁊
beðıt ꝥ ē þr haꝼa ðregıt at ſer allt lıð ſıtt. En
k̄r þra mun v̊ıt haꝼa hv̄gı næꝛ̄. þa ē v᷎ komū
h̄. ᴍunu þr nu haꝼa ſaꝼnat lıðı mıklu ſıðan.
v̊ ſettūz. ɴv ē ꝥ rað mıtt k̄r at v᷎ bræðr rıðī þeg̃ ı
nótt ꝼ m; okru lıðı. ma ꝥ v̊a at þr ottız nu eckı
at ſer er þr haꝼa ſpurt at k̄r þra ē næꝛ̄ m; h̄
mıkīn. Skolū v᷎ þa veıta þeī ahlaup. En er þr
v̊ða ꝼorꝼlotta. þa munu þr lata lıð ſıtt. en vðıar
ꝼarı ſıðan ı atgongu at motı oſſ k̄ı þottı þt
ta rað vel ꝼunðıt. ᴍunū v̊ bua h̄ varn þeg̃
ē lyſer ⁊ ꝼara t᷏ motz v᷎ yðr. Staðꝼeſtu þr þtta
rað ⁊ luku ſua ſteꝼnūnı. **Vm barðaga**

53 Hríngr ıall ⁊ aðılſ broðer h̄. bıuggu her
ſīn ⁊ ꝼoru þegar v̄ nottına ſuðr a heıðí
na. En ē lıoſt v̄. þa ſa varðm̄n þra þol̄.
huar heꝛ̄īn ꝼór. v᷎ þa blaſīn h̄ blaſtr ⁊ h̄klæð
ðuz m̄n. Toku ſıðan at ꝼylkıa lıðınu ⁊ hoꝼðu
.íj. ꝼylkıngar. Reð alꝼgeıʀ ıarl ꝼ ānaꝛ̄ı ꝼyl
kıng. ⁊ v᷎ merkı borıt ꝼ h̄m. v᷎ ı þrı ꝼylkıng lıð
ꝥ ē h̄m haꝼðı ꝼylgt ⁊ ſua ꝥ lıð er þar haꝼðı t᷏
ſaꝼnaz or h̄uðū. v᷎ ꝥ mıklu ꝼleıra lıð en ꝥ er þeī
þol̄. ꝼylgðı. þol̄. var ſua buīn. h̄ haꝼðı ſkıollð
vıðan ⁊ þyckuan. hıalm a hoꝼðı all ſterkan.
gyrðr ſuerðı þ᷎ ē h̄ kallaðı láng mıkıt vápn
⁊ gott. keſıu haꝼðı h̄ ı henðı. ꝼıoðrın v᷎ tueg
gıa álna laung. ⁊ ſlegīn ꝼrā broððr ꝼ̄ſtrenðr.
en vpp v᷎ ꝼıoðrın breıð ꝼalrīn bæðı langr ⁊ ðıgr.
Skaptıð var ė hæra en taka mattı henðı tıl
ꝼalſ ⁊ ꝼurðulıga ðıgrt. ıarnteīn v᷎ ı ꝼalnum
⁊ ſkaptıð allt ıarnuaꝼıt. þau ſpıot v̊ kollut bry
nþuaꝛ̄. Egıll haꝼðı hīn ſama bunað ſē þol̄. h̄ v᷎
gyrðr ſuerðı þ᷎ ē h̄ kallaðı naðr. ꝥ ſv̄ð haꝼðı h̄
ꝼēgıt a kurlðı v᷎ ꝥ ıt bezta vapn huargı þra
haꝼðı brynıu. þr ſettu merkı vpp ⁊ bar ꝥ þorꝼ
ıðr ſtrangı allt lıð þra haꝼðı norræna ſkıoll
ðu ⁊ allan norrænan h̄bunat. ı þrı ꝼylkıng v̊
aller norræn̄ m̄n þr ē þ᷎ v̊. ꝼylktu þr þol̄. næꝛ̄
ſkogınū. En alꝼgeırſ ꝼylkıng ꝼór m; ānı. Aðılſ
ıarl ⁊ þr .bb. ſa ꝥ at þr munðu eckı kōa þeī þol̄
a ovart. þa toku þr at ꝼylkıa ſınu lıðı Gıorðu
þr ⁊ .íj. ꝼylkīgar. ⁊ hoꝼðu .íj. m̄kı ꝼylktı aðı
lſ motı alꝼgeırı ıarlı en hrıngr motı vıkīgū
Sıðan tokz þ᷎ orroſta. gengu huart̄ueggıu vel
ꝼrā. Aðılſ .J. ſottı hart ꝼrām þ᷎ t᷏ ē alꝼgeıʀ let vn

ðan ſıgaz. En aðılſ m̄n ſottu þa halꝼu ðıarꝼlıg
aʀ. var þa ꝫ é lengı aðr en alꝼgeıꝶ ꝼlyðı ꝫ ē þ
ꝼra ħm at ſegıa at ħ reıð vnðan ſuðr a heıðīa
ꝫ ſueıt maña m; ħm. ʀeıð ħ ꝥ t̄ ē ħ kō næʀ ƀg
þrı ē ꝁr ſat. þa mł̄tı Jarlīn. Eckı ætla ek oſſ ꝼ̊
tıl borgarīnar. v̄ ꝼengū mıkıt orða ſkak næſt
ē v̄ komū t̄ ꝁſ. þa ē v̄ hoꝼðū ꝼarıt vſıgr ꝼ̇ .Ol̄. ꝁı
ꝫ eckı mun ħm þıkıa batnat haꝼa vaꝶ koſtr
ı ꝥı ꝼ̄ð mun nu eckı þurꝼa at ætla t̄ ſæmða ꝥ
ſē ħ ē. Sıðan reıð .J. ſuðr a lðıt ꝫ ē ꝼra ħ ꝼ̄ð. þ
at ſegıa at ħ reıð ðag ꝫ nott ꝥ t̄ ē þr komu veſ
tr a ıarlſ neſ. ꝼeck .J. ſer ſer þar ꝼar ſuðr vm ſæ
ꝫ kō ꝼrām a val lðı. ꝥ attı ħ kyn halꝼt. kō ħ all
ðregı ſıðan t̄ englðz. Aðılſ rak ꝼyſt ꝼlottān
ꝫ é langt aðr ħ ſnyr aptr ꝫ ꝥ t̄ er orroſtan v̄
ꝫ veıttı þa atgaungu. En er þol̄. ſa þ ſn̄ı ħ ı
mot Jarlı ꝫ bað þangat ƀa merkıt. bað m̄n
ſına ꝼylgıaz vel ꝫ ſtanða þykt þokū at ſkog
ınū ſagðı ħ ꝫ latū ħ hlıꝼa a bak oſſ. ſua at þr
megı é ollū megū at oſſ ganga. þr ḡðu ſua ꝼ
ylgðu ꝼrām ſkogınū varð þa horð orroſta
Sottı egıll motı aðılſlı ꝫ attuz þr v̇ horð ſkıptı
lıðſmunr v̄ allmıkıll ꝫ þo ꝼell meıꝶ lıð þra
aðılſ. þol̄. ḡðız þa ſua oðr at ħ kaſtaðı ſkıll
ðınū a bak ſer en tok ſpıotıð tueī honðum
hlıop ħ þa ꝼrām ꝫ hıo eða lagðı t̄ beggıa
hanða Stucku m̄n þa ꝼra tueggıa veg
na en ħ ðrap marga. ruððı ħ ſua ſtıgīn ꝼ̄m̄
at merkı ıarlſınſ hrıngſ ꝫ hellz þa eckı v̇
ħm. ħ ðrap þañ mān ē bar merkı hrıngſ .J.
ꝫ hıo nıðr merkıſtaungına. Sıðan lagðı ħ
ſpıotınu ꝼ̇ brıoſt ıarlınū ı gegnū brynıu
na ꝫ bukīn ſua at v́t geck v̄ ħ̄ðarnar. ꝫ
hoꝼ ħ vpp a keſıuñı ıꝼ̄ hoꝼuð ſer. ꝫ ſkaut
nıðr ſpıotz halanū ı ıorðına. en ıarlīn ſæꝼð
ız a ſpıotınu. ꝫ ſa þ aller. bæðı ħ m̄n ꝫ ſua
ħ vuıñ. Sıðan bra þol̄. ſuerðınu ꝫ hıo ħ
þa t̄ beggıa hanða. ſottu þa ꝫ at ħ m̄n.
ꝼellu þa mıog breẜ ꝫ ſkoẜ. en ſum̄ ſn̄uz
a ꝼlotta. en er aðılſ ıarl ſa ꝼall broð̄
ſınſ ꝫ mānꝼall mıkıt aꝼ lıðı ħſ en ſu

m̄ ꝼlyðu. En ħ þottız hart nıðr koma. þa
ſn̄ı ħ a ꝼlotta. ꝫ rān t̄ ſkogarınſ. ħ ꝼlyðı ı
ſkogīn ꝫ ħ ſueıt. Tok þa at ꝼlyıa allt lıð þ er
þeī haꝼðı ꝼylgt. Gıorðız þa mānꝼall mıkıt
aꝼ ꝼlotta m̄m ꝫ ðreıꝼðız þa ꝼlottīn vıða v̄
heıðına. Aðılſ .J. haꝼðı nıðr ðrepıt m̄kı ſínu
ꝫ vıſſı þa engı huart ħ ꝼór eða aðrer m̄n. tok
þa bratt at myrkua aꝼ nótt. En þr þol̄. ꝫ eḡ
ſn̄u aptr t̄ ħ̄buða ſīna. ꝫ þa ıāſkıott kō þar
aðalſt̄. ꝁr. m; allan ħ̄ ſīn ꝫ ſlogu þa lð tıollð
vm ſınū. ꝫ bıugguz vm. lıtlu ſıðaꝶ kō ol̄. ꝁr
m; ſīn ħ̄. tıollðuðu þr ꝫ bıugguz v̄ ꝥ ſē þrá
m̄n hoꝼðu tıallðat. V̄ ol̄. ꝁı þa ſagt at ꝼall
ner v̊ þr baðer ıarlar ħ hrıngr ꝫ aðılſ. ꝫ
mıkıll ꝼıolðı annaꝶa m̄ ħ. **ꝼall þorolꝼſ**

54

A

ðalſteīn ꝁr haꝼðı v̄ıt aðr hına
næſtu nott ı borg þrı er ꝼyꝶ var
ꝼra ſagt. ꝫ ꝥ ſpurðı ħ at barðagı
haꝼðı v̄ıt a heıðīnı. bıoz þa þeḡ ꝫ allr ħ̄r
īn ꝫ ſottı norðr a heıðına. Spurðı þa oll tıð
enðí gloġlıga huerneg orroſta ſu haꝼðı ꝼarıt.
komu þaẜ ꝼunðar v̇ ꝁg. þr .bb. þorolꝼr ꝫ e
gıll. þackaðı ħ þeī vel ꝼrā gaungu ſína ꝫ ſıgr
þañ er þ hoꝼðu v̄nıt. het þeī vınattu ſīnı
ꝼullkōīnı ðuolðuz þr þar aller ſāt v̄ not
tına. Aðalſt̄. ꝁr vaktı vpp ħ̄ ſīn þeḡ v̄ mor
gınīn arðegıſſ. ħ attı tall v̇ hoꝼðıngıa
ſína ꝫ ſagðı huer ſkıpun v̄a ſkyllðı ꝼ̇ lıðı
ħ. Skıpaðı ħ ꝼylkıng ſına ꝼyrſt ꝫ þa ſettı
ħ ı brıoſtı þrar ꝼylkīgar. ſueıẜ þær ē ſnarp
aſtar v̊. þa mł̄tı ħ. at ꝼ̇ ꝥ lıðı ſkyllðı v̄a egıll
en þol̄. ſagðı. ħ ſł̄ v̄a m; lıðı ſınu. ꝫ oðru ꝥ
lıðı ē ek ſet ꝥ. ſł̄ ſu v̄a oñur ꝼylkıng ı lı
ðı v̊. ē ħ ſł̄ v̄a hoꝼðıngı ꝼ̇. ꝥ at ſkoẜ ē̊o ıaꝼ
nan lauſer ı ꝼylkıngu. hlaupa þr t̄ ꝫ ꝼ̄ ok
kōa ı ymſū ſtoðū ꝼrām. v̄ða þr opt ſkeın
v ſam̄. eꝼ m̄n varaz é. En ero lauſer a v
ellı eꝼ v̇ þeī ē horꝼt. Egıll .ſ. ꝁı. Eckı vıl
ek at v̇ þol̄. ſkılımz ı oꝛo. en vel þıkı m̄
at okr ſe ꝥ ſkıpat er meſt þıkır þurꝼa
ꝫ harðazt ē ꝼ̇. þol̄. mł̄tı latū v̇ ꝁg raða

huat ħ vıll okr ſkıpa veıtū ħm ſua at ħmlı
kı. mun ek ꝟa hellðr eꝼ þu vıll ꝥ ē ꝥ ſkıpat
egıll ſ ꝥ munut nu raða en ꝥa ſkıptıs
mun ek opt ıðraz. Gengu m̄n þa ı ꝼylkīgar
ſua ſē k̄r haꝼðı ſkıpat ꝫ ꝟ ſett vpp m̄kı. Stoð k̄
ꝼylkıng a ꝟlenðıt ᵗ arīnar. en þorol. ꝼylkıng ꝼor
ıt eꝼra m; ſkogınū. Ol. k̄r to þa at ꝼylkıa lıðı ſínu þa
er ħ ſa at aðalſteīn haꝼðı ꝼylkt. ħ g̃ðı ꝫ .ıȷ. ꝼylkīgar
ꝫ let ħ ꝼara ſıtt m̄kı. ꝫ þa ꝼylkıng ē ħ reð ſıalꝼr ꝼ
motı aðalſ k̄ı. ꝫ ħ ꝼylkıng. hoꝼðu þa huartueg
gıu lıð ſua mıkīn at engı ꝟ munr huar ꝼıolmēn
rı ꝟ en oñur ꝼylkıng ol.k̄ ꝼór næř ſkogınū mo
tı lıðı ꝥ ē þol. reð ꝼ ꝟ ꝥ hoꝼðıngıar ıarlar ſkotzk
ꝟ þ ſkol ꝼleſt ꝫ var þ ꝼıolmēnı mıkıt. Sıðan gaz
a ꝼylkıngar ꝫ varð þar bratt orroſta mıkıl þol
ſóttı ꝼrām hart. ꝫ let b̄a m̄kı ſıtt ꝼrā m; ſkog
ınū ꝫ ætlaðı þar ſua ꝼrām at ganga at ħ kæmı
ı opna ſkıolldu k̄ ꝼylkıngīnı. hoꝼðu þr ſkıolldu
na ꝼ ſer. en ſkogrīn var ᵗ hægra vegſ. letu þr ħ ꝥ
hlıꝼa. þol geck ſua ꝼ̃m at ꝼaır ꝟ m̄n ħ ꝼ ħm.
en þa ē ħ varðı mınzt þa hlaupa þar ór ſkogı
nū aðılſ ıarl ꝫ ſueít ſu ē ħm ꝼylgðı laugðu þe
gar morgū keſıū ſēn a þorol. ꝫ ꝼell ħ þar vıð
ſkogīn en þorꝼıðr er merkıt bar hopaðı aptr
þar ē lıðıt ſtóð þyckra. En aðılſ ſottı þa at þeī
ꝫ ꝟ ꝥ þa orroſta mıkıl. æptu ſkotar þa ſıgr
op er þr hoꝼðu ꝼellðan hoꝼðıngıān En ē eg̃.
heyrðı óp þ ꝫ ſa at m̄kı þol. ꝼor a hæl þa þottız
ħ vıta at þol. munðı ė ſıalꝼr ꝼylgıa. Sıðan h
leypr ħ ᵗ þangat ꝼrām ı mıllı ꝼylkıngāna ħ
varð ſkıott vař þra tıðenða er þar ꝟ orðın
þegar ħ ꝼān ſına m̄n. ħ eggıar þa lıðıt mıog
ᵗ ꝼrāgongu ꝟ ħ ꝼrēſtr ı brıoſtınu. ħ haꝼðı ſu
ðıt naðr ı henðı. ħ ſottı þa ꝼrām ꝫ hıo ᵗ beg
gıa hanða. ꝫ ꝼellðı marga m̄n. þorꝼıðr bar
merkıt þeg̃ ep ħm en ānat lıð ꝼylgðı m̄k
ınu. var þar hın ſnarpaſta orroſta. Egıll g
eck ꝼrām ᵗ þ ē ħ mættı aðıſlı ıarlı attuz þr
ꝼa hoɢ ꝟ aðr aðılſ .J. ꝼell. ꝫ mart māna ū ħ
en ep ꝼall ħ. þa ꝼlyðı lıð þ ē ħm ħm haꝼðı ꝼ
ylgt. en egıll ꝫ ħ lıð ꝼylgðu þeī ꝫ ðrapu allt
þ ē þr naðu. ꝥ at eckı þurꝼtı þa g̊ða at bıðıa
en ıarlar þr hınır ſkotzku ſtoðu þa eckı lengı
þeg̃ er þr ſa at aðrer ꝼlyðu þra ꝼelagar toku
þeg̃ a raſ vnðan. En þr egıll ſteꝼnðu þa ꝥ ᵗ er
var k̄ſ ꝼylkıngın ꝫ komu þa ı opna ſkıolldu ꝫ
g̃ðu þar bratt mıkıll mānꝼall rıðlaðız þa ꝼyl
kıngın ꝫ loſnaðı oll. ꝼlyðu þa marg̃ aꝼ olaꝼſ m̄
en vıkıng̃ æptu þa ſıgr óp. en ē aðalſ k̄r þottız
ꝼīna at roꝼna tok ꝼylkıng ol.k̄. þa eggıaðı ħ l
ıð ſıtt ꝫ let ꝼrā bera m̄kı. Gıorðı þa atgongu
harða ſua at hrauck ꝼ lıð ol. ꝫ g̃ðız allmıkıt
mānꝼall. ꝼell þar ol. k̄r. ꝫ meſtr hlutı lıðſ þ ē
olaꝼr haꝼðı haꝼt. þt þr ē a ꝼlotta ſn̄uz ꝟ aller
ðrepñ ē nað varð. ꝼeck aðalſ. k̄r ꝥ allmıkīn

55

A ðalſteīn k̄r **egıll Jarðaðı þorolꝼ** [ſıgr.
ſn̄ı ı brott ꝼrá orroſtūnı en m̄n ħ ra
ku ꝼlottān. ħ reıð aptr ᵗ borgarın
nar ꝫ tok ė ꝼyř nátt ſtað en ı borgīnı. En egıll
rak ꝼlottān ꝫ ꝼylgðı þeī lengı ꝫ ðrap hu̅n
mān ē ħ naðı Sıðan ſn̄ı ħ aptr m; ſueıtū
ga ſına ꝫ ꝼor þar ᵗ ē orroſtan haꝼðı ꝟıt. ꝫ hıt
tı þar þorolꝼ broður ſīn latīn. ħ tok vpp lık ħ ꝫ
þo bıo ū ſıðan ſē ſıðuenıa ꝟ ᵗ. groꝼu þr þar groꝼ
ꝫ ſettu þorolꝼ þar ı m; vapnū ſınū ollū ꝫ klæ
ðū. Sıðan ſpentı egıll gullhrıng a huara h
onð ħm aðr ħ ſkılðız ꝟ. hloðu ſıðan at grıotı
ꝫ ıoſu at mollðu. þa .q. egıll .v. Geck ſa ē o
aðız eckı ıalmanz banı ſnarla. þreklunða
ðr ꝼell þunðar þolꝼr ı gny ſtorū. ıorð græꝛ en
ꝟ verðū vínu nær oꝼ mınū helnauð ē þ hy
lıa. harmr agætan barma. ꝫ eñ .q. ħ. Valk
oſtū hloð ek veſtan. vang ꝼ m̄kıſtang̃. ótt ꝟ
el þ ē ſottag aðılſ blā naðrı. haðı vngr ꝟ
engla olaꝼr ꝥmu ſtala. hellt ne hraꝼnar
ſulltu. hrıngr a vapna þıngı ſıðan ꝼor e
gıll m; ſueıt ſına a ꝼunð aðalſ. k̄ ꝫ geck
þegar ꝼ k̄g. ē ħ ſat ꝟ ðryckıu. þar ꝟ glaumr
mıkıll. Ok ē k̄r ſa at egıll ꝟ īn komīn þa
mltı ħ at ryma ſkyllðı pallīn þān en v
æðra ꝼ þeī ꝫ mltı at egıll ſkyllðı ſıtıa þar ı
aunðuegı gegnt k̄ı. Egıll ſettız ꝥ nıðr ꝫ ſkáıt

ſkıllðınū ꝼ̇ ꝼætr ſer. h̄ haꝼðı hıalm a hoꝼðı. ok
lagðı ſuerðıt v̄ kne ſer ⁊ ðro ānat ſkeıð t́ ha
lꝼſ. en þa ſkellðı h̄ aptr ı ſlıðrın. h̄ ſat vpp r
ettr ⁊ var gneyptr mıog. Egıll v̓ mıkılleítr
ēnıbreıðr brunamıkıll. neꝼıt eckı langt.
en akaꝼlıga ðıgrt granſtæðıt vítt ⁊ langt
hakan breıð ꝼurðulıga ⁊ ſua allt v̄ kıal
kana. halſ ðıgr. ⁊ herðımıkıll ſua at þ bar
ꝼra þ̓ ſē aðrer m̄n v̊. harðleıtr ⁊ grīlıgr þa
er h̄ var reıðr h̄ v̓ vel ı vextı. ⁊ hůıū mānı
hærı vlꝼgratt harıt. ⁊ þykt. ⁊ varð ſnēma
ſkaullottr en ē̆ h̄ ſat ſē ꝼyꝛ̄ v̓ rıtað. þa h
leyptı h̄ añaꝛ̄ı brunīnı oꝼan a kīnına. en
añaꝛ̄ı vpp ı harrætr. eḡ. v̓ ſuarteygr ⁊ ſkol
brūn. eckı v̓ıllðı h̄ ðrecka þo at h̄m v̓ı borıt en
ymſū hleyptı h̄ brununū oꝼan eða vpp. Að
alſteīn ꝛ̄ ſat ı haſætı. h̄ lagðı ⁊ ſuerð v̄ kne
ſer. ⁊ ē̆ þr ſatu ſua v̄ hrıð þa ðro ꝛ̄ ſuerðıt
or ſlıðrū ⁊ tok gullrıng aꝼ henðı ſer mıkīn
⁊ goðan ⁊ ðro a bloðreꝼılīn ſtoð vpp ⁊ geck
a golꝼıt ⁊ rettı ıꝼ̇ ellðīn t́ egılſ. Egıll ſtoð vpp
⁊ bra ſuerðınu ⁊ geck a golꝼıt. h̄ ſtack ſuer
ðınu ı bug hrīgınū ⁊ ðro at ſer. geck aptr t́
rūſ ſínſ. ꝛ̄ ſettız ıharætı. En ē̆ egıll ſettız n
ıðr ðro h̄ hrıngīn a honð ſer. ⁊ þa ꝼoru brȳn
h̄ ı lag. lagðı h̄ þa nıðr ſuerðıt ⁊ hıalmīn ⁊
tok v̓ ðyrſ hornı ē̆ h̄m v̓ borıt ⁊ ðrack aꝼ þa
.q. h̄. Hvarmtangar lætr hanga hrvm vır
gıl m̄ brynıu hoðr a haukı troðnū heıðıſ
vıngameıðı rıtmæðıſ kna ek reıðı ræðr gun̄
vala bræðır gelgıu ſeıl a galga geırueðrſ
loꝼı at meıra. þaðan aꝼ ðrack egıll at ſınū hlut
⁊ mītı v̓ aðra m̄n. Epꝑ þ let ꝛ̄ bera īn kıſt̄
tuǽr. baru ıȷ m̄n huara. v̊ baðar ꝼullar
aꝼ ſılꝼ̇ ꝛ̄ mītı kıſtur þar egıll ſ̄tu haꝼa
⁊ eꝼ þu kēr t́ ıſlðz ſ̄tu ꝼæra þtta ꝼe ꝼoð̄
þınū ı ſoñgıollð ſenðı ek h̄m en ſumu ꝼe ſ
kalltu ſkıpta m; ꝼrænðū ykrū þoꝛ̄. þeī
ē̆ þ̓ þykıa agætaſter. en þu ſ̄t taka h̄ brð̄
gıollð hıa m̄ lonð eða lauſa aura hvart
er þu vıll hellðr ⁊ eꝼ þu vıllt m; m̄ ðuelı

az lengðar. þa ſ̄ ek h̄ ꝼa þ̓ ſæmð ⁊ vırðıng
þa ē̆ þu kant m̄ ſıalꝼr t́ ſegıa. Egıll tok v̓ ꝼe
nu. ⁊ þackaðı ꝛ̄ı gıaꝼ̇ ⁊ vınmælı. tok egıll þa
ðan aꝼ at gleðıaz ⁊ þa .q. h̄. Knattu harmſ aꝼ
harmı hnúp gnípur mer ðrupa. nu ꝼañ ek þañ
eñıſ oſléttur þér réttuð. gramr heꝼ̇ gerðı ha
mrū grunðar vṗ vm hrunðıt. ſa tıl ygr aꝼ
augū ár ſíma mer grímur. Sıðan v̊ græð
ðer þr m̄n ē̆ ſaꝛ̄ v̊. ⁊ lıꝼſ var auðıt. Egıll ðual
ðız m; aðalſt̄. ꝛ̄ı. ēn næſta vetr epꝑ ꝼall þor
olꝼſ ⁊ haꝼðı h̄ allmıklar vırðıngar aꝼ ꝛ̄ı. var
þa m; h̄m lıð þ allt ē̆ aðr haꝼðı ꝼylgt þeī bað
vm bræðrū. ⁊ ór orroſtu hoꝼðu komız. þa ortı e
gıll ðrapu v̄ aðalſt̄. ꝛ̄g ⁊ ē̆ ı þ̓ kuæðı þtta. Nu he
ꝼ̇ ꝼollðgnaꝛ̄ ꝼellða. ꝼellr ıorð vnð nıð ellu hı
allðr ſnerranðı harra hauꝼuð baðner .ííȷ. ıoꝼ̄.
Aðalſteīn oꝼ vān añat. allt ē̆ lægra kynꝼrægı.
h̄ ſuerıū þ hyrıar hānbrıotr ꝛ̄gmānı. En þta
er ſteꝼıt ı ðrapūnı. Nv lıGr hæſt vnð hrauſtum
hreınbraut aðalſteını. Aðalſt̄ gaꝼ þa eñ aglı
at bragarlaunū gullhrınga .íȷ. ⁊ ſtoð huaꝛ̄ M̊.
⁊ þar ꝼylðı ſkıckı ðyr ē̆ ꝛ̄ ſıalꝼr haꝼðı aðr
borrıð . En ē̆ varaðı lyſtı egıll ıꝼ̇ þ̓ ꝼ̇ ꝛ̄ı. at h̄
ætlaðı ı b̊tt v̄ ſumarıt. ⁊ t́ noregſ. ⁊ vıta huat
tıtt ē̆ v̄ hag aſḡðar konu þrar er att heꝼ̇ þolꝼr
b̊ðer mīn. þar ſtanða ſaman ꝼe mıkıl. En ek v
eıt é huart born þra lıꝼa nockur. a ek þ̓ ꝼ̇ at
ſía eꝼ þau lıꝼa. en ek a arꝼ allan eꝼ þolꝼr he
ꝼ̇ barnlauſſ anðaz. ꝛ̄ .ſ. þ mun v̓ egıll a þınu ꝼ
orraðı at ꝼ̊ heðan a brott. eꝼ þu þıkız eıga ſk
yllðar erenðı. En hīnveg þıkı m̄ bezt at þu ta
ker h̄ ſtað ꝼeſtu m; m̄ ⁊ ſlıka koſtı ſē þv v
ıll beıðaz. egıll þackaðı ꝛ̄ı orð ſín. ek mun nu
ꝼara ꝼyſt ſua ſē m̄ beꝛ̄ ſkyllða t́. En þ er lí
kara at ek vıtıag hıngat ꝑa heıta þa er ek
komūz v̓. ꝛ̄ bað h̄ ſua ḡa. Sıðan bıoz egıll
b̊tt m; lıðı ſınu. en mart ðualðız epꝑ m; ꝛ̄ı
egıll haꝼðı eıtt langſkıp mıkıt. ⁊ þar a .c.
m̊. eða vel ſua. Ok ē̆ h̄ v̓ buīn ꝼ̄ðar ſīnar
⁊ byr gaꝼ þa hellt h̄ t́ haꝼſ. Skılðuz þeır
aðalſt̄ ꝛ̄ m; mıkıllı vınattu. bað h̄ egıl

kōa aptr ſē ſkıotaz. eıgıll kuað ſua v̄a ſkyll
ðu. Sıðan hellt egıll t́ noregſ ꝫ ē h̄ kō v́ lð
ꝼor h̄ ſē ſkynðılıgaz īn ı ꝼıorðu. h̄ ſpurðı þa
tıðendı at anðaðr v́ þoꝛ̄ h̄ſer. en arınƀ haꝼ
ðı tekıt v́ arꝼı ꝫ gıorz lenðr m̄. Egıll ꝼor a
ꝼunð arınƀ. ꝫ ꝼeck þar goðar v́tokur bað
arīƀ h̄m þ́ at v̄a. egıll þektız þ. let h̄ ſet
ıa vpp ſkıpıt ꝫ vıſta lıð. En arīƀ tok v́ aglı
v́ xıȷ.ˋtaˊ mān. ꝫ v́ m; h̄m v̄ vetn̄. **kuánfāng egıls**

56 Berg aununðr ſon þgeırſ þyrnıꝼoꝫ haꝼ
ðı þa ꝼıngıt gūnhılldar .ð. bıarnar h
aulldz. v́ h̄ komın t́ buſſ m; h̄m a aſ
kı. en aſg̃ðr ē átt haꝼðı þoꝛ.s.G.ſ. v́ þa m;
arīƀ. ꝼrænða ſınū þau þoꝛ attu ðottur eīa
vnga. ꝫ var mærın þar m; moður ſīnı. egıll
ſagðı aſg̃ðı lat þoreſ ꝫ bauð hēnı ſına v̄ſıa
aſg̃ðr v́ð mıog vkat v́ þa ſaugu en ſv́. vel
ræðū eguſ. ꝫ tok lıtıð aꝼ ollu. ꝫ ē a leıð hauſ
tıð. tok egıll vgleðı mıkla. ſat opt ꝫ ðrap
hoꝼðınu nıðr ı ꝼelld ſīn. eıtt hūt ſīn. geck
arīƀ t́ h̄ ꝫ ſpurðı huat v gleðı h̄ yllı. Nu þo
at þu haꝼ̄ ꝼengıt ſkaða mıkīn v̄ broður þīn
þa ē þ karlmānlıgt at bera þ vel. Skal m̄
ept̄ mān lıꝼa. eða huat kueðr þu nu lattu
mık nu heyra Eg̃ ſagðı at h̄ heꝼðı þt̄ta
ꝼırır ſkemztu queðıt verð ı ꝼelld þa
ē ꝼollðar ꝼallðr kemr ı hug ſkallðı bēg
aununðar bma bratt mıðſtallı at huata
Arīƀ ſpurðı hv̄ kona ſu v̄ı ē h̄ ortı manſ
aung v̄. heꝼ̄ þu ꝼolgıt naꝼn hēnar ı vıſu þı.
þa .q. egıll. Seꝼ ſkullðar ꝼel ek ſıallðan ſorg ey-
vıta borg̃ í nıð erꝼı narꝼa naꝼn aurmvılſ ðr-
aꝼnar þvı at geırrota gautar gnyþınſ bra-
gar ꝼıngrum rogſ at ræſıſ verkū reıꝼenðr mv
nu þreıꝼa h̄ mun v̄a ſeg̃ egıll ſē opt
er mlt. at ſegıanða ē allt ſınū vın. ek m
un ſegıa þ́ þ ē þu ſpyꝛ̄ v̄ hv́ıa konu ek yr
kı. þ́ er aſg̃ðr ꝼrænð kona þín. ꝫ þar t́ vıll
ða ek haꝼa ꝼulltıng þıtt at ek næða þ́ ra
ðı. arīƀ.ſ. at h̄m þıkır þ vel ꝼunðıt. ſł
ek vıſt leggıa þar orð t́ at þau rað takız.

Sıðan bar egıll þ mal ꝼ́ aſg̃ðı en h̄ ſkaut tıl
raða ꝼauður ſınſ ꝫ arīƀ ꝼrænða ſınſ. Sıðan
ræðer arīƀ v́ aſg̃ðı. ꝫ haꝼðı h̄ en ſomu ſuor ꝼ́ ꝼ̄
arīƀ. ꝼyſtı þa raðſ. Sıðan ꝼara þr arīƀ ok
egıll a ꝼunð bıarn̄ ꝫ heꝼr egıll þa bonorð ꝫ
bað aſg̃ðar. ðott̄ bıarnar. bıorn tok þ́ malı
vel ꝫ ſagðı at arīƀ munðı þ́ mıog raða arīƀ
ꝼyſtı mıog ꝫ lauk þ́ malı ſua at eg̃. ꝼeſtı aſ
g̃ðı. ꝫ ſkyllðı brullaup v̄a at arīƀ. En er at þr
rı ſteꝼnu kēr þa v́ þar veızla allueglıg ē
egıll kuangaðız var h̄ þa allkatr þ ē eptır
v́ vetrarīſ. Egıll bıo vm varıt kaupſkıp
t́ ıſlðz ꝼerðar. Reð arīƀ h̄m þ at ſtaðꝼeſt
az eccı ı noregı meðan rıkı Gūnh. v̄ı ſua
mıkıt þ́ at h̄ er allþung t́ þın. ſ. arīƀ. ꝫ heꝼ̄
þtta mıkıt v̄ ſpıllt er þ́ eyuınðr ꝼunðuz v́
ıotlð ꝫ er egıll v́ buīn ꝫ byr gaꝼ þa ſıglır
h̄ ı haꝼ ꝫ greıðız h̄ ꝼð vel. kēr h̄ v̄ hauſtıð
t́ ıſlðz. ꝫ hellt t́ bgar.ꝼ. h̄ haꝼðı þa v̄ıt vtā
.xíȷ́. vetr. Gerðız þa s.G. maðr gamall. v́ð
h̄ þa ꝼegīn ē eg̃. kō heī. ꝼór eg̃. t́ bgar at
v́ıſtū ꝫ m; h̄m þꝼīnr ſtangı. ꝫ þr mıog mar
ger ſamarger ſaman. v́ þr m; .s.G. v̄ vet
rīn. egıll haꝼðı þar ogrȳnı ꝼıar. en eckı ē
þ́ getıð at eg̃ ſkıptı ſılꝼ þ́ ē aðalſt̄. kgr
haꝼðı ꝼıngıt h̄m ı henðr. huarkı v́ .ſ.G. ne
aðra m̄n. þān vetr ꝼeck þꝼīnr ſæunn̄
.ð.S.G. ꝫ ept̄ v̄ varıt ꝼeck .S G. þeī buſtað
at lang ár ꝼoſſı. ꝫ lð īn ꝼra leıru læk īn
ꝼra leırulæk mıllı langár ꝫ alꝼt ár allt
t́ ꝼıallz. ð. þꝼınz ꝫ ſeūnar v́ þðıſ ē attı
arngeıꝛ̄ ı holmı ſon bſa goðlauſſ. þra .ſ.
v́ bıorn hıtðæla kappı. Egıll ðualðız þa
m; .s.G. nockura vetr. tok h̄ t́ ꝼıar ꝼór
raða ꝫ buſſv̄ſyſlu engu mıðr .s.G. egıll
g̃ðız ēn ſnoðīn. þa tok h̄aðıt at byggıaz
víða. hromunðr bðer g̃mſ hınſ haleyſka
bygðı þa ı þv́ár hlıð ꝫ ſkıpv́ıar h̄. hromūðr
v́ ꝼaðer Gūnlaugſ ꝼauður þurıð ðyllu ˊmoð ıllluga ſv́taˋ
Egıll haꝼðı þa v̄ıt ſua at vetrū ſkıptı m
ıog morgū at bg. þa v́ þ a eınu ſūrı ē ſkıp

komu aꝼ noregı ᵗ ıſlꝺz at þau tıðenꝺı ſpurðuz
auſtan at bıorn haullꝺr var anꝺaðr. ꝥ ꝼylg
ðı þrı ſogn at ꝼe ꝥ allt ẽ bıorn haꝼðı att. h
aꝼðı vpp tekıt ƀgaunundr magr ħ. ħ haꝼðı
ꝼlutt heī ᵗ ſın alla lauſa aura. en ıarꝺ̃ haꝼ
ðı ħ bygt ꝫ ſkılıt ſer allar lꝺ ſkyllꝺ̃. ħ haꝼ
ðı ꝫ ſīní eıgu kaſtað a ıarðer þær allar er
bıorn haꝼðı átt. ꝫ ẽ eg̃. heyrðı ꝥtta. þa ſpur
ðı ħ vanꝺlıga huart ƀgaunūꝺr munꝺı ſínū
raðū ꝼrām haꝼa ꝼarıt v̄ ꝥtta. eða heꝼðı ħ
trauſt ᵗ haꝼt ſer meırı m̃ ħm ᵛ ſagt at
aūnꝺr ᵛ komīn ı vınattu mıkla ᵛ eır̃. ǩg ꝫ ᵛ
Gūnħ. þo mıklu kæǩa. Egıll let ꝥ kyrt ᵛa
a ꝥ̇ hauſtı en ẽ vetrīn leıð aꝼ ꝫ vara tok
þa let eg̃. ſetıa ꝼrām ſkıp ꝥ ẽ ħ attı ẽ ſta
ðıt haꝼðı ı hroꝼı ᵛ lang ár ꝼorſ. ħ bıo ſkıp ꝥ
tıl haꝼſ ꝫ ꝼeck m̄n ᵗ. aſg̃ðr kona ħ ᵛ ra
ðın tıl ꝼarar. en þorðıſ .ð. þoꝉ ᵛ epꞇ̃. eg̃ ſıgl
ðı ı haꝼ ẽ ħ ᵛ buīn. ẽ ꝼ̃ ħ ꝼ̃ð eckı at ſegıa ꝼ
yǩ en ħ kēr ᵗ noregſ. hellt ħ þegar ᵗ ꝼun
ðar ᵛ arīƀ. ſē ꝼyſt mattı ħ. arīƀ. tok vel
ᵛ ħm ꝫ bauð aglı m; ſer at ᵛa. ꝫ ꝥ þek
tız ħ. ꝼoru þau aſg̃ðr bæðı þangat. ꝫ nock
vr̃ m̄n m; þeī. eg̃. kō bratt a ræður ᵛ arī
bıorn. v̄ ꝼıarheītur þær er eg̃. þottız eıga
þar ı lꝺı. Arīƀ.ſ. ꝥ mal þıkı m̃ vuænlıg\`t´
ƀgaꝺnꝺr ẽ harðr ꝫ vꝺæll rang latr ꝫ ꝼe
gıarn en ħ heꝼ̃ nu hallꝺ mıkıt aꝼ ǩı ꝫ
ꝺrotnīgu. er Gūnħ. hīn meſtı vuınr þīn
ſē þu veızt aðr ꝫ mun ħ eckı ꝼyſa aꝺñꝺ
at ħ g̃ı greıða a malınu. Eg̃.ſ. ǩr mun oſſ
lata na logū ꝫ rettınꝺū a malı ꝥu. Eṅ m;
lıð veızlu þīnı. þa vex m̃ eckı ıaugu at leí
ta laga ᵛ ƀgaūnꝺ. ʀaða þr ꝥ aꝼ at eg̃. ſkı
par ſkutu. ꝼoru þr þar a næǩ .xx. þr ꝼoru
ſuðr a haurða lꝺ. ꝫ kōa ꝼrām a aſkı. ganga
þr ꝥ̇ ᵗ ǩſ ꝫ hıtta aꝺnūꝺ. beǩ þa eg̃. vpp mál ſī
ꝫ kreꝼr onunꝺ ſkıptıſſ v̄ arꝼ bıarnar. ꝫ
ſeg̃ at ꝺætr bıarñ ᵛı ıākōnar ᵗ arꝼſ epꞇ̃
ħ at logū. þo at m̃ þıkı q. eg̃. ſē aſg̃ðr muní

þıkıa ættborın mıklu betr en Gūnhıllꝺr
kona þın. Aꝺ̄nꝺr .ſ. þa ſnellt mıog. þu ẽt ꝼur
ðulıga ꝺıarꝼr m̄ eg̃. vtlagı eır̃.ǩ. ẽ þu ꝼeǩ
hıngat ı lꝺ ħ ꝫ ætlar ǩ ᵗ agangſ ᵛ m̄n ħ. ᴍ
attu ſua ætla eg̃. at ek heꝼı vellta latıð ſ
lıka ſē þu ẽt ꝫ aꝼ mīnū ſokū en m̃ þıkıa ꝥ
ar ẽ þu telr ᵗ arꝼſ ꝼ̇ hon konu þīnar. ꝥ̇ at ꝥ
ẽ kūnıgt alþyðu at ħ ẽ þyborín at moꝺernı
Aꝺñꝺr ᵛ maloðı v̄ hrıð. ꝫ ẽ eg̃ ſa at aꝺnꝺr vıll
ðı engan hlut greıða v̄ ꝥtta mal. þa ſteꝼñ
eg̃ ħm þíng ꝫ ſkytr malınu ᵗ gulaþıngſ laga.
Aꝺñꝺr .ſ. koma mun ek ᵗ gulaþıngſ. ꝫ munꝺa ek
vılıa at þu kæm̃ þaðan ė heıll ı brott. Eg̃.ſ at ħ
mun ᵗ ꝥ hætta at koma þo ᵗ þıngſ allt at eí
nu. ᵛðr þa ſē ma. hu̇ſu malū varū lykr ꝼ̇ þr
eg̃. ſıðan ı ƀtt. ꝫ ẽ ħ kō heī ſeg̃ ħ arīƀ. ꝼ̃ ꝼ̃ð ſī
nı ꝫ ꝼ̃ ſuorū aūnꝺar. Arīƀ. varð reıðr mıog ẽ
þora ꝼoður ſyſꞇ̃ ħ ᵛ kollut ambátt. Arīƀ. ꝼór
a ꝼunꝺ eır̃.ǩ. bar vpp ꝼ̇ ħ ꝥtta mal. ǩr tok h
ellꝺr þungt ħ malı. ꝫ .ſ. at arīƀ. heꝼðı lēgı
ꝼylgt mıog malū eg̃. heꝼ̃ ħ notıð þın at þuı
er ek heꝼı latıð ħ ᵛa ǩ ı lꝺı. en nu mun mer
aurðıgt þıkıa eꝼ þu hellꝺr ħ ᵗ ꝥ at ħ gangı
a vını mína. Arīƀ.ſ. þu munt lata oſſ na lo
gū aꝼ ꝥu malı. ǩr var hellꝺr ſtyɢr ı ꝥu m
alı. Arīƀ. ꝼān at ꝺ̊tnīg munꝺı þo mıklu ᵛr
vılıut. ꝼeǩ arīƀ. aptr ꝫ ſagðı at hellꝺr
horꝼ̃ vuǽnt. lıðr aꝼ vetrīn ꝫ kēr ꝥ̇ ẽ m̄n
ꝼ̇ ᵗ gula þıngſ. Arīƀ. ꝼıolmentı mıog ẽ
tıl þıngſ. var eg̃. ı ꝼor m; ħm. eır̃. ǩr ᵛ ꝥ̇
ꝫ haꝼðı ꝼıolmēnı mıkıt. ƀgaūnꝺr ᵛ ı ſueıt
ǩſ ꝫ þr bræðr ꝫ hoꝼðu þr ſueıt mıkla. en
ẽ þınga ſkyllꝺı v̄ mal mañа þa gengu
huar̃tueggıu þar ᵗ ẽ ꝺōrīn ᵛ ſettr at ꝼly
tıa ꝼrām ſānınꝺı ſín. var aꝺnunꝺr þa all
ſtór orðr. En þar ẽ ꝺōrīn ᵛ ſettr ᵛ vollr ſléir
ꝫ ſetꞇ̃ nıðr heſlıſteīgr ı vollīn ı hrıng en logꝺ
v̄ vtan ſnærı v̄ huerꝼıſſ. voru ꝥ kollut
vebonꝺ. en ꝼ̇ īnan ı hrıngınū ſatu ꝺomēꝺr
.xíj. or ꝼırðaꝼylkı ꝫ .xíj. or ſygna ꝼylkı .xíj.

pu ı ſkutuna. h̄ vapnaðız ſkıott. ꝫ aller þͬ ꝫ reru ꝼ̄ͫ ı mıllı lðzınſ ꝫ ſneckıu þrar er næſt ꝼor lðınu en þ v̓ ſkıp eıꝛ̄. k̄ſ. En þ́ at bra ðū bar at at lıtt v̓ lyſt þa renðuz ſkıpın hıa ꝫ er lyptīgar bar ſaman. þa ſkaut egıll ſpíotı ꝫ kō a þān mān mıðıan ē v̇ ſtyrıt ſat. en þ́ v̓ ketıll hauðr þa kallar eıꝛ̄. k̄r. ꝫ bað m̄n roa ep̄ þeī aglı. en ē ſkıpın renðu hıa kaupſkı nu. þa hlıopu m̄n k̄. vpp a ſkıpıt. en þͬ m̄n er ep̄ hoꝼðu vorðıt aꝼ eḡ. m̄m ꝫ ė hlıopu ı ſku tuna. þa v̊ aller ðrepn̄ þͬ ē nað v̓ð en ſum̄ hlıopu a lð. þar letuz .x. m̄n aꝼ ſueıtungum egılſ. Sū ſkıpın reru ep̄ þeī aglı en ſū ræn tu kaupſkıpıt. var þar tekıt ꝼe þ allt ē ī nan borz var. en þͬ brenðu ſkıpıt. En þͬ er ep̄ þeī aglı reru ſottu akaꝼt toku .íj. eīa ár. Skorꝛ̄ þar ė lıð īnan borz. en þͬ eḡ hoꝼðᷓ þuñ ſkıpat. v̊ þͬ þa atıan a ſkutūnı. þa ðró ſaman m; þeī. en ꝼ īnan eyna v̓ vaðılſūð. nockut grunt mıllı ꝫ ānarrar eyıar. vtꝼall var ſıaꝼarınſ. þͬ egıll hleyptu ſkutūnı ı þ ıt grūna ſunðıt. en ſneckıurn̄ ꝼlutu þ́ ė ꝫ ſk ılðı þ́ m; þeī. Sn̄ı þa k̄r ſuðr aptr en eḡ ꝼor norðr a ꝼunð arīƀ. þa .q. eḡ.v. Nu heꝼ̄ þrym raugn̄ þegna þrótt harðr en ek mık varðag vıtı ́varrar ſueıt. vıgellðz .x. ꝼellða. þ́ at ſar lagar ſyrar ſenðr or mīnı henðı. ðıgr ꝼlo beīt meðal bıugra bıꝼðornſ ketılſ rıꝼıa. Egıll kō a ꝼunð arīƀ. ꝫ ſegır h̄m ꝼ̄ı tıðenðı. Arīƀ.ſ. at h̄m v̓ eckı vıllðara aꝼ ́van v̄ ſkıptı þra eıꝛ̄ k̄. en eckı mun þık ꝼe ſkorta egıll. Ek ſt̄ bæta þ́ ſkıpıt ꝫ ꝼa þ́ añat þ ē þu meḡ vel ꝼ̊ a t́ ıſlðz. Aſḡðr kona eḡ. haꝼðı v̄ıt m; arīƀ. ſıðan þͬ ꝼoru t́ þıngſ. Arīƀ ꝼeck aglı ſkıp þ er vel var haꝼꝼæranða. ꝫ let ꝼ̄ma aꝼ vıðı byr eḡ. ſkıp þ t́ haꝼſ ꝫ haꝼðı þa eñ næꝛ̄ .x. x.x. m̊. Skılıaz þͬ Arīƀ. þa m; vınattu. þa .q. eḡ. Sva ſkyllðu goð gıallða. grāmr rekı ly nð aꝼ la\v/nðū. reıðr ſe rogn ꝫ oðīn rán mīſ ꝼı ar hanū. ꝼolkmygı lat ꝼlyıa ꝼreyr ꝫ nıorðr aꝼ ıorðū leıðız loꝼða ſtyrı lðaſſ þān ē vé ḡnð.

57

Haꝛ̄. hīn harꝼaġ ſettı **eırekr k̄r ðrap bræðr** ſonu ſına t́ rıkıſſ ı noꝛ̄ þa er h̄ tok **ſına** at ellðaz. ḡðı eıꝛ̄. k̄g ıꝼ̄ k̄g ſona ſīna allra. ꝫ ē haꝛ̄ haꝼðı v̄ıt .l.xx. vetra k̄r þa ſellðı h̄ ı henðr eıꝛ̄ ſynı ſınū rıkı. J þañ tıma ól Gūnh̄.ſ. ꝫ ıoſ haꝛ̄. k̄r vatnı ꝫ gaꝼ naꝼn ſıtt ꝫ let þ ꝼylgıa at h̄ ſkyllðı k̄r v̄a ep̄ ꝼoður ſīn eꝼ h̄m enðız allðr t́. haꝛ̄. k̄r ſettız þa ı kyꝛ̄ſetu ꝫ ſat optaz arogalðı. eða haurða lðı. En þrem vetrū ſıðaꝛ̄ anðaðız haꝛ̄. k̄r a rogalðı ꝫ v̓ gıoꝛ̄ haugr ep̄ h̄ v̇ hauga ſunð. en ep̄ anðlat h̄ v̓ ðeıla mıkıl mıllı ſona h̄. þt vıkūıar toku ſ̄ t́ k̄ olaꝼ en þrænðer Sıgurð. en eıꝛ̄. ꝼellðı þa baða bræðr ſına ı tunſ bergı enū veṫ ep̄ ān lát haꝛ̄.k̄. var þ allt a eınu ſumrı. ē eıꝛ̄. k̄r ꝼor aꝼ horða lðı. m; h̄ ſīn auſtr ı vık t́ barða ga v̇ bræðr ſına ꝫ aðr hoꝼðu þͬ ðeıllt agula þıngı. eḡ ꝫ ƀg aunūðr ꝫ ꝼ̄ı tıðenðı er nu var ſagt. ƀgaunūðr v̓ heīa at buı ſínu. þa ē k̄r ꝼor ı leıðangr þt h̄m þottı vuarlıgt at ꝼ̄a ꝼra buı ſınu meðan eḡ. var ė or lðı ꝼ\a/rīn þar var v̓ broðer h̄ haððr þa m; h̄m. ꝼroðı het maðr ꝼrænðı eıꝛ̄ k̄ ꝫ ꝼoſtr ſon hāſ. h̄ v̓ hīn ꝼ̄ðaztı m̄ vngr at allðrı. ꝫ þo vaxıɴ maðr eıꝛ̄. k̄r ſettı h̄ ep̄ t́ trauſtz ƀg aunūðı. Sat ꝼroðı a alrekſtauðū at buı k̄ſ. ꝫ haꝼðı þar ſueıt m̊. Rognvallðr ē neꝼnðr .ſ. eıꝛ̄.k̄. ꝫ g vnh̄. h̄ v̓ þa veꝛ̄ .x. eða xı. ꝫ v̓ hıt ꝼ̄ðazta m̄ eꝼnı. h̄ v̓ þa m; ꝼroða er þtta v̓ tıðenða. En aðr eıꝛ̄. k̄r rerı þna leıðangr. þa ḡðı h̄ egıl vt laga ꝼ enðılangan noreg ꝫ ðræpan hueıū m̄. Arīƀ. var m; k̄ı ı leıðangrı en aðr h̄ ꝼor he ıman þa lagðı eḡ. ſkıpı ſınu t́ haꝼſ ꝫ héllt ı vt ver þ ē vıtar heıta vt ꝼ̄ allða. þ ē kōıt aꝼ þıoðleıð. þ́ v̊ ꝼıſkım̄n ꝫ v̓ þar gott at ſpyrıa tıðenðı. þa ſpurðı h̄ at k̄r haꝼðı ḡt h̄ vtlaga. þa .q. Eḡ.v. Logƀ́ḡ heꝼ̄ lagða. lð alꝼr ꝼ m̄ ſıalꝼū. bleckır bræðra ſokkua bruðꝼang ve gu langa. Guñh̄ı a ek gıallða greypt ē hē nar ſkap þēna. vngr gat ek ꝫ lé launa lð rekſtr bılı granða. Veðr v̊ vınð lıtıl ꝼıallvīðr

v̄ nætr en haꝼgola v̄ ꝺaga. eıtt kuellꝺ ſıglꝺu þr
eḡ. vt a haꝼ. en ꝼıſkım̄n reru þa īn t͛ lꝺz þr ē tıl
nıoſnar hoꝼðu ſetꝰ v̄ıt v̄ ꝼarar þra eḡ kūnu þr
þ at ſegıa at eḡ haꝼðı vt latıð. ɜ a haꝼ ſıglt ɜ ħ
v̄ a b̄ttu. letu ꝥa nıoſn koma t͛ b̄g aꝺ̄nð. Ok ē ħ
vıſſı ꝥı tıðenðı ħ ſenðı þa ꝼ̄ ſer m̄n þa alla ē ħ h
aꝼðı aðr haꝼt ꝥ t͛ varuðar. rerı ħ þa īn t͛ alrek̄
ſtaða ɜ bauð ꝼroða t͛ ſín. ꝥt b̄gaun̄ðr áttı aul mı
kıt heıma at ſín. ꝼroðe ꝼór m; ħm ɜ haꝼðı m;
ſer nockura m̄n. toku þr ꝥ veızlu goða ɜ heꝼ
ðu gleðı mıkla v̄ ꝥ þa allt ottalauſt. Raugn
vallðr k̄.ſ. attı karꝼa eīn. reru .vı. m̄n a borð
ħ var ſteınðr allr ꝼ̄ oꝼan ſıo. ħ haꝼðı með ſer
m̄n .x. eða .xíȷ́. þa ē ħm ꝼylgðu eınart. ok er
ꝼroðe v̄ heıman ꝼarīn. þa tok ʀognuallðr kar
ꝼān ɜ reru þr vt t͛ ħðlu .xíȷ́. ſaman þar var
k̄ſ bu mıkıt. ɜ reð ſa maðr ꝼ̄ er ħ ſkeġþorır
þar haꝼðı ʀaugn̄ v̄ıt a ꝼoſtrı ı barnæſku
Tok þoꝛ̄ ꝼegınſālıga v̄ k̄.ſ. ſkortı þar ɜ ė ðryck
mıkīn. Egıll ſıglðı vt a haꝼ v̄ nottına ſē ꝼyꝛ̄
v̄ rıtað ɜ ē mornaðı ꝼell veðrıt. ɜ ḡðı logn logðu
þr þa ı rett. ɜ letu reıða ꝼ̄ nockurar nætr. en
er haꝼgola kō a. Sagðı eḡ. ſkıporū ſınū. Nu mu
nū v̄ ſıgla at lðı. ꝥt ogıorla veıt eꝼ haꝼuıðrı kēr
a huaſt huar v̄ naū þa lðı. en hellðr vꝼðuænt
ꝼ̄ ı ꝼleſtū ſtoðū. haſetar baðu egıl ꝼ̄ raða þra
ꝼerð. Sıðan toku þr t͛ ſeglſ ɜ ſıglðu īn t͛ herðl
u v̄ſ ꝼıngu þr þar goða hoꝼn ɜ tıollðuðu ıꝼ̄ ſkıpı
ſınu ɜ lagu þa v̄ nottına. þr hoꝼðu a ſkıpınu
lıtīn bat ɜ geck egıll þar a v̄ þrıðıa mān. rerı
ħ þa ıñ v̄ nottına t͛ ħðlu. Senðı þar m̄n ı eyna
vpp at ſpyrıa tıðenða. ɜ ē ſa kō oꝼan t͛ ſkıpſ
ſagðı ħ at þar a bænū v̄ ʀaugnuallðr k̄.ſ.
ɜ ħ m̄n. ſatu þr þa v̄ ðryckıu. hıtta ek eīn aꝼ
ħkorlū ɜ var ſa avloðr ɜ ſagðı at ħ ſkyllðı ė
mīna ðrecka en at b̄gaunūðar þott ꝼroðı
v̄ı ꝥ a veızlu. ɜ þr .v. ſaman. Eckı kuað ħ þar
ꝼleıra māna. en heımam̄n nema ꝼroðer ɜ
ɜ ħ m̄n. Sıðan rerı eḡ aptr t͛ ſkıpſ. ɜ bað m̄n
vpp ſtanða ɜ taka vapn ſín. þr ḡðu ſua þr
logðu vt ſkıpıt v̄ ackꝛ̄ı. Eḡ. let gæta .xíȷ́. m̄

ſkıpſ. en ħ ꝼór a epꝼ̄batīn. ɜ þr x\v/íȷ́. ſaman. reru
ſıðan ıñ epꝼ̄ ſunðū. þr ſtılltu ſua t͛ at þr komu
v̄ kuellðıt īn ı ꝼenrīg ɜ logðu ꝥ t͛ leynıuagſ eīſ
þa mītı eḡ Nu vıl ek ganga eīn vpp ı eyna ɜ
nıoſna hūſ ek v̄ða vıſſ. en ꝥ ſlut bıða mın her
eḡ. haꝼðı vapn ſín þau er ħ v̄ vanr at haꝼa
hıalm ɜ ſkıollð gyrðr ſuerðı hauGſpıot ı hēðı
Sıðan geck ħ vpp ı eyna ɜ ꝼrā m; ſkogı nocku
rū ħ haꝼðı ðregıt hott ſıðan ıꝼ̄ hıalm. ħ kō ꝥ
at ē ſueınar nockuꝛ̄ v̄ ɜ hıa þeī hıarðtıkr ſto
rar ɜ ē þr tokuz at orðū ſpurðı ħ huaðan
þr v̄ı eða ꝼ̄ ħ þr v̄ı ꝥ ɜ heꝼðı hunða ſua ſto
ra. þr mītu þu munt v̄a allheīſkr maðr. heꝼ̄
þu ė heyrt at ħ gengr bıorn v̄ eyna hīn meſ
tı ſpelluırkı. ðrepr ħ bæðı m̄n ɜ ꝼenað ɜ er
lagt ꝼe t͛ hoꝼuðſ ħm. voku v̄ ħ hūıa nott
a aſkı ıꝼ̄ ꝼe varu er byrgt er ı grınðū eða
huı ꝼ̄ðu m; vapnū v̄ nætr. ħ .ſ. hræðūz ɜ bıor
nīn ɜ ꝼaır þıkı m̄ ſē nu ꝼarı vapnlauſer he
ꝼır bıornīn lengı ellt mık ı nott eða ſıaı ħ
nu þar er ħ nu ı ſkoḡ neꝼınu huart ero aller
m̄n ı ſueꝼnı a bænū. Sueīnīn ſagðı at þr b̄g
aunūðr ɜ ꝼroðı munðu ēn ðrecka. þr ſıtıa
nætr allar segıt þeī þa ſeḡ ħ eḡ. huar b
ıornīn er en ek v̄ð at ſkynða heī ħ geck
þa brott. en ſueīnīn hlıop heī tıl bæıarínſ
ɜ t͛ ſtuꝼūnar ē þr ðrucku ı var þa ſua kōıt
at aller m̄n v̄ ſoꝼa ꝼarner. nēa þr ꝥr aꝺn
unðr ɜ ꝼroðe ɜ haððr. Sueīnīn ſeḡ huar .b
v̄. þr toku vapn ſín er þar hengu hıa þeī ɜ hlıo
pu þeḡ vt ɜ vpp t͛ ſkogar. ꝥ gīgu ꝼ̄m ſkoḡ neꝼ
aꝼ morkīnı ɜ rūnar ı ſumū ſtoðū. Sueīnīn .ſ.
þeī huar .b. haꝼðı v̄ıt ı rūnınū. þa ſa þr at lı
marnar hræðuz. þottuz þa ſkılıa at .b. mū
ðı þar v̄a. þa mītı b̄gaūnðr. at þr haððr ɜ
ꝼroðı ſkyllðu ꝼ̄m rēna mıllı megınm̄krī
nar ɜ gæta at .b. næðı ė ſkogınū. bgaūnðr
rān ꝼrām at rūnınū. ħ haꝼðı hıalm ok
ſkıollð gyrðr ſuerðı en keſıu ı henðı. eḡ.
v̄ þar ꝼ̄ ı rūnınū en engı .b ok ē ħ ſa huar
b̄gaūnðr v̄. þa bra ħ ſuerðınu en ꝥ v̄ honk

a meðalkaꝼlanū ꝫ ðro h̄ hana a honð ſer ꝫ
let þar hanga. h̄ tok ı hon ſer keſıuna ꝫ rāɴ
þa ꝼrām ı mot b̄gaūnðı. ꝫ ē b̄g aūnðr ſa þ þa
gæððı h̄ raſına ꝫ ſkaut ſkıllðınū ꝼ ſık ꝫ áðr
þr mættuz. þa ſkaut huaꝛ̄ keſıu at oðrū.
Eḡ. lauſt ſkıllðınū v́ keſıūnı. ꝫ bar hallan ſua
at reıſt ór ſkıllðınū ꝫ ꝼlaug ı vollīn. en egılſ
ſpıot kō a mıðıan ſkıollðīn ꝫ geck a ıgegnū l
angt vpp a ꝼıoðrına ꝫ v́ð ꝼaſt ſpıotıð ı ſkıllðı
nū. v́ð aꝛ̄nðı þungbærr ſkıollðrīn. Eḡ. greıp
þa ſkıott meðalkaꝼla ſuerðzīſ. aꝛ̄nðr tok þa
ꝫ at bregða ſınu ſuerðı ꝫ ē ė v́ brugðıt ł halꝼſ
þa lagðı eḡ ıgegnū h̄ m; ſınu ſuerðı. aūnðr ra
taðı v́ lagıt. en eḡ. kıptı at ſer ſuerðınu hart
ꝫ hıo ł auñðar ꝫ aꝼ næꝛ̄ hoꝼuðıt. Sıðan tok
eḡ. keſıuna or ſkıllðınū þr haððr ꝫ ꝼroðı ſa
ꝼall. b̄gaūnð. ꝫ rūnu þangat ł. Eḡ ſn̄ız ı mo
tı þeī. h̄ ſkaut keſıūnı at ꝼroða ꝫ ı gegnū
ſkıollð h̄ ꝫ ı brıoſtıð ſua at yððı v̄ bakıt ꝼell
h̄ þeḡ a bak aptr ðauðr. Eḡ. tok þa ſuerðıt.
ꝫ ſn̄ız ı mot hadde. ꝫ ſkıptuz þr ꝼā hoggū v́
aðr haððr ꝼell. þa komu ſueınarn̄ at ꝫ mlı
Gætıð h̄ ł aꝛ̄nðar h̄bonða yðuarſ ꝫ þeıꝛ̄a ꝼe
ꝼelaga at ė ſlıtı ðyr eða ꝼuglar hræ þra eḡ.
geck þa leıð ſına ꝫ ė langt aðr ꝼelaḡ h̄ kōu
ı mot h̄m .xı. en .vı. gættu ſkıpſ. þr ſpurðu h
at h̄ heꝼðı ſyſlat h̄ .q. þa. Satū lyngſ ł leī
gı. lıoſ heīſ v́ byre þeīa. meıꝛ̄ varða ek ꝼe
ꝼorðū. ꝼ´ı`arðaulna lut ſkarða aðr b̄gaūnð
benıū. benſæꝼðan let ek venıaz. borðz nıðıar
ꝼellt ek beðıu. bloðe haððz ok ꝼroða.
þa mlı eḡ. v̄ ſlm nu ſnua aptr ł bæıarınſ
ꝫ ꝼara hermānlıga ðrepa m̄n þa alla ē v̄ nāū
en taka ꝼe allt þ ē v̄ megū m; kōaz. þr ꝼa ł
bæıarınſ. ꝫ hlaupa þ̄ īn ı h̄ ꝫ ðrepa þar m̄n .xv.
eða .xvı. Sum̄ komuz vnðan aꝼ hlaupı. þr
ræntu þ̄ ollu ꝼe. en ſpılltu þ̄ ē þr mattu ė
m; ꝼara. þr raku buꝼe ł ſtranðar ꝫ hıug
gu baru a batīn ſē h̄ tok v́. ꝼoru ſıðan leıð ſı
ðan leıð ſına. ꝫ reru vt v̄ eyıa ſunð. Eḡ. var
nu allreıðr. ſua at þa mattı eckı vıð h̄ mæla

Sat h̄ v́ ſtyrı a batınū. ꝫ ē þr ſottu vt á ꝼıorðīn̄
ł herðlu. þa reru vtan ı motı þeī. ʀaugnuā.
k̄.ſ. ꝫ þr .xííj. ſaman a karꝼanū þeī enū ſteī
ða. þr hoꝼðu þa ſpurt at ſkıp eḡ. la ı h̄ðlu
v̄ı ætluðu þr at ḡa aunūðı níoſn v̄ ꝼ̄ðer eḡ. ꝫ ē
eḡ. ſa ſkıpıt þa kenðı h̄ þ`e´ḡ h̄ ſtyrðı ſē beīſt a
þa. ꝫ ē ſkıpın renðuz at. þa kō barð ſkutū
nar a kīnung karꝼanſ. hallaðı h̄m ſua at
ſıorr ꝼell ın̄ a añat borð ꝫ ꝼyllðı ſkıpıt. Egıll
hlıop þa vpp a ꝫ greıp keſıuna. het a m̄n ſīa
at þr ſkylldu engan lata m; lıꝼı a b̄t kōaz
þān ē akarꝼanū var. þ var þa hægt þt þ̄ var
þa engı vorn. v̊ aller þr a kaꝼı ðrepn̄. en engı
kōz vnðan letuz þr þar .xııȷ. ʀogn̄. ꝫ ꝼauru
nautar h̄. þr eḡ. reru þa īn ł eyıarīnar h̄ð
lu. þa .q. egıll .v. Borðūz v̄ ne vırðak vıg leıp
tr ſonar heıpt̄. bloðexar rauð ek bloðı bauð
mıllðr ꝫ gūnhıllðar. þar ꝼellu nu þollar. þr
ettan lagar mána. ſtenðr aꝼ ſtyrıar ſkyn
ðı ſtarꝼ a eınū karꝼa. Ok er þr eḡ. komu ł
h̄ðlu þa rūnu þr þeḡ vpp ł bæıar m; aluæp
nı. en ē þ ſa þoꝛ̄ ꝫ h̄ſ heıma m̄n. þa rūnu þr þe
gar aꝼ bænū ꝫ ꝼorðuðu ſer aller þr ē ganga
mattu. karlar ꝫ konur þr eḡ rændu þar ol
lu ꝼe þ̄ er þr mattu honðū a koma ꝼoru ſıð
an vt ł ſkıpſ. v́ þa ꝫ ė langt at bıða at byꝛ̄ rān
a aꝼ lðı buaz þr ł at ſıgla. ok ē þr v̊ ſegl bun̄. geck
eḡ. vpp ı eyna. h̄ tok ı honð ſér heſlıſſ ſtaung
ꝫ geck a b̄gſnauſ nockura þa ē vıſſı ł lðz īn þa
tok h̄ hroſſ hoꝼuð. ꝫ ſettı vpp a ſtaungına. Sıðan
veıttı h̄ ꝼórmala ꝫ mlı ſua. h̄ ſet ek vpp níð ſta
ung. ꝫ ſny ek þu nıðı a honð eıꝛ̄. kı ꝫ Gūnhı
ðrotnīgu h̄ ſn̄ı hroſſhoꝼðınu īn a lð. Sny ek
þu nıðı a lð vætt̄ þær ē lð þtta byggıa. ſua
at allar ꝼarı þær vıllar vega. engı henðı ne
hıttı ſıtt īnı ꝼyꝛ̄ en þær reka eıꝛ̄. k̄g. ꝫ Gū
hıllðı ór lðı. Sıðan ſkytr h̄ ſtaungīnı nıðr ı
bıargrıꝼu ꝫ let þ̄ ſtanða. h̄ ſn̄ı ꝫ hoꝼðınu
īn a lð en h̄ reıſt runar a ſtaungīnı ꝫ ſegıa
þær ꝼormala þēna allan. ept̄ þ geck egıll
a ſkıp. toku þr ł ſeglſ ꝫ ſıglðu a haꝼ vt. tok

þa byꝛ̄īn at vaxa ⁊ g̃ðı veðr huaſt ⁊ hagſtæt
geck þa ſkıpıt mıkıt. þa .q. eg̃ Þel hoGr ſtort
ꝼ ſtalı. ſtaꝼnkuıgſ a veg ıaꝼnan vt m; ela m
eıtlı anðæꝛ̄ ıotunuanðar en ſualbuīn ſelıu
ſuerꝼr eırar vanr þrı. geſtılſ alꝼt aðr guſtu
ganðr yꝼır ſtal ok branðı Sıðan ſıgl
ðu þr ı haꝼ ⁊ greıððız vel ꝼ̃ð þra ⁊ komu aꝼ ha
ꝼı ı bgar ꝼıorð. hellt ħ ſkıpı ſınu þar ᵗ haꝼ̄
⁊ baru ꝼot ſín a lð. ꝼor þa eg̃. heī ᵗ bgar. en ſ
kıpaꝼ ñ vıſtuðuz. S.G. g̃ðız þa gamall ⁊ hrūmr
aꝼ ellı. tok eg̃. þa ᵗ ꝼıarꝼorraða. ⁊ buſſ ᵛðueız

58 Þorgeıꝛ̄ het m̄ ħ attı **anðlat ſkalla** [lu. **g̊mſ**
þórðıſı ynguarſ .ð. ſyſtur bu moður
eg̃. þgeıꝛ̄ bıo a alꝼtaneſı a lābaſto
ðum. ħ haꝼðı kōıt vt m; ynguarı. ħ ᵛ auðıgr
⁊ vırðr vel aꝼ m̄m. ſonr þra þgeırſ ᵛ þorðr
er bıo a lābaſtoðū epᵗ ꝼoður ſīn. J þna tıma
ē eg̃. kō ᵗ ıſlðz þ var þa ᵛ hauſtıð nockuru
ꝼ vetr at þorðr reıð īn ᵗ bgar at hıtta eg̃. ꝼr
ænða ſīn. ⁊ bauð ħm heī ᵗ veızlu. haꝼðı ħ
latıð heıta mungat vt þar. eg̃ ħ ꝼerðīnı ⁊
var kueðıt a vıku ſteꝼ nockut. ⁊ ē ſua ᵛ
lıðıt. bıoz eg̃. ᵗ ꝼ̃ðar. ⁊ m; ħm aſg̃ðr kona ñ
ᵒ þau ſaman x. eða xíj. ⁊ ē eg̃ var buīn
þa geck .s.G. vt m; ħm. ⁊ huarꝼ ᵗ ñ aðr eg̃.
ſteıg a bak ⁊ mlı. Seínt þıkı m̄ þu eg̃. haꝼa
greıtt ꝼe þ ē aðalſᵗ kr ſendı m̄ eða hűneg
ætlar þu at ꝼ̊ ſkılı ꝼe þ. Eg̃.ſ. ē þ̅ nu ꝼeꝼ
att mıog ꝼaðer. ek vıſſa þ ė. þegar ſł ek
lata þık haꝼa ſılꝼr ē ek veıt er þu þarꝼt
en ek veıt at þu munt ēn haꝼa at varðueí
ta eına kıſtu eða .íj. ꝼullar aꝼ ſılꝼ. Sua þı
kı m̄. ſ.G. ſē þu muñ þıkıaz ſkıpt haꝼa la
ſa ꝼe m; ockr muntu lata þ̅ vel hugna at
ek g̃a ſlıkt er m̄ lıkar aꝼ þ̅ er ek varðue
ıtı. Eg̃.ſ. þu munt engıſ loꝼſ þıkıaz þur
ꝼa at bıðıa mık ᵛ þtta. þuıat þu munt
raða vılıa huat ſē ek mælı. Sıðan reıð e
gıll ı btt þ̅ ᵗ er ħ kō a lābaſtaðı. var þ̅ te
kıt ᵛ ħm vel ⁊ ꝼegınſālıga. Skyllðı ħ þ̅
ſıtıa .íij. nætr. þ ſama kuelld er eg̃. haꝼ
ðı heıman ꝼarıt. let .s.G. ſauðla ſer heſt. reıð
ħ þa heıman ē aðrer m̄n ꝼoru at ſoꝼa. ħ reıððı ı
kníā ſer kıſtu vel mıkla. en ħ haꝼðı ı handar
krıka ſer eırketıl ē ħ ꝼór ı btt. haꝼa m̄n þ ſı
ðan ꝼ ſatt at ħ haꝼı latıð ꝼ̊ aña̅t huart eða
bæðı ı krūſ kellðu ⁊ latıð þar ꝼ̊ a oꝼan hellu ſ
teın mıkīn. s.G. kō heī ᵛ mıðnættıſſ ſkeıð ok
geck þa ᵗ rūſ ſınſ ⁊ lagðız nıðr ı klæðū ſınū. en
ᵛ morgınīn ē lyſtı. ⁊ m̄n klæððuz. þa ſat .s.G. ꝼ̃m
a ſtock ⁊ ᵛ þa anðaðr. ⁊ ſua ſtırðr at m̄n ꝼıngu
hűgı rett ħ ne haꝼıt ⁊ ᵛ allz ᵛ leıtað. þa var
heſtı ſkotıð vnðer eīn mān hleyptı ſa ſē akaꝼlı
gaz ᵗ þ ē ħ kō a lambaſtaðı. Geck ħ þeg̃ a ꝼūð
eg̃. ⁊ ſeg̃ ħm þı tıðendı. þa tok eg̃ vapn ſín ⁊
klæðı ⁊ reıð heī ᵗ bgar ᵛ kuelldıt ⁊ þeg̃ ħ haꝼ
ðı aꝼ bakı ſtıgıt geck ħ īn. ⁊ ı ſkot er var ᵛ
ellðahuſıt. en ðyꝛ̄ ᵒ ꝼrā ór ſkotınu at ſetū
ıñan ᵛðū. Geck eg̃. ꝼrā ı ſetıð. ⁊ tok ı ħðar
S.G. ⁊ kneıktı ħ aptr a bak. lagðı ħ nıðr ı ſetıð
⁊ veıttı ħm þa na bıarg̃. þa bað eg̃. taka g̃ꝼ
tol ⁊ brıota veggīn ꝼ ſūnan ⁊ er þ var gort
þa tok eg̃ vnðer hoꝼðalut .s.G. en aðrer to
ku ꝼotalutīn. baru þr ħ ᵛ þuert ħıt ⁊ ſua
vt ı gegnū veggīn þar ē aðr ᵛ brotīn ba
ru þr ħ þa ı hrıðīnı oꝼan ı nauſta neſ var
þar tıallðat ıꝼ̃ ᵛ nottına. en ᵛ morgınīn
at ꝼloðı ᵛ lagðr .s.G. ıſkıp ⁊ roıt m; ħ vt tıl
ðıgraneſſ. let eg̃ þ̅ g̃a haug a ꝼ̃manűðu
neſınu. ᵛ þar ı lagðr .s.G. ⁊ heſtr ñ ⁊ vapn
ñ ⁊ ſmıðar tol. Eckı er þ̅ getıð at lauſa
ꝼe ᵛı lagt ı haug hıa ħm. eg̃ tok þ̅ ᵛ ar
ꝼı. londū ⁊ lauſū aurū. reð ħ þa ꝼ buı. þ̅
var m; aglı þorðíſ .ð. þolſ ⁊ aſg̃ðar. **englðz**

59 Eıꝛ̄. kr reð ꝼ noꝛ̄ epᵗ **ꝼerð egılſ**
anðlat ꝼoður ſınſ haꝛ̄.ꝁ aðr ˋhakonˊ að
alſᵗ.ꝼoſtrı ānaꝛ̄ ſon haꝛ̄.ꝁ. kō
tıl noꝛ̄ veſtan aꝼ englðı ⁊ þ ſama ſum̄
ꝼor eg̃.s.G.ſ. ᵗ ıſlðz. hakon ꝼór norðr tıl
þrandheīſ. var ħ þar ᵗ ꝁ tekīn. ᵛ þr eıꝛ̄.
vm vetrīn baðer ꝁgar ı noꝛ̄. En epᵗ vm
varıt ðro huartueggı ħ ſaman varð ha

kon mıklu ꝼıolmēnrı. Sa eıꝛ̄. þa engan ſīn koſt
ānan en ꝼlyıa lꝺ. ꝼór h̄ þa a brott m; Gūnħı kōu
ſına ꝫ born þra. Arīƀ. h̄ſır v̄ ꝼoſtbroðer eıꝛ̄. k̄ſ
ꝫ barnꝼoſtrı ħ. h̄ v̄ kærſtr k̄ı aꝼ ollū lenꝺū
m̄m. haꝼðı k̄r ſett h̄ hoꝼðıngıa ıẜ allt ꝼırða
ꝼylkı. Arīƀ. var or lꝺı m; k̄ı. ꝼoru ꝼyſt veſtr v̄
haꝼ t̄ orkneyıa. þa gıptı h̄ ragnhılldı ðottur
ſína arnꝼīnı ȷarlı Sıðan ꝼór h̄ m; lıðı ſínu ſ
vnðr ꝼ̄ ſkotlꝺ. ꝫ h̄ıaðı þar. þaðan ꝼor h̄ ſuðr
t̄ englꝺz ꝫ h̄ıaðı þar. ꝫ er aðalſt̄ k̄r ſpurðı þ
ſaꝼnaðı h̄ lıðı ꝫ ꝼor ımót eıꝛ̄. ꝫ er þr hıttuz v̄ bor
ın ſatt mal mıllı þra. ꝫ v̄ þ at ſættū at aðalſt̄.
k̄r ꝼeck eıꝛ̄. t̄ ꝼorraða norðımbralꝺ. en h̄ ſk
yllðı v̄a lꝺvarnar m̄ aðſt̄.k̄. ꝼ̄ ſkotū ꝫ ırum.
aðſt̄. k̄r haꝼðı ſkattgıllt vnðer ſık ſkotlꝺ.
epꞇ̄ ꝼall olaꝼſ k̄ſ. en þo var þ ꝼolk ıaꝼnan
vtrutt h̄m. Sua ē ſagt at gun̄h. let ſeıð eꝼ
la ꝫ let þ ſeıða at egıll .s.G.ſ. ſkyllðı allꝺ ro
bıða a ıſlꝺı ꝼyꝛ̄ en h̄ ſæı h̄. En þ ſum̄ er þr ha
kon ꝫ eıꝛ̄. hoꝼðu hızt ꝫ ðeıllt v̄ noreg. þa var
ꝼarban̄ t̄ allra lꝺa or noꝛ̄. ꝫ komu þ ſumar
engı ſkıp t̄ ıſlꝺz ꝫ engı tıðenðı ór noꝛ̄. Egıll
.s.G.ſ. ſat at buı ſínu. En þān vetr an̄an er
h̄ bıo at ƀg epꞇ̄ anꝺlat .s.G. þa ḡðız eğ vkátr
ꝫ var þ̄ meırı vgleðı ħ ē meıꝛ̄ leıð a vetrīn.
Ok er ſumar kō. þa lyſtı eğ. yẜ þ̄ at h̄ ætlar at
bua ſkıp ſıtt t̄ brotꝼarar v̄ ſumarıt. tok h̄ þa
haſeta. h̄ ætlar þa at ſıgla t̄ englꝺz. þr v̄ a ſkı
pı .xxx. m̄. Aſḡðr v̄ þa epꞇ̄. ꝫ gættı búſſ þra.
en eğ. ætlaðı þa at ꝼara a ꝼunꝺ aðalſt̄. k̄ſ.
ꝫ vıtıa heıta þra er h̄ haꝼðı heıtıð aglı at
ſkılnaðı þra. eğ. v̄ð eckı ſnēbuīn ꝫ er h̄ let
ı haꝼ þa byrıaðı hellꝺr ſeínt. tok at hauſta
ꝫ ſtærðı veðrín. ſıglðu þr ꝼ̄ norðan orkn eyıar.
vıllðı eğ þar eckı v̄ kōa. þt h̄ hugðı at rıkı
eıꝛ̄ k̄ſ munðı allt ıẜ ſtanða ı eyıunū. Sıg
lðu þr þa ſuðr ꝼ̄ ſkotlꝺ. ꝫ hoꝼðu ſtorm mı
kīn ꝫ veðr þuert ꝼengu þr beıtt ꝼ̄ ſkotlꝺ.
ꝫ ſua norðan ꝼ̄ englꝺ. en aptan ðagſ ē myr
kua tok var veðr huaſt ꝼın̄a þr ė ꝼyꝛ̄ en
grūnꝼoll v̄ a vtborða. ꝫ ſua ꝼrā ꝼ̄. v̄ þa engı
an̄aꝛ̄ t̄ en ſteꝼna a lꝺ vpp. ꝫ ſua ḡðu þr. Sıglðu
þa t̄ brotz ꝫ komu at lꝺı v̄ hūru mīnı. þa hellðuz
m̄n aller. ꝫ meſtr hlutı ꝼıar an̄at en ſkıp þ
ƀtnaðı ı ſpan. ok er þr hıttu m̄n at malı. ſpur
ðu þr þau tıðenðı. er aglı þottu haſkaſālıg at
eıꝛ̄. k̄r. bloðex v̄ þ̄ ꝼ̄ ꝫ Gun̄h. ꝫ þau hoꝼðu þar
rıkı t̄ ꝼorraða. ꝫ h̄ v̄ ſkāt þaðan vppı ı ƀgīnı
ıoruık. þ ſpurðı h̄ ꝫ at arīƀ. h̄ſır v̄ þar m; k̄ı
ꝫ ı mıklū kærleık v̄ k̄gīn. ok ē eğ. var vıſſ vor
ðīn þa tıðenða. þa ḡðı h̄ rað ſıtt. þottı h̄m ſer
vuént t̄ vnðankuamu þott h̄ ꝼreıſtaðı þ at
leynaz ꝫ ꝼara hulðu hoꝼðı leıð ſua langa ſē
v̄a munðı aðr h̄ kémı ór rıkı eıꝛ̄.k̄. v̄ h̄ þa
auð kenðr þeī ē h̄ ſæı. þottı h̄m þ lıtılmānlıg\`t´
at v̄a tekīn ı ꝼlotta þeī. herðı h̄ þa hugīn ꝫ reð
þ aꝼ at þegar v̄ nottına er þr hoꝼðu þ̄ komıt. þa
ꝼær h̄ ſer heſt ꝫ rıðr þeğ t̄ ƀgarīnar. kō h̄ þar at
kuellðı ðagſ ꝫ reıð h̄ þegar ı ƀgına. h̄ haꝼðı ſı
ðan hatt ıẜ hıalmı ꝫ aluæpnı haꝼðı h̄. eğ ſpur
ðı huar ḡðr ſa v̄ı ı ƀgın̄ı ē Arīƀ. attı h̄m v̄ þ ſagt
h̄ reıð þangat ı ḡðīn. en ē h̄ kō at ſtuꝼūnı ſteıg
h̄ aꝼ heſtı ſınū. ꝫ hıttı mān at malı. v̄ h̄m þa
ſagt at Arīƀ ſat ıẜ mat borðı. Eğ. m̄ltı. Ek vıll
ða goðr ðreīgr at þu gínḡ ın̄ ı ſtuꝼuna ꝫ ſpyr A
rīƀ. huart h̄ vıll hellðr vtı eða ın̄ı tala v̄ egıl
.s.G.ſ. Sa m̄ .ſ. þ er m̄ lıtıð ſtar at reka þtta
erenðı. h̄ geck ın̄ ı ſtuꝼuna. ꝫ m̄ltı ſtunðar hát
Maðr ē h̄ komīn vtı ꝼ̄ ðyrū. ſ. h̄ mıkıll ſē troll en
ſa bað mık ganga ın̄ ꝫ ſpyrıa huar þu vıll
ðer vtı eða ın̄ı tala v̄ egıl .s.G.ſ. Arīƀ.ſ. Gack
ꝫ bıð h̄ bıða vtı. ꝫ mun h̄ ė lengı þurꝼa. h̄ ḡðı
ſē Arīƀ m̄ltı. geck vt ꝫ ſagðı ſē m̄lt v̄ v̄ h̄. Arī
ƀ. bað taka vpp borðın. ſıðan geck h̄ v́t ok
aller h̄karlar h̄ſ m; h̄m. ok ē Arīƀ. hıttı e
gıl heılſaðı h̄ h̄m ꝫ ſpurðı huı h̄ v̄ þ̄ komınn
eğ.ſ. ı ꝼā orðū ıt lıoſazta aꝼ v̄ ꝼ̄ð ſına. En nu
ſ̄ltu ꝼ̄ ſıa hu̇t rað ek ſ̄ taka. eꝼ þu vıllt
nockurt lıð veıta m̄. heꝼ̄ þu nockura m̄n
hıtt ı ƀgīnı. ſ. Arīƀ. þa er þıc munı kēt
haꝼa aðr þu kōt h̄ ı garðīn. engı. ſ. eğ. ta
kı m̄ þa va ſın. ſ. Arīƀ. þr ḡðu ſua ꝫ ē þr

v̊ vapnaðer ꝫ aller ħkarlar arīƀ. þa geck ħ ı
ꝁ garð. en ē þr komu ᵗ hallar. þa klappaðı aꝛ̄.
a ðyrū ꝫ bað vpp lata. ꝫ .ſ. hū̃ þar v́. ðyrūðer
letu þegar vpp hꜷrðına. ꝁr ſat ıꝼ̄ borðū. Arīƀ.
bað þa ganga īn .xíȷ́. m̄n. neꝼnðı ᵗ ꝥ eḡ. ꝫ x. m̄
aðra. Nv ſl̄tu eḡ ꝼæra eıꝛ̄ ꝁı hoꝼuð þıtt ꝫ ta
ka v̄ ꝼot ħm. en ek mun tulka mal þítt. Sıð
an ganga þr īn. Geck Arīƀ. ꝼ ꝁg. ꝫ kuaððı ħ.
ꝁr ꝼagnaðı ħm. ꝫ ſpurðı huat ē ħ vıllðı. Aꝛ̄.
ml̄tı. Ek ꝼylgı hīngat þeī m̄ ē komīn ē v̄ lā
gan veg at ſækıa yðr heī ꝫ ſættazv́yðr. ē yðr
ꝥ vegr mıkıll h̄ra ē vuıñ yðrer ꝼara ſıalꝼ
vılıanðı aꝼ oðꝛ londū. ꝫ þıkıaz ė mega ƀa
reıðı yðra þoat ꝥ́ ſét huergı næꝁ. lattu ꝥ́
nu v̊ða hoꝼðınglıga v́ þna mān. lat ħ ꝼa aꝼ
ſǽtt goða ꝼ ꝥ ē ħ heꝼ̄ g̅t veg þīn ſua mık
īn ſē nu ma ſía. ꝼarıt ıꝼ̄ morg hoꝼ ꝫ torleı
ðı heıman ꝼra buū ſınū. bar ħm enga nauð
ſyn ᵗ ꝥar ꝼarar nēa goðuılı v́ yðr. þa lıtaðız
ꝁr vm ꝫ ſa ħ ꝼ oꝼan hoꝼuð m̄m huar eḡ. ſtoð
ꝫ hueſtı augun a ħ. ok ml̄tı. ħ́ vartu ſua ðía
rꝼr eḡ. at þu þorð̊ at ꝼ̊ a ꝼunð mīn. leyſtız
þu ſua heðan næſtū at ꝥ́ var engı var en
gı ván lıꝼſ aꝼ m̄. þa geck eḡ at borðınu ꝫ
tok v̄ ꝼót ꝁı. ħ q. þa. Komīn em ek aꝼ ıo íꝼa
ángr beíttan veg lángan. aullðu enſkrar ꝼollðar
at ſıtıanða at vıtıa. nu heꝼ̄ ſı ſkelꝼır ſıalꝼan
ſnaʀ þatt harallðr áttı vıðr oꝼrhuga yꝼrīn.
vnðar blıkſ oꝼ ꝼuñðınn Eıꝛ̄ ꝁr .ſ. eckı þarꝼ
ek at telıa vpp ſaꝁ̄ a henðr ꝥ́ en þo ero þær
ſua marg̅ ꝫ ſtorar at eınhuer ma vel enðaz
ᵗ at þu komer allð̊ heðan líꝼſ. attu engıſſ
añarſ aꝼ van en þu munt her ðeyıa ſl̄u ᴍat
ter þu ꝥ vıta áðr at þu munðer enga ſætt
aꝼ mer ꝼa. þa .q. egıll.

Gvn̄h. ml̄tı ħ́ ſl̄ ė ðre
pa eḡ. eða mantu ė nu ꝁr. huat eḡ heꝼ̄ g̅t
ðrepıt vını þına ꝫ ꝼrænðr ꝫ ꝥ́ a oꝼan ſon þīn
en nıðt ſıalꝼan þık. eða huar vıtı m̄n ſlıku
bellt v́ ꝁgmān. Arīƀ.ſ. eꝼ eḡ. heꝼ̄ ml̄t ılla ᵗ
ꝁſ. þa ma ħ ꝥ bæta ı loꝼſ orðū þeī ē allan all
ðr megı vppı v̊a. Gvnħ. v̊ vılıū eckı loꝼ ħ heyra
lattu ꝁr leıða eḡ v́t ꝫ hoggua ħ. vıl ek ė hey
ra orð ħſ. ꝫ ė ſıa ħ. þa ml̄tı Arīƀ. ė mun ꝁr lat
a at eggıaz v̄ oll nıðıngſ v̊k þín. ė mun ħ lata
eḡ. ðrepa ı nótt. ꝥt nattvıg ero morðvıg ero
ꝁr .ſ. Sva ſl̄ v̊a Arīƀ ſē þu bıðr at eḡ ſl̄ lıꝼa ı noᵗ
haꝼðu ħ heī m; ꝥ́. ꝫ ꝼær m̄ ħ a morgín. Arīƀ. þac
kaðı ꝁı orð ſín. væntu v̊ h̄ra at heðan aꝼ munı
ſkıpaz mal eḡ. a beᵗ leıð. en þo at eḡ haꝼı ſtort
ᵗ ſaka gort v́ yðr þa lítı ꝥ́ a ꝥ at ħ heꝼ̄ mıkılſ
mıſt ꝼ yðrū ꝼrænðū. haꝛ̄. ꝁr ꝼaðer þīn tok aꝼ
lıꝼı agætan mān þolꝼ ꝼauðurbroður ħ aꝼ ro
māna en aꝼ engū ſokū. En ꝥ́ ꝁr brutuð log a
aglı ꝼ ſaker bergaūnðar. en þar a oꝼan vıll
ðu ꝥ́ haꝼa eḡ at ðauða m̄ ꝫ ðraput m̄n aꝼ
ħm. en ræntuð ħ ꝼe ollu ꝫ þar aoꝼan g̅ðut
ꝥ́ ħ vtlaga ꝫ rakut ħ aꝼ lðı. en eḡ. ē engı er
tınga maðr. en hū̃t mal ē m̄ ſl̄ ðæma v̊ðr at
lıta a ᵗ g̅ðır. Ek mun nu. ſ. arīƀ haꝼa eḡ með
m̄ ı nott heī ı garð mīn v̊ nu ſua. ok ē þr ko
mu ı garðīn. þa ganga þr .íȷ́. ı lopt nockurt
lıtıð ꝫ ræða v̄ ꝥta mal. Seg̅. Arīƀ. ſua. allreıðr v̊
ꝁr nu. En hellðr þottı m̄ mykıaz ſkaplynðı
ħ nockut aðr lettı. ꝫ mun nu hamīgıa ſkıpta
huat vpp kēr. veıt ek at Gūnħ. mun allan h
vg a leggıa at ſpılla þınu malı. Nu vıl ek ꝥ
rað geꝼa at þu vaꝁ̄ ı nótt. ꝫ yrkır loꝼkuæ
ðı v̄ eıꝛ̄. ꝁ. þættı m̄ þa vel eꝼ ꝥ yrðı ðrapa
tuıtug. ꝫ mætt̄ þu kueða a morgín. ē v́ ko
mū ꝼ ꝁg. Sua g̅ðı bragı ꝼrænðı þīn þa er ħ
varð ꝼ reıðı. bıarnar ſuıa ꝁ. at ħ ortı ðra
pu tuıtuga v̄ ħ eına nótt ꝫ þa þar ꝼ hoꝼut
ſıtt. Nu mættı v̊a at v̊ bærī gæꝼu ᵗ v́ ꝁg ſ̊
at ꝥ́ kæmı ꝥ ı ꝼð v́ ꝁg. Eḡ.ſ. ꝼreıſta ſl̄ ek ꝥa
raðſ en þu vıll en eckı heꝼı ek v́ ꝥ́ buız at
yrkıa loꝼ v̄ eıꝛ̄ ꝁg. arīƀ bað ħ ꝼreıſta. Sıðā
geck ħ a brott ᵗ m̄ ſıña. Satu þr at ðryckıu
tıl mıðrar nætr. þa geck arīƀ ᵗ ſueꝼhuſſ

ʒ ſueıt ħ. ʒ aðr ħ aꝼklæððız geck ħ vpp ı loptıð
t᷑ eḡ. ʒ ſpurðı huat þa lıðı v̄ kuæðıt. eḡ.ſ. at
eckı v᷑ ort. hef̄ h̄ ſetıð ſuala eín v᷑ gluggīn ʒ kla
kat ı alla nott. ſua at ek heꝼı allðregı beðıt
ro ꝼ᷑. Sıðan geck arīƀ. a ƀtt ʒ vt v̄ ðyꝛ þær ē
ganga mattı vpp a h̄ıt. ʒ ſettız gluɢ þān a lo
ptınu ē ꝼuglīn haꝼðı aðr v᷑ ſetıð. ħ ſa huar
hāleypa nockur ꝼor ānan veg aꝼ h̄ınu. Arī.
ſat ꝥ v᷑ gluggīn alla nottına t᷑ ꝥ er lyſtı. en
ſıðan ē arīƀ. haꝼðı þar kōıt þa ortı eḡ. alla
ðrapuna ʒ haꝼðı ꝼeſt ſua at ħ mattı kueða
v̄ morgınīn. þa ē ħ hıttı arīƀ. þr hellðu vorð
a næꝛ tımı mundı v᷑a at hıtta k̄g. **egıll ꝼluttı kuæðıt**

60 Eır̄. k̄r geck t᷑ borða at vanð ſı
nū ʒ var þa ꝼıolmēnı mıkıt m; ħm
ʒ er arīƀ varð ꝥ vaꝛ þa gekk ħ m;
alla ſueıt ſına aluapnaða ı k̄ſ garð. þa ē k̄r ſ
at ıꝼ᷑ borðū Arīƀ. kraꝼðı ſer īgaungu ı holl
ına. ħm v᷑ ꝥ ʒ heımollt gort. Ganga þr eḡ. īn
m; helmīg ſueıtarīnar. aña̋ helmīgr ſtoð vtı
ꝼ᷑ ðyrū. Arīƀ. kuaððı k̄g. en k̄r ꝼagnaðı ħm vel
arīƀ m̄tı. Nu ē h̄ kominn eḡ. hef̄ ħ eckı leıt
at t᷑ ƀtthlaupſ ı nótt. Nu vılıū v᷑ vıta h̄a hueꝛ
ħ lutı ſ̄l v᷑a væntı ek goðſ aꝼ yðr. heꝼı ek ꝥ
gort ſē v᷑t v᷑ at ek heꝼı engan lut t᷑ ꝥ ſparat
at ḡa ʒ mæla ſua at yðuaꝛ vegr v᷑ı þa meı
rı en aðr. heꝼı ek ʒ latıð allar mınar eıgur
ʒ ꝼrænðr ʒ vını er ek atta ı noregı ʒ ꝼylgt
yðr En all̄ lenðır mēn yð̄r ſkılðuz u᷑
yðr. ʒ ē ꝥ maklıgt ꝥat þu hef̄ marga lu
tı t᷑ mín ſtor vel gort. þa m̄tı Gv̄nħ hættu
Arīƀ. ʒ tala eckı ſua langt v̄ þta. ᴍart hef̄
þv velgor v᷑ eır̄. k̄g ʒ hef̄ ħ ꝥ ꝼullu launat
er ꝥ mıklu meırı vanðı a vıð eır̄. k̄g. en eḡ.
er ꝥ ꝥ eckı bıðıanða at eḡ. ꝼara reꝼſīgala
lauſt heðan aꝼ ꝼvnðe eır̄. k̄ſ. ſlıkt ſē ħ he
ꝼ̄ t᷑ ſaka gort. þa .ſ. arīƀ. eꝼ þu k̄r ʒ þıð ɢū
hıllðr haꝼıð ꝥ eınraðıt at eḡ. ſ̄l h̄ enga ſ
ætt ꝼa. þa er ꝥ ðreīgſkapr at geꝼa ħm
ꝼreſt ʒ ꝼar̄leyꝼı v̄ vıku ſaker at ħ ꝼor
ðı ſer. þo hef̄ ħ at ſıalꝼuılıa ſınū ꝼarıt
hıngat a ꝼunð yðuarn ʒ véntı ſer aꝼ ꝥ ꝼ᷑ðar
ꝼara þa ēn ſkıptı yður ſē v᷑ða ma þaðan ꝼ̄
Gūnħ. m̄tı. Sıa kān ek a ꝥu arīƀ at þu ē̄t holl
arı aglı en eır̄. k̄ı. eꝼ eḡ ſ̄l rıða heðan vıku
ı brott ı ꝼ᷑ðı. þa mun ħ komīn t᷑ aðalſ̄t. k̄ſ a
ꝥı ſtunðu. en eır̄. k̄r þarꝼ nu eckı at ðylıaz
ı ꝥ at ħm v᷑ða nu aller k̄gar oꝼreꝼlıſ m̄n.
En ꝼ᷑ ſkōmu munðı ꝥ þıkıa eckı lıklıgt at ef̄ .
k̄r munðı é haꝼa t᷑ ꝥ vılıa ʒ atꝼ᷑ð at heꝼna har
ma ſīna. a h̄uıū m̄ ſlıkū ſē eḡ. ē. arīƀ.ſ. engı
m̄ mun eır̄. ka at meıra mān þoat ħ ðrepı
eīn bonða.ſ. vnlenðan þān ē gengıt hef̄ a
vallð ħ. En eꝼ ħ vıll mıklaz aꝼ ꝥu þa ſ̄l ek
ꝥ veıta ħm at ꝥı tıðenðı ſ̄lu hellðr þıkıa ꝼ̄ſag
nar v᷑ð. þt v᷑ eḡ. munū nu veıtaz at ſua at ıā
ſnēma ſ̄l ok̄r mæta baðū. ᴍuntu k̄r þa ðyrt
kaupa lıꝼ eḡ v̄ ꝥ er v᷑ erō aller at vellı lag
ðer ek ʒ ſueıtungar mın̄. ᴍunðı mık ānar\`s´
vara aꝼ yðr en þu mun᷑ð mık vılıa leggıa
hellðr at ıorðu en lata mık þıggıa líꝼ eınſ m̄
er ek bıð. þa .ſ. k̄r. Allmıkıt kapp leɢr þu
a þta Arīƀ. at veıta aglı lıð. Trauðr mun ek
t᷑ v᷑a at ḡa ꝥ ſkaða. eꝼ ꝥ ē at ſkıpta. eꝼ þu
vıll hellðr leggıa ꝼ̄m lıꝼ þıtt en ħ ſe ðrepīn.
en ærnar ero ſak̄ t᷑ v᷑ eḡ huat ſē ek læt ḡa
v᷑ ħ. Ok ē k̄r haꝼðı þta m̄t. ok ē k̄r haꝼðı
þta m̄t. þa geck eḡ. ꝼ᷑ ħ. ʒ hoꝼ vpp kuæðıt.
ʒ kuað hátt ʒ ꝼeck þeḡ hlıoð. **lıꝼ gıoꝼ egıls**

61 Eır̄. k̄r. ſat vpp rettr meðan meðan
eḡ.q. kuæðıt. ʒ hueſtı augun a ħ.
ok er lokıt v᷑ ðrapūnı. þa m̄tı k̄r.
bezta ē kuæðıt ꝼ̄m ꝼlutt. en nu heꝼı ek
hugſat. arīƀ. v̄ mal vart eḡ. huar koma
ſ̄l. þu hef̄ ꝼlutt mal eḡ. m; akaꝼa mıklū
er þu byðr at etıa vanðræðū v᷑ mık. Nu ſ̄l ꝥ
ḡa ꝼ᷑ þın̄ ſak̄ ſē þu hef̄ beðıt at eḡ. ſ̄l ꝼara
ꝼra mınū ꝼunðı heıll ʒ vſakaðr. en þu eḡ.
hatta ſua ꝼ᷑ðū þınū at ſıðan ē þu kemr
ꝼ̄ mınū ꝼunðı aꝼ ꝥı ſtuꝼu. þa kōþu allðre
gı ı augſyn m̄. ʒ ſonū mınū. ʒ v᷑ð allðrı ꝼ᷑
m̄ ne mínu lıðı. en ek geꝼ ꝥ nu hoꝼut
[þıtt.

at ſīnı ꝼ᷑ þa ſok ē þu gekt a mıtt vallð. þa vıl
þa vıl ek ė g̃a nıðıngſv̄k a ꝥ. En vıta ſl̄tu þ
t̓ ſanz at þta ē engı ſætt v̇ mık ne ſonu mína
ɜ enga ꝼrænðr ᷓvara. þa ſē rettar vılıa reka þa
.q. egıl. Erūka leıt þot lıot oꝼ ſe. hıalma klettı hveſ
ſı at þıGıa. hv̄ er ſa ē gat aꝼ gőꝼuglynðū. æðrı gıőꝼ
alluallðz ſynı Arīƀ. þackaðı ꝁgı m; ꝼogrū orðū. þa ſæð ok
vınáttu ē ꝁr heꝼ᷑ veıtt ħm. þa ganga þr arīƀ.
ɜ eḡ heī ı garð arīƀ. Sıðan let Arīƀ. bua reıðſ
kıota lıðı ſínu. reıð ħ ƀ͛tt m; aglı ɜ .c. m̊ aluap
naðra m; ħm. Arīƀ. reıð m; lıð þ t̓ ꝥ ē þr komu
t̓ aðalſt̄. ꝁſ. ɜ ꝼıngu ꝥ goðar v̓tokur. bauð ꝁr ag
glı m; ſer at v̄a ɜ ſpurðı hv̄neg ꝼarıt haꝼðı m;
þeī eır̄. ꝁı. þa .q. eḡ. Svartbrunū let ſıonū ſañ
ſpár hugınſ vára. hugr tıaðum mıog maga
magnaðr egıl ꝼagna. arꝼſtolı kna ek ala átt
gőꝼguðū háttar. ꝼ᷑ regnaðar regnı raða nu
ſem aðan. en at ſkılnaðı þra. arīƀ. ɜ eḡ.
þa gaꝼ eḡ. arīƀ. gullhrınga þa tua ē aðalſt̄. ꝁr
gaꝼ ħm ɜ ſtoð mork huaꝁ. En arīƀ. gaꝼ aglı ſv̄ð
þ er ðraguanðıll het. þ haꝼðı geꝼıt arīƀ. þolꝼr
.s.G.ſ. en aðr haꝼðı .s.G. þegıt aꝼ þolꝼı ƀ͛ður ſínū
en þolꝼı gaꝼ ſuerðıt g̊mr loðınkīnı ſon ketılſ h
ængſ. þ ſuerð haꝼðı átt ketıll hængr ɜ haꝼt ı h
olmgaungū. ɜ var þ allra ſuerða bıt\`r\´azt. Skıl
ðuz þr m; kærleık hınū meſta. ꝼor arīƀ. heī ı íor
vık t̓ eır̄.ꝁ. en ꝼaurunautar egſ ɜ ſkıpv̄ıar
ħ. hoꝼðu þar ꝼ᷑ð goðan ɜ vorðu varnīgı ſınū ı tr
auſtı arīƀ. en ē aleıð vetrīn. ꝼluttuz þr ſuðr
t̓ englðz ɜ ꝼ᷑ aꝼunð eḡ. **aꝼ eırekı alſpak ɜ aglı**

62 Eır̄. alſpakr het lenðr maðr ı nor̄. ħ attı þó
ru .ð. þorıſſ ħſıſſ ſyſtu\`r\´ arīƀ. ħ attı eıgñ.
ı vık auſtr. ħ var m̄ ſtor auðıgr ɜ hınn
meſtı vırðınga maðr. Spakr at vıtı. ꝥſteīn ħ͛
ſon þra ħ ꝼæððız vpp m; arīƀ. ɜ v̄ þa vaxīn m
ıog ɜ þo a vngū allðrı. ħ haꝼðı ꝼarıt veſtr t̓ eng
lðz m; arīƀ. en þ ſama hauſt ſē eḡ. haꝼðı ko
mıt t̓ englðz. ſpurðuz aꝼ noregı þautıðen
ðı at eır̄. al ſpakr v̄ anðaðr. en arꝼ ħ hoꝼðu
tekıt arm̄n ꝁſ. ɜ kaſtað a ꝁſ eıgn. ɜ er arīƀ. ɜ
ꝥſteīn ſpurðu ꝥı tıðenðı. þa g̃ðu þr þ rað at

ꝥſteīn ſkyllðı ꝼara auſtr ɜ vıtıa arꝼſınſ. ɜ ᷓva
rıt leıð ꝼrām. ɜ m̄n bıuggu ſkıp ſín þr ē ꝼara
ætluðu lanða ımıllū. þa ꝼór ꝥſt̄ ſuðr t̓ lunðu
na. ɜ hıttı þar aðalſt̄. ꝁg. bar ħ ꝼrām ıartegñ. ɜ
orðſenðıng arīƀ. t̓ ꝁ. ɜ ſua t̓ egılſ at ħ v̄ı ꝼlutnīgſ
m̄ v̇ ꝁg. at aðalſt̄. ꝁr. g̃ðı orðſenðıng ſína t̓ ha
konar ꝁ. ꝼoſtra ſınſ at ꝥſt̄. næðı arꝼı ɜ eıgn
v̄ ı noregı Aðſt̄. ꝁr var ꝥ auðbeðīn. þt arīƀ. v̄
ħm kūnıgr at goðu. þa kō ɜ eḡ. at malı v̇ a
ðalſt̄. ꝁg ɜ ſagðı ħm ꝼ᷑ ætlan ſına. vıl ek ıſu
mar ſeḡ ħ ꝼara auſtr t̓ nor̄. at vıtıa ꝼıar ꝥ
ē eır̄. ꝁr. ræntı mık ɜ þr ƀ͛g aunūðr. ſıtr nu
ıꝼ᷑ ꝥ ꝼe atlı eñ ſkāmı ƀ͛ðer ƀ͛g aūnð᷑. veıt ek
eꝼ orðſenðıngar yðrar kōa t̓ at ek m
vn na logū aꝼ ꝥ malı. ꝁr .ſ. at eḡ ſl̄ raða ꝼ᷑
ðū ſınū en bezt þættı m̄ at þu v̄ır m; mer
ɜ g̃ðız lðuarñ m̄ mīn. ɜ reðır ꝼ᷑ her lıðı mīu.
mun ek ꝼa ꝥ veızlur ſtor̄. eḡ.ſ. ꝥı koſtr þı
kı m̄ allꝼyſılıgr at taka. vıl ek þuı ıata en
ė nıta. en þo v̄ðek ꝼyſt at ꝼ᷑a t̓ ıſlðz ɜ vıtıa
konu mīnar ɜ ꝼıar ꝥ er ek a þar. Aðſt̄. ꝁr
gaꝼ aglı kaupſkıp gott ɜ ꝥ m; ꝼarmīn. v̄
þar a t̓ þunga hueıtı. ɜ hunang. ɜ eñ mıkıt
ꝼe ānat ı oðrū varnīgı. Ok ē eḡ. bıo ſkıp ſ
ıtt t̓ haꝼſ. þa reðz t̓ ꝼarar m; ħm ꝥſteī
eır̄.ſ. er ꝼyꝁ var getıð er ſıðan var kallaðr
þoru .ſ. ɜ er þr v̊ buñ þa ſıglðu þr. Skılðuz
þr Aðſt̄. ꝁr ɜ eḡ. m; hīnı meſtu vınattu þeī
aglı greıððız vel ꝼ᷑ðın. komu at nor̄. ı vık
auſtr. ɜ hellðu ſkıpınu īn allt ı oſlóar.ꝼ.
ꝥ attı. ꝥſt̄ bu a lð vpp ɜ ſua ıñ allt a raꝛ
marıkı. Ok ē ꝥſt̄. kō ꝥ t̓ lðz. þa veıttı ħ t̓
kall v̄ ꝼoðurarꝼ ſıñ. v̇ armēnına ē ſezt
hoꝼðu ı bu ħ. veıttu ꝥſt̄. marg̃ lıð at þſu
v̊ þar ſteꝼnur t̓ lagðar. Attı ꝥſt̄. þar mar
ga ꝼrænðr goꝼga. lauk ꝥ ſua ē ſkotıð v̄
t̓ ꝁ. orſkurðar. en ꝥſt̄. tok v̇ v̄ðueızlu ꝼ
ıar ꝥ ē ꝼaðer ħ haꝼðı átt. Eḡ. ꝼór t̓ vetr
vıſtar m; ꝥſt̄. ɜ þr .xíȷ. ſaman. var þāgat
ꝼlutt heī tıl ꝥſt̄. hueıtı ɜ hunang v̄ þar
vm vetrīn gleðı mıkıl ɜ bıo ꝥſt̄ rauſnar

ſamlıga þ͛ at nog ỽ ꝼaung t͛. **egıll ⁊ þorſteıñ ꝼun**
63 Hak. k͛r aðſ͛t. ꝼoſt͛ reð þa ꝼ͛ nor͛. ſē ꝼyꝛ͛ **ðu kg**
var ſagt k͛r ſat þān vetr norðr ı þran
ð heımı. en ē aleıð vetrīn. byrıaðı þſ͛t
ꝼ͛ð ſına. ⁊ eḡ. m; h͛m. þr hoꝼðu næꝛ͛ .xxx. m͛.
Ok ē þr ỽ buñ ꝼoru þr ꝼyſt t͛ vpplða þaðan nor
ðr v̄ ðoꝼra ꝼıall t͛ þranðheıſ. ⁊ komu þ͛ a ꝼūð
hak.k͛. baru þr vpp erenðı ſın ỽ kg. Sagðı þſ͛t
ſkyn á malı ſínu ⁊ kō ꝼ͛m vıtnū m; ſér at h͛ attı
arꝼ þān allan ē h͛ kallaðı t͛. k͛r tok þ͛ malı vel
let h͛ þſ͛t na eıgnū ſınū. ⁊ þar m; g͛ðız h͛ lenðr
maðr k͛ſ ſua ſē ꝼaðer ħ. haꝼðı verıt. Eḡ. geck
a ꝼunð hak.k͛. ⁊ bar ꝼ͛ h͛ ſın erenðı. ⁊ þ͛ m; orðſen
ðıng aðſ͛t k͛ ⁊ ıartegñ h͛ſ. Eḡ. talðı t͛ ꝼıar þ att
haꝼðı bıorn haullðr lða ⁊ lauſa aura. talðı h͛ ſer
helmıng ꝼıar þ ⁊ a\ſ/rḡðı konu ſīnı. ba\v/ð þ͛ ꝼ͛m
vıtnı ⁊ eıða m; malı ſínu. Sagðı ⁊ at h͛ haꝼðı
þ allt ꝼ͛m borıt ꝼ͛ eır͛. k͛ı. let þ ꝼylgıa at h͛ ha
ꝼðı þa ė náð logū ꝼ͛ rıkı eır͛.k͛. en eggıan Gūn
hıllðar. Eḡ. ıntı vpp allan þān malauoxt ē
ꝼyꝛ͛ haꝼðı ı gıorz a gula þıngı. beıððı h͛ þa
kg v̄na ſer laga a þ͛ malı. hak. k͛r ſuarar
Sva heꝼı ek ſpurt at eır͛. broðer mīn mu
nı þ kalla. ⁊ þau Gūnh͛. bæðı at þu eḡ. mu
ñ haꝼa kaſtað ſteínı v̄ megn þ͛ ı yðrū ſkıp
tū. þættı m͛ þu vel mega ıꝼ͛ lata eḡ. at ek
legða eckı tıl þa malſ þo at \v/ eır͛. bærī ė gæ
ꝼu t͛ ſāþyckıſſ eḡ. m͛tı. Eckı mattu k͛r þe
gıa ıꝼ͛ ſua ſtorū malū þt aller m͛n herí
lðı īn lenzk͛ ⁊ vtlenzkır ſ͛tu hlyða yðru bo
ðı. ek heꝼı ſpurt at þ͛ ſetıð log h͛ ı lðı. ⁊ rétt
hu͛ıū m͛. ɴu veıt ek at þ͛ munut mık la
ta þeī ná ſē aðra m͛n. þıkıūz ek haꝼa t͛
þ burðı ⁊ ꝼrænða ſtyrk h͛ ılðı at haꝼa vıð
atla eñ ſkāma. En v̄ mal eır͛.k͛. er yðr þ
at ſegıa at ek var a ħ ꝼunð. ⁊ ſkılðūz ỽ ſua
at h͛ bað mık ı ꝼrıðı ꝼara hu͛t ē ek vıllðı
Vıl ek bıoða yðr h͛ra mına ꝼylgð ⁊ þıon
oſtu. veıt ek at ỽa munu her m; yðr þr
m͛n ē eckı munu þıkıa vıglıgrı a vellı at
ſıa en ek em. er þ mıtt hugboð at ė lıðı

lang\t/ aðr ꝼunðı ykra eır͛.k͛. munı ſaman b͛a
eꝼ ykr enðız allðr t͛. þıkı m͛ þ vnðarlıgt eꝼ
ė ſ͛t þar koma at þ͛ þıkı. Gūnh͛. eıga ſona vpp
reıſt marga k͛r .ſ. eckı muntu egıll ḡaz m͛
hanðgengīn. mıklu haꝼı þ͛ ꝼrænðr meıra ſk͛ð
hauggıt ı ætt vara en þ͛ muna ðuga at ſtaðꝼ
eſtaz h͛ ılðı. ꝼar þut͛ ıſlðz vt ⁊ ỽ þar. at ꝼoð͛
arꝼıþınū. mun þ͛ þa ỽða eckı meín at oſſ ꝼræn
ðū En h͛ ı lðı ē þ ván v̄ alla þína ðaga at var͛ ꝼr
ænðr ſe rıkaſ͛t. en ꝼ͛ ſak͛ aðſ͛t k͛. ꝼoſ͛t mınſ.
þa ſ͛tu haꝼa h͛ ꝼ͛ð ı lðı ⁊ na logū ⁊ lðz rettı þt
ek veıt at aðalſ͛t. k͛r heꝼ͛ mıkla elſku a þ͛. eḡ.
þackaðı k͛ı orð ſín. ⁊ beıððız þ at k͛r ſkyllðı ꝼa
h͛m ſānar ıartegñ ſınar t͛ þðar a aurlð eða
ānak͛a lenðra māna ı ſognı ⁊ a haurða lðı.
k͛r ſeḡ at ſua ſkıllðı ỽa. **egıll ðrap lıotıṅ bleıka**
64 Þorſ͛t. ⁊ egıll b\ı/uggu ꝼ͛ð ſína þeḡ þr hoꝼðu
lokıt erenðū ſınū. ꝼara þr þa aptr a leıð
⁊ er þr kōa ſuðr v̄ ðoꝼra ꝼıall. þa ſ. egıll
at h͛ vıll ꝼara oꝼan t͛ raūſðalſ ⁊ ſıðan ſuðr ſunða
leıð. vıl ek ſeḡ h͛ luka erenðū mınū ı ſognı ⁊ a
horðalðı þt ek vıl bua ſkıp mıtt ıſumar t͛ ıſlðz
vt. þſ͛t bað h͛ raða ꝼ͛ð ſīnı. Skılıaz þr þſ͛t. ⁊ eḡl
ꝼor þſ͛t. ſuðr \v/ ðalı. ⁊ alla leıð t͛ þ ē h͛ kō t͛ bua
ſīna. bar h͛ þa ꝼrā ıartegñ k͛. ⁊ orðſenðıng
ꝼ͛ armēnına at þr ſkyllðu lata ꝼe þ allt ē þr
haꝼa vpp tekıt ⁊ þſ͛t kallaðı t͛. Egıll ꝼor leıð͛
ſīnar ⁊ þr .xíȷ. ſaman komu þr ꝼ͛m ı raūſðal
ꝼīgu ſer þa ꝼlutnīgar ꝼ͛ ſıðan ſuðr a mærı. ē
eckı ſagt ꝼ͛ ꝼ͛ð þra ꝼyꝛ͛ en þr komu ı ey þa ē
hoð heıt͛ ⁊ ꝼ͛ t͛ gıſtınḡ a bæ þān ē heıt͛ a blınð
heımı þ ỽ gauꝼugr bæꝛ͛ þ͛ bıo lenðr m͛ ē ꝼ͛ð
geıꝛ͛ het. h͛ var vngr at allðrı. haꝼðı nytekıt
ỽ ꝼauður arꝼı ſınū. Moðer ħ h͛ gyða. h͛ var
ſyſter arībıarnar h͛ſıſſ ſkorungr mıkıll ok
gauꝼug kona h͛ var at raðū m; ſynı ſınū
ꝼ͛ðgeırı hoꝼðu þau þar rauſnar bu mıkıt
þar ꝼıngu þr allgoðar vıðtokur ſat egıll
vm kuellðıt ıt næſta ꝼ͛ðgeırı ⁊ ꝼorunaut͛
ħ þar vtar ꝼ͛. ỽ þ͛ ðryckıa mıkıl ⁊ ðyrlıg
veızla. Gyða h͛preyıa geck v̄ kuellðıt t͛

talſ v́ egıl. h̄ ſpurðı at arīb. bͦður ſınū ⁊ eñ at ꝼleı rū ꝼrænðū ſınū ⁊ vınū þeī ē t́ englðz hoꝼðu ꝼ̄ıt m; Arīb. Eḡ. ſagðı hēnı þ ſē h̄ ſpurðı. h̄ ſpurðı huat t́ tıðenða heꝼðı gıorz ı ꝼerðū egılſ h ſe ḡ hní aꝼ ıt lıoſazta. þa .q. h Vrðumz leıð ın líota lð beıðaðar reıðı. ſıgrað gaukr oꝼ glāma gam̄ veıt vm ſık þrāma. þar naut ek ſem op taʀ armſtallz ſıótul bıarnar. hnıḡr hıallr ſa ē holla hıalpenðr oꝼ ꝼór gıalꝥ. Egıll v́ allkatr v̄ kuellðıt. en ꝼͦðgeıʀ ⁊ heıma m̄n v́ hellðr hlıoð Eḡ. ſa þar mey ꝼagra. ⁊ vel buna. hm v́ ſagt at h̄ v́ ſyſt̄ ꝼͦðgeırſ. Mærın v́ vkat ⁊ grét eın art v̄ kuellðıt. þ þottı þeī vnðarlıgt ꝥ v́ v̄ ku ellðıt. En v̄ morgınīn var veðr huaſt ⁊ ė ſæꝼæ rt. þar þurꝼtu þr ꝼar ór eyıūnı. þa geck ꝼrıð geıʀ ⁊ bæðı þau gyða t́ ꝼunðar v́ egıl. buðu þ au hm þar at ſıtıa m; ꝼaurunauta ſına t́ ꝥ ē gott v́ı ꝼærıveðr. ⁊ haꝼa þaðan ꝼarabeı na. þā ſē þr þyrꝼtı. Egl. þektız þ. Satu þr ꝥ veðr ꝼaſter .ííj. nætr. ⁊ var ꝥ hīn meſtı mān ꝼ agnaðr. Ept̄ þ ḡðı veðr lygnt. Stoðu þr egl þa vpp ſnēma v̄ morgınīn ⁊ bıugguz. Gıngu þa t́ maſ ⁊ var þeī geꝼıt aul at ðrecka ⁊ ſatu þr v̄ hrıð. Sıðan toku þr klæðı ſín. Egl. ſtoð vpp ⁊ þac kaðı bonða ⁊ huſpreyıu beína ſīn ⁊ gengu ſı ðan v́t. bonðı ⁊ moðer h̄ gengu a gautu m; þeī þa geck gyða t́ malſ v́ ꝼͦðgeır ſon ſīn ⁊ talaðı v́ h lagt. Egl. ſtoð meðan. ⁊ beıð þra. Egl mltı v́ meyna. huat grætr þu mǽr. ek ſe þık allðrı kata. h̄ mattı engu ſuara. ⁊ grét at meıʀ ꝼrıð geırr .ſ. moður ſīnı hatt. Eckı vıl ek nu bıðıa ꝥ þr eru nu bun̄ ꝼ̄ðar ſīnar. þa geck gyða at ag lı ⁊ mltı. Ek mun ſegıa ꝥ egl. tıðenðı þau ſē her ē o m; oſſ. Maðr heıt̄ lıotr hīn bleıkı. h ē bſerkr ⁊ holmgaungu maðr h ē oþocka ſæll. h kō h̄ ⁊ bað ðottur mīnar. en v́ ſuoruðū ſkıott ⁊ ſy níuðū hm raðſınſ. Sıðan ſkoraðı h t́ holmg aungu a ꝼgeır ſon mīn ⁊ ſl a morgın koma t́ holmſınſ ı ey þa ē vorl heıt̄. Nu vıllða ek e gıll at þu ꝼær̄ t́ holmſınſ m; ꝼgeırı Munðı þ ſan̄az eꝼ arīb. v́ı h̄ ı lðı at v́ munðū ė þola oꝼ

rıkı ſlıkū m̄ ſē lıotr ē. Skyllt ē þ h̄preyıa ꝼ ſak̄ arīb. ꝼrænða þınſ at ek ꝼara eꝼ hm þık̄ ſer þ nockut ꝼulltıng. þa ḡır þu vel. ſ. gyða. Skulu v́ þa ganga īnı ſtuꝼu ⁊ v́a oll ſaman ðaglāgt ganga þr egl. þa ıñ ı ſtuꝼu ⁊ ðrucku. Satu þr þar vm ðagīn. En v̄ kuellðıt komu vın̄ ꝼð geırſ. þr ē t́ ꝼ̄ðar v́ raðner m; hm ⁊ v́ ꝥ ꝼıolm̄t v̄ nottına. var ꝥ þa veızla mıkıl en ept̄ v̄ ðagīn bıoz ꝼðgeıʀ t́ ꝼ̄ðar ⁊ mart m̄ m; hm. v́ þar egl. ı ꝼór þa v́ gott ꝼærıueðr. ꝼa þr ſı ðan ⁊ koma ı eyna vorl. þar v́ ꝼagr vollr ſkāt ꝼra ſıonū ē holmſteꝼnan ſkyllðı v́a v́ ꝥ mar kaðr holmſtaðr. lagðer ſteın̄ ı hrīg vtan v̄. Nu kō þar lıotr m; lıð ſıtt. bıoz h þa t́ holmgō gu. h haꝼðı ſkıollð ⁊ ſuerð. lıotr v́ allmıkıll maðr ⁊ ſterklıgr. Ok ē h geck ꝼrām a vollīn at holmſtaðnū. þa kō a h bſerkſ gangr. tok h þa at grenía ıllılıga. ⁊ beıt ı ſkıollð ſīn ꝼrıðḡ. var m̄ eckı mıkıl grānlıgr ⁊ ꝼrıðr ſıonv̄ ⁊ eckı ſterkr. haꝼðı h ⁊ eckı ſtaðıð ı barðogum ⁊ ē. Egl ſa þ. þa kuað h .v. Era ꝼðgeırı ꝼærı ꝼoꝛ holmſ a vıt ſorū. ſkolū bāna mıog mānı mey eyrlvgı at heyrıa. v́ þañ ē bıtr ⁊ blotar bonð elhuautuð gaunðlar. alꝼeıgum ſkytr æger. aꝺgū ſkıollð a baugı. lıotr ſa huar egl ſtoð. ok heyrðı orð h̄ ⁊ mltı. Gak þu hıngat hīn mıklı maðr a holmīn ⁊ berſt v́ mık eꝼ þu ē̄t allꝼuſ t́. ⁊ reynū m; okr. er þ mıklu ıaꝼnlıgra. en ek berıūz v́ ꝼðgeır. þt ek þıkıūz ė at meırı m̄ þo at ek leggı h at ıorðu. þa .q. egl. Erat lıtıllar lıotı leık ek vıð hal bleıkan vıð bıꝼ teını bænar brynıu rét at ſynıa buumz tıl vıgſ eñ vægðar ván letka ek hanum ſkapa v́ð um vıð ſkıallðı ſkæru ðrengr a mærı Sıðan bıoz egl t́ holmgaungu v́ lıot. egl. haꝼðe ſkıollð þān ſē h v́ vanr at haꝼa. en h var gyrðr ſuerðı ꝥ ē h kallaðı naðr. en h haꝼðe ðraguanðıl ı henðı. h geck īn ıꝼ mark þ er holmſteꝼnan ſkyllðı v́a. en lıotr var þa ė buīn. Egl. ſkok ſuerðıt ⁊ .q.v. Hoggum hıallt vonð ſkygðū. hæꝼūraunð m; branðı

reynū ranðar mána. rıoðū ſuerð ı bloðı. ſtyꝼum
lıot aꝼ lıꝼı. leıkū ſart v̍ bleıkan. kyrrū kappa
errīn. komı aurn a hræ ıarnū. þa kō lıotr ꝼᷓm̄
a vıguollīn ꝫ ſıðan rēnaz þr at ꝫ hoGr egl̄. ť
lıotz. en lıotr bra v̍ ſkıllðınū. en egl̄ hıo hůt hoG
at oðru ſua at lıotr ꝼeck eckı hoggıt ı motı
ħ hopaðı vnðan ť hoGrūſınſ. en egl̄. ꝼor ıāſkıoť
epť ꝫ hıo ſē akaꝼaz. lıotr ꝼor vt v̄ markſteı
nana ꝫ vıða v̄ vollīn. geck ſua hın ꝼyrſta hrıð
þa beıððız líotr huıllðar. Egl̄. let þ ꝫ v̄a. Nēa
þr þa ſtað ꝫ huıla ſık. þa .q. egl̄. Fıř þıkı m̄
ꝼura ꝼleınſtockuanðı nockut. hræðız hoðð
a beıðır. happlauſſ ꝼ̄ kappı veḡt ꝼaſt ſa ē ꝼ̄ſť
ꝼleī avgǵ ſtaꝼr. hoggū. vabeıðan ꝼ̄ vıðā voll
ꝼ̄ rotnū ſkalla. þ v̊ holm gaungu log ı þān tı
ma at ſa ē ſkorar a mān ānan ť eīſ huerſ hl
uť ꝫ ꝼengı ſa ſıgr ē a ſkoraðı. þa ſkyllðı ſa haꝼ
a ſıgrmal þ ē ħ haꝼðı ť ſkorat. en eꝼ ħ ꝼēgı
vſıgr þa ſkyllðı ħ leyſa ſık ꝥlıku ꝼe ſē akueð
ıt v̄ı. en eꝼ ħ ꝼellı a holmınū þa haꝼðı ħ ꝼ̄ve
gıt allrı ſīnı eıgu ꝫ ſkyllðı ſa taka arꝼ ħ ē
ħ ꝼellðı a holmı. þ v̊ ꝫ log eꝼ vtlenðr maðr
anðaðız ſa ē þar ı lðı attı engan erꝼıgıa. þa
geck ſa arꝼr ı kſ garð. Egl̄. bað at ſkyllðı bu
īn v̄ða vıl ek at v̊ reynī nu holmgaungu ꝥa
Sıðan hlıop egl̄. at ħm ꝫ hıo ť ħ Geck ħ þa ſua
næꝶ ħm at ħ hrauck ꝼ̄ ꝫ bar þa ſkıollðīn aꝼ
ħm. þa hıo egl̄. ť lıotz. ꝫ kō a ꝼ̄ oꝼan kne ok
tok aꝼ ꝼotīn ꝼell líotr þa. ꝫ var þeǵ erēðr
þa geck egl̄. ꝥ ť ē þr ꝼ̄ðgeıꝶ v̊. v̍ þta v̄k ħm all
vel þackat. þa .q. egl̄. Fell ſa ē ꝼleſt ıt ılla.
ꝼot hıo ſkallð aꝼ lıotı. vlꝼgrēnır heꝼ̄ v̄nıt eír
veıtta ek ꝼ̄ðgeırı. ſeka ek lonſ ť launa logƀt
anða ımotı. ıaꝼnt v̊ m̄ ı gny geıra gamanle
ıkr v̍ hal bleıkan. líotr v̊ lıtt harmaðr aꝼ
ꝼleſtū m̄m ꝥt ħ haꝼðı v̄ıt hīn meſtı veıru
m̄ ħ v̊ ſuænſkr at ǽtt ꝫ attı engua ꝼrænðr ꝥ
ı lðı. ħ haꝼðı kōıt þangat ꝫ aꝼlat ſer ꝼıar a
holmgaungū. ħ haꝼðı ꝼellt marga goða b
ænðr ꝫ ſkorat aðr a þa ť holmgaungu. ꝫ ť ıar
ða þra ꝫ oðala v̊ þa vorðīn ſtór auðıgr. bæðı
at lonðū ꝫ lauſa aurū. Egl̄. ꝼor heī m; ꝼ̄ðgerı
aꝼ holmſteꝼnūnı ðualðız ħ þar þa lıtla hrıð
aðr ħ ꝼor ſuðr a mærı. Skılðuz þr egl̄ ꝫ ꝼ̄ðgeıꝶ
m; mıklū kærleık. bauð egl̄ ꝼ̄ðgeırı v̄ at heī
ta ıarðer þær ē lıotr haꝼðı att. ꝼor egl̄. ſına l
eıð kō ꝼᷓm̄ ı ꝼıorðū. þaðan ꝼor ħ īn ı ſogn a ꝼunð
þðar a aurlðı. tok ħ vel v̍ ħm. ƀ ħ ꝼᷓm erenðı
ſín ꝫ orðſenðıng̊ hakoń kgſ. tok þðr vel ræ
ðū egl̄. ꝫ het ħm lıðueızlu ſīnı v̄ þ mal ðual
ðız egl̄. ꝥ lengı v̄ varıt m; þðı. **aꝼ ꝼerðum egıls**

65 Egl̄. ǵðı ꝼ̄ð ſına ſuðr a haurða lð. ħ haꝼ
ðı ť þrar roðrar ꝼ̄ıu ꝫ ꝥ a .xxx. mā
na. þr koma eīn ðag ı ꝼenhrıng a aſk
geck egl̄. ꝥ ť m; xx. m̄n en .x. gættu ſkıpſ
Atlı eñ ſkāmı v̊ þar ꝼ̄ m; nockura m̄n. egl̄
let ħ vt kalla. ꝫ ſegıa at egl̄.s.ɢ.ſ. attı erē
ðı v̍ ħ Atlı tok vapn ſín ꝫ aller þr m̄n ē ꝥ v̊
vıǵ ꝼ̄ ꝫ gıngu vt ſıðan. egl̄. mlˉtı. Sua er
m̄ ſagt atlı at þu muñ haꝼa at varðueı
ta ꝼe þ ē ek a at rettu. ꝫ aſǵðr kona mī.
Muntu heyrt haꝼa ꝥ ꝼyꝶ vm rætt at ek
kallaða mer arꝼ bıarń haullðz ē ƀg aūnðr
broðer hell`t´ ꝼ̄ m̄ em ek nu komīn at vıtıa
ꝼıar ꝥ. lða ꝫ lauſa aura. ꝫ kreꝼıa þık at þu
laſ̄ lauſt ꝫ greıðer mer ı henðr. Atlı. ſ. lengı
hoꝼū v̊ þ heyrt egl̄. at þu ſer vıaꝼnaðar
maðr. en nu mun ek at raun v̄ koma eꝼ þu
ætlar at kalla ť ꝥ ꝼıar ı henðr m̄ ē eıř kr
ðæmðı aūnðı broður mınū. attı eıř kr þa
at raða boðı ꝫ bañı ħ ı lðı. hugða ek nu egl̄
at þu munðer ꝼ̄ ꝥ ħ komīn at bıoða mer
gıollð ꝼ̄ bræðr mına ē þu tok aꝼ lıꝼı ꝫ þu
munðer bæta vılıa rán þ ē þu ræn̄ her
a aſkı. Munða ek þa veıta ſuor ꝥu malı
eꝼ þu ꝼlyť̄ þta erēðı ꝼᷓm̄ en ħ kān ek engu
ſuara. þ vıl ek. ſ. egl̄. bıoða ꝥ ſē ek bauð
aūnðı at gulaþıḡſ log ſkıpı v̄ mal ockur
tel ek bræððr þına haꝼa ꝼallıt vgıllða a
ſıalꝼ̄ ſīna v̄kū. ꝥ at þr hoꝼðu aðr ræn m
ık logū ꝫ lðz rettı ꝫ tekıt ꝼe mıtt at ħ
ꝼangı. heꝼı ek ť ꝥa kſ leyꝼı at leıta laga

v̇ þık v̄ þta mal. vıl ek ſteꝼna ꝥ ᵗ gulaþıngſ. ok
haꝼa þar laga órſkurð v̄ þta mal. koma mun
ek. ſ. atlı ᵗ gula þıngſ ꝫ megu v̇ þar ræða vm
þı mal. Sıðan ꝼór egꝉ. ı brott m; ꝼoruneytı ſ
ıtt ꝼór ħ þa norðr ı ſogn ꝫ īn a aurlð ᵗ þðar.
magſ ſınſ ꝫ ðualðız þar ᵗ gula þıngſ. ok ẽ m̄n ko
mu ᵗ þıngſ. þa kō egꝉ. ꝥ. Atlı hīn ſkāmı v̊ ꝫ þar
komīn. Toku þr þa at tala ſín mal. ꝫ ꝼluttu
ꝼ̃m ꝼ᷑ þeī m̄m ẽ vm ſkyllðu ðæma. ꝼluttı egıll
ꝼ̃m ꝼıarheītu. en atlı bauð loguorn ı mot ty
lꝼteıða at ħ heꝼðı eckı ꝼe þ at varðueıta ẽ egꝉ
ættı. ꝫ ẽ atlı geck at ðomū m; eıða lıð ſıtt þa geck
egꝉ. mot ħm ꝫ ſeg̃ at ė vıll ħ eıða ħ taka ꝼ᷑ ꝼe ſıtt. v
ıl ek bıoða ꝥ oñur log þau at v̇ gangī a holm ħ̃
a þıngınu. ꝫ haꝼı ſa ꝼe þta ẽ ſıgr ꝼær. þ v̊ ꝫ log ẽ
egꝉ. mꝉtı ꝫ ꝼorn ſıðuenıa. at hũıū mānı v̊ rett at
ſkora a ānan ᵗ holmgaungu. huart ẽ ħ ſkyllðı
v̄ıa ſakır ꝼ᷑ ſık eða ſækıa. Atlı ſagðı at ħ munðı
ė ſynıa at ganga aholm v̇ egꝉ. þt þu mælır þ
er ek æ`t´ta at mæla. ꝥ at ærīna harma a ek at
heꝼna a ꝥ. þu heꝼ̃ at ıorðu lagt bræðr mına .íj.
ok er m̄ mıkılla muna vant at ek hallða rettu
malı eꝼ ek ſꝉ hellðr lata lauſar eıgñ mínar aꝼ
laga ꝼ᷑ ꝥ en berıaz v̇ þık ẽ þu byðr m̄ þ. Sıðan
taka þr atlı ꝫ egꝉ. honðū ſaman. ꝫ ꝼeſta þ m;
ſer at þr ſꝉu a holm ganga ꝫ ſa ẽ ſıgr ꝼær ſꝉ eıga
ıarðer þær er þr ðeılldu aðr v̄. Epꝉ þ buaz þr ᵗ h
olmgaungu. Geck egꝉ. ꝼ̃m. ꝫ haꝼðı hıalm a hoꝼ
ðı ꝫ ſkıollð ꝼ᷑ ſer. ꝫ keſıu ı henðı. en ſuerðıt ðr
aguanðıl ꝼeſtı ħ v̇ hæg̃ honð ſer. þ v̊ ſıðr holm
gaungu m̄ at þurꝼa eckı at bregða ſũðı ſın
u a holmı. lata hellðr ſuerðıt henðı ꝼylgıa ſua
at þeg̃ v̄ı ſũðıt tıltækt ẽ ħ vılldı. Atlı haꝼðı ēn
ſama bunað ſē egꝉ. ħ v̊ vanr holmgaungū ħv̊
ſterkr m̄ ꝫ ēn meſtı ꝼullhugı. þar v̊ leıððr ꝼrā
graðungr mıkıll ꝫ gamall. var þ kallat blotnaut
þ ſkyllðı ſa hauggua ẽ ſıgr heꝼðı. v̊ þ ſtunðum
eıtt naut. ſtunðū let ſıtt huaꝛ ꝼ̃m leıða ſa ẽ
a holm geck. ok ẽ þr v̊ buñ ᵗ holmgaungu þa
hlaupaz þr at ꝫ ſkutu ꝼyſt ſpıotū. ꝫ ꝼeſtı hú
kı ſpıotıð ı ſkıllðı namu bæðı ı ıorðu ſtaðar

Sıðan taka þr baðer ᵗ ſũða ſıña gēguz þa
at ꝼaſt ꝫ hıuġuz ᵗ. Geck atlı eckı a hæl. þr hı
uggu tıðt ꝫ hart ꝫ vnyttuz ſkıott ſkılldırñ.
ꝫ er ſkıollðr atla v̊ mıog v nyttr þa kaſtaðı
ħ ħm. tok þa ſũðıt tueī honðū. ꝫ hıo ſē tıðaz
egꝉ. hıo ᵗ ħ a auxlına ꝫ beıt eckı ſuerðıt. ħ hıo
añat ꝫ ıt þrıðıa. v̊ ħm þa hægt at leıta ha`v´ɢſ
taðar a atla at ħ haꝼðı enga hlíꝼ. Egꝉ. reıððı ſũ
ðıt aꝼ ollu aꝼlı. en eckı beıt huar ſē ħ hıo ᵗ. Ser
þa egꝉ. at ė mun hlyða ſuabuıt. þt ſkıollðr ħ g̃ð
ız þa vnytr. þa let egꝉ. lauſt ſuerðıt ꝫ ſkıoll
ðīn ꝫ hlıop at atla. ꝫ greıp ħ honðū. kenðı þa aꝼ
lſ muñ ꝫ ꝼell atlı a bak aptr. en egꝉ. greyꝼðız
at nıðr ꝫ beıt ıſunðr ı ħm barkān. let atlı þar
líꝼ ſıtt. egꝉ hlıop vpp ſkıott ꝫ ꝥ ᵗ ẽ blotnau
tıð ſtoð. Greıp ānaꝛı henðı ı granarnar enan
naꝛı ı hornıt. ꝫ ſnaraðı ſua at ꝼætr vıſſu vpp.
en ıſunðr halſbeınıt. Sıðan geck egꝉ. þar ᵗ er
ſtoð ꝼoruneytı ħ. þa .q. egꝉ. Beıꞇat nu ſa brugðū
blár ð̃gvanðıll vnða. aꝼ ꝥ at eɢıar ðeyꝼðı atlı ꝼ̃m
ıñ ſkāmı. neytta ek aꝼlſ v̇ ýtı aurmalgaztan hıǫrva
ıaxl ꝧður let ek eyða ek ꝧ ſauð m; `nauðum´. Sıðan egꝉ.
egꝉ. ıarðer þær allar er ħ haꝼðı ᵗ ðeıllt ꝫ ħ k
allaðı at aſg̃ðr kona ħ heꝼðı att at taka ep
ter ꝼoður ſīn. eckı ẽ getıð at þa yrðı ꝼleıra
ᵗ tıðenða a ꝥ þıngı. Egꝉ ꝼór þa ꝼyrſt īn ı ſogn
ꝫ ſkıpaðı ıarðer þær ẽ ħ haꝼðı þa ꝼengıt at
eıgīn orðı. ðualðız ħ þar mıog lengı v̄ varıt ſı
ðan ꝼór ħ m; ꝼoruneytı ſıtt auſtr ı vık ꝼor ħ þa
a ꝼunð þſꝉ. ꝫ var ꝥ vm hrıð. **vtkvama egils**

66 Egꝉ. bıo ſkıp ſıtt v̄ ſumarıt ꝫ ꝼór þegarħ
v̊ buınn. ħ hellt ᵗ ıſlð. ħm ꝼórz vel he
ellt ħ ᵗ ꝧgar.ꝼ. ꝫ kō ſkıpınu ſkāt ꝼra
bæ ſınū let ħ ꝼlytıa heī varnīg ſīn. en ſettı v
pp ſkıp v̊ egꝉ vet`r´ þān at buı ſínu. Egꝉ. haꝼ
ðı nu vt haptıt allmıkıt ꝼe v̊ ħ m̄ ſtor auð
ıgr. ħ haꝼðı mıkıt bu ꝫ rıſulıgt. Eckı v̊ egꝉ.
ıhlutuñſār v̄ malm̄ ꝫ vtılleīn v̇ ꝼleſta m̄n
þa ẽ ħ v̊ ħ̃ a lðı. Gerðuz m̄n ꝫ eckı ᵗ ꝥ. at ſıtıa
ıꝼ̃ hlut ħ. Egꝉ. v̊ þa at buı ſınu ſua at þ ſkıp

tı vetrū ė allꝼám. Egl̄. ⁊ aſg̃ðr attu born þau
ẽ neꝼnð ẽo. Boðuaꝛ̄ h̉.ſ. þra ānaꝛ̄ Gūnaꝛ̄. þor
g̃ðr ðotẗ ⁊ bera þſteīn v̉ yngſtr. oll v̊ born egl̄. m
añuæn ⁊ vel vıtı borın. þg̃ðr v̉ ellzt barna egılſ

67 Egıll ſpurðı **vtan ꝼerð egıl\ſ/** [ꝥa þarnæſt
þau tıðendı auſtan vm haꝼ at eırıkr
bloðex heꝼðı ꝼallıt ı veſtr vıkīg. en Gū
hıllðr ⁊ .ſſ. þra v̊ ꝼarın t̉ ðanm̄kr ſuðr. ⁊ ꝥttu v̉
aꝼ englðı þ lıð allt ẽ þeī eıꝛ̄. haꝼðı þangat ꝼy
lgt. Arīƀ. var þa komīn t̉ noregſ. haꝼðı h̄ ꝼēgıt
veızlur ſıń ⁊ eıgń þær h̄ haꝼðı átt ⁊ v̉ komīn
ı kærleıka mıkla v̉ k̄g. þottı aglı þa ēn ꝼyſıl
ıgt g̃az at ꝼ̊ t̉ noꝛ̄. þ ꝼylgðı ⁊ tıðenða ſogu at að
alſteīn k̄r v̉ anðaðr. reð þa ꝼ englðı broðer hſ
ıatmunðr. Egl̄. bıo þa ſkıp ſıtt ⁊ reð haſeta tıl.
Anūðr ſıonı rez ꝥt. ſon\r/ ána ꝼ̄ anabrecku aunðr
v̉ mıkıll ⁊ þra m̄ ſterkaztr ẽ þa v̊ ꝥ ı ſueıt. ė v̉
v̄ þ eınmīt at h̄ v̄ı ė hārāmr. Anðr haꝼðı opp
v̄ıt ı ꝼorū lanða ımıllı. h̄ v̉ nockuru ellrı en
egl̄. Með þeī haꝼðı lengı v̄ıt vıngott. ⁊ ẽ egl̄.
var buīn let h̄ ı haꝼ. ⁊ greıððız þra ꝼ̄ð vel. kōu
at mıðıū noꝛ̄. Ok er þr ſa lð. ſteꝼnðu þr īn ı ꝼıor
ðu. ⁊ ẽ þr ꝼēgu tıðendı aꝼ lðı v̉ þeī ſagt at ar
ınƀ. v̉ heıma at buū ſınū. hellðr. egl̄. þangat
ſkıpı ſınu ı hoꝼn ſē næſt bæ arīƀ. Sıðan ꝼór
egl̄ at ꝼīna arīƀ. ⁊ varð þar ꝼagnaꝼunðr
mıkıll m; þeī. bauð aglı þangat t̉ vıſt ⁊ ꝼau
rvneytı h̄ ꝥ ẽ h̄ vıllðı at þangat ꝼærı. Egıll
þektız þ ⁊ let raða ſkıpı ſínu t̉ hlunz. en haſetar
vıſtuðuz. Egl̄. ꝼor t̉ arīƀ. ⁊ þr xíȷ́. ſaman. Egl̄. haꝼ
ðı latıð g̃a langſkıpſ ſegl mıog vanðat. Segl þg
aꝼ h̄ arīƀ. ⁊ ēn ꝼleırı gıaꝼ̄ þær ẽ ſenðılıg̃ voru
v̉ egl̄. ꝥ v̄ vetń ı goðu ıꝼ̄læti egl̄ ꝼór v̄ vetń ſuðr
ı ſogn at lðſkyllðū ſınū ðualðız ꝥ mıog lengı
Sıðan ꝼor h̄ norðr ı ꝼıorðu. Arīƀ. haꝼðı ıola boð
mıkıt bauð t̉ ſın vınū ſınū. ⁊ h̄aðſ bonðū. v̉ ꝥ
ꝼıolm̄nı mıkıt ⁊ veızla goð h̄ gaꝼ aglı at íola
gıoꝼ ſlæður g̃uar aꝼ ſılkı ⁊ gullſaumaðar m
ıog. ſetẗ ꝼ allt gullknauppū ı gegnū nıðr. A
rīƀ. haꝼðı latıð g̃a klæðı þ v̉ voxt eglſ. Arīƀ
gaꝼ aglı alklæðnat nyſkorīn at ıolū. v̊ ꝥ
ſkorın ı enſk klæðı m; morgū lıtū. arīƀ. gaꝼ
margſkonar vıngıaꝼ̄ v̄ ıolın þeī m̄m ẽ h̄ hoꝼ
ðu heī ſott þt arīƀ. v̉ allra māna auruaztr
⁊ meſtr ſkorungr. þa ortı egl̄. vıſu. Sıalꝼraðı
let ſlæður. ſılkı ðreīgr oꝼ ꝼengıt. gullknappa
ðar greppı. geı̇ ek allðrı vın betra. Arīƀ. heꝼ̄
arnat eırar lauſt eða meıra. ſıð man ſeGr
oꝼ ꝼæðaz ſlıkr oððuıta rıkı. **vgleðı egıls**

68 Egıll ꝼeck vgleðı mıkla epẗ ıolın ſuaat
h̄ kuað ė orð. ⁊ ẽ arīƀ ꝼān þ þa tok h̄ ræ
ðu v̉ egıl. ⁊ ſpurðı hű̄u þ gegnðı vgleðı ſu ẽ
h̄ haꝼðı. vıl ek ſeg̃ h̄ at þu laẗ mık vıta hűt
þu ert ſıukr. eða beꝛ̄ ānat t̉ megū v̉ þa bætr
a. egl̄.ſ. eng̃ heꝼı ek kuellı ſotẗ. en a hyggıur
heꝼı ek mıklar v̄ þ hű̄ſu ek ſ̄ na ꝼe ꝥ ẽ ek
vañ t̉ þa ẽ ek ꝼellða lıot ēn bleka norðr a
mærı. M̃ ẽ ſagt. at ar m̄n k̄ haꝼı þ ꝼe allt v
pp tekıt. ⁊ kaſtað a k̄ eıgu. Nu vıl ek ꝥ t̉ ha
þıtt lıðſīnı v̄ ꝥa ꝼıarheītu. Arīƀ.ſ. eckı ætla
ek þ ꝼıaꝛ̄ı lðz logū at þu eıgnaðız ꝼe þ. en
þo þıkı m̄ nu ꝼeıt ꝼaſtlıga kōıt. er k̄ garðr
rumr ıñgangſ en þraungr ꝥtꝼaꝛ̄. haꝼa oſſ
orðıt margar torſottar ꝼıarheītur v̉ oꝼreꝼ
lıſſ mēnına. ⁊ ſatu v̄ þa ımeıra trauſtı v̉ k̄g
en nu ẽ. ꝥ at vınatta ockur hakoń k̄ ſtenðr
grunt. þo at ek v̄ða ſua at g̃a ſē ꝼornkueðıt
orð ẽ at þa v̄ðr eık at ꝼaga ẽ vnðer ſ̄ bua ꝥ
leıkr þo mīn hugr a ſ. egl̄. eꝼ v̉ hoꝼū log
at mæla. at v̄ ꝼreıſtım ma ſua v̄a at k̄r vn
ní oſſ h̄ aꝼ rettz. þt m̄ ẽ ſagt at k̄r ſe maðr
rettlatr. ⁊ hallðı vel log þau ẽ h̄ ſetr h̄ ı lðı.
telz m̄ þ hellz ı hug at ek muna ꝼ̊ a ꝼunð
k̄ ⁊ ꝼreıſta þa mala v̉ h̄. arīƀ.ſ. at h̄ v̉ eckı
ꝼuſſ þ. þıkı m̄ ſē ꝥ munı o hægt ſaman at
koma egl̄. kappı þınu ⁊ ðırꝼð. en ſkaplyn
ðı k̄. ⁊ rıkı h̄ þt ek hyG h̄ vera engan vın þīn
⁊ þıkıa h̄m þo ſak̄ t̉ v̄a. vıl ek hellðr at v̉ la
tım þta mal nıðr ꝼalla. ⁊ heꝼī ė vpp. en eꝼ þu
vıll þ egl̄. þa ſ̄ ek hellðr ꝼara aꝼunð k̄ m; þı
malaleıtan. egl̄.ſ. at h̄ kynnı þ mıkla þauk̄
⁊ oꝼuſu ⁊ h̄ vıll þna koſt gıarna. hak̄ v̉ þa á

rogalðı en ſtunðū a haurða lðı v̊ð eckı torſótt at ſækıa ħ ꝼunð. v̊ þ ꝫ é mıklu ſıðaŕ en ræðā haꝼðı v̊ıt arīƀ. bıo ꝼ̊ð ſına v̊ þ þa g̊t lıoſt ꝼ̣ m̄ at ħ ætlaðı t̓ ǩ ꝼunðar. Skıpaðı ħ ħ̓ kor lū ſınū tuıtugſeſſu er ħ attı. egɫ. ſkyllðı h eıma v̊a. vıllðı arīƀ é at ħ ꝼærı. ꝼor arīƀ þa ẽ ħ v̇ buīn. ꝫ ꝼorz ħm vel. ꝼān ħ haǩ. ǩg ꝫ ꝼeck þ̓ goðar v̇tokur. ꝫ ẽ ħ haꝼðı lıtla hrıð ðualız þ̓. ƀ ħ vpp erenðı ſín v̇ ǩg ꝫ ſeg̃ at egɫ. .s.G.ſ. ẽ þ̓ komīn t̓ lðz. ꝫ ħ þottız eıga ꝼe þ allt ẽ átt haꝼðı lıotr ēn bleıkı. ẽ oſſ ſua ſagt ǩr. at egɫ munı log mæla v̄ þta en ꝼe ıt haꝼa tekıt vpp arm̄n yðrer ꝫ kaſtað a yðuaŕı eıgu. vıl ek yðr þ̄ bıðıa ħ̓ra at egɫ. naı þar aꝼ logū. ǩr .ſ. ħ malı ꝫ tok ſeınt t̓ orða. é veıt ek ħ̓ þu gengr m; ſlıku malı ꝼ̣ honð egɫ. kō ħ eıtt ſīn a mīn ꝼunð ꝫ ſagða ek ħm at ek vıllða eckı ħ̓ ılðı vıſter ħ. aꝼ þeī ſokū ſē yðr ẽ aðr kūnıgt. Nu þarꝼ egɫ. eckı at heꝼıa vpp ſlıkt t̓kall v̇ mık ſē v̇ eıř. ƀ̓ður mīn. En þ̄ arīƀ. ẽ þ at ſegıa at þu ſua meg̃ v̊ a ħ̓ ı lðı at þu metır é meıra vtlenða m̄n en mık. eða mín orð. þt ek veıt at hug̃ þıñ ſ tanða þar t̓ ẽ hař. ẽ eıř.ſ. ꝼoſtr ſon þīn. ꝫ er þer ſa koſtr beztr at ꝼ̊ t̓ ꝼunðar v̇ þa bræðr ꝫ vera m; þeī. þt m̄ ẽ mıkıll grunr a at munı ſlıǩ m̄n ıllır t̓takſ eꝼ þ þarꝼ at reyna v̄ ſkıptı var ſo na eıř. ok er ǩr tok þu malı ſua þuert þa ſa arīƀ. at eckı munðı tía at leıta þra mala. v̇. ħ. bıoz ħ þa t̓ heīꝼ̊ðar. ǩr v̇ hellðr ſtyGr ꝫ v blıðr t̓ arīƀ. ſıðan ħ vıſſı erenðı ħ. arīƀ haꝼ ðı þa ꝫ eckı ſkaplynðı t̓ at mıuklæta ſık v̇ ǩg v̄ þta mal. Skılðuz þr v̇ ſuabuıt. ꝼor arīƀ heī ꝫ ſagðı aglı erenðıſſ lok ſín. mun ek é ſlıkra mala optaŕ leıta v̇ ǩg. Egɫ varð alluꝼryñ v̇ þa ſaugn. þottız þ̓ mıkılſ ꝼıar mıſſa ꝫ é at rettu. ꝼā ðogū ſıðaŕ v̇ þ ſnēma eīn morgī þa er arīƀ var ı ħ̓ƀgı ſínu. v̇ þ̓ þa eckı mart māna. þa let ħ kalla þangat egɫ. ꝫ ẽ ħ kō þ̓ þa let arīƀ. luka vpp kıſtu ꝫ reıððı þar or .xl. marka ſılꝼrſ ꝫ mɫtı ſua. þta ꝼe gellð ek þer egɫ. ꝼ̣ ıarðer þær er lıotr ēn bleıkı haꝼð átt þıkı m̄ þ ſañlıgt at þu haꝼ̊ þı laun aꝼ okr ꝼ̊ð geırı ꝼræðū ꝼ̣ þ ẽ þu leyſtır lıꝼ ħ aꝼ lıotı. En veıt at þu lez mín at nıota. em ek þ̓ ſkyllðr at lata þık eı laugrænīg aꝼ þ̓ malı. Egɫ. tok v̇ ꝼenu. ꝫ þackaðı arīƀ. g̊ðız egɫ þa ēn eīteıtı.

69 Arīƀ var þna vetr heıma at buū ſın um en epť v̄ varıt lyſtı **capıtulum** ħ ıꝼ̊ þ̓ at ħ ætlar at ꝼ̊ ı vıkıng arīƀ. haꝼðı ſkıpakoſt goðan. bıo ħ v̄ varıt .ííj. lāg ſkıp ꝫ oll ſtór. ħ haꝼðı .ccc. m̄. haꝼðı ħ ħ̓kar la aſkıpı ſınu ꝫ var þ alluel ſkıpat. ħ haꝼ ðı ꝫ marga bonða ſonu m; ſer. egɫ. rez t̓ ꝼa rar m; ħm. Styrðı ħ ſkıpı ꝫ ꝼor m; ħm mart aꝼ ꝼoruneytı þ̓ er ħ haꝼðı haꝼt m; ſer aꝼ ıſ lðı. en kaupſkıp þ er egɫ. haꝼðı haꝼt aꝼ ıſlðı let ħ ꝼlytıa auſtr ı vık. ꝼeck ħ þ̓ m̄ t̓ at ꝼ̊ með varnat ſīn. en þr arīƀ. ꝫ egɫ. helldu langſkı punū ſuðr m; lðı. Sıðan ſteꝼnðu þr lıðınu ſu ðr t̓ ſaxlðz ꝫ ħ̓ıuðu þar v̄ ſumarıt ꝫ ꝼengu ſer ꝼe. En ẽ hauſta tok ħ̓ıuðu þr þr norðr aptr ꝫ lagu v̇ ꝼ̊ſlð. eınhu̅ıa nott þa er veðr v̊ kyrt laugðu þr vpp ı moðu eına þar ẽ ıllt t̓ haꝼna ꝫ vtꝼırı mıkıl. þ̓ v̊ a lð vpp ſletť mıklar ꝫ ſkāt t̓ ſkog̃ þ̓ v̊ veller blauť þt regn hoꝼðu v̊ıt mıkıl. þar reðu þr t̓ vppgaungu. ꝫ letu epť þ̓ðıung lıðſ at gæta ſkıpa. þr gıngu vpp m; añı mıllı ꝫ ſkogarīſ. þa varð bratt ꝼ̣ þeım þorp eıtt ꝫ bygðu þar marg̃ bænðr lıðıt rān ór þorpınu alðıt þar ẽ mattı. þeg̃ ẽ v̇t v̊ð vıð herīn. en vıkīgar ſottu epť þeī v̇ þa ſıðā añat þorp ꝫ ıt þrıðıa. lıðıt ꝼlyðı allt þ ẽ þ̓ kō v̇. þar var ıaꝼnlenðı ꝫ ſlettur mık lar. ðıkı v̊ ſkorın vıða v̄ lðıt. ꝫ ſtoð ı vatn hoꝼðu þr lukt v̄ akra ſína. ꝫ eīg. En ıſum ū ſtoðū v̊ ſetť ſtaurar ſtorer ıꝼ̊ ðıkın. þ̓ er ꝼara ſkıllðı v̊ bruar ꝫ lagðer ıꝼ̊ vıðer. lðz ꝼolkıt ꝼlyðı ı morkına. en ẽ vıkīgar v̊ koñ langt ı bygðına þa ſoꝼnuðuz ꝼrıſır ſamā ı ſkogınū. ꝫ ẽ þr hoꝼðu aukın .ccc. māna. þa ſteꝼna þr ı motı vıkīgū ꝫ raða t̓ oř̄o v̇ þa varð þar harðr barðagı en ſua lauk at ꝼrí ſır ꝼlyðu. En vıkınǥ̃ raku ꝼlottān. ðreıꝼðız bæıa`r´ lıðıt vıðſ veǥ̃ þ ē vnðan ꝼór ǥ̃ðu þr ꝫ ſua ē epꞇ̃ ꝼ̊ kō þa ſua at ꝼaē ꝼ̊ huaꝛ̃ ſaman. egl̃. ſottı þa ħt epꞇ̃ þeī ꝫ ꝼaer m̄n m; ħm. en mıog marǥ̃ ꝼ̊ vn ðan. komu ꝼrıſır ꝥ at ē ðıkı ꝟ ꝼ þeī. ꝫ ꝼ̊ þar ıꝼ̄ ſıðan toku þr aꝼ bryggıuna þa kōa þr egl̃ at oðrū megın. reð egl̃. þeǥ̃ ꞇ ꝫ hlıop ıꝼ̄ ðıkıt. en þ var eckı añaꝃa m̄ hlaup. enða reð ꝫ engı ꞇ ꝫ ē ꝼ̇ſır ſa þ þa ſækıa þr at ħm en ħ varðız þa ſottu at ħm .xı. m̄n. En ſua lauk þra vıðſkıptū at ħ ꝼellðı þa alla. epꞇ̃ þ ſkaut egl̃. ıꝼ̄ brūnı ꝫ ꝼorþa aptr ıꝼ̄ ðıkıt. ſa ħ þa at lıð þra allt haꝼðı ſnuıt ꞇ ſkıpāna. ħ ꝟ þa ſtaððr nærꝃ ſkogınū. Sıðan ꝼ̊ egl̃. ꝼ̃m m; ſkogınū ꝫ ſua ꞇ ſkıpāna at ħ attı koſt ſkogarınſ eꝼ ħ þyrꝼtı. vıkīgar hoꝼðu h aꝼt mıkıt ħ̃ ꝼang oꝼan ꝫ ſtranð hoɢ ok ē þr komu ꞇ ſkıpāna. hıuggu ſum̄ bu ꝼeıð ſumer ꝼluttu vt a ſkıpın. ꝼen þra ſum̄ ſtoðu ꝼ oꝼan ı ſkıallð borg þt ꝼ̇ſır ꝟ oꝼan kōner ꝫ hoꝼðu mıkıt lıð ꝫ ſkutu a þa. hoꝼðu ꝼ̇ſır þa aðra ꝼ ylkıng. ok ē egl̃ kō oꝼan ꝫ ħ ſa huat tıðt var þa rān ħ at ſē ſnaraz. þar ſē mugīn ſtoð haꝼ ðı ħ keſıuna ꝼ ſer. ꝫ tok hana tueī honðū en kaſtaðı ſkıllðınū a bak ſer. ħ lagðı ꝼ̃m keſıū nı ꝫ ſtock ꝼ̃ allt þ ē ꝼ ſtoð ꝫ gaꝼz ħm ſua rū ꝼ̃m ıgegnū ꝼylkīgına. Sottı ħ ſua oꝼan ꞇ m̄ ſīna. þottuz þr haꝼa ħ or helıu heītan. Gāga þr ſıðan a ſkıp ſın ꝫ hellðu ƀtt ꝼ̃ lðı. Sıglðu þr þa ꞇ ðanm̄kr ꝫ ē þr kōa ꞇ lıma ꝼıarðar ꝫ lagu at halſı. þa attı arīƀ ħþıng ꝟ lıð ſıtt ꝫ ſagðı m̄m ꝼ ætlan ſına. nu mun ek. ſ. ħ leıta a ꝼunð eıꝛ̃ ſona ꝟ lıð þ ē mer vıll ꝼylgıa. ek heꝼı nu ſpur`t´ at þr bræðr ē̄o ħ̄ı ðanmorku ꝫ hallða ſueıꞇ̃ſto rar ꝫ ero a ſūrū ı ħ̄naðı en ſıtıa a vetrū ħ̃ ı ðanmork. vıl ek nu geꝼa leyꝼı ollū m̄ at ꝼ̊ ꞇ noregſ þeī ē þ vılıa hellðr en ꝼylgıa m̄ Synız m̄ þ rað egl̃. at þu ſnuer aptr ꞇ noꝛ̃ ꝫ leıtır eñ ſē braðaz ꞇ ıſlðz v́t. þeǥ̃ ꝟ ſkılıūz. Sıðā ſkıptuz m̄n a ſkıpunū reðuz þr ꞇ egl̃. ē aptr vıllðv ꝼ̊ ꞇ noꝛ̃ en hıtt ꝟ meırı lutı lıðſ mıklu ē ē ꝼylgðı arīƀ. Skılðuz þr arīƀ. ꝫ egl̃. m; blıðꝺ ꝫ vınattu. ꝼór arīƀ. a ꝼunð eıꝛ̃ ſſ. ꝫ ı ſueıt m; haꝛ̃. ǥ̃ꝼellð ꝼoſtrſynıſınū ꝫ ꝟ ſıðan m; ħm meðan þr lıꝼðu baðer. egl̃ ꝼór norðr ı vıkına ꝫ hellt īn ıoſloar ꝼıorð. var ꝥ ꝼ kaupſkıp ñ. þ ē ħ haꝼðı latıð ꝼlytıa ſuðr ꝟ varıt þar ꝟ ꝫ varnaðr ñ ꝫ ſueıtungar þr ē m; ſkıpınu hoꝼðu ꝼarıt. þſꞇ̃ þoru .ſ. kō aꝼunð egl̃ ꝫ baꝺð ħm m; ſer at ꝟa ꝟ vetñ. ꝫ þeī m̄ ē ħ vıllðı m; ſer haꝼa. Egl̃ þektız þ let vpp ſetıa ſkıp ſín ꝫ ꝼæra varnat ꞇ ſtaðar. en lıð þ ē ħm ꝼylg ðı vıſtaðız ꝥ ſūt. en ſum̄ ꝼ̊ norðr ılð ꝥ ē þr attu heımılı. Egl̃ ꝼ̊r ꞇ þſꞇ̃ ꝫ ꝟ ꝥ ſaman .x.e. xíj. ꝟ egl̃ ꝥ ꝟ vetñ ıgoðū ꝼagnaðı. **ſenðı ꝼ̃ð**

70 Harallðr ꝃr ēn harꝼagrı **tıl vermalðz** haꝼðı lagt vnðer ſık auſtr ꝟmalð vermalð haꝼðı vñıt ꝼyſtr olaꝼr ꝼ̃ telgıa ꝼaðer halꝼðanar huıt beınſ ē ꝼyſt ꝟ ꝃr ı noregı ſīna kynſ m̄. en haꝛ̃. ꝃr ꝟ þaðan kō īn at lang ꝼeðga talı ꝫ hoꝼðu þr aller lang ꝼeðǥ̃ raðıt ꝼ ꝟmalðı. ꝫ tekıt ſkatta aꝼ. en ſetta m̄n ıꝼ̄ ꞇ lðz gæzlu. ok ē haꝛ̃. ꝃr ꝟ gam all vorðīn. þa reð ꝼ ꝟmalðı ıarl ſa ē arnꝼıðr het. ꝟ ꝥ þa ſē mıog vıða añarſ ſtaðar at ſ katꞇ̃ greıððuz ꝟr en þa ē haꝛ̃. ꝃr ꝟ a lettaz ta ſkeıðı allðrſ. Sua ꝫ þa er ſyñ haꝛ̃ ðeıllðu ꝟ rıkı ínoregı ꝟ þa lıtt ſéét epꞇ̃ ꝟ ſkatt londın þau ē ꝼıarrı lagu. En þa er haꝃ ſat ı ꝼ̇ðı þa leıtaðı ħ epꞇ̃ ꝟ rıkı þ allt ē haꝛ̃ ꝼað̄ ñ haꝼðı haꝼt. haꝃ ꝃr haꝼðı ſenðt m̄n auſtr a ꝟmalð .xíj. ſaman. hoꝼðu þr ꝼengıt ſkatt aꝼ ıarlınū. ok ē þr ꝼoru aptr ꝟ eıðaſkog þa komu at þeī ſtıgam̄n ꝫ ðrapu þa alla. A ſōu leıð ꝼór ꝟ aðra ſenðım̄n ē haꝃ ꝃr ſenðı au ſtr a ꝟmalð. at m̄n ꝟ ðrepñ en ꝼe kō ė aptr. ꝟ þ þa ſūra m̄ mal at arnuıðr ıarl munðe ſetıa m̄n ſına ꞇ at ðrepa m̄n ꝃgſınſ. en haꝼa at ꝼæra ıarlınū. þa ſenðer haꝃ. ꝃr hına ꝥð ıu m̄n. ꝟ ħ þa ı þranðheımı. ꝫ ſkıllðu þr ꝼara ı vık auſtr tıl ꝼunðar ꝟ þſꞇ̃. þoru .ſ. m; þeī orðū at ħ ſkıllðı ꝼara auſtr a vermalð at heīta ſkatta ꝃı ꞇ hanða. en at oðrū koſtı ſkıllðı þſꞇ̃.

ꝼ᷎ ór lꝺı. ꝥt k̅r haꝼðı þa ſpurt at arīb moður bꝛ̅oðer
ħ v᷎ komīn ſuðr t̓ ꝺanm̅kr ꝫ v᷎ m; eır̅.ſſ. ꝥ ok
m; at þr hoꝼðu þar mıklar ſueıt̅. ꝫ v᷎ ı k̅naðı vm
ſūrū þottı hakonı k̅ı þr aller ſaman eckı t̅lıg̅
ꝥt h̅m var van vꝼ̅ðar aꝼ eır̅.ſſ. eꝼ þr heꝼðı ſtyrk
nockurn t̓ ꝥ at g̅a vppreıſt motı hak̅ı k̅ı. þa g̅ðı
t̓ allra ꝼrænða arīb ꝫ maga eða vına rak ħ þa m̅g
a or lꝺı eða g̅ðı þeī aðra aꝼ̅koſtı. kō ꝥ ꝫ ꝥ̓ ꝼ̅m er
ꝥſt̅ v᷎ at k̅r g̅ðı ꝼ᷎ þa ſok ꝥtta koſtaboð. Maðr ſa
er erenꝺı ꝥtta bar. ħ v᷎ allra lꝺa m̅. haꝼðı v̅ıt lon
gū ı ꝺanmork. ꝫ ı ſuıavellꝺı. v᷎ h̅m þar allt kūn
ıgt ꝼ᷎ bæðı v̄ leıðır ꝫ m̅ꝺeılı. ħ haꝼðı ꝫ vıða ꝼ̅ıt
v̄ nor̅. ꝫ ē ħ bar ꝥta mal ꝥſt̅. þoruſ. þa ſeg̅ ꝥſt̅ ag
lı m; h̅uıū erēꝺū ꝥır m̅n ꝼ᷎. ꝫ ſpurðı h̅uſu ſua
ra ſkıllꝺı. Egl̅.ſ. auðſætt lız m̅ v̄ orðſenꝺıng
ꝥa at k̅r vıll þıg ór lꝺı ſē aðra ꝼrænꝺr arīb.
ꝥ̓ at ꝥta kalla ek ꝼorſenꝺıng ſua gauꝼgū m̅
ſē þu ē̅t. er ꝥ mıtt rað ē þu kaller t̓ talſ v᷎ þık
ſenꝺım̅n k̅ſ. ꝫ vıl ek v̅a v᷎ reðu yðra ſıā þa h̅t
ı g̅ız. ꝥſt̅ g̅ðı ſē ħ m̅tı kō þeī ı talıð. ſogðu þa
ſenꝺım̅n allt et ſāna ꝼ̅ erenꝺū ſınū ꝫ orðſenꝺ
ıng k̅ſ. at ꝥſt̅ ſkyllꝺı ꝼara ꝥa ſenꝺıꝼor en v̅a
vtlægr at oðrū koſtı. þa .ſ. egl̅. ſe ek g̅la v̄ erē
ꝺı yðuart. eꝼ ꝥſt̅. vıll ė ꝼ᷎. þa munu ꝥ̅ ꝼara ſt̅u
at heīta ſkattīn. Senꝺım̅n ſogðu at ħ gat r
ett. ė mun ꝥſt̅ ꝼ᷎ ꝥa ꝼ̅ð ꝥt ħ er eckı ꝥ ſkyllꝺr
ſua gauꝼugr m̅ at ꝼ᷎ ſua vrıꝼlıg̅ ſenꝺıꝼ̅ð. en hıtt
munꝥſt̅ g̅a ē ħ ē t̓ ſkyllꝺr at ꝼylgıa k̅ı ıñan lꝺz
ꝫ vtan lꝺz. eꝼ k̅r vıll ꝥ kreꝼıa. Sua ꝫ eꝼ ꝥ̅ vıl
ıt nockura m̅n haꝼa heðan t̓ ꝥar ꝼ̅ðar. ꝥa
mun yðr ꝥ heımollt. ꝫ allan ꝼarar greıða ꝥān
er ꝥ̅ vılıt ꝥſt̅ı t̓ ſegıa. Sıðan toluðu ſenꝺım̅n
ſın ı mıllı ꝫ kō ꝥ a ſāt m; þeī eꝼ egl̅. vıllꝺı ꝼ᷎
ı ꝼ̅ðına. er k̅ı ſogðu þr allılla t̓ ħ ꝫ mun h̅
þıkıa var ꝼ̅ð allgoð eꝼ v̅ komū ꝥ̓ t̓ leıðar
at ħ ſe ꝺrepīn. ma ħ þa reka ꝥſt̅ or lꝺı eꝼ h̅
lıkar. Sıðan ſegıa þr ꝥſt̅. at þr lata ſē lıka
eꝼ egl̅ ꝼ̅r ꝫ ſıtı ꝥſt. heıma. ꝥ ſt̅ þa v̅a. ſ. egıll
at ek mun ꝥſt̅ vnꝺan ꝼ̅ð ꝥı eða h̅uſu mar
ga m̅n þıkız ꝥ̅ þurꝼa heðan at haꝼa vær
erū ſaman vííj. ſogðu þr. vılıū v̅ at heðan
ꝼarı .ííij. m̅n ero v̅ þa .xıȷ egl̅.ſ. at ſua ſkyllꝺı
v̅a. aunūꝺr ſıonı ꝫ þr nockur̅ ſueıtıg̅ egl̅. hoꝼðu
ꝼarıt vt t̓ ſıoꝼ̅ at ſıa v̄ ſkıp ꝥra ꝫ ānan varn
at ꝥ̓ ē þr hoꝼðu ſellt t̓ varðueızlu v̄ hauſtıð
ꝫ komu þr ė heī. þottı aglı ꝥ mıkıt meın ꝥt
k̅ſ m̅n letu oðlıga v̄ ꝼ̅ðına ꝫ vıllðu eckı bıða

71 Egıll bıoz t̓ ꝼ̅ðar ꝫ ııȷ **vermalꝺz ꝼerð**
m̅n aðrer ħ ꝼaurunaut̅ hoꝼðu þr heſ
ta ꝫ ſleða ſua ſē k̅ſ m̅n. þa v᷎ ſnıoꝼar mık̅
ꝫ breyt̅ veg̅ aller raða þr t̓ ꝼ̅ðar ē þr v᷎ bun̅
ꝫ oku vpp a lꝺ ꝫ ē þr þr ſottu auſtr t̓ eıða. þa v᷎
ꝥ a eīnı nott at ꝼell ſnıaʀ mıkıll ſua at v̅gla
ſa veguna ꝼorz þeī þa ſeīnt v̄ ꝺagīn ep̅ ꝥt
kaꝼhlaup v᷎ þeg̅ aꝼ ꝼor vegınū. ok ē a leıð
ꝺagīn ꝺuolꝺuz þr ꝫ aꝺu heſtū ſınū. þar v᷎ næʀ
ſkogar halſ eīn. þa m̅tu þr vıð egıl nu ſkıl
ıaz ħ vegar. en ħ ꝼ̅mvnꝺā halſınū byr bō
ꝺı ſa er heıt̅ arnallꝺr vınr var̅ munu v̅ ꝼoru
naut̅ ꝼ᷎ þangat t̓ gıſtıng̅ en ꝥ̅ ſt̅ut ꝼara ħ
vpp a halſīn ꝫ þa ē ꝥ̅ kōıt ꝥ̓ mun bratt v̅
ꝺa ꝼ᷎ yðr bæʀ mıkıll ꝫ ē yðr þar vıſ gıſtıng ꝥ̓
byr ſtorauðıgr m̅. ē heıt̅ armoðr ſkeɢ en a mor
gın arꝺegıſ ſt̅u v̅ hıttaz ꝫ ꝼ᷎ añat kuellꝺ t̓ eı
ꝺaſkogſ þar byr goðr bonꝺı ē þorꝼīnr heıter
Sıðan ſkılıaz þr ꝼ᷎ þr egl̅ vpp a halſīn en ꝼ̅ k̅
m̅ ē ꝥ at ſegıa at þeg̅ ē ſyn ꝼal ımıllı ꝥra egl̅
þa toku þr ſkıð ſın er þr hoꝼðu haꝼt. ꝫ ſtıgu
þar á. letu ſıðan ganga aptr a leıð ſē þr m
attu. ꝼ᷎ þr nott ꝫ ꝺag ꝫ ſn̅u t̓ vpplꝺa ꝫ þaðan
norðr vm ꝺoꝼ̅ ꝼıall ꝫ lettu ė ꝼyʀ en þr kōu a
ꝼunꝺ hak.k̅ ꝫ ſogðu v̄ ſına ꝼ̅ð ſē ꝼarıt haꝼ
ðı. Egl̅ ꝫ ꝼorunaut̅ ħ ꝼ᷎ v̄ kuellꝺıt ıꝼ̅ halſīn
var ꝥ ꝥ̓ ſkıotaz aꝼ at ſegıa at þr ꝼ᷎ þeg̅ aꝼ ve
gınū. v᷎ ſnıorrīn mıkıll. lagu heſtarn̅ a kaꝼı
añat ſkeıð ſua at ꝺraga varð vpp. ꝥ̓ v᷎ kleıꝼ
ꝫ kıaʀ ſkogar nockur̅. en v̄ kıorrīn ꝫ kleı
ꝼarn̅ v᷎ alltorſott. v᷎ þeī þa ſeīkan mıkıl at
heſtunū en mānꝼærðın var en þyngſta m
æððuz þr þa mıog en þo komuz þr aꝼ halſı
nū ꝫ ſa þa ꝼ᷎ ſer bæ mıkīn. ꝫ ſottu þangat t̓
ꝫ ē þr kōu ı tunıt þa ſa þr at ꝥ̓ ſtoðu m̅n vtı.

armoðr ȝ ſueın̄ ħ koſtuðuz þr orðū a ȝ ſpur
ðuz tıðenda ȝ ē armoðr vıſſı at þr v̊ ſendım̄
kſ þa bauð ħ þeī þar gıſtıng. þr þektuz þ.
toku ħk̄lar arm̄ vıð heſtū þra ȝ reıða en bō
ðı bað egl̄ ganga īn ıſtuꝼu ȝ þr ḡðu ſua. Arm̄
ſettı egl̄ ıaunðuegı a ēn væðra beck ȝ ꝥ ꝼoru
nauta ħ vtar ꝼ̄. þr ræððu mart v̄ hūſu erꝼıll
ıga þr hoꝼðu ꝼarıt v̄ kuellðıt. en heımam̄m
þottı mıkıt vnðr ē þr hoꝼðu ꝼ̄m̄ komız ȝ ſogðu
at ꝥ v̊ıengū m̄ ꝼært þoat ſnıolauſt v̊ı. þa mlı
arm̄. þıkır yðr ė ſa beını beztr at yðr ſe borð ſeẗ
ȝ geꝼīn naẗuerðr. En ſıðan ꝼarı ꝥ at ſoꝼa munu
ꝥ þa huılaz bezt. þ lıkar oſſ alluel ſ. egl̄. Arm̄
let þa ſetıa þeī borð. en ſıðan v̊ ſetẗ ꝼ̄m ſtorer
aſkar ꝼuller aꝼ ſkyrı. þa let arm̄. at ħm þæt
tı þ ılla ē ħ haꝼðı ė mungat at geꝼa þeī. þr egl̄.
v̊ mıog þyſẗ aꝼ mæðı toku þr vpp aſkana ȝ ðru
cku akaꝼt ſkyrıt. ȝ þo egl̄ mıklu meſt. engı kō
ōnur vıſtın ꝼ̄m þar v̊ mart hıona ħpreyıa ſat a þū
pallı ȝ ꝥ konur hıa hēnı. ðotẗ bonða v̊ a golꝼınu .x.
veẗ eða xı. ħpreyıa kallaðı hana t̄. ȝ mlı ı eyra ħnı
Sıðan ꝼor mærın vſ̄ ꝼ borðıt ꝥ ē egl̄. ſat ħ̄ q. ꝥ ſēðı
mın moðer mık v̊ þık t̄ ꝼunðar. ȝ orð b̄a aglı at ꝥ
vaꝛ̄ ſkyllðuð hıllðr mlı þ horna haga þu ſua ma
ga þınū eıgu vaꝛ̄ geſter æðra neſt a ꝼreſtum.
Arm̄ lauſt meyna ȝ bað hana þegıa. mælerðu þ
ıaꝼnan ē veſt gegñ mærın geck a b̄tt. en egl̄ ſk
aut nıðr ſkyraſkınū ȝ v̊ þa næk̄ tōr. v̊ þa ȝ b̄tt tekñ
aſkarñ ꝼ̄ þeī Gengu þa ȝ heıma m̄n ı ſætı ſın ȝ v̊
borð vpp tekın v̄ alla ſtoꝼv ȝ ſett a vıſt. ꝥ næſt kōu
īn ſenðīgar ȝ v̊ þa ſetẗ ꝼ egl̄. ſē ꝼ aðra m̄n. ꝥ næſt
v̊ ol īn borıt. ȝ var þ ıt ſterkaſta mungat. v̊ þa b̄t
ðruckīn eīnmēnıngr ſkyllðı eīn m̄ ðrecka aꝼ ðyr
ſhornı. v̊ ꝥ meſtr gaūr at geꝼīn ē egl̄ v̊ ȝ ſueıtun
gar ħ ſkyllðu ðrecka ſē akaꝼaz. egl̄ ðrack vſleıtı
lıga ꝼyrſt langa rıð. en ē ꝼaurunauẗ ħ ḡðuz vꝼæꝛ̄
þa ðrack ħ ꝼ þa þ ē þr mattu ė. geck ſua t̄ þ ē borð
ꝼ̄ b̄tt ḡðuz þa ȝ aller mıog ðrukñ þr ē īnı v̊. en hūt
ꝼull ē arm̄ ðrack. þa mlı ħ ðreck ek t̄ þın egl̄. en
ħkarlar ðrucku t̄ ꝼorunauta egl̄. ȝ hoꝼðu hīn ſa
ma ꝼormala. Maðr v̊ t̄ þ ꝼengīn at b̄a þeī aglı
hūt ꝼull ȝ eggıaðı ſa mıog at þr ſkyllðı ſkıott
ðrecka egl̄ mlı v̊ ꝼorunauta ſına at þr ſkyll
ðu þa eckı ðrecka en ħ ðrack ꝼ þa þ ē þr mattu
ė ānan veg vnðan kōaz. egl̄ ꝼān þa at ħm myndı
ė ſuabuıt eıra ſtoð ħ þa vpp ȝ geck v̄ golꝼ hūt
þangat ē arm̄ ſat. ħ tok honðū ı axlır ħm ȝ kn
eıktı ħ vpp at ſtauꝼū. Sıðan þeyſtı egl̄ vpp or ſ̄
ſpyıu mıkla ȝ gauſ ıānlıt armoðe ı augun ȝ naſar
nar. ȝ ı mūnīn. rān ſua oꝼan v̄ brınguna en ar
moðe v̊ v̊ anðhlaup. ȝ ē ħ ꝼeck aunðūnı ꝼ̄ ſer h
runðıt þa gauſ vpp ſpyıa. en aller mlu þr ē hıa
v̊. ħk̄lar arm̄. at egl̄ ſkyllðı ꝼ̊ allra m̄ armaztr
ȝ ħ v̊ı ēn veſtı m̄ aꝼ þu v̊kı ē ħ ſkyllðı ė ganga vt
ē ħ vıllðı ſyıa en v̊ða ė at vnðrū īnı ı ðryckıuſtu
ꝼūnı. Egl̄.ſ. eckı er at hallmæla m̄ v̄ þta. þott
ek ḡa ſē bonðı ḡır. Spyr ħ aꝼ ollu aꝼlı ė ſıðr en
ek. ſıðan geck egl̄ t̄ rūſ ſınſ ȝ ſettız nıðr bað
þa geꝼa ſer at ðrecka. þa .q. egl̄ v̊ rauſt. Tıtt
erūk v̊ð at vatta vættı bēk at ek hætta þung tıl
ꝥar gongu. þın kīnala mīnı margr velr geſtr ꝥ
er gı
æðra olðra ðreɢ ı ſkeggı. arm̄ hlıop vpp ȝ vt en
egl̄ bað geꝼa ſer ðrecka. þa mlı ħpreyıa v̊
þaɴ mān ē þeī haꝼðı ſkenkt v̄ kuellðıt at ħ
ſkyllðı geꝼa ðryck ſua at þa ſkyrtı ė meðan þr
vıllðı ðrecka. Sıðan tok ħ ðyrſhon mıkıt ȝ ꝼyll
ðı ȝ bar t̄ egls. egl̄ kneyꝼðı aꝼ hornınu ı eınum
ðryck. þa .q. ħ. Dreckū or þoat eckılſ eyk rıðr b̄ı
tıðū horna ſunð at henðı hūt ꝼull brag̃ vllı ley
ꝼı ek væır þoat lauꝼa. leıkſẗır m̄ ꝼærı hroſta
tıorn ı hornı horn t̄ ðagſ at mornı. Egl̄. ðrack v̄
rıð ȝ kneyꝼðı hūt horn ē at ħm kō. En lıtıl v̊
þa gleðı ı ſtoꝼūnı. þott nockuꝛ̄ m̄n ðryckı. Sı
ðan ſtenðr egıl̄ vpp ȝ ꝼorunauẗ ħ ȝ taka vapn
ſın aꝼ veɢıū ē þr hoꝼðu vpp ꝼeſt. ganga ſıðan
t̄ kornhlauðu þrar ē heſtar þra v̊ īnı logðuz þr
ꝥ nıðr ı halm ȝ ſuaꝼu v̄ nottına

egıll ꝼan armoð ſkeg

72 Egıll ſtoð vpp v̄ morgınīn þeg̃ ē
ðagaðı. bıugguz þr ꝼaurunauẗ. ȝ ꝼ̊ þe
gar ē þr v̊ buñ aptr tıl bæıarınſ ȝ leıta
armoðſ ȝ ē þr komu t̄ ſkēmu burſ þ ē armoðr

ſuaꝼ ı ꝫ kona ħ. ꝫ ðott̄. þa hratt egl̄. vpp hurðū
ní ꝫ geck ͭ rekkıūnar arm̄. ħ bra þa ſuerðı en ā
naŕı henðı greıp ħ ı ſkeɢ arm̄ ꝫ hnyktı ħm a ſ
tock ꝼ̄m en kona armoð ꝫ .ð. hlıopu vpp. ꝫ baðu e
gıl at ħ ðræpı ė arm̄ egl̄ .ſ. at ħ ſkyllðı þ ğa ꝼ þra
ſaker þt þ ē maklıgt. en heꝼðı ħ v̄ðleıka ͭ at
ek ðræpa ħ. þa .q. egl̄. Nytr ıllſaugull yꝼ̄ arm
lınz konu ſīnar oſſer v ogń hueſſı otta lauſt
ꝫ ðottur. þeygı muntu v þna þykkıar v̄ðr ꝼıꝛ̄
ðryckıu. grepp ſl̄m a veg vapp vıtt ſuagoru lıta.
Sıðan ſneıð egl̄. aꝼ ħm ſkeggıt v hokuna. ſıðā
krækti ħ ꝼıngnū ı augat ſua at vtı la a kīnīnı
epꝼ̄ þ geck egl̄ a b̄tt ꝫ ͭ ꝼaurunauta ſīna. ꝼ̄
þr þa leıð ſına koma at ðaguerðar malı ͭ bæ
ıar þorꝼınz ħ bıo v eıðaſkog þr egl̄. kroꝼðv
ðaguerðar ꝫ æıa heſtū ſınū þꝼīnr bonðı let
heımollt ſkyllðu þ ganga þr egl̄ þa ıñ ı ſtuꝼu
Egl̄. ſpurðı eꝼ þꝼīnr heꝼðı vaŕ orðıt v ꝼauru
nauta ħ. hoꝼðu v ħ m̄t mot m; oſſ. þꝼīnr ſeğ
s̄ ꝼ ħ .vı. m̄n ſaman nockuru ꝼ ðag. ꝫ v váp
naðer mıog. þa m̄tı ħkarl þꝼınz. Ek ok ınót
epꝼ̄ vıðı. ꝫ ꝼān ek .vı. m̄n a leıð. ꝫ v þ ħkarlar
armoðſ. ꝫ v þ mıklu ꝼ ðag. Nu veıt ek ė huart
þr munu aller eıñ ꝫ hıñ .vı. m̄n ē þu ſagðer ꝼ
þꝼ.ſ. at þr m̄n ē ħ haꝼðı hıtt. hoꝼðu ſıðaŕ ꝼarıt
en ħkarlīn kō heī m; vıðarhlaſſıt. ok ē þr egıll
ſatu ꝫ mautuðuz. þa ſa egl̄. kona ſıuk la ı þ
verpallınū. egl̄ ſpurðı þꝼ. hū kona ſu v̄ı ē þ v
ſua þunglıga hallðın. þꝼ.ſ. at ħ ħ helga ꝫ var
ðotꝼ̄ ħ. heꝼ̄ ħ haꝼt langan van matt ok þ var
krō mıkıl. ꝼeck ħ enga nott ſueꝼn ꝫ v ſē hāſto
lı v̄ı. heꝼ̄ nockurſ ı v̄ıt leıtað. ſ. egl̄. v̄ meın ħnar
þꝼ.ſ. rıſtń haꝼa v̄ıt ruń ꝫ ē ſa eīn bonða ſon h
eðan ſkamt ı b̄tt ē þğðı ꝫ ē ſıðan mıklu v̄r en aðr
eða kantu egl̄. nockut ğa at ſlıkū meınū. egl̄.ſ.
v̄a kān at eckı ſpıllız v þoat ek koma ͭ. ok
ē egl̄. v mettr geck ħ þ ͭ ē konan la ꝫ ræððı
v hana. ħ bað þa heꝼıa hana ór rumınu. ok
leggıa vnð hana hreın klæðı. ꝫ nu v ſua gort
Sıðan rānſakaðı ħ rumıt ē ħ haꝼðı huılt
ı. ꝫ þar ꝼān ħ talkn ꝫ v þar a runar. egl̄. laſ þ.
ꝫ ſıðan telgðı ħ aꝼ runarń. ꝫ ſkoꝼ þ ı ellð nıðr
ħ brenðı talknıt allt. ꝫ let b̄a ı vınð klæðı þau
ē ħ haꝼðı haꝼt aðr. þa .q. egl̄. Skalat m̄ ruń
rıſta nema raða vel kūnı. þ v̄ðr morgū m̄ ē v̄
myrkuan ſtaꝼ vıllız. ſa ek a telgðu talkn tıu
launſtaꝼı rıſtna þ heꝼ̄ lauka lınðı. langſ oꝼtre
ga ꝼengıt. Egl̄. reıſt runar ꝫ lagðı vnðer hægī
ðıt ı huıluna þ ē ħ huıllðı. ħnı þottı ſē ħ vakna
ðı or ſueꝼnı ꝫ ſagðı at ħ v þa heıl en þo v ħ maꝼ̄
lıtıl. en ꝼaðer hēnar ꝫ moðer vrðu ſtorū ꝼegın ba
vð þꝼ. at egl̄. ſkyllðı þ haꝼa allan ꝼor beına þ
ān er ħ þottız þurꝼa. **egıll kom tıl alꝼſ bonða**

73

Egıll .ſ. ꝼaurunautū ſınū at ħ vıll ꝼ ꝼerð
ſína. ꝫ bıða ė lengr þꝼ. attı ſon ē helgı het
ħ v vaſklıgr maðr. þr ꝼeðgar buðu aglı ꝼoru
neytı ſıtt v̄ ſkogīn. ſogðu þr at þr vıſſı ͭ ſanz
at armoðr ſkeɢ haꝼðı gort m̄n .vı. a ſkogīn ꝼ þa
ꝫ þo lıkara at v̄a mundı ꝼleırı ſaꝼ̄nar a ſkogı
nū eꝼ hın ꝼyrſta ſlyppı. v þr þꝼ .ııı. ſaman ē
ͭ ꝼ̄ðar buðuz. þa .q. egl̄.v. Veıtz tu eꝼ ek ꝼ m;
ꝼıora ꝼærı þu ſex þa ē vıxlı. hlíꝼa hveítı kívꝼum
hıallðr goðſ v mık roðnū. eñ eꝼ ek em m; atta erat þ
.xıȷ. ē ſkeluı. at ſeımteígı ſuerðı ſuarbrunum m̄
hıarta. þr þꝼ. reðu ꝧu at þr ꝼ a ſkogīn
m; aglı ꝫ v þr þa .víí. ſaman. ok ē þr komu þ ē ſat
ın v v ꝼ. þa ſa þr þar m̄n. en þr ħkarlar armoð ē
þ ſatu ſa at þar ꝼ víí m̄n ꝫ þottı þeī ſer eckı ꝼæ
rı ͭ at raða. leynðuz þa ı b̄tt a ſkogīn. En ē þr egl̄.
komu þ ſē nıoſnarm̄n hoꝼðu v̄ıt. þa ſa þr at eı
var allt ꝼ̄tt. þa m̄ı egl̄ at þr þꝼ ſkyllðu aptr
ꝼ. en þr buðu at ꝼ lengra. egl̄. vıllðı þ ė ꝫ bað
þa ꝼ heī ꝫ þr ğðu ſua ꝫ hurꝼu aptr. en þr egl̄
hellðu ꝼ̄m ꝼ̄ðīnı ꝫ v þa .ııı. ſaman ꝫ ē a leıð ða
gīn vrðu þr egl̄. vaꝛ̄ v at þ v .vı. m̄n a ſkogınū
ꝫ þottuz vıta at þar munðu v̄a ħk̄lar arm̄.
Nıoſnarm̄n hlıopu vpp ꝫ reðu at þeī en þr ımót
ꝫ varð ſa ꝼunðr þra at egl̄. ꝼellðı ıȷ́. m̄n. en hıñ
ē epꝼ̄ v hlıopu þa ı ſkogīn. Sıðan ꝼ þr egıll ſı
na leıð ꝫ ğðız þa eckı ͭ tıðēða aðr þr komu

aꝼ ſkogınū ⁊ toku gıſtıng v᷎ ſkogīn at bonda ꝧ er alꝼr het. ⁊ v᷎ kallaðr alꝼr ēn auðgı h̄ v᷎ m̄ gamall ⁊ auðıgr at ꝼe m̄ eínræn ſua at h̄ mattı eckı ha ꝼa hıon m; ſer nēa ꝼa eín. goð v᷎tokur haꝼðı egł þar. ⁊ v᷎ alꝼr v᷎ h̄ malreıtīn. Spurðı egł. margra tıðenda. en alꝼr ſagðe ſlıkt ē h̄ ſpurðı. þr ræð ðu ꝼleſt v̄ ıarlīn. ⁊ v̄ ſendım̄n nor̄.k̄ þa er ꝼyꝛ̄ hoꝼðu ꝼarıt auſtr þangat. at heīta ſkatt. alꝼ̄. v᷎ engı vınr Jarlſ ı ræðū ſınū. **egıll heımtı ſkatt**

74 Egıll bıoz ſnēm v̄ morgınīn t̄ ꝼarar. ⁊ þr ꝼo runauť. en at ſkılnaðı gaꝼ egł. alꝼı loð ol pu. Alꝼr tok þackſālıga v᷎ gıoꝼīnı ⁊ ma h̄ ḡa m̄ aꝼ loðkapu. ⁊ bað egł. ꝥ kōa t̄ ſín ē h̄ ꝼærı aptr ſkılðuz þr vın̄. ⁊ ꝼor egł. ꝼ̄ðar ſīnar. ⁊ kō aptan ðagſ t̄ hırðar ıarlſınſ arnuıðar. ⁊ ꝼeck ꝥ allgo ðar v᷎tokur. var þeī ꝼaurunautū ſkıpat næſt aunðuegıſſ m̄. ok ē þr egł. hoꝼðu þar v᷎ıt v̄ nott þa b̄a þr vpp erendı ſín v᷎ ıarlīn. ⁊ orðſendıng k̄gſ ór nor̄. ⁊ ſegıa at h̄ vıll haꝼa ſkatt þān all an aꝼ v᷎malðı ſē aðr heꝼ̄ epť ſtaðıt ſıðan arnuıðr v᷎ ꝥ ıꝼ̄ ſettr. Jarlīn .ſ. at h̄ heꝼðı aꝼ honðū greıtt allan ſkatt ⁊ ꝼengıt ı henðr ſendım̄m k̄. en ė veıt ek huat þr haꝼa ſıðan v᷎ gort. huarť þr haꝼa ꝼī gıt k̄gı eða haꝼa þr hlaupıt aꝼ l̄ðı a brott með en ꝥ at ꝥ berıt ſan̄ar ıartegn̄ t̄ at k̄r heꝼ̄ yðr ſēt þa mun ek greıða ſkatt þān allan ſē h̄ a at r ettu ⁊ ꝼa yðr ı honð. en ė vıl ek abyrgıaz ſıðan hu̅neg yðr ꝼ̄ſt m;. ðuelıaz þr egł þar v̄ hrıð en aðr egł. ꝼærı ı b̄tt greıðer .J. þeī ſkattīn v᷎ þat ſūt ı ſılꝼ̄ ſūt ı ḡvoru ⁊ ē þr egł. v᷎ bun̄ þa ꝼ̄ þeır aptr a leıð. Seḡ egł.J. at ſkılnaðe þra. Nu mun ū v᷎ ꝼæra k̄ı ſkatt þna ē v᷎ hoꝼū v᷎ tekıt. en þ ſ̄ıtu vıta .J. at þta er ꝼe mıklu mīna en k̄e þı kız h̄ eıga. ⁊ ē þ þo eckı talıt ē h̄m mun þıkıa at ꝥ eıgıt at gıallða aptr ſendım̄n h̄. māngıollð ū. þa er m̄n kalla at ꝥ munut haꝼa ðrepa lat ıð. J.ſ. at þ v᷎ ė ſatt. Skılðuz þr at ꝥu. ok er egł. v᷎ a b̄ttu. þa kallaðı .J. t̄ ſın bræðr .ıȷ́. ē huartue ggı h̄ vlꝼr. h̄ m̄ltı ſua. egł. ſıa hīn mıklı ē h̄ v᷎ v̄ hrıð ætla ek at oſſ munı allo þarꝼr ē h̄ kēr t̄ k̄ſ. megu v᷎ aꝼ ꝥ marka. hu̅neg h̄ mun bera ꝼ̄ k̄g vart mal. ē h̄ ıoſ ſlıku ı augu oſſ vpp. aꝼ toku k̄ māna. Nu ſ̄lu þıð ꝼ̄ epť þeī ⁊ ðre þa þa alla ⁊ lata þa eckı b̄a rog þta ꝼ̄ k̄g þı kı mer þ raðlıgaz at ꝥ ſætıð þeī a eıða ſkogı haꝼıt m; yðr m̄n ſua marga at þ ſe vıſt at engı þra komız vnðan en ꝥ ꝼaıt eckı mān ſpell aꝼ þeī. Nu buaz þr bræðr t̄ ꝼ̄ðar ⁊ hoꝼ ðu .xxx. m̄. ꝼ̄ þr a ſkogīn ⁊ kūnu þr ꝥ huern ſtıg ꝼ̄. helldu þr þa nıoſn v̄ ꝼ̄ð egł a ſkogınū v᷎ t vēnar leıðır v᷎ on̄ur at ꝼ̄ ıꝼ̄ áſ nockurn ⁊ v᷎ ꝥ klıꝼ bratt ⁊ eīſtıgı ıꝼ̄ at ꝼara. v᷎ ſu leıðın ſkemrı en on̄ur v᷎ ꝼ̄ ꝼ̄man aſīn at at ꝼara ⁊ v᷎ ꝥ ꝼen ſtor ⁊ hoġnar a laḡ ⁊ var ꝥ ⁊ eīſtıgı ıꝼ̄ at ꝼ̄ ⁊ ſatu .xv. ı huarum ſtað. **þr egıll ðrapu halꝼan** [ı goðū beī **þrıðıa**

75 Egıll ꝼor t̄ ꝥ ē h̄ kō t̄ alꝼſ. ⁊ v᷎ þar v̄ nott **tug m̄** leıka. Epť v̄ morgınīn ſtoð h̄ vpp ꝼ̄ ðag. bıoz þa t̄ ꝼ̄ðar ⁊ ē þr ſatu ıꝼ̄ ðagu̅ðı. þa kō þar alꝼr bonðı. h̄ m̄ltı. Snēma buız ꝥ egł. en hıtt munðı mıtt ráð at hrapa eckı ꝼ̄ðīnı. ſıaz hellðr ꝼ̄ ꝥat ek ætla at m̄n munı ſettır ꝼ̄ yðr a ſkog īn. Ek heꝼı eckı m̄n t̄ at ꝼa ꝥ t̄ ꝼylgðar ſua at ꝥ ſe ſtyrkr at. en þ vıl ek bıoða at þu ðuelız h̄ m; m̄ þar t̄ ē ek kān þ ſegıa ꝥ at ꝼært mun v̄ ſkogīn. Egł.ſ. þ mun eckı nēa hegomı eınn mun ek ꝼ̄ veg mīn ſē ek heꝼı aðr ætlat þr egł bıugguz t̄ ꝼarar. en alꝼr lattı ⁊ bað h̄ aptr ꝼ̄ eꝼ h̄ yrðı vaꝛ̄ v᷎ at vegrīn v᷎ı troðīn ſagðı at þar heꝼðı engı m̄ ꝼarıt ıꝼ̄ ſkogīn auſtan ſıðan ē egł. ꝼor auſtr. nema ꝥır haꝼı ꝼarıt ē m̄ ē van at yðr vılı ꝼīna. huat ætlar þu hu̅ ſu marḡ ꝥ munı v᷎a. eꝼ ſua ē ſē ꝥ ſegıt. eckı ēo v᷎ vpp næm̄ þott nockuꝛ̄ ſe lıðſmunr. h̄ .ſ. ek v᷎ ꝼarīn ꝼ̄m̄ t̄ ſkogarīſ. ⁊ h̄karlar mın̄ m; m̄ ⁊ komu v᷎ a m̄ ꝼar ⁊ la ſu ſloð ꝼ̄m a ſko gīn ⁊ munðu þr haꝼa v᷎ıt marḡ ſaman. en eꝼ þv truer ė ꝥ er ek ſegı ꝥ þa ꝼar þa ngat ⁊ ſıa ſloðına. en ſnu aptr eꝼ ꝥ ſynız ſē ek ſegıꝥ. egł. ꝼor ſına leıð ⁊ er þr komu a vegīn þān er a ſkogīn la. þa ſa þr ꝥ bæðe māna ſpor ⁊ hroſſa. þa m̄ltu ꝼorunautar egł.

at þr ſkylldu aptr hu̅ꝼa. ꝼ͛ munu v͛ ſagðı egl̄. þıkı
m̅ þ eckı vnðarlıgt þott m̅n haꝼı ꝼarıt v̄ eıða
ſkog. þt þ e̅ alþyðu leıð. Sıðan ꝼ͛ þr ꝫ hellz ꝼıllı̅ɴ
ꝫ v́ þa ꝼıolðı ſpora ꝫ e̅ þr koma þ͛ e̅ leıðır ſkılðı þa
ſkılðe ꝫ ſloðına ꝫ v́ þa ıa̅mıkıl ı huarn ſtað. þa
m̄ltı egl̄. Nu þıkı m̅ v͛a mega at alꝼr haꝼı ſat
ſagt. Skolu v͛ nu buaz v̄ ſua ſe̅ oſſ ſe ván at
ꝼunðr vaꝛ̄ munı v͛ða Sıðan kaſta þr egl̄. aꝼ
ſer ſkıckıu̅ ꝫ ollu̅ lauſaklæðu̅ leggıa þr þ ı ſ
leða. egl̄. haꝼðı haꝼt ı ſleða ſınu̅ baſt línu m
ıog mıkla þt þ e̅ ſıðr m̅ e̅ aka langar leıð ꝫ ha
ꝼa m; ſer lauſa taug͛ eꝼ at reıða þarꝼ at g͛a
egl̄. tok hellu ſteín mıkı̅n ꝫ lagðı ꝼ͛ brıoſt ſer ok
kuıðın̅. ſıðan rabenðı h þ͛ at taugı̅nı ꝫ vaꝼðı h
e̅nı ſıuaꝼı ꝫ bıo ſua allt vpp v̄ h͛ðarn̅ þa .q. egl̄.

ſkogr er
a þa̅n veg at mork e̅ ſtor allt at bygðın̅ı huar
rıtueggıu en v̄ mıðıan ſkogı̅n er vıða ſma
vıðı ꝫ kıorr en ſu̅ſtaðar ſkoglauſt m; ollu.
þr egl̄ ſn̅u leıð ena ſke̅rı e̅ ıꝼ͛ halſı̅n la allır
hoꝼðu þr ſkıolldu ꝫ hıalma ꝫ hoɢuapn ꝫ lag
vapn. egl̄ ꝼor ꝼ͛ ꝫ e̅ þr ꝼ͛ at halſınu̅ þa v́ þ͛ vn
ðer nıðrı ſkogr en ſkoglauſt vppı a klıꝼınu. en
e̅ þr v͛ ko̅n̅ vpp ı klıꝼıt. þa hlıopu .víȷ́. m̅n or
ſkogınu̅ ꝫ vpp ı kleıꝼına ept̄ þeı̅ ꝫ ſkutu at
þeı̅. þr egl̄ ſn̅uz v́ ꝫ ſtoðu þr ıa͛ꝼm v̄ þu̅a
gotuna. þa komu aðrer m̅n oꝼan at þeı̅ a h
amarı̅n ꝫ gryttu þr þaðan a þa ꝫ var þeı̅ þ
mıklu hættara. þa m̄ltı egl̄. nu ſl̄u þ͛ ꝼara
a hælı vnðan ıkleıꝼına ꝫ hlıꝼaz ſe̅ þ͛ megıt
En ek mun leıta vpp a b͛gıt þr g͛ðu ſua. ok e̅ egl̄ ko̅
vpp or klıꝼınu. þa v͛ þ͛ ꝼ͛ .víííȷ́. m̅n ꝫ gengu aller
ſen̅ at h̅m ꝫ ſottu h. En eckı e̅ at ſegıa ꝼ͛ hoɢua
v́ſkıptu̅ ſua lauk at h ꝼellðe þa alla. Sıðan gek͛
h a bergıt ꝼ͛m ꝫ bar oꝼan gríot. ꝫ ſtoð þ͛ eckı v́
lagu þar ept̄ .ííȷ́. en̅ v͛mſku en .íííȷ́. komuz ıſko
gı̅n ꝫ v͛ þr ſar̄ ꝫ barðer. Sıðan toku þr egl̄. heſta
ſına ꝫ ꝼ͛ ꝼra̅m a leıð t͛ þ er þr komu ıꝼ͛ halſı̅n.

en þr hın̅ v͛mſku e̅ vnðan hoꝼðu komız g͛ðu nıoſn ꝼel
ugu̅ ſınu̅ þeı̅ e̅ v́ ꝼenín v͛. ſteꝼnðu þr
þa ꝼra̅m hına neðrı leıðına ꝫ ſua ꝼ͛m ꝼ͛ þa egıl
a vegı̅n þa ſagðı vlꝼr ꝼelugu̅ ſınu̅ Nu ſl̄u v͛ ꝼ͛
at raðu̅ v́ þa. ſtılla ſua t͛ at ˋþrˊ naı e͛ at re̅na. h͛ e̅
þa̅neg t͛ ꝼarıt. ſ. h at leıðın lıɢr ꝼ͛m m; halſı
nu̅ en ꝼenınu vıkr at vpp ꝫ e̅ þ͛ hamaꝛ̄ ꝼ͛ oꝼan
en brautın lıɢr þ͛ ꝼra̅m ı mıllı ꝫ e̅ e͛ breıðarı en go
tu breıðð. ſl̄u ſumer ꝼ͛ ꝼ͛m v̄ hamarı̅n ꝫ taka vıð
þeı̅ eꝼ þr vılıa ꝼ͛m en ſum̅ ſl̄u leynaz h͛ ı ſkogınu̅
ꝫ hlapa ſıðan a bak þeı̅ e̅ þr koma ꝼ͛m v̄. Gætu̅ s͛
t͛ at engı komız vnðan. þr g͛ðu ſua ſe̅ vlꝼr m̄ltı ꝼór
vlꝼr ꝼ͛m v̄ b͛gıt. ꝫ .x. m̅n m; h̅m. þr egl̄ ꝼ͛ ſına leıð
ꝫ vıſſu eckı t͛ þar raðag͛ðar ꝼyꝛ̄ en þr komu ı eı̅
ſtıgıt. þa hlıopu þ͛ m̅n a bak þeı̅. ꝫ baru þeg͛ vapn
a þa. þr egl̄ ſn̅uz ı motı ꝫ vorðuz. nu ðrıꝼˋaˊ ꝫ m̅
at þeı̅ þr e̅ v͛ıt hoꝼðu ꝼ͛ ꝼ͛man hamarı̅n. ꝫ e̅ egl̄
ſa þ ſn̅ız h ı mot þeı̅. v́ þar ſka̅t hogg͛ ımıllu̅. ok
ꝼellðı egl̄. þ͛ ſuma ı gotu̅nı en ſum̅ hurꝼu aptr
þar e̅ ıa̅lenðıt v́ meıra. egl̄. ſottı þa ept̄ þeı̅. þ͛
ꝼell vlꝼr ꝫ at lyktu̅ ðrap egl̄. þ͛ eı̅n .xı. m̅n. ſıðan
ſottı h þar t͛ e̅ ꝼorunauſ͛ h vorðu gotuna ꝼ͛ .vııȷ. m̅m
v͛ þ͛ huar̄tueggıu ſar̄. ok e̅ egl̄. ko̅ t͛ þa ꝼlyðu þegar
hın̅ v͛mſku en ſkogrı̅n v́ v́ ſıalꝼt komuz þ͛ vnðan
.v. ꝫ aller ſar̄ mıog en .ííȷ́. ꝼellu þ͛. egl̄. haꝼðı morg
ſár ꝫ engı ſtór. ꝼ͛ þr nu ſına leíð. h batt ſar ꝼorunau
ta ſı̅na ꝫ v͛ eng banvæn. Settuz þr þa ı ſleða ꝫ oku
þ e̅ ept̄ v́ ðagſınſ. en þr en̅ v͛mſku er vnðan ko̅uz
toku heſta ſına ꝫ ðroguz auſtr aꝼ ſkogınu̅ t͛ byg
ða. v͛ þa bunðın ſár þra ꝼa þr ſer ꝼoruneytı t͛ þ e̅ þr
komu a ꝼunð Jarlſ. ꝫ ſegıa h̅m ſın̅ vꝼarar. þr ſegıa at
huartueggı vlꝼr e̅ ꝼallı̅n. ꝫ ðauðer v͛ halꝼr þrıðı ta
gur m̅ en .v. eın̅ komuz vnðan m; lıꝼı. ꝫ þo þr aller
ſar̄ ꝫ barðer. Jarl ſpurðı huat þa v͛ı tıðenða v̄ egl̄.
ꝫ h ꝼaurunauta. þr ſu̅. vgıorla vıſſu v͛ hu̅ſu mı
og þr v͛ ſar̄. en ærıð ðıarꝼlıga ſottu þr at oſſ. þa e̅ v͛
voru̅ atta en þr .íííȷ́. þa ꝼlyðu̅ v͛. komuz .v. aſkog
ı̅n en .ııȷ. letuz. en e͛ ſau̅ v͛ an̅at en þr egl̄. v͛ı þa ſpá
nyır. J. ſagðı at þra ꝼ͛ð v͛ orðın en veſta. ᴍunðı ek
ku̅na þ͛ at v͛ heꝼðı̅ m̅ lát mıkıt eꝼ þ͛ heꝼðıt ðrep
ıt þa norðme̅nına en nu e̅ þr ko̅a veſtr aꝼ ſkogí

nū ꝫ ſegıa ꝥı tıðendı noregſkı þa eıgu ṽ aꝼ hm ván hīna meſtu aꝼarkoſta. **egıll kom tͥ þorꝼınz**

76 Egıll ꝼor tͥ ꝥ ē h kō veſtr aꝼ ſkogınū ſottu þr tͥ þꝼīz at kuellðı ꝫ ꝼengu ꝥ allgoðar vͥ tokur ꝰ þa bunðın ſár þra egl. nockurar nætr ꝰ þr ꝥ helga ð. bonða ṽ þa a ꝼotū ꝫ heıl meına sīna þ ackaðı hᷝ ꝫ oll þau aglı þ. huıllðu ſık þar ꝫ eykı sīa en m̄ ſa ē helgu haꝼðı runar rıſtıð ṽ þaðan ſkāt a brott. kō þ þa vpp at h haꝼðı beðıt hnar en þꝼīr vıllð ė gıpta hana. þa vılldı bonðaſon glepıa hana en hᷝ vılldı ė. þa þottız rıſta hēnı manru nar en h kūnı þ ė. ꝫ haꝼðı h þ rıſtıð hēnı ē hᷝ ꝼek meınſemı aꝼ. Ok ē egl. ṽ tͥ bᷝtꝼaꝼ buın þa ꝼylgðı þꝼ. hm ꝫ þr ꝼeðgar a gotu. ꝰ þr þa ſaman .x. eða .xíj. ꝼ̊ þr þa ðag þañ allan m; þeī. tͥ varuðar ꝼ̇ armoðe ꝫ hᷝkorlū h. ok ē ꝥı tıðendı ſpurðuz at þr egl. hoꝼðu barız vͥ oꝼreꝼlı lıðſ a ſkogınū ok ſıgrat þa. þottı armoðı engı van at h munðı mega reıſa raunð vͥ aglı ſat armoðr ꝥ heıma vͥ alla ſına m̄n. þr egl. ꝫ þꝼ ſkıptuz gıoꝼū við at ſkılnaðı ꝫ mltu tıl vınattu m; ſer. Sıðan ꝼ̊ þr egl leıð ſına ꝫ ē eckı ſagt at tͥ tıðenda yrðı ı ꝼ̊ð þra aðr þr komu tͥ þſᷝ. ꝰ þa græðð ſár þra. ð volðuz þr egl. ꝥ tͥ varſ. en þſᷝ. ꝼeck ſenðım̄n tıl hak. k at ꝼæra hm ſkatt þān ē egl. haꝼðı ſótt tͥ ṽmalðz. ꝫ ē þr komu a kſ ꝼunð. þa ſogðu þr hm tıðendı þau ē g̊z hoꝼðu ı ꝼ̊ð þra egl. ꝫ ꝼærðu hm ſkattīn. kr þottız þa vıta at þ munðı ſatt vera ē aðr haꝼðı h grunat ṽ. at arnuıðr Jarl munðe haꝼa latıð ðrepa ſenðım̄n h. tuēna ē h haꝼðı auſ tr ſent. Sagð kr at þſᷝ ſkyllðı þa haꝼa lðz vıſt ꝫ ṽa ı ſætt vͥ h. ꝼ̊ ſenðım̄n ſıðan heīleıðıſſ. Ok ē þr koma aptr tͥ þſᷝ þa ſegıa þr hm at kr let vel ıꝼ̊ ꝥı ꝼ̊ð ꝫ þſᷝ. ſkıllðı þa ṽa ı ſætt ꝫ vınattu vͥ kg hak. kr fór ı vık auſtr ṽ ſumarıt. en þaðan g̊ ðı h ꝼ̊ð ſına auſtr a ṽmalð. m; mıkıt lıð. Arnvı ðr Jarl ꝼlyðı vnðan. en kr tok ſtorgıollð aꝼ bonðū þeī ē hm þottu ı ſokū vͥ ſık. ſua ſē ſagt ē aꝼ þeī ē ſkattīn ſottu Settı h ꝥ ıꝼ̊ ıarl ānan ꝫ tok gıſlar aꝼ hm ꝫ bonðū. hak kr ꝼór ı þrı ꝼ̊ð vıða ṽ gautlð ıt veſtra ꝫ lagðı þ vnðer ſık ſua ſē ſagt ē ı ſogu h. ꝫ ꝼınz ı kuæðū þeī er h heꝼa ort ṽıt. þa ē ꝫ ſagt at h ꝼor tͥ ðanm̄kr ꝫ hᷝıaðı ꝥ vıða þa hrauð h .xíj. ſkıp aꝼ ðaunū m; íj. ſkıpū ꝫ þa gaꝼ h k naꝼn tryGua olaꝼſ .ſ. broður ſynı ſınū ꝫ vallð ıꝼ̊ vıkīnı auſtr. Egl. bıo kaupſkıp ſıtt ṽ ſūar ıt. ꝫ reð þar tͥ ꝼoruneytı en langſkıp þ ē h haꝼ ðı haꝼt ṽ hauſtıð ór ðanmorku gaꝼ h þſteını at ſkılnaðı. þſᷝ. gaꝼ aglı goðar gıaꝼ̊ ꝫ mltu tͥ mıkıllar vınattu ſín ı mıllı. Egl. g̊ðı ſenðı m̄n tͥ þðar a aurlð magſ ſınſ ꝫ ꝼeck hm ṽboð ſıtt at ſkıpa ıarðer þær ē egl. attı ı ſognı ꝫ a haur ðalðı. ꝫ bað h ſelıa eꝼ kaupenðr ṽı tͥ. ꝫ ē egl. vͥ buīn ꝼ̊ðar sīnar ꝫ byr gaꝼ þa ſıglðu þr vt epᷝ vıkīnı ꝫ ſua leıð ſına norðr ꝼ̇ noreg ꝫ ſıðan ı h aꝼ ʋ́t. byrıaðe þeī tͥ goðrar lıtar. komu aꝼ haꝼı ı bgar.ꝼ. ꝫ hellt egl ſkıpınu īn epᷝ ꝼırðınū ok tͥ haꝼnar ſkāt ꝼra bæ ſınū ꝫ let heī ꝼlytıa var nat sīn en raða ſkıpı tͥ lunz. egl. ꝼor heī tͥ buẛ ſınſ vrðu m̄n hm ꝼegn̄ ðualðız egl ꝥ þān vetr.

77 Þa ē þta ṽ tıðenda **ðrāp þorðar lamba .ſ.** Þat egl ṽ vt komīn ór ꝥı ꝼ̊ð. þa ṽ hᷝaðıt al bygt ꝰ þa anðaðer aller lð namam̄ en ſynır þra lıꝼðu eða ſonarſyn̄. ꝫ bıuggu þr þa ı hᷝaðe. ketıll guꝼa kō tͥ ıſlðz þa ē lð ṽ mıo g bygt. h ṽ hīn ꝼyrſta vetr at guꝼuſkalū a roſ mhuala neſı. ketıll haꝼðı komıt veſtan vm haꝼ aꝼ ırlðı. h haꝼðı m; ſer þræla marga ırſ ka. lonð ꝰ oll bygð a roſ hualaneſı. þān tıma Rez ketıll ꝥ þaðan ı bᷝtt ꝫ ın̄ a neſ ꝫ ſat ānan v etr a guꝼuneſı ꝫ ꝼeck ꝥ engan raðſtaꝼa. ſı ðan ꝼor h īn ı bǵ.ꝼ. ꝫ ſat ꝥ hīn þrıðıa vetr er ſıðan ē kallat guꝼuſkalū en aın guꝼua ē ꝥ ꝼellr ı oꝼan ē h haꝼðı ſkıp ſıtt ı ṽ vetrīn þorðr lambaſon bıo þa alābaſtoðū h ṽ kuangaðr ꝫ attı ſon ē lābı het. h ṽ þa vaxın̄ m̄ mıkıll ꝫ ſterkr at ıoꝼnū allðrı. epᷝ ṽ ſumarıt þa ē m̄n rıðu tͥ þīgſ. reıð lābı tͥ þīgſ. en ketıll gu ꝼa ṽ þa ꝼarīn veſtr ı breıða ꝼıorð at leıta ꝥ ṽ buſtaðı þa hlıopu þrælar hſ a brott. þr k omu ꝼrā ṽ nott at þðar a lābaſtoðū ꝫ baru þar ellð at hᷝum ꝫ brenðu ꝥ ın̄ı þð ꝫ hıon h oll.

en brutu vpp bur ħ ⁊ baru vt ġþı ⁊ vauru. Sıðan raku þr heī roſſ ⁊ klıyꝼıuðu. ⁊ ꝼ̃ ſıðan vt ᷠ alꝼ taneſſ. þān morgın v̄ ſolar vppraſar ſkeıð kō lābı heī. ⁊ haꝼðı ħ ſéet elldīn v̄ nottına. þr voru nockuꝛ̄ m̄n ſaman. ħ reıð þeġ at leıta þrælan na. rıða ꝥ m̄n aꝼ bæıū ᷠ moz v ħ ⁊ ē þrælarn̄ ſa epᷣ ꝼor þa ſteꝼndu þr vndan en letu lauſan ranſ ꝼeng ſīn. hlıopu ſum̄ a myrar vt en ſum̄ vt m; ſıo ᷠ ꝥ at ꝼıorðr v ꝼ þeī þa ſottu þr lābı epᷣ þeī. ⁊ ðrapu þar þān er korı h ꝥ heıᷣ ꝥ ſıðan ko raneſ en ſkorrı ⁊ þormoðr ⁊ ſuartr gengu a kaꝼ ⁊ ſūmu ꝼ̃ lðı. Sıðan leıtuðu þr lābı at ſkı pū ⁊ reru at leıta þra ⁊ ꝼunðu þr ſkorra ı ſk oꝛ̄ey ⁊ ðrapu ħ þar. þa reru þr vt ᷠ þormoðſ ſkerſ ⁊ ðrapu þar þormoð. ē v ħ ſkerıt kent þr henðu þrælana eñ ꝼleırı ꝥ ſē ſıðan ēo aurn eꝼnı v kenð. lābı bıo ſıðan a lābaſtoðū ⁊ v gıllðr bonðı ħ v rāmr at aꝼlı engı v ħ vppıuoðſlum̄ ketıll guꝼa ꝼor ſıðan veſtr ı breıðaꝼıorð ok ſtaðꝼeſtız ı þoſkaꝼırðı v ħ ē kenðr guꝼuðalr ⁊ guꝼuꝼıorðr. ħ attı yrı ðotᷣ geırmunðar hel ıarſkınz valı v. ſon þra. Grımr h m̄. ⁊ v ſūt ıngſ .ſ. ħ bıo at moſꝼellı ꝼ neðan heıðı ħ v auð ıgr ⁊ ættſtoꝛ̄. Rañveıg v ſyſtır ħ ſāmæðra ē áttı þorðr goðı ı oluoſı. var þra ſon ſkaptı logſogu maðr. Grīr var ⁊ logſogu m̄ ſıðan ħ bað þorðıſ ar þorolꝼſðotᷣ broður ðotᷣ egl. ⁊ ſtıupðotᷣ. Egıll v̄nı þorðıſı engū mun mīna en ſınū bornū h v hın ꝼrıðaſta kona. en ꝼ ꝥ at egl. vıſſı at ġmr v m̄ goꝼugr ⁊ ſa ra raðakoſtr v goðr þa v þ at ra ðı gort. v þorðıſ gıpt ġmí. leyſtı egl. þa aꝼ henðı ꝼoður arꝼ hēnar. ꝼor h ᷠ buſſ m; ġmı. ⁊ bıuggu þau lengı at moſꝼellı. **olaꝼr ꝼeck þorgerðar**

78 Olaꝼr h m̄ ſon hoſkullz ðalakollz .ſ. ⁊ ſon melkorku ðottur myrkıartanſ ırakġſ olaꝼr bıo ıhıarðarholltı ı laxarðal veſtr ı breıðaꝼıarðar ðolū. olaꝼr v ſtor auðıgr at ꝼe ħ var þra m̄ ꝼ̇ðaztr ſynū er þa v a ıſlðı. ħ v ſkorūgr mıkıll. ol. bað þorġðar .ð. egl. þorġðr v væn kōa ⁊ kuēna meſt. vıtr ⁊ helldr ſkapſtor en hūſðaglı ga kyꝛ̄lat. egl. kūnı oll ðeılı a ol. ⁊ vıſſı at þ gıaꝼ orð v goꝼugt ⁊ ꝼ ꝥ v þorġðr gıpt olaꝼı ꝼor h tıl buſſ m; ħm ı hıarð hollt. þra born v þau kıar tan þorbġr. halldorr ſteīdorr þurıðr þorbıorg. bergþora hana attı þorhallr goðı oðða .ſ. þorbıor gu attı ꝼyꝛ̄ aſgeıꝛ̄ knatᷣ .ſ. en ſıðaꝛ̄ vmunðr þor ġmſ .ſ. þurıðı attı guðmunðr ſolmūðar .ſ. v þra ſyn̄ hallr ⁊ vıgabarðı auzuꝛ̄ eyuınðar .ſ. broðer þoroðz ı oluoſı. ꝼeck beru .ð. egl. Boðuaꝛ̄ .ſ. egılſ v þa ꝼrūuaxta ħ v hīn eꝼnılıgſtı maðr. ꝼ̇ðr ſynū mıkıll ⁊ ſterkr ſua ſē vıt haꝼðı egıll eða þorolꝼr a ħ allðrı. Egl. v̄nı ħm mıkıt. v boðuaꝛ̄ ⁊ elſkr at ħm. þ v eıtt ſum̄ at ſkıp v ı huıt á ⁊ v ꝥ mıkıl kaꝩp ſteꝼna. haꝼðı egl ꝥ keypt vıð margan ⁊ let ꝼly tıa heī a ſkıpı ꝼ̃ h̄karlar ⁊ hoꝼðu ſkıp att ært ē egl. attı. þ var þa eıtt ſīn at boðuaꝛ̄ beıððız at ꝼ m; þeī. ⁊ þr veıttu ħm þ. ꝼór ħ þa īn a vollu m; h̄korlū. þr v .vı. ſaman a attæru ſkıpı ⁊ ē þr ſk ylldu vt ꝼ̃ þa v ꝼlæðrın ſıð ðagſ ⁊ ē þr vrðu hē nar at bıða. þa ꝼ̃ þr v̄ kuellðıt ſıð. þa hlıop a vtſynnīgr ſteınoðı. En þar geck ı motı vtꝼallz ſtraumr. ġðı þa ſtort a ꝼırðınū ſē ꝥ kañ opt vða lauk þar ſua at ſkıpıt kaꝼðı vnðer þeī ⁊ tynðuz þr aller. En epᷣ v̄ ðagīn ſkaut vpp lıkunū. kom lık boðuarſ īn ı eınarſ neſ en ſū komu ꝼ ſūnan ꝼıorðın̄ ⁊ rak þangat ſkıpıt. ꝼanz þ īn v reykıa`r´ hamar. þān ðag ſpurðı egl. þı tıðenðı. ⁊ þegar reıð ħ at leíta lıkama. ħ ꝼañ rett lık boðuarſ. tok ħ þa`t´ vpp ⁊ ſettı ı kne ſer. ⁊ reıð m; vt ı ðıgraneſ tıl haugſ .s.G. ħ let þa opna haugīn ⁊ lagðı. boðu þar nıðr hía .s G. v ſıðan aptr lokīn haugrīn ok var é ꝼyꝛ̄ lokıt en v̄ ðagſetrſ ſkeıð. epᷣ þ reıð egl. heī ᷠ bgar ⁊ er ħ kō heī þa geck ħ þegar tıl lokreckıu þrar ē ħ var vanr at ſoꝼa ı. ħ lagðız nıðr ⁊ ſkaut ꝼ loku. engı þorðı at kreꝼıa ħ málſ en ſua ē ſagt þa ē þr ſettu boðuar nıðr at egl. v buīn. hoſan v ſtreīgð ꝼaſt at beıní ħ haꝼðı ꝼuſ tanſ kyrtıl kyrtıl rauðan. þraunguan vpplı tīn ⁊ laz at ſıðu. En þ ē ſogn māna at ħ þrutna ðı ſua at kyrtıllīn rıꝼnaðı aꝼ ħm ⁊ ſua hoſur ń. en epᷣ v̄ ðagīn let egl. let egl. eckı vpp lokr eckıuna. ħ haꝼðı þa ⁊ engan mat ne ðryck lá

h̄ þar þān ðag ꝫ nottına epꝉ̄. engı m̄ þorðı at mæ
la v̇ h̄. En hīn þrıðıa morgın þeḡ ē̄ lyſtı. þa let aſḡðr
ſkıota heſtı vnðer mān reıð ſa ſē akaꝼlıgaz v
eſtr ı hıarðar hollt. ꝫ let ſegıa þḡðı ꝧı tıðenðı oll
ſaman ꝫ v̇ þ v̄ nonſkeıð er h̄ kō ꝧ. h̄ ſagðe ꝫ þat
m; at aſḡðr haꝼðı ſent hēnı orð at koma ſē ꝼyſt
ſuðr ꝉ borgar. þorḡðr let þeḡ ſoðla ſer heſt ꝫ ꝼyl
gðu hēnı .íj. m̄n. Rıðu þau v̄ kuellðıt. ꝫ nottına
ꝉ ꝧ er þau komu ꝉ borḡ. Geck þorḡðr þeḡ īn ı ellða
h̄. Aſḡðr heılſaðe hēnı ꝫ ſpurðı huart þau heꝼðı
nattuerð etıð þorḡðr .ſ. hátt. enguan heꝼı ek n
att v̊ð haꝼt ꝫ engan mun ek ꝼyꝛ̄ en at ꝼreyíu k
ān ek m̄ ʹeʹ beꝉ rað en ꝼaðer mīn. vıl ek eckı lıꝼa ep
ꝉ̄ ꝼoður mīn. ꝫ b̊ður h̊ geck at lok huılūnı ꝫ kall
aðı. ꝼaðer. luk vpp hurðūnı. vıl ek at v̇ ꝼarī eīa
leıð bæðı. Egl̄. ſp̄ttı ꝼ̄ lokūnı. geck þorḡðr vpp ı huı
lugolꝼıt ꝫ let loku ꝼ̇ hurðına lagðız h̊ nıðr ı aðra
reckíu ē ꝧ v̇. þa m̄ltı egl̄. vel ḡðer þu ðotꝉ̄ ē þu vıll
ꝼylgıa ꝼeðr þínū. mıkla aſt heꝼ̄ þu ſynt v̇ mık.
hū ván er at ek muna lıꝼa vılıa v̇ harm þna ſı
ðan þaugðu þau ʹv̄ʹ hrıð. þa m̄ltı egl̄. huat ē nu ðotꝉ̄
tyɢr þu nu nockut. tyɢ ek ſaul ſeḡ h̊. þt ek æt
la at mer munı þa v̊ra en aðr. ætla ek ella at ek
muna oꝼlengı lıꝼa. ē þ ıllt mānı. ſ. egl̄. allıllt. ſ.
h̊ vılltu eta. huat man varða ſeḡ h̄. en ſtunðu
ſıðaꝛ̄ kallaðe h̊ ꝫ bað geꝼa ſer ðrecka. Sıðan
v̇ hēnı geꝼıt vatn at ðrecka. þa m̄ltı egl̄. Slıkt
ḡır at ē ſaulın etr þyſꝉ̄ æ ꝧ at meıꝛ̄. Vılltu ðrec
ka ꝼaðer. ſ. h̊. h̄ tok v̇ ꝫ ſualg ſtorū ꝫ var þ ı ðyrſ
hornı. þa m̄ltı. þḡðr. Nu ero v̇ vıællt þta ē mıolk
þa beıt egl̄ ſk̊ð ór hornınu allt þ er tēnr toku ꝫ
kaſtaðe hornınu ſıðan. þa m̄ltı þḡðr huat ſ̄lu v̇
nu ꝉ raðſ taka. lokıt ē nu ꝧı ætlan. Nv vıllða ek ꝼa
ðer at v̇ leīgðī lıꝼ ockart ſua at þu mæꝉ̄ yrkıa
erꝼıkuæðı epꝉ̄ boðuar. en ek mun rıſta a keꝼlı
en ſıðan ðeyıu v̇ eꝼ ockr ſyníz. Seınt ætla ek þſꝉ̄
ſon þīn yrkıa kuæðıt epꝉ̄ boðú. en þ lyðer eıḡ
at h̄ ſe ė erꝼðr þt ė ætla ek okr ſıtıa at ðryckıū
nı þrı at h̄ ʹē̄ʹ erꝼðr. Egl̄.ſ. at þ v̇ þa vuænt at
h̄ munðe þa yrkıa mega þott h̄ leıtaðe v̇. en ꝼ
reıſta ma ek ꝧ. ſ. h̄. Egl̄. haꝼðı þa átt ſon ē gv̄ꝛ̊ h̊

ꝫ haꝼðı ſa ꝫ anðaz lıtlu aðr ꝫ ē þtta uphaꝼ kuæð
Mıok ē̄v̄ tregt tungu at hræra ór lopt æꝉ̄ lıoð pru
ðara era nu vænt or vıðurſ þyꝼı ne hógðræ
gt or hugar ꝼylſknı Egl̄ tok at hreſſazt
ſua ſē ꝼ̄m leıð at yrkıʹaʹ kuæðıt ꝫ ē lokıt var
kuæðınu þa ꝼærðı h̄ þ aſḡðı ꝫ þorḡðı ꝫ hıonū
ſınū. Reíſ h̄ þa vpp or reckıu ꝫ ſettız ı aunðue
gı. kuæðe þta kallaðe h̄ ſonatoꝛ̄ek. Sıðan
let egl̄ erꝼa ſonu ſına epꝉ̄ ꝼornrı ſıðuenıu
en ē þḡðr ꝼor heī. þa leıððı egl̄ hana m; gıoꝼū ı
b̊tt. Egl̄ bıo at borg langa æꝼı ꝫ varð m̄ gam
all. en eckı ē getıð at h̄ ættı malaꝼ̄lı v̇ m̄n h̊
a lðı. eckı ē ꝫ ſagt ꝼ̄ holmgaungū h̄ eða vıga
ꝼerlū ſıðan ē h̄ ſtaðꝼeſtız h̊ a ıſlðı Sua ſegıa
m̄n at egl̄. ꝼærı eckı ı brott aꝼ ıſlðı ſıðan ē þta
var tıðēða ē nu v̇ aðr ꝼ̄ ſagt ꝫ b̊ þ meſt ꝉ ꝧ at
egl̄ mattı eckı v̊a ı noregı aꝼ þeī ſokū ſē ꝼyrr v̇
ꝼ̄ ſagt at k̄ḡ þottuz eıga v̇ h̄ bu haꝼðı h̄ rauſ
nar ſālıgt. ꝧ at ꝼe ſkortı ė h̄ haꝼðı ꝫ gott ſkap
lynðı ꝉ ꝧ. hak̄. kr aðalſꝉ̄. ꝼoſꝉ reð ꝼ̇ noꝛ̄ langa
ſtunð. en hīn eꝼra lut æꝼı h̄ þa komu .ſſ. eıꝛ̄ tıl
noꝛ̄. ꝫ ðeılldu ꝉ rıkıſſ ı noꝛ̄ v̇ hak̄ k̄g ok attu þr
orr̄o ſaman ꝫ haꝼðı hak̄ ıaꝼnan ſıgr. Ena ſıð
arſtu orr̄o attu þr a horðalðı ı ſtorð a ꝼıtıū
ꝧ ꝼeck hak̄. kr ſıgr ꝫ þar m; banaſar. Epꝉ̄ þ
toku þr k̄gðō ı noꝛ̄ eıꝛ̄.ſſ. Arīb. h̊ſır v̇ m; haꝛ̄
eıꝛ̄.ſ. ꝫ ḡðız raðgıaꝼı h̄. ꝫ haꝼðı aꝼ h̄m veız
lur ſtorlıga mıklar. var h̄ ꝼorſtıorı ꝼ̇ lıðı ok
lð uorn. Arīb. v̇ h̊m̄ mıkıll ꝫ ſıgrſæll. h̄ haꝼðı
at veızlū ꝼıʹaʹrðaꝼylkı. Egl̄.s.G.ſ ſpurðı ꝧı tıðē
ðı ꝫ k̄gaſkıptı v̇ orðıt ı noꝛ̄ ꝫ þ m; at arīb. var
þa komīn ı noꝛ̄. ꝉ bua ſına. ꝫ h̄ v̇ þa ı vırðıng
mıkıllı. þa ortı egl̄. kuæðı v̄ arīb ꝫ ē þta vpp
haꝼ at.

eınaꝛ̄ h̊ m̄. h̄ v̇ .ſ.
helga. otſſ .ſ. bıarn̄ .ſ. hınſ auſtræna ē nam
lonð ı breıðaꝼırðı eın̊ v̇ b̊ðer oſuıꝼrſ enſ ſ
paka. eın̊ v̇ þeḡ a vnga allð mıkıll ꝫ ſterkr
ꝫ en̄ meſtı atḡuı m̄. h̄ tok at yrkıa þegar ē
h̄ v̇ vngr ꝫ v̇ m̄ nā gıarn þ v̇ eıtt ſumar a

alþıngı at eınarr geck t́ buðar egł.s.G.ſ. ꝫ to
kuz þr at orðū ꝫ kō þ́ bratt talınu at þr ræððu
v̄ ſkallðſkap. þottı huarūtueggıa þær ræður
ſkētılıgar Sıðan vanðız eın̄ optlıga at gā
ga t́ talſ v́ egł g̃ðız þ́ vınatta mıkıl eın̄ haꝼ
ðı lıtlu aðr komıt vt or ꝼor. Egł ſpurðı eınar
mıog auſtan tıðēða ꝫ at vınū ſınū ſua ꝫ at
þeī er h̄ þottız vıta at vuın̄ h̄ v̊. h̄ ſpurðı
ꝫ mıog ept̃ ſtorm̄nı eın̄ ſpurðı ꝫ ı motı e
gıl ꝼ̃ þeī tıðendū ē ꝼyʀ hoꝼðu g̃z v̄ ꝼ̃ðer e
gılſ ꝫ ſtoruırkı h̄. en þ tal þottı eglı gott
ꝫ ræſttız aꝼ vel. eınaʀ ſpurðı egł. huar h̄
heꝼðı þ v̄ıt ſtaððr at h̄ haꝼðı meſt reynt
ſık ꝫ bað h̄ þ ſegıa ſer. Egł.q. Borðūz ek
eīn v́ .vííí. en v́ ellıꝼu tyſuar. ſua ꝼīgum
val vargı. varð ek eīn banı þra. ſkıptū hart
aꝼ heıptū hlıꝼar ſkelꝼıknıꝼū let ek aꝼ ēb
lu aſkı ellð valbaſta kaſtað. þr egł. ꝫ eın̄ m̄lu
t́ vınattu m; ſer at ſkılnaðı. eınaʀ v́ longū
vtanlenðıſſ m; tıgnū m̄m. Eın̄ v́ auk̄ maðr
ꝫ optaz ꝼelıtıll en ſkorungr mıkıll ꝫ ðreīgr goðr
h̄ var hırðmaðr hak̄. Jarlſ Sıg̃ðar .ſ J þān tıma
v́ ı noregı oꝼ̃ðr mıkıll. ꝫ barðag̃ m; þeī hak̄. Jarł
ꝫ eır̃.ſſ. ꝫ ſtucku ymſer ór lðı. har̃. kr. eır̃.ſ. ꝼell
ſuðr ı ðanmork at halſı ı lımaꝼırðı. ꝫ v́ h̄ ſuıkīn
þa barðız h̄ v́ har̃. knutz .ſ. ē kallaðr v́ gull har̃.
ꝫ þa hak̄. J. þar ꝼell ꝫ þa m; har̃ kı. Arīb. h̄ſır ē
ꝼyʀ v́ ꝼ̃ ſagt. Ok ē egł. ſpurðı ꝼall arīb. þa .q. h̄.
Þveʀa nu þr er þu̇ðu. þıngbırtīg̃ yngua. huar ſł ek
mıllðra māna mıaðveıtar ðag leıta. þra ē haukſ
ꝼ̃ hanðan. haꝼıoll ðıgul ſnıaꝼı ıarðar gıorð m;
orðū eynegłða m̄ hegłðu. Eın̄ helga .ſ. ſkallð
var kallaðr ſkala glā h̄ ortı ðrapu v̄ hak̄.J. ē k
ollut ē vellekla. ꝫ v́ þ mıoglēgı at Jarlīn vıllðı ė
hlyða kuæðınu. þt h̄ v́ reıðr eınarı þa .q. eınaʀ
Geyrða ek v̄ vırða vorð þān ē ſıtr at ıorðu ıðrūz
þ meðan aðrer auruauaðar ſuaꝼu hyckað ek
hoðða ſtauckuı hīnıg ſotta ſotta ek grā þotta
ꝼyſīn ꝼræknū vıſa ꝼeʀı ſkallð ín v̄ra. ꝫ en .q. h̄.
Sækıū ıarl þan̄ ē auka vlꝼſ v̊ð þoꝛ̃ ſu̇ðū. ſkıpū
borð roīn barða baugſkıollðū ſıgvallða ðrepr
ſa ſueıg̃ ſár lınz ē grā ꝼīnū ronð b̊ū vt a anðra
enðılſ v́ m̄ hēðı. Jarlīn vıllðı ė at eın̄ ꝼærı a b̊tt
ꝫ hlyððı þa kuæðınu ꝫ ſıðan gaꝼ h̄ eınarı ſkıollð
ꝫ v́ h̄ en meſta g̃ſemı h̄ v́ ſkrıꝼaðr ꝼornſogum
en allt mıllı ſkıptāna v̊ lagðar ıꝼ̃ ſpeīgr aꝼ gul
lı ꝫ ſettr ſteınū. eın̄ ꝼor t́ ıſlðz ꝫ t́ vıſtar m; vſuí
ꝼı broðour ſınū. En v̄ hauſtıð reíð eın̄ veſtan ꝫ kō
t́ bg̃ ꝫ gıſtı þ́. Egł. v́ þa ė heıma ꝫ v́ h̄ ꝼarīn norðr
t́ h̄aða ꝫ v́ h̄ þa heī van. eın̄ beıð h̄ .ííj. nætr. en
þ var engı ſıðr at ſıtıa lengr en ııȷ. nætr at kyn
nı. bıoz eın̄ þa ı b̊tt. ꝫ er h̄ v́ buīn þa geck h̄ t́ rūſ
egılſ ꝫ ꝼeſtı þar vpp ſkıollðīn þān en̄ ðyra. ꝫ
ſagðı heımam̄ at h̄ gaꝼ aglı ſkıollðīn. Sıðan r
eıð eın̄ ı b̊tt en̄ þān ſama ðag kō egł. heī. en ē
h̄ kō īn t́ rūſ ſīſ þa ſa h̄ ſkıollðīn. ꝫ ſpurðı hu
eʀ g̃ſımı þa attı. h̄m v́ ſagt at eın̄ ſkalaglā
haꝼðı þ́ komıt ꝫ h̄ haꝼðı geꝼıt h̄m ſkıollðīn
þa m̄ltı egł. geꝼı h̄ allra allra m̄ armaztr ætlar
h̄ at ek ſkyla þar vaka ıꝼ̃ ꝫ yrkıa v̄ ſkıollð h̄. nu
takı heſt mīn ſł ek rıða ept̃ h̄m ꝫ ðrepa h̄. h̄m
v́ þa ſagt at eın̄ haꝼðı rıðıt ſnēma v̄ morgınīn
mun h̄ nu kōīn veſtr t́ ðala. Sıða ortı egł. ðrapu
ꝫ ē þta vpp haꝼ at. Mal ē loꝼſ at lyſa. lıoſg̃ð eꝼ
þa er ek barða. m̄ kō heī at henðı. hoððſenðıſſ
boð enða. ſkalat at grunðar gılıa glauſ mıſꝼēg
n̄ taum̄ hlyðı h̄ t́ orða ıarðgroīſ m̄ v̄ða. Egł. ok
eın̄ hellðu vınattu ſın̄ı meðan þr lıꝼðu baðer.
En ſua er ſagt at ꝼærı ſkıollðın̄ v̄ ſıðer. at egł. haꝼ
ðı h̄ m; ſer ı bruðꝼor þa ē h̄ ꝼór norðr a vıðı myrı
m; þkatlı gūnuallz .ſ. ꝫ þr rauðabıarn̄ .ſſ. tre
ꝼıll ꝫ helgı. þa v́ ſpıllt ſkıllðınū ꝫ kaſtat ı ſyr
v ker. en ſıðan let egł. taka aꝼ bunaðīn ꝫ v̊
xíj. aurar gullz ı ſpaungunū. **aꝼ þorſteını**
79 Þorſt̃ ſ. egł. þa ē h̄ ox vpp v́ **egılſ ſynı**
allra māna ꝼrıðaztr ſynū. huıtr a hár
ꝫ bıartr alıtū. h̄ var mıkıll. ꝫ ſterkr. ꝫ
þo eckı ept̃ þ́ ſē ꝼaðer h̄. þſt̃ v́ vıtr m̄ ꝫ kyʀ
latr hoguæʀ. ſtılltr m̄ bezt. Egł. vn̄ı h̄m lıtıð
þſt̃. v́ ꝫ eckı v́ h̄ aſtuðıgr. en þau aſg̃ðr ꝫ þſt̃
vn̄uz mıkıt. egł. tok þa at ellðaz mıog. þ v́
eıtt hu̇t ſum̄ er þſt̃ reıð t́ alþıngıſſ. en egıll

ſat þa heıma en aðr þſt̄ ꝼærı heıman ſtılltu þau
aſg̅ðr v̄ ꝫ toku or kıſtu egl̄s ſılkıſlæður arīb nauta
ꝫ haꝼð þſt̄ t̑ þıngſ. ꝫ ē h̄ haꝼðı a þıngınu. þa v̊ h̄m
ðragſıðar ꝫ vrðu ſaurg̅ neðan þa ē þr v̊ ı laug b̅gſ
gaungu. ꝫ ē h̄ kō heī. þa hırðı aſg̅ðr ſlæðurnar
þar ſē aðr v̊. en mıog mıklu ſıðaꝛ þa ē egl̄. lauk
vpp kıſtu ſına. þa ꝼān h̄ at ſpıllt v̊ ſlæðunū. ꝫ leı
taðe þa malſ v̄ v̇ aſg̅ðı h̄uıu þ gegndı. h̄ ſagðı þa
ıt ſaña t̑. þa .q. egl̄. Atka ek erꝼı nytıa arꝼa m̄
t̑ þarꝼan. mık heꝼ̄ ſonr oꝼ ſuıkıt. ſuık tel ek
ı þ̇ kuıkuan. vel mættı þ varna vıggrıðandı bıða
er haꝼſkıða hlæðe hlıotenðr oꝼ mık grıotı. þſt̄
ꝼeck ıoꝼ̊ð ðot̄ gūnarſ hlıꝼ .ſ. moðer h̄nar v̊ hel
ga .ð. olaꝼſ ꝼeılanſ. ſyſt̄ þorðar gellıſſ. Joꝼðı h
aꝼðı átt ꝼyꝛ þoroððr ſon tunguoððz. lıtlu epter
þta anðaðız aſg̅ðr. ep̄t þ bra egl̄. buı ꝫ ſellðı ı hēðr
en egl̄. ꝼor þa ſuðr t̑ moſꝼellz t̑ g̅mſ magſ ſínſ
þ̇ at h̄ vn̄ı meſt þðıſı ſtıupðottur ſīnı. þra m̊
er þa v̊ a lıꝼı. Þat v̊ eıtt ſumar at ſkıp kō vt ı
leıruvagı ꝫ ſtyrðı ſa m̄ ē þormoðr h̄. h̄ var norræn
ꝫ h̄karl þſt̄. þoru ſoñ h̄ haꝼðı m; at ꝼara ſkıollð
ē þſt̄. haꝼðı ſent aglı .s.G.ſ. ꝫ v̊ þ agætag̅pr. þmoðr
ꝼærðı aglı ſkıollðīn. en h̄ tok v̇ þackſālıga. ep̄t
v̄ vetn̄ ortı egl̄. ðrapu v̄ ſkıallða gıoꝼına ē kol
lut ē beru ðrapa. ꝫ ē þta vpphaꝼ at. Heyrı ꝼe
yrſ aꝼorſa. ꝼallhaððz vıñ ſtalla. hyGı þegn tıl
þagn̄ þīn eıðr k̄s mīna. opt ſl̄ arnar kıapta.
orð goð oꝼ troð horða hraꝼn ſtyrandı hræra
regna mín oꝼ ꝼregna. þſt̄. egl̄.ſ. bıo at borg
h̄ attı .íȷ́. laungetna ſonu hrıꝼlu ꝫ hraꝼn en ſı
ðan h̄ kuangaðız attu þau Joꝼðr .x. born. hel
ga hın ꝼagra var þra .ð. er þr ðeılldu v̄ ſkallð
hraꝼn ꝫ gun̄laugr ormſtunga. Grīr v̊ ellztr ſo
na þra. añaꝛ skulı. þ̇ðı þgeıꝛ ꝼıorðı kollſueīn
.v. hıorleıꝼr .vı. hallı .víȷ́. egıll .vííȷ́ þorðr þora
het .ð. þra er attı þormoðr kleppıarnſ. ꝼ̄ bornv̄
þſt̄. er komın kynſloð mıkıl ꝫ mart ſtorm̄nı
þ ē kallat myram̄ kyn allt þ ē ꝼ̄ .s.G. ē kōıt.

80 Avnūðr ſıonı bıo at **aꝼ aunundı ſıona**
at anabrecku þa er egl̄ bıo at b̅g aun̄.
ſıonı attı þg̅ðı .ð. bıarnar hınſ ðıgra.

aꝼ ſnæꝼellz ſtraunð. born þra onūðar v̊ þa
ſteınaꝛ ꝫ ðalla ē attı augmunðr gallta ſon
þra .ſſ. þorgılſ ꝫ kormakr. ꝫ ē aun̄ðr g̅ðız ga
mall ꝫ ſyynðr lítt þa ſellðı h̄ aꝼ henðı bu. tok
þa v̇ ſteın̄ ſon ħ þr ꝼeðg̅ attu auð ꝼíar. Steí
naꝛ v̊ allra māna meſtr. ꝫ rār at aꝼlı lı'o'tr
m̄ bıugr ı vextı ꝼot háꝛ ꝫ mıð ſkār. Steınaꝛ
var vppıuoðſlum̄ mıkıll ꝫ akaꝼam̄ vðæll ok
harðꝼeīgr. en̄ meſtı kapſ m̄. ꝫ ē þſt̄. egl̄.ſ. bıo
at borg. þa g̅ðız þeg̅ ꝼatt v̄ m; þeī ſteınarı. ꝼ̄
ſun̄an haꝼſ læk lıGr myꝛ ē heıt̄ ſtakſmyꝛ.
Stanða þar ıꝼ̄ votn avetn. en a varıt ē ıſa ley
ſır þa ē þar vtbeıt ſua goð nautū at þ v̊ kallat
ıaꝼnt ꝫ ſtakr toðu. háꝼſ lækr reð þar lðam̄kıū
at ꝼornu ꝼarı. En a várū gıngu naut ſteınarſ
mıog a ſtakſ myrı er þau v̊ rekín vtan at haꝼ's'
læk. en h̄klar þſt̄. vonðuðu v̄. Steın̄ gaꝼ at þ̇
engan gaū. ꝫ ꝼor ſua ꝼ̄m ıt ꝼyrſta ſumar. at
eckı varð t̑ tıðenða. En ānat vár. þa hellt ſteı
naꝛ beıtīnı. en þſt̄ lagðı þa ı v̄ræðu v̇ h̄. ꝫ ræð
ððı þo ſtıllılıga. bað h̄ ſteınar hallða beıt bu
ꝼıar ſínſ ſua ſē at ꝼornu haꝼðı v̊ıt. Steın̄ .ſ. at
ꝼe munðe ganga þar ſē þ vıllðı. h̄ ræððı v̄ allt
hellðr ꝼeſtılıga ꝫ ſkıptuz þr þſt̄ v̇ nockurū
orðū. Sıðan let þſt̄. hneckıa nautunū vt a myrar
ıꝼ̄ haꝼſlæk. ok ē ſteın̄ v̊ð þ v̊. þa ꝼeck h̄ t̑ grana þr
æl ſīn at ſıtıa at nautūnū a ſtakſmyrı. ꝫ ſat h̄ þar
alla ðaga þta v̊ ēn eꝼra hlut ſum̄ſ. beıttuz þa vpp
allar eīgıar ꝼ̄ ſūnan háꝼſ læk. nu v̊ þ eın̄ ðag at
þſt̄. haꝼðı gengıt vpp a borg at ſıaz v̄. h̄ ſa huar
naut ſteīarſ ꝼ̄. h̄ geck vt amyrar þ v̊ ſıð ðagſ. h̄
ſa at nautın v̊ þa komın langt vt ı hollaſunðıt
þſt̄ rān vt v̄ myrarn̄. ꝫ ē granı ſa þ þa rak h̄ nau
tın vuægılıga t̑ þ er þau komu a ſtoðul þſt̄. kom
þa ep̄t ꝫ hıttuz þr g̅nı ı garðz hlıðınu. þſt̄. va h̄ þ̇
þ heıt̄ grana hlıð ſıðan þ ē a tung̅ðınū. þſt̄. hratt
garðınū oꝼan a grana ꝫ hulðı ſua hræ h̄. Sıðan ꝼór
þſt̄ heī t̑ borg̅. en konur þær ē t̑ ſtoðulſ ꝼ̄. ꝼunðu
grana þ̇ ē h̄ la. ep̄t þ ꝼ̄ þ̇ heī t̑ h̄ ꝫ ſogðı ſteınarı
þı tıðenðı. ſteın̄ leıððı h̄ vppı ı holltunū en ſı
ðan ꝼeck ſteın̄ t̑ ānan þræl at ꝼylgıa nautunū.

ꝫ ẽ ſa ė neꝼnðr. þſť le\`t´ þa ſē h̄ vıſſı ė v̄ beít þ ſem
epť ṽ ſumarſınſ. þ ṽð ť tıðenda at ſteıñ ꝼor ēn
ꝼyꝶa lut vetrar vt a ſnæꝼellz ſtronð. ꝫ ðualðız
þar v̄ hrıð. Steñ ſa þa þræl. ẽ þranðr het. h̄ ṽ allra
m̄ meſtr ꝫ ſťkaſtr. þræl þān. ꝫ bauð ṽ ṽð mıkít
en ſa ẽ attı þrælīn mat h̄ ꝼ .ííj. m̄kr ſılꝼrſ. ꝫ ma\`t´
h̄ halꝼu ðyꝶa en meðal þræl ꝫ ṽ þ kaup þra h̄
haꝼðı þranð með ſer heī. Ok ẽ þr komu heī þa ræ
ðer ſteıñ ṽ þranð. nu ẽ ſua ť ꝼarıt at ek vıl haꝼa
ṽknat aꝼ ꝥ. er h̄ ſkıpat aðr ť ṽka allra nu mun
ek ṽk ꝼ þık leggıa er ꝥ ẽ lıtıð erꝼıðı ı þu ſſt ſıtıa
at nautū mınū. þıkı m̄ þ mıklu ſkıpta at þeī
ſe vel ť haga halldıt vıl ek at þu haꝼ ꝥ engıſſ m̄
hóꝼ ṽ nēa þıtt hū hagı ẽ beztr a myrū ma ek ė
a m̄ ſía eꝼ þu heꝼ ė ť þ hug eða aꝼl at hallda tıl
ꝼullz ṽ eīn hūn h̄kar þſť. Steıñ ſellðı ı henðr
þranðı exı mıkla næꝶ alñ ꝼ mūn. ꝫ ṽ h̄ harhuos
Sva lız m̄ a þık þranðr. ſ. ſťẽ ſē ė ſe ſynt hūſu mıkı
lſ þu metr goð orð þſť eꝼ þıð ſıaız .íj. a. þranðr. ſṽ.
engan vanða ætla ek mer a vıð þſť. En ſkılıa þı
kıūz ek hūt ṽk þu heꝼ ꝼ mık lagt mātu þıkıaz
lıtlu ť ṽıa þar ſē ek em. en ek ætla m̄ ṽa goðan
koſt huaꝶ ſē vpp kēr eꝼ ṽ þſť ſſm reyna m; oꝶr
Sıðan tok þranðr ť nautagæzlu. h̄m haꝼðı þ ſkıl
ız þott h̄ heꝼðı ė lengı ṽıt. huert ſteıñ haꝼðı na
tū ſınū latıð hallda. ꝫ ſat þranðr at nautum a
ſtakſ myrı. ok ẽ þſť. ṽð ꝥ vaꝶ. þa ſenðı h̄ h̄karl
ſīn ť ꝼunð ṽ þranð ꝫ bað ſegıa h̄m lðam̄kı með
þeī ſteınarı ꝫ ẽ h̄karl hıttı þranð þa ſagðı h̄ h̄m
erenðı ſın. ꝫ bað h̄ hallda nautunū ānan veg. ſag
ðı at þ ṽ lð þſť. egılſ .ſ ẽ nautın ṽ þa ıkomın. ꝥnðr
.ſ. þ hırðı ek allðrı. huaꝶ þra lð á. mun ek naut ha
ꝼa þar ſē m̄ þık hagı beztr. Sıðan ſkılðuz þr. ꝼór
h̄k̄l heī ꝫ ſ. þſť. ſuor þrælſınſ. þſť. let þa kyrt ṽa
en ꝥnðr tok þa at ſıtıa at nautū nætr ꝫ ðaga

81 Þorſť. ſtoð vpp eīn morgın **ðráp þrændar**
ṽ ſol ꝫ geck vpp a bg. h̄ ſa huar naut Sſſ
ṽ. Sıðan geck þſť. vt a myrar ť ꝥ er h̄
kō ť nautāna. þar ſtenðr ſkog klettr ṽ haꝼſ
læk. en vppı a klettınū ſuaꝼ ꝥnðr. ꝫ haꝼðı leyſt
aꝼ ſer ſkua ſına. þſť geck vpp a klettīn ꝫ haꝼðı

exı ı henðı eckı mıkla ꝫ engı ꝼleırı vapn. þſt.
ſtack exarſkaptınu a ꝥnðı ꝫ bað h̄ vaka h̄ ſꝥtt
vpp ſkıott ꝫ hart ꝫ greıp tueī honðū exına ꝫ
reıððı vpp. h̄ ſpurðı huat þſť vıllðı. h̄ .ſ. ek vıl
ſegıa ꝥ at ek a lð þta. en ꝥ eıgut haga beıt ꝼ vt
an lækīn. ẽ þ ė vnðarlıgt þottu vıť ė lða m̄kı her
ꝥnðr .ſ. engu þıkı m̄ ſkıpta hūr lð a mun ek ꝥ la
ta naut ṽa ẽ þeī þıkır bezt. hıtt ẽ lıklıgra. ſ
þſť. at ek muna nu raða vılıa ꝼ lðı mınu en ė þræ
lar ſť. ꝥnðr .ſ. Mıklu ertu þſť vuıťrı m̄ ek hugða eꝼ
þu vıllt eıga naťbol vnðer exımīnı ꝫ hætta ť þeſ
vırðıngu þīnı. ᴍer ſynız at ætla ť ſē ek muna ha
ꝼa tuau auꝼl þín. en mık ſkorť ė hug. Ek em ꝫ vap
naðr betr en þu. þſť mſtı. a þa hættu mun ek leggıa
eꝼ þu ḡır ė at v̄ beıtına. væntı ek at mıkıt ſkılı hā
īgıu oꝶra ſua ſē mala eꝼnı ero vıoꝼn. ꝥnðr .ſ. nu ſſtu
ſıa þſť. huart ek hræðūz nockut hot þın. Sıðan
ſettız ꝥnðr nıðr ꝫ batt ſko ſīn. en þſť reıððı vpp ex
ına hart ꝫ hıo a halſ ꝥnðı ſua at hoꝼuðıt ꝼell a
brınguna. Sıðan bar þſť. grıot at h̄m ꝫ hulðı hræ
ħ geck ſıðan heī ť borgar. en þān ðag komu ſeīt
heī naut ſteıñſ. ꝫ ẽ ꝥtın ván þottı ꝥ. þa tok Sť heſt
ſīn ꝫ lagðı a ſoðul h̄ haꝼðı aluæpnı ſıtt. h̄ reıð ſuðr
ť borḡ ꝫ ẽ h̄ kō þar hıttı h̄ m̄n at malı h̄ ſpurðı hū
þſť ṽı. h̄m ṽ ſagt at h̄ ſat īnı. þa bað Sť at þſť kæı
ůt k̄ eıga erenðı ṽ h̄. ꝫ ẽ þſť heyrðı þta tok h̄ vapn
ſın ꝫ geck vt ıðyꝶ. Sıðan ſpurðı h̄ ſteınar hū er
enðı ħ ṽı. heꝼ þu ðrepıt ꝥnð þrælmīn. ſ. Sť. ſua
ẽ víſt. ſ. þſť. þarꝼtu þ eckı auðrū m̄m at ætla. þa
ſe ek at þu munt þıkıaz harð henðlıga ṽıa lð þıtt
ẽ þu heꝼ ðrepıt þræla mína tua. en m̄ þık þ ec
kı ſua mıkıt ꝼma ṽk. nu mun ek ḡa ꝥ a þu mık
lu betra koſt eꝼ þu vıllt m; kappı ṽıa lðıt þıtt
ꝫ ſſ eckı oðrū m̄ nu at hlıta at reka nautın en
vıta ſſtu þ at nautın ſſu bæðı dag ꝫ nott ıþınu lðı
ṽa. ſua er. ſ. þſť at ek ðrap ꝼyʀ ı ſumar. þræl
þín. þān ẽ þu ꝼect ť at beıta nautunū ı lð mıť
en ſıðan let ek yðr haꝼa beıt ſē ꝥ vıllðut allt
tıl vetrar. nv heꝼı ek ðrepıt añan þræl þīn ꝼ ꝥ
gaꝼ ek ꝥū hına ſomu ſok ſē hınū ꝼyꝶa. nu ſſtu
haꝼa beıt heðan ı ꝼ̄ ıſumar ſē þu vıll. en at ſū

rı eꝼ þu beıᷤ lð mıtt ⁊ ꝼær m̄n ꞇ ꝥ at reka hıngat
ꝼe þıtt þa mun ek ēn ðrepa ꝼ ꝥ̄ eīnhū̃n mān þān ē̃ ꝼe
nu ꝼylg̃ ſua þo at þu ꝼylg̃ ſıalꝼr. mun ek ſua g̃a a
hū̃ıu ſūrı meðan þu hellðr teknū hættı v̄ beıtına
Sıðan reıð ſᷤ. ı b̃tt ⁊ heī ꞇ brecku. ok lıtlu ſıðaꝶ reıð
ſᷤ. vpp ı ſtaꝼa hollt. þar bıo þa eıñ. h̄ v̊ goðorðz m̄
Sᷤ. bað h̄ lıðſ. ⁊ bauð h̄m ꝼe ꞇ. eıñ .ſ. þık mun lıt
lu ſkıpta v̄ mına lıð ſēð. nēa ꝼleırı v̊ðınga m̄n veítı
at ꝥu malı. epᷤ ꝥ reıð .Sᷤ. vpp ı reykıar ðal aꝼunð tun
gu oððz. ⁊ bað h̄ lıðſ. ⁊ bauð h̄m ꝼe ꞇ. oððr tok v̊ ꝼenu
⁊ hét lıðueızlu ſıñı at h̄ ſkyllðı eꝼla ſteıñ at kōa
ꝼ̃m logū v̊ þſᷤ. Sᷤ. reıð ſıðan heī. en v̄ varıt ꝼ̊ þroððr
⁊ eıñ. m; Steıñı ſteꝼnu ꝼaur ⁊ hoꝼðu ꝼıolm̄nı mıꝁ.
Steꝼnðı Steıñ þſᷤ. v̄ þrælaðrap. ⁊ let v̊ða ꝼıorbaugſ
g̃ð v̄ huart vıgıt. þt ꝥ v̊ log þar er þrælar v̊ ðrepñ
ꝼ m̄. enða v̄ı ė ꝼærð þrælſ gıollðın ꝼ hına þrıðíu ſ
ol. en ıaꝼnt ſkyllðu mætaz .íȷ́. ꝼıorbaugſſaꝁ ⁊ eín
ſkoggangſ ſok. þſᷤ ſteꝼnðı engū ſokū ı mót ⁊ lıtlu
ſıðaꝶ ſenðe þſᷤ. m̄n ſuðr a neſ. komu þr ꞇ moſ ꝼe
llz ꞇ grımſ ⁊ ſogðu þar ꝥı tıðenðı. egıll let ſer ꝼatt
v̄ ꝼıñaz. ⁊ ſpurðı þo at ı hlıoðe vanðlıga v̄ ſkıptı
þra þſᷤ. ⁊ ſteıñſ. ⁊ ſua at þeī m̄m ē ſteıñ hoꝼðu ſt
yrkt ꞇ ꝥa malſ. Sıðan ꝼ̊ ſenðım̄n heī ⁊ let þſᷤ vel ıꝼ
þra ꝼ̃ð. þſᷤ egl.ſ. ꝼıolm̄tı mıog ꞇ varþīgſ ⁊ kō þar
nott ꝼyꝶ en aðrer m̄n. ⁊ tıollðuðu buðer ſıñ ok
þıngm̄n ſ̄ ē ꝥ attu buðer. ⁊ ē þr hoꝼðu v̄ buız þa
let þſᷤ. ganga ꞇ þıngm̊ lıð ſıtt ⁊ g̃ðu þar buðar
veggı mıkla. Sıðan let h̄ buð tıallða mıklu meı
rı en aðrar buðer þær ē ꝥ v̊. J þrı buð v̊ eng̃ m̄n
Sᷤ. reıð ꞇ þıngſ ⁊ ꝼıolm̄tı mıog. ꝥ reð tungu oððr
ꝼ lıðı ⁊ v̊ allꝼıolm̄nr. Eıñ. or ſtaꝼaholltı v̊ ⁊ ꝼıol
m̄nr. tıollðuðu þr buðer ſınar var þıngıt ꝼıol
m̄nt ꝼluttu m̄n ꝼrā mal ſín. þſᷤ. bauð eng̃ ſætᷤ
ꝼ ſık. en ſuaraðı ꝥ þeī m̄m er v̄ ſætᷤ leıtuðu
at h̄ ætlaðı at lata ðōſ bıða. Sagðı at h̄m þot
tu mal lıtılſ v̊ð þau ē ſteıñ ꝼór m; v̄ ðrap ꝥ
ræla ſ̄. en talðı þræla ſteıñſ haꝼa nog̃ ſaꝁ
ꞇ gort. Sᷤ. let ſtorlıga ıꝼ malū ſınū. þottu h̄
ſaꝁ lauglıg̃ en lıðſ aꝼlı nogr at koma logvm
ꝼ̃m v̊ h̄ ꝥ ꝼ̃mgıarn v̄ ſın mal. þān ðag gīgu
m̄n ı þıng brecku ⁊ m̄tu m̄n malū ſınum

en v̄ kuellðıt ſkyllðu ðom̄ vt ꝼ̊ ꞇ ſokñ. v̊ þſᷤ. ꝥ með
ꝼlock ſīn. h̄ reð ꝥ þīg ſkopū meſt. ꝥ at ſua haꝼðe
v̊ıt meðan egıll ꝼor m; goðorð ⁊ m̄ ꝼorrað. þr hoꝼ
ðu huaꝛ̃tueggıu aluæpnı. Mēn ſa aꝼ þıngınu
at ꝼlockr m̄ reıð neðan m; klıuꝼra. ⁊ blıkuðu þar
ſkıllðer v̊. ⁊ ē þr rıðu a þıngıt þa reıð ꝥ m̄ ꝼ ı blar
rı kapu. haꝼðı hıalm a hoꝼðı gullroðīn. en ſkıollð
a hlıð gullbuīn ı henðı kroka ſpíot v̊ ꝥ gullrekīn
ꝼalrīn h̄ v̊ ſū̃ðı gyrðr ꝥ v̊ komīn egᷤ s.G.ſ. lxxx.
m̄ alla vel vapnaða ſua ſē ꞇ barðaga v̄ı buñ. ꝥ lıð
v̊ valıt mıog. haꝼðı egᷤ. haꝼt m; ſer ena beztu
bonðaſonu aꝼ neſıū ſūnan. þa ē h̄m þottu vıglıgſᷤ
egᷤ reıð m; ꝼlockīn ꞇ buðar þrar ē þſᷤ haꝼðı t
ıallða latıð ⁊ áðr v̊ auð ſtıgu þr aꝼ heſtū ſınū
⁊ ē þſᷤ. kenðı ꝼ̃ð ꝼoður ſınſ. þa geck h̄ ı motı h̄
m; allan ꝼlock ſīn ⁊ ꝼagnaðı h̄m vel. letu þr egᷤ
b̃a īn ꝼag̃uı ſına ı buð. en reka heſta ı haga. ⁊ ē
þta v̊ ſyſlat. geck egᷤ. ⁊ þſᷤ m; ꝼlockīn allan vpp
ı þıngbrecku ⁊ ſettuz þar ſē þr v̊ vañ at ſıtıa. ſı
ðan ſtoð egᷤ. vpp ⁊ m̄ı hatt. huart ē onūðr ſıonıſ̃
ı þıng breckūnı. Onūðr .q̄. þar v̊a. ek em ꝼegīn
orðīn egᷤ ē þu ēt komīn. mun ꝥ allt bæta ꞇ v̄
ꝥ ē h̄ ſtenðr mıllı malſ m̄. huart ræðr þu ꝥ er
ſteíñ .ſ. þīn ſæꝁ ſokū þſᷤ. ſon mīn. ⁊ heꝼ ðregıt
ſaman ꝼıolm̄nı ꞇ ꝥ at g̃a þſᷤ. at vrðar m̄. þuı
vellð ek ė. ſ. onūðr ē þr ero vſatᷤ. heꝼı ek ꝥ ꞇ
lagt morg orð ⁊ beðıt ſteıñ ſættaz v̊ þſᷤ. ꝥt m̄ heꝼ̃
v̊ıt ı hū̃n ſtað þſt. ſ. þīn ſpararı ꞇ vſæmð ⁊ vellðr
ꝥ ſu en ꝼorna aſtuınatta ē m; oꝁr heꝼ̃ v̊ıt egᷤ
ſıðan ē v̊ ꝼæððūz h̄ vpp ſātynıſſ. bratt mun ꝥ. ſ.
egᷤ. lıoſt v̊ða huart þu mælır þta aꝼ alvoru .e.
aꝼ hegoma þott ek ætla ꝥ ſıðr v̊a munu. Man
ek þa ðaga at huarūtueggıa okrū munðı þı
kıa vlık lıgt at v̊ munðī ſokū ſækıaz eða ſtılla
ė ſonu ockra at þr ꝼarı ė m; ꝼıꝼlſku ſlıꝁ ſē ek
heyrı at h̄ horꝼız tıl. Synız m̄ ꝥ rað meðan v̊
erū a lıꝼı. ⁊ ſua næꝶ ſtaðder ðeılu þra at v̊ takī
mal þta vnðer oꝁr ⁊ ſetī nıðr en latī ė þa tungu
oðð ⁊ eıñ etıa ſaman ſonū ockrū ſē kapal heſtū
latū þa haꝼa ānat heðan ı ꝼ̃ ꞇ ꝼevaxtar ſer en
taka a ſlıku. þa ſtoð aꝛnūðr vpp ⁊ m̄tı rett ſeg̃

þu egꞇ̄. ꝫ þ ē ockr vꝼallıt at v͛a a þ͛ þıngı ē ſſ. ok͛rer ðeıla. Skal ockr ꝫ allð᷎ þa ſkōm henða at v͛a þr van ſkaurung͛ at ſætta þa ė. Nu vıl ek ſteın᷎ at þu ſelır m̄ mal þı ı henðr. ꝫ laꞇ̄ mık m; ꝼara ſē m̄ lıḱ ė veít ek þ. ſ. ſteın᷎. huart ek vıl ſ᷎. kaſta nıðr malū mınū þt ek heꝼı aðr leıtað m̄ lıðſēðar aꝼ ſtorm̄nı. vıl ek nu ſua at eınu lu ka malū mınū at þ lıkı vel oððı ꝫ eın̄ı Sıðan ræððu þr oððr ꝫ ſteın᷎ ſın í mıllı ſagðı oððr ſua eꝼ na vıl ek ſteın᷎ lıðſēð v͛ þık þa ē ek het at veıta þ͛ t͛ laga eða þra malalykta ē þu vıllt taka þ͛ t͛ handa muntu meſt ı abyrgıaz hv̄neg mal þın ero t͛ komın eꝼ egıll ſꞇ̄ v̄ ðæma. þa mꞇ̄ı onūðr eckı þarꝼ ek at eıga þta vnðer tungu rotu .o. heꝼı ek aꝼ h̄m haꝼt harkı gott ne ıllt en egꞇ̄ heꝼ̄ mart ſtoruel gort t͛ mín. truı ek h̄m mık lu betr en oðrū enða ſꞇ̄ ek þu raða. mun þ͛ þ hæ ꝼa at haꝼa ė alla oſſ ı ꝼangı þ͛. heꝼı ek ēn h̄ t͛ raðıt ꝼ͛ ockr ꝫ ſꞇ̄ eñ ſua v͛a. akaꝼr ertu v̄ þta mal ꝼaðer en opt ætla ek at v͛ ıðrımz þa. Sı ðan ſellðı .Sꞇ̄ ı henðr onūðı malıt ꝫ ſkyllðı h̄ þa ſækıa eða ſættaz a ſua ſē log kenðu t͛. ꝫ þegar er onūðr reð ꝼ͛ malū þum. þa geck h̄ t͛ ꝼunð᷑ v͛ þa ꝼeðga þſꞇ̄. ꝫ egꞇ̄. þa mꞇ̄ı onūðr. Nu vıl ek egꞇ̄. at þu ſkaper eın̄ ꝫ ſḱır v̄ þı mal. ſua ſem þu vıll þ͛at ek t͛ı þ͛ bezt t͛ at ſkıpa þum mın ū malū ꝫ ollū oðrū Sıðan tokuz. þr onūðr ꝫ þſꞇ̄ ı henðr. ꝫ neꝼnðu ſer vatta ꝫ þ m; vattneꝼnū nı at egꞇ̄.s.G.ſ. ſkyllðı eīn g͛a v̄ mal þı ſua ſē h̄ vıll allt vſkorat þar a þıngí ꝫ lauk ſua þum malū. Gengu mñ ſua heī t͛ buða. þſꞇ̄ let leıða t͛ buðar egılſ .ııı. yxn ꝫ let hoGua tıl þīgnez h̄. ok ē þr tungu oððr ꝫ ſteın᷎ komu heī t͛ buðar. þa mꞇ̄ı oððr. Nu heꝼ̄ þu ſteın᷎ ꝫ þıð ꝼeðg͛ raðıt ꝼ͛ lykt mala yckaꝛ. Nu telıūz ek or lauſ v͛ þık Sꞇ̄. v̄ lıðueızlu þa ē ek h͛ þ͛ þt ſua v͛ mꞇ̄ m; ockr at ek ſkyllða veıta þ͛ ſua at þu kæm̄ malū þın v̄ ꝼ̄m̄ eða t͛ þra lykta er þ͛ hugnaðe hv̄neg ſē þ͛ geꝼz ſætꞇ̄gıorð egꞇ̄ Sꞇ̄.ſ. at oððr heꝼ̄ h̄m vel veıtt ꝫ ðreīgılıga. ꝫ þra vınatta ſꞇ̄ nu v͛a m ıklu bet͛ en aðr vıl ek kalla at þu ſer or lauſ v͛ mık v̄ þ ē þu vart ıbunðīn. v̄ kuellðıt ꝼ͛ ðom̄ vt. ꝫ ē eckı getıð at þar yrðı t͛ tıðenða. **aꝼ eglı ꝫ**

82 Egıll.S.G.ſ. geck ı þīgbrecku **aununðı ſıona** v̄ ðagīn epꞇ̄ ꝫ m; h̄m þſꞇ̄ ꝫ allr ꝼlockr þr ra þar kō þa ꝫ onūðr ꝫ ſteīn᷎ tungu oððr var ꝫ þ͛ komīn ꝫ þar eın̄. ꝫ ē m̄n hoꝼðu þar mꞇ̄t logmalū ſınū. þa ſtoð egıll vpp ꝫ mꞇ̄ı ſua huart ero þr ſteīaꝛ ꝫ onūðr ꝼeðgar h̄ ſua at þr megı ſkılıa mal mıtt. oñðr .ſ. at þr v͛ þar. þa vıl ek luka vpp ſætꞇ̄ gıorð mıllı þra ſꞇ̄. ꝫ þſꞇ̄. heꝼ ek þar vpp þ mal ē g͛mr ꝼaðer mīn kō hīgat t͛ lðz. ꝫ nā h̄ lonð oll v̄ myrar. ꝫ vıða h̄at. ꝫ tok ſer buſtað at bg ꝫ ætlaðı þar lð eıgn t͛ en gaꝼ vınū ſınū lða koſtı. þ͛ vt ı ꝼ̄ ſua ſē þr bygðu ſıðan. h̄ gaꝼ a na buſtað at ana brecku þar ſē oñðr ꝫ ſꞇ̄ haꝼa h̄ t͛ buıt. vıtu v͛ þ aller ſꞇ̄ huar lðam̄kı ero mıl lı borg͛ ꝫ anabrecku at þ͛ ræðr haꝼſ lækr. nu v͛ ė þ ſꞇ̄ at þu g͛ð þ vuıtanðı at beıta lð þſꞇ̄. ꝫ lagðer vnðer þık eıgn h̄. ꝫ ætlaðer at h̄ munðe vera ſua mıkıll ættlerı at h̄ munðı v͛a vılıa rænīgı þ ıñ. þt þu ſꞇ̄. ꝫ þıð oñðr megut þ vıta at anı þa lð at g͛mı ꝼeðr mınū en þſꞇ̄ ðrap ꝼ͛ þ͛ þræla .íȷ́. nu er þ ollū m̄m auðſynt at þr haꝼa ꝼallıt a v͛ kū ſınū ꝫ ēo þr obota m̄n ꝫ at hellðr þott þr v͛ı ꝼrıalſer m̄n þa v͛ı þr þo obotam̄n. en ꝼ͛ þ ſꞇ̄ er þu hugðız ræna munðu þſꞇ̄ ſon mīn lð eıgn ſīnı þrı ē h̄ tok m; mınu raðe ꝫ ek tok ı arꝼ epꞇ̄ ꝼoð᷑ mīn þ͛ ꝼ͛ ſꞇ̄u lata lauſt þıtt lð at anabrecku ꝫ haꝼa ė ꝼ͛ ꝼe þ ſꞇ̄ ꝫ ꝼylgıa at þu ſꞇ̄t ė haꝼa buſtað ne vıſtaꝼar h̄ ı h̄aðe ꝼ͛ ſuñan langa. ꝫ v͛a b͛ttu ꝼ̄ anabrecku aðr ꝼarðag͛ ſe lıðñ. en ꝼalla vh eılagr ꝼ͛ ollū þeī m̄ ē þſteī vılıa lıð veıta. þeg͛ epꞇ̄ ꝼarðaga eꝼ þu vıll ė brott ꝼ̄ eða nockurn lut ė ha llða þān ē ek heꝼı alagt v͛ þık. En ē egꞇ̄. ſettız n ıðr þa neꝼnðı þſꞇ̄ vatta at gıorð h̄. þa mꞇ̄ı. oñðr ſıo nı. þ mun mal m̄ egꞇ̄. at gıorð ſıa ē þu heꝼ̄ gort. ok vpp ſagt ſe hellðr ſkock. nu ē þ ꝼ̄ m̄ at ſegía at ek heꝼı allan mık v͛ lagt at ſkırra vanðræðū þra. en heðan aꝼ ſꞇ̄ ek eckı aꝼ ſpara þ ē ek ma g͛a t͛ vþurꝼtar þſteını. hıtt mun ek ætla. ſ. egꞇ̄. at hlutr yckaꝛ ꝼeðga mun æ þ͛ v͛rı ē ðeıllðer

vaꝛ̄ ſtanða lengr. hugða ek oñðr at þu munðer þ
vıta at ek heꝼı hallðıt hlut mınū ꝼ ꝥlıkū ſua m̄m
ſē þıð erut ꝼeðgar. en oððr ⁊ eıñ er ðregız haꝼa ſua
mıog t̄ ꝥa malſ. haꝼa h̄ aꝼ ꝼengıt ſkapnaðar v̇ðīg.

83 Þorgeıꝛ̄ blunðr v̇ þar a þīgınu **aꝼ þorgeırı** ſyſtur.ſ. egılſ. ⁊ haꝼðı mıkıt lıð veıtt þſteın ı ꝥum malū. h̄ bað þa ꝼeðga geꝼa ſer lð n
ockut vt ꝥ amyrunū. h̄ bıo aðr ꝼ ſuñan huıt
a ꝼ neðan blunz vattn. Egıll tok vel a ꝥ ⁊ ꝼyſ
tı þſt̄ at h̄ letı hān þangat ꝼ. þr ſettu þgeır nıðr
at anabrecku. en ſteıñ ꝼærðı buſtað ſīn vt ıꝼ lang
á ⁊ ſettız nıðr at leıru læk. en egl̄. reıð heī ſuðr aneſ
⁊ ſkılðuz þr m; blıðſkap ꝼeðgar. ᴍaðr ſa v̇ m; þſt̄.
ē Jrı h̋. hủıū mānı ꝼothuatarı. ⁊ allra m̄ ſkygna
ztr h̄ v̇ vtlenðr ⁊ lauſıngı þſt̄. en þo haꝼðı h̄ ꝼıar
gæzlur. ⁊ þær meſt at ſaꝼna gellð ꝼe vpp t̄ ꝼıallz
a v́arū. en a hauſt oꝼan t̄ rettar. En nu epꝑ ꝼarða
ga let þſt̄. ſaꝼna gellðꝼe ꝥ ē epꝑ haꝼðı v̊ıt v̄ varı\`t´.
⁊ ætlaðı at lata reka þ t̄ ꝼıallz. Jrı var þa ı ꝼıar r
ettınū. en þſt̄. ⁊ h̄karlar hſ reıð vpp t̄ ꝼıallz. ⁊ v̊ þr
.vııȷ. ſaman. þſt̄ let g̊a g̊ð v̄ þủa grıſartungu mıl
lı langavaz ⁊ glıuꝼrár let h̄ ꝥ at v̊a marga m̄n v̄
varıt. ⁊ ē þſt̄ haꝼðı lıtıð ıꝼ v̊k h̄karla ſīna þa reıð
h̄ heī. ⁊ ē h̄ kō gegnt þīgſtoð. þa kō ırı ꝥ hlaupā
ðı ı motı þeī ⁊ ſagðı at h̄ vıll mæla v̇ þſt̄ eınmælı
þſt̄ mæltı at ꝼaurunauꞇ̄ h̄ ſkyllðu rıða ꝼ meðā
þr talaðı. Jrı .ſ. þſt̄ at h̄ heꝼðı ꝼarıt vpp a eınkūñ
v̄ ðagīn ⁊ ſéét t̄ ſauða. en ek ſa. ſ. h̄ ı ſkogınum
ꝼ oꝼan vetr gautu at ſkınu v̇ .xíȷ. ſpíot ⁊ ſkıllð̄
nockuꝛ̄ þſt̄.ſ. hatt ſua at ꝼaurunauꞇ̄ h̄ heyrðu.
ſua beınt huı mun h̄m ſua ant at hıtta mık at ek
mega ė rıða heī leıðar mīnar en þo mun oluallðe
þıkıa oſānlıgt at ek ſynıa h̄m malſ eꝼ h̄ ē ſıukr
Jrı hlıop þa ſē meſt mattı h̄ t̄ ꝼıallz vpp. þſt̄.ſ. ꝼo
runautū ſınū. leīgıa ætla ek nu leıðına eꝼ vær
ſt̄m ꝼyſt rıða ſuðr t̄ auluallzſtaða. Auluallðr
ſenðı m̄ orð at ek ſkyllða ꝼīna h̄. mun h̄m þo ė
mıklu þıkıa launaðr vxīn ē h̄ gaꝼ m̄ ı ꝼyrra
hauſt at ek hıtta. h̄ eꝼ h̄m þıkır malı ſıpta. Sıð
an rıðu þr þſt̄. ſuðr v̄ myrar ꝼ oꝼan ſtangar h
ollt ⁊ ſua ſuðr tıl guꝼár. ⁊ oꝼan m; ānı́ reıðgoꞇ̄
ok ē h̄ kō nıðr ꝼ̄ vatnı þa ſa þr ꝼ ſūnan ana na
ut morg ⁊ mān hıa v̇ ꝥ h̄karl auluallz. Spur
ðı þſt̄. hủnıg þar v̊ı heıllt. h̄ ſagðı at ꝥ v̇ vel h
eıllt. ⁊ oluallðı v̇ ıſkogı at vıðarhogg̊ þa ſt̄u. ſ.
þſt̄ ſegıa h̄m. eꝼ h̄ a v̇ mık ſkyllt erenðı at h̄ ko
mı t̄ bgar en ek mun nu rıða heī ⁊ ſua g̊ðı h̄. En
þ ſpurðız þo ſıðan at ſteıñ ſıona .ſ. haꝼðı þān ſa
ma ðag ſetıð vppı v̇ eınkūnır m; .xíȷ. mān þſt̄
let ſē h̄ heꝼðı eckı ſpurt. ⁊ v̇ þ kyrt ſıðan. **heım**

84 Þorgeıꝛ̄ ē m̄ neꝼnðr h̄ var ꝼrænðı **boð v̇ þorſteın** þſt̄. ⁊ eñ meſtı vın h̄ bıo ı þna tıma a alꝼtaneſı. þgeıꝛ̄ v̇ vanr at haꝼa ha
vſt boð hủt hauſt. þgeıꝛ̄ ꝼór t̄ ꝼunðar v̇ þſt̄
egılſ .ſ. ⁊ bauð h̄m t̄ ſín. þſt̄ h̋ ꝼ̊ðıñı ⁊ ꝼor þgeıꝛ̄
heī. en at akueðnū ðegı bıoz þſt̄ t̄ ꝼarar. ⁊
v̊ þa .ıııȷ. vıkur t̄ vetr m; þſteını ꝼor aſt m̄ h̄.
⁊ h̄karlar h̄ ıȷ Grímr h̋ .ſ. þſt̄. h̄ var þa .x. veꞇ̄
⁊ ꝼor ⁊ m; þſt̄. ⁊ v̊ þr .v. ſaman ⁊ rıðu vt t̄ ꝼorſ
⁊ ꝥ ıꝼ langa. ſıðan vt ſē leıð la t̄ aurrıða ár
en ꝼ vtan ana. v̇ ſteıñ a v̊kı ⁊ aūnðr ⁊ h̄k̄lar
þra. ⁊ ē þr kenðu þſt̄. þa hlıopu þr t̄ vapna ſīna
⁊ ſıðan epꝑ þeī þſteını ⁊ ē þſt̄. ſa epꝑꝼaur ſteınarſ
þa rıðu þr vt aꝼ langa holltı. þar ē holl eīn haꝛ̄
⁊ vuıðr. ꝥ ſtıga þr þſt̄. aꝼ heſtunū ⁊ ſækıa vpp a
holīn. þſt̄ m̄ı at ſueīnīn g̊mr ſkyllðı ꝼ̊ ı ſkogıṅ
⁊ v̊ða ė v̇ ſtaððr ꝼunðīn. ok þeg̊ ē þr ſt̄. kōa at hol
nū. þa ſækıa þr at þeī þſt̄ı. ⁊ v̊ð ꝥ b̄ðagı. þr ſt̄ v̊
vı. ſaman vaxñ m̄n. en ēn .víȷ.\`ðı´ ſon ſt̄.x. veꞇ̄ ga
mall. þna ꝼunð ſá þr m̄n ē v̊ a eīgıteıgū aꝼ oðrū
bæıū ⁊ rūnu t̄ at ſkılıa þa. ⁊ ē þr v̊ ſkılðır. þa
v̊ latñ h̄k̄lar þſt̄ bað̄. ꝼallīn v̇ ⁊ eīn h̄k̄l .ſt̄.
en ſaꝛ̄ ſuṁ. Ok ē þr v̊ ſkılð̄ leıꞇ̄ þſt̄. at huar g̊mr
v̇. ⁊ ꝼīna þr h̄. v̇ g̊mr þa ſárr mıog. ⁊ ſon ſt̄. la ꝥ
hıa h̄m ðauðr. ⁊ ē þſt̄. hlıop a heſt ſīn. þa kal
laðı .ſt̄. a h̄ ⁊ m̄ı. ʀēnr þu nu þſt̄ huıtı. ſ. h̄. þſt̄
.ſ. leng̃ ſt̄u rēna aðr vıka ſe lıðın. Sıðan rıðu þr
þſt̄. v́t ıꝼ myrına. ⁊ hoꝼðu m; ſer ſueınīn g̊m
⁊ ē þr komu vt ı hollt þ ē þar v̊ðr. þa anðaz ſu
eīnīn ⁊ g̊ꝼu þr h̄ ꝥ ı holltıð. ⁊ ē þ kallat g̊mſ hollt
en ꝥ heıꞇ̄ orr̄o huall ſē þr borðuz. þſt̄ reıð a
alꝼtaneſ v̄ kuellðıt ſē h̄ haꝼðı ætlat ⁊ ſat ꝥ at

boðı .ıíȷ. nǽtr. en ſıðan bıoz ħ tͥ heīꝼ͛ðar m̄n buðuz tͥ at ꝼͣ m; ħm. en ħ vıllðı ė rıðu þr .íȷ. ſa man. Ok þān ſama ðag ē .ſt̄. vıſſı v́an at þſt̄ munðı heī rıða. þa reıð .ſt̄. vt m; ſío. ɜ ē ħ kō a mela þa ē v͛ða ꝼͥ neðan lāba ſtaðı þa ſettız ħ ꝥ a me līn ħ haꝼðı ſu͛ð þ ē ſkrymır hét allra vapna bezt ħ ſtoð ꝥ a melnū m; ſuerðıt brugðıt ɜ hor ꝼðı þa a eīn v́eg þt ħ ſa þa reıð þſt̄ vtan v̄ ſā ðīn lābı bıo a lāba ſtoðū. ɜ ſa huat .ſt̄. haꝼðız at. ħ geck heıman ok oꝼan a backān ɜ ē ħ kō at ſteıṅı þa greıp ħ aptan vnðer henðr ħm. ſt̄. vıllðı ſlıta ħ aꝼ ſér. lābı hellt ꝼaſt ɜ ꝼͣ þr nu aꝼ melunū a ſlettuna. en þa rıða þr þſt̄ ıt n eðra gotuna. ſt̄. haꝼðı rıðıt ſtoðheſtı ſınum ɜ hlıop ħ ıñ m; ſıo. þ ſa þr þſt̄ ɜ vnðruðuz þt þr hoꝼðu eckı vaꝛ̄ vorðıt v́ ꝼor St̄. þa þu͛aðız .ſt̄. ꝼ͛ṁ a backañ þt ħ ſa ė at þſt̄ heꝼðı v̄ rıðıt. ɜ er þr komu a backān ꝼ͛manu͛ðan þa hratͥ lā bı ħm ꝼͥ melīn oꝼan en þ varaðız .ſt̄. eckı ħ ra ſaðı oꝼan a ſanðīn. en lābı hlıop heī. Ok ē .St̄. kōz a ꝼætr þa rān ħ ept̄ lāba. en ē lābı kō at ðyrū. þa hlıop ħ īn ɜ rak aptr hurðına. ſt̄. hıo ept̄ ħm ſua at ſuerðıt ſtoð ꝼaſt ı vınðſkeıðunū ſkılðuz þr þar geck ſteıṅ heī. En ē þſt̄. kō heī þa ſenðı ħ v̄ ðagīn ept̄ ħkl ſīn vt tͥ leırulækıar at ſegıa. St̄. at ħ ꝼærðı buſtað ſīn v̄ ƀg hraun en at oðrū koſtı munðı ħ nıota ꝥ v́ .ſt̄. eꝼ ħ ættı ꝼleí ra m̄ ꝼorrað. ɜ mun þa ė koſtr broꝼ͛ðar. En St̄. bıo ꝼ͛ð ſına vt a ſnæꝼellz ſtronð. ɜ ꝥ ſettı ħ bu ſam an ē heıt̄ at ellıða. ɜ lykr ꝥ v́ſkıptū þra þſt̄ egl̄.ſ.

Þorgeıꝛ blunðr bıo at anabrecku. ħ veıttı þſteını ıl lar buſıꝼıar ıollu ꝥ ē ħ mattı. þ v́ eıtt ſīn ē þr hıt tuz egl̄. ɜ þſt̄ at þr ræððu mart v̄ þgeır blunð ꝼrænða ſīn ɜ komu allar ræður aſāt m; þeım þa .q. egıll Spanða ek íorð m; orðū enðr ſteıṅı or henðı. el þottū`z´ þa orka geırſ tͥ ꝥꝼar. m̄ braz mī nar ſyſtur mǿgr hetōz þa ꝼogru. mattı ė baulſ oꝼ bīnðaz blunðr ek ſlıkt oꝼ vnðrūz. þgeıꝛ blunðr ꝼor ı brott ꝼ͛ anabrecku. ɜ ꝼor ſuðr ı ꝼlokaðal. ꝥ at þſt̄. þottız eckı mega v́ ħ eıga en ħ vıllðı þo vægıaz þar v́. þſt̄ v́ m̄ vreꝼıuſār ɜ retlatr ɜ valeı tīn v́ m̄n en hellt hlut ſınū eꝼ aðrer m̄n leıtu ðu a ħ. enða veıttı þ hellðr þungt ꝼleſtū at etıa kappı v́ ħ. Oððr v́ þa hoꝼðıngı ı ƀgar.ꝼ. ꝼͥ ſuñan h́t á ħ v́ hoꝼſgoðı ɜ reð ꝼͥ hoꝼı ꝥ ē aller m̄n gullðu hoꝼtoll tͥ ꝼͥ īnan ſkarðz heıðı. **anðlat egıls ſkalla ġmſ**

85 Egıll .s.G.ſ. varð m̄ gamall en ı ellı ħ ġðız **.ſ.** ħ þungꝼæꝛ ɜ glapnaðı ħm bæðı heyrn ok ſýn ħ ġðız ɜ ꝼot ſtırðr. egl̄. v́ þa at moſꝼ ellı m; grımı ɜ þðıſı. þ v́ eīn ðag ē egl̄. geck vtı m; veɢ ɜ ðrap ꝼætı ɜ ꝼell. konur nockurar ſa þ ɜ hlo gu at ɜ mltu ꝼarīn ētu nu egl̄. m; ollu ē þu ꝼellr eīn ſaman. þa .ſ. ġmr bonðı. ᴍıðr hæððu konur at okr þa ē v́ vorū ynġ þa .q. egl̄. Vaꝼſ heꝼı ek va ꝼor helſıſ vaꝼallr em ek ſkalla blautr erūz ƀ gı ꝼotar borr en luſt ē þorrın. Egl̄. v͛ð m; ollu ſıō lauſſ. þ v́ eīn hu͛n ðag er veðr var kallt v̄ vetṅ at egl̄. ꝼor tͥ ellðz at v͛ma ſık. ᴍatſelıan ræððı v̄ at þ v́ vnðr mık. ſlıkr m̄ ſē egl̄. haꝼðı v͛ıt at ħ ſkyllðı lıggıa ꝼͥ ꝼotū þeī ſua at þær mættı ė vıña v͛k ſín. v͛ þu vel v́. ſ. egl̄ þott ek bokūz v́ ellðīn. ɜ mykıūz v͛ v́ v̄ rumín. Statþu vpp. ſ. ħ ɜ gack tͥ rūſ þínſ. ɜ lat oſſ vīna v͛k v́. Egl̄. ſtoð vpp ɜ geck tͥ rūſ ſínſ ɜ kuað Hvarꝼa ek blınðr oꝼ brā ða. bıð ek eırar ſyngeıra. þān ƀ ek harm a huar ma hnıtuollū m̄ ſıtıa er ıarðgoꝼugr orðū orð mın ꝁr ꝼorðū. haꝼðı grār at gānı geırhāðız mık ꝼrāðı. þ var eñ eıtt ſıñ ē egl̄. geck tͥ ellðz at v͛ma ſık. þa ſpurðı m̄ ħ huart ħm v͛ı kallt a ꝼotū. ok bað ħ ė retta oꝼ næꝛ ellðınū ſua ſl v͛a. ſ. egl̄. en ė v͛ðr m̄ nu hogſtyrt ꝼotunū ē ek ſe ė. ɜ ē oꝼðaꝼ lıgt ſíonleyſıt. þa .q. egl̄. Langt þıkı m̄ lıɢ ek eīn ſaman. karl aꝼgamall a ꝁſ vornū. eıgū eckıur allkallðar tuær. en þær koñ þurꝼa bloſſa. þ v́ aðogū hakoñ enſ rıka aunðuerðū. þa v́ egl̄.s.G. .ſ. anıunða tıgı ɜ v́ ħ þa hreſ m̄ ꝼͥ ānarſ ſaꝁ en ſ ıonleyſıſ. þ var v̄ ſumarıt ē m̄n bıugguz tͥ þīgſ þa beıððı egl̄. ġm at rıða tͥ þíngſ m; ħm. grīr tok þuı ſeīlıga. Ok ē þau ġmr ɜ þðıſ toluðuz v́ þa ſagðı ġmr hēnı hu͛ſ egl̄. haꝼðı beıðt vıl ek at þu ꝼoruıtnız huat vnðer mun bua bæn ꝥı þðıſ geck tͥ malſ v́ egl̄. ꝼrænða ſīn v́ þa meſt gam̄

egılſ at ræða v᷎ hana ⁊ er hᷨ hıttı h̄. þa ſpurðı hᷨ ē þ
ſatt ꝼrænðe ē þu vıllt t̄ þīgſ rıða vıllða ek at þu
ſegðer m̄ huat v᷎ı ı raðagıorð þīnı. ek ſl̄ ſegıa ꝥ q. h̄ h
vat ek heꝼı hugſat. ek ætla at haꝼa t̄ þīgſ m; mer 86
kıſtur þær .ıȷ. ē aðalſteīn k̄r gaꝼ m̄ ē huartueggı ē
ꝼull aꝼ enſku ſılꝼ ætla ek at lata b̄a kıſturnar
t̄ laugb̄gſ þa ē ꝥ ē ꝼıolm̄naz Sıðan ætla ek at ſa
ſılꝼnu. ⁊ þıkı m̄ vnðarlıgt eꝼ aller ſkıpta vel ſī
ı mıllı ætla ek at ꝥ munðı v᷎a þa hrunðnīgar e.
puſtrar. eða bærız at v̄ ſıðer at allr þīgheīrīn b̄
ðız. þðıſ .ſ. ꝥta þıkı m̄ þıoðrað. ⁊ mun vppı meðan
lðıt ē bygt. ſıðan geck þðıſ t̄ talſ v᷎ ǵm ⁊ ſagðı h̄m
raðaǵð egl̄. þ ſl̄ allð v᷎ða at h̄ kōı ꝥu ꝼ̄m ſua mıkl
v̄ ꝼırnū ⁊ ē egl̄ kō a ræður v᷎ ǵm v̄ þīgꝼ̄ðına. þa
talaðe ǵmr þ allt aꝼ ⁊ ſat egl̄. heıma v̄ þīgıt ė
lıkaðı h̄m þ vel var h̄ hellðr vꝼryn̄ at moſꝼel
lı var hoꝼð ſelꝼor ⁊ v᷎ þðıſ ı ſelı v̄ þīgıt þ var
eıtt kuellð þa ē m̄n bıugguz t̄ rekna at m
oſꝼellı at egl̄ kallaðı t̄ ſın þræla .ıȷ. ē ǵmr
attı. h̄ bað þa taka ſer heſt vıl ek ꝼ̄ t̄ laugar
⁊ er egl̄ v᷎ buīn geck h̄ vt ⁊ haꝼðı m; ſer ſılꝼ
rkıſtur ſınar h̄ ſteıg a heſt ꝼor ſıðan oꝼan ep
t̄ tunınu ꝼ brecku þa ē ꝥ v᷎ðr ē m̄n ſa ſıðaz En v̄
morgīn ē m̄n rıſu vpp þa ſa þr at egl̄ huarꝼlaðı a 87
holltınu ꝼ auſtan ǵð. ⁊ leıððı epꞇ̄ ſer heſtīn ꝼ̄ þr
þa t̄ h̄ ⁊ ꝼluttu h̄ heī. en huarkı kō aptr ſıðan
þrælarn̄ ne kıſturn̄ ⁊ ēo þar margar gat̄ a hū
egl̄ haꝼı ꝼolgıt ꝼe ſıtt ꝼ auſtan ǵð at moſꝼel
lı gengr gıl oꝼan or ꝼıallı en þ heꝼ orðıt ꝥ t̄ m̄
kıa at ı braðaþeyıū ē ꝥ vatnꝼall mıkıt. en ep
t̄ þ ē votnī haꝼa ꝼ̄m ꝼallıt haꝼa ꝼundız ı gı
lınu enſk̄ penīgar. geta ſum̄ m̄n ꝥ at egl̄. mūı
ꝥ ꝼeıt haꝼa ꝼolgıt ꝼ neðan tun at moſꝼellı ēo ꝼen ſtor
⁊ ꝼurðulıga ðıup haꝼa þ marǵ ꝼ ſatt at egıll
munı ꝥ haꝼa kaſtað ı ꝼe ſınu. ꝼ ſūnan ana ēo
lauǵ ⁊ ꝥ ſkāt ꝼ̄ ıarðholur ſtorar ⁊ geta ꝥ ſumır
at egl̄ munðı ꝥ haꝼa ꝼolgıt ꝼe ſıtt þt þangat
ē optlıga ſen̄ haugaellðr egl̄ ſagðı at h̄ heꝼðı ðre
pıt þræla ǵmſ ⁊ ſua þ at h̄ haꝼðı ꝼe ſıtt ꝼolgıð
en þ ſagðı h̄ engū m̄ huar h̄ heꝼðı ꝼolgıt. egıll
tok ſott epꞇ̄ v̄ hauſtıð þa ē h̄ leıððı tıl bana en ē
h̄ v᷎ anðaðr þa let ǵmr ꝼæra egl̄ ı klæðı goð. Sıðan
let h̄ ꝼlytıa h̄ oꝼan ı tıallðaneſ. ⁊ ǵa ꝥ haug ⁊ var
egl̄. þar ı lagðr ⁊ vapn h̄ ⁊ klæðı. **grımr tok tru**
Grımr at moſꝼellı v᷎ ſkırðr þa ē k̄ſtnı v᷎ ı log
leıðð a ıſlðı h̄ let ꝥ kırkıu ǵa en þ ē ſogn m̄
at þðıſ haꝼı latıð ꝼlytıa egıl t̄ k̄kıu. ⁊ ē þ t̄ ıarteg
na at ſıðan ē k̄kıa var gıor at moſꝼellı. en oꝼan
tekın at hrıſbru ſu k̄kıa ē ǵmr haꝼðı ǵa latıð þa
v᷎ ꝥ ǵꝼīn kırkıu ǵðr en vnðer alltarıſſtaðnū þa
ꝼunðuz m̄ beın þau v᷎ mıklu ſtærꝛı en an̄arra m̄
beın. þıkıaz m̄n þ vıta aꝼ ſogn gamalla m̄ at
munðı v᷎ıt haꝼa beın egl̄. þar v᷎ þa ſkaptı .p̄. þor
arīſ .ſ. vıtr m̄. h̄ tok vpp hauſīn egl̄. ⁊ ſettı a k̄kıu
ǵðīn v᷎ hauſſīn vnðarlıga mıkıll. en hıtt þottı
þo meırꝛ ꝼ̄ lıkenðū hue þungr v᷎. hauſſīn v᷎ allr
barottr vtan ſua ſē horpu ſkel. þa vıllðı ſkaptı
ꝼoruıtnaz v̄ þykleık hauſſınſ. Tok h̄ þa hanðexı
vel mıkla ⁊ reıððı ānarꝛı hēðı ſē harðaz. ⁊ lauſt
hārınū a hauſīn ⁊ vıllðı brıota. en ꝥ ſē a kō huıt
naðı h̄ en eckı ðalaðı ne ſprack ⁊ ma aꝼ ſlıku
marka at hauſſ ſa munðı eckı auðſkaðr ꝼ
hoggū ſmam̄nıſſ meðan ſuorðr ⁊ hollð ꝼylgðı
beın egl̄ v᷎ logð nıðr ı vtanūðū k̄kıu ǵðı at moſ
Þorſteīn egl̄.ſ. **enðır egıls ſogu** [ꝼellı.
tok ſkırn þa er k̄ſtnı kō a ıſlð ⁊ let k̄k
ǵa at b̄g. h̄ v᷎ m̄ t̄ꝼaſtr ⁊ vel ſıðaðr. h̄ v᷎ð
m̄ gamall ⁊ ſott ðauðr ⁊ v᷎ ıarðaðr at b̄g at þrı
k̄k ē h̄ let ǵa. ꝼ̄ þſteını ē mıkıl ætt komın ok
mart ſtorm̄nı ⁊ ſkallð morg ⁊ ē þ myram̄ kyn
⁊ ſua allt þ ē komıð ē ꝼ̄ ſkalla ǵmı. lengı hellz
þ ı ætt þrı at m̄n v᷎ ſterk̄ ⁊ vıgam̄n mıkler
en ſumer ſpaker at vıtı. þ v᷎ ſunðrleıtt þt ı ætt
þrı haꝼa ꝼæðz þr m̄n ē ꝼðazt haꝼa v᷎ıt a ıſlðe
ſē v᷎ þſt̄ egl̄.ſ. ⁊ kıartan olaꝼſ .ſ. ſyſturſon þſt̄
⁊ hallr guðmunðar .ſ. Sua ⁊ helga hın ꝼagra
ðott̄ þſt̄ ē þr ðeıllðu v̄ gūnlaugr ormſtunga ok
ſkallð hraꝼn en ꝼleırı v᷎ myram̄n m̄ lıotazter
þorgeırꝛ .ſ. þſt̄ v᷎ þra ſtkaſtr bræðra en ſkulı v᷎ meſtr
h̄ bıo at b̄g epꞇ̄ ðag þſt̄. ꝼoður ſınſ ſkulı v᷎ len
gı ı vıkīg h̄ v᷎ ſtaꝼnbuı eıꞇ̄. Jarlſ a Jarnb̄ðanū þa er
olaꝼr k̄r tryGua .ſ. ꝼell. Skulı haꝼðı at̄ ı vıkīg víȷ. orroſꞇ̄.

1 Aſbıorn hͭ m̃. ħ ꝩ kallaðr ꝺet
ı aſſ. ħ ꝩ gūnbıarn̄ .ſ. Jng
ıallz ſon̄ mıkıll m̃ ꝩ ħ ꝫ ſt̃
kr ꝫ vēn at alıtı. ħ bıo `ı´ ꝼla`t´
eyıar ꝺal a bǣ þeī ē heıt̃ a
eyrı. Aſbıorn ꝩ kuęntr m̃
ꝫ attı þorg̃ðı ſyſt̃ þorgeırſ
lıoſuetnīga goꝺa. hͦ ꝩ kuēna ꝩenſt ꝫ ſkorūgr
mıkıll. ꝩ þa rıkı þorgeırſ broður ħar ſē me
ſt ꝫ ſona ħ. Aſƀ. ꝩ norrēn at æṫ ꝫ ēnaagæz
tu m̃ ħ haꝼðı ſtockıt ꝩt hıngat ꝼ vallz m̄m.
ꝫ þolꝺı ė þra oıaꝼnat ꝫ ēnꝺemı ſē margr
ānar gıllꝺr m̃. Aſ̃. haꝼðı goðorð ꝩ̄ ꝼlateyı
ar ꝺal. ꝫ vpp t̉ motz ꝩ̇ þg̃. mag ſīn. Brettīgr
hͭ m̃. ħ bıo a brettīgſ ſtoðū ı ꝼlat eyıar ꝺal. ħ at
tı þa konu ē þora hͭ. þra ſon hͭ þſteīn an
naꝛ̇ g̃mr þrıðı Sıg̃ðr. Maðr hͭ Jngı. ħ bıo at ıo
kulſ a `ı´ ꝺalnū. Sıgrıðr hͭ kona ħ. þau attu .íȷ̅.
ſo hͭ ānaꝛ̇ þorır en ānaꝛ̇ g̃mr. þır ꝩͦ all̃
eꝼnılıgır ꝫ g̃uılıg̃ m̃. ꝫ hrauſtra m̃. ꝩ Aſbıor̄
lꝺnāmm̃ ꝫ ſua þr er ꝼyꝛ̇ ꝩͦ neꝼnꝺ̃. Asƀ. áttı
ꝺottur ē þorny hͭ. ħar bað auſt m̃ ſa ē ſkıðı
hͭ. Aſƀ. vıllꝺı ė gıpta hana. þa ē Asƀ. ꝩ rıðīn
t̉ þıngſ ꝩ̄ ſumarıt. haꝼðı ſkıðı tekıt ı brótt
meyna m; raðı þg̃ꝺ moður ħar. ħ ꝼluttı
ħana t̉ noregſ ꝫ gerðı þar brullaup t̉ ħn̄
Var ħ mıkılhæꝼr m̃ ꝫ attı ꝼrænꝺr ageta
ꝫ hına beztu koſtı. En þa ē Asƀ. kō heī aꝼ
þíngı ꝩð ħ reıðr míog at mærın ꝩ brott te
kın bæðı þg̃ðı ꝫ auſtm̃nū. ꝩ ħ ꝼalynꝺr ꝫ
ꝼaſtlynꝺr ꝫ ēn meſtı olunꝺar m̃. eꝼ ħ yrðı

2 Nv lıða nockur mıſſarı **capıtulum** [reıðr
ꝼ̃ þ ꝫ eıtt hůt ſīn reıð asƀ. t̉ þıngſ m;
m̄n ſına. þa mľı ħ t̉ þg̃ðar. Nu ætla
ek t̉ þıngſ rıða ept̃ vanꝺa. en ek veıt at þu ēt
með barní ꝫ mıog ꝼramat. Nu huart ſē þ er
þa ſľ ė vpp ala hellꝺr ſľ bera vt þta barn. hͦ .ſ.
at ħ munꝺı þ g̃a ſua vıtr ꝫ rıkr ſē þu ēt. þt
þta ꝩı ıt vheyrılıgſta bragꝺ þoat ꝼatækr m̃
gıorðı. en nu allra hellzt ē yðr ſkort̃ eckı goz
Asƀ.ſ. þ ꝩ m̃ þa ıhug ē þu ꝼekt ı henꝺr ſkıða aꝩſt
þornyıu .ꝺ. ockra vtan mına vıtanꝺ at ek ſkyllꝺı
ė ꝼleırı born vpp ala t̉ þ at þu gæꝼ̃ ı ƀtt ꝼ vt̃
mínn vılıa. Ok eꝼ þu g̃ır ė ept̃ þ ſē ek ſegı mun
tu mıſmíðı a ſía ꝫ aller þr ē aꝼ mınu boðı ƀg
ða .e. ė ſē ek ꝩ ꝩ̃a lata. ſıðan reıð ħ t̉ þıngſ.
Lıtlu ſıðaꝛ̇ ꝼæðer þg̃ðr ſueınbarn. þ ꝩ mıkıt
ꝫ þrıꝼlıgt ꝫ ꝼagrt mıog. aller loꝼuðu þ þr ē ſa
bęðı konur ꝫ karlar. Nu þott þg̃ðı þættı ƀn
ıt ꝼagrt ꝫ yn̄ı mıkıt þa vıllꝺı hͦ þo lata vt ƀa
þt hͦ vıſſı lynꝺı aſƀ. bonꝺa ſínſ at ė munꝺı v
el ꝺuga vtan ħ reðı. Sıðan ꝼeck hͦ m̄n t̉ at
ƀa vt barnıt ꝫ bua ꝩ̄ ſē vanꝺı var á. þır m̄n
baru barnıt or g̃ðı vt ꝫ logðu nıðr mıllı ſteına
tueggıa ꝫ raku ıꝼ̃ hellu mıkla ꝫ letu ꝼleſk í
mun̄ın̄ barnınu ꝫ gengu ſıðan brott. **capı**

3 Maðr hͭ geſtr. ħ bıo þ ſē heıt̃ at toptū **tulm**
ſyrpa hͭ kona ħ. hͦ haꝼðı ꝼoſtrað þg̃ðe
ꝼyꝛ̇ meıꝛ̇. þa er hͦ ꝩ barn ꝫ ꝩ̄nı ħı mıkıt ꝫ let
hana ꝼara m; ſer þa ē hͦ ꝩ gıpt þangat a ey
rı ꝩ hͦ vel kūnanꝺı allt þ er hͦ ſkyllꝺı gera
hůr̃ kykuenꝺı ꝩ hͦ leıðılıgrı at ſıa ꝫ lıtıð
ꝩ asƀ. ꝩ̄ hana. ꝫ þottı hͦ ærıt næꝛ̇ ganga
þg̃ðı ꝼ þ let hͦ ſyrpu broṫ ꝼara ꝫ gıptı ħa
geſtı. attı hͦ lıtıð ꝼe eða eckı aðr an̄at en
þ er þg̃ðr lagðı t̉ ħnar. en ħ attı þo ė mıkıt
Geſtr haꝼðı ıt meſta kuanrıkı þt ħ var
mānælı mıkıt ꝫ veſlıngr Sua ē ſagt at þan̄
ſama ꝺag ē þg̃ðr ꝩð lettarı ſenꝺı ſyrpa bon
ꝺa ſīn at vıta ſer ꝩ̄ lıtun̄ graſ þt hͦ g̃ðı mar`t´
ꝼoſtru ſın̄ı þ ē hͦ þurꝼtı at haꝼa. Sua bar
tıl þān ꝺag at ħ hlıop ꝩ̄ grıot ꝫ haga þa h
eyrðı ħ barnſ grát. ꝼ̃r nu ꝫ ſnoðr̃ eın̄t ꝩ̄ hůn
ſteın ꝫ þ t̉ ē ħ ꝼīnr barnıt. þrıꝼr vpp ſıðan
ꝫ ſynız allꝼagrt ħ kaſtar ı ſtack blað ſıṫ ok
hleypr heī t̉ ſyrpu ſlıkt ſē ħ getr ꝼarıt ok
hırðır eckı ꝩ̄ þ er ħ ꝩ ept̃ ſenꝺr. Syrpa ſpurðı
hͭ ħ ꝼærı ſua geyſtr. ħ kuaz ꝼunꝺıt haꝼa barn
nyꝼǽtt ꝫ heꝼı ek eckı ſet ȷaꝼnꝼagrt barn Syrpa bað hann
ſyna ſer ꝫ ē hͦ ſa þottız hͦ vıta hver hanſ ætt var
Sıðan bað hͦ at Geſtr tækı ſkın̄ꝼellꝺ þra
ꝫ berı īnar a ſtoꝼu ꝫ ſľ ek leggıaz nıðr

ꝫ lata ſē ꝟ eıgī barn ꝥta. ħ ꝗð engan ꝥ munðu
ꝉa ꝫ ē ꝥ mıklu ꝥrıꝼlıgra at ſía en okr ſe lıkt ħ̊ ba`ð´
ħ þegıa ꝫ ė þora añat at ſegıa en ꝥ ē ħ̊ vıll. Sıð
an bað ħ̊ ħ ꝼara a eyrı ꝫ bıðıa ꝥǧðı ꝼa ſer ꝥ ē ħ̊
þurꝼtı at haꝼa ꝫ ħ ꝼor þeǵ. **Geſtr kom a eyrı**

4 Gestr kō a eyrı ꝫ ſagðı ꝥǧðı at ſyrpa ꝼoſ
tra ħar heꝼðı barn ꝼæðt ꝫ quað húkı
ꝟa mat ne huılukleðı ꝥǧðr vnðraðı
ꝥta mıog ꝫ hugðı at ꝼoſtra ħar munðı ſua
gomul at ħ̊ munðı ė barn mega eıga.
heꝼ̄ v̄ ꝥta ꝼatt orða en lætr ꝼara ſlıkt
er ħ̊ þurꝼtı. Syrpa ꝟ hın hrauſtazta ꝫ vılldı
eckı at aðrar konur þıonaðı hı. tekr ħ̊ aꝼ allā
bunat aꝼ barnınu ꝥān ſē a ꝟ. ꝫ ꝟ ſa mıklu a
gætarı en ħ̊ þyrðı at haꝼa. Tok ħ̊ tauꝉ. ꝫ bıo
v̄ ſē ħ̊ꝼılıgaz. ꝥ ꝼ̄ttız nu huartueggıa at b̄n
ꝥra asƀ. ꝫ ꝥǧðar ꝟ ꝟt borıt ꝫ þottı ꝥ v heyrıl
ıgt bragð ſua rıkra m̄ ꝫ gauꝼuǧ ſē þaꝝ voru
Sva ꝥ at ſyrpa haꝼðı barn ꝼǽtt. ꝫ þottı þeī m̄m
ꝥ olıkenðı er vıſſu allðr ħar. Asƀ. kō heī aꝼ ꝥī
gı. ꝫ ꝟ̊ ħm ſaugð ꝥı tıðenðı. lét ħ vel ıꝼ̄ ꝫ ꝟ̊
nu gort ſāþyckı m; þeī hıonū. Sva ē ſagt.
at þau Geſtr ꝫ ſyrpa ala vpp barnıt. Vex ħ ſ̊
ſkíott at varla þottı lıkenðı a. Sva ꝟ ꝥ b̄n ꝼ
agrt ꝫ ꝼrıðt at aller hugðu ꝥ at allð ættı þaꝝ
Geſtr ꝥ barn. þa ſpurðı Geſtr ſyrpu huat
ſueīn ꝥra ſkyllðı heıta. ħ̊ ꝗð ꝥ maklıgt
at ħ hetı vrðarkauttr. ꝥ ſē ħ ꝟ ı vrðu ꝼunð
īn. ħ vox ðaguoxtū. Syrpa ǧðı ħm ſolu
vaðarbrækr ꝫ hettu. hana gyrðı ħ ı brækr
nıðr. krækıl haꝼðı ħ ı henðı ꝫ hlıop ſua v
tı v̄ ðaga. ħ ꝟ þeī þarꝼr ı ollu. ꝥ ē ħ mattı
þaꝝ hoꝼðu mıkla áſt a ħm. þa ē ħ ꝟ þreuetr ꝟ ħ ė mī
nı en ꝥr at .vı. vetra ꝟ̊ gālır. vrðarkauꞇr
rañ opt ꝉ ꝼıoru. ꝫ ꝟ̊ ꝼıſkı m̄n vel ꝉ ħ ꝫ henðu
mıkıt gaman at ħm. haꝼðı ħ ıaꝼnan goðar
hıalꝥ heī ꝉ ꝼoſtru ſīnar .sẏ. Opt kō ħ a eyrı
ꝫ ꝟ ꝥ vuınſæll ꝼ̄ grıðkonū ꝥǧðar. barðı ħ a
þeī .e. kræctı ꝼætr vnðan þeī m; ſtaꝼ ſın
ū en þær baðu ħm ıllz ꝫ ꝟ̊ harðorðar mıo
g opt. ſogðu þær ꝥǧðı. ħ̊ lagðı ꝼatt ꝉ ꝫ bað

at ħ ſkyllðı nıota ꝼoſtru ſīnar .S. ꝫ ꝟa vel ꝟ ħ.
Allðrı beꝶ ħ ſua ꝼ̄ augu aſƀ. at ħ latı ſē ħ ſıaı ħ
ꝫ ænꝉ ħm huarkı vel ne ılla. en aller aðrer vn
ðruðu ħ eꝼ ħ ꝟı ſonr ꝥra .G. ꝫ .s. ſua amatlıg ſem
þau ꝟ̊ beðı. en ħ ꝟ beðı mıkıll ꝫ ꝼ̄ðr ꝫ vel knáꝶ
Opt bað .s. at ħ ſkyllðı ė kōa a eyrı. ꝥt m̄ ſeǵ ꝥ
hugr at ꝥ muna ek nockut ıllt aꝼ hlıota en
m̄ tıoar ꝥ ė at bāna ꝥ vrðar.k. kuað ė ſua ꝟa
munðu. lıðr nu ꝥ ꝉ at ħ ꝟ .vı. veꝉ. þa ꝟ ħ ė mīnı
en ꝥr at .xıı. veꝉ ꝟ̊. ꝫ at engu o þroſkulıǵ. **vrðar**

5 Sva ꝟ ſagt at vrðar kauttr rān ꝉ ꝼıoru **kauꞇꞇ**
eīn dag ſē ħ ꝟ vanr at ꝼīna ꝼıſkımn ꝟ̊ þá **ꝼeck**
ꝼleſꞇ at kōñ. en ſum̄ reru at vtan ꝥr hoꝼ **ꝼıſk**
ðu vel ꝼıſkt ꝫ koſtuðu aꝼ ſkıpum ꝥr hoꝼðu te
kıt eīn ꝼ̄elnīg. beðı mıkīn ꝫ goðan ꝫ koſtuðu
ħm ı ꝼlæðar mal ꝫ mltu. vrðarkauꞇr ꝼelagı tak
tu ꝫ ðrag vpp ꝼıſkīn. ħ mlı. vılı ꝥ geꝼa m̄ ꝼıſkīn
eꝼ ek ꝼæ vpp ðregıt. ꝥr ꝗðu ħ ꝟ̊ðan ꝟa at haꝼa
eꝼ ħ lekı ꝥ ꝫ ıaðu ꝥ aller. v.k. ꝟ ı ſkīnſtackı
ꝫ ſauluuaðarbrokū ꝫ allt aꝼ neðan. Geck ħ
ƀꝼættr hūn ðag ħ haꝼðı ſñı v̄ ſık hūn ðag
ꝫ hettu ſına ıꝼ̄ vtan. ħ h`l´eypr vt ı lárnar ok
bregðr ı ꝼıſkīn auðꝝ enða a ſnærınu en ā
nan heꝼ̄ ħ v̄ ħðar ſer. ſtreıtız nu mıog ꝫ gēgr
ſtunðū a en ſtunðū eckı. aller horꝼðu a ok
hlæıa at ħm ħ ꝼ̄r eckı at ꝥ. ſua lengı ſē ħ heꝼ̄
at ꝟıt. gengr ħm betr ꝫ betr ꝥ ꝉ er ħ ꝼær vpp
ðregıt. var ꝥ bratt ē ħ ꝼór vpp. Sıðan hlıopu
ꝥr at ꝫ toku aꝼ ħm ꝼıſkīn ꝫ vılıa ė hallða
ꝟ ħ en ħ vnðı ılla ꝟ ꝼor ħ ꝫ ſagðı brettıǵſ
ſonū ꝫ bað þa ðuga ſer. ꝥr gīgu þeǵ ꝉ ꝼıſkı
māna ꝫ baðu þa lauſan lata ꝼıſkīn ꝫ hall
ða ſāmælı ꝟ vrðar kauꞇ. þottı ollū ħ vel
haꝼa ꝉ vñıt ꝫ þo m; vlıkenðū. varð ſua m;
at gangı ꝥra at ħ naır ꝼıſkınū ꝫ ꝟ̊ðr ꝼe
gīn mıog ſtreıtız nu aꝼ nyıu ꝟ ꝼıſkīn ok
ðregr heī ıtun ꝉ .s. ꝼoſtru ſıñar. ħ ꝼærır
þeī ꝼıſkīn ꝫ vrðu þau ſtorlıga ꝼegın. ꝥtta
ꝼor vıða v̄ ſueıꞇ ꝫ ꝟ mıkıt orða ſynı ꝥra .s.
ꝫ .G. vnðruðuz aller ħ̇ þau ſkyllðu eí
ga ſua agetan ſon ſē ollū ſynðız ſıa maðr
ꝫ ꝼanz m̄ mıkıt v̄ ē ħ ſa

ꝫ heyrðu ſagt ꝼ̃. leıtuðu þau alla ve
ga v͛ at torkēna ħ ſē þau mattu ꝫ lıðr nu ſua
ꝼrā nockura vetr. **heımboð vıt þorgeır**

6 Sva ẽ ſagt at vınſkapr mıkıll v̓ m; þeī
aſbırnı ꝫ þg̃ı goða ꝫ magſēð g̃ðı huarr
auðꝝ veızlur ꝫ ſkıptuz þr goðū gıoꝼū
v͛ ꝫ ſva beꝶ at eıtt hu̅t hauſt at Aſƀ. bauð þg̃ı
magı ſınū t̓ ſın. ꝫ ħ kēr m; marga mēn. ok
tok Asƀ. v͛ ħm vel m; míkıllı blıðu v̓ þar veı
zla hın bezta. vrðar.k. haꝼn̄ eckı vanða ſınū
v̄ kuam̄ a eyrı. hleypr ħ þangat hu̅n ðag.
ꝫ ſua g̃ðı ħ ēn þna ðag ẽ þr ſatu at veızlū
ní. ħ ẽ nu v̄ ꝼangſ mıkıl ꝫ glımır v͛ g̓ðkonur
þær taka nu ꝼaſt a motı ħm. ꝫ ganga at ħ̃
ꝼıoꝼ ꝫ v̓ð nu mıkıt hark ħ ðregr þær īnar ı
ſtoꝼuna ꝫ gangaz ꝥ at ꝼaſt. þta þottı m̄
mıkıt gaman at ſıa atgang þra. Sua lauk
ħ v͛ at ħ ꝼellðı ꝥ allar ꝫ lek þær ılla. Ok þa
ẽ þau hoꝼðu lokıt leık ſınū ſtoð ħ a golꝼıu
ı bunaðı ſınū. v̓ þ ſkīnſtackr ꝫ krækıll er
ħ haꝼðı hu̅n ðag ı henðı. þg̃r horꝼðı a ħ lā
ga ſtunð ꝫ mł̄ı ſıðan v͛ aſƀ. hu̅r ẽ ſueīn ſıa ẽ
ħ̃ ẽ komīn. Aſƀ.ſ. þætla ek ſon þra .G. ꝫ .S. ꝼ̃ toptū
þg̃r mł̄ı. þ ẽ olıklıgt ꝫ ma þ eckı v̓a. þa kallar ħ
a vrðar kautt. ħ geck þeg̃ t̓ ħ ꝫ ſettız nıðr a eīn
ſtock ẽ ſtoð ꝼ ħm. þg̃r mł̄ı hu̅r ẽtu ſkīnſtakſ ſ
ueīn. ħ .ſ. ek heıtı vrðarkauttr. ꝫ em ek ſon þra .G
ꝫ .S. ẽ bua ħ̃ vt at toptū. þg̃r .ſ. hu̅ſu gamall
maðr ẽtu .v.k. ħ ſagðı ħ kuez u̅a .xíj. vet̃ gam
all þg̃r mł̄ı. þu ert mıkıll m̄ ꝫ g̃uılıgr ꝫ ſua vel
ſkapaðr at ıoꝼnū allð at ek heꝼı engan hoꝼðī
gıa ſon ſét ıaꝼnan ꝥ ꝼ allra hluta ſak̃. þa mł̄ı
aſƀ.b. þ mantu þa mæla magr ẽ þu ſer .S. ꝫ .G. ꝼ
ħ. at þau ſe allohoꝼðınglıg þt engı mun ſéét haꝼa
ſlık ſuín ſē þau eru bæðı ꝫ er þ vnðr er þu talar v͛
engı mān nēa .v.k. Skıl ek þ at ꝥ þıkır mıkılſ v̄
v̓t þ ẽ ħ ẽ ꝼagr\`t´ ſkapað þg̃r roðnaðı mıog. ꝫ mł̄ı
þ hyɢ ek mer mıkla þaurꝼ at tala ħ̃ v̄ nockut.
en þo ẽ þ mıtt hugboð at ꝥ lıggı ė mīna v͛ ħ̃ v̄ at
tala. Þorg̃r ꝼ̃ttı ēn .v.k. vıılltu ꝼara ept̃ þeī .G.
ꝫ .S. ſeg at ek vıl ꝼīna þau. ħ kuez ė ꝼara mū

ðu. veıt ek at þu lætr ſē þu mun̄ ꝼa m̄ að
ra moður .e. ꝼoður. ᴍunu þau ꝥ enga þaꝶ
ꝼ kūna enða veıt ek ė at mer ſe aun̄ur mo
ðer betrı .e. ꝼaðer en ꝥı. þott þ v̓ı meıꝶ t̓ m
etnaðar. Sıðan v̓ m̄ ſenðr ept̃ þeī ꝫ vılløu
þau ė ꝼa. mun nu þ ꝼ̃m̄ kōa. ſ.s. ſē m̄ heꝼ̃
lengı hugr ſagt at ħ vrðar.k. munðı ıllt aꝼ
ꝥ hlıota ẽ ħ hlıop þangat a eyrı hu̅n ðag.
ꝫ let ſē þ eítt v̓ı at g̃a at harkaz ꝥ. Nu ẽ
þg̃ı .ſ. at þau vılløu ė ꝼa. þa mł̄ı þg̃. Gıor
nu ꝼ mına bæn at þu lat þau hıngat kōa
en ek ſł̄ veıta ꝥ þ ẽ þu bıðr mık. V.k.m.
ė mun ek þ g̃a nēa þu heıt̃ ꝥ at þau ꝼarı
ė hryɢrı aꝼ þınū ꝼunðı en þau kōa. þg̃r
ıaðı ꝥ at kaupa vel v͛ þau. Ept̃ þ ꝼor ħ
heī ꝫ bað þau ꝼara m; ſer. ſł̄ ek þuı heı
ta meðan ek ẽ aðogū at yk̃r ſł̄ ė ꝼe ſkor
ta eꝼ ek v̓ð nockurt ſīn meıra goz raðā
ðı en nu em ek. S.ſ. Eckı mun g̃a v͛ at ſp
orna. þ mun ꝼ̃m̄ kōa ſē betr ẽ þoat ockr
þıkı motı ſkapı ꝫ ſł̄ ꝼa vıſt. ꝫ ẽ þau komu
a eyrı ſettuz þau nıðr a eīn ſtol ꝼ þg̃. ꝫ .v.
.k. mıllı þra. þa mł̄ı þg̃r. þ ẽ hug̃boð mıtt
.S. at .v.k. ſe eckı yckaꝶ ſon. er ħ̃ eckı ſeín
na v̄ at g̃a en ānat huart ſeg ſē hattat
er ꝫ haꝼıt ꝥ ꝼ þauck ꝫ vınattu mína ella
v̓ðr þu at þola harðenðı ꝫ v̓ðr þo ſatt at ſe
gıa. S. mł̄ı. Sua ꝼ̃mı ẽ vpp komıt at ſa m̓
nu grænſtr at ſegıa ſatt ꝫ ept̃ ꝥ ſē ꝼ̃ıt
heꝼ̃. Sıðan ſogðu þau ſē orðıt var en al
ler hlyððu vel t̓ þr hıa v̓. þg̃r mł̄ı. þ ætla
ek at þıð munıt nu ſatt ſegıa. þa ꝼ̃ttı
þg̃. þg̃ðı hu̅ſu langt ꝼ̃ ꝥ v̓ı ẽ ħ̃ ꝼæððı ƀn
ħ̃ q̃ð lıðıt haꝼa .xíj. vetr ħ ſpyꝶ huart
ħ̃ letı vt ƀa ħ̃ q̃ð ſua v̓ıt haꝼa. ħ̓ g̃ð þu
þ. ſ. þg̃r. ħ̃ ſagðı at ħ̃ þyrðı ė ꝼ reıðı ꝫ g̃m̄
leık bonða mınſ aſƀ. v̓ þta ħ́ ráð. ok vn
na ek ſua mıkıt ſueınínū at ek vıllða
gıarna haꝼa vpp ꝼæðt. Þorg̃r mł̄ı t̓ aſƀ.
Vılltu magr v͛ ganga þum vnga māni
at ħ ſe þīn ſon ꝫ taka ħ heī t̓ þín. ꝫ hall

ða h̄ ſē ſıalꝼan þıg. Aſƀ.ſ. þ veıt ek ė hūr h̄ a
En þ ma ek at geꝼa h̄m mat ſē oðꝛ m̄m eꝼ ꝥ
ſynız þ rað. ertu ė ꝼoðurlıga v́ h̄ .e. lætr h̄ haꝼ
a þ ē h̄ vıll. þa ſkılr þ okra vınattu. þt ė kān ek
at ſıa eꝼ h̄ ƀr ė ſnaugt aꝼ þínū ꝼrędū ꝫ mı
nū. En þeī ſyrpu ſſ̄ ꝼa .xíj.c. ꝼ̄ð ꝼ̄ ꝼulgu .v.k.
ſſ̄ ek gıallða halꝼt en þu halꝼt. ſſ̄ þeī at ꝥu h
aꝼa vorðıt en meſta ſæmð ꝫ gæꝼa. ꝼa þau .G.
heī. ꝫ lıkar alluel. V.k. ē nu epꞇ̄ a eyrı ꝫ vpp
ðubbaðr ꝫ rıꝼıt aꝼ h̄m þ ē h̄ haꝼðı aðr ꝫ ꝼen
gın beztu klæðı ꝫ þottız engı haꝼa ſéét ıāꝼ
ðan mān ꝫ allu vel ſkapaðan. þottı nu ollū þ
ğ haꝼa aꝼlat þeī ēnar meſtu ſæmð ꝫ gæꝼu
ꝫ epꞇ̄ þta ꝼ̄r þğr heī m; ꝼoruneytı ſıtt. ſkılıaz
þr magar vel. ē .v.k. nu heıma a eyrı. ē aſƀ. ꝼ̄r
v́ h̄ ꝫ þo vel. en moðer ñ veıꞇ̄ h̄m allt þ ē h̄ ví
ll m; hīnı meſtu blıðu. venz h̄ nu v́ ıþrottır
allar þær ē karl mān ma pryða. Sua ꝼ̄r ꝼ̄m
v̄ hrıð. lıða aꝼ þau mıſſarı. **capıtulum**

7 Þ Eś ē getıð v̄ varıt rıðr aſƀ. ꞇ̄ þıngſ eptır
vanða er þ ſagt at m; nautū v̄ı ğðungr
þreuetr ꝫ ēn veſtı vıðreıgñ. Mattu koñ
varla mıolka ꝼ̄ h̄m. h̄ v́ m; ollu mānygr. Eīn
morgın kōu ğðkoñ ıñ æpandı ꝫ ſogð`v´ at ğðun
ğñ heꝼðı ſlegıt nıðr mıolkīní. ertu þar ēn
ragı .v.k. ꝫ er ſē engı m̄ ſe þar ſē þu ēt þoat
nockurſ þurꝼı v́. amæla þær h̄m ı hūıu orðı
ꝫ hrekıa. V.k. mlı. ꝥ betr at h̄ ꝼ̄r v̄r m; yðr. ꝫ
man eckı batna v́ þ þoat ꝥ ıllyrðıt mık. þæ`r´
hlaupa at h̄m. ꝫ mlītu ꝼar þu ēn goðı vrðar
.k. ꝫ hıalp oſſ v́. loꝼa þær h̄ þa ı hūıu orðı. h̄
mlı þa. mıklu ē þta lıkara ꝫ athæꝼılıgra
at bıðıa mık vel ꞇ̄ ꝫ ſſ̄ nu ꝼa at vıſu. S`t´enðr
vpp ꝫ gengr þangat ſē nautın v̄. þeğ ğðun
ğñ ſa h̄ rézt h̄ ı mot h̄m. v́ h̄ hyrnðr mıog. ꝫ
ætlaðı at kaſta h̄m aꝼ hornū ſer. h̄ ꝥꝼr hornī
ſıñı henðı huart ꝫ eıgaz v́ lengı ſua hart at
ıorðın gengr vpp ꝼ̄ þeī. Sua gengr vꝼ̄.k. at ꝼaſt
at h̄ ſnarar aꝼ h̄m hoꝼuðıt. kaſꞇ̄ v̄ hryɢ ꝫ v́ þa
ıſunðr halſbeınıt. gengr ſıðan a brott. h̄kar
lar ğðu ꞇ̄ ğðungīn. Aſƀ. kō heī ꝫ var h̄m ſagt
ꝼ̄ ꝥu. h̄ lagðı ꝼátt ꞇ̄. ollū þottı þta ıt meſta þrek
vırkı orðıt aꝼ .xíj. veꞇ̄ golū mānı. Nu ꝼ̄tꞇ̄ þta m̄
ꝼ̄ m̄ nær̄ ꝫ ꝼıarrı h̄ v́ ꝼálatr hūſðaglıga gaꝼ h̄
at ꝼá lutū gaū vtan ꝼór m; leık ſínū beðı nætr
ꝫ ðaga. Gerız aſƀ. v́ h̄ ꝼleırı ꝫ ꝼleırı ſua ſē h̄ ſér
at h̄ ē aꝼbragð ānaꝛa m̄ lıða nu ꝥı mıſſarı ꝫ ſıtıa

8 A eínhūıu hauſtı **capıtulum** [nu ı kyrðū.
ğðız þ vanðı .v.k. at h̄ geck vt hūt ku
ellð ē yꝼır kō. en ė īn ꝼyꝛ̄ en langt ē aꝼ
nott. víta m̄n nu ė huat h̄ ğır. Eīn aptan kō h̄
īn. þa v́ aſƀ. kōīn ı ſæng. ꝫ allt ꝼolk ñ. V.k. geck
at ſængıñı ꝫ ſpurðı huart ſeꝼr ꝼaðer mīn eða
ė. h̄ kz vaka e. huat vılltu. h̄ .ſ. ek heꝼı gıngıt út
.víj. kuellð ı ſāt ꝫ ſéét ena ſomu ſyn hūn aptā
en þ veıt ek ė huat þ ē. Nu vıllða ek at þu gēğ
út ok hygðer at. þt þu ēt ſkygn m̄. Aſƀ. ſtoð
vpp ꝫ geck út m; h̄m. V.k. mlı. Ek ſe lyſu nocku
ra ꞇ̄ haꝼſínſ ſua ſē ek ſe lengſt. þıkıūz ek vıta
at þ er nockurſ konar ellðr. hūſ getr þu ꞇ̄ ſeğ
Aſƀ. at v̄a munı. Eıgı veıt ek. ſ.v.k. þt ek em
úngr ꝫ kān ek a ꝼá ſkyn. En heyrt heꝼı ek
ſagt aꝼ þeī m̄m ē ılla ēo ſtaðder a ſıo at þr
brēnı vıta. ꝫ ſıaı ꝥ lángt ꞇ̄. Ek þottūz ı ꝼyrſta
kuellð gıorſt ſıa en ſua heꝼ̄ mınkat ſē a leıð.
Aſƀ.ſ. ꝥa ē lıklıga getıð .e. hūſu vılltu nu m;
ꝼara. h̄ .ſ. þ vıllða ek at þu leðır m̄ ſkutu þı
na ꝫ m̄n m;. vıl ek ꝼorvıtnaz ꞇ̄ huat þta ē. Aſƀ
ǭð ſua v̄a ſkyllðu. V.k. bıoz þeğ ı ſtað. ꝫ ƀ út
a ꝼ̄ıuna þ er h̄m þottı nauðſynlıgazt þurꝼa
at haꝼa ꝼa h̄karlar .ííj. ꝫ h̄ ēn ꝼıorðı þr roa
vt a ſkıalꝼanða. en .v.k. ſtyrðı þa ē þr haꝼ
a roıt v̄ ſtunð. þa mlı .v.k. nu ſſ̄u ꝥ ſtyra en
ek ſſ̄ roa ꝫ vıta huart nackuat vıll ꝼ̄m
ganga. þr ğðu ſua. ꝼor eīn ꞇ̄ ſtıornar en .v.k.
rerı eīn. þ ſıa þr at h̄m gengr mıklu meıra.
en hınū .ííj. h̄ rær lengı ꝫ geck mıkıt. þa mlı
.v.k. Nu ſſ̄u ꝥ roa en ek mun ſtyra. þr ğðu ſ̃
þr taka at roa en h̄ ſtyrðı. Ok ē þr hoꝼðu ro
ıt v̄ ſtunð. þa hlıop vpp eīn þra ꝫ mlı. ꝥ ē bæðı
ē v̄ þolū hart ꞇ̄ ē v̄ roū ı alla nott. Enða m̄
nu mıkıt epꞇ̄ taka. þt ek hyɢ at v̄ ſıaī hual.

ny ſprungīn. v.k. quez ætla at þ v͛ı ė hualr en
þo munū v͛ ė vpp geꝼa roðrīn ꝫ er þr nalgaz kē
na þr at þ ẽ kaupſkıp ꝫ ẽ þa harla mıog ſıgít
þr ſtınga at ſtaꝼnı ꝫ bera ꝼeſtar vpp ı ſkıpıt
Sıðan ganga þr vpp ı ſkıpıt ſıa þr at vıtınn
heꝼ̃ brenðr v͛ıt ꝫ var þa bruñıt mıog treít
þr þıkıaz ſıa at þar mun haurð atq̃ma
tekr .v.k. ı hauꝼuð m̄ eınū ꝫ ꝼīnr at ſa ẽ ðauðr al
ler m̄n aſkıpınu ẽo ðauð̃. h̄ gengr ꝼ̃m̄ epꝉ̃ ſkıp
ínu ꝫ a þılíunū ſer h̄ h̃ ſtenðr ſılkı tıallð. ꝫ vel bu
ıt huðꝼat ẽ ı tıallðınu. v.k. gengr at ꝫ tekr a
m̄nū ẽ þ̃ la í huð ꝼatınu h̄ kēnır at ſıa m̄ mun
lıꝼa. h̄ ꝼ̃tꝉ̃ þa hua`r´t lıꝼ̃ þu góðr m̄ h̄ q̃ð þ ſaı̃ v͛a
.v.k.ſ. hu̅t ẽ heıtı þıť .e. huaðan eru þ̃. en þ þıc
kıūz ek ſıa at þ̃ munut aꝼ haꝼı kōñ vera
þótt ė haꝼı greítt ꝉ̃ tekız. h̄ .ſ. Ek heıtı ꝼīn
bogı en barðr ꝼaðer mīn ꝫ er h̄ vıkueſk maðr
.e. hu̅r ẽ ſıa m̄ er oſſ ẽ komīn at ꝼīna. h̄ .ſ. ek heı
tı vrðar.k. ꝼīnbogı mlı. þ ẽ vnðarlıgt naꝼn. þa
ꝼrettı .v.k. huat mun ꝼleıra lıꝼa m̄ yðuar
ra a ſkıpınu en þu. h̄ q̃ð þa níu a lıꝼı ẽ h̄ ꝼor a`t´
ſoꝼa. V.k. ꝼrette. h̃t heꝼ̃ yðr meſt angrat. h̄ .ſ.
at ꝼyſt heꝼðı þeī angt̃ ſtoruıðrı en ſıðan beðı
ðryckleyſı ꝫ matleyſı. heꝼ̃ ꝫ mart at bılað
reıða várū. brutū ſtyrıt en ſkıpıt ꝼullt aꝼ
auſtrı. V.k. let nu b̃a m̄n þa ẽ lıꝼðu vt í ſku
tuna. ſva marg̃ v͛ þr ſē ꝼīnbogı haꝼðı ſagt ſc
ortı þ̃ ė mıolk ꝫ aðra hlutı þa ẽ þeī v͛ ſkıotaz
ꝉ̃ ꝉ̃ lıꝼſ. þott h̄ heꝼðı vıtað ꝼ̃ hu̅ſ v͛ þurꝼtı. þa
mlı .v.k. Nu ſl̄tu ꝼınb`o´gı ꝼa m̄ lucla þa ſē at
ganga kıſtū yðꝛ ꝫ ſl̄ taka g̃pı þa alla ẽ bez
tır eru. þr g̃ðu ſua. V.k. v͛ mıkıluırkr s̃ at h̄
hlıop aptr ꝫ ꝼ̃m̄ epꝉ̃ ſkıpınu ꝫ vallðı þ aꝼ
ollu ſē hm̄ þottı bezt ꝫ bar vt ı ſkutuna ſua
ſē h̃ mattı v͛ taka. Sıðan þr v͛ buñ reru þr
b̃tt ꝫ hallða ſama lognı þ̃ ꝉ ẽ þr kōa heī a ey
rı. Gengr Aſb. mot þeī ꝫ ꝼagñ þeī vel. þot
tı þta haꝼa vorðı`t´ hın meſta gæꝼu ꝼ̃ð ꝫ lætr
hıalþ̃´þeī veıta`ꝫ ſkıþ̃ þeī a bæı. ꝼīnbogı ꝼor a eyrı ok
.íj. m̄n aðrer ſat .v.k. ðag ꝫ nótt at næra
þa. Er þ ſagt at aller m̄n ðeyıa þr ẽ a ſkıpīu
v͛ nema .ꝼ. h̄ h`r´eſtız ꝫ ẽ ēn venſtı m̄. bæðı mı
kıll ꝫ ſterkr. h̄ attı agæt vapn ſuerð ꝫ ſkıo
llð hıalm ꝫ brynu. v͛ h̄ ſtyrım̄ ꝫ áttı at taka
ꝼe allt epꝉ̃ haſeta. er h̄ þ̃ v̄ vetn̄ vel hallðī
.v.k. ẽ hm̄ ꝼylgıuſār. þr ſelıa varnaðın̄ vm
ꝼlateyıar´ðal`ꝫ norðr v̄ kīn. lıðr aꝼ vetn̄ ꝫ v͛ðr eckı
ꝼleıra ꝉ̃ nylunðu a þeī mıſſarū **capıtulm**
9 Raꝼn h̃ m̄. h̄ v͛ vngr m̄. ꝫ ꝼrænðı aſb. ꝫ
heıma m̄. h̄ v͛ ꝼráǩ mıog h̄ kō´allðrı`a heſt
hu̅t ſē h̄ ꝼór. þ ẽ ſagt at þr .ꝼ. ꝫ .v.k.
raðaz heıman v̄ varıt. ꝫ ætluðu at heīta
ſaman ſkullðır þra norðr v̄ ðalı ꝫ rıðu þr
.íj. en ʀaꝼn lıtlı lıop ꝼ̃. rıða þr `tıl´ lıoſauaz vm
kuellðıt. Tekr þg̃. v͛ þeī baðū honðū ꝫ byðr
þeī þ̃ at v͛a ſua lengı ſē þr vıllðu. þr toluðu
mart ꝫ v͛ glaðer. ꝫ vel kater. Sa þg̃r at .ꝼ. v͛
īn agæztı m̄ at ollu ꝫ vel ſkapaðr. ꝫ v̄ ða
gīn epꝉ̃ v͛ða þr ſıðbuñ ꝫ rıðr þg̃r a leıð
m; þeī oꝼan m; ðıupá ꝫ rıða þr .ꝼ. ı ꝼell v̄
kuellðıt. þar bıo þa ðrauma ꝼīnı .ſ. þgrſ
v͛ h̄ ſpakr m̄ ꝫ vıtr. h̄ v͛ ė ſā mæððr v͛ aðra ſo
nu þg̃ſ. h̄ v͛ ꝼīnzkr at moðurkynı. ꝫ h̃ leık
ny moðer ĥ. h̄ tok harðlavel v͛ þeī. marg
a lutı tala þr ſpaklıga. v̄ morgınīn bað
.ꝼ. þa rıða ſnēma. ſl̄u v͛ þa ðuelıazt her
hıa yðr er v͛ ꝼorū aptr. þt m̄ v͛ðız ꝼīnr vıtr
maðr. lıtıll koſtr er nu v͛ yðr at taka en
þo mun mīnı er þ̃ ꝼarıt aptr. Sıðan rıð
u þr vt ꝼ̃ ꝼellı ꝫ ẽ þr haꝼa ſkāt rıðıt. mlı
.ꝼ. Neſta g̃ır m̄ kynlıgt. v.k. ſa ꝉ̃ ĥ ꝫ mlı ſtı
gū aꝼ bakı þt ek ſe at þu ert ꝼaulr mıog
ꝫ ma v͛a þa at aꝼ þ̃ heꝼı. þr g̃ðu ſua. letu
heſtana taka nıðr ꝫ ẽ ſtunð leıð bað .ꝼ. þa
rıða ꝫ q̃ð aꝼ ſer heꝼıa. Rıða vt a ꝼellıt
ꝫ koma vnðer eīn ſteín mıkīn. þa mltı
.ꝼ. h̃ munu v͛ v͛ nema. ꝫ ma v͛a at h̃ g̃ız
nockut ꝉ̃ tıðenða ı vaǩı ꝼ̃ð. Stıga aꝼ ba
kı ꝫ ſkıota tıallðı aꝼ ſteınınū ꝼ̃m̄. ſezt
.v.k. vnðer hoꝼut hm̄. þa mlı .ꝼ. þ er
lıkazt at ꝉ̃ eınſ ðragı v̄ oſſ ꝼelaga at
engı vaǩ komız m; lıꝼı ꝉ̃ noregſ. en þ̃

.v.k. heꝼ̃ vel ꝼarıt t̃ mın ⁊ allra var. Munðu þ ſum̃ m̃n mæla ı mınu lðı at þıg heꝼðı happ hent ı þ̃um ꝼunðı. m; ꝥ at ek vīnūz ė t̃ ꝥ̃ at launa. þa ſſ̃ ė aꝼ ðraga þ ē̃ t̃ ē̃. h̃ ēo vapn þau ē̃ ꝼaðer mīn gaꝼ m̃. ventı ek þottu komır t̃ noregſ .e. a. aūnur lonð nalæg. ꝼærðu ė bet̃ nu vıl ek þau geꝼa ꝥ̃ ⁊ þar m; ꝼe þ ē̃ þu h aꝼðer a ſkıpınu þ er ek atta ⁊ þ ē̃ ek tok aꝼ haſetū at logū. þa vıl ek geꝼa ꝥ̃ naꝼn m ıtt. ⁊ ē̃ ek eckı ſparn̄ en þo get ek at þıtt naꝼ n ſe vppı meðan v̑ollðın ē̃ bygð. ma m̃ þ me ſt ſæmð ⁊ mınū ꝼrænðū at ſua agætr maðr takı naꝼn epꝼ̃ mık ſē ek ſſ̃ ætla at þu v̑ðır m; ꝥ at m̃ v̑ðr lıtıð ætlat. h̃ þackaðı hm vel ꝥa gıoꝼ. ė ſat h̃ lengı ıꝼ̃ hm aðr h̃ ðo. ꝼīnbo gı ſenðı ʀaꝼn t̃ ꝼellz. kēr ꝼīnr ꝥ ⁊ groꝼu h̃ nıðr vnðer ſteınınū ⁊ ē̃ h̃ ſıðan kallaðr ꝼīn bogaſteīn. Sıðan ꝼoru þr heī ı ꝼell. quað ꝼī nr ꝼarıt haꝼa epꝼ̃ getu ſıñı. Sa ek þ þo at m̃ v̑ı vén ⁊ vel mentr at þo v̇ h̃ nu ꝼeıgr er ꝼīnbogí ꝥ nu m; ꝼīnı ꝼrænða ſınū nok kurar nætr Sıðan rıða þr vpp t̃ lıoſavaz ⁊ ſogðu þg̃ı ꝼrænða ſınū tıðenðın. ⁊ hu̇ıa ſæmð h̃ haꝼðı ꝼengıt. varð þg̃. þ̃u harð la ꝼegīn. h̃ kuez ꝼ̇ laungu þ haꝼa hm ſ pað at h̃ munðı abbragð ānaʀa m̃ v̑ða. ſıtıa þr ꝼrænðr nu harðla glaðer ⁊ vel k aꝼ̃. let þg̃. nu heīta ſaman ꝼe þ ē̃ h̃ attı ſı ðan rıðu þr a eyrı aller ſāt. kān þa m̃ m̃ at ſegıa hueʀ aꝼburðar m̃ h̃ ē̃ añaʀa m̃. þıkır þeī Aſb. ⁊ þg̃ðı nu gott t̃ at ꝼretta ꝥ at hm vıll nu ꝼleſt t̃ v̇ðıng̃ ⁊ ſæmðar. rıðr þg̃r heī en .ꝼ. ſıtr heıma m; ꝼeðr ſınū a eyrı

10 Þat ſama **capıtulum** [⁊ vel hallðınn.
ſum̃ kō ſkıp aꝼ haꝼı. ꝥ ſkıpı ſtyrðı ſa m̃ ē̃ barðr h̃. vıkveſkr at kynı þta ſkıp kō a knarrar eyrı. barðr ſtyrı m̃ ꝼór t̃ lıoſauaz ⁊ þa vıſt m; þg̃ı goða. þna tıma reð hakon ı`a´rl ꝼ̇ noregı var þa v̇ðıng h̃ ſē meſt ⁊ rıkı. þna vetr v̇ barðr a vıſt m; þg̃ı. ꝼ. v̇ ꝥ ıaꝼnan. þt ꝼrænðſeı þra v̇ hın bezta. v̄ varıt ſagðı ꝼīnbogı þg̃ı ꝼrænða ſınū at h̃ vıllðı vtan ꝼara v̄ ſumarıt m; barðı ſtyrım̃. þg̃.m. þo at oſſ þıkı goð h̃ vıſt þín ꝼrænðı þa man eckı tıa at tel`ı´a þıg þt þ mun ꝼ̇ lıggía. En þ hyɢ ek þıg ha ꝼa aꝼ ꝼrænðū þınū at þr haꝼa mıog orðıt ꝼ̇ aleıtnı aꝼ m̃m ⁊ auꝼunð. en þo muntu þıkıa ēn ꝼrægſtı m̃ huar ſē þu kēr. Sıðan rıðu þr a eyrı ⁊ b̃a þta vpp ꝼ̇ aſb. h̃ quez gıar na vıllðu at h̃ v̑ı heıma hellðr hıa hm. ɴu m; ꝥ at h̃ mun raða vılıa ꝼ̃ðū ſínū. þa vıl ek ė̃ga þa motı hm hellðr en ānat. þr reðu hm ꝼ̃ı m; barðı ſtyrım̃ gıorðız h̃ ſtyrım̃ at halꝼu ſkı pınu þa ē̃ þr v̊ bun̄. ꝼluttu þr aſb ⁊ þg̃r t̃ ſkıp`s´ þ ē̃ .ꝼ. attı. h̃ heꝼ̃ eckı mıkıt ꝼe. ſkılıaz þr nu m; kerleıkū mıklū. kıppa þr nu vpp ack̃ū ⁊ ſıgla ıhaꝼ. en þa ē̃ þr hoꝼðu ſıglt nockur ðægr tekr aꝼ byrı. ⁊ g̃ır a ꝼ̇ þeī haꝼuıllur ⁊ vıta þr ė huar þr ꝼ̃a. ꝥ kēr ē̃ hauſtar ⁊ ſtæꝛ̃ ſıoīn. Ok eīn tīa b̃r þa or haꝼı. ⁊ at lðı v̇ þ ſıð ðagſ. þr ſa eckı ne ma bıorg ⁊ boða ſtora ſua at braſt ı bıorgunū

Nv m; ꝥ at veðr ſtoð at lðı harðla mıkıt keyrır ꝥ at ſkıpıt ⁊ brytr ıſpón tynaz m̃ aller vtā .ꝼ. kēr eīn a lð m; vapnū ſınū ⁊ huðꝼatı ꝥ`var´ ꝼor lenðı lı lıtıð ⁊ ſer h̃ eckı nēa bıorg ⁊ hāra h̃ gēgr nu m; bıorgū þeī nockura hrıð. ⁊ ꝥ at ſē klıu ꝼaz bıorgın ⁊ þar ꝼell oꝼan lækr ı ſıo ⁊ ꝥ leıt̃ h̃ vpp a bıorgın ⁊ v̇ ꝼærleık h̃ kēz h̃ vpp ⁊ v̇ þa myrkt aꝼ nott. huarkı ſkortı ꝼroſt ne vınð ꝼrauſ at hm klæðın oll. ꝥ v̇ harðla ſnı amıkıt kaſtaðı h̃ nu huð ꝼatınu a bak ſer ⁊ gengr a lð vpp. ⁊ ē̃ h̃ heꝼ̃ gengıt v̄ hrıð. kēnır h̃ ellz ðaun. ⁊ lıtlu ſıðaʀ kēr h̃ at bæ eınū. þ v̇ mıkıll bæʀ ⁊ veglıgr h̃ ſettı nıðr huðꝼatıð ⁊ gengr heī at ðyrū. ⁊ heyꝛ̃ h̃ þ at mart ē̃ m̃ īnı. þr ſıtıa v̇ ellða h̃ lyſtr a ðyʀın. m̃ tok tıl orða ⁊ bað at eīn hu̇r ſueına gengı t̃ ðyra þr kuaðuz ė hırða þoı̃ ſua b̃ðı allar nætr. ꝼ. lauſt añat hoɢ ⁊ v̇ þ ſynu meıra. þ̃ı bað þa luka vpp ðyrū. þr q̊ðuz ė þ munðu g̃a. þoat troll berı allar nætr. h̃ ſlo hoggıt þrıðıa ⁊ s̃

hart at ollū bra uıð. Buandı hlıop vpp v̇ ꝫ q̄ð þa
ė meðalvuıní v͛a ē̃ þr vılldu ė t̉ hurðar ganga
þo at m̄n queððı. mun ſa eīn vtı v͛a ē̃ beť mun
īnı þıkıa ı ſlıku ſē nu ē̃. Sıðan toc ħ exı ı hon
ð ſer ꝫ geck t̉ ðyra. ħ Heılſar geſtınū ꝫ ꝼretti
ħ at naꝼnı. ħ q̇ .ꝼ. heıta. ꝫ v͛a Aſƀ.ſ. ꝫ ıſlenzkr
m̄. bondı .ſ. hue næꝶ kōtu ħ̃ t̉ lðz. ꝼ.ſ. ekkō
ħ̃ ı quellð. þu munt haꝼt haꝼa ħ̃ða lðtoku
ſagðı .b. ꝼ. q̄ð brotıð ſkıpıt en tynðuz m̄n al
ler ꝫ ꝼe en ek kō eīn a lð .e. huar heꝼ̃ oſſ at
lðı borıt. b.ſ. yðr heꝼ̃ borıt at noregı hellðr
norðarla v̇ haloga lð. En ſa bꝑꝶ ē̃ þu ē̃t at
komīn heıť a gren mó. þa ꝼ̃tť .ꝼ. huat heıť
.b. ſıa ħ .ſ. ek héıtı barðr ertu ħ̃ ꝼorm̄ a ha
loga lðı. ħ q̄ð ſua v͛a þa .ſꝑ.b. hũſu gamall m̄ ē̃
tu .ꝼ. Ek em nu .xvȷ. veť. b. mľı þa. engan
heꝼı ek ſéét ſlıkan .xvı. veť gālan ꝫ vera
mun ꝥ ꝼleıra vel geꝼıt en voxtr ꝫ vænle
ıkr .e. ē̃ ħ ıſlenzkr ꝼaðer þīn. neı. ſ.ꝼ. ħ ē̃he
ðan aꝼ haluga lðı ættaðr. b.m. ē̃tu .ſ. aſƀ Gū
bıarnar .ſ. ðettı áſſ. þ ē̃ ſaı q̄ð ħ. b.ſ. þaðan
ē̃ m̄ vlꝼſ van ē̃ ek eyrun ſeg. er þ þo rað a͗t′
ganga īn ꝫ v͛a ħ̃ ı nott. ꝼ. ĝðı ſua var tekıt
v̇ vapnū ħ ꝫ klæðū ꝫ v̊ ħm ꝼengın þuꝶ kl
æðı. var allt ꝼolk v̇ ħ vel kátt. vm morgı
nīn v͛ .b. ſnēma a ꝼotū. ꝫ vaktı .ꝼ. vpp ē̃ þ ſyn
na at ꝼe ſe vpp rekıt nockut. ꝼ. ſtoð vpp ꝫ gē
gu t̉ ſıoꝼ̃ ꝫ v͛ ſē .b. gat at meſtr þorı v͛ a lð re
kīn ꝼıarınſ. let .b. allt ħm ꝼæra ꝫ ſua at ðu
ga ſē ħ ættı ſıalꝼr. ꝫ v̇ þ ſtormıkıt ꝼe. b. baðð
.ꝼ. þar at v͛a ſua lengı ſē ħ vıll v̇ ħ ꝥ v̄ vetn̄ s͗a′t
ı goðu hallðı at ė vantaðı. b. veıttı ħm harðla
vel. ꝥ v̇ mānmart ꝫ hın meſta gleðı. ꝼ. v̇ goðr
aꝼ ꝼenu enða ſkortı þa ė t̉ m; ꝥ at ħ var ſt
yrım̄ ꝫ tok ꝼe allt epť ſkıpara ſına ſē þa v̊
laug t̉ þān tıma. **ꝼınbogı braut hryg J bırnı**

11 S v nylunða v͛ð þān vetr a haluga lðı **num**
ſē opt kān v͛ða at bıorn eīn geck ꝥ
ꝫ ðrap nıðr ꝼe m̄ ꝫ ė ĝðı ħ ānarſ ſta
ðar meıra at en a grꝑn mo. ꝫ ſua kēr at
.b. ſteꝼn̄ þíng ꝫ ĝır bıornīn ſekıan ꝫ leɢr ꝼe t̉

hoꝼuðſ ħm. ꝫ epť þ ĝa m̄n t̉ ħ ıaꝼnan ꝫ v͛ðr ħ
ė vn̄ınīn. ꝫ ĝız ħ ıllr vıðreıgn̄. ðrepr ħ beðı m̄
ꝫ ꝼe. þ ē̃ ſagt at .b. bondı áttı ſætr. ꝫ v̇ langt mıl
lı bꝑıar ꝫ ſꝑtrſ. let ħ ꝥ geyma v̄ vetrū ꝼıar
ſınſ v͛ð ħm ꝥ ſkaða ſāt at bıornīn la ꝥ ıaꝼ
nan ꝫ þorðu m̄n allðrı at ganga t̉ ꝼıarınſ.
vtan ꝼıolðı manz ꝼærı. e͗ı′tt hũt kuelð talaðı
.b. v̇ ſına m̄n at þr ſkylldu buaz mot bırnı
nū hũr epť ſınu megnı m; vapnū. þt a
morgın ſľu v͛ ꝼ̃a at bırnınū. Sum̄ ſkeptu
exar en ſum̄ ſpıot. ꝫ bua allt þ ē̃ þeī mæt
tı at gagnı v͛ða. v̄ morgınīn v̊ m̄n ſnēma a
ꝼotū ꝫ hũr pılltrīn m; ſınu vapnı. Nu ē̃ at
ſegıa ꝼ̃ .ꝼ. aðr v̄ kuellðıt þa er m̄n v̊ ı ſueꝼ
nı. ſtenðr ħ vpp. ꝫ tekr vapn ſín. gengr ħ vt
a ſpor þau er lıggıa t̉ ſætrāna. þ var bragð
ħ at ħ geck auꝼugr ꝫ henðı ſporın allt ꝥ
t̉ ē̃ ħ kēr t̉ ſætrāna. ħ ſer hũ bıornīn lıɢr ꝫ
heꝼ̃ ðrepıt ſauð vnðer ſık. ꝫ ſygr ór bloðıt
þa mľı .ꝼ. ſtattu vpp beſſı ꝫ rað motı m̄ ē̃ þ
hellðr t̉ nockurſ en lıggıa a ſauðarſlıť þu.
.b. ſettız vpp ꝫ leıt t̉ ħ ꝫ kaſtar ſer nıðr. ꝼ.m.
eꝼ ꝥ þıꝶ̃ ek oꝼmıog vapnaðr motı ꝥ. þa ſľ ek
at ꝥ ĝa tekr aꝼ ſer hıalmīn en ſetr nıðr ſkıoll
ðīn. ꝫ mľı. ſtattu nu vpp eꝼ þu þoꝛ̃. b. ſettız vpp
ꝫ ſkók hoꝼuðıt. lagðız nıðr aptr ſıðan. ꝼ.m.
þ ſkıl ek at þv vıllt at v̇ ſē ıābun̄ kaſtar ſ
verðınu ꝼ̃ ſer. ꝫ m. ſua ſľ v͛a ſē þu vıll. ꝫ ſtaı̉
nu vpp eꝼ þu heꝼ̃ þ hıarta ſē lıklıgt v͛ı he
llðr en ꝥ kvık enðıſſ er ragazt ē̃. b. ſtoð vpp
ꝫ byſtı ſık. ꝫ ĝðız mıog vꝼrynlıgr hlıop at
.ꝼ. ꝫ ꝼæꝛ̃ vpp hrāmīn ꝫ ætlar at lıoſta ħ m;
ꝫ ı ꝥ er ħ heꝼr ſık vpp t̉ hleypr .ꝼ. vnð̃ ħ ꝼra
man. þr gangaz at lengı ꝫ gengr vpp ꝼ̇ þeī
ꝼleſt þ er ꝼ̇ þra ꝼotagangı v͛ð. traðkıt v͛ð
mıkıt ꝫ v͛ð ſu enðalykt at ħ gengr .b. a bac
aptr ꝫ braut ı ſunðr hryggīn ı ħm ꝫ byr v̄ ħ
ſē aðr. ſıðan tok ħ vapn ſín ꝫ geck heī epť
þ. ꝫ er mıog ſtırðr. legz nıðr ı ſæng ſına ꝫ
lætr ſē ħ haꝼı ſoꝼıt. lıtlu ſıðaꝶ tok barðr
a ꝼotū ħm ꝫ var þa ꝼ̃ðarbuīn ſē ꝼyꝶ v͛ ꝼ̃
[ſagt

h̄ ꝼ̄ttı eꝼ .ꝼ. vılldı ꝼara m; h̄m. h̄ quez þ gıar na vılıa. Sıðan ꝼoru þr ⁊ komu ꞇ́ ſætrāna ſía þr at bıornīn lıGr þar ⁊ heꝼ̄ ſauð vnðer. þa ba vð barðr ꝼaurunautū ſınū at vīna ꞇ́ ꝼíar ok ganga at .b. þ vıllðı engı þra ⁊ ė neꝭ kōa þt þr hopuðu ſkıott. b. mlı. þ veıt ek ė m; hůıum hǽttı ē̄ v̄. bıornīn. þt ek ſe h̄ eckı hræraz m; þ at ek g̃ða h̄ ſekıan þa ē̄ þ maklıgt at ek ganga ꝼyſtr at h̄m. Sıðan ſnarar h̄ ꝼrā. ðıarꝼlıga ſıðan ſer h̄ at bıornīn ē̄ ðauðr. þa þyrpaz þr at ⁊ ſkortı þa ė atgang. b. ſa hů gı ſærðan bıornīn. leıꞇ́ nu at ⁊ ꝼīnr brotīn h ryggīn ı h̄m. b. mlı. þta ē̄ ꝼaheyrt bragð .e. v̄k ⁊ heꝼ̄ engı haleyſkr m̄ þta g̃t. ⁊ muntu .ꝼ. haꝼa þta v̄nıt. ꝼ.ſ. ⁊ bıðr h̄ haꝼa þ ꝼ̇ ſatt ē̄ h̄ vıll. Ek þıkıūz þ vıſt vıta. ſ.b. e. hůſu ꝼortu at. ꝼ.ſ. þ ſkıpꞇ́ ongu ė muntu ſua vīna ne þī ſonr. b. quað ė auðꝼengna m̄n ꞇ́ ſlıkſ verkſ.

Nu ſ̄l ek heīta þta ꝼe ſaman ſē ek eıga ſıalꝼr ꞇ́ hanða ꝥ. Sıðan ꝼlogu þr bıornīn ⁊ ꝼoru heī epꞇ́ þ. lıðr nu vetn̄ ⁊ v̊ðr engı nylunða ōnur .b. veıttı .ꝼ. hůn ðag auð betr ⁊ þa ē̄ varaðı g̃ ðuz ſıglíngar mıklar. ꝼ̇ haloga lð beðı nórðr ⁊ ſuðr. ꝼ. tok þ ı vanða ſīn hůn ðag ē̄ h̄ v̇ met tr geck oꝼan a bıorgín ⁊ ſat þar hůn ðag ok horꝼðı a ſıglíng m̊. þottı þ gaman at ſıa ꝼau gr ſkıp. a margan hátt. **ꝼīnbogı ꝼan̄ alꝼ**

12 Þat v̊ eīn ðag at .ꝼ. geck ꝼ̄m a bıorgın h̄ ſa at eīn m̄ rerı ſuñan m; lðı. a ſku tu mıkıllı. h̄ var mıkıll m̄ ⁊ grepplıgr h̄ v̊ ı rauðū ſkarlaz kyrtlı ⁊ ðıgrt ſılꝼrbelltı haꝼðı h̄ v̄ ſık. m; ſlegnu hárı. v̊ þ beðı mık ıt ⁊ ꝼagrt ⁊ la nıðrı a h̊ðū h̄m. Sua rerı h̄ hanðſtīnan at h̄m \`þottı´ ꝼlıuga ꝼ̄m ſkutan ⁊ h̄ kallar a h̄ þa rerı h̄ næꝭ þegar. ꝼ.ſ. huat h̄ hetı h̄ gaꝼ vpp roðrīn ⁊ ſagðı h̄m at h̄ hetı alꝼr ⁊ kallaðr aptrkēba huaðan ē̄tu. ſ.ꝼ. alꝼr ſagðı h̄m at h̄ reðı ꝼ̇ þrı ey ē̄ ſanðey he tı ⁊ em ek mægðr v̇ ȷarlīn a ek ıngıbıorgu ſyſturðottur h̄. Nu ſ̄l ė ꝼleırū orðū a glæ k aſta ſua at ek haꝼa eckı ı mot. huer ē̄ ſa m̄ ē̄ ſua ē̄ ſpurull. ꝼ. ſagðı ꞇ́ ſín ⁊ ꝼauður ſínſ. Alꝼr .ſ. heꝼ̄ þu ðrepıt ſkog̃ bıornīn þra haleygı āna. h̄ .q. þ ſatt. A. ꝼ̄ttı hůſu ꝼortu at ꝥ. ꝼ.ſ en gu ſkıpꞇ́ þıg þ. þt ė muntu ſua ðrepa. Alꝼr mlı. hůr Aſb ē̄ ꝼaðer þīn. ꝼ.ſ. h̄ ē̄ gūnbıarnar .ſ. norrǣn m̄ at kynı. A.ſ. huart h̄ v̊ı ðettıáẛ kallaðr. ꝼ.q. þ ſatt v̊a. þa er ė kynlıgt þottu laꞇ́ ðıgrbarklıga .e. hůſu gamall m̄ ertu. ꝼ. .ſ. Ek em xvíȷ. veꞇ́. Alꝼr mlı. V̊tu ė ānarra xvıȷ. veꞇ́. ıāmıkıll ⁊ ſterkr ſē þu ert. ꝼ.ſ. þ ē̄ ſē v̊ðr ꞇ́ þo enða muntu ðauðr áðr .e. hůt ſ̄l ꝼ̊ h̄ ſagðı at h̄ ſkyllðı norðr a mork. ⁊ heīta ſkaꞇ́ .ꝼ. ꝼrettı h̊ h̄ ꝼærı eīn ſāt. eckı þarꝼ ek ꝼleırı m̄ ꞇ́ ꝥa. ꝼ. ꝼrettı næꝭ ſkalltu norðan. A.ſ. þ ſ̄l a halꝼſmanaðar ꝼ̄ſtı .e. þ næꝭ. vılltu ꝼlytıa mık. ſ.ꝼ. norðan heðan þa ē̄ þu ꝼ̄r aptr. A.ſ. Sua lız m̄ a þıg ſē þu meg̃ vel roa ſua vnð ꝥ ſıalꝼr ⁊ mun ek v̇ ꝥ taka þa ē̄ ek ꝼ̄ norðan. .e. huat vılltu ſuðr ı lð. ꝼ.ſ. ek vıl ꝼīna hakon .J. ꝼor ek þ aꝼ ıſlðı. A. mlı þu munt ꝼara ſæðar ꝼavr muntu v̄a ıþrotta m̄ mıkıll ſē þu átt kyn ꞇ́. mu nu v̇ ſkılıa nu at ſīnı. bað h̄ .ꝼ. vel ꝼ̊ ⁊ huaꝭ ānan ꝼor .A. norðr m; lðı. en .ꝼ. geck heī ⁊ ſagðı .b. v̇ræ ðu þra ſua þ ē̄ h̄ ætlaðı ſuðr m; h̄m. b. q̄ð h̄ þ eıgı munðu raðet haꝼa eꝼ h̄ heꝼðı vıtað. vggı ek at ılla takız ꞇ́ þt alꝼr er ēn veſtı maðr ⁊ ſuık raðaꝼullr. ðug̃ h̄m þ ē̄ h̄ ē̄ mægðr v̇ Jarlīn ⁊ er hırðmaðr h̄. verða m̄n aꝼ þ at þola h̄m. marg an vıaꝼnat. ꝼ.q. vel ðuga munðu. ſkalltu .b. añaz ꝼe mıtt. ⁊ ſıa ꝼ̇ ſlıkt ſē þu vıllt. lıðr þ ꞇ́ ē̄ alꝼſ var norðan van. **ꝼall alꝼſ aptr kēbu**

13 Aþeī ðegı ſē .A. haꝼðı ſagt at h̄ munðı norðan koma. bıo .ꝼ. ſık aꝼ grǽn mo. h̄ haꝼðı m; ſer huð ꝼat ſıtt. ⁊ þa g̊pı ſē h̄m þottı nauðſynlıgazt. þurꝼa þr hoꝼ ðu ſkāma ſtunð. beðıt aðr .a. rerı norðan. v̇ ſkutan mıog ſett. A. enðır vel orð ſín ⁊ ſtıngr ꝥ ſtaꝼnı at. þr kuoððuz vel. ſıðan geck .ꝼ. vt a ſkutuna. ⁊ þottı .A. nıðr ganga v̇ ſkutan ⁊ mlı. þ ſe ek a huðꝼatı þınu at ė mun ꝥ ſılꝼr ꝼatt verða ꞇ́ laukuñar þa ē̄

þu kẽr ᵗ hakoñ .J. Epẗ ꝥ ſkılıa þr .ꝼ. ⁊ .b. m; blıðu en þr .A. hallða ſuðr m; lðı ſua ſẽ gengr. ok ė̃ .A. haꝼðı roıt ṽ hrıð. bað ħ .ꝼ. róa. ħ ĝ̃ðı ſua. A. ſat ⁊ ſtyrðı. ꝼ. rerı ſua at .A. þóttı kyꝛ̇ ſtanða ſkutã þa er ħ rerı. þr toluðuz mart v̇. ꝼrettı .ꝼ. huart þeĩ munðı heĩ ganga ı ſanðey ṽ kuellðıt. A.ſ. ħ̊ er ey ımıllı. ⁊ em ek vanr at ṽa þar ṽ nott þa er ek ꝼ̊ norðan. en þa kẽ ek heĩ ãnan morgın ᵗ ðagũðarðrykkıu árla. ꝼ.ſ. huerſu ſkıott ſł̃ ſuðr m; ſkattĩn. A.ſ. ek mun ðuelıaz heıma ṽ hrıð Sıðan komu þr ı eyna ⁊ v̇ ꝥ̃ hellır mıkıll ꝼ̊ oꝼ an malar kãbĩn. A.m. Nu ſł̃u v̇ ĝa okr ꝼ̊ ſẽ mĩz t. ⁊ bera eckı aꝼ ſkutũnı. ſł̃u ganga at ꝼrã ſtaꝼnı. en ek at ſkut ⁊ berũ ſua vpp ı hellĩn ſku tuna. Sua ĝ̃ðu þr ⁊ bıuggu vel ṽ. Epẗ ꝥ ſkıp tu þr ṽkũ m; ſer. ꝼ. ſlo vpp ellð en .A. tok vatn .ꝼ. geck ſeĩnt at ĝa ellðĩn ⁊ loga ılla ſkıðın beꝛ̇ ħ a ellðĩn mıkıt ⁊ bleſ at ꝼaſt. þa heyrır ħ huın vpp ıꝼ̊ ſık þa ſlaungðı ħ ſer aꝼ vt auðꝫ megın hıa ellðınũ. v̇ .A. þar komĩn ⁊ ætlaðe ſkıott ṽ at raða v̇ .ꝼ. ħ hlıop vpp ⁊ vnðer .A. var ħ aꝼ renðr at aꝼlı gangaz þr at lengı tekr þa ellðrĩn a\`t´ brẽna ⁊ ſer ħ ṽ allan hellĩn. ꝼ. ſer h\`v´ar eĩn ſteĩn v̇ ı ĩnanũðũ hellınũ. ħ var huaſſ oꝼan ſẽ eG ꝥ̃ vıllðı alꝼr ꝼæra ħ at. ꝼ. ꝼorðaz ꝥ eckı ⁊ ė̃ þr kõa at ſteı nınũ. hleypr .ꝼ. ıꝼ̊ vpp ⁊ kıpꝑ̊ at ſer v̇ m; aꝼlı ⁊ b rytr brıngubeın ħ a ſteınınũ ⁊ lætr .A. þar lıꝼ ínu meðr vſæmð ſẽ ħ v̇ ṽðr. **ꝼıṅbogı ꝼaṅ Jarll**

14 Sıðan bıoz .ꝼ. þar ṽ. ⁊ ſuaꝼ aꝼ nottına v̇ goð naðer. ṽ morgınĩn ĝ̃ır ħ ꝥ rað at hrınða ꝼrã ſkutũnı tekr vapn ſın. Sıðan hellðr ħ ſku tũnı ſuðr m; lðı ſlıkt ſẽ ganga mattı. ė lettı ħ ꝼyꝛ̇ en ħ kõ ı ſanðey ſnĩma morgınſ. ok ė̃ ħ kẽr ᵗ ſanð eyıar. ganga m̃n ı mót ħm. ꝥt þr kenðu ſkıpıt. ⁊ ætluðu at A. munðı a ṽa. ꝼ. geck vpp ımotı þeĩ þr heılſuðu ħm vel ⁊ ſꝑ̃ðu ħ tıðenða. ħ quez ẽgı kũna at ſegıa. ꝼ. ſpyꝛ̇ huar Jngıbıorg ṽı. þr ſog ðu at ħ̊ ṽı ı ſkẽmu. ħ bað þa ꝼylgıa ſer þãgat ⁊ ė̃ ħ kõ þagat heılſaðı ħ̊ ħm ⁊ ſpurðı hũr ħ ṽı. ħ neꝼnðı ſık ⁊ ꝼoður ſĩn. ħ̊ ſꝑ̃ðı huart ħ heꝼ ðı a haloga lðı ðrepıt bıornĩn ħ q̃ð ſua ṽa. ħ̊ .ſ. hũſu ꝼortu at at bana ħm. ꝼ.ſ. engu ſkıpter þıg ꝥ. ꝥt ė mun þĩn ſon ſua ðrepa. Jngıƀg .m. var Aſƀ. ðettıaſſ ꝼaðer þĩn. ħ .q. ſua ṽa. ħ̊ mł̃ı ſua. ė ẽ kynlıgt at þu ſer agætr m̃ .e. m; hũıũ ꝼortu norðan. ħ .ſ. Ek ꝼor m; .A. norðan. bonða þınũ. huar ſkılðuz þıð. ħ̊ norðr. ſ. ħ ı ey þrı at ħ er vanr at ṽa þa ẽ ħ ꝼeꝛ̇ ħ̊ a mıllı. nentı ħ ė at roa hegat ⁊ ætla\`r´ ħ þeĝ a ꝼunð .h.J. ħ ſenðı mık epẗ ꝛagnhıllðı ðottur ſıñı ⁊ ꝥ m; ᵗ ıarteg na at ħ̊ haꝼðı ꝥa opt beðıt. ⁊ allðrı ꝼyꝛ̇ ꝼen gıt. en nu q̃ð ħ hana ꝼ̊ ſkyllðu. ħ̊ .ſ. veıt ek at ꝥta ẽ ſatt. en þo þıkı m̃ ꝥ vnðarlıgt at ħ heꝼ̃ ſenðt okuñan \`mãn´ ſlıkſ erenðıſſ. Nu ſł̃u eta ⁊ ðrecka ſıðan ſł̃u vıta þıtt erenðı. ħ ĝ̃ır ſua. Jngıƀg ꝼor ᵗ talſ v̇ ðotẗ ſína. ⁊ ꝼrettı eꝼ ħ̊ vıllðı ꝼ̊ m; ꝥũ m̃ ħ̊ bað ħa raða. Sıðan bıo ħ̊ hana ſẽ ħ̊ kũnı bezt ⁊ bar a hana gull ⁊ ſılꝼr ⁊ alla ena beztu \`ĝ̃pı´ þa ẽ ħ̊ áttı ᵗ. ⁊ er þau ṽ buín ꝼylĝ Jngıƀg þeĩ ᵗ ſkıpſ. tok .ꝼ. ragnhıllðı ıꝼang ſer ⁊ bar hana vt a ſkutuna. þa mł̃ı. Jngıƀg. þottu haꝼ̃ .ꝼ. ꝼarıt m; ꝼlærð ⁊ hegoma. þa vara þıg at þu ĝ eckı meyıũnı ᵗ mıſka. en þottu ĝ̃ır añat ılla. eða haꝼ̃ ĝt. þa ẽ ꝥ̃ ꝥta ſkıotaz ᵗ ðauða. ħ rerı aƀt þa mł̃ı ꝛagnhıllðr m; hũıũ hættı ẽ .ꝼ. ṽ ſaugn þına. hũſu ſkılðu þıð ꝼaðer mĩn. ħ. ſ. Sua ſkıl ðũ v̇ at ħ ẽ ðauðr. ħ̊ mł̃ı þa. Nu þarꝼ ė at ſpyrıa ꝼleıra. ꝼlyt mık aptr ᵗ eyıar mĩnar ⁊ mun ſa grenſtr. ꝼ.ſ. ꝥ̃ tok ek þıg a brott at þu ſł̃t m; m̃ ꝼara. þa tok mærın at gráta. ꝼ. mł̃ı vertu kat ꝥt eckı ſł̃ ek nıðaz a ꝥ̃ ṽðr ſẽ ma ṽ mına ꝼrãꝼerð. aðra. Sıðan komu þau ᵗ eyıarĩnar. ⁊ bar ħ vt a ſkıp ꝼe ꝥ ẽ ꝥ̃ var epẗ orðıt Nu t ekr mærın at gleðıaz. ſıðan ħ v̇ buĩn rerı ħ ſ vðr m; lðı. ⁊ þegar ħ kẽr ᵗ haꝼnar ſkortır ħ ė m̃n ᵗ ꝥ ẽ ħ vıll. geꝼr ħ ꝼe ᵗ beggıa hanða. ė letẗ ħ ꝼyꝛ̇ ſıñı ꝼ̃ð en ħ kẽr a hlaðer. þar ſẽ .J. reð ꝼıꝛ̃. Geck .ꝼ. þegar vpp ı beĩn m; ꝛagn hıllðı ᵗ ħbergıſ þra ſyſtr ðætra .J. vlꝼhıllðar ⁊ Jngıbıargar. þar v̇ tekıt v̇ hẽnı baðũ honðũ. þær ſpurðu hueꝛ̇ ſa v̇ ẽ ſua mıkıt aꝼbragð er añaꝛ̇a m̊. ꝼ. ſagðı ᵗ ſın. mıkĩn trunat heꝼ̃

.a. lagt vnðer þıg ė h̄ heꝼ̄ ꝼengıt ðottˀ ſína
þ̄ ı henðr. enða muntu agætr m̄ ṽa. ꝼ. mꝉtı.
Gėıt ſua ꝉ meyıarīnar ſē h̄ haꝼı m̄ alluel ꝉ
at. Sıðan bað h̄ þær vel lıꝼa þær mꝉtu at h̄ ſk
yllðı ſua ꝼara. ꝼ. leıgðı ſer ſkēmu ⁊ bar þ̄ īn í
þ ė h̄ attı. h̄ hellt mart m̄ m; ſer. **aꝼ ꝼın̄**
15 Eīn hūn ðag geck .ꝼ. ꝼ .J. ⁊ kuaððı **boga**
h̄ vel. h̄ tok kueðıu h̄. ⁊ ſpurðı hūr ſa m̄
ṽı eñ mıklı ⁊ ēn venlıgı. h̄ .ſ. ꝼ. heıtı ek.
ſ. h̄ ⁊ em ek ſon aſbıarn̄ ðettı aſſ er marḡ m̄n
kānaz h̄ ṽ í noregı en moðurkyn mıtt ė vt a
ıſlðı En þḡr lıoſuetnınga goðı ė moður bͦðer
mīn. J. mꝉı. ꝼull uel ertu ættaðr ero m̄ kūnır
ꝼrænðr þın̄ ⁊ ero ė huerſ m̄ makar ṽ at eıga.
eða vartu a haloga lðı ı vetr. h̄ kuað ſua ṽa
ðeyððır þu bıornīn. h̄ q̊ð þ ſatt ṽa. hūſu ꝼortu
at þ̄ vapnlauſt. ſ.J. ė varðar yðr þ. en ė mu
nu þ̄ bana ſua auðꝫ bırnı. J. ꝼrettı m; hūıum
ꝼortu norðan. ꝼ.ſ. ek ꝼor norðan með alꝼı aptr
kēbu mágı yðꝫ. J.m. huar ſkılðuz þıt. ꝼ.ſ.
h̄ var epꝉ ı eyıu eīnı. h̄ ṽ h̄ þ̄ epꝉ. ſ.J. ek va h̄. ſ.
.ꝼ. J. ſettı rauðan ſē bloð. ⁊ mꝉı. huı vartu ſua
o ðauða hræððr epꝉ ſlık ſtoruırkı at þu ꝼort
a mīn ꝼunð .e. vıſſır þu ė þ at engı m̄ ṽ m̄ kē
rı ılðınu en .A. mágr mīn ⁊ hırð m̄. þ̄ ðrap ek
h̄. ſ.ꝼ. at m̄ þottu noḡ ſak̄. þt h̄ vıllðı ðeyða
mık. en ek vıſſa þ at ˊėˋ lagðı ṽrı m̄ lında
at ſer ı noregı en .A. var. Nu ꝼór ek a yðuarˋnˊ
ꝼunð aꝼ þ̄ at ek vıllða bıoða mık ꝉ ꝼylgð
⁊ ꝼ̄mgaungu ı ſtað .a. vtan nıðıngſ verk þau
ė h̄ ſparðı ekkı at ḡa vıl ek engı vīna en ꝼ̄m
gaungu ⁊ ðrengılıga vaurn ætla ek ıābıoða
yðꝫ m̄m ꝼleſtū. h. J. mꝉı. þ munu ꝼleſꝉ m̄n m
æla at mer ſe mıſlagðar henðr eꝼ þu kēz m;
lıꝼı ı bͦtt ꝼ̄ m̄ .e. klaklauſt. en þa latū ṽ mar
ga ꝼa harðynðı. þoat lıtıð vīnı ꝉ .e. nær̄ ek
kı. En þoat .A. ṽı oıaꝼnaðar m̄ ⁊ ıllm̄nı kal
laðr aꝼ ſumū m̄m þa ſꝉtu þ vıta at engı m̄
ı lðınu ṽ meır̄ ṽ mıtt ſkap en h̄. ⁊ m̄ lıkarı
ṽ alla hlutı en h̄ ṽ. ꝼ.m. eck ſꝉ ˊėˋ leyna yðr þ̄
at ek heꝼı ꝉ tekıt. Ek tok bͦtt ór ſanðey. Rag
nhıllðı alꝼſ .ð. ꝼrænðkonu yðra. ⁊ ė h̄ h̄ komın
a yðuart vallð. J. mꝉı. ė heꝼı ek ſéet .e. heyrt
ıaꝼnðıarꝼan mān þ̄. ė þ̄ añat huaˋrˊt at þu ėt ꝼol
.e. þu þıkız eıga meıra vnðer þ̄ en oſſ varır. Nu
þıkı m̄ þ̄ oꝼ gott at ðeyıa ſua ſkıott. ſꝉu ṽ ha
ꝼa gaman ⁊ ſkētan at reyna þıg ı ſmaleıkū.
Sıðan geck .ꝼ. vt ꝉ h̄bergıſſ ſınſ. let taka ſer ðr
yck ⁊ hellt ſık glaðan vel ⁊ ſına m̄. **ðráp blā**
16 Þat ṽ eīn tıma at .J. bleſ ꝉ h̄þıngſ. **mańzınſ**
⁊ let h̄ bera vt ſtol ſın̄. a mıðıan voll. ſıð
an let h̄ kalla .ꝼ. ꝉ ſín. ⁊ ė h̄ kō þar. þa .m.
.J. h̄ ė .ꝼ. pılltr eīn ė þu ſꝉt glıma ṽ. þarꝼtu ek
kı at hlıꝼaz ṽ. þt eckı ſꝉ h̄ hlıꝼa þ̄. ꝼ. ſa hıa ſ
tolınū huar ſtoð eīn blamaðr. ⁊ þottız h̄ ė ha
ꝼa ſéét leıðılıgra mān. Sıðan bıugguz þr ꝉ glı
mu ⁊ ṽð ſa atgangr bæðı harðr ⁊ langr. þottız
.ꝼ. þ ſıa at þı var magnaðr eckı lıtt. Steīn ſtoð
a vellınū harðla mıkıll ⁊ þar vıllðı h̄ ꝼæra .ꝼ.
at. h̄ let þa bͦaz at ſteınınū ⁊ ė þr komu at.
þa ſnaraz .ꝼ. ꝼ̄. ⁊ gengr h̄ a bac aptr bla m
ānīn ⁊ ſetr hryɢ h̄ a ſteınīn ⁊ brytr ı ſunðr þa
mꝉı .J. þ muntu ætla .ꝼ. at ṽða ſkaðaſār mı
nū m̄m. ꝼ.ſ. þ ætla ek h̄ra at ꝼleırı kallı þta
troll ēn mān. J. bað h̄ brottu ṽða. ⁊ kō ė a m
īn ꝼunð ꝼyrr en ek ſenðı orð epꝉ þ̄. ꝼ. ꝼór
brott ⁊ hellt ſıg vel ⁊ ſtormānlıga. haꝼðe
allð ꝼærı m̄n m; ſér en .xíȷ́. ṽ ⁊ engı ſa maðr
ı hırð .J. at ė þægı goða gıoꝼ aꝼ h̄m varð h̄ aꝼ
þu vıð ꝼrægr ⁊ vınſæll. haꝼðı h̄ aꝼ honðū greítt
ꝼe þ er .A. haꝼðı m; ꝼarıt ⁊ norðan ꝼlutt. var
.J. ſagt at þ ṽı vel aꝼ honðū greıtt. ⁊ meıra en
vanðı ṽ á. J. ꝼān .ʀ. ꝼrenð konu ſına ⁊ ꝼagna
ðı hēnı vel. h̄ ſagðı at .ꝼ. heꝼðı þ vel gort ṽ hana
ſē meſtu varðaðe. baðar ꝼrænðkonur .J. ⁊ .ʀ.
baðu .ꝼ. grıða. ⁊ ꝼrıðar. þær ſogðu þ hoꝼðıng
lıgt bragð. þótt h̄ heꝼðı ılla gort. J. var ēn
reıðaztı ⁊ ṽ ė hægt at at ꝼyſa h̄ vel at ḡa
þa ė h̄ ṽ raðīn ı ılla at ḡa. lıða nu nockurar
vıkur þaðan ꝼ̄ ė þau hoꝼðu ṽ talaz **ðauþı**
17 Eīn tıma let .J. kalla .ꝼ. ꝉ ſín **bıarnarınſ**
⁊ er h̄ kō ꝼ .J. þa mꝉı .J. ė ſꝉtu ꝼleírum

m̄ eyða ꝼ m̄. Nu ſ̄tu reyna ſunð v̇ alıðyr mıt
þarꝼ nu ė at leyna þıg þ. at ek ætla at ðýr
þta ſkılı ðeyða þıg. en eꝼ ſua olıclıgt v̄ðr at
þu vīnır yꝼ̄ ðyrıt þa mun þ meıra ætlat
en ꝼleſtū m̄m oðꝛ. þta þottı m̄m ēn meſtı
mānſkaðı ⁊ hormuðu þ beðı kon̄ ⁊ karlar.
bıornīn var beðı mıkıll ⁊ ſterkr. h kūnı m̄
malı. J. ꝼór oꝼan t ſıoꝼ m; allrı hırð ſīnı. ꝼ.
byz nu t ſunðz ⁊ er h legz ꝼ̄ lðı. bað .J. at
ðyʀıt legðız ept̄ hm bıornīn lagðız nıðr ꝼ ꝼétr
hm. ⁊ vılldı ė ꝼara. J. eggıaðı ðyrıt ⁊ bað h ekkı h
lıꝼazt v̇. Sıðan lagðız h ept̄. ꝼ. þar mattı ſıa lā
gan leık ⁊ harðan ⁊ ſtor kauꝼ. þ ꝼān .ꝼ. ſē lık
lıgt v̄ at h þolðı eckı nıðrı ſē bıornīn. Ser h at
hm mun ė ðuga eꝼ h v̄ðr raðlauſſ ꝼ. h haꝼðı
eīn tygılknıꝼ a halſı ſer ē moðer h haꝼðı geꝼıt
hm h̄ q̄ð ſer þ mınıa ġp ⁊ bað h ſua t geyma
ſē hamıngıa munı ꝼylgıa. Ok eīn tıma ē þr voru
nıðrı baðer. þa tekr h an̄aꝛ̄ı henðı knıꝼīn. en an
naꝛ̄ı tekr h ſaman ſkīnıt vnðer begınū ſtıngr nu
knıꝼınū ꝼ ꝼ̄man ſlıkt ē h ma taka lætr ſıðan hla
upa aptr ſkīnıt ıꝼ̄ benına. blæðer þa īn. ⁊ mæðer
ðyrıt ſkıott. ⁊ ſua v̄ðr m; ollu v̄ꝼangı þra at .ꝼ. ðey
ðır bıornīn. lekr h þa a ſua marga vega ſē maðr
ma ꝼramazt ⁊ a ꝼleſta vega a ſunðı leıka. vrðu
aller m̄n þu ſtorlıga ꝼegn̄. ꝼ. ꝼ̄r þa t lðz ⁊ gēgr
ꝼ.h.J. h mlı þa heꝼ̄ þu ðeyððan bıornīn. ꝼ. q̄ð þ ſat
.J. mlı. mıkıll ertu ꝼ þ. ⁊ olıkr ollū m̄m þeī er ko
mıt haꝼa a mınū ðogū aꝼ ıſlðı. Skal nu þ kūnıg`t´
ġa ꝼ ollū m̄ at allar þær ſak̄ ē þu heꝼ̄ gort v̇ mık
.e. aðra m̄n ı noregı ſ̄lu þ vpp geꝼaz. ⁊ þ m; at engı
ſ̄ ſlıka ſēðarꝼ̄ð ꝼarıt haꝼa t mın ſa ē ıāmıkıt he
ꝼ̄ aꝼ gort. kō nu ı ſtað Alꝼſ ⁊ v̄ m̄ hollr ⁊ truꝛ̄ ſē
þu heꝼ̄ aðr boðıt. ꝼ. þackar .J. vel þı orð. ⁊ aller
m̄n vrðu þu ſtorlıga mıog ꝼegn̄. þr ſogðu þ
ſē v̄ at ꝼám .xvıȷ. vetra munðı ſlıkt mānkaup
ſē hm. ꝼ. gengr nu t hallarīnar m; hırðīnı. h.J.
vırðız h vel. ⁊ at ıolū ġðız h hırð m̄. ⁊ ē engı
ſa m; .J. at meıra ꝼ̄mgang haꝼı en .ꝼ. ē h þ ı go
ðu hallðı v̄ vetrīn m; .h.J. **aꝼ ꝼıṅboga**

18 UM varıt ept̄ bar ſaman orðræðu þra .J. ⁊
.ꝼ. J. ſpurðı huat h vılldı at haꝼaz v̄ ſumarıt
nu muntu vılıa ꝼara t ıſlðz ꝼ̄r yðr ſua ꝼleſtū
þeġ þ kōız ı gıllðı v̇ hoꝼðıngıa .e. ıkærleıka. þa
vılı þ þeġ a brott. ꝼ.ſ. at hm v̄ı eckı þ ı ſkapı
at ſkılıa ſua ſkıott v̇ h.J. Meðr þ at þu ætlar
m; oſſ at v̄a þa heꝼı ek þ ſenðıꝼor ætlat. Maðr
h̄ b̄ſı ⁊ ættaðr h̄ ınoregı. h v̄ hırð m̄ mīn ok
kaupm̄ mıkıll. Sua bar t at h v̄ð ꝼ ꝼıar ſkoð
ū. ⁊ tynðı ollu ſınu gozı. ſıðan bað h mık lıa ſ̄
ꝼe nockut. ⁊ ek leða hm .xıȷ. m̄kr brénðar. ept̄
þ ꝼór b̄ſı ēn huıtı a b̄tt. ⁊ allð heꝼ̄ h aptr komıt
ſıðan a .vı́j. vetrū. nu er m̄ ſagt at h ſe komīn
vt ı ġklð. en þar ræðr ꝼ k̄gr ſá er Jon heıt̄ ⁊ agetr
hoꝼðıngı. Nu heꝼ̄ b̄ſı gıorſt hırðm̄. Jonſ k̄gſ. ⁊ vel
vırðr. nu vıl ek ſenða þıg ept̄ ꝼénu vıl ek nu
haꝼa halꝼu meıra .e. hoꝼut ꝼ ella. Nu þo at ek
ſe rıkr ⁊ vıð ꝼrægr. þa em ek þo eckı vınſæll aꝼ
hoꝼðıngıū ı oðꝛ londū. þıkır ek v̄a nockut h̄ð
raðr. ⁊ haullztı ſuıkall. ma ek ė vıta h̄ſu h tek`r´
þínu malı ꝼ mínar ſak̄. Velðu aꝼ mınū m̄m
þ ē þ þık̄ lıkazt ⁊ bu at ollu þına ꝼ̄ð ſē b`e´zt
Sua ġðı .ꝼ. h bıo ſkıp ſıtt vel. ⁊ valðı aꝼ lıðı
.J. þ er hm þottı beſzt t ꝼallıt. Ok ē h v̄ albuīn
þa geck h ꝼ .J. ⁊ mlı. eīn ē hlutr ē ek vıl bıðıa yðr
huat ē þ. ſ.J. þ vıllða ek bıðıa yðr h̄ra at þ letıð
Ragnhıllðı ꝼrænð konu yðra h̄ hıa yðr v̄a vel
hallðna ⁊ ſenðıt hana ė heī t ſanðeyıar ⁊ ė gıp
tı þ hana meðan þ ꝼrettıð mık a lıꝼı. J. quezt þ
hm heıta munðu. Ma v̄a at þu haꝼ̄ þ hugſat
þa ē þu tokt hana brott or ſanðey. J. gaꝼ hm
gullhrıng þān ē ſtoð mork ⁊ ſkıckıu ēn bezta
grıp. ⁊ v̄ı þ tıgnū mānı ſæmılıg gıoꝼ at þıggıa

19 Sıðan let .ꝼ. ı haꝼ ⁊ greıðız **eṅ aꝼ ꝼıṅboga**
vel þra ꝼ̄ð ⁊ komu v̇ grıklð. ꝼ̄r .ꝼ. hlıoðlı
ga. ⁊ tekr ſer h̄bergı ſkāt ꝼ̄ k̄gſ atſetu
þr haꝼa kaupſteꝼnu v̇ lðzm̄n grıklð v̄ þa vel
krıſtıð. ꝼ. ꝼrettı at b̄ſı v̄ m; k̄gı vel hallðınn.
⁊ þ v̄ eīn ðag at .ꝼ. bıoz a k̄gſ ꝼunð. tekr vapn
ſín ⁊ byzt vel harðla. þr ganga .xıȷ. ſaman ꝼ
k̄g. ꝼ. quaððı k̄g. h tok vel queðıu h ⁊ ſpurðı
h̄r h v̄ı. ꝼ. ſagðı t ſın h quez ættaðr ı noregı.

ꝫ a ıſlðı. ƙgr m. þu ẽt ſtormãnlıgr m̃. ꝫ munt ṽa mı
kılſ hatť m̃ a þınu lðı. e. a hũn ťır þu. ꝼ.ſ. ek truí
a ſıalꝼan mık. ƙgr .ſ. huerſu gamall m̃ ertu. ꝼ.ſ.
ek em nu .xvííí veť gamall ƙgr mľı. Sva lız mer
ſẽ margr treyſtı a mĩna. þra ẽ a þãn hátt trua
ſẽ þu .e. huert ẽ erendı þıtt hıngat. ꝼ.ſ. mık ſẽðı
.J. ſa ẽ hakon heıť ꝫ ræðr ꝼ̇ noregı. er ek hırðm̃ ħ. en
ħ a ꝼe at þeĩ m̃ ẽ b̃ſı heıť ꝫ ẽ hırðm̃ yðuaꝵ. ſeg̃ ħ
ƙgı allan vtueg þãn ſẽ a var. ƙgr mľı. heyrt heꝼı
ek getıð .h.J. ꝫ ıaꝼnan at ıllu. en allðregı at goðu
hugðı ħ vnðarlıga at ħ munðı ꝼa ꝥ manz hoꝼ
uð ẽ ek vıllðı hallða. Ok ſua ſẽ ꝥ ẽ .ꝼ. at þu heꝼ̃
oſſ heĩ ſótt ṽ langan veg en ert aꝼbragð an
naꝵa mãna þra ſẽ ħ̃ haꝼa kõıt norðan or lonð
ũ a mınũ ðogũ. þa ẽ næꝵ at ek g̃a ꝼ̇ þín orð noc
kurn vtueg. þãn ẽ ꝥ̃ mættı vel lıka. Nu ſ̃ľu ꝥ̃ ħ̃
ı vetr ṽa ꝫ eıgıt ꝼrıalſlıga kaup ṽ̇ vara m̃n.
.ꝼ. þackar ƙgı ꝥı orð. ꝫ ꝼór heĩ ť ſınſ ħ̃b̃gıſſ. ꝫ
ero ꝥ̃ ṽ vetrĩn vel hallðnır. **aꝼlraun ꝼıṅboga**

20 Vm varıt geck .ꝼ. ꝼ̇ ƙg. quez þa vıllðu
vıta ſıtt erendı. Jon ƙgr quað ſua ṽa
ſkyllðu. Sıðan ſteꝼnðı ƙgr þıng. ꝫ kõ
þar b̃ſı ẽn huítı ꝫ mart añaꝵa mãna. þa mľı
ƙgr. Attu b̃ſı ꝼe at gıallða .h.J. ħ quezt eıga
at gıallða ħm .xíj. m̃kr brenðar. ꝫ ætla ek
allðrı at gıallða ħm. ƙgr.ſ. Nu ſ̃ľ gıallða ħm þe
gar ı ſtað. hlytr b̃ſı nu at greıða ꝼéet. En ƙgr
leGr ť halꝼu meıra ꝫ ꝼær .ꝼ. ꝥ ė ſıðr. þa mľı .k.
ꝥ ſ̃ľu vıta .ꝼ. ꝫ ꝥr m̃n ſẽ ħ̃ ero. at ek g̃ı ꝥta ꝼ̇
þın orð. en ꝥ̃ vıl ek þık bıðıa at þu veıť oſſ ꝥ at
ṽ ſıaĩ nockura aꝼlraun þına m; ꝥ̇ at ek veıt
at þu ert ṽ ꝼrã aðra m̃n at aꝼlı buĩn. ꝫ takır
ſıðan ṽ̇ ť. ꝼ. mľı. ꝥ vıl ek heıta ꝥ̃ eꝼ ꝥı boſkap\`r´
kẽr norðr ı lð. þa ſ̃ľu ꝼaır taka þãn ſıð ꝼyꝵ en
ek. ꝫ alla ť eggıa þa ẽ a mın orð vılıa hlyða
ƙgr ſat a ſtolı ꝫ .xíj. m̃n hıa ħm .vı. ť huarrar
hanðar. ꝼ. ſtoð ꝼ̇ ƙgı. ħ var agetlıga buın ꝫ vn
ðruðu aller m̃n ħ ꝼegrð ꝫ kurteıſı. ꝼ. geck at
ſtolınũ ꝫ heꝼr vpp a auxl ſer ꝫ gengr v́t or mã
nhrĩgınũ. ꝫ ſetr þar nıðr ſtolın. aller vnðra ꝥa
manz aꝼl. ƙgr gaꝼ .ꝼ. gullhrıng ẽ ſtoð .x. aura
ſuerð ꝫ ſkıollð ena beztu g̊pı ħ̃ m; ſ. ƙgr vıl ek lẽ
gıa naꝼn þıtt. ꝫ kalla þıg .ꝼ. ẽn rãma ẽ ꝥ mín æt
lan at þıtt naꝼn ſe vppı meðan heĩrĩn ẽ bygðr
ſ̃ľu ṽa ꝼullkomĩn vaꝵ vın. huart ſẽ ṽ ꝼĩnũz noc
kuru ſıñı .e. allðrı heðan ꝼ̃. Epť ꝥ bıoz .ꝼ. ẽn rãmı
a b̃tt m; ſınu ꝼoruneytı. ſkılıa ꝥr ƙgr eñ beztu
vıñ. leťť .ꝼ. ė ꝼyꝵ ſĩnı ꝼ̃ð en ħ kẽr heĩ ı noreg. tok
.J. ṽ̇ ħm ꝼorkũnlıga vel. ꝫ þottı ħ ꝼ̃ð orðıt haꝼa h
ın bezta. ꝼengıt ꝼe mıkıt ꝫ ſemð aꝼ g̊klðz ƙgı.
byðr nu .J.ꝼ. m; ſer at ṽa ꝫ ſetr ħ ıt næſta ſer. ꝫ
vırðı engan mãn ꝼ̇ ħ ꝼ̃m̃. ꝫ ẽ nu kallaðr .ꝼ. ẽn
rãmı. ħ ẽ nu m; .J. ṽ ſumarıt aꝼ̃m̃ ı goðu ıꝼ̃lætı.

21 Þat ẽ eĩn tıma at ꝼ. **kuanꝼáng ꝼıṅboga**
kõ at malı ṽ̇ .J. ꝫ bað ħ ꝼara ť ſanðeyı
ar at ſætta þau Jngıbıorgu ꝫ vıl ek ꝥ ť
ſkılıa m; atgaungu yðuaꝵı at ek
ꝼaı .R. ðotť hẽnar. en vnna ħı ſemðar ꝼ̇ ðrap
Alꝼſ bonða ħnar. J. ıaðı ꝥu blıðlıga ꝫ ſenðı
m̃n ı ſanðey ť. Jngıbıarg̃ bað hana g̃a veızlu
motı ſer. En ħ̃ bað at .ꝼ. kæmı ė ť ꝥrar ſãkun
ðu. ꝥt ek ma ė ſıa þãn mãn ẽ m̃ heꝼ̃ ſlıka ſ
kapraun g̃t ſẽ ħ. J. quez a ꝥ munðu hætta.
Sıðan buaz ꝥr .J. ꝫ .ꝼ. ꝫ ꝼara ť eyıarĩnar m;
marga m̃n. En ẽ ꝥr komu ť eyıarıñ. þa ṽ
ꝥ̇ ꝼ̇ mãnꝼıolðı mıkıll ꝫ buın hın bezta veız
la. þegar. J. ꝼãn Jngıbıorgu ꝼrænðkonu ſı
na varð ħ eĩn at raða ꝥra ı mıllı. huart ẽ ħı
þottı vel .e. ılla. ꝼ. ſenðı epť barðı bonða. a
grenmo. kẽr ħ þar m; mıkıt ꝼe ẽ .ꝼ. áttı. g̃ır
.J. mıkla ꝼeſekt epť víg alꝼſ aptrkẽbu. Ok ħ̃
epť ꝼeſť ħ .ꝼ.ꝵ. ꝼrænðkonu ſına. ſ̃ľ ꝥta ꝼe
heıman ꝼylgıa .ꝵ. ꝫ lætr .Jngb. ſer nu ꝥta vel
lıka m; ꝥ̇ at m̃ ẽ hĩn agetaztı. en ħ̃ ſer ꝼull
an vılıa .J. ṽ ꝥta. taka nu veızlu oll ſaman
ꝫ ẽ .ꝵ. a beck ſett m; ꝼıolða kuẽna. ꝫ ẽo m̃n
nu glaðer ꝫ kať. Epť veızluna gaꝼ .ꝼ.J. go
ðar gıaꝼ̃ ꝫ barðı aꝼ grenmo gaꝼ ħ hınar bez
tu gıaꝼ̃ ꝫ ollũ rıkıſſm̃m. þeĩ ſẽ þar ṽ gaꝼ ħ
nockura goða gıoꝼ ꝫ ſemılıga. Sıtr .ꝼ. nu ep
ť ı ſanðey. en .J. ꝼor heĩ m; lıðı ſınu. þau vn
naz mıkıt .ꝼ. ꝫ .ꝵ. ꝼ̇ Jol ṽ vetṅ ꝼoru þau ť .J.

ok þagu m; hm veizlu v̄ Jolın en epꝉ Jol bıoz .ꝼ. t heīꝼðar. ⁊ er þau ꝰ buın. Geck .J. t ſtranðar m; þeī. þa mlı .ꝼ. Nu ē ſua m; vextı hra at ek æt la ǘt t ıſlðz ı ſumar. ⁊ vıtıa ꝼrenða mīna ⁊ ꝼo ður mınſ ⁊ aňaꝛa vına mīna. heꝼ yðr vel ꝼarıt t mín hra ⁊ ſemılıga. Mun ek yðr kalla hīn meſ ta hoꝼðıngía huar ſē ek kē. J.ſ. sua ſltu ꝼara ſē þu vıll ı mınu orloꝼı. heꝼ hı̄ ė ſlıkr m̄ komıt at aꝼlı ⁊ ānaꝛı atgui. ⁊ kurteıſı ſē þu. J. gaꝼ .ꝼ. ſkıp m; ra ⁊ reıða. ⁊ harðla ꝼagrt. h quað h eıgı ſkylldu ꝼarþega ānaꝛa māna v̄ ıſlðz haꝼ ſlı kt erenðı ſē þu heꝼ hıngat haꝼt a mīn ꝼunð .ꝼ. þackaðı hm m; ꝼogꝛ orðū alla þa ſemð ſē h veıttı hm. Skılðu þr m; hīnı meſtu vınattu ⁊ þottı ollū mıkılſ hattar. huerſu .J. gðı v þna mān v̄ ꝼrā alla aðra þa ē m; hm hoꝼðu vıt. .e. t h komıt .e. hm þıonat. ꝼr h nu t ſanðeyı ar ⁊ ſıtr þar v̄ vetrīn ı goðu ıꝼlætı. **kapıtulū**

22 UM varıt ꝼor .ꝼ. vt t ıſlðz. ⁊ ſkortı ė ꝼıar h lut goðan ⁊ grıpı agéta. Skılıaz þau J gıbıorg hınır beztu vin hellðu ı haꝼ ⁊ vrðu vel reıðꝼara. ⁊ komu ſkıpı a arnar eyrı. þ ꝼrettız brátt at .ꝼ. v vt komīn m; hın ní meſtu ſemð. ⁊ ꝼengıt hína agetuztu konu aꝼ noregı. Rıðr þa Aſb. ꝼaðer h t ſkıpſ. ⁊ þgeıꝛ lıoſuetnīga goðı. þar verðr hīn meſtı ꝼagna ꝼunðr. veıt .ꝼ. ꝼrænðū ſınū ⁊ vınū m; kappı Sıðan reıð h heī a eyrı. ⁊ þagat lætr h ꝼlytıa va\r/ nīg ſīn. huert barn vð hm ſtorlıga ꝼegıt. ſı ðan ſıtr h heıma a eyrı m; ſēð ⁊ vırðıng ı goð

23 VM hauſtıð **heımboð vıð þaa** [u ıꝼırletı. **ꝼeð** bıoz þgeıꝛ v veızlu vırðulıgrı. þagat **ga** bauð h Aſb. ⁊ .ꝼ. ⁊ ꝼıolða manz. þar var aget veızla. Ok epꝉ veızluna gaꝼ þgı ſtormānlıga\r/ gıaꝼ. h gaꝼ .ꝼ. ꝼrenða ſınū ſtoð hroſ .v. ſamā ꝼíuıl bleık at lıt þ v orð a. at ſa vı heſtr beztr ı norðlenðınga ꝼıorðungı. R. gaꝼ h gullhrīg ē ſtoð mork. belltı ⁊ ſkıckıu goða hına bez tu gpı. Sıðan ꝼoru m̄n heī ꝼra veızlūnı. .ꝼ. let reka hroſſın a ꝼlateyıarðalſ heıðı Maðr het vxı. h /bıo\ þar ē heıꝉ at heıðar huſum.

h v ıt meſta koꝼarn ı ſkapı. h v lıtıll ⁊ veſallıgr h attı ðotꝉ brettīgſ bonða. þau attu mart b na en lıtıð ꝼe. var h ouınſell aꝼ ollū m̄m. ꝼ. ſıtr nu heıma a eyrı. ⁊ ſua er ſagt at m̄n vða nackuat ſua t aleıtn\ı/ v h. ⁊ ero meſt at þ ſyn brettıngſ. ⁊ ꝼrenðr þra ⁊ vın. þıkır þeī. ꝼ. mık laz mıkıt aꝼ vtanꝼð ſīnı. þottı þeī engıſ m̄ ge tıð nema .ꝼ. ſıðan h kō ǘt. þ ē ſagt at .ꝼ. ǽttı þ ꝼátt ı eıgn ſīnı at hm þættı meıra v̄ vert en ſtoð hroſſín. geck h ıaꝼnan ⁊ ſtrauk hroſ ſunū. Vxı kratt ıaꝼnā v ⁊ þottı hroſſín gan ga ſer mıog at meıní v h ıaꝼnan oð malugr ⁊ ıllmalugr en .ꝼ. gaꝼ at þ engan gaū. Aſb. attı hey mıkıl a heıðına. ⁊ lét aka heī a vetꝛ

24 Þat v eīn tıma ē þr ꝼeðg **vxa ðrapıt** oku a heıðına. ⁊ ꝼor mart m̄ m; þeī ok ē þr komu a heıðına. þa gðu þr h lauſſın. ſkıott kēr vxı þar ſkıott ⁊ ē ſtoro rðr mıog v .ꝼ. ſeg at h mun at ga nockut eꝼ h geym ė betr ſtoðhroſſāna. Sıðan ꝼara þr heīleıðıſſ ⁊ ganga ꝼ eykırn ſua hur ſē bu īn var. ꝼ. var epꝉ ⁊ hraꝼn ēn lıtlı hıa hm. gðu þr hlaſſıt hraꝼn ēn lıtlı bað .ꝼ. gyrða hlaſſıt ſē ꝼaſtaz. ꝼ. bað h þa vnðer ðrepa h quez ė þa ðul ſer ætla. Sıðan .R. var buīn let h ganga epꝉ ꝼorunautū ſınū. ꝼ. ðuelſt epꝉ ⁊ ſtrykr Roſſū ſínū ⁊ ſkeꝛ maun a heſ tınū. ⁊ epꝉ þ geīgr h heīleıðıſſ. ⁊ ē h kēr vt ꝼ heıðar huſū. ſer h huar vxı hleypr m; tueg gıa hanða exı epꝉ hm. ⁊ hauGr þeg t h ē h kēr ı hauGꝼærı. ꝼ. ſnyzt at mot en vxı hauGr ı klakān ⁊ mıſſır h. ⁊ ꝼellr aꝼrām ſua at h lıGr ꝼlatr. h ſprettr vpp ſkíott. ⁊ hauGr þeg t h ıānat ſīn ⁊ ıð þðıa ꝼ. leıðız nu akeꝼð h. ⁊ tekr aꝼ ſer kapuna. ⁊ ſnarar ſaman. ⁊ ſlær v̄ ꝼætr vxa. en h ꝼell ſnaugt ⁊ kēr hoꝼuðıt a ſteín ⁊ ꝼær h þegar bana. ꝼ. ꝼīn konu h ⁊ ſeg hēnı tıðenðın. þottı hı þ ſkaðı mıkıll. .ꝼ. gaꝼ hı gullhrıng þān ē ſtoð .ví. aura. bað hana þ haꝼa ꝼyrſt. ⁊ vıa þ t bıargar ſer. ſı ðan ꝼor .ꝼ. heī ⁊ ꝼān ꝼauður ſīn. h ꝼttı huat .ꝼ.

heꝼðı ðualıt. ħ ſagðı ħm ſē ꝼarıt haꝼðı. Aſb.
kuað þa ılla tekız haꝼa þoat ṁ v̄ı lıtılſ v̄ðr. þa
ero þr þo t̄ epꝼ̄malſ at ek get ſer þıkıa mıſboð
ıt í ðrapı vxa. get ek at marḡ latı nu t̄ ſín taka
v̄ þta mal. þr ē ħm vıllðu aðr eckı gagn gera
.ꝼ. kuez eckı munðu þ ottaz v̇ þa ſē t̄ motz ēo.
25 VM morgınīn þeḡ ðagr var **mala tıl bunaðr**
ꝼór ħ ɜ ſagðı ꝼrænðū ſınū þta víg bon
ða ſínſ. þr brettīgſ .ſſ. vrðu v̇ þta ſtorlıg
a reıðır. bua þegar mal t̄ ɜ ꝼara a eyrı. ok
lyſa vıgı a henðr .ꝼ. ɜ bıðıa ħ béta ꝼe ꝼ̄. en
.ꝼ. quez þeī engu vılldu t̄ ſuara. þt ħ heꝼ̄
áðr mlt ſer t̄ óhelgı. Sıðan ſteꝼnðu þr .ꝼ. v̄
vıg vxa. Epꝼ̄ þ rıðu þr t̄ eyıaꝼıarðar a ꝼūð
eyıolꝼſ valḡðar .ſ. ē þa þottı meſtr hoꝼðī
gı í eyıaꝼırðı. ħ v̄ ɜ ſky'll'ðr þeī bræðꝫ. ɜ baðu
þr ħ lıðueızlu mot .ꝼ. ɜ þeī ꝼrenðū. ħ het þeī
ſınu ꝼulltīgı. rıða nu heī. ɜ þıkıaz nu haꝼa
ꝼullnat or malū. ḡaz nu aurorðer ɜ ıllmal
ḡ t̄ .ꝼ. ħ lætr ſē ħ vıtı þ ė huat þr mæla. Sıð
an ꝼunðuz þr ꝼrænðr .ꝼ. ɜ þḡr. þa .ſ.ꝼ. ħm
þ ſē ı haꝼðı gıorſt. þḡr kallaðe betr v̄a at
ħ heꝼðı bætt nockuru. quað ė gott at leggıa
ſæmð ſína ꝼ̄ ſlık mál ē þo ēo engıſſ v̄ð. ꝼa
ra nu t̄ þıngſ ɜ ꝼıolmēna huaꝛ̄tueggıu. **þorgeır**
26 Sıðan hoꝼðu þr ꝼ̄m malıt **eyððı malıt ꝼ̄ þm**
a henðr. ꝼ. en m; þ' at m̄n vıſſu m; hu̅ı
um hættı ħ haꝼðı ðrepıt ħ. þa eyððı þḡr malıt
ꝼ̄ þeī. ɜ vna þr ſtoꝫ ılla v̇ ſīn lut ɜ ſkılıa v̇ ſua
buıt. Rıðr nu hueꝛ̄ heī t̄ ſīna heīkyn̄a aꝼ þī
gınu. Ragnhıllðr haꝼðı ꝼæðt barn v̄ hauſtıð.
v̄ þ ſueınbarn. beðı mıkıt ɜ ꝼ̄ðt. þta b̄n h' álꝼ'r'
epꝼ̄ ꝼoður ħar. Sua ē ſagt at epꝼ̄ þīgıt. ꝼara
þau .ꝼ. t̄ lıoſauaz þt þḡr vıllðı ė at þau v̄ı vt
þar. þottız ħ vıta at þr munðu ſamkrækıa.
eꝼ þr ſætız ſua næꝛ̄. Raꝼn ēn lıtlı ꝼor m; þeī
.ꝼ. ɜ v̄ hauſtıt ꝼæððı .R. annan ſueín. ɜ h' ſa
hunbıorn ɜ v̄ hīn ꝼrıðaztı ſynū veıttı þorḡr
S þeī ſē ħ kūnı bez. **ꝼın̄bogı ðrap xıı m̄n**
27 va er ſagt at a aunðu̅ðū vet̄ bıoz .ꝼ. heı
man ɜ Raꝼn ēn lıtlı m; ħm. ɜ ætluðu v́t a eyrı. þḡr
quað vuarlıgt at ꝼara þāneg eınſlıga v̇ ſıkan
þyckıuðratt ſē þra ı mıllı v̄ ꝼ. q̄ vhræððr ꝼ̄ þ
ꝼara Sıðan ꝼoru þr .íj. ſamt. geck .ꝼ. m; vapnū
haꝼðı hıalm a hoꝼðı ſkıollð a hlıð ɜ gyrðr ſu̅
ðı. ſpíot ı henðı ɜ ē þr komu a vtanu̅ða heı
ðına. mlı .R. Ser þu nockut t̄ tıðenða .ꝼ. ħ q̄ ė þ
ſıa at ħm þættı tıðenðū gegna .e. huat ſer
þu t̄ tıðenða ek ſe. ſ. ħ ꝼ̄m vnðer brecku
na. at vpp taka ſpıotz oððar .xv. ɜ ē þ ætlan
mín at ꝼ̄ þ̄ munı ſetıð v̄a ɜ ē þ mıtt ráð at vıð
ſnuım ānan veg. mun engı a þıg leıta me
ðan þu veızt ė huat ꝼ̄ ē. ꝼ.ſ. ė munu v̇ þ aꝼ ra
ða. ma þ v̄a at þ ſe glenz þra ſueína at vılıa
hræða ockr. vılltu þa. ſ.R. at ek hlauꝼa a
eyrı ɜ ſegıa ek ꝼauður þınū. þ vıl ek ė. ſ.ꝼ. me
ðan þu veızt ė huat þu ſlt ſegıa. Sıðan hlıop
.ꝼ. ꝼrām a kāb eīn. ħ var ſtorlıga haꝛ̄ ɜ mat
tı eınū megın at ſekıa. ꝼ. heꝼ̄ nu leyſt vpp ſ
teına nockura. þa komu þr .ſſ. brettīgſ ɜ ſyn̄
Jnga v̄ þr aller ſterꝼ̄ at aꝼlı ɜ ꝼullhugar
ɜ m; þeī .x. m̄n aðrer ꝼrænðr þra ɜ vınır ɜ allē
en̄ hrauſtuztu m̄n. ꝼ. heılſar þeī ollū glaðlıga
ɜ ſpyꝛ̄ huert þr ætluðu. þſteīn kuez ætla at
þa ſkyllðı v̄ða ꝼunðr þra ſa at ħ þyrꝼtı ė at
ſpyrıa. ſt nu vıta huart þu ēt þ' hrau'ſ'ta
rı ſē þu þıkız ꝼ̄ auðꝫ M̄. ꝼ. bað þa at gāga
.v. breðr ɜ reyna m; ſér. þr neıtuðu þ'. ꝼ. b
að þa ḡa þ ē þr vılldu. þſt̄. hlıop þa ꝼrām
ɜ lagðı t̄ .ꝼ. m; ſpıotı. R. ēn lıtlı hlıop ꝼ̄m ɜ la
uſt ı ſunðr ſpıotſkaptıð. þſt̄ bra ſuerðı ok
hıo t̄ .ꝼ. ħ klauꝼ ſkıollðīn auðꝫ megın mun
ðrıða ɜ hlıop ſuerðıt a rıſt .ꝼ. 'ħ' ſlo þſt̄. m; ſteı
nı ɜ ꝼell ħ þegar ı vuıt. ꝼ. hıo þa a halſīn.
ɜ aꝼ hoꝼuðıt. ɜ ıþ' lagðı Sıḡðr brettīgſ .ſ. t̄
.ꝼ. þar ſē ħ v̄ hlıꝼarlauſ ꝼ̄ ɜ kēr þ ı lærıt
ɜ ſkeꝛ̄ vt ı gegnū. þ v̄ðr mıkıt ſár. ꝼ. leḡr
þa ı ſkıollðīn ɜ ı gegnū ħ ɜ níſtır ħ nıðr vıð
klakan. Grīr hlıop þa ꝼrām m; exı harð
la mıkla ɜ ætlaðı at ꝼæra ı hoꝼut .ꝼ. ħ b̄

v̇ ſkıallðarbrotınu ꝫ ðrepr vnðer hauGıt en ſlær ſu͛ðınu a auxl g̊mı ꝫ klyꝼr h̄ ı h͛ðar nıðr. Sıðan gengu þr ꝼ͛m̄ ſyn̄. Jnga þoꝛ̃ ꝫ g̊m`r´ þr baðu m̄n at ſekıa ðreīgılıga. þa m̄lı .ꝼ. t̉ .ʀ. ꝼar þu nu a eyrı t̉ Aſƀ. ꝥt nu veıztu huat þu ſ͞lt ſegıa. h̄ bra v̇ ſkıott ꝫ ꝼór ſlıkt ſē ꝼet`r´ mega aꝼ taka. þr ſækıa at .ꝼ. en h̄ v̊ſt vel ꝫ ðreīgılıga. er ꝥ ſagt at þr ꝼalla baðer ſyn̄ Jnga. þr ſækıa h̄ nu .x. en h̄ v̊ſt eīkar vel. ꝫ ðreīgılıga. ꝥ ē nu at ſegıa ꝼ͛ .ʀ. h̄ kō a eyrı. ꝫ ſagðı Aſƀ. þau tıðenðı ſē vorðıt hoꝼðu. h̄ bra vıð ſkíott ꝫ ꝼór m; .vı.`ta´ mān þar t̉ ē þr borðuz var ſua kōıt at .ꝼ. ſat a kābınū ꝫ varðız ſua með ſuerðınu. þr ſottu þa at h̄m .ííj. ꝫ aller ſaꝛ̃ m ıog. þeg̊ þr ſá aſƀ. ꝼorðuðu þr ſér ꝫ leıtuðu v̄ ðan. ꝼ. v̇ mıog yꝼ̃ komīn. bꝫðı aꝼ ſarū ꝫ mæðı haꝼðı h̄ ðrepıt þa .xíj. en ííj komuz v̄ðan ꝫ mıog ſaꝛ̃. heıt̃ ꝥı kābr ſıðan .ꝼ.kābr. Ept̃ þat ꝼærðı aſƀ.ꝼ. a eyrı ꝫ græððı h̄. ꝼretuz ꝥ`ı´ at burðr ꝫ þotte m̄m vnðarlıg vorn ſıa. ꝫ loꝼu ðu mıog h̄ vorn. ꝫ h̄ ꝼræknleık. þa m̄n kollu ðu þr ꝼallıt haꝼa v helga. En ꝼ. v̊ıt ſaklaus ꝫ varıt henðr ſınar. Sıðan ꝼor .ꝼ. heī t̉ lıoſau az ꝫ ſatu þar v̄ vet̄ ı goðū naðū v̇ nu allt

28 UM ſumarıt **aꝼ ꝼın̄boga** [kyrt ꝫ tıðēðal v̊ð v̄ræða mıkıl a þıngı v̄ ꝥı [auſt mál ꝼylgðı eyıolꝼr mauðruellıngr ꝥū malū þra brettıḡſ ꝫ Jnga. ꝫ marg̊ m̄n m; h̄m. en ꝥg̊r goðı mot h̄m. ꝫ þr aller ꝼrænðr .ꝼ. Nu m; ꝥ at þr ꝼrænðr. hoꝼðu ſtyrk mı kīn. en m̄n vıſſu at .ꝼ. haꝼðı mıkīn ꝼram gang aꝼ .h.J. magı ſınū þa kō eyıolꝼr ēgu ꝼrām v̄ ꝥı mal. ꝫ ſættuz þr ė. þa þottı m̄m ꝥ lıklıgt at ė munðı .ꝼ. ſpaʀ̃ aꝼ þeī ꝼrænðū eꝼ h̄ ſat þeī ſua `nær´. at h̄ munðı ðrepa hu͞n ē h̄ næðı. varð ꝥ at ſætt v̄ ſıðır at .ꝼ. v̊ı eckı ı norðlenðıngaꝼıorðungı vtan h̄ ꝼærı at heī boðū t̉ ꝼrænða ſīna. Jatuðu þr ꝥu hellðr en þr v̊ı vſatt̃. ꝫ þeg̊ aꝼ þıngı rıðr h̄ t̉ vıðıð alſ ꝫ kauper lð͛ıt at borg. Var ꝥ goðr buſtaðr m; gaugnū ꝫ gæðū a ıorðu ꝫ ııorðu. þegar þr komu heī ſogðu þr Raghıllðı tıðenðın ꝫ þottı hēnı allıllt at ꝼara a brott ꝫ ept̃ ꝥ ꝼærðu þr buıt ꝼrænðrn̄. ꝫ ſkortı eckı vetta m̄n toku vel v̇ .ꝼ. ꝫ þottı h̄ v̊a ēn agæztı m̄ ꝫ buðuz h̄m marg̊ t̉ þıonoſtu ꝫ ſıtt ꝼe h̄m t̉ þarꝼınða ꝫ þottı h̄m þar harðla gott. Jngımunðr bıo at hoꝼı ı vaz ðal ꝫ v̇ hīn meſtı hoꝼðıngı var þa vppgangr ſona h̄ ſē meſtr. ꝫ v̊ þr haua ða m̄n mıklır. het eīn þoꝛ̃ ānaʀ̃ ꝥſteīn ꝥðı Jokull. ꝫ v̊ hın̄ meſtu garpar. þr vrðu meſt t̉ aleıtnı v̇ .ꝼ. ꝥt þr þolðu ꝥ ė at .ꝼ. v̇ ꝼ͛maʀ̃ latīn .e. ꝼormentr þeī ollū oðꝝ ē þar v̊ veſtr

29 Þorvallðr h͛ maðr h̄ v̇ kallaðr **ðrap moð** moðſkeG h̄ bıo ſva næʀ̃ borg **ſkegſ** at næʀ̃ var eckı a mıllı ꝫ v̇ ꝥ kallat ı garðz horní. h̄ var gamall ꝫ ouınſæll mı og. h̄ þottı v̊a ıllm̄nı mıkıt ꝫ kallaðr ė eī hār. ꝼ. v̇ lıtıð v̄ h̄ ꝫ ætlaðı þa ꝫ þa at reka h̄ a brott ꝫ ꝼorſt ꝥ ꝼ̇ var h̄ torſottr v̇ at eıga. ꝫ leıðenðr mıog. ollū var lıtıð v̄ bygð h̄. lıða nu ſtunð̃. þar t̉ ē .ꝼ. heꝼ̃ buıt at borg ſua lengı at ſon h̄ v̇ ānaʀ̃ .v. vet̃. en ānaʀ̃ þreuetr v̊ þr baðer eꝼnılıg̊. v̇ alꝼr hauaðı mıkıll. en gūnbıorn kyʀ̃latr mıog. ꝥ hoꝼðu þr t̉ gamanſ ıaꝼnan at þr ꝼoru ı g̊zhorn. ok glettuz v̇ þoruallð ꝫ g̊ðu h̄m marga bellui ſı h̄ v̇ ſkapıllr motı ꝫ quez ſkylldu berıa þa. þeī þottı ꝥ meıra gaman ſē h̄ v̇ v̄rı v̇ꝼāgſ. ʀ̃. bañaðe þeī ꝥta opt ꝫ g̊ðı h̄ı ꝥ eckı. ꝥ v̇ eīn ðag ē þr komu ı garz horn. ꝫ v̇ hurð aptr en þoruallðr v̇ īnı ꝫ g̊ðı hornabræk lu mıkla. Alꝼr kallaðe hátt er moð ſ keG īnı. luktu vpp hurðu. h̄ .ſ. ꝥıt ſkolut allðrı her ın̄ koma. Alꝼr m̄lı. Nu muntu g̊a nockut ıllt. ꝫ ētu hīn veſtı m̄ ſē ſagt ē ꝫ ė eınhār. ꝫ ētu troll þo at þu ſynız m̄ ꝥ þolır h̄ ė ꝫ hlıop vt ꝫ tok ſīnı henðı hu arn ſueınīn. ſlær nıðr v̇ ſteınınū ſua at rykr heılīn v̄. ꝥta ſer .ꝼ. ꝫ hleypr at ꝥā [gat

þoruallðr rez ı mot ħm. ꝫ v̊ðr þar atgangr bæ
ðı langr ꝫ harðr. þottı .ꝼ. ħ beðı ıllr ꝫ harðr vnð̃
honðū ſua at ħm þottı tuıſynt huerſu ꝼara
munðı. ꝥ varð þo v̄ ſıðır at moðſkeɢ ꝼell ſua
v̊ .ꝼ. þa moðr orðīn at ħ naðı ė ſuerðınu ꝫ v̊
þo harðla ſkāt ꝼ̃ ħm. Sıðan v̊ð ħm ꝥ ꝼ̇ at ħ
lagðız nıðr at ħm ꝫ beıt ı ſunðr barkañ ı ħm
ꝫ ſua heꝼ̃ ħ ſagt ſıðan at ħ haꝼı ė v̇ meıra
ꝼıanða átt en ħm þottı moðſkeɢ v̊a. þa er
ħ heꝼ̃ ꝼ̇ ħm ſéét. ꝼor ħ heī ꝫ ſagðı .ꝶ. ꝥı tıðē
ðı. ħ̊ quað þa ꝼarıt haꝼa epꞇ̃ hugboðı ſínu
þa er ħ̊ ꝼór ꝼra lıoſa vatnı. Sıðan tok ħ̊
ſótt ꝫ la ı reckıu allan veꞇ̇ṅ. ꝫ ꝥta allt ſam
an þraungðı hana þar ꞇ̇ er ħ̊ ðeyr aꝼ. Epꞇ̃
ꝥta vñ .ꝼ. lıtt. Sıðan ꝼór ħ norðr ꞇ̇ lıoſauaz
ꝫ ſeg̃ ꝥg̃ı ꝼrænða ſınū ꝥı tıðenðı. ꝥ ſumar
kom ſkıp aꝼ haꝼı. ꝫ þau tıðenðı aꝼ noregı
at. Olaꝼr k̄gr var komīn ı lð̄. ꝫ boðaðe ſāna
tru. en hakon aꝼ lıꝼı tekīn. þa er ꝥta ſpur
ðez ꝼyſtız .ꝼ. vtan ꝫ hugðız ſua munðu h
ellz aꝼ hyggıa. þeī harmı. er hān haꝼðe
beðıt. ꝥg̃r lattı ħ vtanꝼ̃ðar bað ħ hellðr k
uangaz ꝫ ſtaðꝼeſta rað ſıtt. vıl ek at þu bı
ðır ðotꞇ̃ eyıolꝼſ a moðruvollū ē hallꝼ̇ðr he
ıꞇ̃. man þa yðuar ımıllı v̊ða goð vınátta
.ꝼ. bað ħ raða. Sıðan ſaꝼnaz ꝥr ſaman ꝼ
rænðr ꝫ rıðu a mauðru vollu. ꝥr bıðıa .ð.
eyıolꝼſ ꞇ̇ hanða .ꝼ. ħ .ſ. þeī malū vel. ꝥt ħ
vıſſı huert aꝼbragð ħ var ānaꝃa man
na ꝫ huerıa ſæmðar ꝼaur ħ haꝼðı ꝼarı\`t´
ꞇ̇ hakonar .J. ꝫ ꝼengıt hına agæztu ñ ꝼr
ænðkonu. Tekr ħ ꝥu glaðlıga ꝫ heıtr ko
nūnı. Sıðan bıugguz ꝥr v̇ veızlu ero auxn
ꝼellð ꝫ mungat heıtt. mıoðr blanðīn ꝫ m̄
boðıt. ꝼor ſu veızla vel ꝼrā ꝫ ſtor
mānlıga ꝫ gaꝼu ꝥr ꝼrænðū ſınū ꝫ uınum
goðar gıaꝼır. ꝫ at lıðıñı veızlūnı rıðr .ꝼ.
veſtr ꞇ̇ ƀgar ı vıðıðal m; konu ſīnı. Ta
kaz nu aſter m; þeī hıonū var ħ̊ kvenna
venſt ꝫ ſkaurungr mıkıll. þa ē þau hoꝼðu

v̊ıt a ſāt eın mıſſarı. attu þau ſon þān ē̃ gūn
bıorn het. ħ v̊ harðla vēn ſnēmınðıſ at alıtı.
.ꝼ. haꝼðı allðrı ꝼerı m̄n m; ſer en .xıj. þa er

30 Þorg̃mr het m̄ ē **capıtlm** [vel v̊ vıger.
bıo ı bolſtaðar hlıð. Sıgrıðr ħ̇ kona ñ
en þora ðotꞇ̃. ħ̊ var ven kona ꝫ vī
nu goð. v̊ ꝼaðer ħar auðıgr at ꝼe. ꝥ v̊ ſagt ˊatˋ
Jokull Jngmūðar .ſ. rıðı opt ı bolſtaðar hlıð
tıl talſ v̇ þoru. v̊ ꝥ talað at ħ munðı bıðıa ħ
nar .e. taka hana ꝼrıllutakı. Maðr ħ̇ Sıg
urðr. ħ bıo at gnupı ı vaz ðal. veꝼ̇ðr ħ̇ kona
ñ. ħ̊ var ſkyllð mıog konu .ꝼ. ꝥkell ħ̇ ſon ꝥra
ħ þottı ſeınlıgr nockut. ꝼ̇ðr var ħ ſynū. ok
ıaꝼnan v̊ ħ at borg. ꝫ þottı ħ þa bratt alþyð
lıġ ꝼ̇ ſaꝃ̃ ſıðꝼ̃ðıſſ. ꝥr bræðr Jngımunðar ſyñ
kolluðu ħ ꝼıꝼl .e. aꝼglapa. ꝼ. v̊ vel ꞇ̇ ñ. ꝫ hellt
ħm mıog a lopt ꝼ̇ ſaꝃ̃ konu ſīnar. Eıtt ſīn
kō ꝥkell at malı v̇ .ꝼ. ꝫ ſagðı ħm at ꝼaðer ñ
vıllðı at ħ quangaðız ꝫ ꝥ m; at ħ vıllðı at þu
v̊ır ı v̄leıtan huar ꞇ̇ ſkyllðı ſnıða. ꝼ. ſagðı at
ſua ſkyllðı vera. Vm ſumarıt let .ꝼ. ꝥkel rı
ða ꞇ̇ þıngſ m; ſer. kō þar mānꝼıolðı mıkıll
ꝼunðuz ꝥr ꝼrænðr þar .ꝼ. ꝫ ꝥg̃r. toku talı m;
ſer. ꝫ ſagðı ħm ſkıl a ꝥū mānı. ꝫ ſua huat ꝥr
ætluðu at haꝼaz at ꝥg̃r ſpurðı huar ꝥr et
laðı tıl at raða. ꝼ. quez ætla at bıðıa þoru
þorg̃mſ .ð. ı bolſtaðar hlıð. ꝥg̃r .ſ. ꝥ hyɢ ek at
ıokull ætlı ſer þān koſt. ꝼ. quað ꝥ kuꝃ an
naꝃa en ė ſānınðı. ꝥg̃r m̄lı ſlıkt er eckı at
g̃a nema þu ꝼrænðı ſer raðīn ꞇ̇ at hallða
ꝼrænðr þına ꝫ vıní motı ſonū Jngmūð̃. ꝼ. q̃ð
þa haꝼa g̃t aleıtnı v̇ ſık. ꝫ varðar ė þoat
v̇ reynī v̇ þa. Epꞇ̃ þıngıt rıða ꝥr norðr .ꝼ. ok
ꝥg̃r a ꝼunð ꝥg̃mſ. ꝫ haꝼa ꝥı orð ꝼ̃m̄ı. ꝥg̃mr
tok ꝥu malı ſeınlıga. þottı m̄ eckı ſkau
rulıgr. þo at pēnīgar v̊ı nog̃. Nu m; ꝥ̇ at þor
kell var ſkyllðr mıok moðruellīgū. en þot
tı hoꝼuðbenða rālıg ꝥ̇ ſē .ꝼ. v̊ ꝫ ꝼrænðr ñ.
verðr ꝥu keypt m; raðı ꝥg̃ſ ꝫ ſāþykt ꝥra
mæðgna. ſkyllðı brullaup v̊a at tuímana
ðı ſumarſ at borg. Epꞇ̃ ꝥta rıða ꝥr norðr en
.ꝼ. heī ꞇ̇ borgar. ꝫ bað ꝥkel ꝥ̇ v̊a ꝥ̇ ꞇ̇ ē ꝥ ꝼærı

ꝼrām ſē ætlat ē v̄ brullaupıt aðr ꝫ aq̊ðıt v̊
Pılltar v̊ tueır a buı ꝼatek̄. h̊ ānaꝛ̄ þſ
teīn en aña̅ꝛ bıorn ꝫ þegar v̄ morgınīn v̊
ða þr a brottu. ꝫ letta ė ꝼyꝛ̄ en þr komut
hoꝼſ ꝫ ſogðu þeī bræðꝛ. ꝥı tıðendı Jokull.
mlı. huat ıllt mun þgrīr ꝥ vıta at ſer eða
ðott̄ ſīnı at h̄ vıll geꝼa hana ſlıku ꝼıꝼlı ok
glop ſē þkell ē. Spyrıaz ꝥı tıðendı nu. ꝫ vn
ðraz aller at þkell ſl̄ þna koſt ꝼengıt haꝼ
a. eīn tıma reıð. Jokull norðr ı bólſt̄.hlıð at
ꝼīna þoru vınkonu ſına. ē þar vel v̊ h̄mte
kıt. Spyꝛ̄ Jokull ept̄ v̄ gıptīg h̄nar. en h̊ ſe
g̊ ſē ætlat v̊. Jokull mlı þa vılltu nu ꝼara
heī m; m̄ t̊ hoꝼſ. ſl̄ ek þ̊ heıta ꝥ þān tıma ē
v̊ ſkılıū at þu ſl̄t ė haꝼa mīna ꝼe ēnu ē ꝥæt
lat t̊ motz v̊ þk. h̊ .ſ. ꝥ þarꝼ nu ė at leıta ē
þa var engı van er ꝥu var okeypt. Jok.ſ.
þ vıl ek heıta ꝥ ſua gott ſē þu hyɢr t̊ at eı
ga ꝼıꝼlıt at þu ſl̄t ſkāma hrıð ʼnıotaʼ eꝼ ek ma
raða. Eīn tıma buaz þr .ꝼ. ꝫ þk at rıða t̊
gnupſ ꝫ haꝼa þaðan þ er þr þurꝼa t̊ boðſ
ınſ. Rıða þr .ííȷ. ſamt en ʀaꝼn ēn lıtlı rān
ꝼ̇ heſtū þra. ꝼara ſē leıð lıɢr þar t̊ ē þr kōv
t̊ gnupſ. v̊ þeī þar vel ꝼagnat. Snēma m
orgınſ ꝼor ſmalamaðr ꝼ̄ hoꝼı ꝫ ſa ꝼ̊ð þra. h̄
ſagðı þeī bræðꝛ at .ꝼ. ēn rāmı let eckı ouāt
yꝼ̄ ſer er h̄ reıð þar hıa g̊ðı. ꝫ þk. bruðgumı
ðraglokan m; h̄m. þoꝛ̄ mlı hellz ma h̄m
þ þra māna ſē nu eru h̊ t̊. þna ðag huarꝼ
Jokull a brott m; ānan mān. **capıtulum**

31 Nv er þar t̊ at taka ē þr .ꝼ. buaz b̊tt v̄
ðagīn. þr hoꝼðu þ m; ſer ſē þr þurꝼtu
rak ʀ. ꝼ̇ ſer heſtana ſuma klyꝼıað
a. en þr rıðu ſıðaꝛ̄ ꝫ þa ē þr rıðu oꝼan at
hoꝼı ſtack .ʀ. v̊ ꝼotū. ꝼ. ſpurðı huı h̄ ꝼæ
rı ė. ʀ.ſ. Ek ſe her ꝼrām vnðer breckuna
huar ſpıotz oððar kōa vpp. ė ꝼærı en .x.
er þ ætlan mín at m̄n ꝼylgı. ꝼ. mlı þ ē
ꝥ mıog opt at þu vnðraz þ þo at þu ſıa
er m̄n þıkır oſſ vel huar ſem ſueınar
leıka ſer. ok er þr rıða ꝼrām hía. hleypʼrʼ

Jok. ꝼ̇ þa m; .x. mān. ꝼ. heılſaðı h̄m vel. ꝫ ꝼ̊t
tı huat h̄ vılldı. Jok.ſ. kalla ma at ek eıga ec
kı erendı v̊ þıg. ſē þo ma v̊a ē ꝼ̇ þ gangı. þı
kı m̄ þk eckı lıtt haꝼa ðregız t̊ vþyckıu vıð
mık. beðıt þrar konu ē ek vılldı v̄ ſıa veıta
er h̄m þ oꝼðul at ganga ımot oſſ ꝼrænðū
.ꝼ.ſ. þo at ꝥ þıkı þk magr mīn eckı ſkıot
lıgr mıog. þa ē h̄ þo eckı vppburða mīnı.
vm þ ē ʼt̊ʼ kuēnāna heyꝛ̄ en ꝥ garparn̄. Jok
leɢr ſpıotı t̊ þk ꝫ ſteꝼn̄ a h̄ mıðıan. J þ̊ bra
.ꝼ. ſuerðı ꝫ hıo ı ſunðr ſpıot ſkaptıð mıllı
hanða h̄m. ꝼ. hlıop aꝼ bakı ꝫ mlı m̄ ſl̄tu
nu ꝼyꝛ̄ mæta Jok. þt yðr mun ꝼoruıtnı
a vazðælū at vıta huat ek ma. Jok þ̊ꝼr
eıtt ſpíot ꝫ leɢr t̊ .ꝼ. ı ſkıollð h̄ ꝫ geck ı ſ
unðr ı ſpıotſkaptıð. J þsı ſuıpan þa hla
pa ꝼrā .íȷ. m̄n ꝫ v̊ þr bræðr þar kōnır. þo
rarīn ꝫ þſteīn ꝫ gıngu þegar ı mıllı ok
ſkılðu þa. þottuz þr vıta þeg̊ Jok. h̊uꝼ
huat h̄ munðı ꝼ̇ ætlaz haꝼðı h̄ tekıt ſer m̄n a
næſtū bæıū. Sıðan þr v̊ ſkılðır. rıðr .ꝼ. heī
t̊ borgar. ꝫ buaz þr v̊ boðe vel ꝫ vırðulıga.
eīn huern ðag reıð .ꝼ. t̊ hoꝼſ. ꝫ byðr þeī þorı
ꝫ þſteını t̊ boðſ m; ſer. þr þockuðu h̄m vel ꝫ
quaðuz gıarna vılıa eıga gott v̊ h̄. en ſog
ðu Jok. ſtırðan ı lynðı ꝫ omíukan. munu
v̊ ānat huart ꝼara aller .e. engı vaꝛ̄. ʀıðr
.ꝼ. heī ept̄ þ ok eīn huern ðag ꝼ̇ boðıt rıða
þr t̊ bgar þorer ꝫ þſt̄ at ꝼīna .ꝼ. ꝫ ſaugðu
at þr munðu heıma ſıtıa v̄ boðıt. ꝼ. mlı.
vel ꝼarı þıð m; ykru malı. h̄ gaꝼ þſteıní
ſuerð harðla vel buıt ꝫ hīn bezta grıp. en
þorı ꝼıngr gull ē va eyrı ꝫ quað .h.J. ha
ꝼa geꝼıt ſér mag ſīn. þr þacka h̄m harð
lauel. ꝫ rıða heī. haꝼðı Jok. allt ı ſpottı v̊ þa
bræðr ſına. Sua er ſagt at þr ſıtıa at veız
lūnı at bg. ꝫ v̊ðr eckı t̊ tıðenða ꝼ̄r veızlan
vel ꝼrām ꝫ at lokīnı ſeg̊ .ꝼ. at þau þk ſl̄u
þar ſıtıa v̄ vetrīn hıa h̄m þgrīr quez
ætla at þora munðı heī vılıa m; h̄m. þo
ra. ſ. þta kyſ ek at v̊a h̊ hıa .ꝼ. man oſſ

ꝥ bezt gegna at haꝼa ħ rað ſē meſt. en ek ſꝉ
koma ꝼaðer mīn þıg at ꝼīna ēn þa ē ſtunð̃
líða. Epꞇ̃ ꝥ rıða brott boðſm̄n huaꝛ̇a tueg
gıu uel ſæmðer m; goðū gıoꝼū. **capıtlm**

32 Þat ē eıtt huert ſīn. at þk. mħ ꞇ þoru
nær̄ ætlar þu at ꝼīna ꝼoður þīn ſem
þu hezt ħm. ħı ꝗ harðla gott þıkıa ħ
at ꝼīna. en quað ꝥ hugboð ſıtt. at ħ ſæı ė ſıðr
ꝼ ħ koſtı. þo at þau ſætı ė ſıðr heıma ꝥ en ræ
kız añarſtar. þk.ſ. veıt ek at þu mæler
ꝥta ſak̃ vınar þínſ Jok. en ek ottaz ħ allı
tıð ⁊ ſꝉ eckı ꝼara at ſıðr. ⁊ eīn morgın ſnē
ma var þk. a ꝼotū. ⁊ ſpurðı .ꝼ. huat ħ ſkyll
ðı. ħ quez ſkylldu rıða m; þoru norðr ı bol
ſtaðar hlıð. ꝼ. kuað ꝥ rað at rıða hūgı. veít
ek at þora vınkona mín mun mık raða la
ta. ħ ꝗð ꝥ ſatt. þk ꝗz raðīn ꞇ at ꝼara. eꝼ .ꝼ.
bānaðe ė. ħ ꝗ ė bāna vılıa. En ſpurt heꝼı ek
at Jok. reıð norðr ꞇ ſkagaꝼıarðar ꝼ ꝼā nót
tū. þıkı m̄ ė vıta mega hūſu ꝼ̃ðer yðrar
ber̄ ſaman. Epꞇ̃ ꝥta rıða þau veſtan tua
ſaman. ⁊ eīn hlaupandı ſueīn m; þeī ʀıða
þar ꞇ ē þau kōa ı hlıð. ṽ ṽ þeī tekıt harðla
vel. Maðr ē neꝼnðr þorarīn. ħ bıo avıðı my
rı ı ſkaga ꝼırðı. ħ var mıkılmēní ⁊ goðorz
maðr ⁊ attı ſon er vılmunðr het. þorarīn
var ſkylldr þeī hoꝼſ ſueınū. ⁊ var hın meſ
ta vınatta m; þeī. Jok. en ollū oðꝝ. þottı þo
rarīn ıt meſta ıllm̄nı. ⁊ obmetnaðar maðr
mıkıll. Jok. ṽ þa komīn a vıðı myrı. ⁊ er ħ
haꝼðı þar ė lengı ṽıt. ſpyr̄ ħ aꝼ hlaupan
ðı m̄m. at þk ⁊ þora kona ħ ṽ komın ı bol
ſtaðarhlıð. ⁊ lıtlu ſıðar̄ byz ħ heī at rı
ða. þorarīn vnðraðez ē ħ vılldı ſua ſkıott
rıða. ꝗð ħ ſlıkt g̃a vnðarlıga ⁊ vꝼrænðſā
lıga ṽ ſıg. Jok.ꝗ þa ꝼara vılıa. þorarınn
reıð þa a leıð m; þeī veſtr ı ſkarðıt ꞇ bæ
ıar ꝥ er ı vaz hlıð heıꞇ̃. ⁊ epꞇ̃ ꝥ hūꝼr ħ aptr
en þr rıða .ííj. ſaman þar ꞇ er þr kōa ı bol
ſtaðar hlıð. var þa alıðīn ðagr nockut
eın kona var vtı ⁊ heılſaðı vel .Jok. þt ħ
haꝼðı opt ſéét. ħ ſpurðı. huart þk. ṽı ꝥ. ħ ꝗð
ſua ṽa þa ſꝉtu ſeg̃ Jok. bıðıa ħ vt ganga. ſeg at
ek vıl ꝼīna ħ. ħ g̃ðı ſua. ſatu þr magar ı ſtoꝼu
ṽ ꝼátt māna heīa. Suartr ħ nautamaðr þor
grımſ bonða. bæðı mıkıll ⁊ ſterkr. þġmr bað þk
ꝼara varlıga. þr toku vapn ſín baðer ⁊ gıngu út
þġm̄r ṽ þa gālaðr mıog. þk. heılſaðı Joklı. ħ .ſ
ꝥ ſꝉtu nu vıſſ ṽða huerſu heılan ek vıl þıg ⁊ lag
ðı ꞇ ħ ſpıotı ⁊ ſteꝼnðı a ħ mıðıan. ⁊ ıꝥ hlıoꝼ út ſu
artr nauta maðr. ⁊ haꝼðı ſtalhuꝼu ahoꝼðı mık
la. ⁊ akaꝼlıga ꝼorna. ⁊ ſkıollð ꝼ ſer. en eckı haꝼðı
ħ hoğuapn ānat en ħ reıððı mykı reku ſına ṽ
auxl. ⁊ ē ſuartr ſer athoꝼn Jok. ſlær ħ þeg̃ ꞇ ħ m;
rekūnı. ⁊ ıſunðr ſpíotſkaptıt mıllı hanða Joklı
Jok. bað ħ ꝼara þræla armaztan. Suartr mħ
eꝼ þu rıðr ė ſkıott a brott. ſꝉ ek ſla añan ṽ eyra ꝥ
þk. lagðı þa ſpıotı ꞇ Jok. ⁊ ıſkıalldar ſporðīn ſua
at ħ kloꝼnaðı. ⁊ hlıop ſpıotıð ı rıſt Joklı. ⁊ ṽð ꝥ
allmıkıt ſár. ꝼylgðarm̄n Jok. ſottu at þġmı. Jok
hlıop þa at bakı þġmı. ⁊ hıo m; ſuerðı ı hoꝼuð ħ
ħ haꝼðı hıalm a hoꝼðı ⁊ beıt ė ſuerðıt helldr en
m; ſkıðı ṽı ſlegıt. Jok. vnðraðı ꝥta mıog ꝥt ꝥ ſṽð
haꝼðı ħ reynt áðr alluel bıta. þk. lagðı þa ꞇ ꝼyl
gðarmanz Jok ⁊ þeg̃ ı gegnū ħ. þa mħ þg̃. ꝥ er
ráð Jok. at rıða heī. mun ꝥ ꝥta ṽða engı ſæmð̃
ꝼaur at ſīnı. Jok. ſa at ꝥta munðı ſua ꝼara.
m; ꝥ at ħ mæððı mıog bloðraſ. ⁊ ꝥ að ſuartr ſtoð
m; reıðða rekuna. ⁊ var buīn at ſla ħ m; ⁊ þot
tı ħm ꝥ meſt ſuıuırðıng ⁊ ṽ ꝥta allt ſaman
ſtıgr Jok. a bak. ⁊ rıðr brott ṽ ānan mān ⁊ vñ
ſtorılla ṽ ſína ꝼ̃ð. kēr heī. ⁊ er lengı áðr en ħ
ṽðr græððr. ſpyrıaz nu ꝥı tıðenðı. ⁊ þık̃ Jok.
haꝼa ıllt aꝼ beðıt. **vtkuama berg\s/ racka**

33 Þeſſu næſt kēr ſkıp aꝼ haꝼı veſtr ı hr
vtaꝼıorð a borð eyrı. ⁊ het bergr ſtyrı
maðrīn ⁊ kallaðr bergr rackı. ħ ṽ hīɴ
g̃vılıgſtı m̄. ok ꝼrıðr ſynū. ħ var kuangaðr ⁊
ħ ðalla kona ħ ⁊ ṽ kvēna vénſt. ⁊ kynſtor.
⁊ kuēna hoguzt a alla hlutı. ꝥı bergr ṽ ſyſꞇ̃
ſon .ꝼ. hınſ rāma. ⁊ het þorny moðer ħ ſuín
ſama at ſkıðı ꝼluttı abrott at vuılıa aſb. ꝼoð̃

ħar. þeǵ .ꝼ. ꝼᷣtᷣ þ. rıðr ħ ᷤ ſkıpſ ɜ ꝼagñ vel bergı ꝼr
ænda ſınū. byðr þeī ᷤ ſín. ok þ þiggıa þau. ɜ ꝼara
heī ᷤ borgar. hallꝼᷣðı ꝼanz helldr ꝼátt v̄ v̇ þau. en
.ꝼ. v̊ harðla glaðr ɜ veíttı þeī ſtorlıga vel lıðr aꝼ ve
trīn. ɜ talaz þr v̇ ꝼrænðr ok bað. ꝼ. berg ꝥ v̊a lēgı
hıa ſer. en ſenða vtan ſkıp ſıtt. ɜ þ raða þr aꝼ ꝼa
m̄n ꝼ̄ ſkıpıt. v̊ þ ꝼrænðı ðaullu ſuðreyſkr maðr
at ǽtt ſē þau voru beðı. **kuanꝼáng grıms**

34 Grımr h̔ m̄ ē bıo a torꝼuſtoðum. ħ v̊ vngr m̄
ɜ vkuangaðr. var ꝼaðer ħ ðauðr. ħ v̊ velæt
taðr ɜ var g̃uılıgr maðr. þau v̊ ſkylld mıog
ɜ veꝼᷣðr kona ſıgurðar at gnupı. Grīr bað ſyſtur
ðott̄ þra bræðra at hoꝼı ɜ þau rað ſkyllðu takaz
v̄ vetrīn. ē ꝥ boðıt m̄m ᷤ. Grīr v̊ ɜ mıog ſkylldr
mauðr uellıngū. ɜ ꝼ̄ ꝥ bauð ħ þeī .ꝼ. ɜ ollū þeī ſē
þau vıllðı m; ſer ꝼara lata. þr bræðr þorer ok
þſt̄ buðu ɜ .ꝼ. ħ kuað maga ſına haꝼa boðıt ſ̃
aðr. en q̊ kūna þeī þauck ꝼ̄. lıða nu ſtunð̃. ok
vetrar. g̃ır veðr horð. ſua at rekr a hrıð̃. Ok
þān ſama ðag. ē ᷤ boðſınſ ſkyllðı koma. buaz
þr ꝼrænðr .ꝼ. ɜ bergr. en eckı var areıtıngr at
ꝼleıra mǽttı ꝼara. Sıðan raðaz þr ᷤ ꝼerðar
geck .ꝼ. ꝼ̄. þar tıl ē þr koma at vazðalſa. v̊ h̔
allolıklıg tıl ıꝼ̄ ꝼᷣðar. var krapaꝼaur a mıkıl. en
laugð ꝼra lonðū. þr bınða ſaman vápn ſín. ok
hoꝼðu loðkapur ꝼotſıðar. bergr haꝼðı engı orð
v̄. en þottı vlıklıgt. at þr munðı ıꝼ̄ komaz. Ok ep
t̄ þ leggıaz þr ᷤ ſunðz baðer. bað .ꝼ. berg hallða
vnðer belltı ſer. leǵz ħ ſua at hryðr v̄ krap
ıt. ɜ m; ꝼærleık ħ komaz þr ıꝼ̄ ana. ɜ ganga ꝥ
ᷤ ē þr koma ᷤ hoꝼ. v̊ boðſ m̄n aller kōñ. gā
ga þr īn. ellðar v̊ ſtorer ı elld ſkalanū. ok ſatu
þar nockuᷣ m̄n a langknockū. v̊ þr ꝥ aller bre
ðr kolr h̔ maðr. ħ var raða maðr at hoꝼı mıkıll
maðr ɜ ſterkr. ɜ hīn vðælſtı. þr ganga nu ınñ
hıa ellðınū. geck .ꝼ. ꝼ̄. Ok ē þr kōa gegnt ꝥ ſē
Jok. þa ſtıngr ħ honðū v̇ b̄gı ɜ hrınðr ħm ɜ ſta
kar ħ at ellðınū ɜ beꝛ ħ at ħm kol ē ħ ānaz v̄
ellðīn .e. ellðana. ħ hrınðr b̄gı þeǵ. ɜ bað ħ ė hla
vpa a ſık. ꝼ. ſer þ. ɜ þrıꝼr ānaꝛı henðı loðkap
vna mıllı ħða b̄gı. ɜ ret̄ ħ vpp ānaꝛı henðı m;
ollū vapnū en ānaꝛı henðı ſtyðr ħ a ħðar
Jok. ɜ ſteðıar vpp yꝼ̄ ħ m; ollū ſınū bunaðı
ɜ komu ſtanðanðı nıðr. ok vnðru aller þna ꝼær
leık. þr hlıopu þa vpp bræðr. ɜ toku v̇ vapnum
þra. ɜ vaſklæðū. en ꝼengu þeī þuꝛ klæðı. ɜ
ep̄ þ gengu þr ᷤ beckíar Grīſ bruðguma. Sat
.ꝼ. a aðra honð ħm. ꝼor veızlan ꝼrām ıt bez
ta. ok at lokīn v̊ gıaꝼ̄ geꝼñ. þoᷣ gaꝼ .ꝼ. ſtoð
hroſſ þau ē ė v̊ ı vaz ðal ōnur betrı en þſteī
gaꝼ ħm hıalm ɜ ſpíot goða g̃pı. ꝼ. þackaðı þeī
vel. ɜ er m̄n v̊ buñ geck b̄gr ēn rackı at kol.
ɜ ſlær exarhamarſ hoɢ ı hoꝼuðıt. ɜ ꝼell ħ þe
gar ı v́uıt. hlaupa þa huaᷣtueggıu ᷤ vapna
en m; ꝥ at marg̃ vrðu meðalgaungu m̄n. þa
ſkılıa þr at ſīnı. ɜ v̄ ſumarıt ep̄ kēr ſkıp aꝼha
ꝼı þ ıt ſama ſē b̄gr áttı. ɜ þta ſama ſumar ſkoᷣ
Jok.ꝼ. aholm en þſt̄ b̄gı hínū racka. ok þu ıa
ta þr ɜ a ðag næꝛ þr ſſu ꝼīnaz. ok ē at þrı ſtū
ðu kēr ſegır ðalla þeī ꝼrænðū at ħı gaz eckı at
þı ætlan. ſſ ek g̃a þ v́eðr at hvarkı yðr ne oðꝝ
m̄m ſe vtı v̊'t. ꝼ. bað hana ė þ g̃a. kua þa
ſkaūm munðu alla æꝼı vppı v̊a. eꝼ þr gengı a
heıt ſín ɜ munðı þeī vırt ᷤ hugleyſıſſ. ðalla q̊
a þ hætta munðu. helldr en h̔ mȷſtı bonða ſın`s´
ok ė v̊ð at hegoma. Sua mıkıl hrıð kō a at
þ var m; mıklū olıkenðū hueꝛ ſtormr var
.e. ſnıaꝼall. var ɜ ſua ſagt at ꝼīnb̄ þottı allıllt
en þ ætlaðı ħ at engı þra munðı koma. þa
ſıtıa þr heıma. veðrıt hellzt .ííȷ. nætr. ok er
vpp léttı. þottuz m̄n engan ſtað ſıa ſnıoꝼa
rınſ. þ ſpurðız ɜ at þr hoꝼſueıñ hoꝼðu kōıt
a motıt. ɜ þ m; at Jokull haꝼðı reıſt .ꝼ. nıð
allhæðılıgt. ꝥ ſē þr ſkıllðu ꝼunðız haꝼa. Spyrıaz
nu þı tıðenðı. ɜ þıḱ m̄m allmıog þta haꝼa a vor
ðıt ꝼ̄ .ꝼ. ɜ aptrðrepa mıkıl ħ vırðıngar. ſıalꝼū
ħm þóttı þta ſua ıllt. at engan hlut haꝼðı ħm
þān ᷤ hanða borıt at ħ ynðı veꝛ v̇. ɜ lagðı hı
na meſtu ꝼæð a ðaullu. lıðr nu aꝼ vet̄n. þau
.ꝼ. attu .íıȷ. ſynı. h̔ eīn Gūnbıorn. ānaʀ þorır
þrıðı eyıulꝼr. ɜ v̊ aller hıñ venlıgſtu m̄n.

35 Vm ſumarıt byr b̄gr ſkıp ſıtt

ɜ æluðu þau at ſıgla. lætr .ꝼ. ꝼlytıa varnat þra tͥ
ſkıpſ. þk̄. ɜ þora vͦ þa m; .ꝼ. ɜ ē b᷑gr ē buīn. rıða
þr .ꝼ. ɜ þk̄ m; ħm. ʀaꝼn hīn lıtlı ꝼor ɜ m; noc
kura klyꝼıaheſta. rıða þr ꝥ tͥ ē þr koma mıog
ſua veſtr aꝼ halſınū. hrutaꝼıarðar halſı. ʀ.
haꝼðı ꝼarıt ꝼ̇. ɜ ē þr rıða oꝼan ꝼ̇ halſīn. bı
ꝺr .ʀ. þra. ꝼ. ſpurðı. huı ħ ꝼærı ė.e. ſer þu nocku`t´
tͥ tıðenꝺa ħ quað hellꝺr þ. ek ſa ħ̃ vnꝺ̃ breck
una oꝼan ꝼ̇ oſſ at heſtar .íȷ́. komu ꝼ̃m̄ meðr
ſoðlū. þa hlıopu ꝼrām .íȷ́. m̄n m; vapnū ɜ toku
heſtana ɜ leıððu vpp vnꝺer breckuna. ē þ æt
lan mín at ꝼ̇ yðr munı ſetıð. ɜ mun v̄a ꝼleıra
māna en ek heꝼır ſéet. Er þ rað mıtt at ſnu
a aðra leíð. ɜ eıga eckı vͥ þa. ꝼ.ſ. þr eıñ munu
v̄a at ė munu ꝼuſarı mık at ꝼīna en ek þa
v̄ðr ꝼunꝺr vaꝛ̄ ſē ma. ė ſſu v̄ bera nıðıngſ
orð þta ſīnı ſua at v̄ ꝼlyım ꝼyꝛ̄ en v̄ þurꝼī
.e. þolī v heyrılıgar ſkām̄. Epͭ þ rıða þr á
eīn gríothol. ſıa þa huaꝛ̄ aðra. var þar kōın
Jok̄. Jngımunꝺar .ſ. ɜ þorarīn ꝼrænꝺı ħ. vı`l´m̄ꝺr
ſon ħ ɜ kolr raðamaðr. vͦ þr .xíȷ́. ſaman ɜ allır
hıñ vıglıgſtu. þr .ꝼ. leyſtu vpp ſteına nockura
þar tͥ er þr kōa at. Jok̄. m̄ı þa. þ ē nu rað at
mīnaz exarhamarſ hauġſınſ kolr. þa hlıop
kolr ꝼrām ɜ lagðı ſpıotı tͥ b᷑gſ. ɜ kō ı ſkıollꝺīn
b᷑gr bar aꝼ ſer ſkıollꝺīn vͥ. ɜ ı ꝥ lagðı Jok̄. tıl
b᷑gſ. ɜ ı halſſteꝼnít ꝼ̃m̄ı ꝼ̇ hoſtīn. þta ſa .ꝼ. ok
bra ſuerðı ɜ hıo ı ſunꝺr ſpıotſkaptıð. þorarīɴ
ſottı at þk̄. ɜ .íȷ́. m̄n m; ħm. þk̄ varðız vel ɜ ꝺreī
gılıga ɜ ꝼell vͥ goðan orðſtír. b᷑gr lagðı tͥ kolſ ı
gegnū ſkıollꝺīn. ɜ ꝼ̇ brıoſt kol ɜ ꝼell ħ a bak
aptr. ok ı ꝥ ſlo .ꝼ. ħ m; ſteını ı hoꝼuðıt. ſua at í
ſmán mola lamꝺız hauſſıñ. ɜ ꝼeck ħ braðan
bana. ꝼ. lagðı þa tͥ Jok̄. ı gegnū ſkıollꝺīn ok
ſua lærıt. ɜ varð þ allmıkıt ſár. Vılm̄ꝺr ſóttı
þa at b᷑gı akaꝼt mıog. ɜ íȷ́. m̄n m; ħm. b᷑gr
lagðı tͥ ānarſ ɜ ıgegnū ħ. ı ꝥ vͥ añaꝛ̄ komınn
vpp at bakı ħm. b᷑gr ſnaraðız þa vͥ. ɜ ſæmðı tıl
ħ ſuerðınv ānaꝛ̄ı henꝺı. ɜ tok ſunꝺr ımıðíu. v
ılm̄ꝺr lagðı þa tͥ bergſ. ɜ þ ſer .ꝼ. at ħ vͥ hlıꝼar
lauſſ ɜ ſnyr þar tͥ. ɜ ı ꝥ leɢr vılm̄ꝺr ı gegnū b᷑g.

ɜ kıpꝑ at ſer ſuerðınu. b᷑gr leıt tͥ ɜ broſtı at ɜ .m.
mīnı v̄ðr nu lıðueızla mín vͥ þıg .ꝼ. ꝼrænꝺı en
ek vıllꝺa. ɜ vel heꝼ̄ þu alıð míg ı vetr. ħ veꝼr at
ſer klæðın ɜ ſez nıðr. ꝼ. hleypr þa at vılm̄ꝺı. ɜ
klyꝼr ħ ı ħ̃ðar níðr. Jokull. leɢr þa tͥ .ꝼ. en ānarrı
henꝺı ſlær ħ m; ſūðínu. ɜ aꝼ b᷑gı hoꝼuðıt. ꝼ. hıo
tͥ Jok̄. ſua at ı beínı nā ſtað. ʀ. lıtlı vͥ ſáꝛ̄ mıog ɜ
haꝼðı ꝺrepıt eīn aꝼ ꝼylgðarm̄m þorarīſ goða þr
ſottu þa .v. at .ꝼ. ħ hıo þa tͥ beggıa hanꝺa ɜ geck ı
mótı þeī hıð ꝺrengılıgſta. þorarīn geck ꝼaſt at
motı. var ħ ꝼullhugı ɜ rār at aꝼlı. ꝼ. ſlo ħ með
ſteínı. ɜ kō vtan a vangān. ɜ ſteyptız ħ þegar
.ꝼ. hıo epͭ ħm ɜ tok ħ ſunꝺr ı mıðíu. varð ħ þa
mānſkæðr. Ok ē þr hoꝼðu barız v̄ hrıð. þa ſa þr
.x. māna reıð ɜ rıðu akaꝼlıga mıkıt. vͦ þr þar
kōñ bræðr Jok̄. ɜ gıngu þeġ ımıllı þra. Jok̄. var
þa vuıgr. ɜ harðla mıog ſáꝛ̄. ſtoðu þr .v. vpp ok al
ler mıog ſaꝛ̄. ꝼ. vͥ móðr mıog en eckı ſaꝛ̄. þorır
m̄ı. ħ̃ ero vorðın tıðenꝺı mıkıl ɜ vþaurꝼ. ꝼ. ſua
raðı. vorðın ero þau at ek mun allꝺrı bætr bıða
ɜ þ haꝼða ek ættlat nu at vͥ. Jok munꝺım ėop
taꝛ̄ ꝼīnaz þurꝼa. en nu mun þ a yðru vallꝺe
þoꝛ̄ quað þa hætta ſkyllꝺu. ꝺuga þr þa at þeī
m̄m er lıꝼſ vͥ ván. ꝼ. ꝼlytr heī b᷑g ꝼrænꝺa ſīn.
ɜ heyġ ħ ſkāt ꝼ̃ borg. ſtenꝺr þar ēn haugr ħ.
Spyrıaz nu þı tıðenꝺı. ok þıkır ꝼunꝺr eñ harð
aztı vorðīn. ɜ .ꝼ. haꝼa ēn ſynt þ at ħ er aꝼ bur
ðar maðr ānaꝛ̄a māna. ıſīnı ꝼrāgongu. ꝺaul
lu þóttı mıkıll ſkaðı v̄ bonꝺa ſīn. ħ̃ bað .ꝼ. ꝼá
ſer Gūnbıorn ſon ſīn tͥ ꝼoſtrſ. þottı ſer þ ynꝺe
at haꝼa m; ſer nockurn b᷑gı ſkyllꝺan. En með
ꝥ at .ꝼ. vıſſı at ħ̃ vͥ rík mıog ɜ ſtorauðıg ɜ þ an
nat at ħ̃ haꝼðı ſárt aꝼ beðıt. ɜ mıkıt aꝼ hlot
ıt þra ꝼunꝺı. þa lætr ħ þta epͭ hēnar bæn.
ꝼær hı ı henꝺr Gūnbıorn ſon ſīn. var ħ þa .vı.
vetra e.víȷ́. ħ ꝼeck hı ɜ ı henꝺr .xv.c. morenꝺ
ɜ .xv. vararꝼellꝺı ɜ ſenꝺı barðı a grænmo. ep
tͭ þ ꝼor ħ̃ vtan. ɜ attı hīn bezta garð. ſkar ħ̃
þegar Gūnbırnı þegar ſkruð klæðı ɜ ſkarlat
ħ̃ ꝼor norðr a grænmo. ɜ ſærðı barðı bonꝺa
gıaꝼırnar. leız barðı alluel a ſueınīn. ok þ

v͛ eīn ðag at barðr ſpurðı huart Gūnƀ. vıllðı
glıma v͘ ānan pıllt. ħ bað ðaullu raða. ſıðan glı
ma þr ííj. loꝭ. ꝫ þótti barðı mıog ıaꝼnı. ꝫ bað þa
hætta. G.q͛ ė hætta vılıa. ok hleypr vnðer ꝫ rekr
nıðr ſua at þeǵ gıngu ı ſunðr .ííj. rıꝼın ı pılltnū
ħ q͛ þa hætta vılıa. barðr q̄ð ė logıt t͛ ꝼoðurınſ.
ꝫ gaꝼ ħm gullhríng ē͛ ſtoð .vı. aura ꝫ q̄ð gott í
vanū ſıðaꝶ at ħ munðı aꝼbragðz m̄ v͛ða. q̄ð þna
v͛ıt haꝼa .xv. veꝭ. ꝫ þo ēn knaſta. en .G. var þa
.víij. vetra. Epꝭ þ ꝼara þau a brott m; hınū bez
tū gıoꝼū. Vex .G. vpp m; ðaullu þar t͛ at ħ ē͛ .xíj.
vetra. var ħ þa ſua mıkıll. ꝫ ſterkr. ꝫ mıkıt aꝼbr
agð ānaꝶa māna. Rauðr ħ͛ vıkıngr ē͛ beðıt haꝼ
ðı ðaullu. ꝫ haꝼðı .G. ꝼ͛ ſezt ſkarplıga. ꝫ haꝼðe
ʀauðr brott ꝼarıt ııllu ſkapı. Nu ē͛ ſua komıt
at ðalla ꝼǽr .G. ſkıp. ꝫ legz ħ ı ħnað. ꝫ ē͛ hu͛ıum
ꝼræknarı ı ꝼrāgaungu. herıar ħ a vıkınga huar
ſē ħ kēr ꝼrām̄. ok at alıðnu ſūrı ꝼīnaz þr ʀaꝺ͛r
vıkıngr vnð͛ ey eīnı. ſlær þegar ı barðaga með
þeī. haꝼðı ʀaꝺ͛r ðreka agetan. v͛ ħ bæðı harðr
ꝫ ıllr vıðreıgnar. ꝼellr lıð aꝼ huarūtueggıū
þa mlı .G. vılltu glıma v͘ mık .ʀ. hu͛ſu gamall
ertu. ſ.ʀ. Ek em nu .xíj. veꝭ ſeǵ ħ. þa þıkı m̄ t͛
lıtılſ vera .e. engıſſ at glıma v͘ þıg. en þo ſꝉtu ra
ða. Epꝭ þ taka þr at glıma lengı. ꝫ er .G. aꝼla
mīnı. ꝫ ꝼorðar ſér meíʀ. ʀ. ſækır m; akeꝼð ꝫ
þar t͛ at ħ mæðız. G. ſækır þa epꝭ megnı. þar
t͛ ē͛ .ʀ. ꝼellr. G. haꝼðı eīn tygılkníꝼ a halſı er
ꝼoſtra ħ haꝼðı geꝼıt ħm. ꝫ m; þ͛ at ħ haꝼðe
eckı vapn t͛. þa tekr ħ þna lıtla knıꝼ ꝫ ſꝄr
aꝼ .ʀ. hauꝼuðıt m;. Epꝭ þ tekr .G. ðreka þān
ēn goða. ꝫ allt þ goz er .ʀ. haꝼðı átt. en lætr
ꝼara m̄n ı ꝼrıðı m; ſıtt goðſ. ꝫ kalla þr ħ hīn
bezta ðreīg. ꝼ͛r ħ v̄ hauſtıð t͛ ꝼoſtru ſīnar. ſıtıa
þar v̄ vetrīn glaðer. ſkorꝭ ė ꝼe ꝫ gott ıꝼ͛lætı.

36 Sva er ſagt þa er k͛ſtnı **ꝼın̄bogı tok k͛ſtnı**
v͛ boðut a ıſlðı. ſa ꝼagnaðr ē͛ ollū he
ꝼ͛ meſtr vorðıt. at engı varð ꝼyꝶ t͛
ne ſkıotarı en .ꝼ. ēn rāmı at ıata þ͛ m; þǵı
moðurbroður ſınū. var ħ ꝫ ıaꝼnan ſıðan ꝼor
mælanðı þ at ſtyrkıa ꝫ ſtyðıa ſē hıħ agætuz
tu m̄n boðuðu. varð ꝫ ſıalꝼr vel k͛ſtīn. þ er
ſagt epꝭ ꝼall ƀgſ hınſ racka. at hallꝼ͛ðr ꝼeð
ðı barn. let .ꝼ. þegar kalla epꝭ ƀgı ꝼrænða
ſınū. vñı ħ ħm eīna meſt ſona ſīna. ƀſı ħ͛
maðr. ħ bıo ı huāmı ı vazðal. ħ var ſkyllðr
þeī hoꝼſ m̄m. hoꝼðu þr kuæntan ħ ꝫ lagıt
tıl ꝼe m; ħm. haꝼðı ħ aðr v͛ıt hleypı pılltr
þra bræða. en var nu vorðīn gıllðr maðr
ꝫ laga maðr mıkıll. þı maðr eggıaðı þa bræ
ðr ıaꝼnan t͛ mótgangſ v͘ .ꝼ. Joꝶ. lá lengı í
ſarū ꝫ varð þo heıll. þ͛ er getıð eıtt huert
ſīn at .ꝼ. haꝼðı rıðıt t͛ gnupſ at ꝼīna ſıg̃ð. ꝫ aðr
ħ rıðı abrott kēr ħ ıhuām at ꝼīna ƀſa ꝫ mlı.
Sva ē͛ m̄ ſagt ƀſı at þu ſer mıog ſpıllanðı vm
lynðı ꝼrænða þīna. ꝫ mıog æſanðı þa a henðr
m̄. En þar ſē þu ert lıtılſ verðr hıa þeī. þa ſꝉ ek
ſua ꝼīna þıg eıtt hu͛t ſīn at þu ſꝉt allðrı þríꝼ
az. berſı .ſ. Ek heꝼ͛ lıtıð at gort her t͛. en þ vı
ta ꝫ t͛ eıga at ſegıa. at engı ſꝉ þ͛ ǵmmarı en
ek. ꝼ. ſat abakı. ꝫ reıð at ħm ꝫ ſlo ħ kīn heſt
ſua at þegar ꝼell ħ ı vuıt. ꝫ quað .ꝼ. eckı v
apn a ħ ƀanðı. bað ħ ſua ānarſ v͛ra bıða.
rıðr ħ heī. ꝫ lætr kyrt v̄. þ var eīn tıma at
þau .ꝼ. ꝫ hallꝼ͛ðr rıða norðr t͛ lıoſa uaz. Tok þ͛
geıꝶ v͘ þeī baðū honðū. ꝫ varð þra kuamu ſ
torlıga ꝼegīn. lıtlu ſıðaꝶ kō þar ſenðı maðr
vtan or vík. ꝫ ſagðı Aſƀ. krankan mıog. ꝫ
bað þgeır koma vt þangat. en þau vıſſu ė
at .ꝼ. v͛ı þar komīn. Epꝭ þta rıða þau vt oll
ſaman. verðr allt ꝼolk þeī ſtorlıga ꝼegıt ok
var aſƀ mıog ſıukr. ſkıpar ħ t͛ v̄ þa hlutı
ſē ħ vıllðı ſín v̄rað ſtanða lata. ſagðı at
.ꝼ. attı ꝼe at taka allt epꝭ ħ ðag. ꝫ q͛ ħm v̄
na ſtor vel at nıota. bað þau hıon g̃a þ t͛
lætı v͘ ſık. at lata heıta epꝭ ħm kuaz þſ
venta at nockur hamīgıa munðı ꝼylgıa
epꝭ þ ꝼa þr ħm pſt at veıta ħm þa hlutı
er ħ þurptı nauðſynlıga. ok ſıðan þraung̃
ħ ſottın ſua at þar aꝼ ðeyr ħ. bıugguz ſı
ðan brott m; lık ħ ꝫ ꝼor ꝼıolðı m; vtan þa
ðan. ꝫ ē͛ þr rıða vtan vm ꝼlateyıarðalſ

\`he´ıðı ꝫ v̄ kābīn almāna kāb. en ānaꝁ heıt̄ .ꝼ.
kābr. þa bað þg̃r þa ſtıga aꝼ heſtū ſınū. v̄ veðr
ıt gott ꝫ heıtt. ꝫ mæððuz heſtarñ vnð̃ bauru
nū. þr g̃ðu ſua. þa mlı þg̃r t̉ .ꝼ. ᴍeð þ̉ ꝼrænðı
at þ er lıkara at ꝼreſtız kuam̃ þınar norðr
híngat. þa vılıū v̄ bıðıa þıg at þu ſyñ h̃ noc
kura aꝼlraun. ẽ bæðı ero hıa ꝼrænðr þıñ ok
víñ. ꝼ. ſp̄ðı huat h vıllðı hellzt huat h g̃ðı .e.
vılı þ̄ at v̄ glımım. þg̃r q̃ð þ eckı gaman mun
ðu vera. ꝼ. leɢr þa aꝼ ſer kapuna. var maðrīn
bæðı mıkıll ꝫ veglıgr. mıðmıorr ꝫ h̃ðıbreıðr
lımaðr m̃ bezt. ꝫ hærðr vel. huerıū mānı ꝼ̉ða
rı ꝫ hīn kurteıſaztı. ꝫ allra m̃ hermānlıga
ztr vnðer vapnū. ok þ vılıū v̄ ſegıa at ꝼaer .e.
aunguer munı ſt̄karı v̄ıt haꝼa a ıſlðı. þra er
eínham̃ haꝼa v̄ıt. ꝼ. gengr þ̄ at. ſem eīn ſteīn
mıkıll ſtóð ıarð ꝼaſtr. h hnyckır vpp ſteını
nū. ꝫ ſynðız ꝼleſtū m̃m vlıklıgr t̉ haꝼſ ꝼır̃
vaxtar ſaker. h tekr .íj. ſteína ꝫ leɢr a ēn m
ıkla ſteínīn. tekr vpp alla ſaman a brīgu ſér
ꝫ gengr m; ė allſkāt. ꝫ ſkytr nıðr ſıðan ſua
at ſteínīn geck ė ſkēra nıðr. en tueggıa al
na nıðr ı ıorðına. ꝫ heyrū v̄ þ ſagt at lıtıl m̃
kı ſıaı nu þ̄ enſ mıkla ſteínſınſ. en hına ſı
aı .íj. er h lagðı a oꝼan. þg̃r bað h haꝼa þa
ck ꝼ̉ er þ lıkaz at þeſſı aꝼlraun þo at þu kal
ler ė mıkla. ſe vppı meðan ıſlð er bygt. ꝫ þıtt naꝼ\`n´
kūnıgt hũıū mānı. Ept̄ þ bua þr ꝼ̃ð ſína. ok
letta ė ꝼyꝁ en þr koma t̉ lıoſauaz. v̄ aſb. ıarð
aðr ꝫ þottı v̄ıt haꝼa ıt meſta mıkılm̃ní. en
þ v̄ð ráð þra at vılıa þg̃ðar at h̃ ſkyllðı bu
a a eyrı m; v̄ſıa þg̃ſ broður ſınſ. ok ept̄ þ byz
.ꝼ. heī m; ſıtt ꝼoruneytı. þıɢıa þau þar agé
tar gıaꝼ̃. ꝫ ſkılıa m; mıkıllı vınattu. ok rıðu
þa tıl eyıaꝼıarðar. ꝼān hallꝼ̉ðr þar ꝼrænðr
ſína ꝫ víní. ꝫ þagu goðar gıaꝼ̃. Sıðan rıða þ
au veſtr t̉ vıðıðalſ. ꝫ koma heī t̉ borg̃ varð
allt ꝼolk þeī ſtorlıga ꝼegıt. Þān ſama vetr
ꝼæððı hallꝼ̉ðr ſueınbarn ok ſkyllðı heıta aſ
bıorn ꝫ var hīn venlıgſtı. ꝫ þeg̃ h v̄ nockur
ra vetra ſenð̃ .ꝼ. h norðr a eyrı t̉ ꝼlateyıar
ðalſ þorg̃ðı moður ſīnı. ꝼæððız h þar vpp. ok
kuangaðız ꝫ v̄ ıt meſta hrauſtm̄nı. ẽ þar ko
mın mıkıl ǽtt ꝼra hm ꝫ ſtormēnı þau .ꝼ. at
tu ꝫ ſon ẽ þg̃r h̉. ꝫ kallaðr ept̄ þg̃ı goða ꝫ þ vılıa
m̄n ſegıa at þau ættı .víj. ſynı. ꝫ alla hína eꝼ
nılıgſtu m̄n ꝫ hına hrauſtuztu. **aꝼ gūbırnı**

37 Aeınu ſūrı kō ſkıp ı hruta ꝼıorð ꝫ attı
ſa maðr halꝼt er loðīn het. en halꝼt
attı Gūnƀ.ꝼ.ſ. ꝼ̃r h þegar heī t̉ borg̃
ꝫ vēða þau hıon hm ſtorlıga ꝼegın. loðīn ꝼ̃r
t̉ hoꝼſ m; ānan mān ꝫ þa vıſt m; Joklı. Gūnƀ
v̄ hũıū mānı meırı. ꝫ venlıgrı. ok lıkr mıog
ꝼeðr ſınū. var h þa .xv. vetra gamall. Sva
er ſagt at leıkar v̊ ı huāmı at ƀſa ẽ ꝼyʀ v̄
getıð. ſua v̄ ꝫ ıaꝼnan leıkıt at hoꝼı. G. reıð
ıaꝼnan t̉ leıka ı huām. ꝫ þottı .ꝼ. þ hũgı betr
er h ꝼor ıaꝼnan eīſlıga. bað h g̃a ānat h
vart at ꝼara ė .e. margm̄narı ella. ƀſı var
ıaꝼnan ı ıllu ſkapı ẽ h kō ꝫ let ſē ðolglıgaz
þ v̄ eīn ðag ẽ .G. reıð veſtan t̉ hoꝼſ t̉ leıkſ
ꝫ .íííj. h̃karlar m; hm. kōu þr ı huām ꝫ v̄
komīn ꝼıolðı leıkmāna. þar v̄ komīn Jok.
ꝼra hoꝼı ok ħ m̄n. ꝫ v̄ talað mart v̄ glım̃
ſpurðı .Jok. eꝼ .G. vıllðı glıma mantu v̄a
ſterkr maðr ſē ꝼaðer þīn. h q̃ð lıtīn kna
leık ſīn. q̉ ꝫ ė v̄a gamall mıog. þa mlı ƀſı
þ þık̃ oſſ ráð at þr .G. glımı. ꝫ .Jok. man h v̄a
vel knaꝁ þar ſē h ẽ ſon ħ vıððælagoða at
eng̃ ſtu nu þora t̉ ıaꝼnſ at leıka v̉. ꝼınu v̄
þ vazðælar at Jngımunðr ẽ allr. en ſyñ ħ
þola bæðı ſíñ ſkēðır. ꝫ ānaꝁa ꝼrænða ſın
na. Ept̄ þta taka m̄n t̉ leıkſ. var .G. ſkıpat
ı mot .Jok. genguz þr at ꝼaſt. ꝫ g̃ðu langa
lotu ꝫ ꝼell Jok. a kne. þa var v̄ ræðt at þr m
vnðı hætta. ꝫ kalla ıaꝼní. Jok. vıll þ ė. ꝫ g̃ðu
þr lotu aðra. ꝫ ꝼell þa .G. a kne. þa gīgu m̄n
at ꝫ baðu þa hætta. Jok q̃ð eckı reynt v̄a
Ept̄ þ taka þr t̉ ıt þrıðıa ſīn. G. leyſır þa t̉
ꝫ hleypr vnð̃ Jok. ꝫ þrıꝼr h vpp a brīgu ſer.
ꝫ ſetr níðr īnar v̉ pallīn mıkıt ꝼall. þr Jok.
ꝫ ƀſı hlıoput̉ vapna ꝫ v̊ hallðñ. Ept̄ þ ſkılıa

þr leıkīn. rıða þr hoꝼſm̄n þeǵ ı brott. ꝫ ſua bᷣſı. G.
byz ꝫ heī. Jngıbıorg hét heımakona þar ıhuām̄ı
vén ꝫ vīnugoð. ꝫ aꝼ goðū ættū. hō haꝼðı ıaꝼnan
vel tekıt vͥ .G. ꝫ þıonat h̄m ıaꝼnan ē h̄ kō. ĝð`ı´ h̄ ꝫ
ıaꝼnan margtalat vͥ hana. hō geck at .G. ꝫ bað
h̄ é rıða hına ſomu leíð aptr ſē h̄ haꝼðı þangat
rıðıt. er þ ætlan mín at þr ſıtı ꝼ þ̄. h̄ kuez þ eıgı
þ hırða. man ek rıða ſē leıð lıGr. bæðı v̄ vazðal
ꝫ vıðıðal. huart ſē ek em lengr .e. ſkēr a ıſlðı. rı
ða þr brott. ꝫ þar t̄ ē gatnamot er. ꝫ lıGr þa ōnur
veſtr t̄ vıðıðalſ. þar hlaupa m̄n vpp ꝼ þeī. vͥ þ̄
Jok. m; hīn .ıx. mān. h̄ bað .G. aꝼ bakı ſtıga. ſl
nu vıta huart þu ēt betr vapnꝼımr .e. glímu
ꝼæꝶ. G. quað huartueggıa m; lıtlu motı. hleypr
h̄ aꝼ bakı. ꝫ ħ m̄n. Jok. lagðı þeǵ t̄ ħ ı ſkıollðīn.
en ſkıollðr ħ var auruggr ſua at eckı geck á
.G. bra ſuerðı ꝫ hío t̄ Jok. ꝫ klauꝼ allan ſkıollðī
auðꝫ megín munðrıða. Jok. varð eckı ſaꝶ. þar
ē t̄ at taka ſē .ꝼ. er heıma at borg. hallꝼ̄. ſp̄ðı
v̄ ðagīn huar .G. v̄ı. ꝼ. q̄ð h̄ ꝼarıt haꝼa t̄ leıkſ.
hō .q. ſlıkt vnðarlıgt at lata ſon ſīn ꝼara ſuá
eınſlıga ı henðr vuınū ſínū vͥ ſlıka vıaꝼnað
m̄n ſem at eıga er. ꝼ.q. þta ſatt v̄a. bað ʀaꝼn
lıtla ta heſt ſīn. þ ĝðı h̄ rıðr .ꝼ. en .ʀ. hlıop ꝼıꝛ̄
rıðr h̄ veſtan ſē leıð lıGr þar t̄ ē h̄ ſer barðag
ān. ok ı þ̄ ē h̄ kō at leGr .G. t̄ bᷣſa ıgegnū ſkıollðī
ꝫ ſua ı lærıt. ꝫ varð þ mıkıt ſár. þa lagðı Jok.
t̄ .G. ı ſkıollðīn. en h̄ var ſua harðr at eckı b
ıtr á ꝫ ſtauck aꝼ vpp ſpıotıð. ꝫ ı vıð beınað.
ok ı þ̄ kō .ꝼ. at. ꝫ legr t̄ Jok. ſua at þeǵ ſtoð ı b
eíní. þa m̄ı .ꝼ. þ er nu ráð bᷣſı at ganga v
el ꝼrām. ꝫ gıallða kīnheſtīn. h̄ hío þa t̄ bᷣſa
ꝫ aꝼ hoꝼuðıt ſua ſnokt at þ kō mıllı ħða
huſkarlı ħ. ſua at h̄ ꝼell þegar ı vuıt. epꝼ̄
þ er .ꝼ. ſua akaꝼr at h̄ hauGr a tuær hēðr
ꝫ é letta þr ꝼyꝶ. en ꝼallħ ero .v. ꝼylgð m̄n
Jok. en h̄ m; ollu vuıgr. þa m̄ı .G. t̄ .ꝼ. latum
nu v̄a ꝼ þ̄ at þr ero nu ıꝼ̄ kōner. ꝫ m; ollu
ſıgraðer. er þ̄ gott vͥ þ at vna. at Jok. heꝼ̄
ıaꝼnan m; ꝼıolm̄nı at þ̄ ꝼarıt ꝫ latıð m̄n
ſına en borıt ſıg allð heılan aꝼ ykrū ꝼūðı.

munðı þ ꝫ mal m̄ ı noregı .e. añarſ ſtað. þar ſē
þu ert meſt agettr aꝼ hreyſtıūkū at þ̄ v̄ı lıtılræ
ðı ı. at ſkıpta hoggū vͥ vazðæla. þo at þu ðræper
huern at oðꝫ. ꝼ. ĝır þta epꝼ̄ bǽn .G. at þr ſkılıa
eru þr Jok. epꝼ̄ ííıj. lıꝼſ ꝫ aller mıog ſaꝛ̄. en þr
ꝼeðgar rıða heī m; ſına m̄n. ſpyrıaz nu þ̄ı tıð
enðı ꝫ ē Jok. heī ꝼluttr ſárr mıog m; ſına m̄n.

38 **Sva** ē ſagt at auſtmēn v̄ða **ꝼīnbogı ger broť or vıðıðal**
þu ſtorlıga reıðır ē Jok. haꝼðı ſetıð ꝼıꝛ̄
.G. ꝫ ꝼoru þeǵ bᷣtt ꝼ̄ hoꝼı ꝫ v̄ at gnupı þ
ſē epꝼ̄ var vetrarınſ. ꝫ v̄ ſumarıt epꝼ̄ a alþíngı
ē talat v̄ mal þra ꝫ þottı m̄m eckı þānueg me
ga ꝼrā ꝼara at þr ðræpız eınart nıðr. ætluðu
at .ꝼ. munðı é ꝼyrr letta. en h̄ eyððı ollū þeī at n
ockuʀ þroſkı v̄ı yꝼ̄. en ætluðu ꝫ vͥ oꝼkapp Jok.
at h̄ munðı allðrı aꝼ letta. hūn mānſkaða ſē
h̄ ꝼengı. þar t̄ ē v̄ſkıptı yrðı m; þeī. vͥ þa leı
tað v̄ ſættır m; þeī. en Jok. vıll engrı ſætt ıata
.ꝼ. vıll ꝫ enga bıoða vͥ þa vhægt m; þeī ſamā
at kōa. En m; `þ̄´ at þr hoꝼſm̄n v̊ ꝼrænðmargır
en þḡr ðauðr moðurbroðer .ꝼ. þa var þ rað h
oꝼðıngıa at .ꝼ. var gıorr ı brott or vıðıðal aꝼ
þ̄ at m̄n ætluðu at þra vanðræðı munðu allðrı
ꝼyꝶ loſaz en aðrer huaꝛ̄ leıtaðı vnðan. ꝼyſ
tı .G. ꝼoður ſīn at ꝼara vtan. q̄ð h̄ þ̄ munðu v
el vırðan huar ſē h̄ kæmı. ꝼ. q̄ eckı vtan vılıa
man ek ꝼylgıa ſonū mınū. mēna þa ꝫ hreyſta
epꝼ̄ megnı. Sua ē ſagt epꝼ̄ þta at ꝼ. ſelr bḡ
lanð ꝫ ꝼ̄r veſtr ı ꝼkyllıſ vík ꝫ byz þar v̄. ꝫ reıſ
er þ̄ be ꝼðan. En þ ſama ſumar ꝼeꝶ .G. vtan
m; mıkıt ꝼe ē ꝼað ħ gaꝼ h̄m. var þa ðalla
onðut. ꝫ tok h̄ þ̄ vͥ ꝼe ollu epꝼ̄ hana. h̄ kuan
gaðız. ꝫ attı þa konu ē aſa hét aꝼ hınū beztū
ættū varð h̄ agætr m̄ ꝫ v̄ꝼrā ꝼleſta m̄n v̄
alla atḡuı. ok ē mıkıl ſaga ꝼra h̄m. þau
.ꝼ. ꝫ hallꝼ̄ðr attu .víȷ. ſynı. var .G. ellztr. ānaꝶ
eyıulꝼr .ıȷ. þoꝛ̄ .ıııȷ. aſb.v. bḡr .vı. þḡr .víȷ. þor
grīr ꝫ v̊ allır hıħ venlıgſtu m̄n. ꝼ. ĝðız ꝼorm̄
veſtr þ̄. ꝫ vıllðu ſua aller ſıtıa ꝫ ſtanða ſē h̄ vı
llðı. ꝫ þottı þeī þar harðla gott. þoꝛ̄ ſon .ꝼ.
var ıaꝼnan með mauðruellıngū ꝼrenðū
[ſınum.

ꝫ þ hoꝼū ṽ heyrt at ħ ṽı m; eyıulꝼı hallta ı melracka holſ barðaga. ok var mıkıll maðr ꝫ ſterkr. ollū ſonū ſınū. ꝼeck .ꝼ. hına beztu k oſtı. ꝥat ħ ṽ hűıū m̄ auðgarı. ꝫ attı bet grıpı en aðrer m̄n. var ħ ꝫ hīn meſtı ſkarz maðr ı bunī gı. Raꝼn ēn lıtlı ṽ m; .ꝼ. meðan ħ lıꝼðı. ꝫ ṽ bæðe ꝼrak ꝫ ſkygn. ꝫ glauġþeckīn. ꝼ. var bumaðr mıkıll ꝫ let mıog ſækıa vtroðra. ṽ ꝫ ſkāt at ſæ kıa þt mıog ſua mattı kaſta a lð. ꝼ. ĝðız þa hnıgīn nockut. ꝫ var þo hīn gılldaztı gıorðız þa mıog ꝼıolbygt ı vıkıñı. var þa halꝼr ꝼıorðı taugr bæía. bæðı mıklır ꝫ goðer. ṽ þar ſtorlıga ꝼıolment. ĝðız .ꝼ. þar hoꝼðıngı. ꝫ ſtıornar m̄ ıꝼ ꝥ ꝼolkı ꝫ ṽ ħm þar aller vel vılıaðer. ħ kallaðı þān bę a ꝼīnbogaſtoðū ē ħ bıo a. ꝫ ṽ beðı mıkıll ꝫ ſkaurulıgr. ꝼ. let ĝa kkíu mıkla a be ſınū ꝫ ꝼeck pſt t. ꝫ hellt ħ vel ꝫ ſemılıga. at ollu ꝥ er ħm t heyrðı. **ꝼall þorgrıms**

39 FRa ꝥ ē ſagt eıtthuert var at m̄ kēr a .ꝼ.ſtaðı t gıſtıng. ṽ ħ mıkıll m̄ ꝫ kna lıgr. ħ geck ꝼ .ꝼ. ꝫ kuaddı ħ vel. ꝼ. tok kueðıu ħ. ꝫ ſpurðı hueꝛ ħ ṽı. ħ q̇ þgmr heí ta ꝫ ṽa vazdælkr m̄. ꝫ vorðīn ſekr a þíngı. ꝼ. ſpurðı hűr ħ heꝼðı ſektan. þgmr q̄ð þa hoꝼ ſueına þ ĝt haꝼa. ꝼ. ſpurðı huat ħ ætlaðız þa ꝼ. ħ quez ė vıta ſua gıorla. q̇ haꝼa leıtað tıl margra hoꝼðıngıa. ꝫ vılldu ħm enĝ aſıa veıta. Nu ſpurða ek at þu ṽır agætarı en ꝼ leſt m̄n aðrer ꝫ ſyndız m̄ rað at koma á yðuarn ꝼund. Nu vıl ek bıðıa yðr ṽtoku. ok nockuꝛar aſıa. ꝼ.ſ. eckı man þ raðlıgt at ta ka ṽ ſekıū m̄. heꝼı ek ꝫ ıaꝼnan haꝼt mıkıN mot gang aꝼ vaz dælū. þoat ek haꝼı mīna t gort. en halldıt ſkogar m̄ ꝼ þeī. Er þ nu be zt at ſkılı m; oſſ. þoat huarertueggıu ha ꝼı mıkıt latıð ꝼ oðꝛ .e. ertu at nockuru ıꝥtta m̄. ħ q̇ engı ıꝥtta m̄ ṽa. en eꝼ ſt allıtıð t ꝼīna þa þıkız ek garð leggıa ė veꝛ en añaꝛ m̄ heꝼı ek ꝫ þ mıog gortt. ꝫ heꝼ ēn engı ꝼallıt hellðr ſetna þr ı ıorð nıðr. ꝼ.ſ. þ þyrꝼtı her mıog at ĝa. þt ṽ tunıt ē engı garðr. en mıog agengt. þgmr bað ħ t hætta. ħm gætız at. ꝫ ſ varð at ħ dualdız þar. ꝫ tok t garðlagſ. ꝫ geck þ bæðı ſkıott ꝫ vel. ꝫ ſa .ꝼ. þ ē at þu var ħ vel hagr lıðr a ſumarıt ꝥ t ē ħ heꝼ ĝt ṽ tunıt. var þ tueg gıa manaða ṽk. ꝫ þóttı ollū. þeī ſē ſá ıt meſta m anuırkı. ıþū garðı. þgmr ṽ goðr vıðr eıgnar ꝫ ꝼa ſkıptīn. ħ ſpurðı þa .ꝼ. huat ħ ſkylldı þa at ha ꝼaz ꝫ q̇ gıarna þar duelıaz vılıa. ꝼ. q̇ eıga ĝ ðı eıtt. bað ħ þangat ꝼara. ꝫ leggıa ꝥ ĝð vm þgmr ĝðı ſua. lıðr nu aꝼrām̄. ꝫ eīn dag gengr .ꝼ. a ĝðıt. þgrīr ꝼagnar ħm vel. ṽ þa ꝫ mıog ſua ĝt ṽ ĝðıt. ħ vndraðı mıog ſkıotleık þa manz ꝫ hagleık. hıtı ṽ mıkıll ṽ dagīn. ꝫ mlı .ꝼ. ſua ĝırm̄ þungt ꝫ hoꝼugt at ek ma vıſt ė añat en ſoꝼa þĝ. bað ħ þa heī ꝼara. ꝫ ſoꝼa heıma. ꝼ. q̇ ė me ga ṽ bındaz ꝫ kaſtar ſer níðr. ꝫ veꝼr ꝼellðı ṽ hoꝼuð ſer. ſoꝼnar ħ þeĝ ꝼaſt ꝫ hrat mıkīn. þĝ. ĝðı þa hark nockut. ꝫ vaknaðı .ꝼ. eckı ṽ þĝ. hleypr þa at hornınu ı eınū ſtað. ꝫ kıppır or torꝼu ꝫ þrıꝼr vpp ſűð ꝫ hleypr at .ꝼ. ꝥ ſē ħ la ꝫ hauGr t ħ. ſē hæglıgaz. ꝼ. ſuaꝼ ė ıāꝼaſt ſē ħ lét .e. þĝ. hugðı. ꝫ ſpratt vpp ı mótı ꝫ bra ꝼellðınum at ſuerðınu. ꝫ ſnaraðe at ħm þeĝ. þĝ. hlıop þa vnð .ꝼ. ꝫ þo at ħ ṽı ſterkr vel. þa attı ħ þo ė ṽ ſīn maka ħ ṽ. ꝫ haꝼðı .ꝼ. ħ ſkıott vnð. ꝫ ſpurðı þa huart ė ṽı allt ıt truazta. ꝫ ſpurðı hűſ rað þta ṽı. þĝ. q̊ð nu ė leyna mega ꝫ var þta rað Jok. þıkız ħ þungt haꝼa aꝼ beðıt yðꝛ ſkıpt vm. Nu vıl ek bıðıa þıg ĝða ꝫ mıſkūnar ṽ mıt mal. ꝼ.ſ. ekkı ottaz ek at m̄ at m̄ ṽðı ſkaða auðıt aꝼ ꝥ. en þar ſē þu ert ſendım̄ .Jok. ſlıkſ erendıſſ. þa nēnı ek ė auðru en ṽſkıptı ṽðr m; ockr. tekr ſıðan ſuerðıt. ꝫ hauGr aꝼ ħm hoꝼuð. haꝼðı þgmr ṽnıt mıkıt ꝫ þarꝼt ꝼ .ꝼ. enða ṽ ħm mıku launat. lıða nu ſtunder ok ſpyꝛ Jok. þta ꝫ vñ nu ṽr ṽ en áðr. en .ꝼ. ſıtr buı ſınu ꝫ ſkorꞇ ė auð ꝼıar. ꝫ goða vırðıng.

40 Anæſta arı epꞇ drap þgmſ **ꝼall þorbıarñ** kō maðr t gıſtıngar a ꝼīnboga ſtaðı ħ ṽ beðı mıkıll ꝫ ſterklıgr. ſuartr ok hellðr ıllmānlıgr. ħ geck ꝼ .ꝼ. ꝫ kuaddı ħ. ꝼ. tok

kueðıu ħ. ꝫ ſpurðı hűꝁ ħ ṽı. ħ q̃ heıta þbıorn.
ꝫ ṽa allra ſueıta ḿ. kānaz þa marger v̇. eꝼ
heyra vıðr neꝼnı mıtt. em ek kallaðr ſleg
ꝼall. ꝼ. ſpurðı huert ħ ſkyllðı ꝼara. ħ q̃ ė vıta
g̃la. quað hellðr harka ꝼ̇ ſér. em ek vorðīn ſek`r´
vorðīn ꝫ ꝼ̃ ek nu ſua ſē leıtanðı ꝥ hoꝼðīgıa
er mık vıllðı hallða. ꝼ. ſpurðı hueꝁ ħ haꝼðı
ſektan. ħ q̃ð þa haꝼa ꝥ gort vaz ðæla ſynı J́n
gım̄ðar. q̃ haꝼa barnat ꝼrænðko þra. ē ek þ̇
ħ̃ komīn at m̄ ē mıkıt ſagt aꝼ ſtormenzku þī
nı. vıl ek bıðıa þıg v̇toku ꝫ aſıa. ꝼ.ſ. þu ert g̃n
bruſlıgr maðr. ꝫ veıt ek ė huart þu lygr .e. ſegır
ſatt. verða oſſ vanðſén ráð þra vazðæla ꝫ er
m̄ eckı v̄ at taka v̇ ꝥ. þƀ.ſ. ꝥ er ſua ſē ꝥ ſegıt
em ek ꝫ eckı ðællıgr ḿ kallaðr. ꝫ hellðr gıllðr
ı ꝼleſtū hlutū ꝫ vvægīn. haꝼa ꝫ marg̃ ꝥ ꝼunð
ıt at mık heꝼ̃ ė aræðı bılat. en gıorla veıt ek
hueꝁ m̄ þu ert .ꝼ. ē ꝥ eckı mıtt ꝼærı at ſtrı
ða v̇ þıg. er ꝫ eckı ꝥ ı ætlan. hellðr hıtt at þı
ggıa at yðr nockut heılræðı. ꝫ aſıa v̄ mıtt
mal. ꝼ. mł̄ı. huat ē ꝥ hellzt lagıt t̉ ıþrotta
þƀ.ſ. Jþrottalauſſ em ek vtan ꝥ ē ek þıkız
mıklu gıllðarı ı ṽkı en aðrer m̄n. ꝼ. mł̄ı. h
uat er ꝥ bezt hent at vīna. þƀ.ſ. ſla þıkız
ek ė mīna en .ííj. aðrer. þr ē þo ero gıllðır
ı ṽkı. þıkı mer ꝫ ꝥ bezt at vīna. ꝼ.ſ. huat
mun verða þo at þu ðuelız ħ̃ v̄ hrıð ꝫ ta
ꝁ̃ t̉ ſlattar. er ħ̃ tauðuuerk mıkıt. ꝫ gēgr
ħ̃korlū ſtorlıga lıtt. þƀ.q̃ ꝥ gıarna vılıa.
bað ħ bua ſer lıa ꝫ orꝼ ſterklıgra en oðrū
ħ̃korlū. ꝼ. g̃ðı ſua. ꝫ tok þƀ. t̉ ſlatt̉ ꝫ þottı
m̄m ꝥ m; mıklū vlıkenðū. huat ħ gat ſle
gıt. ſa .ꝼ. ꝥ at ħ haꝼðı eckı ı holı gıllt ı ꝼra
ſaugn v̄ ſlattīn. ſlo ħ bæðı mıkıt vel v̇
taðan ſua loðín at ė varð mīna aꝼ at ƀa
ſlo þƀ. ıaꝼnan at tueī megın. ꝫ þottı lıka
rı atgangr ħ̃ trollū en m̄m. ꝫ ē ħ haꝼðı
lokıt heımatoðūnı. ſpurðı ħ huat ħ ſky
llðı þa at haꝼaz. ꝼ. bað ħ ꝼara þa a g̃ð
ðıt. quað ħ ꝥ ꝼleſtū meſt v̇ taka. ꝼor ħ
a g̃ðıt. ꝫ let þar ganga ſē heıma. ollū

þottı hellðr vðællt v̇ ħ. en v̇ .ꝼ. v̇ ħ ēn mıuk
aztı. ꝫ allðrı ꝼān ħ ꝥ at þƀ. munðı v̄ ſuıkræ
ðı ſıtıa ok ꝥ er getıð eī hűn ðag. at .ꝼ. geck
a g̃ðıt. ꝫ ꝼagnaðı .þƀ. ħm vel. var þa ſlegī
mıog taðan. ꝫ tauluðuz þr v̇ v̄ ſtunð. þa
mł̄ı .ꝼ. nu er ēn ſē ꝼyꝁ. Sua ſyꝼıar mık
ħ̃ at ek ma vıſt ė vpp ſtanða. ꝫ vıſt ſæꝁ̃ at n
ockut. ok ſł̄ ſoꝼa. þƀ. mł̄ı. Gangıt heī bon
ðı ꝫ ſoꝼıt þar. ꝼ. kaſtar ſer nıðr a legarðīn
ꝫ kaſtar a ſıg ꝼellðınū. ꝫ ſoꝼnar þegar ok
hrytr ꝼaſt. þƀ. ſleggıa ƀſt v̄ ꝼaſt a gerðınu
ħ gengr at bryna lıa ſīn. ꝫ ē ħ heꝼır ſlegıt
vm ſtunð. rēnır ħ t̉ augū þar ſē .ꝼ. lá. ꝫ þık
ız vıta at ħ mun ꝼaſt ſoꝼnaðr ṽa. g̃ır hark
nockut. ꝫ vaknar ħ ė. epꞇ̄ ꝥ tekr at ſla m;
akeꝼð. J ānat ſīn. huetr ħ lıa ſīn. ꝫ g̃ır enn
hark nockut. ꝫ ſeꝼr .ꝼ. ħ ꝼ̃r ſıðan ꝫ ſlær. ıt
þrıðıa ſīn huetr ſleggıa lıa ſıñ ꝫ mıklu meſt
va léīn bæðı mıkıll ꝫ ſterkr. ſē hıñ beztu knı
ꝼar. þƀ. þıkız nu ė þurꝼa betra ꝼærı. heꝼ̃ ec
kı ānat v́apn en lıaīn. ſp̄ttr nu vpp ꝫ at .ꝼ.
þar ſē ħ lá ꝫ ætlaðe ſkıott vm at raða. ꝫ ı þ̇ ħ
eꝼr ħ vpp ſıtt ṽkꝼærı. ꝫ ætlaðı at reka a ħm
mıðıū. þa hleypr .ꝼ. vpp. ꝫ þ̇ꝼr v̄ orꝼıt. ꝫ ætla
ðı at ſnara aꝼ ħm. en ꝥ geck ė ꝼyꝁ en þr ſk
ıpta þ̇ m; ſer. kaſta þa brotunū. ꝫ rēnaz a ṽ
ða þar harðar ſuıptīgar. ſkılr .ꝼ. ꝥ at ħ m
an hlıota at koſta aꝼlſ ı motı ꝥū. er þra atg
angr beðı langr ꝫ harðr. en ſua lyktaz at þƀ.
ꝼellr. ꝼ. ſpurðı þa huart ė ṽı allt ıt truaz
ta v̄ ħ̃ þarkuamu. þƀ. q̃ ætlat haꝼa at ė ſk
ylldı ſua haꝼa v̄ ſkıpt m; þeī. ꝼ. mł̄ı ſkıl
ek at þta munu ānaꝁa rað. ꝼ̇ aūðűðu. þƀ.
quað ſua ṽa ꝫ quað Jok. haꝼa ſenðan ſık.
ꝫ heıtıð ſer ꝼrænðkonu ſıñı m; mıklu ꝼe.
eꝼ ek kæmı ꝼrām ꝼ̃ðīnı. Nu vıl ek ꝫ bıðıa
lıꝼſg̃ða ꝼ̇ ꝥ ſē ek heꝼ̃ ılla gort. mun ek ꝫ ė leı
ta optaꝁ yðr at ſuıkıa. ꝼ.ſ. þoat þu ſer mık
ıll ꝫ ſterkr. þa ottūz ek þo eckı. at þu ṽðer
m̄ at ſkaðamānı. ꝫ man ānat ꝼ̇ lıggıa. En
þar ſē þr vılıa ēn ė aꝼ lata. ſuıkræðū v̇ mık.

þa ē þ lıkaz at v̄ſkıptı v̊ðı m; okr epť ť g̊ðū yð
rū allra ſaman. þb.ſ. eckı ſł ꝫ bıðıa lengr. ma
ēn allðrı vıta hueř ꝭ g̊ðū eıga at raða. ħ tekr
þa ꝫ veıť v̄brot ſua mıkıl. at .ꝼ. hugðı þ at ħ m̄
ðı vpp kōaz. vnð̊ ħm. En eckı v̊ vapn ť reıðu
.ꝼ. var eckı v̄ at lata ħ vpp. bregðr ꝼellðarbla
ðı ſínu at barka ħm. ꝫ bıtr ı ſunðr. ſnarar ſı
ðan hoꝼuð ħ ꝫ brytr a bak aptr. ꝫ lınaz ħ hell
ðr v̇ ſlıkar byxıngar. Sıðan leıť .ꝼ. at tygıl knı
ꝼı ē ħ haꝼðı a halſı ſér ꝫ getr veıt ħm þar m;
bana. ꝫ var beðı. at ħ haꝼðı v̄nıt mıkıt. enða
haꝼðı ħ ſlattukaup mıkıt. vattaðı .ꝼ. þ ſıðan
at ħm þottı tuıſynt v̊ıt haꝼa. hůſu ꝼara m̄
ðı m; þeī. ꝫ þottı ħ v̊ıt haꝼa ıt meſta traull m̄
nı. v̇ at eıga. Er þ g̊ðı ſıðan kallat ſleggıuꝼall
ꝼrettız þta ſkıott víða. þar ſē þb v̇ kūnıgr. þ
ottı m̄m .ꝼ. þta haꝼa auðnuſālıga tekız haꝼa
v̇ ſlıkan helıar mān ſē at eıga var. vn̄ Jokull
ılla v̇ ꝫ þıkꝛ̄ m̄m ħ ꝥ v̊ra aꝼ ꝼa ſē þr. ꝼ. eıgaz ꝼleı
ra v̇. lıða nu ſtunðer. ꝫ ē allt kyrt. ꝫ tıðenða la
uſt. Sıtr .ꝼ. nu ı buı ſínu m; goðrı vırðıngu
g̊ðuz nu ſyn̄ ħ ageť. v̊ þoř ıaꝼnan m; mauðru
ellıngū ꝼrænðū ſínū. **aꝼ vermunð kap̄**

41 N v ſł þar ť taka at m̄ kō a ꝼīnƀ.ſtaðe
ť gıſtıngar ſē opt kūnı ť at ƀa. ꝼ. ſꝑ
ðı þna mān at naꝼnı. en ħ q̇ v̊munðr
heıta. auſt ꝼırzkr m̄ at ǽtt. q̄ð ꝼoður ſīn ꝥ bu
a. ꝥı m̄ v̊ eckı mıkıll vextı. kuıklıgr ꝫ ſkíotlıgr
ħ bað .ꝼ. v̇toku. q̇ v̊a ſekr maðr ꝫ quað brand h
īn aurua v̊m̄ðar ſon haꝼa ſektan ſık. ꝭ þ ē ħ
veıttı mānı au̇ka. ħm ſkylldū en ek a nu hu̇
gı trauſt .e. hallðz ván. en .ꝼ. q̄z lıtıð g̊az v̄
hlaupanðı m̄n ꝫ þottız ılla a brenðr lygðū þra.
en þo heyrða ek getıð ꝥa a ſūrı. at maðrınn
haꝼðı ſekr vorðıt. er branðr agætr m̄ ꝫ vınſæ
ll ꝫ man þıkıa ſer mıſboðıt ı eꝼ þu ēt hallðīɴ
ꝥı m̄ ſottı mıog epť ꝫ bað ſer lıknar ꝫ aſıa ꝫ
q̄ð marga ſer þangat haꝼa vıſat. en q̇ lítt
aðtekīn eꝼ engı hıalpaðı ħm. ꝼ. þottı lıtıl
mānlıgt at ſynıa ħm. en leız maðr eckı
geıguænlıgr. þo at ħ lygı. ꝫ bað ħ ðuelıaz

ꝥ nockura ſtunð eꝼ ħ vıllðı. q̇ ætla at branðr mun
ðı taka ꝼe ꝭ mānīn. ꝫ munðı ė m; kappı ſækía
er m̄ v̊ eckı mıkılſ hatť. v̊ð ħ ꝥu ꝼegīn. ꝫ v̊ hǽgr
ꝫ ꝼylgıuſār .ꝼ. lıðr ſumarıt ꝫ mıog a vetrīn ꝫ
g̊ðı ꝼærðer goðar. ꝼ̊tť branðr þta at .ꝼ. heꝼ̊ tekıt
v̇ mānınū. ꝫ ſenð̊ þegar m̄n a ꝼunð ħ. ꝫ bað ħ
lauſan lata mānīn. ꝫ hallða ė m; kappı ꝭ ſer
q̇ vılıa goðu v̇ ħ ſkıpta. ꝫ vpp geꝼa ſakarſta
ðīn þān ſem ť heyř eꝼ .ꝼ. g̊ðı þta epť ħ bǽn. ꝼ.
q̇ ė nēna at lata ħ lauſan a vetrar ðegı. q̇ vılıa bıo
ða ꝼe ꝭ mānīn. ſua at branðr þættız vel ſæmðr
aꝼ. ꝫ quað þa vel ſemía munðu þa ē þr ꝼynðız
ꝼara nu ſenðım̄n aptr m; ꝥum erenðū. ꝫ v̊ðr
branðr ſtorlıga reıðr ꝫ let þau orð v̄ ꝼara at .ꝼ.
ſkyllðı ė ðuga at hallða þañ mān er ħ vıllðı
ſækıa. v̊ ħ hīn braðaztı ꝫ kapſ maðr mıkıll þe
gar ħm þottı mótı ſer gort. kua þa ſua ꝼīnaz
ſkıllðu. at .ꝼ. þættı ꝥu v̊r raðıt. ꝼ. let ſē ħ vıſſı
ė þoat ħ heyrðı ſlıkt talat. ꝫ g̊ðı enga breytnı
a hattū ſínū. lıðr aꝼ vetn̄ ꝫ mıog ſua ſumarıt ꝫ
ſıtr .ꝼ. v̄ kyrt. ħ haꝼðı ıaꝼnan mānmart m; ſer
ꝫ let ꝼleſta nockuð ſtunða. lét mıog ſækıa ſıoīn.
var þ auð uellt. þt ſkāt þurꝼtı vnðan at roa.
þ v̊ eīn dag v̄ hauſtıð at m̄n v̊ aller ı brottu aꝼ
benū. ſum̄ a ſıo en ſum̄ ť ānaka nauðſynıa. ꝼ.
v̊ heıma ꝫ v̊munðr hía ħm. ꝫ eckı ꝼleıra kar
la. þa mlı .ꝼ. Sva er mer þungt ı ðag ſē þa ıa
ꝼnan ē at ſækꝛ̄ nockut. ꝫ ſł nu ſoꝼa ı ðag. ver
munðr mlı. Sua ſeg̊ m̄ hugr v̄. ſē branðr munı
ė líuga ſteꝼnuna. ꝫ mun ħm ė ór mīnı muna`t´
huar ek em nıðr komīn. ok er þ ıllt bonðı
eꝼ ꝥ komıt ı nockura hættu ꝭ mın̄ ſakꝛ̄. ꝼ. q̄ð
eckı þ v̊a munðu. kaſtar ħ ſer nıðr ꝫ ſeꝼr þe
gar. þar var eckı langt mıog meðal ꝼıallz
ꝫ ꝼıoru. v̊ ꝥ hıallar ꝥr vpp gegnt benum.
ꝫ mattı þar eınū megın at rıða. V̊m̄ðr geck
vt ꝫ ſaz v̄. ħ ſa vpp a ēn eꝼſta hıallān. at ā
nathuart var huırꝼıluınðr. ella rıðu m̄n m
ıog marg̊ ſaman. ħ gek þa īn. ꝫ g̊ðı nockut
glām. ꝫ vaknaðı .ꝼ. ꝫ ſpurðı huat ħ vıllðı. ħ
ſagðı huat ħ haꝼðı ſeeð. ꝼ. bað ħ at hyggıa

ok q᷎ ſoꝼa v᷎ða ē̄n v᷎m̄ðr geck v́t ꝫ īn ok ſa þa m᷎ͪ
reıðína. v͛ þr þa kōn᷎ a mıð hıallān. h̄ geck þa īn ok
ſagðı .ꝼ. mānareıðına. h̄ q͛ð þ vel v᷎a mega. e᷎ hın
gat ıaꝼnan mıkıl ꝼ᷎ð a hauſtū at ſkreıðͬkaup
ū. ok er nu v́an þra ſē meſt. enða ma ek eckı
ānat en ſoꝼa ſē mık lyſt᷎. v᷎m̄. geck b͛tt ꝫ v᷎ vtı v̄
ſtunð. kō īn ꝫ ſagðı .ꝼ. at þr v͛ þa kōn᷎ a ē̄n neðſ
ta hıallān. ok ek kenða branð ē̄n aurua v᷎m̄
ðar .ſ. m; halꝼan þrıðıa taug m᷎ͪ. vel buna at vap
nū. heꝼ᷎ þu vel ꝫ ſtormānlıga m᷎ veítt ſē guð þac
kı þ᷎. nu e᷎ ek lıtılſ v᷎ðr hıa yðru ſunðrþyckı vıl
ek mıklu hellðr. ganga a vallð branðz. e᷎ h̄ ðrēgr
goðr ꝫ mun h̄m nockurnue vel ꝼara. en h̄ er
ē̄n meſtı kapſ maðr. þegar e᷎ þralynðer m̄n
ero ımotı. ꝼ.ſ. eckı munu v͘ huata at þ͛ at geꝼ
az vpp ꝼ͛ branðı. munū v᷎ aðr haꝼaz orð vıð
ꝫ mun branðr þıggı ſemılıg boð. en eꝼ h̄ vıll e͘
þ. þa e᷎ ſlıkt ſıaanða. en ek e᷎ nu ꝼullſueꝼta. ꝫ
ſī e͘ lıggıa lenngr. ſprettr vpp ꝫ tekr vapn ſī
ꝫ þr baðer ꝫ ganga vt ꝫ vpp at breckunū. varþ͛
gıl mıkıt. ꝫ kābr at oꝼanuerðu. ꝫ mattı eınū
megın at ſækıa. gengu þr .ꝼ. þar a vpp. þr b͛nð`r´
ſa mēnınına. e᷎ heıman gengu ꝫ þottuz þeg᷎
vıta at .ꝼ. munðı v᷎a e᷎ beðı var mıkıll ꝫ ſt᷎k
lıgr ꝫ vıkıa þeg᷎ ept᷎ þu̅ m̄m. q᷎ branðr ætla
at auðuellðlıg munðı v᷎ða þra ꝼerð. hallꝼrıðr
haꝼðı heyrt v͘tal þra. ꝼ. aðr þr gengu heıman
ꝫ ſenðı h͛ pıllt a næſtu bæı. at bıðıa m̄n þan
gat kōa. ſua ꝫ mattı heyra kall a ſkıpın. bað
h͛ ſegıa at .ꝼ. munðı mañа v͘ þurꝼa. Su er
ſagt aðr þr kōa at e᷎ .ꝼ. haꝼðı leyſt vpp ſteına
nockura. ok e᷎ branðr kō at. ꝼagnaðı .ꝼ. h̄m
harðla vel. b͛. tok kueðıu h̄. ꝼ. ſp͛ðıat eren
ðū. b᷎. quað h̄m þau aðr kūnıg vera. q᷎ ſæk
ıa mān þān e᷎ h̄ haꝼðı ſektan. en quað .ꝼ. h
aꝼa hallðıt m; kappı motı ſer. q᷎ nu ætla
ept᷎ at leıta þo at h̄ vıllðı hallða. en m; þ͛
.ꝼ. at þu e᷎t agetr maðr ꝼ͛ marg᷎ hluta ſak᷎
þa vıl ek bıoða þ᷎ nu ſē ı ꝼyſtu at þu later
mānīn lauſan. ꝫ nu ı mıtt vallð. man ek þa
eckı kera v͘ þıg. v̄ bıarg᷎ v͘ h̄. hellðr heıta þ᷎

mīnı vínattu ꝫ lıðı. eꝼ þu kant þurꝼa
.ꝼ.ſ. þta e᷎ boðıt vel ꝫ ðreīgılıga ſē van e᷎
at þ᷎. En þar ſē ek lét h̄ e͘ lauſan ıꝼyſtu er
yður orð komu t͛. þa vıl ek þu ſkıott neıta.
vıl ek bıoða nu ſē þa. gıallða ꝼe ꝼ͛ mān þna
ꝫ þ v̄ ꝼrām͘ at þu ráð ſıalꝼr ꝼeſkullðıñı.
nēnı ek e͘ ꝼ͛ metnaðı. m; þ͛ er h̄ heꝼ᷎ áðr v᷎
ıt m; m᷎ at ſkılıa nu vðrengılıga v͘ h̄. man
yðr eckı ſua mıkıl ſlægıa at ðrepa mān þna
þo at þ᷎ ꝼyſız þ. b.ſ. quað mān eckı mıkılſ
hattar. en m; þ͛ at v᷎ hoꝼū rıðıt heıman.
allt hegat t͛ þín. þa erenðıſſ. en m᷎ mıog
komīn a vart vallð. Er þ venſt .ꝼ. e᷎ þu leɢr
mıkıt kapp a v͘ þna mān. er þ᷎ ðragı þta tıl
ðauða. man þa e͘ þıkıa eckı vart erenðe
e᷎ v᷎ leggıū þıg v͘ vellı. ꝼ.q᷎ eckı þ ottaz. e᷎ þ
ráð mıtt .b. at þu gang᷎ e͘ ꝼyſtr t͛ atſok
nar ı motı m᷎. lat hellðr m̄n þına ı ꝼrāmı
meðan h᷎karlar mın᷎ vıñaz t͛. huat h᷎kor
lū e᷎ þ ſeg᷎ .b. ſe ek eckı m̄n ꝼleırı en ykr
tua. þar vpp ſtanða. ꝼ.ſ. ero h᷎ þo h᷎karlar
mın᷎ aðrer .vı. eckı vknalıg᷎ ꝫ ero ſānaꝼ
nar mıklır. þt ſteınar heıta aller. nu lat
tu ímotı þeī ıāmarga þına h᷎karla ꝫ vıtū
huar᷎ þar latı vnðan oðꝛ. b.ſ. q᷎ eckı mun
ðu bleyðaz ꝼ͛ þ͛. þoat h̄ hotaðı þeī grıotı.
er ſua ſagt at t͛ varð eīn. aꝼ ꝼylgðar m̄m
.b. ꝫ rān vpp at þeī noꝼnū .e. eı ſıðr at .ꝼ.
m; ꝼagran ſkıollð ꝫ ſpíot. ꝫ ætlaðı at leɢıa
t͛ .ꝼ. h̄ tekr v͘ eınū ſteínı þı maðr v᷎ ſterkr
ꝫ ætlaðı at bera ꝼra ſer ſkıollðīn. en h᷎
karl .ꝼ. v᷎ ſkıotleıkīn ꝫ ꝼor at ſnarpt. getr
h̄ e͘ ſtaðız atꝼarar h̄. ꝫ ꝼellr a bak apt. ok
tūbar oꝼan ı gılıt. ꝫ ꝼeck ſa þegar bana
.ꝼ. ſp͛ðı .b. hu᷎ſu ꝼarıt heꝼðı. m; þū. b. quað
ſīn mān haꝼa eckı gott aꝼ ꝼengıt. **aꝼ .ꝼ.**

42 Sva er ſagt at .ꝼ. let þa ꝼara **ok b.**
h᷎karla ſına .vı. ꝫ haꝼðı hu᷎r mānɴ
ꝼ͛ ſıg. ꝼ. ſp͛ðı þa .b. hu᷎ſu h̄m þæt
tı at ꝼara. b. quað e͘ mıog. laſta þurꝼa
.ꝼ. q᷎ vılıa bıoða h̄m hın ſomu boð ſē ꝼyʀ

ɜ ſkılðı þr. branðr q̄ð h ēn eckı ottaz þurꝼa ɜ q̄ð
h koma ı meırı raun munðu v̄ þ ē þr ſkılðı. ꝼ. q̄ð
ė þ t̔ b̃a. at h ottaðız. brað m̄n ſına ꝼara kenlıg
a. ɜ ganga vpp ꝼleırı ıāꝼrā ɜ ſækıa at ſkarplı
gaꝛ̇. ɜ quað þ ſkōm at ıāmarg̃ m̄n ſkıllðı lēgı
þurꝼa at ſekıa tua eına m̄n. ꝼ. bra þa ſuerðı
ɜ varðız vel ɜ ðrengılıga. varð h nockut ſceı
nuſamarı en þr hugðu t̔. ɜ ē þr hoꝼðu barız v̄
hrıð. þa mł̄ı .ꝼ. m̄n ꝼara þar neðan ꝼ̃ ſıanū.
ė allꝼaır vapnaðer. ɜ ganga ſnuðıgt. ē þ ætlā
mín at þır m̄n munı ætla t̔ lıðueızlu v̔ mık
en ı motı yðr branðr. ɜ ē þa ſē b̃r at huaꝛ̃ ðrıu
garı v̄ða. b.q̃ allð hırða v̄ ꝼıſkıꝼylur h̄. hůt
v̄ı ꝼleırı .e. ꝼærı. þa mł̄ı .ꝼ. Mēn rıða þ̃ ēn. ɜ eı all
ꝼaer ſaman īnan m; ſıanū. ɜ hellðr geyſt. man
þ eñ v̄a aꝼ varū m̄m. nu ē þ bǽn mín. ɜ boð v̔
þıg .b. at þu þıgg̃ þān koſt ſē ek heꝼ̃ boðıt. vıl
ek ſelıa þ̃ ſıalꝼðæmı. ɜ ráð eıñ ſétt þān veg
ſē þ̃ bezt þıꝛ̃. ē þ ætlan mín v̄ þa ſuma ē þar ēo
ı ꝼ̃ð. at ærıt ꝼarı geyſt̃. eꝼ v̄ erū ė áðr ſatt̃. bꝛ̃.
leıt t̔ ɜ ſá at ollū megın ðreıꝼ lıð at m; geyſ
ıngı. ſum̄ hleyptu en ſum̄ rūnu. ſlıkt hůr ſē
mattı. þa mł̄ı bꝛ̃. allðrı hırðı ek v̄ ꝼıoruðyr
yður huar þau ꝼara. en ė ætla ek þta ſpa
ra þurꝼa. at v̄ raðım eıñ. man þ mł̄t at v̄t
erenðı verðı þo gott eꝼ v̄ tokū ſıalꝼðæmı aꝼ
þ̔lıkū mānı ſē þu ēt .ꝼ. h q̃ þ gıarna vılıa. ɜ
bað h þo haꝼa þauck ꝼ̔. geck þegar ı mot
h̄m. ɜ tokuz ı henðr ɜ ſættuz at þra māna
vıtnı er hıa v̊. var þ mıog ıaꝼſcıot̔ at þr hoꝼ
ðu ꝼ̔ ſkılıt ɜ lıðıt ðreıꝼ at. v̊ þar ſyñ .ꝼ. ɜ m̄
g̃ aðrer vıñ ɜ ꝼrænðr. v̊ þr þegar ſua akaꝼ̃
at þr vılldu veıta .b. atgaungu. ɜ ðrepa alla
.ꝼ. geck þa ı mıllı ɜ ſagðe at þr v̊ ſatt̃. bað þa
ė veıta ſer olıð ı ſīní tılkuamu. v̄ð ſua m;
v̄talı .ꝼ. at þr ſeꝼuðuz. ꝼ. bauð .b. þa t̔ ſín ɜ
þ þa h. ſatu þr þar næꝛ̇ vıku. glaðer ɜ katt̃
veíttı .ꝼ. þeī þeī ſtormānlıga. ok ept̃ þ bıoz
branðr ıbrott. ꝼ. ſpurðı þa v̄m̄ð. huart h vıll
ðı hellðr v̄a ept̃ .e. ꝼara m; branðı. v̄m̄ðr q̃
heī ꝼyraz. er branðr ſua góðr ðrengr at ek

man vel komīn ı h̄ ꝼoruneytı heðan aꝼ heꝼ̃
yðr ſtorlıga vel t̔ mín ꝼarıt. ɜ hoꝼðınglıga ſē
guð þackı yðr. byz h þa t̔ ꝼ̃ðar m; branðı. ꝼīn
mł̄ı þa t̔ branðz. nǽꝛ̇ vılı þ̃ luka vpp g̃ð með
oſſ. h .ſ. þ vıl ek g̃a a þíngı ı ſumar. þıkı m̄ þ
metnaðarſālıgaz. at ſegıa þ̃ vpp ſætt okra.
ꝼ. bað h ꝼ̔ raða. ſkılıa þr m; blıðu. Rıðr brāðr
heī ı auſtꝼıorðu. ɜ ꝼór v̄m̄ðr m; h̄m. lıðr aꝼ vet
rīn. okv̄ ſumarıt rıða m̄n t̔ þíngſ ꝼıolm̄t. ko
mu þar vazðælar. þſt̃. ɜ Jok. ɜ þr aller bræðr
Jngım̄ð ſyñ. þar kō branðr ēn auruı. ɜ ꝼ. ēn rā
mı ɜ eyıulꝼr halltı. mágr h̄. ɜ mart añat ſtor
mēnı. þ var eīn ðag at þr branðr ɜ .ꝼ. ꝼunðuz
ɜ kuauððuz blıðlıga. ſpurðı branðr v̄ malaꝼ̃
lı þra vazðæla. ꝼ. quað kyrt allt ɜ akerulauſt
ſagðı .ꝼ. h̄m allt ſua ſē ꝼarıt haꝼðı þra ı mıllū.
branðr bauð .ꝼ. at leıta v̄ ſætt̃ m; þeī. ɜ q̄ð þa
alla ꝼullkōna ſına vını. ꝼ. q̃ þ þıggıa vılıa. ɜ
eīn ðag ganga þr brāðr ɜ .ꝼ. ɜ eyıulꝼr m; mıkla
ſueít māna t̔ buðar þra vazðæla. ꝼagnaðe
þſt̃ þeī harðla vel. ɜ toko tal ſın a mıllı. hoꝼ
branðr þeg̃ þta mal v̔ þſt̃. ɜ bað þa ſættaz v̔
.ꝼ. ɜ quað Jok. eckı hoꝼ at kūna v̄ aleıtnı v̔ ſlı
ka m̄n. brāðr ꝼluttı beðı vel ɜ ſkorulıga. quez
þeī ꝼylgıa vılıa ē ſættaz vıllðı. en þeī motſ
nuīn er ı mot mł̄ı. ɜ bauð ſık t̔ v̄ðæmıſſ með
þeī. Jok. v̔ tregr t̔. en þo v̔ v̄tal brāðz. ɜ þa mık
la vınattu ē m; þeī var ɜ a eggıan bræðra ſīna
en þo þottız h ıllt haꝼa aꝼ beðıt ı þra ſkıptū
en var obbellðıſſ maðr mıkıll ɜ ꝼullhugı. þa
lyktaz þo m; þ̔ at þr ſǽttaz heılū ſattū. ſkıllðı
branðr þar eīn ſkera ɜ ſkapa þra ımıllū. g̃ðı
branðr ꝼeſkullð nockura. a henðr þeī bræðꝛ
ɜ gullðu ſkıott ɜ rauſklıga. Er ſua ſagt at
ſıðan haꝼı þr halldıt vınattu ſīnı. ɜ ſkıptuz
þr Jok. ɜ .ꝼ. gıoꝼū v̔. ꝼ. mł̄ı. þa t̔ brāðz. kuað h þa
ė ꝼreſta þurꝼa lengr at luka v̄ g̃ð þra ı mıllū
q̃ þ ė vılıa vnðan ðraga .e. ſeīka lengr. brāðr .ſ.
þa. þo at þu ſer vıtr m̄ .ꝼ. þa þıkız ek þar ſıa
ſūt er þu ſer allt. ė v̄ ek ſua heīſkr. at ek ſæı
ė at ek var ꝼangīn. ɜ aller mıñ m̄n. þa ē lıð

ſóttı at oſſ ollū megın m; akeꝼð. þar ſē oſſ geck aðr
ılla v̇ þıg eīn. ok lıkara at v̄ heꝼðım ė ſıgraz. v̄ þ me
ıꝃ aꝼ akeꝼð mīnı ⁊ oꝼbellðı. hellðr en ek ſæı ė hua`r´
komıt var .e. huerſu ꝼara munðı. Nu ætla ek at
ė ſī ſua mıkıll munr m; ockr at ek ğı ꝼe aꝼ þér
ꝼ þ ē þu gaꝼt m̄ líꝼ. ⁊ mınū m̄m. þottız ek meıra
v̄ðr ⁊ þr aller en eīn lıtılſ hatt̄ m̄. þoat ek vıllðı ꝼ
metnaðar ſaꝃ haꝼa ſemð aꝼ malū v̇ yðr. Nu man
ek ė mīna launa lıꝼgıoꝼına. en heıta ꝥ ꝼullkōın
nı mīnı vınattu. ⁊ mala ꝼylgð v̇ hūn ſē þu átt. eða
þıñ ſyñ. ok ſī okra vínattu allð ſkılıa. meðan vıð
erū baðer vppı. ꝼ. þackaðı ħm ſína ꝼylgð. ⁊ oll ſī
v̄mælı m; ꝼogꝛ orðū. ħ gaꝼ brandı ğpı þa ſē ħm h
aꝼðı geꝼıt Jon grıklanðz k̄gr. v̇ þ hrıngr. ſkıollðr
⁊ ſuerð. þackaðı branðr ħm ſtorlıga vel. ⁊ ſkılıaz þr
þa aller m; hınū meſta kærleık. ⁊ blıðu. **capıtl̄m**

43 Þeır Jngım̄ðar ſyñ. buðu .ꝼ. at ꝼara veſtā
or vıkīnı ⁊ kaupa aptr lðıt at borg ı vı
ðal. en ħ vıllðı þ ė. quaz ħm ꝥ þıkıa har
ðla gott. reıð ħ heī m; ꝼlock ſīn a ꝼīnboga ſtaðı ok
ſat v̄ kyrt. ⁊ þottı ēn haꝼa vagxıt mıog aꝼ ꝥū ma
lū ollū ſaman. ꝼ. varð gamall maðr. ⁊ þıkır verıt
haꝼa ēn meſtı agetıſſ m̄. bæðı a aꝼl ⁊ voxt ok
alla kurteıſı. kēr ħ ⁊ v̇ marğ ſoğ ⁊ þıꝃ verıt h
aꝼa hīn ꝼrægaztı ⁊ hıñ agetaztı. heꝼ̄ ⁊ morg
ſtoruırkı ⁊ þrekuırkı vñıt. þoat ꝉ̄ ſe ꝼátt ꝼ̄ ſag`t´
er ſua ſagt at ħ bıo þar t̄ ellı. ⁊ varð ſott ðauðr
ok lıGr at þrı ſomu kırkıu er ħ let. ⁊ ſua hallꝼ̇ðr
kona ħ. En ſyñ þra vrðu aller m̄n ⁊ ſıglðu mıllı
lanða ⁊ ēo marğ ſoğ ꝼ̄ huerıū þra. v̄ þr vel tek
ner m; rıkū m̄m. huar ſē þr komu. ⁊ þottu v̄
a aꝼ gıllðū ættū. Gūnbıorn ꝼīnboga ſon kō all
ðrı ſıðan t̄ ıſlðz. ğðız ħ rıkr m̄ ı noregı. ok ē ꝥ
mıkıl ætt ꝼra ħm komın. ꝼīnbogı vñı ƀgı
meſt ſona ſīna. var þ aꝼ aſt þrı ē ħ haꝼðı vıð
berg hīn racka. ꝼrænda ſīn. bıo ħ epꝉ̄ ꝼoður
ſīn a ꝼīnbogaſtoðū. ⁊ þottı ħ þaðra ı ſueıtū
gıllðaztr bonðı. ⁊ ꝼormaðr. ānaꝃa manna.
En bræðr ħ aðrer voro mıog ı ꝼorū. þar tıl ē
er þr ſtaðꝼeſtu ráð ſıtt ⁊ þottu aller mıkılhæꝼ̄
m̄n. ⁊ lyk ek þar ꝼīnbogaſo. **ſaga oꝼeıgſ ban
ða kalſ**

Oꝼeıgr het mað ē bío veſtr
ı mıðꝼırðı a þeī bæ ē at rey
kıū heıt̄. ħ var ſkıða ſon
en moðer ħ het gūnlaug
moðer ħar v̄ ıarnğðr ðot
t̄ oꝼeıgſ ıarngerðar ſonar
norðan ór ſkaurðū. ħ var kuentr m̄ ⁊ het
þğðr kona ħ. ⁊ v̄ vala ðott̄ ættſtor kona ok
hīn meſtı kuenſkorungr. oꝼeıgr v̄ ſpekıngr
mıkıll ⁊ hīn meſtı raðağða m̄. ħ v̄ ı ollu mık
ılm̄nı. en eckı v̄ ħm ꝼıarhagrīn hægr. atte
lenður mıklar en mīna lauſa ꝼe. ħ ſparðı
v̇ engan mān mat. en þo v̄ mıog a ꝼongū þ
ē t̄ buſſınſ þurꝼtı at haꝼa. ħ var þıngm̄. ſ
tyrmıſſ ꝼra aſgeırſ á. ē þa þottı meſtr hoꝼ
ðıngı veſtr ꝥ. O. attı ſon v̇ konu ſıñı ē oððr ħ
ħ var vēn m̄. ⁊ bratt velmentr. eckı haꝼ
ðı ħ mıkla áſt aꝼ ꝼeðr ſınū engı v̄ ħ v̄klun
ðar m̄. Valı ħ maðr. ē þar óx vpp heıma h
iá .oꝼ̄. ħ v̄ vēn m̄ ⁊ vınſell. Oððr ox vpp heīa
m; ꝼeðr ſınū þar t̄ ē ħ v̄ .xíj. vetra gamall
oꝼ̄. v̄ ꝼalátr laungū v̇ oðð. ⁊ vñı ħm lıtıð. ſa
orð romr lagðız a. at engı maðr þar ı ſueıtū
v̄ı betr mentr en oððr. eīn tıma kēr oððr
at malı v̇ ꝼeðr ſīn. ⁊ beıðer ħ ꝼıar ꝼrā la
ga. ⁊ vıl ek ꝼara a ƀtt heðan. ē a þa leıð
ſagðı ħ at þu leGr t̄ mín lıtla ſemð. ē ek ⁊
eckı nytſamlıgr yðru raðı. Oꝼ̄.ſ. Eckı mun
ek mınka t̄laug v̇ þıg or ꝥ ſē þu heꝼ̄ t̄ vn
nıt. mun ek ⁊ ꝥ næſt ğa. ⁊ muntu þa vı
ta hūt ꝼulltīg ꝥ ē at ꝥ. oððr ſagðı at lıt
mattı ħ v̇ þ ſtyðıaz mega. ⁊ ſkılıa v̇ þ ta
lıt. Añan ðag epꝉ̄ tekr oððr vað aꝼ þılı
⁊ oll veıðarꝼærı. ⁊ xíj. alnar vaðmalſ.
ħ gengr nu ı ƀtt ⁊ queðr engan mān. ħ ꝼ̄r
vt a vaz neſ. ⁊ rez þar ı ſueıt m; v̄ m̄m
þıGr at þeī hagræðı þau ſē ħ þarꝼ naꝺ
ſynlıgaz at lanı ⁊ leıgu. ⁊ ē þr vıſſu
ætt ħ goða. en var vınſæll ſıalꝼr. þa
hætta þr t̄ ꝥ at eıga at ħm. kauper ħ
nu allt ı ſkullð. ⁊ er með þeī þau mıſſarı.

ı ꝼıſkı v͛ı. ꝫ ē ſua ſagt. at þra hlutr v͛ı ı beztala
gı. ē oꝺꝺr v͛ ıſueıt m; þar ħ .ííj. vetr. ꝫ .ııȷ. ſum̃
ꝫ v͛ þa ſua kōıt at ħ haꝼðı þa aptr gollꝺıt hu͛
ıū þ ē attı. en þo haꝼðı ħ aꝼlat ſer goðſ kau
peyrıſſ. Allꝺ͛ vıtıaðı ħ ꝼoður ſınſ. ꝫ ſua lata
þar huar͛. ſē engu ættı v͛ aðra at ſkyllꝺa. O.
var vınſæll v͛ ſına ꝼelaga. þar kēr at ħ ræz
ı ꝼlutnīg͛ norðr t͛ ſtranꝺa m; ꝼarma ꝫ kaup͛
ſer ꝼ͛ıu. aꝼlar þa ſua ꝼıar. Nu græð͛ ħ brátt
ꝼe. þar t͛ er ħ a eīn ꝼ͛ıuna. ꝫ hellꝺr nu ſuam
ıllı mıð ꝼıarðar ꝫ ſtranꝺa nockur ſum̃. tekr
ħ nu at haꝼa vel ꝼé. þar kēr ēn at ħm leıꝺꝺı`z´
ſıa athoꝼn. Nu kaupır ħ ıſkıpı ꝫ ꝼ͛ vtan. ok ē
nu ı kaupꝼ͛ðū v̄ hrıð. ꝫ tekz eñ vel t͛ ꝼ͛a. ꝫ lıð
mānlıga. verðr ħm nu bæðı t͛ ꝼíar ꝫ mān h
eılla. ꝼ͛a ıðn heꝼ͛ ħ nu ꝼ͛ ſtaꝼnı. ꝥ t͛ ē ħ a eīn
knaur͛. ꝫ meſtan hluta ahaꝼnar. er nu `ı´ k
aupꝼ͛ðū ꝫ g͛ız ſtorauðıgr maðr ꝫ agetr. ħ var
opt m; hoꝼðıngıū. ꝫ tıgnū m̄m vtan lꝺz
ꝫ vırðız þar vel ſē ħ var. Nu g͛ır ħ ſua augan
at ħ a .íj. knorru ı kaupꝼ͛ðū ꝫ ſua ē ſagt at ē
gı maðr v͛ı þān tıma ı kaupꝼ͛ðū ſa ē ıāauð
ıgr v͛ı ſē oꝺꝺr. ħ v͛ ꝫ ꝼarſællı en aðrer m̄n. all
ꝺ͛ kō ħ norðar͛ ſkıpı ſínu en a eyıaꝼıorð. ok
ė veſtar͛ en ı hrutaꝼıorð **oꝺꝺr kaupır mel**

2 Þeſ͛ ē getıð eıtt huert ſumar at .O.
kēr ſkıpıſınu a hrutaꝼıorð v͛ borð
eyrı. ꝫ ætlar at v͛a h͛ v̄ vetrīn. þa
var ħ beðīn aꝼ vınū ſınū at ſtaðꝼeſtaz h͛
ok ept͛ bæn þra. g͛ır ħ ſua. kaup͛ lꝺ ı mıð
ꝼırðı. þ ē a mel heıt͛. ħ eꝼlır þar mıkınn
bunað ꝫ g͛ız rauſnar m͛ ı buínu. ꝫ er ſua
ſagt at ė þottı v̄ þ mīna v͛t en v̄ ꝼ͛ðer ñ aðr
ꝫ nu v͛ engı m͛ ıáagætr ſē oꝺꝺr v͛ ꝼ͛ norðan lꝺ
ħ v͛ bet͛ aꝼ ꝼe en ꝼleſt͛ m̄n aðrer. goðr vrla
ſna v͛ þa ē ñ þurꝼtu ı nanꝺ ħm v͛. En ꝼoðu`r´
ſınū g͛ðı ħ allꝺrı hagræðı. Skıp ſıtt ſettı
ħ vpp ıhrutaꝼırðı. þ ē ſagt at engı m͛ verı
ıā auðıgr h͛ a ıſlꝺı. ſē .O. hellꝺr ſegıa m̄n hıt͛
at ħ haꝼı ė mīna ꝼe. en ííj. þr ē auðgaz
t͛ v͛. J ollu lagı var ñ ꝼe mıkıt. gull ꝫ ſılꝼr
ıarðer ꝫ gangan͛a ꝼe. Valı ꝼrænꝺı

ñ v͛ m; ħm huart ſē ħ v͛ h͛ a lꝺı .e. vtan lꝺz
.O. ſıtr nu ı buı ſınu. m; ſlıka ſēð ſē nu ē ꝼ͛
ſagt. Maðr ē neꝼnꝺr Glūr. ħ bıo a ſk͛ꝺnıſſ
ēnı. þ ē mıllı bıtru ꝫ kolla ꝼıarðar. ħ attı
þa konu ē þꝺıſ het h͛ v͛ ꝺot͛ aſmunꝺar hæ
rulangſ. ꝼoður grettıſſ aſm̄ꝺar .ſ. oſpakr
het ſon þra. ħ var mıkıll m͛ vextı ꝫ ſterkr
oꝺæll ꝫ vppıuoðſlu mıkıll. v͛ bratt ıꝼlutn
ıngū mıllı ſtranꝺa. ꝫ norðrſueıta. g͛uılıgr
maðr ꝫ g͛ız rāmr at aꝼlı. Eıtt ſumar kō ħ
ı mıð ꝼıorð ꝫ ſellꝺı ꝼáng ſıtt. ꝫ eīn ꝺag ꝼeck
ħ ſer heſt. ꝫ reıð vpp a mel. ꝫ hıt͛ .O. þr kuoð
ꝺuz. ꝫ ſpurðuz almælltra tıðenꝺa. Oſp͛. mlı.
a þa leıð ē .O. ſ. ħ at goð ꝼ͛tt ꝼ͛ v̄ yðuart rað
ertu mıog loꝼaðr aꝼ m̄m. ꝫ aller þıkıaz þr
vel kōñ ē m; ꝥ ero. Nu ventı ek at m͛ munı
ſua geꝼaz. Vıllꝺa ek hıngat raðaz t͛ þín
.O.ſ. eckı ertu mıog loꝼaðr aꝼ m̄m. ok ė ētu
vınſæll. þık͛ þu haꝼa braugð vnꝺer brv
nū. ſua ſē þu ēt ætt borīn t͛. oſp͛.ſ. haꝼ vıð
raun þína. en ė ſaugn ānar͛a. þt ꝼatt er
betr latıð en eꝼnı ero t͛. beıðı ek þıg eckı
gıaꝼar at. vıllꝺa ek haꝼa h͛ þın en ꝼæða
mık ſıalꝼr. ꝫ ſıa þa hu͛ſu ꝥ gezt at. O.ſ. mık
lır ero ꝥ ꝼrænꝺr ꝫ torſot͛ eꝼ yðr bıtr v͛ at hor
ꝼa en v͛ þ er. þu ſkorar a mık t͛ v͛toku. þa
megu v͛ a þ hætta vetrlangt. Oſp͛. tekr þ
m; þockū. ꝼer͛ v̄ hauſtıð a mel m; ꝼeıng
ſīn. ꝫ g͛ız brátt hollr. Oꝺꝺı. ſyſlar vel vm
buıt. ꝫ vīnr ſē .íj. aðrer. O. lıkar vel v͛ ħ. lıða
þau mıſſarı. Ok er várar byðr .O. ħm heīa.
at v͛a. ꝫ quez ſua betr þıkıa. ħ vıll nu ꝫ þ
āñaz .oſp͛. v̄ buıt. ꝫ ꝼr þ ſtóruel ꝼrām. þık͛
m̄m mıkılſ v̄ v͛t. huerſu ꝼ͛ı maðr geꝼz.
ħ ē ꝫ vınſæll ſıalꝼr. Ok ſtenꝺr nu buıt með
mıklū bloma. ok þık͛ engıſ manz rað v
ırðulıgra v͛a en oꝺꝺz. Eīn hlut þık͛ m̄m
at ſkorta at ė ſe ráð ñ m; allrı ſemꝺ at
ħ er maðr goðorz lauſ. Var þ þa mıkıll
ſıðr at taka vpp ny goð orð. eða kaupa.
ok nu g͛ðı ħ ſua. ſoꝼnuðuz ħm ſkíott þīg
m̄n v͛ aller t͛ ñ ꝼuſer. ꝫ ē nu kyrt vm hrıð.

3 Oððı hugñ vel v̇ .oſꝑ̄. lét h̄ mıog raða ꝼ̇
buınu. h̄ v̄ beðı harðuırkr. ⁊ mıkıluırkr
⁊ þarꝼr buínu. lıðr aꝼ vetñ. ok hugnar
.o. nu betr v̇ oſꝑ̄. en ꝼyꝛ̇. ꝥ nu heꝼz h̄ at ꝼleı
ra. a hauſtū heīt̄ h̄ ꝼe aꝼ ꝼıallı. ⁊ vrðu goð
heīt̄. mıſtı engıſſ ſauðar. lıðr nu aꝼ vetrīn
⁊ v́arar. lyſır .O. ꝥ at h̄ ætlar vtan v̄ ſumar
ıt. ⁊ ſeḡ at valı ꝼrændı h̄ ſt̄ taka þar v̇ buı.
Valı .ſ. Sua ē hattað ꝼrændı at ek em̄ eckı
ꝥvanr. ⁊ vıl ek hellðr ānaz v̄ ꝼe ockað ⁊
kaupeyrı. O. ſnyr nu at Oſꝑ̄. ⁊ bıðr h̄ taka v̇
buı. oſꝑ̄.ſ. ꝥ ē m̄ oꝼráð þo at nu ꝼlytız ꝼ̄m̄
er þu ert v̇. O. leıtar epꞇ̄. en oſꝑ̄. ꝼeꝛ̇ vnðan
⁊ er þo oðꝼuſıꞇ̇. ⁊ ꝥ kēr at h̄ bıðr .O. raða eꝼ
heıtr h̄m ſıñı aſıa ⁊ trauſtı. O.ſ. at h̄ ſt̄ ſua ꝼ̄a
m; h̄ eıgu ſē h̄ veðr meſtr maðr aꝼ. ⁊ vınſælſ
tr. ſagðız ꝥ reynt haꝼa. at ė mun ānaꝛ̇ m̄
betr kūna ne vılıa. h̄ ꝼe varðueıta. Oſꝑ̄. bıðr
nu a h̄ vallðı v̄a. luka nu ſua talınu. Oððr
byr nu ſkıp ſıꞇ̇ ⁊ lætr b̄a v̄ ꞇ̇. ꝥta ꝼrettız ⁊ er
margtalat v̄. O. þurꝼtı ė langan bunat. Valı
ꝼ̄r m; h̄m. ⁊ þa ē h̄ ē albuīn. leıða m̄n h̄ ꞇ̇ ſkıpſ
oſꝑ̄ leıððı h̄ ıleīgra lagı. attu þr mart at tala
⁊ ē ſkāt var tıl ſkıpſ. þa mł̄ı .O. Nu ē ſa eīn h
lutr ē oſkılat ē. huat ē ꝥ. ſ.Oſꝑ̄. Eckı ē ſéð ꝼ̇
goðorðı mínu. ſ. oððr ⁊ vıl ek at þu taꝃ̄ v̇. a ꝥu
er engı gegnīg ſeḡ Oſꝑ̄. er ek eckı ꞇ̇ ꝥ ꝼæꝛ̇. he
ꝼ̄ ek þo meıra a henðr tekız. en lıklıgt ſe at ek
vallða .e. vel leyſa. er þar engı m̄ ıāue`l´ ꞇ̇ ꝼal
līn ſē ꝼaðer þīn. er h̄ ēn meſtı mala m̄ ⁊ ꝼor
vıtrı. O. quez ė munðu h̄m ı henðr ꝼá ⁊ vıl
ek at þu taꝃ̄ v̇. Oſꝑ̄. ꝼ̄r vnðan. ⁊ vıllðı þo ꝼe
gīn. O.ſ. areıðı ſína. eꝼ h̄ tekr ė v̇. ok at ſkıln
aðı þra tekr oſꝑ̄. v̇ goðorðınu. ꝼ̄r .O. nu vtan
⁊ tekz vel h̄ ꝼ̄ð ſē vanðı h̄ var ꞇ̇. oſꝑ̄. ꝼ̄r heī ok
var margtalat v̄ ꝥta mal. þıꝃ̄ oððr mıkıt vall
ð haꝼa ꝥum mānı ı henðr ꝼengıt. Oſ̄. rıðr ꞇ̇
þıngſ v̄ ſumarıt m; ꝼlock māna. ⁊ tekz h̄
ꝥ vel ⁊ lıð mānlıga. kañ ꝥ allt vel aꝼ honðū
at leyſa. ē h̄ ſkyllða laug ꞇ̇. rıðr aꝼ þíngı með
ſemð. h̄ hellðr kappſālıga ſína m̄n. ⁊ lata hū
gı ſīn hlut. ok ē eckı míog a þa gengıt. h̄ ē góðr
⁊ greıðr v̇ alla ſína nágrāna. hūgı þıkır nu
mīn rauſn ne rıſtna a buınu en aðr. ė ſkorꞇ̄ v̄
ſyſlu ⁊ ꝼara raðın vel ꝼrām. lıðr nu a ſuma
rıt. rıðr h̄ ꞇ̇ leıðar. ⁊ helgar hana. ⁊ ē a leıð h
auſtıð. ꝼǽr h̄ aꝼıall ē m̄n ganga at gellð
ꝼe. ⁊ verða heītur goða. er rıkt ꝼylgt. ok
mıſſır engıſſ ſauðar. huarkı ꝼ̇ ſına honð ne

4 Sva bar ꞇ̇ v̄ hauſtıð **oſpakr ꝼeck** [.o. **ſuolv**
at óſ kō norðr ı vıðıdal a ſuaulu
ſtaðı. þar bıo kona ſu ē ſuala hét
þar v̄ h̄m veıttr beınleıkı. h̄ var ven ko
na ⁊ vng. h̄ talar ꞇ̇ .óſ. ⁊ bıðr h̄ ſıa v̄ rað ſıtt
heꝼ̄ ek ꝥ ꝼrett at þu ēt bum̄ mıkıll. h tok
ꝥ vel ⁊ tala þau mart. ꝼellz huart auðru
vel ı geð. ⁊ lıtaz þau vel tıl. ⁊ blıðlıga. ok ꝥ
kēr talı þra at h̄ ſpyrr hueꝛ̇ raða ė ꝼ̇ koſtı
h̄nar. Engı m̄ er mer ſkyllðrı ſeḡ h̄. ſa er noc
kurſ er verðr. en þorarīn langðæla goðı eñ
ſpakı. Sıðan rıðr Óſ. ꞇ̇ ꝼunðar v̇ þoraꝛ̄. ⁊ ē ꝥ
tekıt v̇ h̄m vel at eınſ. h̄ heꝼ̄ nu vppı ſıtt er
enðı ⁊ bıðr ſuolu. þoraꝛ̄.ſ. Eckı kān ek at gır
naz ꞇ̇ þınſ mægıſſ. er margtalat v̄ þıñ með
ꝼ̄ðer. kān ek ꝥ ſıa at eckı ma ı tueī honðu ha
ꝼa v̇ ſlıka m̄n ānat huart. at taka vpp bu
h̄nar. ⁊ lata hana ꝼara hıgat. ella munu þıð
ḡa ſē ykr lıkar. Nu mun ek m̄ engu aꝼ ſkıp
ta. ⁊ kalla ek eckı ꝥta mıtt ráð. Epꞇ̄ ꝥta ꝼ̄r
óſ. ab̄tt ⁊ kēr a ſuoluſtaðı ⁊ ſeḡ h̄ní ſuabuıt
Nu ḡa þau ráð ſıtt ⁊ ꝼaſtnar h̄ ſıg ſıalꝼ. ok
ꝼ̄r h̄ m; h̄m a mel. en þau eıga bu a ſvolu
ſtoðū. ⁊ ꝼa m̄n ꞇ̇ ꝼ̇ at vera. Nu ē .óſ. a mel
⁊ hellt rauſn ı buınu. h̄ þottı þo v̄a oðæll
ðar m̄ mıkıll. Nu lıðr aꝼ vetrīn. ⁊ v̄ ſum̄ıt
kō oððr vt ı ʀutaꝼ̄. haꝼðı h̄m ēn orðıt gott
ꞇ̇ ꝼıar ⁊ mānheılla. kēr heī a mel. ⁊ lıtr ıꝼ̄
eıgñ ſınar. þıꝃ̄ vel varðueız haꝼa. ⁊ ē gez ´vel`
at. lıðr nu a ſumarıt. ꝥ ē eıtt ſīn at oððr vek`r´
ꞇ̇ v̇ óſ. at vel munı ꝼallıt at h̄ tækı v̇ goðor
ðı ſınu. Óſ.ſ. ȷa. ſ. h̄. þar ē ſa lutr ē ek var
oꝼuſaztr ꞇ̇ m; at ꝼara. ⁊ ſızt ꞇ̇ꝼæꝛ̇. ē ek ꝥ ⁊
albuīn. en ꝥ ætla ek m̄m þo tıðaz at ꝥ ſe
gort ānat huart a leıðū .e. þıgū. O.ſ. ꝥ má

vel v̄ᷓa. lıðr nu a ſumarıt at leıðīnı ꝼrām. Ok
leıðarmorgınīn ē O. vakń. lıtaz ħ v̄ ɜ ſer ꝼátt
māna ı ſkalanū. heꝼ̄ ħ ſoꝼıt ꝼaſt ɜ lengı. ſꝑtt
vpp ɜ veıt at m̄n eru ḡſamlıga ór ſkalanū. ħm
þottı ꝥta vnꝺarlıgt. ɜ talr þo ꝼatt. ħ byz v̄ ok
nockuꝛ̄ m̄n m; ħm. þottı ꝥta v̄ꝺarlıgt. ɜ rıða
nu t̄ leıðarīnar. ɜ ē ꝥr komu þar. þa v̄ ꝥ mart
m̄ ꝼ̄. ɜ v̄ þa mıog b̄tt buń. ɜ var helgut leıðın
.O. bregðr nu ı brun. þık̄ vnꝺarlıg ꝥı t̄ tekıa. ꝼ̄
m̄n heī ɜ lıða þaðan nockuꝛ̄ ꝺagar. þ var ēn
eīn ꝺag. ē .O. ſat vnꝺer borðı ɜ .Ōſ. gegnt ħm. ɜ
ē mınz`t´ vaꝛ̄. hleypr .O. vnꝺan borðınu ɜ at Ōſ.
ɜ heꝼ̄ reıðꝺa exı ı henꝺı ſer. bıðr ħ nu lauſt
lata goðorðıt. Ōſ.ſ. ė muntu þurꝼa m; ſua
mıklu kappı at ſækıa. þeḡ heꝼ̄ þu goð orð ē
þu vıllt ɜ vıſſa ek ė er ꝥ v̄ı aluara v̇ at
taka. rettı ħ þa ꝼrā honꝺına. ɜ ꝼeck .O.
goðorðıt. var nu kyrt v̄ ħð. Ok heð ḡız ꝼaı
.O. ɜ ōſ. Er .Ōſ. hellꝺr ygr vıðſkıptıſ. gruń
m̄n v̄ at .Ōſ. munꝺı haꝼa ætlat ſer haꝼa goðor
ꝺıt. en ė .O. eꝼ ė heꝼðı v̄ıt kugat aꝼ
ħm. at ħ mættı vnꝺan komaz. Nu v̄ðr eckı
aꝼ buſſ v̄ſyſlūnı. O. kueðr ħ at engu. mlтuz
ꝥr ɜ eckı v̇. þ v̇ eīn ꝺag at .Ōſ. byr ꝼ̄ð ſına.
.O. lætr ſē ħ vıtı þ ė. ſkılıaz ꝥr ſua at huar
gı kueðr añan Ōſ. ꝼ̄r nu a ſuoluſtaðı t̄
buſſ ſınſ. O. lætr nu ſē eckı ſe at orðıt. ɜ
ē nu kyrt v̄ hrıð. ꝥ ē getıð at v̄ hauſt
ıt. ꝼara m̄n a ꝼıall. ɜ ſkaut mıog ı tuau
horn v̄ heītur .o. ꝼ̄ ꝥ ē v̄ıt haꝼðı. ħ ſkortı
at hauſt heītu .xl. gellꝺınga ɜ þa alla ē bez
t̄ v̄ aꝼ ꝼe ħ. Er nu vıða leıtað v̄ ꝼıoll ɜ heı
ðar ɜ ꝼīnaz ė. Vnꝺarlıgt þottı ꝥta v̄a ꝥt
.O. þottı ꝼeauðnu m̄ meırı en aðrer m̄n. ſ̊
mıkıll atrekanꝺı v̇ ḡr v̄ leıtına at beðı v̇
leıtað t̄ ānaꝛ ħaða ɜ heíma ɜ ḡðı ė. ɜ v̄
ſıðır ꝺoꝼń ēn ıꝼ̄ ꝥu. ɜ v̇ þo margrætt vm
hu̅ıu gegna munꝺı. O. v̇ eckı glaðr v̄ veťn
Valı ꝼrænꝺı ħ ꝼrettı ħ huı ħ v̄ı oglaðr. eða
huart þıkı ꝥ ſua mıkıt gellꝺınga huarꝼı`t´
ɜ ertu ė þa mıkıll borðı. eꝼ þıg hryḡ ſlıkt

.O.ſ. ė hryḡ mık gellꝺınga huarꝼıt. en hıtt þık
kı m̄ v̄ra ē ek veıt ė hu̅r ſtolıt heꝼ̄. þıkı ꝥ þ
vıſt ſeḡ v́alı at þ mun aꝼ orðıt .e. huar horꝼ̄
þu a hellz a. O.ſ. eckı ē ꝥ at leyna. at ek æt
.óſ. ſtolıt haꝼa. V.ſ. ꝼ̄ſt nu vınatta yckur. ꝼ̄ ꝥ ē
þu ſeť ħ ıꝼ̄ allt þıtt goz. o. q̄ð þ v̄ıt haꝼa ıð m
eſta glapræðı ɜ vanū betr tekız haꝼa. v. mlı
margra māna mal var þ at þ v̄ı vnꝺarlıgt
Nu vıl ek at þu ſnuır ė ſua ſkıott malınu tıl a
ꝼellıſſ ħm. ē þ hætt v̇ orðı at omerkılıga þıkı
v̄ða. Nu ſlu v̇ ꝥ ſaman kaupa. ſ.v. at þu ſlt mık
lata ꝼ̄ raða hu̅ſu at ē ꝼarıt en ek ſl v̄ða vıſſ
enſ ſāna. nu kaupa ꝥr ꝥu. valı byr nu ꝼ̄ð ſīa
ɜ ꝼ̄r m; v́nīg ſīn. ʀıðr vt t̄ vazðalſ ɜ langaðalſ
ɜ ſelr varnīgīn. v̇ ħ vınſæll ɜ t̄lagagoðr. ħ ꝼ̄r nu
leıð ſína. ꝥ t̄ ē ħ kēr a ſuoluſt̄. ɜ ꝼeck þar goðar v̇
tokur. Ōſ. v̇ allkatr. Valı bıoz þaðan v̄ morgı
nīn. Ōſ. leıðꝺ ħ or garðı ɜ ꝼ̄ttı margſ ꝼ̄ .o. Valı
ſagðı gott aꝼ ħ raðı. Ōſ. let vel ıꝼ̄ ħm ɜ q̄ð ħ
v̄a rauſń mān mıkīn .e. ē ħ ꝼ̄ ſkauðū orðīn ı
hauſt. V. q̄ð þ ſatt v̄a. hu̅ıar ero geꝛ̄ a v̄ ſauða
huarꝼıt. heꝼ̄ .o. lengı ꝼegeꝼīn v̄ıt ħ̄ t̄. v.ſ. ė ē þ
a eína leıð. Sum̄ ætla at v̄a munı aꝼ m̄ vollꝺū
Ōſ.ſ. oætlanꝺa ē ſlıkt. ɜ ē ė marḡ brogð. Su ē ɜ
Ōſ. mlı. heꝼ̄ .O. nockurar geꝛ̄ a. v. mlı. ꝼatalaðr
ē ħ t̄. en þo ē ꝼıolræt v̄ aꝼ oðꝛ m̄m hueꝛıu geg
na munı. þ ē epť vanū. ſ.Ōſ. A þa leıð ē. ſ.V. er
þo hoꝼu v̇ ꝥtta talað. at þ vılıa ſum̄ kalla ė o
vent at v̄a muní aꝼ þınū vollꝺū. ꝺraga m̄n þ ſa
man. ē þıð ſkılꝺut ſtuttlıga. en hua`r´ꝼıt v̄ð eıgı
mıklu ſıðaꝛ. Ōſ.ſ. ė varðı mık at þu munꝺer
ſlıkt mæla. ok eꝼ v̇ værī ė ſlık̄ vıń. þa mun
ꝺa ek ꝥa ſarlıga heꝼna. v.ſ. ė þarꝼtu ꝥa at
ꝺylıa .e. ſua oðr v̇ at v̄ða. ė mun ꝥtta aꝼ ꝥ b̄a
ɜ heꝼı ek ſéėð ıꝼ̄ rað þıtt. ɜ ſe ek þ at mık
lu heꝼ̄ þu meırı ꝼong en lıklıgt ſe at vel mu
nı ꝼengıt. Ōſ.ſ. ė mun ſua reynaz. ok ė veıt
ek huat tala ꝼıanꝺm̄n vaꝛ̄ ē ſlıkt tala vı
ńń. v.ſ. ꝥtta ē ɜ eckı aꝼ ꝼıanꝺſkap mlt aꝼ
m̄ v̇ þık ē þu heyꝛ̄ eīn a. Nu eꝼ þu ḡır ſua
ſē ek vıl. ɜ ganḡ v̇ ꝼ̄ m̄. þa mun ꝥ létt ꝼalla.

ꝥt ek ſꝉ ſetıa ſetıa rað ꞇ ꝥ. Ek heꝼ̃ ſellðan v̊n
ıng mīn vıða v̄ ſueıꞇ̃. mun ek ſegıa at þu haꝼ̃ v̇
tekıt ⁊ keypt ꝥ m; ſlátr ⁊ aðra lutı. mun þ ēgı
maðr mıſtrua. ſꝉ ek ſua ꞇ haga at ꝥ v̊ðı engı
oſæmð at ꝥu. eꝼ þu ꝼylg̃ mínu raðı at. Oꝼ̃. ſagð
ız ė munðu v̇ ganga. þa mun ꝼara v̊r ſeg̃ .v. ok
vellðr þu ſıalꝼr. Sıðan ſkılıaz þr ⁊ ꝼ̃r .V. heī. O.
ſꝥ hůſ h̄ heꝼðı vıſſ vorðıt v̄ ſauða huarꝼıt. V.
let ſer ꝼátt v̄ ꝼīnaz. O. mꝉı. Nu þarꝼ ė v̇ at ðyl
ıaz at .O̊ſ. heꝼ̃ ſtolıt. ꝥt þu munðer h̄ gıarna v̄
ðan bera eꝼ þu mæꞇ̃. Er nu kyrt vm vetrīn
⁊ ē̃ varaðı. ⁊ ſteꝼnuðagar komu. þa ꝼ̃r .O. m;
.xx. m̄n. þar ꞇ er h̄ kō mıog at g̃ðı a ſuoluſto
ðū. þa mꝉı .V. v̇ .O. Nu ſꝉu ꝥ lata taka nıðr heſ
ta yðra. en ek mun rıða ꞇ h̄ſ. ⁊ hıtta .o̊ſ. ⁊ vı
ta at h̄ vılı ſættaz. ⁊ þurꝼı malıt ė ꝼrām at
haꝼa. Nu g̃a þr ſua. V. rıðr heī. eckı var mā
na vtı. opnar v̊ ðyꝝ. gengr .V. īn. myrkt v̊
ı h̄um. Ok ē̃ mınzt vaꝼ̃. hleypr m̄ or ſetınu ⁊
hauGr mıllı h̊ða .v. ſua at h̄ ꝼell þegar. V.
mꝉı. ꝼorða ꝥ veſall maðr. ꝥt .O. er ſkāt ꝼ̃
garðı ⁊ ætlar at ðrepa þıg. Senð konu þı
na a ꝼunð .O. ⁊ ſegı h̊ at vıð ſē ſaꞇ̃. ⁊ haꝼ̃ þu
gengıt v̇ malınu. en ek ſe ꝼarīn at ꝼıarreıðū
mínū vt ı ðalı. þa mꝉı .O̊ſ. ꝥtta ē̃ ıð veſta v̊k or
ðıt. haꝼða ek .O. ꝥtta ætlað en ė ꝥ. Suala hıt
ꞇ̃ nu .O. ⁊ ſeg̃ þa ſatta .o̊ſ. ⁊ .V. ⁊ bað .V. þık aptr h
v̊ꝼa. O. truır ꝥu ⁊ rıðr heī. Valı let lıꝼ ſıtt ⁊ var
ꝼlutt lık h̄ a mel. O. þottu ꝥta mıkıl tıðenðı ⁊
ıll. ꝼær h̄ aꝼ ꝥu ouırðıng. ⁊ þottı ſlyſlıga tekız
haꝼa. Nu huerꝼr .o̊ſ. a brott ſua at ė vıta m̄n h̊t

5 Nv ē̃ ꝼ̃ ꝥ at **buıt mal tıl** [aꝼ h̄m verðr. **þıng`s´**
ſegıa at .O. byr mal ꝥtta ꞇ þıngſ. ok
kueðr heıman bua. þ v̊ðr ꞇ tıðenða
at m̄ anðaz or kuoðīnı. O. kueðr an̄an ı ſta
ðīn. ꝼara m̄n nu ꞇ þīgſ. ⁊ ē̃ þar kyrt ꝼram
an ꞇ ðoma. Ok ē̃ ðomar ꝼara vt. heꝼ̃ .O. ꝼ̃m̄
vıgſ malıt. ⁊ tekz h̄m þ greıtt. ⁊ ē̃ nu boðıð
ꞇ varna. Skāt ı brott ꝼ̃ ðomunū ſatu þr hoꝼ
ðıngıarner. Styrmır ⁊ þorarīn m; ꝼlock ſīn
þa mꝉı .Styꝛ̃. v̇ þoraꝛ̃. Nu ē̃ ꞇ varna boðıt v̄
vıgſ malıt .e. vılltu nockur ānſuor veıta ꝥu
malı. þorā̃.ſ. engu mun ek m̄ þar aꝼ ſkıpta
ꝥt m̄ ſynız .O. nog nauðſyn ꞇ reka. at mæla
epꞇ̃ ſlıkan mān ſē válı var. en ſa ꝼ̇ haꝼðr at
at ek ætla at ſe ēn veſtı m̄. Ja. ſ.styꝛ̃ ė ē̃ mað
rīn goðr víſt. en þo ē̃ ꝥ nockuꝝ vanðí a v̇ h̄
eckı hırðı ek ꝥ. ſ. þorā̃. Sꞇ̃.m. a hıtt ē̃ at lıta
at yðuart vanðræðı mun v̊ða. ⁊ þa mıklu m
eıra ⁊ toruellðra. eꝼ h̄ v̊ðr ſekr. ⁊ ſynız m̄
aſıamal véra. ⁊ leıtū ı nockuꝝa raða. ꝥt ſía
v̄ v̇ baðer vorn ımalınu. ꝼ̇ longu ſa ek þ ſeg̃
þorā̃. ⁊ lız m̄ þo ė raðlıgt at ſeīka malıt. Styꝛ̃
mꝉı. ꞇ þín kēr þo meſt. ⁊ þ munu m̄n tala at
ꝥ v̊ðı lıtıl mānlıga eꝼ ꝼ̃m̄ ꝼ̃r malıt. en vorn
ın ſe bryn. er þ ⁊ malaſānaz at vel v̊ı þott
.O. vıſſı at ꝼleırı ē̃u nockurſ v̊ðer en h̄ eınn
treðr h̄ oſſ alla vnðer ꝼotū. ⁊ þīgm̄n vara ſ̃
at h̄ eınſ ē̃ getıð. ſakar ė at h̄ reynı hůſu log
kæn h̄ ē̃. þoꝛ̃.ſ. þu ſꝉt raða ⁊ ꝥ mun ek at veí
ta. en ė er ꝥtta goðuenlıgt. ⁊ mun ıllan enða
eıga. eckı ma at ꝥ̇ ꝼara. ſ.Sꞇ̃. Sꝥttr vpp ok
gengr at ðomū ſpyꝝ huat þar ꝼarı ꝼ̃m̄ ma
lū māna. h̄m ē̃ þ ſagt. Sꞇ̃.m. Sua ē̃ hattað
.O. at varñ ē̃o ꝼunðñ ımalı þínu ⁊ `h´eꝼır þu
rangt ꞇ̃buıt malıt. kuaðt heıman .x. bua ē̃ þ
logleyſa. atꞇ̃ þu þ a þīgı at g̃a. en ė ı h̄aðı. g̃ nu
ānat huart. gack ꝼra ðomınū v̇ ſuabuıt .e.
v̊ munū ꝼæra ꝼ̃m̄ vornına. O. þagñ ⁊ hugſar
malıt. ꝼīnr at ſatt ē̃. gengr ꝼ̃ ðomınū m; ꝼlock
ſīn ⁊ heī ꞇ buðar. ⁊ ē̃ h̄ kēr ı buðar ſunðıt. þa
gengr m̄ ı mót h̄m. ſa ē̃ v̇ allðr. h̄ v̇ ı ſuarꞇ er
makapu. ⁊ v̇ h̊ komın at ſlıtı. eın var ermr
a kapūnı ⁊ horꝼðı ſu a bak aptr. h̄ haꝼðı ı
henðı ſtaꝼ. ⁊ broðð ı. haꝼðı ſıða hettuna. ⁊
rak vnðanſkygñ. ſtappaðı nıðr ſtaꝼnū ⁊ ꝼór
hellðr bıugr. þar v̊ komīn oꝼeıgr karl ꝼað̊
h̄. þa m.oꝼ̃. Snēma gangı ꝥ ꝼra ðomū. ſ. h̄
⁊ ē̃ yðr ė eīn lutr vel geꝼīn. at ſua ē̃ allt ſnar
lıgt. ⁊ ſnoꝼurlıgt. v̄ yðr .e. ē̃ h̄ ſekr o̊ſ neı. ſ.O.
ė er h̄ ſekr. Oꝼ̃.m. ė ē̃ þ hoꝼðınglıgt at gıña
mık gālan .e. h̊ munðı h̄ ė ſekr. v̊ h̄ ė ſāñ at

at ſokīnı. ſānr vıſt ſeg̃ .O. huat ē þa. ſ.Of̃. ek
hugða at ħ mættı bıta ſokın .e. v̍ ħ ė bana m̃
.v. engı mælır þ̍ ı mot. ſ.O. of̃. mħ ħ ē ħ þa eı
ſekr. O.ſ. vorn ꝼanz ı malınu. ⁊ ꝼell nıðr. of̃.
m. huı mundı vorn ꝼīnaz ı malı ſua auðıgſ
m̃. þ kolluðu þr at rangt v̑ı heıman buít
.ſ.O. ė mun þ v̑a ē þu ꝼort m; malıt. ſ.of̃. En
v̑a kān at ꝥ ſe meıꝛ lagðr ꝼeſnuðr ⁊ ꝼ̃ðer en
en algott t̓ſtıllı v̄ malaf̃lı. en þo ætla ek at þu
b̃ır nu ė ſat̓ vpp ꝼ̃ mık. O.ſ. ek hırðı allð hu̍t
þu t̃ır .e. ė. Sua kān v̑a. ſ.of̃. En þeg̃ vıſſa ek
er þu ꝼort heıman ór h̃aðı at rangt v̍ t̓ buıt
malıt. en þu þottız ꝥ ærīn eīn. ⁊ vılldır en
gan mān at ſpyrıa. ɴu muntu ⁊ v̑a ꝥ no
gr eīn v̄ þta mál. ē nu bæðı at ꝥ mun vel
takaz. enða ē ſlıkū alluant v̄. er allt þıꝛ̃
lagt hıa ſer. O.ſ. þ ē þo ſyña. at ė v̑ðı at ꝥ
gagn. Of̃.m. Su eín er nu hıalpín ı þınu
malı. eꝼ þu nytr mín v̍ .e. hu̍ſu ꝼeſpaꝛ m
vnð̃ þu nu v̑a. eꝼ nockuꝛ leıðrettı malıt
O.ſ. eckı ſp̃ða ek ꝼe eꝼ nockuꝛ vılldı gan
ga ı malıt. of̃.m. þa lattu koma ı henðr k̓
lı þum ſıoð nockurn ðıgran. þt marg̃ mā
na augu v̑ða ꝼe ſkıalg. O. ꝼær ħm mıkīn
ꝼeſıoð. þa ſp̃ðı .of̃. huart var ꝼ̃m ꝼærð log
vornın .e. ꝼyꝛı gıngu v̍ ꝼ̃ ðomunū. ſ.O. of̃.
ſ. þ eına hellðr ꝼrām ē þu g̃ðer ouıtandı
Nu ſkılıaz þr ⁊ gengr .O. heī t̓ buð̓ ſīnar.

6 Nv ē þar t̓ at taka **aꝼ oꝼegı kallı**
at of̃. k̓l gengr vpp a volluna. ⁊
t̓ ðomāna. kēr at norðlenðīga
ðomı. ⁊ ſpyꝛ huat ꝥ ꝼarı ꝼ̃m malū man
na. ħm er ſagt at ſū v̑ ðæmð. en ſū bu
ın t̓ reıꝼīgar. huat lıðr v̄ mal .O. ſoñ mīſ.
.e. ē þ̍ lokıt nu. lokıt ſē mun. ſ. þr. Of̃. mħ.
er ħ ſekr orðīn .ŏſ. neı ſegıa þr ė ē þ. h̃t v
ellðr þ̍. ſ.of̃. vaurn ꝼanz ı malınu. ſ. þr. ⁊
v̍ rangt t̓ buıt. Ja. ſ. ħ. of̃. munu ꝥ loꝼa m̃
at ganga ı ðomīn. þr ıátta þ̍. ħ gengr ı ðom
hrıngīn. ⁊ ſez nıðr. Of̃. mħ. huart ē ðæ̅t
mal .O.ſ. mınſ. ðæ̅t ē þ ſē mun. ſ. þr. huı geg
ñ þ. ſ.of̃. ē vıllt vpp borıt v̄ ſokına a henðr
ŏſ. ðrap ħ ė vala. ſaklauſan. nā þ v̍ at ė v̑ı
malıt brynt. þr .ſ. vaurn ꝼanz ı malınu.
⁊ ꝼell nıðr. hu̍neg ē vorn ſu. ſ.of̃. þa v̍ ħm ſagt
ſua uıſt. ſ. ħ. ſynız yðr þ m; nockurū rettınðum
at geꝼa gaū at ſlıku er engıs ē vert. en ðæma ė
ēn veſta mān ſekıan þıoꝼ. ⁊ mānðrapſ mān. ē þ ė a
byrgð̓ hlutr mıkıll at ðæma þān ſyknan ē ðra
pſ ē v̑ðr. ⁊ ðæma ſua ı mótı rettınðū. þr ſogðu at
þeī þættı þ ė ret̓lıgt. en þo ſogðu þr þ ꝼ̃ ſık lagt
ſua ma v̑a. ſ.of̃. v̄nu ꝥ eıðīn. ſ.of̃. at vıſu. ſ. þr
ſua mun v̑ıt haꝼa. ſ. ħ .e. hu̍ſu kuaðu ꝥ at orðı.
ė ſua na at ꝥ ſkylldut þ ðæma. at ꝥ vıſſuð ſānaz
⁊ hellz at logū. ſua munðu ꝥ mæla. þr q̊ðu ſua
v̑a. þa mħ .of̃. en huat ē ſānara. en ðæma ēn
veſta mān ſekıan ⁊ ðræpan. ⁊ ꝼırðan allrı bıor`g´
þān ē ſānreynðr ē at ſtulð ⁊ at þ̍ at ħ ðrap ſak
lauſan mān vala. en þ ıð þrıðıa er at ꝼellr eıðr
īn. ma kalla nockut ſueıgt. hyggıt nu at ꝼ̃ yðr
huart meıra ē v̑t. þı tuau orðın ē ſæta ſānın
ðū. ⁊ rettınðū .e. hıtt eıtt ē vıkr t̓ lagāna. Sua
mun yðr ſynaz ſē ē. þt ꝥ munut ſıa kūna at
þ ē meırı abyrgð. at ðæma þān ꝼrıalſan. er
maklıgr ē ðauðanſ. en haꝼa áðr ſuarıt eıða
at ꝥ ſkylldut ſua ðæma ſē ꝥ vıſſıt rettaz. Nu
megı ſua a lıta at þtta mun yðr þungt ꝼal
la. ⁊ vnðan þı abyrgð varla kōaz. Of̃. lætr ſtū
ðū ſıga ſıoðīn nıðr vnðan kapūnı en ſtunðum
kıpp̃ ħ vpp. þ ꝼīnr ħ. at þr rēna augū t̓ ſıoðſınſ.
ħ mħ. þa t̓ þra. þ v̑ı raðlıg̃. at ðæma rett ⁊ ſat̓
ſē ꝥ haꝼıt ſuarıt. ⁊ haꝼa þar ı mot þauck ⁊
oꝼuſu hyggīna māna ⁊ reıſyña. ħ tok ſıðan
ſıoðīn ⁊ ſteyptı ór ſılꝼ̃nu. ⁊ talðı ꝼ̃ þeī. Nu vıl
ek lyſa vınattu bragð v̍ yðr. ſ. ħ. ⁊ ſe ek þo me
ıꝛ ꝼ̃ yðr ı þu en ꝼ̃ m̃. ⁊ g̃ı ek þ̍ ſua. at ꝥ erut
ſum̃ vıñ míñ. en ſum̃ ꝼrænðr. ⁊ þo þr eıñ. at
nauðſyn hellðr t̓. at hueꝛ getı ſıalꝼſ ſínſ. vıl
ek geꝼa hueríū m̃ eyrı ſılꝼrſ ē ı ðomı ſıtr. en
þeī halꝼa mork ē reıꝼ̃ malıt. ⁊ haꝼı ꝥ þa beðı
ꝼeıð ⁊ ꝼırða yðr abyrgð. en ſpıllıð ė ſærū yð
rū. ē þo lıɢr meſt v̍. þr hugſa malıt ⁊ lız ſānlıg`t´

v̄a ꝟ v̄tolur ħ. en þıḱ aðr kōıt ı ıllt eꝼnı v̄ eıða
brıgðın ꝫ kıoſa þr þān koſt aꝼ. ē oꝼ̄. bauð þeī. ē þa
þegar ſent ept̄ .O. ꝫ kēr ħ þar. en hoꝼðıngıarner
ero þa heī gengn̄ t̍ buða. Nu ē þeg̃ ꝼ̄m haꝼt ma
lıt. ꝫ ē ōſ. ſekr g̃r. ꝫ ſıðan neꝼnðer vatt at ðōſor
ðı v̄ı a lokıt. Nu ꝼara m̄n heī t̍ buða ſīna ꝟ ſua
buıt. engı ꝼ̊t ꝼor aꝼ ꝥu v̄ nottına. en at laugƀg
ı v̄ morgınīn. ſtenðr .O. vpp. ꝫ talar hatt. ħ v̄ð
m̄ ſekr ı nott ē ōſꝥ. heıt̄ ı norðlenðıngaðomı
v̄ víg vala. en ꝥ er at ſegıa t̍ ſektar marka
ħ. at ħ ē mıkıll vextı. ꝫ karlmānlıgr. ħ heꝼer
brunt hár. ꝫ ſtór beın ı ānlıtı. ſuart̄ bryn̄. mık
lar henðr. ðıgra leggı. ꝫ allr ħ voxtr er aꝼbur
ðar mıkıll. ꝫ ē m̄ hīn glæpamānlıgſtı. Nu ƀgðr
m̄m ı brun mıog. marg̃ hoꝼðu aðr enga ꝼret̄
aꝼ haꝼt. þıḱ m̄m .O. ꝼaſt ꝼylgt haꝼa ꝫ gıptu
ſālıga t̍ haꝼa tekız. ſua ſē komıt v̄ malınu.

7 FRa ꝥ er ſagt at þr styrm̄ **En aꝼ banða**
ꝫ þorarēn talaz ꝟ. St̄.m. mıkla **m̄m**
ſneypu ꝫ ſuıuırðıng hoꝼū ꝟ aꝼ ꝥu ma
lı ꝼengıt. þorar̄.ſ. ꝥ ept̄ lıkenðū. ꝫ munu ħ vı
trır m̄n haꝼa v̄ vellt. Ja. ſ.St̄. Ser þu nockut
nu t̍ leıðrettu. ė veıt ek at ꝥ megı bratt v̄ða.
.ſ. þorar̄. huat hellzt. ſ.St̄. þorar̄.ſ. v̄ı ſokın ꝟ
þa ē ꝼe v̄ borıt ı ðō ꝫ ſu mun bıta. þa ē. ſ.ſtyr̄
ganga þr þa ı brott ꝫ heī t̍ buða. þr heīta nu
ſaman vını ſına. ꝫ tengða m̄n a eına mal
ſteꝼnu. ꝥ v̄ ı ħmunðr ılluga .ſ. ānaꝛ̄ Geller þor
ðar .ſ.ííȷ̇. egıll ſkula .ſ.íííȷ̇ ıarnſkeggı eın̄ſ .ſ.
.v. SkeɢƀðÐı. bıarna .ſ.vı. ꝥgeıꝛ̄ hallðoru .ſ. ꝫ þr
St̄. ꝫ porā. ꝥır .víȷ̇. m̄n ganga nu a tal. Segıa
þr. St̄. ꝫ þor̄ malauoxtu ꝫ huar þa v̄ kōıt. ok
hv̄ſu mıkıll ſlægr t̍ var ꝼıarīſ .O. ꝫ ꝥ at aller
munu þr ꝼullſælır aꝼ v̄ða. þr raðanu t̍ ꝼaſ
ta m; ſer. at veıtaz aller at malınu. ſuaat
an̄at huart ſkılı ꝼ̇ koma ſekt̄ .e. ſıalꝼðæmı
ganga nu ſıðan ı bonð ꝫ eıða ꝫ hyggıa nu at
ꝥu megı eckı bregða ꝫ engı munı trauſt
a bera .e. kūnattu ımotı at rıſa. Skılıa at
ſua m̄tu. ꝫ rıða m̄n heī aꝼ þıngı. ꝫ ꝼ̄r ꝥtta
ꝼyſt aꝼ hlıoðı. O. vn̄ nu vel ꝟ ſına þīgreıð
ꝫ ē nu ꝼleıra ı ꝼrænðſemı m; þeī ꝼeðgū. en v̄
ıt haꝼðe. Sıtr nu v̄ kyrt þau mıſſarı. Ok v̄
varıt hıttaz þr ꝼeðgar ꝟ laug. ꝫ ſpyꝛ̄. oꝼ̄ tí
ðenða. O. lez engı ꝼrétta. ꝫ ſpyꝛ̄ a motı. Oꝼ̄.ſ.
at þr ſtyrm̄. ꝫ þorarīn haꝼa ſaꝼnat lıðı ꝫ æt
la at ꝼara a mel ſteꝼnuꝼaur. O. ꝼ̊t̄ hv̄ ſok
t̍ ꝥ ſe. Oꝼ̄.ſ. ħm alla ætlan þra. O.ſ. eckı lız
m̄ ꝥtta þungt. oꝼ̄.ſ. ꝥ ma v̄a at yðr v̄ðı ꝥ eckı
v̄ aꝼl. lıða nu ſtunðer at ſteꝼnu ðogū. ꝫ koma
þr .St̄. ꝫ þor̄. a mel m; ꝼıolmēnı. σ. haꝼðı ok
mart m̄ ꝼ̇. þr haꝼðu ꝼrā mal ſın ꝫ ſteꝼna .O.
t̍ alþīgıſſ ꝼ̇ ꝥ ē ħ haꝼðı latıð bera ꝼe ı ðom.
at ologū. verðr þar eckı ꝼleıra t̍ tıðenða. ꝫ
rıða þr ı ƀtt m; ꝼlock ſīn. Sua ƀr ēn t̍ at þr
ꝼeðgar hıttaz. ꝫ talaz ꝟ. ſpyꝛ̄ .oꝼ̄. huart ħ
þıkı ēn engıſſ v̄ v̄t. o.ſ. ė lız m̄ ꝥtta mal ꝥ
vnglıgt. ė ſynız m̄ ſua. ſ.oꝼ̄.e. hv̄ſu g̃la veıztu
ı huert eꝼnı kōıt ē. O. lez vıta ꝥ ē þa v̄ ꝼ̄m
kōıt. Oꝼ̄.ſ. meıra ſloða mun ðraga. at ꝥ er
ek hyɢ. ꝥt .vı. hoꝼðıngıar aðrer. þr at meſt̄
ero. haꝼa gengıt ı malıt með þeī. O.ſ. mı
kılſ þıkır þeī ꝟ þurꝼa. O. m̄lı. huert mun
þıt̄ rað nu v̄a. o.ſ. huat nēa rıða t̍ þīgſ ꝫ
bıðıa ſer lıðſ. oꝼ̄.ſ. ꝥ ſynız m̄ ouent at ſua
ꝼollnu malı. ꝫ mun ė goı̇ at eıga ſına ſēð
vnðer lıðı ꝼleſtra. huat ē þa t̍ raðſ. ſ.O. Oꝼ̄.
m̄lı. ꝥ ē mıtt rað at þu buer ſkıp þıtt vm
þīg ꝫ v̄ buīn m; allt lauſa goz þıtt aðr m̄n
rıða aꝼ þıngı .e. huart þıkı þer betr kōıt
ꝥ ꝼe ē þr taka vpp ꝼ̇ ꝥ .e. hıtt er ek heꝼ̄. þat
þıkı mer ıllſkaīn at þu haꝼ̄. ok nu ꝼær .O.
ꝼoður ſınū. eīn ðıgran ꝼeſıoð ꝼullan aꝼ ſıl
ꝼrı. ꝫ ſkılıaz at ꝥ. O. byr nu ſkıp ſıtt ꝫ reðr
m̄n t̍. lıðr nu ꝼ̄m at þīgınu. ꝫ ꝼ̄r ꝥı raðag̃ð
aꝼ hlıoðı ſua at ꝼaır v̄ða vıſır. **aꝼ banða m̄m**

8 NV rıða þr hoꝼðıngıarn̄ t̍ þīgſ ꝫ ꝼıol m̄
na mıog. Oꝼ̄. ḱl v̄ ı ꝼlockı ſt̄. þeır
banðam̄n m̄tu mot m; ſer. a blaſ
kogaheıðı. Egıll. ꝫ St̄. ꝫ ħmūðr. ꝫ þorar̄ rı
ða nu aller ſaman ſuðr t̍ vallarınſ. þr rıða
auſtan. SkeɢƀðÐı. ꝫ ꝥg̃r hallðoru .ſ. or la

garðal. en ıarnſkeggı norðan. ⁊ hıttaz hıa rey
ðarmula. ʀıða nu aller ꝼlockarñ oꝼan a vol
luna. ⁊ ſua a þıng. ꝥ ẽ nu ꝼleſt v̄ talað ſē mal
.O. ero. þıḱ þ ollū m̄m vıſt v̊a at h̄ mun engı
ꝼ ſuara. ætla þ at ꝼaer þorı. enða g̃ı engum
ſlıḱ hoꝼðıngıar ſē t motz ẽo. þıḱ þeī ⁊ alluēt
v̄ ſıtt mál. ⁊ braſta allmıkıt. engı ẽ ſa ẽ ımo
tı þeī kaſtı eınu orðı. O. heꝼ̃ engū mānı v̄ ſıt
mal boðıt. byr h̄ ſkıp ſıtt ıʀutaꝼ̃. þeg̃ m̄n
v̊ t þīgſ ꝼarñ þ var eīn ðag. ẽ oꝼ̃ k̃l gek ꝼ̃
buð ſīnı ⁊ v̊ ahyggıu mıkıt. ſer engua lıð
veızlu m̄n ſına. en þottı v̇ þungt at etıa. s̃
varla ſıtt ꝼærı eınū v̇ ſlıka hoꝼðıngıa. en
ımalı v̊ engar v̊nð̃. ꝼ̃r hækılbıugr. huarꝼla`r´
ımıllı buðāna. ⁊ reıkar a ꝼotū. ꝼ̃r þāneg
lengı. kēr v̄ ſıðır t buðar egılſ Skula ſoń
þar v̊ þa m̄n kōñ t talſ v̇ .E. oꝼ̃. veık hía
buðarðyrunū. ⁊ beıð þar t ꝥ ẽmēnırñ gēgu
ı brott. Eg̃. ꝼylgðı þeī v́t. ener h̄ ætlar īn at
ganga. þa ſnyr oꝼ̃ ꝼ h̄. ⁊ kuaððı .eg̃. h̄ leít
v̇ h̄m. ⁊ ſpurðı hueʀ h̄ v̊ı. oꝼ̃. heıtı ek. ſ. h̄
eg̃. mł̄ı. ertu ꝼaðer .O. h̄ quað ſua v̊a. þa m
vntu vılıa tala v̄ mal h̄. en þ þarꝼ eckı
v̇ mık at tala. mıklu ẽ ꝥ meıʀ ꝼ komıt
en ek mega þar neıtt t leggıa. eru ⁊ aðrır
meıʀ ꝼ ꝥ malı ek. St̃. ⁊ þoraꝼ̃. lata þ me
ſt t ſın taka þo at v̊ ꝼylgī þeī at. oꝼ̃.ſ.
⁊ varð ſtaka a mūnı. ꝼyʀ var ſæmra t ſoń
hugſa. geck ek allðregı oððz at ſīnı. Sa h̄
lıtıð t laga gaſſı. þótt ꝼıar haꝼı ꝼullar g
notſ̃. ⁊ ēn kuað h̄. þat er nu gōlū gleðı he
ımðraga. at ſpıalla hellz v̇ ſpaka ðrengı
muntu ė m̄ malſ oꝼ ſynıa. ꝥt vırðar þık
vıtra kalla. mun ek ꝼa m̄ ānat t ſkēta
nar en tala v̄ mal .o. heꝼ̃ þ v̊ıt rıꝼlıgra
en nu. muntu ė vılıa ſynıa m̄ malſ. ẽ þ
nu hellz gaman k̃lſ. at tala v̇ ꝥ hatt m̄n
⁊ ðuelıa ſua aꝼ ſtunðer. E.ſ. ė ſł̄ varna
ꝥ malſ. ganga þr nu .ıȷ. ſaman. ⁊ ſetıaz
nıðr. þa tekr oꝼ̃. t orða. ertu bum̄ .E. h̄
kuað ſua. byr þu þar at borg. þ ẽ ſat. ſ.E.

oꝼ̃ mł̄ı. vel ẽ m̄ ꝼ̃ ꝥ ſagt. ⁊ ſkapꝼellðlıga. ẽ
m̄ ſagt at þu ſpaꝼ̃ v̇ engan mān mat. ⁊ s̃
rauſnar m̄. ⁊ ockr ſe eckı olıkt ꝼarıt. hv́t
ueggı maðrīn æt̃ſtorr. ⁊ goðr aꝼ ſínu. en o
hægr ꝼıarhagrīn. ⁊ þ ẽ m̄ ſagt. at ꝥ þıkı got
vınū þınū at veıta. E.ſ. vel þættı m̄ at m̄
v̊ı ſua ꝼarıt. at ꝼ̃tt ſē ꝥ. ꝥt ek veít at þu ẽt
æt̃ſtorr. ⁊ vıtr. oꝼ̃ mł̄ı. þ er þo olıkt. ꝥt þv
ẽt hoꝼðıngı mıkıll. ⁊ ottaz eckı huat ſē ꝼ̃ẽ
⁊ lætr allðrı þīn lut. v̇ huern ſē þu átt. en ek
lıtılmēnı. en ſkaplynðı kēr ſaman hellz
m; okr. ⁊ ẽ þ harmr mıkıll. ẽ ſlıka m̄n ſł̄
nockut ꝼe ſkorta. er ſua ero mıklır borðe
E.ſ. þ kañ v̊a at þ ſkıptız bratt. at hægız ra
ðıt. hv̊ſu kēr þ t. k̃ð.oꝼ̃. þāneg hyɢz m̄. ſ.e.
eꝼ vnðer oſſ beʀ ꝼeet .o. at þa munı ꝼátt
ſkorta. ꝥt oſ ẽ þar mıkıt aꝼ ſagt aúð þeī.
Oꝼ̃.ſ. ė mun þ aukıt þoat h̄ ſe ſagðr rıkazt`r´
maðr a ıſlðı. En þo mun ꝥ ꝼoruıtnı a hv̊r
þīn lutr v̊ðr aꝼ ꝼenu. ꝥt þu ẽt ꝥ mıog þu`r´
ꝼı. þ ẽ ſatt q̃ð .E. ⁊ ẽtu goðr k̃l ⁊ vıtr. ⁊ mun
tu vıta gıorla v̄ ꝼé .O. h̄ .ſ. ꝥ ventı ek at þ ſe ė
oðꝛ kv̄nıg̃ en m̄. ⁊ kān ek þ at ſegıa ꝥ. at ē
gı ſeg̃ ſua mıkıt ꝼ̃ at ė ſe þo meıra. en þo heꝼ̃ ek
hugſat v̄ áðr ꝼ m̄ huat þu munt aꝼ hlíota. ok
varð h̄m vıſa a mūnı. Satt ẽ at ſæḱ .vííȷ. ſeīſ
agırnı heıma. orð g̃az auðar níorðū mǽt ⁊ rāg
lætı. yn̄a ek yðr ꝼ m̄m. ıðıa hlatr at lata. þun
ðū þykra ranða þeyſſ ⁊ ſæmðarleyſıſ. h̄t mū
ðı þ olıklıgt ſeg̃ .e. ⁊ ertu ſkallð gott. Oꝼ̃ mł̄ı.
eckı ſł̄ þ ðraga ꝼ ꝥ. hv̊ıa ꝼullſælu þu munt v
pp taka. en þ ẽ hīn .xvı.`ðı´ lutr or melſlðı. heyra
enðemı. ſ.E. ė ẽ þa ꝼéet ıāmıkıt ſē ek hugða .e.
hv̊ſu ma þtta v̊a. oꝼ̃.ſ. ė ẽ þ allmıkıt ẽ ꝼeet en
ꝥ vænt mık at ꝥu næſt muñ þu hlıota. haꝼı
ꝥ ė ſua talað at ꝥ ſkyllðut haꝼa halꝼt ꝼe .O.
en ꝼıorðungſ m̄n halꝼt. þa telz m̄ þāneg tıl.
eꝼ ꝥ erut .víȷȷ. banðam̄n at ꝥ munıt haꝼa h
alꝼt melſlð ꝥt ſua munu ꝥ t ætla ⁊ ſua mł̄t
haꝼa. þo at ꝥ haꝼıt þtta m; ꝼaðemū vpp teḱ
meırū en m̄n vıtı ðæmı t. þa munu ꝥ ꝥı atq̃

ðı haꝼt haꝼa .e. v̄ yðr nockur van a þ᷑. at .O. ſon mīn
munðı ſıtıa kyꝶ ꝼ geıſan yðuaꝶı ē ꝥ rıðıt norðr þa
gat. neı. ſ. ħ oꝼ. ė v̄ðr yðr ħ .O. raðlaus ꝼ. ⁊ ſua mıkla g
nott ſē ħ heꝼ \t/ ꝼíar. þa heꝼ ħ þo ė mīnı gæꝼu t vıtzmu
nāna. ⁊ t raðagðða þeg ħ þıkız ꝥ v̄ þurꝼa. ⁊ þ gn̄ mık
at ė ſkrıðr at ſıðr k\n/orrīn vnðer ħm v̄ ıſlðz haꝼ þo
at ꝥ kallıt ħ ſekıan. en þ ma ė ſekt heıta. ē ſua ē rāg
lıga vpp tekıt. ⁊ mun a þa ꝼalla ē m; ꝼa. ⁊ ꝥ venꝼ mık
at ħ munı nu ı haꝼı m; allt ſıtt nema lðıt a mel. þat
ætlar ħ yðr. ꝼtt haꝼðı ħ þ at ė v̄ laung ſıaꝼargata t
ƀgar. eꝼ ħ kemı a ƀg ꝼıorð. Nu mun þtta ſua ſetıaz
ſē vpp v̄ haꝼıt at ꝥ munuð ꝼá aꝼ ſkōm ⁊ ſuıuırðīg.
⁊ gengr þo at maklıgleıkū. ⁊ þar m; huerſ m̄ amæ
lı. þa .ſ.E. þtta mun v̄a ðagſāna ⁊ eru nu braugð
ımalınu. var þ mıklu lıkara. at .O. munðı ė ſıtıa 9
rað laus ꝼ. ⁊ mun ek ė at þu telía. þt ēo þr ſum̄ ıma
lınu. ē ān vel ſuıuðıng aꝼ. ⁊ meſt æſa malıt. ſua ſē
ē ſt.e. þoraꝼ. ⁊ ħmunðr. oꝼ. mlı. þ mun ꝼara ſē bet\r/
ē. en þ mun ꝼara ſē maklıgt ē at þr munu ꝼa mar
gſ manz amælı aꝼ þu. en þ þıkı m̄ ılla ē þu heꝼ ė
goðan lut aꝼ. þt þu ꝼellz m̄ vel ı geð ⁊ bezt aꝼ yðr
banðam̄m. lætr ħ nu ſıga ꝼeſıoð eīn ðıgran nıðr
vnðan kapūní. E. bra t augū. oꝼ. ꝼīnr þ. kıpp vpp
ſē ſkıotaz vnðer kapuna. ⁊ m. a þa leıð ē .E. ſ. ħ. at
at mık venꝼ. at þ᷑ nærr ſl ꝼa ſē ek heꝼ ſagt ꝥ. Nu
mun ek ga ꝥ ſæmð nockura. vınðr nu vpp ſıoðnū
⁊ ſteypır ór ſılꝼnu ı ſkıckıu ſkaut .E. þ v̄ .cc. ſılꝼrſ. ꝥ
ē bezt kūnı v̄ða. þtta ſltu þıggıa aꝼ m̄. eꝼ þu gēgr
ė ımotı malınu. ⁊ ē þtta nockuꝶ ſēðar lutr. E.ſ.
þætla ek at þu ſer ė meðalkarl vanðr. ē ꝥ engı
þ ván at en muna vılıa rıuꝼa ſærı mín. oꝼ.ſ. ė
ero ꝥ þo ſlıꝶ ſē ꝥ þıkız. vılıt heıta hoꝼðıngıar. en
kūnıt yðr engan ꝼaugnut. þeg ꝥ kōıt ı nockurn
vanða. Nu ſltu ė ſua m; ꝼara. hellðr mun ek hıt
ta þ rað at þu munt hallða ſærı þín. huert ē þ. ſ.
.E. oꝼ. mlı. haꝼı ꝥ ė ſua mlt at ꝥ ſkyllðuð haꝼa ſ
ektır .e. ſıalꝼðæmı. E. kuað ſua v̄a. þ kān v̄a. oꝼ.
at oſſ ꝼrænðū .o. ſe ꝥ vnt at kıoſa huart v̄a ſl. Nu
mættı ſua t ƀa at vnðer þık kemı gðın. vıl ek þa
at þu ſtıller hēnı. e.ſ. ſatt ſeg þu. ⁊ ertu ſlægr kl
⁊ vıtr. en þo v̄ðr ek ė t ꝥ buīn ⁊ huarkı heꝼ ek t mátt

ne lıðſ aꝼla at ſtanða eīn ı mot þum hoꝼðıngıum
ollū. þt ꝼıanðſkapr mun ꝼ kōa eꝼ nockuꝶ rıſſ v̄. oꝼ.
mlı. huerſu mun eꝼ ānaꝶ kēr ımalıt m; ꝥ. þa mū
nærr ꝼara. ſ.E. oꝼ. mlı. hūn vılltu hellzt t kıoſa.
aꝼ banðam̄m. lattu ſua ſē ek eıga a ollū vol. tueı\r/
ēo t. ſ.E. ħmunðr ē m̄ næſtr. ⁊ ē ılla með ockr. en
ānaꝶ ē Gellır. ⁊ ħ mun ek t kıoſa. þ ē mıkıt t at v
īna. ſ.oꝼ. þt ollū ynna ek ıllz lutar aꝼ þu malı
nema ꝥ eınū. en haꝼa mun ħ vıt t þ at ſıa huar\t/
betra ē aꝼ at kıoſa. at haꝼa ꝼe ⁊ ſemð .e. mıſſa
ꝼıar ⁊ taka v̄ ouırðıng .e. vılltu nu ganga ı mal
ıt eꝼ vnðer þık kēr t þ at mınka gðına. þætla ek
víſt. ſ.E. þa ſl þtta v̄a ꝼaſt m; ockr. ſ.oꝼ. þt ek m̄
kōa hegat t þín aꝼ añaꝶı ſtunðu. **aꝼ .o. ſeþl**

Nv ꝼr oꝼ. ı brott ⁊ ſkılıa þr egıll. reıkar
oꝼ. nu mıllı buðāna. ⁊ ē allhælðregīn er
þo ė ſua ðapr m; ſıalꝼū ſer ſē ħ ē hrūmr
at ꝼotunū. ⁊ ė ſua lauſtækr ı malunū. ſē ħ ē las
meyꝶ ı gaungūnı. Vm ſıðır kēr ħ t buðar Gellı\s/
þorðar .ſ. ⁊ lætr ħ vt kalla. ħ kēr vt. ⁊ heılſar ꝼyꝶ
oꝼ. þt ħ var lıtıllatr. ⁊ ſpyrr huert erenðı ħ er. oꝼ.
.ſ. hıngat v̄ð m̄ nu reıkað. Gellır. mlı. þu munt vıl
ıa tala v̄ mal .o. oꝼ.ſ. eckı vıl ek þar v̄ tala. ⁊ ſegı
ek m̄ þ aꝼhent. ⁊ mun ek ꝼa m̄ aðra ſkētan. G.
mlı. huat vılltu þa tala. oꝼ.m. þ ē m̄ ſagt at
þu ſer vıtr m̄. en m̄ ē þ gaman at tala vıtra m̄n
þa ſettuz þr nıðr ⁊ taka tal ſín ı mıllū. þa ſpyꝶ
oꝼ. huat ē vngra maña veſtr þ᷑ ı ſueıtū. þ ē ꝥ þı
kı lıklıgt t mıkılla hoꝼðıngıa. G. ſagðı at goð
vol v̄ þar á þ᷑. ⁊ neꝼn̄ t ſonu ſnorra goða. ⁊ eyꝼ
m̄n. Sva ē m̄ ſagt. q.oꝼ. at v̄a munı. enða ē ek
nu vel t ꝼtt komīn. er ek tala v̄ þān mānīn
ē beðı ē ſānorðr ⁊ gegn .e. huat ē kuēna þra ve
ſtr þ᷑ ē bezt koſt ero. ħ neꝼn̄ t ðætr ſnorra go
ða. ⁊ ðætr Steīðorſ a eyrı. Sua ē m̄ ſagt. q.oꝼ.
.e. hūſu ē. attu ė ðætr nockurar. G.q eıga vıſt
ħ neꝼn̄ þu ė þær. ſ.oꝼ. engar munu ꝼrıðarı
en þın .ðð. eꝼ at lıkenðū ſl raða .e. eru þær ė
gıptar. ė. ſ. ħ. ħ ſæꝼ þ. ſ.oꝼ. G.ſ. þt ė haꝼa þr t boð
ız at beðı ſe ſtór auðg. ⁊ haꝼı ſtaðꝼeſtur goð.
kynrıꝶ ⁊ vel mānaðer ſıalꝼ. en ek ē þo eckı ꝼe

þo mun ek mānuandr. ſak̄ kynf̄ðis ꝫ v̍ðín ǵ. en ſł nu ė ſpyrıaz lata allz huat er þra māna norðr þ́. ē veñ ſe t̉ hoꝼðīgıa. oꝼ̄.ſ. þ́ er gott mān val. tel ek þar ꝼyſtan eınar ſon ıarſkeggıa ꝫ hall styrmıſ .ſ. Mæla þ ꝫ ſum̄ m̄n. at .o. ſon mīn ſe mānuenlıgr m̄. enda ſł nu kōa orðū þeī ē h̄ bauð m̄. at h̄ vıllðı mægıaz v̍ þık. ꝫ ꝼa ðottur þīnar þrar ē ragneıðr heıt̄. Ja. ſ. h̄. G. var þ ē þ́ mundı vel ſuarat. en at ſuabunu get ek at þ ꝼreſtız. huat kēr t̉ þ. ſ.Oꝼ̄. G.m. ðīmu þık̄ a ðra ga raðıt .o. ſoñ þınſ at ſuabunu. oꝼ̄.ſ. ek ſegı þ́ m; ſōnu. at allðrı gıpt̄ þu hana betr en ſua. þ́ at eín m̄t mun þ. at h̄ ſe mentr ſē ſa ē bezt ē. enda ſkort̄ h̄ ė ꝼe ne ætt goða. en þu ert mıog ꝼe þurꝼı. ꝫ mættı ſua v̄ða. at þ́ yrðı ſt yrkr at h̄m. þt maðrīn ē ſtorlyndr v̍ vını ſīa. .G.ſ. a þtta mundı lıtıð eꝼ ė ſtæðı malaf̄lı þı ıf̄. oꝼ̄.ſ. gettu ė vaꝼurleyſu þrar ē engıſſ ē v̄ð. en þeī oſomı ı. ꝫ oll ꝼolſka er m; ꝼara. G. .ſ. ė ˋēˊ þ þo mīnı ván ē at oðru geꝼız. ꝫ vıl ek ė þu ıata. en eꝼ þtta mættı leyſaz. þá vıllða ek þ gıarna. oꝼ̄.ſ. þ kān v̄a .G. at þ́ takıt h̄ aller ꝼullſælu vpp. en þo ma ek ſegıa. þ́ hūr þ ıñ lutr mun aꝼ verða. þt þ veıt ek g̃la. ꝫ m̄ þ at bazta koſtı. at þ́ .vííj. bandam̄n hlıotıð h alꝼt melſ lð. v̄ðr þa þo ė goðr þīn hlutı ꝼér lıtıð aꝼ ꝼenu. en hef̄ latıð ðaðına ꝫ ðrengſka pīn. at þu vart aðr kallaðr eīn hueꝛ beztr ðrengr a lðınu. G. ſpurðı. huı ſua mættı v̄ða. oꝼ̄.ſ. þ þıkı m̄ lıka at .O. ſe nu ı haꝼı m; allt ſıtt nema lðıt a mel. ė v̄ yðr þ́ ván at h̄ mun ðı rað raðlaus f̄. ꝫ lata yðr kıoſa. ꝫ ðeıla yð var ımıllū. ne. ſ. h̄ oꝼ̄. hellðr m̄ı. h̄ hıtt eꝼ h̄ kemı a breıðaf̄. at h̄ mundı ꝼıña bé þīn. ꝫ mættı þa kıoſa ſer kuanꝼong or þīnū g̃ðe. en ſagðız haꝼa nog ellðz uırkı t̉ at brēna bé þīn eꝼ h̄ vıllðı. Sua ꝫ eꝼ h̄ kemı a ƀgar.f̄. þa haꝼðı h̄ f̄tt at ė v̄ long ſıaf̄ gata t̉ ƀgar gat h̄ ꝫ eꝼ h̄ kæmı a eyıaf̄ at h̄ mundı ꝼī ña be ıarnſkeggıa. Slıkt ıt ſama eꝼ h̄ kemı ı auſt ꝼıorðu. at h̄ mundı hıtta bygð skeGƀðða.

Nv lıGr h̄m eckı a. þo at h̄ kōı allð̉ t̉ ıſlðz. en þ́ m vt haꝼa aꝼ þu maklıgan lut. en þ ē ſkōm ꝫ ſuı vırðíng. Nu þıkı m̄ þ ıllt ſua goðr hoꝼðıngı ſē þu hef̄ v̄ıt. er þu hef̄ ſua þungan lut aꝼ. ꝫ ſperða ek þık t̉ þ. G.ſ. þtta mun v̄a ſatt. ꝫ tel ek lıtt at. þo at nockut vnðanbragð v̄ðı v̄ ꝼıár vpptakıt. lét ek þtta leıðaz ept̄ vınū mınū meıꝛ en m̄ v̄ı þtta ſua ſtaðꝼaſt ı ſkapı. oꝼ̄.m. Sua mun þ́ lıtaz þeǵ ė ē oꝼmıkıt raſ a þ́. at ſa ſe lutıṅ v̍ðulıgrı. at gıpta .o. ſynı mınū .ð. þína. ſē ek ſagða ı ꝼyrſtu. Se h̄ ꝼéét ē h̄ ſēðı þ́. ꝫ q̉ ſıalꝼr munðu hana heıman g̃a. þt h̄ vıſſı vaneꝼnı þín. ꝫ ēo þtta .cc. ſılꝼrſ. þ ē uarla ꝼær ſlıkt. hygðu nu at. hūr þ́ byðr ſlıkan koſt. at gıpta ſlıkv̄ mānı .ð. þına. ꝫ g̃ı h̄ hana ſıalꝼr heıman. ꝫ þ lıkaz at allðrı ſe ꝼorūkū g̃t v̍ þık. en .ð. þın ꝼallı ı ꝼullſelu. G.ſ. mıkıt er þtta ſua at þ er toruırðt. en þ vīn ek t̉ engıs at ſuıkıa þa er m̄ t̉a. en ſe ek at eckı ꝼæz aꝼ ma lınu nēa hrop ꝫ haðung. þa .ſ.oꝼ̄. ꝼurðu heſkır ero þ́ hoꝼðıngıarñ. hueꝛ ꝼyſtı þık at þu ſkyll ðır ſuıkıa þa ē þ́ truðu .e. ganga a eıða þína hıtt ma v̄a at ſua ƀı t̉ at vnðer þık kæmí g̃ðın. ꝫ meǵ þu þa mınka. ꝫ hellðr þu þo ſærı þín. G.ſ. ſatt er þtta ꝫ ētu mıkıll bragða karl ꝫ ꝼurðu ſlægr. En þo ma ek ė eīn ganga ı ꝼāg þū ollū. oꝼ̄.m. hūſu mun þa. eꝼ ek ꝼæ t̉ ānā vılltu þa v̍ hıalpa malınu. þ vıl ek. k.G. eꝼ þu kēr þ́ v̍ at ek ſkyla v̄ mæla. Oꝼ̄.m. hūn kyſtu t̉ m; þ́. G.ſ. Egıl mun ek kıoſa. h̄ ē m̄ næſtr. oꝼ̄. .ſ. heyr a enðımı. kyś þañ ſē veſtr ē aꝼ yðru lıðı. ꝫ þıkı m̄ mık̄ f̉ at ꝼá h̄m ſæmðar hlut ꝫ veıt ek ė huart ek vıl þ t̉ vīna. þu ræðr nu. k.G. oꝼ m̄ı. vılltu þa ıganga malıt eꝼ ek kē h̄m t̉ m; þ́. þt ſıa mun h̄ kuña huart be tra ē at haꝼa nockura ſemð eða enga. ſua mıkıt ſē m̄ kaupız ı. ſ.G. þa ætla ek at ek m una t̉ hætta. þa m̄ı .oꝼ̄. v̄ hoꝼu v̍ .E. talat aðr ꝫ ſynız h̄m ė toruellðlıgt malıt. ꝫ ē h̄ ı komīn Nu mun ek geꝼa ráð t̉. hueru m; ſł ꝼara ꝼloc kar yðrer bāða māna ero mıog aller ſaman.

ıgongu. nu mun ꝥ engı m̄ gruna. þo at þıð egıll talız v͛ þa ē þıð gangıt t͛ aptanſaungſ ſlık ē yk`r´ lıkar. G. tekr v͛ ꝼenu. ꝫ ē ꝥtta raðıt nu m; þeím Sıðan ꝼ͛r oꝼ͛ nu ı brott. ꝫ t͛ buðar egılſ. ꝫ huarkı ſeınt. ne krokott. ꝫ ė bıugr. ſeg͛ nu .e. huar kōıt ē. lıkar hm̄ nu vel. ep͛ v̄ kuellðıt ganga m̄n tıl aptan ſaungſ. ꝫ talaz þr .E. ꝫ Gell͛ v͛. ꝫ ſemıa ꝥtta ı mıllı ſín grun̄ ꝥtta engı m̄. **aꝼ flægðum oꝼeıgſ**

10 Nv ē ꝼ͛ ꝥ ſagt at an̄an ðag ep͛ ganga m̄n t͛ laugb͛gſ ꝫ v͛ ꝼıolment. þr .E. ꝫ G. ſaꝼna at ſer vínū ſínū. oꝼ͛. ſaꝼnaðı ꝫ m; þeī .ſſ. ꝫ þorar͛. ꝫ ē m̄n v͛ kōn̄ t͛ laugb͛gſ. þr ſē þagat v͛ ván þa kuaððı oꝼ͛ ſer hlıoðſ. ꝫ mlı. Ek heꝼı verıt o hlut ðeılīn v̄ mál .o.ſ. mínſ h͛ t͛. en þo veıt ek at nu ero þr m̄n h͛ at meſt haꝼa gengıt at ꝥu malı. vıl ek ꝼyſt queðıa at ꝥu malı herm̄ð. þo at ꝥtta haꝼı m; meırū ꝼaðemū vpp haꝼıt en m̄n m̄n vıtı ðemı t͛. ꝫ ſua ꝼ͛m̄ ꝼarıt ꝫ ė olıklıgt at m; ꝥ endız. Nu vıl ek ꝥ ſpyrıa. huart nockur ſætt ſſ koma ꝼ͛ malıt. h͛m̄ðr .ſ. eckı vılıū v͛ taka vtan ſıalꝼðæmı. oꝼ͛.m. t͛ ꝥ munu m̄n trautt vıta ðæmı at eīn m̄ haꝼı ſellt .vííj. m̄m ſıalꝼðæmı a eınu malı. en t͛ ꝥ ero ðæmí at eīn maðr ſelı eınū mānı allz þo he ꝼ͛ ꝥta m; meırū ꝼaðemū gengıt hellðr en huert ānaꝛa. þa uıl ek bıoða at .íj. g͛ı aꝼ yðrū ꝼlockı. h͛m̄ðr .ſ. ꝥ vılıū v͛ vıſt ıata. ꝫ hırðū ė hue͛ .íj. g͛a. þa munu ꝥ v̄na m̄ ꝥs .ſ.oꝼ͛. at ek h`aꝼ´a þa vegtyllu at ek kıoſa aꝼ yðr banðam̄m þa .íj. er ek vıl. Ja ıa. ſ. h͛m̄ðr þa mlı þorar͛. Ja þu nu ꝥ eínu ı ðag ē þu ıðraz ė a morgın. ė ſſ nu aptr mæla. ſ. h͛m̄ðr. Nu leıtar oꝼ͛ borgunar māna ok varð ꝥ auðuellt ꝥt ꝼıarſtaðr þottı vıſſ. Nu takaz m̄n ı henðr ꝫ hanð ſala þr ꝼegıollð ſlık ſē þr vılıa g͛t haꝼa ē .oꝼ͛. neꝼn̄ t͛. en banða m̄n hanðſala nıðr ꝼall at ſokū. Nu ē ſua ætlat at banða m̄n ſſu ganga vpp a vollu m; ꝼlocka ſına ꝼlockar þra .G. ꝫ .e. ganga baðer ſaman ſetıaz nıðr ı eīn ſtað ı huırꝼıng. En .oꝼ͛. gengr ıhrıngīn. lıtaz v̄ ꝫ lyp͛ kapu hettınū ſtrykr hanðleggına. ꝫ ſtenðr hellðr keıkarı. h tıtrar augunū ꝫ talaðı ſıðan. þar ſıtr þu Sſ. ꝫ mun m̄m ꝥ vnðarlıgt þıkıa eꝼ ek læt þık ė koma ı ꝥ mal er mık tekr. henða ꝥt ek er ı þıngı m; ꝥ ꝫ a ek ꝥ t͛ trauſtz at ſıa ē þu ert. ꝫ þu he͛ margar goðar gıaꝼar aꝼ mer þegıt ꝫ allar ıllu launat. hyGz m̄ ſua at ſē þu ha͛ v̄ þna hlut ꝼyſtr māna ꝼıanðſkap ſynt .o. ſynı mınū. ꝫ vallðıt meſt ē malıt v͛ vpp tekıt. ꝫ vıl ek þık ꝼ͛ taka. þar ſıtr þu þorar͛. ſ.oꝼ͛. ꝫ ē vıſt at ė mun ꝥ ė h͛ t͛ b͛a at ė ha͛ þu vıt t͛ at ðæma v̄ ꝥtta mal en þo he͛ þu .O. t͛ oþurꝼtar lagt ı ꝥı greín ꝫ ꝼyſtr maña m; ſtyrmı tekıt vnðer ꝥtta mal. ꝫ vıl ek þık ꝼ͛ ꝥ ꝼ͛ kıoſa. þar ſıtr þu h͛m̄ðr mıkıll hoꝼðıngı ꝫ ꝥ ætla ek at þa munðı vel komıt þo at vnðer þık v͛ı vıkıt malınu en þo he͛ engı maðr v͛ıt ıāæſtr ſıðan ꝥtta hoꝼz ꝫ ꝥ lyſt at þu vılldır oſomān lyſa. he ꝼ͛ þık ꝫ eckı t͛ ðregıt nema oſómı ꝫ agırnı. ꝥt þık ſkor͛ ė ꝼe ꝫ kyſ ek þık ꝼ͛. þar ſıtr þu Jarnſkeggı ꝫ ſkor͛ þık ė metnat t͛ at g͛a vm malıt. ꝫ ė munðı ꝥ ılla þıkıa þo at v̄ðır þık kemı ꝥtta mal ꝫ ſua var metnaðr þīn mıkıll at þu lez bera merkı ꝼ͛ ꝥ a voðlaþıngı ſē ꝼ͛ k͛gū. en þo ſſu ė k͛gr ıꝼ͛ ꝥu malı vera ꝫ kyſ ek þık ꝼra. Nu lıtaz .Oꝼ͛ vm ꝫ mlı. þar ſıtr þu ſkeGbroððı. en huart er ꝥ ſatt at harallðr k͛gr ſıg͛ðar .ſ.m. ꝥ þa er þu vart m; hm̄ at hm̄ þæt͛ þu bezt t͛ k͛gſ ꝼallīn þra maña ē vt h͛ ero. broððı .ſ. opt tálaðı k͛gr vel t͛ mín. en ė ē ꝥ raðıt at h͛ þættı allt ſē h talaðı. þa .m.oꝼ͛. ıꝼ͛ oðru ſſtu k͛gr en ꝥu malı ꝫ kyſ ek þık ꝼ͛. ꝥ ſıtr þu Geller. ſ.oꝼ͛ ꝫ he͛ þık eckı ðregıt t͛ ꝥa malſ. nema eínſaman ꝼegırní. ok ē ꝥ þo nockur varkūn. er þu ert ꝼeuanı en he ꝼ͛ mıkıt at raðı. Nu veıt ek ė þo at m̄ þıkı aller ıllz aꝼ v͛ðer nema nockuꝛ v͛ðı v͛ðıng aꝼ at haꝼa ꝥu malı. þuıat nu ero ꝼaer ep͛ en ek nennı ė at kıoſa þa t͛ ē aðr heꝼı

ek ꝩ̃ vıſat. ꝫ þ́ kyſ ek þık ᵗ at þu heꝼ̃ eckı áðr
at ranglætı kenðr verıt. þar ſıtr þu þorg̃r
hallðoru .ſ. ſeg̃ oꝼ̃. ꝫ ē̇ þ ſynt at þ mal heꝼer
allðregı kōıt vnðer þık ē̇ malſkıptı lıggıa ṽ
þt þu kant ė mál at meta. ꝫ heꝼ̃ ė vıt tıl
hellðr en vxı .e. aſní. ꝫ kyſ ek þık ꝩ̃. þa lıt
az .oꝼ̃. ṽ ꝫ ṽð ſtaka a muñı. Jllt ē̇ ytum
ellı at bıða. tekr ħ̇ ſeggıū ꝩ̃ ſyn ꝫ vıtzku
átta ek næſta vol nytra ðreīgıa. nu ē̇ v́lꝼſ
halı eīn a krokı. ꝫ heꝼ̃ m̄ ꝼarıt ſē vargín
ū. þr etaz þar ᵗ ē̇ at halanū kēr. ꝫ ꝼīna ė
ꝼyꝛ̄. ek heꝼ̃ átt at velıa ṽ marga hoꝼðīgıa
en nu er ſa eīn epᵗ̃ er ollū mun þıkıa ıllz at
v́an. ꝫ ſānr ē̇ at þ́ at meırı ē̇ oıaꝼnaðar
maðr en hu̅r ānaꝛ̄a. ꝫ ė hırðır ė huat ᵗ ꝼıa
rınſ vīnr. eꝼ ħ ꝼǽr þa hellðr en áðr ꝫ er
ħm þ varkūn þo at ħ haꝼı ħ̇ ė verıt
hlut vanðr ṽ. er ſa heꝼ̃ margr ı vaꝼız
er áðr ṽ reᵗ̇látr kallaðr ꝫ lagt nıðr ðá
ðína ꝫ ðrengſkapīn. en tekıt vpp rang
lætı ꝫ agırnı. Nu mun engū þ ı hug koma
at ek muna þañ ᵗ kıoſa ē̇ ollū ē̇ ıllz at v́an
þt ė mun ānaꝛ̄ hıttaz ſlægrı ı yðru lıðı en
þo mun þ́ nu nıðr kōa. er þo ero aller aðᵗ̃
ꝼra kıornır. E.m. ꝫ broſtı ṽ. Nu mun ēn op
taꝛ̄. at ė mun vırðıng ꝼ̇ þ́ ħ̇ nıðr kōa at aðᵗ̃
vıllðı þ. ꝫ ē̇ þ ᵗ .G. at ṽ ſtanðī vpp ꝫ gangī í
brott. ꝫ talım m; okr malıt. þr g̃a nu ſua.
ganga ı b̃tt þaðan ꝫ ſetıaz nıðr. þa .m.G.
huat ſ̄lu ṽ ħ̇ ṽ tala. E.m. þ ē̇ mıtt rað a\`t´
g̃a lıtla ꝼeſekt. ꝫ veıt ek ė huat ᵗ añar\`s´
kēr ē̇ þo munu ṽ lıtla vınſælð aꝼ hlıota.
mun ė ꝼullmıkıt þo at ṽ g̃ım .xííj. aura
ouanðaðſ ꝼíar. ſ.G. þ́ at malaeꝼnı ero
m; mıklū rangīðū vpp tekın. ꝫ ē̇ þ́
betr er þr vna veꝛ̄ ṽ. en eckı em ek ꝼuẛ
at ſegıa vpp g̃ðına. þ́ at mık venᵗ̃ þ̄ at
ılla muna hugna. g̃ huart ē̇ þu vıll. ſ.e.
ſeg vpp ſættına .e. ſıt ꝼ̇ ſuorū þ kyſ ek. ſ.G.
at ſegıa vpp. Nu ganga þr a ꝼunð bāða
māna. þa m̄lı ħ̇m̄ðr. Stonðū vpp ꝫ heyrū

a oſomān. þa m̄lı .G. eckı munu ṽ ſıðaꝛ̄ vıᵗ̃rı. ꝫ
mun allt ᵗ eınſ koma. ꝫ ē̇ þ g̃ð ockur .E. at g̃a
oſſ ᵗ hanða banðam̄m .xííj. aura ſılꝼrſ. þa .ſ.
ħ̇m̄ðr. huart ſkılðız m̄ rétt ſagðer þu .xııȷ. tıgı
aura ſılꝼrſ. e.ſ. ė ṽ þ ħ̇m̄ðr ē̇ þu ſæᵗ̃ nu a hluſt
īnı ē̇ þu ſtoðt vpp. vıſt .xííj. aura. ꝫ þ̄ ꝼıar er
engū ſe ṽ tækt oueſlū ſ̄l þtta gıallðaz ı ſk
ıallða ſkırꝼlū ꝫ bauga brotū ꝫ ı ollu þ́ orıꝼlıg
az ꝼæz ᵗ. ꝫ þ̄ vnıt veſt ṽ. þa m̄lı ħ̇m̄ðr. ſuıkıt he
ꝼ̇ þu oſſ nu .E. er ſua. ſ.E. þıkız þu ſuıkīn. ſuı
kīn þıkıūz ek ꝫ heꝼ̃ þu ſuıkıt mık. E.ſ. þ þıkı
m̄ vel at ek ſuıkıa þān er engū truır ꝫ ė hellðr
ſıalꝼū ſér. ꝫ ma ek ꝼīna ſonnur a mınu ma
lı ṽ þtta þu ꝼalt ꝼe þıtt ı ſua mıkıllı þoku at
þu ætlaðer þo at þ̄ ſkytı þ́ ı hug at leıta þes
at þu ſkyllðır allðrı ꝼīna. ħ̇m̄ðr .ſ. þtta ē̇ ſem
ānat þ er þu lygr .E. þ þu ſagðer a veᵗ̇ ē̇ þu kōt
heī oꝼan þaðan ē̇ ek haꝼða boðıt þ̄ heī ór hr
akbuınu ṽ íol ꝫ vartu þ́ ꝼegīn ſē v́an ṽ at
en ē̇ vtı ṽ̊ Jolın þa oglaððız þu ſē van ṽ ꝫ hug
ðer ıllt ᵗ at ꝼara heī ı fulltīn. en ē̇ ek ꝼañ
þ. þa bauð ek þ̄ at ṽa þar m; ānan mān. ꝫ
þattu þ ꝫ ṽt ꝼegīn. en ṽ varıt epᵗ̃ paſka
ē̇ þu kōt heī ᵗ borgar ſag̃ð þu er ðaıt heꝼðe
ꝼ̇ m̄ .xxx. klakahroſſa ꝫ heꝼðı oll etıɴ ṽ̃ıt
.E.ſ. eckı ætla ek at oꝼſaugur mættı ſegıa ꝩ̃
vanhollðū þınū. en añat huart ætla ek at
etın ṽı aꝼ þeī ꝼa .e. engı en vıta þ aller m̄n
at mık ꝫ ꝼolk mıtt ſkorᵗ̃ allð̇ mat. þoat m
ıſıaꝼnt ſe ꝼıarhagr mīn hægr. en þau eín
ero kȳnı heıma at þın ē̇ þu þarꝼt eckı at
taka ᵗ orðz a. þ munða ek vılıa ſeg̃ ħ̇m̄ðr
at ṽ ṽım ė bað̃ a þıngı ānat ſum̄. Nu mun
ek þ mela. ſ.E. ē̇ ek hugða at ek munða allð̇
tala at þu luk heıll mūnı ı ſunðr. þt þ ṽ mér
ſpáð. at ek mða ellıðauðr ṽ̃ða. en m̄ þıkᵗ̃ þ́
betr ē̇ ꝼyꝛ̄ taka traull ṽ þ̄. þa m̄lı ſᵗ̃. Sa ſeg̃
ſānaz ꝼra þ̄ egıll ē̇ veſt ſeg̃ ꝫ þık kallar p̄t
tottan. ɴu ꝼ̃r vel at. ſ.e. þ́ betr þıkı m̄ ē̇ þu
laſtar mık meıꝛ̄. ꝫ þu ꝼīnr ꝼleırı ſonnur
a þ́. ꝫ aꝼ þ́ at m̄ ṽ þ ſagt. at þ̄ hoꝼðut þ ꝼıᵗ̃

aulteítı at ꝥ tokut yðr ıaꝼnaðar m̄n ꝫ toktu
mık ť ıaꝼnaðar m̄ ꝥ. Nu er þ vıſt. ſ. ħ at þu
heꝼ̇ nockur ſtorklækı m; ꝥ. þau ē ė vıta aðꝛ̄
m̄n. ꝫ mun ꝥ kūnıgaz v̄ þın̄ hag. en þo ē
þ olıkt m; okr. huartueggı heıtr auðꝫ lıðı
ꝫ veıtı ek þ ē ek má ꝫ ſparı ek eckı aꝼ. enþu
ren̄r rēn þeǵ ſuartleGıur koma a lopt. þ ē
ꝫ ſatt at ek a ıaꝼnan ohægt ı buı ꝫ ſparı ekˀ
engan mān mat. en þu ert mat ſınkr. ꝫ ē þ
ť markſ. at þu átt bolla þān ē mat ſæll heı
t̄ ꝫ kēr engı ſa ť garðz at vıtı huat ı ē nema
þu eīn. Nu ſam̄ m̄ at híon mín haꝼı þa hart er
ė ē ť. en þeī ſam̄ v̄r at ſuellta hıon ſín ē ec
kı ſkorť ꝫ hyG þu at hūr ſa ē. Nu þagn̄ ſť. þa
ſtenðr vpp þorař. þa mlı .E. þegı þu þorař. ꝫ ſez
nıðr ꝫ leG ė orð ť. þeī brıgzlū mun ek ꝥ bregða
ē ꝥ mun beť þagat. en eckı þıkı m̄ þ hlæglıgt
þo at þr ſueınar hlæı at ꝥ at þu ſıť míott ok
gnuer ſaman lærū þınū. þorař.ſ. haꝼa ſť
heılrað huaðan ſē kōa. ſez nıðr ꝫ þagnar.
þa mlı þgeıř. þ mega aller ſía. at ǵð ꝥı ē o
merkılıg ꝫ heīſklıg at ǵa .xííj. aura ſılꝼr's'
ꝫ ė meıra ꝼ̇ ſua mıkıt mal. en ek hugða. ſ.e.
at ꝥ ſkyllðı ſıa ǵð þıkıa m̄kılıg. ꝫ ſua mun
vera eꝼ þu hyGr at ꝼ̇ ꝥ. ꝥt þ muntu muna
a rangár leıð at eīn kotkarl markaðı .xííj.
kulur ı hoꝼðı ꝥ. ꝫ toktu ꝥ ꝼ̇ .xííj. lābǽr. ꝫ æt
laða ek at ꝥ ſkyllðı ꝥı mīnıng allgoð
þıkıa. þgeıř þagnaðe en þr skeGbroð
ðı ꝫ ıarnſkeggı vıllðu engū orðū ſkıp
ta v̇ .E. þa mlı .oꝼ̇. Nu vıl ek kueða yðr vıſu
eına. ꝫ haꝼa þa ꝼleırı at mīnum þıng ꝥtta
ꝫ malalok ꝥı ē ħēo orðın. Fleſtr mun ámſ ꝫ
auſtra. ek vatta þ ſatť. malmarūnr v̄ mīna
mık gélır þ hælaz. gat ek hoꝼðıngıū ħnga
hattar lð en ſanðı æſt ı augun kaſtað orık'r'
vaꝼıt ꝼlıkū. E.ſ. vel mattu hælaz v̄ þ at ē
gı eīn maðr mun meıř haꝼa ſıglt a veðr
ıāmorgū hoꝼðıngıū Nu epť ꝥtta ganga
m̄n heī ť buða ſıña. þa mlı .G. ť .E. þ uıl ek
at v̇ ſē baðer ſaman v̇ okrū m̄m. þr gera

nu ſua. Nu ēo ðylgıur mıklar. þ ē epť var
þıngſınſ ꝫ vna banðam̄n allılla v̇ ꝥı mala
lok. en ꝼe ꝥta vıll engı haꝼa. ꝫ rekz þ ꝥ vm
volluna. Rıða m̄n nu heī aꝼ þıngınu. **aꝼ**
11 Nv ꝼīnaz þr ꝼeðǵ ꝫ v̇ .o. þa al **oðð oꝼeıgſ .ſ.**
buīn ť haꝼſ. þa .ſ.oꝼ̇.o. at ħ heꝼ̇ ſellt
þeī ſıalꝼðæmı. O.ſ. Skılſtu māna ar
maztr v̇ mal. oꝼ.ſ. ė ē ēn ollu ſkēt ꝼrænðe.
Jnn̄ nu allan malauoxt. ꝫ ſeǵ at ħm ē konu
heıtıð. þa þackar ħ ħm lıð ueızluna ꝫ þıǩ
ħ langt haꝼa ꝼylgt v̄ ꝼrā þ ē ħm kō ı hug
at v̄a mættı. ꝫ ſegır nu at ħ ſť allð ſkorta
ꝼe. Nu ſťtu ꝼ̇a. ſ.oꝼ. ſē þu heꝼ̇ ætlat. en
brvllaup þıtt ſť v̄a a mel at .vı. vıkū. Epť
þ ſkılıa þr ꝼeðǵ m; kærleıkū. ꝫ lætr .o. ǘt
ꝫ geꝼr ħm byr norðr a þgeırſ ꝼıorð. ꝫ lıggıa
ꝥ kaupm̄n ꝼ̇ áðr. Nu tok aꝼ byr ꝫ lıggıa
þr ꝥ nockurar nætr. O. þıkır ſeınt byrıa ꝫ
gengr vpp a eítt hátt ꝼıall. ꝫ ſer at an̄at
veðr ꝼall ē ꝼ̇ vtan. ꝼ̄r aptr ť knarrarınſ
ꝫ bað þa ꝼlytıaz vt or ꝼırðınū. auſt m̄n
ſpotta þa ꝫ q̊ðu ſeínt munðu at roa tıl
noregſ. O.ſ. huat megı ť víta nēa ꝥ bıðıt
var ħ. ok ē þr koma ǘt or ꝼırðınū. þa ē
þegar byř hagſtæðr. leggıa þr ė ſegl ꝼyř
en ı orkneyıū. O. kaupꝭ þar mallt ꝫ korn
ðuelz þar nockura hrıð ꝫ byr ſkıp ſıtt
ꝫ þeǵ ħ ē buīn. þa kōa auſtan veðr ꝫ ſıg
la þr. geꝼr þeī alluel ꝫ koma a þǵſ ꝼıorð
ꝫ v̊ kaupm̄n þar ꝼ̇. Sıglır. O. veſtr ꝼıř
lðıt ꝫ kēr a mıð ꝼıorð. haꝼðı ħ þa ı ƀtt
v̄ıt .víj. vıkur ē nu buız ť veızlu ꝫ ſkor
t̄ ė goð ťꝼong ꝫ gnóg. ꝥ kēr ꝫ mıkıt ꝼ
ıolmēnı. þar kō .G. ꝫ egıll. ꝫ mart annat
ſtorm̄nı. ꝼ̄r veızlan vel ꝼrām ꝫ ſkorulı
ga. þottuz m̄n ė beť brullaup þegıt ha
ꝼa ħ̄ a lðı. ok ē veızluna þraut. þa ēo m̄
ǘt leıðder m; ſtor gıoꝼū. ꝫ v̇ þar meſt ꝼe
ꝼrā lagıt ē .G. attı ı hlut. þa mlı .G. vıð .o
þ vıllða ek at v̇ .E. v̄ı vel gort. ꝥt ħ ē ꝥs
maklıgr Sua þıkı m̄. ſ.o. ſē ꝼaðer mīn

haꝼı g͛t vel v͛ h᷑ aðr. bættu þo v̄ ſ.G. Rıðr .G. nu
ı brott ⁊ h̄ ꝼolk. E. rıðr ı brott ⁊ leıðer .O. h̄ á
gotu. ⁊ þackar h̄m lıðueızlu ⁊ mun ek ė ſ᷑ vel
g͛a t᷑ þín ſē v̄a ættı. En reka let ek ı gıer ſuðr t᷑
bgar .lx. gellðınga ⁊ yxn .íj. mun þ heıma þī
bıða. ⁊ ſł allð ꝼoruerkū v͛ þık g͛a meðan vıð
lıꝼū baðer. Nu ſkılıaz þr ⁊ lıkar .E. ſtor vel
⁊ bında ſıtt vınꝼengı. ꝼ͛r .E. heī t᷑ bg͛. **ðauþı her**

12 Þetta hauſt ıt ſama ſaꝼnar **munðar**
ħm̄ðr lıðı ⁊ ꝼ͛r vt t᷑ huāſ leıðar ⁊ ætlar
t᷑ bg͛ at brēna .E. ıñı. ⁊ ē þr koma vt m;
valꝼellı. þa heyra þr ſē ſtreīgr gıallı vpp ı ꝼel
lıt. ⁊ þ᷑ næſt kēnır ħm̄ðr ſer ſott. ⁊ ſtınga v̄ð
honðına. ⁊ v̄ða þr at vıkıa aptr ꝼ͛ðīnı. ⁊ elń h̄
ſóttın. ⁊ ē þr koma ꝼ þgautſtaðı. þa v̄ðr at
heꝼıa h̄ aꝼ bakı. ē þa ꝼarıt ept͛ p̄ſtı ı ſıðumu
la. ⁊ er h̄ kēr. þa mattı ħm̄ðr eckı mæla.
⁊ v͛ p̄ſtr þar hía h̄m. ⁊ eīn tıma ē .p̄. lytr at
h̄m. þa lætr ı vorrunū .cc. ı gılı .cc. ı gılı. ⁊
ſıðan anðaz h̄. ⁊ lauk ſua h̄ æꝼı ſē ħ ē nu ſagt
.O. ſıtr nu ı buı ſínu m; mıkıllı rauſn ⁊ vnır
vel konu ſīnı. alla þa ſtunð ſpyrſt eckı t᷑ oſp̄.
Sa maðr ꝼeck ſuolu ē mak᷑ hét. ⁊ var hıll
ðıſſ .ſ. ⁊ rez t᷑ búſ a ſuoluſtaðı. bıalꝼı h᷑ b͛ð h̄
halꝼ abglapı ⁊ rār at aꝼlı. b͛gðorr h᷑ maðr
er bıo ı bauðuarſholū. h̄ haꝼðı reıꝼt malıt
þa er .oſp̄. v͛ ſekr g͛r. Sua bar t᷑ eítt quellð í
bauðuarſ holū. þa ē m̄n ſatu v͛ ellða at þar
kō maðr ⁊ ðrap a ðyk᷑. ⁊ bað bonða vt ganga
bonðı v̄ðr þ vak᷑ at oſp̄. ē þ᷑ komīn. ⁊ ſagðız
ė munðu vt ganga. oſp̄. eggıar h̄ mıog vt at
ga. en h̄ ꝼ͛r ė þ᷑ hellðr vt ⁊ bañar ollū m̄m
vt at ganga ⁊ ſkılr ſua m; þeī. En v̄ morgı
nīn ē konur koma ı ꝼıoſ. þa ēo þ᷑ ſærðar
.ıx. kyr t᷑ bana. þtta ꝼ͛ttız vıða. Ok ēn ē ꝼrām
lıða ſtunðer b͛r ſua t᷑ at maðr gengr īn a ſ
volu ſtoð. ⁊ ı ħ þ ē mák᷑ huılır í. þ v͛ ſnēmav̄
morgın. ſa maðr gengr at ſengīnı ⁊ leGr má
m; ſaxı. ſua at þegar geck a hol. þtta var
oſp̄. h̄ .q.v. Bra ek ór ſlıðꝫ ſkalm nybrynðrı
þrı lét ek mauı amaga huatað v̄na ek ė
arꝼa hıllðıſſ ꝼagruaxīnar ꝼaðmlagſ ſuolu.
ok ı þ᷑ ē h̄ ſnyr t᷑ ðyrāna. hleypr h̄ vpp bıaluı
⁊ rekr a h̄m talgu kníꝼ. Oſp̄. gengr t᷑ þ bæıar
ē heıt᷑ abgarholı ⁊ lyſır þ᷑ vıgınu. ꝼ͛r ſıðan a
brott. ⁊ ſpyrſt nu eckı t᷑ h̄ v̄ hrıð. vıg márſ ꝼ͛t
tız vıða ⁊ mælltız ılla ꝼ. þ b᷑ t᷑ nylunðu at
ſtoðroſſ en beztu ē .o. attı .v. ſaman. ꝼūðuz
ðauð oll ⁊ ætluðu m̄n .oſp̄. þ v̄k. nu ē þ lan
ga rıð at eckı ſpyrſt t᷑ oſp̄. ⁊ v̄ hauſtıð at m̄
gengu at gellðıngū ꝼunðu þr hellı ı hōrum
nockurū ⁊ þar ı mān ðauðan. ⁊ ſtoð hıa h᷑
munlaug ꝼull aꝼ bloðe. ⁊ v͛ þ ſua ſuart ſē tıa
ra. þ᷑ var .oſp̄. ⁊ hugðu m̄n at ſarıt munðı ha
ꝼa granðat h̄m þ ē bıaluı veıttı h᷑. enða ꝼıt
ſıðan aꝼ bıargleyſı ⁊ lauk ſua h̄ æꝼı. Eckı
er þ getıð at ept͛mal yrðı v̄ víg marſ. ne v̄
vıg .Oſp̄. O. byr a mel t᷑ ellı ⁊ þottı ēn meſtı
agetıſſ m̄. ero mıðꝼırðıngar ꝼra h᷑ komñ.
Snorrı kalꝼſ .ſ. ⁊ mart añat ſtorm̄nı. Jaꝼn
an ſıðan hellz vınatta þra ꝼeðga m; goðrı
ꝼrænðſemı ⁊ lykr þar þı ſogu. **kormags**

1 HARALLDr k̄gr hīn har **ſaga-**
ꝼagrı reð ꝼ noregı þa ē ſaga ſıa g͛
ðız. J þān tıma v͛ ſa hoꝼðıngı ı rı
kınu ē kormakr h᷑ vıkueſkr at
at ætt. rıkr ⁊ kynſtorr. h̄ var hīn
meſtı garpr. ⁊ haꝼðı v̄ıt m; harallðı k̄gı ı mor
gū orroſtū. h̄ áttı ſon ē augmunðr het h̄ v͛
hīn eꝼnılıgſtı maðr ſnēma mıkıll ⁊ ſterkr
þeg͛ er h̄ haꝼðı allðr ⁊ þroſka. lagðız h̄ ıvı
kıng a ſūrū. en v͛ m; k̄gı a vetrū. h̄ aꝼlaðı ſ᷑
goðſ orðz. ⁊ mıkılſ ꝼíar. Eıtt ſum᷑ lagðız h̄ ı ve
ſtr uıkıng. þ᷑ v͛ ꝼ ſa m̄ ē aſm̄ðr h᷑. h̄ var hınn
meſtı garpr. h̄ haꝼðı ſıgrat marga vıkınga
⁊ ħm̄n. ſpyk᷑ nu huak᷑ t᷑ ānarſ. ⁊ ꝼara orð ím
ıllı þra. ⁊ þr ꝼunðuz ſıalꝼ͛. ⁊ logðu ſer orō ſtað
⁊ borðuz. Aſm̄ðr haꝼðı ꝼleıra lıð. ⁊ lagðı ė ol
lu t᷑ orō. þr borðuz .íííj. ðaga. ꝼell mıog lıð aſ
munð en h̄ ꝼlyðı ſıalꝼr. en augmunðr haꝼ
ðı ſıgr ⁊ kō heī m; ꝼe ⁊ ꝼ͛ma. kormakr kuað
augmunð ė munðu meıra ꝼ͛ma ꝼa ı ħnaðı.

ꝫ mun ek ꝼa ꝥ konu. helgu ðotꞇ̃ ꝼroða Jarlſ.
ꝥ vıl ek. ſ. augm̃ðr Epꞇ̃ ꝥ g̃a ꝥr ꝼ̃ð ſına ꞇ́ ꝼroða
.J. tok h̃ vel v́ þeī. ꝥr b̃a vpp erenðı ſín. J. tok ꝥ́ vel
ꝫ kallaðı a lıggıa otta nockurn ū ſkıptı ꝥra
aſmunðar. en þo tokuz ꝥ̃ı rað. ꝫ ꝼoru ꝥr heım
ꝫ v́ v́ veızlu buız. ꝫ kō ꞇ́ ꝥrar veızlu ꝼıolm̃nı mı
kıt. hega .ð. ꝼroða .J. attı ſer ꝼoſtru ꝼ̃mſyna. ꝫ
ꝼor h̃ m; hēnı. ꝥtta ſpyꝛ̃ aſm̃ðr vıkıngr. ꝫ ꝼ̃ ꞇ́ ꝼun
ðar v́ augm̃ð. byðr h̃m holmgaungu. aꝩgm̃ðr ıaꞇ̃
ꝥ́. ꝼoſtra helgu v́ ꝥ́ von at þreıꝼa ū m̃n aðr en ꞇ́
vıgſ ꝼærı. h̃ g̃ır ſua v́ avgm̃ð. aðr h̃ ꝼor heımā
h̃ quað huergı ſtoꝛ v́ hnıta. ꝥr ꝼ̃ ſıðan baðer tıl
holmſ ꝫ borðuz vıkıngrīn ꝼærðı v́ ſıðuna ꝫ beıt
eckı á. þa bra augm̃ðr vpp ſuerðınu ſkıott. ꝫ ſkıp
tı ſıðan ı honðunū ꝫ hıo vnðan āſ. ꝼotīn ꝫ tok.
ííj. merkr gullz ı holmlauſn. **capıtulum**

2 Jþān tıma anðaðız harallðr k̃gr harꝼagrı ꝫ tok
rıkı eırıkr bloð ex. en aug̃. vıngaðız eckı v́ þaꝩ
eırık ꝫ Gūnhıllðı. ꝫ byr aug̃ ſkıp ſıtt ꞇ́ ıſlðz.
Aꝩg̃. ꝫ helga attu ſon ē ꝼ̃ðı h́. þa er ſkıp v́ mıog
buıt tok helga ſott ꝫ anðaðız ꝫ ꝼ̃ðı ſon ꝥra.
Epꞇ̃ ꝥ ſıglðu ꝥr ı haꝼ þa kaſtar. Aꝩg̃. vt aunðve
gıſſulū ſínū. ꝥr komu vtan at mıðꝼırðı. ꝥ́ v̊ aðr
kōnar aunðuegıſſulur h̃. kauſtuðu ꝥ́ ackerū
En ı þān tıma réð ꝥ́ ꝼ̃ mıðꝼıarðar ſkeggı h̃
rerı ꞇ́ ꝥra. ꝫ bauð þeī ın̄ ı ꝼıorðīn. ꝫ ſua lðz
koſtı. ꝥ þa Aꝩg̃. mælltı grunðuoll vnðer h̃
ꝥ v́ ꝥra aꞇ̃naðr eꝼ malıt gengı ſaman. þa er
optaꝛ̃ v̊ı reynt at ꝥ manz ráð munðı ſamā
ganga eꝼ mal uonðrīn þyꝛ̃ı. en þroaz eꝼ h̃
vıſſı ꞇ́ mıkılleıkſ. en malıt geck ſaman ꝫ þrē
ſıñum reynt. ſıðan let aꝩg̃ g̃a h̃ ꝥ́ a melnū
ꝫ bío ꝥ́ ſıðan. h̃ ꝼeck ðaullu .ð. aununð ſıona
ꝥra ſyñ v̊ ꝥr ꝥgılſ ꝫ kormakr. h̃ v́ ſuartr a har
ꝫ ſueıpr ı harınu. haurunðlıoſſ ꝫ nockut lık\`r´
moður ſıñí. mıkıll ꝫ ſterkr ahlaupa maðr ıſk
apı. ꝥgılſ v́ hlıoðſynðr ꝫ hægr. þa ē ꝥr bræðr v̊
ꝼulltıða āðaðız aug̃. varðueıttı ðalla bu m;

3 Þorkell het maðr **aꝼ þorkelı** [ðarſkg̃ ſonū ſınū. ānaðız ꝥgılſ ū bu v́ v̄ſıa mıꝼıar
ē bıo ı tungu. h̃ v́ kuañgaðr ꝫ attu þaꝩ

ðottur ē ſteıng̃ðr h́ h̃ v́ ı gnupſ ðal at ꝼoſꞇ́
ꝥ v́ eıtt ha\`v´ſt at hualr kō vt a vaz neſ ꝫ
attu ꝥr .bb. ðaullu ſyñ. ꝥg̃. bauð kormakı h́t
h̃ vıllðı hellðr ꝼ̃a a ꝼıall .e. ꞇ́ hualſ. h̃ kaꝩſ at
ꝼ̃a a ꝼıall m; h́korlū. maðr h́ toſtı h̃ v́ verk
ſtıorı ꝫ ſkıllðı ſkıpa ꞇ́ ū ſauðaꝼ̃ðer. ꝫ ꝼ̊ ꝥr
korm̃. baðer ſaman. þar ꞇ́ ē ꝥr komu ı gnup\`s´
ðal ꝫ v̊ ꝥ́ ū nottına. þar v́ mıkıll ſkalı ꝫ ell
ðar g̃uır ꝼ̃ m̃m. vm kuellðıt geck Steīg̃ðr
ꝼra ðyngıu ſıñı ꝫ ambátt m; hēní. þær heyr
ðu īn ı ſkalān ꞇ́ okūnra māna. ābattın mł̃ı.
Steīg̃ðr mín ſıā́ v́ geſtına. h̃ q̊ð ꝥ enga þau
rꝼ ꝫ geck þo at hurðūnı ꝫ ſte vpp a þreſkıoll
ðīn ꝫ ſa ꝼ̃ oꝼan hlaðān rū v́ mıllı hleðanſ ꝫ
þreſkıallðarınſ. ꝥ́ komu ꝼrā ꝼetr hēnar. k
ormakr ſa ꝥ ꝫ kuað vıſu. Nu varð m̃ ímínu
menreıð ıotunſ leıðı. rettvmz rıſtı ſnotar
rāma aſt ꝼ̃ ſkōmu. ꝥr munu ꝼætr at ꝼarı
ꝼallg̃ðar m̃ v̊ða. allz eckı veıt ek ella opt
aꝛ̃ en nu ſuarra. Nu ꝼīnr Sꞇ̄g̃ðr at h̃ ē ſén
ſnyr nu ı ſkotıð ꝫ ſer v̄ðer ſkeɢ hagb̃ðı.
Nu beꝛ̃ líoſ ı ānlıt hēní. þa mł̃ı toſtı. korm̃
ſer þu augun vtar hıa hagbarz hoꝼðınu. k
.q.v. Brūnu beggıa kīna. bıort líoſ a mık
ðroſar. oſſ hlæg̃ ꝥ ė ellðh̃ſ oꝼ v́ ꝼellðan. en
ꞇ́ aukla ſuāna ıtruaxınſ gat ek lıta. ꝥra mu
na oſſ ū æ̃ꝼı ellðaz hıa þreſſkellðı. ꝫ ēn .q. h̃.
Brá manı ſkeín bruna brīſ vnð lıoſū hımnı.
hrıſtar hauruı glæſtrar. hauk ꝼrán a mık
lauka. en ſa geıſlı ſyſlır. ſıðan gullh́ngſ ꝼ̃
ðar. huarma tunglſ ꝫ h́nga. hlínar oþurꝼ\`t´
mína. Toſtı mł̃ı. ſtarſyn g̃ız h̃ a þık. k̃.q.
Hoꝼat lınð ne ek leynða líðr hyrıar ꝥ́ ſtrí
ðı banðſ man ek beıða rınðı. baugſæm aꝼ
m̃ augu. þa hunknaꝛ̃ar hıarra happ þægı
bıl krapta. helſıſ ſæm a hálſı. hagbarz a mık
ſtarðı. Nu ganga þær ı ſkalān ꝫ ſetıaz níðr
.k̃. heyꞇ̃ huat þær tala ꞇ́ ıꝼ̃lıta h̃. ābattın
.q. k̃. v̊a ſuartan. ꝫ lıotan. ſteīg̃ðr .q. h̃ venan
ꝫ at ollu ſē bezt. ꝥt eıtt er lytıð á. harıt er
ſueıpt ı ēnınu. k̃.q.v. Eıtt lytı q̊ ıta ellðbekſ

a mer þıckıa eır oꝼ aptanſkærur. all huıt ⁊
þo lıtıð. hauc mærar quað harı. hlín velborı̄
mınu. ꝥ ſkyllða ek kyn kuēna. kēna ſueıp\`t´ ı
en̄ı. āƀ.m. ſuaurt ē̊o augun ſyſꝉ. ⁊ ſam̄ ꝥ ė
vel. ꝥtta heyꝛ̄ .ꝁ. ⁊ .q.v. Svart augv ƀ ek ſaga
ſnyrtı grunð ꞇ ꝼunðar. þıkı ē̊ma ılmı. all ꝼ
aulr er la ſaulua. þo heꝼı ek m̄ hıa me\`y´ıum
mengrunð komıt ſtunðū. hrıngſ v̇ haurn at
manga hagr ſē ðreīgr en̄ ꝼagrı. þar v̊ ꝥr v̄
nottına. vm morgınīn ē korm̄. reıſ vpp geꝁ
ħ ꞇ vatnkacka ⁊ þo ſér. ſıðan ħ ꞇ ſtoꝼu ⁊ ſa
þar engan mān. ⁊ heyrðı māna mal ı ın̄rí
ſtoꝼu. ⁊ ſnyr ħ þagat. þar v̇ ſteīg̃ðr ⁊ konur
hıa hēnı. ābattın .m. ꞇ ſteıng̃ðar. ħ ꝼ̄r nu
hīn venı m̄ .ſꝉ. ħ .ſ. víſt ē ħ vaſklıgr maðr.
Sꝉ. kēðı ſer. korm̄.m. vılltu lıa m̄. Sꝉ. réttı
ꞇ ħ. ħ v̇ hærð kuēna bezt. āƀ.m. þomunð
þu mıklu kaupa at kona þín heꝼðı ſlıkt hár
ſem sꝉ.e. ſlık augu ꝁ.q.v. Aulſagu met
ek auga an̄at beðıarnaūnu. ꝥ ē ı lıoſu lí
kı lıġr hunðraða þrıggıa. þān met ek haðð
en hoðða haurbeıðı ſíꝼ greıðır. ðyr v̊ðr ꝼæ
gıꝼreyıa ꝼīm hunðraða ſnīma. āƀ.m. ıaꝼ
naðar þockı er m; ykr. en þo muntu ðyrt
meta hana alla. ꝁ.q.v. Allz met ek auðar
þellu. ıſlðz þa ē m̄ g̃nð. hunalðz ⁊ hanðan
hugſtarkr ſē ðanmarkar. v̊ð ek éngla ıar
ðar. eír háðyrnıſſ geıra. ſolgūnı met ek ſ
vīna. ſūðz ⁊ ıra grunð. Toſtı kō ꝥ ⁊ bað koꝛ̄
ga nockurſ ꝁ.q.v. Leı ꝼæran ſſ̄tu láta. lıoſ
tu venðı m̄ toſtı móðr oꝼmıklar heıðar. m
ın̄ heſt vnð ꝥ rēna makara ē m̄ at mæla
en morauða ſauðı. v̄ aꝼrettu ellta. orð mart
v̇ ſteīg̃ðı. Toſtı q̃ð ħm ꝥ munðu þıkıa ſkētılıg
ra. ꝼ̄r ħ en .ꝁ. ſıtr at taꝼlı. ⁊ ſkēꝉ ſer. Sꝉ. q̃ð
ħm betr orð lıggıa en ꝼra v̇ ſagt. ſat ħ ꝥ v̄
ðagīn. þa .q. ħ .v Saurꝼırðū ſu̇ðar. ſeꝼ þeyſ
at m̄ ꝼreyıa. greppſ reıðu man ek goða. g
eırteīſ ſkarar beína. þo varu v̊ þrı. þaull
hyllīga vallar. mīnūz eír at v̄na. v̄nꝼyrſ
meðalkūn̄. toſtı kēr aꝼ ꝼıallı ⁊ ꝼara ꝥr heī

Epꝉ ꝥta venr .ꝁ. gaung̃ ſın̄ ı gnupſ ðal at hıt
ta Sꝉ. ⁊ bað moður ſına g̃a ſer goð klæðı.
at sꝉ. mættı ſē bezt a ħ lıtaz. ðalla quað
mānamun mıkīn. ⁊ þo ė vıſt at tıl ynðıſſ
4 yrðı eꝼ ꝥta vıſſı ꝥkell ı tungu. ꝥkell ſpyrr
nu brátt huat v̄ ē at v̊a ⁊ þıꝁ ſer horꝼa tıl
vuırðıngar. ⁊ ðottur ſīnı eꝼ .ꝁ. vıll ꝥta eıg̃
meıꝛ̄ ꝼeſta. ſenðer epꝉ .sꝉ. ⁊ ꝼ̄r ħ heī. Naruı
ħ m̄. ħ v̇ m; ꝥꝁ. ħ v̇ hauaða maðr ⁊ ſkaphe
ımſkr. hælīn ⁊ þo lıtılm̄nı. Naruı mꝉı ꞇ ꝥꝁ.
eꝼ ꝥ ero vſkapþeckꝛ kuamur .ꝁ. hıngat þa
ma ek þar ſkıott at g̃a ꝥ ıattı ꝥꝁ. v̄ hauſtıt
ānaðız ɴaruı v̄ ſlatraſtarꝼ. ꝥ v̇ eítt ſīn er
ꝁ. kō ıtungu. ſa ħ sꝉ. ı ſoðhuſı Naruı ſtoð vıð
ketıl ⁊ ē lokıt v̇ at ſıoða va ɴaruı vpp maur
bıuga. ⁊ bra ꝼ naſar .ꝁ. ⁊ q. ꝥta. hu̇ſu þıkıa ke
tılſ ꝥ. kormakr orm̄. ħ .ſ. Goður þıꝁ ſoðınn m
auꝛ̄ ſynı augm̄ðar. ok v̄ kuellðıt ē .ꝁ. bıoz heī
ſa ħ ɴarꝼa ⁊ mıntız ħ hæðıyrða. ꝁ. mꝉı. ꝥ hyɢ ek
.ɴ. at ꝥ man ꝼyꝛ̄ ꝼ̄m kōa at ek munlıoſta þıg en
þu mun̄ raða ꝼ̄ðū mínū ⁊ lauſt .ꝁ. ħ exar ham
arſ hoɢ ⁊ .q. Hvat ſſ̄tu orua alı oꝼ̊ðr v̄ mat ræ
ða. ꝥ v̇ ꝥrar ꝁſkı þaurꝼ eng v̇ mık ɴaruı. ok
ēn .q. ħ. Spvrðı ꝼrenıuꝼæðer ꝼrettīn hue m̄
þættı. ħ ſynız m̄ heıma. huarmrauðr ketılor
mar. veıt ek at hrımugr hlukı. hrókr ſauru
gra ꝼloka. ſa ē tunuollu taððı tıkr erēðı haꝼ

5 Þorveıg ħ kona. ħ v̇ **ꝼall þorueıg̃ ſona** [ðı
mıog ꝼıolkūnıg ħ bıo a ſteınſtoðum í
mıðꝼırðı. ħ attı .íj ſonu. ħ hīn ellrı
oððr en hīn yng̃ guðmunðr. ꝥr v̊ hauaðam̄n
mıklır. Oððr venr kuam̄ ſınar ı tungu tıl
ꝥꝁ. ⁊ ſıtr a talı v̇ Sꝉ. ꝥꝁ g̃ır ſer ðáðt v̇ þa .bb.
⁊ eggıar þa at ſıtıa ꝼ ꝁ. Oððr q̃ð ſer ꝥ eckı
oꝼreꝼlı. ꝥ var eīnhuern ðag er .ꝁ. kō ı tun
gu. v̇ Sꝉ. ı ſtoꝼu ⁊ ſat a pallı. þorueıg̃ .ſſ. ſátv
ı ſtoꝼūnı ⁊ v̊ bun̄ at veıta .ꝁ. ꞇ ræðı er ħ gengı
īn. en ꝥꝁ haꝼðı ſett oðꝛ megın ðyra ſv̊ð
brugðıt. en oðꝛ megın ſettı .ɴ. lía ı lang orꝼı.
En þa ē ꝁ. kō at ſkalaðyrū. ſkaraðı oꝼan
lıaīn. ⁊ mættı ħ ſuerðínu ⁊ brotnaðı ı mıꝁ

ſkarð. þa kō þk̅ at ꝫ q̄ð .k̅. mart ıllt g̅a ꝫ var
maloðı. ſnyr ın̄ ſkynðılıga ꝫ kueðr Sſ̄. aꝼ ſto
ꝼūnı. ganga þau ǘt v̄ aðrar ðyꝛ̄. ꝫ lykr h̄ hana
ıeınu vtıburı. kuað þau k̅. allðrı ſıaz ſſ̄u. koꝛ̄.
gengr ın̄ ꝫ bar h̄ ſkıotara at en þa varðı. ꝫ v̊ð
þeı̄ bılt. k̅. lıtaz v̄. ꝫ ſer ė ſteı̄g̅ðı. en ſer þa .bb.
er þr ſtuku vapn ſín. ſnyr ı brott ſkynðılıga.
ꝫ .q.v. Hneıt v̇ hrungnıſ ꝼota. halluıtınðum
ſtallı. ın̄ v̊ ek ılmı at ꝼı̄na. engı ſar oꝼ ꝼengın̄
vıta ſſ̄ hıtt eꝼ h̄ hætſ̄. hanðuıðrıſ m̄ grandı ne
yGſ ꝼ̇ líð leggıū. lıtıſ meıra vıtıſſ. k̅. ꝼı̄nr. Steı̄
ꝫ .q.v. Braut huarꝼ or ſal ſæta. ſūnz ē̊um
hugr a gūnı. huat m̄kır nu h̄kıſſ haull þu̇̄
lıgar alla renða ek allt ıt ıðra. eırar geırſ at
þrı. hlınſ erūc haurn at ꝼı̄na. h̄ brageıſlū ꝼu
ſır. Epſ̄ þ geck .k̅. at h̄ı ē Sſ̄. v̊ ı ꝫ braut vpp h̄ıt
ꝫtalaðı v̇ Sſ̄. h̊ mſ̄ı. þu breyſ̄ ouarlıga. ſæk̅ t̄ tal\s/
v̇ mık þt þveıgar .ſſ. ē̊o ætlaðer t̄ hoꝼuðſ ꝥ. þa
.q.k̅. Sıtıa ſuerð ꝫ huetıa. ſın anðſkoſ mınır
eınſ karlſ ſynır ı̄nı erað þr banar mın̄. ēn a
vıðū vellı. vega tueır at mer eınū. þa ē ſē æra\t/
vlꝼı oræknū ꝼıor ſækı. þar ſat .k̅. v̄ ðagın̄. ɴu ſér
þk̅. at þta ráð er ꝼarıt er h̄ haꝼðı ſtoꝼnat. ɴu
bıðr h̄ þv̄.ſſ. at ſıtıa ꝼ̇ .k̅. ı ðal eınū ꝼ̇ vtan garð
ſın̄. þa mſ̄ı þk̅. Naruı ſſ̄ ꝼara m; ykr. en ek mū
vera heıma ꝫ veıta yðr lıð eꝼ ꝥ þurꝼıt. v̄ kue
llðıt ꝼ̅r .k̅. ı b̅tt ꝫ þeg̅ ē h̄ kēr at ðalnū ſa h̄ m̄n
.ííj. ꝫ q.v. Sıtıa m̄n ꝫ meına. m̄ eína gnáſteına
þr haꝼa vılat vı̄na ē m̄ v̊ða gna borða. ꝥ meıra
ſſ̄ ek þrı. ē þr ala meíra auꝼunð v̄ varar gong̅.
y̅na ſaulua gūnı. þa hlıopu þu̇̄.ſſ. vpp ꝫ ſottu at
k̅. lengı. ɴaruı ſkrıaðı v̄ ıt ytra. þk ſer heı̄an
at þeı̄ ſækız ſeınt ꝫ tekr ǘapn ſín ı ꝥ bılı kō .ſſ̄.
ǘt ꝫ ſer ætlan ꝼoður ſínſ. tekr h̊ h̄ honðū. ok
kēz h̄ eckı t̄ lıðſ m; þeı̄ .bb. lauk ſua ꝥ ma
lı at oððr ꝼell en Guðm̄ðr v̊ð ouıgr ꝫ ðo þo ſıðā
epſ̄ þta ꝼor .k̅. heı̄. en þk̅. ſer ꝼ̇ þeı̄ .bb. lıtlu ſı
ðak̅ ꝼek̅ .k̅. at ꝼı̄na þorv̄. ꝫ kuez eckı. vılıa by
gð hēnar þar ı ꝼırðınū. ſſ̄u ꝼlytıa þık ı brott
at aqueðı̄nı ſtunðu. en ek vıl allra bota v̊na
v̄ ſonu þına. þv̄.m. þ ē lıkaz at ꝥ kom̄ þu a leıð
at ek v̊ða h̄að ꝼlotta en .ſſ. mın̄ obætſ̄. en ꝥ ſſ̄
ek þer launa at þu ſſ̄t .ſſ̄. allð̇ níota. k̅.ſ. þuí
6 mantu eckı raða en vanða k̅lıng. Sıðan ꝼ̅r
k̅. at ꝼı̄na Sſ̄. ıāt ſē aðr. ok eıtt ſın̄ ē þau tala
v̄ ꝥa atburðı. lætr h̊ eckı ılla ıꝼ̅. k̅.q.v. Sıtıa
m̄n ꝫ meına. m̄ aſıanu þína. þr haꝼa laugðıſ
loððu. lı̄na ꝼætr at vı̄na. þt vpp ſſ̄u allar ꜷl
ſtaꝼnſ aðr ek ꝥ haꝼna. lyſıgrunð ı lð̄ı. lı̄ɴz
þıoðár rēna. Mælþu ė ſua mıkıt v̄ ſeg̅ .Sſ̄.
mart ma ꝥ bregða. þa .q.k̅.v. Hv̊n munðer
þu grunðar hlín ſkapꝼraumuð lınu. lıknſy
nır m̄ luka. lıoſ ꝥ at ver kıoſa Sſ̄.ſ. Braðr
munða ek blınðū. baugleſſ̄ mık ꝼeſta. yrðı
goð ſē g̅ðız. goð m̄ ꝫ ſkaup ꝼ̊ða. k̅.ſ. Nu kauſtu
ſē v̊a ættı opt heꝼı ek hıgat mınar kuamur
lagðar. Nu bıðr ſſ̄.k̅. ſtunða t̄ ꝼoður hēna\r/
ꝫ ꝼa h̄nar ꝫ ꝼ̇ ſaker ſſ̄. gaꝼ k̅. þk̅. gıoꝼū. ep
ſ̄ þta eıgu marg̅ m̄n hlut ı ꝫ þar kō v̄ ſıðır
at .k̅. bað ſſ̄. ꝫ var h̊ h̄m ꝼoſtnut ꝫ aqueðın
brullaupſſteꝼna ꝫ ſtenðr nu kyrt v̄ hrıð nu
ꝼara orð a mıllı þra. ꝫ v̊ða ı nockurar greın̄
v̄ ꝼıarꝼar. ꝫ ſua veık v̇ breytılıga at ſıðan
ꝥum raðū v̊ raðıt. ꝼanz k̅. ꝼatt v̄. en þ v̊ ꝼ̇
þa ſauk at þv̄. ſeıððı t̄ at þau ſkyllðı ė nıo
taz mega. þk̅. ı tungu attı ſon roſkın̄ er
þkell het. ꝫ v̊ kallaðr tangnıoſtr. h̄ haꝼðı v̊
ıt vtan v̄ ſtunð. þta ſumar kō h̄ ǘt. ꝫ v̊ m;
ꝼoður ſínū. k̅. ſæk̅ ė brullaupıt. epſ̄ ꝥ ſē a
kueðıt v̊ ꝫ leıð ꝼ̅m̄ ſtunðın. þta þık̅ ꝼræn
ðū Sſ̄. oủðíng ē h̄ bregðr ꝥum raða hag ꝫ leı
7 Berſı het **kuanꝼang berſa** [ta ſer raðſ.
het maðr er bıo ı ſaurbæ auðıgr
maðr ꝫ goðr ðrengr ꝼıkıll ꝼ̇ ſer.
vıga m̄ ꝫ holmgaungu maðr. h̄ haꝼðı átt ꝼı̄
nu hınu ꝼogru ꝫ v̊ þa onðuð. Aſmunðr h̊ ſon
þra. h̄ v̊ vngr at allðrı ꝫ brað g̅r en helga h̊
ſyſſ̄ b̅ſa. h̊ v̊ ogeꝼın. vel at ſer ꝫ ſkorungr
mıkıll. h̊ v̊ ꝼ̇ buı b̅ſa. epſ̄ anðlat ꝼı̄nu. a þeı̄
bæ ē ı mula heıſ̄. bıo þorðr arnðıſar .ſ. h̄
áttı þðıſı ſyſtur barkar hınſ ðıgra. þau at
tu .íj. ſonu v̊ þr baðer yng̊ en aſm̄ðr. b̅ſa .ſ.

ᴍaðr hᵗ válı. béꝶ ħ hᵗ a vala ſtauðū ſa bæꝶ
ſtenðr ſkāt ꝼ̈ hrutaꝼırðı. þveıg hın ꝼıolkū
níga ꝼór at ꝼīna holmberſa ꝫ ſagðı ħm ſín
vanðræðı q̈ð .ꝁ. bāna ſer bygð ımıðꝼırðı. B̋ſı
keyptı ħnı lð. ꝼ̇ norðan mıð ꝼıorð ꝫ bıo hᵒ ꝥ
lengı ſıðan. eıṫ ſīn ē ꝥk. ı tungu ꝫ ſon ħ ræða
v̄ brıgðmælı. ꝁ. þottı þeī þ heꝼnða v̋t. ɴar
vı mħ. ek ſe raðıt þ er ðuga mun. ꝼorum
veſtr ı ſueıẗ m; v̋nīg. komū ı ſaurbæ ṫ b̋ſa
ħ ē kuanlauſſ. bınðū ħ ı malıt ħ ē oſſ æ
rıt trauſt þta rað taka þr. ꝼara vnz þr
koma ı ſaurbæ. tok B. vel v̇ þeī. v̄ kue
llðıt v̋ðr þeī tıðrǽtt v̄ kuenkoſtı. ɴar
vı mħ. ſeg̋ engan ıāgoðan kuenkoſt ſē
Sẗ. Er þ marg̈ marg̈ māna mal .B. at hᵒ
ſemðı ꝥ. B. mħ ſpyrſt m̄ ṫ ſē þuerbreſ
tr munı a v̋a. þoat koſtrīn ſe góðr ɴaruí
mħ. eꝼ m̄n hræðaz .ꝁ. þurꝼu þr ꝥ é ꝥt v
anðlıga ē ħ horꝼīn ꝥu malı. ꝫ er B. heyrðı
þta. vekr ħ malıt v̇ ꝥk. ꝫ bıðr Sẗ. ꝥk.ſv̋
vel ꝫ ꝼaſtnar .B. ſyſtur ſína. ſħu þr norðr
.xvííj. ſaman ꝫ ſækıa brullaupıt. þorðr ar
nðıſar .ſ. ꝼor m; B. norðr. Maðr hᵗ vıgı mık
ıllmaðr ꝫ ſterkr ꝫ ꝼıolkūnıgr. ħ var ꝼrē
ðı .B. ħ ꝼor m; ħm. þottı þeī ſer mıkıt tr
auſt at vıga. vıgı áttı bu ı holmı. mıog
v̊ m̄n valðer ṫ þar ꝼ̋ðar. ok ē þr komu
norðr ṫ ꝥk v̇ þegar ſnuıt at boðı ſua at
ꝥ ꝼor engı ꝼrétt aꝼ v̄ ħaðıt v̄ þta mal.
þta v̇ mıog g̋t ımotı vılıa .Sẗ. vıgı ēn ham
rāmı ſkynıa hűſ manz hagı. ꝥ er kō a beīɴ
eða a brott ꝼærı. ħ ſat yztr ı ſtoꝼu ꝫ huılðı
yıð ſkalaðyꝶ. Sẗ. let kalla .ɴ. ṫ ſín. ꝫ er
þau ꝼīnaz. þa mħ .Sẗ. þ vıllða ek ꝼrēðı
at þu ſegðer .ꝁ. ꝥa raðag̋ð ē hᵗ ē ſtoꝼnut
vıllða ek at þu kæmır ꝥu erenðı ṫ ħ. ɴ.
ꝼ̋r nu leynılıga. en þa ē ħ ē ſkāt a leıð ko
mīn þa kēr vıgı epẗ ħm. bað ħ heī ðrag
az ꝫ ſıtıa a engū ſuıkræðū. ꝼara nu ba
ðer ſaman ꝫ lıðr aꝼ nottın. v̄ morgınınleı
taðı .ɴ. ṫ ꝫ kōz þa ſkēra en v̄ kuellðıt ꝥ

at vıgı ſættı ħm ꝫ rak ħ aptr m; enġ vegð
þa ē brullaupı var lokıt buaz þr a brott. Steīg̋
heꝼ̋ m; ſer gull ꝫ ġpı. rıða ſıðan ṫ hrutaꝼıar
ðar ꝫ hellðr hoglıga. ɴ. ꝼ̋r þeg̋ þau ero ıb̋ttu
ꝫ kō amel. ꝁ hloð veġ ꝫ barðı m; hnyðıu. ɴ.
reıð v̇ ſkıollð ꝫ let gıllðlıga ꝫ huaðanæua au
gun á ſē a hrak ðyrı. Nockuꝛ̄ m̄n v̊ vppı a veg
gınū m; .ꝁ. ē .ɴ. kō. heſtr opaðı vnð̋ .ɴ. Naruı
var gyrðr ſuerðı. ꝁ.m. huat ē tıðenða .ɴ. eða
huat v̋ m̊ m; yðr ınótt. ɴ.ſ. ſma ē̋o tıðenðı. en
geſtı attu v̋ ærna. ꝁ.m. hűır v̊ geſẗ. ɴ.ſ. þar
v̋ holmb̋ſı m; .xvííj. \`ða´ mān ꝫ ſat at brullaupı ſīu
.ꝁ. ſpyꝶ huer v̇ bruðrın. B. ꝼeck Sẗ.ꝥk.ð.ſ.ɴ. ſen
ðı hᵒ mık hıngat. þa ē þau v̊ ı brottu at ſegıa ꝥ
tıðenðın. ꝁ.m. ıaꝼnan muntu ıllt ſegıa. ꝁ leyp\`r´
at .ɴ. ꝫ lyſtr a ſkıollðīn ꝫ ē at ħm beꝶ ſkıollðīn
ſkeınız ħ a bryníūnı ꝫ ꝼell aꝼ bakı en heſtṅ
hlíop ı brott m; ſkıollðīn. ꝥgılſ b̋ð̋ .ꝁ. q̈ð þta oꝼ
g̋t. k.q. næꝶ hoꝼı. ɴ. reẗ v̇ or rotınu. ꝫ talaz
þr v̇. ꝥg̋ ſpyꝶ hű var māna ſkıpun at boðınu.
.ɴ.ſ. þa. huart vıſſı Sẗ. þta ꝼ̇. ɴ.ſ. é ꝼyꝶ en hīn
ſama aptan. þa er ṫ boðſ var komıt. ɴ. ſeg̋ ꝼ̈
ſkıptū þra vıga ꝫ kueðr. ꝁ. munu þıkıa auð
vellðra at blıſtra ı ſpor Sẗ. ꝫ g̋a ꝼarar ſīṅ hrak
lıgar. en b̋ıaz v̇ .B. þa .q.ꝁ.v. Koſtaðu hınſ at
heſtı. hallðır ꝼaſt ꝫ ſkıallðı. koma mun ǽr v̇
eyra yðr braðlıga hnyðıa. ſegðu allðregı ſıðā
þottu .víj. v̄ ðag ꝼregṅ. kēba ſħu v̄ kulu kū
labrıotr ꝼ̈ ſūlı. ꝥg̋. ſpyrr v̄ malðaga m; þeī B
ꝫ ſẗ. ɴ.ſ. at nu ero ꝼrænðr .Sẗ. lauſer or ollū
vanða v̄ þta ráð. huerſu ſē geꝼz. en þr ꝼeð
8 gar ſkyllðu abyrgıaz v̄ boðıt. ꝁ. tok heſt
ſīn ꝫ vapn ꝫ sauðulreıðı. ꝥg̋. ſpyꝶ huat ſħu
nu broðer. ꝁ.q.v. Brott heꝼ̋ b̋ſı ſetta. beıðız
ħ areıða. valkıoſanð at vıſu. vınſ heıtkōu
mına. þa ē vn̄í m̊ māna. mıſt heꝼı ek ꝼlıoðſ
ꝫ hınſ tuıſta. þa kyſta ek mey mıklu meſt ðag
lengıſ ꝼleſtan. ꝥg̋.m. ouarlıg ꝼor ē þta. ꝥt
.B. man komīn ṫ heımılıſ. aðr ꝥ ꝼīnız en
ꝼara man ek m; ꝥ. ꝁ.q̇ ꝼara ſkyllðu ꝫ bı
ða engıſſ manz. ſtıgr þegar a heſt ſīn ꝫ hle

yptı allt þ ē ħ ꝼeck. þǧ ꝼær ſer braꞇ̄ mãna vrð þr ſaman átıan þr koma epꞇ̄ ꝁ. a hruta.ꝼ.hálſı ꝫ haꝼðı .ꝁ. þa ſpreīgðan heſt ſīn. ſnua ꝼ̃m̄ at be þveıǵ. þr ſıa þa at .B. ē komīn a ſkıp þveıgar. þv̂ mſ̄ı. tıl .B. ek vıl at þu þıgǧ aꝼ m̄ lıtla gíoꝼ en holloſta ꝼylǧ. þ v́ targa ıarnrenð q̃. þv̄. þ ætla at .B. mundı lítt ſarr v̂ða eꝼ ħ bærı ꝥa hlíꝼ er ꝥta þo lıtılſ v̂t. hıa þ́ ē þu kōt m̄ ı ꝥa ſtaðꝼeſtu. .B. þackar hēnı gıoꝼína. ꝫ ſkılıaz þau ſıðan. þ veıg ꝼær m̄n t́ at meıða oll ſkıp þau ē a lðı v̊. ꝥt ħ vıſſı ꝼ́ kuamu þra .ꝁ Epꞇ̄ þ koma þr ꝁ. ꝫ beıð a þv̂. ſkıpſ. ħ q̃ þeī engı greıð ſkap ǧa mundu. kauplauſt. ħ er vant ſkıp ı nauſtı ē ek met h alꝼ́ mork a leıgu. þǧ. q̊ð hóꝼ a eꝼ v̂ı ꝼ́ tua au ra. ꝁ.q. eckı mega ſtanda at v̄ ſlıkt. þǧ. q̃ ꝼuſa rı at rıða ꝼ́ īnan ꝼıorð. ꝁ. reð ꝫ ꝼoru a ſkıpínu ꝫ ē þr v̊ ſkāt ꝼ̃ lðı kōner. ꝼylldı ſkıpıt vndır þeī ꝫ komuz v́ nauð t́ ſama lðz. vıtıſ ertu v̂ð en ė kaupſ en ılla kerlıng. ſ.ꝁ. þv̂.q. ꝥta lıtīn ꝑtt. epꞇ̄ þ greıðır þǧ. hı ſılꝼrıt. ꝁ q.v. At em ek yggıar gauta. vllr at ſuaulnıſ ꝼullı. v̄reıðı ſıꝼ rıoða. rūnr ſē vıꝼl at brūnı. ðyrt v̂ðr ðaugguar ꝁ̃tı. ðraupnıſ mart at kaupa. þrīr aurū ſī ꝥta þveıǵ ſkıp leıga. B. ꝼær ſéét ſkıott ꝼaraſkío ta ꝫ rıðr heīleıðıſſ. ꝁ. ſer at ı ſunðr man b̃a m; þeī .B. ꝫ .k.v. Sva kueð ek ſnyrtı ꝼreyıu. ſn ımr truða ek bruðı. gāðıſ vangſ oꝼ gengna greı par balſ or ſkalū. at vegſkorðan v̂ðı vaꝁ ſkıðſ nemıt ſıðan. ſaúððū haullðz a hollðı hraꝼna m̄ at ıaꝼnı þr toku heſta ſına ꝫ rıðu ꝼ́ ıñan ꝼıor\ð/ ꝫ komu t́ vala ꝫ ſpurðu at .B. Valı ſagðı at b̃ſı var komīn ı mula ꝫ heꝼ̃ ſaꝼnat at ſer m̄. ero þr ꝼıolm̄nır. ꝥ t́ ſeıñ ēo v̂ orðñ. ſ.ꝁ. ē þr haꝼa m̄m at ſer kōıt. þǧ. beıððı .ꝁ. at þr myndı a ptr ſnua. talðı lıtla vırðıng mundu v̂ða. ꝁ.q̃ ſıa vılı .ſꞇ̄. valı ꝼór m; þeī ꝫ komu ı mula. v́ þ́ B. ꝼ́ m; ꝼıolm̄nı. þr talaz v́ telr .ꝁ.B. haꝼa ſuı kıt ſık ı brottoku. Sꞇ̄ vılıū v̂ nu konu m; oſſ ha ꝼa ꝫ ꝼebætr ꝼ́ ſuıuırðıng. þa .ſ. þorðr arndı ſar .ſ. sátt vılıū v̂ bıoða .ꝁ. en .B. a vallð kon u. B. mſ̄ı. engı van ē ꝥ at ſꞇ̄. ꝼarı m; yðr. en ſyſ tur mına byð ek .ꝁ. t́ eıgınorz. tel ek ħ ſe þa vel kventr eꝼ ħ ꝼær helgu. þǧ. mſ̄ı. ꝥta ē vel boðıt. ꝫ lıtū ħ́ a broðer ꝁ. varð ſtaðr at. **capıtulum**

9 Kona ħ́ þorðıſ ꝫ ılla lynð ħ́ bıo at ſpakonu ꝼellı a ſkaga ſtronð. ħ́ vıſſı ꝼ́ v̄ ꝼ̃ðer .ꝁ. ħ́ kō þān ðag ı mula ꝫ ſuarar ꝥu malı ꝼ́ .ꝁ. ꝫ ſeǧ ſua. bıoðıt ħm eckı ꝼalſ konu ꝥt ꝥı kona er ꝼıꝼl. ꝫ engū ðuganða mānı v́ ſeman ða ꝫ ħ moður mun ė at getaz ħ ꝼorlaugū. ſua ıllū. þorðr .ſ. ðragztu ı b̃tt en vanða ꝼorðæða. let ꝥ ſānaz munðu at helga mun ſkorungr re ynaz. ꝁ.ſ. þ́ mun mſ̄t at ſatt mun v̂a. man ek eckı a ꝥta lıta. þǧ.ſ. geꝼuꝼátt mun oſſ v̂ða. h lyða orðū ꝼıanða ꝥa en þıggıa ė ꝥta boð. þa mſ̄ı ꝁ. Ek byð ꝥ̃ .B. holmgaungu a halꝼſ ma naðar ꝼreſtı. ıleıðholmı ı mıððaulū. þ́ er nu kallaðr oꝼo holmr. B.q̃ koma munu. kal lar .ꝁ. ꝥ kıoſa er mīnı ſemð ꝼylgðı. Epꞇ̄ ꝥta ꝼ̃r .ꝁ. at leıta .ſꞇ̄. v̄ bæīn ꝫ ꝼīn hana. telr ha na haꝼa brugðız ſer. ē ħ́ vıllðı auðrū m̄ gıptaz. ſꞇ̄.ſ. þu ollır ꝼyꝁ aꝼbrıgðū .ꝁ. En ꝥta var þo eckı at mınu raðı. ǧt. þa .q.ꝁ.v. Þv telr lıoſ oꝼ logna. lıngeꝼn v́ þık ſteꝼnu. en ek gıorða mıok moðan. mīn ꝼak oꝼ ſauk þına. hellðr vıllða ek halꝼu hríng eıꝁ. at maꝁ ſpryngı. ſparða ek ıo þanz attū allıtt en þık graꝼna. Epꞇ̄ ꝥta ꝼara þr .ꝁ. heīleıðıſſ. ſ.ꝁ. m̄m ſınū huerſu ꝼ́ ıt heꝼ̃. ðalla .ſ. lıtt v̂ðr oſſ gæꝼu auðıt v̄ þín ꝼorla\v/g. ꝥt þ́ heꝼ̃ þu neítt hınū bezta koſtı. en mıog ouent at b̃ıaz v́ .B. ħ ē garpr mıkıll ꝫ heꝼ̃ goð vápn. B. áttı. B. áttı ꝥ ſuerð er huıtıgr ħ́ bıtr\t/ ſuerð ꝫ ꝼylgðı lyꝼſteīn. ꝫ haꝼðı ħ ꝥ ſ v̂ð borıt ı morgū mānhættū. ðalla mſ̄ı hu̅t muntu vapn haꝼa ımotı huıtīgı ꝁ.q̃ munu haꝼa exı mıkla ꝫ bıtrlıga ðalla telr rað lıgt at ꝼīna mıðꝼıarða\r/ ſkeggıa ꝫ bıðıa ſkauꝼnungſ. Epter ꝥta. ꝼeꝁ .ꝁ. t́ reykıa ꝫ ſeǧ Skeǧ mala voxt. bıðr ħ lía ſer ſkauꝼnung. Sꝁ.q̃ ꝥ

oꝼuſſ quað þa v ſkapglıka. ſkauꝼnungr ē tóm
latr en þu ēt oðlatr ⁊ oðlunðaðr. k̅. reıð ı brott ok
lıkaðı ılla. kēr heī a mel ⁊ ſeḡ moður ſıñı. at sk̅ v
ıll ė lıa ſuerðıt. sk̅. veıttı ðaullu v̄ſıa ı ſınū tıll
augū ⁊ var vıngott m; þeī. ðalla mlı. lıa mun
h̅ ſuerðıt þo ē h̅ latı ė ꝼlıott t̔. k̅.q. ė at haug
ū t̔ ſkıpta eꝼ h̅ ſpaꝛ̅ ė v̇ þık ſuerðıt en h̅ ſpa
ꝛ̅ v̇ oſſ. ð.q. h̅ ꝼorz mān vera. Nockurū ðog
ū ſıðaꝛ̅ bað .ð.k. ꝼara t̔ reykıa. mun nu .s.
lıa ſuerðıt. k̅. hıtꝛ̅ Sk̅. ⁊ bıðr ſkauꝼnungſ
uanðæꝼı mun þ̅ a þıkıa meðꝼ̅ðīnı ſeḡ Skeḡ.
pungr ꝼylḡ ⁊ ſl̅tu h̅ kyrran lata. ė ſl̅ ſol ſkı
na a ıt eꝼra hıalltıð. ė ſl̅tu ⁊ b̅a þ nema þu b
vız t̔ vígſ. En eꝼ þu kēr a vett ꝼang. ſıt eīn
ſaman ⁊ bregð þar. rétt ꝼrā branðīn ⁊ bl
aſ á. þa mun ſkrıða yrmlıngr vnðan hıall
tınu. halla ſuerðınu ⁊ ḡ h̅m hægt at ſk̅ða
vnðer hıalltıð. k̅. mlı. mart haꝼı þ̅ v̇ taꝩꝼ
ram̅nınır. S. mlı. þta man þo ꝼ̇ ꝼullt koma
Epꝛ̅ þta rıðr k̅. heī ⁊ ſeḡ moður ſıñı hu̅ſu
ꝼarıt heꝼ̅. telr mıkıt mega vılıa hēnar v̇
.S. Syñ h̅ı ſuerðıt. ⁊ vıll bregða ſuerðınu.
þ gengr ė ór ſlıðrunū. ð. mlı. oꝼ oræðþægr ētu
ꝼrænðı. k̅. ſetr þa ꝼætrna v̇ hıolltın ⁊ ſlıtr aꝼ
pungīn. ſkauꝼnungr grenıar þa v̇. ⁊ gengr ė or
ſlıðrunū. lıðr nu ꝼrām at ſteꝼnūnı. Rıðr .k̅. he
ıman m; .xv. m̅n. ſlıkt ıt ſama rıðr. ʙ. t̔ holmſ
v̇ ıāmarga m̅n. k̅. kēr ꝼyꝛ̅ı. ſeḡ .k̅.þḡ. at h̅ vıll
eīn ſaman ſıtía. k̅. ſezt nıðr ⁊ tekr aꝼ ſer ſu̅ðı`t´
hırtı ė þo at ſol ſkını a hıalt h̅m en h̅ haꝼðe g
yrt ſık vtan v̄ klæðı ⁊ vıll bregða. ⁊ ꝼeck ė
ꝼyꝛ̅ en h̅ ſte a hıalltıð ⁊ kō yrmlınḡn ⁊ v̊ ek
kı m; ꝼarıt ſē ſkyllðı. ⁊ var brugðıt heıllınu
ſuerðſınſ en þ geck ḡnıanða or ſlıðrū. **holm**
10 Epꝛ̅ þ ꝼór k̅. a ꝼunð māna **ganga kormakſ**
ſīna. v̊ þr .B þa kōñ ⁊ mart ānaꝛ̅a m̅
at ſıa þna ꝼunð. k̅. tok vpp taurguna
.B. ⁊ lauſt a. ⁊ rauk or ellðr. Nu ē tekīn ꝼellðr
⁊ breıððr vnðer ꝼætr þeī. B. mlı þu k̅. ſkoraðer
a mık t̔ holmgaungu. en þar ı mot byð ek þer
eínuıgı. þu ert maðr ýngr ⁊ lıtt reynðr. en a h
olmgaungu ē vanðæꝼı en all`z´ eckı a eınuıgı ec
kı muntu betr b̅ıaz eınuıgı. vıl ek t̔ þ̅a hæt
ta ⁊ ı ollu t̔ ıaꝼnſ hallða v̇ þık. þu ræðr nu. ſ.B.
þ v̊ holmgaungulaug at ꝼellðr ſl̅ v̊a .v. alna ı ſk
aut. ⁊ lyckıur ı hornū. ſkıllðı þar ſetıa nıðr hæla
þa ē hauꝼuð var a auðꝫ enða. þ hetu tıoſnur
ſa ē v̄ bıo ſkıllðı ganga at tıoſnunū ſua at
ſæı hımın mıllı ꝼota ſer. ⁊ hellðı ı eyraſnep
la með þeī ꝼor mala ſē ſıðan ē epꝛ̅ haꝼðr ı blotı
þ̅ at kallat ē tıoſnublot. þ̅r reıtar ſl̅u v̄hu̅ꝼıſſ ꝼ
ellðīn ꝼetz breıðır vt ꝼ̅ reıtū ſl̅u v̊a ſtrengır
.ííj. ⁊ heıta þ hauſlur. þ ē vollr haſlaðr ē ſva ē
ḡt. maðr ſl̅ haꝼa .ííj. ſkıolldu. en ē þr ꝼarñ þa
ſl̅ ganga a ꝼellð. þoat áðr haꝼı aꝼ hauruat. þa ſl̅
hlıꝼaz m; ýapnū þaðan ꝼ̅. ſa ſl̅ hauggua er a
Eꝼ añaꝛ̅ v̊ðr ſáꝛ̅ ſua at bloð komı a ꝼellð ē eıḡ
ſkyllt at b̅ıaz lengr. eꝼ maðr ſtıgr auðꝫ ꝼætı
vt v̄ hauſlur. ꝼeꝛ̅ h̅ a hæl. en rēnr eꝼ baðū
ſtıgr. ſıñ m̅ ſl̅ hallða ſkıllðı ꝼ̇ huarū. þeī ē b̅z
ſa ſl̅ gıallða holmlauſn ē meıꝛ̅ v̊ðr ſárr
þrıar m̅kr ſılꝼrſ ı holmlauſn þḡ. hellt ſk
ıllðı ꝼ̇ b̅ður ſınū en þorðr arnðıſar .ſ. ꝼ̇ B.
b̅ſı hıo ꝼyꝛ̅ı ⁊ klauꝼ ſkıolld .k̅. h̅ hıo t̔ .B.
m; ſlıkū hættı hıo huaꝛ̅ þrıa ſkıollðu ꝼ̇ oðꝫ
t̔ onytz. þa attı .k̅. at hauggua ſıðan hıo h̅
t̔ .B. h̅ bra v̇ huıtıngı tok ſkauꝼnung aꝼ oð
ðīn aꝼ h`tıgı ꝼ̇ ꝼ̅man. veırımına. ⁊ hraut
ſuerðz oððrīn a honð .k̅. ⁊ ſkeınðız h̅ a þumal
ꝼınḡ ⁊ kloꝼnaðı kauggullīn ⁊ kō bloð a ꝼellð
Epꝛ̅ þ gengu m̅n a mıllı þra. ⁊ vılldu ė at þr
berðız lengr. þa mlı .k̅. þta ē lıtıll ſıgr er .B.
heꝼ̅ ꝼengıt aꝼ ſlyſımínu þott v̇ ſkılıumz
en þa ē ſkaꝩꝼ̅. reıð oꝼan kō a taurguna ok
b̅tnaðı ſkarð ı ſkáꝩꝼ̅. en ellðr hraut or tor
gūnı þveıḡ naut. B. heıtı holmlauſn. k̅.
.q. h̅m golldıt munðu v̊ða ꝼe ⁊ ſkılðuz vıð
11 Steınaꝛ̅ **aꝼ ſteınarı** [þa koſte
het m̅. h̅ v̇ ſon aūūðar ſıona bro
ðer ðaullu moður .k̅. h̅ bıo at el
lıða. ⁊ v̇ oeıru m̅. þagat reıð k̅. ꝼ̅ holmı
nū at ꝼına Steınar ꝼrænða ſīn. k̅.ſ. ꝼ̅

ꝼerðū ſınū. steınaꝛ̄ lét ılla ıꝼ̄. ꝁ.q̊ ætla
aꝼ lðı ı brott en ek ætla ꝥ ꝼegıalldıt v̇
B. Steıñ. ſ. engı ertu oꝼrhugı en gıall
ðaz mun ꝼe eꝼ þarꝼ. ꝁ. er þar nockurar næ
tr bleſ mıog honðına ē m; engū v́ v̄ bōðū
Epꞇ̄ þeña ꝼunð ꝼór holm gaungu b̄ſı at
ꝼīna bræðr ſína ꝫ þr ſpyrıa .B. hue tekız h
aꝼðı holmgangan. ħ ſeǵ ſē ꝼarıt heꝼ̄. þr
q̃ðu þa tua oꝼrhuga hauggıt haꝼa ı ſmæ
ra lagı. q̃ðu .B. aꝼ ſlyſı .ꝁ. ſıgraz haꝼa. B. hıtꞇ̄
Sꞇ̄ ħ ſp̄ðı hŭſu ꝼarıt haꝼðı. ħ q̄ð .v. Mer
varð hıalmſ a holmı. hallð uıllr ꝼ̇ ſık gıa
llða. þoll ma þān oꝼ kalla þrıar merkr
hugū ſterkan. ſkora mun ſkauglar ðyra
ſkıallðŭſ regīn allðrı. v̊ barū hlut hæra
hrıð ꝼımr a mık ſıðan. Seıñ. ꝫ ꝁ reıð b̄tt
ꝼra ellıða. þr rıða ꞇ̇ ſaurbæıar. þr ſıa man
nareıð ı motı ſer. ꝼ̄r ꝥ .B. ħ q̊ðr .ꝁ. ꝫ ſpyꝛ̄ h
uerſu ſarıt haꝼız. ꝁ.q. ė ſtorra bota avant.
.B.m. vılltu at ek græða þıg þo at aꝼ m̄ haꝼı
ꞇ̇ hlotız ꝫ mun ꝥ þa ſkāt meın at verða. ꝁ.
neıttı ꝥ. ꝫ q̊ ıaꝼnan ıllt vıllðu eıga v̇ ħ. þa
.q.B.v. Muna muntu hıallðr þān ē hılldar
haraððar mıg quaðð. geīg ek at geıraþīgı
glaðr emk reynðr at auðru. ranðlaukı kl
auꝼ ek ranða. raunð kormakı at honðum.
vıllðı ė ꝼrām aꝼ ꝼellðı. ꝼreyꝛ̄ eínuıgı hey
gıa. ſkıldu þr at ꝥ. Epꞇ̄ þta ꝼeꝛ̄ .ꝁ. heī a m
el ꝫ ꝼīnr moður ſína. ħ græðer honð ħ v̊ðr
lıott ꝫ grær v̄ olıkan. ſkarð þ ē ı var ſkauꝼ
nungı huauttu þr v́ þ ꝥ meíra ſē þ v́ optaꝛ̄
huatt. Sıðan ꝼór ħ ꞇ̇ reykıa ꝫ kaſtaðı ſkaꝼ̄
ꝼ̇ ꝼétr skeGıa. ꝫ .q.v. At heꝼı ek yðr at ꝼæ
ra. eGꝼallīn hıor ſkeGı. beıt ė vapn at vıſu
varð þra lutr meırı. var at v̄ gēgn þān er
gengū. geırþey oꝼ mey heyıa ſaungvar
ðaða ſuerða ſēnu m̄ at kēna. S.m. ꝼor ſem
mık varðı. k. ſnyr ı b̄tt. ꝫ kēr heī a mel. k.
.q. v. Heꝼı ek a holm oꝼ gengıt. hugðūz þ ꝼ̇
betra. v̇ hıðbyggıu hollta. hanðarſk̄ſ at
b̄ıaz. braz ꝼ̇ m̄ ıñ mærı munðar vaūðr ıhē

ðı mıſt heꝼ̄ margra koſta morð eggıanðe
ſeggıa. ok þa ē þau ꝼunðuz ðalla ꝫ .k.q.ħ.v.
Færðı a m̄ at morðı. morðuaunð ꝼetılſ ſtor
ðar. ſtaðr ē ıſtranðar naðrı. ſtaꝛ̄ eggıaðā
ſkeggı. g̊ðıhollt ꝼ̇ hıalltı. huıtīg ı tuau bı
ta. b̄tıð heꝼı ek ſkarð ı ſkerðı ſkauꝼ
nungr ꝼetılſ ðrapnar. ꝫ ēn .q. ħ. Gerðı ok
mín at morðı. morðuonðr ē ek hıo ranð̄
greıpar rān at gūnı grānꝼeıngr ıugrāní
ılla let þa ē ata oꝼuſ varar ħa ſonar ꝼ̊s
or ſınu ſlıðr byðv geck hıðı. ꝫ ēn .q. ħ. Gon
gu v́ ek oꝼ gengīn. geꝼn ꞇ̇ vıſſar ſteꝼnu.
nu em ek haurþellu hyllı. hornungr tua m
orna. g̊ıūz hınſ at heíma. haurꝼıt mun
ac ſıtıa. m̄ ē vm erma ılmı ıðıu ſāt īn ꝥð
ıa. Epꞇ̄ þta ꝼeꝛ̄ .k. ꞇ̇ reykıa eīn ðag ꝫ tal
az þr ſkeggı v̇. kallar .s. lıtılmānlıga or
ðna holmgaunguna. þa .q.k.v. Fırnattu
mık þott ꝼıornıſ. ꝼreyr væra ek ꝥ ðreyra
mærð ber ek ꝼ̇ þıg mına. mærı ſeīn at ꝼæ
ra. þt vnð heıðıſſ hlıðı hreG mıðıunga ſ
keggı. v̊ıt heꝼ̄ ı þrym þremía þīn hıor ſk
aupū vīna. ꝫ ēn .q. ħ. Framıt þottūz ek ꝼl
otta. ꝼreyr mınū grām ðreyra gautz at
gatna motı. gallðrſ bloðꝼrekū hallða.
ne glymranar gına. gátt hlıðſ ınıt mat
tıð. mīn leıkr hugr a hēnı. hlūn íoſ v̇ ban

12 UM vetrīn **aꝼ leıkum pıll** [munnı **ta**
v̊ leıkar ı ſaurbæ ꝫ v̊ þar huarır
tueggıu. aſmunðr .B.ſ. ꝫ þr ſynır
þorðar arnðıſar .ſ. þr v̊ yng̊ ꝫ oknarı. Aſ
m̄ðr ſtılltı ılla aꝼlı ſınu. komu .ſſ. þorðar
opt blaer ꝫ bloðger heī. þta lıkar þorðıſı
moður þra ılla. bıðr þorð vekıa ꞇ̇ v̇ .B.ꝼ.
Aſm̄ðar at ħ vılı beta ꝼ̇ ħ. Þorðr q̊ ꝥ oꝼuṡ.
ħ .ſ. þa. baurk mun ek þa ꝼına broður m
īn. ꝫ mun þa ė mīna ıllt aꝼ hlıotaz þðr
bað hana þ ė g̊a vıl ek hellðr v̄ tala v̇ .B. ꝫ
ꝼ̇ bǽn hēnar hıtꞇ̄ ħ .B. ꝫ vekr ꞇ̇ v̄ betr. B.m.
oꝼ ꝼegıarn ertu nu. ꝫ horꝼır þ lıtt ꞇ̇ ſēðar
at ꝼara m; ſlıkt. ē ė raðıt huart þu v̊ðr

aureıgı eꝼ mık þrotar ė. ꝼ̃r þorðr heī ⁊ ē ꝼa
att m; þeī v̄ vetrīn. lıðr a varıt ꝼrā t̄ þórſn
eſ þıngſ. þıkız .B. nu ſkılıa at þorðıſ heꝼ̃ vall
ðıt þ̇ akallı ē þorðr veıttı ħm. buaz m̄n nu
t̄ þıngſ. var þ vanðı þorð̃ ⁊ .B. at rıða baðer
ſaman t̄ þıngſ. B. rıðr heıman ⁊ kēr ı mula
þorðr v̄ ı brottu. B. mlı. brugðıt heꝼ̃ þorðr nu
vanða ē ħ beıð mín ė. þa ſuarar þorðıſ. þu
ollır aꝼbrıgðū en þta ē lıtıl heꝼnð eꝼ ė kēr
meırı. þau vrðu anðorða. ⁊ ſeg̃ .B. at aꝼ hē
nar raðū mun ıllt hlıotaz. Rıða þr ı brott
.B.m. ſnuū ꝼ̃m at ꝼırðınū. ⁊ ꝼā oſſ ſkıp la
ngt ē at rıða ıt īnra. þar ꝼengu þr ſkıp er
þorðr áttı. ꝼara nu leıðar ſīnar. kōa t̄ þīgſ
þa ē ꝼleſtır v̄ aðr kōñ. ganga t̄ buðar ola
ꝼſ pá or hıarðar holltı. B. var ñ þıngmaðr
ꝼıolm̄nt var ı buðīnı. ⁊ ꝼekz .B. eckı rúm
ħ v̄ vanr at ſıtıa hıa þorðı. þ rū v̄ ſkıpa\`t´
þar ſat maðr mıkıll. ⁊ ſterklıgr ı bıarnſk
ınz olpu ⁊ gríma ꝼ̇ ānlıtı. B. ſtoð ꝼ̇ ħm. ok
gaꝼz ė rumıt. B. ſpyꝛ̄ þna mān at naꝼní
ħm er ſagt at ħ heıt̄ ymız glumr. eða ſku
ma. B.q.v. Hueṙ er án bıarnar barðı a
beck komīn recka. vlꝼ haꝼa vaꝛ̄ nıðıa\`r´
ægılıgr vnð bægı. glıkan heꝼ̃ oꝼ g̃uan g
lumr ē neꝼnðr eða ſkuma. ꝼorū t̄ motz a
mornı mān ſteınarı þna. ⁊ ē þ̃ eckı at le
yna naꝼnı þınu bıarnolpu maðr. ſ.B. ſua
er ⁊ ſeg̃ ħ. ſteınaꝛ̄ ⁊ a ek ꝼe at gıallða þ̃ ꝼ̇ kor
mak eꝼ þarꝼ. en ꝼyꝛ̄ı ſkora ek þ̃ a holm
kān v̄a at þu ꝼaır þa .íj. m̄kr .e. laꝛ̄ ella ba
ðar. þa .q.B. Boðıt er broðða hrıðar. beıðe
nðr v̇ ſtyr kenðer. þıcker oſſ þ eckı. angr a
holm at gánga. gamall em ek geíra vım̄
gūn þeyſanðı at leyſa. vggı ek huergı at h
yggıa. hlackar veðr v̄ blacka. en auðſætt
ē þ at þ̃ ꝼrænðr ætlıt m̄ at ꝼ̇ kōa. ē ⁊ vel
at þu vıtır huart nockut er vnðer mın
ū þocka ⁊ mættı ſetıaz oꝼmetnaðr þīn ſt̄.
.ſ. eckı vīnū v̄ þ̃ bana en vel þættı oſſ at
þu kyñır at meta þık. B. ıat̄ holmgon

ní. ⁊ gengr ı abbuð ⁊ v̄ þar. Eīn ðag v̄ kallat
at m̄n ſkyllðı a ſunð. ſteıñ .m. v̇ .B. Vılltu rey
na ſunð v̇ mık .B. ħ .ſ. nıðr heꝼı ek lagt ſunð
en t̄ mun ek ꝼara. B. ꝼ̃r aurðıgr ⁊ legz hart
ħ haꝼðı lyꝼſteın a halſı. ſt̄. legz at ħm. ⁊ ſlıtr aꝼ
ħm ſteınīn m; pungınū ⁊ kaſtar a ſunðıt. ok
.q.v. Lıꝼða ek lengı. let ek raða goð. haꝼða ek
allð̇ hoſu moſrauða. batt ek allð̇ m̄ belg at h
alſı vrta ꝼullan. þo ek ēn lıꝼı. Epꝼ̄ þta leggıaz
þr t̄ lðz. þ bragð er ſt̄. haꝼðı v̇ B. var aꝼ raðū
þorðar. at B. ſkyllðı v̄ ganga holmgangan
þorðr geck hıa ꝼırðınū er ꝼıaraðı ⁊ ꝼān lyꝼ
ſteınīn ⁊ hırðı. ſt̄. attı ſuerð þ er ſkrym̄ het. þ v̄
allðrı ſaurugt. ꝼylgðı þ̇ ⁊ engı vanðæꝼı. þān ðag
ē aqueðıt var. gıngu v́t or buð þorðr ⁊ ſt̄. kō kor
makr þa a þıngıt. Olaꝼr paı ꝼær .B. lıð t̄ holmſ
v̄ þorðr arnðıſar ſon vanr at hallða ſkıllðı ꝼ̇
.B. en nu v̄ð þ eckı. gengr. B. þo t̄ holmſ. ⁊ ē ė
neꝼnðr ſkıallðſueıñ ñ. kormakr ſt̄ halða
ſkıllðı ꝼ̇ ſt̄. B. haꝼðı taurguna þūar naꝛt
þrıa ſkıollðu haꝼðı huaꝛ̄. þa hıo .B. tua ſ
kıollðu. en kormakr hellt a enū þrıðıa. B.
hıo t̄ ſt̄. en huıtīg ꝼeſtı ı ıarnrenðıngūnı
a ſkıllðı ſt̄ k. bra vpp ſkıllðınū. ı þ̇ hıo ſt̄. t̄
.B. ⁊ kō a ſkıallðarraūðına. ⁊ hlıop aꝼ ſkı
llðınū ⁊ a þíonappa .B. ⁊ renðı oꝼan eptır
lærunū ı kneſbætr. ſua at ſuerðıt ſtoð ı beı
ní. ⁊ ꝼell .B. ſt̄.m. þa nu ē golldıt ꝼeít ꝼ̇ .k.
.B. ſpratt þa vpp ⁊ hıo t̄ ſt̄. ⁊ klauꝼ ſkıollðınn
⁊ kō ſūðz oððrīn ı brıngu ſt̄. þorðr hlıop at
⁊ hratt ſt̄. vnðan. þorðr .m. nu gallt ek þ̃
ſona meıðıng. Epꝼ̄ þ v̄ .B. borīn t̄ buðar
⁊ bunðın ſar ñ. þorðr ꝼor heī t̄ buða. en þa
ē .B. ſa ħ. q. ħ .v. Fylgðut oſſ at oðınſ enðr
or þ̄ı hēðı. hlackar nıorðr a hurðer. hurð
vlꝼr gınīn þurðı. nu ꝼeꝛ̄ eñ ſua at ekıa
ıalcſ ſkyıa vılltyıu. myrðı ꝼreyr at mor
ðı marglynðr ētu taurgu ⁊ ēn .q. ħ. Þotta
ek þa er attı. ar ſagt ē þ varu. hæꝼr ı hlac
kar ðrıꝼu. hyrtūnū vel gūnar. nu vılıa
mık mık mıñ. mınz ðylıū þ̃ hylıa. þ he

ꝼſk ſott ı ſléttan ſaurbæ ꝼrændr aurı. þórðr .m. é þık ðauðan. en vúðıngar v̄nu v̄ ꝥ ı ꝥu ſīnı. þa .q.ʙ.v. Mer haꝼa ꝼrændr at ꝼundı. ꝼ̄ſkuan gleðı ꝥum. ræðı ek hellðr ꝼ̇ haullðū hugat mal ı þ brugðız. torogæt̄ ro teıtan. t ok hraꝼn a ná ıānan. ek em v̇ ogñ recka. ohrygr vıñ trygḡ. Ept̄ ꝥta v̇ .B. ꝼærðr heī ıſaurbæ ⁊ la ħ lengı ı ſarū. Nu ē at ſegıa ꝼ̄ kormakı ⁊ ſt̄. þ munð ē .ʙ. v̇ t̄ buðar borīn mlı .ſt̄. v̇ .k. Folk ſyrar lét ek ꝼıora. ꝼrattuð ꝥ ⁊ átta. ſkyGſ ꝼ̇ ſkrymıſſ eggıu. ſk̄ðendr hlıða v̄ða. nu heꝼ̄ bauð ꝼorſa b̄ſa bleſtu nıðſ a leſtı. ſárgeıtunga ſueıta. ſān ellðın ga ꝼellðan. ſt̄. mlı. Ek vıl at þu eıḡ nu ſkry mı .k. ꝥt ek ætla m̄ ꝥa holmgaungu ſıða zta. ept̄ ꝥta ſkıldux ꝥr vıñ. ꝼor ſteī. heī en .k.

13 Nu er at ſegıa ꝼ̄ .B. ſár ħ greru ſeínt. þ var eıt ſıñ at marḡ m̄n komu t̄ at rætt v̇ v̄ ꝼunðīn h uerneg tekız haꝼðı. þ.q.B.v. Mer hellt hyGr vnð eggıar. allſtyrkr goıſvallar. nauðr haḡ nu t̄ ꝼræða. naðzſ en hlıꝼðır auðz. ſua ꝼara r að en reıðaz. róg lınz ſum̄ mīna. nu læt ek ꝥ þrıotı. þoroðr vınon óra. Ept̄ ꝥta ꝼór þorðr at rumınu t̄ .B. ⁊ ꝼærðı ħm lyꝼſteınīn. ſıðan g ræððı þorðr .B. ⁊ tokz þa ꝥra vınatta ⁊ hell ðu vel ſıðan. v̇ ꝥa atburðı lagðı St̄ leıðendı a v̇ .B. ⁊ vıll ſkılıa v̇ ħ. ⁊ ē ħ̄ ē buın t̄ brotꝼar̄. gengr ħ̄ at .B. ⁊ mlı. ꝼyſt vartu kallaðr eygl u.B. en þa holmgaungu.B. en nu mattu at ſ onnu heıta raza.B. ⁊ ſeḡ ſkılıt v̇ ħ. St̄. ꝼ̄r no rðr t̄ ꝼrænda ſīna. hıt̄ þorkel. b̄ður ſīn. bıðr ħ heīta ꝼe ſín at .B. munð ⁊ heımanꝼylgıu ⁊ q̄ é vılıa eıga .B. aurkūlaðan. þkell laſta\`r´ þ eckı ⁊ heıtr ꝼór ſīnı. lıðr vetñ ⁊ ꝼ̄ſtaz ꝼor þk.

14 Ept̄ v̄ várıt ꝼor þk. **ꝼall þorkels-** tāngnıoſtr at ꝼīna holmgaungu.B. ⁊ heīta ꝼe .ſt̄. B.q. ſīn hlut munðu ſynaz þungan þo at huar̄tueggıu kenðı nockurſ aꝼ ⁊ man é ꝼeıt greıðaz. þk mlı ek byð ꝥ holmgaungu ı ōro holmı v̇ tıall ðaneſ. B.ſ. þ mun ꝥ nu þıkıa t̄ lıtılſ ſlıkr garpr ſē þu ēt. en þo ek ꝥ at koma. ꝥr komu t̄ holmſ. ⁊ tokz holmgangan hellt þorðr arnðı ſar ſon ſkıllðı ꝼ̇ .ʙ. en valı ꝼ̇ þkelı. ⁊ þa ē tueır ſkıllðır v̊ ꝼarnır. bauð .B.þk. at taka hīn ꝥðıa. þork̄. vıllðı þ é. B. haꝼðı ſkıollð ⁊ ſuerð langt ⁊ bıtrt. þk. mt̄. þ ſuerð ē þu heꝼ̄ .B. ē lenḡ en laug lıggıa t̄. þ ſt̄ é v̄a. ſ.ʙ. tekr vpp huıtīg ⁊ tuıhenð̄. hauGr þk. banahoG. þa .q.ʙ. Nv heꝼık en tel tāna. tāngníoſt vegıt manna. þau b̄ı m̄n ꝼ̄ morðı mín orð tıḡ ꝼıorða. kōat man vllr þott ellı optar̄ maraþoptu. lıt̄ bloðı ſuan ſueíta. ſetrſ ı heī at bet̄. Ept̄ þ bauð Valı .ʙ. holmgaungu. en. B.q.v. Boðıt haꝼa brynıu hrıðar. beıðendr v̇ ſtyr kenðır. oſſḡū at ꝥeckı ángr a holm at ganga. ga man þıkır nu gūnū. gūnſtæranða at ꝼæra. vıggū hūgı at haugua. hlackar veðrſ a backū. þorðr kō þa ē b̄ıaz ſkyllðı. ⁊ mlı t̄ ꝥra .ʙ. ⁊ vala. þ þık̄ m̄m mıkıl vanðræðe eꝼ hrauſt̄ m̄n ſt̄u ðrepaz nıðr an nock̄ rı ſok. ⁊ bıoðūz ek t̄ at ḡa ı mıllı yckar ꝥr ıattu ꝥ. þorðr mlı. Valı þ þıkı m̄ venlı gaz t̄ ſættar at .ʙ. ꝼaı þorðıſar ſyſtur ꝥī nar. ma ꝥ v̄ða at ꝥ ſemð. ꝥ ıat̄ .B. ⁊ ſt̄ þor ðıſı heıman ꝼylgıa breckulð. ⁊ tekz ꝥı m ægð m; þeī. Ept̄ ꝥta lætr .B. ḡa vırkı v̄ be. ſīn ⁊ ſat þa marga vetr ı kyrðū. **aꝼ þor**

15 Þorarēn het maðr ħ v̇ **arnı ram̄a** alꝼſ .ſ. ħ bıo norðr ı ꝥābarðal ſa ðalr gengr aꝼ bıtru. ħ v̇ mıkıll m̄ ⁊ ſterkr ⁊ kallaðr þorarēn rāmı. ħ haꝼ ðı lengı v̄ıt ı ꝼaurū ⁊ ſua ꝼarſæll. at ħ ka uſ ſer ıaꝼnan hauꝼn þar ē ħ vıllðı. ħ áttı .ííj. ſonu. het eīn alꝼr añar̄ loptr. ꝥðı ſk optı. þorarēn v̇ véırðar m̄ mıkıll. þar ep t̄ v̊ .ſſ. ħ ſkapꝼarñ. hıñ meſtu hauaða m̄ maðr het oððr ħ bío ı tungu þ er ı bıtru. ðot̄ ħ ħ̇ ſteınuor. ven ⁊ vel at ſer. ħ̄ var kolluð mıobeına. m; oððı v̊ ꝼıſkım̄n mar ḡ. Maðr ħ̇ Glumr. ħ v̇ t̄ v̄ſ. ſkapıllr ⁊ leı ðenðr. þ var eıtt ſīn ē ꝥr oððr ⁊ glumr

reððu v̄ hu͛ır m̄n meſt̃ v͛ı ı h̃aðı. gl. taldı þor
arın ꝼmān. en oððr .q. holmgaungu.B. at ol
lu ꝼ̃mak̃. g.m. huat ꝼær̃ þu t̉ þ̄. o.m. mun noc
kut allıkt garpſkapr .ʙ.e. ſtulð̃. þorar̃. þ tıl
ræða þr v̄ þta ē þr reıððuz ꝫ veðıuðu. þa ꝼek̃
.G. ꝫ ſeg̃ þorarnı. h̄ g̃ır reıðan mıog. ꝫ heıtaz
v͛ .o. Sıðan ꝼ̃r þorar̃. ꝫ tekr ı b͛tt ſteínuoru ór
tungu án raðı .o. ꝼoður hēnar. ꝫ queðr h̄m ė
ohætt ſkylld eꝼ h̄ teldı at ꝫ þau koma heī ı
þābár ðal. ꝼór nu ſua ꝼrām̄ v̄ rıð. Epꞇ̃ þta
ꝼek̃ .O. at ꝼīna holm.B. ꝫ ſeg̃ h̄m ſē ꝼarıt he
ꝼ̃. ꝫ bıðr h̄ lıðſ at ſækıa ſteınuoru ꝫ reka ſk
āmar þar. B.q þta v ſkyllt tal v͛ıt haꝼa. ꝫ
bað .O. heī ꝼara. ok ſer engu aꝼ ſkıpta. en þo
heıt ek þ̄ mīnı aſía. þeg̃ .o. ē ıb͛ttu. byz .B. he
ıman. rıðr v͛ aluæpnı. ꝫ gyrðr huıtīgı ꝫ heꝼ̃ þr
ıu ſpíot. kēr ı þābar ðal mıog at alıðnū ðegı.
þa ē koñ gengu ór ðyngıu. ſteınuor ſer .B. ok
ſnyr t̉ motz v͛ h̄. ꝫ ſeg̃ h̄m t̉ ſīna vanðræða.
buz þu m; m̄. ſ.B. ꝫ h͛ g̃ır ſua. B.q̃ ė ē̃enð la
uſt ꝼara vılıa ı þābarðal. ſnyr at ðyrū ē m̄
ſatu v͛ langellða. lyſtr .B. a ðyk̃. ꝫ gengr þ̄ út
m̄. ſa neꝼnðız þleıꝼr þorarīn kenðı mal .ʙ.
ꝫ hleypr vt m; talgu knıꝼ mıkīn. ꝫ leɢr tıl
B. þta ſer .B. ꝫ bregðr huıtıngı. ꝫ hauɢr h̄ þe
gar bana hauɢ. epꞇ̃ þta hleypr .ʙ. a bak ok
ſetr ſteīv͛ ı kne ſer ꝫ tekr ſpıot ſın ē ſteın
vor haꝼðı varðueítt. Rıðr ıſkog nockurn. ꝫ
ı leynı eínu let h̄ heſtīn ꝫ ſteınu͛ ꝫ bað ha
na ſín bıða. Sıðan geck h̄ t̉ k`l´ıꝼſ þ̄ ē þıoðga
ta la ıꝼ̃ ꝫ byz þar ꝼ̃. J þābā ár ðal v͛ ė allt
kyrt þorleıꝼr hleypr ꝫ ſeg̃ ſonū þorar̃. at h̄ la
ðauðr ı ðyrunū. þr ſpurðu hu͛r þ͛ vollð. þleıꝼ`r´
ſeg̃. Sıðan ꝼoru þr epꞇ̃ .B. ꝫ ſteꝼnðu ıt gegn
ſta t̉ klıꝼſınſ ꝫ ætluðu at kōaz ꝼ̃ .B en nu ē
h̄ ꝼ̃ ı klıꝼınu. En ē þr komu næk̃ at h̄m ſkaut
.B. ſpıotı t̉ alꝼſ. ꝫ ı gegnū h̄. þa ſkaut loptr t̉
.B. h̄ bra v͛ taurgūnı ꝫ hraut aꝼ. ſíðan ſkaut
.B. lopt t̉ bana. ꝫ ſua ſkopta. þa ē þt var
g̃t. komu heíma m̄n þra bræðra. veık þa g
eık̃ aptr motı þeī. ꝫ ꝼoru heī aller ſaman.

16 Epꞇ̃ þta vıtıar .B. ſteīuar̃. ꝫ ſtıgr a heſt
ſīn. ꝫ kō heī aðr m̄n v͛ vpp ſtaðner.
þr ſpyrıa v̄ ꝼ̃ð .B. en h̄ .ſ. þorðr ſpyʀ
.B. ē þr ꝼīnaz v̄ ꝼunð þra hu͛neg ꝼarıt haꝼ
ðı. þa .q.B.v. Eīnar beıð vlꝼa grēnır. anðr
án ı ðal þābar. ꝼell ꝼ̃ ꝼræða ſpıllı ꝼ̃m̄ þora
rīn rāmı. lıꝼſpell bıðu lyðır. loptr hné alꝼ`r´
ꝫ ſkoptı. þr hlutu ꝼeðgar ꝼıor̃. ꝼeıgð kō ek
eīn t̉ þra. Epꞇ̃ þta ꝼ̃r .o. heī. en ſꞇ̃. ē m; B. þta
lıkar þðıſı ılla. þa var nockut a ꝼoru vırkı`t´
.B. en nu let h̄ bæta vırkıt. Sua ē ſagt at
eng̃ yrðı bætr epꞇ̃ m̄n þa. lıðu nu ꝼrām
ſtunðer. eıtt ſīn ē̃þau þorðıſ ꝫ .B. tauluðuz
v͛ .B. þ rað heꝼı ek hugſat at bıoða Olauı
hauſkullðz .ſ. barnꝼoſtr. h͛ .ſ. lıtıð ē m̄ v̄ þ.
lız m̄ þ mıkıll vanðı. en vſy̅n ſæðar au
kı. þ ē ꝫ aurukt trauſt. en ek a ſaukóꞇ en
g̃um mıog allð orpīn. ſ.B. ꝼ̃r h̄ t̉ motz vıð
Olaꝼ. ꝫ byðr h̄m barnꝼoſtr. þta tekr Olaꝼr
m; þockū. ꝫ ꝼlytr h̄ halldor heī m; ſer. ok
ꝼær ſteınu͛ t̉ ꝼoſtrſ. þta lıkar þorðıſı ılla.
ꝫ ſkytr vnðan pēnīgunū. B. tekr nu mı
og at ellðaz. þ var ēn eīn tíma at þīgm̄n
komu t̉ .B. h̄ ſat eīn ſaman. ꝫ kō ꝼyk̃ matr
ñ en ānak̃a māna. B. haꝼðı graut en að
rer m̄n oſt ꝫ ſkyr. þa .q.B.v. Bengıða bıo
ek braðer. blaꝼıðruðū ſkrara. kenðr var
ek mıog v͛ māna morð halꝼan taug ꝼıorða.
traull haꝼı lıꝼ eꝼ lauꝼa. lıtag allðregı bıt
ran. berı þa brynıumeıðar. brıot ı haug
ſē ſkıotaz. halldorr .m. vega ætlar þu m
ān ēn þa ꝼoſtrı mīn. B.ſ. ſe ek mānīn m
aklıgan t̉. þðıſ leyꝼðı vala b͛ður ſınum
nytıar ı brecku lðı. B. let h̄karla ſına vī
na heıma. ꝫ ſkıpta engu v͛ vala. hallðo
rı þottı ılla ē .B. reð ė ꝼe ſınu. Epꞇ̃ þ .q.
.B.v. Lıggıū baðer ı beck ſaman. hallðoꝛ
ꝫ ek hu̅gı ꝼær̃. hoꝼū engı þrek. vellðr
æſka þ̄ en ellı m̄. þeſſ batnar þ̄ en þey
gı m̄. hallðorr .m. ılla hugnar m̄ v͛ vala.
.B.q.v. Veıt ek at valı beıꞇ̃. vegſtoꝛ toð̃

órar. oſſ vıll hellðr ēn huaſſı. hıalmnıotr ſ̃ða
vnð ꝼotū. opt heꝼı ek yꝼz þa ē̃ heıpt̃. vnðſo
lar gallt ek rūnū. rauð ek a bryníubeıðı be
nıa lı̄n oꝼ mı̄na. ɜ ēn .q. ħ. Komı̄n ē̃ vllr vıð
ellı. aulua grıotz aꝼ ꝼotū. mart v̂ðr gegní
gautū. geırꝼıtıar nu ſıtıa. þótt ſkyruıðır ſ
kallðı. ſkapı allðr ı grauꝼ kallðan. ꝼyꝶ ryð
ek hıalmſ a holmí. hrıðuaunð en ek þ́ kuíða.
hallðor .m. lıtt ellðız þu ēn ıhugınū ꝼoſt́ mı̄n
þau ſteı̄uor ɜ .B. talaz v́. B.m. t́ hēnar. ʀað ſt̃
ſetıa ɜ þurꝼu v̂ þín at. ħ̊ ſagðı þ ſkyllt ſlıkt
ē ħ̊ mættı at g̃a. þu ſt̃ lata þık a ſkılıa v́ þðíſı.
vm mıolkrketıl ɜ hallða a þ́ t́ ē þıð ſlaıt n
ıðr. mun ek þa t́ kōa ɜ mæla allt ept̃ ħı ſıðā
ſt̃u ꝼara t́ vala. ɜ ſegıa þınar hraknı̄gar. þta
ꝼór ept̃ þ́ ſē .ʙ. ſettı ráð tıl. ɜ kō ħ̊ t́ vala ɜ ſe
gır ſınar ė ſlett̃. bıðr vala ꝼylgıa ſer v̄ klıꝼ
ıt. ħ g̃ır ſua. þa ē valı vıll aptr hu᷎ꝼa. kōa þr
hallðoꝛ ɜ .B. ı mót ħm. B. haꝼðı hauɢ ſpıot í h
enðı ɜ ſtaꝼ ı ānaꝶı. en hallðoꝛ ħtīg. þegar va
lı ſer þa. ſnyr ħ ı mot þeı̄. ɜ hauɢr t́ .B. hallðoꝛ
kōz a bak vala. ɜ beıtır a haſın ħm ħtīgı. þa
bregðr valı hart v́ ɜ ſnyr ı mót hallð̃. þa ſettı
.ʙ. ſpıotıð mıllı ħðāna v̂ þ ħ banaſár. ſıðan ſe
tıa þr vpp ſkıollð ħ at ꝼotū ħm en ſu᷎ð at hoꝼðı
ɜ breıða a ħ vararꝼellð ħ. ɜ ept̃ þ ſtıga þr a bak
ɜ rıða v̄ .v. béı ɜ lyſa vıgínu a henðr ſer ɜ rıða
heı̄ ſıðan. ꝼara m̄n ɜ bua v̄ vala. ɜ heıt̃ þar
ſıðan vala ꝼall. ē ħ v̂ ðrepı̄n. hallðoꝛ v̂ nu .xíj.
vetra gamall ē þı atburðr g̃ðız. **aꝼ þoruallðı**

17 Þoruallðr het maðr ɜ var **tınteín cpm**
eyſteınſ .ſ. ɜ var kallaðr tınteı̄n ħ v̂
m̄ auðıgr ɜ hagr. ſkallð ɜ engı ſkaur
ungr ı ſkaplynðı. b̊ðer ħ ħ́ þuarðr er bıo nor
ðr ı ꝼlıotū. þr v̊ ꝼrænðr marg̃ ɜ v̂ ſakynſ þátt\`r´
kallaðr ſkıðıngar. ɜ haꝼðı lıtla mānheıll. þ
vallðr tīteı̄n bað ſteı̄g̃ðar. ɜ at ꝼrænðaraðı
var ħ̊ ħm geꝼın ɜ eckı m; hēnar motmælı.
þta var ſāſumarſ ɜ ſteı̄g̃ðr geck ꝼra .B. þeſſı
tıðenðı ꝼrett̃ kormakr. ɜ lætr ſē ħ vıtı ė. lít
lu aðr haꝼðı ꝁ. ꝼlutt varnat ſı̄n t́ ſkıpſ ɜ æt

laðı vtan. ɜ baðer þr .bb. Eı̄n morgın ſnı̄ma r
ıðr .ꝁ. ꝼ̃ ſkıpı ꝼ̃r at ꝼı̄na ſteı̄g̃ðı. ɜ talar vıð
hana. bıðr hana g̃a ſer ſkyrtu. ħ̊ .q. enga þ
aurꝼ kuamu ħ. kuað þvallð ė munðu þo
la heꝼnðalauſt .e. ꝼrænðr ħ. k.q.v. Maka
ek hıtt oꝼ hyggıa. huı þu ſkyllðır vırða. gull
hlaðſ geymıþella. geꝼın tı̄ðratt̃ mānı. traul
la ma ek oꝼ tęıa. tāna ſılkınāna. ſız þık ꝼa
ſtnaðı ꝼrægıa. ꝼaðer þı̄n blotamānı. St̃.m.
auð heyrðr ē̃ ꝼıanðſkapr ı ſlıku. ɜ man ek
ſegıa þoruallðı hrop þıtt. ɜ ē̃ ſlıkt́ engū man
nı ſıtıanða. þa .q.k. Þarꝼtaðu huıt at hæt
ta hlín ſkrautlıgrar lınu. v̂ kūnū ſkıl ſkepıa
ſkıðınga m̄ nıðı. naððhrıðar ſt̃ ek níða. nıót
ſua at ſteınar ꝼlíotı. nu heꝼı ek ıllan enða
eyſteı̄ſ ſonū leyſtan. Ept̃ þta ſkılıa þau m;
engrı blıðu ɜ ꝼor .k. t́ ſkıpſ. **vtanꝼerð þra bb**

18 Þa ē̃ þr .bb. letu ór lægınu. kō vpp hıa ſkı
pınu hroſſhualr. k. ſkaut t́ ħ palſtaꝼ
ɜ kō a hualı̄n. ɜ ſauktız. þottuz m̄n þar kē
na augu þorueıg̃. þı hualr kō eckı vpp þaðā
ı ꝼra. en t́ þueıgar ſpurðız þ at ħ̊ la hætt.
ɜ ē̃ þ ſaugn māna at ħ̊ haꝼı aꝼ þ́ ðaıt ſıðan
ſıglðu þr a haꝼ ɜ komu v́ noreg. J þān tıma
reð hakon aðalſteınſ ꝼoſtrı noregı. þr .bb.
ꝼoru ſkíott a ꝁgſ ꝼunð. tok ꝁgr vel v́ þeı̄.
v̊ þr þar v̄ vetrı̄n vel vırðır. v̄ ſumarıt ep
t̃ leggıaz þr ı ħnat ɜ vı̄na morg ſtoruırkı
Sa maðr var ı ꝼelagı m; þeı̄ er Sıgvrðr ħ́.
þuıueſkr m̄ ɜ velborē þr g̃ðu vıða vpp ra
ſer. Eı̄n ðag ē̃ þr gengu a lð vpp gengħ.
komu at þeı̄ .bb.xı. m̄n ɜ ſottu at þeı̄. lauk
ſua þra v́ſkıptū at þr .bb. tueır ſıgruðu hı
na ellıꝼu. Ept̃ þ ꝼoru þr t́ ſkıpa. þottuz vı
kı̄garner munðu haꝼa latıð þa m̄n en ꝼag
na nu þ́ ē̃ þr komu aptr m; ſıgrı ɜ ꝼe. J þ ꝼ̃ð
ꝼengu þr .bb. mıkla ꝼregð. leıð a ſumarıt
ɜ v̂ kōıt a vet́. þr vılldu þa hallða t́ noreg\`s´
ꝼengu veðrattu kallða. lagðı hrı̄ ı ſeglıt.
þr v̊ ıānan mıok ꝼrāmı .bb. þa .q.k.v. Ska
ka v̂ð ek v̊ ſkarðı. ſkallð a buð t́ kallða.

ꝼıoll ero ꝼıarðar kellı. ꝼallðın hrím a tıallðı
vıllða ek attræðar vallðı. v̄ı aungu hæra.
ħ ē t̄ latr ꝼra lıoſſı. lınbeðrar gná ſīnı. þgıl`s´
mł̄ı. getr þu hēnar nu ıānan. en þa vıllð
ė ꝼa ħnar ē buðuz koſt̄ a. k.ſ. meıꝶ ollı ꝥ v
anðra vetta atqueðı en mín mıſlynðı. nu
ſıglðu þr at homrū nockurū. hloðu ſeglū
v̇ mıkīn haſka. k. mł̄ı. vel mættı þvallðr tī
teīn ħ v̄a hıa oſſ. þḡ.ſ. broſanðı. þ ē lıkara a`t´
ħ vnı nu betr ı ðag en v̄. ė ē þa ſē ſkyllðı. ſ.k.
lıtlu ſıðaꝶ toku þr noreg. **aꝼ ſteíngerðı**

19 Meðan þr hoꝼðu brottu v̄ıt v̄ orðıt ho
ꝼðıngıa ſkıptı. hakon v̄ latīn en ha
rallðr graꝼellðr ı ſtað komīn. vīgaz
þr v̇ ꝶg. ħ tok þra malı vel. þr ꝼoru m; ꝶgı.
t̄ ırlðz. ꝫ attı þar oꝛ̄or. þ var eıtt ſīn ē þr hoꝼ
ðu vpp gengıt m; ꝶgı. ꝫ kō mıkıt lıð mot
ꝶgı. ꝫ þa ē ſaman lauſt lıðınu. þa .q.k.v.
V́ggı ek lítt þott leggı. lð vaurðr ſaman r
anðer. varat vırðar ſtæꝶı. vellauðıgr mér
ðauða. Meðan ſkerıarðar ſkarðı. ſkorð m
an ek ꝼ̇ norðan. hueṡ ꝫ angrar ſu ſeſſı. ſótt þor
ketılſ ðott̄. þḡ.m. allð kēr þu ı þa mānraun
at ꝥ komı ė ıānan ı hug. ſteīḡðr. k.ſ. allítt ꝼ
yrnız m̄ þ ēn. ꝥı orroſta var mıkıl. ꝼeck ha
rallðr ꝶgr. agetan ſıgr. ħ m̄n rakv ꝼlotta. þr
.bb. v̊ ſtaðder baðer ſaman. ſneruz þa ımot
.ıx. m̄n. þr baurðuz v̄ hrıð. k.q.v. Skıott m
vnū ſkarðı ħ̄nır. ſł̄m tueır banar þra. allz
ānſkotū hrınða. hıorðrıꝼr nıu ꝼıoruı. me
ðan goðleıðū gaða. grūnleıt ſuer m̄ v̄ní.
gengr at glæſtū bıngı. gullſeım níorun beīa.
þḡ.m. ꝥ kēr þo optaz nıðr. þra oꝛ̄o lauk ſua
at þr .bb. ꝼengu ſıgr. en hınır ꝼellu .ıx. þr to
ku þar ꝼ̇ mıkıt loꝼ aꝼ ꝶgı. ꝫ marga ſemð
aðra. þr .bb. v̊ m; ꝶgı ı ħ̄ꝼðū ıānan. þa ꝼān
þḡ. at .k. ſuaꝼ lıtıð ıānan. ꝫ ſpurðı huı þ
ſǽttı. þa .q.k.v. Brım gnyr bratt̄ hārar. b
lalanðz haka ſtranðar. allt gıalꝼr eyıa
þıalꝼa. vt lıðr ı ſtað vıðıſ. m̄ queð ek hellðr
oꝼ hıllðı. hrānblıkſ en ꝥ mıklu. ſueꝼnꝼátt
ſnaurua geꝼ̄n. ſāna man ek eꝼ ek vakna.
kān ek þ ſegıa ꝥ ꝺ̄ð at ek lyſı v́tꝼ̄ð mınnı t̄
ıſlðz. þḡ.m. mıklu ē ꝼ̇ ꝼætr ꝥ kaſtað ꝺ̄ðer.
ꝫ eı veıt ek nu t̄ huerſ ðregr. þegar ꝶgr v̄ðr
vıſſ ꝼarꝼyſı .k. þa kallar ꝶgr .k. t̄ ſín ꝫ ſeḡ
ħ vuıtrlıga ḡa. ꝫ letr ħ ꝼ̄ðarīnar. ꝫ tıar þ ec
kı. rez ħ t̄ ſkıpſ. ı vtlatı ꝼengu þr veðr huaſt ok
a ꝼaull ſtór ꝫ brotnaðı ráın. þa .q.k.v. Era m̄
ſem tınteını. trauðr ē vaſ ꝼara kauðı. ſkıart ē
ħ vıð þyſ þēna. þrıotr mykſleða brıotı. þa ē al
ſnıallır aller. oððreḡn ſtaꝼat ꝼregní. ı ſolun
ðar ſunðı. ſunð ꝼaxa rá bunðın. þr lata ı haꝼ.
ꝫ þola harða veðrattu. ꝫ eıtt ſīn ē kōıt haꝼðı
mıkıt aꝼall. v̊ m̄n vaſ̄. þa .q.k.v. Veıt hīn ē
tın tānar. trauðr ſæꝼara īn blauðı. ſtunðum
ılm ꝼ̇ ynðı. oḡua ꝥ ſaurua. huar ellðꝼallðın
allða. opt gengr oꝼ ſkaur ðreīgıū. ħ a víꝼſ
at vıtıa varmabauð á armí. þr haꝼa har
ða vtıuıſt ꝫ koma v̄ ſıðır vtanat mıðꝼır
ðı. þr kaſta ackerū næꝶ lðı. þr ſıa alð vpp hua`r´
kona rıðr. k. kēnır ſteīḡðı ꝫ let ſkıota batı ok
rær t̄ lðz. gengr ſkíott ꝼ̄ ſkıpı ꝫ fær ſer heſt
rıðr t̄ motz v̇ ſt̄. ꝫ þeḡ er þau ꝼīnaz hleypr
ꝶ aꝼ bakı. ꝫ tekr hana oꝼan ꝫ ſetr nıðr hía
ſer. hroſſın ganga ꝼ̄ þeī ꝫ lıðr a ðagīn ꝫ kēr
at myrkrı. ſt̄.m. mal ē at leıta at heſtū var
ū. k.q. lıtılſ munðu v̇ þurꝼa ꝫ lıtaz ħ v̄. ok
ſer huergı hroſſín. en þau hauꝼðu vaꝼız ı
eınu lækıar ꝼarı. ſkāt ꝼ̄ ꝥ er þau ſatu. Nu
ꝼ̄r nott at henðı. taka þau a ſık gaungu. ok
komu t̄ lıtılſ bæıar. ꝫ var v̇ þeī tekıt ꝫ veıttr be
íní ſlıkr ſē þau þurꝼtu. vm nottına huıllðı
ſınū megın brıkar huart þra. þa kuað .k.v.
Huılū hanðar bála. hlın vallða ſkaup ſínu.
þ ſıam reıð at raðı. rík tueī megın brıkar.
nærgı ē oſſ ıeína. angrlauſt ſæng gaungū.
ðyr ſkaupnungı ðraꝼnar. ðyneyıar v̇ ꝼrey
ıa. ſt̄.q. betr at ė bærı ſaman ꝼunðı þra.
.k.q.v. Svaꝼū hréſſ ı huſı. horn þeyıar víð
ꝼreyıa. ꝼıarðarlegſ en ꝼrægía. ꝼīm nætr
ſaman grīmar ꝫ hyrketılſ hūıa hraꝼ`n´ſ æꝼı

gnoð ſtaꝼna. lagſ a lıᷓt oꝼ hugſı. la ek anðuan a
banða. ſꝉ. mꝉı. lıðıt ē ꝥta ⁊ get ė. ꝁ.q.v. Heıtaz h
ellðr ꝼlıota. huatt ſē korn a vatní. ēn em ek auð
ſpaung vnġ oþeckr en bıoð ſauckua. ꝼæraz ꝼ
ıoll en ſtoru. ꝼræg ı ðíupan ægı. aðr ıānꝼaugr
troða. alın v̂ðı ſteīḡðı. ſꝉ.q̇ ė vılıa háð ħ. k.q.v.
Sv beꝶ m̄ ímína. mengeꝼn oꝼ ꝧ ſueꝼna. nema
ꝼagı ðul ðrıuga. ðreīgr oꝼraðarlengı. at axlı
mar yðrar. auðꝼrıġ muní lıggıa. hrunð a he
ıðıſ lðı. hlıðar m̄ oꝼ ſıðer. ſꝉ.ſ. ꝥ ſꝉ ė v̂ða eꝼ ek
ma raða. ⁊ ſkılðız þu ſua at eīſ v̇ þau mál at
ꝥ ē ꝧ engı van. Nu ſoꝼa þau aꝼ v̄ nottına. v̄
morgınīn byz .k. ıƀtt. ꝼīnr ſꝉ. tok aꝼ henðı ſ̄
ꝼíngr gull ⁊ vıll geꝼa hēnı. ħ mꝉı. Traull haꝼı
þık allan ⁊ ſua gull ꝥıtt. ꝁ.q.v. Dıgla bauð
ek v̇ ðregla. ðag tala ꝧ malı. m̄ vara ðagr ſaē
ðugðı. ðrıꝼgagl aꝼ ꝧ vıꝼı. en blıðhuguð bæðı b
auðgylſ maran auðar. mıtt vıllat ꝼe ꝼylla
ꝼíngr gull geꝼıt trollū. Rıðr k. ⁊ lıkar hellðr
ılla v̇ ſꝉ. en v̂r v̇ tīteín. ħ rıðr heī a mel. ⁊ ē ꝧ
20 v̄ vetrīn ⁊ vıſtar kaupm̄n næꝶ ſkıpı. þvall
ðr tīteīn bıo norðr ı ſūnu ðal. en þv̂ðr ƀðer ħ ı
ꝼlıotū v̄ vetn̄ ġr .k. ꝼ̄ð ſína norðr ı ſūnuðal
at ꝼīna ſꝉ. ⁊ ē ħ kō ı ſūnuðal ſtıgr ħ aꝼ bakı ⁊
geck ꝉ ſtuꝼu. ſꝉ. ſat a pallı ⁊ ſez .k. hıa hēnı
en þvallðr ſıtr ı beck. ⁊ þar hıa ħm narꝼı. ħ
mꝉı Narꝼı v̇ þvallð. ſꝉtu engan hlut ı eıga v̄ ſe
tu .k. ⁊ er ſlıkt oſıtıanða þv̂.ſ. ſæma mun ek
v̇ ſlıkt. lız m̄ ꝥta ſkālauſt þott þau talı. N.
.ſ. ılla ē þa. lıtlu ſıðaꝶ ꝼīnaz ꝥr bræðr. þvallðr
⁊ þv̂ðr. ſeḡ þvallðr ħm kuam̄ .k. þangat þv̂.
.ſ. þıkı ꝧ ſlıkt ſıtıanða. ħ .q. eckı haꝼa ꝉ ſa
kat þar ꝉ. en ſagðı ſer oſkapꝼellt v̂a v̄ kua
mur .k. þa .ſ. þv̂ ek ſꝉ bætr a raða. þott þu þo
rır ė. ꝥt ollū oſſ ē ſkōm í. ꝥ v̇ næſt ē þú. kō ı
ſūnuðal. keyptu ꝥr .bb. ⁊ .N. at eınū gaungu
ſueíní at ħ ſkyllðı queða vıſu ſua at ſteīḡ
heyrðı ⁊ ſegðı at .k. heꝼðı orta. en ꝥ gegnðe
engu. ꝥr ſaugðu at .k. heꝼðı kent konu ꝥrı
ē eylaug het. ꝼrænðkona ħ. en ꝥı v̇ .v. Vıll
ða ek hıtt at v̂ı vallðeır gomul ıallða. ſtæ
rılát ı ſtoðı. ſteīgerðr en ek reíní. væra ek þra
ða þruðı. ꝥrı ē ſtauðuar geıra. gūn aurðıgra ġ
ða. gaupellz a bak hlaupīn. ſꝉ. v̂ðr nu reıð
míog. ſua at ħ vıll ė .k. heyra neꝼnðan. ꝥta
ſpyꝶ .k. ⁊ ꝼ̄r at ꝼīna ſꝉ. ħ leıtar leīgı orða v̇
hana. þau ſuaur komu vpp at lyktū at hē
nı mıſlıkar at ħ yrꝁ v̄ hana nıð. ⁊ ē ꝥ nu bo
rıt v̄ allt ħat. k.q. ꝥ ė ſatt v̂a. ſꝉ.ſ. mıog m
vnðer þu þræta. eꝼ ek heꝼða ė heyrt. k.m.
hv̂r .q. ſua at þu heyrðır. ħ ſeḡ. hv̂r .q. ⁊ þar
ꝼtu ė mīſ talſ at venta. eꝼ ꝥta ſānaz. k. rıðr
ı ƀtt ⁊ leıtar ꝥa ſtrakſ ⁊ ꝼīnr. ⁊ nu v̂ðr ħ at
ſegıa ıt ſāna. k. v̂ðr reıðr mıog ⁊ hleypr at
Narꝼa. ⁊ vegr ħ. ſlıka ꝼaur ætlar ħ þvallðı.
en ħ ſkauz ı ſkugga ⁊ ſkāmaðız ſín. ⁊ kōuz
m̄n ımıllı ꝥra ⁊ ſkılðu þa. k.q. þa .v. Nu mun
ætlæla yta. auð mætanðīn hæta. v̂ kunnū
ſkıl ſeyıa. ſkıðunga m̄ nıðı. naððhrıðar ſꝉ
ek níða. níot ſua at ſteın̄ ꝼlíotı. nu heꝼık ıl
lan enða eyſteīſ ſonū leyſtan. ꝥta ꝼ̄ttız v̄
ħaðıt ⁊ vex at eınſ oþockı mıllı ꝥra. ꝥr þv̂.
⁊ þvallðr .bb. ē̂o ſtororðer. en .k. lıkar ꝥ ılla.
21 Epꝉ ꝥta ſenðer **aꝼ þoruallðı ⁊ kormakı**
þv̂. orð or ꝼlıotū at ħ vıll ƀıaz v̇ .k.
queðr a ſtað ⁊ ſtunð. kallaz nu
heꝼna vılıa nıðſınſ ⁊ ānaꝶa ſuí
vırðınga. k. ıatꝉ ꝧ. ok er ſteꝼnuðagr kom
ꝼór .k. ı ꝥān ſtað ſē aqueðıt v̄. ⁊ v̇ ė þú. ꝧ
komīn. ⁊ engı aꝼ ħ m̄m. k. hıtꝉ konu eīa
þar a bénū. ħ heılſar ħm ⁊ ſpyrıaz þau tı
ðenða. ħ mꝉı. hv̂t ē ꝥıtt erenðı .e. hv̂ſ bıðr
þu. k.q.v. Seīn þıckı ſauckua. ſnyrtım
otz ór ꝼlıotū. ſa ē átt grēnır v̄nar. orð ſē
ðı m̄ norðan. hrīgſnyrꝉ þarꝼ hıarta. háꝼ
æꝶ ıſık ꝼæra. þo ē mengūn̄ m̄ meıra vāt
ór leırı. k. mꝉı. Nu byð ek þv̂. aꝼ nyíu h
olmgaungu. v̂ðı ħ huerſ manz nıðíngr
eꝼ ħ kēr ė. eꝼ ħ telz hugar ſınſ eıganðı.
⁊ þa .q.k.v. Skolut nıðıngar neyða. nu
emk ſottr v̄ gıoꝼ ðotꝉ. vpp gellð ek gau
ta gıllðı. gaugnū mık ꝉ þaugnar. ꝥ mu

nu þrottar vıttır. þropregnſ ſtaꝼ̄ ꝼregna. b
yrıag ꝼrægð nema ꝼıoruı. ꝼel mıðlenðr
mık velı. þa bua þr .bb. mal t᷑ a henðr .k. v̄
níð. ꝼrænðr .k. hallða vpp ſuaurū. h̄ vıll ēgı
boð bıoða lata. quað þa nıðſ v̄ða en ė ſo
ma. ꝫ q̇ .k. eckı v̇ þeī vanbuīn vtan þr ſuí
kı h̄. þv̄. haꝼðı ė ſótt holmſteꝼnu þa er .k.
bauð h̄m. ſagðı .k. ſıalꝼꝼellt nıð a þa. ok
þeī maklıgt at þola ſlıkt nıð. lıðr nu ꝼ
rām t᷑ hunauazleıðar. ꝼoru huaꝛ̄tueg
gıu t᷑ leıðar. eıtt ſīn ē þr ꝼunðuz þv̄. ꝫ
.k. þa mlı .þv̄. mıkīn ꝼıanðſkap eıgu v̄
ꝥ at gıallða margſ hatꝛ̄ ꝫ ꝼ̄ ꝥ ſama byð
ek ꝥ holmgaungu. h̄ a leıðīní. k.ſ. mūtu
nu nockut betr t᷑ ꝼallīn en aðr. ꝫ heꝼ̄ þu
ıaꝼnan vnðan huıkat. ė ſl at ſıðr t᷑ hæt
ta. ſ.þv̄. þolo v̄ ė lengr ſkām̄ ſlıkar. k.q̄.
ſık eckı ðuelıa. ꝫ ꝼ̄r heī a mel. **aꝼ korma**
22 Maðr h̄ þorolꝼr ē bıo vnð̄ **kı ꝫ þoruall**
ſpakonuꝼellı. h̄ áttı þðıſı ſpako **ðı**
nu ſē ꝼyꝛ̄ var getıð. þau v̄ þar
a leıðını. þottuz marḡ ꝥ trauſt mıkıt
eıga ē h̄ v̇. þv̄. ſæk̄ hana at. ꝫ beıðır hana
lıðſ ı motı .k. ꝫ gaꝼ ꝼe t᷑. byr þðıſ h̄ nu tıl
holmſ ſua ſē hēnı lıkar. k.ſ. moður ſın
nı. ſına ꝼ̄ætlan h̄ .ſ. huart h̄ hyggı gott t᷑
huı ſl ė ſua þo. ſ.k. ð.m. ꝥ man ė hlyða ſua
buıt þo. þt oꝼuẛ mun þv̄. at b̄ıaz nema
ꝼıolkyngı ſe v̇. þıkı m̄ hıtt ráð at þu hıt
tır þðıſı ſpakonu. þt v̇ ſuık mun at b̄ı
az. k.m. lıtıð ē m̄ v̄ ꝥ þo ꝼór h̄ ꝫ hıttı þór
ðıſı ok bað hana lıðſ. h̄ mlı. nu kōtu tıl
ſıð. nu bıta h̄ ė vapn. en vıl ek ė ꝥ var
na lıðueızlu. ꝫ v̄ h̄ ı nott ꝫ vıtıa heılla. ꝫ
mun ek þa ꝼa ſua ḡt at þıg bıtı ꝫ ė ıarn
ꝥ ē .k. v̄ nottına. þa ē h̄ vaknaðı ꝼān h̄ a't'
þreıꝼat v̇ vnðer abreıðuna at hauꝼðe
h̄m. h̄ ſpyꝛ̄ hūr þar ſe. ſa ſnyr ı b̄tt ꝫ t᷑ vtı
ðyra. en .k. epꝛ̄ ꝫ ſer at þar er þðıſ. ꝫ ē h̄ þa
komın ı þān ſtað ſē þr ſkıllðu b̄ıaz ꝫ heꝼ̄
gaſ vnðer. k. ſpyꝛ̄ huat ſkılı. h̄ lætr heī
gaſına nıðr. ꝫ m. h̄ matꝛ̄ þu ė kyꝛ̄ v̄a þa
legz .k. nıðr. ꝫ hellðr ꝼ̄ ſer voku. ꝫ vıll vı
ta t᷑tekıur þðıſar. h̄ vıtıar þryſuar. ꝫ ꝼor
vıtnaz h̄ ı huert ſīn v̄ athæꝼı hēnar. ıt ꝥ
ðıa ſīn er .k. kēr v́t. heꝼ̄ h̄ ſkorıt .íȷ́. gæſſ ꝫ
latıð rēna ſaman bloðıt ı bolla. þa haꝼðı
h̄ tekıt hına þrıðıu gaſına. ꝫ ætlar at ſkēa
þa .m.k. huat ſl ꝥu ſtarꝼı ꝼoſtra. þðıſ .m. ꝥ
mun þo ſānaz .k. at ꝥ mun ı ſıðra lagı mega
at ðuga. haꝼða ek nu ætlat at ꝼ̄ kōa þeī oſ
kaupū ē þveıg haꝼðı a lagt ykr ſteīḡðı. ok
mættıð nu nıotaz. eꝼ ek ſkæra hına þrıðíu
gaſına. ſua at engı vıſſı. k.m. eckı truı ek
a ſlıkt. ꝫ .q.v. Aura gaꝼ ek a eyrı. aꝼ ſkar m
ǽr aꝼ bærı. tyr ſynðız m̄ taura. tueī gáng
vegū þeíma. v̄a man bloð aꝼ bloðı. byð allð
regı ꝥ ſkallðı. þeī ē aulūkı orkar. aſar tueg
gıa gaſa. þr ꝼoru t᷑ holmſ. þv̄. gaꝼ ſpakonu
meıra ꝼe. ꝫ þa h̄ blotıð. k.q.v. Mıog haꝼa t
raull oꝼ trona. truır maðr konu ānarſ. ellð
reıð at ꝼollðar. omıſſıla ꝥa vettı hınſ at v
allðı. ē at vangroðı gıngū. huat oꝼ kēnū ꝥ
hēnı haſvaulua ꝥ baulu ı. þðıſ .m. ꝼæ ek ſua
ḡt. at kēnır þık ė. k.m. ıllt ı motı. ꝫ q. hana
ıllu eınu vallða munu ꝫ vıll ðraga hana v́t
ı ðyꝛ̄ ꝫ ſıa augu hēnar ı ſolſkını. þḡ. b̄ðer h̄
bānaðı h̄m þ. ꝫ let t᷑ engıſſ v̄a. ſteīgerðr quez
ꝼara vılıa tıl holmſ. ꝫ ſua v̄ ḡt. þa ē .k. ſa h
ana. q. h̄ .v. Heꝼ̄ a holm oꝼ gengıt. hallðeír
oꝼ þık ꝼaullðu. huat megı oꝛ̄rū aſtū ānat
ſīn oꝼ rēna. ꝫ vıgſakır vaktar. v́ar heꝼc oꝼ
þık baru. ꝥ ſl m̄ en tınteıní. tuær v̄naſtā
næꝛ̄ı. Sıðan borðuz þr. ſuerð .k. beıt eckı.
þr attuz lengı hauggua v̇ſkıptı v̇. ꝫ beıt h
varkı ſūðıt. at lyktū hıo .k. a ſıðu þv̄ðı v̄ð
ꝥ mıkıt hoġ ſua at luðız vnðer. ꝫ brotnuð
u rıꝼın ı þv̄. ꝫ v̄ð h̄ vuígr. ꝫ ſkıldu v̇ þta. k.
ſa huar naut ſtoð. ꝫ hıo þ. h̄m v̄ orðıt var
mt. ꝫ tok h̄ aꝼ hoꝼðı ſer hıalmīn. ꝫ .q.k.v.
Heꝼı ek a holm oꝼ gengıt. hanðar ſkerſ a't'
berıaz. þu ſlt at m̄ þella. þrıðıa ſīn oꝼ k̄ð

ía. ryðk ė ek rauða reyr a þı ðreyra. mıtt
queð ek ſlett ı ſueıta. ſu̅ð ꝼorðæðan g̃ðı. h̄ ꝥ
rır aꝼ ſer ſueıta a mauttulſkautı ſteīg̃ðar.
.k.q.v. Ek v̊ð opt ꝥt þıkıū orrotr aꝼ m̄ ꝥra.
gullz hlyck aꝼ ꝥ þella. þraut a mauttul ſka
tı. ꝥ lattu ı ſet ſnauta. ſaur reıðı. brag̃ greıðı
m̄ heꝼ̃ ſteypt ı ſturu. ſteīg̃ðr bana verðan.
.k. bað ſteīg̃ðı m; ſer ꝼara. h̄ q̃ munu ſkıpa
v̄ m̄n. ⁊ ſkılıaz þau. ⁊ vn̄ huartueggıa ılla v́.
þv́. ė þagat ꝼærðr ⁊ bınðr h̄ v̄ meızl h̄. k. h
ıt̃ nu ıaꝼnan ſt̃. þv́. batnar ſeınt. ⁊ þeg̃ ė
h̄ ma a ꝼætr ꝼæraz ꝼ̃r h̄ at hıtta þðıſı. ok
ꝼret̃ hana huat h̄m v̄ı hellzt t̃ heılſubota`r´
h̄ .ſ. holl eīn ė heðan ſkāt ı ƀtt ė alꝼ bua ı. g̃
ðung þān ė .k. ðrap ſt̃u ꝼa. ⁊ ríoða bloð g̃ðū
gſınſ a holīn vtan. en g̃a alꝼū veızlu aꝼſla
trınu. ⁊ mun ꝥ batna. Ept̃ þta ſenða þr koſ̃
orð at þr vılıa kaupa g̃ðungīn. h̄ q̃ ė vılıa v̄n
a þeī kaupſ. en haꝼa ꝼ̃ baug þān er .ſt̃. áttı
þr vıtıa g̃ðungſınſ. en ſelıa .k. baugīn. ⁊ ꝼar
a m; ſem þðıſ ſagðı ꝼ̃. k.q.v. Hınſ mun ha
geꝼn ſpyría. ė ıð heī kōıt baðır. m; blotro
ðın beıðı. benhlunz ſu ė m̄ v̄nı. huar er nu
baugr ēn brenðı baul olıtıð. heꝼ̃ h̄ ſueīnīn
ſuartı. ſonr augmunðar ſkallðıt. þta ꝼeꝶ
ſē .k. gat t̃ at .ſt̃. lıkar ılla ė þr hoꝼðu baug
23 nū logat. ept̃ þta batnar þv́ðı ſkıott. þa
er h̄ þottız aptrbatı rıðr h̄ a mel ⁊ byðr k.
holmgaungu. k.m. ſeınt leıðız ꝥ. en ıattı
ek. Nu ꝼara þr t̃ holmſ. ꝼīnr þðıſ þv́. nu
ſē ꝼyꝶ. k. ſækır eckı hēnar trauſt. h̄ ðey
ꝼðı ꝼ̃ .k. ſuerðıt. ſua at eckı beít. en þo hı
o .k. ſua mıkıt hoɢ a auxl þv́ðı at axlar b
eınıt ƀtnaðı. ⁊ varð haunðın þeg̃ vnyt.
v̊ð h̄ aꝼ ꝥum lemſtrū vuıgr. ⁊ hlaut at g
ıallða ānan baug ı holmlauſn. þa hlıop a`t´
þorolꝼr v̄ðan ſpakonuꝼellı. ⁊ hıo t̃ .k. h̄ bar
aꝼ ſer hauggıt. ⁊ q. þa .v. Rıoðanðı let rāð
a. ryðſkalm oꝼ m̄ ꝼalma. ꝼæg̃ ꝼıolnıſ v
eıg̃. ꝼnaſı h̄ veſalſtr māna. ⁊ þrūſkurar
þrar. þ v̊ð hlaup at ſkaupı. vıſt haꝼðır
m̄ vaðer. veꝶ ſpakonu ꝼerrı. k. hıo bloðn
aut ept̃ ſıðueníu. ⁊ m̄lı ılla erū v̄ v́ kōnır
at þola agang yðuarn. en ꝼıolkyngı þðı
ſar. ⁊ .q.v. Deyꝼðı ellðı aullðu. aurg véttr
ꝼ̃ m̄ taurgu. læt ek nıðr a bak bíta. blaðſ
vnð at hıorꝼunðı. ðugðır hıorr þa ė hug
ðag. hıalmrækıanða at ſækıa. hauɢ hlaut
huglauſ ðugga. hellztı ſtīn at mīnı. Ept̃
þ ꝼara huar̃ t̃ ſınſ heíma. ⁊ lıkar huarı
24 Skıp þra .bb. **aꝼ kormakı ⁊ [** gū vel. **ſteīg̃ðı**
ſtoð vppı ı hruta ꝼırðı v̄ vetrīn. v̄
varıt hallða kaupm̄n t̃ ſkıpſ. þr
.bb. ætla ⁊ at ꝼylgıa ſkıpı ſínu. þa ė þr v̊
bun̄ ꝼ̃r .k. at ꝼīna .ſt̃. ⁊ aðr en þau ſkılıa
kyſſır .k.ſt̃. tua koſſa. hellðr ohrapallıg
a. tınteīn vıll ė ſogurt haꝼa. Nu eıga h
lut ı vın̄ huarratueggíu. at .k. ſkylı bæ
ta. k. ſꝥ hu̅ſ þr beıðız. þvallðr .ſ. bauga
þra .íj. er ek heꝼı mıſt ꝼyꝶı. þa. q.k.v.
Baugı v̊ð ek at bæta. brunlegſ huaðran
tueggıa. gullðut ꝼe ꝼ̃ bıartrar. halſꝼāg
myılſ ſpangar. gatuð gıallar mæta gullz
lauꝼguðū þollı. tál heꝼık teıtımala tueı`r´
koſſar ꝼemeırı. ok ė .k. v́ t̃ ſkıpſ ꝼarīn
þa .q. h̄ .v. Vıſu mun ek oꝼ vīna. aðr v̄ t̃ ſkı
pſ gangangī. ſenða ſaurua rınðı t̃ ſuínað
alſ mína. koma ſt̃u aull t̃ eyrna. orð mın ſ
kaugul borða. betr ān ek ſıglıſagu. en ſıalꝼv̄
m̄ halꝼu. Nu ꝼ̃r .k. vtan ⁊ m; h̄m þg̃. broð̃ h̄.
⁊ komu t̃ hırðar k̇gſ. v́ þar v́ þeī vel tekıt.
ꝥ ė getıð at .ſt̃. bıðr þuallð tīteín at þau ſk
ıllðı ýtan. h̄ .q. þ ė raðlıgt. en ma þo ė ſynıa
hēnı. raðaz þau t̃ ꝼ̃ðar. ⁊ komu v̄ haꝼ. ok
ſettu vıkıngar at þeī ⁊ vıllðu ræna þau.
⁊ taka ı ƀtt ſt̃. ꝥ v̊ðr .k. vıſſ ⁊ ꝼ̃t ⁊ veıtır þeī
lıð. ſua at þau hellðu ollu ꝼe ſínu. komu
þau ſıðan t̃ k̇gſ hırðar. ⁊ eīn ðag v́ þ ė .k.
geck v̄ ſtrǽtı. ſa h̄ .ſt̃. ſıtıa ı ſkēmu eīnı
⁊ geck þagat. ⁊ ſat hıa hēní. ⁊ talaðı vıð
hana. ⁊ kyſtı hana .íííj. koſſa. þv́. v̊ð vaꝶ
v́ þ ⁊ bra ſu̅ðı. ſıðan hlıopu konur ı mıllı.

ok ſıðan v̇ ſenðt epꝉ̄ haꝼ̄.ꝁgı. ħ .q. vant mu
nu ť at gæta m; þeī. en ǵa mun ek ſætt með
ykr. þr ıattu þ́ ꝁr .m. eīn koſſ ſꝉ v̄a ꝼ̇ þ ē .k.
veıttı ꝧ lıð ı lðtoku. en ꝼ̇ ānan þ ē k. ſóttı
ſꝉ̄. en ꝼ̇ tua koſſa tua aura gullz. k.q. ſo
mu vıſu ſē ꝼyꝶ ē rıtın. baugı v̄ð at bǽta.
Eīn ðag ē .k. geck a ſtrætı. ſa ħ ſꝉ̄. vıkr tıl
hēnar. ꝫ bıðr hana ganga m; ſer. ħ̊ neıſ
þ́. þa kıppır .k. hēnı at ſer. ħ̊ kallar ť lıðſ ſ̃
ꝁr v̇ næꝶ ſtaððr. ꝫ gengr ť. ꝫ þottı vnðarlıg
ꝧı ꝼor ꝫ tok hana aꝼ ħm ꝫ mꝉı ť ħ. ſtuttlıg\`a´.
ꝁr ǵðı ſık reıðan. en .k. er þo m; hırð. ꝫ kēz
bratt ı vínattu v̇ ꝁg. ꝫ v̇ kyrt v̄ vetrīn.

25 Epꝉ̄ v̄ varıt byrıar haꝼ̄. **bıarma lðz ꝼ̄ð**
ꝁr ꝼ̄ð ſína ť bıarmalðz. m; mıklu lı
ðı. k. v̇ ſkıpſtıornarm̄ ı þrı ꝼ̄ð ꝫ a oðru
ſkıpı v̇ þvallðr. ė ēo ꝼleırı neꝼnðır ſkıpſtı
ornarm̄n. ꝫ er þr ſıglðuz næꝶ ıſunðı eínu
lauſt .k. hıalmuelınū v̇ eyra þuallðı ꝫ ꝼell
ħ ꝼ̄ ſtyrınu ı rot ſkıp. k. renðı v̇. er þ mıſ
tı hıalmualar. ſꝉ̄. ſat áðr hıa þvallðı. ok
tok ť ſtyrıſſ ꝫ ſtyrðı a ꝼlatt ſkıp .k. þ. ſa
.k. ꝫ q.v. Feck ſa ē ꝼogru uıꝼı. ꝼor næꝶ en
v̄ ſtoꝝ. hauġ aꝼ hıalmar ſkıðı. ı hattar ſt
all mıðıan. eyſteınſ hratar arꝼı a ellıða
ſtaꝼní. ſtyrðu eı amık ſteınǵðr. þottu ſteı
gurlıga laꝉ̄. ſkıpınu huelꝼır vnðer. k.
ꝫ ħ m̄m. v̄ð ſkıott borgıt er mart var
māna v̇. þvallðr rettı v̇ ꝫ ſnua aleıðıſſ ꝼ̄ðīnı
byðr ꝁr ſína ǵð amalınu. ꝫ þ́ ıattu þr baðır
ꝁr let ıāt hauɢ þvallðz ꝫ hraknīg .k. þr ko
mu v̄ kuellðıt v̇ lð. ſat ꝁr ꝫ ħ m̄n ı ſnæðín
gı. k. ſat vtar v̇ ðyꝶ. ıtıallðınu. ꝫ ðrack t\`vı´
mēnıng. a ſꝉ̄. ꝫ meðan ħ ǵðı þta ſtal maðr
ꝼra .k. ðalkı ť ſpotz ē ħ haꝼðı lagt aꝼ ſer
ꝼellðīn. ꝫ ē ħ ſkyllðı ť taka. v̄ ór ðalkrīn.
.k. ſpratt vpp ꝫ hlıop epꝉ̄ mānınū m; ſpíot
þ ē ħ kallaðı vıgr. ꝫ ſkaut epꝉ̄ ħm ꝫ mıſtı
ꝫ .q.v. Drengr vngr ſtal mık ðalkı. þa ē ðr
ack a mey racka. v̇ ſꝉm ðalkīn ðeıla ſem
ðrenǵ tueır vnǵ. vel heꝼ̄ vıgr oꝼ ſkepta.
v̄ð ek ı grıot at ſkıota. vıſt ė \`at´ ek manzīſ
mıſta moſīn var vpp at loſnna. epꝉ̄ þta
ꝼoru þr ť bıarma lðz ꝫ aptr þaðan ꝫ kōu

26 heī ı lð. þvallðr tınteīn byr ſkıp ſıtt ť ðan
m̄kr. ꝫ ſꝉ̄. m; ħm. lıtlu ſıðaꝶ ꝼara þr .bb. ı
na ſomu leıð ꝫ komu v̇ brēn eyıar ſıð vm
kuellð. þ́ ſa þr ꝼlıota ꝼ̇ ſkıp þvallðz. v̇ ħ þar
ſıalꝼr ꝫ nockuꝛ̄ m̄n m; ħm. þr v̄ rænꝉ̄ ꝼe
ollu. en ſꝉ̄. brott tekın aꝼ vıkıngū. þ́ var
ꝼ̇ vıkīgū þſteīṅ ſon aſmunðar eſkıſıðu
er barðız v̇ augmunð ꝼoður .k. ꝫ þgılſ.
Nu ꝼīnaz þr þvallðr ꝫ .k. þa ſpyꝶ .k. huart
ė heꝼðı tekız ſlétt. ħ .ſ. nu heꝼ̄ vıſt tkız
ė ſē bezt. k. ſpyꝶ huat ē at orðıt ē .ſꝉ̄. ı ꝥt
tu. þv̄.ſ. brottu ē .ſꝉ̄. ꝫ ꝼe várt allt. k. mꝉı.
ħ ſækı ꝧ ė epꝉ̄. þv̄.ſ. ė hoꝼū v̄ aꝼla ť. k.m.
ſeǵ þu omatt þīn a. þv̄.ſ. ė hoꝼū v̄ þrek ť
at berıaz v̇ þſꝉ̄. en eꝼ þu heꝼ̄ aꝼla ť ſæk
þu ꝧ ť hanða. k.m. ꝼara ſꝉ þa. v̄ nottına
gengu þr .bb. a bát. ꝫ reru ť vıkīga ſkıpſ
gıngu vpp a ſkıp þſteīſ. ſꝉ̄ v̇ ı lyptīgu ꝫ gıp\`t´
mānı. en ꝼleſt lıð var a lðı v̇ bakſtr ellða
.k. heītı ſaugur aꝼ matſueınū. ꝫ ſogðu
þr ħm allt þ er þr vıllðu .bb. þr gēgu a ſkıp
at ſkutbryggıu. þǵ. kıptı bruð guma a borð
ýt. en .k. ðrap ħ v̇ borðınu. þǵ. hlıop a kaꝼ
m; ſꝉ̄. ꝫ ſuām ť lðz. þa er .k. var næꝶ lāðı
laugðuz at ħm alar ıꝼ̄ henðr ħm ꝫ ꝼǽtr ſ̃
at ħ ðregr nıðr. k.q.v. Rūnū ranðar lına
rogenðr at m̄ gnoǵ. þa ē v̄ aꝼ ꝼen ꝼóꝝ ꝼloc
kū ðıkıſſ bockar. gau\`t´z munðu þa gattar
gūnſuellz eꝼ ek þ́ ꝼellag. lunðr kō ek lı\`t´
lu ſprunðı laungū mīnz ór aungū. k. leg\`z´
ť lðz ꝫ ꝼæꝛ̄ þv̄.ſꝉ̄. þv̄. bað ſꝉ̄. nu ꝼara með
.k. ſagðı ħ ðreīgılıga haꝼa epꝉ̄ ſótt. k.q. þ
vılıa ſīn. ſꝉ̄. q̇ eckı ſkyllðu kaupa v̄ kní
ꝼa. k.q. ꝫ eckı ꝧ munðu auðıt v̄ða. q. ılla\`r´
veꝉ̄ þ́ ſnēma ſkırt haꝼa .e. oſkaup. k.q.
.v. Hırðattu hanðar gırðız. hlín ſoꝼ hıa
v̄ þınū. ꝼatt kantu ı mun mānı mına ꝼ̄
ma at vīna. þo ſꝉtu ꝼornrar ꝼollðu. ꝼrıgg

hellðr en m̄ lıggía. ðryck heꝼıc yðr oꝼ au
kıt. aurekſ næꝶ gaurı. k. bað. ſt̄ ꝼ̊ með

27 Síðan ſn̄u **aꝼ þm bræð** [bonða ſınv̄ **rū**
þr aptr .bb. ꝫ t̉ noregſ. En þvallðr
tınteīn ꝼor t̉ ıſlðz. en þr .bb. h̄u
ðu v̄ ırlð. breıllð. englð ſkotlð. ꝫ þottu
hı̄n ageztu m̄n. þr ſettu ꝼyſt v̇kı þ er
heıt̄ ſkarða borg. þr rūnu vpp a ſkot lð
ꝫ v̄nu morg ſtorvırkı. ꝫ hoꝼðu mıkıt
lıð. ı þeī h̄ var engı ſlıkr ſē .k. v̄ aꝼl ꝫ
aræðı. Eítt ſīn ē þr hoꝼðu h̄ıat. rak .k.
ꝼlotta. en lıðıt v̇ t̉ ſkıpſ ꝼarıt. þa kom
at .k. or ſkogı blot rıſı ſkota. ꝫ tokz þ̇ at
gangr harðr. k. var vſterkarı. en rıſīɴ
traull auknarı. k. leít t̉ ſūðz ſínſ ꝫ var
rent ór ſlıðrū. k. ſeılðız t̉. ꝫ hío rıſān ba
na hoġ. ʀ. lagðı þo ſua ꝼaſt henðr at ſıð
v̄ .k. at rıꝼın brotnuðu. ꝫ ꝼell .k. ok rıſīn
ðauðr oꝼan a h̄. ꝫ kōz kōz .k. ė vpp. ıānā
ſtað ꝼara m̄n at leıta h̄. ꝫ ꝼīna ꝫ ꝼluttv
h̄ t̉ ſkıpa. þa .q.k.v. Vara ſē ꝼlıoð ı ꝼað
mı. þa er ꝼangrēmı mætaz v̇ ſtreīgm̄a
ſtyrı. ſteīġðı m̄ heꝼðag mynðag aul at
oðınſ ı aūðuegı ðrecka. ſkıott ſegı ek t̉
þ ſkautnū. eꝼ mer ſkrym̄ lıð veıttı. þa
var at hugat ſarū .k. ꝫ v̊ brotın rıꝼın ı huar
rıtueggıu ſıðūnı. k.q. ė þurꝼa at græða ſ
ık. la hıſarū v̄ hrıð. hormuðu m̄n þ ē h̄ ſk
yllðı ſua vuarlıga ꝼarıt haꝼa. k.q. vıſu.
Reð ek eı þ aꝼ reıðı. runð morð gauꝼugr
ꝼorðum. ſunðz at ſottar granðı. ſuerð ſk
yllðı mer v̊ða. ꝼorðumz væ̇ır þt verða
vıgnaðrſ ſtaꝼar aðrer. ſn̄tū ı hoꝼuð v̇ hıa
rta. helnauð or kaur ðauða. ꝫ ēn .q. h̄ vıſv.
Varat m; m̄ ımorgın. m̄ þīn konan ſuın
na. roðīn v̇ hıorr t̉ hoðða. hanðꝼaugr a
ırlðı. þa ſlıðr ðregın ſaga. ſaung oꝼ mīū
vanga. hlackar traꝼr en hraꝼnı. heıtr
ꝼell a neꝼ ſueıtı. ok nu tok at lıða at .k.
þa .q. h̄ .v. Dunðı ðıupra benıa. ðauɢ or
mæcıſſ hauġġ. bar ek m; ðyrū ðreīgıū
ðreyrugt ſuerð a eyrı. b̄a knattu þa
breıðar. bloð vaunð hıarar þunðar
þo mun ek greıpa gloðar ġðr ſtraða
ða v̊ða. k.q̇.þġ. broður ſınū geꝼa vıl
ıa ꝼeıt. ꝫ lıðıt. q̇ h̄m v̄na bezt at nıo
ta. ſıðan anðaðız .k. en þġ. reð ꝼ̇ lıðı.
ꝫ var lengı ı vıkīgu. ꝫ lykr þ̇ ſogu þeſſı.

1 INGıalðr het maðr **her heꝼr vıga Glumſ ſǫgv**
ſon helga hınſ magra. h̄ bıo at þūa
ı eyıaꝼırðı. h̄ v̇ ꝼorn goðorz maðr ꝫ
hoꝼðıngı mıkıll. ꝫ þa allðraðr mıog
er ſagan ġðız. h̄ v̇ kuangaðr m̄. ok
áttı .ıȷ́. ſonu ſteınolꝼ ꝫ eyıolꝼ. þr v̊
mēn vel mānaðer ꝫ v̊ baðer ꝼ̇ðır
ſynū. Jnġ var eınlynðr ꝫ ꝼalatr. v
ðæll ꝫ ꝼáſtækr. h̄ lagðı lıtīn hug a
kaupm̄n. vıllðı eckı ıꝼ̄ ſer haꝼa
þra oꝼſa. ꝫ eꝼ h̄ gırnız aꝼ kaupm̄
nockut at haꝼa. þa ſenðı h̄ aðra m̄
t̉ en ꝼor ė ſıalꝼr. Skıp kō ēn eítt ſu
mar ı eyıaꝼıorð. hreıðaꝶ h̉ ſtyrı m̄
ættſtorr. h̄ attı bu a vorſ ı noregı māna
vaſkaztr ꝫ vınſælſtr. Eyıulꝼr .Jnġ.ſ.
var opt v̇ ſkıp v̄ ſumarıt ꝫ attu þr h
reıðaꝶ mart ſaman ı vınꝼengı. hreı
ðaꝶ ſagðı h̄m at h̄ vıllðı h̄ vıſtaz vm
vetrīn. quez v̊a ꝼuſaztr t̉ .Jnġ. at ꝼ̄
ſaugn ānaꝶa māna. Eyıulꝼr .ſ. ꝼoður
ſīn eckı haꝼa þ ı vanða lagt. en þo
lez h̄ munðu v̄ ſyſla. ok er h̄ kemr
heī reððı h̄ v̄ v̇ ꝼoðvr ſīn at h̄ ſkyllðı
taka v̇ ſtyrımānınū. ꝫ q̇ ætla goðan
ðréíng v̊a. ꝫ mıkılſ v̊ðan. ꝫ tıaðı mal
ıt ꝼ̇ h̄m vel v̄ ſtyrımānīn. Jnġ.ſ. eꝼ
þu heꝼ̄ boðıt h̄m aðr huat man þa
tıa vıð at mæla mun ek þa hlıota ꝼe at
koſta. en þu munt haꝼa ſtarꝼ ꝼ̇ ꝫ lez
allðrı vtlenðan mān m; ſer haꝼt haꝼa
ꝫ lez ēn oꝼuſſ v̊a þa .ſ.ey. ė ē ēn v̇ h̄m
tekıt vtan þıtt ráð. En þ ē ꝫ bæðı at ek
heꝼ̄ lítt t̉ raða hlutaz. ꝫ vıll þu at ek

raða lıtlu eꝼ ſa m̄ ſl ħ̄ ė vıſt haꝼa ē ek h
eꝼı hegat boðıt. Jnḡ.ſ. Nu ſl̄tu ꝫ raða ꝥu
ſē þu vıll at ſtyrımaðr ꝼarı hegat v̇ ānan
mān ꝫ vıl ek eckı a leggıa v̇ ħ ꝼ̇ þınar ſak̄.
en þu ſl̄t haꝼa allan ſtarꝼa ꝼ̇ þeī. en ek m̄
koſtnað ꝼrā leggıa. ħ .ſ. ꝥta lıkar m̄ vel at
ſua ſe. ꝼeꝛ ħ ānan ðag ꝫ hıtt̄ hreıðar ꝫ ſeḡ
ħm malauoxt. ħ lætr vel ıꝼ̄. ē ħ ꝥagat ꝼ
luttr m; varnīg ſīn. ok ē ꝥr hoꝼðu v̄ıt ė
leīgı. ꝥa varð hreıðaꝛ vaꝛ v̇. at ꝥ̇ ſkyllðı
v̄a ıola veızla ꝼıolm̄n. Jnḡ. v̇ ꝼáꝛ v̇ ħ ok
ꝥo vel. Eīn ðag kallar hreıðaꝛ Inḡ. ı vtı
bur. ꝥar ſē varnīgr ñ v̇ ıñı. ꝫ ħ ḡır ſu. ꝥa .m.
hreıð̄ ꝫ bað ħ velıa aꝼ varnīgínū ꝥ er ħ vıll
ðı. Jnḡ. lez engıẛ gırnaz ꝼıar ñ. en kallar
ħm vel ꝼara. hreıð̄ .ſ. ek heꝼı ꝥo hugleıtt n
ockut huat þu ꝥarꝼt aꝼ oſſ at ꝥıggıa. ek
heꝼı komıt a nockura béı ħ̄ ı eyıa ꝼırðı ꝥa
er bezt̄ ēo. ꝫ ſe ek engı ħ̄bergı ſlık ſē her.
En ſkalabunat heꝼ̄ þu ė ſua goðan at ė ſe
ꝥ̇lıkr a oðꝛ bæıū. ħ tok or ſınū hırzlū ſua go
ðan ſkalabunat. ꝫ gaꝼ Jnḡ. ſē engı haꝼðe
beṫ áðr komıt hegat ṫ ıſlðz. Jnḡ. ꝥackaðı
ħm vel ꝫ v̇ nu allgott vınꝼengı ꝥra ı mıl
lū. Sıðan v̄ vetrīn ſeḡ ey. at ħ vıll vtan
ꝼara m; hreıðı v̄ varıt ħ ſuaraðı ꝥ̇ ob̄tt. ey.
.ſ. huı vılltu ė ꝼlytıa mık. lıkar ė vel vıð
mık. allvel. ſ. ħ. En lıtılmunu ꝼoður þınū
ꝥıkıa vıſtar laun mín. en ė mun ek ħm
ıllu launa at ꝼlytıa ſon ñ a brott ē ħm ē
hueꝛ ſomı at. en eꝼ ꝼaðer ꝥīn loꝼar ꝥa
ꝼlyt ek ꝥıg gıarna a b̄tt ꝫ kañ ek ꝥauk̄
mıkla at þu ꝼarır ꝥa. Nu bıuggu kaup
m̄n ꝼ̄ð ſına. Ok er ꝥr v̊ buñ. leıtar eyıuꝉ.
ēn ept̄ v̄ vtanꝼ̄ð ſına v̇ hreıð̄. ħ ſagðı ħm
ſīn vılıa. lez eckı vılıa ḡa ı motı ꝼoður
ñ. v̄ ñ vtanꝼ̄ð. Sıðan .ſ. ħ ꝼoður ſınū ꝼar
ꝼyſı ſína ꝫ ſua huerſu ꝼarıt haꝼðı með
ꝥeī hreıðarı. Jnḡ.ſ. at ꝼaer ðreīgır munu
ſlıkır ſē hreıðaꝛ. ꝫ m; ꝥı ꝥīnı meðꝼ̄ð ꝫ at
reynðū ðreīgſkap leyꝼı ek ꝥ̇ ꝼ̄ðına. ok

ꝥıkıa betr at þu ꝼaꝛ̄ m; ħm en m; oðrum.

2 Síðan ꝼ̊ ꝥr vtan ꝫ ko **aꝼ eyulꝼı capm**
mu v̇ noreg. hreıðaꝛ bauð ey. mar
ga koſtı v̄ vıſtartekıur en ħ vıllðı ė
ꝥıggıa. ꝥ ē ħ bauð. hreıð̄ .m. huat vılltu ꝥa
ꝥīna ráða. ħ .ſ. ė veıt ek ꝥa. ſ. hreıð̄. gırnız þu
eckı ṫ k̄ga eða ānaꝛa hoꝼðıngıa. ē ꝥ̇ heím
ıll vaꝛ ṫbeíní. ꝥa v̇ hakon aðalſteīſ ꝼoſtrı
ſynız m̄ ſlıkū hoꝼðıngıū gott at ꝥíona
yðuꝛ ſtoꝛ m̄m ꝫ lıklıgū ṫ goðrar ꝼylgðar
ħ .ſ. vánꝼæꝛ em ek at ꝼylgıa k̄gū. en ꝥo
kān v̄a at ꝥ gēgız ept̄ mınū vılía. en ꝥo
neıta ek ꝥ̇. ħ ſpyꝛ. huat vılltu ꝥa. ħ̇ ðregr
þu vnðan at bıoða m̄ ṫ ꝥín. ꝥt ꝥ vıl ek. lı
tıll hugr ē m̄ a ꝥ̇ ſeḡ hreıð̄. Ey. ſpyꝛ ħ̇ ſætır
ꝥ. ek nēnı ė at veıta ꝥ ſē ꝥ̄ ē ė gott at ꝥıGía
ꝥar ē m̄ ꝥıkır þu goðſ eínſ verðr ꝼ̈ m̄. ꝼor
vítnı ē m̄ á ħ̇ ꝥ ſæt̄. ꝥ muntu nu vıta verða
ꝥo ſam̄ m̄ ılla ꝼ̈ at ſegıa. broður a ek mer
ꝥān ē Jꝼaꝛ heıt̄. v̇ eıgū bu baðer ſaman. ꝫ
allan ꝼıarlut ꝫ v̄nūz v̇ mıkıt. en v̇ ēū ꝥo ė
ſkapglıkır v̄ ꝥ at ħm ꝥıkıa ıllır ıſlenðzkır
m̄n ſua at ꝥeī ē ė vært ꝥ̇. en ħ ē ı vıkıngu
huert ſum̄. en ꝥa ē ħ kēr heī ꝼ̄r ħ m; x.ða
mān eða tolꝼta ṫ mín. ꝫ ſlo aller ꝥeī ꝥío
na ꝥr ē ꝼ̇ ero. ꝫ munu ꝥr aller ṫ ꝥín v̄a ſua
ılla at ꝥar ē ꝥ̄ at engū koſtı vért. ħ .ſ. ꝼor
vítnı er m̄ a hūſu ꝥr lata. ꝫ ētu ſaklauẛ
eꝼ þu lætr vppı vıſtına. hreıð̄ .ſ. m̄ ē vāt
v̇ broður mīn. ē m̄ ꝼæꝛ̄ gıaꝼar ꝥær ſē ħ ꝼæꝛ̄
m̄ ꝫ ħ ꝼær bezt ṫ at ė ſkılı ok̄r a v̄ ꝥık. en
m̄ mun ꝥungt ꝥıkıa. eꝼ ꝥr gūſa ꝥık ꝫ ſp
otta. mıog vılltu ꝥ vnðan ðra. ſ.ey. at ek
ꝼara ṫ ꝥín. eða huerneg mun ħ v̇ mık
v̄a ė mun ħ berıa a m̄. hreıðaꝛ .ſ. barða
ga v̄ra mun ꝥ. ħ heꝼır marga vanða m̄
m; ſer. allt ꝥ er þu mælır eða ḡır mu
nu ꝥr aꝼleıðıſſ ꝼæra ꝼ̇ ꝥ̄. Ey.ſ. engı ſk
ap raun er ꝥ eꝼ m̄ veıt nockut aꝼ aðr. er ꝥ
vuızka at b̄a ė ſlıkt. ꝫ mun ꝥ eckı v̇ nema
hreıðaꝛ .ſ. vanðı ē ꝥa a baðar henðr. þu

ẽt vınr mīn. en ħ ẽ broðer mīn. ꝫ ān ek ħm
mıkıt. þ v͛ð at ħ ꝼór heī m; hreıðarı. t᷑ vıſt
a neſ. ok þa er Jv͛ſ v͛ heī ván. þa tok ey. loð
kapu ꝫ haꝼðı huern ðag. en ħ v͛ mıkıll m͛
ꝫ ſat hıa hreıðarı ıānan. **aꝼ þm bræðꝝ**

3 Nv kēr Jv͛ heī ꝫ ẽ gengıt ımot ħm v
eglıga. ꝫ ꝼagnat m; blıðu. þa ſp̄ðı
huaꝶ þra ānan tıðenða. eða huar
hreıð heꝼðı v͛ıt v̄ vet̄n. en ħ lez aıſlðı v͛
ıt haꝼa. en þa ſpurðı Jꝼ͛ engra tıðenða
En huart ẽ. q. þar hıa ꝥ maðr .e. k͛kenðı
þ er hruga ė lıtıl. Ey.ſ. ek em ıſlenzkr m͛
ꝫ heıtı ek eẏ͛. ꝫ ætla ek ħ͛ at v͛a ı vetr. þeṡ
get ek. q. Jv͛ at ė ſe v happ lauſt ħ͛ a bé eꝼ
ıſlenðzſ maðr ſꝉ ħ͛ v͛a. hreıð .ſ. Eꝼ þu ert
ılla v͛ ħ ſua at ħm ẽ ė v͛ vært. þa mun oc
kur ꝼræn\`ð´ſemı ė goð v͛a. Jllu heıllı heꝼır
þu t᷑ ıſlðz ꝼ͛ıt. eꝼ aꝼ þeī ſokū ſꝉu v͛ þıona ıſlēð
zkū m̄m. eða lata ella ꝼrænðr vara eða vını.
ok ek veít ė huı ꝥ ſynız at ꝼara t᷑ ēnar veſtu
þıoðar ꝫ ꝼrelſt heꝼ͛ þu þık v̄ tıðēða ſaugn v͛
mık ānan veg ẽ. q. hreıð þar ero hellðr marg͛
goðer ðreng͛. Jv͛ .ſ. ė ẽ ſıa þo ſæmılıgr ı onðue
gınu totabalſīn. en þa ẽ Jv͛ ſa at broður ħ þ
ottı mıklu varða v̄ mān þna. þa tok ħ mín
na aꝼ en áðr v͛ ıſlenðınga. En huat muna
ek þa hellðr en kalla ħ hrugu. En ey. lez þuı
naꝼnı munðu vel kūna en allt þ ẽ ħ g͛ðı .e
.m. þa ꝼærðu þr aꝼleıðıſſ. Vıgꝼuṡ ħ͛ maðr. ħ
var heſſır ꝫ reð ꝼ͛ a vorſ. ħ var ſıg͛ðar ſon
vıkınga kara .ſ. ħ attı ðotꝛ͛ þa ẽ aſtrıðr hét
vınatta v͛ ꝥ mıkıl ımıllū þra bræðra ok
vıgꝼ͛ ꝫ hoꝼðu ſīn vetr huaꝛ͛ Jolaveızlu
m; oðꝝ. ꝫ ſꝉu þr .bb. nu buaz v͛ Jolaveızlu
en allt haꝼðı hreıðaꝶ ꝼ͛ buıt. ꝫ ſkyllðı ħ þa
bıoða m̄m. ꝫ bað ey. ꝼara m; ſer. ꝫ ẽ m͛ ė
ꝼorvıtnı a. hu͛ſu þr lata at ꝥ. Mer ẽ þungt
.ſ.ey. ꝫ ma ėk ė ꝼ͛ þuı ꝼara. Aptan þān ſē ħ
var heıman ꝼarīn. ꝫ þr koma ı ſetı. þa mꝉtv
ꝼaurunautar Jv͛ſ. nu ẽ hruga heıma en
hreıð ė. nu munu v͛ haꝼa gleðı ſē oſſ ſynı\`z´.

v͛ ſꝉm nu ſeg͛ Jv͛. hyggıa at nockut hua\`t´
oſſ hæꝼ͛. ħ͛ erū v͛ bræðr ꝫ eıgū ꝼe baðer
ſaman ꝫ b͛r ħ alla ahyggıu ꝼ͛ en ek ēga
en ſa ẽ eīn maðr ẽ ħ vıll veıta ꝫ g͛ū v͛ ſua
at ħm ẽ varla v͛ vært. en ħ ẽ v͛ oſſ ſaklaꝰṡ
ꝫ ſꝉ engı maðr mæla ı meín ħm meðan
hreıðaꝶ ẽ ė heıma. þr ſegıa nu vel ꝼal
lıt t᷑ gamanſ at haꝼa nockut. þa m. Jv͛.
aꝼ lıtlū manðō talıꝥ. ħ͛ þíona oſſ aller
ꝫ hoꝼū v͛ gaman aꝼ ollu ſē oſſ lyſꝉ. en
aðrer haꝼa ſtarꝼa ꝫ ahyggıu ok þott
ſıa m͛ heꝼðı ðrepıt broður mīn þa ættı
ek eckı at g͛a ħm t᷑ meınſ ꝼ͛ hreıðarſ ſa
kır. ꝫ engū ſꝉ hlyða at gabba ħ. ok nu ſꝉ
ħ ė hruga heıta lengr. Ok v̄ morgınīn
mꝉı Jv͛. v͛ ey. Vılltu ꝼara ı ſkóg með oſſ ꝫ
ſkēta ꝥ. ꝫ ħ ıatꝉ͛ þ͛. ꝫ ꝼ͛r m; þeī. ꝫ hoggua
þr ſer tré ꝫ ꝼlytıa heī. ey. heꝼ͛ ſuerð ꝫ hāð
exı. Jv͛ mꝉı. þ ræð ek ꝥ ıſlēðıngr eꝼ ſer ꝼ͛r
hu͛r váꝶ at þu ꝼaꝛ͛ heī ꝼ͛ myrkr. ſıðan
ꝼ͛r ſīn veg hueꝶ v̄ ſkogīn ꝫ ꝼór ey. eīn
ſér. þa ꝼ͛r ħ aꝼ loð kapūnı. ꝫ lagðı a oꝼan
ſuer ſıtt ẽ ħ haꝼðı ı henðı. en ħ geck ı ſko
gīn ꝫ ſkētı ſer. ꝫ haꝼðı exı ꝫ hıo treín þaꝰ
ſē ħm ſynðız. En er a leıð ðagīn tok at ðrı
ꝼa. ꝫ vıll ħ þa heī. ꝫ kō þar er loð kapan
haꝼðı legıt ꝫ var ħ͛ a brottu. en ſuerðıt
var epꝉ͛. ħ ſer ſopat ſnıanū ſē kapan heꝼ
ðı ðragnat. en v͛bıorn haꝼðı komıt ꝫ ðre
gıt kapuna. haꝼðı varla aꝼlıt t᷑ haꝼt vpp
at hallða ẽ bıornīn v͛ vngr. ꝫ nykomīn ór
hıðínu ꝫ ė manzbanı vorðīn. Sıðan ꝼor ħ
ꝫ ſa at bıornīn ſat ꝼ͛ ħm. bra ħ ſuerðı ꝫ hıo
aꝼ trynıt v͛ augun vppı aꝼ ðyrınu. ꝫ haꝼ
ðı þ ı henðı ſer heī. en Jv͛ kō heī ꝼyꝶı ꝫ
ſaknar ey. ꝫ mꝉı. Ogegnlıga hoꝼū v͛ ꝼ͛ıt
ꝫ ılla ſkılız v͛ varn ꝼorunaut. ħm ẽ okū
nıgt a ſkogınū en þar ván margra ſk
æðra ðyra. ok mun margrætt v̄. eꝼ ħ kēr
ė heī. ſua ſē aðr v͛ v͛ v͛ ħ. ꝫ ræð ek at v͛
leıtī ħ. ꝥ t᷑ ẽ v͛ ꝼīnū ħ. En er þr komu út

ꝼ͛ ðyꝛ͛. þa kō eẏ᷑. ı mót þeī ⁊ ꝼagnaðı Jꝩᷣ
ħm vel. ⁊ ſpurðı h͛ \ħ/ ꝩ᷑ı bloðugr. en ħ ſynðı
þeī ꝥ ē͛ ħ hellt a. þa mꝉı Jꝩᷣ. ꝥ vggı ek at þu
ſer ſáꝛ͛. ver kátr ꝼ͛ ꝥ eckı ſakar mık. þa .m.
Jꝩᷣ vuıtrlıgt bragð at ſpotta vkūna m̄n. ħ he
ꝼ᷑ ſynt vaſkleık ı ꝥ̄ū hlut. ꝥ᷑ er ek veıt ė hu᷑t
nockuꝛ͛ vaꝛ͛ munðı t͛ ꝩ᷑ða. Ok an̄an aptan
kō hreıðaꝛ͛ heī. Jꝩᷣ mꝉı. huı ē͛tu ſua hlıoðr
ƀᷣðer. ertu hugſıukr v̄ ħ hrugu. huat venſ͛
þık. hu᷑ſu ek mun ꝩ͛ ħ haꝼa buıt. hreıð͛ᷣ .ſ. ꝥ
mun oꝃr nu vıſt malı ſkıpta. hu᷑ſu þu heꝼ᷑
ꝥ g᷑t. ħ .ſ. huat muntu nu t͛ vīna at ek ſe ꝩ͛ ħ
ſē þu. ħ .ſ. Ek mun geꝼa ꝥ᷑ gullhrīg þān ē͛ ꝩ͛
eıgū baðer ſaman. ⁊ ꝥ᷑ heꝼ᷑ góðr þótt lengı.
ħ .ſ. ė mun ek agırnaz ꝼauðurarꝼ þīn. en
ꝩ͛ ħ mun ek ꝩ᷑a heðan aꝼ ſē ꝩ͛ þık ſıalꝼan.
ok ſꝉ ħ nu ſıtıa hıa m᷑ en ė hıa ꝥ᷑. Sıðan vır
ðu þr ħ vel baðer. ⁊ ſa at ꝥ rū var vel ſkı
pat er ħ ſat ı ⁊ leıð nu ſua ꝼrām. **aꝼ þm bræð rum cp̄m**

4 Nv koma m̄n t͛ Jolaueızlu
t͛ þra .bb. En þa er tolꝼmēnīgr ꝩ͛ ſ
kıpaðr t͛ at ſıtıa ⁊ ſettır hluſ͛ t͛ hu
eꝛ͛ næſt ſkyllðı ſıtıa aſtrıðı ðottur vıgꝼv\s/
ƕſıſ ⁊ hlaut eẏ᷑. avallt at ſıtıa hıa hēnı
en engı m͛ ſa þau ꝼleıra ꝩ͛ talaz en aðra
m̄n. En ꝥ ræððu marg᷑ at ꝥ͛ munðı þān ve\g/
ı motı beraz at ħm munðı ꝥ᷑ konu auð
ıt ꝩ᷑ða. Slıtr veızlu ꝥrı ⁊ ꝩ᷑ ƕͦ veıtt ſtorm
ānlıga ⁊ m̄n m; gıoꝼū a brott leyſ͛. Eẏ᷑.
ꝩ᷑ .ıííȷ. ſumur ı vıkıngu. ⁊ þottı ēn meſtı
garpr ⁊ ꝼ᷑mgaungu maðr. ꝼeck gott orð
⁊ mıkıt ꝼe. ꝥ var eīn vetr at ſa mað kō
ꝥ᷑ a vorſ er ꝥſteīn h͛. ⁊ var ꝼrænðı ꝥra bræð
ra. ⁊ attı bu a vpplonðū. ħ ſagðı t͛ vanðræð
a ſīna. at ƀ᷑ſerkr ſa ē͛ aſgautr h͛. haꝼðı ſko
rat a ħ t͛ holm gaungu. ꝼ͛ þa ſauk at ħ ſyn
ıaðı ħm ſyſtur ſīnar. ⁊ bað þa ꝼıolmēna
ſık t͛ holmſ at ė gengı ſıa vıkıngr a eꝼnı
ħ. ſagðı ħ þo ꝼellt haꝼa marga m̄n ſına
ſagðı at ħ munðı lata ſyſtur ſına eꝼ þr
vıllðı ħ ė eꝼla. em ek eckı trauſtr t͛ holm

gaungu. nema ek níota yðuarſ͛ gæꝼu ꝩ͛.
þr nentu ė at ſynıa ħm ꝼararınħ᷑. ɴu ꝼo
ru þr m; ħm a vpp lonð. ⁊ hoꝼðu .xxx. m͛ͣ.
m; ſer. ⁊ kōa ı þān ſtað ē͛ þr ſꝉu ꝼīnaz. þa
leıta þr ꝩ͛ m̄n ſína. hu᷑r ꝥ vıllðı vīna ſer t͛
konu. at ganga a holm ꝩ͛ aſgaut. En þott
konan þættı ꝼyſılıg. þa ꝩ᷑ð þo engı buınn
at vīna ꝥta t͛. þa beıððu þr .bb. at eẏ᷑. mun
ðı hallða ſkıllðı ꝼ͛ ħ. þa .ſ. eẏ᷑. q᷑ ꝥ ꝩ͛ engan
mān g᷑t haꝼa. ⁊ ė ꝼ͛ ſık ſıalꝼan. ⁊ man m͛ ė
gott þıkıa eꝼ ħ ē͛ ðrepīn ı honðū m͛. þıkı m͛
engı ꝼrēð ı ꝥ̄u. en eꝼ ſueīn ſıa ꝩ᷑ðr ðrepīn ı
ı honðū oſ ſꝉu ꝩ᷑ þa heī ꝼara m; ſoguru .e.
ſꝉ þa t͛ ꝼa ānan. ⁊ ēn ꝥ͛ðıa ⁊ vex þa ſua ván
vuırðıng ſua ſē marg᷑ ꝼalla ꝼ͛ oſſ. ⁊ lıtıl vır
ðıng a ꝼaur vaꝛ͛ı eꝼ ꝩ᷑ ꝼorū ꝩ͛ ꝥ aptr.
at ħ ſe v heꝼnt eꝼ ħ ꝼellr ꝼ͛ oſſ. Bıðı ꝥ᷑ mık
at ek ganga hellðr a holm ꝩ͛ ƀ᷑ſerkīn ꝥ ē͛ ve
ıtanða vınū ſınū. en ꝥta vıl ek ė veıta. þr
þacka ħm vel. ⁊ þottı þeī þo mıkıt ı abyrgð
ē͛ ħ var. ħ ſeg᷑. ſua ſynız m͛ ſē engū varū ſe
aptrkuæmt eꝼ ħ ē͛ ė heꝼnt. ⁊ þıkı m͛ þa ꝩ᷑
ra at berıaz ꝩ͛ berſerkīn. eꝼ ꝼrænðı yðꝩᷣ
er aðr ðrepīn. Sıðan gengr ħ ꝼrām. en Jꝩ᷑r
bauð at hallða ſkıllðı ꝼ͛ ħm. eẏ᷑.ſ. vel ē͛ ꝥ
boðıt. en m͛ mun meſt v̄ hugat. ⁊ ē͛ ſatt
ıt ꝼornqueðna at ſıalꝼſ honð ē͛ holluſt.
Gengr a holm ſıðan. ƀ᷑ſerkrīn mꝉı. ſꝉ ſıa vıð
mık ƀ᷑ıaz hrunkīn Eẏ᷑ mꝉı. ē͛ ė ꝥ at ꝥ᷑ ægı
ꝩ͛ mık at ƀ᷑ıaz. kān ꝥ ꝩ᷑a at ꝥ᷑ ſe ė vel ꝼa
rıt ē͛ þu æðraz mıkīn mān. en gābrar ıꝼ᷑
lıtlū. Eckı ē͛ m͛ ꝥ eıgnat ſeg᷑ ħ. en logın
mun ek ꝥ᷑ ſegıa vpp v̄ holmgaungu vı m͛
kr ſꝉ mık leyſa aꝼ holmı. eꝼ ek ꝩ᷑ð ſaꝛ͛
Eẏ᷑.ſ. oſkyllt ætla ek ꝩ᷑a at hallða logū ꝩ͛
þık ē͛ þu ðæm͛ ſıalꝼr hu᷑ſ þu ert ꝩ᷑ðr. ꝼ͛ ꝥ͛ at
a varu lðı munðı ſlıkt þıkıa þrælſgıollð.
ē͛ þu g᷑ır v̄ ſıalꝼan þık. Eẏ᷑. attı ꝼyꝛ͛ at ho
ggua. ⁊ hıo ꝥ ıt ꝼyrſta at ſuerðıt kō a ſkı
allðar ſporðıħ ⁊ geck aꝼ ſporðrīn ok ꝼort͛ħ
aꝼ ƀ᷑ſerknū. Eẏ᷑. ꝼeck aꝼ ꝥ̄u ꝩ᷑kı mıkıt a

getı ꝫ ꝼor heī ſıðan með þeī .bb. Nu v̄ hm boð ıt ꝼe mıkıt at þıggıa. en h lez þta eckı t ꝼıa\`r´ haꝼa ḡt ne t konu. hellðr aꝼ vınꝼengı v þa .bb. Aſgautr leyſtı ſık aꝼ holmı. ꝫ lıꝼðı v aur kūl. Sıðan bað eẏ. aſtrıðar vıgꝼð. ɴu ẽ t at ꝼlytıa malıt. Jv ꝫ hreıðaR. ſegıa h ætt ſtorā mān. ꝫ eıga gauꝼugt ráð a ıſlðı. ꝫ mıkīɴ ꝼrænða aꝼla ꝫ kolluðu lıklıgt at mıkıt yr ðı h ꝼorlag. þa mlı eẏ v̄a kān at ꝼrænðū aſtrıðar þıkı oꝼſı mıkıll ı varu malı. En m̄ ḡ vıtu a ıſlðı at v̄ eıgū gauꝼugt ꝼorellrı ꝫ mıkıt ꝼe. Vıgꝼ.ſ. þta mun v̄a ꝼorlaug h ēnar. þótt t v̄ı ætlat eckı oꝼramaR v̄ ꝼræð konu ýara h v̄ hm geꝼın ꝫ ꝼor vt t ıſlðz m;

5 Boðvaꝛ h̋ **aꝼ .ſſ. æyolꝼſ** [hm maðr. h var ſon vıkīga kara ꝫ bꝛ̊ðer ſıgurðar ꝼoður vıgꝼ. h v ꝼader Aſtrıðar moður eırıkſ ꝼoðu\`r´ aſtrıðar moður Olaꝼſ tryggua .ſ. vıkīga karı var ſon eymunðar akaſpıllıſſ. þorıſ .ſ. boð vaR v ꝼaðer oloꝼar moður Gızorar hınſ huíta. þa ẽ þaɹ eẏ ꝫ aſtrıðr komu vt t ıſlðz v Jngıallðr þa anðaðr. þa tok eẏ. v buı ꝫ goðorðı. Vlꝼeıðr het .ð. Jngıallðz. han a áttı hrıſeyıar ɴarꝼı. born þra eẏ ok Aſtðar v .ííıj. neꝼnð þorſteīn het .ſ. þra ēn ellztı. ꝫ v h leyſtr aꝼ arꝼı. þa ẽ h quēnðız ꝫ bıo h at hólū ı eyıaꝼırðı meðan h lıꝼðı. ꝫ v̄ðr h lítt v ſoguna rıðīn. Vıgꝼ h̋ ānaR h ꝼeck hallꝼrı ðar þkelſ .ð. enſ haꝼa ꝼra myvatnı. Glūr h̋ ēn yngſtı .ſ. þra. en helga .ð. h v̄ar gıpt steīg mı ı ſıglu vık. þra ſon v þuallðr taſallð ẽ ſıð kēr v malıt. en vıgꝼ anðaðız lıtlu ſıðaR en h quangaðız ꝫ attı barn eıtt ꝫ lıꝼðı þ lıtlu l engr en h. ꝫ bar aꝼ þ vnð hallꝼðı allt ꝼe t hel mıngſ v þau Glū ꝫ aſtrıðı En eyıolꝼr v anð aðr þa er h v kōıt. þa rez þkell eñ haꝼı t þuár ꝫ Sıgmunðr ſon h. ꝫ var h mıkıll m ꝼ ſer. ok ætlaðı at h munðı hoꝼðıngı ḡaz. eꝼ h ꝼengı gott quanꝼáng. ꝫ maga ſtoð. þoꝛ het maðr h bıo a eſpıholı. h v ſon hamunð helıarſkīz ꝫ Jngūnar helga .ð. enſ magra. h attı þðıſı kaðalſ .ð. þra born v þorarīn ꝫ þuallðr kkr ẽ bıo a grunð ı eyıa ꝼ. ꝫ þgmr ẽ bıo ı mau ðru ꝼellı ꝫ Jngūn ẽ attı þorðr ꝼreyſgoðı ꝫ vıgðıſ er attı Sıgmunðr. Sıðan toku þr þkell ꝫ ſıgmūðr at vhægıa aſtðı bygðı na. ꝫ v ſkıpt lðınu ı helmīga. ꝫ hlutu þ au Glūr ꝫ Aſtrıðr þān hluta lðzınſ er eckı v haðr. ꝫ ḡðu þau bu a þgarholı. en Glūr ſkıptı ſer eckı aꝼ v̄ buſyſlu. þóttı hellðr o brað gıorr ı vppruna. h v ꝼamal vgr ꝫ ꝼalatr ıaꝼnan. haR m vextı ꝫ noc kut ſkolbrūn huıtr a hár ꝫ rétt haR kra klıgr ꝫ þottı hellðr ſeīlıgr maðrīn ꝼor ec kı tıl mannamota. Nu eyðız ꝼe ꝼ þeī Aſtrıðı. ꝫ ḡız raðahagrīn vh ægr. en Sıgm̄ðr ꝫ þkell bægıa þeī ꝫ hoꝼðu þau ıt mīna aꝼ ollu hoꝼ ꝼreyſſ v þar ꝼıꝛ ſūnan ána a hrıpkelſ ſtoðū. þorarīn a eſpı holı var m vıtr ꝫ vınſæll. þvallðr krokr v holm gaungu m. ꝫ vðæll. Sıgm̄ðr þk.ſ þot tız maðr mıkıll ꝼ ſer ẽ h kō ı mægðır v eſphælınga. G. ſegır moður ſīnı at h vıll vtan raðaz ſe ek at þroſkı mīn vıll ēgı v̄ða. en þ ma v̄a at ek hlıota gæꝼu. aꝼ gauꝼgū ꝼrænðū mınū. en ek nennı ė at þola agang ſıgm̄ðı. en ek ſe mık ēn vanꝼæran ı mót hm. En logaðu ė lðı nu þo at þraungt v̄ðı koſtı þınū. þa var G.xv. vetra ẽ h ꝼyſtız vtan. **vtanꝼerð G**

6 Nv ẽ at ſegıa ꝼ vtanꝼð .G. þeḡ ẽ h kō v lð ꝼór h vpp a vorſ t vıgꝼ. ꝫ ẽ h kō at benū þa ſa h þ mıkıt ꝼıolm nı ꝫ margſ konar ſkētan ꝫ leıka ꝫ þ þottız h ſía at þar munðı a ollū lutū ſtorm̄zka v̄a. En þar ſē h ſa marga m̄n m̄kılıga. þa vıſſı h ė huar vıgꝼ munðı v̄a ꝼrænðı h. þ mark haꝼðı h tıl h. at h ſa mān mıkīn ꝫ veglıgan ı aunðuegı ı ſkaut ꝼellðı blā ꝫ lek ſer at ſpıotı gull

reknu. geck ſıðan at hm ꝫ quaððı h. en h tok
vel queðıu ħ. vıgꝼ̄ ſpurðı huat māna h
v̄ı. en h q̇ v̄a ıſlenzkr. ꝫ eyꝼırzkr þa ſpur
ðı vıgꝼ̄ at eyulꝼı magı ſınū. ꝫ aſtrıðı .ð.ſ.
en q. h anðaðan. en aſtðr lıꝼ̄. vıgꝼ̄ ſpurðı
huat barna þra lıꝼðı. En .G. ſagðı hm tıl
ſyſkına ſīna. en ſıðan ſagðı h hm at þ v̄
eīn ſon þra komīn ꝼ h. En ē h ſagðı þ. þa
reıtız eckı aꝼ v̄ talıð v̇ h. G. bað h vıſa ſer
t ſætıſſ. En vıgꝼ̄ q̇ ė vıta huat ſatt v̄ı aꝼ
þ er h ſagðı ꝫ vıſaðı hm t ſætıſſ a hīn o
æðra beck vtarlıga ꝫ veıttı hm lıtla v̇ðīg
h v̄ ꝼa malugr ꝫ oſıðblenðr. þa er aðrer
mn ðrucku .e. hoꝼðu aðra gleðı. þa la h
ꝫ haꝼðı ꝼellð a hoꝼðı ſer. h þottı þottı þ
ꝼol eıtt. þar var veızla buın at vet`r´
nottū ꝫ gort ðıſablot. ꝫ aller ſlu
þa mīnıng g̃a. G. ſıtr ı rūı ſınu ꝫ gengr
ė t. ok ē a leıð kuellðıt er mn v̊ kōner.
þa var ė ſua mıkıl ´gleðı` ſē lıklıgt mundı þıkıa
ꝼ ꝼagnað ſak ꝫ vína ꝼundar ē þar voru
marg̃ ſaman kōn̄. Ok þān ðag ē mn hoꝼðv
komıt t boðſınſ. haꝼðı .G. ė vt gengıt ı motı
mm ꝫ bauð engū at ſıtıa hıa ſér .e. ı ħ rūı.
ꝫ er mn v̊ kōner vnðer borð. þa var ſagt
at ſa maðr var komīn at benū m; .xıȷ. m
ān ē bıorn het ꝫ kallaðr ıarnhauſſ. h var
berſerkr mıkıll. ꝫ var þ vanr at kōa tıl
mānboða ꝼıolmnra. ꝫ leıtaðı þar orða v̇
mn eꝼ nockuꝛ vıllðı þ mæla er h mættı
a þıggıa. ꝫ ſkoraðı a mn t holmgaungu. en
.V. bað þ at mn ſkyllðu vel ſtılla orðū ſınū
ꝫ er þ mīnı lægīg en taka meıra ıllt aꝼ
hm. ꝫ hetu mn hm goðu v̄ þ. En bıorn gek
ı ſkalān īn ꝫ leıtaðı orðheılla v̇ mn. ok
ſpurðı a ēn æð`r´a beck en̄ yzta man̄ hút
h v̄ı ıāſníallr hm. en quað ꝼıarrı þ ꝼara.
ſıðan ſpurðı h hún at oðꝛ þar t at h kō ꝼ
aunðuegıt. ymıſſa orða leıtuðu mn ſer. en
þar kō nıðr at engı q̇ ıā ſnıallr hm. en ē
h kō ꝼ vıg̃. þa ſpurðı h hú vıg̃. vıſſı ſlıkr`a´.

garpa van̄. en h lez ė vıta ħ ıaꝼnīgıa. þa
mlı. h. vel er ſuarat. ꝫ hyggılıga ſē van v̄
at. þu ēt vırðınga maðr mıkıll. ꝫ gengıt
lengı at oſkū líꝼ þıtt. ꝫ engı hneckīg ko
mıt vegſ þınſ ꝫ ſoma. nu er þ vel at ek ē
ek þarꝼ eckı v̇ þık ānat at mæla en gott
eítt. en ſpyrıa vıl ek þık. eꝼ þu þıkız ıān
v̇ mık. h .ſv. þa ē ek v̄ vngr ꝫ í vıkıngu. ok
vān nockut t ꝼrama. nu veıt ek ė huart
ek mætta þa v̇ þık ıānaz. en nu halꝼu ſ
ıðr at ek em gamall ꝫ auruaſı h ſnyr a bꝛt
þaðan ꝫ ꝼ̄r vtar m; oðꝛ beck ꝫ ſpyꝛ ēn eꝼ
þr þıkıaz ıāſnıaller hm. en þr q̊ðuz ė ıam
ſnıaller hm. þa kō h at þar er .G. la ı pallı
nū. huı lıGr ſıa maðr ſua. q.b. en ſıtr ė. ſeſ
ſunauſ ħ .ſ. ꝫ veıttu hm orðaꝼulltıng ꝫ
quaðu h ſua ouıtran at eckı mark mat
tı at þıkıa huat h mlı. b. ſpyrn̄ a hm ꝼæ
tı ſınū ꝫ mlı at h ſkyllðı ſıtıa vpp ſē aðrır
mn. ok ſpurðı eꝼ h v̄ı ıāſníallr hm. en
G.q. h eckı þurꝼa at eıga v̇ ſık. ꝫ q̇ ė vıta
v̄ ſnıllı ħ. ꝫ vıl ek aꝼ þ engu v̇ þık ıānaz
at vt a ıſlðı mundı ſa maðr kallaðr ꝼól
ē þānueg letı ſē þu lǽtr. en h̄ heꝼı ek
vıtað alla bezt orðū ſtılla. hleypr vpp ſı
ðan ꝫ at hm. þrıꝼr aꝼ hm hıalmīn. Sıðan
hnyckır h vpp ellðı ſtockı ꝫ keyr̄ a mıllı h̄
ða hm. ꝫ lytr kappīn v̇. ꝫ þegar ānat ꝫ hút
at oðru ſua at h ꝼell. ꝫ þa er h vıllðı á ꝼætr
ꝼæraz. þa lauſt h ı hoꝼuð hm ꝫ let ſua þ tıl
at h kō ýt ꝼ ðyꝛ. en þa ē .G. vıllðı t ſætıſſ er
vıgꝼ̄ komīn a golꝼıt ꝫ aller þr ꝫ ꝼagnaðı
þa vel ꝼrænda ſınū. q̃ð h nu haꝼa raun tıl
g̃t at h var ħ ætt. ſl ek nu vırða þık ſē ockr
ſom̄. lez þ t haꝼa gengıt ı ꝼyrſtu at hm ſyn
ðız h ė braðg̃uılıgr. vıllða ek þ at bıða er
þu ꝼærðer þık m; ſkaurungſkap ı þına ǽt
leıðır nu h t ſætıſſ hıa ſér. G. q̇ þıggıa mv̄
ðu þ ſǽtı þott ꝼyꝛ v̄ı. ānan ðag epṫ ē ſag`t´
anðlat .b. vıgꝼ̄ bauð .G. at taka rıkı eptır
ſık ꝫ vırðıng. en .G.q̇ þıggıa vılıa en ꝼara

þo v́t ꝼyſt t́ ıſlðz at ė eıgnaðız þr ꝼoðurleıꝼ
ð ñ ē ħ ān ė at nıota. q́ aptr munu koma ſē
ꝼyſt. V.q́ ætla þ ꝼorlaug .G. at auka ſína ǽt
ꝫ ſoma a ıſlðı. at ſūrı lætr .v. bua ſkıp tıl
hanða .G. ꝫ geꝼr ħm ꝼarmīn a. ꝫ mıkıt ꝼe
ı gullı ꝫ ſılꝼrı ꝫ mlı. Sua ſeğ m̃ hugr v̄ at v́
ſıaīz ė ſıðan. en enka ğpı vıl ek þ̄ geꝼa. ꝼell
ð ꝫ ſpíot ꝫ ſuerð er ṽ hoꝼū mıkīn trunað
a haꝼt ꝼrænðr. ꝫ meðan þu átt ğpına v́en
tı ek at þu tyñ ė vırðíngu. en þa em ek h
ræððr v̄. eꝼ þu loğ þeī. Sıðan ſkılıaz þr.

7 Nv ꝼeꝶ G. vt tıl ıſlðz. **vtkuama Glūs**
ꝫ heī tıl þűár ꝫ moður ſına hıttı ħ
brátt. ꝫ ꝼagnaðı ħ̊ ħm vel. ꝫ ſagðı o
ıaꝼnað þra ꝼeðga. ꝫ bað ħ þo haꝼa v́ þolín
mæðı. en q́ t́ lıtılſ v̄ ꝼær at ganga þeī ı mo
tı. Sıðan reıð ħ heī at garðı. þa ſa ħ at ꝼæ
rðr var garðrīn ꝫ gengıt a ñ hlut. ꝫ þa .q. ħ
.v. Næꝶ geīgr m̃ ꝫ mınū menðaull hıū ollū.
þűr v́ glaū īn grænı. garðr en oſſ oꝼ varðı ṽðr
hroðr ſkotað harðla. ħ̊ tínı ek þ mınū. munat
ēn oꝼ ſtyr ſtala. ſtarꝼlauſſ ꝼauður arꝼı. En
þ haꝼðı vorðıt t́ tıðenða. vt ħ̊ meðan Sıgm̃.
vhægðı aſt́ðı. ꝫ vıllðı koma hēnı aꝼ ſtaðꝼeſtu.
v̄ hauſtıð varð vant q́gna tueggıa. ē .G haꝼ
ðı vtan ṽıt þeī þkatlı ꝫ Sıǧ ꝫ hugð`v´ þ at ſtolıt
munðı ṽa. ꝫ letu lıklıgſta t́ þræla er aſt́ðr at
tı ꝫ ſegıa þa eınætū etıð haꝼa ꝫ ſteꝼnðu þeī
v̄ varıt v̄ ſtulð. en þ̃ır þrælar ṽ mıklu holla`s´
tır aſt́ðı ꝼ̇ v̄ ſıa ꝫ ṽknað. ħ̊ þottız varla mega
buı ſınu hallða eꝼ þr ꝼærı ꝼ̃. ꝫ ꝼeꝶ a ꝼunð þ
ſteīſ ſonar ſınſ. ꝫ ſeğ ħm huern agang þr veí
ta. bıðr ħ ſuara ꝼ̇ þrælana. vıl ek hellðr ꝼe bæ
ta ꝼ̇ þa en þr ſekır v̄ alygı eꝼ ė ē bet́ ꝼaung
a. ꝫ þættı m̃ þu nu eıga at ṽa brıoſt ꝼ̇ oſſ ꝫ ſeg
ıaz ſua ıgóða ætt. þſt̃. lez þ ætla at mal mu
nı ſua vpp borıt aꝼ þra hēðı at þr munu ætla
at ꝼylgıa. m; aꝼla maga ſīna. ſynız m̃ þat
rað eꝼ þ̃ır m̃n hallða vpp raðı þınır at vér
eıgī hlut ı ꝼebotū at þeī kōı v́ ħ̊ .ſ. Sua ſeğ
m̃ hugr v̄. at þær eınar ꝼebetr ṽðı. ē oſſ mun

meınſ ı leıtað. en ꝼ̇ þ́ at þ́ ē t́ lıtıllar lıðſē
ðar at leıta ē þu ert. mun ṽða at leggıa
a þra vallð. en þau gæðı ꝼylgðu meſt þū
ar lðı. þ ṽ akr er kallaðr var vıtazgıaꝼı.
þt ħ ṽð allðregı vꝼræꝶ. en ħm haꝼðı ſua
ſkıpt ṽıt m; lðınu at ſıtt ſumar hoꝼðu
huar̃. Nv ſeğ aſt́ðr þeī ꝼeðgū. at m̃ lız at þıð
vılıt mıog ꝼ̇ kōa mınu raðı. ꝫ ſıaıt þ at ħ̃
þrytr ꝼoryſtu. en hellðr en þrælar ſe vpp
geꝼnır. vıl ek þta mal leggıa a yckarn ðō
þr quaðu þ vıtrlıǧ rað. Gıora þr nu rað ſıtt
en ſu ṽ raðağð þra. at haꝼa ſıalꝼðæmı ꝼır̃
þrælana. eða ſekıa þa. En þſt̃ ꝼylgðı ė b
etr malínu en þr hoꝼðu ſıalꝼðæmı. ꝫ ğðu t́
hanða ſer akrīn at þr ſkyllðu ħ eınır eı
ga ꝫ ætla ſua at komaz at lðınu ollu.
at kıppa vnðan þrı ſtoð ē aðr hellt meſt
vpp raðı ħar. ꝫ þ ſumar ē þa ꝼór ı honð
attı ħ̊ at haꝼa akrīn eꝼ at rettu ꝼærı.
En v̄ ſumarıt ē m̃n ꝼoru t́ þıngſ. er þeſſv
malı var ſett. þa ꝼor nautamaðr v̄ ha
ga ꝫ ꝼān kuíğnar ı eınu ıarðꝼallı ꝫ haꝼ
ðı ꝼokıt ıꝼ̃ aunðuerðan vetr. ꝫ ṽð nu b̃t
ıllmælıt v́ þrælana. ok er þr ꝼeðgar ſpur
ðu at kğnar ṽ ꝼunðnar þa buðu þr ꝼe
at gıallða ꝼ̇ akrīn. en þr vıllðu ė lata h
anðſaul ſín aꝼ aḱnū. En aſt́ðr .ſ. at ė mu
nı þo oꝼmıkıt koma ꝼ̇ ıllmælıt. þo at ħ̊
heꝼðı ſıtt ꝫ vıl ek ānat huart haꝼa þ er
ek á. eða mıſſa. þo vılıa enğ retta malıt
þa ſt̃ ēn bıða ꝫ væntı ek at .G. munı vt
koma ꝫ leıðretta vart mal. Sıǧ.ſ. Seınt
t́ vanar ſa mān erıa. ſıtr ſa nuı hıa ē lık
lıǧ ṽı t́ þīna ſona. ħ̊ .ſ. Jlla ſezt opt oꝼſīn
ſıǧ. ꝫ rangındı kān ꝫ ṽa at þ henðı þık
ok lıtlu ſıðaꝶ ſumarſ kō .G. vt. ꝫ er lıtla
rıð v́ ſkıp. ꝼ̃r t́ buſſ ſınſ m; auð ꝼıar
En ıt ſama ſkaplynðı haꝼðı ħ ſē ꝼyꝶ
var ꝼalatr. ꝫ let ſē ħ heyrðı ė þ ē gıorz
haꝼðı vt ħ̊ meðan. huer morgī ſuaꝼ
ħ t́ ðagmala ꝫ ānaðız eckı v̄ bu. þ ſum̃

attu þau G. ak\r/īn at haꝼa eꝼ at rettu ꝼærı ꝼe
ſıgm̄ꝺar geck þeī at meıní mıog ꝫ ṽ huen mor
gın ı tunı þra. Eīn morgın vaktı Aſtᷘr .G. ok
ſagðı at nautaꝼıolꝺı Sıḡ. ṽ komīn ı tun. ok
vıllꝺı brıota anꝺuırkı. en ek heꝼı ė ꝼraleık
tıl at reka ı brott. en ṽkm̄n at vīnu. ħ .ſ. lıꞇ̇ he
ꝼ̄ þu mık ꞇ̇ vīnu kuaðt. ꝫ ſꞇ̄ ė ılla ṽ ṽða ſp
rettr ħ vpp. ꝫ tekr heſt ſīn. ꝫ ı honꝺ ſer ꝼ̄lur\c/
ꝫ keyrðı nautın knalıga ꝫ barðı þau mı
og. þar ꞇ̇ ē þau kōa ı tun ꝥkelſ ꝫ ſıgm̄ꝺar.
lætr þau þar ſpılla ſē þau vıllꝺu. ꝥkell get
tı heıma anꝺuırkıſ v̄ morna en sıḡ. ꝼylgðı
ħkorlū. ꝥkell mꞇ̄ı ṽ .G. ꝥ attu ván at m̄n mu
nu ꝥ ė ſıtıa ꝥ̄ eꝼ þu meıðır ꝼe māna. þottu þı
kız haꝼa ꝼramıt þık vtanlenꝺıſſ. G. quað
omeıðꝺ ṽa oll naut ħ nu. en eꝼ þau koma
optaꝶ oſſ at meínı. þa munu ė oll vlamıt
ꝫ lattu þo vel ıꝼ̄ þu kēr ꝥ eınu ṽ. munu ṽ
ꝫ ė lengr haꝼa meín aꝼ ꝼe yðru. þa mꞇ̄ı .s.
Storlıga lætr þu nu .G. Slıkr glopallꝺı þı
kır oſſ þu nu ſē þa ē þu ꝼórt vtan. ꝫ mu
nu ṽ eckı vart ráð ḡa epꞇ̄ geıpun þīnı.
.G. veık heī ꝫ ſettı at ħm hlátr. ꝫ bra ħm
ſua ṽ at ħ ḡðı ꝼauluan ı anꝺlıtı. ꝫ hrutu
or augum ħm tár þau ē ꝥ ṽ lık ſē hagl. ꝥ
ē ſtórt er. ꝫ ꝥn veg bra ħm opt ṽ ſıðan þa ē
vıghugr ṽ a ħm. **ꝺrap Sıgm̄ꝺar** [kō eñ at má

8 Þat ē ſagt þa ē a leíð a hauſtıð. at aſtᷘr
lı ṽ .G. eīn morgın ꝫ vaktı ħ ꝫ bað ħ
ſkıpa ꞇ̇ verkſ. quað nu heyṽkū lokıt ṽða
ıꝺag eꝼ ſua ṽı ꞇ̇ ſkıpat ſē hæꝼðı. lokıt hoꝼ
ðu þr Sıḡ. heyṽkū ꝼ̇ ſtunꝺu ꝫ ꝼoru þau .S.
ꝫ vıgꝺıſ ſnēma ı morgın ꞇ̇ akrſ vıtaz gıa
ꝼa. ꝫ munu þau vel hyggıa ē þau haꝼa
akrīn ē ṽ ættı eꝼ at réttu ꝼærı. þa ſtoð
.G. vpp. ꝫ varð þo ė ꝼyꝶ buīn. en at ꝺagma
lū. ħ tok þa ꝼellꝺıñ bla. ꝫ ſpıotıð gullrek
na. ı honꝺ ſer. let ſauðla heſt ſīn. en aſtᷘr
ſagðı mıog vanꝺar þu nu ſonr mīn bun
ıng ꞇ̇ heyuerkſınſ. ħ .ſ. ė ꝼ̄ ek opt ꞇ̇ at vīna
en bæðı ſꞇ̄ þa ḡa mıkıt at ꝫ buaz veltıl

ꝫ kān ek þo eckı vel ꞇ̇ ṽkſínſ at ſkıpa mun
ek rıða ꞇ̇ hola vpp. ꝫ þıggıa heībo𝔡 at ꝥſtēı
broður mınū. Sıðan reıð ħ ſuðr ıꝼ̄ ána. en þá
ē ħ kō ꞇ̇ akrſınſ. þa tok ħ ꝺalkīn ór ꝼellꝺın
ū en þau ṽ ı akrı vıgꝺıſ ꝫ Sıḡ. ꝫ ē ħ vıgꝺıſ
ſa ħ geck ħ ımot ħm ꝫ bað ħ heılan koma
þıkır oſſ ꝥ ılla ē ſua ꝼátt ē ı ꝼrænꝺſemı vaꝶı
ꝫ vılıū ṽ eıga ı allan hlut at ꝼleıra ſe v̄. G.
.ſ. eckı er ēn ꝥ at orꝺıt ē ė megı vel ṽða ıꝼr
ænꝺſemı váꝶı. en ꝥ veık ek hīgat at ꝺalk̇ñ
ē or ꝼellꝺı mınū ꝫ vıl ek at þu ſaum̄ a nıſtīg
ħ lez ꝥ gıarna vılıa ꝫ ḡðı ħ ꝥ. G. leıt ıꝼ̄ ak̇ñ
ꝫ mꞇ̄ı. ė braz ħ vıtazgıaꝼı ēn. Sıða ꝼór ħ ı ꝼell
ꝺīn ꝫ tok ſpıotıð ı honꝺ ſer. Sıðan ſnarar ħ
at ħm ſıgm̄ꝺı ꝫ bra ſpıotınu. en ħ ſp\r/att vppı
motı. en .G. hıo þeḡ ı hoꝼuð ħm. ꝫ þurꝼtı Sıḡ.
ė ꝼleırı. þa geck ħ at vıgꝺıſı. ꝫ ſagðı at ħ ſk
yllꝺı heī ꝼara. ꝫ ſeḡ ꝥkatlı at Sıḡ. ē ė eīꝼæꝶ
aꝼ ak̇nū. En .G. reıð vpp ꞇ̇ hola. ꝫ ſeḡ broður
ſínū. engı tıðenꝺı. en er ꝥſꞇ̄ ſa ḡðar ħſ. ē ħ
haꝼðı beðı ꝼellꝺ ꝫ ſpíot. þa ꝼān ħ bloð ı mal
unū ꝫ ſpyꝶ eꝼ ħ heꝼðı hauggð m; ꝥ ꝼ̇ ſkom
mu. ħ .ſ. ꝥ ē ſatt. ė heꝼır m̄ ıhug komıt at ſe
gıa. q.G. at ek ꝺrap sıgm̄ꝺ ꝥkelſ .ſ. ıꝺag. þoſ
teīn. ſ. ꝥ mun þeī tıðenꝺı þıkıa ꝥkatlı eða
eſphælıngū magū ħ. G.ſ. ꝥ er ꝼornt mal
at bloꝺnætr ero hūıū braðaztar. ꝫ mun
þeī þıkıa lıtılſ v̄ ṽt ē ꝼ̄ lıðr. G. var ꝥ .ííȷ. ne
tr at kyñı ſínu. en þa byzt ħ heī. ꝥſꞇ̄ byðr
at ꝼara með ħm. G.ſ. ꝥ ė þurꝼa. Gættu
buſſ þínſ. ek mun rıða rétta leıð mína
ꞇ̇ þūár. munu þr eckı ſua mıog epꞇ̄ ꝥu gā
ga. ꝼ̄r .G. heī tıl þuerár. En ē tıðenꝺı ꝥı ſp
yrıaz. ꝼeꝶ ꝥkell a ꝼunꝺ þorarınſ. ꝫ leıꞇ̄
þangat raða ꝫ með ꝼerðar. ħ .ſ. ṽa ma nv
þa at ħ ſegı aſtrıðr at ħ haꝼı eıgı ꞇ̇ engıſſ
rıſıð a leggīn. ꝥk.ſ. ꝥ ætla ek at ħ haꝼı
a þān leɢ rıſıt er ħ ꝼær ė a ſtıgıt. þorar
īn .ſ. ꝥ ē nu ſē ḡız. haꝼı ꝥ̄ lengı ſynt þeī v
ıaꝼnat ꝫ ætlað at ꝼæra þau ṽ vtgarða.
ꝫ lıtıð ė a ꝥ hū̆ ván ṽı a v̄ aꝼquæmı ſlıkra

māna ſē eyulꝼr v́ ē beðı v́ æıſtorr. ɜ ēn meſtı
garpr. en oſſ ē vanðı a mıog mıkıll v́ .G. ꝼ ꝼenſe
mıſ ſokū en v́ yðr v̄ mægðır. ɜ ohoglıgt ſynız
m̄ malıt eꝼ .G. ꝼylgır ſē ek get at v̊a muní.
þa ꝼór þk. heī ɜ v̊ þı mal kyꝛ̄ v̄ vetn̄. ′G. haꝼðı‵ nock′ mān
ꝼleıra en h̄ v́ vanr v̄ vetn̄. **aꝼ ðraumū Glumſ**

9 Þat ē ſagt at G. ðreymðı eına nott. h̄ þottız
v̊a v́tı ſtaððr a be ſınū ɜ ſía vt t̄ ꝼıarðar
ınſ. h̄ þottız ſía konu eína ganga vtan ep̄ h̄
aðınu. ɜ ſteꝼnðı þangat t̄ þūar en h̊ var ſua
mıkıl. at axlırnar toku vt ꝼıollīn tueggıa
vegna. en h̄ þottız ganga or garðı a mot h̄ı ok
bauð h̄ı t̄ ſín. ɜ ſıðan vaknaðı h̄. ollū þottı vn
ðarlıgt. en h̄ .ſ. ſua. ðraumr. ē mıkıll ɜ m̄kılıgr
en ſua mun ek h̄ raða at Vıgꝼ̄ moður ꝼaðer
mīn mun nu v̊a anðaðr. ɜ munðı kona ſía
h̄ háíngıa v̊a. ē ꝼıollū hæra geck. ok v́ h̄ vm
aðra m̄n ꝼ̄m̄ v̄ ꝼleſta lutı at v́ðıngu. ɜ h̄ hamín
gıa mun leıta ſer þangat ſtaðꝼeſtu ſē ek em.
En v̄ ſumarıt ē ſkıp komu v́t. ſpurðız anðlát
vígꝼ̄. þa .q.G.v. Fara ſa ek holmſ vnð hıalmı h
aukſ ı mıklū auka. ıorð at eyıaꝼırðı. ıſungſ
ꝼıra ðıſı. þa ſuat ðōſ ı ðraumı. ðalſ otta m̄ þóttı.
ꝼellıguðr m; ꝼıollū. ꝼolk vanðar. bıoð ſtanða
vm varıt hıttı þk. þoruallð krok ɜ aðra ſonu
þorıſ leıta ep̄ at þr munı ꝼylgıa ꝥu malı en
h̄ talðı t̄ ſkyllðu v́ ðot̄ ſína. ɜ marga aðra v
ınattu. ē h̄ heꝼ̄ þeī gort. ɜ ſıgm̄ðr .ſ.h̄. þvallðr
hıt̄ þórarın. ſeḡ at amælıſſāt mun v̊ða nēa
þr ꝼylgı malı magſ ſínſ. h̄ lez vılıa ſlıkt allt
at veıta ſē h̄ heꝼ̄ ꝼaung a. ɜ þ ē nu auð ſæı̄ at
at .G. ætlar at mıklaz aꝼ vıgı Sıgm̄ð en v̊ vn
nū oſſ ė v̊r metorða ı h̄aðınu. þoraꝼ̄.ſ. Sva
lız mer ſē vant mvnı ſua malınu at ꝼylg
ía at aurugt ſe. at v̊ vaxī aꝼ. Ok ēn v́ vppgāg
.G. ē ꝥ ė auruent. at h̄m kıppı ı kyn. ɜ ætt ſí
na. ꝼer ek ꝥ́ tregarı at en ꝥ̄. at m̄ ſynız ovıſ
vırðıngın at ðeıla v́ .G. En m̄ þık̄ ɜ ė gott eꝼ a
vkaz vıll vuırðıng v́ar. En m; aeggıunþa
bıo þoraꝼ̄. þorıſ .ſ. mal t̄ alþīgıſſ a henðr .G. v̄
víg Sıg̃. En .G. bío mal t̄ a henðr þk. enū há

ꝼa v̄ ıllmælı v́ þrælana ɜ ānat bío h̄ a honð
Sıgm̄ðı. ɜ ſteꝼnðı h̄m v̄ ſtulð. ɜ q̄ h̄ ðrepıt ha
ꝼa a eıgn ſıñı. ɜ ſteꝼ̄ h̄m t̄ o helgı ē h̄ ꝼéll a
h̄ eígu. ɜ groꝼ Sıg̃. vpp. Sıðan ꝼoru mal t̄ al
þīgıſſ. v́ ſuabuıt. ɜ ſottı .G. þa ꝼrænðr ſína.
at lıðveızlu. Gızor h̄ta. ɜ teít .ſ. ketılbıar
nar. ꝼ̄ moſꝼellı. ɜ aſg̃m ellıðag̃mſ .ſ. ɜ ſeg̃
þeī allan malauoxt. ɜ ‵a′gang þra ꝼeðga. ok
ranglætı ɜ marga ſuıuırðıng. q̄ h̄ þar vet
ta eꝼlīgar t̄ rettra laga ē þr v̊. en. h̄ v̊ı ſıa
lꝼr ꝼ̄. þr q̄ðuz aller ꝥ ſkyllðır. at h̄ lutr læ
gı ė íovına henðı. q̄ðuz ꝼegñ ꝥ́ v̊ða. eꝼ h̄
vppreıſt yrðı ı þrı ǽtt. lıðr þīgıt at ðomū
ꝼrām̄. ɜ haꝼa eſphælíng̃ ꝼ̄m̄ vıgſmalıt m;
a eggıun þra ē hama ſīna attu at mīnaz
en víſt v̊ı. at ė munðu ſpıollın a v̊a. G. heꝼ̄
malıt a henðr þk. ɜ komu ſakar ı ðom. haꝼ
ðı .G. mıkīn ꝼrænða aꝼla. ɜ vına. ɜ ē t̄ v̊na
v́ boðıt. G.ſ. a þa leıð ē at ꝥ ma morgū kū
nıgt v̊a. at ꝥ̄ haꝼıt malıt meıꝛ̄ t̄ buıt m;
v ſkapı en ė ſe ſpıollın á. ꝥt ſıg̃. ðrap ek a
mınu ꝼé. ɜ áðr ek rıða t̄ þīgſ. ſteꝼnða ek h̄
t̄ o helgı. h̄ neꝼnðı ſer at ꝥ́ vatta. ɜ v̊r ſua ſo
kına. ɜ veıttu þr ꝼrænðr h̄m ſua. at ſıg̃. ꝼell
vheılagr. Sıðan heꝼ̄ .G. mal ꝼ̄m̄ a henðr þor
katlı v̄ bekrað t̄ ꝼıar ſínſ. ɜ horꝼ̄ þar v́vēt
þkatlı. ꝥt vıtnı gengu at m; .G. ɜ ꝼīnaz ꝥ́ ė
laugvarñ ı motı. ɜ horꝼðı t̄ ꝥ. at þk mū
ðı v̊ða ſekr. var leıtað v̄ ſæt̄ v́ .G. h̄ .ſ. þa
tua koſtı v̊a at h̄ munðı ſok ꝼ̄m̄ haꝼa. eða
þk. ſellðı h̄m þūárlð m; ſlıku v̊ðı ſē h̄ vıll
ðı aqueða. ɜ v́ ꝥ ė betr en halꝼuırðı. Ma ɜ
þk. ꝥ ætla eꝼ h̄ v̊ðr ſekr at v́ ſl̄m ė baðer á
þıngı an̄at ſumar. ɜ nu attu lut ı vıñ þk.
at h̄ ſættız. ɜ tok þk. ꝥ ráð ſē h̄m hæꝼðı. ſet
tız a mal ɜ ſellðı .G. lðıt. ſkyllðı bua þau m̄
ıſſarı ɜ v̊ þa ſat̄. at kalla. ɜ vnðu eſphælī
g̃ ılla v́ mala lok. ɜ heðan ꝼra grerı allðre
gı v̄ heıllt m; þeī .G. ɜ eſphælīgū ok áðr þk.
ꝼór a brott ꝼ̄ þuerá. þa geck h̄ t̄ hoꝼſ ꝼreyſ
ɜ leıððı þagat vxa gālan ɜ m̄l̄ı ſua. ꝼreyꝛ̄

ſagðı ħ. ē lengı heꝼ̄ heꝼ̄ ꝼullťı mīn v̄ıt ꝫ m̄ gar gıaꝼar at m̄ þegıt ꝫ vel launat. Nu geꝼ ek ꝥ vxa þna. t̄ ꝥ at .G. ꝼarı ė vnauðgarı aꝼ þūarlðı. en ek ꝼer nu. ꝫ láttu ſía nocku rar íartegn̄. huartu þıGr .e. ė. En vxanū ƀ̄ ſua v̇ at ħ quað v̇ ꝫ ꝼell nıðr ðauðr. ꝫ þottı vel haꝼa v̇ latıð ꝫ v̄ nu hughægra ē ħm þottı ſē þegıt mundı heıtıð. ħ ꝼor ſıðan norðr tıl myuaz ꝫ bío ꝥ. ꝫ ē ħ ór ſogūnı. **aꝼ Glumı-**

10 Glumr tok nu vırðíng mıkla ı ħað ínu. Sa m̄ bıo at lonı ı haurġdal ē Gun̄ſteīn h̓ mıkılm̄nı ꝫ auðıgr ok talðr m; hınūſtærrū m̄m. ħ atte konu þa ē hlıꝼ h̓. þġmr h̓ ſon þra ꝫ v̄ kenðr v̇ moður ſína. ꝫ var kallaðr hlıꝼ .ſ. ꝼ̇ ꝥ at h̊ lıꝼðı lengr en Gun̄ſteīn. h̊ v̄ ſkorungr mı kıll. þġmr v̄ mānaðr vel ꝫ ġðız mıkılm̄ní Grīr het ānaꝛ̄ ſon þra ē kallaðr v̄ eyrar leGr. halldora h̓ ðotť þra. h̊ v̄ ven kona ok vel ſkapı ꝼarın. Sa koſtr þottı v̄a eīn hu eꝛ̄ beztr ꝼ̇ ſakar ꝼrænda ꝫ meſt kūnoſtu ꝫ ꝼ̄mquēðar ħnar. þar konu bað .G. lez ħ lıtt þurꝼa mundu ꝼrænda at ſegıa ætt ſı na ne ſua ꝼıarlutı .e. at ꝼ̄ð. þ mun yðr k v̄nıgt v̄a. en raðakoſt þna heꝼı ek mer ætlat m; ꝥ at ꝼrænðr ħnar vılıa ħm v̄ vel ſuarat ꝥu malı. ē h̊ ꝼoſtnuð .G. m; mıklu ꝼe ꝫ ġt brullaup þra vel. Ok nu ē ñ ráð ēn v̇ð vlıgra en aðr. þvallðr h̓ m̄ reīſ .ſ ē bıo at barðı ı ꝼlıotū. ħ áttı þvrıðı ðotť þorðar ꝼra hoꝼða. born þra v̊ klauꝼı ꝫ þġðr er attı þor arīn a eſpıholı. þvallðr krokr a grunð at tı þkautlu or þıorſarðal. hlēnı ēn gālı a vrnolꝼſ .ſ. tauſkubakſ bıo ı vıðıneſı ꝫ áttı oððkautlu oðkelſ .ð. or þıorſ ár ðal. Gızorr h̓ m̄ ꝫ v̄ kaðalſ .ſ. ħ bıo at tıornū ı eyıaꝼıar ðar ðal. ħ áttı konu þa ē ſalðıſ h̓ h̊ v̄ gıllð h̊pre yía. Gızoꝛ̇ v̄ ꝫ ıenu ſtrærra bonða talı vel ꝼıar eıganðı ðætr þra ēo .jj. neꝼnðar. þðıſ ꝫ h̊þruðr konur venar ꝫ oꝼlaſ mıklır. þottu v̄a koſť goðer oxu þar vpp heıma. Broð̄ Gızoꝛ̇ h̓ run ólꝼr. ħ v̄ ꝼaðer valġðar moður eyıolꝼſ a m oðruvollū. þðıſ var ðotť kaðalſ ē attı þoꝛ̄ a eſpıholı. ꝫ þra born v̊ þau ſē ſagt var ꝼyrr þġmr þorıſ .ſ. v̄ ė þðıſar .ſ. ꝫ þo ſkılgetīn. þġmr var mıkılm̄nı ꝫ vel at ſer. ħ rıðr a ꝼunð Gız orar ꝥ erenðıs at bıðıa þðıſar .ð.ñ. ſer t̄ eıgī konu. v̊ ꝼlytenðr ꝥa malſ ƀðer ñ ꝫ vın̄ ꝼrǣ ðr konūnar þottuz v̄a næꝛ̄kōner at raða ꝼ̇ koſtı ꝼrænð konu ſīnar ꝫ leız þeī allven lıga ſtoꝼnat. en þġmı v̄ ſyníat konūń. en ol lū þottı ħ haꝼa mīt t̄ ıārædıſſ. ꝫ ꝼ̇ þottı bræð rū ħſ ꝫ ꝼrænðū. **capítulum** [kallaðr rauðkīnr

11 Sa m̄ ē neꝼnðr t̄ ſogūnar ē arnoꝛ̇ h̓ ꝫ v̄ ħ v̄ ſteınolꝼſ .ſ. Jngıallz .ſ. ꝫ bræðrungr .G. at ꝼrænðſemı. ħ haꝼðı lengı ıꝼoꝝ verıt ꝫ v̄ vel metīn. ꝫ v̄ m; G. ıānan ē ħ v̄ vt h̊. ħ veık t̄ uıð .G. at ħ bıðı konu t̄ hanða ħm. G. ſpyꝛ̄ hūrar ko nu ħ vılı bıðıa Arnorr .ſ. þðıſar Gızoꝛ̇ .ð. ē þgrı mı þorıſ .ſ. v̄ ſynıat. G.ſ. ovent þıkı m̄ ꝥ horꝼa þt m̄ þıꝛ̄ yckar engı munr. En þgrīr a buſtað goðan ꝫ auð ꝼıar. ꝼrænðaaꝼla mıkīn en þuaṫ engan buſtað. ꝫ o gnóg ꝼe. en ek vıl ė oıaꝼnat bıoða Gızorı ſua at ė raðı ħ ꝼ̇ ðotť ſın̄ ſē ħ vıll. þt Gızoꝛ̇ ē goðſ v̄ðr ꝼ̄ m̄. Arnoꝛ̇ .ſ. þa nyt ek goð ra ꝼrænða eꝼ ek get þa betra koſt at þu ꝼly ť mıtt mal. heıttu ħm vınꝼengı þınu ꝫ m vn ħ þa geꝼa konuna. þt þta mundı ıārædı kallat eꝼ ė heꝼðı ſua ꝼrıðū mānı v̄ıt ꝼrá vıſat aðr ſē þgrīr ē. G. let at eggıaz ꝫ ꝼor m; ħm a ꝼunð. Gızorar. ꝫ tıar malıt ꝼ̇ ħm. Gızoꝛ̇ .ſ. v̄a kān þ .G. ſ. ħ. at þ v̄ðı mīt at m̄ mıſlıtız eꝼ ek geꝼ .ð. mína arnórı ꝼrænða þínū en m̄ ſynðız ė at geꝼa þġmı. G.ſ. rett er mællt en þo er ꝥ at at lyſa. eꝼ þu vıll vart mál vırða at þar ı mot mun mıtt vınꝼengı kōa. Gıž.ſ. þ þıkı m̄ mıkılſ v̄t. En grunar mık at þa ko mı ı mot ovınꝼengı ānaꝛ̄a māna. G.ſ. þu ſer ꝫ ráð þıtt. en mıklu mun h̊ v̄ ſkıpta mīn þotta huart þu ġır. þa .ſ. Gıž. ė ſſtu erenðlauſt ꝼara þta ſīn. ꝫ rettı ꝼrām honðına ꝫ ꝼeſtır Arnoꝛ̇ ſer konu. En G.ſ. at ħ vıll þ t̄ leggıa at brullaup

ſſ v͛a at þu͂a v̄ hauſtıð ⁊ ſkılıa þr nu v᷎ ſuabuıt
Arnoꝛ̇ attı mallt v́t at gaſū ⁊ ſkyllðı ħ ſıalꝼr
ſækıa. ⁊ ħkarl eīn m; ħm. en þg̊mr þorıſ .ſ. ꝼór
þān ðag t́ laug̃ ē̃ þra var vtan van m; mall
tıð. ⁊ v͛ at hraꝼnagılſ laugu. ⁊ vı. ħk͛lar ñ m; ħ͛
en ē̃ þr komu vtan. ⁊ vıllðu rıða ıf̃ ana. þa .m.
þg̊mr. mun ė nu mıog vel ꝼallıt. at hıtta þa .A.
ᴍıſſū ė malltāna. eꝼ v͛ ſſm þo mıſſa konunñ
Gıngu þr þg̊mr ımotı þeī m; brugðın ſuerð
⁊ ē̃ þr A. ſa þ hu͂r lıðſ munr var. þa hleyptı ħ
a kaꝼ ⁊ ſua ıf̃ ána. en klyꝼıaheſtarñ v͛ ꝼ̇ veſt
an ána. þa mlı þgrīr. ė berū v͛ t́ allz vgıptu a
lıt ſſm v͛ ðrecka. en þr munu raða koſtı kon
ūnar. þg̊mr rıðr t́ eſpıholſ hınſ ſyðra. þoꝛ̃ v́þa
ſıonlauſſ. en þr ꝼaurunauſ þg̊mſ v͛ allkaſ.
⁊ hlogu mıog. ⁊ ſpyꝶ þoꝛ̃ huat þeī þǽttı ſua h
lauglıgt. þr ſogðuz ė vıta huaꝛ̃ ꝼyꝶ munðu
veızluna hallða. ſogðu þar ꝼaungın en þa f̃
ellta ē̃ attu. en bruðgumīn a kaꝼı. ok ē̃ þorır
heyꝛ̃ þta þa mlı ħ. þık͛ yðr vel komıt malı
nu yðru. er ꝧ hlæıt ſua mıog. eða hu͂t mun
nu vrræðı yðuart. ætlı ꝧ her ı nótt at ſoꝼa
⁊ engıſſ añarſ v᷎ þurꝼa. ė kūnı ꝧ þa ſkaplyn
ðı .G. eꝼ ħm þıkır goð ꝼaur ꝼrænða ſínſ. Ek
kalla ráð at ſaꝼna m̄m. ᴍeírı van at .G. ha
ꝼı nu ſaman ðregıt marga m̄n. þar ͗var͗ þa vað
a áñı ē̃ nu ē̃ eckı. þr ſauꝼnuðu nu at ſer .lxxx.
vígra māna v̄ nottına ⁊ bıugguz v᷎ a holınū
f̃manv͛ðū. þt ꝧ v͛ vaðıt a ānı v᷎ holīn ſıaꝼā.
en f̃ .A. er at ſegıa at ħ ꝼīnr .G. ⁊ ſeg̃ ħm f̃ ꝼo
rū ſınū. ħ .ſ. eckı kō m̄ þ at vuoꝝ at þr letı eıg̃
kyrt. ⁊ er nu a vanðı nockuꝶ. ſuıuırðīg eꝼ
kyrt ē̃. en alloſyn eꝼ vırðıng eꝼ v᷎ ē̃ leıtað
at retta. en þo ſſ nu ſaꝼna m̄m. ⁊ ē̃ lıoſt v͛
v̄ morgīnīn. þa kō .G. at ānı m; lx. m̄ ⁊ vıllðı
rıða ıf̃ ána. en þr gryttv a þa eſphælīgar
⁊ geck ė f̃m̄ reıðın ⁊ huarꝼ .G. aptr ⁊ borðuz
ıf̃ ána m; gríotı ⁊ ſkotū. ⁊ vrðu ꝧ margır
ſaꝛ̃. en eng̃ ero neꝼnðer. ⁊ ē̃ ħaðſ m̄n vrðu
vaꝛ̃ v᷎. þa ðrıꝼu þr t́ v̄ ðagīn. ⁊ gengu ı mıllı
⁊ v͛ a komıt ſættū ⁊ leıtað huat eſphælıng̃

vılıa bıoða ꝼ̇ vſæmðar hlut þān ē̃ þr hoꝼðv
gort Arnorı. en þau komu ſuor ı motı at ec
kı munðu bætr ꝼ̇ þ koma. þoat Arnoꝛ̇ hley
ptı f̃ malltklyꝼıū ſınū. þa var leıtað at .G.
munðı eıga hlut ı at bıðıa arnþruðar Gız
orar .ð. t́ handa þg̊mı. ⁊ ſkyllðu ꝧ at eīſ rað
takaz m; þeī Arnorı ⁊ þðıſı. nema .G. getı ko
nu ꝧa t́ handa þg̊mı. ⁊ þottı ſu betr geꝼın er
þg̊mr ættı. Nu m; ꝧ at marg̃ attu hlut ı. þa
heıtr .G. ſīnı v̄ſyſlu. hıtt̃ Gızor. ⁊ vekr ꝧta mal
⁊ mlı. þ ma vırðaz hlutgırnı eꝼ ek bıð bæðı
konu mınū ꝼrænðū. ⁊ eſphælıngū. En at o
haupp ſtauðuız ı ħaðı. þa þıkıūz ek ſkyllðr
at veıta ꝧ mína holloſtu. eꝼ þu g̃ır at mīū
vılía. Gız̃.ſ. Sva ſynız m̄ bezt at þu raðır
ꝧt m̄ ſynız vel boðıt. ðott̃ mīnı. at ꝧta ſe
takaz nu raðın hua͗r͗ratueggıu. Gıorðı Ar
noꝛ̇ bu at vppſolū. En þg̊mr bıo ı moðru ꝼel
lı. lıtlu ſıðaꝶ anðaz Gızoꝛ̇. þa ꝼærðı valðı͗s͗
bygð ſína a vppſalı. A. gat ſon v᷎ þðıſı ē̃ ſte
ınolꝼr ħ᷎. Añan ſon attı þg̊. ⁊ ħ᷎ ſa arng̊mr
⁊ v͛ eꝼnılıgr m̄ ı vppvextı ſınū ollū. **aꝼ þm ꝼrænðum**

12

Ualðıſ bauð heī ðottur ſon ſınū huarū tueggıa. Arng̊mr v͛ tueī
vetrū ellrı en ſteínolꝼr. ⁊ oxu ė vınſællı
m̄n vpp ı eyıaꝼırðı. eða albetr v͛ı at ſer g̃v͛
⁊ v̄nuz allmıkıt þa ē̃ ānaꝶ v͛ .ııj. vet̃ en
añaꝶ .vı. vet̃. leku þr ſer v̄ ðag ⁊ bað ſteī
olꝼr arng̊m lıa ſer meſſíng̃ heſt. arng̊mr
ſuaraðı. ek mun geꝼa ꝧ. ꝧt þ ē̃ nu hellðr þıt
leıka en mıtt ꝼ̇ allðrſ ſaukū. en ſteīolꝼr
ſagðı ꝼoſtru ſīnı hue goða gıoꝼ ħ haꝼðı
þegıt. ħ᷎ q̃ð þ vel vera at huaꝶ þra v͛ ſua
vel tıl ānarſ. kona ſu ꝼor þar v̄ ħat er oð
ðbıorg het. gleðımaðr ꝼroð ⁊ ꝼrā ſyn. þot
tı mıkıt vnðer at ħpreyıur ꝼagnaðı hē
nı vel v̄ ħaðıt. Sagðı nockut vılhallt ſē
ħı v͛ beını veıttr. ħ᷎ kō t́ vppſala ⁊ tok ſalð
ıſ vel v᷎ ħı. ⁊ bað hana ſpa nockut v̄ þa
ſueınana. ⁊ ſpa vel. ħ᷎ .ſ. Venleg̃ ero þır
ſueınar. eꝼ þeī vınz gæꝼan. þ ē̃ m̄ vā ſéð

Salðıſ mlı. ė ætla ek þ̃ nu allgoðan þıka beınān ꝼ ſkutu þa. h̃ .ſ. eckı mun þta ra ða v̉ðgetū þınū. ⁊ þarꝼtu ė ſua orðuonð a`t´ v̉a. Salðıſ mlı. ꝼamlt ſltu þar v̄ v̉a eꝼ þ̃ ſeg̃ ė vel hugr v̄. h̃ .ſ. Eckı heꝼı ek ēn oꝼmlt h̃ v̄. en ė ætla ek lengı aſtuðıgt m; þeī. Salðıſ mlı añarſ þættūz ek maklıgrı ꝼ goðan beına. ⁊ muntu v̉a rekın ı brott. eꝼ þu ꝼeꝛ̃ m; ıllſpár. oððbıorg .ſ. Ek ætla nu ė þur ꝼa at hlıꝼaz v̇. ẽ þu lætr ſua v̄ enga ſok mun ek þık ⁊ ė optaꝛ̃ heī ſækıa. en þu vnı v̇ ſua vel ſē þu vıll. En þ kān ek þ̃ at ſegıa. at þr munu banaſpíot ept̃ beraz ⁊ mun huat oðru v̉ra aꝼ hlıotaz h̃ ı h̃aðı ⁊ er oððbıorg ór ſogūnı **aꝼ Jngolꝼı cap̄**

13 Þat g̃ız eıtt ſumar a alþıngı at ı ꝼ angabrecku genguz m̄n at ſueít vm. norðlenðıngar ⁊ veſtꝼırðın gar. geck norðlenðīgū þyngra. v̇ ꝼ ſueıt þra Maꝛ̃. ſonr. Glūſ. kēr þ̃ at maðr eīn er Jngolꝼr h̓. ſon þvallðz. ꝼaðer h̃ bío arā gar vollū. Máꝛ̃ mlı. þv ert þreklıgr m̃ muntu v̉a ſterkr. veıt m̃ at ganga t̓ ꝼa ngſ. h ſ. þ mun ek g̃a ꝼ þıñ ſak̃. Sa ꝼell ı motı var. Gengr t̓ añaꝛ̃. ⁊ ēn þrıðı ⁊ ꝼor s̃ Nu hugnaðı norðlenðıngū. þa mlı Máꝛ̃ eꝼ þu þarꝼt mınſ ꝼormælıſſ. ſl ek þ̃ at lıðı v̉ða .e. huat ſl nu raða þīna. h .ſ. eckı h eꝼı ek raðıt ⁊ vıllða ek hellzt norðr vm ⁊ taka verknað. Maꝛ̃ .ſ. þ vıl ek at þu ꝼa r̃ m; m̃. ⁊ mun ek ꝼa þ̃ vıſt. Jngolꝼr attı ſ toðhroẛ goð. ⁊ kallaðı heſtīn ſnækoll. h ꝼ ór norðr aꝼ þīgı t̓ þűár. v̇ þ̃ v̄ ſtunð. Eīn ðag ſpurðı máꝛ̃ huat Jngolꝼr ætlaðı ꝼ ſer. her þyrꝼtı v̉kſtıora ⁊ v̉ı hagr noc kut. her er ſleðı eīn ẽ þu ſlt g̃a. ⁊ ertu bıarg hagr eꝼ þu kant þta. Jngolꝼr .ſ. t̓ þar vıſtar væra ek ꝼuſaztr. en þ hef̃ orðıt ſtunðū at meın hef̃ þott. at hroſſū mınū ı buꝼıar hogū. Maꝛ̃ .ſ. ec kı mun h̃ at ſlıku talıð. Jngolꝼr g̃ır nu at ſleðanū ⁊ kēr .G ⁊ lıtr a ſmıðıt. þta er vel g̃t. ſ.G.e. huat ẽ raða þīna. J.ſ. ek he ꝼı eckı raðıt. G.ſ. mık vantar v̉kſtıora .e. ertu nockut v̇ þ brugðīn. h .ſ. lítt ı ſlıkū ſtoðū en ꝼuſſ v̉a ek m; þ̃ at v̉a. G.ſ. huı ſl ė þat. Se ek at þıt Máꝛ̃ leggıt lag yck̃t ſaman. Nu kēr. M. heī. ⁊ .ſ.J. hm. h.ſ. gott þı kı m̃ eꝼ þta v̉ðr vel ⁊ ſegıa mun ek þ̃. ⁊ ſegıa mun ek þ̃ .íıj. ſīnum eꝼ ꝼoður mınū mıſlık̃ en eꝼ þa g̃ır þu ė at mun ek hætta. J. tekr nu t̓ v̄ ſyſlu ⁊ lıkar .G. vel. Eīn ðag ꝼ̃r .G. he`s´ ta þıngſ ⁊ v̉kſtıorı h̃. rıðr h merı en heſtr h̃ rēnr hía. ẽ þ̃ ſkētan goð. þar v̇ kalꝼr ꝼ̃ ſtoc ka hlauðu. h attı heſt klár eīn gālan. en h kō hűıū heſtı ꝼır̃. h mlı h̓ ſl ė þān h̃ ı motı leı ða ðyrkalkīn þra þűænga. G.ſ. þ ẽ vıālıgt heſtr ſa ⁊ klaꝛ þīn. h .ſ. þ̓ munu þ̃ ė vılıa at engı hugr mun ı v̉a. kān v̉a at ſānı ıt ꝼorn kueðna. at ꝼe ſe ðrotnı glıkt. G.ſ. þ mun þ̃ o kūnıgt mun ek ⁊ ė neíta ꝼ h̃ honð. en at m vn v̉a ė lengr en h vıll. kalꝼ .ſ. vañ ma þ vı ta at ꝼátt munı motı yðꝛ vılıa v̊ heſtar ꝼr ām leıððır ⁊ bıtuz vel ⁊ þottı ollū. ⁊ þottı ollū. heſtr .J. betr ganga. ⁊ vıllı .G þa ſkılıa. rıða heī. er .J. þar þau mıſſarı. ⁊ hugñ .G. vel v̇ h. Sākuama v̇ v̇ ðıupaðalſá. þar kēr .G. ⁊ .J. m; heſt ſīn. kalꝼr kēr þ̃ h v̇ vınr eſp hælınga. þar v̇ heſtr h̃. ⁊ byðr at nu ſlu þr t̓ þrauſ̓ leggıa heſta atıð. G.q.J. raða ſlu h lez oꝼuſſ v̉a en nentı ė vnðan at gan ga. Ero heſtar ꝼ̃m leıððır. keyr̃ kalꝼr h eſt ſīn. gengr heſtr .J. betr ı ollū lotū. þa keyr̃ kalꝼr ſtaꝼīn v̇ eyra heſtı .J. ſua at h ſuīrar ⁊ þeg̃ ept̃ réð h a .G. geck þa at ⁊ naız ıaꝼnaðr. ⁊ lykr ſua at heſtr kalꝼſ geck v́t. varð þa op mıkıt. ⁊ at ſkılnaðı lauſt kalꝼr .J. m; ſtaꝼnū. Stanða m̄n nu a mıllı. G. mlı. geꝼū engan gaum at ſlí ku. ſua lykr h̃ hűıu heſta þīgı. Mͬ mlı v̇ .J. Sva mun ꝼaðe mın t̓ ætla at þ̃ v̉ðı en gı ſuıvırðıng at þu hauggı **capıtulum**

14 Þorkell het m̄ ē bıo a hārı. þangat ꝼeʀ̄ Jngolꝼr. ꝫ hıtť .ð. bonða. ħ̊ var ꝼ̇ð kon a. ꝼaðer ħnar haꝼðı vel ꝼe. eckı ṽ ħ mık ılmēnı. þo geym̄ .J vel v̄ ſyſlu heıma en ſ mıðar ꝼæra en ṽ. Maʀ̄ ræððı v̄ v̇ ħ v̄ ſīn. Nv ꝼīn ek at ꝼauður mınū mıſlıkar ē þu gengr ꝼra ħı. J.ſ. vel en þó ðregr ť ſama munar. ᴍaʀ̄ talar ť oðru ſīnı. ꝫ ıð þrıðıa ſīn ꝫ ſtoðar þo eckı ꝥ var eıť quellð ē ħ kō ſıð heī ꝫ v̊ m̄n metť þa mł̄ı .G. Nu ſl̄m ṽ taka oſſ ꝼulltrua. ꝫ ſkētū oſſ mun ek kıoſa ꝼyſt. ꝫ ē̊o .ííj. mın̄ ꝼulltruar eīɴ ē ꝼeſíoðr mīn. an̄aʀ̄ ex mín ꝥ̇ðı ſtocka bur. þa kauſ ānaʀ̄ at auðꝫ. þa mł̄ı .G. hū̄n kyſ þu .J. ħ .ſ. ꝥk at hārı. ħ .G. ſpreıꞇ vpp ꝫ heꝼ̄ ſuerz h ıolltın ꝼ̇ ſér ꝫ geck at ħm. ꝫ mł̄ı. Maklıgan ꝼ vlltrua kauſtu ꝥ̄. Aller ſa at .G. ṽ reíðr. ħ gek̄ ́vt ꝫ .J. m; ħm. þa mł̄ı .G. v̇ .J. ꝼar þu nu ť ꝼullť̄a þínſ. ꝫ ſeg at þv haꝼ̄ vegıt hlauðukalꝼ. ħ. ſ. huı muna ek ꝥ̇ líuga a mık. Sva ſl̄tu g̃a ſem ek vıl ꝫ nu gengu þr baðer ſaman. ꝫ nu vı kr ħ .G. ꝫ ſa þar kalꝼ eīn. ꝫ hauɢr ı hoꝼuðıt. ꝫ ꝼær ħm ſuerðıt bloðugt. Gack nu ſuðr ıꝼ̄ ana ꝫ ſeg at þv vænť þar at eınſ trauſtz. ok ſyn ħm bloðugt ſv̄ðıt. at ıartegn̄ ſe. ſkyrar ħ g̃ır ſua. ꝼīnr ꝥk ꝫ ſagðı ħm tıðenðın. at ħ mıntız hauɢſ ꝥ ē kalꝼr lauſt ħ. ꝫ q̇ haꝼa ð repıt ħ. ꝫ leıta ek m̄ hegat ť trauſtz. ſē þu he ꝼ̄ mł̄t. ħ .ſ. þv ert g\l/opr mıkıll. ðrepıt goðan ðr eīg ðragz ́vt ſē ſkıotaz. ė vıl ek at þu ſer ðre pīn ı ħum mínū. ħ ꝼ̄r heī. ꝫ kēr a ꝼunð .G. ok ſpyʀ̄ ħ hū̄ſu gaꝼz nu ꝼulltruīn. J.ſ. ė gaꝼz vel. G.ſ. ʀeyn þu nu mīn ꝼullť̄a þa. ꝫ ꝼylgðı ħm ı ſtocka búr ́vt. vanð hæꝼr muntu v̄ða eꝼ ħ ē ðrepīn hlauðu kalꝼr. An̄an ðag ep ť er ſagt víg hlauðu kalꝼſ. ꝼ̄ ſtockahlau ðu. ꝫ nu .ſ.ꝥk. at ſa m̄ haꝼðı þar kōıt. ē ꝥ̇ v happı lyſtı a ſık. haꝼa aller ꝥ ꝼ̇ ſatt. Lıðr nu vetr ſa. G. ſenðır .J. norðr ť eınarſ konalſ .ſ. ꝫ ꝼeck ħm .ıx.c. uaðmala. ꝫ mł̄ı. þu heꝼ̄ ec kı kaup haꝼt m; m̄. ꝫ v̇ ꝼegætnı þína þa mattu þu koma ꝥ̄ ıgagn. en mal ꝥta ē ꝥ̄ er kent mun ek ānaz ꝫ mun þık eckı ſaka gallt ek ꝥ̄ ꝥ ꝼ̇ þralynðı þína ꝫ eꝼ þu kēr ́vt mattu mın vıtıa. J. mł̄ı. ꝥ bıð ek at þu laſ̄ ė gıpta konu ꝼ̄ m̄. ꝥ̇ venı ek ꝥ̄. hro\ſ/ſ ħ v̊ þar epť. eınaʀ̄ konalſ .ſ. kō .J. vtan. En þvallðr bıo mal epť kalꝼ ť hegra neſſ þıngſ ꝫ hor ꝼðı ť ꝥ at .J. munðı v̄ða ſekr. G. ṽ ꝫ þar ꝫ ꝼræðr .J. nockuꝛ̄. þr hıtta .G. ꝫ bıðıa ħ áſía. ꝫ q̄ðuz ť munðu leggıa. ꝫ bæta ꝼ̇ ħ. G.ſ. ek mun a ſıa ꝥta mal ꝼébotalauſt. þa ē ðōr ꝼor ́vt ꝫ ť varna ṽ boðıt. þa ſagðı .G. at onytt var malıt. haꝼı ꝥ̄ oðꝫ mānı a henðr buıt malı\t/ en vegıt heꝼır. en vıgínu vellð ek. Sıðan neꝼn̄ ħ vatta at onytt er malıt. en þoat .J. ðræpı hlauðukalꝼ. gaꝼ ek ħm enga ſauká ꝥ̇. Nu mun ek bıoða ſǽtt meıʀ̄ epť ꝥ̇ ſē maðr var v̄ðr en epť oꝼſa yðꝫ. eſphælınga. ꝼoru m̄n heī aꝼ þīgı. J. ṽ vtan þān vetr. ꝫ vnðı ꝥ̇ eıgı lengr. veʀ̄ ꝼe ſínu. ꝫ kauꝑ goða g̊pı. ꝫ tıollð þaꝛ ē goðer grıpır v̊. G. haꝼðı geꝼıt ħm ꝼellð goðan. þān ſkıptı ħ ıſkarlazkyrtıl ꝫ ꝥ ſum̄ er ħ ꝼór vtan. kō vt ſa m̄ ē þıoðolꝼr ħ́. Moðer ħ bıo a æſoſtoðū. ħ ꝼ̄r ť hamarſ ꝫ hıtť helgu Eīn ðag haꝼðı .G. rıðıt vpp ť hola. ꝫ er ħ reıð oꝼan tıl ſaurbæıar. kō þar ımotı ħm þıoðolꝼ\r/ þa ſagðı .G. v̄ quamur þınar ē m̄ eckı ť ham̄ſ ꝫ ætla ek m̄ at ānaz v̄ rað helgu. en eꝼ þu læ tr ė aꝼ mun ek bıoða ꝥ̄ holmgaungu. ħ .ſ. ꝫ q̇ eckı munðu keppa v̇ .G. ꝫ lætr aꝼ quamū.

15 Nv kēr vt .J. ꝫ ꝼ̄r ť ꝥúár. ꝫ tekr **capıtulm** G. v̇ ħm. ꝫ bauð m; ſér ſetu g̊ð. ꝥ þıgr ħ eīn ðag mł̄ı .J. Nu vıl ek .G. at þu ſıaır ıꝼ̄ var nīg mīn. ħ g̃ır ſua ꝫ ſynız ħm ́vel varıt v̄a þa mł̄ı .J. þu ꝼekt m̄ ꝼarareꝼní. Nu kalla ek þık eıga ꝥta ꝼe. þa .ſ.G. ꝥ eıtt ꝼe heꝼ̄ þu at ek ætla eckı mér ꝥ. her ero þo tıollð er ek heꝼı keypt ť hanða ꝥ̄. þau ſl̄tu þıgg ıa. ꝫ her ē eīn kyrtıll. G.ſ. þıggıa ſl̄ ek gıa ꝼar þínar. Eīn ðag ſpurðı .G. huart .J. vıllðı vera heıma með ħm. J.ſ. ꝥ er ı hugnū at ſkılıaz ė v̇ þık eꝼ ꝥ er koſtr. ſtoð hroſſ mın

vıl ek þ᷎ geꝼa. G.ſ. ek mun þıggıa hroſſın. en
nu ſſū v᷎ ꝼīna þk᷎ a hārı ıðag. ſua g᷎a þr. þk᷎.
ꝼagnar vel .G. þa mlı .G. þu heꝼ᷎ g᷎t ſakar vıð
.J. en nu mattu bæta. þ m; þeī hættı at gıp
ta hm .ð. þ'ı'na. e᷎ h maklıgr þ᷎ raðſ maklıgr
en ek mun ꝼe t᷎ leggıa m; hm. ⁊ ek heꝼı h
reynt at goðū ðreīg. en eꝼ þu g᷎ır e᷎ ſua m
vntu mıſſmíðı a ſıa. þu ıaſ᷎ h ⁊ ꝼær .J. þar ko
nu ⁊ g᷎ız bumaðr ⁊ nytr ðreıngr. **aꝼ uıga ſkvtv**

16 Glvmr gıptı þorlaugu ðott᷎ ſína vıga
ſkutu at myuatnı norðr. ⁊ ꝼ᷎ ſakar
þra ſunðrlynðıſ. þa lét h hana ꝼar
a heī tıl þuerar. ⁊ let hana eína. þ lıkaðı
.G. þungt. Sıðan bað hnar. Arnoꝛ kerlıng᷎
neꝼ ⁊ attı hana. ꝼ᷎ þeī ero kōner gauꝼgır
m᷎n. Sıðan var m; þeī .G. ⁊ ſkutu ꝼæð mí
kıl. Eıt ſumar kō eīn eınhleypīgr a ꝼunð
ſkutu ⁊ bað ſer v᷎toku. h ſpurðı huat h᷎
v᷎ a honðū. h lez v᷎a vıga maðr ⁊ eıga vv᷎t
ı ſínū h᷎uðū. Sk᷎.ſ. e᷎ veıt ek m᷎ vanða a v᷎
þık .e. hvat vılltu t᷎ vīna aſıa mīnar. h .ſ.
tıl hu᷎ſ mælır þu. ſk᷎.ſ. þu ſſt ꝼara ſenðıꝼaur
mína t᷎ vıga.G. ⁊ mæla þū orðū v᷎ h at þu þık
ız þurꝼtugr at h ſe ꝼorſtıornarmaðr þınſ raðſ
Ek get at nu berı ſua t᷎ v̄ ꝼunð yckarn at h
ſe ı þīgreıð. h e᷎ þraut goðr eꝼ m᷎n þurꝼa h. ok
ma v᷎a at h mælı at þu ꝼar᷎ t᷎ þuerár. ⁊ bıð᷎
h þar. þu ſſt .ſ. at meır᷎ ſe þ᷎ þraungt. ⁊ þuvıll
ðır hellðr mega tala v᷎ h eīn ſaman. ok með
þ᷎ kān v᷎a at h leggı nockur rað t᷎. þ ſſtu beı
ðaz at hıtta h ı mıðarðal. e᷎gengr vpp ꝼ᷎ benū
at þu᷎á. ⁊ ſel h ſtanða ı. lát þ᷎ þ᷎ lıka at ꝼīna
h. at aqueðnū ðegı. þu ıaſ᷎ h. ⁊ gengr nu a
llt þta. ep᷎t þ᷎ ſē ſkvta ſetr rað t᷎. þı ꝼlugu
maðr kēr nu aptr t᷎ ſkutu ⁊ ſagðı hm. h .ſ.
þa heꝼır þu vel leyſt þıtt erenðı. ⁊ v᷎ nu
m; m᷎. ɴu lıða ſtunðer. ⁊ e᷎ þ᷎ kēr tıma ſē .G. h
aꝼðı heıtıð ſenðımānı at þr munðı ꝼīnaz þa
byz ſk᷎ heıman m; .xxx. māna. h rıðr norðā
⁊ kēr veſtr ıꝼ᷎ vauðlaheıðı. ⁊ a hıalla þān
er heıt᷎ rauða hıallı. þar ſtıga þr aꝼ bakı.

þa mlı .Sk᷎. h᷎ munu þ᷎ eıga ðuol v̄ hrıð en ek
mun rıða ın m; hlıðīnı. vıta eꝼ nockut v᷎
ðı t᷎ ꝼengıar. h ſer er h ſækır ı ðalīn at m᷎
reıð vpp ꝼ᷎ þu᷎á mıkıll ⁊ ı kapu grænı. ⁊ ken
n at þar ríðr .G. þa ſteíg h aꝼ heſtınū h haꝼ
ðı veſl ıꝼ᷎ ſér tuıſkıpt ſuart ⁊ huítt. h let h
eſtīn ı rıoðrıt. ⁊ gengr ſıðan t᷎ ſelſınſ. ⁊ v᷎ .G.
þa komīn ı ſelıt. Sk᷎. haꝼðı ſuerð ı h'e'nðı þ
e᷎ ꝼluga h᷎. ⁊ hıalm a hoꝼðı. gengr at ſelſ ðyr
vnū ⁊ lauſt a veggīn. ⁊ vıkr ſıðan hıa ſe
línu. G. gengr v́t ſua at h haꝼðı eckı ı hen
ðı. Sér engan mān. Snyr hıa ſelınu. kōz þa
Sk᷎. ı mıllı h ⁊ ſelſðyrāna. þa kēn᷎ .G. mānīn.
ok hopar vnðan. en árglıuꝼrın v᷎ nær᷎ ſel
ínu. Sk᷎. bıðr h bıða. h telr þ ıaꝼnlıgt eꝼ þr v᷎ı
ıābun᷎ v᷎. G. hopar at glıuꝼrunū. en ſkuta
ſæk᷎ ep᷎t. G. ſteypız oꝼan ꝼ᷎ glıuꝼrın. En ſk᷎.
leıtar þar oꝼan e᷎ ganga máttı. ⁊ ſer ı glıuꝼ
runū huar kapuna rak ⁊ hleypr t᷎ ⁊ leggr
þeg᷎ t᷎. þa heyr᷎ h mal ıꝼ᷎ ſık. lıtıl ꝼrēð at ſp
ılla klæðū māna. Sk᷎. ſer vpp ⁊ kēn᷎ þ᷎ .G. h
haꝼðı raun᷎ vıtað at þ᷎ v᷎ vnðer to eín e᷎ h
ꝼór oꝼan. þa mlı .Sk᷎. a þ attu at mīnaz .G.
at nu heꝼ᷎ þu rūnıt. ⁊ beıðt e᷎ Sk᷎. G. ſ. ſatt
e᷎ þ. en vılıa munða ek þ at þu ryn᷎ır e᷎ ſkēra
aðr ſol ſettız ı quellð. þa .q.G. þta. Halꝼſ ey
rıſ met ek hu᷎n hrıſrūn ꝼ᷎ a ſūnan. vel ha
ꝼa vıðır ſkog᷎ vargı opt v̄ borgıt. þ᷎ ſkılr m;
þeī þ᷎ ſīnı. ꝼ᷎r .G. heī ⁊ ſānar ſer lıðı. ⁊ ſeg᷎ hv᷎t
veılreðı ꝼ᷎ h v᷎ ſett. lez ⁊ vılıa at bratt gyllð
ız. h ꝼær a ſkārı ſtunðu lx. m᷎. rıða vpp ı ða
līn. Sk᷎. geck t᷎ heſtz ſınſ þa e᷎ þr .G. ſkılðu. ok
reıð m; hlıðīnı. ⁊ ſer nu mānareıðına ⁊ veít
at þ ma hm e᷎ enðaz at ꝼīna þá. leıt᷎ ſer raðſ
brytr ſpıotıð aꝼ ſkaptı ⁊ heꝼ᷎ ꝼ᷎ ſtaꝼ. tekr aꝼ
ſoðulīn ⁊ rıðr berbakt. Snyr veſlınu. rıðr at
ſauðū ⁊ æꝼ᷎ hátt þr koma ep᷎t ⁊ ſpyrıa eꝼ h ſæı
nockurn mān rıða v̄ leıtıð ꝼ᷎m m; vapnū ſk
orulıgan. h q᷎ ſééð haꝼa. þr ſpurðu. huat heıt᷎
þu. h .ſ. ek heıtı margr ı myvaz hu᷎ꝼı. en ꝼár᷎
ı ꝼıſkılækıar hu᷎ꝼı. þr .ſ. Skætīgu ⁊ ſpottı vılltv

ſuara oſſ. ħ lez ė ſānara kūna at ſegıa. ok
ſkılr m; þeī ꝫ þeǥ̃ þr v̊ ſkılðır tok ħ vápn ſın
ꝫ ſoðulreıðı. reıð huatlıga ť māna ſīna. þr ꝼī
na .G. ꝫ ſogðu at þr ꝼunðu mān. er þeī ſuaraðı
ſpottı eínu ꝫ ſogðu huat ẽ ħ neꝼnðız. Nv he
ꝼ̃ orðıt ráð ꝼátt. ſ.G. þar haꝼı ꝥ̃ ſkutu ꝼunðıt.
eða huat mattı ħ ſānara ſegıa. þt ı myuaz
hu᷎ꝼı ẽ margr hellıſſ ſkutı. en ı eyıaꝼırðı ıꝼıſkı
lækıarhu᷎ꝼı. hıtť engı ſkuta. ꝫ heꝼ̃ nu næꝛ̇ h
aꝼt m; oſſ. ꝫ epť ſl̄m v̊ eñ rıða. kōa at hıalla
nū ꝫ ero þr þar ꝼ̇. en ꝥ́ ẽ eínſtıgı at. ꝫ er þar
betra at verıa m; .xxx. māna. en ſækıa at
m; .lx. þa mł̄ı Sk̄ koſtgæꝼt heꝼ̃ þu nu mıog
at ſækıa epť m̄̃. ᴍa nu v̊a at þu þıkız ꝥ eı
ga ı at heꝼnaz ꝼ̇ vnðanhallðıt. ꝫ gott aræðı
bartu ť at hlaupa ı gılıt. eckı v̊tu þa oꝼot
huatr. G.ſ. ſatt var ꝥ. kūnır þu ꝫ hræððr
at v̊ða. þa ẽ þu lez v̊a ſauðrekı þra eyꝼırðī
ga. ꝫ leynðır v́apnū þınū en þu brauzt ſū.
ætla ek at ė ryñır þu ſkērı leıð en ek. hu᷎ſ
v ſē ħ̊ ť heꝼ̃ ꝼarıt. þa ſæk nu m; halꝼu ꝼle
ıra lıð. G.ſ. Ek ætla at nu munī v̇ ſkılıa at
ſīnı v̊ðr nu vırt ſē ma ı huarn ſtað. **aꝼ borñ**

17 **S**kvta rıðr nu norðr en .G. heī **vıga Glumſ**
ť þu᷎ár. þa er þoꝛ̃ anðaðız ǥ̃ðı þorarē
bu ꝼ̇ norðan eſpıhol ꝫ bıo þar. G. gat
born v̇ konu ſīnı. ħ̇ ᴍaꝛ̇ .ſ.ñ ſē v̊ getıð. anñ
vıgꝼ̃. v̊ baðer eꝼnılıǥ̃ ꝫ allolıkır. ᴍaꝛ̇ var
hlıoðr ꝫ ſpakr en vígꝼ̃ hauaða maðr mık
ıll. vıaꝼnaðar maðr rāmr at aꝼlı ꝫ ꝼull
hugı. Sa maðr var m; .G. er hallvarðr het
lauſíngı ñ. ꝫ ꝼoſť vıgꝼ̃. ħ rakaðı ꝼe ſamā.
reꝼıuſār ı ꝼıarreıðū. ħ hanðſalaðı vıgꝼv
ſı ꝼe ſıtt. eckı v̊ ħ orð ſæll. ħ ǥ̃ðı bu a bæ þeī
er at tıorn heıť. vppı ı eyıaꝼıarðarðal ok
batnuðu eckı vınſælðer ñ vıð ꝥ. ꝫ var ſua
mıog henðı ſār ı aꝼrettū. en vıgꝼ̃ v̊ ꝼár
m̄̃ mıkıll. Sa m̄̃ bıo a ıorūnar ſtoðū ẽ hal
lı hét ꝫ v̊ kallaðr hallı eñ huıtı. ħ var þb
ıarnar .ſ. Moðer ñ hét vıgðıſ. ħ̊ v̊ .ð. auðv
nar rotınſ. ħ haꝼðı ꝼoſtrað. eıñ eyıolꝼſ .ſ.
ẽ þa v̊ komīn bygðv̄ ı ſaurbæ. hallı var
ſıonlauſſ. ħ v̊ v̇ oll ſaťmal rıðīn ı ħ̊aðı
þt ħ v̊ bæðı vıtr ꝫ reťðæmr. ñ.ſſ. v̊ þr ormr
ꝫ bruſı ſkallð ꝫ bıuggu þr ı torꝼuꝼellı en
bárðr bıo a ſkallð ſtoðū. ħ var hauaða
maðr ꝫ vıaꝼnaðar maðr mıkıll. ꝫ vıgr h
v̊ıū mānı betr. aurmalugr. ꝫ akaſtaſār
ħ áttı vnu oððkelſ .ð. or þıorſár ðal. hauſt
eítt hurꝼu halla enū huıta. or aꝼrett .x.e.
.xíj. gellðīgar. ꝫ ꝼunðuz ė. Ok ẽ þr barðr
ꝼeðgar ꝼunðuz. ſpurðı hallı. huat·ħ ætl
aðı aꝼ gellðīgū ñ orðıt. barðr .ſ. Eckı vnðr
vmz ek þo at ſuðer hu᷎ꝼı. ẽ þıoꝼar ſıtıa
ı næſta ħ̊ı. ſıðan ẽ halluarðr kō hīgat ı ſ
veıt. hallı .ſ. ꝥ vıl ek at þu buır mal ť a
henðr ħm. ꝫ ſteꝼñ ħm v̄ ſtulð ꝫ get ek at
.G. b̊ı ė aꝼ ħm tolꝼťkuıðīn. eꝼ ek læt bua
þıoꝼſauk a henðr henðr ħm. B.ſ. torſoť
mun at ſækıa tolꝼťq̇ðīn at þeī ꝼeðgv̄.

18 **N**v byr barðr mal ť ꝫ ẽ vıgꝼ̃ **capıtuł̄m**
veıt ꝥ. ſeǥ̃ ħ ꝼauður ſınū at ė mū
ħm hugna at m̄n bua þıoꝼſauk a hōð
ꝼoſtra ñ. G.ſ. Veızťu at ħ er otruꝛ̇. ok
mun ovínſællt v̊ðamalıt at b̊a aꝼ ħm
q̇ðīn. vıgꝼ̃.ſ. v̄ ſtæꝛ̇a vıllða ek at þa verı
at mæla. G.ſ. beť þıkı m̄̃ at gıallða ꝼ̇ ħ. ꝫ
ꝼarı ħ hīgat. ꝫ bregðı buı. hellðr en leggıa
ꝼ̇ ſlıkan mān vırðıng mína. Nu koma
m̄n ť þīgſ. ꝫ malıt ı ðō. ꝫ á .G. at b̊a tolꝼtar
q̇ð. þa varð vıgꝼ̃ v̊ v̇. at ħ ætlaðı a at b̊a
q̇ðīn. ꝫ geck at ðómınū. ꝫ q̃ vılıa munðu
eꝼ ꝼoſtrı ñ yrðı ſekr. at Glumı þættı ꝥ al
keypt. ꝫ varð ſua at .G. onyttı malıt. ꝫ
b̊r aꝼ ħm q̇ðīn ꝫ ꝼeck aꝼ vuırðıng. En
er þaðan leıð vetr .e. tueır. þa huaꝼ hal
la tungaulltr ſua ꝼeıtr at trautt mattı
rıſa. þa kō barðr v̄ ðag ꝫ ſpurðı eꝼ gall
tı v̊ı ðrepīn. hallı ſagðı horꝼīn v̊a. B. ħ m
vn ꝼarīn at leıta ſauða þra ẽ ſtolıt var
et ꝼyꝛ̇a hauſt. ħ .ſ. ꝥ get ek at eına leıð
haꝼı ꝼarıt. Muntu ſteꝼna vılıa hallv̊ðı.

barðr .ſ. ſua ſſ v̄a. þt nu mun .G. ė aꝼ ħm ƀa ꝗ ðīn. þt vıgꝼ̄ ollı þa ē aꝼ v̄ borīn. en nu ē ħ ė ħ̄ a lðı. B. tekr malıt ꝫ ꝼ̄r ı ſteꝼnuꝼór. ꝫ ē ħ ꝼīr halluarð heꝼ̄ ħ ſkıot malalok hoɢr aꝼ ħm ho ꝼuð. ſagðı ſıðan ꝼoður ſınū. ħ lét ılla ıꝼ̄. ꝫ ꝼ̄r þeg̃ a ꝼunð .G ꝫ ſagðı ħm atburðīn. ꝫ byðr ħm eınðæmı. G. þıɢr þ. g̃ır lıtıð ꝼe. en lét gıall ða ꝼ̄ gaulltīn ꝫ ſauðına. ꝫ mlız þ vel ꝼ̄. en er vıgꝼ̄ kō ǘt. v̄ð ħ ılla v̄ ðrap halluarz. G.ſ. ė ſſ hlyða at bregða þı ſǽtt ē nu ē g̃. Nu attuz þr eckı v̄ þo at þr ꝼynðız B. ꝫ vıgꝼ̄. Aǹat ſumar v̄ ſtoꝼnat heſta þīg. þ ē ollū heſtū ſſ etıa. þeī ē tıl v̄. ı ħaðınu ꝫ ſkıllðu þr ı mót or enū eꝼra h repp ꝫ enū neðra. ꝫ ſkyllðu ſīn mān huarer t taka. ꝫ ꝗða at huaꝛ̄ betr heꝼðı. ꝫ ſſu þra atqueðı ſtanða ē t v̄ koſñ. Oꝼan ór hrepp v̄ barðr t koſıñ. En ór neðra hrepp vıgꝼ̄.G.ſ. v̄ þ̄ ꝼıolðı heſta ꝫ goð ſkētan. ꝫ mıog ıāuí gı. ꝫ v̄ morg heſtauíg ſen v̄ ðagīn. En ſua l auk at ıāmarg̃ hoꝼðu vel bıtız. ꝫ ıāmarg̃ rūnıt. ꝫ vrðu þr a þ ſatt̄ at ıāuígı v̄ı. En þa le`z´ vıgꝼ̄ eıga heſt ē ė var átt ꝫ er ſa beztr þra ē ħ̄ haꝼa ı ðag kōıt. leıðı þ̄ þ̄ ímot nockurn. B.ſ. V ánðr lız oſſ ſía munum v̄ engan þar mot lata. ꝫ kollū þo ıāuígı. Vıgꝼ̄.ſ. Skort̄ yðr þa ꝫ mūtu ė þ vılıa at mlt ſe at þ̄ haꝼıt ė v̄. vel heꝼ̄ þu eı nurð halldıt ħ̄ t. en nu ſkyíar a helldr. ꝫ ꝼınz nu þ a at þu munt optaꝶ haꝼa ſtaðıt næꝶ b vr hıllū. ꝫ raðıt v̄ maſ gıorð með moður þīní en gengıt at heſtauıgū. ꝫ ē þānueg lıtt ſkeɢ þıt ė ſıðr vıgꝼ̄ hlo at ꝫ marg̃ aðrer. kēr huſ karl halla heī ꝫ ſpurðı ħ at heſtaþīgınu. ħ̄ ƙlīn .ſ. Jāvıgı þottı þeī. hallı ſpurðı. vrðu þr aſatt̄ barðr ꝫ vıgꝼ̄. ħ .ſ. víſt vel. þo mlı .B. orð eıtt v̄ vıgꝼ̄. ħ ſpurðı hv̄t v̄ þ. ħ .ſ. hallı mlı. þ ē ıllz eꝼnı. ħ̄k.ſ. hlo vıgꝼ̄ at hallı. ſ. þ ē vanı þra ꝼeðga at hlæıa þa ē vıghugr er a þeī. ꝼīnaz þr ꝼeðgar hallı ꝫ bárðr ok ſpyꝶ hallı h̄ ħm yrðı þ ꝼ̄ at mæla ſua ꝼ̄lıgt ꝫ vgg̃ mık at ðragı t mıkıllar vgıptu. Mv̄ þ eıtt rað at þu ꝼaꝛ̄ vtan. ꝫ ſæꝶ̄ þ̄ ħa v̄ ꝫ v̄ vtan .ííj. vetr. ella muntu ꝼeígr. B.ſ. eckı lag v̄ı at eꝼ þu v̄ır ė ragr. Slıkt g̃ır ellın at hræ ðız v̄ ſonu þína. hallı .ſ. þottu ſer hetıa mık ıl. mun þ̄ torſótt at hallda þık ı ħaðınu. ħg̃ır epꞇ̄ raðū ꝼoður ſınſ ꝫ ꝼeꝶ vtan. Sıðan kau per hallı at eınū eīhleypīgı. at ꝼara ı ſkaga ꝼıorð. eða veſtr þaðan. ꝫ ſegıa at .B. ꝼærı aꝼ þ̄ vtan ꝫ treyſtız ė auðru ꝼ̄ þeī ꝼeðgū en ꝼ̄a ǘtan ꝼ̄ eıtt orð. ꝫ engı þoꝛ̄ þeī ı mót at g̃a ı ħaðınu. ħ g̃ðı ſē hallı bað. þta bragð v̄ t þ̄ g̃t at ꝼrænðr .B. ſætı ı ꝼ̄ðı ꝼ̄ ħ ſakar. B. var eīn vetr vtan. ꝫ kō þa vt t buſſ ſínſ. **ꝼall bar**

19 Hallı haꝼðı v̄ðueıtt bu barð. **ðar huıta** meðan ħ v̄ vtan. ꝫ haꝼðı latıð hog gua ı ſkogı tībr ı mıðárðal ē barðr áttı. ħ haꝼðı ꝫ vt mıkla vıðu. ħ v̄ ſtunðū at buı ſínu. ſtunðū með ꝼeðr ſınū. B.ſ. at ħ vıll ſækı tībr ſıtt. hallı .ſ. þ vıllða ek at þu ꝼæꝛ̄ ė ſıalꝼr. ꝫ mun þeī ė gott at trua ꝼeðgū. B.ſ. at m̄n munðu eckı v̄ða varır v̄ ꝼ̄ þra. ħ ꝼór ꝫ ħkarl m; ħm. at ſækıa tīb rıð. ꝫ hoꝼðu ꝼıolða hroſſa. en vna kona ħ h aꝼðı ꝼrıt ı vıðıneſ t oððkautlu ſyſtur ſīn ar. ꝫ kō barðr þ̄. ꝫ bauð hlēní ħm at ꝼa māɴ ānan ı ſkogīn. en ħ bıðı þ̄. þóttı þ meırı v̄ vð. ħ q̄ð þ ė þurꝼa. þær ſyſtr leıða ħ or g̃ðı. En er þær hurꝼu aptr. leít vna aptr vm auxl epꞇ̄ ħm ꝫ ꝼell ı ovıt. en ē ħ̄ vıtkaðez ſpurðı ſyſtır hēnar. huat ħ̄ haꝼðı ſéet. Ek ſa ðauða m̄n ganga a mot ħm barðı. ꝫ mū ħ ꝼeıgr v̄a. ꝫ munu v̄ ė ſıaz ſıðan. Nu ꝼ̄a þr B. ꝫ leɢr þoku ıꝼ̄ ē þr kōa ı ſkogīn. ꝫ bınða þr ðraugur ꝫ hepta hroſſ. v̄ morgunīn ſnēma v̄ ſmalam̄ a ꝼotū at þuera. þ v̄ opt at v ıgꝼ̄ hıttı ſmalamān. ꝫ ſpurðı tıðenða. ꝫ ſva var þna morgın. ꝫ mlı. vnðarlıgt ē þ at þu ꝼīnr ıaꝼnan ꝼe ı ſlıku myrkrı allðrı munða ek ꝼe ꝼīna ı ſlıkū myrkva ħ .ſ. lıtıð v̄ð m̄ ꝼ̄ at hıtta ꝼeıt. ᴍeıra varð þeī ꝼ̄ at ꝼīna hroſſın ı morgın ē ek ſá ı ſkogınū. ꝫ ſtoðu næꝶ hıa þeī ſıalꝼum ꝫ letu þr þo vent ıꝼ̃ ſer. ꝫ v̂ añaꝛ̄ ı grænū kyrtlı ꝫ haꝼðı ſkıolld a hlıð. V.ſ. eꝼ h̄ kendı mānīn h̄ q̄ ætla at bar v̄ı. þt h̄ a ſkogīn ē þr v̂ ı. V. mlı. ſæk þu heſta mına .ííj. Auſt m̄n v̂ þ̇ .íj. a vıſt þa bað .v. rıða m; ſér ꝫ q̄ munðu rıða t̄ laug̃ h̄ ſteꝼ̄n ſuðr or g̃ðı v̄ laugarðal. þa mltu auſt m̄n. hv̂t vılltu nu rıða. h̄ .ſ. rıða at erenðum mınū ꝼyſt. ꝫ reıð ſynu ꝼyꝛ̄ en þr ꝫ ꝼoru ꝼ̇ oꝼan béı ſuðr þar t̄ ē þr ſa .B. ꝼara ór ſkogınū m; ðragna hroſſın. h̄kl .B. ſa epť reıðına. ꝫ mlı. hart rıða þır epť. ſ. h̄. hv̄ tıðendı ero þ. ſ.B. h̄ .ſ. þ̇ ē .v. ok vıllða ek at v̇ rıðım vnðan. ꝫ ē nu ſuıuırðīg̃ lauſt meðan v̇ vıtū ė huat þr vılıa. B.ſ. ė mū V. raða a mık v̇ þrıðıa mān eꝼ þu ēt ė m; m̄. h̄ .ſ. ꝼvſarı ē ek at ꝼara m; heſtana. en þu rıðır ı vıðıneſ. ē þ ė amælıſſ v̄t. ē þu rıðr þangat ē þu átt erenðı. enða veıztu ė víſt þra erenðı. ē epť rıða. En hlēnı mlı at þu ſkylldır ė trua þeī. .B.ſ. þu ſlt rıða ꝼ̇. ꝫ g̃a m̄n vara v̇. eꝼ ꝼaur mī v̄ðr ſeīnı en lıkendı ſe a þt eckı mun ſkıot v̄ ſkıpta m; okr .v eꝼ v̇ ſlm .íj. aſíaz. en h̄ ē bet ðre íngr en h̄ muní m; .ííj. mān at m̄ ganga. En eꝼ v̇ erū .íj. en þr .ííj. þa munu þr nıota lıðſmu nar. Nv g̃ðı h̄ ſē .B. mlı. En .B. leyſtı ſkıolld ſīn. ꝫ bıoz v̇ ſē h̄m þottı venſt. ok ē þr ꝼunðuz þa ſpyꝛ̄ .B. hv̄t erenðı þra v̄ı. V. ſagðı at þr myn ė baðer aꝼ þeī ꝼunðı ꝼara líꝼſ. en .B. q̄ buıN buīn þ̇ eꝼ þr eꝼ þr ſkylldu .íj. v̇ leıkaz. en þ ē engı vaſcleıkr. at .ííj. gangı at eınū. þa mltu auſtm̄n at þr munðu heıma haꝼa ſetıð eꝼ þr vıſſı erenðıt. en letuz þo eckı lıð veıta mega eꝼ m̄n kemı t̄ ꝼulltīgſ v̇ .B. ē ꝼauru nautr ħ hleyptı ı brott. V. bað þa ſıa ꝼyſt h v̄ſu ꝼærı. Sıðan borðuz þr langa hrıð ꝫ varð huargı ſaꝛ̄. En .v. horꝼðı þ̇ ívēna at h̄ v̄ð at hopa ıhv̄ıu ſıñı. áðr h̄ næðı hoG ꝼærı. B haꝼðı ſv̄ð ꝫ varðı ſık ageta vel ꝫ v̄ð eckı ſaꝛ̄ auſtm̄m ſynız vꝼarnaðr mıkıll eꝼ .v. ē at ıorðu lagðr. en þr ſtanðı hía. en m̄N komı t̄ ꝼulltīgſ v̇ .B. þa hlaupa þr at .B. ꝫ ðrepa h̄. ꝫ var h̄ erenðr ē þr hlēnı en þr .v.

rıðu heī. ꝫ let .G. ılla ıꝼ̃ verkınu. ꝫ queðr mık īn vanða haꝼa aukız ı h̄aðınu. hallı ꝼ̃r a ꝼūð ꝼoſtra ſínſ. eıñſ ı ſaurbæ. ꝫ bıðr h̄ taka v̇ ma lınu h̄ lez þ̇ ſkyllðr at mæla epť ꝼrænða ſ īn. ꝫ ꝼoſt broður ſīn. ʀıða ſıðan a ꝼvnð þoraſ̄ſ ꝫ bıðıa h̄ lıð veızlu. þoraſ̄.ſ. at h̄ veít ė vañ þ̇ manz at h̄ vılı hellðr v̇ eıga. ꝫ bunðu ſıtt vī ꝼengı m; ſærū þta mal ꝫ hv̄t ānat. ꝼoru m al t̄ þīgſ. ꝫ v̇ leıtað v̄ ſæť. en þ̇ v̇ ſua þungt ꝼ̇. at engı v̂ vol a þ̇. þt í motı v̂ loguıtrır m̄n ꝫ hvgðıarꝼ̇. mauðrvellíngar ꝫ eſphælıngar lauk þu malı ſua at auſt m̄n vrðu ſeǩ. ꝫ v̇ geꝼıt ꝼe t̄ ꝼarnīg̃ .V. ꝫ ſkyllðı .ííj. ſumur leí ta v̇ vtanꝼor. ꝫ haꝼa .ííj. heımılı. a hv̄ıum mıſſarū. ꝫ v̇ h̄ þa ꝼıor baugſ maðr. en h̄ m attı ė heıma v̄a ꝼ̇ helgı ſtaðarınſ. ꝫ v̇ h̄ at vpp ſaulū laungū ꝫ ætluðu at h̄ munðı v̄a ı oðꝛ ꝼıorðungū lðzínſ. ꝫ vıllðı h̄ ė vtan ꝼara. a þuí melı. varð h̄ þa alſekr. ꝫ hellt .G. h̄ a laun. En þ̇ ſkylldu ė ſeǩ m̄n þar v̄a at ꝼreyr leyꝼðı ė. ē hoꝼ þ átti ē þ̇ v̇. ꝼor þ̇ ꝼ̃m .vı. vetr. **aꝼ þm ꝼoſtbræðrum**

20 Nv er þ̇ t̄ malſ at taka ē þr vaxa vpp ꝼoſtbræðr arng̃mr ꝫ Steīolꝼr. En þa er þg̃mr anðaðız í moðruꝼellı. ꝼór arng̃mr t̄ buſſ ſínſ. ꝫ ſteīolꝼr m; h̄m. ꝫ v̇ þa ſua aſtuðıgt m; þeī ſē þa ē baz\`t´ haꝼðı v̄ıt. Arng̃. q̄ngaðız. ꝫ áttı þðıſı bıarñ .ð. ſyſtur arnorſ kerlīgar neꝼſ. Steīolꝼr var ı kaupꝼaurū. en v̇ m; arñ. ē h̄ v̇ vt her. þ v̇ eıtt ſumar ē h̄ kō vt ı eyıaꝼırðı at arñ. bauð h̄m ė t̄ ſín ꝫ mlı eckı v̇ h̄. þótt þr ſæız. ꝫ ꝼān þ t̄ ſaka at h̄ heꝼðı ꝼleıra talat v̇ þðıſı ko nu ħ en ſkaplıgt v̄ı. En þ ē ꝼleſtra māna ſogn at lıtıð v̄ı t̄ haꝼt .e. eckı. þa bauð .G. h̄ t̄ ſín. ꝫ v̇ ſua þa nockur mıſſarı at h̄ v̇ með h̄m at h̄ v̇ vt h̄ ꝫ v̇ aſtuðıgt ı ꝼrænðſemı þra. Steīolꝼr var atg̃uı maðr mıkıll. Eıtt ſumar bauð .G. h̄m ė t̄ ſín. ꝫ q̄ vılıa at h̄ v̄ı at vppſaulū m; ꝼeðr ſınū. en þ̇ byð ek þ̇ eıg̃ at m̄ þıkıa ė goðar h̄gaungur. En eꝼ þu ēt m; ꝼeðr þínū. þa muntu hīgat ganga tıl

þu͛ár ꝫ v͛ð ek þa ꝼegīn ē v͛ ꝼīnūz. Nu ꝼ͛ ꝥ ꝼ͛m̄
nockura vetr. at ʹvıgꝼ͛ˋ v͛ at vppſaulū m; arnorı
rauðkīn. þa ē ħ v͛ ıſekt. enða var Steīolꝼr ꝥ.
Eıtt hauſt gıptı .ð. ſína buanðı ı auxnaꝼellı. ꝫ
bauð ͭ ollū buenðū þeī ē meſt hattar voruí
eyıaꝼırðı. Steīolꝼı v͛ ꝫ boðıt. ħ kō ͭ þu͛ár ok
vıllðı ꝼara m; .G. ħ lez ė munðu ꝼara. Steīol͛.
ml͛ı. ꝥ þıkı m̄ at ē þu eſt lauſmáll. G.ſ. Mīna
meın mun at lauſmælgı mīnı en at vvar
leık þınū. ꝫ kē ek ꝥ ė. Mıkıt rað. ſ.G. eınum
buanða at kalla ͭ ſın ſua marga ſtor eꝼlıſ
m̄n ꝫ ꝼylgı ꝥ engı ſlægð. ē m̄ a grunr. huat
vnðer byr ꝥu boðı. ė tekr buanðı ꝥta aꝼ ſı
alꝼv̄ ſer. ꝫ betr þıkı m̄ at mın̄ vın̄ ꝼarı ė
ꝼór Sſ͛. ͭ boðſınſ. ꝫ ꝥr ē boðıt v͛ vtan .G. þeī v͛
tıðrǽtt. Eínarı eyıolꝼſ .ſ. ꝫ þvallðı ꝫ ſteīg͛mı
þān ðag ē m̄n ſkylldu a brott rıða. þatal
aðı eınaꝶ langt erenðı v̄ ħaðſſtıorn ꝫ q͛ð
hæꝼa ıānan at ꝼıolmēnı kæmı ſaman.
at nockut v͛ı ꝥ ml͛t ē þa v͛ı meſt nauðſyn
ͭ ꝫ þa v͛ı betr en. En heꝼ͛ lengı vꝼ͛ðr a legıt
m; oꝼrkapſm̄m. En mín orð koma ꝥ ͭ ē ꝥr
ꝼrænðr ero. Arng͛mr ꝫ Sſ͛. ꝼæð heꝼ͛ verıta
m; þeī. En v͛ hyggıū at lygı haꝼı verıt ꝫ o
vına mal. Nu vıll Arng͛mr bıoða Sſ͛. ͭ ſín ok
g͛a ꝼaur ħ ſemılıga. eꝼ ħ vıll þıggıa. ꝫ legıˋtʹ
nıðr ovıngan. Sſ͛. q͛ ꝥ vılıa gıarna. lez enga
ſok vıta ſer a henðr. q͛ arng͛mı meſt m͛ v̄na.
Sıðan ꝼór hu͛r ͭ ſínſ heímılıſ. en ſteīolꝼr ꝼor
m; arng͛. ꝫ v͛ ħ ꝥ nockurar nætr v͛ mıkla ſēð.

21 Eīn ðag ſpurðı Arng͛. Sſ͛. **ꝼall ſteınolꝼſ** eꝼ ħ vıllðı ꝼara m; ħm a grunð oꝼan
ͭ ſkytnīgſ ꝫ v͛a þar nætr .íj.e.íıíj. ħ.
.ſ. ek mun. Ek mun heıma v͛a meðan en
ꝼara ı ānat ſīn er þuēt heíma. Arng͛. lez
vılıa at ħ bıðı ħ heıma eꝼ ħ vıll ė m; ħm
ꝼara. Nv ꝼor Arng͛. a grvnð. en ſteī. v͛ epͭ
ı mauðru ꝼellı vm nott. En v̄ morgınīn
ſat .Sſ͛. v͛ ellð. ꝫ haꝼðı ſmıð nockura ꝼ͛
henðı. var ꝥ buðk nockuꝶ ē ħpreyıa áttı
J ꝥ munð. kō arng͛. heī ꝫ þvallðr krokr m;
ħm ꝫ ē ꝥr komu ı ellðaħıt. laut ſſ͛. nıðr þa
hauɢr .A. ͭ ħ ıhoꝼuðıt. ſua at ħ ꝼeck ba
na þegar. þa geck ħꝼ͛ın hıa ħm ꝫ ml͛ı. ho
g͛ þu māna armaztr. ꝥta ēo ráð ꝥ vıtra
rı māna. en ꝼ͛ ꝥum ðegı ſl͛ ek allðrı þín ko
na v͛a. ꝼ͛ ħ͛ nu ͭ Arnorſ ꝶlıng͛ neꝼſ. ꝫ kō all
ðrı ı ſama ſæng Arng͛. ꝫ ml͛ı áðr ħ͛ reıð a ƀtt
ꝥ mun ͭ bota at þu munt. Arng͛mr ꝼa lıꝼ
ðaga eıga. ꝥt ꝥr munu v͛rı ē ſıðaꝶ koma
ıꝼ͛ þık. ꝫ attı hana ſıðan Aſg͛mr ellıðag͛mˋsʹ
.ſ. ꝥr arng͛. rıðu ͭ eſpıholſ ꝫ ſogðu þorar
nı ꝥı tıðenðı. ꝫ baðu ħ a ſía. ꝫ letuz hu͛
kı tıl haꝼa vıtz munı ne vınſælð at ſítıa
ꝼ͛ .G. En þorarīn v͛ bæðı vıtr ꝫ vınſæll. ħ.ſ.
q͛ u͛kıt lıtaz ıllt. ꝫ lez vgga at ıllt munðı
aꝼ ſtunða. þvallðr let eckı tıoa at ſakaz v̄
v͛kıt. ꝫ lez hyggıa at bratt munðı ħ eıga v̄
meírı vanðræðı at ꝼǽta. eꝼ ħ veıttı þeī en
ga aſía. letu v͛a mega at ꝼengız ꝼulltīgſ
m̄n eꝼ ħ legðı ſín orð ͭ. þorarīn .ſ. ꝥ ē mítt
ráð at þıð ꝼlytıð hīgat buın beðı aꝼ grunð
ꝫ moðruꝼellı ꝫ ſoꝼnū at oſſ m̄m ſē tıðaz ꝫ
komū ſaman buū varū áðr .G. v͛ðı vaꝶ
v͛. ꝥr g͛a ſua. áðr .G. ſpyrı ꝥtta. ꝫ ē ħ ꝼregn͛
ſaꝼnar ħ lıðı. ꝼara at þeī þegar. En engı
vrðu ꝼaung a ꝥ at eſphælıngar vrðu
ꝼıolmēnrı ꝫ ſatu v̄ vetn͛ v̄ kyrt. En .G.
varð allðrı a þeī vet͛. ħ var ſua vaꝶ vm
ſık at ħ hıttız all͛ð ı ꝥrı reckıu ſē ħm var
buín. Opt ſuaꝼ ħ lıtıð v̄ nætr. ꝫ gengu ꝥr
ᴍaꝶ ꝫ ræððu v̄ malaꝼ͛lı. Eına nott ſpurðı
ᴍaꝶ hu͛ſu ħ heꝼðı ſoꝼıt. G.q.v. Eıgı ſoꝼn
a ek oꝼnıſ. yſheīſ ı bæ þeıma. munat ellð
vıðū aullðu. auð bæı v͛ mık ſætan. aðr g
rınðlogı gaunðlar gellr ı hatͭ ꝼellı. opt
va ek mān oꝼ mīna. meıꝶ nockurū ꝥra.
.Nu ſl͛ ſegıa ꝥ ðraū mīn. Ek hugðūz gā
ga ħ͛ ór garðı eın̄ ſaman. ꝫ ſlyppr. en m̄
þottı þorarīn ganga at motı m̄ ꝫ haꝼa
harð ſteín mıkīn ı henðı. ꝫ þottūz ek
vanbuīn v͛ ꝼunðı okrū. ꝫ ē ek hugðag

at ſa ek ān an harðſteín hía m̄. ꝫ reðūz ek ı mot. ꝫ ē v́ ꝼunðūz þa vıllð huaʀ̇ lıoſta ān an. En ſteınarñ komu ſaman. ꝫ varð aꝼ br eſtr haʀ̇. ᴍaʀ̇ ſpyʀ̇ huart þottı þ̅ heıta mega hıbyla breſtr. G.ſ. meırı var en ſua þottı þ̅ heıta mega ħaðſ breſtr. G.ſ. vel er þ̍ t̍ ıaꝼnat. þt ek þottūz vıta at heyrðı vm allt ħaðıt. ꝫ ē ek vaknaða .q. ek vıſu. Harð ſteíní let huna. harðg̅ðr lıma ꝼıarðar. þ ſa ðōſ ıðraumı ðynnıorðr mık barðan. En ek þraðratt̍ þottūz þıoſtı keyrðr oꝼ lıoſta ſeꝼar hraꝼnſ ı ſueꝼnı. ſnaʀ̇ beınanða ſteını. ᴍáʀ̇ .q. þ lıklıgt. at ſānaz munðı ꝼornq̊ðıt mal at huaʀ̇ yckaʀ̇ mun lıoſta ānan ıllū ſteíní aðr léttı. G.ſ. ė er vuént at ſlıkt ſe b̅r nu mart ꝼ̇. Er ēn ānaʀ̇ ðraūr at ſegıa þ̅. Ek þottūz vtı ſtaððr ꝫ ſa ek konur .íj. þær hoꝼðu trog ı mıllı ſín. ꝫ namu þær ſtaðar a hrıſateıgı. ꝫ ıoſu bloðı v̄ ħaðıt allt. ꝫ vak naða ek ſıðan. ꝫ hyɢ ek ꝼ̇ tıðenðū v̊a ꝫ q.v Menſtıklır ſa mıkla. mun ſuerða brak v̊ða komın ē graʀa geıra. goð reıð aꝼ troð kueð ıa. þ̍ er oſynıur íoſu eɢmotz oꝼ ꝼıor ſeggía vıñ ꝼagna þ̍ vagna. vıgmoð ꝼ̅m̄ bloðı. þā morgın ꝼór ᴍaʀ̇ ı moðruꝼell. m; xvííj mān at ſteꝼna arng̅mı v̄ vıgıt. en .G. var heıma v́ .vı. m̄. ꝫ bað þa ſkíott heī koma. Joðuʀ̇ v́ heīa hıa .G. ꝫ eyıolꝼr ſon þleıꝼſ enſ haꝼa. þuallðr taſ allðı ſyſtur.ſ.G. ꝫ þrælar .íj. **barðagı a rıſa teıg**

22 Helga ſyſter .G. ē att haꝼðı ſteīg̅mr ı ſıglu vık v́ þa komın a laugalð. ħ̍ v́ moðer þ vallðz taſallða ꝫ v́ ħ þa xvííj. veť. þ vallðr het m̄ aurnolꝼſ. ſ. ꝫ ſon ynguıllðar ē kollut v́ allra ſyſtır. ħ bıo ı k̍ſtneſı. guð branðr ħ̍ ſon ñ .xıȷ. vetra gamall. þvallðr var vıtr maðr ꝫ var þa gamall. meðalla gı goðgıarn. ħ var ſnēma a ꝼotū þān m orgín ꝫ bað ſueınīn taka heſta. ꝫ rıða ſıð an t̍ þūar ꝫ ē þr komu þar. v́ ᴍaʀ̇ nyꝼa rīn a brott. G. ꝼagñ vel þvarðı. ħ ſpyʀ huart nockut v̊ı leıtað v̄ ſattır mıllım̄

.G.q. eckı þ v̊a. þv́ðr .ſ. ē t̍ buıt malıt. G.q. þ ė vera. Slıkr ðagr v̊ı vel t̍ ꝼallīn. þoka er mıkıl ꝫ mun ė v̊ða vart v́. eꝼ m̄n ꝼara h lıoðlıga. Sıðan ſeg̅ .G. huar þa v́ komıt ok ſeg̅ at .vı. m̄n eıñ v̊ heıma. þv́.ſ. hellðr ētu ꝼam̄nr. en þta rað mun þo ðuga. ē þu he ꝼ̅ haꝼt. Nu rıðr þv́. t̍ eſpıholſ. ꝫ v̊ m̄n ė vpp rıſñ. ē þr komu þar. ħ hıttı þorarın ꝫ ſpyʀ̇ huerıa með ꝼ̅ð ætlı þ̅ at haꝼa. ſꝉu þ̅ noc kura ſætt bıoða .G. v̄ vıgſ malıt. þoraꝛ̇.ſ. vāt ætlu v̊ þ at bıoða .G. ſætt. þv́.ſ. huart ē tıl buıt vıgſ malıt. þaꝛ̇.ſ. eckı heꝼı ek t̍ ſp̅t .e. huat veıztu aꝼ. ħ .ſ. Máʀ̇ ꝼor ı morgın m; .xvííj.`ða´ mān ımala t̍bunað. en .G. ſat v́ ſetta mān heıma. ꝫ v̊ı nu ꝼullgoð ꝼaūg a at retta lut ſīn. ꝫ þ̍ tekz yðr lítt at þ̅ g̅ ıt ė ſlık huatræðı ſem .G. þaꝛ̇.ſ. Eckı nen nı ek at bua tyllıſakır ħ̍ ı motı. þv́.ſ. a þ er at líta huart nockur v́ ſokın eða ēgı. áðr ſteīolꝼr var ðrepīn. heꝼ̅ ħ ė ꝼıꝼlt konu ñ. víſt ætla ek at ſlík mal þıkı ė engıſſ v̊ð þoraꝛ̇.ſ. ıllt þıkı m̄ m; ſlıku malı at ꝼara ħ .ſ. huat ē ſlıkt at tala. kō .G. ꝼ̇ nockut ē ħ vhelgaðı Sıgm̄ð. mág yðuarn ꝫ ē nu ꝫ eín ſǽtt at lata ė ſua auuırðaz þoraꝛ̇.ſ. eıgı munða ek ek vıta nema þ v̊ı ráð. ſıðan ſtoðu m̄n vpp. ꝫ eggıar þvallðr krokr at rıða t̍ vppſala ꝫ ſteꝼna steīolꝼı t̍ ohelgı þo raꝛ̇.ſ. ė ē þ raðlıgt. en þ munu v̊ þo g̅a. þr vrðu ſaman .xv. víj. ero neꝼnðır. þoraꝛ̇. ꝫ þvallðr k̍kr. ketıll ſon ñ. Arng̅mr. ꝫ b̅ſe rkr ꝫ þorðr ʀaꝼnſ .ſ. ē bío at ſtockahlau ðu ꝫ attı vıgðıſı þorıſ .ð. ē sıgm̄ðr haꝼðe átt ꝼyʀ̇. Eyſteīn auſtmaðr. ħ v́ vıſtū m; þorðı. Nu ꝼoru þr t̍ vppſala. en þv́ðr ꝼor a aungulſtaðı. þar bıo góðr buanðı hal lı ēn ðıgrı. en ſenðı ſon ſīn t̍ þūár. ꝫ bað ſegıa .G. ꝼ̇ætlan þra eſphælínga en rıð t̍ motz v́ mık ſıðan huatlıga. En er þv́ðr kō a aungulſtaðı. þa ſpurðı hallı hua`t´ ħ ſegðı tıðenða. Eckı ēna ſagðe ħ. Sıðan

ſagðı ħ halla huar þa v̓ komıt. en hallı þottız
ſıa at glıkēðū. at ħ mundı ꝥu ollu a leıð haꝼa
komıt. ſagðı at ſlıꝁ m̄n v̄ı t̓ mıkılſ vꝼarna
ðar. at ħ vıllðı at aller ǽttı ıllt ſaman. ꝫ v̄ı ꝥ
maklıgt at þu v̄ır ðrepīn. hallı ꝼór ſkynðılı
ga m; alla ſına m̄n. þa ē ħ ꝼeck karla ꝫ ko
nur ꝫ vıllðı ganga mıllı māna eꝼ þyrꝼtı.
Guðbranðr kō t̓ þu̅ár. ꝫ ſagðı at ꝼaðer ñ haꝼ
ðı ħ þagat ſenť. ſagðı ħm tıðınðın. ꝫ lez ħ v̄a
ꝥ ſkyllðr at ſegıa ꝥ̅. ꝥ ē þık varðar. at eſp
hælīgar ætla at ſteꝼna steīolꝼı t̓ vhelgı.
.G.ſ. h̓ kō ꝼað̄ þīn ė ſıalꝼr. ħ .ſ. Ek kalla allt
eítt huaꝁ ockaꝁ ſē ꝼór. G.ſ. vel heꝼ̄ ꝼað̄ þīn ğt
ē ħ ſenðı þık hīgat. eꝼ v̄ þyrꝼtī māna v̓. ħ tok
ſueınīn aꝼ bakı ꝫ ꝼıotraðı heſt ñ. þa mł̄ı guð
b̄nðr. ꝥ mł̄ı ꝼaðer mīn at ek ſkyllða ſkynða
heī. G.ſ. eckı ē ꝥ. hellðr vıll ꝼaðer þīn at þv
ſyñ vaſkleık þīn ı ðag. Nu tekr þvarðr t̓ or
ða. ſeīn ē Guðb̄. ſon mīn. hallı .ſ. huert ꝼor ħ
þv̄.ſ. ek ſenða ħ t̓ þu̅ár. hallı ſ. ꝥ ē vel at þu
hıtť ꝼ̇ nockura braugðotta. ꝫ ē ꝥta hæꝼılıgt
eſphælīgar rıðu ıꝼ̄ ána. ſa G. ꝼaur þra ꝫ æt
luðu ıꝼ̄ at knarř vaðı. þa mł̄ı .G. at ᴍᴀꝁ véri
hellðr t̓ ſeīn. Sıðan rān .G. ór ğðı epť þeī. ꝫ þr
m; ħm ſē t̓ v̊ .vı. karlar m; Guðb̄. G. haꝼðe
ſkıollð ſīn ꝫ hauɢ ſpıot. gyrðr ſv̄ðı. rēnr aleı
ðına ꝼ̇ þa. ꝫ m̄n ñ epť ħm. ꝫ ē þorař. ſa ꝼ̄ð ñ.
bıðr ħ at þr rıðı leıð ſına. ꝫ huarkı ſkıotara
ne ſeīna. ꝫ má oſſ ė v̄ ꝥ hallmæla. þorðr hr
aꝼnſ .ſ. ſp̄ðı þorař. huart þr ſkyllðı elltaz
lata m; .xx.\`ða´ mān vnðan .G. þott ħ ſe m; ſet
ta mān. þař. rıðū. ꝥt .G. vıll ðuelıa oſſ. ok
bıða ſua ſīna māna. þorðr .ſ. ꝥ̓ ē ė kynlıgt
at v̄ b̄ım opt lagan hlut ꝼ̇ .G. þa ē ħ ſtenðr
ıaꝼnt at vıgı ſē ꝥ̅. þar ſē ꝥ̅ þorıt nu ė at
bıða ñ. ē ħ heꝼ̄ ꝼa m̄n. enða ſł̄ ħ ė mık ellta
ꝫ ſteıg aꝼ bakı. Eyſteīn b̄ſerkr .ſ. at ħ vıll ė
vnðan rıða. ꝫ kallı þr at þr elltı oſſ. þorař.
.ſ. ꝥ ſynız m̄ vraðlıgt. en ē .G. ſa at þr ꝼo
ru ė. þa ꝼor ħ ſeīna. ꝫ kaſtaðı orðū a þarī.

ꝫ ſpurðı hu̅t erenðı þra v̄ı t̓ vppſala. þorarīn
ſeğ at at þr hoꝼðu ſteꝼnt Steīolꝼı. t̓ ohelgı þa
mł̄ı .G. ē ė ꝥ̓ míog t̓ kappſ halldıt. ſł̄u ė boð
koma ꝼ̇. ꝫ mættī v̄ reða v̄ nockut at malıt
gengız. þorař. ſa at .G. vıllðı ðuelıa þa. ꝫ bað
m̄n rıða. ꝫ þr ğðu ſua. G. ſpurðı v̓ hok\`ı´ ꝥ̅ en
þr ꝼoru vnðan. ꝫ ꝥ̓ ſeīna ſē þr ꝼoru ſeīna ꝼor
.G. ꝫ beıð māna ſīna. ꝫ mł̄ı. ė mun vınſællt v̄ða
malıt. eꝼ ꝥ̅ haꝼıt lognar ſaꝁ vppı. ꝫ v̄ðr þa ſ
víuırðıng í. ekkı mun nu ꝼarıt at ꝥ̓. erꝼıtt
v̄ðr v̓ þık at eíga. G. kōz hıa þeī ꝼrām̓ ꝫ tala\`r´
ſua v̓ þa. En þr rıðu ꝫ ðualðı ſúa. en ē ħ ſa at
eckı mattı ðuelıa þa. en veít von ſīna manna
þa ſkaut ħ ſpıotı t̓ arnğmſ ꝫ kō ıgegnū baða
ſauðulbogana. ꝫ lærıt ꝫ v̓ arnğmr ılla vıgr
v̄ ðagīn. Sıðan hlıop eyſteīn ꝼyſtr māna. at
Glumı. en þvallðr taſallðı ı mot ħm. ꝫ lekuz
þr .íj. v̓. ꝫ þottuz þr bazt haꝼa ē ꝼırſt v̊. þra ſā
gangı. ꝫ var huartueggı þra ꝼullhugı. ꝫ āmr
at aꝼlı. veíttı ſtór haugg ꝫ morg huaꝁ þra oð
rū. þorvallðr krokr ſottı ꝼaſt at .G. ꝫ margır
m; ħm. En .G. hopaðı vnðan. ꝫ þr m̄n ē ħm ꝼy
lgðu. ꝫ hlıꝼðu ſér. En þorař. ſteıg ė aꝼ bakı
ꝫ þottı ħm þo ærıt marğ v̄ eīn. **barðagı a rı**

23 Sa maðr kō at hlaupanðı ꝥ̓ ē þr bor **ſa teı**
ðuz. ē var ı ſkıñkuꝼlı ꝫ haꝼðı ſu̅ð ı **g**
henðı. ħ kō at ꝥ̅ er þorvallðr taſall
ðı ꝼell ꝼ̇ eyſť. ꝫ þeğ hleypr ħ at eyſteıní. ok
hauɢr ħ bana hauġ. Sıðan ꝼór ħ ılıð m; .G.
ꝫ þa mł̄ı .G. ꝥta. kō heıllþu þunðarbenða.
gott kaup var ꝥ ē ek keypta þıg. þu munt
nu vel gıallða v̄ð þıtt ı ðag. G. attı þræl þāɴ
ē ſua hét. ꝥ̓ mł̄ı ħ ꝥta. en þar v̄ þo rauñ vıgꝼ̄
ſon ñ. ꝫ kenðu ħ ꝼáer .e. engu̅ nema .G. ꝥt ħ
haꝼðı þa .ííj. vetr v̄ıt ı ſekt ꝫ ı leynðū. ꝫ æt
luðu ꝼleſť at ħ v̄ı vtan ꝼarīn. Sva bar at
ē .G. hopaðı at ħ la ꝼallīn. en þrælar ñ baðer
logðuz a ħ oꝼan. ꝫ v̊ ꝥ̅ ſtangaðer ſpıotū t̓ ba
na. En þa kō ᴍᴀꝁ at ı ꝥ̓ m; ſına m̄n. þa ꝼór
þorarēn aꝼ bakı. ꝫ baurðuz þr ᴍᴀ́ꝁ ſua at

aunguír attu hlut ı m; þeī. En .G. ſpratt vpp ɜ
barðız þa ꝼryíulauſt. ɜ var þa lıðſ munr ēgı.
eırıkr het h᷎karl þorarīſ. ħ var at v͛kı ſínu v̄
morgunīn. ħ haꝼðı enga hlíꝼ ne vápn. ħ ꝼǽr
ſer trelurk ı honð. ɜ ꝼor t̔ ꝼulltīgſ v᷎ þorarín
ɜ v͛ð .G. ıt meſta olıð at ħm. ꝥt m̄n. ɜ hlıꝼar meı
ððuz ꝼ̇ ꝭ ꝥ ē ħ haꝼðı at vega m; ꝥ̄ ē getıð
at hallðora kona .G. kuaððı konur m; ſer. ɜ
ſſ͞m v͛ bınða ſár þra māna ē lıꝼuen̄ ero. ór h`v´
aꝶa lıðı ſē ero. En ē h᷎ kō at. þa ꝼell þorarīɴ
ꝼ̇ mauı. ɜ v͛ auxlın haugın ꝼ̄. ſua at lungun
ꝼellu ýt ı ſarıt. En hallðora batt v̄ ſár ħ
ɜ ſat ıꝼ̄ ħm t̔ ꝥ ē lokıt v͛ barðaganū. hallı ēn
ðıgrı kō ꝼyſtr t̔ meðalgaungu. ɜ mart m᷎ m;
ħm. ɜ lauk ſua barðaga at .v. m̄n v᷎ ꝼallner
aꝼ eſphælīgū. þoruallðr krokr ɜ arngrīr. eyſt̄
ɜ eırıkr. ɜ eyvınðr auſtm᷎. En aꝼ .G. var ꝼallī
þvallðr taſallðı. ɜ eyıolꝼr ʀolleıꝼſ .ſ. ɜ Joðuꝶ
ɜ þrælar .íj. þoraꝶ. ꝼór heī m; ꝼorunautū ſı
nū. G. ꝼór ɜ heī m; ſına m̄n ɜ let ꝼæra ena
ðauðu ı ýt hyſı eítt. ɜ v͛ buıt v̄ þvallð vır
ðulıgaz. ꝥt klæðı v᷎ borın vnðer ħ ɜ v͛ ħ rıꝼa
ðr ı huð. En ē m̄n v᷎ heī kōn̄. þa mł .G. v᷎ hallð
oru. ꝼaur ýar munðı haꝼa orðıt goð ı ðag
eꝼ þu heꝼðer heıma v͛ıt. ɜ heꝼðı þoraꝶ. ė lí
ꝼſ brott kōız. h᷎ .ſ. at þorarní v͛ı lıtıl ýon lıꝼ`s´
en þo muntu eıga ſkāma ſtunð h᷎að v͛t þott
ħ lıꝼı en eꝼ ħ ðeyr muntu eıga allðre lð v͛́t.
Sıðan mł .G. v᷎ guðbranð. þu heꝼ̄ mıkılla`r´
ꝼrægðar aꝼlat ꝥ̄ ı ðag ē þu lagðer at ıorðv
þvallð k᷎k. ɜ mıkıt lıð veıt̄ þu oſſ ı ðag ħ .ſ.
ɜ .q. eckı a þa leıð v͛ıt haꝼa. enða varıt hē
ðr ſínar. G.ſ. Sa ek glaugt huat tıðt v͛ bar`n´
at allðrı en vegıt ſlıka hetıu ſē þvallðr v͛
ɜ muntu v͛ða ꝼrægr aꝼ ꝥu v͛kı. Aꝼ ꝥ ꝼeck ek
ſoma vtanlenðıs er ek ýa b᷎ſerkīn. ħ .ſ. ec
kı heꝼı ek þvallð vegıt. G.`ſ´ ė ē at ðylıa ꝥa
vınr. þu veıt̄ ħm banaſarıt. ꝼırz þu eıgı
gæꝼu þína. t̔ ꝥ̄ þrættı ħ v᷎. Guðbranð. at ħ
truðı ɜ geck v᷎. ɜ þottı vırðıng at. ħ mattı ɜ
ė ðylıa. at ė v͛ı þta ꝼ̇ ſatt haꝼt. ɜ þa v͛ ħm
a henðr lyſt vıgınu. ɜ þottı þa mīnı ſlæg
ıa í en þr ætluðu. ē keyru þvallð t̔ eptır
malſ. þ ſegıa m̄n at .G. mł. þ þıkı m᷎ ılla
ē máꝶ lætr bınða v̄. þo at hneckıſtıkıll ſe
gıorr ı hoꝼðı ħm. þ kallaðı ħ ſua ē ı kroſſ
v͛ ſprungıt. ᴍáꝶ .ſ. ᴇk munða ꝥ mīnr
þurꝼa eꝼ ek legðūz nıðr. ɜ heꝼðag þræ
la mína at ſkıllðı. þa mł .G. harð ſlægr v͛
hrıſateıgr nu ı ðag. ſueın̄ ſagðı ħ. ᴍaꝶ .ſ. ꝼ̇
þ mun ꝥ̄ ganga ſē harð ſlægr haꝼı v͛ıt: ꝥt nu
muntu þu᷎arlð haꝼa hlegıt ór henðı ꝥ̄. G.ſ.
þ ætla ek at þu vıt̄ þ ogıorla. ᴍáꝶ .ſ. v͛a má
at vıta ė ꝼ̇ þ mun ꝥ̄ ganga ſē ek vıta. en ē
helga ſpurðı ſpurðı tıðenðın ſyſt̄ .G. þa
ꝼor h᷎ t̔ þuerár. ɜ ſpurðı huerſu ſonr hen
nar heꝼðı ꝼrām gēgıt. G.ſ. ė ꝼeck hrauſta
mān. þa mł h᷎. Sıa vıllða ek ħ ðauðan.
eꝼ ė ero ōnur ꝼaung á. þ v͛ hēnı veıtt ok
let h᷎ heꝼıa ħ ı vagn ɜ bua hoglıga v̄. ok
ē h᷎ kō heī. ꝼægðı h᷎ ſár ħ ɜ batt ſıðan. ok
kō ſua raðı ħ at ħ mł v᷎ m̄n þ v᷎ log þar
at m̄n ꝼellu ıā marḡ at þ ſkyllðı kalla
ıā vegıt. þott māna munr þættı v͛a. en
þr ē auıga vrðu. ſkyllðu kıoſa mān t̔ ep
t̄ hu᷎n mæla ſkyllðı. en þótt nockut kyn
nı þ ı malū at g᷎az ſıðaꝶ er beť þættı at h
aꝼa ānan veg koſıt. þa ſkyllðı ė ſkıpta
keyrınu. En er þorarīn ſpurðı at þuallðr
taſallðı var lıꝼſ. þa kauſ ħ þvallð k᷎k b᷎
ður ſīn t̔ ept̄ malſ. en lıtlu ſıðaꝶ ſpurðı
ħ þ at guðbranðı v͛ eıgnat þ vígıt ɜ vıllðı
ħ þa hellðr haꝼa ānan t̔ koſıt. en þo v͛ð
nu þu ꝼ̄m᷎ at hallða ſē ꝼyꝶ v͛ koſıt. þr hıt
ta nu eínar eyıolꝼſ .ſ. lætr þoraꝶ at nu
munı ħ taka t̔ þra mala er þr hoꝼðu
m; ſer talað. ħ .ſ. Slıkt er mer þar ı hug
ſē ꝼyꝶ at barðr var vegīn. Tok nu eın᷎
malıt t̔ meðꝼ̄ðar a þıngı v̄ ſumarıt
ɜ ſottı .G. þoraꝶ. la ı ſarū allt ſumarıt.

ꝫ ſua þvallðr taſallðı. ꝫ vrðu baðer græð
ðer. G haꝼðı mıkīn lıðſ aꝼla. a þīgınu. ꝫ ſua
huarᷓtueggıu. ѷ nu leıtað v̄ ſættᷓ aꝼ gauꝼ
gū ꝼrænðū huarratueggıu. ꝫ ѷð þ at ſætt
v̄ at bæta ſkıllðı vıg Steïolꝼſ ſua at ꝼrā
ѷı ꝼærð ſykna vıgꝼ.G.ſ. En Guðb̄nðr var
ſekr v̄ vıg þvallðz. ꝫ kō .G. ħm vtan. ꝫ ꝼoru
ѷ ſua buıt heī. ꝫ vnðu þr þѷðr ꝫ þorarīn ılla ѷ. ꝫ þot
tız þorarᷓ enga ſēð haꝼa ꝼ vıg þvallðz b̄
ður ſínſ. Sat nu .G. ı vırðıngu v̄ vetṅ epᷓ
kō vpp vıſa ē .G. haꝼðı þa nyort. Vırkıſſ
ſpyꝶ at ѷkū. vınſ hırðıſ ſıꝼ mınū. erat
at māna malı. morð ѷ þau ꝼorðū. lıGr
þeī ē hraꝼn oꝼ hugǵ. horueıg talıð ḡua

24 Eīn ðag ē m̄n ѷ at hraꝼ **capıtulm**
nagılſ laugu kō þar þuarðr ħ ѷ
gleðımaðr mıkıll ꝫ henðı at m
orgu gaman. ħ m̄lı huat ē komıt þra
māna ē ſkēta kūnı nyıū ꝼræðū. þr .ſ. þ
ē ſkētun oll ꝫ gaman er þu ert. ħ .ſ. eckı
þıkı m̄ nu meıra gaman. en queða. vı
ſur .G. En þar hyG ek at huat ħm þıkır
vantalıð ı eīnı vıſu at ħ munðı ſkorta
a v̄ vıgın. huat ſl̄m ѷ ætla. hu̅t þ munı
ѷa eða huart ē lıkara at Guðb̄nðr munı
vegıt haꝼa þvallð .e G. þta þıkᷓ morgum
aræðılıgt. ħ reıð nu a ꝼunð þorarᷓ ꝫ m̄lı.
hugleıðt heꝼı ek nockut ꝫ ſynız m̄ ſē eı
munı ıt ſāna vppı v̄ vıg þvallðz krokſ. þ
at hıttaz mun ı queðſkap .G at nockut
þıkır ħm vantalıt ѷa v̄ vıgın. þorarᷓ.ſ.
varla kān ek nu vpp at taka malıt oðru
ſīnı. þoı þta ѷı ſat. mun nu ѷa kyrt. þ
er oraðlıgt. ꝫ þo mættı kyrt ѷa eꝼ ė heꝼ
ðı v̄ ѷıt graꝼıt. enu mun ek b̄a vpp ꝼ m̄n
ꝫ munu þ̄ ſuıuırðıng aꝼ ꝼa ſua at engı
mun ōnur meırı orðıt haꝼa. þorarīn
.ſ. ohoglıgt lız m̄ malıt at ꝼlytıa ᷓ alþī
gıſſ ѷ ꝼrænða aꝼla .G. þѷðr .ſ. þ̄ kān ek r
að ᷓ leggıa ſteꝼn ħm ᷓ hegraneſſ þīgſ
þar attu ꝼrænða aꝼla ꝫ mun þ̄ torſott at

ѷıa malıt. þorarᷓ.ſ. þ rað mun haꝼt ѷða. ſkı
lıaz at þ. Nu varar ılla. ꝫ ѷðr torſott allt at
ꝼa. v̄ varıt bıo þarᷓ. mal a honð .G. ᷓ hegra
neſ þıngſ. þt aller ſā þīgıſſgoðar. þr ē þ þın
gı attu at hallða ѷ bunðnır ı nauðleytum
ѷ þorarᷓ. en heſtū mattı trautt kōa ıꝼ heıð
ar ꝼ ſnío. G. tok þ ᷓ raðſ at ħ ꝼeck byrðıng eīn
mıkīn ı honð þſteını broður ſınū. ꝫ ſl ħ hall
ða veſtr ꝼ. ꝫ kōa ᷓ þīgſ m; ħklæðı ꝫ vıſtır. en
ē þr kōa ꝼ vlꝼſðalı. þa brutu þr ſkıpıt ı ſpon
ꝫ tynðız þar allt ſaman m̄n ꝫ ꝼıarhlutr. G.
geck ᷓ þīgſ m; .c. m̄ ꝫ naðı ė næꝶ at tıallða
en ı ꝼıorbaugſgarðı. þar ѷ komīn eınaꝶ eyı
olꝼ .ſ. með þeī eſphælíngū. ѷ .G. ſenð orð at ħ
ſkyllðı ᷓ ꝼara. ꝫ ꝼæra ꝼrām loguorn ꝼ ſık. Nu
gengr .G. en ė ѷ meıra rū geꝼıt. en eīn maðr
máttı ganga. en þar var ꝼylkt lıðı tueī
megī hıa en .G. ѷ boðıt at ganga ı kuıarnar
eꝼ ħ vıllðı ᷓ ðōſınſ. en þ ſynðız ħm oraðlıgt.
ꝫ m̄lı ᷓ ſīna māna. Auðſætt ē nu þ at þr þıkı
az ı henðı haꝼa vart ráð. ma ꝫ ѷa at ſua
ſe. Nu vıl ek þo at þ̄ ſnuıt ė aptr. mun ek gā
ga ꝼyſtr. en þa .íj. næſt m̄ ıāꝼrām. en þeım næſt
.íííj. ıāꝼm̄. ꝫ ſl̄m ѷ rēna at ꝫ haꝼa ſpıotín
ꝼ oſſ. ꝫ mun klābrar veggṅ ganga eꝼ ꝼaſt
er ꝼylgt. þr ḡðu ſua. ꝫ rūnu at ı eínu ſkeı
ðı ı ðomhrīgīn ꝫ ѷ lengı nætr aðr þeī varð
bægt ꝼ̄ ı b̄tt. ꝫ ḡðız þar ſua mıkıl þraung
ꝫ ꝼauſt. ꝫ ѷð þ v̄ ſıðır at ðōrīn ѷ ſettr ı ā
nat ſīn. ꝫ ē þr toku at reıꝼa malıt. þa gēgr
.G ı þıngbrecku. ꝫ neꝼn̄ ṽatta at ſol ѷı þa
komın a þīgvoll. Sıðan varðı ħ m̄mı ðō
lyrıtı at ðema v̄ ſakarnar. ꝫ varð þ̄ nıðr
at ꝼalla hu̅t mal ſē þa ѷ komıt. rıða m̄
ı brott. ꝫ vnðu eſphælīgar ſtorılla ѷ. kal
lar þorarīn ħ hraklıgt ḡt haꝼa ꝼ þeím
eıñ .ſ. ė lız m̄ ſua ſtorlıott ſē þ̄. þt þar ᷓ ma
lſ at taka ſē ꝼra ѷ horꝼıt. Sıðan rıða þr tıl
alþīgıſſ eſphælīgar m; eınarı ꝫ marḡ vı
ñ þra ē þeī hoꝼðu heıtıð lıðueızlu. ı motı
G. ꝼrænðr .G. veıta ħm at malū ᷓ reıra laga

ok ē þ aꝼ gort með vıt̄ m̊ raðı. eꝼ .G. vıll vīna eıð ꝼ̇ malıt. at ė vegı ħ þorvall k᷎k. ꝫ ē marg̃ attu hlut í. þa ſættuz þr at þ̇. at .G. ſkyllðı vīna eíð at ħ heꝼðı ė vegıt þv̄. k᷎k ꝫ var á quðıt næk̇ eıðrīn ſkyllðı v̄nīn v̄a. v̄ hauſ tıð at .v. vıkū. ꝫ er nu ſua rıkt ꝼylgt ma lınu at þr ſkylı ꝼ̃m̄ haꝼa malıt .e. ħ vınní eıða ı þrēr hoꝼū. ı eyıa ꝼırðı ꝫ eıð ꝼall eꝼ þa kēr ė ꝼrām. Margræt v᷎ v̄ þta mál hu᷎ſu eıð .G. myndı vera .e. ꝼ̃m̄ ꝼara. **aꝼ eıðum Glumſ**

25 Nv rıða m̄n heī aꝼ þīgı. ꝫ ē .G. heıma v̄ ſumarıt ꝫ er kyrt allt ı ħaðínu lıðr ṫ leıðar ꝫ rıða m̄n ṫ leıðar. en aꝼ leıð huarꝼ .G. ſua at eckı ſpurðız ṫ ħ. Mak̇ ſat heıma ı buınu. en v̄ hauſtıð at .v. vıkū. þa bauð Mak̇ m̄m. ꝫ v᷎ þar ſtoꝼnat brullaup. ꝫ komu þar ė ꝼærı m̄n ṫ boðſ. en .c. Ollū þottı kynlıgt boð þta. þt þr v᷎ lıtılſ v᷎ðır ē ı hlut at tu. þar ſa m̄n þān aptan. at or ðaulū ollum eyıaꝼıarðar. rıðu .ıı. m̄n ſaman .e.v. ꝫ ſaꝼ naðız ſaman lıðıt. ē oꝼan kō ı ħaðıt ꝫ v᷎ þar komīn .G. ꝫ Aſġmr ꝫ Gızoꝛ m; .ccc. m̊. ꝫ komu heī v̄ nottına ꝫ ſatu þar at bóðı. en v̄ mor gınīn ept̄. ſendı .G. ept̄ þorarnı. ꝫ bað ħ kōa ı ðíupa ðal ė ſıðak̇ en at mıðıū morní. at heyra eıðana. þorar̄. veıkz v̇. ꝫ ꝼeck .c. m̊ En ē þr komu ṫ hoꝼſınſ. þa gengu .vı. m̄n ı hoꝼıð m; G. Gızoꝛ ꝫ aſġmr. en m; þorarnı eınak̇ ꝫ hlēnı. ēn gālı. Sa m̄ ē hoꝼſeıð ſkyl lðı vīna. tok ſılꝼrbaug ı honð ſér. þān er roðīn v᷎ ı nautz bloðı. þ ē ṫ blota v᷎ı haꝼt ꝫ ſkyllðı ė mīna ſtanða. en íij. aura. þa quað .G. ſua at orðı. at ek neꝼnı aſġm ı vettı annan. Gızor ı þ vettı at ek vīn hoꝼſ eıð at baugı. ꝫ ſegı ek þ æſı at ek vark at þar ok vak at þar. ꝫ rauðk at þar oðð ꝫ eġ ē þor vallðr k᷎kr ꝼeck bana. lıtı nu a eıð þr ē ſpe kı m̄n ero. ꝫ v̇ ero ſtaððer. þr þorar̄. vrðu ė bunır at laſta. en quaðuz ė ꝼyk̇ı þānveg heyrt haꝼa at orðı queðıt. m; ſlıku motı v᷎ eıðar v̄nır ı gnupaꝼellı. ꝫ ſua at þuer á.

þ Gızoꝛ ꝫ Aſġmr v᷎ nockurar nætr at þu᷎á ok at ſkılnaðı gaꝼ .G. Gızorı ꝼellðīn bla en aſġmı ſpıotıð gullrekna. ꝫ ſkılðuz vıñ. vm vetrın hıttuz þr þoru᷎ðr ꝫ þorar̄ ꝫ ſpurðı þoru᷎ðr. vān .G. vel eıðīn. þorar̄.ſ. eckı ꝼunðu v᷎ at. ħ .ſ. vnðarlıga v᷎ðr ſlıkt v̄ vıtra m̄n. er ſua mıſſynız. þ heꝼı ek vıtað at m̄n haꝼa lyſt vıgū a henðr ſer en hıtt heꝼı ek ė vıtað .e. heyrt at m̄n haꝼı ſ varıt v̄ þ ſıalꝼ̃ at þr haꝼı vegıt m̄n. ſem .G. heꝼ̃ g̃t .e. huerſu mattı ħ meık̇ at que ða. en ſegıa at ħ vægı þar at. ꝫ verı þar at. ꝫ ryðı þar at oðð ꝫ eġ ē þvallðr k᷎kr ꝼ ell a hrıſateıgı. þott ħ leıððı ė ſua ſē tıð az er. ok mun ſıa ſneypa ıaꝼnan vppı ſıð an þorar̄.ſ. Eckı heꝼı ek ꝼundıt þta ēða mæðūz ek á at eıga v̇ .G. ħ .ſ. Eꝼ þu þıkız mæðaz ſakır vanheılſu. þa lattu eınar taka ēn malıt. ħ ē uıtr ꝫ kynſtoꝛ munu ħm marg̃ ꝼylgıa. ė ſıtr. Gvðmunðr hía b᷎ ðer ħ. ok er ſa hlutrīn at ħ ē gıarnaztr ṫ eꝼ ħ kēz at þuera. Ept̄ þta hıttaz þr eıñ ꝫ bera rað ſín ſaman. ꝫ mlı þorar̄. Eꝼ þv vıll ꝼ̇ malınu v̄a. munu marg̃ þ̄ veıta Munu v᷎ þ ꝫ ṫ vīna at kaupa þ̄ lðıt eıḡ meıra verðı en .G. keyptı at þkatlı ha ꝼa. Eıñ .ſ. G. heꝼ̃ nu logat. þeī lutū ꝼell ðı ꝫ ſpıotı. ē vıgꝼ̃ moðurꝼaðer ħ gaꝼ ħm. ꝫ bað ħ eıga. eꝼ ħ vıllðı hallða vır ðíngu ſīnı. en .q. þaðan ꝼ̃ þu᷎ra munðv Nu mun ek taka v̇ malınu ꝫ ꝼylgıa. **eñ aꝼ malum**

26 Nv byr eıñ ṫ vıgſmalıt aꝼ nyıu ṫ alþīgıſſ. ꝫ ꝼıolmēna ħ᷎ ſtueggıu. en aðr .G. rıðı heıman ðreymðı ħ at marg̃ m̄n v᷎ı kōñ þar tıl þu᷎ár at hıtta ꝼrey. ꝫ þottız ħ ſıa mart māna a eyrunū v̇ ana. en ꝼreyr ſat á ſtolı. ħ þottız ſpyrıa huerır þar v᷎ı kō nır. þr .ſ. þta ero ꝼrænðr þıñ ꝼ̃mlıðnır ꝫ bıðıū v᷎ nu ꝼrey at þu ſer ė a brott ꝼæ rðr aꝼ þu᷎ar lðı. ꝫ tıoar eckı ꝫ ſuar̄ ꝼreyꝛ

ſtutt ꝫ reıðulıga. ꝫ mīnız nu a vxagıoꝼ ꝥkelſ enſ haꝼa. ħ vaknaðı. ꝫ lez .G. v᷎r v᷎a v᷎ ꝼrey all a tıma ſıðan. ʀıða m̄n t̉ þíngſ. ok v᷎ða þau m alalok at .G. gengr v᷎ vıgınu. en ı ꝥ attu hlut vıň ħ ꝫ ꝼrændr at helldr ſkylldı ſættaz en ſ ekt kæmı a .e. vtanꝼ̃ð. ꝫ ſættuz ꝥr aꝥīgı at ꝥ at .G. gallt þűár lð halꝼt katlı ſynı þvall`z´ ꝁkſ ı ꝼoður bétr. en ſelldı halꝼt v᷎ v᷎ðı ꝫ ſky lldı þo bua a þau mıſſarı. ꝫ varð ħaðſ ſekr ꝫ bua ė næꝶ en ı haurgarðal. ꝼoru ſıðan aꝼ þīgı. Sıðan keyptı eıň lðıt ſē ħm v᷎ heı tıð. Mēn eıńſ komu þagat v̄ varıt at vın na lðıt. ꝫ mł̄ı eıň at ꝥr ſkylldı ſegıa ħm h v᷎t orð ꝥ ē .G. mł̄ı. Eīn ðag kō .G. at malı v᷎ þa ꝫ ſeg̃ ſua auð ſætt ē ꝥ at eıň heꝼ̃ vel ſer ꝼengıt v᷎k m̄n ꝫ ē vel v̄nıt. alðınu. ɴu ſ kıpt̃ mıklu at ſmatt ꝫ ſtort ſe t̉ hent. Nv ſł̄u ꝥ̃ ħ reıſa v᷎ ana vað meıð. ꝫ ē konum hægt t̉ þuattar. at hreīſa ſtorꝼaut en he ıma brūnar ero vanðer. Nu koma ꝥr heī ꝫ ſpyꝶ eınaꝶ huat ꝥr .G. mł̄ız v᷎. ꝥr .ſ. hue hugkuæmr ħ var at ollu at v̄nıt v᷎ı. ħ .ſ. þottı yðr ꝥ v᷎a at ħ vıllðı vel bua ı henðr mer. ꝥr .ſ. ſua þıꝁ okr. Eıň ſ. aňan veg lız m̄. ꝥ hyɢ ek at v᷎ þān meíð ꝼeſtı ħ ykr vpp en ætlı at reıſa mer níð. Nu ſł̄u ꝥ̃ ė ꝼara þo. Eıň ꝼærðı þagat bu ſıtt v̄ varıt. en .G. ſat þar t̉ enſ eꝼſta ꝼarðagſ. En ē m̄n v᷎ ı ƀt buň. þa ſettız .G. ıaunðuegı. ꝫ g̃ðı ė a ƀtt ganga. þott at ħm v᷎ı kallat. ħ lætr tıallð a ſkalān ꝫ vıll ė ſua ſkılıaz v᷎ lðıt ſē kot karlar. hallƀa ðott̃ þoroðz hıalmſ .ſ. var moðer Guðmunðar ꝫ eıńſ ħ bıo þa at h anakābı. ħ kō t̉ þuerár. ꝫ quaððı .G. ꝫ mł̄ı. Sıttu heıll .G. en eckı ē ħ nu lengr at v᷎a. kōıt heꝼı ek nu ellðı a þű ár lð. ꝫ g̃ı ek þı`c´ nu a ƀtt m; allt þıtt. ꝫ ē helgat lðıt eíň ı ſyní mınū. G. reıſ vpp þa. ꝫ mł̄ı. at ħ ſk yllðı gleıpa kerlınga aurmuzt. en þo reıð .G. þa ı ƀtt. ꝫ varð lıtıð v̄ auxl t̉ beıa rınſ ꝫ .q.v. Rvðða ek ſē ıarlar. orð lek a ꝥ ꝼorðū. með veðr ſtoꝼū vıðrıſſ. vanðılſ m̄ t̉ hanða. nu heꝼı ek valþaugnıſ vegna. var rar ſkıðſ v̄ ſıðır. breıða ıorð m; baurðum. benðız m̄ ór henðı. G. bıo a mauðru vollū ı haurgarðal v᷎ þorg̃m ꝼıuk. ꝫ vnðı ꝥ ė lēgr en eīn vetr. þa bıo ħ .íj. vetr ı myrkarðal þa hlıop þar ſkrıða næꝶ benū ſua at tok ſū ħın. þa .q.G.v. Munat ēn ſælu mē brıot anðı hlıota oſſ kō breıðr ı buðer. bauɢr aꝼ eınu hauggı. þa er ꝼleymarar ꝼıora. ꝼulka t̃ v᷎ ſatū. Nu er mogrēnır mína. mıtt ſex tıgv vetra. þa keyptı .G. lð at þűbrecku ı auxna ð al ꝫ bıo þar meðan ħ lıꝼðı ꝫ v᷎ð gamall ꝫ ſıonlau`s´.

27 Naruı het m̄ ē bıo ı hrıſ **aꝼ hrıſeyıa narꝼa** ey. ħ haꝼðı átt vlꝼeıðı ðott̃. Jngıallðz helga .ſ. hınſ magra. ꝥra .ſſ. v᷎ ꝥr eyol ꝼr ꝫ klængr. þorbranðr ꝫ þorvallðr aller voru ꝥr mıkılhæꝼ̃ m̄n. ꝼrænðr .G. ꝥr kléngr ꝫ eyo lꝼr. bıuggu ept̃ ꝼoður ſīn ı hrıſey. Sa maðr bıo ı haga ē þualldr ħ ꝫ v᷎ kallaðr mēnı. ok attı ðottur þorðar hraꝼſ .ſ. ꝼ̃ ſtockahlauðu er helga het. Eıtt ѵar kō þoruallðr or haga v᷎ hrıſey a byrðıngı ꝫ ætlaðı at hallða tıl ꝼengıar. ꝫ ē klængr v᷎ð vaꝶ v᷎. rez ħ t̉ ꝼ̃ðar m; ħm. en ē ꝥr komu vt ór ꝼırðınū. ꝼunðu ꝥr reyðı nyðauða. keyrðu ı ꝼeſtar. ꝫ ſıglðu með īn ept̃ ꝼırðınū v̄ ðagīn. vıllðı klængr ꝼlytıa t̉ hrıſeyıar. ꝥt ꝥ var ſkēra en ı haga. en þvallðr vıllðı t̉ haga ꝼlytıa ꝫ let ꝥ ıāreí klængr ſeg̃ at ė ſe ꝥ log at ꝼlytıa ė þagat er næſt eıgu ꝼlutnīgar m̄n lð. þvallðr quez h aꝼa rétt at mæla. ꝫ let þa ꝼrænðr .G. eckı þur ꝼa at ganga a rettan hlut v᷎ þá. ꝫ huat ſem log ero þa munu eň rıkarı nu raða. þvallðr var ꝼıolm̄nrı ꝥ ſıňı. ꝫ toku ꝥr aꝼ klængı rekallðıt nauðgū. en huartueggı ꝥra v᷎ lðeıganðı. klængr ꝼór heī ꝫ vnðı ılla vıð. þvallðr ꝫ ꝥr hlogu at þeī klængı ꝫ tolðu at ꝥr treyſtı ė a at hallða. eīn morgın reı`s´ kl̃. ſnēma vpp. ꝫ ꝼór v᷎ ꝼıorða mān īn ı ha ga kō þar ſnēma ſua er m̄n v᷎ ı ſueꝼnı. þa

mꝉı kl̄. raðſ ſꝉm ᷣ nu leıta h̄ ẽo naut hía ĝðı ꝫ
ſꝉu ᷣ þau reka a h̄ın. þar ſē þvallðr huılır ṽ
ðer. ꝫ teygıū h̄ ſua v́t. þr ĝðu ſua. ꝫ vaknar
þvallðr. hleypr v́t. kl̄. hleypr at h̄m. ꝫ veıtte
h̄m bana ſár. ꝼor bratt ſıðan. ꝫ treyſtız ė ꝥ
at lyſa vıgınu ꝥt ꝥ ᷣ ꝼ mān mart. ꝼor heım
vt ᷦ eyıar ꝫ lyſtı þar vıgınu. Nu eıgu eptır
malıt þorar̄. ꝫ þorðr. þr kolluðu morð ᷣıt ha
ꝼa. ꝫ ē ꝥı mal komu ᷦ þıngſ. ſat .G. heıma.
en ṽ þíngıt ꝼór h̄ v́t ı ꝼlıot. ꝫ ı ſuarꝼaðarðal
ꝫ bað lıðſ ᷦ ꝼeranſ ðōſ ꝫ þo bað h̄ leyna ꝥı
ꝼ ætlan. klauꝼı at barðı .ſ. vıſt vılıū ᷣ veíta
.G. lıð. h̄ attı hallðoru .ð. arnorſ rauðkınz ok
marĝ hetu aðrer .G. ſınu lıðı. Nu ꝼór .G. heī. M
al ꝼoru ꝼrā aꝥīgı. en epꞇ̄ þīgıt buaz þr ᷦ ꝼe
ranſ ðōſ ꝫ hoꝼðu .ıııȷ. ſkıp. ꝫ .xxx. m̄ a huerıv
ꝫ reðu þr eınaꝛ̄ ꝫ þorar̄. ꝫ þorðr ꝼ ſkıpunum
ꝫ komu īnan at eyıūnı ı nætr ellðīg ꝫ ſa re
yk ıꝼ̄ huſunū. ꝫ ſpurðı eınaꝛ̄ huart þeī ſyn
ðız ſua ſē h̄m at reykrīn ᷣı ė allbláꝛ̄. þr ſog
ðu at þeī ſynðız ſua. eıñ ſagðı. ſua lız mer
a reykīn ſē ꝼıolment mun ᷣa ı h̄unū ꝫ m̄
aꝼ m̄m leggıa reykīn. en eꝼ ꝥ ē þa munu
ᷣ ĝa raun tıl. ꝫ roa vnðan eyıūnı. þıoðſyn
lıga. ꝫ munu ᷣ þa vıſır ᷣða. eꝼ ꝼıolm̄nı ē ı
eyıūnı. ꝫ ſua ĝðu þr. en er eyıarm̄n ſa ꝥta
þa hlıopu þr vt ꝫ ᷦ ſkıpāna. ꝫ logðu epꞇ̄ þeím
ꝫ var .G. þar komīn m; .cc. māna ꝫ elltu þa
īn allt at oðða eyrı. ꝫ ᷣð ė haīn ꝼeranſ ðōr
īn. ꝫ ꝼengu þr aꝼ vuırðıng eyꝼırðınĝ. ſıtr
.G. ṽ ſumarıt ı buı ſınu. h̄ attı ꝫ at helga ha
uſtþīg. en þıngſtauðın ē ꝼ auſtan ꝼıorðīn
ſkāt ꝼ̄ kaupangı. ꝫ ꝼıolmentu eyꝼırðınĝ
mıog. en .G. haꝼðı .xxx. eína m̄. ᴍarĝ tolu
ðu ᷣ .G. at h̄ ſkyllðı ė ꝼamēnr ꝼara. h̄ .ſ. lıꝼ
at mun nu ıt ꝼegrſta. en ᷣ ꝥ vnı ek at ec
kı haꝼa þr elltan mık ſua at ė ꝼæra ek reꞇ
leıðıſſ. G. ꝼor a ſkıpı īn epꞇ̄ ꝼırðı ꝫ gecc a lð
ꝫ ᷦ buða. en þar ero melar braꞇ̄ ꝫ lauſ gryt
ꞇ̄ a mıllı ꝼıarðarınſ ꝫ buðāna. en er .G. kom
gagnűt buð ꝥı ē eınaꝛ̄ attı. þa hlupu mēn

ꝼ̄ buðunū. ꝫ baru ſkıollðu at þeī ꝫ hrun
ðu þeī aꝼ melunū. ꝫ ꝼell .G. ꝫ velltız með
ſkıollð ſīn a eyrına oꝼan ꝫ ᷣð eckı ſaꝛ̄. en
.íı́ȷ. ſpíot haꝼðı ꝼeſt ı ſkıllðı h̄. þvallðr taſ
allðı ᷣ þa komīn at lðı. ꝫ ſa at .G. horꝼðı
þa v́vent. ꝫ hlıop ſua a lð. at h̄ tok ár ı h
onð ſér. ꝫ rān ı melīn vpp. ꝫ ſkaut arīnı
ᷦ Guðmunðar rıka. ꝫ kō a ſkıollðīn ꝫ gek̄
h̄ ı ſunðr ꝫ kō arar hlutrīn ꝼ brıoſt h̄m
ꝫ ꝼell h̄ ı ouıt. ꝫ var borīn ı ꝼıorū ſkautum
tıl buðar. Sıðan eggıuðu huar̄ aðra atgaū
gu ꝫ ſkutuz a. ꝫ borðuz grıotı. ꝫ varð haurð
hrıð. ꝫ vrðu marĝ ſar̄. ꝫ aller ſogðu a eí
na lunð. at ė mættı ꝼaer m̄n vaſklıgaꝛ̄ ᷣ
ıaz en þr .G. þr eıñ. ſottu at ꝼaſt. þa gengv
m̄n ı mıllı. ꝫ lauk ſua at .ıȷ́. m̄n ꝼellu aꝼ .G.
klængr narꝼa .ſ. ꝫ grīr eyrarleĝr. broðer
hallðoru konu .G. þa .q. bruſı halla .ſ. vıſu
ꝥa. Hoꝼū ᷣ aꝼ vıgū veıt ek orð a ꝥ borða
ſtoðſ ᷣ ſtyrımeıða. ſtaꝼngaunðu\`l\´ lut ıaꝼ
nan. þo hyck ꝼúr vıðu ꝼoru. ꝼleygarz en
mık varðı. beıðı hlauck ꝼ brecku. blıkſ
harðara mıklu. Eıñ .q.v. Þraungű ᷣð a
þīgı þremıa lınz at rīna. varat ı ala elı auð
lattr ꝼ mel brattan. þa ē marſtettar mat
tıð mæꝼılſ ᷣ þraū ſæꝼar. geıra nıotr a ĝo
tı. geſtılſ klauꝼ oꝼ ꝼeſta. þa .q.G.v. ı motı
Lattız h̄r m; hættu. hanga tyſſ at gāga
þo tıaır þeī at hætta. þeckılıgt ꝼ brecku
þa ē ðynꝼuſar ðıſır. ðreyra ſuellz a eyrı
breıð óx brognū mæða. bloðſ ſkıallðað̄
ſtoðū. Sva var ſett malū. at ı ꝼaðma
ꝼellz víg klængſ ꝫ þvallðz ór haga. ꝥ ᷣ
ꝫ ıaꝼnt latıð víg Grīſ eyrarleĝſ. ꝫ aᷣkı ᷣ
.G. ꝫ vnðı .G. ılla ᷣ malalok. ſē h̄ .q. ı vıſu
ꝥı ē h̄ ortı ſıðan. Jllt ē a ıorð oꝼ orðıt. all
ðr boluar mıog ſkallðı. lıðıt er meſt ıt m
eıra. mıtt líꝼ heðınſ ðrıꝼu. ē ovegınſ ė ey
rarleGſ ꝼ ſeggıū. grīſ ı gaunðlar ꝼlaumı.
28 geꝼnar ma ek oꝼ heꝼna. ꝥ ᷣ eıtt ſumar
er þr rıðu aꝼ þīgı bræðr. Guðm̄ðr ꝫ eınaꝛ̄

at .G. bauð m̄m t͛ ſín ⁊ ſendı m̄n vpp t͛ aux
naðalſ heıðar at bıoða þeī bræðrū heī. ok
lez vılıa at nu ſættız þr heılū ſattū þt ek
em nu ꝼ͛ ellıſaukū t͛ engıſſ ꝼæꝶ. ⁊ mun
ek þeī é t͛ matar eīſ bıoða. G. var þa ſíon
lauſſ. ħ let vorð hallða a v̄ ꝼ͛ð þra. Guðm̄ðr
vıllðı þıggıa boðıt. en eıñ vıllðı é. ⁊ reıð ſı
nū megın ár huaꝶ þra. var .G. ſagt at an
naꝶ ꝼlokñ reıð. þangat. þa mun eıñ é
vılıa þıggıa boðıt. ħ ē ſua tortryɢr. at ħ
truır engū mānı. þ er ſagt at eıñ kalla
ðı a Guðm̄ð. ⁊ mł̄ı. þar mun ek kōa a morgī
eꝼ þu kēr ı kuellð. en Guðm̄ðr hugſaðe
þ ē ħ mł̄ı. þa mun þ ætlan þín at þu eıḡ
at mæla epꞇ͛ mık. Snyr ħ nu epꞇ͛ eınarı
þta ē ſagt .G. at huargı ſnyr. þagat. þ ē
ılla þa quað .G. þt þ haꝼða ek ætlat eꝼ
ek genga motı þeī at ek ſkyllða é beggıa
mıſſa. ħ haꝼðı ſax brugðıt vnðer ſkıck
íu ⁊ v͛ þau lok v͛ſkıpta þra .G. ⁊ eyꝼırðīga
en þa er krıſtní kō vt hīgat tok .G. ſkırn
⁊ lıꝼðı .ííj. vetr ſıðan ⁊ var byſkupaðr ı ba
naſott aꝼ kol bpı ⁊ anðaðız ı huıtauaðū.
þa bío ᴍaꝶ .G.ſ. ı ꝼornhaga. ⁊ haꝼðı þ͛ latıt
kırkıu ǵa. ⁊ v͛ .G. þar ıarðaðr ⁊ ſua ᴍáꝶ þa
ē ħ anðaðız. ⁊ mart an̄aꝶa m̄ þt langa h
rıð var engı kırkıa ı haurgar ðal nēa ſu
eın. þ ē māna at .G. haꝼı v͛ıt .xx. vet`r´ meſtr
hoꝼðıngı ı eyıaꝼırðı. en aðra .xx. vetr en
guır meırı. en t͛ ıaꝼnſ v͛ ħ. þ er ⁊ mal m̄
at glūr haꝼı v͛ıt bezt v̄ ſık allra vıḡ m̄.
ħ͛ a lðı. ⁊ lykr þar ſogu Glumſ. **aꝼ katlı**

1 KEtıll het m̄ ē kallaðr **þrym cp̄m**
var þrymr. ħ bıo ı ſkrıðu ðal a ħa
ſtoðū. Atlı ħ͛ maðr ē v͛ bðer ketılſ
ħ var kallaðr atlı grautr. þr attv
bu baðer ſaman ⁊ v͛ ꝼem̄n mıklır. ꝼoru
ıaꝼnan t͛ ānaꝶa lða m; kaupeyrı. ok
ǵðuz ſtorrıꝁ. þr v͛ þıðranða .ſſ. Eıtt ýar
bıo ketıll ſkıp ſıtt ı reyðar ꝼırðı þt þ
ſtóð þar vppı ⁊ ſıðan ſıglðu þr ı haꝼ þr v͛
vtı lengı ⁊ toku ꝁgahellu v̄ hauſtıð. ⁊ ſet
tu þar vpp ſkıp ſıtt. En ſıðan keyptı ħ ſér
heſta. ⁊ reıð auſtr ıılātalð v͛ .xíj.`ta´ mān t͛ þ
manz ē veþormr hét. ħ v͛ hoꝼðíngı mık
ıll. en vınatta góð var með þeī katlı. Ve
þormr v͛ raugnuallðz .ſ. ketılſ ráūſ. Veþ
ormr attı .ııj. bræðr. het eīn ǵmr an̄aꝶ
gutthormr. þrıðı ormaꝶ. þr aller bræðr v͛
ħm̄n mıklır. ⁊ v͛ a vetrū m; veþormı en
a ſūrū ı ħnaðı. ketıll var þ͛ v̄ vetꝛ̄ með
ſına m̄n. þar v͛ m; veþormı .íj. kon̄ o kū
nar. ōnur vān allt þ er ħ͛ orkaðı. en on̄
ſat at ſaumū. ⁊ v͛ ſu ellrı. En yngͥ konan
vān allt vel. en ılla var þegıt at hennı.
ħ͛ gret opt. þta hugleıððı ketıll. þ v͛ eīn
ðag ē ketıll haꝼðı þar lıtla ſtunð verıt
at þı kona geck t͛ ár m; klæðı ⁊ þo. ⁊ ſıðā
þo ħ͛ hoꝼuð ſıtt ⁊ var harıt mıkıt ⁊ ꝼagr
t. ⁊ ꝼór vel. ketıll vıſſı huar ħ͛ v͛. ⁊ geck þā
gat. ⁊ mł̄ı t͛ hēnar. huat quēna ertu ſagðı
ħ. Arneıðr heıtı ek. ſ. ħ͛. ketıll mł̄ı. hu͛t er
kyn þıtt. ħ͛ .ſ. ek ætla þık þ engu ſkıpta.
ħ groꝼ at vanðlıga ⁊ bað hana ſegıa ſer
ħ͛ mł̄ı þa m; gratı. Aſbıorn het ꝼaðer mīɴ
⁊ var kallaðr ſkerıableſı. ħ reð ꝼ͛ ſuðrey
ıū ⁊ v͛ ıarl ıꝼ͛ eyıunū epꞇ͛ ꝼall tryggua.
ſıðan ħıaðı veþormr þangat m; ollum
bræðrū ſınū. ⁊ .xvííj. ſkıpū. þr komu v̄ nótt
t͛ beıar ꝼoður mínſ ⁊ brenðu ħ ını. ⁊ allt karla
ꝼolk. en konur gengu ýt. ⁊ ſıðan ꝼluttu þr
oꝁr moður mína hıgat ē ſıgrıðr heıꞇ͛. en ſe
llðu aðrar konur allar manſalı. ē goðorm`r´
nu ꝼorm̄ eyıāna. þau ſkılıa nu. en ānan
ðag epꞇ͛ mł̄ı ketıll v͛ veðorm. Vılltu ſelıa m̄
Arneıðı. Veþ͛r.ſ. þu ſꞇ ꝼa hana ꝼ͛ halꝼt .c.
ſılꝼr ſaꝁ ockarrar vınattu. þa bauð ke
tıll ꝼe ꝼ͛ koſt hēñ þt ħ͛ ſꞇ eckı vīna. En ve
þormr lez munðu veıta hēnı koſt. ſē oðrv
ꝼoruneytı ħ. a þ͛ ſūrı kōu heī .bb. Veþ͛rſ.
grīr ⁊ ormr. þr hoꝼðu ħıað a ſuıþıoð v̄ ſu
marıt. Sıꞇ knarrar ſkıp attı huaꝶ þra.

ꝫ v̊ hlaðın m; ꝼíarhlut. V̊ þr m; veþ̅r̅. v̄ vet
rū en v̄ varıt bıuggu þr .bb. ſkıp ſın t̉ ıſl
anðz ꝫ ætluðu þr ketıll at hallða ſāꝼlota. ꝫ
ē þr lagu ꝼ̍ vıkīnı. bað Arneıðr ketıl at gan
ga a lð vpp at leſa ſer allðın. ꝫ ōnur kona
m; hēnı. er þ́ v̄ a ſkıpınu h̄ loꝼaðı hēnı. ꝫ bað
hana ſkāt ꝼara. Nv gengu þær a lð. ꝫ komu v̄
ðer backa eīn. þa ĝðı a regn mıkıt. Arneıðr
ml̅ı. gack t̉ ſkıpſ ꝫ ſeg katlı at h̄ kōı t̉ mín
þt m̄ ē krankt. h̊ ĝðı ſua. ꝫ geck ketıll eīn ſa
man t̉ arneıðar. h̊ heılſar h̄m ꝫ mlı. kol heꝼ̍
ek h̊ ꝼunðıt. þau ĝꝼu þ́ ſanðīn ꝫ ꝼunðu kıſtıl
eīn ꝼullan aꝼ ſılꝼrı. ꝫ ꝼ̊ ſıðan t̉ ſkıpſ. þa bau\`ð´
ketıll hēnı at ꝼlytıa hana t̉ ꝼrænða ſıña m;
ꝼ̅u ꝼe. en h̊ kauſ at ꝼylgía h̄m. Sıðan letu þr
ı haꝼ ꝫ ſkılðı m; þeī. kō ketıll ſkıpı ſínu ı rey
ðar.ꝼ. ꝫ ſettı vpp. en ꝼór ſıðan heī t̉ buſſ ſínſ
a h̊aſtaðı. En halꝼū manaðı ſıðaꝛ̄ kō orm̄
ſkıpı ſínu ı reyðarꝼ. ꝫ bauð .k. h̄m heī en ſkı
p ħ var vpp ſett. A þ́ ſūrı kō Grīr ſkıpı ſınu a
eyrar. ı þa hauꝼn ē knarrar ſunð heıt̅. ꝫ v̄ vm
vetrīn m; þeī mānı. ē þkell hét. en v̄ varıt
ept̅ nā Grīr ſer lð. þ er þaðan aꝼ var kalla\`t´
ĝmſneſ. ꝫ bıa at burꝼellı. alla æꝼı ſına. **eň aꝼ**

2 Nv ē þar t̉ at taka ē .k. þrymr **katlı þrym**
kaupır ſer lð. ꝼ̍ veſtan vatn þ ē lagar
ꝼlíot heıt̅. ſa beꝛ̄ .h. a arneıðarſtoðū.
ꝫ bıo þar ſıðan. A varþīgı kaup̅ .k. lð. ꝼ̍ orm
h́ þ a orm̄ſtoðū. þ v̄ nockuru vtaꝛ̄ m; vatní
nu ꝫ bıo ormr þar t̉ ellı. þ́ næſt kaup̅ .k. goð
orð ꝫ gaꝼ ſılꝼr ꝼ̍. en aðr hoꝼðu þr graut atlı
broðer ħ ſkıpt m; ſér ꝼe ſınu. Atlı kaup̅ lð
ꝼ̍ auſtan ꝼlıotıð. vpp ꝼra hallormſtoðū ē nu
heıt̅ ı atlauík ꝫ bıo þar t̉ ellı. en nu ero þar
ſauð h̊a topt̅ Ept̅ þta ĝır .k. brullaup t̉ arn
eıðar. þt h̊ v̄ ēn meſtı kuenſkaurunk. þau
attu ſon er þıðranðı h́. h̄ v̄ mıkıll maðr ꝫ vēn
.k. v̊ð m̄ ſkālıꝼr. ꝫ tok þıðranðı ꝼıarlut ok
goðorð ept̅ ꝼoður ſīn. hauaꝛ̄ h́ m̄. h̄ v̄ beſſa
.ſ ē kallaðr var ſpak beſſı. h̄ bıo ı vallaneſı.
h̄ attı konu tuau born. beſſı h́ ſon ħ en yng

vıllðr .ð. Sa þóttı þar kuenkoſtr beztr. hēń
bað þıðranðı. ꝫ var h̊ h̄m geꝼın. Egıll h́ m̄
h̄ haꝼðı numıt norðr ꝼıorð allan ꝫ bygðı þ́
er kallat ē a neſı. h̄ var kallaðr ēn rauðı
Egıll. ꝫ v̄ Guthormſ .ſ. h̄ v̄ kuentr m̄ ꝫ atte
eína ðott̅. ē Jngıbıorg h́. beſſı hauar .ſ. bað
hēń. ꝫ v̄ h̊ h̄m geꝼín. hēní ꝼylgðı heıman
neſ lð. þau þıðranðı ꝫ ynguıllðr attu m̄t
barna. ketıll het .ſ. þra. ānaꝛ̄ þuallðr. Joreıð
h́ .ð. þra. ē geꝼın uar ſıðu hallı. ōnur ðott̅
þra .h́ hallkatla. hana átti geıt̅ lýtīgſ .ſ.
er bıo ı ꝛ̄ſſavık ı vapna ꝼırðı. ĝa h́ en þrı
ðıa ē bío vt ı h̊aðı at eyuınðar a. barðr het
ſon hēń. þa ē þr v̊ ꝼulltıða ketıll ꝫ þvallðr
tok þıðranðı ꝼaðer þra ſótt. ꝫ anðaðız. þr
toku ꝼe ept̅ ꝼoður ſīn. ꝫ mattı enĝ ſtunð
ſaman eıga. þorvallðr var mıkıll maðr ok
ſterkr. ꝼalátr ꝫ ꝼaſtnæmr. ꝫ rıkr ı h̊aðı h̊a
ðı heıma. ketıll var glaðr maðr. ꝫ malam̄
mıkıll. þr ſkıptu ꝼe m; ſér. ꝫ haꝼðe þvall̅.
arneıðarſtaðı. En ketıll haꝼðı goðorð ꝫ bıo
ı nıarð vık. ꝫ var mıkıll hoꝼðıngı. Þorĝm\`r´
h́ maðr ē bıo at gılıū ı ıokulſðal norðr. h̄
attı ſer konu ꝫ eına ðott̅ ē ðroplaug hét
h̊ var ven kona. ꝫ kūnı ſer allt vel þor
vallðr bað ðroplaugar. ꝫ tokuz þau rað ꝫ
attu þau .íj. ſonu. het helgı ēn ellrı. en ĝmr
eñ ynĝ. þra v̄ vet̅r munr. þvallðr v̊ð ė ga
mall m̄. ꝫ anðaðız. en ðroplaug bıo þar ep
t̅ ꝫ ſyñ hēń. helgı v̄ mıkıll maðr vextı. ok
véñ ꝫ ſterkr. gleðım̄. ꝫ hauaðaſār. h̄ vılldı
eckı v̄ bunat hugſa. vıgr v̄ h̄ m̊ bezt. Gr
ımr v̄ mıkıll maðr vextı. ꝫ aꝼrēðr at aꝼ
lı. hlıoðlatr. ꝫ ſtılltr vel. h̄ var bum̄ mıkıll
þr .bb. vonðu ſık allz kynſ ıþrottū. ꝫ þot
tu þr þ́ ꝼ̍ ollū vngū m̄m. ıallrı atꝼ̅ð ſın
ní. ſua at þra ıaꝼnīgıar ꝼenguz ė **aꝼ**

3 Beſſı het maðr er bıo a beſſa ſto **ƀsa**
ðū. h̄ var auzurar .ſ. holmſteīn
het .ſ. beſſa. h̄ bıo a vıðıvollū enū ſyðꝛ
h̄ attı aſlaugu þorıſ .ð. ſyſtur arnkelſ goða.

hallſteīn ħ́ m̄. ē bıo a vıðıvollū enū neyr
ðꝫ. ꝫ var kallaðr ēn breıððælſkı. ħ v́ bæðı
auðıgr ꝫ vınſæll. þḡðr ħ́ kona ħ. þau attu
.ííj. ſonu. þorðr ꝫ þkell ꝫ eīðrıðı þgeıꝛ̄ het
m̄. er bío a hrafnkelſ ſtoðū helgıaſbıarn̄
.ſ. bıo a auð ſtoðū vpp ꝼ̄ háfſ á. ħ v́ goðorz
m̄. ħ attı ðroplaugu ſpakbeſſa .ð. þau attu
mart barna. hrafnkell het maðr. ħ v́ b̄ður
ſon helga. aſbıarn̄ .ſ. ħ bıo at hafrſ á. ħ v́
v́ngr. þr helgı .a.ſ. attu goð orð baðer ſamā
ꝫ for helgı m; goðorðıt. þa bıo ſa m̄ ē áan
het ꝫ var kallaðr truðr a gūnlaugar ſto
ðū. ofan ꝼ̄ míofa neſı. Auzuꝛ̄ ħ́ m̄ ē bío
vnðer áſı ꝼ veſtan vatnıt. ħ v́ magr .h.a.
.ſ. Hıarranðı het m̄ ē bıo at aungulſáa
ꝼ auſtan vatn a vollū v́t. ħ attı .ð. helga
.a.ſ. ē þorkatla ħ́. þ er ſagt at ozuꝛ̄ ē vıtr
m̄. ꝫ mıog hafðr v́ mal m̄. bıorn ħ́ m̄ ē bío
a myrū ꝼ veſtan geırðalſ á. ħ v́ kallaðr .b.
ēn huıtı. ħ attı ðottur helga .a.ſ. þ v́ ſıðr ı
þān tıma at færa konū þeī koſt ē a ſæng
huılldu. Ok ſua bar tıl at ðroplaug fór at
fīna ıngıbıorgu moður ſína. a beſſa ſtaðı.
ꝫ foru m; hēnı .íj. þrælar. þau foru m; .íj.
vxa. ꝫ þar a ſleða. ðplaug v́ eına noı́ vp
pı þar. þt manboð ſkyllðı v̄a a ormſtoðū
eīnı nott ſıðaꝛ̄ en þ v́ lıtlu ꝼ várþīg. þa ꝼ̄
þau heī ꝫ oku ept̄ ıſı. ꝫ ē þau komu vt v̄
hallormſſtaðı. þa ꝼ̄ þrælarn̄ ı ſleðān. þt vx
arn̄ kūnu þa heī. En ē þau komu a vıkı
na. ꝼ ſūnan oððzſtaðı. þa gīgu vxarnır
baðer nıðr ı eınvok. ꝫ ðruknuðu þau þ́
oll. ꝫ heıt̄ þ́ ſıðan þræla vík. Sauða m̄ .h.
ſagðı ħm einū ſaman tıðenðın. en ħ bað
ħ engū ſegıa. Sıðan for helgı t́ varþıngſ
þar ſellðı ħ oðz ſtaðı. ꝫ keyptı mıofaneſ
fór ħ þagat bygðū. ꝫ þottı ħm ſer þa ſkıo
tara fyrnaz. lıflat ðplaugar. Nockurv
ſıðaꝛ̄ bað helgı .a.ſ. þorðıſar toððu .ð. broðð
helga. ꝫ v́ ħ̊ ħm gefī. þoꝛ̄ ħ́ m̄ er bıo ı my
neſı. v́t ꝼ auſtan vatn. ħ v́ kuæntr maðr

ꝫ m̄ vıtraztr. ſa m̄ v́ a vıſt m; ħm ē þḡmr
ħ́. ꝫ v́ kallaðr torðyfıll. þfīnr ħ́ m̄ ħ vān
t́ fıar ſer a ſūrū en a vetrū v́ ħ vıſt lauſ.
ꝫ for þa m; kaup varnīg ſīn. Vm hauſt
ıð v́ ħ a gıſtīgu hıa þorı ı myneſı. ꝫ ſat ħ
v́ ellð hıa ħkorlū þorıſ. þr toku talmıkıt
v̄ þ hu̅ıar konur v̄ı frēſtar þar ı ħaðe
þ kō ſaman m; þeī. at ðroplaug a arneı
ðar ſtoðū. v̄ı ꝼ fleſtū konū. þa .ſ. þḡmr. S̄
munðı þa ef ħ̊ hefðı bonða ſīn eınhlıtan
ḡt. þr .ſ. allðrı hofū v́ tuımælı heyrt a þ́. ꝫ
ı þu kēr at þeī þoꝛ̄ bonðı. ꝫ bað þa þegıa
þegar ı ſtað. lıðr af nottī. ꝫ f̄r þfīnr b̄tt
ꝫ kō a arneıð ſtaðe. ꝫ ſagðı ðroplaugu a
llt tal þra ħk̄la þorıſ. ħ̊ gaf ſer eckı fyſt
at. vtan ħ̊ var hlıoð. Eīn morgın ſpurðı
helgı moður ſına huat hēnı v̄ı. ħ̊ .ſ. þeım
bræðꝫ ıllmælıt. þ ē þḡmr torðyfıll hafðı
v́ hana talat. ꝫ munu þıð huarkı þar ſkā
mar hefna ne ānarſ. þott v́ mık ſe gıor
þr letu ſē þr heyrðı è. þ ē ħ̊ talaðe. þa v́
helgı .xííj. vetra. en Grīr .xıȷ. vet̄. lıtlu
ſıðaꝛ̄ bıugguz þ heıman. ꝫ ſogðuz fara
ſkyllðu a kyn̄ıſ leıt t́ eyvınðar ár. t́ gró
þr gīgu at ıſı ꝫ v̄ þar eına nott. En v̄ morgın
īn ſtoðu þr ſnēma vpp. g̊a .ſ. huat þr ſkyllðı
þa. þr .ſ. rıupur ſ̄lu v̄ veıða. þr foru ı myneſ
ꝫ funðu þ́ konu eına. ꝫ ſpurðu at bonða.
en ħ̊ quað þa farıt hafa. v́t a ſanða .víıj.
ſaman. huat g̊a ħkarlar. q. helgı. ħ̊ .ſ. þor
grīr torðyfıll ꝫ aſm̄ðr ꝼ̄ at heyı vt ı ey. Sıð
an gengu þr v́t ór garðı. ꝫ vnðer aſ þān
ē ıarnſıðulækr fellr m; ꝫ ꝼ̄ vtan ı eyna at
þeī. Aſm̄ðr v́ a hlaſſınu. ꝫ ſa ꝼ̄ð þra .bb. ok
kenðı þa. þr toku heſtīn ꝼ̄ ſleðanū. ꝫ ætlaðı
þḡmr at rıða heī. ꝫ ı þ́ ē ħ vıllðı a bak hla
pa. ſkaut helgı ſpíotı a ħm mıðıū. ꝫ fell
þḡmr þeg̅ ðauðr nıðr. Aſm̄ðr fór heī með
eykīn ꝫ var hræððr. þr ꝼ̄ ꝫ komu aptr tıl
eyuınðar ár. groa ſpyꝛ̄ huat þr veıððı. h.
.ſ. v́ hofū veıðt torðyfıl eīn. þott ykr. ſ. ħ̊

þıkı lıtılſ v̄t vıg þta. þa ẽ þoꝛ̄ mıkılſ v̄ðr. ⁊ ſt̄u þıð nu ꝼara heī a arneıðar ſtaðı. ⁊ ſua g̃ð`v´ þr. ⁊ hoꝼðu þar ꝼıolmēnı́ mıkıt. **aꝼ þm**

4 Þorır kō heī v̄ aptanīn ⁊ ſ̃ttı **bræðrum** tıðendı þ̃ı. ⁊ q̃ð eckı t̃ ſın taka. þēna atburð. þt þgrīr ṽ lauſıngı helga lauſıngıa .ſ. Sıðan ꝼor þoꝛ̄ t̃ helga .A.ſ. ⁊ ſag ðı ħm vıgıt. kalla ek at þu eıg̃ ept̃ at tala. h.ſ. þ ſatt ṽa. ept̃ þ ꝼór þoꝛ̄ heī. Eīn tıma talaðı ðroplaug ṽ ſonu ſína. Ek vıl ſenda ykr t̃ vap naꝼıarðar ı kroſſauık t̃ geıtıſſ. þr ꝼoru heı man. ⁊ veſtr a heıðı. ⁊ ẽ þr hoꝼðu aꝼ ꝼıorðū g. lauſt a ꝼ̃ þeī hrıð mıkıllı. ⁊ vıſſu ė huar þr ꝼ̊ ꝼyꝛ̄ en þr komu vnðer ħveɢ eīn. ⁊ gēgu v̄ ſalarſīnıſſ. þa ꝼunðu þr ðyꝛ̄. ⁊ kenndı hel gı at þ ṽ blotħ ſpak beſſa. ſn̄u þr b̃tt þaðā ⁊ komu heī ẽ þrıðıūgr ṽ ept̃ nætr. a arneıð̊ ſtaðı. en hrıðın hellzt halꝼan manuð. ok þottı m̄m þ langt mıog. en ſpak beſſı ſag ðı þ vallða ſua lang̃ hrıð. er þr ðroplaug̃ .ſſ. hoꝼðu gēgıt ſolarſīnıſſ v̄ goðaħ ħ ⁊ þ ā nat at þr hoꝼðu ė lyſt vıgı torðyꝼılſ at lo gū ⁊ heꝼðı goðın þ̃u reızt. Sıðan ꝼor b̃ſı t̃ ꝼunðar ṽ þa .bb. ⁊ lyſtu þeır þa vıgínu ⁊ ꝼ̊ ſıðan norðr ı kroſſauık t̃ geıtıſ. v̄ va rıt ept̃ ꝼ̊ þr þkell geıtıſ .ſ. ⁊ g̃mr ⁊ helgı t̃ ꝼorſ ðalſ t̃ korkalækıar varþıg̃ſ. þar hıtt vz þr helgı aſb.ſ. ⁊ ſættuz a víg þg̃mſ. ok lauk þkell ꝼe ꝼ̃ En helga ðroplaug̃ .ſ. lıka ðı ılla. ẽ ꝼe kō ꝼ̃ víg torðyꝼılſ ⁊ þottı o h eꝼnt ıll mælıſſınſ. þr .bb. ṽ ı kroſſavık ok nā helgı laug aꝼ þkatlı. helgı ꝼór mıok m; ſakſokn̄ ⁊ tok mıok ſak̃ a þīgm̄n .h.a. .ſ. Jaꝼnan ṽ þr .bb. m; moður ſīnı. Eınaꝛ̄ hallſteıſ .ſ. haꝼðı ꝼarıt vtan ⁊ ṽ leıððr vpp a ırlðı. ⁊ `h´aꝼðr þar ı hoptū. þ ſpurðu .bb. ħ þkell ⁊ þoroððr. ⁊ ꝼ̊ vtan. ⁊ leyſtu ħ vt. ⁊ ꝼoru ſıðan t̃ ıſlðz. kona hallſteıſ ṽ þa aunðut. ⁊ bað ħ ðroplaug̃ ⁊ ꝼeck hēnar en helgı kallaðı þ eckı ſıtt rað. Sıðan ꝼór ħ̊ a vıðıvollu. t̃ buſſ m; hallſteínı þr .bb. helgı ⁊ g̃mr ꝼ̊ vt ı tungu ṽ .xıȷ.`ta´ mān. tıl bonða þ er Jngıallðr heıt̃. ⁊ ṽ nıð geſtz .ſ. ħ at tı ðottur ẽ helga ħ. hēn̄ bað Grīr ⁊ ħ̊ ṽ ħm geꝼín. Sıðan ſelðı Jngıallðr lð ſıtt. en keyptı halꝼa arneıðar ſtaðı. ⁊ bıuggu þr Grīr mag̃ baðer ſaman. En helgı ðroplaugar .ſ. ṽ ym ızt ı k̃ſſauık. eða m; þeī g̃mı. hraꝼnkell k allaðı t̃ goðorz ṽ helga .Aſb.ſ. ꝼrænða ſīn. ⁊ naðı ė. þa ꝼór hraꝼnkell t̃ hallſteīſ a vı ðıvollu. ⁊ bað ħ lıðſ. hallſteīn .ſ. ė mun ek ı helga aſb.ſ. þt ħ heꝼ̃ atta ſyſtur mına. en þ ræð ek þ̃ at þu bıð .h.ð̊p.ſ. ðuga þ̃. en ek mun ꝼa t̃ þīgm̄n mına at veıta þ̃. Sıðā ꝼór hraꝼnkell at ꝼīna .h.ð.ſ. ⁊ bað ħ lıðſ .h.ſ. m̄ þık̃ hallſteīn eıga at vırða þ meí ra ṽ þık at ħ a ſyſtur þına en þ ẽ lıðıt ẽ hraꝼnkell bıðr nu helga hıalpa ſér. h.m. þa. þ ræð ek þ̃ at þu ꝼar a vıku ꝼreſtı vt a gūnlaug̃ ſtaðı. ⁊ hıtt áán truð. ⁊ loꝼa ħ míog. en vınatta þra .h.a.ſ. var goð. þt áán gaꝼ ħm marga goða g̃pı. þ ſt̄u ſpy rıa áán. huerſu mıklar vırðıngar ħ þık- ız haꝼa aꝼ helga. ⁊ loꝼa ħ ı hueríu orðı en eꝼ ħ lætr vel ıꝼ̃ þa ſpyr þu ħ eꝼ ħ ha ꝼı nockuru ſīnı ı ðom v̄ıt neꝼnðr ꝼ̃ goðo rð .h.a.ſ. en eꝼ ħ ſegız þ̕ ė náð haꝼa. þa ſegðv ħm at ħm v̄ı betra at geꝼa .h.a.ſ. ſtoðheſt ſīn t̃ þ at ħ næðı þrı vırðıng at ṽa ı ðomı nū. ept̃ þ ſkılıa þr. ⁊ ſtunðu ſıðaꝛ̄ ꝼīnr hraꝼnkell án. ⁊ talar ṽ ħ þ ẽ helgı haꝼ ðı ħm ꝼ̃ ſagt. en áán ſagðız ꝼreıſta ſkyll ðu. Sıðan reıð hraꝼnkell heī. v̄ varıt ꝼ̊ m̄n t̃ varþıg̃ſ. þa neꝼnðı .h.a.ſ. áán truð ı ðō. ⁊ ſkyllðı þ̕ þo leyna. þt áán haꝼðı ge ꝼıt .h.a.ſ. ſtoð hroſſ .vıȷ. ſaman. en er áán var ı ðō ſettr. let .h.a.ſ. kōa þoꝼahatt a h oꝼut ħm t̃ ðular. ⁊ bað .h. ħ ꝼátt tala. þ̕ næſt geck hraꝼnkell at ðomū. ⁊ þr ð̊pl. .ſſ. ⁊ mart m̊ m; þeī. þa geck .h.ð̊.ſ. at ðo mınū. ⁊ þar at ſē áán truðr ſat. h. ſlo ſūz hıolltunū vnðer þoꝼahattīn. ⁊ lauſt b̃tt

aꝼ ħm ɜ ſpurðı hŭr ꝥ ſæte. áan .ſ. ť ſín. h.m. hŭr
reꝼnðı þık ı ðóm ꝼ̇ goðorð ſıtt. ħ .ſ. h.aſƀ.ſ. g̃ðı
ꝥ. þa bað .h.ð.ſ. hraꝼnkel neꝼnkel neꝼna ſer
ꝩatta. ɜ ſteꝼna .h.a.ſ. aꝼ goðorðınu ſagðı ony
tt oll mal ꝼ̇ ħm. haꝼðı neꝼnt áán ťð ıðō þa g̃
ðız þraung mıkıl. ɜ buıt v̇ barðaga. aðr hall
ſteīn geck ı mıllı ɜ leıtaðe ꝩ ſæť. varð ſu ſǽtt
þra at ħꝼñ ſkyllðı haꝼa ıālengı goð orð ſē
helgı haꝼðı áðr ħaꝼt. en epť ꝥ ſkylldu þr haꝼa bað
ſaman goðorð. ok ſkyllðı helgı þo veıta hra
ꝼnǩ. at ollū malū a þíngū. ɜ mān ꝼundū ɜ
þar ē lıðſ þyrꝼtı v̇. h.ð.ſ.m. v̇ hraꝼnǩ. nu ꝥ
ıkıūz ek þer lıð veıtt haꝼa. ħ .q. ſua ṽa. nu
ꝼ̃a m̄n heī aꝼ þíngınu. **aꝼ þorgeırı bonda**

5 Epť ꝩ vetrīn g̃ðı hallærı mıkıt ɜ ꝼıa'r'
ꝼellı. þg̃r bonðı a hraꝼnkelſ ſť. let m̄t
ꝼé. Maðr ħ þorðr er bıo a geırulꝼſ ey
rı ꝼ̇ veſtan ſkrıðuðalſ á. ħ ꝼæððı barn .h.
a ſ. ɜ var rıkr at ꝼé. þangat ꝼor þgeıŕ ɜ ke
yptı at ħm .v. tıgı aſauðar ɜ gaꝼ ꝼ̇ voru.
aſauðar ꝥ naut ħ ılla ɜ gec brott ꝼra ħm
en ꝩ hauſtıð ꝼór þg̃. ſıalꝼr at leıta ꝼıar ſīſ
ɜ ꝼān ı quıū a geırolꝼſ eyrı .xvííj. ær ē ħ
áttı. ɜ v̊ mıolkaðar. ħ ſpyŕ koñ hŭſ rað ꝥ ṽı
en þær ſogðu at þorðr reðı ꝥ. þa ꝼór ħ ť mo
tz v̇ þorð. ɜ bað ħ beta ſer ɜ m̄lı vel ť. bað
ħ g̃a huart ē ħ vıllðı ꝼa ſer tuæueť gellðī
ga ıāmarga .e. ꝼæða ꝼæða ærń eptır vm
veťn. en ħ q̃ huarkı v'ı'l'ı'a. q̃ lítt nıota ꝥ er
ħ ꝼæððı .h.a.ſ. barn eꝼ ħ ſkyllðı ħ̃ ꝼe ꝼıŕ
gıallða Sıðan ꝼór þg̃. a ꝼunð .h.a.ſ. ɜ .ſ. ħm
ť. ħ .ſ. ek vıl at þorðr bætı ꝥ. ɜ heꝼ̃ þu rett
at tala. ɜ ƀ ħm ť orð mín. þg̃ ꝼān þorð.
ɜ ꝼeck eckı aꝼ ꝼór ħ ſıðan ť motz v̇ .h.ð.ſ.
ɜ bað ħ taka v̇ malínu. ɜ vıl ek at þu ha
ꝼ̃ ꝥ ē aꝼ ꝼæz. ɜ at ꝥu tok .h. malıt. ꝩ var
ıt ꝼór .h.ð.ſ. a geırolꝼſeyrı. ɜ ſteꝼnðı ꝥðı
ť alꝥīgıſſ. kallaðı ħ leynt haꝼa aſau'ð'nū
þıoꝼlaunū. ɜ ſtolıt nytīnı. Sıðan ꝼor m
alıt ť þıngſ ɜ v̊ þr .h.ð.ſ. ɜ ꝥkell geıtıſſ
.ſ. allꝼıolmēnír. var ꝥ m; þeī ketıll. ór
nıarð vík. helgı .a.ſ. haꝼðı eckı lıð ť at ony
ta mal ꝼ̇ þeī. þa baðu m̄n þa ſættaz. en h.ð.
.ſ. vıllðı eckı nēa ſıalꝼðæmı ɜ ſu varð ſætt
þra en .h. g̃ðı ſua morg qugıllðı. ſē ærnar hoꝼ
ðu ṽıt. þær ē ꝥðr haꝼðe nytıa latıt. Skılðuz
nu at ſua m̄tu ɜ þottı .h.ð.ſ. ꝥta mal haꝼa
at oſkū gengıt. **capıtulum** [ħ v̊ þorıſſ .ſ. ħ v̊

6 Sveınungr ħ m̄ ē bıo a backa ı ƀg̃ꝼırðı.
mıkıll m̄ ɜ ſterkr. ɜ vıtr. ħ v̊ vınr .h.
ð.ſ. ꝥān vetr epť. var .h.ð.ſ. laungum
m; ſueınungı. ıƀg̃ ꝼırðı. ꝥſteīn ħ m̄. ē bıo a
ðeſıar myrı. ı ƀg̃.ꝼ. kona ñ ħ ꝥðıſ. ɜ v̊ ſkyllð
mıog .h.ð.ſ. bıorn ħ m̄ ē bıo ı ſnotru neſı ı ƀg̃
.ꝼ. ħ v̊ kuentr. ɜ hlıttı þo ė þrı eīnı ſaman. ꝥſť
v̊ barnꝼoſtrı .h.a.ſ. bıorn ꝼór ıaꝼnan a ðeſıa'r'
myrı ť talſ v̇ ꝥðıſı konu ꝥſť. ħ v̊ þa hrymðr m
ıog ɜ v̊ ħ̃ ť ꝼıar geꝼın. ꝥſť. v̇ þo vel at ſer. ꝥ v̊
eīn tıma at ꝥſť talaðı v̇ .h.ð.ſ. ɜ bað ħ ꝼreıſ
ta eꝼ bıorn vıllðı g̃a ꝼ̇ ħſ orð at lata aꝼ talı v̇
ꝥðıſı. ħ v̊ oꝼuſſ ꝥa. ɜ hét þo at ꝼreıſta ť eīn tı
ma. Eınhŭıu ſıñı geck bıorn ꝩ nótt a ðeſıar
myrı. en þr .h. ɜ ſueınungr ꝼ̊ ť motz v̇ ħ. þa .m.
helgı. ꝥ vıllða ek bıorn at þu léť aꝼ kuamū
ť ꝥðıſar. ɜ er ꝥ ꝼrēð engı at ſkapraunagō
lū mānı. ɜ lat at orðū mınū. ɜ mun ek veıta
ꝥ ānan tıma ſlıkt ſua. bıorn .ſ. engu ɜ geck
veg ſīn ānan tıma ꝼān helgı bıorn. er ħ ꝼór
aꝼ ðeſıar myrı. ɜ bað ħ m; míukū orðū aꝼ
lata ſınū ꝼ̃ðū a ðeſıarmyrı. bıorn q̊ð ė g̃a m̄
ðu ꝩ at vanða. ꝥ ꝼylgðı ꝥ malı at ꝥðıſ ꝼor ko
na ė eīſaman. ɜ var ꝥ ħað ꝼleygt orðıt. helgı
haꝼðı ꝥta mal tekıt aꝼ ꝥſť. ɜ beıððı helgı
bıorn bota ꝼ̇. en ħ lez engu bæta munðu. ɜ
engū ſuoꝝ. vpp hallða. Sıðan hıo helgı bıorn
banahog̊ ɜ ſteꝼnðı ħm ť o helgı. ꝼ̇ ꝥ ē ħ v̊ ꝩ
ſāna ſok vegīn. Vm nottına næſtu epť. ꝼ̊
þr helgı ɜ ſueınungr ɜ .íj. m̄n m; þeī. ı ſker ꝥ
er þar v̊ ꝼ̇ lðı. ɜ ꝼærðu bıorn þangat. ɜ hul
ðu þar hræ ñ. ɜ heıť ꝥ ſıðan bıarnarſker.
Mēn v̊ ſenðer ı mıoꝼaneſ. ť .h.a.ſ. ɜ þottız
kona bıarnar þar eıga ťſıa ꝩ epť mal ē ħ. v̊.

þta ꝩar epꝉ̃ vıgıt ꝼór .h.a.ſ. ı bǵ.ꝼ. at bua mal tıl. ꝫ ꝼān ė hræ bıarnar. ſıðan ſteꝼnðı h.a.ſ. h ð.ſ. ū þ at ħ heꝼðı myrðan ðauðan mān ꝫ ſokt ı ſıo. ꝫ hult ė molldu. helgı ſteꝼnðı ꞇ þīgſ ſkog gangſ ſok þſı. h.ð.ſ. haꝼðı ꞇ alþīgıſſ buıt leg orz ſaukına. Nu ꝼ̊ huartueggı mal ꞇ alþín gıſſ. ꝫ ꞇ ðōſ. Sıðan bauð .h.a.ſ. ꞇ varna. þa gek .h.ð.ſ. ꞇ ðōſ. ꝫ mıkıt ꝼıolmēnı með ħm. ħ neꝼ nðı ſér ꝩatta at onytt ꝟ̊ oll mal ꝼ .h.a.ſ. ꝫ q̃ð ꝥ þa .ııȷ. m̄n ē þ ſa at bıorn ꝟ molldu hulıðr. vān þa ſueınungr eıð at ſtallahrıng ꝫ .íȷ. m̄ m; ħm at þr ſá at bīor ꝟ molldu hulðr. Nu vrðu oll mal onyt ꝼ .h.a.ſ. þa vılldı .h.ð.ſ. g̃ a bıorn ſekıan. en .h.a.ſ. bauð ꝼe ꝼ. ꝫ ꝟð þa .h.ð.ſ. eīn at raða. en ħ g̃ðı ſer .c. þra aura ē þa gengu ı gıollð. ꝫ ſkılðuz at ꝥ. **capıtulum**

7 Nockurū mıſſarū ſıðaꝛ. kō .h.ð.ſ aꝼ h auſt þīgı a vıðıvollu hına neðrı ꞇ ha llſteīſ magſ ſınſ ꝫ ð̊plaug̃ moðuꝛ ſīn. ꝫ haꝼðı ħ ꝥ eckı kōıt ſıðan ħ̊ var geꝼın þa m̄ı ð̊pl. ꝟ hallſꝉ. bonða ſīn at ħ ſkyllðı bío ða .h. at ꝟa þar ū vet́n. ħ .ſ. eckı er m̄ ū þ m ıkıt. vıl ek hellðr geꝼa ħm yxn .e. heſta. en ꝟ aeggıan hēnar. bauð ħ helga ꝥ at ꝟa ꝫ þ þá h. hallſꝉ attı þræl ē þgılſ het. þ var hal ꝼū manaðı ſıðaʀ. at þau tauluðu lengı eīɴ morgın. helgı ꝫ ð̊pl. ꝫ þgılſ þræll hallſꝉ. ꝫ vıſ ſu aðrer m̄n ė þra orðræðu þg̃. vān at ſauð ꝼe ū vet́n a g̃ðı ꝼ ſuñan g̃ð ꝫ ꝟ góðr ꝟk m̄ þagat ꝟ̊ borın hey mıkıl Eīn ðag kō þgılſ at hallſꝉ. ꝫ bað ħ ꝼara at ſıa hey ſın. ꝫ ꝼe ħ ꝼor ꝫ kō ı hloðu. ꝫ ætlaðı vt vınðauga. þa hıo þg̃ ꞇ hallſꝉ. m; exı ē attı .h.ð.ſ. ꝫ þurꝼtı ħ ė ꝼleırı ꞇ bana. helgı kō ꝥ at or hlıð oꝼan ꝼra hroſſū ſınū. ꝫ ſa at hallſꝉ ꝟ vegīn. hel gı ðrap þegar þrælīn. ħ ꝼór heī. ꝫ ſagðı mo ður ſīnı tıðenðın. en ħ̊ ſat ꝟ ellð. ꝫ koñ hía hēnı. lıtlu ſıðaʀ ſpratt þ vpp aꝼ heıma m̄ a vıðı vollū at þau .h. ꝫ .ð̊. ꝫ þg̃ heꝼðı lengı talat eınū ðegı aðr hallſꝉ var vegīn ꝫ ꝟð þta víg ovınſællt. þta mal tekr .h.a.ſ. ok ſteꝼñ helga ꝫ ð̊. ū ꝼıorrað ꝟ hallſꝉ. ꝫ bío mal ꞇ alþıngıſſ. Mal helga .ð.ſ. vrðu ovınſæl ꝫ vılldu enguer ħm veıta nēa þr þkell geıtıſ .ſ. ꝫ ketıll þıðranða .ſ. En ē m̄n ꝼ̊ heí man ꞇ alþıngıſ. þa tok ð̊pl ꝟ̊ þa ē þau h allſꝉ. hoꝼðu átt. ꝫ ꝼór ꞇ ſkıpſ ı beruꝼıorð. m; ſon ſīn þrevetran. ē ħıolꝼr het. ꝫ ꝼ̊ þaꝛ þar vtan ꝫ komu ꞇ ꝼæreyıa ꝫ keyptı ħ̊ ſ̃ þar ıorð ꝫ bío ꝥ ꞇ ellı ꝫ ē ħ̊ or þı ſogu **aꝼ helga**

8 **Þ**vı haꝼðı .h.a.ſ. þı mal. at ė ꝟ̊ .ſſ. **a.ſ.** hallſꝉ. ħ a lðı. a þīgı varð h.a.ſ. allꝼıol mēnr. þa ꝟ leıtað ū ſætꝉ mıllı þra naꝼna ꝫ ꝼekz eckı ānat aꝼ en helgı .a.ſ. reðı eīn. ꝟð ſu ſætt þra at ꝼ víg hallſꝉ ſkylldu ko ma xíȷ.c. ꝫ .v. kugılldı í. En .h.ð.ſ. ſkyllðı ꝼara vtan. ꝫ ꝟa vtan .ííȷ. vetr. ꝫ ꝟa nott í ħı ꝥ ꞇ ē ħ ꝼærı ı ƀtt. En eꝼ ħ ꝼærı ė vtan ſkyllðı ħ ſekr ꝼalla ꝼ .h.a.ſ. a mıllı ſmıor vaz heıðar ꝫ lonſ heıðar. h.ð.ſ. leıtaðı ec kı ꝟ vtanꝼ̃ð. þa ꝼór g̃mr ƀðer ñ ꝼ̃ buı ſı nu. ꝫ ꞇ motz ꝟ ƀður ſīn ꝫ ꝟ̊ a vetrū með þkatlı ı k̊ſſa vık þr ꝼ̊ ū allt ħað ꞇ þīga ꝫ mānꝼunða ſua ſē helgı ꝟı oſekr. þuí næſt koma vt ı reyðarꝼ̃ .ſſ. hallſꝉ þorðr ꝫ þkell. en eınaʀ ꝟ anðaðr er þr komu tıl ırlðz. þr gaꝼu .h.a.ſ. vıðu ꞇ ſkala ꝫ laun uðu ħm ꝥ epꝉ̃ mal epꝉ̃ ꝼoður ſīn. Stenðr ſa ſkalı ēn ı mıoꝼa neſı. þg̃mr ſkīnhuꝼa bıo ı mıðbæ ı norðrꝼırðı. kona ñ ꝟ ʀānve ıg breſtıngr. ħ̊ ꝟ ſyſtır þðıſar. ē þſꝉ. áttı. ꝫ ſk ylld .h.ð.ſ. ħ̊ bað ū varıt a mulaþīgı. helg\a/ ꝼrænða ſīn ꝼ̃a ꞇ ꝼıarſkıptıſ m; þeī ſkīn huꝼu. ꝫ þ ꝟð at ħ ħ̊ ꝼ̃ðıñı. þ ꝟ nockurū vet rū ꝼyꝛ er þr naꝼñ ꝼunðuz a hauſtþıngı at þınghoꝼða. þa ſkyllðı .h.ð.ſ. mæla laug ſkıl ꝫ varð ħm mıſınt. ꝫ hlogu m̄n at m íog en .h.a.ſ. broſtı at. h.ð.ſ. ꝼān þ. ꝫ m̄ı þar ſtenðr hraꝼnkell at bakı ꝥ helgı. þ ēo m̄ engı brıgzlı. kuað .h.a.ſ. en þ ſītu þo vıta at ſa mun ꝟða ockaꝛ ꝼunðr at ꝟ mu nū ė baðer heılır ſkılıa. h.ð.ſ.ſ. ė hræðūz

ek þ̅ı hot. þótt þau ſe allægılıg. ꝼ ꝥ at ek ét
la m̄ at hlaða hellū at hoꝼðı ꝥ. a þeī ꝼūðı.
ok ſkılðı ſua þra tal ꝥ at ſīnı. **capıtulm**
9 VM varıt epᷣ ſenðı ꝼloſı ꝼ ſuınaꝼellı
orð þkatlı geıtıſ .ſ. at ħ ſkyllðı ꝼıol
mēna norðan t ħ. vıllðı ꝼloſı ſteꝼna
t ohelgı arnorı aurnolꝼſ .ſ. bᷣður hallðorſ
ı ſkogū. þān mān haꝼðı ꝼloſı vega latıð
þkell ſaꝼnaðe ſer lıðı. ꝫ v þr ſaman .xxx.
ħ bað .h.ð.ſ. ꝼara m; ſer. h.ſ. ſkyllðr ꝫ ꝼſ
væra ek at ꝼa þa ꝼð en kr er ek ꝫ mun
ek heıma va. þk. ſpurðı gm eꝼ ħ vıllðı ꝼ.
en gmr lez e mūðu ganga ꝼ. h ſıukū.
Sıðan ꝼor þk. m; xxx māna ſuðr t ſuına
ꝼellz. þaðan ꝼ þr ꝼloſı veſtr ı ſkoga m;
.c. m̄. lıtlu ſıðaʀ kō helgı at malı v grím
broðurr ſīn ꝫ ſagðı ħm at nu vıll ħ ꝼara
t rānveıgar ꝼrænðkonu þra. ꝫ ga ꝼıár
ſkıptı m; þeī þgrímı ſkīnhuꝼu. þkell ꝫ
gūnſteīn ór ēnı ıñrı kroſſauık. ꝫ íj. heīa
mamēn þra m; þeī. ꝫ v þr .vı. ſaman ꝼara
þr þa v heıðı auſtr. ꝫ kōa t þk a torꝼaſta
ðe. ðott ħ v toꝼa e kolluð var hlıðar ſol. H
var hıalſkona .h.ð.ſ. þar v þr v nott ꝫ tol
vðu þau .h. mart ꝫ toꝼa. ſagðı hēnı ſua h
vgr v ſē ħ mundı e aptr koma. or þı ꝼór. H
geck a gotu m; þeī ꝫ gret mıog. helgı ſpt
tı aꝼ ſer belltı goðu ꝫ þar a knıꝼr bvīn ꝫ
gaꝼ hēnı. Sıðan ſkılðuz þau. en þr ꝼ t bæ
ıar þ e at ſtraumı heıt. ſa m̄ ꝼór þaðan
m; þeī e helgı h. v þr þa .víj. ſaman. þr k t
eyuınðarár t g. var þeī þar vel ꝼagnat
þbıorn h m̄ ſa var hkarl g. ħ gðı vel t va
pn. h.ð.ſ. bað ħ ga t ſuerð ſıtt. meðan ħ ꝼı
ı ꝼıorðu oꝼan. þbıorn ꝼeck helga ānat ſvð
þaðan ꝼ þr ı norðr ꝼıorð t þſteıſ magſ ſīſ
ħ attı þðıſı ſyſtur rānueıgar er attı þgm`r´
ſkīnhuꝼa. þān ðag e .h. ſat þar. þa kō oꝼ
an v heıðı. þkell broðer þorarīſ or ſauða`r´
ꝼırðı ꝫ eīn m̄ m; ħm. þr v ꝥ v nottına ꝫ
toluðu þr h. mart ꝫ mltu t vınattu með

ſer. h. mlı v þk. hut ætlar þu heðan ħ .ſ. vt
a neſ t bıarnar. ħ ſellðı lerept ı vetr e ek
áttı. mun ek þar va .íıj. nætr. þa mlı .h. ek
vıllða at v ꝼærī baðer ſaman vpp v ꝼıall
þk. q þ gıarna vılldu. Sıðan ꝼara þr alle
ſaman ı mıðbǽ. þaðan ꝼor þk vt a neſ.
.h. ðrap a ðyʀ ı mıðbæ. ꝫ geck rānveıg tıl
ðyra. h. mlı v hana. vılltu nu ꝼıarſkıptı`ð´
m; ykr þgmı vıl ek gıarna. q. h. þa neꝼndı
h ſer vatta ꝫ ſagðı ſkılıt v þgm. ſkīnhuꝼu.
h tok ꝼot ħ oll ꝫ rak nıðr ı hlanðgroꝼ. epᷣ þ
ꝼ þau a bᷣtt. þt .h. ætlaðı ſıðaʀ at heīta vt
ꝼe hēh ꝼ þau t ðaguðar ı ꝼānarðal. en e
þau v ı bᷣttu ſpratt þgmr vpp ꝫ tok reck
ıu vaðmal ſıtt ꝫ vaꝼðı at ſer. þt ꝼot v engı.
ħ rān t hoꝼſ. þar bío þoraꝛ molldoxı. ħ v
mıkıll ꝼ ſer. þoraꝛ. mlı. huı ꝼeʀ þu h ſua
ſnēma þgmr ꝫ hellðr ꝼaklæððr. ħ .ſ. kuað
konu ſına bᷣtt tekna. vıl ek nu bıðıa þık a
ſía v þta mal. þoraꝛ .ſ. geꝼa vıl ek ꝥ ꝼyſt kl
æðı þt þ e ꝥ nu meſt nauðſyn. Sıðan át ħ
þar ðaguð. þa mlı þoraꝛ. þ mun ek ꝥ raða
at þu ꝼīn .h.a.ſ. ꝫ ſkoꝛ a ħ at ħ rettı þıtt mal
en eꝼ ſua ꝼeʀ ſē ek get t at þu ꝼaır eckı.
þa ſpyrþu huenar ħ ætlar at eꝼna orð ſín
þau e ħ mlı a hauſtþıngı. at þıghoꝼðum
en eꝼ ħ vaknar þa eckı v. þa leıta ꝥ raðſ
en ſeg .h.a.ſ. at .h.ð.ſ. mun ꝼara v ꝼıall vpp
a .íıj. natta ꝼreſtı. ꝫ þr .vıȷ. ſaman. ꝼar t .h.
ı kuellð ꝫ kō ſıð. þt ħ lykr ſıalꝼr hurðū.
hun apta ı mıoꝼa neſı. þr ſkılðuz. ꝫ ꝼor þ
gmr leıð ſína. ꝫ kō ēn ſama aptan ı mıoꝼa
neſ. helgı ſat v ellð. þgmr bar þeg vpp e
enðıt ꝫ ſagðı .h. ſın vanðræðı. en ħ ꝼeck
eckı orð aꝼ helga. þa mlı þgmr. allmıok
ðregr nu at ꝥ a`t´ þu hallð enga þıgm̄n þıa
ſkamlauſt ꝼ .h.ð.ſ. huarkı a þıgū ne mā
ꝼunðū ꝫ ma ek þ ꝼra bᷣa .e. hueh ætlar
þu at ꝼunðr ſkılı yckaʀ vða. er þu hetzt
ħm at þıg hoꝼðū at þıt ſkylldut e baðer a
bᷣtt komaz .e. vıllð þu ēn ꝼleırı oꝼar ꝼa ꝼ

ħm h.a.ſ. mł̄ı. huart ē̃u þta þın ráð .e. ānaʀa
māna ħ .ſ. þoraꝼ̃ molldoxı reð m̄ þta. þa mł̄ı
.h. þu þg̃mr ſl̄t ꝼara vt ıꝼ̃ half a myrar t̓ bıar
nar huıta. ⁊ bıð ħ hıgat koma ꝼ̇ mıðıan ðag
a morgın. ⁊ þa ꝼarþu aptr v̄ bolungar voll. ⁊
kō a vıðı vollu. t̓ ꝼunð̓ v̓ .ſſ. hallſt̃. bıð þa hı
gat kōa. eꝼ þr vılıa heꝼna ꝼoður ſínſ. þa ꝼ̇
þu oꝼan ꝼ̇ veſtan vatn vnder aſ t̓ auzura`r´
⁊ bıð ħ hıgat kōa ⁊ ꝼylgðu ħm ħ ꝼór þegar
Vm ðagīn komu m̄n ı mıoꝼaneſ. þr ē̃ helgı
haꝼðı epṫ ſenðt. ᴍeð .h. v̊ a vıſt auſtm̄n .íj. ħ̓
añaʀ Sıgurðr ſkarꝼr. en ānaʀ aūnunðr.
Nu ꝼ̊ þr heıman .xvı. ſaman t̓ hoꝼða. h. bað
hıarranða ꝼ̇a m; ſér ⁊ kara ƀður ħ. ħ .ſ. ek v̓
buīn þott ꝼyʀ v̊ı. Nv ero þr xvííj. ſaman ok
ꝼ̊ vpp ı eyuınðarðal t̓ knutu ſelſ. ⁊ ſatu þ̓ ꝼ̇
.h.ð.ſ. Jgull ħ̓ m̄ ē̃ bıo vnð̓ ſkagaꝼellı ı eyuī
ðarðal. þorðr ħ̓ ſon ħ. þr ſkylldu hallda n
ıoſn v̄ ꝼ̊ðır .h.ð.ſ. þt þaðan mattı ꝼyʀ ſıa m̄
ꝼ̊ð. en þaðan ſem þr helgı v̊. **ꝼall .h. ðrop**

10 Þa ē̃ þar t̓ at taka ē̃ þkell kēr ı ꝼ
ānar dal t̓ ꝼoruneytıſ v̓ .h.ð.ſ. ⁊ v̊ þ̓
v̄ nottına. helgı let ılla ı ſueꝼnı. ⁊
v̓ ħ .ııj. ſīnū vaktr a þrı nótt. þkell
ſpyʀ huat ħ ðreymðı. h.ſ. ė mun ek ſegıa. nv
klæðaz þr. helgı bað þſt̃. ſıa v̄ koſt rānueıga`r´
lat ꝼylgıa hēnı eꝼ þu vıll t̓ buſſ g̃mſ ƀður m
ínſ. þr ꝼ̊ ꝼ̇ ðag vtan ór ꝼānarðal. ⁊ v̊ .ıx. ſamā
⁊ vpp a heıðı. ok þa ē̃ lokıt v̊ breckū ollum
huılðız helgı. þt ħm v̊ orðıt erbıtt. ⁊ lagðe
vnðer ſık ꝼellð ſīn. þa klo ħ kīn ſína ⁊ g̃ñí
hokuna. ⁊ mł̄ı þta. þ ē̃ vēna aðr quellð komı
at þar klæı lítt .e. er þ̃ þk nu ıāmıkıll hug`r´
a at heyra ðraū mīn ſē ı nótt. ħ .ſ. ė ē̃ m̄ nu
mīnı hugr a þ̓ en þa. Mer þottı. q.h. ſē v̊ ꝼæ
rī þa leıð ſē nu ꝼorū v̊. ⁊ oꝼan epṫ eyvınð̓
ðal t̓ kalꝼſhualſ. þa rūnu .xvííj. vargar mo
tı oſſ .e.xx. ⁊ var eīn mıklu meſtr. en v̊ vıllð̃
a hualīn. ⁊ komūz ė. en þr ſottu at oſſ þegar
⁊ kleıꝼ eīn ı hoku m̄ ⁊ ı tāng̃ðīn. ⁊ þa v̊ ek v
aktr. þa q̊ð þk þ víſt at m̄n munu ſıtıa ꝼ̇ þ̃.

mun þ̓ v̄a .h.a.ſ. ⁊ aðrer ħaðſm̄n. ⁊ leıðız nu
ıꝼ̃ gangr þīn ꝼleſtū m̄ heðra. Nu hoꝼū v̓ mł̄t t̓
vınattu m; oʀ ⁊ vıl ek at þu ꝼaꝼ̃ heī m; m̄
⁊ v̄ þar nockura ſtunð. h.ſ. ſua mun ek ꝼ̇a
ſē ek heꝼı ætlat. þr ꝼ̊ oꝼan epṫ eyuınð̓ ðal.
⁊ kōu a bé þðıſar. ħ̓ v̊ gomul. bæðı lıot ⁊ ſuort
.h. ætlaðı at ſpyrıa hana tıðenða. En ı þ̓ teʀ̃
eīn maðr vpp ſnękauck ⁊ g̃ðı harðan ı hen
ðı ſér. ⁊ lauſt a kīn þðıſı. ⁊ v̊ð hēnı ıllt v̓. ħ̓ m.
ꝼarı þ̃ ı ſua gramenðr aller. þa mł̄ı .h. þ er
heīſklıkt at ƀıa t̓ kuēna. ⁊ ē̃ ıllz g̃gıſ nema
heıman haꝼı. Nu ꝼeck .h. þar engı tıðenðı
ꝼ̊ þr nu a ƀtt ⁊ oꝼan t̓ valagılſ ár. þa bauð þ
kell at ꝼylgıa .h. t̓ eyuınðar ár. ė þ̃ꝼ þ̃. q.h.
Nu ſkılıaz þr. ⁊ þa ē̃ þkell v̊ komīn ſkāt ı
breckur vpp. hūꝼr ħ aptr t̓ motz v̓ .h. ħ tok
alluel v̓ þk. ⁊ q̊ð ſlıkt vınraun mıkla.
Nu ꝼ̊ þr t̓ kalꝼſ vaðſ eyrar. þa ſıa þr .xvííj.
m̄n rēna ı motı ſer. nu vılldu þr .h.ð.ſ. ſnu
a t̓ huálſınſ. ⁊ mattu ė. þa ſn̄u þr vpp aꝼ go
tūnı a gılſþraumīn hıa eyrargılſ á. þar v̓
lıtıl vpphæð. ⁊ logð ı ſnıo ꝼaūn neðan. en nu
ē̃ þ̓ hrıſı vaxıt v̄ alla þa hæð. ⁊ er þar nu lı
tıll grıotuarðı ē̃ þr borðuz. þa ſpurðı .h. g̃m
ƀður ſīn huart ħ vıll ſkıota t̓ .h.a.ſ. vppı .e.
nıðrı. en g̃mr kauſ vppı t̓ at ſkıota. ė vılltu
naꝼna mīn þa ꝼeıgan. q.h. ꝼ̇ þ̓ at mun ħm
hlíꝼ v̊ða at ſkıllðınū þar er ek ſkyt t̓. Nv
ſkutu þr baðer ſēn t̓ helga a.ſ. ⁊ ſkaut g̃mr
ı gegnū ſkıollðīn ⁊ varð helgı eckı ſaʀ aꝼ þ̓
En .h.ð.ſ. ſkaut ı kneſk ħm. ⁊ renðı oꝼan ı l
eggīn. kloꝼnaðı t̓ leggrīn ⁊ ſua nıðr ı gegn
v̄ rıſtına. ⁊ v̊ð. helgı .a.ſ. þeg̃ v vıgr. þa ſettız
bıorn huítı vnðer herðar ħm. ⁊ barðız ħ̃r
gı þra v̄ ðagīn auzuʀ vnðan aſı geck ꝼ̃.
.q̇. ė munðu vega motı .h.ð.ſ. ⁊ ſat ħ hıa þþr
ſkarꝼr v̊ nıoſnarmaðr .h.a.ſ. ⁊ haꝼðı legı`t´
ı ān̄ı. ⁊ v̊ ꝼroſın klæðı ħ. ħ ſottı vpp ı ſkaꝼlīɴ
at .h.ð.ſ. ⁊ þottız v̓ ħ ſakır eıga. ⁊ ē̃ ħ kom
ı ſkaꝼlīn. ſkaut .h.ð.ſ. t̓ ħ. mıllı ꝼotāna. ⁊
ı gegnū kyllīn. ⁊ ꝼell ħ a bak aptr. en ſpío

tıð ꝼeſtı ı ſkaꝼlınū ꝫ heck h̄ þar a ſkaꝼlın
ū allan ðagīn. Epť þ eggıaðı .h.a.ſ. maga ſı
na ť atgaungu. ꝫ neꝼnðı ť hıarranða. ꝫ
þa ſottu þr hıarranðı ꝫ karı at .h.ð.ſ. En þr
hallſť .ſſ. ſottu ǵm. ꝫ m̄ m; þeī. En þkel ſu̇
taſkallð ſottu auſtm̄n .íj. ꝫ v̇ ſıg̃ðr ēn þrı
ðı maðr bazt vıgr aꝼ lıðı .h.a.ſ. þ̇ ꝼell þkell
ſuartaſkallð en h̄ ðrap auſtmānīn ānan
en sıg̃ðr v̇ð ſaŕ mıog. þt þk v̇ bazt vígr
aꝼ þra lıðı. þeǵ helga leıð ꝫ ǵm. Nu gang
az þr at ꝼaſt. ꝫ þa er þr hıarrāðı ꝫ karı
ſottu .h.ð.ſ. þa hlıop helgı eñ magrı ꝼra
ſtraumı ı motı kara. attuz þr v̇ ꝫ ꝼell kar\`ı´
en helgı v̇ð ſaŕ mıog. þa ſottı hıaŕ. ꝼaſt
at .h.ð.ſ. ꝫ hıo ť ħ harðt ꝫ tıðū. en .h. hío
huarkı ꝼæra ne ſmæra. en ſu̇ð þ ē h̄ h
aꝼðı ðugðı eckı. þa m̄ı .h. v̇ hıarranða.
allĥðt munðer þu ꝼ̃m̄ gāga. eꝼ þu ætť
ꝼrıalſborna ðotť .h.a.ſ. hıaŕ.ſ. lattu at
þ̇ koma. ıāſkyllðar ēo .h. baðar. ꝫ ſottı h̄
at harðara þott ſlık orð ꝼǽrı í. hıoz ſk
ıollðr .h.ð.ſ. mıog ꝫ ſa h̄ at h̄m munðı ė
ſua buıt ðuga. þa ſynðı .h. vıgꝼımı ſína
ꝫ kaſtaðı vpp ſkıllðı ſınū ꝫ ſuerðı. ꝫ ſu̇ð
ıt vınſtrı henðı. ꝫ hıo ť hıaŕ ꝫ kō a lærıt
en ſu̇ðıt beıt eckı þegar beīſınſ kenðı.
ꝫ ſuaððı oꝼan ı kneſ botına. ꝫ v̇ð h̄ aꝼ þ̇
ſar\`ı´ ouıgr. ꝫ ı þ̇ hıo hıaŕ. ť .h. en h̄ bra v̇ ſkıll
ðınū ꝫ hlıop aꝼ ſuerðıt ı anlıt h̄m. ꝫ kō á
tāng̃ðīn ꝫ aꝼ vorrına neðrı. þa m̄ı .h. all
ðrı var ek ꝼagrleıtr. en lıtıð heꝼ̇ þu v̄ bæť
tok h̄ þa ť hēðı ſīnı ꝫ ſlettı ı mūn ſer ſkeg
gınu ꝫ beıt a. en hıaŕ ꝼór nıðr ꝼ̇ ſkaꝼlī
ꝫ ſettız nıðr. þ ē mal m̄ at ſkērı munðı ha
ꝼa orðıt ꝼunðr þra hıaŕ. eꝼ .h. heꝼðı haꝼt
ſu̇ð ſıtt ꝫ heꝼðı ė v̇ ꝼleırū átt at ſıa. ꝫ v̇
hıaŕ. þo eñ meſtı ꝼullhugı. þa ſa .h. at ǵm\`r´
broðır ħ v̇ ꝼallīn. en þr v̊ aller ðauðer
ē at h̄m ſottu. en ǵmr var ſáŕ ť olíuıſ. þa
tok .h. ſu̇ð þ er ǵmr haꝼðı att. ꝫ m̄ı. Nu ē
ſa m̄ ꝼallīn er ek hugða bezt. þ mun n

aꝼnı mīn vılıa at v̇ ſkılī ė at þu. ꝫ ſteꝼn̄
.h. þa oꝼan at þ̇ ē .h.a.ſ. ſat. en þa v̊ aller
m̄n ſtokn̄ oꝼan aꝼ ſkaꝼlınū. ꝫ vıllðı þa
engı bıða .h. þ̇ ſtenðr þu auzoṙ. q.h. ꝫ mun
ek eckı v̇ þ̇ ſıa. þt þu ıoſt mık vatní. ꝫ ḃ h̄
þa oꝼan gegnt ozurı. þa v̇ð ozuŕ ſkıott tıl
raða at taka. þt banı ānarſ huarſ þra hel
gāna la v̇. þ v̇ð þa orræðe ozurar at h̄ lag
ðı a .h.ð.ſ. ſpıotınu. ſua at ſtoð ı gegnū ħ. h.
geck a ſpıotıð. ꝫ m̄ı v̇ ozur. ſueıktu mık nu.
ozuŕ ſa at .h. ſn̄ı at h̄m ꝫ munðı na ť ħ með
ſuerðınu. þa hratt h̄ ꝼ̃ ſer ſpıotınu ꝫ ollu
ſaman. ſn̄ı þa ſpıot ſkaptınu ı ıorð nıðr. ꝫ
let h̄ þa lauſt. þa m̄ı .h. ē h̄ ſa at h̄ naðı h̄m
ė. nu ſeīkaða ek en þu bræðð̃ hellðr. reıð h̄
þa aꝼ ʋ́t a ſnıaīn. ꝫ lauk ſva æꝼı .h.ð.ſ. v.
m̄n hoꝼðu bana aꝼ lıðı .h.a.ſ. en ſaŕ aller að
rer. vtan bıorn huıtı ꝫ ozuŕ. þ̇ ꝼell m; .h.ð.ſ.
þk. ſuarta ſkallð ꝫ ꝼorunautr ħ. ꝫ auſtm̄
er heıman ꝼór m; .h.ð.ſ. ꝫ ǵmr ḃðer ħ. **aꝼ**

11 HElgı .a.ſ. reıð aꝼ ꝼunðınū ꝫ v̇ **helga**
ſtuððr a bakı en hıaŕ. reıð eīn ſaman
en karı v̇ a ſkıollðū borīn. heī ť hoꝼða. ok
orpīn haugr epť h̄. Nu kōa þr ť hoꝼða. ꝫ
v̊ ſpurðer tıðenða en þr ſogðu þau ē orðın
v̊. þa m̄ı eīn m̄. huat g̃ðı helgı .ð.ſ. v̄ aðra
m̄n ꝼ̃m̄ ı ðag. Sıg̃ðr ſkarꝼr .ſ. eꝼ ſlıḱ heꝼðı
aller v̇ıt m; .h.ð.ſ. ſē h̄ v̇. þa heꝼðı engı ʋ́aŕ
ı ḃtt komız. helgı eñ maġ kō ť eyuınðar
áar ꝫ ſagðı g̃ tıðenðín. h̄ v̇ ſaŕ mıog. ĥ .m.
þa v̇ barð ſon ſīn. tak þu heſta ꝫ eykı ꝫ ꝼoꝛ
epť þeī helga ꝫ ǵmı. þau ꝼ̊ ꝫ kōu ť valſīſ.
ꝫ v̇ þeī .bb. vellt ı ſleða. ꝫ þk. m; þeī. en þr
ꝼ̊ a heſtū ē ſaŕ v̊. en þ̇ v̊ þr ıarðaðer ē ðauð̃
v̊. Nu ꝼ̊ þau heī a leıð. ꝫ ꝼylgðı g̃a þeī ſleða.
ꝼaſtaz er ǵmr v̇ ı. ꝫ let hoglıga m; h̄ ꝼ̊. Nv
komu þau heī ꝫ letu ꝼæra lıkın tıl vtıbur\`s´
eínſ. g̃a .m. Nu munu v̇ barðr ſon mīn nátt
ſæta lıkín. en þ̇ ꝼarıt m; þa er lıꝼſ ero ok
vīnıt þeī beına. en ē m̄n v̊ ı ſueꝼnı. ꝼor g̃a
yꝼ̇ v̄ vatn ť eckıuꝼellz þ̇ bıo alꝼg̃ðr læknır.

g̊a bað hana ꝼ̊ heī m; ſér. ꝫ ſagðı hēnı tıðē
ðın. Nu komu þær heī t́ eyuındar ár ꝫ ꝟ́ lıꝼ
m; g̊mı. alꝼg̊ðr batt ſar ñ. ꝫ haꝼðı ħ ı ƀ́t m;
ſer. Vm morgınīn epꝉ̃ ꝟ́ haugr g̃r ǘt ꝟ́ eyuī
ðara ꝼ́ ſūnan g̊ð ꝫ ꝼór barðr m; lıkın. ꝫ ſa m̃
ē̃ þau truðu bezt. at leyna munðı at g̊mr ꝟ́
a lıꝼı. ꝫ ꝟ̊ þr helgı ꝫ þk. þ́ heygðer. Nu lıggr
g̊mr ı ſarū þān vetr. ꝫ ſua helgı .a.ſ. Nu ꝼlo
ſa k᷑ttr at g̊mr lıꝼðı ꝫ ſañaðı ānaꝛ̃ en ānaꝛ̃
q̃ð lygı. kō þ ꝼyſt vpp aꝼ hıonū g̊. þa let .h.
g̊a lokhuılu ı mıoꝼaneſı. ē̃ ħ ſpurðı at g̊m`r´
var heıll. Sıðan ꝼór g̊mr norðr ı k᷑ſſa vık
t́ þk. geıtıſ .ſ. ꝫ ꝟ́ ħm þar vel ꝼagnat. **aꝼ**

12 Nv keyptı .h.a.ſ. lð þ ē̃ at eıðū heıꝉ̃
vt ı ħaðı. en ſellðı mıoꝼaneſ. ꝫ þottız
þ́ betr komīn. ē̃ þīgm̃n ñ ꝟ̊ v̄ hūꝼıſ. ꝫ let g̃
a þ́ lokhuílu. þðıſ kona ñ ſpurðı huí ħ v
ıllðı þ́ hellðr lð eıga. ē̃ allt var ſkogı vax
ıt at ħum heī. ꝫ mattı hūgı ſıa māna ꝼ̃
ðır. þott at g̊ðe ꝼærı. þa .q̃ð.h.v. A ek ı mor`c´
ē̃ myrkuır mıðleggſ ðaga tueggıa. ꝼ̃m̃ ƀ́
ek heıð ı hlıoðı. hraūn argſpeīg margan.
at mot ſtaꝼ̃ meítı. munı m̄n þr ē̃ ſtyr vīna.
hıllðar bauꝛ̃ v̄ hıaꝛ̃a. hræ lækıar mık ſæ
kía. Grīr ꝟ́ nockura vetr ı k᷑ſſauík ꝫ ꝟ́ ė
katr. allð hlo ħ ſıðan .h. ꝟ́ ꝼallıñ. þkell
attı ꝼaur t́ eyıaꝼıarðar. at ſætta þīgm̃
ſına. ꝫ reıð ħ heıman en g̊mr ꝟ́ heıma
ꝫ añaðız v̄ bu. Nockurū nottū ſıðaꝛ̃ bıoz g̊m`r´
heıman ꝫ ſagðız eıga ꝼıarheītu at þeī mā
nı ē̃ þg̊mr ħ́. ꝫ bıo ı hıarðar haga. ı ıokulſ
ðal. er nu reynt. q.G. at ħ vıll ė gıallða þa
mꝉı ıorūn kona þk. ħ́ var ðotꝉ̃ eınſ ꝼ̃ þūá
ek mun gıallða þ́ ſkullð ꝑa. ꝫ ꝼar þu hū
gı. ė gellðr ħ þa. q.G. ꝼór ħ þa heıman ꝫ h
aꝼðı m; ſer neſt. ꝼoſtbræðr ñ ꝼ̊ m; ħm glūr
ꝫ þk tranı. þr ꝼ̊ þar t́ ē̃ þr komu t́ rangár
ꝼ́ veſtan vatn. Nu logðuz þr yꝼ̃ ana m;
þk. ꝉna ꝫ komu a þān bæ ē̃ a backa heı
ꝉ ꝼ́ veſtan ꝼlıotıt ꝫ g̃gu þar ı ꝼıoſ ꝫ to
ku þar pal ꝫ reku. ꝫ ꝼ̊ a ƀtt ſıðan. ꝫ þaðan

vt t́ oððmarſ lækıar. ꝼ́ veſtan eıðaſkog
ꝟ́ lækīn g̃ꝼu þr ſerıarðħ. ꝫ ꝼærðu mollð
alla vt a lækīn. vıllðu þr eıga ꝼylſní þ
eꝼ þr þyrꝼtı t́ at taka. **aꝼ ketıl ormı**

13 Þān ðag er þr ꝟ̊ ꝟ́ lækīn rıðu m̄n
ƀtt aꝼ lābaneſſ þīgı. ꝫ ꝼor mart
m̃ t́ eıða m; .h.a.ſ. ketılormr he`t´
m̃ ē̃ bıo a hrollaugſſtoðū. ħ ꝼor
m; .h. ꝟ́ .xxx. m̃. ꝫ þar ꝟ̊ þr magar helga.
bıorn ꝫ hıarrandı. þēna aptan gengu þr
.G. ór ıarðħnu. ꝫ heī t́ eıða. ꝫ ganga īn ı ꝼ
íoſ ðyꝛ̃. en aꝼ ꝼıoſı geck ꝼorſkalı īn ı m̃
ħ. ſtoðu þr þar. ꝫ ſa þaðan tıðınðın īn ı bæ
īn. v̄ kuellðıt mꝉı .h.a.ſ. ꝟ́ konu ſına hua`r´
ætlar þu þeī ketılormı at huıla. ħ̊ .ſ. ek he
ꝼ̃ buna þeī goða ſæng vtan aꝼ ſetı. h.m.
þau ſꝉu lıggıa ı ſæng ockaꝛ̃ı. þt þau gā
ga or reckıu ꝼ́ oꝛ̃r. hūn tıma ē̃ ꝟ́ erū þar.
þðıſ .ſ. ė ertu a vallt ıāvaꝛ̃. þa munða ek
þınſ ꝼunðar leıta eꝼ ek ætta .G. hlut. ē̃ ꝼl
eſt ꝟ̃ı geſta. ꝫ þu ætter mart at ānaz.
ħ .ſ. þ ē̃ m̃ opt ı ƀgzlı ꝼært at ek ſe oꝼ va`ꝛ̃´
nu reð ħ reckıū en ė ħ́. þa mꝉı .G. ꝟ́ þkel
gac þu ıñ ꝫ vıt at þu naır ſuerðı þ́ er þ
bıorn heꝼ̃ huatt. ꝫ helgı ƀðer mīn attı. þ
kell geck īn ꝫ kō aptr ꝫ haꝼðı þ́ ſūðıt. Stū
ðu ſıðaꝛ̃ mꝉı .G. ꝼar þu nu ꝫ vıt huar þau
helgı munu huıla. þk. ꝟ́ lıtla ſtunð ı brott
ok ſagðı .G. at þau huıldu vtan aꝼ ſetı. ı lok
huılu ꝫ engı hurð ꝼ́ arnoððr ħ́ m̃ ꝫ ꝟ́ blíðr
ħ ꝟ́ heımamaðr .h.a.ſ. ꝫ ꝟ́ rār at aꝼlı. ħ la
gagnūt helga ı ſetı ꝟ́ þılı. Þa mꝉı .G. ꝟ́ þk. þ́
ætla ek at ganga īn at ſæta aꝟ́kū ꝟ́ helg`a´
þt þu ert añaꝛ̃ maðr ſkyllðaztr t́ at heꝼn`a´
.h. broður mınſ. ſatt ē̃ þ. q.þk. þa ſellðı .G. ħ
ſuerð ı honð ꝫ þa gengu þr heī at ðyrun
v̄. þk. nēr ſtaðar ꝫ mꝉı. ꝟ́ .G. ė vıl ek at þu
vırðer ſua at ek ottūz īn gaungu at hel
ga. en þo þıkı m̃ kynlıgt v̄ at þ́ er þu heꝼ̃
mꝉt. at þu ynñ engū at heꝼna broður
þınſ nēa þ́ ſıalꝼū. þ kēr t́ þ at m̃ þıck᷑

allð ꝼ́ vár kōıt at heꝼnt munı v̄ða .h. bꝛ̄ð mín\`s´
meðan ek lıꝼı epꞇ̄. þa vıllðı þk. ın̄ ganga en
.G. tok t̄ ħ ⁊ mł̄ı. goðr ðreīgr ertu þk. en ſua lız
m̄ a þık at ė at ė vıſt at þu ſær̄ .h. ſua ðıupu
ſarı ſē ek munða vılıa. ⁊ lat þu at þ́ kōa
ſē þu ſagðer at ek ān engū m̄ heꝼnða epꞇ̄
.h. nēa m̄ eınū. þa tok .G. v́ ſuerðınu. ⁊ mł̄ı.
þu þk ſł̄t hallða ı hurðarhrīgın̄. þt þ̄ trv\`ı´
ek bezt at þ̄ v̄ðı ė v̄ ꝼelmt. en glūr en g
lumr ſł̄ ſkıota ſlagbranðı ꝼ́ ðyꝛ̄. en aðr
.G. geck ın̄ tok ħ rıðvol ı honð ſér. ⁊ v̄ ı ſkyrtu
⁊ línbrokū. ⁊ haꝼðı engua ſkua a ꝼotū.
ħ geck ın̄ ı ſkalān ⁊ vıſſı at ſkıða hlaðe
var v́ ðyꝛ̄. þær er t̄ ꝼıoſſ v̄. En glumr haꝼ
ðı vm kuellðıt knytt ſaman hala a ollū
nautū ı ꝼıoſı. þa geck .G. ı huılugolꝼ. þ ē
var hıa ſæng þra helga. ⁊ ſettı þar nıðr ꝼ́
ꝼ̄man þ ē ħ haꝼðı ı henðı ⁊ geck ſıðan at
ſængīnı. ⁊ lagðı aꝼ helga klæðín. ħ vak
naðı v́ ⁊ mł̄ı. toktu a m̄ þðıſ .e. huı v̄ ſua
kollð honð þín. ė tok ek a þ̄. ſ. ħ. ⁊ o vaꝛ̄ ēt
þu. vgḡ mık at t̄ mıkılſ ðragı v̄. ⁊ epꞇ̄ þ ſoꝼ
nuðu þau. þa geck .G. at .h. ⁊ tok honð þór
ðıſar aꝼ ħm ē ħ́ haꝼðe lagt yꝼ̄ ħ. G.m. va
kı þu .h. ꝼullſoꝼıt ē. En ſıðan lagðı .G. ſūðīu
a.h. ſua at ſtoð ı gegnū ħ. helgı mł̄ı vakı
ſueınar ı ſetı maðr vegr at m̄. þa tok .G. ꝼ̄
þ er ħ haꝼðe nıðr ſett. ⁊ kaſtaðe. þ kō ı ſkı
ðahlaðān. ⁊ hlıop ħ oꝼan. Nu hlaupa m̄n
vpp ı ſkalanū. ⁊ ætluðu þangat veganða\`ɴ´
hlaupıt haꝼa. ē ſk̄kıt var at heyra. En .G.
ſn̄ı t̄ ſomu ðyra ſē ħgeck ın̄. þa greıp m̄ v̄ .G
mıðıan. ⁊ va ħ vpp a brīgu ſer. ⁊ v̄ þ arnoð
ðr. ħ kallaðı. t̄ þ̄ hıngat. ek hellð o happa
mānınū. þa mł̄ı .G. veſall ertu hallðz
⁊ lat mık lauſan. ek vıllða heꝼna helga.
þa let arnoððr ꝼ̄ aðra honðına v̄ ħ ⁊ ꝼān
at ħ v̄ berꝼættr ⁊ ı lınklæðū. let ħ þa .G.
lauſan. ⁊ mł̄ı. þ́ let ek lauſt þar at ek mū
ða ė vıta at betr v̄ı at ek heꝼða hallðıt
þa hlıop G t̄ ðyra ⁊ kōz v́t. en þk rekr
aptr hurð. en glūr ſlagbranð ꝼ́ ⁊ ꝼ̄ þr t̄ ıarð
ħſ ſínſ. ⁊ haꝼa þ̄ ꝼylſnı. Nv leıtuðu þr ſér
ráðſ ē epꞇ̄ v̄. toku þ ráð at hallða vorð a uo
ðū ollū. ⁊ ſıtıa v́ bruar a ıokulſ á. Nu komuz
þr hıaꝛ̄anðı ⁊ ketılormr. ⁊ nauðleytam̄n
helga ꝼyſt v́t. ⁊ ꝼ̄ ı leít Nu kōa heī ꝼleſꞇ̄ orleı
tīnı. ⁊ lıꝼðı helgı þa. ⁊ ſpurðı huart þr bıorn v̄ı
aptr kōn̄ ⁊ hıaʀāðı. ħ́ er ek q̄ð bıorn. Sua ē ok
.q. helgı at hıarrāðı lyſır ēn meſtan ðreīgſk
ap v́ mık. Nu āðaz helgı. Nu lıðr aꝼ nottī ⁊ ꝼ̄
þr .G. or ıarðħınu ⁊ vpp m; vatnı. t̄ hoꝼða. ⁊ ſá
þar tıallð. G. geck at tıallðınu. ⁊ mł̄ı. ħ́ latı þ̄
þíoꝼa hıa ſkıpı yðru. þlakr ħ́ m̄ ē ſkıpıt áttı.
ħ ꝼylgðı auſtm̄ t̄ ſkıpſ. ħ leðı .G. bát. ꝼluttuz
þr þar yꝼ̄. G. ꝼór aptr m; batīn. ⁊ laḡız ſıðan
yꝼ̄ vatnít þaðan ꝼ̄ þr vt m; vatnı. ⁊ komu t̄
ıokulſár. ⁊ lagðız .G. þar yꝼ̄ m; þk. ⁊ glūr ꝼór
þ̄. ꝼ̄ ſua norðr ı ꝁſſavık ⁊ var þk ė heī kōın.
þr v̄ ſpurðer tıðenða. þr q̄ðuz engı ſegıa. V̄ ðagīn
epꞇ̄ teꝼlðı .G. v́ auſt mān ⁊ rān at borðınu ſueīɴ
er þau þk. attu ⁊ Jorūn. ⁊ rotaðı taꝼlınu. Auſt
maðrīn ſpynðı t̄ ſueīſınſ. en ħ ꝼrat v́. G. ſkell
ðı vpp ⁊ hlo. þa geck Jorūn at ħm ⁊ mł̄ı. huat
ē þ vorð ı ꝼ̄ð þīnı ē þ̄ ꝼær nu hlaꞇ̄r .e. huat ſe
ḡ þu tıðenða. þa .q.G.v. Hlogu hırðı ðraugar
hlıt var at þ́ lıtıl. ſeīſ þa er ſærðū ḡmı. ſūnr
v̄ harmr oꝼ v̄nīn. nu tær ꝼreyr at ꝼarı. ꝼ
regn ek auðſkata ðauðan. ꝼullar marſ
ı ꝼıollū. ꝼlıotz ānan veg þíota. Er ė þ nu. q.
Jorūn at þu haꝼ̄ heꝼnt helga bꝛ̄ður þínſ.
þa .q.G.v. Reka þottūz nu nackuat. naðða
rogſ at gnogu. helga vıgſ en hlæḡ. hug mīn
v́ þ ıñı. nu ē boðgıornū bıarna beıt egg mu
nīſ teıtı. Armgloðar va ek eyðe. eꝼne magſ
at heꝼna. Nu mun þ ſānaz. q. Jorūn at v̄ erū
ꝼoryſtulauſ þeḡ bonðı ē ė heıma. en þo mun
ðu v́ t̄ hætta eꝼ ė v̄ı naſeꞇ̄ bıarna magſ .h.a.ſ
ſē nu ēo. v̄ þr .G. þa ı leynū. þar t̄ ē þkell kō heī
Nu kēr þk heī ⁊ ꝼor t̄ ꝼunðar v́ .G. ⁊ ſpurðı
tıðenða. ⁊ v̄ atburðīn v̄ víg .h. G. ſagðı hūſv
tıl bar. ⁊ .q.v. Vlꝼr beıt en̄ ı bıalꝼa. egg kom

ſnorp ı leggı. helga kenð ór henðı. harð g̃mſ
megınníorðu. þa ē hræmana hanū. hıllðar b
orðz at morðı. vr ꝼrænīgar árū. enðr ꝼıorbra
ſ̃ renðu. Helgı vān m; h̃ıū. hıoꝛ̄ gall at valꝼ
allı. vıtt knáttu þ þıoðer þegnſ verkı ı ſtyr ꝼ
regna. þa ē gnyuırðır gıorðı. gaūnla ſtıgſ at vı
gı. heıðr at hıllðarveðrı. h̃ꝼnſ áár þrıa ſara.
Aurbeıſ̃ v̊ð vtı. v̄nar vıġſ at lıggıa. atta ðægr
v̇ otta enðr ſız víg oꝼ benðag. þa ē hıormoða
hrıðar. h̃ðanðe let ſuerða. ſnaꝛ̄ a ſeıma þū̊
rı. ſár vonð roðīn ſtanða. þk̄ reıð þa t̄ þīgſ
en g̊mr v̊ ı tıallðı ı ꝼıallı þ̇ er ſneꝼell heıtır
vpp ꝼ̄ ꝁſſauık ꝫ þr ꝼelagar. **vtan ꝼerð .G.**

14 Haꝼnkell goðı broður ſon helga .a.ſ. ſot
tı vígſ mal a honð g̊mí. þk̄.g.ſ. bauð ꝼe
ꝼ̇ .G. en h̃ꝼnk̄. vıllðı ė taka. ꝫ varð g̊mr
ſekr. Nu ꝼ̊ m̄n heī aꝼ þīgı. þ ſumar kō ſkıp ı
kroſſa vık. ꝫ attu norræn̄ m̄n. ſtyrım̄ ꝼor t̄ vıſ
tar m; þk̄. ꝫ v̊ þr .ııı. ſaman. ꝫ ē hauſtaðe. þa
ꝼærðı. G. ſık aꝼ ꝼıallınu. níðr a hıalla eīn. ꝫ v̊
varðı ſtoꝛ̄ ꝼ̇ oꝼantıallðıt. ꝫ ſua ꝼ̇ neðan. en þ v̊
ı oꝼanv̊ðū groſū. þ ē nu kallat at g̊mſ bygðū
ſıðan. auſtm̄n komu t̄ leıka ı ꝁſavık. at ꝼın
na ſtyrım̄n. þa m̄ı eīn auſtm̄. ek þıkız ſıa tı
allð ı ꝼıallıt vpp .e. ella ſteín grán. ꝫ hyġ ek þo
tıallð v̄a. þk̄.ſ. allſkygn m̄ ē̊tu. þ ē ſteīn. ꝫ kollu
v̊ tıallð ſteín. hættu þr þa þ̇ talı. v̄ nottına ep
ſ̃ kō þk̄ t̄ þra .G. ꝫ m̄ı. Nu munu m̄n a ꝼıall gā
ganga b̊tt ꝫ vıl ek at þ̄ ꝼarıt heī a arneıð ſtaðı
Jngıallðr magr þīn ē vıtr m̄ ꝫ mun h̄ vel hall
ða yðr. en eꝼ h̄m þ̇kıa a þ̇ ohægınðı. þa ꝼarı
þ̄ hıngat. Nu komu þr .G. t̄ Jngıallðz. ꝫ ꝼ̊ þr ı h
ellı þān er nu heıſ̃ .G.hellır. Jng̃. talaðı vıð
ſavðamān ſīn. þott hūꝼı nockuꝛ̄ ſauð̄. þa ge't'
tu eckı vm. þa m̄ı g̊ðkona v̇ Jng̃. ſua ē lækr
váꝛ̄ ſaurugr. at varla ē ðreckanða ór. þ̇ ſæſ̃
þ at h̄ v̊ ſtıꝼlðr. ſ. h̄. en ek ꝼór t̄ at ræſta h̄. en þ
var reynðar at .G. g̃ðı ıarð h̃. ꝫ kō mūnīn vpp
v̇ ſæng konu h̄ ꝫ la h̄ þ̇ v̄ nætr. en mollð v̊ ꝼ̃ð
a lækīn. þk̄. ſpakr bıo ı nıarð vık. h̄ reynðı ep
morgū hutū. h̄ v̊ ꝼrænðı g̊ſſ ſkyllðr. h̃ꝼnkell
goðı gaꝼ h̄m .c. ſılꝼrſ t̄. at h̄ reynðı epſ̃ hú
.G. v̄ı nıðr komīn. eckı v̊ h̄ mıog vınū horꝼınn
Nu ꝼór þk̄. v̄ ꝼıall vpp ı h̃at vpp m; vatnı. ꝼ̇
auſtan. en oꝼan ꝼ̇ veſtan. Nu kō h̄ á arneí
ðar ſtaðı. G. attı ſon .vı. veſ̃ gālan. þk̄. ꝼān ſu
eınīn ꝫ m̄ı. ē̊tu .G.ſ. ſua ē q̃ð ſueīnīn. þk̄ m̄ı.
huart ē ꝼaðer þīn heıma. ė veıt ek þ. enða
munða ek ė ſegıa þótt ek vıſſa. eın kona
ſpurðı v̄ kuellðıt. huar ē g̊mſ ſkıola. ē ek ꝼīn
ė. þk̄. tok t̄ orða. huat ē at m̄kı v̄ g̊mſ ſkıo
lu. þa kō Jng̃. at ꝫ m̄ı. haꝼr várn kalla þ̄
g̊m. ꝫ ē h̄m þar brynt ı ſkıolūnı. þa þottız
þk̄. vıta at G. var þar. ꝫ ꝼor ı b̊tt. ꝫ ſagðı h̃ꝼ
nk̄. ſua buıt. Jng̃. ꝫ þk̄. ſ̃nı ꝼ̊ heıman v̄ var
ıt. ıt eꝼra ſuðr v̄ ıokla. ꝫ komo oꝼan ı hor
na ꝼıorð. þar ſtoð ſkıp vppı. Jng̃. tok .G. þ̇ ꝼ̃ı
ꝫ lıðı h̄ ollu ꝫ þk̄. ſ̃na. ꝫ gaꝼ ſtyrım̄ ꝼe tıl
at h̄ leynðı. ꝫ a laun ſkyllðu þau .G. þāgat
kōa. Epſ̃ þ ꝼór Jng̃. heī. ꝫ lıtlu ſıðaꝛ̄ ꝼylgðı
h̄ þeī .G. t̄ ſkıpſ. ꝫ vrðu m̄n eckı v̇ þta varır
ꝫ var .Jng̃. v̇ ſkıp þar t̄ ē þr letu ı haꝼ. Sıð
an ꝼor Jng̃. heī. hraꝼnk̄ v̊ð vıſſ at Jng̃. haꝼ
ðı borgıt .G. ꝫ lauk h̄ ꝼ̇ þ .ííj. m̄kr ſılꝼrſ. þr
.G. kōa ſkıpı ſınu ı ſogn. þa m̄ı þk̄ ſtyrım̄
v̇ .G. mat ſparı ek ė v̇ þık en trauſt heꝼı
ek eckı t̄ at hallða þık ꝼ̇ gūnarı auſtman
nı. ꝫ engū þeī ē þık vılıa ꝼeıgan. þa kaup̄
þk̄. þeī .G. heſta ꝫ ꝼær þeī leıðtoga a vpplōð.
Skılıaz þr .G. vın̄. ꝼ̊ þau þ̇ t̄ ē þau kōa a vpp
lonð t̄ þ̄ manz ē ꝼīngeıꝛ̄ ḣ h̄ var vngr m̄
ꝫ rıkr at pēnīgū. ſıgrıðr ḣ ſyſ̃ h̄. h̊ v̊ vén
ꝫ kūnı ſer mart vel. þar v̊ þau .G. v̄ nott
ꝼīngeıꝛ̄ m̄ı v̇ g̊m. huert ætlar þu ꝼ̃ð þīa.
en .G. ſagðı h̄m þān voxt ſē a v̊. haꝼ þu her
halꝼſ manaðarðuol eꝼ þu vıll. En ē þ v̊ v
tı. þa m̄ı ꝼīngeıꝛ̄. ꝼar þu .G. t̄ buſſ þ̄ ē b̊ð̄
mīn heꝼ̃ att. m; lıð þıſ̃. ꝫ eꝼ þu vıll h̃ ðuel
ıaz þa geym þu þ̄ ſē þu eıg̃. þ boð þa .G. **vıg**

15 Gauẛ het vıkīgr eīn. ıllr **Gaus vıkīgſ**
vıðreıgnar. þr v̊ .íííj. ſaman. ꝫ veíttu
morgū mıkla vſēð. þa bıtu trautt
[ıarn.

ħ haꝼðe v̄ıt a vpplonðū nockura vetr ⁊ ſtokt
.íj. buenðū or buı ſınū ⁊ ſezt epꞇ̄ ı buın. Epꞇ̄
ꝥta bað Gauſſ ꝼ̇ðg̃ð ſyſtur ꝼīngeırſ. en ħ͛ vıll
ðı ė eıga ħ. þa ſkoraðe Gauṡ a ꝼīngeır ꞇ͛ holm
gaungu. ꝼīngeıꝶ .ſ. ꝥ munða ek ė ſpara eꝼ ek
v̄a ııȷ. vetrū ellrı en þo ſꞇ̄ ꝼyꝶ b̄ıaz v̇ þık
en gıpta ꝥ͛ ſyſtur mına. ꝼīngeıꝶ bauð m̄
ꝼe ꞇ͛ at berıaz v̇ Gauſ ⁊ at geꝼa þeī ſyſtur
ſına ē ħ ðræpı ⁊ vıllðı engı ꝥ ꞇ͛ vīna. Grīr ꝼ
ylgðı ꝼīngeırı ꞇ͛ holmſ ⁊ bauð at b̄ıaz ꝼ̇ ħ.
Nu komu ꝥr Gauṡ. ⁊ lagðı ħ .vı. m̄kr ſılꝼrſ
v̇ holmlauſn. ek mun ꝥ ꝼe taka. q. g̊mr. g̊m`r´
haꝼðı .íj. ſuerð. ꝥt Gauṡ kūnı að ðeyꝼa eg
gıar. g̊mr v́a ıaꝼnt baðū honðū. ħ bra vpp
ſuerðı m; vınſtrı henðı. en hıo m; ēnı hæg̊
ꞇ͛ Gaus ⁊ ꝼotīn ꝼ̇ oꝼan kné. ɴu ꝼell. Gauſſ
⁊ ı ꝥ͛ veıꝼðı ħ ſu͛ðınu at g̊mı. ⁊ kō a ꝼotīn.
⁊ varð ꝥ ſuoðuſár. Nu ꝼlyðı vıkīgrīn a b̄ꞇ̄
en g̊mr tok ſılꝼ̇ð. ⁊ ꝼeck goðan orðſtír aꝼ
v̄kı ꝥu. ꝼīngeıꝶ gaꝼ g̊mı buıt. ꝥ ē ħ v́ðueíttı
m; ollū ꝼıarhlutū. lðı ⁊ k͛kꝼe. Sar g̊mſ v́ð
ılla ⁊ bleſ vpp ꝼotīn. ꝥ var eīn aptan ē ꝥ͛ kō
kona. ⁊ lez v̄a lækn̄ ħ͛ bað at bında v̄ ſár
g̊mſ ⁊ ꝥ v́ at ħ͛ batt v̄. ⁊ huarꝼ a b̄tt. lıtlu
ſıðaꝶ kō blaſtr ı ꝼot g̊mſ. ⁊ allt vpp ı quıð
ın̄. v́ þa ꝼarıt epꞇ̄ p̄ſtı ⁊ tok ħ þıonoſtu
⁊ anðaðız ſıðan. en ꝥı kona het geꝼıon.
en ꝼıolkunga. ⁊ haꝼðı v̄ıt ꝼrılla Gauſſ
vetr ꝥı leıð aꝼ. ⁊ v̄ varıt keyptı ꝼīngeıꝶ
ſkıp ꞇ͛ hanða helgu. ⁊ ꝼor ħ͛ vt ꞇ͛ ıſlðz með
allan ꝼıarhlut ſīn. ⁊ ꝥk ꞇ̄ní m; ħní. þau
komu ı reyðarꝼıorð. Jng̃. ꝼor ı motí ðotꞇ̄
ſīnı. ⁊ ꝼluttı hana heī a arneıðarſtaðe
⁊ v́ ħ͛ þar ſıðan helga gaꝼ ꝥk. ſkıpıt h
alꝼt. en halꝼt ſellðı ħ͛ auſtm̄m. ꝼór ꝥk.
ꝥ͛ vtan v̄ varıt epꞇ̄. ⁊ lykr ꝥ͛ ꝼra ħm at
ſegıa. ꝥðıſ ē átt haꝼðı helgı .a.ſ. var geꝼ
ın hauſkullðı ſynı ꝥgeırſ goða ꝼ̄ lıoſav
atnı. hauſkullðr tok glū ꝥān ē var m;
g̊mı .ð.ſ. þa ē .h.a.ſ. v́ vegīn. ⁊ letu þau
ðrepa ħ. helga bıo epꞇ̄ Jng̃. lıðīn. a arneı

ðarſtoðū ⁊ ꝥk. ſon ꝥra g̊mſ. ꝥvallðr attı ſon
ē Jngıallðr ħ͛. ħ ſon ħ͛ ꝥuallðr er ſagðı ſog᷑
ꝥa veꞇ ſıðaꝶ en þangbrannðr p̄ſtr kō tıl
ıſlðz ꝼell helgı ðroplaug̃ſon **aulkoꝼra ſaga**

1

Þoꝶhallr het maðr. ħ bıo ı blaſko
gū a ꝥhallz ſtoðū. ħ v́ vel ꝼıareı
ganðı. ⁊ hellðr v̇ allðr ē ſaga ſıa
g̃ðız. lıtıll v́ ħ ⁊ lıotr. Engı var
ħ ıꝥ͛tta maðr. en þo v́ ħ hagr vıð
ıarn ⁊ tre. ħ haꝼðı þa ıðıu at g̃a aul a ꝥīgū
ꞇ͛ ꝼıar ſér. en aꝼ ꝥı ıðn v́ð ħ brátt malkun
nıgr ollu ſtorm̄nı ꝥt ꝥr keyptu meſt munga`t´
v́ þa ſē opt kān v̄ða at mungatın ēo mıſıaꝼ`nt´
vınſæl. ⁊ ſua ꝥr ē ſellðu. engı v́ ꝥħ. veıꝼıſka
tı kallaðr ⁊ hellðr ſınkr. ħm v͛ augu þung
optlıga var ꝥ ſıðr ħ at haꝼa koꝼra a hoꝼðı
⁊ ıaꝼnan a þíngū. en aꝼ ꝥ͛ at ħ v́ m̄ eckı naꝼ
nꝼrægr. þa gaꝼu þıngm̄n ħm ꝥ naꝼn ē v̇ ħ
ꝼeſtız at ꝥr kolluðu ħ aulkoꝼra. ꝥ v́ð ꞇ͛ tıð
enða eıꞇ hauſt. at aulkoꝼrı ꝼór ı ſkog ꝥān
ē ħ attı. ⁊ ætlaðı at brēna kol ſē ħ g̃ðı. Sk
ogr ſa v́ vpp ꝼ̄ h̄nabıorgū. ⁊ auſtr ꝼ̄ laungu
hlıð. ħ ðualðız þar nockura ðaga. ⁊ g̃ðı ꞇ͛
kola. ⁊ brenðı ſıðan vıðīn ⁊ vaktı v̄ nott y
ꝼ̄ groꝼunū. En er a leıð nottına. þa ſoꝼna
ðe ħ en ellðr kō vpp ı groꝼunū. ⁊ hlıopalı
mıt hía ⁊ logaðı ꝥ bratt. ꝥ͛ næſt hlıop ell
ðr ı ſkogīn tok ħ þa at brēna. þa g̃ız a vīðr
huaſſ. Nu vaknaðı olkoꝼrı. ⁊ varð ꝥ͛ ꝼeg
īn. at ħ gætı ſer ꝼorðat. ellðꝛ hlıop ı ſkog
īn. brān ſa ſkogr ꝼyrſt allr. ē olk. attı. en
ſıðan hlıop ellðr ı þa ſkoga ē ꝥ͛ v͛ næſꞇ ⁊ b̄n
nu ſkogar vıða v̄ ħunıð. ē ꝥ͛ nu kallat a
ſuıðnīgı. ꝥ͛ b̄n ſkogr ſa ē kallaðr v́ goðaſko
gr. ħ attu .vı. goðar. Eīn v́ Snorrı goðe an
naꝶ Guðmūðr eyıolꝼſ .ſ. ꝥ͛ðı Skaptı logm̄.
ꝼıorðı ꝥk. geıtıſ .ſ. ꝼīti eyulꝼr ſon ꝥð gellıſ
ſettı ꝥk. ꝼ̄ꝼıll. rauðabıarnar .ſ. ꝥr hoꝼðu ke
ypt ſkoga þa ꞇ͛ ꝥ at haꝼa ꞇ͛ nytıa ſer a ꝥī
gı. Epꞇ̄ kolbrēnu ꝥa ꝼ. oꞇ̄. heī. en tıðenðı
ꝥı ſpurðuz vıða v̄ ħut. ⁊ komu ꝼyſt ꞇ͛ ſkap

ta þra mãna ẽ ꝼ ſkoðũ hoꝼðu orðı\`t´
vm hauſtıt ſendı ħ orð ͭ eyıaꝼıar
ðar m; þeĩ m̃m. ẽ ꝼ̃ð attu mıllı ħaða
ꝫ let ſegıa Guðmundı ſkogabrẽnuna.
ꝫ ꝥ m; at ꝥ mal var ꝼeuenlıgt. Slıkt
ẽendı ꝼoru ok veſtr ı ħut ͭ þra mãna er
ſkoga hoꝼðu átt. ꝼͦ þa ſendıboð ṽ vetnn
epͭ mıllı þra allra ꝫ ꝥ með at goðar þr .vı.
ſkyllðu hıttaz a þĩgı. ꝫ vͣ aller at eínu
raðı. en ſkaptı ſkyllðı mál ͭbua ꝥt ħ
ſat næſt. En ẽ ѵ́ar kõ ꝫ ſteꝼnuðagar
þa reıð scaptı ͭ m; marga m̃n ꝫ ſteꝼn
ðı oꝉ. ṽ ſkogabrẽnuna. ꝫ let varða ſkog
g̃g. oꝉ ṽ mal oðı. ꝫ hellðr ſtor orðr. let ꝥ
ván. eꝼ vıñ ñ kemı ͭ þıngſ. at ſkaptı m̃
ðı ė ıãſtorlıga lata. Sk.ſ. ꝼá ꝫ reıð a ƀtt
ṽ ſumarıt epͭ. komu goðar þr .vı. ͭ þĩgs
ẽ ſkoga hoꝼðu átt ꝫ hoꝼðu bratt ſteꝼnu
ſın a mıllı ꝫ var ꝥ raðıt at mal ſkyllðe
ꝼrãm haꝼa. en g̃a ꝼe allmıkıt ella haꝼ
a ſıalꝼðæmı. oꝉ. kõ ͭ þĩgſ. ꝫ áttı munga\`t´
at ſelıa kõ þa ͭ ꝼunðar ṽ vını ſína. þa ſẽ
vañ ṽ at kaupa aul at ħm. ħ bað þa lıðſ.
ꝫ bauð þeĩ aul at ſelıa. en þr ſuoruðu allẽ
a eĩn veg. at þau eın kaup heꝼðı þr ṽ ázt
at þeĩ ṽ eckı vılnat ı. ſogðu at þr munðu
ė þeĩ bırnı beıtaz at ðeıla ṽ mal ñ ṽ oꝼ
reꝼlısm̃n ſlıka. ꝫ vıllðı engı m̃ heıta ħm
lıðı. ꝫ engı vıllðı eıga kaup ṽ ħ. þottı ħm
þa hellðr vanðaz malıt geck ħ þa mıllı
buða. ꝫ ꝼeck þa engı ãnſuor. þott ħ bæðe
m̃n lıðſ. ṽ þa lokıt ſtorleıka ñ. ꝫ ðrãbı. ꝥ ṽ ṽ
ðag eĩn. at aulkoꝼ kõ ͭ buðar ꝥſteĩſ ſıðu
hallz .ſ. ꝫ geck ꝼ ħ ꝫ bað ſer lıðſ. ꝥſͭ. veıttı
ħm ſlık ãnſuor ſẽ aðrer **aꝼ broðða bıarna ſ.**

2 Maðr er neꝼnðr broððı. bıarna .ſ. m
agr ꝥſͭ. ħ ſat ıt næſta ħm ƀððı ṽ
þa a tuıtugſ allð. oꝉ. geck vt m; bu
ðĩnı. þa ẽ ꝥſͭ. haꝼðı ſynıat ħm lıðſ. ƀððı
mꝉı þa. Sualız m̃ mágr ſẽ ꝥı m̃ munı ec
kı vel ͭ ſkog̃m ꝼellðr. ꝫ ẽ ꝥ lıtılræðı a\`t´ ſé
kıa ħ þeĩ ẽ mıklu þíkıaz ꝼ ſer Nu ẽ ꝥ
ðreĩgſkapr magr at veıta ħm lıð ꝫ mũ
ꝥ ꝥ ſynaz ráð. ꝥſͭ.ſu. veıttu ħm lıð eꝼ
þu ẽt allꝼuſ ͭ. en veıta mun ek ꝥ brauſ
gengı ͭ ꝥ ſẽ ãnarſ. ƀððı mꝉı ṽ mãn eĩn at
ganga ſkyllðı epͭ .oꝉ. ſa g̃ðı ſua geck vt
ꝫ ꝥ hıa buðarveggínũ hıttı ħ .oꝉ. ſtoð ħ ꝥ
ꝫ gret aũlıga. ꝥı maðr bað ħ ganga ĩn ı
buðına. ꝫ taka aꝼ ſer ópıt. ꝫ ė ſſtu ſnauk
ta ẽ þu kẽr ͭ ꝥſͭ. oꝉ. varð g̃tꝼegĩn ꝫ g̃ðı
ſua. En ẽ þr komu ꝼ ꝥſͭ. þa tok ƀ. ͭ orða.
Sva þıkı m̃ ſẽ ꝥſͭ vılı ꝥ lıð veıta. ꝫ þıkͭ
ħm þta klengıſok vͣ. mátͭ þu ė gæta ſ
koga þra. ẽ þu brenðır þãn ẽ þu átͭ. oꝉ.
mꝉı. hueꝛ er ſıa ẽn ſælı m̃ ẽ nu mælır
ṽ mık. ƀ heıtı ek. ſ. ħ. þa mꝉı. oꝉ. huart ẽ
ñ .ƀ. bıarna .ſ. ſua ẽ. ſ.ƀ. bæðı ẽ. q.oꝉ. at þu
ert gauꝼuglıg̃ at ſıa en aðrer m̃n. enða
attu ͭ ꝥ varıt. ꝼor ħ ꝥ morgũ orðũ ṽ. ꝫ g̃
ız þa hrauſtr ı malı. hıtt er nu ͭ. q. ꝥſͭ.
eꝼ þu ẽt allꝼuſſ ͭ .ƀ. at veıta ħm nockut
lıð. ẽ þo loꝼ ħ þık ſua mıog. ƀ. ſtoð þa vpp ꝫ
mart m̃ m; ħm. geck ħ vt ór buðĩnı. ħ ƀ
þa .oꝉ. a eınmælı ꝫ ræððı ṽ ħ. Sıðan gãga
þr vpp a volluna. ṽ ꝥ ꝼ mart mãna. hoꝼ
ðu þr þa vͭıt ılogrettu. En ẽ aðrer m̃nh
oꝼðu ı ƀtt gẽgıt. þa ſatu þr epͭ. Guðm̃ðr
ꝫ ſkaptı ꝫ ræððu ṽ log. ƀ. ꝫ ꝼorunautar ñ
reıkuðu ṽ volluna. en oꝉ. geck ı logrettuna.
ħ ꝼell ͭ ıarðar allr. ꝫ kraup ͭ ꝼota þeím
ꝫ mꝉı. Sæll ẽ ek orðĩn ẽ ek heꝼ̃ ykr ꝼũðıt
hına ðyrlıgu m̃n. ꝫ hoꝼðıngıa mına. eða
munu þıð nockut vılıa m̃ hıalpa hınır
goðu m̃ñ þott ek ſe omaklıgr. ꝥt ek verð
nu allr ꝼ borðı. nẽa þıð ðugıt m̃. ſeınt ẽ
at telıa oll orð .oꝉ. þau ẽ ħ mꝉı. ꝫ let ħ ſem
aũlıgaz a allan hátt. þa mꝉı .G. ͭ Sk. all
veſalıga lætr ꝥı m̃. Sk.ſṽ. huar ẽ nu .oꝉ.
ſtorlætı þıtt. olıklıgt þottı þottı ꝥ ı ѵ́ar.
þa ẽ ṽ ꝼoꝛ ſteꝼnuꝼór at ſa mundı þınn
ẽn baztı koſtr at leggıa malıt ṽð mık.

eða hu͛ſu ðrıug᷎ v͛ða þr ꝥ nu ılıðueızlunnı.
hoꝼðıngıarn̄ ē þu hætꝉ m̄ ı ꝩar. ol.ſ. æꝅ v͛
ek þa ⁊ þo v͛r ē ek vıllða þ ė at þu ðæð̄
v̄ mıtt mal. enða gettu ė hoꝼðıngıa. ꝥt
þr ero orhıarta aller. þeg᷎ þr ſıa ykr at
kōa. ſæll væra ek þa. eꝼ ek næða ꝥ at kō
a vnð̄ ykr mınu malı .e. a ek nockura
ꝩan ꝥ. en varkūn ē þ ſkaptı mīn at þu
haꝼ m̄ ſua reıðzt at nu ſe ꝥ engı koſtr.
var ek þa ꝼol ⁊ aꝼglapı ē ek neıtaða
gıorð þīnı. en ek þorı ė at ſıa þa g̓mm`v´
m̄n ē þeg᷎ munu ðrepa mık. eꝼ þıð hı
alpıt m̄ ė v͛. h̄ mlı opt ıt ſama ſagðı ſ͛
at h̄ þottız ſæll. eꝼ þr ſkyllðu ðæma h̄
mal. þıkı m̄ þ mıtt ꝼe bazt kōıt ē þıt h
aꝼıt. G. mlı ꝉ .ſk. Eckı ætla ek þēna velꝉ
ſektar ꝼallīn. eða mun ė hıtt hellðr r
áð at v͛ g̓ım h̄ ꝼegīn ⁊ latū h̄ kıoſa m̄
ꝉ g̓ðar þſar. þo veít ek ė hu͛ſu hınū lı
kar er ꝥta mal eıga v͛ h̄. Nu þa hın̄ go
ðu m̄n. ſ.ol. veıtıð m̄ þa nockurn ðugn
at epꝉ. Sk. mlı. Vnðer m̄ ē lykt malſ ꝥa
ꝥt ek ꝼ m; ſokına. munu v͛ ꝉ ꝥ hætta ol
at v͛ .G. g̓ım v̄. ⁊ lukū malınu. get ek at
ꝥ munı þ ðuga v͛ ꝼulltīg ockart. þa ſt
oð .ol. vpp ⁊ takaz þr ſıðan ı henðr. neꝼ
nðı ol. þeg᷎ vatta. huern at oðꝛ. ⁊ ē vaꝉ
neꝼna kō vpp. þa ðrıꝼu m̄n at. neꝼnðı
ol. ꝼyſt ƀðða. ⁊ ꝼorunauta h̄. Sk. mlı. ſo
kunautr ꝩaꝅ bıðr oꝃr .G. ꝉ g̓ðar v̄ mal
ꝥta. en þo at v͛ haꝼī þ ſtað ꝼeſt m; oſſ
er ſkaða hoꝼū ꝼengıt at ſıalꝼðæmı ſk
yllðı ꝼ kōa þa vılıū v͛ .G. þ nu veıta h̄.
at v͛ g̓ım hellðr v̄ en aðrer. eꝼ þorhallr
vıll þ kıorıt haꝼa. ſꝉu ꝥ ꝥ neꝼnðer vatꝉ
at ꝼ mal ꝥta. ſꝉ ꝼe g̓a en ė mānſektır.
ek hanðſala nıðr ꝼall at ſokū. þeī ē ek
ſteꝼnða ı ꝩar. ſıðan ſlıtu þr hanðlagīu.
þa mlı .Sk. v͛ .G. h᷎ mun ė vel at v͛ lukī ꝥv
aꝼ. vel ma þ. ſ.G. ol. mlı. eckı ſꝉu þıð h
rapa ꝥ ſua. ꝥt ek ē eckı raðīn í at kıo
ſa yckr hellðr en aðra m̄n. G. mlı. ſua var
ſkılt at v͛ ſkyllðī g̓a. nēa þu kıoꝛ̄ hellðr þa
aðra. ē ꝥta mal eıga m; ockr. ol.ſ. ꝥ neıta
ða ek allā tıma at þr ſkyllðu g̓a. en ſua
v͛ ſkılıt ı hanðlagı at ek ſkyllða kıoſa .ıȷ.
m̄n ꝉ. þa ē ek vıllða. þa v͛ leıtat v̄ hanð
ſalſꝩettı. en þīgm̄ .G. ⁊ ſk. ðeıllðuz allmíog
at. hu͛ſu ſkılıt v͛. en ƀðđı ⁊ ꝼorunauꝉ h̄ ſkar
v ſkyrt ór at ſua haꝼðı ſkılıt v͛ıt ſē .ol.ſ.
at h̄ ſkyllðı kıoſa m̄n ꝉ g̓ðar. þa mlı sk.
huaðan rān ſía allða vnðer .ol. Se ek at
þu hellðr nockuru rackara halanū en
ꝼ ſtunðu aðan. eða hu͛ıa m̄n muntu k
ıoſa ꝉ g̓ðar. ol. mlı. eckı ſꝉ lengı at ꝥ hyg
gıa. ek kyſ ꝥſꝉ. hallz .ſ. ⁊ ƀðða bıarna .ſ. m
ág h̄. ⁊ ætla ek at þa ſe malıt betr komıt
en þıð g̓ıt v̄. Sk. ſagðı at h̄ ætlaðe at þ
mal v͛ı vel kōıt þott þr g̓ðı v̄. ꝥt malaeꝼ
nı ꝩar ero bryn ⁊ góð. en þr ēo ſua vıtrır at
þr munu ſıa kūna hu͛ſu þungſ þu ēt aꝼ v͛ðr.
ol. geck þa ı lıð ƀðða. ⁊ ꝼoru m̄n heī ꝉ buða.
3 Epꝉ v̄ ðagīn ſkyllðı vpp **capıtulum-**
ſegıa ſætt. baru þr þa rað ſın ſaman
ꝥſꝉ. ⁊ ƀ. vıllðı ꝥſꝉ. meıra g̓a en .ƀ. kuað þat
ſkyrſt at g̓a ſua ſē h̄ vıllðı. ⁊ ſegıa þa ſıalꝼ`r´
ſátt vpp. ƀ. bað h̄ kıoſa huart er h̄ vıllðı ſe
gıa ſátt vpp .e. ſıtıa ꝼ ſuoꝛ. eꝼ nockuꝛ̄ m̄n
yrðı ꝉ at leıta a g̓ðına. ꝥſꝉ lez hellðr vılı
a ſegıa ſátt vpp ſegıa. en ſkıpta hnæꝼılyr
ðū v͛ þa goðana. Sıðan ſagðı ꝥſꝉ. at. ol. ſky
llðı ė lēngı þurꝼa ſınſ luta at bıða. ꝗð þa
ſkyllðu gıallðaz ꝼeıt allt at logƀgı. Sıð
an gengu þr ꝉ logƀgſ. en ē lokıt var þar
logſkıl at mæla. þa ſpurðı ꝥſꝉ. hallz .ſ. huar`t´
goðar þr v͛ı at logbergı. er mál attu at
kæra v͛. ol. Mer er ſua ſagt at v͛ .ƀ. ſkylım
g̓a v̄ mal þ. munu v͛ nu vpp luka g̓ðīnı
eꝼ ꝥ vılıt ꝉ hlyða. þr ſogðuz goðſ at vén
ta at þr munðu rettlaꝉ ı g̓ðīnı. þa mlı .ꝥſꝉ.
Sua lız oꝃr a ſē lıtılſ ſe ꝼ v͛t v̄ ſkoga yð
ra ꝼelaga. v͛ þr ꝼelıtlır. ⁊ ꝼıarlæg᷎ yðr tıl

gagnſ. v̇ eıgīgırnı mıkıl ı þm m̄ ē goðſ attu
koſt. ꝫ kalla þ m; eıgu ſıñı ānaꝁı. en h
mattı ė abyrgıaz yðuarn ſkog. ē h bren
ðı ſīn ſkóg. ꝫ ēo ſlıkt vaðauerk. en ꝼ ꝥ a\`t´
þ ē ı gıorð lagt. þa ſl ĝa nockut. ꝼ. ꞵ. vı. m̄
haꝼıt átt ſkogana nu vılıū v̇ ĝa .vı. al
nar hu̅ıū yðrū ꝫ ſl þ gıallðaz h̄ þegar.
.ꞵ. haꝼðı v̇ buız. ꝫ ſtıkað vaðmal ı ſunðr.
ꝫ kaſtar h þa ſer hu̅ıū ſtuꝼ t þra. ꝫ mlı.
ſlıkt kalla ek argaſkatt. Sk.ſ. auðſætt
er þ ꞵðı at þu ēt ꝼuſ t at eıga ıllt v̇ oſſ.
heꝼ þu mıog ſtungız t ꝥa malſ ꝫ ꝼeꝁ þu
lıtt þu̅aꝼætı at ꝼıanðſkap v̇ oſſ. kān v̇a
at oſſ ꝼallı ōnur mal letta. ꞵ.ſv̇. þurꝼa m̄
tu ꝥ .ſk. at taka meıra a oðꝛ ſakꝼlū eꝼ ſ
kðа ſl ı þ ſkarð. er ormr ꝼrænðı þīn rey
ttı aꝼ ꞵ ꝼ manſaungſ ðrapu. ē þu ortır
v̄ konu h. v̇ þ ılla gort. enða v̇ þ ılla goll
ðıt. þa mlı þkell treꝼıll allmıog mıſſy
nız ſlıkū mānı ſē .ꞵ. ē. h vıll haꝼa vın
attu ol. e. nockuꝛ mutugıaꝼ. ꝫ kaupa
ſua at ĝa ſer at vuınū ſlıka m̄n ſē h he
ꝼ ı ꝼangı. ꞵ.ſ. eckı ē þ mıſſynı. at hall
ða eınurð ſīnı. þott māna munr ſe með
yðr. ol. en hıtt v̇ glāſynı ı vár ē þu reıðt
t várþıngſ. at þu varaðız ė. þ er ſteīg̃m\`r´
haꝼðı ſtoðheſt ſelꝼeıtan. ꝫ lagðız h vpp
at bakı ꞵ. en m̄rın ſu ē þu reıðt v̇ mogr
ꝫ ꝼell h̄ vnðer ꞵ. ꝫ heꝼ ek ė ſpurt t ſanz
huerıū þa ſlauðraðı. en hítt ſa m̄n at þv
vart lengı ꝼaſtr. þt heſtın lagðı ꝼætrna
ꝼrām ıꝼ kapuna. Eyıolꝼr þorðar .ſ. mlı
þ ē ſatt at ſegıa. at ſıa m̄ heꝼ allmıog ðreg
ıt buſt ór neꝼı oſſ. enða mælır rán ꝫ reg
ın v̇ oſſ a ſogurt oꝼan. ꞵ.ſ. ė heꝼ ek ðre
gıt buſt or neꝼı yðr. þa v̇ ðregın buſt or ne
ꝼı ꞵ. ē þu ꝼórt norðr t ſkagaꝼıarðar ꝫ ſt
alt auxnū ꝼ þkelı eırekſ .ſ. en guððalaſt
rı reıð epť ꞵ. ꝫ ſattu þa epť ꝼorına ē ꞵ vo
rut kōner ı vazðal. v̇ðtu þa ſua hræððr
at þu brátt ꞵ ı m̄arlıkı. ꝫ v̇ ſlıkt ꝼırn mı
kıl. en þr ſtarrı raku aptr auxnına. ꝫ
v̇ þ ſatt at h ðro buſt ór neꝼı ꞵ. þa mlı
Snorrı goðı. allt ē oſſ ānat tıltækılıg̃
enðeıla h̄ ıllyrðū v̇ .ꞵ. en þ ē lıkazt at
v̇ ĝım oſſ mīnıſāt v̄ ꝼıanðſkap þna.
ē .ꞵ. lyſır v̇ oſſ eꝼ v̇ komūz ı ꝼærı. ꞵ.ſ.
v̄ ſnyr þu þa ſemðunū Snorrı. eꝼ þu
leGr allan hug a at heꝼna m̄. en þu heꝼ
ñ ė ꝼoður þínſ. þa mlı .þk. geıtıſ .ſ. þta
ē lıkaz at þu haꝼ þ hellzt aꝼ naꝼnı.
ꝥ ē þu ēt epť heıtīn at h vıllðı hu̅ſ m̄
hlut ohæꝼan aꝼ ſer v̇ða lata ꝫ þ āna\`t´
at m̄n þolı ė ꝫ lıgĝ þu ðrepīn ē ſtunð
lıða. ꞵ.ſ. Engı vegr ē okr ı ꝼrænðı at
yppa h̄ ꝼ alþyðu vgæꝼu ꝼrænða va\`r´
ra. en eckı ſl ꝥ ðylıa ē marĝ vıtu at
ꞵðhelgı v̇ vegīn. v̇ m̄ þ ſagt at ꝼað
þīn tækı oꝼarlıga t þra launāna. en
hıtt ætla ek eꝼ þu leıtar at. ē þu mu
ñ ꝼīgrū kēna ꝥ er ꝼaðer mīn mar
kaðı þık ı bauðuarſ ðal. Epť þ ſkılðu\`z´
þr ꝫ gengu heī t buðar. ē nu .ol. ór ſogū

4 Aññan ðag epť **capitulum-** [nı.
geck .ꞵ. t buðar þk. geıtıſſ .ſ. ꝫ īn
ı buðına. ꝫ kaſtaðe orðū a þk. h
ſv̇. ꝼá ꝫ v̇ hīn reıðaztı. ꞵ. mlı. ꝥ ē ek h̄ ko
mīn ꝼrænðı. at ek ſa mıſmıðı a ꝥ ē ek
talaða v̇ þık vıl ek ꝥ bıðıa. at þu vırð
m̄ þ t bernſku ꝫ vuızku. en latī ė ꝼræn
ðſemı okra at v̇rı. ē h̄ ſuerð buıt ē ek
vıl geꝼa ꞵ. vıl ek at þ ꝼylgı at þu ꝼarı\`r´
at heīboðı t mín. ı ſumar. ꝫ ſl þ lyſa at
ė ſlu beť ĝꝥ ı mīnı eıgu. en þr ē þu ſlt þ
ıggıa. þk. tok ꝥu þaꝁſālıga. ſagðı at h
var ꝥ ꝼvſ at þr ĝðı goða ſına ꝼrænðſēı.
geck þa. ꞵ. heī. þ v̇ aptanīn ꝼ þīglauſn
at .ꞵ. geck veſtr yꝼ á. en v̇ bruarſporðīn
hıtť þr Guðm̄ðr ꝫ varð eckı at kueðıū. ꝫ
ē þr ſkılðuz. þa veık .G. aptr ꝫ mlı. hu̅
ıa leıð ſlu rıða aꝼ þīgı ꞵ. h ſñı aptr. ꝫ
mlı. Eꝼ ꞵ ē ꝼoruıtnı a ꝥ. þa mun ek rí

v̄ kıol t̄ ſkagaꝼıarðar. þa t̄ eyıa.ꝼ. þaðan lí
oſa vaz ſkarð. ꝫ ſua t̄ myvatz. ꝫ ſıðan moð
ruðalſ heıðı. G. mlı. eꝼn orð þín. ꝫ rıð líoſa
ſauaz ſkar. ƀ.ſ. eꝼna ſł þ .e. ætlar þu .G.
at v̊ıa m̄ ſkarðıt. allmıog ē̄o ꝥ þa mıſlag
ðar henðr. eꝼ þu varðar m̄ lıoſavazſkar`ð´
ſua at ek mega þar ė ꝼ̄a m; ꝼorunautū
mınū. en þu varðar þ ė et lıtla ſkarðıt.
ſē ē̄ ımıllı þıoa ꝥ. ſua at amælıſſ lauſt ſe
ſkılðuz þr v̇ ſuabuıt. ꝫ ſpurðuz ꝥı orð v̄
allt þıngıt. En ē̄ þk geıtıſ .ſ. varð ꝥa víſ
þa geck h̄ t̄ ꝼunðar v̇ .ƀ. ꝫ bað at h̄ ſkyll
ðı rıða ſanðleıð .e. ella ıt eyſtra. ƀ.ſ. ek
mun rıða þa leıð ē̄ ek heꝼ̄ ſagt .G. þt h̄ m̄
vırða m̄ t̄ hugleyſıſſ eꝼ ek ꝼ̄ ė ſua. þk m.
v̇ munū þa rıða baðer ſaman ꝼrenðı ꝫ
ꝼlockr ockaꞃ lıtıll. ƀ. ſagðı at hm̄ þottı ſ
emð ı ꝼoruneytı h̄. ꝫ lıez þ gıarna vılıa.
Sıðan rıða þr þk. ꝫ ƀ. baðer ſaman m;
ꝼlocka ſína. norðr auxnaðalſ heıðı. V̊
þr ı eīnı ꝼ̄ð. ꝫ eınaꞃ eyıulꝼſ .ſ. magr þk.
Rıðu þr .ƀ. ꝫ þk t̄ þuerár m; eınarı ꝫ
v̊ ꝥ v̄ nott. Sıðan reıð eıh̊ a leıð m; þeī
m; ꝼıolm̄nı mıkıt. ꝫ ſkılðuz ė ꝼyʀ en
v̇ ſkıalꝼanða ꝼlíot. reıð þa eıh̊ heī. en þr
þk ꝫ .ƀ. lettu ė ſıñı ꝼ̄ð ꝼyꞃ en þr komu
auſtr ı vapna ꝼıorð. t̄ bua ſīna. þ ſum̄
ꝼór þk at heīboðı t̄ .ƀ. ꝼrænda ſínſ ꝫ þa
þar allgoðar gıaꝼ̄. hoꝼðu þr þa hına
beztu ꝼrænðſemı m; vınattu ꝫ hellz
þ meðan þr lıꝼðu ꝫ lykr ꝥ ſogu olkoꝼra.

1 Þ ORvallðr **hallꝼreðar ſaga**
h̊ m̄. ꝫ v̇ kallaðr ſkılıanðı. h̄
bıo ı eyñí ylꝼı a halogalāðı.
h̄ attı konu þa ē̄ ꝥgðr h̊. ꝫ v̇
hallꝼ̄ðar .ð. Galltı h̊ ƀ̊ð hēn
h̄ v̇ rıkr m̄ ꝫ bıo ı ſognı. ſſ. þuallðz v̊ þrot
taꞃ ꝫ þk ſılꝼ̄. ꝫ v̇ þk laungetīn Jngıall
ðr h̊ m̄ ē̄ ꝥ bıo ēn ı eyñı. h̄ ſon h̊ auallðı.
Otꝼ̄ v̄ m; Jngıallðı. Sockı h̊ vıkīgr eīn.
mıkıll ꝫ ıllr vıðr eıgn̊. h̄ ꝼor vıða meðr
h̊naðı. ꝫ v̇ vınr Guñhıllðar ſona. þt þr vo
ru þa yꝼ̄ noregı. h̄ kō v̄ nótt a be þuallðz
ꝫ ſeg̊ m̊ ſıh̊ at ꝥ munı gott ꝼang ıhenðrƀ̊
a. ē̄ auðıgr m̄ bío ꝼ̇. ꝫ ſłu v̊ ƀa ellð at ben
v̄. ꝫ ſva ḡa þr. þvallðr geck t̄ ðyra ꝫ ſpyꞃ̇
hv̊r ꝼ̇ ellðınū reðı. Sockı ſagðı t̄ ſın. hůſ
gıollðū v̊ at. ſ. þvallðr. ek man ė motg̊ðır
mıh̊ v̇ þık. Sockı .ſ. eckı ꝼorū v̊ vıkīg̊ at ꝥ
vılıū v̊ haꝼa lıꝼ þıtt ꝫ ꝼe. a ꝥ munu ꝥ nu va
llð eıga at ſıñı. ſ. þvallðr. Nu ſækıa vıkın
gar at bænū m; ellðı. ꝫ vapnū. ꝫ lykr ſua
at þvallðr brān þar ıñı. v̇ .xv. m̄n. en noc
kurır komuz brott ór ellðınū. vıkīg̊ to
ku ꝼe þ allt ē̄ þr mattu m; kōaz. Sūt
lıð ſocka ꝼor t̄ bæíar Jngıallðz. ꝫ logðu ꝥ
ellð ı h̊. h̄ geck t̄ ðyra ꝫ beıððı m̊ vt gaun
gu. en ꝥ v̊ engı koſtr. þa geck Jngıallðr a`t´
ſueınunū. ottarı ꝫ avallða ꝫ mlı. þ ē̄ lıkaz
at lıðın ſe mín aurlaug. en gıarna vıllða
ek kōa yk̊r or ellðınū. ꝫ mættı þıð níota
leīgrı ꝼorlaga. ſł ek ſkıota yckr vt v̄ lāꝫ
ðyꞃ. ꝫ v̊ı ykr nog eꝼnı t̄ ſellð at heꝼ
na ꝥa. eꝼ þıð ꝼengıt nockura vppreıſt.
þr ſv̊. at v̊a munðı vılīn t̄. en ė ſıaū v̇
eꝼnı ock̊ t̄ ꝥ at ſuabunu. Sıðan v̊ þeī
ſkotıð vt v̄ launðyꞃ eınar. ꝫ komuz þr
m; reyk ıbrott. ꝫ hlaupa vt a eyna. en
ꝼ̇ gny gny ꝫ ellðzgangangı. ꝫ þ ē̄ þr v̊ ė
ꝼeıg̊. þa kōaz þr vnðan. ꝫ t̄ eınſ bonða
er þar bío ı eyñı. Ottaꞃ mlı þa. vılltu ꝼ
lytıa okr t̄ lðz. bonðı kenðı þa. ꝫ ꝼluttı
þa t̄ lðz. ꝥ kōu þr ē̄ ſılðꝼ̄ıa var. ꝫ m̄n á n
orðan ór vagū. þr ſogðuz v̊a ꝼatek̊ ſueı
nar. ꝫ kōa ſer þar ı þíonoſtu. þr ꝼara ꝥ
t̄ ē̄ þr kōa ſuðr v̄ ſognſæ. þa ſegıa ſueı
narh̊ at þr vılıa ꝥ ıñ ı ꝼıorðu. eıgu v̇
h̊ ꝼrænðr ꝼ̇. Styrım̄ mlı. þ ſł nu ſem
þıt vıllıt. eða munu þıð h̊ ė v̊r kōh̊
en ꝥ ſē v̊ tokū yckr. haꝼı þıt vel þıo
nat. ꝫ munu þıð bratt brugðh̊ v̇ me
ıra. Sıðan ſkılðu þr. ſıð ðagſ kōu þr t̄

gallta moðurbroður ottarſ. ɜ ſettuz vꞇ́lı
ga. Galltı geck at þeī ɜ ſpurðı hűır ꝥr ꝩ̊
ı. Otꞇ̊ ſagðı ſatt ꞇ́ ꝥra. þa ē̃ ſkaplıg kúa
ma yckur. ſ. Galltı. ɜ gangıt ꞇ́ ſætıſſ. ꝥ́ ꝩ̊
ꝥr ı goðu yꝼırlætı .víj. vetr. eða .vííj. ok
g̃ðuz gıoruılıg̃ m̃n. þa var ottaꝵ a ꝼıt
ıū ē̃ hakon. ꝃgr ꝼell. en Gun̄hıllðarſy
nır toku rıkı. ꝥ ꝩ́ eın̄ ðag. er Galltı m.
Sua vırðı ek otꞇ̊ ſē þu ſer ꝼ̇ yckr ꝼo
ſt bræðrū. ɜ ventı ek at þu ꝩ̃ðır ꝼ̃mkuæ
ðar m̃. en nu ē̃ ſu aullð ı noregı at ek
treyſtūz ė at hallða yckr h̊ m; m̃. Nu
vıl ek ꝼá yckr kaupeyrı. ɜ ſꞇ̄u þıð ſıgla
veſtr ꞇ́ englðz. ɜ vıta hűneg ꝥ vıll tak
az. Otꞇ̊ q̊ ħ raðū hlıta vılıa. ſellt haꝼ
ðı Galltı ıarðer ꝥra ɜ tekıt ꝼ̇ lauſa
ꝼe. Nu ꝼ̊ ꝥr or lðı. ꝼoſtbræðr otꞇ̊. ɜ auallðı.
veſtr ꞇ́ englðz ɜ aꝼla ſer ꝼıar .ııȷ. vetr .e.
.íııȷ. ꝩ̊ ꝥr ı ſıglıngū. ꞇ́ englðz ɜ attu þa
ſtorꝼe. ꝥr ꝼ̊ þa ꞇ́ orkneyıa. ɜ ꝩ̊ ꝥ́ vel met
nır aꝼ goðū m̃m. Ottaꝵ m̄ꞇı þa ꞇ́ ava
llða. ꝥ leıkr m̃ ı ſkapı. at kaupa ıſlðz
ꝼar. ɜ raðaz þangat. en þó vıllða ek
at ꝩ́ heꝼnðī aðr ꝼeðra ockarra en ꝩ́
loſnaðım b̃tt m; ollu. Avallðı bað ħ ꝼ̇
ſía. Sıðan keyptu ꝥr ſer ſkıp gott. ɜ re
ðu ꝥ́ m̃n ꞇ́. ɜ ſıgla nu ꞇ́ noregſ. ɜ komu ı
ſogn ꞇ́ Gallta. ɜ ſogðu ħm ſına ætlan
Galltı .ſ. ꝥ b̃r vel ꞇ́. Sockı lıGr heðan ſk
āt ı brott a eınu ſkıpı ɜ ſeꝼr a lðı ꝩ̄ næt\`r´
ı eınu loptı. ſꞇ̄ ek ꝼa yckr mān þān ē̃
allt ē̃ kūnıgt ꝼ̇. ɜ ſockı mun ſızt ꝩ̃az.

2 Nv ꝼoru ꝥr ꝼ̃ ſkıpı **capıtulum**
ſınu. ottaꝵ ɜ avallðı. ɜ ſa m̃ með
þeī. ē̃ ſteīn h́. ꝥr kōu ſıð ꝩ̄ kuellð
at bé þeī ē̃ ſockı ſuaꝼ at ꝩ̄ netr. ok
ſotı broðer ħ. Steīn ꝼór eīn ꞇ́ beıar. ɜ
kō ſer bratt ı tal ꝩ́ þa ſota ɜ ðrack m;
þeī ꝩ̄ kvellðıt. ɜ ē̃ ꝥr gengu ꞇ́ ſueꝼn\`s´
ɜ vpp ı loptıð. þa g̃ðı ſteīn þeī otꞇı vıſ
benðıng. ꝥr ſotı ꝩ̊ .víj. ſaman ı gōgu
ɜ komu ı loptıð. ɜ ætluðu at aꝼklæðaz
þa kōa ꝥr otꞇ̊ at ɜ leggr ħ þeg̃ m; ſuerðı
ꞇ́ ſocka neðan vnðer brynıuna. ɜ ſua vpp
ı ſmaþarmana. ɜ ꝼeck ſockı þegar ba
na. Avallðı hıo m; ſuerðı ꞇ́ ſota. ɜ aꝼ ħm
baða þıonappana. Sıðan hlıopu ꝥr vt all̄.
ɜ letu myrkrıt geta ſín. ꝥr kōu ꞇ́ ſkıpſ
ſınſ. ɜ hellðu þeg̃ ı haꝼ ɜ ꝼengu goðan
byr. ɜ þottı ꝥra ꝼ̃ð allſkorulıg orðıt haꝼa.
Gūnhıllðr ſpyrr ꝥta. ɜ q̃ð ꝥ meín. at h̊ haꝼ
ðı ė þa m̃n augū leítt ē̃ vını hēn̄ hoꝼðu
ðrepıt ɜ ſkāmat. en ek veıt þo. ſ. h̊ hűır
gort haꝼa. ꝥr otꞇ̊. kōu ı blonðu óſ ꝼ̇ norð
an lð ɜ ꝩ̊ þa numın lonð oll. otꞇ̊ keyptı
lð ı g̊mſ tungū ı vazðal. at þeī mānı er
eınaꝵ het. ɜ gaꝼ ħm ꝩ́ kaupſkıpıt. Otꞇ́
g̃ðı bu Avallðı ꝩ́ m; otꞇı hīn ꝼyrſta vet\`r´
ꝩ̄ varıt keyptı ħ lð at knıukı ı vazðal
ħ ꝼeck þrar konu ē̃ hıllðr h́. ðotꞇ̊ eyuınð
ſaurkuıſ. ðotꞇ̊ ꝥra het kolꝼīna h̊ ꝩ́ ven
kona ɜ oꝼlatı mıkıll. Olaꝼr h́ m̃ ē̃ bío at
haukagılı. ħ var auðıgr maðr ɜ áttı þa
konu er þorhalla h́ ɜ var ðotꞇ̊ ævarſ ē̄ſ
gāla alðıſ h́ ðotꞇ̊ ꝥra ɜ ꝩ́ ſkorulıg kona. hē
n̄ bað otꞇ̊ ɜ ꝼeck m; mıklu ꝼe. ſon ꝥra het
hallꝼreðr en ānaꝵ Galltı. ðotꞇ̊ ꝥra h́ val
g̃ðr ɜ ꝩ́ allra kuēna ꝼ̇ðuz. Olaꝼr at hauka
gılı ꝼoſtraðı hallꝼreð. ɜ ꝩ́ ħ vel hallðīn
þar. ħ ꝩ́ ſnēma mıkıll ɜ ſterkr. kallmān
lıgr ɜ ſkolbrūn nockut ɜ hellðr neꝼlıot\`r´
ıarpr a hár ɜ ꝼór vel. ſkallð ꝩ́ ħ gott. ɜ hellðr
nıðſkaꝵ ɜ margbreytīn. eckı ꝩ́ ħ vınſæll
ꝥſteīn ıngımunð .ſ. ꝩ́ þa hoꝼðıngı ı vaz
ðal. ħ bıo at hoꝼı. ɜ þottı meſtr maðr ꝥ́ ı
ſueıtū. ħ ꝩ́ vınſæll ɜ mānheıllaꝺ̄ mı
kıll. Jngolꝼr ɜ guðbranðr ꝩ̊ .ſſ.ħ. Jngolꝼ\`r´
ꝩ́ venſtr maðr norðan lðz. ꝩ̄ ħ ꝩ́ ꝥtta q̊
ðıt. allar vıllðu meyıar m; Jngolꝼı gā
ga. þer ē̃ vaxnar ꝩ̊ veſol ē̃ ek æ ꞇ́ lıtıl
ek ſꞇ̄ ɜ q̃ð ꝃlıg̃ m; Jngolꝼı ganga. meðā
m̃ tuær oꝼ tolla tēnr ı eꝼra gomı.

hauſt boð v̂ eꝼnat ı ġmſtungū ꝫ knaıleıḱ
Jngolꝼr kō t̂ leıkſ ꝫ mart māna með ħ.
neðan ór ðalnū. Veðr v̂ gott. ꝫ ſatu konu\`r´
vtı ꝫ horꝼðu a leıkīn. Valġðr otẛ .ð. ſat
vpp ı breckuna ꝼ̄ ꝫ koñ hıa hēnı. Jngo
lꝼr v̂ at leıknū ꝫ ꝼlo knottrīn vpp þā
gat. valġðr tok knottīn ꝫ let koma vn
ðer ſkıckıu ſına. ꝫ bað þān ſækıa ē kaſ
tað haꝼðı. Jngolꝼr haꝼðı þa kaſtat. ħ
bað þa leıka. en ħ ſettız nıðr hıa valġðı.
ꝫ talaðı v̂ hana allan þān ðag. **aꝼ Jng**

3 Nv var ſlıtıð leıknū ꝫ ꝼ̄ **olꝼı capm**
m̄n heī. þr ē ė v̂ ı boðı. Sıðan vā
ðı Jngolꝼr kuamur ſınar ı ġmſ
tungur t̂ talſ v̂ valġðı. Otr̂ kō at malı
v̂ Jngolꝼ ꝫ mlı. ė gez m̄ at kuamū þı
nū. ꝫ ſpurt muntu þ haꝼa. at v̂ hoꝼū ė
ſetıð v̄ ſkaprauñ. eða ſkām̄. muntu
kōaz at raðahag v̂ hana eꝼ þv vıll. ħ
q̇ munðu v̂ ſıalꝼraðı ꝼerða ſıña. huat ſē
otr̂ ſegðı. let ſua at eínſ ſkıpaðan ðalīn at
ħ q̇ engıſ m̄ nauðarm̄ v̂a ſtu. Sıðan hıttı
otr̂ þſt̄ ꝫ bað ħ hallða ſua ſon ſıñ at ħ ꝼen
gı enga oſæð aꝼ ħm. þt þu ēt vıtr m̄ ok
goðgıarn. þſt̄.ſ. vıſt ġır ħ ſlıkt ı motı mınū
vılıa. ꝫ heıta vıl ek ꝥ mınu v̄talı. ꝫ ſkılıa
þr v̂ þ. þſt̄ mlı t̂ Jngolꝼſ. Añan hatt haꝼı
ꝥ en v̂ hoꝼðū a vnga allðrı. ġıt yðr at gī
nungū ē hoꝼðıngıa eꝼnı erut. lat aꝼ
talı v̂ .ð. otẛ bonða. Jnġ. q̄ð v̂ ħ v̄tal batna
ſkyllðu ꝫ let þa aꝼ kuamū ꝼyſt ı ſtað.
Sıðan ortı Jngō. manſaungſ ðrapu v̄ val
ġðı. otr̂ reıððız ꝥ mıog ꝼ̄r ēn at hıtta þſt̄
ꝫ q̄ð ſer nu leıtað mıkıllar ſkapraunar
Nv bıð ek at þu loꝼ̄ m̄ at ſteꝼna ſynı
þínū. þt ek nēnı ė at kyrt ſe. þſt̄.ſ. me
ðallagı ē þ raðlıgt. enė vıl ek bāna ꝥ
þa mlı Jokull ƀðēr þſt̄. þt ħ v̂ ꝥ hıa. h
eyr a enðımı þv munð ſteꝼna oſſ ꝼræ
ðū. ħ̄ ıſueít. ſtu ꝼa oꝼagnat. Jokull bío
vppı ı tungu ı vaz ðal. þſt̄ ſyndı ēn góð
vıllð ſína ꝫ ſettı m̄n t̂ m; þeī a hunavaz þī
gı en bauð hanðſaul ꝼ̄ ſon ſīn. þſt̄ bað ꝥ at
otr̂ ynðı ꝥ. at ħ ðæðı v̄ ðrapumalıt. ꝫ þ er
mıllı þra v̂. ꝥa ꝼyſtu m̄n otẛ. ꝫ v̂ð þ at ſæt
tū. at þſt̄. ſkyllðı eīn ġa. Sıðan mlı þſt̄. ſ
kıot ero ħ̄ mín v̄mælı. mun ek ſıa ꝼ̄ hu
arūtueggıū. hūſu ſē ykr lıkar. ek ġı
halꝼt .c. ſılꝼrſ t̂ hanða otẛ. en ħ ſt ſelıa
ıarðer ſınar ꝫ raðaz ı ƀtt or ꝥı ſueıt. otr̂
q̇ ė vara. at ħm munðı ſlıkr oıaꝼnaðr ġr
v̂a. þſt̄.q̇ ė ſıðr ꝼ̄ ħ hlut ſéét haꝼa v̂ ſk
aplynðı huarratueggıu. ꝫ epṫ þ rez otr̂
ſuðr ı norðr ár ðál. ꝫ bıo ꝼyrſt a otẛtoðv̄
þa var hallꝼ̄ðr ſon ħ nær .xx. m̄. ħ lagðı
hug a kolꝼīnu auallðz .ð. en auallða v̂ lı
tıð v̄ þ. ꝫ vıllðı gıpta ħm .ð. ſína. en hallꝼ̄.
vıllðı ė quænaz. Avallðı ꝼ̄r at hıtta. má
vın ſıñ. ē bıo a marſtoðū. ꝫ ſagðı ħ t̂ vā
ðræða ſıña. ħ .ſ. ħ̄ mun ꝼáz rað t̂. ek ſt
ꝼa ma mān at bıðıa hēnar. Maðr heıṫ
Grıſſ ꝫ er ſæmıngſ .ſ. ħ er vınr mīn ꝫ byr
at geıta ſkarðı ı langa ðal. haꝼðı ħ v̂
ıt vt allt ı mıkla garð ꝫ ꝼengıt þar m
ıklar ſēðır. ħ er auðıgr maðr ꝫ vınſæll.

4 Nv ſenðı Maŕ orð grıſı. **gıpt kolꝼına**
ꝫ kēr ħ a marſtaðı. ᴍᴀŕ mlı. rað
heꝼı ek hugat ꝼ̄ ꝥ. þu ſt bıðıa k
olꝼīnu .ð. Avallða. þar ſkorṫ ė ꝼe. ꝫ er ħ̄
koſtr góðr. en m̄ ē ſagt at hall. otẛ.ſ. ė tal
v̂ hana ıaꝼnan. þta v̂ aðr en otr̂ ꝼor nor
ðan. Nu kōa þr Maŕ ꝫ ġſſ t̂ avallða. ꝫ v̂
.víj. ſaman. þr ſettu vtı ſpíot ſín. ġſſ at
tı gullrekıt ſpíot. Nu ſatu þr at malu
nū. ꝫ ꝼylgðı ᴍᴀŕ ꝼ̄ honð ġſſ. avallðı q̄ð
márſ ꝼorſía a ſkyllðu v̂a. eꝼ yðr líz s
a ꝫ mun yðr ė ꝼ̄ víſat. Ok ı þ munð ko
mu þr hallꝼ. ꝫ ꝼorunautr ħ. ꝫ ſa ſpıotī.
hall. mlı. kōñ munu ħ̄ m̄n nockur̄ v̄
lángan veg. ꝫ gættu heſta ockaŕa. en
ek mun ꝼara t̂ ðyngıu kolꝼīnu. ꝫ ſua
ġır ħ. ħ ſettız hıa hēnı. ꝫ ſp̄ðı huat kōıt

v̄ı en engı þekt mun mer a þeī vera
ꝥt þr munu bıðıa þín. ꝫ t̉ı ek at þ m̄
ė vel v̄ða. kolꝼīna .ſ. lattu þa ꝼ ꝥ ſıa er
raða eıgu. h̄ .ſ. ꝼīn ek at ꝥ þıḱ nu þegar
bıðıll þīn betrı en ek. hallꝼ. ſettı hana ı
kne ſer vtı hıa ðyngıu veggınū. ꝫ talaðı
ſua v̇ hana. at aller ſa þr er vt gēgu. h̄
ſueıg̃ hana at ſer. ꝫ v̄ða þa eīſtaka koſ
ſar. Nu kōa þr Grıſſ út. h̄ mlı. hv̄ır ero
ꝥır m̄n. ē h̄ ſıtıa a ðyngıu veggınū. ꝫ la
taz ſua kun̄lıga v̇. Grıſſ v̄ hellðr oſky
gn. ꝫ ſur eygr. Avallðı .ſ. hallꝼ. er þar. ꝫ
kolꝼīna .ð. mín. Grıṡ mlı. ē ꝥta vanðı
þra. opt beḱ ſua t̉ q̄ð avallðı. En þu v̄ðr
nu ꝥta vanðræðı aꝼ at raða. ē h̄ er þín
ꝼeſtarkona. Gṡ .ſ. auðſætt ē þ at v̇ mık
vıll h̄ nu ıllt eıga. ꝫ ē ſlıkt t̉ hræſnı g̃t
Nu ganga þr g̊s t̉ heſta ſīna. þa mlı hall.
vıta ſl̄tu þ g̊ṡ. at þu ſl̄t ꝼıanðſkap mīn
haꝼa. eꝼ þu etlar ꝥ ꝥna raða hag. Maḱ
mlı. engıſſ munu þín orð metın. hall. v̄
ꝥta mal. ꝫ mun avallðı eıga rað ðottur
ſīnar. þa q. hall. vıſu Sva nockuı v̄ðr ſ
auckuıſſ. ſānargſ t̉ga marg̃. ægılıg ꝥ au
gū allheıðınſ m̄ reıðı. ſem olıtıll vtı ıllz
meſt v̇ ꝼór geſta. ſtærı ek brag ꝼ bruðı b̄
hunðr gamall ſturı. ꝫ hırðı ek blot ᴍaḱ
ſ. hall. huat er þu leggr t̉. ᴍaḱ ſagðı eꝼ
h̄ ꝼlītaðı h̄. at h̄ ſkyllðı hart ımotı tak\`a´
hall q̇ raða munðu orðū ſınū. h̄ .q. þa .v.
Raða rækımeıð. ranðalıðſ at bıðıa. óttı
eīgaðott. avallðz ē þ ſkallðı. ſıð mun ſ
vrz v̄ bıðıa. ſua gæta m̄n t̉ hēn̄. kuanar
kyrſ aꝼ keyrı. kolꝼīnu m̄ rēna. hall. reı\`ð´
þa ı brott. ꝫ v̄ reıðr. ᴍaḱ mlı þa. rıðū ep
t̄ þeī. ꝫ ſua g̃a þr. ꝫ v̄ .ıx. ſaman. ꝼeck a
vallðı þeī .ıȷ. m̄n. Olaꝼ ꝼoſt̄ hall. g̃naðı
v̄ ꝼ̄ð þra Gṡ ꝫ Mſ. h̄ ſenð þeg̃ ept̄ ottı. ꝫ ē þr
ꝼīnaz ſeg̃ olaꝼr h̄m at hall. mun man
na þurꝼa. Nv ē at ſegıa ꝼ̄ hall. at þr rı
ða .ıȷ. vnðan. en .ıx. ept̄. hall. ſer ept̄ reıð
ına ꝫ mlı. rēnū ėleıng̃ vnðan. þr v̊ þa
kōn̄ hıa holltı eınu. bıugguz þr ꝥ v̇ ok b̄
tu vpp grıot. Nu kōa þr g̊ṡ at ꝫ ſækıa at
þeī. en þr v̄ıaz allðreīgılıga. en þo kō þar
ſē mlt er at eckı ma v̇ margnū ꝫ verða þr
hall hanðtekn̄ ꝫ bunðn̄ baðer. þa .m. Gs
m̄n rıða h̄ at oſſ. ꝫ ēo ė ꝼærı en .xxx. ꝫ
ma v̄a at ſıg̃n v̄ðı ſkāmæḱ. þr g̊s ſn̄u a
ptr. ꝫ rıðu þa vnðan hart. ꝫ yꝼ̄ ána ꝫ v̄
þar gotu ſkarð ı backa. ꝫ vıgı gott. ꝥ nēa
þr ſtaðar. þa kōa þr ott̄ at an̄í. Grıṡ q̄ð
ðı ottar. ꝫ ſpurðı huat h̄ vıllðı. ott̄ mlı
huar ē hall. ꝼrænðı mín. g̊ṡ .ſ. h̄ ē bun
ðīn en ė ðrepın̄. hıa holltı. ꝥ er v̄ ꝼūðūz
ottaḱ .ſ. ovırðulıga haꝼı ꝥ v̇ h̄ buıt. eða
vılltu v̄na m̄ eınðæmıſſ ꝼ ꝥtta. g̊ṡ q̇ h̄
orð mıkılſ vırða ſkyllðu. ꝫ at ꝥ ſættuz
þr ꝫ ſkılðu v̇ ſua buıt. ott̄ rıðr nu aptr
a veg. ꝫ ꝼīnr hall. ꝫ leyſır þa ꝼelaga ott̄
mlı. ė ē ꝼerð ꝥı vırðulıg orðın ꝼrænðı.
hall q̄ð ė loꝼa mega. ꝫ ė hırðı ek ꝼaðer
hv̄ſu þu g̃ır g̃ð þa eꝼ g̊ṡ a ė kolꝼīnu. ott̄
.ſ. g̊s ſl̄ konu eıga. allz h̄ t̉ır m̄ t̉. en þu ꝼ
rænðı ſl̄t ꝼara vtan. ꝫ leıta ꝥ meırı ſēðar
hall.ſ. hueḱ mun m̄ þa truḱ eꝼ ꝼaðēn
bregz. Nv ſl̄ þ ꝼyḱı at henðı b̄az at ek bıo
ða g̃ſı holmgaungu. þegar ek ſe h̄. Nu r
ıðr ott̄ heī. en hall t̉ haukagılſ. olaꝼı þ
ottı ılla orðıt haꝼa. ꝫ þottı hall otrul
ıgr at hallða ſætt̄. ꝫ ſenðı orð ottı at
h̄ le\`ı´z vanðræðalıklıgt. þa komu orð
t̉ hall. at ꝼaðer h̄ v̄ı ſıukr. ꝫ q̇ vılıa ꝼī
na h̄ ꝫ g̃a ſkıpan ſına. hall. kō ꝫ þe
g̃ let ottaḱ taka h̄ ꝫ ꝼıotra. ero nu .íȷ.
koſt̄ an̄at huart at ſıtıa ı ꝼıotrū eða
lata mık eīn raða ꝼ þína honð. hallꝼ
.ſ. ė heꝼ̄ þu þo í tueī honðū v̇ mık. en
hellðr muntu raða en ek ſıtıa h̄ ı ꝼıo
trū þa var ꝼıoturrīn aꝼ hall. latīn
Máḱ haꝼðı ın̄ı boð þra g̊ṡ ꝫ kolꝼīnu.
ꝫ ꝼor h̄ t̉ buſſ m; g̃ſı vt t̉ geıtaſkarðz.

Eckı ꝟ͛ mıklar aſꞇ͛ aꝼ hēń hendı ꝟ͛ g̊s. Olaꝼ`r´
at hakagılı ꝼyſtı mıog .hall͛. ꝼrænda ſıñ v
tan at ꝼara. ſꞇ ek ꝼa ꝥ͛ ꝼe ſua. at þu meg̃
vel ꝼara m; goðū m̄m. Faðer ħ ꝼyſtı ħ m
ıog vtan at ꝼara. Otꞇ͛ lauk vpp g̃ð m; þeím
g̊ſ. ꝫ g̃ðı .c. ſılꝼrſ. hall͛ ꞇ͛ handa. hall͛ vıllðı þ
ė haꝼa. ꝫ mꞇı ſua. Se ek elſku þína ꝟ͛ m
ık ꝼað͛. ᴍunu ꝥ͛ ꝥu raða. en ſua ſeg̃ mer
hugr vm. at vár vandræðı ꝟ͛ðı long. þa
ꝼor otꞇ͛ eínū veꞇ͛ ſıðaꝵ ſuðr ꞇ͛ norðr árdalſ.

5 Þetta ſum̄ ꝼ͛r hall͛. ſuðr **capıtulum**
ꞇ͛ huıt ár. ꝫ ē ħ kō ꞇ͛ ſkıpſ. q. ħ .v.
Fvs̊ em ek eñ þott oſſu. aꝼoll dre
pı ſtalı. mıog ſkytr maurń vakrı. mī
naz ꝟ͛ kolꝼıñu. ꝥt alg̃nð͛ endız. átt goðꝼ͛
m̄ troðu. betr v̄nū nu nytıa. næꝵ en h
eıtıð verı. hall͛ ꝼor vtan ꝫ ꞇ͛ noregſ. ħ ſot
tı a ꝼund hakonar Jarlſ enſ rıka ē þa
reð noregı. geck ꝼ͛ ħ ꝫ quaððı ħ. J. ſpur
ðı hueꝵ ħ ꝟ͛ı. ħ quez ꝟ͛a ıſlendzkr m̄
en erendı ē þ ħ͛ra. at ek heꝼı quæðı ort
v̄ yðr. ꝫ vıllða ek hlíoð ꝼa. J.ſ. lıklıgr er
tu ꞇ͛ at ꝟ͛a hoꝼðıngıa dıarꝼr maðr þān
veg ertu ıbragðı. ꝫ ſꞇtu vıſt hlıoð ꝼa. ha
llꝼ͛ðr .q. quæðıt. ꝫ ꝟ͛ þ drapa. ꝫ ꝼluttı vel
ꝫ ſkorulıga. J. þackaðe ħm. ꝫ gaꝼ ħm
exı mıkla. ſılꝼrrekna ꝫ góð klæðı. ꝫ báð
ħm m; ſer at ꝟ͛a v̄ veꞇń. ꝫ þa hall͛. þ. vm
ſumarıt ꝼ͛r hall͛. ꞇ͛ ıſlðz. ꝫ kēr ꝼ͛ ſūnan lð.
ꝫ haꝼðı þa mıkıt ꝼe. Sıðan ꝟ͛ ħ ı ꝼoꝝ
nockura vetr ꝫ var allð͛ ꝼ͛ norðan lð.
Okeıtt ſum̄ ē ħ kō aꝼ ıſlðı. þa lagu ꝥr ꝟ͛
agdaneſ. ꝥ͛ hıtta ꝥr m̄n at malı. ꝫ ſpurð
v tıðenda. þeī ꝟ͛ ſagt at hoꝼðıngıaſk
ıptı ꝟ͛ orðıt ı noregı. ꝟ͛ hakon .J. dauðr
en Olaꝼr trygg̃ .ſ. komıñ ı ſtaðıñ m; nyı
ū ſıð ꝫ boðorðū. þa vrðu ſkıpaꝼ͛ a þ ſat
ꞇ͛. at ſla ı heít. ꝫ ſkyllðu geꝼa ꝼrey ꝼe mı
kıt. eꝼ þeī gæꝼı tıl ſuıþıoðar. en þor. e
ða oðnı eꝼ ꞇ͛ ıſlðz kemı. en eꝼ þeī geꝼı ė

ı ƀtt. þa ſkyllðı ꝃr raða þeī gaꝼ allð͛ ı ƀꞇ
ꝫ vrðu at ſıgla īn ꞇ͛ þrandheīſ. ꝫ komu
ꝟ͛ hoꝼn þa ē a ꝼlagða ħ͛. þar lagu ꝼ͛ morg
láng ſkıp. veðr g̃ðı a mıkıt v̄ nottına aꝼ
haꝼı. ſua at ė hrıꝼu ackꝵın ꝟ͛ þa mꞇı eīɴ
aꝼ langſkıpa m̄m ꝥer m̄n ē͛o ılla ſtað
der a kaupſkıpınu. ꝫ mun þeī ė duga.
er veðrıt ſtendr þar a ſē ꝥr lıggıa ꝫ ſꞇu
ꝟ͛ roa ꞇ͛ þra. ꝥr gengu a ſkıp .xxx. mā
na. ꝫ ſat eīn ı ſtaꝼnı. ꝫ ē ꝥr komu ꞇ͛ kaꝩp
ſkıpſınſ. mꞇı ſa er ı ſtaꝼnınū ſat. ꝥ͛ ē
ot ılla kōń. ꝫ er ħ͛ ohreınt ꝼ͛. ꝫ ſꞇu vér
greıða ꝼ͛ð yðra. ſıa var mıkıll vextı.
hall͛ mꞇı. huat heıꞇ͛ þu. ħ .ſ. ek heıtı ac
kerıſ ꝼ͛ckı. ꝫ ē ꝥr toluðuz ꝥta ꝟ͛. þa g
eck ı ſundr ackꝵıſ ſtreīg̊ń en ſa ē ı ſtaꝼn
ınv̄ ſat kaſtaðı ſer þeg̃ ꝼ͛ borð. ꝫ ka
ꝼaðı epꞇ͛ ſtreīgnū ı ſtormınū. ꝫ naðı þe
gar. ꝟ͛ þa vpp dregıt ackerıt. þa .q. hall͛ ſto
ku ꝥa. ꝼærū ꝼeſtar varar. ꝼeꝵ ſıoroka
at kńrı. ſuorð tekr hellðr at ħ͛ða. ħ͛ ē ac
kerıſ ꝼrackı. Olpum̄ .ſ. Eñ ı olpu grænı. ek
ꝼæ dreīg ꞇ͛ ſt`r´eīgıar. þān ē hnackmıða h
nyckꝵ ħ͛ er ackꝵıſ ꝼrackı. ꝥr reru ꝼ͛ ſkıp
ınu. ı gott lægı. eckı vıſſu kaupm̄n hu͛r
ꝥı haꝼðı ꝟ͛ıt. en ſıðaꝵ ꝟ͛ þeī ſagt. at ꝃg̊ń
ſıalꝼr haꝼðı hıalpat þeī. epꞇ͛ þ logðu ꝥr
ıñ ꞇ͛ hlaða ꝥ͛ var olaꝼr ꝃgr ꝼ͛. ꝫ ꝟ͛ ħm ſa
gt at ꝥır m̄n munðu ꝟ͛a heıðń. ꝫ nykō
nır aꝼ ıſlðı ħ ſteꝼń þeī a ſıñ ꝼund. ꝫ ē ꝥr
komu þar talðı ꝃgr tru ꝼ͛ þeī. ꝫ bað þa
kaſta ꝼorneſkıu. ꝫ ıllū atrunaðı. en ꞇ͛
a á ſānan guð. ſkapara hımınſ ꝫ ıarð͛.
hall͛.ſ. malı ꝃgſ. ė mun þ kauplauſt ꝃgr
at ek taka þān ſıð ē þu boð͛. ꝃgr mꞇı hu
at er ꞇ͛ mꞇt. ħ.ſ. þu ſꞇt mık allð͛ lata þér
aꝼ hondū. huat ıllt ſē mık hendır. ꝃgr .ſ.
þān veg ꝟ͛ır þu ıbragðı at ꝼarſ mund͛ þu
ſuıꝼaz. ꝫ mart lata ꝥ͛ ſoma. þa geck hall͛
ı ƀtt. ꝫ vıllðı ſıðaꝵ ꝟ͛ ꝃg tala. ꝃgr ſpyꝵ þá

ħar ıſlenðıngr v̄ı. ɜ bað ganga epꝉ ħm. Nu
kō kō hallꝉ. ꞇ ꝁgſ ānan tıma. þa mꝉı .ꝁ.
tak nu ſkırn. ɜ ſꝉ ꝥ nu ꞇ vıña. ē þu beı
ðız .e. huat heıꝉ þu. ħ. q̄ hallꝉ heıta. þu
ēt eınarðlıgr maðr ɜ ſkorulıgr. ɜ þıona
ė lengr ꝼıanðanū. hallꝉ.ſ. Su ē bæn mín
oñur ħra at þu hallðer m̄ vnð ſkırn.
ꝁgr ſ. þu beıðız ſua margſ. at ė ma v
þık ꝼáz. þa mꝉı ƀp. ḡ ꝥtta ſē ħ beıðız. ꝥ
meıra ḡır guð ꝼ þına ſkyllð. ſē þu ḡır ꝼl
eıra ꞇ eꝼlınḡ ꝁſtnı guðſ. Epꝉ ꝥtta hellðr
ꝁgr hallꝉ. ꞇ ſkırnar. ɜ ꝼær ħ ſıðan ı henðr
ꝥkatlı neꝼíu ƀður ſınū ɜ ıoſteını. ɜ let
þa kēna ħm heílug ꝼræðı. ꝥtta ſañar
hallꝉ ı queðı ꝥ eınu. ē ħ ortı v̄ Olaꝼ ꝁg. Hla
vt ek ꝥān ē æztr v eīna. ek ſaña ꝥ mā
na. vnðer nıðbyrðra norðra. norðr guðꝼo
ður orðīn. **capıtulum** [ꝼlock ɜ bað ſer hlı

6 Nv var hallꝉ m; ꝁgı v̄ hrıð ɜ ortı v̄ ħ
oðſ. ꝁgr q̄ ė hlyða vılıa. hallꝉ.ſ. þu
munt ꝥ raða. en tyna mun ek þa
þeī ꝼræðū ē þu lez m̄ kēna. eꝼ þu vıll ė hl
yða quæðınu. ɜ ēo þau ꝼræðı eckı ſkallðlı
grı ē þu lez mık nema. en queðıt ē ꝥ ē ek
heꝼı v̄ þık ort. Olaꝼr ꝁgr mꝉı. ſānlıga m
attu heıta vanðræða ſkallð. ɜ ſꝉ he\`y´ra
quæðıt. hallꝉ. ꝼluttı ſkorulıga queðıt ɜ
var ꝥ ðrapa ɜ ē lokıt v. mꝉı ꝁgr. ꝥtta ē gott
queðı. ɜ þıġ aꝼ m̄ ſuerð buıt. en vanðg
ætt mun ꝥ ꞇ ꝥ. ꝥt engı ꝼylḡ v̄gıorðın
ɜ haꝼ ſua .íıȷ. ðaga ɜ .íıȷ. nætr. at engū v
ðı meín at. þa q.hallꝉ.v. Veıt ek vıſu ſ
kreytı. við lenðr m̄ ſenðı. nauktan hı
or v nockua. nu ꝼlauſtr burar auſꝉ v̄ða
hıollt ꝼ hēðı. hoꝼū ḡm ꝁa ꝼ̄mðan ſke
lkuın þa ek oꝼ ſkıalga. ſkrautlıgr ꝁgſ
nautı. Vel gat hallꝉ var\`ð´ueıꞇ ſūðıt ok
allmıog loꝼaðı ħ goðín. ɜ q. m̄ ꝥ ılla ta
kaz. ē m̄n loſtuðu þau. ħ .q. ꝥtta ſua
at ꝁgr heyrðı eıñ tıma. Hıtt v ꝼyꝁ ē

ħra. hlıðſkıalꝼ gat ek ſıalꝼ. ſkıpt ē a gūna
gıptu. geðſkıotan vel blota. ꝁgr mꝉı. allıll
vıſa. ɜ bæt yꝼ. hallꝉ.q. ēn. Oll heꝼ ort ꞇ hyllı.
oðınſ ſkıpat hlıoðū. algıllðar man ek all
ðar. ıðıur varra nıðıa. en trauðr ꝥat vel
vıðrıs. vallð hugnaðız ſkallðı. leġ ek
a loꝼ ꝼrıggıar. ꝼıon ꝥat ꝁtı þıonum.
þa mꝉı ꝁgr. allmıkīn hug leġr þu a go
ðın. ɜ ē ꝥ ılla vırðanða ꝼ ꝥ. þa .q.hallꝉ.v.
hauꝼū haulða reıꝼ. hraꝼbloðz goða
naꝼnı. ꝥ er ol v loꝼ lyða. lóm ór heıð
nū ðómı. ꝁgr .ſ. eckı batnar v̄. ɜ kueð
vıſu ꞇ yꝼ bota. hallꝉ.q.v. Mer ſkylı ꝼr
eyꝁ ɜ ꝼreyıa. ꝼıarð let ek a ðul nıar
ðar. lıknız ḡvm v ġmnı ḡmr ɜ þorr eñ
rāmı. ꝁſt vıl ek allrar aſtar. erūk leıð
ſoñ reıðr. vallð a ꝼrægt vnð ꝼollðar
ꝼoður eıñ ɜ guð queðıa. þa mꝉı ꝁgr ſlık\`t´
er vel kueðıt. ɜ betra en ė. ɜ yrk enn
hallꝉ.q.v. Sa \`er´ m; ſygna ræſı. ſıðr at blot
ero quıðıut v̄ðū ꝼleſt at ꝼorðaz. ꝼorn
hallðın ſkaup norna. lata aller ytar
oðınſ orð ꝼ roða. nu ē ek neyððr ꝼ̄ ꝼr
eyıu. nıðıū ꝁſt at bıðıa. Otꝉ. ħ m̄ vpplēð
zkr. kalꝼr ħ ƀðer ñ. ꝥr v hırðm̄n ꝁgſ. ɜ
vaſklıḡ m̄n ɜ vel metnır aꝼ ꝁgı. ꝥr
auꝼunðuðu hallꝉ. ɜ þottı þeī ħ haꝼa oꝼ
mıkıñ gāng aꝼ ꝁgı. ɜ eıtt kuellð ē
ꝥr ðrucku. ſlogu ꝥr ı ðeılu mıkla. ɜ
var ꝁgr hıa. ɜ bar ꝁgr vtal ꝥra ı hag
otꝉı. ꝥt ħ ſa at ħm enðız ė ꝥrætan
v hallꝉ. ok geck ƀtt ſıðan. ɜ epꝉ ꝥ ſlo ı
kappmælı m; þeī. en ſua lauk m; þeī.
at hallꝉ. hlıop vpp. ɜ hıo otꝉ banahoġ.
með exīnı hakonar naut. kalꝼr ꝥreıꝼ
hallꝉ. ɜ m̄n m; ħm. ɜ ſettu ı ꝼıotur. en
ꝥ v laug at ꝥañ mān ſkyllðı ðrepa ē
mañ vægı ı ꝁgſ ħƀgı. Sıðan ꝼunðu ꝥr
ꝁg ɜ quaðu þa ſynaz huat m̄ Hallꝼ.
v. ɜ ſogðu ħ bleðıa munðu ætla hırðına.

ꝫ rægðu ħ nu ſē meſt meſt mattu
þr ᷣ ꝥ at ꝁgr bað lata ꝺrepa ħ. ṽ m
orgınīn epꞇ̄. kalꝼr v᷎ð ᷓ þta glaðr. ꝫ
ṽ ꝺagīn epꞇ̄ leıꝺꝺu þr ħ vt ꝫ tıl ꝺrap\`s´
hallꞇ̄. mꞇ̄ı. huar ē̃ ꝁgr. þr .ſv᷎. huat mū
ꝺı þık ꝥ ſkıpta ꝺæmꝺr ertu nu ᷣ ꝺauða
þa mꞇ̄ı hallꞇ̄. er ſa ꝺauðr ē̃ ek vān á. ꝥ q̃ðu ſ᷎
v᷎a. hallꞇ̄. mꞇ̄ı. eꝼ ſa ē̃ nockuꝶ ħ̃ ᷓ ſtaððr ē̃
ek heꝼ̃ vel ᷣ g̃t. þa launı ꝥ ſua. at leí
ðı mık ꝥ̃ ı nanð ſē ꝁgr ē̃. ꝫ vıl ek þacka
h̃vıſt mína. þa kō ꝥ ꝼ̃m ſē mꞇ̄ ē̃. at hu᷎r a
ſer vın m; ovınū. ꝫ v᷎ þr þar at ᷓ ꝥ ken
ꝺuz at ħ haꝼðı vel ᷣ gort ꝫ leıꝺꝺu ħ þar h
ıa ē̃ ꝁgr var ꝫ ƀp. ꝫ ē̃ hallꞇ̄ kō gegnt þeım
þa mꞇ̄ı ħ. Mīnız ꝥ h̃ra ē̃ ꝥ̃ hetuð. at ſeg
ıa mık yðr alld᷎ aꝼhenðan. ꝫ v᷎ðıt ė heıt
roꝼa ᷓ mık. Sa añaꝶ hlutr at þu ē̃t gð
ꝼaðır mīn. Sıg̃ðr ƀp mꞇ̄ı. ᷓ ꝁg. lat ħ nío
ta ſlıkra hluta. ſua ſꞇ̄ v᷎a ſeg̃ ꝁgr ꝫ ba\`ð´
þa þegar leyſa ħ. Nu v᷎ ſua g̃t. ꝫ lıkaðı
kalꝼı allþungt. Nu var hallꞇ̄ ēn með
hırðīnı ꝫ kō ſer bratt vel. en þo v᷎ ꝁgr ꝼ
ærı ᷓ ħ en aðr ꝫ bættı þo ᷓ þtta ꝼ̃ ħ. ꝥ va\`r´
eıñ ðag at hallꞇ̄. geck ꝼ̃ ꝁg. ꝫ ꝼell ᷣ ꝼota
ħm. ꝁgr ſa at ħ ꝼellðı tar. ꝫ ſpurðı hua\`t´
ħm þöttı ſua mıkıt. ħ .ſ. Næꝶ ꝼellr m̃ reı
ðı þín. ꝫ hēnı vıllða ek aꝼ m̃ koma. ꝁgr .ſ.
ſua ſꞇ̄ v᷎a. þu ſꞇ̄t ꝼ̃a ſēðı ꝼaur mína. epꞇ̄
íol. ꝫ ſꞇ̄u ᷓ þa ſatꞇ̄. eꝼþu kēr ꝼ̃ðīnı ꝼ̃m
.e. huart attu ſu᷎ð ꝥ ē̃ ek gaꝼ ꝥ̃. a ek
vıſt h̃ra. ꝫ alld᷎ heꝼ̃ ꝥ kōı ı ṽ gıorð. ꝁgr
mꞇ̄ı. ꝥ ſam̃ vel at vanðræða ſkallðıt ė van
ðræða g᷎pīn. eða muntu kūna at neꝼna ſ
v᷎ð ı hueríu vıſuorðı. hallꞇ̄.ſ. ᷓ man ek leıt\`a´.
eꝼ ꝥ̃ vılıt. ꝫ allt mun ek ᷣ vīna at kōa aꝼ m̃ y
ðuarrı reıðı. ꝁgr mꞇ̄ı. queð nu þa hallꞇ̄.q. þa
.v. Eıtt ē̃ ſuerð ꝥ ē̃ ſuerða. ſu᷎ð auðgan mı\`k´
g̃ð. ꝼ̃ ſuıpnıorðū ſu᷎ða ſu᷎ð ott mun nu v᷎ð
a. muna vanſu᷎ðat v᷎ða. v᷎ðr em ek þrıgg
ıa ſu᷎ða. ıarðarmenſ at yrðı ṽgıorð at ꝥ̃
ſu᷎ðı. ꝁ. þackaðı ħm ꝫ quað ħm mıkla ıꝥ̃t

ı ſkallðſkap ſínū. ꝫ gaꝼ ħm ṽgıorð n
og vanðaða. ꝫ þo at ſua ƀı ᷣ. ſ. ꝁr. at þık h
ðı ꝥ vítı. at þu kom̃ ė vnðer borð .e. ᷣ kır
kıu. þa ſꞇ̄ ꝥ̃ ꝼramaꝶ vpp geꝼa en oðrum.
hallꞇ̄ þackaðı ꝁgı. eíꞇ̄ ſīn var ꝥ at ꝁr ſp̃
ðı huar hallꞇ̄. v᷎ı. kalꝼr .ſ. ħ mun ēn haꝼa
vanða ſıñ at blota a laun. ꝫ heꝼ̃ ħ lıkneſ
kı þorſ ı pungı ſínū aꝼ tōn g̃t. ꝫ ertu oꝼm
ıog ðulīn at ħm. h̃ra. ꝫ ꝼær ħ ė ſañreyn
ðan. ꝁr bað hallꞇ̄. þangat kalla. ꝫ ſuara ꝼ̃
ſık. hallꞇ̄. kēr ꝥ̃. ꝁr mꞇ̄ı. ertu ſānr at ꝥ̃
er ꝥ̃ ē̃ kent. at þu bloꞇ̄. ė er ꝥ ſatt h̃ra. ſ.
hallꞇ̄. ſꞇ̄ nu rānſaka pung mıñ. heꝼı ek h̃
eckı vnðanbragð mátt haꝼa. þoat ek
vıllða. Nu ꝼānz engı ſa hlutr ı ħ̃ vallðı
ē̃ ᷣ ꝥ v᷎ı. þtta ē̃ ðauða róg. ſ. hallꞇ̄. ꝫ mun
kalꝼı at ıllu v᷎ða eꝼ ek naı ſua ᷣ ħ̃. ħ kō
m̃ eñ ꝼyꝶı ᷣ ðauða. ꝁr. mꞇ̄ı. ė ē̃ yckr ſam̃
vært. ꝫ ſꞇ̄ kalꝼr ꝼara ᷣ bua ſıña. En þu
hallꞇ̄. ſꞇ̄t ꝼara ſenðıꝼor mına. ᷣ vpplāða
ᷣ þleıꝼſ hınſ ſpaka. ħ vıll ė ᷓ k᷎ſtnı taka
ꝫ ſꞇ̄tu ðrepa ħ eða blınða ella. ħ ē̃ ðotꞇ̄.ſ.
þleıꝼſ haurða kara .ſ. ſꞇ̄ ek ᷣ leggıa mı
na gıptu. ꝫ haꝼ m̄n ſua marga ſē þu vıll
hallꞇ̄.q. ꝼ̃ðına orıꝼlıga. en allt at eınu ſꞇ̄
ꝼara ſē ꝥ̃ vılıt. En Joſteıñ moðurbroðer
yðuaꝶ vıl ek at ꝼarı m; m̃. ꝫ beckıu
nautar mıñ. þr ſē ek kyſ ᷣ. ſua at v᷎ ſem
ſaman .ııı. ꝫ xx. g̃ ſē ꝥ̃ lıkar. ſ. ꝁr. en ſēt
heꝼı ek ꝼyꝶı m̄n ᷣ þleıꝼſ. ꝫ haꝼa þr en
gu ᷣ leıðar kōıt. ꝥ̃ ē̃ ek vıllða at v᷎ı. Sıð
an rıðu þr hallꞇ̄. ƀtt ꝼ̃ ꝁı. ꝫ ᷣ ꝥ ē̃ þr komu í
ſkóg. þañ er ſkāt var ꝼ̃ bé þleıꝼſ. þa ſtı
gu þr aꝼ heſtū ſınū ı rıoðrı eínu. þa mꞇ̄ı.
hallꞇ̄. h̃ ſꞇ̄u ꝥ̃ bıða mín. ᷣ hīnar þrıðıu ſo
lar. en ꝼara þa aptr. eꝼ ek kē ė h̃. Joſt
eıñ bauð at ꝼara m; ħm. ħ vıllðı ꝥ ė.
hallꞇ̄. tok þa ſtaꝼk᷎lſ g̃uı. ħ let leggıa
lıt ı augu ſer. ꝫ ſ̃nı ṽ a ſer huormunū
ꝫ g̃ðı mıkla brytnı a yꝼ̃lıtū ſınū. lan
gan bagga haꝼðı ħ a bakı. ꝫ v᷎ ꝥ̃ ı ſu᷎ð ħ̃

ꝁgſ nautr. ħ geck nu at be þleıꝼſ ⁊ at haugı þeī ē ħ ſat a. ⁊ v́ þ ſnēma ðagſ. þleı ꝼr heılſaðı ħm ⁊ ſpurðı hu᷎r ħ v́ı. ek ē ꝼa tekr m̄ eīn. ſ. ħ. kō ek ť ꝁgſ ⁊ vıllðı ħ mık ť ťar brıota. en ek hlıop a ƀtt leynılıga ⁊ ðrap ek aðr eīn ꝁgſ mān. Nu vıllða ek bı ðıa þık nockurrar aſía. þleıꝼr .ſ. ꝼa v̄ þ en ſpyꝛ́ ħ margſ v̄ lonð eða haꝼn̄. ħ le yſtı or ollu ꝼ͛ðlıga. þl. mlı. v́ nockuʀ ſa m̄ m; ꝁgı ē hall.h. ħ .ſ. heyrða ek ħ getıð. ⁊ ſıallð an at goðu. þl. mlı. ſa m̄ ðreym̄ mık ıaꝼnā en þo ē þ om̄kılıgt. en kōa munu ꝁgſ m̄ hıngat brátt. en ħ hall. er ſua m̄. at ek ſ kıl ſızt huat m̄ at er. at ꝼ͛ſaugn m̄. ⁊ horꝼ īheılla ē m̄ huat ſē epť kēr. þa grun̄ þleıꝼ hu᷎r maðrīn v́. ⁊ vıllðı vpp ſtanða. en ha llꝼ͛ðr þreıꝼ ť ħ. ⁊ rak ħ vnðer ſık ē ħ v́ mık lu ſťkarı. þr vlltu oꝼan ꝼ haugīn. ⁊ v́ð hall eꝼrı. ħ ſettı hæl a augat þl. ⁊ hleyp tı ór ħm auganu. þl. mlı þa ꝁgſ gıpta ꝼylg̃ ƀ. en v́ þık heꝼı ek lengı ahuga ꝼullr v́ıt. en nu er þ ꝼ͛m̄ kōıt. en veıt ek at þu g̃ır ꝁgſ boðſkap at blınða m̄ eða ðrepa. en nu vıl ek bıðıa þık at þu g eꝼ̃ m̄ an̄at auga. en ek vıl geꝼa ƀ knıꝼ ⁊ belltı. ⁊ ē huartueggıa goðr g̃mr. ⁊ ko ma ƀ þo at lıðı eꝼ ſua ƀr ť. ⁊ ertu eckı o lıklıgr at þurꝼa þ v́. hall q̃ ė vılıa ſua ƀota ꝁgſ boðſkap. at þıggıa aꝼ ħm goð grıpı ť þ. q̃ hellðr vılıa taka þ a ſık at ge ꝼa ħm an̄at augat. þl þackaðı ħm. ⁊ ſkıl ðu þr at þ. ꝼ͛r hall ť ſın̄a m̄. ⁊ varð þar ꝼagnaꝼunðr. þl. geck heī ť bæıar. ⁊ ſagðı engū mānı auerkān. ꝼyꝛ́ en þr v́ langt a brottu. þr hall. rıðu leıð ſına. þ ť ē þr ko mu ť kalꝼſ v̄ ꝼarīn veg. þa mlı hall. ðre pa ſť þna ēn ılla mān. Joſteīn mlı. g̃ ė þ blonðū ė gıptu v́ vgıptu. hall.ſ. ė heꝼ̃ ħ at haugū v́ıt ť ſkıpt. goðr ðreīgr ē meı ðdr en mān ꝼylan lıꝼ̃. ⁊ þreıꝼ ħ honðū. ⁊ ſtack or ħm augat. kalꝼr v́ð hryɢr vıð hall mlı. Nu ſyn̄ þu en̄ greyſkapīn. Sıðan ꝼ̊ þr ƀtt. ⁊ komu ť ꝁgſ. ⁊ ſat ħ at taꝼlı. þr kuoððu ħ. ꝁr ſꝑðı tıðenða. hall.ſ. alla ſogu ꝁgı. ꝁgr mlı. vel heꝼ̃ þu g̃t. ⁊ ſyn m̄ auga\t/ Sıðan tok hall augat kalꝼſ. ꝁr mlı ħ ꝼektu ſlıkt auga. þta ē þl. auga. Neı. ſ. ꝁgr. ꝼleíra muntu v̄nıt haꝼa en ek bauð. ƀ. Sıðan ſynðı ħ auga þl. þa mlı ꝁr. þtta er ħ auga. ⁊ ē en̄ eckı betr en ha lꝼ g̃t. hall mlı. Nu gallt ek kalꝼı ē ħ ſtā gaðı mık ſpıotz oððınū. þa ē ħ leıððı m ık ť bana. ⁊ ſeg̃ nu allt ſē ꝼarıt haꝼðı. ꝁgr mlı. vılltu nu ꝼa ť þl. oðru ſın̄ı. hall .ſ. ė vıl ek þangat ꝼara. en ꝼara vıl ek ť kalꝼſ. ⁊ ſtīga ór ħm an̄at augat. ꝁgr q̊ð ƀ ſtanða ſkyllðu. tok hall. þa ſēðır m; ꝁı.

7 Þat v́ eıtt ſın̄ı ē hall. **aꝼ hallꝼreðı cpm** v́ ꝼ ꝁı. at ħ mlı. leyꝼı vıllða ek ha ꝼa ı ſum̄ at ſıgla auſtr ť eyrar. kaupꝼ͛ð. ꝁr .ſ. ė ſť þ ban̄a ƀ. en ſua ſeg̃ m̄ hugr v̄ at ė ſe ƀ o an̄ara aptr ť mín en ƀ er ı ƀtt. ⁊ mart mun yꝼ̃ þık lıða. hall.ſ. ť þ v́ðr nu at hætta. Sıðan ꝼór hall. a ƀtt ħ ſꝑðı at Sıgvallðı Jarl var hoꝼðıngı mıkıll. hall kēr a ꝼunð hſ. ok q̃ haꝼa ort queðı v̄ ħ. J. ſpyꝛ́ hu᷎r ertu. ħ ſeg̃. ētu ſkallð olaꝼſ ꝁgſ. ſua ē. ſ. hall. ⁊ vıllða ek hlıoð ꝼa. J. mlı huı mun m̄ þ ė vel ſama ē olauı ꝁgı lıꝁ vel. hall. q̊ð q̊ðıt. ⁊ v́ þ ꝼlockr J. þackaðı ħm queðıt. ⁊ gaꝼ ħm gullhrīg þan̄ ē v́a halꝼa mork ⁊ bauð ħm ƀ at v́a m; ſer. Hall. þackaðı ħm boð en ť ſuıþıo ðar ſť nu ꝼyſt ꝼara. J. bað ħ raða. þ ſāa hauſt ꝼor ħ ı vık auſtr. ⁊ brutu þar ſ kıpıt auſtan ꝼıarðar. ⁊ tynðu mıklu ꝼe. þaðan ꝼór hall. ť ꝁga hellu. ⁊ ðual ðız þar v̄ hrıð. Ok eīn ðag er hall. geck vtı at kaupſteꝼnu. þa geck m̄ ı motı ħm. þr quoððuz ⁊ ſpurðı hall. hu᷎r ħ v́ı. ħ q̃ auðgıſl heıta. ⁊ komīn veſtan aꝼ englðı. ⁊ ſkorť mık ė ꝼe .e. ē þtta hall

vanðræðaſkallð. h̄ q̄ð ſua v̄a. ek heꝼı ꝼ̄tt q̊ð
auðgıſl at þu heꝼ̄ hıtt ı ꝼıar tıon. eða vıll
tu ſla kaupı v̇ mık. at ꝼara auſtr t̄ gaut
lðz m; m̄ t̄ vetr vıſt. en ek ſl̄ geꝼa þ̄ .x. m̄k`r´
ſılꝼrſ t̄ ꝼylgðar. þt m̄ ē ſagt at þın ꝼylgð
ſe ꝼe kaupanðı. hall̄ q̊ þ vılıa. veġn̄ var
ohreīn. ꝫ hurꝼu marḡ aptr. þr hall̄ hoꝼð`v´
.v. klyꝼıa heſta ꝫ eīn at rıða. ꝼ̄ nu auſtr
a markernar. ꝫ eın̄ ðag ſa þr at m̄ ꝼor m`o´
tı þeī. þr ſþ̄ðu hu̅r h̄ v̄ı. h̄ q̊ aununðr heıta.
h̄ var mıkıll vextı. ꝫ q̊ vılldu ꝼara með
þeī. eꝼ þr gæꝼı h̄m leıgu nockura. ē͛o m̄ h̄
veḡ allır kūnıḡ. auðgıſlı q̊ lıtıð v̄ h̄ lez ė
vıta hu̅r þegn h̄ v̄ı. hall̄ var eggıanðı
at v̇ h̄m v̄ı tekıt. ꝫ þ varð. ꝫ ſkyllðı h̄ ha
ꝼa .xíȷ́. aura ſılꝼrſ. hall̄. v̄ þa ſē gıllðaztr
en auðgıſl v̄ v̇ allðr. Nu ꝼ̄ þr ſē leıð lá. aun̄
ꝼor ꝼ̇ v̄ ðagīn. ꝫ komu at ſæluhuſı v̄ kue
llðıt. þa m̄lı hall̄. Nu munu v̄ eıga þrēn
v̄k. ꝫ ſl̄tu avn̄. vıða heī þu heꝼ̄ exı mık
la auðgıſl ſl̄ ellð ḡa. en ek ſl̄ vatn ſékıa.
þa m̄lı avn̄. þ ē þa bezt at vıða otæpılıga
t̄ h̄ſ. þt marḡ þurꝼa ellðıuıðīn þr ē h̄ ko
ma. hall̄.q. þ vel ſagt. þa m̄lı auðgıſl. ꝼu
ſarı v̄a ek at taka vatnıt. en þu ḡð ellð
hall̄. latū þa ſua v̄a. ſ. h̄. Sıðan kveyktı
h̄ ellðīn. en. avn̄ ꝼor m; byrðı. ꝫ ḡðı þ hu̅r
ē boðıt v̄. hall̄. þottı þeī ſeínt v̄ða. h̄ ḡꝼ
ðı at ellðınū. ꝫ haꝼðı kaſtat belltı ſın
v a halſ ſer. ꝫ var þar knıꝼr mıkıll ē
m̄m var þa tıðt at haꝼa. ꝫ var knıꝼr
ın̄ a bak h̄m. Nu kēr .avn̄. īn byrðı. h̄
hleypr þeḡ at h̄m hall̄. ꝫ hıo t̄ h̄ tueī hō
ðū m; exīnı ꝫ kō ı tygılknıꝼīn en hall̄.
greıp t̄ ꝼota h̄m ꝫ het a guð ꝫ m̄lı. ðugı
þu m̄ huıtak͛ſtr. eꝼ þu ēt ſua mattugr
ſē .o.k̄r. ſeḡ. lat ė þna mān ſtıga yꝼ̄ m̄
ſıðan rettız hall̄. vpp vnð h̄m m; ꝼull
tīgı guðſ. ꝫ gıptu .o.k̄gſ. tok h̄ þa aun̄.
vpp. ꝫ rak nıðr ſua mıkıt ꝼall at h̄ v̄ ı
ovıtı. ꝫ hraut exın or hēðı h̄m. hall̄ haꝼ

ðı ſax eítt lıtıð ꝫ bra þ̇. ꝫ þa vıtkaðız aunūðr
hall̄. ſpyr̄ heꝼ̄ þu ðrepıt auðgıſl. h̄ q. ſua v̄a
þa lagðı hall̄ ſaxınu ı gegnū h̄. ꝫ ðro h̄ vt or
ſkalanū en byrgðı ſıðan ꝼaſt. ꝫ v̄ nottīa
brau aun̄. a hurðına. en hall̄. ſtoð v̇ ın̄an ꝫ
geck þ̇ t̄ ðagſ. Vm morgınīn ꝼān hall̄. auð
gıſl ðauðan v̇ lækīn. ꝫ tok aꝼ h̄m knıꝼ ꝫ
belltı. ꝫ haꝼðı m; ſer. h̄ bıo v̄ auð gıſl ept̄
ſıðuenıu. Sa h̄ nu at .aun̄. munðı v̄ıt haꝼa
ılluırkīn. ꝫ ðrepıt m̄n t̄ ꝼıar ſer. ꝫ þ h̄ var
auðıgt at ꝼe ꝫ varnīgı. hall̄.q. þa .v. Ol ek þ̄
ē allðrı vela. auðgıllðanða vıllðag. hyrıar
nıot a huıtu. hraꝼnuínſ a ꝼe ſínu. vān ek
t̄ goðſ v̇ ḡnı gūnmáſſ ſē ek kūna. en ꝼur
ſk̄ðer ꝼærðı. ꝼıor tal at m̄ hıorua. Sıðan
reıð h̄ auſtr a ꝼıallıt. ꝫ hıttı ıllar leıðır.

8 At quellðı eınſ ðagſ **ꝼıorrað uıð hallꝼ̄**
heyrðı h̄ vıð ꝼellðan. ꝫ reıð þagat
ept̄. þa varð rıoðr ꝼ̇ h̄m ꝫ v̄ þar m̄
ꝫ hıo vıð. h̄ var buanðlıgr. ꝫ rauðſkeggıa
ðr. ſkolbrun̄ ꝫ helldr ıllmānlıgr. ſıa m̄ heıl
ſar h̄m. hall̄ ſpyr̄ huer̄ h̄ v̄ı. h̄ q̊ bıorn heí
ta. ꝫ ꝼar m; m̄ t̄ gıſtıngar. h̄ þıġr þ. bıorn
v̄ allbeīn v̇ h̄. bonðı la ı lokhuılu. en hallꝼ̄.
ı ānar̄ı. h̄ grunar bıorn. ꝫ ſtoð vpp vnð tıall
ðıt m; brugðıt k̄gſ náut. ꝫ ı þ̇ lagðı bıorn í
rumıt. en hall̄. hıo h̄ banahauġ. h̄preyıa
bað m̄n vpp ſtanða ꝫ taka þna glæpam̄
m̄n baru klæðı a vapn hall̄. ꝫ v̄ h̄ hanðte
kīn ꝫ bunðīn. Sıðan v̊ ſenð orð þeī mání
er vbbı h̄. h̄ attı ſer broður ē þor̄ h̄ h̄ v̄ þa`r´
hoꝼðıngı. h̄ attı ðott̄ ē Jngıbıorg h̄. hana h
aꝼðı átt auðgıſl. ꝫ v̄ hīn meſtı kuenſkau
rungr. Nu kōa m̄n t̄ ꝼunðar þ̄a at ðæma
hall̄. þar kō þor̄ ꝫ vbbı. ꝫ Jngıbıorg. ꝫ kō þ
a ſāt m; þeī at haꝼa hall̄. t̄ blota. h̄ geck
at Jngıbıorgu ꝫ kuaððı hana. ꝫ q̊ haꝼa þ̇
ḡpı. ē auðgıſl haꝼðı ſenðt hēnı. h̄ .ſ. kēnı
ek ḡpına. h̄ .ſ. hēnı alla ſoguna. ꝫ .q. h̄ .v
Sva heꝼk h̄mıla harmı. hugballðr ı gny
ſkıallða. baugſ erū ſuıpr at ſueıgı. ſár

lınz rekıt mīna. en loꝼhnuggīn lıggıa. let ek
ballðr roðınſ ſkıallðar. ok̄ heꝼnða ſua ock̄.
auðgıſlı hıa ðauðan. Jngıƀ. ſꝑðı vanðlıga
at v̄ atburðı. Ek̄ bar ellðaſkrauckuıſ. auln
aſkeıðſ aꝼ reıðı. lagða ek henðr at hunðı.
hunðz glæuara munðar. ſtenðr eı ſa ſēðır.
ſıðan hlackar ſkıða. bál rauð ek yggıar íe
la ıelſ v̇ þıoða velū. Jngıƀ. mł̄ı. ſe ek at þu
munt m; ſōnu ꝼara. ꝫ ſł̄tu ꝼ̄ heī m; mér
ꝼór hall̄. heī m; hēnı. ꝫ v̄ þa ſtırðr aꝼ bon
ðū. ꝫ let ħ næra ħ. þau þoꝛ̄ ꝫ Jngıƀ. ſenðu
m̄n a ꝼıallıt. ꝫ ꝼunðu ꝥ þau m̄kı oll ē hall̄.
haꝼðı ſagt. v̄ þ allmıkıt ꝼe. ē þaðan var
ꝼlutt v̄ þ allra ſāþyckı lðz māna at hall̄.
tækı ꝼe þ ē onunðr haꝼðı átt. ꝫ hellðu þr
mıkıt tal aꝼ ħm. hall̄. lagðı hug a Jn
gıƀ. ꝫ bað hēnar. ħ .ſ. é mun þa vel ꝼ̇ ollu
ſéét. ē þu ēt k̄ſtīn ꝫ ħ vtlenðr. en þu ſł̄tꝼ
ıña ꝼoður mīn eꝼ þu vıll. ħ g̃ıꝛ̄ ſua ꝫ
tıar þtta ꝼ̇ þorı. ꝫ v̄ða þr vel aſatt̄. geck
ſua t̄. at hall̄. ꝼeck Jngıƀ. ꝫ v̄nı mıkıt.
þar ſtoð ſaman auðr mıkıll. ꝫ haꝼðı h
all̄. ꝥ vırðıngar mıklar. þ haꝼðı ħ hellz
t̄ t̄ar. at ħ bleſ ı k̄s yꝼ̄ ðryck ſınū. aðr ħ ðr
ack. en ꝼatt ſaung ħ. eıtt ſıñ talaðı ħ ꝼ̇ Jng̃.
Ek ætla m̄ at ꝼara a ꝼunð olaꝼſ ſuıa k̄gſ.
ꝫ ꝼæra ħm queðı ē ek heꝼ̄ ort v̄ ħ. ħ q̄ æt
la at ħ munðı heyra vılıa loꝼıt. **capıtulm**

9 Þat ſum̄ ꝼór hall̄ t̄ ſuıþıoðar. ꝫ kō a
ꝼunð k̄gſ. ꝫ quaððı ħ. k̄r ſpyʀ hūr
ħ v̄ı. ħ ſeg̃ t̄ ſın. k̄r mł̄ı. vıða ertu
neꝼnðr ꝫ ſkallð goꝼug̃ m̄. kueðı heꝼı ek
ort v̄ yðr. ꝫ vıllða ek hlıoð ꝼa. k̄r ıattı ꝥ. ſı
ðan ꝼluttı ħ queðıt. k̄r bauð ħm m; ſer
at v̄a. ꝫ gaꝼ ħm goðar gıaꝼ̄. hall̄.q̄ eıga
bu ꝫ konu ı ħ ſkattlðı. ꝫ vıl ek þangat vıt
ıa. k̄rbað ħ vel ꝼara. hall̄ kō aptr t̄ konu
ſīnar. þar v̄ ħ .ıȷ. vetr ꝫ \a/ hınū þrıðıa vetrı
v̄ þ eına nott at ħm þottı Ol̄. k̄r kōa t̄ ſín ꝫ
v̄ reıðulıgr. ꝫ kuað ħ mıog kaſta k̄ſtnıſī
nı. ꝼar a ꝼunð mīn. ꝫ lıð þıtt. hall̄. anðúpa
ðı mıog ē ħ vaknaðı. Jngıƀ. ſpyʀ̄ huat
ħ heꝼðı ðreymt. ħ ſeg̃ hēnı. eða hūſu m̄
ꝥ v̄ geꝼıt. vılltu nockut ꝼara m; m̄ a ek
ꝥ mıkıt gott at launa. ꝫ þa ꝼenga ek ꝥ
hellzt aūbunat. eꝼ þu tekır v̇ tru. ħ
ſ. ꝥ ē van at þık munı þangat lánga.
ꝫ ſkıl ek at ſa mun v̄a ſıðr mıklu betrı.
ꝫ mun ek m; ꝥ ꝼara. auðgıſl ħ ſon þra.
ꝫ v̄ ħ þa tuæuetr. þau ꝼara a ꝼunð ol̄.k̄g\s/.
ꝫ tok ħ vel v̇ hall̄. ꝫ auıtaðı ħ þo mıog. ꝫ
bað ꝑſt ſk̄pta ħm. Jngıƀ. ꝼæððı þa ſu̇eī
barn. ꝫ ħ ſa ſueın hall̄. ꝫ gaꝼ ꝼaðer ħſ
ħm naꝼn ſıtt. v̄ þa Jngıbıorg ſkırð ꝫ .ſſ.
hēnar baðer. ol̄.k̄r. mł̄ı þa v̇ hall̄. Nu ſł̄
tu bæta yꝼ̄ v̇ guð. ē þu heꝼ̄ lengı v̄ıt m;
heıðnū m̄m. ꝫ gengıt mıog trūnı. ħ q̄
þ gıarna vılıa. ꝫ ortı vppreıſt̄ ðrapu. got̄
queðı. þān vetr anðaðız Jngıƀ. ꝫ þottı
hall̄. þ allmıkıll ſkaðı. v̄ varıt ſagðı ħ
k̄ı at ħ lyſtı at ſıa ıſlð. k̄r. ſagðı at þ
ſkyllðı ſē ħ vıllðı. heꝼı ek þık reynt at
goðū ðreīg. en kōa mun þar. at þu m̄
ðer hellðr vılıa m; m̄ v̄a. at ꝥ ſkap
lynðı ſē þu heꝼ̄. en þa g̃pı ſł̄tu þıggıa aꝼ
m̄. pellz ſkıckıu h̄ng ꝫ hıalm. þt ouıſt
ē v̄ ꝼunðı ockra. loga é g̃punū. ſeg̃ k̄r. þt
m; m̄ ſł̄u t̄ kırkıu ꝼara. en ı kıſtu legg
ıa hıa ꝥ. eꝼ þu anðaz ı haꝼı. hrīg̃ ſtoð
.ııȷ. aura. hall̄ þottı mıkıt ꝼ̇ ſkılnaðı
v̇ k̄g. auðgıſl ſon hall̄. ꝼór auſtr t̄ þorıs
moðurꝼoður ſínſ. hall̄. ſynı ſınū ꝼeck
ħ ꝼoſtr gótt. hall̄ let ı haꝼ. ħ kō ſkıpı
ſínu ı kolbeīnſ ár óſ epͭ þíng. ħ mł̄ı tıl
ſkıꝑa ſıña. ꝼ̄ð lıgr ꝼ̇ m̄ ſuðr v̄ heıðı. at ꝼī
na ꝼoður mīn. ꝫ ſł̄u v̄ rıða .xíȷ. ſaman
Nv v̄ ſkıp vpp ſett. en þr rıða a b̄tt .xıȷ.
ſaman. ꝫ ſn̄u veſtr t̄ langa ðalſ. þr v̊ al
ler ı lıt klæðū. ꝫ ſteꝼnðu t̄ ſelıa g̃s. kolꝼī
na v̄ ꝥ. ꝫ konur nockurar hıa hēnı. ꝥ v̊
ꝼleırı ſel ꝫ ſtoðu ſelın ı laxar ðal. mıllı
langaðalſ ꝫ ſkagaꝼıarðar. Sauðam̄

kolꝼīnu ſagðı at .xíj. m̄n rıðu at ſelı
nu. ⁊ v͛ aller ı lıtklæðū. h͛ .ſ. þr munu ė
kūna leıðına. h .ſ. kun̄lıga rıða þo. Nu
kōa þr t̉ ſelıāna. kolꝼīna ꝼagn̄ vel hall.
⁊ ꝼrettı tıðenða. h .ſ. tıðendı ero ꝼa. en í
tōı munu ſogð v͛a. ⁊ vılıu v͛ h͛ ı nott v͛a.
h͛ .ſv͛. ꝥ vıllða ek at þu rıðır t̉ vetr h͛a.
⁊ mun ek ꝼa ꝥ leıðſogu mān. h q̉ ꝥ v͛a
vılıa. geꝼa munu v͛ yðr mat ſagðı h͛.
eꝼ ꝥ vılıt ꝥtta eítt. Nu ſtıga þr aꝼ heſtū
ſínū. ⁊ v̄ kuellðıt. e̅ þr v͛ mettır ſagðı h
allꝼ. ꝥ ætla ek m̄ at lıggıa hıa kolꝼī
nu. en ek loꝼa ꝼelugū mınū at brey
ta ſē þr vılıa. þar v͛ ꝼleırı ſel. ⁊ e̅ ſua
ſagt at hu͛r þra ꝼengı ſer konu v̄ nót
tına. En er þau komu ı ſæng hall. ⁊
kolꝼ. ſpyꝛ h hv͛ſu mart v͛ı v̄ aſt þra
g̊s. h͛ .q. vel v͛a. hall.ſ. v͛a ma at ſua ſe
en ānat þıkı m̄ ꝼīnaz a vıſū þeī e̅ þu
heꝼ queðıt. t̉ g̊s h͛ .q̉. eng̊ q̊ðıt haꝼa.
h .ſ. ek heꝼı lıtla ſtunð h͛ verıt. ⁊ heꝼı
ek heyrt vıſurn̄. lat mık heyra. ſ.koll.
hu͛nīn v͛kı ſa e̅. at m̄ e̅ kenðr. Legr at
lyſıbrecku. Leggıar ıſ aꝼ g̊ſı. kuol þolır
hlın hıa hanū. heıtr oꝼrēðar ſueıtı. en
ðreypılıg ðruꝑ. ðynu rán hıa hanū. leıꝼı
ek lıoſra vıꝼa. lunð ſē alꝑt a ſunðı. eckı
e̅ ſlıkt bót an̄arſ. ⁊ mıkıt vnðr at hra
uſtr m̄ vıll ſlıkt g̊a. hall.ſ. en̄ heꝼı ek
heyrt aðra. ꝥrāmar ſua ſē ſuīmı. ſılaꝼ
vllr t̉ huılu. ꝼúrſkıðandı ꝼıarðar. ꝼulm
áʀ a trauð baru. áðr en orba ſt̉ðır. oꝼðr
þoꝛ ſk̉ða. h e̅a hlaðſ v̇ gūnı. hvılu braðr
vnð vaðer. koll.ſ. Eckı mun g̊s yrkıa v̄
þık. ⁊ ſēðı ꝥ betr at ovíng̊ ė ſua v̇ h. ꝥt
ė veıt hv͛ m̄ mæꝛ. hall.q.v. Lıt mun ha
lr en̄ h͛tı. hıalmg̅nðr ꝼ̇ bur ſkalm̄. h
muna aura. eyrar. an ⁊ ſtrutr en̄ g̅nı.
þott orꝼþæg̊ ė. oꝼðr ſtavðul vıðan. hır
ðandı nytr hıarðar hıorꝼangſ ⁊ kuı
langa. kolꝼ. ſtygðız þa v̇. hall.q.v. Kol

ꝼīna lez kēna. kueð ek v̄ hlut þēna. hu
at queða vıtru víꝼı. vallða ꝼv́llt aꝼ ſ
kállðı. ēn aꝼ vngū ſuāna. auðhnyckıā
ða þyckır. oð em ek gıarn at gıarn at
greıða ganga ðyrlıgr angı. Smala m̄ re
ıð bróti v̄ nottına. ⁊ ſagðı g̊ſ huat kōıt v͛.
en h reıð heıman v̇ .xx. m̄n. Snēma vm
morgınīn buaz þr hall. ⁊ áðr h ſteıg a heſt
.q. h .v. Lıtt hırða ek laull. lunðr heꝼ hett t̉
ſprunða. vıgſ þótt v͛ða hoggīn. vaꝛ ı hō
ðū ſuaꝛa. eꝼ ek næða ſıꝼ ſlæðu. ſoma ka
rmſ meðal arma. matkað ek lıoſſ uᴍ
lıoſa. lınð oꝼtrega bınðaz. Sıðan hlıop
h a bak ⁊ broſtı. kolꝼ. mlı. h̉ broſır þu nv
h .q.v. Vetkað ek hıtt huat v͛ða. v͛ glo
ðar ſl troða. rēnu áſt t̉ vn̄. v̄nar ðagſ
a mūnı. eꝼ ꝼıolgegn̄ ꝼregna. ꝼagnenðr
ıotunſ ſagna. ꝼlo ek aꝼ galltar g̊ſı. geıtb
elg huat mık teıꝛ. hall. vıllðı geꝼa kolꝼ ſk
ıckıuna kgſ naut. en h͛ vıllðı ė þıggıa. ok
aðr þr rıðu brott. k. h .v. Heī kōa hırðı nau
m̄. hāſ e̅ goðr a ꝼlıoðū. ſæꝼ bálſ ꝼ̇ ſelıū. ſlett
ꝼıallaðar allar. nu ſel ek aꝼ þott yꝼız. olbe
ckıar ſyn nackuat. hu͛r takı ſegr v̇ ſuaʀa. ſı
nū abyrgð mína. Epꝛ ꝥ rıða þr a b̉t. **aꝼ**

10 Nv kēr g̊s t̉ ſelıāna. **hallꝼreðı ⁊ Grıſ**
kolꝼ. var ſkapþúngt g̊s ſa ꝥ. h .q.v.
Nv þık̉r m̄ nockuꝛ. nāſkorð v͛a orð
ın̄. lıt ek a ſūt v̄ ſueıꝛ ſueımr me
ðan ek var heıman. h͛ haꝼa geſꝛ g̊ua g
engr vt kona þrutın. ꝥrır ſıálıgr ſuaꝛı. ſl
aug þvnglıga augv. þar v͛ m; g̊ſı eın̄ ſon
þorıſ þranðar .ſ. g̊s vıll epꝛrıða. en kolꝼ lat
tı. ⁊ q̊ð ė víſt huárt h̄ hlutr batnaðı v̇ g̊s v
ıll þo epꝛ rıða. þr rıðu ꝼ̄m hıa auðolꝼſſto
ðū t̉ blonðu. þa v͛ þr hall. kōn̄ a mıðıa a
na. þa ſkaut g̊s ſpıotı t̉ hall. en h tok a lop
tı ⁊ ſkaut aptr t̉ g̊s. en eın̄ bra v̇ exı. ſpıo
tıð kō ꝼ̇ brıoſt eınarı ⁊ ꝼeck h bana. g̊s .q.
hall. rēna. h q̉ ė munðu ꝼara lengra en aꝼ
áānı. ⁊ bað þa at ſækıa. en g̊s reıð ė at. þa

logðu m̄n þ ᷠ. at hall̄ ſkyllðı béta g̊ſı ꝼ oſo
ma þān allan ē ħ haꝼðı g̅t ħm. hall̄. ſpyꝶ hů\s/
ħ beıððız. g̊ṡ .ſv̄. ꝥ m̄ða ek vna. eꝼ ek heꝼða
hrīga baða Jarlſ naut. ꝫ k̄gſ naut. hall̄.ſ.
ꝼyꝶ mun añat at ƀaz. ꝫ ſkılðu v̇ þ. hall̄. reı\ð/
ſuðr ᷠ ƀður ſınſ. en þa v̇ ꝼaðer ħ anðaðr.
ꝫ v̇ þar v̄ vetṅ. ꝫ v̄ varıt ē ħ ꝼór norðr. þa
rak a ꝼ þeī hrıð. hall̄.q. þ v̊a gıornīga veðr. þr
rıðu oꝼan epᷠ vazðal. þar ᷠ at ꝼ þeī varð
eīn garðr. ꝫ ſpruttu ꝥ vpp .xx. m̄n. ꝥ v̇ kō
īn ᴍaꝶ aꝼ marſtoðū. ħ hleypr ꝼ hall̄.
en hall̄. hog̊r þeg̃ ᷠ ħ. En maꝶ bra ꝼ blottr
vglı. ꝫ v̇ð ħ eckı ſáꝶ. hall̄. reıð þa ór g̊ðzh
lıðınu. ᴍaꝶ kallaðı ſækıū at þeī. hall̄.q.
.v. Mıog tegaz ſueım\a/ſockū. ſnót v̊ð ek þ
egnſ ꝼ hotū. v̊ munū ðag hūn ðyrra. ðulrækīn
mık mık ſækıa hellðr mun hælıballð. hræ
vınz ꝼ ꝥ mīna. van erūz ſlık atſleíkıa. ſınn
blottrygıl īnān. Skılðu þr v̇ ſuabúıt. hunr
auðr het m̄. ē bıo at moƀgı. g̊ṡ v̇ þīgm̄ ħ. þ
kell kraꝼla bıo þa at hoꝼı. en Jngolꝼr var
ðauðr. þna vetr ortı hall̄. vıſur v̄ g̊ſ. ꝫ ē g̊ṡ ꝼ
þ. ꝼor ħ ᷠ motz v̇ hunroð. ꝫ bað ħ raðag̊ðar.
þt hall̄. ħðır at eınſ ꝼıanðſkap v̇ mık. hunꝼ.
.ſ. ꝥ ꝼyſı ek þık. at þu buır mal ᷠ. ꝫ ſteꝼnır
hall̄. ᷠ hunauaz þīgſ. g̊ṡ g̊ðı ſua. reıð ſuðr v̄
varıt ᷠ hreðuvatz. þt þr galltı ꝫ hall̄. bíug
gu þar þa. g̊ṡ ſteꝼnðı hall̄. v̄ víg eınſ ᷠ hun
avatz þīgſ. ok ē þr v̊ ƀttu. mlı Galltı v̇ hall̄. hů ē
ᷠætlan þın v̄ mal þta. ħ .ſv̄. ek ætla at ſækıa
trauſt. þkelſ magſ mīſ. þr rıðu ſuñan v̄ va
rıt. ꝫ v̊ ſaman .xxx. þr gıſtu at hoꝼı. hall̄. ſꝥ
ðı þkel. hůt trauſt ħ ſkyllðı ꝥ eıga. þkell q̊
munðu veıta at malū. eꝼ boðın v̊ı nockur
ſemð. Nu kōa m̄n ᷠ þīgſ. ꝫ a þīgınu gīgu þr
hall̄ ꝫ galltı ᷠ buðar þkelſ. ꝫ ꝼ̊ttu huar kō
a ſkyllðı. ħ .ſ. ek mun bıoðaz ᷠ g̊ð eꝼ ꝥ vılı\t/
þ huarᷠueggíu. ꝫ mun ek þa leıta v̄ ſætᷠ. Gan
ga þr nu ýt ór buðıñı. en ƀnðr avallðzſon. ƀð
kolꝼ̊. la a buðar vegnū. ħ hıo gallta bana h
ᴏɢ ı ꝥ ē ħ geck vt. hall̄. ſagðı þkatlı vıgıt.

þk̄ geck m; ħm ᷠ buð g̊ṡ ꝫ bað ħ ꝼ̊m̄ ſelıa
mānīn. ella munu v̊ brıota vpp buðına. þa
hlıop hıllðr moð brandz ı ðyrñ ꝫ ſpyꝶ hu
at þk̄. vıllðı. ħ ſeg̃ eyrınðıt. hıllðr mlı. ė
munðı ꝥ þ ı hug at ðrepa ſon mīn þa ē ek
ſkaut ꝥ vnðan ſkıckıu ſkautı mınu. ok
ꝼırða þık bana. epᷠ víg glæðıṡ. þa ē þr þor
gılſ ꝫ þorvallðr vıllðu ðrepa þık. þk̄. mlı lı
ðıt ē nu þ. gangı koñ vt ór buðīnı. ꝫ vılıū
v̊ leıta manzınſ. branðr v̇ ꝼallðīn ꝫ kōz ħ
ſua ýt. ꝫ hıttız ħ ė. þk̄.q. ħ ꝼarīn munðu
ᷠ buðar hunroð. hall̄. mlı þa. Grunr ē m̄
nu á v̄ lıðueızluna. ꝫ byð ek nu g̊ſı holmg
ongu. g̊ṡ .q. ħ þ boðıt haꝼa ꝼyꝶ. þa .q. hall̄.
vıſu. Þa mun reynðr at raðnu. róghnyck
ıanðīn þyckıa. mínſ at malma ſēnu. mınn
hugr v̇ kolꝼīnu. eꝼ ſua at órr a eyrı. vppſa
trſ boðı mata. vel hyggıū þ vıggıar vıſ
m̄ at g̊ſı. g̊ṡ haꝼðı ıhenðı ſuerðıt þ ē g̊z
k̄r. haꝼðı geꝼıt ħm. hall̄. ſa eīn ðag hua\r/
kolꝼ̊. geck. ħ .q.v. Þıckı m̄ ē ek þeckı. þūn
ıſunga gūnı. ſē ꝼley brauᷠ ꝼlíotı. ꝼley me
ðal tueggıa eyıa. en þa ē ſer a ſagu ſaūſ í
kuēna ꝼlaumı. ſē ſkrautbuın ſkrıðı. ſke
ıð með gyllðū reıða. þ v̇ v̄ nottına aðr þr
þr ſkyllðu ƀıaz. at hall̄. ſuaꝼ ı ſæng ſīní
ħm þóttı .Ol̄.k̄r kōa at ſer. ꝫ þottız ħ v̊ða
ꝼegīn. ꝫ þo hræððr. k̄r mlı. ſueꝼnſ ē ꝥ
en þo mun ꝥ ſē þu vak̃. þu ætlaz ogoᷠ
rað ꝼ at ƀıaz v̇ g̊ſ. v̇ ıll malaeꝼnı. en ħ
heꝼ̃ ſua ꝼ mlt. ꝫ beðıt guð at ſa yck
ſkyllðı ſıgr ꝼá ē beᷠ malaeꝼnı heꝼðı
haꝼ ráð mıtt tak m; þockū at engı h
olmganga v̊ðı. ꝫ bæt ꝼe. En a morgın ē
þv ert klæððr. gack vt a hollt þ er hıa
þīgſtaðnū ē. þar ſe gotur mætaz. m̄
muntu ſıa rıða. ꝫ haꝼ v̇ þa tal. ꝫ kān
v̊a at ꝥ þıckı. þa añat meıra v̊t en
holmgāga g̊ṡ. ꝫ hırð ė þótt ħm þıckı
ſē þu hræðız. hall̄ vakñ. ꝫ ıhugar huat
ꝼ ħ heꝼ̃ borıt. ꝫ ſeg̃ þeī m̄ er hıa ħ v̇.

Sá ſṽ. hræðız þu nu ġſīn. ꝫ ṽı beť at ha
ꝼa tekıt ꝼyꝶ gott ráð þa ẽ ħ mľı vel ť.
en nu mun vırðt aꝼ ouınū þınū ſē þu
þoꝛ̃ ė at ƀıaz. hall̄ mľı. vırðı ꝥ hu̾r ſē
vıll. haꝼa ſľ ek rað .Oľ.ꝁgſ. þau munu
m̄ bazt geꝼaz. vm morgınīn geck ħ ν̀t′
a holltıð. ꝫ ſa m̄n rıða ı lıtklæðū at ſer
ħ ſp̄ðı þa tıðenda. en þr ſogðu ꝼall .oľ.
ꝁgſ. hall̄. ṽð ſua ν̇ ſē ħ ṽı ſteını loſtınn
ꝫ geck þegar heī ť buðar m; mıklū har
mı ꝫ lagðız þeġ nıðr ı rū ſıtt. þa mľtu
ġſ m̄n at ħm yrðı lıtılmānlıga. ġſ .ſṽ.
ꝥ ẽ eckı a þa leıð. Mıña ſoma haꝼða
ek aꝼ ġz ꝁgı ꝫ þottu m̄ þau meſt tıðē
ðı. ẽ ek mıſta hoꝼðīgıa mīſ. ẽ heıt lánar
ðttīſ áſt. ꝫ ẽ gott ẽ ek ſľ ė ƀıaz ν̇ ꝁgſgıp
tuna. vıl ek eñ at ꝥk ðæmı ſē ætlat ṽ
ꝥk. mľı. ek mun nu taka malı ꝼ̇ hall̄.
ꝫ ſætta ykr. ꝥu íattı hall̄. ꝥ ẽ ġð mín. ſ.
ꝥk. at víg eınarſ kōı ꝼ̇ vıg gallta. ꝫ ꝥ̇
m; heīſokn ν̇ kolꝼ̇. ꝼ̇ māna en ꝼ̇ ġſſ vı
ſur. ſľ hall̄. geꝼa ġſı ġp eīn goðan. þa .q.
hall̄ v. Avðſ heꝼ ek ıllrar tíðar. allðreīg
ılıga ꝼīgıt. mık heꝼ̇ gæððan gullı ğm̀r′
ꝫ Jarl ok ꝼ̃mðan. eꝼ glap ſkyllð̄ gıallða
gıalꝼrteıgſ ꝫ heꝼeg ė. maurk ꝼ̇ mīzt
an ṽka. matuıſū ſľ ek ġſı. ꝥk. bað ħ hæ̀t′
ta ṽkanū. ꝫ lat ꝼ̃m̄ ġp nockurn þott ė
ſe aꝼ ꝁgſ nautū. þa let hall̄. ꝼ̃m̄ hrīgīɴ
ſıgvallða naut ꝫ ſkıldu at ꝥ̇. **aꝼ hall̄**

11 Sıðan ꝼór hall̄. ſuðr ṽ heıðı. **cap̄**
ꝫ ꝼeck buıt ı henðr valġðı ſyſť
ſıñı en ħ ꝼor vtan ı kolbeīſ ár
oſı. ꝫ kō ν̇ orkneyıar. þaðan ꝼór ħ ť no
regſ. ꝫ kō a ſognſæ. ṽ vetrnatta ſkeıð.
ꝫ ſp̄ðı þa at ṽ ꝼall .oľ.ꝁgſ. ħ ortı þa .O.
ðrapu. ꝫ ẽ ꝥta ſteꝼ ı. Nu ẽo oll ṽ orðın.
auð lonð at ğm ðauðan allr lēz ꝼ̇ðr aꝼ
ꝼallı. ꝼlugſtyɢſ ſonar tryggua. ħm þò̀t′
tı ſua mıkıt ṽ ꝼall .oľ.ꝁgſ at ħ vnðı en
gu. ꝫ ætlaðı ſuðr ť ðanm̄kr. eða auſtr
ť ſuıþıoðar. ꝥr logðu ı eīn leynıvág. ꝥ
ſpurðı hall̄ at eırıkr Jarl ṽ þaðan ė l
angt a ƀtt a lð vpp. ꝥ ğðı ħ ſér ı hug at ðre
pa Jarl þott þegar ṽı ħ ðrepīn. ꝫ ṽ not
tína ðreymðı ħ at olaꝼr ꝁr kemı at ħm
ꝫ mľı. ꝥta ẽ onytt rað ẽ þu ætlaz ꝼ̇. yrk
hellðr ðrapu ṽ Jarl. ṽ morgınīn epť geck
hall̄. a bé þañ ẽ .e.J. ṽ ꝫ at ſtoꝼu þrı ẽ .J. ðrack
ıñı. hall̄. var kenðr. ħ ṽ tekīn. ꝫ ꝼærðr Jarlı.
.J. vıllðı lata ðrepa ħ. ꝼ̇ ꝥ ẽ ħ meıððı ꝥleıꝼ ſpa
ka. ꝫ bað ꝼıoť ħ. en ẽ ꝼıotuꝶīn ṽ borīn at ħ̇.
þa þreıꝼ ħ ť ꝫ hnyckı aꝼ þeī ẽ a ħ ſkyllðı
leggıa. ꝫ lauſt ı hoꝼuðıt. ſua at ſa haꝼðı þe
gar bana. J. bað þeġ ðrepa ħ at ħ ğðı ė ꝼleı
ra ıllt. Gamall m̄ reıſ vpp vť a beckīn ꝫ
geck ꝼ̇ .J. ꝫ bað ħ geꝼa hall̄. líꝼ. ꝫ ṽ ꝥ ꝥlēıꝼr
eñ ſpakı. þa mľı .J. ꝥ ẽ ꝫ omaklıgaz at þu bıð̄
ħm grıða e. mantu ė at ħ meıððı þık ꝥľ.
.ſṽ. ꝥ vıl ek ħra at hall̄. haꝼı ġð. J.k. ſua
ṽa ſkylldu ſē ħ vılldı. ꝥľ. tok hall̄ ı ſueıt ſí
na. ħ mľı ν̇ hall̄. vılltu at ek ðæma m; J. ꝫ ꝥ̇
hall̄. ꝙ ꝥ gıarna vılıa. þa ſľtu yrkıa. ꝙðı ṽ .J.
ꝫ haꝼ ğt īnan þrıggıa natta. ok ẽ .ııȷ́. nætr ṽ
lıðnar. þa ꝼærðı hall̄ kueðıt ꝫ ẽ ꝥta vpphaꝼ
á. ƀr ẽ hroðr at heyra. hıalldr auꝶ ṽ þık ger
van. J. launaðı ħm vel kueðıt. en eckı vıl
ek þık m; m̄ haꝼa ſaꝁ. Oľ. tryggua .ſ. ꝥleıꝼ̀r′
bauð hall̄ ť ſín. ꝫ þangat ꝼor ħ. ꝥľ. reynðız
ħm hīn beztı ðreīgr. ꝫ at ſūrı ꝼor hall̄ vt ť
ıſlðz. ꝫ kō ſkıpı ſınu ı leıru vag ꝼ̇ ſūnan lð
þa bıo aununðr at moſꝼellı. hall̄ attı at hal
ꝼa mork ſılꝼrſ ħkarlı aununðar. ꝫ ſuara
ðı hellðr harðlıga. kō ħkarlīn heī ꝫ ſagðı
ſın vanðræðı. hraꝼn .q. ſlıkſ ván at ħ mū
ðı lægra hlut bera ı þra ſkıptū. Ok ṽ morgu
nīn epť reıð hraꝼn ť ſkıpſ. ꝫ ætlaðı at hog
gua ſtreīgına. ꝫ ſtauðua ƀtꝼ̇ð þra hall̄ Sı
ðan attu m̄n hlut ı at ſætta þa. ꝫ ṽ gollðıt
halꝼu meıra. en ħkarl áttı. ꝫ ſkıldu at ꝥ̇.
añat ſumar epť attu þr hall̄. ꝫ guñlaꝩgr
ormſtunga ′ꝼ̇ð̀ ſaman ꝫ komu a melrackaſlet

tu. þa haꝼðı hraꝼn ꝼengıt helgu. hallꝼ̃
ſagðı gūnlaugı. hůſu ħm haꝼðı vegna\`t´
v̇ hraꝼn. hall̄. v̇ leīgſtū ı ꝼ̃ðū. ꝫ vn̄ðı s̃
engu. ept̃ ꝼall .ol̄. k̄gſ. ħ ꝼor t̉ ſuıþıoð̉
at vıtıa auðgılſ ſonar ſınſ. ꝫ ꝼıar ſínſ.
ħ ætlaðı þar at ꝼeſtaz. þa v̇ hall̄ næk̇ ꝼ̃
tugū mānı. ẽ ħ ætlaðı t̉ ıſlðz at ſæk
ıa ꝼe ſıtt. hall̄ ſon ħ v̇ þa m; ħm. þr hoꝼ
ðu vtıuıſt harða. hall̄. ıoſ at ſınū hlut.
ꝫ v̇ þo ſıukr mıog ꝫ eīn ðag ẽ ħ geck ꝼ̃ auſ
trı ſettız ħ nıðr a aſın̄. ꝫ ı ꝥ lauſt aꝼall ħ n
ıðr ı ſkıpıt. ꝫ aſın̄ oꝼan a ħ. þa mlı þuallðr ẽ
ꝥ broð̉ erbıtt v̇ orðıt. ħ .q.v. Hnauð v̇ hıar
ta ꝫ ſıðu hreġblaſnū m̄ aſı. ſua heꝼ̃ yðr a\`t´
oðru. aꝼall tekıt v̇la. meık̇ hnauð mınū
kn̄rı. mıog ẽ ek v́atr oꝼ latīn. muna vrþæ
gın eíra. allðan ſınu ſkallðı. þr þottuz ſıa
ſott a ħm. ꝫ leıððu ħ aptr ept ſkıpínu. ok
bıuggu v̄ ħ. ꝫ ſp̄ðu hůſu ħm ſegðı hugr v̄
ſık. ħ .q.v. SpruNð mun huıt̉ henðı haur
ðukſ v̄ bra mıuka. ꝼlıoð gat ꝼ̃mð̉ orðı ꝼıol
ẽrın mıog ꝥ̃ra. eꝼ ðauðan mık meıðar.
morðueġſ ſl̄u leggıa. aðr v̇ ek vngu ꝼlıoðı.
v́t v̄ borð at ſutū. Þa ſa þr konu ganga ep
t̃ ſkıpınu. ħ̊ var mıkıl. ꝫ ı brynıu. ħ̊ geck a
bylgıū ſē a lðı. hall̄ leıt t̉. ꝫ ſa at þar v̇ ꝼyl
gıu kona ħ. hall̄.m. ı ſunðr ſegı ek ollu vıð
þık. ħ̊ mlı. vılltu þvallðr taka v̇ m̄. ħ q̃ ė vıl
ıa þa mlı hall̄. vngı. ec vıl taka v̇ ꝥ̃. ſıðan h
varꝼ ħ̊. þa mlı hall̄. ꝥ ſon mīn vıl ek geꝼa ſu̅
ðıt k̄gſ naut. en aðra ġpı ſl̄ leggıa ı kıſtu h
ıa m̄. eꝼ ek onðūz. lıtlu ſıðaṙ anðaðız ħ. ꝫ v̇
ı kıſtu lagðr. ꝫ ġꝥ ħ m; ħm. ſkıckıa. hıalmr ꝫ
hrīgr. ꝫ ſkotıð ſıðan ꝼ borð ollu ſaman. kıſtā
kō ı eyna helgu ı ſuðr eyıū. ꝫ ꝼunðu ſueınar
abota. þr brutu vpp kıſtuna. ꝫ ſtalu ꝼenu
en ſauktu lıkınu ı ꝼen mıkıt. abota ðreym
ðı þeġ v̄ nottına. at .O. k̄gr kémı at ħm. ħ v̇
reıðulıgr. ꝫ q̃ð ħ ılla ſueına eıga. haꝼa þr
brotıð ſkıp ſkallðz mínſ. ꝫ ſtolıt ꝼe ħ. en
būðıt ſteín v̇ hálſ ħm. Nu haꝼ þu ſan̄ar

ſog̃ aꝼ þeī. ella munu yðr v̇ða hů v̄ðr nu
v̊ ſueınar tekn̄ ꝫ gengu þr v̇ ꝫ v̇ þeī geꝼ
ıt ꝼ̃lſı lık hall̄ v̇ ꝼært t̉ kırkıu ꝫ v̇ graꝼıt
vırðulıga kalekr v̇ ġr aꝼ hrīgınū en alltæ
rıſ klæðı aꝼ ſkıckıūnı en k̃taſtıkur or
hıalmınū þr þuallðr toku lð ꝫ ꝼoru a otẗſ
ſtaðı ꝫ v̊ ꝥ v̄ vetrın̄ þuallðr ꝼor vtan v̄ ſu
marıt en hall̄ ġðı bu a ottarſtoðū. ħ v̇ kallaðr
vanðræða ſkallð. ħ v̇ mıkılm̄nı ꝫ goꝼugr
m̄. ẽ mart m̄ ꝼ̃ ħ̃ kōıt ꝫ lykr her ſogv hallꝼ̃.

1 Ketıll ꝼlatneꝼr **laxðæla ſaga**
het maðr. ſon bıarn̄ bunu. ħ v̇ k̄l̃
rıkr ı noregı ꝫ kynſtorr. ħ bıo ı
raūſ ðal ı raūſðælaꝼykı. ꝥ er m
ıllı ſun̄mærar. ꝫ norðmær̃. ketıll ꝼlat
neꝼr attı ynguıllðı ðot̃ ketılſ veðrſ
agætz manz. þra born v̊ .v. ħ̉ eīn bıorn
en̄ avſtrænı. an̄ak̇ helgı bıolan. þorūn
hyrna. ħ̉ .ð.k ẽ attı helgı ēn maġ. ſon
eyvınð̉ auſt m̄. ꝫ raꝼaurtu .ð. k\`ı´arꝼalſ
ırak̄gſ. Vn̄r en ðıupauðga v̇ en̄ .ð. ketılſ
ẽ áttı olaꝼr huítı Jngıallðz .ſ. ꝼroða .ſ.
enſ ꝼrækna. ẽ ſuertlīgar ðrapu. Jorūn
manuıtzbrecka. het en̄ .ð.k. ħ̊ v̇ moð̉
ketılſ hınſ ꝼıſkna ẽ nā lð ı kırkıu bæ
ħ ſon v̇ aſbıorn .ꝼ. þſteīſ .ꝼ. ſurtz ꝼo
ður ſıghuatz logſogumanz. **capıtul̄m**

2 A oꝼanu̅ðū ðogū ketılſ hoꝼz rıkı
haralldz k̄gſ enſ hárꝼagra ſua at ēgı
ꝼylkıſ k̄r þreıꝼz ı lðınu. ne an̄at ſtorm̄nı
nema ħ réðı eın̄ naꝼnbotū þra. en ẽ .k.
ꝼret̃ þta at haralldr k̄r haꝼðı ħ ſlıkan
koſt ætlat ſē avðꝫ rıkıſſ m̄m at haꝼa
ꝼrænðr. ſína vbætta. en ġr þo at leıgu
mānı ſıalꝼr. Sıðan ſteꝼn̄ ħ þīg v̇ ꝼræðr
ſına. ꝫ hóꝼ ſua mál ſıtt. kūnıg haꝼa
yðr v̇ıt ſkıptı var harall̄ k. ꝫ þarꝼ eı
þau at īna. ꝥt oſſ bek̇ meırı nauðſyn
t̉. at raða v̄ vanðkuæðı þau ẽ v̇ eıgū
ꝼ honðū. San̄ſpurðan heꝼı ek ꝼıanð
ſkap har̄. k̄gſ. t̉ v́ar. ſynız m̄ ſua at v̇

ė þaðan traust ꝼa. lız m̄ sua sē oss se .íj.
kost g̃v̄. at ꝼlyıa lð .e. v̄a ðrepn̄ hũr ı sí
nu rumı. ē ek ꝫ þeś ꝼusarı. at haꝼa slí
kan ðauððaga sē ꝼrænðr mın̄. en eıgı
vıl ek yðr leıða ı sua mıkıt vanðkueðı
m; eınræðı mınu. þt m̄ ẽ kūnıgt skap
lynðı ꝼrænða mīna. ꝫ vına at ꝥ vılıt ė
v̇ oss skılıaz. þott mānraun se ı nockur
at ꝼylgıa m̄. bıorn .s. ketıls s v̄. skıott mv\`n´
ek bırta mīn vılıa. ek vıl g̃a at ðæmū
gauꝼug̃ māna. ꝫ ꝼlyıa lð þta. þıkıūz
ek eckı aꝼ ꝥ vaxa. þott ek bıða heímā
þræla haꝼ̃ k̄ ꝫ elltı þr oss aꝼ eıgnū varū.
eða þıggıa aꝼ þeī ðauða m; ollu at ꝥv
var g̃r góðr rōr ꝫ þottı þta ðrengılıga ta
lat. þta rað v̇ bunðıt. at þr munðu aꝼ
lðı ꝼara þt syn̄ .k. ꝼystu ꝥa mıog. en en
gı mlı ı motı. bıorn ꝫ helgı vıllðu t ıslðz
ꝼara. þt þr þottuz þaðan mart ꝼyssl
ıgt ꝼregnt haꝼa. sǫ́gðu þar lðz kostı
goða ꝫ þurꝼtı eckı ꝼe at kaupa. kollu
ðu v̄a hvalreí mıkın̄. ꝫ laxveıðar. en ꝼıs
kastoð ollū mıssarū. k.s. ı þa veıðıstoð
kē ek allðregı a gamals allð. Sagðı .k.
þa sína ætlan at h v̇ ꝼusarı vestr vm
haꝼ. q̃ þar vırðaz gott. v̊ hm þar vıða
lonð kvn̄ıg. þt h haꝼðı þar vıða h̃ıað

3

Ept̃ þta haꝼðı ketıll **aꝼ katlı ꝼlat**
boð agætt. þa gıptı \`h´ þorūnı hyr **neꝼ**
nu .ð.s. helga hınū mag̃. sē ꝼyꝛ
v̇ rıtað. Ept̃ ꝥ byr .k. ꝼ̃ð sína or lðı ve
str v̄ haꝼ. Vn̄r .ð.h̄. ꝼor m; hm ꝫ marg̃
aðrer ꝼrænðr h̄. syn̄ .k. hellðu ꝥ sama
sum̄ t ıslðz. ꝫ helgı mag mágr þra. b
ıorn .k.s. kō skıpı sınu vestr ı breıða
ꝼıorð. ꝫ sıglðı ın̄ ept̃ ꝼırðınū. ꝫ næꝛ hı
nu syðra lðınu. þar t ẽ ꝼıorðr skarst
ın̄ ı lðıt. En ꝼıall hatt stoð a nesínu ꝼ
ın̄an ꝼıorðīn. En ey lá skāt ꝼ̃ lðınu. b.
seg̃ at þr munðu at þr munðu eıga ꝥ
ðuol nockura. b. geck a lð vpp meðr
nockura m̄n. ꝫ reıkaðı ꝼ̃m m; sıonū v̇
ꝥ skāt ımıllı ꝼıallz ꝫ ꝼıoru. hm þot
tı þar byggılıgt. ꝥ ꝼān .b. rekn̄ aunð
vegıss svlur sın̄. ı eın̄ı vık þottı þottı
þeī þa avısað v̄ bustaðīn. Sıðan .B.
ser þar lð. allt a mıllū staꝼár. ꝫ hr
aunꝼıarð. ꝫ bıo ꝥ ẽ sıðan heıt ı bıarn̄
hoꝼn h v̇ kallaðr bıorn en̄ austrænı.
h̄s kona var gıaꝼlaug .ð. kıallaks ēs
gāla. þra .ss. v̊ þr Ott̃ ꝫ kıallakr. h̄ son
var þg̃mr .ꝼ. vıga styrs ꝫ v̄munðar. en
.ð. kıallaks het helga. hana attı vestaꝛ
a eyrı son þorolꝼs blauðruskalla. ẽ nā
eyrı. þra son v̇ þlakr .ꝼ. steīþors a ey
rı. helgı bıolan kō skıpı sínu ꝼ sūnā
lð. ꝫ nā kıalarnes allt a mıllı. a mıl
lı kolla.ꝼ. ꝫ hual.ꝼ. ꝫ bío at esıu beg̃ı.
t ellı. helgı kō skıpı sınu ꝼ norðan lð
ꝫ nā eyıa.ꝼ. allan a mıllı sıglu ness ꝫ
reynıss ness. ꝫ bıo ı kstnesı. ꝼ̃ þeī helga
ꝫ þorvn̄ı ẽ kōıt eyꝼırðınga kyn. **en̄ aꝼ kat**

4

Ketıll ꝼlatneꝼr kō skıpı sínu **lı ꝼlatneꝼ**
v̇ skotlð. ꝫ ꝼeck goðar v̇tokur aꝼ t
ıgnū m̄m. þt h var ꝼrægr m̄ ꝫ storættaðr
ꝫ buðv hm þān raðakost þar sē h vıllðı.
haꝼa. ketıll staðꝼestız þar. ꝫ an̄at ꝼræð
lıð h̄. nēa þsteīn ðott̃.s.h̄. h lagðız þegar
ı hernað ꝫ h̃ıaðı vıða v̄ Skotlð. ꝫ ꝼeck ıaꝼ
nan sıgr Sıðan g̃ðı h sætt v̇ scota ok eıgna
ðız halꝼt skotlð. ꝫ v̊ð kgr yꝼ̃ h attı þurı
ðı eyvınðar .ð.s. systur helga ens magra
Skot̃ hellðu ė lengı sættına þt þr suıkv
h ı trygð. Sva seg̃ arı þgıls .s. en̄ ꝼroðı.
v̄ lıꝼlat þst̃. at h ꝼellı á katanesı. Vn̄r
ðıupauðga v̇ a katanesı ẽ þst̃. ꝼell son
hēnar. ꝫ er h̊ ꝼ̃ ꝥ at þst̃ var latīn en .ꝼ.
h̄nar anðaðr þa þottız h̊ þar enga vpp
reıst ꝼa munðu ept̃ ꝥ lætr h̊ g̃a knoꝛ
ı skogı a laun ꝫ ẽ skıpıt v̇ algort. þa bıo
h̊ skıpıt ꝫ haꝼðı auðꝼıar. h̊ haꝼðı ı bt̃
m; ser allt ꝼrenðlıð sıtt. ꝥ er a lıꝼı var

ꝫ þıkıaz m̄n varla ðæmı ⁱ vıta at eīn q
venm̄ hafı kōız ı brot̄ or þlıkv̄ vfrıðı.
m; ıāmıklu fe ꝫ foruneytı. Ma af þ m̄
ka at h̄ v̄ mıkıt afbragð añaꝛa kuen
na. vñr hafðı ꝫ m; ſer marga þa m̄n ē
mıkılſ v̊ v̄ðır ꝫ ſtorættaðır. Maðr er nef
nðr kollr. ē eīna v̄ meſt v̄ðr af forvney
tı v̄nar. kō þ meſt ⁱ þ at h v̄ h̄ſır at naf
ní. Sa m̄ v̄ ꝫ ı f̄ð m; v̄nı ē haurðr h̄. h v̄
eñ ſtórættaðr maðr ꝫ mıkılſ v̄ðr. V̄nr
hellðr ſkıpınu ı orkneyıar þeg̃ ē h̄ v̄ bu
ín. þar ðualðız h̄ lıtla hrıð. þar gıptı h̄
gro .ð. þſt̄. rauðſ. h̄ v̄ moðer greılaðar ē
þorfīnr .J. áttı .ſ. torfeınarſ .J.ſ. Rognvallð`z´
mæra Jarlſ. þra .ſ. var loðv̄. faðer Sıg̃ða`r´
.J.f. þorfınz .J. ꝫ ē þaðan kōıt kyn orkn
eynga Jarla. Ept̄ þ hellt v̄nr ſkıpı ſīv
ⁱ færeyía. ꝫ attı þar nockvra ðvol. þar
gıptı h̄ aðra .ð. þſt̄. ſv h̄ olof. þaðan ē kō
ín ſv ætt ē agezt ē ı þ lðı. er þr kalla gaꝺ

5 Nv byz vñr **af vnnı cpm** [tuſkeGıa
ı brott ór færeyıū ꝫ lyſır þ f̄ ſkıp
v̄ıv̄ ſınv̄ at h̄ ætlar ⁱ ıſlðz. h̄ hef̄
m; ſer. olaf feılan .ſ. þſt̄ ravðſ ꝫ ſyſtr
ñ þær vgıpter v̊. Ept̄ þ lætr h̄ ı haf ok
v̄ðr vel reıðfara ꝫ kēr ſkıpı ſínu f̄ ſun
nan lð a vıkrarſkeıð. þar brıota þau ſ
kıpıt ı ſpon. M̄n aller hellðuz ꝫ ſua fe. Sıð
an for h̄ a fvnð helga broður ſínſ m; .xx.
m̄n ok ē h̄ kō þar. geck h a mót hēnı. ok
bauð hēnı ⁱ ſın v̇ .x. m̄n. h̄ .ſ. reıðulıga ꝫ q̄ ė
vıtað hafa at h v̄ı ſlıkt lıtılm̄nı. ꝫ f̄r ı b̄t
ætlar h̄ nu at fıña Bıorn b̄ður ſīn ı
breıðaf. ꝫ ē h ſpyʀ ⁱ f̄ða hēnar. ba f̄r h
ı mot hı m; fıolm̄nı ꝫ fagnar hı vel. ꝫ baꝺð
hı ⁱ ſın m; ollu lıðı ſınu. þt h kūnı vegly
nðı ſyſtur ſıñar. þ lıkaðı hı alluel. ꝫ þac
kaðı hm ſtorm̄nzku ſína. h̄ v̄ þar v̄ vetn̄
ꝫ v̄ veıtt ıt ſtormanlıgza. þt efnı v̊ gnóg
ꝫ eckı latıð fe ⁱ ſpara. ꝫ v̄ varıt for h̄ y
f̄ breıðaf. ꝫ kō at neſı nockvrv. ꝫ atu þ
ðagv̄ð. þ ē ſıðan kallat ðavg̃ðar neſ
ꝫ gengr þ af meðalfellz ſtronð. Sıð
an hellt h̄ ſkıpı ſínv īn ept̄ huāſf
ꝫ kō þ at neſı eınv. ꝫ attı þar ðvol n
ockvra. þ tapaðı vñr kābı ſınū þar
heıt̄ ſıðan kābſ neſ. Ept̄ þ fór h̄ vm
alla breıðaf.ðalı. ꝫ nā ſer lonð ſva vı
ða ſē h̄ vıllðı. Sıðan hellt vñr ſkı
pı ſınv ı fıarðarbotnīn v̊ þ reknar a
lð aūðuegıſſ ſvlur ħar. þottı hı þa avð
vıtað huar h̄ ſkyllðı bvſtað taka. h̄
lætr bæ reıſa þar ē ſıðan heıt̄ ıhuā
mı. ꝫ bıo þ. þ ſama v́ar ē vñr ſettı bv
ſaman ı huāmı. feck kollr þg̃ðar .ð.
þſt̄. rauðſ. þ boð koſtaðı v̄nr. lætr h̄
þg̃ðı heıman fylgıa laxar ðal allan
ꝫ ſettı h þar bv ſaman f̄ ſv̄nan laxá.
var kollr eñ meſtı ⁱkuæðar maðr.
þra ſon v̄ havſkvllðr. **enn af vn̄nı**

6 Ept̄ þ gefr vñr fleırv̄ m̄m af lð
namı ſınu. Haurð gaf h̄ haur
ðaðal. allan vt ⁱ ſkramuhlaupſ áár
h bıo ahaurðabolſtað ꝫ v̄ mıkıll mer
kıs m̄. ꝫ kynſæll. hſ ſon var aſbıorn aꝺð
gı ē bıo ı avrnolfſ ðal. a aſbıarñſtoðv̄.
h attı þbıorgv .ð. mıðfıarðar ſkegg
ıa. þra .ð. v̄ Jngıbıorg er attı Jllugı ēn
ſvartı. þra .ſſ. v̊ þr hermvnðr ꝫ guñ
lavgr ormſtvnga. þ er kallat gılbec
kīga kyn. vñr mlı v̇ ſına m̄n. Nv ſ̄lv
þ taka aūbun v̄ka yðvaꝛa. ſkortır
oſſ nv ꝫ ė faꝺng ⁱ at gıallða yðr ſtarf
yðvart. ꝫ goð vılıa. en yðr ē þ kv̄nıgt
at ek hefı frelſı gefıt þeī mānı ē
erpr heıtır ſynı melðunſ .J. For þ fıar
rı v̄ ſva ſtór ættaðan mañ at ek vıll
ða at h b̄ı þrælſ nafn. Sıðan gaf v̄r
hm ſauðafellzlonð a mıllū tungv
áár ꝫ mıð ár. hſ born v̊ þau ormr ꝫ
aſgeıꝛ gvñbıorn ꝫ hallðıſ er attı
ðala alfr. Sauckolfı ga`f´ h̄ ſauck

olꝼſðal. ɜ bıo ħ ꝥ ᵗ ellı hunðı h̓ lavſīgı
hēnar ħ var ſkozkr at æᵗ ħm gaꝼ hͣ
hvnðaðal. oſk het hın .ıv.`ða' ð þſᵗ rauðſ
hͣ ṽ moðer þſᵗ. ſvrtz enſ ſpaka ē ꝼān ſv
marauka. þorhıllðr h̓ en .v.ð. þſᵗ. hͣ ṽ
moðer alꝼſ ı ðolū telr māna kyn ſıt
ᵗ ħ. ħſ. ðotᵗ ṽ þg̅ðr kona ara marſ .ſ.
a reykıaneſı. atla ſ. vlꝼſ ſ. enſ ſkıal
ga ɜ bıargar eyvınðar .ð. ſyſtur he
lga enſ magra. þaðan ēo kōnır re
ykneſıngar. vıgðıſ het en .vı.ð. þorſᵗ.
rauðſ. þaðan ēo kōn̄ hoꝼðam̄n ı eyıa

7 Olaꝼr ꝼeılan **anðlat vnnar** [ꝼırðı.
var yngſtr. barna þſᵗ. ħ var m
ıkıll m̄ ɜ ſterkr. ꝼrıðr ſynū. ɜ atg̅uı m̄
ēn meſtı. ħ mat v̄nr v̄ꝼrām alla m̄n
ɜ lyſtı ꝥ ꝼ m̄m at hͣ ætlaðı .o. allar eıg
nır epᵗ ſīn ðag ı huāmı V̄nr g̅ðız þa
mıog ellımóð. hͣ kallar ᵗ ſın olaꝼ
ꝼeılan. ɜ mlı. ꝥ heꝼ m̄ kōıt ı hug ꝼræ
ðı at þu mvnır ſtaðꝼeſta rað þıtt ɜ
quenaz. O. tok ꝥ vel ɜ kvez hēnar ꝼor
ſıa hlıta munðu v̄ ꝥ mal. v̄nr mlı ſva
heꝼ ek hellzt ætlat at boð þıtt munı
v̄a at alıðnu ſūrı ꝥu. þt þa er auðve
llðaz at aꝼla allra ᵗꝼanga. þt ꝥ ē n
æꝶ mīní ætlan at vın̄ vaꝶ munı þa m
ıog ꝼıolmēna. þt ek ætla ꝥa veızlu ſı
ðaz at bva. O.ſ. ꝥta ē vel mlt. en þr
rar eın̄ar konu ætla ek at ꝼa at ſu
rǽnı þık huarkı ꝼe ne raðū. ꝥ ſama
hauſt ꝼeck .o. ꝼeılan alꝼðıſar. þra b
oð ṽ ı huāmı. v̄nr haꝼðı mıkın̄ ꝼek
oſtnað ꝼ veızlūnı þt. hͣ let vıða bıo
ða tıgnum m̄m or oðrū ſueıtū. hͣ baꝺ
bırnı b̅ður ſınū. ɜ helga .b. ſınū bıolan
komu þr ꝼıolm̄nır. þar kō ðala kollr
mágr hēnar. ɜ haurðr ór haurðr or h
aurða ðal. ɜ mart an̄at ſtorm̄nı. bo
ðıt ṽ allꝼıolm̄nt ɜ kō þo hu̅gı næꝶ
ſva mart m̄ ſē v̄nr haꝼðı boðıt. ꝼ
ꝥ at eyꝼırðīgar attu ꝼarveg langan
ellı ſóttı þa ꝼaſt at v̄nı. ſua at hͣ reıſ ec
kı vpp ꝼ mıðıan .ð. en hͣ lagðız ſnēma
nıðr. engū m̄ leyꝼðı hͣ at ſækıa rað at
ſer. ꝥ a mıllı ē hͣ ꝼór at ſoꝼa a kuellð
ıt. ɜ hınſ ē hͣ ṽ klæðð. reıðulıga ſuara
ðı hͣ eꝼ nockuꝶ ſpurðı at mættı ħar.
þan̄ .ð. ſuaꝼ v̄nr ı leīgra lagı. en þo ṽ hͣ
a ꝼotū ē boðſ m̄n kōu. ɜ geck a mot þeī
ɜ ꝼagnaðı ꝼrænðū ſınū ɜ vınū m; ſæmð
q̅ð þa aſtſālıga g̅t haꝼa ē þr hoꝼðu ſoᵗ
þangat langāueg. neꝼnı ek ᵗ ꝥ bıorn
ɜ helga. ɜ ollū vıl ek yðr þacka ē hͭ ēut
kōnır. Sıðan geck v̄nr ın̄ ı ſkala ɜ ſueı`t'
mıkıl m; hı. Ok ē ſkalīn ṽ alſkıpaðr ꝼāz
m̄m mıkıt ṽ. hu̅ſu veızla ſu ṽ ſkóru
lıg. þa mlı v̄nr. bıorn q̅ð ek at ꝥu b̅ð
mīn. ɜ helga. ɜ aðra ꝼrænðr ꝩara. ɜ vı
nı bolſtað þna m; ſlıkū bunaðı ſē nu
megı ꝥ ſıa. ſel ek ı henðr olaꝼı ꝼrænða
mınū ᵗ eıgnar ɜ ꝼorraða. epᵗ ꝥ ſtoð
v̄nr vpp ɜ q̅ ganga munðu tıl þrar ſk
ēmu. ſem hͣ var von at ſoꝼa ı. bað at
ꝥ ſkyllðı hv̅r haꝼa at ſkētan ſē þa ṽı
néſt ſkapı. en mungat ſkyllðı ſkēta
alþyðūnı. Sva ſegıa m̄n at v̄nr ha
ꝼı bæðı ṽıt ha ɜ þreklıg. hͣ geck hart
vtar epᵗ ſkalanū. ꝼvnðuz m̄m orð ṽ
at konan ṽ en̄ vırðulıg. ðrvcku m̄n
ṽ kuellðıt. þangat ᵗ at m̄m þottı mal
at ſoꝼa en ṽ ðagın̄ epᵗ geck olaꝼr ꝼeı
lan ᵗ ſueꝼnſtuꝼu avðar ꝼrænð konu
ſın̄ar. ɜ er ħ kō ı ſtoꝼuna. ſat v̄nr vpp
ṽ hogınðın. hͣ var þa onðut. geck olaꝼ`r'
epᵗ ꝥ ı ſkalān. ɜ ſagðı tıðenðı ꝥı. þottı
m̄m mıkılſ ṽ ṽt. hv̅ſu v̄nr haꝼðı hall
ðıt vırðīgu ſīnı ᵗ ðauðaðagſ. ṽ nv ð
ruckıt allt ſaman. brullaup .o. ɜ erꝼı
v̄n̄. Ok ēn ſıðazta ðag boðſınſ ṽ v̄nr
ꝼlutt ᵗ haugſ ꝥ ē hı var buīn. hͣ var
laꝺgð ı ſkıp ı haugınū. ɜ mıkıt ꝼe ṽ

ı haug lagt hıa hēnı. ṽ epꝉ̃ þ aptr kaſ
taðr haugrīn. o.ꝼ. tok þa ṽ buı ı hvam
mı ꝫ allrı ꝼıarvarðveızlu at raðı þra
ꝼrænða ſıña. þra ē ħ hoꝼðu heī ſott. en
er veızlvna þrytr. geꝼr .o. ſtormānlıgar
gıaꝼ̃ þeī m̄m ē þar ṽ meſt ṽð aðr a b̃t
ꝼoru. O. g̃ðız rıkr m. ꝫ hoꝼðıngı mıkıll
ħ bıo ı hvāmı ꝉ ellı. born þra O. ꝫ alðıſ.
var\`v\´ þorðr gellır. ē attı hroðnyıu .ð. mıð
ꝼıarðar ſkeggıa. þr .ſſ. ṽ eyıolꝼr g̃ı. þo
rarīn ꝼylſeñı. þkell kvGı. ð.o.ꝼ. ṽ þo
ra ē attı þſꝉ̃ þoſkabıtr. ſon þorolꝼſ m
oſtrar ſkeGſ. þra .ſſ. ṽ baurkr eñ ðıgrı
ꝫ þg̃mr ꝼaðer ſnorra goða. helga het ō
nvr .ð.o. hana áttı gūnaꝛ̇ hlıꝼ̃ .ſ. þra .ðð.
ṽ Joꝼ̇ðr ē attı þoroððr .ſ. tungu oðz. en
ſıðan þſꝉ̃. egılſ .ſ. þorvñ ħ ēn .ð. ħ. ha
na attı ħſteīn .ſ. þkelſ blvnðketılſ .ſ.
þðıſ ħ hín .ííj.ð.O. hana attı þora
rīn raga b̃ðer log ſogu m̄. J þna tı
ma ē .o. bıo ı hvāmı tekr ðala kollr
mágr ħ ſótt. ꝫ anðaðız. hauſkvllðr ſō
kollz. var a vngṽ allð ē ꝼaðer ħ an
ðaðız. ħ ṽ ꝼyꝛ̇ ꝼullkōıṅ at hyggıv en
veꝛ̃tolu. ħk̃ var vēn m̄ ꝫ g̃vılıgr. ħ tok
ṽ ꝼoðvrleıꝼð ſıñı ꝫ bvı. er ſa beꝛ̇ ṽ ħ
kenðr ē kollr haꝼðı buıt a. ħ ṽ kalla
ðr ſıðan a hauſkullzſtoðū. bratt ṽ ħ.k̃
vınſæll ı buı ſınu. þt marg̃ ſtoðar rṽnu
vnðer beðı ꝼrænðr. ꝫ vıñ kollr.ꝼ. ħſ haꝼ
ðı ſer aꝼlat. en þg̃ðr þſꝉ̃.ð. moðer ħk
ṽ þa ēn ýng kona. ꝫ en venſta kona. ħ
nā ė ynðı a ıſlðı. epꝉ̃ ðauða kollz.
lyſır ħ þ ꝼ̇ ħk. ſynı ſınū. at ħ vıll ꝼara ṽ
tan m; ꝼıarlut þān ſē ħ hlaut. ħ. q̃ þ
mıkıt þıkıa. eꝼ þau ſſu ſkılıa. en q̃ þo
ė munðu þta g̃a at mot ħı hellðr en
ānat. Sıðan kaup̃ .ħ. ſkıp halꝼt ꝉ hāða
moður ſıñı. ē vppı ſtoð ı ðauguꝛðar ne
ſı rez þg̃ðr þ ꝉ ſkıpſ m; mıklū ꝼıarhlu
tū. en epꝉ̃ þ ſıglır þg̃ðr a haꝼ. ꝫ ṽðr ſkıp
þ vel reıðꝼara. ꝫ kēr ṽ noreg. þg̃ðr attı
ı noregı mıkıt ætꝉ̃nı. ꝫ marga gavꝼga
ꝼrænðr. þr ꝼaugnuðu ħı vel. ꝫ buðu ħı
alla koſtı þa ſē ħ vıllðı m; þeī þıggıa
þg̃ðr tok þ vel. ſeg̃ at þ ē ħar ætlan. at
ſtaðꝼeſtaz þ ı lðı. þg̃ðr ṽ ė lēgı eckıa aðr
m̄ ṽðı ꝉ at bıðıa ħar. ſa ē neꝼnðr ħıolꝼr
ħ ṽ lenðr m̄ at vırðıngu. auðıgr ꝫ mık
ılſ vırðr. ħıolꝼr ṽ mıkıll m̄ ꝫ ſterkr. ec
kı ṽ ħ ꝼ̇ðr m̄ ſynū. ꝫ þo ēn ſkaulıgſtı ı
yꝼ̃bragðı. allra m̄ ṽ ħ bezt vígr. ꝫ ē at
þṽ malū ṽ ſetıð. attı þg̃ðr ſuor at veıta.
er ħ ṽ eckıa. ꝫ m; ꝼrænða ſīna raðı ve
ıkz ħ ė vnðan þū raða hag. ꝫ gıptız þg̃ðr
ħıolꝼı. ꝫ ꝼ̃r heī ꝉ buſ m; ħm. takaz m;
þeī goðar aſter. ſyñ þg̃ðr þ bratt aꝼ ſer
at ħ ē ēn meſtı ſkorungr. þıkır raðaha
gr ħ nu mıklu beꝉ en aðr. ꝫ vırðulıgrı.
er ħ heꝼ̃ ꝼengıt ſlıkrar konu ſē þg̃ðr ṽ

8 Þau ħıolꝼr ꝫ þg̃ðr **vpphaꝼ hruz herıolꝼ\`s\´ .ſ.**
hoꝼðu ė lengı aſāt ṽıt aðr þeım
varð ſonar auðıt. ſa ſueīn var
vatní auſıñ ꝫ naꝼn geꝼıt. ꝫ ṽ kallaðr
hrutr. ħ ṽ ſnēmınðıſ mıkıll ꝫ ſterkr.
ē ħ ox vpp. ṽ ħ ꝫ hŭıū mānı betr ı vextı
haꝛ̇ ꝫ ħðıbreıðr. mıðmıorr ꝫ lımaðr vel.
m; honðū ꝫ ꝼotū. hrutr ṽ allra māna
ꝼ̇ðaztr ſynū. epꝉ̃ þ ſē ṽıt hoꝼðu þr þſꝉ̃.
moður.ꝼ.ħ.e. ketıll ꝼlatneꝼr. eñ meſ
tı ṽ ħ atg̃uı m̄ ꝼ̇ allra hluta ſak̃. ħıol.
tok ſott. ꝫ anðaðız. þ þottı m̄m mık
ſkaðı. Epꝉ̃ þ ꝼyſtız þg̃ðr ꝉ ıſlðz ꝫ vıll
ðı vıtıa .ħ.ſ. ſınſ. þt ħ ṽnı ħm ṽ alla
m̄n ꝼrā. en Rutr ṽ epꝉ̃ m; ꝼrænðū
ſínū vel ſettr. þg̃ðr bıo ꝼ̃ð ſına ꝉ ıſlðz
ꝫ ſæk̃ heī .ħ.ſ. ſıñ ı laxar ðal. ħ tok ſē
ħ kvnı bezt ṽ moður ſīnı attı ħ auð
ꝼıar. ꝫ var m; hāk ꝉ ðauðadagſ. Noc
kurū vetrū ſıðaꝛ̇ tok þg̃ðr bana ſ
ott ꝫ anðaðız ꝫ ṽ ħ ı haug ſet. en
hā. tok ꝼe allt. en .ꝛ̇. b̃ð ħ attı halꝼt.

9 Iþēna tıma reð noregı hakon **kuanꝼang ħk**
aðalſteīſꝼoſt̄. hák. v̇ hırð ṁ ħ. v̇ ħ naꝼn
ꝼrægr ṁ beðı ı noregı ꝫ a ıſlðı. bıorn het ṁ
ħ bıo ı bıarń.ꝼ. ꝫ nā þar lð. v̇ ħ ē̇ kenðr .ꝼ.
ſa ꝼıorðr ſkerſt ı lð norðr ꝼ̄ ſteīg̊mſ ꝼırðı
ꝫ gengr ꝥ ꝼ̄ṁ halſ ı mıllı. bıorn v̊ ſtorætta
ðr maðr ꝫ auðıgr at ꝼe. lıuꝼa het kona
ħ. þra .ð. v̇ Jorūn. ħ̊ var vén kona ꝫ oꝼla
tı mıkıll. ħ̊ v̇ ꝫ ſkorungr mıkıll ı vıtz
munū. Sa þottı þa koſtr beztr ı ollū
veſtꝼıorðū. aꝼ ꝥı konu heꝼ̄ hák ꝼret̄
ꝫ þ m; at bıorn v̇ beztr bonðı a ollvm
ſtronðū. hák reıð heıman með .x. ṁ.
ꝫ ſækır heī bıorn .b. ı bıarnar.ꝼ. ħ ꝼeck
þar goðar v̇tokur. ꝥt bıorn kūnı goð ſ
kıl a ħm. Sıðan vecr ħ. bonorð. en .b.
.ſ. ꝥ vel. ꝫ q̊ þ hyggıa at .ð. ħ mundı ė
v̊a betr gıpt en veık þo t̄ ħar raða
en ē̇ ꝥta mal var v̇ Joruñı rædt. þa .ſ.
ħ̊ a þa leıð. þañ eıñ ſpurðaga hoꝼv
v̊ t̄ þín .ħ. at v̊ vılıū ꝥſv vel ſvara
ꝥt v̊ hyggıū. at ꝼ̇ ꝥrı konu ſe vel ſéét
er ꝥ̄ er gıpt. en þo mun ꝼaðer mīn
meſtu aꝼ raða ꝥt ek mun ꝥ ſāþyckıaz
ħ̊ v̄ ſē ħ vıll. en huart ſē at ꝥū malū var ſet
ıt lengr .e. ſkēr. þa varð þ aꝼ raðıt at Jorv̄.
var ꝼoſtnuð hák m; mıklu ꝼe. ſkyllðı b̄l
laup þ v̊a a hauſk̄ſtoðū. Rıðr hák nu ı b̄ı v̇
ſua buıt. ꝫ heī t̄ buſſ ſınſ. ꝫ ē̇ nu heıma t̄ ꝥ
ē̇ boð ꝥta ſkyllðı v̊a. Sæk̄ bıorn norðan t̄
boðſınſ m; ꝼ̇ðu ꝼoruneytı. hák. heꝼ̄ ꝫ ṁ
ga ꝼ̇boðſm̄n. bæðı vını ſına ꝫ ꝼrenðr ꝫ er
veızla ꝥı hın ſkorulıgſta. En ē̇ veızluna þ
raut. þa ꝼ̄r hv̄r heī t̄ ſıña heī t̄ ſıña heī
kyña m; goðrı vınattu. ꝫ ſæmılıgū gıoꝼ
v̄. Jorūn bıarnar .ð. ſıtr ep̄t a hák ſtoðū. ꝫ
tekr v̇ buẛ v̄ſyſlu m; ħk. v̇ þ bráıt auðſæıt
a ħar hogū at ħ̊ mundı v̊a vıtr ꝫ vel at ſ̄.
ꝫ mart vel kv̄nandı. ꝫ hellðr ſkapſtor ıā
nan. vel v̊ v̄ ſāꝼarar þra. hák ꝫ eckı mar\`t´
hv̄ſðaglıga. hák g̊ız nu hoꝼðıngı mıkıll. ħ
v̇ rıkr ꝫ kappſār. ꝫ ſkort̄ ė ꝼe. þottı ħ ı engā
ſtað mīnı ꝼ̇ ſer en kollr .ꝼ.ħ. hák. ꝫ Jorvñ
hoꝼðv ė lengı a ſāt v̊ıt aðr þeī v̊ð barna a
ðıt. ſon þra v̇ neꝼnðr ꝥleıkr. ħ v̇ ellztr bar
na þra. añak het barðr. ðott̄ þra ħ́ hallg̊ðr lāg
brok. aūnur .ð. þra ħ́ þvrıð. oll v̊ born þra eꝼ
nılıg. ꝥleıkr v̇ mıkıll maðr. ꝫ ſterkr. ꝫ ēn
ſynılıgſtı. ꝼalatr ꝫ oþyðr. þottı m̄m ſē ħ m
vnðı v̊ða engı ıānaðar ṁ. hák ſagðı þ ıaꝼ
nan at ħ mundı mıog lıkıaz ı ætt þra ſtrā
ða ṁ. barðr v̇ ſkorulıgr ṁ ſynū. ꝫ vel ſterkr
þ bragð haꝼðı ħ a ſer. ſē ħ mundı lıkarı v̊
ða ꝼoð̊ꝼrenðū ſınū. barðr v̇ hægr ṁ ı vpp
vextı ſínū ꝫ vınſell ṁ. hák v̄nı ħm meſt
allra barna ſıña. ſtoð nu raðahagr hák
m; mıklū bloma ꝫ v̇ðıngu. þna tıma gıptı
hák g̊ ſyſt̄ .ſ. veleıꝼı gāla. þra .ſ. v̇ holmgā

10 Hrappr ħ́ maðr **aꝼ hrappı oþock** [gu b̄ſı. **a**
ē̇ bıo ı laxár ðal. ꝼ̇ norðan ana. ſa b
æk̄ ħ́ ſıðan a hrapſ ſtoðū. þar ē̇ nu a
vðn. hrappr v̇ ſumarlıða .ſ. ꝫ kallaðr vı
ga hrappr. ħ v̇ ſkotzkr at ꝼoður ætt. en
moðurkyn ħſ v̇ allt ı ſuðr eyıū. ꝫ ꝥ̄ v̇ ħ
ꝼæðıngı. mıkıll ṁ v̇ ħ. ꝫ ſterkr. eckı vıll
ðı ħ lata ſīn lut. þo maña munr v̊ı nock
vk̄ ꝫ ꝼ̇ þ er ħ var oðæll ſē rıtað v̊. en vıll
ðı eckı bæta þat ē̇ ħ mıſg̊ðı. þa ꝼlyðı ħ ve\`s´
tan v̄ haꝼ. ꝫ keyptı ſer þa Jorð er ħ bıo
a. kona ħſ het vıgðıſ. ꝫ var hallſteıſ ðott̄.
ſon þra het ſvmarlıðı. broðer ħar het ꝥſt̄
ſurtr. ē̇ þa bıo ı þorſ neſı. ſē ꝼyk̄ v̇ rıtað v̊
ꝥ̄ ſumarlıðı. at ꝼoſtrı. ꝫ v̇ eñ eꝼnılıgſtı
maðr. ꝥſt̄. haꝼðı v̊ıt kvangaðr. kona ħ v̇
þa avnðut. ðætr attı ħ .íȷ́. het aūnur gvð
rıð en ōnur oſk. ꝥkell treꝼıll attı gvðrí
ðı ē̇ bıo ı ſuıgnaſkarðı. ħ v̇ hoꝼðıngı
mıkıll. ꝫ vıtrīgr. ħ var ravðabıarnar ſon
En oſk .ð. ꝥſt̄. var geꝼın. breıðꝼırzkū ṁ.
ſa ħ́ þorar̄. ħ var hrauſtr. ꝫ vınſæll. ꝫ v̇
m; ꝥſt̄ magı ſınū. ꝥt ꝥſt̄. v̇ þa hnıgīn.
ꝫ þurꝼtı v̄ſyſlu þra mıog. hrappr v̇ ꝼleſ

tū m̄m eckı ſkapꝼellðr. v̄ h̄ agangſſār v̇ na
bua ſına. veık h̄ a þ ſtv̄ðū ꝼ̇ þeī at þeī mun
ðı þungbyllt v̄ða ı nanð h̄m eꝼ þr hellðı
nockurn ānan ꝼ̇ betra mān en h̄. ēn bænðr
aller tokv eıtt rað at þr ꝼoru t̉ h̄k. ok
ſogðu h̄m ſın vanðræðı. h̄k. bað ſer
ſegıa eꝼ hrappr g̃ır þeī nockut meın. þ̇ hv̊
kı ſī h̄ ræna mık m̄m ne ꝼe. **aꝼ þorðı goðða**

11 Þorðr goððı het m̄ ē bıo ı laxarðal. h̄ v̄
auð m̄ mıkıll. engı attı h̄ born. keyp\`t´
haꝼðı h̄ ıorð þa ē h̄ bıo a. h̄ v̄ nabuı hrapſ
ꝫ ꝼeck opt þungt aꝼ h̄m. hák. ſa v̄ m; h̄m
ſva at h̄ hell buſtað ſınū. vıgðıſ h̉ kona
h̄. ꝫ v̄. Ingıallðz .ð. olaꝼſ .ſ. ꝼeılanſ. broðu\`r´
ðot̃ var h̊ þðar gellıſſ. en ſyſtur.ð. þorolꝼ\`s´
raðneꝼſ ꝼ̃ ſauðaꝼellı. þolꝼr v̄ hetıa mı
kıl ꝫ attı goða koſtı. ꝼrenðr h̄ gengu þāg
at ıaꝼnan t̉ trauſtz. vıgðıſ v̄ meık̄ geꝼī
t̉ ꝼıar en brauſ̉ gengıſſ. þorðr attı þræl þā\`n´
ē vt kō m; h̄m. ſa het aſgautr. h̄ var mı
kıll m̄ ꝫ g̃vılıgr. en þótt h̄ v̄ı þræll kall
aðr. þa mattu ꝼaır taka h̄ t̉ ıaꝼnaðar v̇
ſık. þoı̇ ꝼrıalſer hetı. ꝫ vel kūnı h̄ at þıōa
ſınū meıſtara. ꝼleırı attı þorðr þræla þo
at þ̄ı ſe eīn neꝼnðr. þorbıorn h̉ m̄ h̄ bıo la
xarðal ıð næſta þðı vpp ꝼ̃ be h̄. ꝫ var k
allaðr ſkrıupr. auðıgr var h̄ at ꝼe meſt
var þ ı gullı ꝫ ſılꝼ̇. mıkıll maðr v̄ h̄ vex
tı ꝫ rāmr at aꝼlı. engı v̄ h̄ veıꝼıſkatı v̇
alþyðu m̄. hák. ðalakollz .ſ. þottı þ a vāt
v̄ rauſn ſına. at h̄m þottı bék̄ ſīn h̄aðr
v̄r en h̄ vıllðı. Sıðan kaup h̄ ſkıp at hıa
lltneſkū mānı. þ ſkıp ſtoð vppı ı blōðu
oſı. þ ſkıp byr h̄. ꝫ ſyſır þ̇ at h̄ ætlar vtā
eñ ıorūn varðveıtır bu ꝫ born þra. Nv
lata þr ı haꝼ. ꝫ geꝼr þeī vel. ꝫ toku nor
eg. hellðr ſvñarlıga. komu v̇ haurða
lð. þar ſē kaupſtaðrīn ı bıorgvn ē ſıðan
h̄ ſetr vpp ſkıp ſıtt. ꝫ attı þar mıkınn
ꝼrænða aꝼla. þott ė ſe h̄ neꝼnð̄. þa ſat
hakon k̄gr ı vıkīnı. hák ꝼor eckı a ꝼv̄ð

hakoń k̄gſ þt ꝼrænðr h̄ toku þar v̇ h̊
baðū honðū. v̄ kyrt allan þañ vetr

12 Þat v̄ð t̉ tıðenða v̄ ſūarıt **leıðangr**
aunðuert. at k̄gr ꝼór ı ſteꝼnuleı
ðangr. auſtr ı brēneyıar. ꝫ g̃ðı ꝼ̇ð ꝼ̇ lð.
ſıtt. ept̃ þ̇ ſē laug ſtoðv t̉. ıt þrıðıa hv̄t
ſumar. Sa ꝼunðr ſkyllðı v̄a lagðr hoꝼ
ðıngıa ı mıllı. ꝫ ſetıa þeī malū ē k̄gar
attu v̄ at ðæma. þ þottı ſkētılıg ꝼór
at ſækıa þān ꝼunð. þt þanga\`t´ komu
m̄n næk̄ aꝼ ollū lonðū þeī er v̄ hoꝼum
tıðenðı aꝼ. hák. ſettı ꝼ̃m ſkıp ſıtt vıllðı
h̄ ꝫ ſækıa ꝼunð þna. þt h̄ haꝼðı ė ꝼūðı\`t´
k̄g a þeī vet̉. þangat var ꝫ kaꝩpſteꝼ
nu at ſækıa. ꝼunðr þ̄ı v̄ allꝼıol ꝼıol
m̄nr. þ v̄ ſkētan mıkıl. ðryckıur ꝫ leı
kar ꝫ allz kynſ gleðı. eckı v̄ð þ̇ t̉ ſtortı
ðenða. marga hıttı hák. þar ꝼrænðr
ſına. þa ſē ı ðanmorku v̊. ꝫ eīn ðag ē
hák. geck at ſkēta ſer m; nockura
m̄n. h̄ ſa tıallð eıtt ſkrautlıgt ꝼıar
rı oðrū buðunū. hák. geck þangat ꝫ
ı tıallðıt. ꝫ ſat þar maðr ꝼ̇ ı guðueꝼı
ar klæðū ꝫ haꝼðı g̃zkan hatt a hoꝼ
ðı. h̄. ſpurðı þān mañ at naꝼnı. h̄ neꝼ
nðız gıllı. ēn g̃zkı. h̄. q̊ opt haꝼa hey
rt h̄ getıð. kallaðı h̄. þra māna auðgaz
tan. ſē v̄ıt hoꝼðu ı kaupmānalogū.
þa m̄ı .h̄. þu munt haꝼa þa lutı at ſe
lıa oſſ ē v̄ vılıū kaupa. Gıllı ſpyk̄
huat þr vılıa kaupa. ꝼorunautar. h̄.
.ſ. at h̄ vıll kaupa ābatt nockura. eꝼ
þv heꝼ̃ at ſelıa. G.ſ. þ̇ þıkız þ̄ leıta m̄
meınꝼanga v̄ þta. ē þ̄ ꝼalıt þa lutı
ē þ̄ ætlıt at ek muna ė t̉ haꝼa. en
þ er þo ė raðıt huart ſua berr tıl
h̄. ſa at v̄ þūa buðına. var ꝼortıa
llð. þa lyptı .G. tıallðınu. ꝫ ſa
h̄. at .xíȷ́. konur ſatu ꝼ̇ ıñan tı
allðıt. þa m̄ı .G. at h̄. ſkyllðı þā
gat ganga. ꝫ lıta a eꝼ h̄ vıllðı nock̄a

kaupa aꝼ ꝥū konū. ħ. g̃ır ſua. þær ſa
tu allar ſaman v̄ þuera buðına. ħ. hy
Gr at vanðlıga at konū ꝥū. ħ ſa at ko
na ſat v́t v̇ tıallðſkaurına. ſu v̇ ılla
klæðð. ħ. leıtz konan ꝼ̇ð ſynū eꝼ noc
kut mattı a ſıa. þa młı. ħ. hūſu ðyr ſł
ſıa kona eꝼ ek vıl kaupa. G.ſ. þu ſłt
reıða ꝼ̇ hana .ííj. merkr ſılꝼrſ. ſua
vırðı ek. ſ.ħ. ſē þu muñ ꝥa ābatt g̃a
hellðr ðyrlagða. ꝥt ꝥta ē .ííj. v̄ð. þa .ſ.
Gıllı rett ſeg̃ þu þ. at ek met hana ð
yrra en aðrar. kıoſ nu eınhuerıa aꝼ
ꝥum .xı. ⁊ gıallt þar ꝼ̇ mork ſılꝼrſ.
en ꝥı ſe epꞇ̃ ı mīnı eıgn. ħ.ſ. vıta mū
ek ꝼyrſt hūſu mıkıt ſılꝼr ē ı ſıoð þeī
ē ek heꝼı a belltı m̃. bıðr .G. taka
vagına. þa młı .G. ꝥta mal ſł ꝼara
v vellt aꝼ mīnı hendı. ꝥt a ē lıoðr m
ıkıll v̄ ráð konūnar. vıl ek at þu vı
tır þ. ħ. áðr v̇ ſlaī kaupı ꝥu. ħ. ſpyꝛ̇
huat þ v̄ı. G.ſ. kona ꝥı ē omala. heꝼı
ek marga vega leıtað mala v̇ han
a. ⁊ heꝼı ek allð ꝼengıt orð aꝼ ħı. ē þ
at vıſu mın ætlan at ꝥı kona kūnı ė
at mæla þa .ſ.ħ. lát ꝼrām reızluna
⁊ ſıā huat vegı ſıoðr ſa ē ek heꝼı ħ.
.G. g̃ır ſua. reıða nu ſılꝼ̇ð. ⁊ v̄ þ .ííj. m̃k`r´
vegnar. þa młı .ħ. ſua heꝼ̇ nu ꞇ̇ tekız
at ꝥta mun v̄ða kaup ockar. tak þu
ꝼe ꝥta ꞇ̇ þín. en ek mun taka v̇ konu
ꝥı. kalla ek at þu haꝼ̇ ðreīgılıga aꝼ ꝥ
v málı haꝼt. ꝥ at vıſu vıllðır þu mık
ė ꝼalſa ı ꝥu. ſıðan geck .ħ. heī ꞇ̇ buðar
ſıñar ſıñar. þ ſama kuellð rektı .ħ. hıa
ħı. en v̄ morgunīn epꞇ̃. ē m̃n ꝼoru ı k
læðı ſīn. młı .ħ. lítt ſer ſtórlætı a klæð
a bunaðı þeī er .G. ēn avðgı heꝼ̇ ꝥ ꝼīg̃.
ē þ ⁊ ſaꞇ̇ at ħm v̇ meırı raun at klæða
.xıȷ. en eīa. Sıðan lauk .ħ. vpp kıſtu
eína ⁊ tok vpp goð kuenmanzklæðı.
⁊ ſellðı ħı. var þ ⁊ allra m̃ maꞇ̇ at ħı
ſēðı goð klæðı. En ē hoꝼðīgıar hoꝼðu
ꝥ młt þeī malū ſē ꝥa ſtoðu laug ꞇ̇. v̇ ſlıtıð
veızlūnı ⁊ ꝼvnðı ꝥū. Sıðan geck .ħ. a ꝼūð
hak̇. k̇gſ ⁊ kuaððı ħ v̇ðulıga ſē ſkaplıgt
var. k̇ ſa v̇ ħm ⁊ młı tekıt munðu vér
haꝼa kveðıu ꝥīnı .ħ. þottu heꝼðır noc
kuru ꝼyꝛ̇ oẛ ꝼagnat. ⁊ ſva ſł ēn v̄a. **vt**

13 **E**pꞇ̃ ꝥta tok k̇. m; allrı **kuama hoſkullð**
blıðu .ħ. ⁊ bað ħ ganga a ſıꞇ̇ ſkıp.
⁊ ver m; oſſ meðan þu vıll ı noregı v̄a.
.ħ.ſ. haꝼıt þauck ꝼ̇ boð yðuart. en nu
a ek ꝥta ſumar mart at ſtarꝼa. heꝼ̇
þ mıog ꞇ̇ hallðıt er ek heꝼı ſua lengı
ðvalız at ſækıa yðuarn ꝼunð at ek æt
laða at aꝼla m̃ ħauıðar. k̇. bað ħ hall
ða ſkıpınu ꞇ̇ vıkrīnar. ħ. ðualðız m;
k̇ı v̄ hrıð. k̇r ꝼeck ħm ħavıð. ⁊ let ꝼer
ma ſkıpıt. þa młı. k̇. ꞇ̇ .ħ. Eígı ſł ðuelıa
þık ħ m; oſſ. lengr en ꝥ lıkar. en þo ꝥı
kır oſſ vanðꝼengıt m̃ ı ſtað ꝥīn. Sıðan
leıððı k̇.ħ. ꞇ̇ ſkıpſ. ⁊ młı. at ſoma m̃ he
ꝼı ek þık reynðan. ⁊ næꝛ̇ ē þ mīnı æt
lan. at þu ſıglır nu ıt ſıðazta ſīn aꝼ no
regı ſua at ek ſıa ħ ıꝼ̇ m̃. k̇. ð̊ gullhrīg
aꝼ hendı ſer. ꝥān er v́a mork ⁊ gaꝼ .ħ.
⁊ ſverð gaꝼ ħ ħm añan g̊p. þ ē ꞇ̇ kō ha
lꝼ mork gullz. ħ. þackaðı k̇ı gıaꝼırñ
⁊ ꝥān allan ſoma er ħ haꝼðı ꝼram̃
lagıt. Sıðan ſtıgr .ħ. a ſkıp ſıtt ⁊ ſıglır
tıl haꝼſ. þeī byrıaðı vel ⁊ komu at ꝼ̇
ſūnan lð. ſıglðu ſıðan veſtr ꝼ̇ reykıa
neſ. ⁊ ſua ꝼ̇ ſnæꝼellz neſ. ⁊ īn ı breıða.ꝼ.
.ħ. lenðı ı laxar oſı. lætr þar b̃a ꝼarm
aꝼ ſkıpı ſınu `⁊´ ſetıa vpp ſkıpıt ꝼ̇ īnan l
axa ⁊ g̃ır ꝥ hroꝼ at ⁊ ſer þar tuptına.
ſē ħ let g̃a hroꝼıt. ꝥ tıallðaðı ħ bvðır
⁊ ē þ kallaðr buðar ðalr. ſıðan let .ħ. ꝼly
tıa heī vıðīn. ⁊ var þ hægt. ꝥt ė v̇ long
leıð. rıðr ħ. epꞇ̃ þ heī v̇ nockura m̃n.
⁊ ꝼær v̇tokur goðar ſē v́an ē. þar haꝼ
ðı ⁊ ꝼe vel hallðız ſıðan. Jorūn ſꝑðı hū
kona ſu v̄ı ē ı ꝼor v̇ m; ħm. ħ.ſ. ſua mun
ꝥ þıkıa ſē ek ſvara ꝥ ſkætīgu. ek veıt ė

naꝼn ħar. Jorūn mlı. þ mun tueīr ſkıp
ta. at ſa kᷓttr mun logīn ē ꝼ mık ē kōīn.
eða þu munt haꝼa talat ᷣ hana ſē ſꝑt
haꝼa hana at naꝼnı. ħ.q̇ ꝥ ė þræta m̆
ðu. ⁊ ſeg̃ ħı ıt ſāna. ⁊ bað þa ꝥı konu vırk
ta. ⁊ q̄ð þ næꝶ ſınu ſkapı. at ħ ᷣı heīa ꝥ at vıſ
taꝼarı. Jorūn mlı ė mvn ek ðeıla ᷣ ꝼllu þına
þa ē þu heꝼ̃ ꝼlutt aꝼ noregı. þott ħ kȳnı goð
navıſt̃. en nu þıkı m̄ þ allra ſynſt eꝼ ħ ē bæðı
ðauꝼ ⁊ mallauſ. ħ. ſuaꝼ hıa ħprey ſīnı hūıa
nótt ſıðan ħ kō heī. en ħ ᷣ ꝼaʀ ᷣ ꝼlluna. oll
v̄ m̄ ᷣ auðſætt ſtorm̄ku mot a ħı. ⁊ ſua þ at
ħ ᷣ engı aꝼglapı. ⁊ a oꝼanūðū vet̃ þeī ꝼeð
ðı ꝼlla .ħ. ſueınbarn. Sıðan ᷣ .ħ. þangat k-
allaðr ⁊ ᷣ ħm ſynt barnıt. ſynðız ħm ſē oðꝛ
at ħ þottız ė ſéét haꝼa vēna ne ſtormānlıḡ
.ħ. ᷣ at ſꝑðr. huat ſueīnīn ſkyllðı heıta. ħ bað
ſveınīn kalla olaꝼ. ꝥt þa haꝼðı olaꝼr ꝼeılā
anðaz. lıtlu aðr moðurbroðer ħ. ol̃ var aꝼb
ragð ꝼleſtra barna. ħ. lagðı aſt mıkla ᷣ
ſueınīn. v̄ ſumarıt ept̃ mlı Jorūn at ꝼllā
munðı vpp taka ᷣknat nockurn .e. ꝼara
ı ƀtt ella. ħ bað hana vīna þeī hıonū ⁊ gæ
ta ꝥ ᷣ ſueīſ ſīſ. en þa ē ſveīnīn ᷣ tuævet\`r'
þa ᷣ ħ almltr ⁊ rañ eīn ſaman. ſē ꝼıog̃ra
vetra gomvl born. þ ᷣ t̃ tıðēða eīn mor
gun ē .ħ. var gengīn ut at ſıa v̄ bé ſīn
veðr ᷣ gott. ſkeın ſol. ⁊ var lítt a lopt kōī
ħ heyrðı māna mal. ħ geck þangat tıl
ſē lækr ꝼell. ꝼ tunbreckv̄nı. ſa ħ þar ok
.ıj. m̄n ⁊ kēðı. var ꝥ ol̃.ſ.ħ ⁊ moðer ħ ꝼér
ħ þa ſkılıt at ħ ᷣ ė mallauſ. ꝥ at ħ tala
ðı þa mart ᷣ ſueınīn. Sıðan geck .ħ. at
þeī. ⁊ ſpyꝶ hana at naꝼnı ⁊ q̊ ħı eckı
mvnðu ſtoða at ðylıaz lengr ħ q̊ ſva
ᷣa ſkyllðv. ſetıaz þau nıðr a tvnƀc
kvna. ſıðan mlı ħ. eꝼ þv vıll naꝼn m
ıt vıta þa heıtı ek melkorka. ħ. bað
hana þa ſegıa leīgra ætt ſına. ħ .ſ. Myr
kıartan heıt̃ ꝼaðer mīn. ħ ē kgr á ırlðı
ek ᷣ þaðan ħtekın .xv. vetra gomul.
.ħ.q. hana haullztı lengı haꝼa þaga\`t'.

yꝼ̃ ſua goðrı ǽtt. Sıðan geck .ħ. īn
⁊ ſagðı Jorūnı huat t̃ nylunðu haꝼ
ðı gıorðz ı ꝼ̃ ħ. Jorūn q̇ ė vıta. huat
ħ ſegðı. ſatt quað ſer eckı v̄ kyn
ıam̄n alla. ⁊ ſkılıa þau ꝥa ræðu.
var Jorūn hūgı betr ᷣ hana en aðr.
en .ħ. nockuru ꝼleırı. ⁊ lıtlu ſıðaꝶ
ē Jorūn geck at ſoꝼa. togaðı Mel
korka aꝼ ħı. ⁊ lagðı ſkoklæðın a
golꝼıt. Jorū tok ſockana ⁊ keyrðı v̄
hoꝼuð ħı. Mel̃. reıððız. ⁊ ſettı hneꝼ
ān a naſar ħı. ſua at bloð ᷣð laſt.
.ħ. kō at ⁊ ſkılðı þær. Epꞇ̃ þ let ħ .ᴍ.
ı ƀtt ꝼara ⁊ ꝼeck ħı ꝥ buſtað vppı í
laxar ðal. þar heıt̃ ſıðan a melkor
ku ſtoðū. þar er nu auðn. þ ē ꝼ ſv̄
nan laxa. ſetr .ᴍ. ꝥ bu ſaman. ꝼǽr
.ħ. ꝥ t̃ buſ allt þ er haꝼa þurꝼtı. ⁊
ꝼor .o. ſon þra m; ħı. bratt ſer þ a .o. er ħ
ox vpp at ħ munðı ᷣða mıkıt aꝼ bragð
añaꝶa m̄ ꝼ vænleıkſ ſakır. ⁊ kurteıſı.

14 INgıallðr hıet m̄ ħ bıo ı **þorolꝼr vaa hall**
ſauðeyıū þær lıgıa a breıða ꝼırðı.
ħ ᷣ kallaðr ſavðeyıar goðı ħ var au
ðıgr m̄ ⁊ mıkıll ꝼ ſer. hallr het broðer
ħ. ħ var mıkıll m̄ ⁊ eꝼnılıgr. ħ ᷣ ꝼelıt
ıll maðr. engı var ħ nyðvngr kallaðr
aꝼ ꝼleſtū m̄m. eckı ᷣ þr bræðr ſā þyc
kır optaz. þottı Jngıallðı hallr lıtt vıl
ıa ſık ſemıa ı ſıð ðvganðı māna eñ h
allı þótı Jngıallðr lıtt vılıa ſıtt rað heꝼ
ıa t̃ þroſka veıðıſtoð ſv lıġr a breıðaꝼ.
ē bıarn eyıar heıta. þær eyıar ēo m̄g
ſaman. ⁊ ᷣ mıog gagnauðgar. J þañ tıma
ſottu m̄n þangat mıog t̃ veıðıꝼangſ ᷣ ⁊
ꝥ ꝼıolm̄nı mıog ollū mıſſarū. mıkıt þot
tı ſpokū m̄m vnðer ꝥ at m̄n ættı gott ſa
man í vtᷣīu. ᷣ þ þa mlt at m̄m yrðı v
gæꝼra v̄ veıðı ꝼang eꝼ mıſſatt̃ yrðı.
gaꝼv ꝼleſt̃ m̄n at ꝥ goðan gaū. þ ē ſag\`t'
eıtt huert ſvm̄ at hallr broðer Jngı
allðz ſavðeyıargoða kō ı ſauðeyıar.

ꝫ ætlaðı tͥ ꝼangſ. ħ tok ſer ſkıpan meðr
þeī mānı́ er þorolꝼr hͭ. ħ vͬ breıð.ꝼ. m̄ͬ ꝫ
ħ vͬ nalıga lauſıngı eīn ꝼelauſſ. ꝫ þo ꝼ̄ͬ
lıgr m̄ͬ. hallr er þͬ v̄ hrıð. ꝫ þıkız ħ mı
og ꝼͥ oðrū m̄m. þ vͬ eıtt quellð at þr kōa
at lðı. hallr ꝫ þolꝼr. ꝫ ſkyllðu ſkıpta ꝼē
gı ſınu. vıllðı hallr beðı kıoſa ꝫ ðeıla þͥ
at ħ þottız þar meırı m̄ͬ. ꝼͥ ſer. þolꝼr
vıllðı ė lata ſīn lut. ꝫ vͬ allſtororðr. ſkıp
tuz þr nockurū orðū vͥ. ꝫ þottı ſīn veg
huarū. þrıꝼr þa hallr vpp haugıarn ē
la hıa ħm. ꝫ vıll ꝼæra ı hoꝼut þolꝼı. nu
hlaupa m̄n ı mıllı þra. ꝫ ſtauðua hall.
en ħ vͬ ēn oðaztı. ꝫ gat þo engu a leıð
kōıt at þͥ ſīnı ꝫ eckı varð ꝼengı þra ſ
kıpt. rez nu þolꝼr a bͦtt. v̄ kuellðıt. en
hallr tok eın̄ vpp ꝼang þ ē þr attv ba
ðer. þt þa kenðı at rıkıſmunar ꝼær
nu hallr ſer mān ı ſtað þolꝼſ a ſkıpıt
hellðr nu tͥ ꝼángſ ſē áðr. þolꝼr vn̄ ılla vͥ
ſīn lut. þıkız ħ mıog ſuıvırðr vͬa ı þra
ſkıptū. ē ħ þͬ þo ı eyıunū. ꝫ heꝼ̄ þ at vıſ
v ı hug ſer at retta þna krok. ē ħm
var ſua nauðulıga beygðr. hallr vgͬ
eckı at ſer. ꝫ hvgſar þ at eng̃ m̄n mu
nı þora at hallða tͥ ıaꝼnſ vͥ ħ þͥ ı áttha
ga ħ. þ vͬ eīn goðan veðr ðag at hallr re
rı. ꝫ vͦ þr .ııȷ́. a ſkıpı. bıtr vel a v̄ ðagīn
roa þr heī at quellðı ꝫ ero mıog kat̄
þolꝼr heꝼ̄ nıoſn aꝼ athavꝼn hallz v̄
ðagīn. ꝫ ē ſtaððr ı voꝝ v̄ quellðıt. þa er
þr hallr kōa at lðı. hallr rerı ı halſı ꝼ
rām̄. ħ hleypr ꝼͥ borð ꝫ ætlar at taka
vͥ ſkıpınu. ꝫ ē ħ hleypr a lð. þa ē þolꝼr
þͬ neꝶ ſtaððr. ꝫ hoꝛ tͥ ħ þegar. kō hog
gıt a halſīn vͥ h̄ͬðarnar ꝫ ꝼykr aꝼ hoꝼ
vðıt. þ. ſnyr a bͦtt epͭ þ. en þr ꝼelagar
hallz ſtyrma ıꝼ̄ ħm. ſpyrıaz nu þı tı
ðenðı v̄ eyıarnar víg hallz ꝫ þıkıa þ
mıkıl tıðenðı þt m̄ͬ vͬ kynſtorr. þott ħ
heꝼðı engı auðnum̄ͬ vͬıt. þ. leıtar nu

a bͦtt ór eyıunū. þt ħ veıt þͬ eng̃ þra m̄ͬ ván
ē ſkıolı munı ſkıota yꝼ̄ ħ. epͭ þta ſtorvır
kı. ħ attı þar ꝫ enga ꝼrænðr. þa ē mættı ſ̄
trauſtz aꝼ venta. en þr m̄n ſatu næꝶ er
vıſ van var at v̄ lıꝼ ħ munðu ſıtıa. ꝫ hoꝼ
ðu mıkıt vallð ſua ſē vͬ Jngıallðr ſauðeyı
ar goðı. bͦðer hallz. þ. ꝼeck ſer ꝼlutnıng
īn tͥ megınlðz. ħ ꝼ̄ͬ mıog hulðu hoðı er
eckı aꝼ ſagt. ħ ꝼ̄ͬð aðr ħ kēr eīn ðag at q̊llðı
a goðða ſtaðı. Vıgðıſ kona þðar goðða vͬ
nockvt ſkyllð þolꝼı. ꝫ ſn̄ı ħ þͥ þāgat tͥ bæ
ıar ſpurn haꝼðı þolꝼr aꝼ þͥ aðr hu̅ſu þͬ
var hattað at vıgðıſ vͬ meırı ſkorungr ı
ı ſkapı. en þðr bonðı har. Ok þeg̃ v̄ quell
ðıt ē þorolꝼr þͬ kōīn. gengr ħ tͥ ꝼunðar vͥ
vıgðıſı. ꝫ ſeg̃ hı tͥ ſīna vanðræða. ꝫ bıðr ħa
aſía. vıgðıſ .ſ. a þa leıð ħ malı. Eckı ðylı
v̄z ek vͥ ſkullðleıka ockra. þıkı m̄ͬ ꝫ þān
veg at eīſ vͬk þta ē þv heꝼ̄ v̄nıt at kall
a þık eckı at vͬa ðreīg. en þo ſynız m̄ͬ ſua
ſē þr m̄n munı veðſetıa. bæðı ſık ꝫ ꝼe ſıtt
ē þͬ veıta aſıa. ſua ſtoꝛ̄ m̄n ſē h̄ͬ munu ve
ıta epͭſıar. en þðr bonðı mīn. ſ. h̄ͬ. ē ec
kı garpm̄ı mıkıt. en orrað var kuē
na vͬða ıaꝼnan m; lıtıllı ꝼorſıa. eꝼ noc
kurſ þar vͥ. en þo nēnı ek ė m; ollv at
vıkıaz vnðan vͥ þık. allz þu heꝼ̄ þo h̄ͬ
tͥ nockurrar aſıa ætlat. epͭ þ leıðır
vıgðıſ ħ ı vtıbur eıtt. ꝫ bıðr ħ þar bıða
ſín ſetr h̄ͬ þͬ láſ ꝼͥ. Sıðan geck h̄ͬ tͥ þorð
ꝫ mlı. h̄ͬ ē komīn m̄ͬ tͥ gıſtīgar ſa er .þ.
heıͭ. en ħ ē ſkyllðr m̄ͬ nockut. þættız
ħ þurꝼa h̄ͬ leīgrı ðuol. eꝼ þu vıllðır at
ſua vͬı. þorðı q̊ eckı vͬa v̄ m̄ͬ ſetur. bað ħ
huılaz þar v̄ ðagīn epͭ. eꝼ ħm vͬı eckı a
honðū en vͬða ı bͦttu ſē ſkıoꝛ̄ ellıgar
vıgðıſ .ſ. veıͭ heꝼı ek ħm aðr gıſtıng
ꝫ mun ek þau orð ė aptr taka. þoͭ ħ
ė ſer ė ıaꝼna vını alla. epͭ þ ſagðı h̄ͬ
þorðı vıgıt hallz. ꝫ ſua þ at þolꝼr haꝼ
ðı vegıt ħ. er þa var þar komīn. þórðr

varð ſtyɢr vͥ ꝥta. q̇ ꝥ vıſt vıta at Jnḡ.
munðı mıkıt ꝼe taka aꝼ h̄m ꝼ̶ ꝥa
bıorg er nu vͥ veıtt h̄m. er ꝁ haꝼa
hurðır v̑ıt loknar epꝉ ꝥū m̄. vıgðıſ
.ſ. ė ſꝉ Jnḡ. ꝼe taka aꝼ ꝥ ꝼ̶ eīnar nætr
bıorg. ꝥt h̄ ſꝉ ꝁ v̑a ı allan vetr. þorðr .m.
þān veg mattu m̄ meſt vpp teꝼla. ꝫ
at motı ē ꝥ mınu ſkapı at ſlıkr vh
appa m̄ ſe ꝁ. en þo vͥ þolꝼr ꝥ v̄ vetrīn ꝥta
ſpurðı Jnḡ. er epꝉ broður ſīn attı at mæla
h̄ byr ꝼ̄ð ſína ı ðalı īn at alıðnū vetͭ. ſettı
ꝼrām ꝼ̄ıu ē h̄ áttı. ꝥr v̊ .xíȷ́. ſaman. ꝥr ſıg
la veſtan vtnyrðıng hvaſſan ꝫ lenða ı lax
ár oſı v̄ quellðıt ſetıa vpp ꝼ̄ıuna. en ꝼara
a goðða ſtaðı v̄ quellðıt. ꝫ kōa eckı a v́v̑t
ē ꝥ tekıt vel vͥ þeī. Jnḡ. ƀ þorðı a mal. ꝫ ſag
ðı h̄m erenðı ſıtt at h̄ quez ꝥ haꝼa ſp̄t.
ꝉ þolꝼſ ƀður bana ſınſ. þðr .q. ꝥ engv geg
na. Jnḡ. bað h̄ ė þræta. ꝫ ſꝉm vͥ eıga ka
vp ſaman. at þu ſel mañīn ꝼrām. ꝫ lát
mık ė þurꝼa þraut ꝉ en ek heꝼ̄ her .ííȷ́.
m̄kr ſılꝼrſ er þu ſꝉt eıgnaz vpp mun ek
ꝫ geꝼa ꝥ ſaꝁ þær ē þu heꝼ̄ gort a henðr
þer. ı bıorgū vͥ þorolꝼ. þorðı þottı ꝼeıt ꝼa
grt en v̑ heıtıð vppgıoꝼ v̄ ſaꝁ þær ē h̄ ha
ꝼðı aðr q̇ðt meſt. at h̄ munðı ꝼeſkur aꝼ
hlıota. þðr mꝉı þa. Nu mun ek ſueıpa
aꝼ ꝼ̶ m̄m v̄ tal ockart. en ꝥta mun þo
v̄ða kaup ockart. ꝥr ſuaꝼu ꝉ ꝥ er a leıð
nottına. ꝫ v̑ ſtunð ꝉ ðagſ **capıtulum**

15 Sıðan ſtoðu ꝥr Jnḡ. vpp. ꝫ klæððuz.
vıgðıſ ſp̄ðı þð. huat ı talı heꝼðı v̑ıt
m; þeī Jnḡ. v̄ quellðıt. h̄ .q. þa mar talat ha
ꝼa. eñ ꝥ ſamıt at vppı ſkyllðı v̑a rañſok\`n´
en þau or malınu eꝼ þolꝼr hıttız ė ꝥ. let
ek nu aſgaut þræl mīn ꝼylgıa mānınū
a ƀtt. vıgðıſı q̇ eckı v̑a v̄ lygı. q̊ð ſer ꝫ le
ıðt v̑a at Jnḡ. ſnakaðı v̄ ꝁ h̄ar. en bað h̄
þo ꝥu raða. Sıðan rānſakaðı Jnḡ. ꝥ. ꝫ hıt
tı ė þar mānıɴ. J þañ tıma kō aſgaꝺtr
aptr. ꝫ ſp̄ðı vıgðıſ huar h̄ ſkıløız vͥ
þolꝼ. aſgautr .ſ. ek ꝼylgða h̄m ꝉ ſauða
ꝁa varra ſē þðr mꝉı ꝼ̶. vıgðıſ mꝉı. ᴍvn
nockut meıꝶ a gotu Jnḡ. en ꝥta. þa ē
h̄ ꝼ̄r ꝉ ſkıpſ. ꝫ ė ſꝉ ꝉ hætta huart ꝥr haꝼa
ė ꝥsa raða ḡð ſaman borıt ı gérkvellð
vıl ek at þu ꝼar̄ þegar ꝫ ꝼylḡ h̄m ı ƀꝉ ſē
tıðaz. ſꝉtu ꝼylgıa h̄m ꝉ ſauðaꝼellz a
ꝼunð þolꝼſ. Meðr ꝥ at þu ḡır ſua. ſē ek
byð ꝥ ſꝉtu nockut epꝉ taka. ꝼrelſı m̄
ek ꝥ geꝼa. ꝫ ꝼe ꝥ at þu ſer ꝼæꝶ hu̅t
ē þv vıll. Aſḡ. íattaðı ꝥ ꝫ ꝼor ꝉ ſauða
ꝁſıīſ ꝫ hıtt þar þolꝼ. h̄ bað þa ꝼ̶ a ƀt
ſē tıðaz. J ꝥa tīa rıðr Jnḡ. aꝼ goðaſtoðū
ꝥt h̄ ætlaðı at heīta þa v̑ð ꝼ̶ ſılꝼrıt. ꝫ ē h̄
var komīn oꝼan ꝼ̄ benū. þa ſıa ꝥr .íȷ́. m̄
ꝼara ı motı ſer. ꝫ var þar aſḡ. ꝫ þolꝼr.
ꝥta v̑ ſnēma v̄ morgīn. ſua at lıtt v̑ lyſt
aꝼ ðegı. ꝥr aſḡ. ꝫ þolꝼr v̊ kōñ ı ſva mık.
kloꝼa. at Jnḡ v̑ a aðra honð. en lax a
a aðra honð. aın v̑ akaꝼlıga mıkıl v̊
hoꝼuð ıſar at baðū megın en gēgr
vpp epꝉ mıðıu. ꝫ v̑ aın allıll at ſækıa.
þolꝼr vͥ aſḡ. nv þıkı m̄ ſē vͥ mvnī eıga
.íȷ́. koſtı ꝼ̶ honðū. ſa ē koſtr añaꝶ. at
bıða þra ꝁ vͥ ana ꝫ v́ıaz epꝉ ꝥ ſē ockr
enðız hreyſtı ꝉ ꝫ ðreīgſkapr. en þo
ē ꝥ meırı van at ꝥr Jnḡ. ſekı lıꝼ ock̅t
ſkıott. Sa ē añaꝶ koſtr at raða ꝉ ar
ıñar ꝫ mun ꝥ þıkıa þo eñ m; nock̄rı
hættu. Aſḡ. bıðr h̄ ráða. q̇ nu eckı mu
nu vͥ h̄ ſkılıaz. hu̅t ráð ſē þu vıll vpp
taka. ꝁ v. þolꝼ̄ ſ. ꝉ arīnar munu vͥ leıta
ꝫ ſua ḡa ꝥr. bva ſık ſē leꝉlıgaz. epꝉ ꝥ
ganga ꝥr oꝼan ꝼ̶ hoꝼuðıſıñ. ꝫ leggıaz
ꝉ ſunðz. ꝫ m; ꝥ at m̄n v̊ hrauſꝉ ꝫ þeī
v̑ð leīḡ lıꝼſ avðıt. þa kōaz ꝥr yꝼ̄ ána
ꝫ vpp a hoꝼuðıſıñ auðꝫ megın. ꝥ er
mıog ıāſkıott. ē ꝥr ēo kōñ yꝼ̄ ána at
Jnḡ. kēr at oðꝫ megın at ānı. ꝫ ꝼoru
nautar ꝁ. þa tekr Jnḡ. ꝉ orða. ꝫ mꝉı
ꝉ ꝼorunauta ſīna. hvat ē nu ꝉ raðſ.

ſſ raða ᷠ arīnar .e. ė. þrſogðu at ħ mūðı
raða ſogðuz ꝫ ħ ꝼorſıa munðu hlıta að
þo ſynðız þeī aın oyꝼ̃ ꝼærılıg. Jnǧ. q̃ð
ſua ṽa ꝫ munu ṽ ꝼ̃ huerꝼa. añí. en ẽ
þr þolꝼr ſía þta. at þr Jnǧ. raða ė ᷠ ar
ıñar. þa vınða þr ꝼyſt klæðı ſín. ꝫ bu
a ſık ᷠ gongu. ꝫ ganga þañ ðag allan.
kōa at quellðı ᷠ ſauða ꝼellz. þ ṽ vel
ṿ þeī tekıt. þ at þar ṽ allra māna gıſ
tīg. ꝫ þeǧ v̄ quellðıt gengr aſgaıt`r´
a ꝼvnð þolꝼſ rauðneꝼſ ꝫ ſagðı ħ
alla voxtu ſē a ṽ v̄ þra erenðı at
vıgðıſ. ꝼrænðkōa ħ. haꝼðı þna ma`ɴ´
ſent ħm ᷠ hallðz ꝫ trauſtz ẽ þ ṽ ko
mīn. ſagðı ħm allt hue ꝼarıt
haꝼðı með þeī þðı goðða. þ m; bṙ ħ ꝼ
rām ıartegñ. þær ẽ vıgðıſ. haꝼðı ſēt
ᷠ þolꝼſ. þolꝼr .ſ. a þa leıð. eckı mun
ek ðylıaz ṿ ıartegñ þar. mun ek at
vıſu taka ṿ þū mānı at orð ſenðīg ħ
ar. þıkı m̄ vıgðıſ`ı´ þta mál ðreīgılıga
haꝼa ꝼarıt. ẽ þ mıkıll harmr. er þ
lık kona ſſ haꝼa ſua v ſkorulıgt g
ıaꝼorð. ſſtu aſǧ. ðuelıaz ħ. þlıka hr
ıð ſē þ lıkar. aſǧ. q̇ eckı lengı
þar munðu ðuelıaz. þolꝼ̃. tekr nu
ṿ naꝼna ſınū ꝫ ǧız ħ ħ ꝼylgðarm̄
en þr aſǧ. ſkılıaz goðer vınır. ꝫ ꝼ̃r aſǧ.
heī leıðıś. Nu ẽ at .ſ. ꝼ̃ Jnǧ. at ħ ſnyr
heī a goðða ſtaðı. þa er þr þolꝼr hoꝼ
ðv ſkılız. þar ṽ þa kōñ m̄n aꝼ næſtū
bæıū. at orðſenðīg vıgð̃. ṽ þ ė ꝼærı ꝁ
lar ꝼ̇ en .xx. en ẽ þr Jnǧ. kōa a beīn
þa kallar ħ þð ᷠ ſín ꝫ mlı ṿ ħ. vðreī
gılıga heꝼ̃ þ ꝼarıt ᷠ vár. þðr .ſ. ħ. þt
ṽ hoꝼū þ ꝼ̇ ſatt at ´þv` haꝼır mānınvm
a brott ſkotıð. þðr q̃ð ħ ė ſatt haꝼa
a honðū ſer. v̄ þta mal. kēr nu vpp
oll þra raða gıorð. Jnǧ. ꝫ þðar. Vıll
Jnǧ. nu haꝼa ꝼe ſıtt. þ ẽ ħ haꝼðı ꝼē
gıt þðı ı henðr. vıgð̃. ṽ þa næꝵ ſtoðð

talı þra. ꝫ ſeǧ þeī ꝼarıt ſē maklıgt ṽ. bıðr
þorð eckı hallða a ꝼe þu. þt þu þðr. ſ. ħ he
ꝼ̃ þa ꝼıar vðreīgılıga aꝼlat. þðr q̃ð hana
þu raða munðu vılıa. epť þta gengr vıg
ðıſ īn. ꝫ ᷠ erkr þrar ẽ þðr attı. ꝫ ꝼīnr þa ı
nıðrı ðıgran ꝼeſıoð. ħ tekr vpp ſıoðīn. ok gēgr
vt með. ꝫ þar ᷠ ẽ Jnǧ. ṽ. ꝫ bıðr ħ taka vıð
ꝼenu. Jnǧ. ṽðr ṿ þta lettbrv̄n. ꝫ reť hōðı
na at motı ꝼeſıoðnū vıgð̃. heꝼr vpp ꝼe
ſıoðīn. ꝫ rekr a naſar ħm. ſua at þegar
ꝼell blóð a ıorð. þ með velr ħ ħm morg
hæðılıg orð. ꝫ þ m;. at ħ ſſ þta ꝼe allðregı
ꝼá ſıðan. bıðr ħ a bťt ꝼara. Jnǧ. ſer ſīn k
oſt þañ ēn bezta. at ṽða a bťtu. ſē ꝼyrſt
ꝫ ǧır ħ ſua. ꝫ leť ė ꝼ̃ð ſıñı ꝼyꝵ en ħ kēr
heī. ꝫ vñ ılla ṿ ſına ꝼ̃ð. **áſgeırı geꝼ̃ ꝼrelſı**

16 Iþēna tıma kēr aſǧ. heī. vıgð̃. ꝼagñ ħm
vel ꝫ ꝼrettı hűſu goðar ṿtokur þr heꝼ
ðı at ſauðaꝼellı. ħ lætr ve`l´ yꝼ̃. ꝫ ſeǧ hen
nı alykť orð þau ẽ þolꝼr haꝼðı mſt ħı
hugnaðız þ vel. heꝼ̃ þu nu aſǧ. ſ. ħ vel
ꝼarıt m; þınu eꝼnı. ꝫ trulıga. ſſtu nu
ꝫ vıta ſkıotlıga. ᷠ hűſ þu heꝼ̃ v̄nıt. ek
geꝼ þ ꝼ̃lſı ſua at þu ſſt ꝼ̃ þum ðegı ꝼr
ıalſ maðr heıta. ħ m; ſſtu taka ṿ ꝼe þ ẽ
þðr tok ᷠ hoꝼuðſ þoľ ꝼrænða mınū er
nu ꝼeıt betr nıðr kōıt. Aſǧ. þackaðı hı
þa gıoꝼ m; ꝼogꝝ orðū. þta ſumar epť
tekr aſǧ. ſer ꝼarı. ıðaugurðarneſı. ꝫ
lætr ſkıp þ ı haꝼ. þr ꝼa veðr ſtór ꝫ eckı
langa vtıvıſt. taka þr noreg. ſıðan ꝼ̃r
aſǧ. ᷠ ðanm̄kr. ꝫ ſtaðꝼeſtız þ. ꝫ þottı h
rauſtr ðreīgr. ꝫ en´ðer` þ ſogu ꝼ̃ ħm. en epť
raðaǧð þra. þðar goðða ꝫ Jnǧ. ſauðeyı
ar goða þa er þr vıllðu raða bana þoľ.
ꝼrænða vıgð̃. let ħ þar ꝼıanðſkap ı
motı kōa. ꝫ ſagðı ſkılıt ṿ þð goðða. ꝫ
ꝼór ħ ᷠ ꝼrænða ſıña. ꝫ ſagðı þeī. þta.
þðr gellır tok eckı vel a þu. ꝫ ṽ þo ky
rt. vıgð. haꝼðı ė meıra ꝼe a bťt. aꝼ goð
ðaſtoðū en ǵpı ſína. þr huāverſ

letu ꝼara orð ꝟ at þr ætluðu ſer he\`l´mıng
ꝼıar ꝥ e͛ þðr .g. haꝼðı at varðueıta. h̄
v͛ðr v͛ ꝥta klockr mıog ⁊ rıðr þeg͛ aꝼūð
.ħ. ⁊ ſeg͛ hm̄ t͛ vanðræða ſıña. ħ. mł̄ı
ſkotıð heꝼ͛ ꝥ þa ſkelk í brīgu er þu
heꝼ͛ e͛ att at etıa v͛ ſua mıkıt oꝼreꝼlı þa
bauð þðr .ħ. ꝼe t͛ lıðueızlu. ⁊ q͛ e͛ mūðu
ſmatt a ſıa. ħ.ſ. Reynt e͛ ꝥ at þu vıll at
engı m̄ nıotı ꝼıar þīſ ſua at þu ſættız a
ꝥ. þðr .ſ. e͛ ſī nu ꝥ þo. ꝥt ek vıl gıarna at þu
tak͛ hanðſolū a ollu ꝼenu Sıðan vıl ek
bıoða olaꝼı ſynı þınū t͛ ꝼoſtrſ. ⁊ geꝼa h͛
allt ꝼe epꞇ mīn ðag. ꝥt ek a engan er
ꝼīgıa. h͛ a lðı. ⁊ hyg ek at þa ſe betr kō
ıt ꝼeıt. hellðr en ꝼrenðr vıgð͛. ſkellı h
raūmū yꝼ͛. þu íataðı .ħ. ⁊ lætr bınða ꝼ
aſt mælū. ꝥta lıkaðı Melkorku þūgt
þottı ꝼoſtrıt oꝼlágt. ħ.q. hana e͛ ſıa kun
na er þðr gamall m̄. ⁊ barnlaus ⁊ æt
la ek olaꝼı allt ꝼe epꞇ ħ ðag. en þu m
att hıtta h̄ a vallt er þu vıllt. Sıðan
tok þðr v͛ olaꝼı .vıȷ. vetra gōlū. ⁊ leġr
v͛ h̄ mıkla áſt. ꝥta ſpyꝛ̄ıa þr m̄n e͛ mál
attu v͛ þð godða. ⁊ þottı nu ꝼıar heım
tan kōın ꝼaſtlıgaꝛ̄ en áðr. ħ. ſenðı ꝥ
ðı gellı goðar gıaꝼ͛ ⁊ bað h̄ e͛ ſtyggıaz
v͛ ꝥta. ꝥt þr mattu engı ꝼe heīta aꝼ
þðı ꝼ͛ laga ſaker. quað vıgðıſı engar
ſak͛ haꝼa ꝼunðıt þðı þær er ſaña\`r´ v͛ı
⁊ t͛ brautgangſ mættı metaz. ⁊ v͛ þðr e͛
at v͛r m̄ntr þott h̄ leıtaðı ſer nockur\`s´
raðſ at kōa þeī m̄ aꝼ ſer e͛ ſett\`r´ v͛ a ꝼe
ħ. ⁊ ſua v͛ ſokū horꝼīn ſē hrıſla eını.
en er þı orð kōu t͛ þorð͛ ꝼ͛ ħ. ⁊ ꝥ m; ſtoꝼ
ꝼegıaꝼ͛. þa ſeꝼaðız. þðr gellır. ok q͛ ꝥ
hyggıa at ꝥ ꝼe v͛ı vel kōıt er ħ. varðv
eıttı. ⁊ tok v͛ gıoꝼū. ⁊ v͛ ꝥta kyrt ſıðan
⁊ ꝟ nockuru ꝼæra en áðr. O. vex vpp m;
þðı .g. ⁊ g͛ız mıkıll m̄ ⁊ ſterkr. Sua v͛
h̄ vēn m̄ at e͛ ꝼekz ħ ıaꝼnīgı. þa e͛ h̄ v͛
.xíȷ. vetra gamall. reıð h̄ t͛ þīgſ. ⁊ þottı

m̄ ꝥ mıkıt e͛enðı ór oðꝛ ſueıtū at v̄ðz
hu͛ſu h̄ v͛ agætlıga ſkapaðr. ꝥ epꞇ hellt
.o. ſık at vapna bunaðı. ⁊ klæðū. v͛ h̄ ꝥ
auðkenðr ꝼ͛ ollū m̄. Mıklu v͛ ráð þðar
.g. beꞇ ſıðan .o. kō t͛ ħ. ħ. gaꝼ hm̄ kēnī
gar naꝼn ⁊ kallaðı pa. ꝥ naꝼn ꝼeſtız
17 Þat e͛ ſagt ꝼ͛ **ðauþı hrapps-** [v͛ h̄.
hrapp at h̄ g͛ðız vrıgr vıðreıgn͛
veıttı nu nabuū ſınū ſua mık
agang at þr mattu varla hallða lut
ſınū ꝼ͛ hm̄. hrappr gat eckı ꝼang a þðı
ꝼēgıt. ſıðan .o. ꝼærðız a ꝼætr. hrapp\`r´
haꝼðı ſkaplynðı ıt ſama. en orkan
þuaꝛ̄. ꝥt ellı ſottı a henðr hm̄. ſua at
h̄ lagðız ı reckıu aꝼ. þa kallaðı hrapp\`r´
t͛ ſın vıgð͛. konu ſína ⁊ mł̄ı. eckı he
ꝼı ek v͛ıt kuellıſíukr. ſ. h. e͛ ⁊ ꝥ lıkaz
at þı ſótt ſkılı varar ſāuıſtur. en þa
at ek ē anðaðr þa vıl ek m̄ lata groꝼ
g͛ꝼa ı ellð h͛ðyrū ⁊ ſī mık nıðr ſetıa
ſtanðanða. þar ı ðyrunū. Ma ek þa
ēn venðılıgaꝛ̄ ſıa yꝼ͛ hybılı mín. ep
ꞇ ꝥta ðeyr hrappr. Sva v͛ m; ollu ꝼa
rıt ſē h̄ haꝼðı ꝼ͛ ſagt. En ſua ıllr ſē
h̄ v͛ v͛ðreıgnar. þa e͛ h̄ lıꝼðı. þa ıok nu
mıklu v͛ e͛ h̄ v͛ ðauðr. ꝥt h̄ geck mıog
aptr. ſua ſegıa m̄n. at h̄ ðeyððı ꝼle
ſt híon ſın ı aptrgongūnı. h̄ g͛ðı mı
kīn omaka. þeī ꝼleſtū e͛ ı nánð bı
vggu. v͛ eyððr berrīn a hrappſtoðv̄.
Vıgð͛. kona hrapp\`s´ rez veſtr t͛ ſurtz
þſꞇ. b͛ður ſınſ tok h̄ v͛ hı. ⁊ ꝼe h̄ar. Nu
var eñ ſē ꝼyꝛ̄ at m̄n ꝼ͛ a ꝼunð haſk͛
⁊ ſogðu hm̄ t͛ þra vanðræða e͛ hrapp͛
g͛ır m̄m ⁊ bıðıa h̄ nockut ór raða
.ħ.q. ſua v͛a ſkyllðu. ꝼ͛r m; nockura
m̄n a hrappſꞇ. ⁊ lætr graꝼa vpp h͛pp
⁊ ꝼæra h̄ ı brott ꝥ e͛ ſızt v͛ı ꝼıargāgr
ı nanð .e. m͛ ꝼ͛ðır. Epꞇ ꝥta nēaz aꝼ h
ellðr aptrgong͛ hrappſ. Svm̄lıðı ſon
hrappſ tok ꝼe epꞇ h. ⁊ v͛ beðı mıkıt

ꝫ ꝼ̇ðt. Svm̄lıðı g̅ðı bu a hrappſſ̄ v̄ varı\`t´
epᷠ. ꝫ ē ħ haꝼðı ꝥ lıtla hrıð buıt þa
tok ħ ærſl ꝫ ðo lıtlu ſıðaꝛ̄. Nu a vıg
ðıſ moðer ħ at taka þar eın ꝼe ꝥta
allt. ħ vıll ė ꝼ̄a ᷠ lðzīſ a hrappſſ̄. tek\`r´
nu þſſ̄ ſurtr ꝼe ꝥta vnð̄ ſık ᷠ varðv
eızlu. þſſ̄ v̇ þa hnıgīn nockut ꝫ þo
ēn hrauſtaztı ꝫ vel hreſſ **aꝼ þm ſurtz**

18 **I**þān tıma hoꝼuz þr vpp ᷠ mān **ſonvm**
vırðīgar ı þorſneſı. ꝼrændr þſſ̄ bau
rkr ēn ðıġ ꝫ þġmr broðer ħ. bratt ꝼ̄
þ a. at þr bræðr vılldu þa v̄a ꝥ meſtı\`r´
m̄n ꝫ meſt metn̄r. ꝫ ē þſſ̄. ꝼīnr þ. þa
vıll ħ ė v̇ þa bægıaz. lyſır þuı ꝼ̄ m̄m.
at ħ ætlar at ſkıpta v̄ buſtaðı. ꝫ ætla
ðı at ꝼara bygðū a hrappſſ̄ ı laxár
ðal. þſſ̄ ſurtr bıo ꝼ̄ð ſına aꝼ uarþın
gı. en ſmalı v̇ rekīn epᷠ ſtronðınnı.
þſſ̄ ſkıpaðı ꝼ̄ıu. ꝫ geck þar a m; .xıȷ.\`ta´.
mān. v̇ ꝥ þorarīn a magr ħ. ꝫ óſk
þſſ̄.ð. ꝫ hıllðr. helga .ð. ē ēn ꝼór með
þeī. ꝫ v̇ ħ þrevetr. þſſ̄ tok vtſyn̄īg
huaſſan. ſıgla þr ın̄ at ſtraumū ı þā
ſtraum. ē het kolkıſtu ſtraumr. ſa
er ı meſtu lagı. þra ſtrauma ē a breı
ðaꝼırðı ero. þeī tekz ſıglīgī vgreítt.
hellðr þ meſt ᷠ ꝥ at þa var. kōıt vt ꝼ
all ſıaꝼar. en byrrın̄ eckı vınueıttr.
þt ſkura veðr var á ꝫ var huaſt veðr
ıt. þa ē rauꝼ. en vınðlıtıð ꝥ ı mıllı. þo
rarīn ſtyrðı. ꝫ haꝼðı actaumana v̄
ħðar ſer. þt þraungt v̇ a ſkıpınu. v̇
hırzlū meſt hlaðıt. ꝫ v̇ð hárr ꝼar
mrīn en lonðın v̊ næꝛ̄ geck ſkıpıt
lıtıð. þt ſtraūrīn g̅ðız oðr at motı. Sı
ðan ſıgla þr a ſker vpp ꝫ brutu eckı
at. þſſ̄. bað ꝼella ſeglıt ſē ſkıotaz.
bað m̄n taka ꝼorka. ꝫ raða aꝼ ſkı
pınu ꝥa raðſ v̇ ꝼreíſtað ꝫ ðugðı ė
þt ſua v̇ ðıupt a bæðı borð at ꝼorkn̄
kenðu ė nıðr. ꝫ v̇ð þar at bıða atꝼallz
ꝼıarar nu vnðan ſkıpınu. þr ſa ſel ı ſt
raumınū v̄ ðagīn. meıra mıklu en
aðra. ħ ꝼor ı hrīg v̄ ſkıpıt v̄ ðagīn ꝫ v̇
eckı ꝼıtıaſkār. Sua ſynðız þeī ollū.
ſē m̄ augu v̄ı ı ħm. þſſ̄. bað þa ſkıota
ſelīn. þr leıta v̇. ꝫ kō ꝼ̇ eckı. Sıðan ꝼell
ſıoꝛ̄ at ꝫ er næꝛ̄ haꝼðı at ſkıpıt mūðı
ꝼlıota. þa rekr a huaſſvıðrı. mıkıt ꝫ
huelꝼ̄ ſkıpınu. ꝫ ðrukna nu m̄n aller
þr ē þar v̊ a. ſkıpınu nēa eīn m̄. þān r
ak a lð. m; vıðū. ſa ħ guðm̄dr. ꝥ heıta
ſıðan gvðm̄ðar eyıar. Gvðrıðr attı at
taka arꝼ epᷠ. þſſ̄. ſurt .ꝼ.ſ. ē attı þkell
treꝼıll. ꝥı tıðenðı ſpyrıaz vıða. ðrukn
un þſſ̄. ſurtz. ꝫ þra māna ē ꝥ hoꝼðu la
tız. þkell ſenð̄ þeġ orð ꝥū m̄ guðm̄ðı ē ꝥ
haꝼðı a lð kōıt. ꝫ ē ħ kēr a ꝼunð þkelſ
þa ſlær þkell v̇ ħ kaupı a laun. at ħ ſky
llðı ſua greına ꝼ̄ſogn v̄ atburð þna vm
lıꝼlat māna ſē ħ ſegðı ꝼ̇. ꝥ ıattı guðm̄ðr
heıᷠ nu þkell aꝼ ħm ꝼ̄ſaugn v̄ atburð
þna ſua at marġ m̄n v̊ hía. þa ſeġ guð
munðr ſua. q̄ð þſſ̄. haꝼa ꝼyſt ðruknat
þa þorarın mág ħ. þa attı hıllðr at taka
ꝼeıt þt ħ v̇ .ð. þorarīſ. þa .q. ħ meyna ðr
vkna. þt þar næſt v̇ oſk ħar arꝼı. ꝫ
lez ħ þra ſıðaz bar þa ꝼeıt allt v̄ðer
þkel treꝼıl. þt gvðrıðr kona ħ attı ꝼe
at taka epᷠ ſyſtur ſína. Nu reıðız ꝥı
ꝼ̄ſogn aꝼ þkatlı ꝫ ħ m̄m. en guðm̄dr
haꝼðı aðr nockut oðruvıſa ſagt. Nu þ
ottı þeī ꝼrænðū þorarınſ. nockut ıꝼ
anlıg ſıa ſaga. ꝫ kolluðuz þr ė mūðu
trunat a leggıa rauꝛ̄lauſt. ꝫ taulðu
þr ſer. ꝼe halꝼt v̇ þkel. en þkell þık
ız eīn eíga. ꝫ bað g̅a ᷠ ſkırſlu at ſıð þr
ra. þ v̇ þa ſkırſla ı þ munð at gāga
ſkyllðı vnðer ıarðar men. þ ē torꝼa
v̇ rıſtın ór vellı. ſkyllðu enðarn̄ torꝼ

v̄nar ᷹va ꝼaſt̃ ı vellınū. en ſa m̃ ē ſkırſlu-
na ſkyllðı ꝼrā ꝼlytıa. ſkyllðı þ̅ gāga v̄ðır
þkell treꝼıll g̃nar nockut huart þāneg
mun ꝼarıt haꝼa v̄ líꝼlát māna ſē þr g
vðm̄ðr hoꝼðu ſagt ıt ſıðaꝛ̄a ſīnı. eckı þot
tuz heıðn̄ m̄n mīna eıga í abyrgð. þa er
ſlıka lutı ſkyllðı ꝼrēıa. en nu þıkıaz eıg`a´
k̅ſtn̄ m̄n. þa ē ſkırſlur ēo g̃uar. þa v̄ð ſa
ſkıꝛ̄ ē vnðer ıarðar men geck. eꝼ torꝼā
ꝼell é a h̄. þkell g̃ðı rað v̇ .íȷ́. m̄n at þr ſk
ylldu ſık lata a ſkılıa v̄ eīnhūn lut ⁊ v̄a
þ̅ næꝛ̄ ſtaðð̄ þa ē ſkırſlan v̄ı ꝼraūð. ⁊ kōa
v̇ torꝼuna ſua mıog at aller ſeı at þr ꝼ
ellðı hana. epꞇ̃ þta reðr ſa t̉ ē ſkırſluna
ſkyllðı aꝼ honðū īna. ⁊ ıāſkıott ſē h̄ var
kōīn vnðer ıarðarmenít. hlaupaz þ̅ır
m̄n at mót m; vapnū. ſē t̉ þ v̊ ſetꞇ̃. mæt
az þr hıa torꝼu bugnū. ⁊ lıggıa þ̅ ꝼallnır
⁊ ꝼellr oꝼan ıarðarmenıt ſē ván v̇. Sıðā
hlaupa m̄n ı mıllū þra. ⁊ ſkılıa þa v̇ þ
auðvellðt. þt þr borðuz m; engū haſka
þkell treꝼıll leıtaðı orð rōſ v̄ ſkırſluna
mꞇ̄u nu aller h̄ m̄n at vel munðı hlyðt h
aꝼa eꝼ eng̃ heꝼðı ſpıllt. Sıðan tok þkell
lauſaꝼe allt. en lonðın leggıaz vpp a hr

19 Nv ē ꝼ̃ .h̄. at .ſ. **vtkvama hrutz** [appſꞇ̃.
at ráð h̄ er vırðulıgt. v̇ h̄ hoꝼðīgı
mıkıll. h̄ varðveıttı mıkıt ꝼe. er at
tı hrutr h̄ıolꝼſ .ſ. b̅ðer h̄. Marg̃ m̄n mꞇ̄u
þ at nockut munðu ganga ſkorbıllða`r´
ı ꝼe .h̄. eꝼ h̄ ſkyllðı vanðlıga vt gıallða.
moður arꝼ h̄. hrutr ē hırðm̄ haralldz
k̄gſ. gv̄nhıllðar .ſ. ⁊ haꝼðı aꝼ h̄m mıkla
v̇ðıng. hellt þ meſt t̉ þ̅ at h̄ gaꝼz bezt ı
ollū mānraunū. en Gv̄h. ðrotnīg lagðı
ſua mıklar mæꞇ̃ a h̄. ſua at h̊ helt ēgī
h̄ ıaꝼnīgıa ıñan hırð̄. hv̇kı ı orðv̄ ne oðꝛ
lutū. en þo at mānıaꝼnaðr v̄ı haꝼðr ⁊
t̉ agetıſſ m̊ talað. þa v̇ þ ollū m̊ auðſætt
at Gv̄nh. þottı hyggıuleyſı t̉ ganga .e.

auꝼunð eꝼ nockurū m̄ v̇ t̉ hrutz ıaꝼ
nat. Meðr þ̅ at hrutr attı at vıtıa tıl
ıſlðz ꝼıarhluꞇ mıkılſ ⁊ goꝼugra ꝼræ
ða þa ꝼyſız h̄ at vıtıa þs. byr nu ꝼ̃ð
ſína t̉ ıſlðz. k̄. gaꝼ h̄m ſkıp at ſkıl
naðı ⁊ kallaðız h̄ reynt haꝼa at go
ðū ðreīg Gv̄h. leıððı hrut t̉ ſkıpſ ok
mlı. eckı ſſ̄ þta lagt mæla. at ek heꝼı
þık reynðan at mıklū agetıſſ m̄. þt
þu heꝼ̃ atg̃uı ıāꝼ̃m hınū beztū m̊ h̄ ı
lðı. en þv heꝼ̃ vıtz muní langt v̄ ꝼrā
Sıðan gaꝼ h̊ h̄m gullhrıng. ⁊ bað h̄
vel ꝼara. bra ſıðan ſkıckıuñı at hoꝼ
ðı ſer ⁊ geck ſnuðıgt heī t̉ bæıar. en
hrutr ſꞇ̄gr a ſkıp. ⁊ ſıglır ı haꝼ. h̊ byr
ıaðı vel. ⁊ tok breıða.ꝼ. h̄ ſıglır ıñ at
eyıū. ſıðan ſıglır h̄ ıñ breıða ſunð ⁊
lenð̄ v̇ kābſ neſ. ⁊ bar bryggıur a lð
Skıpkuamā ſꝼ̄ðız ⁊ ſua þ at hrut`r´
h̄ıolꝼſ .ſ. v̇ ſtyrım̄. Eckı ꝼagn̄ .h̄. þ̅ū
tıðenðū ⁊ é ꝼór h̄ a ꝼunð h̄ſ. hrutr ſetr
vpp ſkıp ſıtt. ⁊ byr v̄. þ̅ g̃ðı h̄ bę ē ſıðā
heıꞇ̃ a kābſ neſı. Sıðan reıð hrutr
a ꝼunð h̄. ⁊ heītır moður arꝼ ſīn. h̄.
.q̇. eckı ꝼe eıga at gıallða. q̄ð é moður
ſına haꝼa ꝼarıt ꝼelauſa aꝼ ıſlðı þa
ē h̊ kō t̉ motz v̇ h̄ıolꝼ. hrutı lıkar
ılla. ⁊ reıð ı brott v̇ ſua buıt. allır ꝼræðr
hrutz g̃a ſemılıga t̉ h̄. aðrer en h̄. h̄̃.
bıo .ııȷ. vetr akābſ neſı. ⁊ heıꞇ̃ ıānan
ꝼe at .h̄. a þīgū .e. oðꝛ logꝼunðū ⁊ v̇
veltalaðr. kolluðu þ ꝼleſꞇ̃ at hrut`r´
heꝼðı rett at mæla. en .h̄. ꝼlutı þ
at þg̃ðr v̇ é at h̄ raðı gıpt h̄ıolꝼı. en h̄̃
let þa moður ſına lograðanðı. ok
ſkılıa v̇ þ. þ ſama hauſt epꞇ̃. ꝼór .h̄.
at heībоðı t̉ þð̄ godda. þt ſpyꝛ̄ .h̄̃.
⁊ reıð h̄ a h̄kſꞇ̃. v̇ .xıȷ. m̄n. h̄ rak a
a b̅tt naut .xx. ıāmorg let h̄ eptır.
ſıðan ſenðı h̄ mān t̉ .h̄. ⁊ bað ſegía

hűt epꝉ̃ ꝼe v̊ at leıta. ħkarlar. ħkvll\`z´
hlıopu þeǵ ꝉ vapna. ⁊ v̊ g̃ orð þeī er
næſꝉ̃ v̊ ⁊ vrðu þr .xv. ſamā. reıð hu
eꝶ þra ſua ſē mættı huataz. þr hrut\`r´
ſa ė ꝼyꝶ epꝉ̃ reıðına. en þr attu ſkāt
ꝉ ǵðz a kābſ neſı. Stıga þr hrutr þeǵ
aꝼ bakı ⁊ bınða heſta ſína. ganga
ꝼ̃m̄ a mel nockurn ⁊ ſagðı hꝛ̃. at þr
munðu þ́ v̇ taka. quaz þ hyggía. þott
ſeınt gengı ꝼıar heītan v̇ .ħ. at ė ſkyllðı
þ ſpyrıaz at ħ ryn̄ı ꝼ þrælū ħ ꝼorunau
tar hꝛ̃. ſogðu at lıðſmunr mvndı v̊a. hꝛ̃.
q̊ þ eckı hırða. q̃ð þa þ́ v̊rū ꝼaurū ꝼara ſ
kyllðu ſē þr v̊ı ꝼleırı. þr laxðælır hlıopu
aꝼ heſtū ſınū. ⁊ bıugguz nu v̇. hꝛ̃. bað þa
eckı meta munın̄. ⁊ hleypr ı motı þeım.
ħ haꝼðı hıalm a hoꝼðı. en ſuerð brvgðıt ı hē
ðı. en ſkıollð ı ānaꝶı. ħ v̊ vıgr allra m̊ bezt
⁊ v̊ hꝛ̃. þa oðr at ꝼaer gatu ꝼylgt ħm. bor
ðuz vel huaꝛ̃tueggıu v̄ hrıð. en ƀtt ꝼv̄
ðu þr laxðælır þ. at þr attu þ́ ė v̇ ſın̄ maka
ſē hꝛ̃ var. þt þa ðrap ħ tua m̄n ı eınu at
hlaupı. Sıðan baðu laxðælır ſer grıða
hꝛ̃. q̃ð þa vıſt haꝼa ſkyllðu grıð. ħkarla\`r´
.ħ. v̊ þa aller ſaꝛ̃. þr ē vpp ſtoðu en .ıııȷ. v̊
ðrepn̄. hꝛ̃. ꝼór heī. ⁊ v̊ nockut ſaꝶ. en ꝼoru
nautar ħ lítt .e. eckı. þ́ ħ haꝼðı ſık meſt ꝼ̃
mmı haꝼt. ē þ kallaðr orroſtuðalr ſıðan
þr borðuz þ́ Sıðan let .hꝛ̃. aꝼ hogg̃ ꝼeıt.
þ ē ſagt ꝼ̃ .ħ. at ħ kıpꝑ m̄m at ſer er ħ ſpyꝶ
ranıt. ⁊ reıð ħ heī. þ v̊ mıog ıāſkıott at ħ
karlar ħ kōa heī. þr ſogðu ſın̄ ꝼ̃ðer eckı
ſlettar. ħ. v̊ðr v̇ þta oðr ⁊ q̄z ætla at ta
ka ė optaꝶ aꝼ ħm ran. ⁊ m̊tıon. Saꝼn̄ ħ
m̄m þān ðag allan at ſer. Sıðan geck
Ioruñ ħpreyıa ꝉ talſ v̇ ħ. ⁊ ſpyꝶ at v̄
raðaǵð ħ. ħ. ſ. lıtla raða gıorð heꝼ̃ ek
ſtoꝼnat. en gıarna vıllða ek at ānat
v̊ı opꝉ̃ at tala en v̄ ðrap ħkarla mīna
Jór.ſ. þı ætlun ē ꝼ̃lıg. eꝼ þu ætlar at ð̊
pa ſlıkan mān ſē broðer þīn ē. en ſum̄
m̄n kalla at ė ſe ſakleyſı ı þott hꝛ̃. heꝼðı
ꝼyꝶ þta ꝼe heīt. heꝼ̃ ħ þ nu ſynt at ħ vıll
ll ė v̊a hornungr lengı þ ē ħ attı ⁊ ē þ ſē
ħ attı kyn ꝉ. Nu mun ħ haꝼa ė ꝼyꝶ þta
rað vpp tekıt at etıa kappı v̇ þık en ħ
mun vıta ſer nocku\`r´ſ trauſtz van aꝼ hı
nū meırū m̄m. þt m̊ ē ſagt at ꝼarıt
munı haꝼa orðſenðıngar ı hlıoðı mıllı
þra þðar gellıſſ ⁊ hrutz munðı m̊ ſlıꝁ
hluꝉ þıkıa ıſıa v̊ðer. mun þðı þıckıa goꝉ
at veıta at ſlıkū hlutū ē ſua bryn ero.
malaeꝼnı. veıztu ⁊ þ .ħ. ſıðan ē mál þra
þðar goðða ⁊ vıgðıſar vrðu ⁊ eckı v̊ðr ſl
ık blıða a m; ykr þðı gellı ſē áðr. þóttu
kem̄ ıꝼyrſtu aꝼ þ́ m; ꝼegıoꝼū ꝼıanðſk
ap þra ꝼrænða. hyġ ek ⁊ þ .ħ. ſ. ħ. at þm
þıꝁ þu þar raunmıog ſıtıa yꝼ̃ ſınū lut
⁊ ſon þīn Olaꝼr. Nu þættı oſſ hıtt raðlıg̃
at þu byðır hꝛ̃. broður þínū ſemılıga. þt
þ́ er ꝼangſ ván aꝼ ꝼrekū vlꝼı. ventı
ek þ. at hꝛ̃. takı þ́ vel ⁊ lıklıga. þt m̊
ē m̊ ſagðr vıtr. mun ħ þ ſıa kūna. at
þta er huarſtueggıa yckar ſómı. ħ.
ſeꝼaðız mıog v̇ ꝼortaulur. Joꝛ̃. þıꝁ ħm
þta v̊a ſānlıgt. ꝼara nu m̄n ı mıllı þra
ē v̊ beggıa vın̄. ⁊ bera ſætꝉ̃ orð aꝼ ħ.
henðı ꝉ .hꝛ̃. en hꝛ̃. tok þ́ vel. q̊ at vıſu
vılıa ſemıa v̇ .ħ. q̊ þ laungu haꝼa v̊ıt
buīn. at þr ſēðı ſına ꝼrænðſemı. epꝉ̃
þ́ ſē v̊a ættı. eꝼ .ħ. vıllðı ħm retz v̄na.
hꝛ̃.q̊ ⁊ ħ vılıa v̄na ſōa ꝼ aꝼbrıgð þau ē ħ
haꝼðı gort aꝼ ſın̄ı henðı. ē̊u nu þı mal ſæꝉ̇
⁊ ſamıt ı mıllı þra bræðra .ħ. ⁊ hꝛ̃. taka þr
nu vpp ꝼrænðſemı ſua goða heðan ı ꝼrá
hꝛ̃. geꝉ̃ nu bus ſınſ. ⁊ g̃ız mıkıll m̊ ꝼ ſer
en ekkı v̊ ħ aꝼſkıptīn v̄ ꝼleſta hlutı. en
vıllðı raða þ́ ē ħ hlutaðız ꝉ. hrutr þoka
ðı nu buſtað ſınū ħ bıo þar ſē nu heıꝉ̃ a
hrutſꝉ̃. allt ꝉ ellı. hoꝼ attı ħ ıtunı ⁊ ſer
þ en̄ m̊kı. þ ē nu kallat traulla ſkeıð. þ́ ē
nu þıoð gata. hꝛ̃. q̃ngaðız. ⁊ ꝼeck konu

þrar ẽ v̄nr het .ð. Marðar gıgıu. v̄nr gek̄
ꝼ̃ ħm. ꝥ aꝼ heꝼıaz ðeılur þra laxðæla ok
ꝼlıotzhlıðınga. aðra konu attı hrutr ẽ þor
bıorg ħ. ħ v̄ armoðſ .ð. aı̄ heꝼ̄ ħ hına ꝥðıv
konu ꝫ neꝼnū v̄ hana ė. xvı. ſonu attı hꝼ̃
ꝫ .x. ðætr v̇ ꝥū .ıȷ. konū. Sva ſegıa m̄n at
hꝼ̃. v̄ı ſua a þīgı eıtt ſvm̄ at .xıııȷ. ſyñ
ñ v̄ı m; ħm. ꝥ ẽ ꝥa getıð at þ þottı v̄a
rauſn mıkıl ꝫ aꝼlı. ꝥt aller v̊ g̃uılıg̃ ſyñ ñ.

20 Havſk̄ ſıtr nu ı buı ſınu **aꝼ ꝥm bræðꝫ**
ꝫ g̃ız hnıgīn a ēn eꝼra allðr. en ſy
nır ñ ero nu þroſkaðer. þleıkr g̃
ır bu a þeī be ẽ heıť a kābſ neſı ꝫ ley
ſır .ħ. vt ꝼe ñ. Epť ꝥta kuangaz ħ
ꝫ ꝼeck konu þrar ẽ gıaꝼlaug het. ðot
ť arnbıarnar ſleıtubıarnar .ſ. ꝫ þor
laugar ꝥðar .ð. ꝼ̃ hoꝼða. þ v̄ goꝼugt q
vánꝼang. v̄ gıaꝼlaug v́en kona ꝫ oꝼ
latı mıkıll. þleıkr v̄ engı ðællðarmaðr
ꝫ eñ meſtı garpr. eckı lagðız mıog a m;
þeī ꝼrænðū hrutı ꝫ þleıkı. barðr ſon
.ħ. var heıma m; ꝼeðr ſınū. haꝼðı ħ ꝥa
v̄ ſyſlu eckı mıñr en .ħ. ðætra .ħ. ẽ her
ė getıð mıog þo ẽo m̄n ꝼ̃ þeī kōner.
Olaꝼr .ħ.ſ. er nu ꝫ ꝼrū vaxtı ꝫ ẽ allra
māna ꝼ̇ðaztr ſynū. þra ẽ m̄n haꝼı ſ
éét. ħ bıo a melkuſtoðū ſē ꝼyꝶ v̄ rıtað
hauſk̄. veık meıꝶ aꝼ ſer v̄ſıa v̄ raðah
ag melkorku en v̄ıt haꝼðı. q̄ ħm þ þıkı
a eckı ſıðr ˊkōaˋ ť olaꝼſ ſonar ħar. en o. q̄z
ħı veıta ſkyllðu ſına a ſıa ſlıka ſē ħ kū
ní at veıta ħı. ᴍeť. þık̄ .ħ. g̃a ſuí v̇ðlıg
a ť ſín. heꝼ̄ ħ þ ı hug ſer at g̃a ꝥa lutı
nockura er ħm þættı ė betr. þbıorn
ſkrıupr haꝼðı meſt veıtt v̄ſıa v̄ bu
ᴍeť. vakıt haꝼðı ħ bonorð v̇ hana.
ꝥa ẽ ħ haꝼðı ſkāma ſtunð buıt en
meť tok ꝥ ꝼıarrı. ſkıp ſtoð vppı a
borð eyrı ı hrutaꝼ aurn ħ ſtyrımaðr
ħ v̄ hırðm̄. ħallðz kgſ gūnhıllð .ſ. Meť.
talar v̇ olaꝼ .ſ. ſīn ꝥa er þau ꝼīnaz at

ħ vıll at ħ ꝼarı vtan aˋtˊ vıtıa ꝼrenða
ſīna goꝼugra. ꝥt ek heꝼ̄ þ ſatt ſagt
at myrkıartan ẽ at vıſu ꝼaðer mīn
ꝫ ẽ ħ kgr Jra ẽ ꝥ ꝫ hægt at raðaz ť
ſkıpſ a borðeyrı. o.ſ. talað heꝼı ek
ꝥta ꝼ̇ ꝼoður mınū. ꝫ heꝼ̄ ħ lítt a tek̄
er ꝥāneg ꝫ ꝼıar hag mınū hattað ꝫ
ꝼoſtra mınſ at þ er meıꝶ ı lonðū. ok
kuıkꝼe en ħ ė ıſlēzka vorv lıggıā
ðı ꝼ̇. ᴍelk.ſ. ė nēnı ek at þu ſer ābatť
ſonr kallaðr lengr. ꝫ eꝼ þ nēr v̇ ꝼorī
nı at þu þıkız haꝼa ꝼe oꝼlıtıð ꝥa m̊
ek hellðr þ ť vīna at gıpť ꝥbırnı. eꝼ
þu ræz ꝥa ť ꝼ̃ðar. hellðr en aðr. ꝥt ek
ætla at ħ leggı ꝼ̃m voruna. ſua ſē þu
kant ꝥ þaurꝼ ť. eꝼ ħ naır raðahag
v̇ mık. er þ ꝫ tıl koſtar at .ħ. munı
ꝥa .ıȷ. hluť ılla lıka. ꝥa ẽ ħ ſpyꝶ
huaꝶtuegıa. at þu ert aꝼ lðı ꝼarīn en
ek m̄ gıpt. O. bað moður ſına eına raða
Sıðan reððı .O. v̇ ꝥbıorn at ħ vıllðı ta
ka voru aꝼ ħm at lanı. ꝫ g̃a mıkıt at
ꝥb.ſ. þ mun ꝥt eınſ. nēa ek na raða h
ag v̇ ᴍelk. ꝥa venť mık at ꝥ ſe ıā he
ımıllt mıtt ꝼe ſē þ ẽ þu heꝼ̄ at v̇ðveı
ta. O.q. þ ꝥa munðu at raðı gort. to
luðu ꝥa m; ſer ꝥa hlutı ẽ þr vıllðu ꝫ
ſkyllðı ꝥta ꝼara allt aꝼ hlıoðı. ħ.
reððı v̇ .O. at ħ munðı rıða ť þīgſ
með ħm. O.q̄ þ ė mega ꝼ̇ buſyſlu. q̄
vılıa lata g̃a lāb haga v̇ laxa. ħ. lı
kar ꝥa vel ẽ ħ vıll v̄ buıt añaz. Sı
ðan reıð ħ ť þīgſ. en ſnuıt v̄ at br
vllaupı a lāba ſtoðū. ꝫ reð .O. eīn m
alðaga. O. tók .xxx. hunðraða vorv
aꝼ vſkıptu ꝫ ſkyllðı þar eckı ꝼe ꝼ̇
kōa. barðr .ħ.ſ. var at brullaupı ꝫ
vıſſı ꝥa raðag̃ð m; þeī en ẽ boðı v̄
lokıt ꝥa reıð .o. ť ſkıpſ ꝫ hıttı aurn
ſtyrımān. ꝫ tok ſer þar ꝼarı en
aðr en þaꝥ melk̄. ſkılðız ſelr ħ ı ħðr

Oꝉ. ꝼıngr gull mıkıt ꝫ mꝉı. þna ġp gaꝼ ꝼ
aðer mīn m̄ at tānꝼe ꝫ ventı ek at h̄ kē
nı eꝼ h̄ ſer. ēn ꝼeck h᷎ h̄m ı hon knıꝼ ꝫ bell
tı ꝫ bað h̄ ſelıa ꝼoſtru ſīnı. get ek at h᷎
ðylız ė v̇ ꝥar ıarꝉ Ok ēn mꝉı ᴍeꝉ. heīan
heꝼı ek þık buıt. ſua ſē ek kān bezt. ꝫ
kent ꝥ ırſku at mæla. ſua at þık mū
þ ė ſkıpta hu̇ þık b᷑r at ırlðı. Nu ſkılıa
þau epꝉ þta. þeḡ kō byꝛ a ē oꝉ. kō tıl
ſkıpſ. ꝫ ſıgla þr þeḡ ı haꝼ. **capıtulm**

21 Nv kēr .h̄. heī aꝼ þıngı. ꝫ ſpyꝛ ꝥı
tıðendı. h̄m lıkar hellðr þunglı
ga. en meðr ꝥ at vanðam̄n ħ a`t´
tu hlut ı þa ſeꝼaðız h̄. ꝫ let ᷕa kyr`t´
þeī .o. byrıaðı vel. ꝫ toku noreg. aurn
ꝼyſır .O. at ꝼ̄a ᷠ hırðar haralldz k̄gſ
q̊ h̄ ḡa ᷠ þra goðan ſoma ē eckı v̊ betr
m̄ꝉ en oꝉ. v́. O. q́ þ munðu aꝼ taka ꝼ̄a
þr .O. ꝫ aurn nu ᷠ hırðarīnar. ꝫ ꝼa þar
goðar v̇tokur. vakn̄ k̄gr þeḡ v̇ .O. ꝼ̇ ſak̄
ꝼrænða ħ. ꝫ bauð h̄m þegar með ſer
at ᷕa. Gūnhıllðr lagðı mıkıl mætı a
.O. ē h᷎ vıſſı at h̄ var broður.ſ. hrutz.
en ſum̄ m̄n kolluðu þ. at h̄ı þættı
þo ſkētan at tala v̇ .O. þoꝉ h̄ nytı ec
kı añaꝛa at. O. vglaððız er a a leıð
veꝉn̄. aurn ſpyꝛ huat h̄m ᷕı ᷠ ecka
.O.ſ. ꝼerð a ek a honðū m̄ at ꝼara v
eſtr v̄ haꝼ. ꝫ þóttı m̄ mıkıt vnðer
at þu ætꝉ lut í at ſu yrðı ꝼarın ſu
m̄ langt. aurn bað .O. ꝥ eckı ꝼyſaz q́
eckı vıta van̄ ſkıpa þra ē v̄ haꝼ
veſtr munðu ganga. Gv̄h̄. geck a tal
þra ꝫ mꝉı. Nu heyrı ek yk̄r þ tala
ſē ė heꝼır ꝼyꝛ v̇ borıt at ſıñ veg þı
kır hvarū. O. ꝼagnar vel Gv̄h̄. ꝫ læt`r´
ė nıðr ꝼalla talıt. Sıðan gengr aurn
a b᷑tt. en þau Gv̄h̄. taka þa tal. ſeḡ .O. þa
ætlan ſına. ꝫ ſua huat h̄m la v̇ at ᴍyr
kıartan k̄gr v́ moður ꝼaðer ħ. þa
mꝉı Gv̄h̄. ek ſꝉ ꝼa ꝥ ſtyrk ᷠ ꝼ̄ðar þar
at þu meḡ ꝼara ſua rıkulıga þāgat ſē
þu vıllt. o. þack̄ h̄ı orð ſín. Sıðan lætr
Gv̄h̄ bua ſkıp ꝫ ꝼær m̄n ᷠ. bað .o. aq᷎ða
hue marga m̄n h̄ vıll haꝼa með ſer veſ
tr v̄ haꝼıt. En .o. q̄ð a .lx. m̄ ꝫ q́ þo þıkıa
mıklu ſkıpta. at þ lıð ᷕı lıkara h̄m̄ en
kaupm̄m. h᷎ q̄ð ſua ᷕa ſkyllðu. ꝫ aurn
v́ neꝼnðr ꝫ .O. tıl ꝼ̄ðarīnar. ꝥta lıð var
allvel buıt. haralldr .k̄. ꝫ .Gv̄h̄. leıððu .O.
ᷠ ſkıpſ. ꝫ ſogðuz munðu leggıa ᷠ m; h̄m
hamıngıu ſına m; vıngan þrı ānaꝛı ē
þau hoꝼðu ᷠ lagt. ſagðı har̄.k̄. at þ m̄
ðı auðuellðt. ꝥt þau kolluðu engan
mān venlıḡ haꝼa kōıt aꝼ ıſlðı a þra
ðogū. þa ſpurðı har̄.k̄. hue gamall m̄
h̄ ᷕı. O.ſ. nu em ek .xvííj. vetra. k̄. mꝉı
mıklır agætıſ m̄n ero ſlıkt ſē þu ēt
ꝥt þu ēt eñ lıtıð aꝼ banſ allðrı. ꝫ ſæk þe
gar a varn ꝼunð er þu kēr aptr. Sıðā
bað .k̄. ꝫ Gv̄h̄ .O. ve`l´ ꝼara. ſtıgu ſıðan a ſk
ıp. ꝫ ſıgla þegar a haꝼ. þeī byrıaðı ılla
v̄ ſumarıt haꝼa þeır þokur mıklar en
vınða lıtla. ꝫ o hagſtæða þa ſē v̊. rak
þa vıða v̄ haꝼıt. v̊ þr ꝼleſꝉ īnan borðz
at a kō haꝼvılla. þ varð v̄ ſıðır at þo
ku hoꝼ aꝼ hoꝼðı. ꝫ ḡðuz vınðar á. var
þa tekıt ᷠ ſeglſ. tokz þa v̄ræða. hu̇t tıl
ırlðz munðı at leıta. ꝫ vrðu m̄n ė aſat
ꝉ a þ aurn v́ ᷠ motz en meſtr hlutı m̄ m.
ı gegn ꝫ q̄ðu aurn allan vıllaz ꝫ ſogðu
þa raða eıga ē ꝼleırı v̊. Síðan ſkutu
þr ᷠ raða .O. en .O.ſ. þ vıl ek at þr raðı ſē
hygnarı ero. ꝥ ᷕr þıkı m̄ ſē oſſ munı ðv
ga heīſkra brogð ē þau kōa ꝼleırı ſamā.
þottı þa ór ſkorıt ē .o. mꝉı ꝥta. ꝫ reð aurn
leıðſaugu þaðan ı ꝼ̄. Sıgla þr þa netr
ꝫ ðaga. ꝫ haꝼa ıānan byrlıtıð. þ v́ eıh̄ů
ıa nótt at varðm̄n hlıopu vpp. ꝫ baðv
m̄n vaka ſē tıðaz. q̄ðuz ſıa lð ſua n̄r
ſer at þr ſtungu næꝛ ſtaꝼnı at. en ſeg
lıt v́ vppı. ꝫ allıtıð veðrıt at. Mēn hlaupa

þeǵ vpp ꝫ bað aurn beıta a bͦtt ꝼ̃ lðınu.
eꝼ þr mættı. o.ſ. eckı ero þau eꝼnı ı v̄ v́t
mal þt ek ſe at boðar ēo a bæðı borð. ꝫ all\`t´
ꝼ́ ſkutſtaꝼn ꝫ ꝼellı ſeglıt ſē tıðaz. en g̃ū
rað var. þa ē lıoſſ ðagr ē. kēna þr lð þta. ſı
ðan kaſta þr ackerū. ꝫ hrıꝼa þau þegar
v́. ᴍıkıl ē v̄ræða v̄ nottına. hů þr munðu
at kōner. en ē lıos ðagr v́. kenðu þr at þ
v́ ırlð. aurn mlı þa. þ hyɢ ek at v̄ haꝼī
eckı goða atquamu. þt þta ē ꝼıarrı
hoꝼnū ꝫ þeī kaupſtoðū ē vtlenðer m̄
ſlu haꝼa ꝼ́ð. þt v̄ erū nu ꝼıaraðer vp
pı. ſua ſē horn ſıl ꝫ næꝶ ætla ek þ lo
gū þra Jra. þótt þr kallı ꝼe þta ē ver
hoꝼū m; at ꝼara með ſınū ꝼōgū. þt heıta
lata þr þ vagrek ē mīnr ē ꝼıarat ꝼ̃
ſkutſtaꝼnı. O. q̃ð eckı t́ munðu ſaka ē
ſéét heꝼı ek at mānſaꝼnaðr. ē a lð vpp.
ı ðag. ꝫ þeī ırū þıꝁ v̄ v̄t ſkıpq̃mu ꝥa. hug
ða ek at ꝫ ı ðag þa ē ꝼıaran v́. at h̃ geck
vpp oſſ v́ neſ þta. ꝫ ꝼell ꝥ ovanðlıga ſıor
rıñ v́t or oſınū. en eꝼ ſkıp vart er eckı
ſakat. þamunū v̄ ſkıota bátı varū ok
ꝼlytıa ſkıp v́art þangat leıra v́ vnðer
ꝥ ē þr hoꝼðu legıt. v̄ ſtreīgına. ꝫ v́ eckı b
orð ſakat ı ſkıpı þra. ꝼlytıaz þr .O. þāga\`t´
ꝫ kaſta ꝥ ackerū. en er a lıðr ðagīn þa
ðrıꝼr oꝼan mañꝼıolðı mıkıll t́ ſtranð
Sıðan ꝼara .íj. m̄n a batı t́ kaupſkıp
ſınſ. þr ſpyrıa hůr ꝼ́ raðı ſkıpı ꝥu. Ol.
mlı. ꝫ ſua a ırſku. ſē þr mltu tıl. en ē ıꝼ
vıſſu at þr v̄ norræñ m̄n. þa beıðaz þr
laga. at þr ſkylldu ganga ꝼ̃ ꝼe ſınu.
ꝫ munðı þeī þa eckı v̄\`a´ g̃t t́ auvıſla. aðr
k. ættı ðō a þra malı. O.q. þ log v̄a eꝼ en
gı v̄ı tulkr m; kaupm̄m. en ek kān yðr
þ með ſōnu at ſegıa at þta ēo ꝼ́ðm̄n ē
þo munu v̄ é vpp geꝼaz at oreynðu. Jrar
æpa þa h̃op. ꝫ vaða v́t a ſıoīn ꝫ ætla at l
eıða vpp ſkıpıt vnðer þeī. var eckı ðıup
ara en þeī tok vnðer henðr .e. ı bͦklınða

þeī ē ſtærſt̄ v̄. pollrīn v́ ſua ðıupr þar
ē ſkıpıt ꝼlaut. ꝫ é kenðı nıðr. O. bað þa
brıota vpp vapn ſín ꝫ ꝼylkıa a ſkıpınv
allt a mıllū ſtaꝼna. Stoðu ꝫ ſua þyꝁt
at allt v́ ſkarat með ſkıollðū. ſtoð ſ
pıotz oððr vt hıa hıa hůıū ſkı\`a´llðar ſ
porðı. O. geck þa ꝼ̃m ı ſtaꝼnīn. ꝫ v́ ſua b
ıñ at h var ı bryníu ꝫ haꝼðı hıalm a
hoꝼðı gullroðīn. h v́ gyrðr ſuerðı. ꝫ v̄
gullrekın hıolltın. h haꝼðı ꝁka ſpıo\`t´
ı henðı hauǵtekıt. ꝫ allgoð mál \`ı´. Rau
ðan ſkıollð haꝼðı h ꝼ́ ſér. ꝫ v́ ðregıt a le
o m; gullı. en ē Jrar ſıa v́bvnīg þra þa
ſkýtr þeī ſkelk ı brıngu ꝫ þıkır þeī
é ıā auð uellðt ꝼeꝼang ſē þr hugðu t́
hneckıaz írar nu ꝼ̃ ꝫ hlaupa ſam̄ ı
eıt þorp. Sıðan kēr kuꝶ mıkıll ı lıð
þra. ꝫ þıkır þeī nu auðuıtað at þta v́ h̃
ſkıp. ꝫ munı v̄a mıklu ꝼleırı ſkıpa van
.g̃a nu ſkynðılıga orð t́ k. v́ þ ꝫ hæg\`t´
þt kgr v́ þa ſkāt ı brott þaðan a veızlū
h rıðr þegar m; ſueıt m̄ ꝥ t́ ſē ſkıpıt
v́. é v́ leīgra a mıllū lðz ınſ ꝫ þ ē ſkıpı\`t´
ꝼlaut. en vel mattı nēa tal mıllū m̄.
Opt hoꝼðu Jrar veıtt þeī aráſer m; ſko
tū. ꝫ varð þeī .O. eckı meın at. O. ſtoð m;
ꝥum bunīgı. ſē ꝼyꝶ v́ rıtað. ꝫ ꝼanz m̄
mart v̄. hůſu ſkorulıgr ſıa m̄ v́. ē ꝥ v́ ſ
kıpſ ꝼorīgı. en ē ſkıpůır .o. ſıa mıkıt r
ıððaralıð rıða t́ þra ꝫ v́ ıt ꝼræknlıgſta
þa þagna þr. þt ´þeī\` þottı mıkıll lıðſ mun\`r´
v́ at eıga. en er .O. heyrðı þna kuꝶ ſē
ı ſueıt h̃ g̃ðız bað h þa h̃ða hugına.
þt nu ē gott eꝼnı ı varu malı. heılſuð
v þr Jrar nu myrkıartanı kgı ſınum
Sıðan rıðu þr ſua néꝶ ſkıpınu at hua
r̃ mattu ſkılıa huat aðrer toluðu. k.
ſpyꝶ hůr ſkıpı ſtyrðı. O.ſ. naꝼn ſıtt
ꝫ ſpurðı. hůr ſa v̄ı ēn vaſklıgı rıððı
er h attı þa tal v́. ſa ſ. ek heıtı myr
kıartan. O. mlı. huart ētu .k. íra. h q̃ð

ſua v̄a. þa ſpyꝛ̄ k̄. almælltra tıðenda. O.
leyſtı vel or þeī tıðendū ollū ē h̄ v́ ſp̄ðr
þa ſpyꝛ̄ .k̄. huaðan þr heꝼðı vt latıð .e.
hv̄ra m̄n þr v̄ı. ok ē̄n ſpyꝛ̄ k̄r vandlıga
v̄ ǽtt .O. en ꝼ͛ þ᷒ at k̄r. ꝼañ at þ̄ı m̄ v́ rık
latr. ꝫ vılldı ė ſegıa leīgra en h̄ v́ ſp̄ðr.
þa vılldı h̄ ė ſpyrıa leīgra at ſıñı. O.ſ. þ
ſ͛ ek yðr kūıgt g̃a at v̄ yttū aꝼ noregı.
en þta ē̄o hırðm̄n haꝼ.k̄ gv̄h.ſ. er h̄ ē̄o
ıñan borðz. en yðr er þ ꝼra ætt mīnı at
ſegıa h̄ra at ꝼaðer mīn byr a ıſldı
ē .h̄. heıꝼ. h̄ ē ſtorættaðr m̄ en moður k
yn mıtt ventı ek at þ̄ munıt ſéð ha
ꝼa. ꝼleıra \`en´ ek. þt Melk̄. heıꝼ moðer m
ín ꝫ ē m̄ ſagt m; ſōnu at h̄ ſe dotꝼ þín
.k̄. ꝫ þ heꝼ̄ mık t᷑ rekıt ſua langrar ꝼ̄ð
ꝫ lıGr m̄ nu mıkıt v́ hv̄ ſuór þu veıtır
varu malı. k̄. þagnar. ꝫ a tal v́ m̄n ſīa
ſpyrıa vıtrır m̄n. k̄. huat gegnaz mu
nı ı þ̄u malı ē ſıa m̄ ſeg̃. k̄.ſ. auðſætt ē
þ a .o. þ̄ū at h̄ ē ſtorættaðr m̄. huart ſē
h̄ ē vaꝛ̄ ꝼrændı .e. ė. ꝫ ſua þ at h̄ mælır
allra māna bezt ırſku. epꝼ þ ſtoð .k̄. vpp
ꝫ m̄lı. Nu ſ͛ veıta ſuor þınu malı at ek
vıl ollū yðr g̃ð geꝼa ſkıpv̄ıū. en vm
ꝼrændſemı þa ē þu telr v́ oſſ. munū
v̄ tala ꝼleıra áðr en ek veıta þ͛ ānſ
vor. Sıðan ꝼara bryggıur a lð. ꝫ gengr
.O. a lð ꝫ ꝼorunautar h̄. aꝼ ſkıpınu. ꝼīz
þeī ırū nu mıkıt v̄. hv̄ſu v́ðulıgr þ̄ı m̄
er. ꝫ vıglıgr. ꝼagh̄ .O. þa k̄ı vel. ꝫ tekr
oꝼan hıalmīn. ꝫ lytr k̄gı. en k̄r. tekr h̄
þa m; allrı blıðu. taka þr þa tal með
ſer. ꝼlytr .O. þa eñ ſıtt mal. aꝼ nyíu ꝫ ta
lar bęðı langt erendı ꝫ ſnıallt. lauk s̃
malınu at h̄ q̄ þ͛ haꝼa gull þ a hendı
ē melk̄. ſelldı h̄m at ſkılnaðı a ıſldı. ꝫ
ſagðı ſua at þu .k̄r. geꝼ̄ h̄ı at tānꝼe. k̄r
tok v́ ꝫ leıt a gullıt. ꝫ g̃ðız rauðr mıog a
ſynðar. Sıðan m̄lı k̄r ſānar ē̄o ıarꝼ. en
ꝼ͛ engan mun ē̄o þær om̄kılıgrı. ē þu
heꝼ̄ ſua mıkıt ætꝼ bragð aꝼ moður
þıñı at vel ma þık þ̄ aꝼ kēna. ꝫ ꝼ͛ þ̄a
lutı. þa vıl ek at vıſu v́ ganga þıñı ꝼ
rændſemı .O. at þra m̄ vıtnı ē h̄ ē̄o hía
ꝫ tal mıtt heyra. ſ͛ þ ꝫ ꝼylgıa at ek
vıl þ̄ bıoða t᷑ hırðar mīnar m; alla
þına ſueıt. en ſomı yðuaꝛ̄ mun þ͛ v́
lıggıa. hv̄t mañkaup m̄ þıkır ı þer
þa ē ek reynı þık meıꝛ̄. Sıðan lætr
k̄r ꝼa þeī heſta t᷑ reıðar. en h̄ ſetr m̄n
t᷑ at ſetıa vpp ſkıp þra .e. bua v̄ reıða
þra. ꝫ ānaz varnat þān ē þr áttu. k̄gr
reıð þa t᷑ dyꝼlīnar. ꝫ þıkıa m̄ þta mık
ıl tıðendı. er þ͛ v́ dottur.ſ.k̄ ı ꝼor m; h̄m
þrar ē þaðan v́ ꝼ͛ longu h̄tekın .xv. ve
tra gomul. en þo bra ꝼoſtru Melk̄. meſt
v́ þ̄ı tıðendı. ē þa la ı kor ꝫ ſottı bę́ðı at
ſtrıð ꝫ ellı. en þo geck h̄ þa ſtaꝼlauſt
a ꝼund .O. þa m̄lı .k̄. t᷑ .o. h̄ ē nu komın
ꝼoſꝼ Melk̄. ꝫ mun h̄ vılıa haꝼa tıðēda
ſogn aꝼ þ̄. v̄ h̄ar hag. O. tok v́ h̄ı baðū
hondū ꝫ ſettı k̄līgu a kne ſér. ꝫ ſagðı at
ꝼoſꝼ h̄ar ſat ıgoðū koſtū a ıſldı. þa ſell
ðı .O. h̄ı knıꝼīn ꝫ belltıt. ꝫ kēdı k̄līg g̃pı
na. ꝫ v́ð g̃tꝼegın. q̄ð þ bæðı v̄a at .ſ. Melk̄.
v́ ſkorulıgr. enda a h̄ t᷑ þ varıt. v́ k̄lıng
hreſ þān vetr allan. k̄r v́ lítt ı kyꝛſæ
tı þān vetr allan. þt þa v́ ıaꝼnan h̄ſk
att v̄ veſtr londın. Rak k̄r aꝼ ſer þān
vetr vıkīga. ꝫ vthlaupſ m̄n. var .O. með
ſueıt ſína a k̄.ſkıpı. ꝫ þottı ſu ſueıt hel
lðr vrıg v́ſkıptıſſ. þeī ē ı motı v̄. k̄r haꝼ
ðı þa tal v́ .O. ꝫ h̄ ꝼelaga. ꝫ alla raða g̃ð
þt h̄m reyndız .o. beðı vıtr ꝫ ꝼ̄m̄ gıarn
ı ollū mānraunū. en at alıðnū vetrı. ſ
teꝼndı. k̄r þıng. ꝫ v́ð allꝼıolm̄nt. k̄ ſtoð
vpp. ꝫ talaðı. h̄ hoꝼ ſua mal ſıtt. þ ē yðr
kūnıgt at h̄ kō ſa m̄ ı ꝼyꝛa hauſt ē .ð.
ſon mīn ē en þo ē ſtór ættaðr ı ꝼoður
kyn. vırðız m̄ .O. ſua mıkıll atg̃uım̄.
ꝫ ſkorungr. at v̄ eıgū ė ſlıꝼ m̄ h̄ koſt. Nv

vıl ek bıoða ħm ꝁgðō ept̃ mīn ðag ꝥt. O.
ẽ betr t̉ yꝼ̃manz ꝼallīn en mıñ ſynır. O.
þackar ħm boð ꝥta m; mıkıllı ſnılld ɜ
ꝼogꝫ orðū. en q̉ þo ė munðu a hætta hū̃
ſu ſyñ ħ þylðı ꝥ þa ẽ myrkıartanſ mıſ
tı v̉. q̃ð bet̃ v̂a at ꝼaſkıota ſæmð en lā
ga ſuıu̇ðıng. q̉ t̉ noregſ ꝼ̃a vılıa þeĝ ſkı
pū v̂ı vhætt at hallða a mıllū lða q̃ð m
oður ſína munðu haꝼa lıtıð ynðı. eꝼ ħ
kēı ė aptr. ꝁr. bað .O. raða. ſıðan v̂ ſlıtıð
ꝥīgınu. en ẽ .o. v̂ albuīn þa ꝼylĝ .ꝁ.O. t̉ ſkı
pſ ɜ gaꝼ ħm ſpíot gullrekıt ɜ ſu̅ð buít
ɜ mıkıt ꝼe ānat. O. beıððız at ꝼlytıa ꝼoſ
tru melꝁ. a b̃tt m; ſer. ꝁr q̃ð ꝥ enga þa
vrꝼ ɜ ꝼor h̃ ė. Stıgu þr .O. a ſkıp ſıtt ok
ſkılıaz þr ꝁr. með allmıkıllı vınattu
Ept̃ ꝥ ſıgla þr .O. ahaꝼ. þeī byrıaðı vel. ɜ
toku noreg. ɜ ẽ .O. ꝼor all ꝼræg ſetıa nu vpp
ſkıpıt. ꝼær .O. ſer heſta. ɜ ſæꝁ̃ nu a ꝼunð
haꝼ̃. ꝁgſ meðr ſínu ꝼoruneytı. **vtkuama olaꝼſ**

22 Olafr .h̃.ſ. kō nu t̉ hırðar haꝼ̃. ꝁgs.
ɜ tok. ꝁ. v̉ ħm vel. en Gvħ. mıklu
betr. þau buðu ħm t̉ ſín. ɜ logðu
þar morg orð t̉. O. þıgr ꝥ. ɜ ꝼara þr aurn
baðer t̉ ꝁ.hırðar. leĝr ꝁ. ɜ .Gvħ. ſ̃ mıkla
vırðıng a .O. at engı vtlenðr m̄ haꝼðı
ſlıka vırðıng aꝼ þeī þegıt. O. gaꝼ ꝁgı ɜ
Gvħ. marga ꝼaſena ĝpı. ẽ h haꝼðı þeg
ıt a Jrlðı veſtr. haꝼ̃ gaꝼ .O. at Jolū oll k
læðı ſkorın aꝼ ſꝁlatı. ſıtr nu .O. v̄ kyrt
v̄ vetñ ɜ v̄ varıt ẽ a leıð. taka þr tal m
ıllı ſín ꝁr. ɜ .O. beıððız .O. orloꝼſ aꝼ ꝁgı. at
ꝼara vt t̉ ıſlðz v̄ ſum̄ıt. a ek þangat at
vıtıa. ſ. h goꝼuĝ ꝼrænða. ꝁ.ſ. ꝥ v̂ı m̄ n
æſt ſkapı at þu ſtaðꝼeſtız h̃ m; m̄. ok
tæꝁ̃ h̃ allan raðakoſt ſlıkan ſē þu vıllt
ſıalꝼr. O. þackaðı ꝁgı ꝥān ſōa ẽ h baʋð
ħm. en q̉ þo gıarna vılıa ꝼara t̉ ıſlðz
eꝼ ꝥ v̂ı ė at motı ꝁgſ vılıa. þa .ſ. ꝁ ė ſꝉ
ꝥta ĝa vuınveıtt v̉ þık. O. ꝼara ſꝉtu ı
ſumar. vt t̉ ıſlðz. ꝥt ek ſe at huĝ þıñ
ſtanða t̉ ꝥ mıog. en enĝ auñ ne ſtarꝼ
ſꝉtu haꝼa ꝼ̉ v̄ bunað þıñ. ſꝉ ek ꝥ ānaz
Ept̃ ꝥta ſkılıa þr talıt. haꝼ̃ ꝁ. lætr ꝼ̃m̄
ſetıa ſkıp v̄ varıt. ꝥ v̂ knauꝛ̄. ꝥ ſkıp
v̂ bæðı mıkıt ɜ gott. ꝥ ſkıp lætr ꝁr ꝼer
ma m; vıðı. ɜ bua m; ollū reıða. ɜ er
ſkıpıt v̂ buıt. lætr .ꝁ. kalla a .O. ɜ mlı ꝥt
ta ſkıp ſꝉtu eıgnaz .O. vıl ek ė at þu ſıg
lır aꝼ noregı ꝥta ſum̄ ſ̃ at þu ſ̃ ānaʀa
ꝼarþegı. O. þackaðı ꝁı m; ꝼogrū orðū
ſína ſtorm̄zku. ept̃ ꝥ byr .O. ꝼ̃ð ſına.·ok
ẽ h ẽ buīn. ɜ byr geꝼr. þa ſıglır .O. a haꝼ
ɜ ſkılıaz þr haꝼ̃. ꝁr. m; hınū meſta ꝁ̃
leık. O. byrıaðı vel v̄ ſumarıt. h kō
ſkıpı ſınu ı hruta.ꝼ. a borðeyrı. Skıp
kuáma ſpyrſt bratt. ɜ ſua ꝥ hūr ſtyrı
m̄ ẽ .h̃. ꝼagñ vtkuamu .O. ſonar ſınſ.
ɜ v̂ðr ꝼegīn mıog. ɜ rıðr þeĝ norðr tıl
hrutaꝼ. m; nockura m̄n. verðr þar
ꝼagna ꝼunðr m; þeī ꝼeðgū bauð .h̃.O.
tıl ſín. h q̉ ꝥ þıggıa munðu. O. ſetr vpp
ſkıp ſıtt. en ꝼe ħ ẽ norðan ꝼlutt en ẽ
ꝥ ẽ ſyſlat. rıðr .O. norðan v̉ .xíȷ. mān. ɜ
heī a hauſkullð ſꝉ. h̃. ꝼagñ blıðlıga ſy
ní ſınū. bræðr ħ taka ɜ m; blıðu v̉ ħm
ɜ aller ꝼrænðr ħ. þo v̂ ꝼleſt v̄ m; þeī bár
ðı. O. varð ꝼrægr aꝼ ꝼ̃ð ꝥı. þa v̂ ɜ kun
nıgt ĝt kynꝼ̃ðı .O. at h v̂ .ð.ſ. myrkıar
tanſ ıraꝁgſ. ſpyrſt ꝥta v̄ allt lð. ɜ ꝥ̃ m;
v̂ðıng ſu er rıkır m̄n hoꝼðu a h lagt.
þr ẽ h haꝼðı heī ſótt. O. haꝼðı ɜ mıkıt
ꝼe vt haꝼt. ɜ ẽ nu v̄ vetrīn m; ꝼeðr ſı
nū. Melꝁ. kō bratt a ꝼunð .O. ſonar ſınſ.
O. ꝼagnar hı m; allrı blıðu. ſpyꝛ̄ h̃ mıog
margſ aꝼ Jrlðı. ꝼyſt at ꝼeðr ſınū ɜ oðꝫ
ꝼrænðū ſınū. O. ſeĝ ſlıkt ẽ h̃ ſpyꝛ̄ b̃tt
ſꝥðı h̃ eꝼ ꝼoſt̃ har lıꝼðı. O. q̃ð hana at
vıſu lıꝼa. M. ſpyꝛ̄ þa huı h vıllðı ė veı
ta hı epꝼ̃lætı. at ꝼlytıa hana t̉ ıſlðz
þa .ſ.O. eckı ꝼyſtu m̄n ꝥ moðer at ek ꝼ
lytta ꝼoſtru þına aꝼ Jrlðı. ſua ma v̂a. ſ. h̃

ꝥ ꝼanz a at ħı þottı ꝥta mıog ı motı ſk
apı. þau ᴍelk̄. ⁊ ꝥbıorn attu ſon eīn.
⁊ ē ſa neꝼnꝺr lābı. ħ v̄ mıkıll m̄ ⁊ ſt
erkr. ⁊ glıkr ꝼeðr ſínū yꝼ̄lız. ⁊ ſua at
ſkaplynꝺı. en ē .O. haꝼðı v̄ıt v̄ vetr a
ıſlꝺı. ⁊ ē var kō. þa rǽða ꝥr ꝼeðgar
v̄ raðaḡðer ſınar. ꝥ vıllða ek .O. ſ.ħ. at
ꝥ̄ v̄ı raðſ leıtað. ⁊ tæk̄ ſıðan v̇ buı. ꝼoſ
tra þınſ a goꝺða ſtoꝺū. ē ꝥ̄ ēn ꝼıar aꝼlı
mıkıll. veıtt̄ ſıðan v̄ ſyſlu. v̄ bu ꝥ m;
mīnı v̄ſıa. O.ſ. lítt heꝼ̄ ek ꝥ hugꝼeſt ħ
t̄ veıt ek ė huar ſu kona ſıtr at m̄ ſe
mıkıt happ ı at geta. mattu ſua t̄ ætla
at ek mun ꝼramarla a horꝼa v̄ q̄nꝼā
gıt. veıt ek ⁊ ꝥ gıorla at þu munt ꝥta
ė ꝼyꝛ̄ haꝼa vpp kueðıt. en þu munt h
vgſat haꝼa. huar ꝥta ſt̄ nıðr kōa. ħ.
m̄lı. ʀett getr þu. Maðr. heıt̄ egıll. ħ ē
ſkallaḡmſ .ſ. ħ byr at borg ı borḡꝼırðı.
egıll a ſer ꝺott̄. þa ē ꝥḡðr heıt̄. ꝥaʀar
konu ætla ek ꝥ̄ t̄ hanꝺa at bıðıa. ꝥt
ꝥ̄ı koſtr ē albeztr ı ollū borgar.ꝼ. ⁊ þo
vıðara v̄ı. ē ꝥ ⁊ vęna at ꝥ̄ yrðı þa eꝼlīg
at mægðū v̇ þa myram̄n. O.ſ. þīnı ꝼorſı
a mun ek hlıta ħ v̄. ⁊ vel ē m̄ at ſkapı ꝥt
ta ráð. eꝼ v̇ gengız. en s̄ mattu ætla .ꝼ.
eꝼ ꝥta mal ē vpp borıt. ⁊ gangız ė v̇ at m̄
mun ılla lıka. ħ.ſ. t̄ ꝥ munū v̄ raða. at b̄a
ꝥta mal vpp. O. bıðr ħ raða. líðr nu t̄ þīgs
ꝼ̄man. ħ. byz nu heıman. ⁊ ꝼıolm̄nır m
ıog. O.ſ.ħ ē ı ꝼor m; ħm. ꝥr tıallꝺa buꝺ ſīa
þar v̄ ꝼıolm̄nt. egıll ſkallaḡmſ .ſ. v̄ a þī
gı. aller m̄n hoꝼðu a malı ē O. ſa. hu̅ſu
ꝼrıðr m̄ ħ var ⁊ ꝼ̄mānlıgr. ħ v̄ vel buīn
at vapnū ⁊ klæðū. **kuanꝼang olaꝼſ.h.ſ.**

23 Þat ē ſagt eīn ꝺag ē ꝥr ꝼeðḡ .ħ. ⁊ O.
gengu ꝼ̄ buð ⁊ t̄ ꝼunꝺar v̇ egıl
eḡ. ꝼagn̄ þeī vel. ꝥt ꝥr .ħ. v̄ mıog
malkūnır. ħ. vekr nu bonorðıt ꝼ̄ hōð
.O. ⁊ bıðr ꝥḡðar. ħ v̇ ⁊ ꝥ̄ a þīgınu. Eḡ tok
ꝥu malı vel. q̄ haꝼa goða ꝼrett aꝼ þeī
ꝼeðgū. veıt ek ⁊ .ħ. ſ.eḡ. at þu ēt ætt̄ſtorr
m̄ ⁊ mıkılſ v̄ðr. en .O. ē ꝼrægr aꝼ ꝼ̄ð ſīnı.
ē ⁊ ė kynlıgt at ſlık̄ m̄n ætlı ꝼ̄marla
t̄. ꝥt ħ ſkorter ė ætt̄ ne ꝼ̄ðleıka. en þo ſt̄
nu ꝥta v̇ ꝥḡðı ræða. ꝥt ꝥ ē engū m̄ at ꝼa
ꝥḡðar án ħar vılıa. ħ. m̄lı. ꝥ vıl ek eḡ. at
þu ræðer ꝥta v̇ .ꝺ. þína. eḡ. q̄ ſua v̄a ſkyll
ꝺu. eḡ. geck nu t̄ ꝼunꝺar v̇ .ꝺ. ⁊ toku þau
tal ſaman. þa m̄lı. eḡ. M̊ .h.O. ⁊ ē .ħ.ſ. ⁊ ē
ħ nu ꝼrægſtr m̄ eīn hu̅r. ħ.ꝼ.ħ heꝼır
vakıt bonorð. ꝼ̄ honꝺ .O. ⁊ beðıt þín. he
ꝼ̄ ek ꝥ̄ ſkotıð mıog t̄ þīna raða. vıl ek
nu vıta ſuor þín. en s̄ lız oſſ ſē ſlıkum
malū ſe vel ꝼellt at ſuara. ꝥt ꝥta g
ıaꝼorð ē gauꝼugt. ꝥḡðr .ſ. ꝥ heꝼı ek þık h
eyrt mæla at þu yn̄ır m̄ meſt barna þī
na. en nu þıkı m̄ þu ꝥ v ſāna. eꝼ þu vıll g
ıpta mık ambatt̄.ſ. þótt ħ ſe vēn ⁊ mıkıll
aburðar m̄. eḡ.ſ. ė ētu v̄ ꝥta ıāvıtr ſē v̄
an̄at. heꝼ̄ þu ė ꝥ ſp̄t at ħ ē .ꝺ.ſ. myrkıart
anſ Jra k̄gſ. ē ħ mıklu betr borīn ı moꝺvr
kyn en ꝼoꝺvr ætt. ⁊ v̄ı oſſ ꝥ þo ꝼullboð
ıt. eckı let ꝥḡðr ſē ꝥ ſkılıaz. nu ſkılıa þau
talıð. ⁊ þık̄ nockut ſīnueg huaru. ānan
ꝺag ept̄ gengr eḡ. t̄ buðar .ħ. ⁊ ꝼagn̄ ʹ.ħ.ʹ ħm
vel. taka nu tal ſaman. ſpyꝛ̄ .ħ. hu̅ſu gē
gıt haꝼı. bonorðz malın. eḡ. let lıtt yꝼı`r´
ſeḡ allt huerſu ꝼarıt haꝼðı. `ħ´ q. ꝼaſtlıga
horꝼa. en þo þıkı m̄ ꝥ̄ vel ꝼara. eckı var
.O. v̇ tal ꝥra. ept̄ ꝥ gengr .eḡ. a b̄tt. ꝼ̄t̄ .O.
nu huat lıðı bonorz malū. ħ.q. ſeīlıga h
orꝼa. aꝼ ħar hēðı. O. m̄lı nu ē ſē ek ſagða
ꝥ̄ .ꝼ. at m̄ munðı ılla lıka. eꝼ ek ꝼenga
nockur ſuıv̇ðınḡ orð at motı. Réttu meıꝛ̄
er ꝥta v̄ vpp borıt. nu ſt̄ ek ⁊ ꝥ̄ raða at ė
ſt̄ her nıðr ꝼalla. ē ꝥ ⁊ ſatt at ſagt ē at
vlꝼar eta ānarſ erenꝺı. ſt̄ nu ⁊ ganga
þegar t̄ buðar .eḡ. ħ. bað ħ ꝥ̄ raða. O. v̄
buīn a þa leıð ē ħ v̄ ı ſkarlaz klælū er
haꝼ̄.k. haꝼðı geꝼıt ħm. ħ haꝼðı hıalm
hıalm gullroðīn. ⁊ ſuerð buıt ı ħðı er

myrꝁ.ꝁ. haꝼðı geꝼıt ħm. nu ganga þr
.ħ. ⁊ .O. tͥ buðar .eg̃. gengr .ħ. ꝼ̄ en .O. þeg̃ ept.
Eg̃. ꝼagń þeī vel. ⁊ ſezt .ħ. nıðr hıa ħm. en
.o. ſtoð vpp. ⁊ lıtaðız v̄. ħ ſa huar kona ſat.
a pallınū ı buðīnı. ſu kona vͥ vén. ⁊ ſtorm
an̄lıg ⁊ vel buın. vıta þottız ħ at þ munðı
vͣa þg̃ðr .ð. eg̃. O. gengr at pallınū. ⁊ ſez nıðr
hıa ħı. þg̃ðr heılſar þum mānı ⁊ ſpyꝁ hv̄r
ħ ſe. O.ſ. naꝼn ſıtt. ⁊ ꝼoður ſínſ. ᴍun þ̄ þı
kıa ðıarꝼr g̃az ābatt ſonrīn. ē ħ þoꝛ̄ at ſı
tıa hıa þ̄. ⁊ ætlar at tala vͥ þık. þg̃.ſ. þ m̆
tu hugſa at þu munt þıkıaz haꝼa g̃t me
ırı þoranraun en tala vͥ konur. Sıðan
taka þa mal mıllı ſín. ⁊ tala þān ðag allan
eckı heyra aðrer m̄n tͥ talſ þra. ⁊ aðr þau ſl
ıtı talınu. ē tͥ heıtr eg̃. ⁊ .ħ. tekz þa aꝼ ny
ıu ræða v̄ bonorz malıt. O. vıkr þg̃ðr þa
tͥ raða .ꝼ. ſınſ. vͥ þa þta mal auð ſótt ⁊ ꝼ̃
þa þeg̃ ꝼeſtar ꝼrām vͦð þeī þa vnt aꝼ m
et orða laxdælū. þt þeī ſkyllðı ꝼæra heī
konuna. var aqueðın brullaupſſteꝼna á
ħ.ſt. at .víȷ. vıkū ſum̄ſ. ept þ ſkılıa þr .eg̃.
⁊ .ħ. ⁊ rıða þr ꝼeðgar heī a ħ.ſt. ⁊ ēo heīa
v̄ ſūarıt. ⁊ er allt kyrt. Sıðan vͥ ſtoꝼna`t´
tͥ boðſ a ħ.ſt. ⁊ eckı tͥ ſparat. en ærın vo
ru eꝼnı. boðſm̄n kōa at aq̃ðīnı ſteꝼnu
vͦ þr bgꝼırðīg allꝼıolm̄nır. var þ .eg̃. ⁊ þſt
ſon ħ. þar var ⁊ bruðr ı ꝼor. ⁊ valıð lıð or ħ
aðınu. ħ. haꝼðı ⁊ ꝼıolmn̄t ꝼ. veızla var
allſkorul. vͦ m̄n m; gıoꝼū a bͭtt leıððır. þa
gaꝼ .O. eg̃ ſūðıt ᴍyrꝁ.naut. ⁊ vͦð .eg̃. all
lett brūn vͥ gıoꝼına. allt vͥ þ tıðenðala
vſt ⁊ ꝼara m̄n heī. **reıſt hıarðar hollt**

24 Þau .o. ⁊ þg̃ðr vͦ á .ħ.ſt ⁊ takaz þ aſ
t mıklar. auðſætt vͥ þ ollū m̄m at
ħ vͥ ſkorungr mıkıll. en ꝼaſkıptī
hv̄ſðaglıga. en þ varð ꝼ̄m at koma ē þg̃ð
vıllðı tͥ hv̄ſ ſē ħ hlutaðız. O. ⁊ þg̃ðr vͦ ym
ızt þān vetr a ħ.ſt.e. m; ꝼoſt ħ. v̄ varıt
tok .O. vͥ buı a goðða.ſt. þ ſumar tok þðr
goððı ſott. þa ē ħ leıððı tͥ bana. O. lét
vͦpa haug ept ħ ı neſı þ ē gengr ꝼ̄m ı l
ax a. er ðraꝼnarneſ heıt. þ ē g̃ðr hıa ok
heıt haugſgarðr. Sıðan ðrıꝼa m̄n at .O.
⁊ g̃ðız ħ hoꝼðıngı mıkıll. ħ. auꝼunða
ðı þ eckı. þt ħ vıllðı ıaꝼnan at .O. vͥı at
kuaððr ollū ſtormalū. þ vͥ bu rıſulıgaz
ı laxarðal. ē .O. áttı. þr vͦ bræðr .ıȷ́. m; .O. ē
ē huartueggı ħ án var ānaꝁ kallaðr án
ēn huítı en ānaꝁ án ſuartı. beıñ ēn ſtkı
vͥ eñ þðı. þır vͦ ſueınar .O. ⁊ aller hrauſt
m̄n. þg̃ðr. ⁊ .O. attu ðott ē þurıðr hét. len
ður þær ē hrappr haꝼðı at. lagu ı auðn
ſē ꝼyꝁ vͥ rıtað. O. þottu þær vel lıggıa.
ræððı ꝼ ꝼeðr ſınū eıtt ſıñ at þr munðı
g̃a m̄n a ꝼunð ꝼıllſ m; þeī erenðū at .O.
vıll kaupa at ħm londın a hrappſt ok að
rar eıgñ þ ē þ ꝼylgıa. þ vͥ auð ſott ⁊ vͥ
þu kaupı ſlungıt. þt ꝼıll ſa þ. at ħ vͥ
bet eín kraka ı ħðı. en .ıȷ́. ı ſkogı. vͥ þ at
kaupı m; þeī. at .O. ſkyllðı reıða .ííȷ́. m
erkr ſılꝼrſ ꝼ londín. en þ vͥ þo eckı ıaꝼnaða`r´
ıaꝼnaðarkaup. þt þ vͦ vıðar len
ður ⁊ ꝼagrar ⁊ mıog gagnauðg̃. mık
lar lax veıðar. ⁊ ſelueıðar ꝼylgðu þ vͥ
þ ⁊ ſkogar mıklır. nockuru oꝼaꝁ en
ħſt. ero. ꝼ norðan laxa. þar var
haugguıt rıoðr ı ſkogınū. ⁊ þar var nalı
ga tͥ g̃ſ at ganga. at þar ſaꝼnaðız ſaꝼ
naðız ſaman ꝼe .o. huart ſē ve vͦ betrı
.e. vͥrı. þ vͥ a eınu hauſtı at ı þ ſama h
olltı let .O. bæ re`ı´ſa ⁊ aꝼ þeī vıðū. ē þ
vͦ haugñ ı ſkogınū. en ſūt haꝼðı ħ aꝼ
rekaſtronðū. þı beꝁ vͥ rıſulıgr. ħín
vͦ auð v̄ vetrīn. v̄ varıt ept ꝼor .O. þā
gat bygðvͥ ⁊ let aðr ſaman reka ꝼe
ſıtt ⁊ var þ mıkıll ꝼıolðı orðīn þt en
gı m̄ vͥ þa auðgarı at q̇kꝼe ı breıða.ꝼ.
o. ſenð nu orð ꝼeðr ſınū. at
ħ ſtæðı vtı. ⁊ ſæı ꝼ̃ð ħ þa ē ħ
ꝼór a þna nyıa bæ ⁊ heꝼðı orð heıll ꝼ
ħ.q. ſua vͣa ſkyllðu. o. ſkıpar nu tͥ lætr

vnðan ꝼ̃ṁ ſauðꝼe þ ē ſkıarraz ᷣ þa ꝼor
buſmalı. þ̷ næſt. ſıðan ꝩ rekın gellðney
tı. klyꝼıa hroſ ꝼoru ı ſıðaꝶa lagı. Sva
var ſkıpat m̃ m; ꝼe ꝑu. at þ ſkyllðı en
gan krok rıſta. ᷣ þa ꝼ̃ðar ꝰðrīn kōīn a
a þna bę ēn nyıa ē .O. reıð or g̃ðı aꝼ goð
ðaſ̃. ɜ var hũgı hlıð ı mıllı. ꝶ. ſtóð vtı
m; heımam̄n ſına þa mlı .ꝶ. at .o. ſon ꝶ.
ſkyllðı þ̷ velkomīn. ɜ með tıma a þna ēn
nyıa bolſtað. ɜ næꝶ ē þ mınu hugboðı a\t/
þta gangı ep̃ at lengı ſıe ꝶ naꝼn vppı.
Jorūn. ꝶpreyıa .ſ. heꝼ̃ ābattar.ſ. ſıa auð
tıl ꝥ at vppı ſe ꝶ naꝼn. þ ᷣ mıog ıāſkıott
at ꝶklar hoꝼðu oꝼan tekıt klyꝼıar aꝼ
hroſſū. ɜ þa reıð .O. ı g̃ð. þa tekr ħ ͭ orða.
Nu ſ̃l m̄m ſkeyta ꝼoruıtnı ū þ ē ıaꝼnā
heꝼ̃ ᷣıt ū ræðt ı vetr huat ſıa beꝶ ſ̃l h
eıta. ħ ſ̃l heıta ı hıarðar holltı þta þot
tı m̄m vel ͭ ꝼunðıt. aꝼ þeī atburðum
er þ̷ hoꝼðu orðıt. O. ſetr nu bu ſaman ı
hıarðar holltı. þ ᷣð bratt rıſulgt. ſkortı
þar ɜ engın hlut. oxu nu mıog met orð
.O. baru ͭ ꝥ marg̃ hluꝼ̃. ᷣ .O. maña vınſæ
lſtr. þt þ ē ħ ſkıptı ſer aꝼ ū mal m̄ þa vn
ðu aller vel ᷣ ſıñ lut. ꝼaðer ꝶ hellt ħm
mıog ͭ ᷣðıngar. O. ᷣ ɜ mıkıl eꝼlıng at te
īgðū ᷣ myram̄n. O. þottı gauꝼgaztr ſon
a .ꝶ. þān vetr ē .O. bıo ꝼyſt ı hıarðar h
olltı. haꝼðı ħ mart hıona ɜ vīnu m̄. ᷣ
ſkıpt ᷣkū m; ꝶkorlū. gıettı ānaꝶ gell
ðneyta. en ānaꝶ kuneyta. ꝼıoſıt ᷣ ꝰtt
ı ſkog. ė allſkāt ꝼ̃ bænū. eıtt kuellð k
ō ſa m̄ at .O. ē gellð neyta gættı ɜ bað
ħ ꝼa ͭ añan mān at gæta nautāna
en ætla m̄ aūnur ᷣk. O.ſ. þ vıl ek at
þu haꝼ̃ en ſomu ᷣk þın. ħ q̇ hellðr ꝰı
vılıa. abota þıkı ꝥ þa vāt
.ſ.O. ɴu mun ek ꝼara
ı quellð m; ꝥ ē þu bındr ınn naut
ɜ eꝼ m̄ þıkır nockur varkūn ͭ ꝑa
þa mun ek eckı at telıa. ella mun
tu ꝼīna a þınū lut ı nockuru. O. tekr
ı honð ſér ſpıotıð gullrekna .ꝁ.naut. g
engr nu heıman ɜ ꝶꝁl m; ħm ſnıorr ᷣ
nockuꝶ a ıorðu. koma þr ͭ ꝼıoſſīſ. ɜ ᷣ
þ opıð. ræððı .o. at ꝶꝁl ſkyllðı īn goða
en ek mun reka at ꝥ nautın. en þu bıṫ
ep̃. ꝶꝁl gengr at ꝼıoſ ðyrunū. O. ꝼīnr ė
ꝼyꝶ en ħ hleypr ı ꝼang ħm. ſpyꝶ .O. huı
ħ ꝼærı ſua. ħ .ſ. hrappr ſtenðr ı ꝼıoſ ðyrv
nū. ɜ vıllðı ꝼalma ͭ mín. en ek em ſaððr
a ꝼang brogðū ᷣ ħ. O. geīgr þa at ðyru
nū ɜ leġr ſpıotınu ͭ ꝶ. hrappr tekr hon
ðū baðū ū ꝼal ſpıotſınſ. ɜ ſnaꝼ̇ aꝼ ẃt ſua
at þeġ ꝰtnar ſkaptıð. O. vıll þa rēna a
hrapp. en hrappr ꝼór ꝥ nıðr ſē ħ ᷣ kōıṅ
ſkılr ꝥ m; þeī. haꝼðı O. ſkapt. en hrapp\r/
ſpıotıð. ep̃ þta bında þr .O. īn nautın.
ɜ ganga heī ſıðan. O. ſagðı nu ꝶkarlı.
at ħ mun ħm ė ſaꝶ̃ a geꝼa ꝑı orða ſemı
ū morgınīn ep̃ ꝼ̃r .O. heıman. ɜ ꝥ ͭ ē hrapꝑ
haꝼðı ðyſıaðr ᷣıt ɜ lætr ꝥ ͭ g̃ꝼa. ħ̃. var
þa ēn oꝼuīn. ꝥ ꝼīnr .O. ſpıot ſıṫ. Sıðan
lætr ħ g̃a bál. ē ꝶppr brenðr a balı. ɜ er
aſka ħſ ꝼlutt a ſıa ẃt. heðan ꝼ̃ ᷣðr ᷣðr
engū m̄ meın at aptrgongu ꝶppſ. **aꝼ ſonū**
25 Nv ē at ſegıa ꝼ̃ ſonū .ꝶ. **hoſkullðar**
þleıkr .ꝶ.ſ. ᷣ m; tıgnū m̄ þa ē ħ ᷣ
ı kaupꝼ̃ðū áðr ħ ſettız ı bu ɜ þottı
m̄kılıgr m̄. verıt ħ ɜ ı vıkīgv ɜ gaꝼ ꝥ
goða raun. ꝼ klmēzku ſaker. barðr .ꝶ.
.ſ. haꝼðı ɜ ᷣıt ꝼ m̄ ɜ ᷣ vel metın hũ ſē
ħ kō. þt ħ ᷣ eñ beztı ðreīgr. ɜ hóꝼſ m̄ ū
allt. barðr q̄ngaðız. ɜ ꝼeck breıðꝼır
zkrar konu er aẛðr ꝶ. ᷣ ꝶ kyngoð
ſon barð ꝶ þrarīn. en .ð. ħſ guðny. ē at
tı hallr .ſ. vıga ſtyrſ. ɜ ē ꝼ̃ þeī kōīn m
ıkıll aṫbogı. hrutr ꝶıolꝼſ .ſ. gaꝼ ꝼ̃lſı
þrælı ſınū. þeī ē hrolꝼr ꝶ. ɜ þar með
ꝼıarlut nockurn ɜ buſtað at lanða
mærı þra .ꝶ. ɜ lagu ſua næꝶ lðam̄kın
at þeī hrytlīgū haꝼðı yꝼ̃ ſkotız ū þta.

ꝫ haꝼðu þr ſettan lavſıngıā̄ ı lð .h̄. h ĝðð\ı/
þar bratt mıkıt ꝼe. h̄. þottı þta mıkıt ı
mótı ſkapı ē̄ h haꝼðı ſett lauſīg. v̇ ey
ra h̄m. bað lauſīĝ gıallða ſıer ꝼe ꝼıꝛ̄
ıorðına þa ē̄ h bío a. þt þ ē̄ mın eıgn.
lauſ̄. ꝼ̄r t̄ hrutz. ꝫ ſeĝ h̄m allt tal þra
hrutr bað h engan gaū at geꝼa. ꝫ gı
allða eckı ꝼıe. h̄. veıt ė. ſ. h. huaꝛ̄ aı̇ he
ꝼ̄ lð þta. ꝼ̄r nu heī ꝫ ſıtr ı buı ſínu rétt
ſē aðr. lıtlu ſıðaꝛ̄ ꝼ̄r þl̄.h̄.ſ. at raðı .ꝼ.
ſınſ m; nockura m̄n a bę lauſīĝ. taka
h ꝫ ðrepa. en þl̄. eıgnaðı ſ̄ ꝼıe þ allt. ꝫ .ꝼ.ſ.
ē̄ lauſ̄ haꝼðı græðt. þta ſpurðı hrutr ꝫ
lık̄ ılla. ꝫ ſonū h̄. þr v̊ marĝ þroſkaðer
ꝫ þottı ſa ꝼrénða balkr. o a rēnılıgr. hꝛ̄.
leıtaðı laga v̄ mál þta hu̅ſu ꝼara ǽt
tı. ꝫ ē̄ þta mál v̊ rānſakat. aꝼ log m̄
þa geck þeī hꝛ̄. lít ı hag. ꝫ matu m̄n þ
mıkılſ ē̄ hꝛ̄. haꝼðı ſett lauſ̄. nıðr a. o
leyꝼðrı ıorðu h̄. ꝫ haꝼðı h græðt þ̇ ꝼe.
haꝼðı þl̄. ðrepıt h a eıgnū þra ꝼeðga.
vnðı hꝛ̄. ılla v̇ ſīn lut. Epꞇ̄ þta lætr þl̄.
bé ĝa at lðamerı þra hꝛ̄. ꝫ .h̄. ꝫ heıꞇ̄ þ a
kābſneſı. þ̇ bıo þl̄. v̄ hrıð ſē ꝼyꝛ̄ var ſag\t/
þl̄. gat ſon v̇ konu ſıñı. ſa ſueīn v̊ vat
nı auſīn. ꝫ naꝼn geꝼıt. ꝫ kallaðr bollı
v̊ h ēn venlıgſtı m̄ ſnēma. **anðlat hǫſk̄**

26 Hauſk̄. ðala kollz ſon tok ſott ı el
lı ſīní. h ſendı epꞇ̄ ſonū ſınum
ꝫ oðꝛ ꝼrendū ſínū ꝫ vınū. ꝫ ē̄
þr komu. m̄lı .h̄. v̇ þa bræðr b
arð ꝫ þl̄. Ek heꝼı /tekıt\ þyngð nockura. he
ꝼı ek v̊ıt v ſottnæmr m̄ en ſa ē̄ ſon m
īn en þ̇ðı at ė ē̄ eðlıborīn. Nu vıl ek beı
ða ykr bræðr at .O. ſe leıððr t̄ arꝼſ. ok
takı ꝼé at þ̇ðıungı v̇ yk̄r. bárðr .ſ. ꝼyʀ
rı. ꝫ ſagðı at h munðı þta ĝa epꞇ̄ þ̇ ſē
ꝼaðer h̄ vıllðı. þt ek véntı m̄ ſoma.
aꝼ .O. ı alla ſtaðı þ̇ hellðr ſē h ē̄ ꝼérı
karı þa m̄lı þl̄. ꝼıarrı ē̄ þ mınū vılıa
at O. ſe arꝼgeīgr gıorr. heꝼ̄ .O. ærıt ꝼé
aðr heꝼ̄ þu ꝼaðer þar marga þına mu
na munı t̄ geꝼna ꝫ leīgı mıog mıſ ıaꝼn̄
m; oſſ bræðꝛ. mun ek ė vpp geꝼa þān ſo
ma m; ſıalꝼuıllð ē̄ ek em t̄borīn. h̄.m.
ė munu þıð vılıa ræna mık logū. at ek
geꝼa .xíj. aura ſynı mınū ſua ſtór ætta
ðū ı moðurkyn ſē .O. ē̄ þl̄. ıata þ̇. Sıðan
lét .h̄. taka gullhrīg hakonar naut. h
va mork ꝫ ſuerðıt k̄.naut ē̄ t̄ kō halꝼ
mork. gullz .O. ſynı ſınū ꝫ þ̇ m; gıptu
ſína ꝫ þra ꝼrænða. q̇ ė ꝼ̇ þ̇ þta mǽla at ė
vıſſı h at h̄ haꝼðı þar ſtaðar numıt. O.
tekr v̇ ĝpunū. ꝫ q̇ t̄ munðu hætta. hu̅
ſu þl̄. lıkaðı. h̄m gaz ılla at þu. ꝫ þot
tı .h̄. haꝼa haꝼt vnðer mal v̇ ſık. O.ſ.
ė mun ek ĝpına lauſa lata. þl̄. þt þu
leyꝼðır þ̇lıka ꝼegıoꝼ v̇ vıtnı. mun ek
t̄ þ hætta huart ek ꝼæ hallðıt. barðr q̇
vılıa ſāþyckıa raðı ꝼeðr ſınſ. epꞇ̄ þtta
anðaðız h̄. þ þottı mıkıll ſkaðı ꝼyrſt
at vpp haꝼı ſonū h̄. ꝫ ollū ꝼ̄nðū h̄. ꝫ te
ıngðam̄. þra ꝫ vınū. Syn̄ h̄ lata v̊pa h
aug v̇ðulıgan epꞇ̄ h. lıtıð v̊ ꝼe borıt
ı haug hıa h̄m en er þ̇ v̊ lokıt. þa
taka þr bræðr tal v̄ þ at þr munu eꝼ
na t̄ erꝼıſſ epꞇ̄ ꝼoður ſıñ þt þ v̊ þa
tızka ıþ munð. þa m̄lı .O. Sva lız m̄ ſē
eckı megı ſ̄ ſkıott at þı veızlu ſnua eꝼ
h̄ ſt ſ̄ v̇ðulıg v̊ða ſē oſſ þtı ſoma. ē̄ nu
mıog alıðıt hauſtıð. en eckı auðue
llt at aꝼla ꝼanga t̄. m̄ ꝫ ꝼleſtū m̄m
þıkıa toruellðt þeī langt eıga t̄ at
ſækıa. a hauſt ðegı. ꝫ vıſ ván at m̄ĝ
kōı ė þr ē̄ v̊ vıllðī hellðzt at kemı.
Mun ek ꝫ nu t̄ þ bıoðaz ıſum̄ a þīgı.
at bıoða m̄m t̄ boðſ þa. ᴍun ek leggıa
ꝼ̄m̄ koſtnað at þ̇ðıungı t̄ veızlūnar.
þu ıata þr bræðr. en .O. ꝼ̄r nu heī. þr
þl̄. ꝫ barðr ſkıpta ꝼe m; ſér. hlytr b
arðr ꝼoðurleıꝼð þra. þt t̄ þ hellðu ꝼ
leırı m̄n. þt h var vınſællı. þl̄. hlaut

meıк lauſaꝼıe. vel ṽ með þeī bræðrū .O.
ꝫ barðı ꝫ b`l'ıt en hellðr ſtygt m; þeī .O. ꝫ
þꝉ. Nu lıðr ſua ēn næſtı vetr ꝫ kēr ſum̄. ꝫ
lıðr at þīgı. buaz þr ћ.ſſ. nu ᵗ þīgſ. ṽ þ b
rátt auðſætt at .O. mundı mıog ṽa ꝼ þeī
bræðꝶ. ꝫ ē þr kōa ᵗ þıngſ. tıallða þr buð
ſına. ꝫ bıugguz v̄ vel ꝫ kurteıſlıga. **aꝼ**

27 Þat ē ſagt eīn ðag þa ē m̄n **olaꝼe**
ganga ᵗ laugƀgſ. þa ſtenðr .O. vpp ꝫ
ћ q̊ðz ſer hlıoðſ. ꝫ ſeĝ m̄m ꝼyrſt ꝼ̄ ꝼall .ꝼ.
ſínſ. ēo ћ nu marĝ m̄n ꝼrænðr ћ. ꝫ vıner
Nu ē þ vılı bræðra mīna. at ek bıoða y
ðr ᵗ erꝼıſſ epꞇ .ћ. ꝼoður var ollū goðo
rz m̄. þt þr munu ꝼleſꞇ eñ gıllðarı m̄
er ı teīgðū ṽ bunðñ ṽ ћ. ſꞇ ꝫ þ lyſa at en
gı ſꞇ gıaꝼa lauſt a ƀtt ꝼ̄a ēna meırı mā
na. þar með vılıū ṽ bıoða bænðū ꝫ hu̅ıū
ē þıggıa vıll ſælū ꝫ veſlū. ſꞇ ſækıa hálꝼſ
manaðar veızlu a ћſꞇ. þa ē .x. vıkur ēo
ᵗ vetrar. ꝫ ē .O. lauk ſínu malı þa ṽ goðr
rōr ĝr ꝫ þottı þta erenðı ſtoꝶ ſkorulıgt.
ꝫ ē .O. kō heī ᵗ buðar. ſagðı ћ bræðrū ſı
nū þa ᵗætlan. þeī ꝼanz 'ꝼátt` v̄ ꝫ þottı ærıt
mıkıt ṽ haꝼt. Epꞇ þīgıt rıða þr bræðr
heī. lıðr nu ſumarıt. buaz þr bræðr vıð
veızlūnı. leĝr .O. ᵗ ohneppılıga at þrıð
ıungı ꝫ ē veızlan buın m; hınū beztu
ꝼongū. ṽ mıkıt ᵗ aꝼlat. þar veızlu. þ
at þ ṽ ætlat at ꝼıolm̄nt mundı kōa.
ꝫ ē at veızlu kēr ē þ ſagt at ꝼleſꞇ ṽð
ıngam̄n komu þr ſē heıtıð hoꝼðu. ṽ
þ ſua mıkıt ꝼıolm̄nı. at þ ē ſaugn m̄
ꝼleſtra. at ė ſkyrtı .ðcccc. þı heꝼ̄ aun
nur veızla ꝼıolm̄nuz ṽıt a ıſlðı. en ſu
ōnur ē hıallta.ſſ. ĝðu erꝼı epꞇ ꝼoður
ſıñ. þ ṽ .xıȷ.c. þı veızla ṽ en ſka`r'ulıgſta
at ollu. ꝫ ꝼēgu þr bræðr mıkīn ſoma. ꝫ
ṽ .O. meſt ꝼ maðr. O. geck ᵗ motz ṽ bað
a bræðr ſına v̄ ꝼegıaꝼ̄. ṽ ꝫ geꝼıt ollum
vırðīgam̄m. ꝫ er ꝼleſtır m̄n ṽ ı ƀttu ꝼ
ñ. þa vıkr .O. ᵗ malſ ṽ þꝉ. broð̄ ſıñ ꝫ mlı

Sva ē ꝼ̄nðı ſē þ ē kūnıgt. at m; okr
heꝼ̄ ṽıt eckı mart. nu vıllða ek ᵗ þ
mæla. at ṽ beꞇðım ꝼrænðſemı ok
ra. veıt ek at þ mıſlıkar er ek tók
ṽ ĝpū þeī. ē ꝼaðer mīn gaꝼ m̄ a ðey
ıanða ðegı. Nu eꝼ þu þıkız aꝼ þu vā
hallðıñ. þa vıl ek þ vīna ᵗ heılſ huĝ
þīſ. at ꝼoſtra ſon þīn. ꝫ ē ſa kallaðr æ
mīnı m̄. ē oðꝶ ꝼoſtrar barn. þleıkr
tekr ћm vel. ꝫ ſagðı ſē ſatt ē at þta
ē ſæmılıga boðıt. tekr nu .O. ṽ bolla
ſynı þꝉ. þa ṽ ћ þreuetr ſkılıaz þr nu
m; enū meſta kærleık. ꝫ ꝼ̄r bollı h
eī ı hıarðarhollt m; o. þĝðr tekr vel
ṽ ћm. ꝼæðız bollı þar vpp ꝫ v̄na þau
ћm ė mīna en ſınū bornū. **aꝼ olaꝼe**

28 Olaꝼr ꝫ þĝðr attu ſon **ꝫ þorĝðe**
ſa ſueīn ṽ vatnı auſīn ꝫ naꝼn
geꝼıt ꝫ ṽ kalla epꞇ myrkıartāı
moður.ꝼ. ſınū. þr bollı ꝫ kıartan. ṽ
mıog ıāgāler. eñ attu þau ꝼleırı ƀn
ſon þra ћ ſteīþorr ꝫ hallðorr. helgı ꝫ
ћ. het eñ yngſtı .ſ.O. ƀgþora ћ .ð. þra.
.O. ꝫ þĝð ꝫ þbıorg. oll ṽ born þra mān
væn ē þau oxu vpp J þna tıma bıo
holmgaungu beſſı ı ſaurbæ. a þeım
bé ē ı tungu heıꞇ. ћ ꝼ̄r a ꝼunð .O. ok
bauð hallðorı .ſ.ћ. ᵗ ꝼoſtrſ. þ þıgr .O. ꝫ
ꝼ̄r hallðoꝛ heī m; ћm. ћ ṽ þa vetr ga
mall. þ ſumar tekr ƀſı ſott ꝫ lıgr leī
gı ſumarſ. þ ē ſagt eīnðag ē m̄n ṽ
at heyu̅kı ı tungu. en þr .íȷ́. īnı hallð.
ꝫ ƀſı. lá hallð ı voggu. þa ꝼellr vag
gan vnð ſueınınū. ꝫ ћ or voggūnı. a
golꝼıt. þa máttı ƀſı ė ᵗ ꝼara. þa .q.b.
þta. lıggıū baðer ı lama ſeſſı. hallðoꝛ
ꝫ ek hoꝼū engın þrek. vellðr ellı mer
en æſka þ. þ batnar þ en þeygı mer.
Sıðan koma m̄n ꝫ taka hallꞇ. vpp
aꝼ golꝼınu. en ƀſa batnar. Hallðoꝛ
ꝼæððız þ vpp. ꝫ ṽ mıkıll m̄ ꝫ vaſklıgr.

kıartan .O.ſ. vex vpp heıma ı hıarðar holl
tı. ħ v͛ allra m̄ vęnſtr þra ē ꝼæðzt haꝼa a
ıſlðı. ħ v͛ mıkılleıtr ꝫ velꝼarīn ıānlıtı m̄
bezt eygðr. ꝫ líoſlıtaðr. mıkıt hár haꝼðı
ħ ꝫ ꝼagrt ſē ſılkı. ꝫ ꝼell m; lockū. mıkıll
m̄ ꝫ ſterkr. epͭ þ͛ ſē v͛ıt haꝼðı. egıll moður
ꝼaðer ħ .e. þolꝼr. kıartan v͛ hv̄ıū m̄ betr
a ſık kōīn. ſ͛ at aller vnðruðuz þr ē ſa ħ
betr v͛ ħ ꝫ vıgr en ꝼleſtͭ m̄n aðrer. vel v͛ ħ h
agr ꝫ ſynðr māna bezt. allar ıþͤtter haꝼ-
ðı ħ mıog v̄ ꝼ͛m aðra m̄n. hv̄ıū m̄ v͛ ħ lı
tıllatarı. ok vínſæll. ſ͛ at hv̄t barn v̄nı
ħm. ħ v͛ lettuðıgr. ꝫ mıllðr aꝼ ꝼe. O. v̄nı m
eſt kıartanı allra barna ſīna. bollı ꝼoſt
bͦðer ħ v͛ mıkıll m̄. ħ geck næſt kıarta
nı v̄ allar ıþͭtͭ ꝫ atg͛uı. ſterkr v͛ ħ ꝫ ꝼ͛ðr
ſynū. kurteıſſ. ꝫ eñ h͛mānlıgſtı. mıkıll
ſkarz m̄. þr v̄nuz mıkıt ꝼoſtbræðr. ſıtr
.O. nu at buı ſínu. ſ͛ at vetrū ſkıptı **aꝼ**

29 **Þ**at ē eıtt v͛ at .O. lyſtı þ͛ **vtan ꝼ͛ð o.**
ꝼ͛ þg͛ðı at ħ ætlar vtan. vıl ek at
þu varðveıtͭ bu. ꝫ born. þg͛ðr .q.ſ͛
lıtıð v̄ þ. en .O. q͛ raða munðu. ħ kauþ͛
ſkıp ē vppı ſtoð veſtr ıvaðlı. O. ꝼor vͭ.
v̄ ſumarıt. ꝫ kēr ſkıpı ſınu v͛ haurðalð
þ͛ bıo ſa m̄ ſkāt a lð vpp. ē ħ͛ geırmunðr
gnyꝶ rıkr m̄ ꝫ auðıgr ꝫ vıkıngr mıkıll
oðællðar m̄ v͛ ħ ꝫ haꝼðı nu ſezt v̄ kyrt
ꝫ v͛ hırð m̄ hakonar rıka. G. ꝼ͛r ͭ ſkıpſ
ꝫ kānaz bratt v͛ .O. þt ħ haꝼðı heyrt ħ ge
tıð. Geꝛ͛ byðr .O. ͭ ſın. m; ſ͛ marga m̄n ſē
ħ vıllðı. þ þıGr .O. ꝫ ꝼ͛r ͭ vıſtar m; ſetta
mān. haſetar .O. vıſtaz þar v̄ haurða
lð. G. veıͭ .O. vel. þar v͛ béꝶ rıſulıgr ꝫ
mart m̄. var þ͛ gleðı mıkıl v̄ vetrīn. ē
er a leıð vetrīn ſagðı .O.G. ðeılı a vm
erenðı. at ħ vıll aꝼla ſ͛ ħa vıðar. q͛ þı
kıa mıkıt vnð͛ at ħ ꝼengı gott vıða
val. G.ſ. hak.J. a bezta mork ꝫ veıt
ek vıſt eꝼ þu kēr a ħ ꝼunð. at þ͛ mū
ſu īnan hanðar. þt .J. ꝼagn͛ vel þeī m̄.

ē ė ēo ıāuel menͭ ſē þu .O. eꝼ ħ ſækıa
heī. v̄ varıt byrıar .O. ꝼ͛ð ſína a ꝼunð
hak.J. tok .J. v͛ ħm agéta vel ꝫ bauð .o. m;
ſ͛ at v͛a. ſua leīgı ſē ħ vıllðı. o.ſ.J. hv̄ſu
aꝼ ſtoðz v̄ ꝼ͛ð ħ. vıl ek þ beıða yðr ħ͛
ra at þ͛ letıð oſ mork yðra at haugg͛
ħauıð. J.ſ. oſpart ſͭ þ þottu ꝼ͛m ſkıp þ
ıtt aꝼ þeī vıðı ē v͛ munū geꝼa þ͛. þt vęr
hyggıū at oſſ ſækı ė heī hv̄ſðaglıga ſ
lık͛ m̄n aꝼ ıſlðı. en at ſkılnaðı gaꝼ .J. ħ͛
exı gullrekna. ꝫ var þ en meſta g͛ſe
mı. ſkılðuz ſıðan m; enū meſta kærl
eık. G. ſkıpar ıarðer ſıñ a laun ꝫ æt
lar vt ͭ ıſlðz v̄ ſum̄ıt. a ſkıpı .O. leynt
heꝼ͛ ħ þu alla m̄n. ė vıſſı .O. ꝼyꝶ. en .G.
ꝼluttı ꝼe ſıt ͭ ſkıpſ .O. ꝫ v͛ þ mıkıll auðr.
O. m̄ı. ė munðer þu ꝼara a mınu ſkıpı
eꝼ ek heꝼðı ꝼyꝶ vıtað. þt v͛a ætla ek
þa munu nockura a ıſlðı at betr geg
nðı at þık ſæı allðrı. en nu ē þu ēt her
komīn v͛ ſ͛ mıkıt ꝼe. þa nēnı ek ė at
reka þık aptr ſē buracka. G.ſ. ė ſͭ aptr
ſetıaz. þottu ſer hellðr ſtórorðr. þt ek æt
la at v͛a at ꝼá yðuaꝶ ꝼarþegı. ſtıga þr
.O. a ſkıp. ꝫ ſıgla ı haꝼ. þeī byrıaðı vel. ok
toku breıðaꝼıorð. bera nu bryggıur á
a lð ı laxaroſı. lætr .O. bera vıðu a lð. ꝫ
ſetr vpp ſkıpıt ı hróꝼ þ ē ꝼað͛ ħ haꝼðı g͛a
latıt. O. bauð .G. ͭ ſín. þ ſumar. let .O. g͛a
ellð ħ͛ ı hıarðħ. meıra ꝫ betra en m̄n
haꝼı ſét v͛ þ͛ markaðar a ágeͭ ſogur
a þılıvıðınū. ꝫ ſ͛ a ræꝼrınu. v͛ þ ſua vel
ſmíðat at þa þottı mıklu ſkrautlıg͛
er ė v͛ tıollðın vppı. G. v͛ ꝼaſkıptīn hv̄ſ
ðagla oþyðr v͛ ꝼleſta. en ħ v͛ ſuabuīn
ıaꝼnan at ħ haꝼðı ſkarlaz kyrtıl rau
ðan ꝫ g͛n ꝼellð yꝼ͛ vtan ꝫ bıa\`r´nſkınz
huꝼu a hoꝼðı ſuerð ı henðı. þ v͛ mık
vápn. ꝫ eckı v͛ þar borıt ſılꝼr a. en bͦnðr
īn var huaſ ꝫ breıðr hv̄gı ryð a. þta
ſverð kallaðı ħ ꝼot bít. ꝫ let þ allðregı

hendı ꝼ ganga. G. haꝼðı lıtla hrıð ꝥ v͛ıt a
ðr ħ ꝼellðı hug ṫ þurıð͛ .ð.O. ⁊ vekr ħ bon
orð v̇ .O. en ħ veıttı aꝼſuor. Sıðan bar .G. ꝼe
vnð͛ þg̃ðı ṫ ꝥ at ħ næðı ráðınu. ħ͛ tok v̇ ꝼe
nu þt ė var ſmatt a ſét. Sıðan vekr þg̃ðr
þta mal v̇ .O. ħ͛ .ſ. ⁊ ſına ætlan at .ð. þra mo
ní ė betr v͛ða geꝼın. þt ħ ẽ garpr mıkıll
auðıgr ⁊ ſtorlatr. þa .ſ.O. ė ſł þta g̃a ı motı
ꝥ hellðr en ãnat. þott ek vęra ꝼuſarı at
gıpta þurıðı oðꝛ ṁ. þg̃ðr gengr ı brott ⁊
þıkır gott orðıt ſıtt erēðı. sagðı nu ſua
ſkapat .G. ħ þackaðı ħı ſın orð ⁊ ṫlaug
⁊ ſkorungſkap. vekr nu .G. bonorðıt ı an
nat ſīn v̇ .O. ⁊ var ꝥ nu auðſott. Epꝉ̃ ꝥ ꝼa\ſ/
tń .G. ſer þurıðı. ok ſł boð v͛a at alıðnū
veṫ ı hıarð͛ ħ. ꝥ boð v͛ all ꝼıolm̄nt. þt þa
var algort ellð ħıt. þar v͛ at boðı vlꝼr v
gga .ſ. ⁊ haꝼðı ort q͛ðı v̄ .O.ħ.ſ. ⁊ v̄ ſogur
þær. er ſkrıꝼaðar v͛ a ellðħınu. ⁊ ꝼær
ðı ħ þar at boðınu. þta queðı ẽ kallat ħ
ðrapa. ⁊ ẽ vel ort. O. launaðı vel k͛ðıt. ħ
gaꝼ ⁊ ſtor gıaꝼ̃ ollu ſtor m̄nı ẽ ħ haꝼðı
heī ſott. þottı .o. vaxıt haꝼa aꝼ ꝥı veızlv

30 **aꝼ geırm̄ðı ⁊ þ͛**

Eckı var mart v̄ ıſã
ꝼaurū þra geırmunðar ⁊ þurıð͛ v͛
ſua aꝼ beggıa þra hendı. ııȷ. vetr v͛ .G. m;
O. áðr ħ ꝼyſtız ı ƀtt. ⁊ lyſtı ꝥ at þuꝛ̃. mūðı
epꝉ̃ v͛a. ⁊ s̃ .ð. þra ẽ groa ħ. Sv mær var
þa vetrgomul. en ꝼe vıll .G. eckı epꝉ̃ leg
gıa. þta lıkar þeī mæðgū ſtoꝛ ılla ⁊ .ſ ṫ
.O. en .O. młı þa. huat ẽ nu. þg̃ðr. ẽ auſtm
aðń ė ıã ſtorlátr nu ſē v̄ hauſtıð. þa ẽ ħ
bað þık mægðarīnar. komu þær ēgu
a leıð v̇ .O. þt ħ var v̄ alla lutı ſānīga\r/
maðr .q. ⁊ mey ſkylldu epꝉ̃ v͛a ꝥ ṫ ẽ ħ͛
kyn̄ı nockurn ꝼarnat. en at ſkılna
ðı þra .G. gaꝼ .O. ħm kaupſkıpıt. Sıðan
byr ħ ſkıpıt. ⁊ þackar ħm vel. ⁊ ſagðı ge
ꝼıt allſtormānlıga. Sıðan ſıglır ħ vt
or laxar óſı lettan lðnyrðın. ⁊ ꝼellr ve
ðrıt er þr kōa vt at eyıū. ħ lıgr vt v̇ exn
ey. halꝼan manuð. s̃ at ħm geꝼr þar ė
ı ƀtt. J þna tıma attı .O. heıman ꝼor at
añaz v̄ reka ſına. Sıðan kallar þurī.
.ð. ħ ṫ ſın ħkarla ⁊ bað þa ꝼara m; s̃ ħ͛
haꝼðı ⁊ m; ſér meyna. x. voru þau ſa
man. ħ͛ lætr ſetıa ꝼrām ꝼ̃ıu ẽ .O. attı þv
rıðr bað þa roa .e. ſıgla vt epꝉ̃ huãſ.ꝼ.
⁊ ẽ þau kōa vt at eyıū. bað ħ͛ þa ſkıo
ta bátı vt byrðıs. ẽ ſtoð a ꝼ̃ıūnı. ꝥıðr ſte
a batīn. ⁊ .íȷ. m̄n aðrer. en ħ͛ bað þa gæta
ſkıpſ ẽ epꝉ̃ v͛. ꝥ ṫ ẽ ħ͛ kemı aptr. ħ͛ tok
meyna ı ꝼaðm ſér ⁊ bað þa roa yꝼ̃ ſtraū
mīn þar tıl er þau mættı ſkıpınu. ħ͛ g
reıp vpp naꝼar or ſkıpınu. ⁊ ſellðı ı hēðr
ꝼorunaut ſínū. bað ħ ganga a knarꝼ
batīn. ⁊ bora ſua at vꝼæꝶ v͛ı. eꝼ þr þyr
ꝼtı ſkıott ṫ at taka. Sıðan let ħ͛ ſık ꝼ
lytıa a lð. ⁊ haꝼðı meyna ı ꝼaðmı ſıer
ꝥ v͛ ı ſolar vpp raſ. ħ͛ geīgr ʋ́t epꝉ̃ bryg
gıu. alꝉ̃ m̄n v͛ ı ſueꝼnı. ħ͛ geck at hvð
ꝼatı ꝥ ẽ .G. ſuaꝼ ı. Sv͛ðıt ꝼótbıtr heck
a hnyckı ſtaꝼnū. ꝥıðr ſetr nu meyna
gro ı huðꝼ̃. en greıp vpp ꝼotbıt. ⁊ haꝼðı
m; ſér. Sıðan gengr ħ͛ aꝼ ſkıpınu ⁊ ṫ
ꝼorunauta ſīna. Nu tekr mærın at g̃
ta v̇ ꝥ vaknar .G. ⁊ ſezt vpp. ⁊ kēnır
barnıt ⁊ þıkız vıta aꝼ hūıū rıꝼıū v͛a
mun. ħ ſpttr vpp ⁊ vıll þrıꝼa ſuerðıt
⁊ mıſſır ſē van var. geīgr vt a borð. ⁊ s̃
at þau roa ꝼ̃ ſkıpınu. G. kallar. a m̄n
ſına. ⁊ bað þa hlaupa ı batıñ ⁊ roa ep
ꝉ̃ þeī. þr g̃a s̃ ⁊ ẽ þr ero ſkāt kōń þa
ꝼīna þr at ſıaꝶ kolblaꝶ ꝼellr at þeī
ſnua nu aptr ṫ ſkıpſ. þa kallar .G. a
.þ. ⁊ bað hana apt\r/ ſnua. ⁊ ꝼa ħm ſu͛ðıt
ꝼotbıt. en tak v̇ mey þīnı. ⁊ haꝼ he
ðan m; ħı. ꝼe ſua mıkıt ſē þu vıll. þ.
.ſ. þıkı ꝥ betra en ė at na ſu͛ðınu .G. ſ. ħ͛
Mıkıt ꝼe læt ek ãnat aðr m̄ þık̃ beꝛ̃
at na ſu͛ð\ı/. ħ͛ .m. þa ſłtu allð͛ ꝼa þ. heꝼ̃ ꝥ
mart vðreīgılıga ꝼarıt ṫ ʋ́ar. m͛ nu

ſkılıa m; okr. þa mlı .G. eckı happ munꝥ
ı v̄ða at haꝼa m; ꝥ ſu̅ðıt. h̃ q̇ t̓ þ munðu h
ætta. þ læt ek þa v̄ mlt. ſ.G. at þta ſu̅ð v̄ðr
þeı̄ m̃ at bana ı yðuaꝁı ætt meſtr ẽ ſkaðı at
ꝫ oſkaplıgaz kōı v̇. Epᷣ þta ꝼ̄r .þ. heı̄ ı hıar
ðarhollt. o. v̇ ꝫ þa heı̄ komı̄n ꝫ let lıt̓ yꝼ̄ h
ar t̓tekıu. en þo var kyrt. þ. gaꝼ bolla ꝼrǣ
ða ſınū ſu̅ðıt ꝼotbıt. þt h̃ v̄nı h̄m ė mınna
en bræðꝛ ſınū. bar bollı þta ſuerð lengı ſı
ðan. epᷣ þta byrıaðı þeı̄ .G. ſıgla þr ı haꝼ ꝫ
kōa v̇ noreg v̄ hauſtıð. þr ſıgla a eı̄nı nott
ı boða ꝼ̇ ſtaðı. tynız .G. ꝫ oll ſkıpſhoꝼn h̄
ꝫ lykr þar ꝼ̄ G. at ſegıa. **aꝼ Gvðm̄ðı ſ᷎l.**

31 Olaꝼr .h̄.ſ. ſat ı buı ſınu ı mıklū ſoma ſē
ꝼyꝛ̄ v̇ rıtað. Guðm̄ðr h̓ m̃ ſaulmūð̓ .ſ.
h bıo ı aſbıarn̄ neſı ı vıðı ðal. Guðm̄.
v̇ auðıgr m̃ h bað þvı̄. ꝫ gat hana með mık
lu ꝼe. þ. v̇ vıtr kona. ꝫ ſkapſtór ꝫ ſkorungr mı
kıll. hallr h̓ ſon þra ꝫ b̄ðı. ſteı̄n ꝫ ſteı̄g̃mr. Guð
run h̓ .ð. þra ꝫ oloꝼ. þbıorg .ð.o. v̇ kuēna vēſt
ꝫ þreklıg h̃ v̇ kollut þbıorg ðıgra. ꝫ v̇ gıpt
veſtr ı vaz ꝼıorð aſgerı ſnarᷣ .ſ. h v̇ gauꝼugr
m̃. þra .ſ. v̇ kıartan .ꝼ. þvallðz .ꝼ. þorð̓ .ꝼ. ſnor
ra .ꝼ. þvallðz. þaðan ẽ komıt vaz ꝼırðın
ga kyn Sıðan attı þbıorgu v̄m̄ðr þgrı̄ſ ſon.
þra .ð. var þꝼı̄na ẽ attı þſᷣ. kugga .ſ. b̄gðora
.O.ð. v̇ gıpt veſtr ı ðıupa.ꝼ. þallı goða. þra .ſ.
v̇ kıarᷣ.ꝼ. ſmıð ſturlu h var ꝼoſᷣ þð̓ gılſ .ſ.
.O. paı attı marga koſtg̃pı. ı ganganða ꝼe.
h attı vxa goðan ẽ harrı h̓. apalg̃r at lıt.
meırı en ōnur naut. h haꝼðı .ıı́ıȷ́. horn v̊
.ıȷ́. mıkıl. ꝫ ſtoðu ꝼagrt. en .ıı́ȷ́. ſtoðu í lopt vpp
et ꝼıorða ſtoð or ēnı. ꝫ nıðr ꝼ̇ augu h̄m. þ var
brun̄vaka h̄. h krapſaðı ſē hroẛ. eı̄n ꝼel
lıuetr mıkı̄n geck h or hıarðarholltı. ꝫ þā
gat ſē nu heıta harra ſtaðer ı breıðaꝼ̄. ða
lı þar geck h v̄ vet̓n̄. m; .xvı nautū. ꝫ kom
þeı̄ ollū a graſ. v̄ varıt geck h heı̄ ı haga
þar ſē heıᷣ harra bol ı hıarðarholltzlðı.
þa er harrı v̇ .xvı́ıȷ́. veᷣ gamall þa ꝼell
brv̄n vaka h̄. aꝼ hoꝼðı h̄m ꝫ þ ſama haꝩſt

lıet .o. haugg̃ h. ena næſtu nott epᷣ ðreym
ðı .O. at kona kō at h̄m. ſu v̇ mıkıl ꝫ reıðu
lıg. h̃ tok t̓ orða. ẽ ꝥ ſueꝼnhauꝼugt h q̇ va
ka. konan mlı. ꝥ er ſueꝼnſ. en þo mun
ꝼ̇ hıtt ganga. Son mı̄n heꝼ̄ þu ðrepa lat
ıt. kōa og̃uılıgan m̄ t̓ handa. ꝫ ꝼ̇ þa ſok
ſlᷓtu eıga at ſıa þı̄n ſon albloðgan aꝼ mı
nu t̓ ſtıllı. ſl ek ꝫ þān t̓ velıa er ek veít
at ꝥ ẽ oꝼalaztr. ſíðan huarꝼ h̃ a b̄tt
.O. vaknaðı. ꝫ þottız ſıa ſuıp konūnar.
.O. þottı mıkılſ v̄ v̄t ðraumı̄n. ꝫ ſeg̃ vınū
ſınū ꝫ v̄ð eckı raðı̄n ſua at h̄m lıkı þr
þottu h̄m bezt v̄tala ẽ þ mltu at þ verı
ðraūſkrauk. ẽ ꝼ̇ h haꝼðı borıt **aꝼ oſvı**

32 Oſu\ı/ꝼr h̓ m̃ ꝫ var helga .ſ. **ꝼı helga ſ**
ottſ .ſ. bıarn̄ .ſ. enſ auſtræna ke
tılſ .ſ. ꝼlatneꝼſ bıarn̄ .ſ. bunu. Moðer
Oſuıꝼrſ h̓ nıðbıorg h̄ar moðer kað lín
ðotᷣ gaungu hrolꝼſ auxna þorıſ .ſ. h v̇
h̄ſer agætr auſtr ı vık. ꝥ v̇ h ſua kalla
ðr. at h attı eyıar .ıı́ȷ́. ꝫ .lxxx. yxna ı hu̅
rı. h gaꝼ eına eyna. ꝫ yxnına m; hako
nı. kgı ꝫ v̄ð ſa gıoꝼ allꝼræg. Oſuíꝼr var
ſpekıngr mıkıll. h bıo at laugū ı ſælı̄g\ſ/
ðal. laugabæꝛ̄ ſtenðr ꝼ̇ ſūnan ſælı̄gſ
ðalſá gegnt tungu. kona h̄ h̓ þðíſ ðot
ᷣ þıoðolꝼſ laga. Oſpakr h̓ ſon þra. an
naꝛ̄ helgı. þ̄ðı vanðraðr. ꝼıorðı torraðr
.v. þolꝼr. allır v̊ þr vıglıg̃ m̄n. Guðrun
het .ð. þra. h̃ v̇ quēna vęnſt. ẽ vpp oxu
a ıſlðı. béðı at aſıanu ꝫ vıtzmunū. G. v̇
kurteıſ kona ſua at ı þān tıma þot
tu allt barna vıpur þ ẽ aðrar konur
hoꝼðu ı ſkartı. hıa h̄ı. allra q̇nna v̇ h̃
kænſt. ꝫ orðı ꝼarın. h̃ v̇ aurlynð kona
Sv kona var a vıſt m; oſv̄. er þhalla h̓
ꝫ v̇ kollut en malga. h̃ v̇ nockut ſkyllð
Oſᷣ. ıȷ́ ſonu attu h̃ het ānaꝛ̄ Oððr en an
naꝛ̄ ſteı̄n. þr v̊ knalıg̃ m̄n. ꝫ v̊ míog g
rıotpalar ꝼ̇ buı .Oſᷣ. J tūgu bıo ſa m̃ er
þorarı̄n h̓. ſon þorıſ ſælıngſ. h v̇ goðr bu
[anðe.

þorarīn v̄ mıkıll m̄ ⁊ ſt̄kr ħ attı lenður goð
ar. en mīna lauſaꝼe. Oſv̄. vıllðı kaupa at ħm
lenður. þt ħ haꝼðı lðeklu en ꝼıolða q̇kꝼ
íar þta ꝼór ꝼrām. at oſv̄. keyptı at þarní
aꝼ lðı. allt ꝼ̄ gnupu ſkorðū ⁊ epť ðalnum
tueī megın t̄ ſtacka gılſ þ ero goð lonð ⁊
koſtıg. ħ haꝼðı þangat ſelꝼór. Jaꝼnan
haꝼðı ħ hıon mart. var þra raðahagr ēn
vırðulıgſtı. veſtr ı ſaurbe. heıť béꝶ a holı
þ̄ bıuggu maǵ .ííj. þkell huelpr. ⁊ knutr
v̊ bræðr ⁊ ættſtoꝛ̄ m̄n. Magr þra attı bu m;
þeī ſa ē þðr ħ. ħ v̄ kenðr v̇ moður ſína ok
kallť Jngūnar .ſ. ꝼað̄ þðar v̄ Glumr glūr
geıra .ſ. þðr v̄ vıǣn m̄ ⁊ vaſklıgr gıorr at
ſ̄ ⁊ ſakam̄ mıkıll. þðr attı ſyſtur þra þk.
ē auðr ħ. eckı v̄ ħ̊ vıæn kona ne ǵuılıg.
þðr v̄nı hı lıtıð. haꝼðı ħ mıog ſlægz t̄ ꝼıar
þt þ̄ ſtoð auðr mıkıll ſaman. v̄ bu þra goť
ſıðā þðr kō t̄ raða m; þeī. **aꝼ ðraumū Guðruń**

33 Geſtr oððleıꝼſ .ſ. bıo veſtr a barða
ſtronð ı haga ħ v̄ hoꝼðıngı mık
ıll. ⁊ ſpekıngr at vıtı. ꝼ̄m̄ſyṅ v̄
marga hlutı. vel vıngaðr v̇ alla
ena ſtæꝶı m̄n. ⁊ marǵ ſottu rað at ħm.
ħ reıð hūt ſum̄ t̄ þīgſ. ⁊ haꝼðı ıaꝼnan g
ıſtīǵ ſtað a hólı. eınhuerıu ſīnı bar enn
ſua t̄. at Geſtr reıð t̄ þīgſ. ⁊ gıſtı a holı. ħ
byz v̄ morgınīn ſnēma. þt leıð v̄ laung
ħ ætlaðı v̄ quellðıt ı þyckuaſkog t̄ arm
oðſ magſ ſınſ. ħ attı þorūnı ſyſtur Geſtz
þra ſynır v̊ þr aurnolꝼr ⁊ hallðorr. G. rıðr
nu v̄ ðagīn veſtan or ſaurbæ ⁊ kēr t̄ ſælīg\ſ/
ðalſ laugar. ⁊ ðuelz þ̄ v̄ hrıð. Gvðrun kō
t̄ lauǵ ⁊ ꝼagnar vel Geſtı ꝼrenða ſínū
Geſtr tok hı vel ⁊ taka þau tal ſaman
⁊ v̊ þa bæðı vıtr ⁊ orðıg. en ē a lıðr ða
gīn mlı Gvðrun. þ vıllða ek ꝼrænðı at
þu rıðır t̄ vár ı quellð m; allan ꝼlock
þīn. ē þ ⁊ vılı ꝼeðr mınſ þott ħ vn̄ı m̄
vırðıngar at b̄a þta erenðı. ⁊ þ m; at
þu gıſtır þ̄ hūt ſın̄ ē þu rıðr veſtr eða
veſtan Geſtr tok þ̄u vel ⁊ q. þta ſkorulıg\t/
erēðı. en q̇ þo munðu rıða ſua ſē ħ haꝼ
ðı ætlat. Gvðrun mlı. ðreym\t/ heꝼ̄ mık m
art ı vetr. en .íííj. ē̊o þr ðraumar ē m̄ aꝼ
la mıkıllar ahyggıu. en engı m̄ heꝼ̄ þa
ſua raðıt. at m̄ lıkı. ⁊ bıð ek þo ė þ̄ at þr
ſıe ı vıl raðner. Geſtr mlı þa. Seg þu ðra
ma þına. v̄a ma at v̄ ǵım aꝼ nockut. G.
.ſ. vtı þottūz ek v̄a ſtoðð v̇ læk nockurn
⁊ haꝼꝼða ek krok ꝼallð a hoꝼðı ⁊ þot
tı m̄ ılla ſama. ⁊ v̄ ek ꝼuſarı. at breyta
ꝼallðınū. en marǵ taulðu v̄. at ek ſk
yllða þ ė ǵa. en ek hlyðða eckı a þ. ok
greıp ek aꝼ hoꝼðı m̄ ꝼallðīn. ⁊ kaſta
ða ek vt a lækīn. ⁊ var þ̄ı ðraumr eıǵ.
leıǵ. ok ēn mlı Guðꝛ̄. þ var vpp haꝼ at
auðꝛ ðraū. at ek þottūz v̄a ſtoðð hıa
hıa vatnı eınu. ſ̄ þottı m̄ ſē kōıṅ verı
ſılꝼr hrīgr a honð mér. ⁊ þottūz ek eı
ga. ⁊ eınkar vel ſama. þottı m̄ þ v̄a
allmıkıl ǵſemı ⁊ ætlaða ek leīgı at eı
ga. ok ē m̄ v̊ mınztar van̄. þa renðı ħn
ǵṅ aꝼ henðı m̄. ⁊ a vatnıt. ⁊ ſa ek ħ all
ðrı ſıðan. þottı m̄ ſıa ſkað mıklu merı
en ek mætta at glıkenðū raða. þott ek
heꝼða eınū ǵp tynt. ſıðan vaknaða
ek. Geſtr .ſ. þ̄u eınu. Era ſıa ðraum m
īnı. Eñ mlı Gvðꝛ̄. Sa ē en þrıðı ðraumr
mīn at ek þottūz eıga gull hrīg. ⁊ þottı
m̄ bættr ſkaðıṅ. kō m̄ þ ı hug at ek m̄
ða þa hrīgſ lengr nıota. en enſ ꝼyʀa
en ė þottı mer. þ̄ı grıpr þ̄ betr ſama
ſē gull ē ðyrra en ſılꝼr. Sıðan þottūz
ek ꝼalla. ⁊ vılıa ſtyðıa mık m; henðēnı
en gullhrīgrın̄ mættı ſteını nockurū
⁊ ſtock ı tua hlutı. ⁊ þottı m̄ ðreyra ór
or hlutunū. þ þottı m̄ lıkara harmı en
ſkaða. ē ek þottūz þa bera kō m̄ þa ı
hug at breſtr haꝼðı v̄ıt a hrīgū. ⁊ þa ē
ek hugða at brotunū epť. þa þottūz
ek ſıa ꝼleırı breſtına a. ⁊ þottı m̄ þo

ſē heıll munðı eꝼ ek heꝼða betr ᵗ gætt
ꝫ ᵛ͛ ė ꝥı ðraumr leīġ. G.ſ. eckı ꝼara ı ꝥð
ðraumarñ. ꝫ ēn mſ̄ı. Guðrun. Sa ᵛ͛ eñ
.ıííȷ. ðraumr mīn at ek þottūz haꝼa h
ıalm a hoꝼðı aꝼ gullı ꝫ mıog gīſteınū
ſettan. ek þottūz eıga þa ġ͛ſemı. en þ þo\`t´
tı m̄ hellz at. at m̄ þottı ħ nockurſ ᵗ þūgr
ꝥt ek ꝼeck varla vallðıt. ꝫ bar ek hallt
hoꝼuðıt. ꝫ gaꝼ ek þo hıalmınū enga ſok
a ꝥ́. ok ætlaða ekkı at loga ħm. en þo ſt
eyptız ħ aꝼ hoꝼðı m̄ ꝫ vt a huāſ ꝼıorð ok
epꝷ͛ þ vaknaða ek. ẽo ꝥ͛ nu ſagðer ðraum̄
ñ aller. ħ .ſ. glauġt ꝼæ ek ſéét. huat ðraū
ar ꝥır ẽo. en mıog mun ꝥ͛ ſā ſtaꝼt þık
ıa. ꝥt ek mun næſta eīn ueg alla raða
bænðr mantu eıga .ıííȷ. ꝫ vıænꝷ͛ mık þa
ẽ þu ẽt enū ꝼyſta gıpt. at þ ſé ꝥ͛ eckı gır
nða rað. ꝥ́ ẽ þu þottız haꝼa mıkīn ꝼallð
a hoꝼðı. ꝫ þottı ꝥ͛ ılla ſama. ꝥ́ muntu lı
tıð v̄na ħm. ꝫ ꝥ́ ẽ þu tokt aꝼ hoꝼðı ꝥ͛ ꝼ
allðīn. ꝫ kaſtað͛ a vatnıt. þar muntu
ganga ꝼ͛ ħm. ꝥ́ kalla m̄n a ſæ kaſtat ẽ
m̄ lætr eıgu ſına. ꝫ tekr eckı ı mót. Ok ēn
mſ̄ı. Geſtr. Sa ᵛ͛ ðraumr ꝥīn añaꝶ at
þu þottız haꝼa ſılꝼr hrıng a ħðı. ꝥ́ mū
tu ᵛ͛a gıpt oðrū m̄ agıætū. þeī mūtu
v̄na mıkıt. ꝫ nıota ſkāmaſtunð. kēr
m̄ eckı þ at vuoꝸ. þottu mıſſır ħ meðr
ðruknun. ꝫ ė ġ͛ı þān ðraū leīgra. Sa ᵛ͛
ēn ꝥ́ðı ðraumr ꝥīn at þu þottız haꝼa
gullhrıng a ħðı. þar muntu eıga ēn
ꝥ́ðıa bonða. eckı mun ſa ꝥ́ meıra ᵛ͛ðr
ſē ꝥ͛ þottı ſá málmrīn torugætrı
ok ðyꝶı. en næꝶ ẽ þ mınu hugboðı.
at ı þ munð munı orðıt ſıða ſkıptı ꝫ
munı ſa þıñ bonðı haꝼa tekıt ᵛ͛ þeī
ſıð. ẽ ᵛ͛ hyggıū at mıklu ſe beꝷ͛ ꝫ ha
leıtarı. en þar ẽ ꝥ͛ þottı ħngñ ı ſunðr
ſtauckua. nockut aꝼ ꝥīní vangeym
ſlu ꝫ ſáꝷ͛ bloð kōa vr lutunū. þa m̄
ſa þīn bonðı ᵛ͛a vegīn. muntu þa ꝥı

kıaz glaugz ſıa þa þūbreſtı ẽ a þeī
raða hag haꝼa ᵛ͛ıt ꝫ eñ mſ̄ı ħ. ſa ẽ eñ
.ıííȷ. ðraūr ꝥīn at þu þottız haꝼa hıal
m a hoꝼðı aꝼ gullı ꝫ ſettā gīſteınum.
ꝫ ᵛ͛ð ꝥ͛ þung bæꝶ. þar mūt þu eıga eñ
.ıííȷ. bonða. ſa mun ᵛ͛a meſtr hoꝼðīgí
ꝫ mun ꝥ́a hellzt ægıs hıalm yꝼ͛ ꝥ͛. ok
ꝫ þar ẽ ꝥ͛ þottı ħ ſteypaz vt a huāſ
.ꝼ. þa man ħ þān ſama ꝼıorð hıtta a
eꝼſtū ſtunðū ſínſ lıꝼſ. ġ͛ı ek nu þna ðr
aum eckı leīgra. Guðrunu ſettı ðreyrra
ða. meðan ðraum̄ñ ᵛ͛ raðñ. en engı haꝼ
ðı ħ͛ orð v̄ ꝼyꝶ eñ Geſtr lauk ſınu ma
lı. þa .ſ. guðrun. hıtta munð͛ þu ꝼeġ ſp
ár ı ꝥu malı. eꝼ ſua ᵛ͛ı ı henðr ꝥ͛ buıt aꝼ
m̄ en haꝼ þo þauck ꝼ͛ ẽ þu heꝼ͛ raðıt
ðraumana en mıkıt er ᵗ at hyggıa eꝼ
ꝥta allt ſꝉ epꝷ͛ ganga. Guð bauð þa geſ
tı aꝼ nyıu at ħ ſkyllðı ꝥ́ ðuelıaz v̄ ðag
īn. q. þa oſuıꝼr mart ſpaklıgt talamū
ðu. ħ .ſ. ʀıða mun ek ſē ek heꝼı a ꝗ͛ðıt.
en ſegıa ſꝉtu ꝼoður þınū ꝗ͛ðıu mına.
ꝫ ſeg ħm þau mın orð at koma mun
ꝥ́ at ſkēra mun ı mıllı buſtaða ockar
ra oꝷ͛. ꝫ mun okr þa hægt v̄ tal eꝼ okr
er þa leyꝼt at talaz ᵛ͛. Sıðan ꝼor Gvðꝛ͛.
heī. en Geſtr reıð ı brott. ꝫ mættı heīa
m̄ .O. ᵛ͛ tungarð. ħ bauð Geſtı ı hıarðar
hollt. at orðſenðıng .O. G.ꝗ͛ vılıa ꝼīna
.O. v̄ ðagīn. en gıſta ı þyckua ſkogı. ſnyr
ħkarl þeġ heī ꝫ ſeġ .O ſua ſkapat. O.
lét taka heſta. ꝫ reıð ħ ı mot geſtı ᵛ͛
nockura m̄n. ꝥr .G. ꝼīnaz īn ᵛ͛ lıa. O.
ꝼagnar ħm vel. ꝫ bauð ħm ᵗ ſın m;
allan ꝼlock ſīn. G. þackar ħm boðıt.
ꝫ ꝗ͛ rıða munðu a bæīn ꝫ ſıa hıbylı
ħ. en gıſta armoð. G. ðualðız lıtla ħ͛ð
ꝫ ſa þo vıða a beīn. ꝫ let vel yꝼ͛. ꝗ͛ ė
þar ꝼe ᵗ ſparat bæıar ꝥ. O. reıð a
leıð m; .G. ᵗ laxár. ꝥr ꝼoſtbræðr hoꝼ
ðu veıt a ſunðı v̄ ðagīn. rıeðu ꝥr .O.ſſ

meſt ꝼ þrı ſkētun. marğ v̊ vnğ m̄n aꝼ oðrū bæıū a ſūðı. þa hlıopu þr kıarť. ⁊ bollı aꝼ ſunðı ē ꝼlockrīn reıð at v̊ þa mıok klæððer. er þr G. ⁊ .O. rıðu at. G leıt a ꝥa ena vngu m̄n v̄ ſtunð. ok .ſ.o. huar kıartan ſat ⁊ ſua bollı. ⁊ þa rettı .G. ſpıotz halañ þar at hu̅ıū þra ⁊ neꝼnðı þa alla er þar v̊ en marğ v̊ þar aðrer m̄n alvaxñ. þr ē þa v̊ aꝼ ſunðı kōñ. ⁊ ſatu þr a arbackanū hıa þeī kıar̄. eckı q̇ .G. þec kıa ættar bragð .O. a þeī m̄. þa mlı .o. ė ma oꝼ ſaugū ſegıa ꝼ vıtzmunū þınū .G. ē þu kēnır vſena m̄n. ⁊ þ vıl ek at þu ſeğ m̄ hu̅r ꝥa en na vngu m̄ mun meſtr v̊ða ꝼ ſıer. G.ſ. þ m̄ mıog ganga epť aſtrıkı þínu. at v̄ kıartā mun þıkıa meſt v̊t meðan h ē vppı. Sıðan keyrðı .G. heſtıñ. ⁊ reıð ı ƀtt. en nockuru ſı ðaꝶ rıðr þðr ēn lagı .ſ.ñ hıa hm ⁊ mlı. hva\`t´ ƀr nu ꝥ v̇ ꝼað mīn ē ꝥ hrynıa tar. G.ſ. ꝥꝼl eyſa ē at ſegıa þ. en ė nēnı ek at þegıa yꝼ ꝥ ē a þınū ðogū mun ꝼm̄ koma. en eckı kēr m̄ at vuoꝝ þótt bollı ſtandı yꝼ hoꝼu\`ð´ ſuorðv̄ kıarť. ⁊ h vīnı ſer þa ⁊ hauꝼuðba na ⁊ er ꝥta ıllt at vıta. v̄ ſ mıkla getıs m̄ Sıðan rıðu þr ť þıgſ. ⁊ ē kyrt þıgıt.

aꝼ þorvalldı

34 Þoruallðr het maðr ſon hallðorſ g arp\`ſ´ðalſgoða h bıo ı garpſðal ı gılſ .ꝼ. auðıgr m̄ ⁊ engı hetıa. h bað guðr̄ óſ.ð. a alþíngı þa ē h v̊ .xv. veť gomul. þuı malı v̊ ſuarað. en þo .ſ.oſ. at þ mundı ako\`ſ´ tū ꝼīna. at þau .G. v̊ ė ıamēnı. þvallðr ta laðı oharðꝼærlıga. q̇ konu bıðıa en eckı ꝼıar. Sıðan v̊ .G. ꝼauſtnuð þvallðı ⁊ reð oſ. eīn malðaga. ok ſua v̊ ſkılt at .G. ſkyll ðı eın raða ꝼ ꝼıe þra þeğ ē þau kōa ı eına reckıu. ⁊ eıga allz helmıng huart ē ſāꝼa rar þra v̊ı leıġ e. ſkērı. h ſkyllðı ⁊ kaupa ġpı ť handa hı ſ at engı ıāꝼıáð kona æt tı betrı ġpı en þo mættı h hallða buı ſīu ꝼ þær ſaꝶ ꝶıða m̄n nu heī aꝼ þıgı. Eckı v̊ .G. at ꝥu ſpurð. ⁊ hellðr ğðı h ſıer at ꝥu vgetı\`ð´ ⁊ v̊ þo kyrt bruðkaup v̊ ı garpſð. at tuı manuðı. lıtt v̄nnı \`.G.´ þvallðı. ⁊ var ēꝼıð ı ġ pakaupū. v̊ enġ ğſım ſua mıklar a veſt .ꝼ. at G. þættı ė ſkaplıgt at h ættı en gallt ꝼıanðſkap þvallðı. eꝼ h keyptı ė hu̅ſu ðyr ſē v̊ metñ. þ. Jngūnar .ſ. gıorðı ſer ðatt v̇ þav þvallð ⁊ G. ⁊ v̊ ꝥ laungū ⁊ ꝼell ꝥ mıog v̄ræða. a v̄ kærleıka þra þð ⁊ G. þ var eıť ſīn at .G. beıððı þv̊ grıpa kaupſ. þv̊ .q. hana eckı ´hoꝼ\` at kūna ⁊ ſlo hana kīn heſt. þa mlı .G. Nu gaꝼtu m̄ þ ē oſſ kon vm þıꝶ mıklu ſkıpta at v̊ eıgū vel at gort. en þ ē lıtarapt gott ⁊ aꝼ heꝼ þu þu mık raðıt. brekuıſı v̇ þık. þ ſama quellð kō þðr þar. G. ſagðı hm ꝥa ſuıuır ðíng. ⁊ ſpurðı h hv̊ıu h ſkyllðı ꝥta lau na. þðr ƀſtı at ⁊ mlı. h kān ek gott rað ť ğðu hm ſkyrtu ⁊ brautgangſ hoꝼuð ſmátt. ⁊ ſeg ſkılıt v̇ h ꝼ ꝥar ſaker. ė mlı .G. ı motı ꝥu. ⁊ ſkılıa þau talıt. þ ſama v́ar ſeğ .G. ſkılıt v̇ þvallð. ⁊ ꝼor heī ť lav ga. ſıðan v̊ gort ꝼeſkıptı þra þvallðz ⁊ G. ⁊ haꝼðı h helmīg ꝼıar allz. ⁊ v̊ nu m eıra en áðr. íj. vetr hoꝼðu þau a ſamt v̊ıt. þ ſama v́ar ſellðı Jngūn lð ſıtt ı ꝶkſ .ꝼ. þ ſē ſıðan heıť a Jngūnar ſtoðū ⁊ ꝼór veſtr a ſkalmar neſ hana haꝼðı att gl vmr geıra .ſ. ſē ꝼyꝶ var rıtað. J ꝥna tıma bıo hallſteīn goðı a hallſteıſ neſı. ꝼ veſtan þoſkaꝼ. h v̊ rıkr m̄ ⁊ vınſæll.

aꝼ kotkelı ⁊ grımv

35 Þotkell het m̄ ē þa haꝼðı vt kōıt ꝼ lıtlu. Grıma h ko na ñ. þra .ſſ. v̊ þr hallbıorn ſlıkıſ teınſ auga ⁊ ſtıgandı. þır m̄n v̊ ſuðr eyſkır oll v̊ þau mıog ꝼıolkūnıg ⁊ eñ meſtu ſeıðm̄n. hallſť. goðı tok v̇ þeī. ⁊ ſettı þau nıðr at vrðū ı ſkalm̄ .ꝼ. ⁊ var þra bygð eckı vınſæl. ꝥta ſum̄ ꝼor Geſtr a ſkıpı ť ſaurbæıar. ſē h v̊ vanr. h gıſtı a holı ı ſaurbę. þr magar leðu hm heſta ſē ꝼyꝶ v̊ vant. þðr Jnğ.

ſon v̇ þa ı ꝼor með Geſtı ꝫ kō ṫ lauga ı ſælīgſ
ðal. G.oẛ.ð. reıð ṫ þīgſ ꝫ ꝼylgðı ħı þðr Jnḡ.ſ.
þ v̇ eīn ðag ē þau rıðu yꝼ̇ blaſkoga heı
ðı v̇ a veðr gott. þa mꝉı. Guðꝛ̇. huart ē þ
ſatt þð at auðr kona þın. ē ıaꝼnan ı bro
kū. ꝫ ſetgeırı ı. en vaꝼıt ſpıorrū mıog
ı ſkua nıðr. ħ q̇ eckı haꝼa ṫ þ ꝼundıt. lı
tıð bragð mun þa at. ſ.G. eꝼ þu ꝼīnr ė.
ꝫ ꝼ̇ huat ſī ħ þa heıta broka auðr. þ.m.
v̇ ætlū hana ſua lıtla hrıð. s̈ haꝼa v̇ıt
kallaða. G.ſ. hıtt ſkıpt̃ hana ēn meıra
at ħ eıg\ı/ þta naꝼn lengı. Sıðan ept̃ þ ko
mu m̄n ṫ þīgſ. ē þ̇ allt tıðenða lauſt. þ.
v̇ laungū ı buð Geſtz. ꝫ talaðı ıaꝼnā vıð
Guðꝛ̇. eīn .ð. ſpðı .þ.J.ſ. Gvðꝛ̇. huat konu v̇
ðaðı eꝼ ħ v̇ı ı brokū ıaꝼnan. s̈ ſē k̇lar.
ſlıkt vıtı a konū at ſkapa ꝼ̇ þ a ſıṫ hoꝼ
ſē k̇lmānı eꝼ ħ heꝼ̇ hoꝼuðſmatt mıkla
at ſıaı geırvortur ħ berar. brautgāgſ
ſok huartueggıa. þa mꝉı .þ. huart ræðr
þu m̄ at ek ſegı ſkılıt v̇ auðı ħ a þīgı .e.
ı ħaðı. ꝫ ḡa þ v̇ ꝼleırı māna. þt m̄n ero
ſkapſtorer þr ē ſıer mun þıkı mıſboðıt
ı þu. Guðꝛ̇.ſ. ſtunðu ſıðaꝛ. aptanſ bıðr o
ꝼ̇mſ ſok þa ſp̄tt .þ. þegar vpp ꝫ geck tıl
logbergſ. ꝫ neꝼnðı ſıer vatta at ħ ſeḡ
ſkılıt v̇ auðr. ꝫ ꝼān þ ṫ ſaka at ħ ſk̇ſt
ı ſetgeı\r/a brækr ſē karlkonur. bræðꝛ
auðar lıkar ılla. ꝫ er þo kyrt. þ. rıðr
aꝼ þıngı m; þeī .oẛ. ſonū. en ē auðr ſpyꝛ
þı tıðendı. þa mꝉı ħ. vel ē ek veıt þ. ſ. a
vðr. v̇ ek eī v̇ latın. Sıðan reıð .þ. ṫ ꝼeſk
ıptıſ. veſtr ṫ ſaurbæıar m; .xıȷ. mān ꝫ
geck þ greıtt. þt þðı v̇ oſpart v̄ huerſu
ꝼenu var ſkıpt. þðr rak veſtan ṫ laug
a mart buꝼe. Sıðan bað ħ Gvðꝛ̇. var ħm
þ mal auðſott v̇ óẛ. en .G. mꝉı eckı ı motı
brullaup ſkyllðı v̇a at laugū at .x. vıku
ſumarſ. var ſu veızla allſkorulıg sā
ꝼor þra þð ꝫ .G. v̇ goð. þ eıtt héllt ṫ at þk
huelpr ꝫ knutr ꝼoru ė malū a ħnðr þðı
J.ſ. at þr ꝼengu ė ſtyrk ṫ. ānat ſumar
ept̃ hoꝼðu holſm̄n ſelꝼor ı huāſðal v̇
auðr at ſelı. laugam̄n hoꝼðu ſel ꝼaur ı
lāba.ð. sa geīgr veſtr ı ꝼıollın at bakı
.ð. Auðr ſpyꝛ þān mān ē ſmalans gıættı
hv̇ſu opt ħ ꝼyndı ſmalamān þórðar.
ħ .q. þ ıaꝼnan v̇a ſē lıklıkt v̇. þuíat ðalr
īn var ı mıllı āna. þa mꝉı. Auðr. þú ſẛt
hıtta ı ð. ſmalamañ ꝼ̇ laugū ok mattu
ſegıa m̄. huat m̄ ē at vetr ħū .e. ı ſelı.
ꝫ ræð allt vıngıarnlıga ṫ þð ſē þu át
at ḡa. Sveīnın heıtr at ḡa s̈ ſē ħ mꝉı.
en v̄ kuellðıt ē ſmala maðr kō heī ſp
yꝛ auðr tıðenða ſmalam̄īn ſ. ſpurt
heꝼı ek þau tıðendı ē þ̇ munu þıkıa
goð at nu ē breıðt huılu golꝼ mıllı ru
ma þra þðar. ꝫ G. þt ħ er ı ſelı en ħ hel
ıaz a ſkalaſmıðı ꝫ ero þr óſ.íȷ. at vetr
ħum. vel heꝼ̇ þu nıoſnat. ſ. ħ ꝫ haꝼ ſ
auðlat heſta .íȷ. ē m̄n ꝼara at ſoꝼa. ſma
laſueīn ḡðı ſē ħ bauð. ꝫ nockuru ꝼ̇ ſol
ar ꝼall ſte auðr a bak ꝫ v̇ ħ þa at vıſu ı
brokū. Smalaſueīn reıð auðrū heſtı ꝫ
gat varla ꝼylgt ħı ſua knuðı ħ ꝼaſt reı
ðına. ħ reıð ſuðr yꝼ̇ ſælıngſ ðalſ heıðı
ꝫ nā ė ſtaðar ꝼyꝛ en vnðer tungarðı
at laugū. þa ſte ħ aꝼ bakı. en bað ſma
laſueınīn gæta heſtāna meðan ħ ḡgı
ṫ ħſ. auðr geck at ðyrū ħ gek īn ꝫ at lok
reckıu þrı ē þðr la ı ꝫ ſuaꝼ var hurðın
ꝼallın aptr en ė lokan ꝼ̇. ħ geck at lok
reckıūnı en þðr ſuaꝼ ꝫ horꝼðı ı lopt vpp
þa vaktı auðr þð en ħ ſn̄ız a hlıðına ē
ħ ſa at m̄ v̇ komīn. ħ brá þa ſaxı ꝫ lag
ðı a þðı. ꝫ veıttı ħm aūka mıkla ꝫ kō a
honðına hæǵ. ꝫ varð ħ ſaꝛ a baðū ge
ırvortū. s̈ lagðı ħ ṫ ꝼaſt at ſaxıt nā ı
beðıunū ſtaðar. ſıðan geck auðr ƀt
ꝫ ṫ heſtz ꝫ hlıop a bak ꝫ reıð heī ept̃
þ. þð\r/ vıllðı vpp ſp̄tta ē ħ ꝼeck aūkān
ꝫ varð þ eckı þt ħ mæððı bloðraſ vıð

þta vaknaðı oſ̄. ɜ ſpyʀ huat tıðt v̂ı. en .þ. q̂ orðīn ꝼ̇ aũkū nockoꝝ. Oſ̄. ſpyʀ̇ eꝼ ħ vıſſı hũt a ħm heꝼðı v̄nıt. ɜ ſtoð vpp. ɜ batt v̄ ſár ħ. þðr q̂ ætla at þ heꝼðı auðr gort. Oſ̄. bauð at rı ða epť ħı. quað hana ꝼam̄na t́ munðu ha ꝼa ꝼarıt. ɜ v̂ı ħı ſkapat vıtı. þðr .q. þ ꝼıar rı ſkyllðu ꝼara ſagðı hana ſlıkt haꝼa at g̃t ſē ħ̊ attı. auðr kō heī ıſolar vpprāſ ɜ ſpurðu þr bræðr ħar hũt ħ̊ heꝼðı ꝼarı`t´ auðr q̂ ꝼarıt haꝼa t́ lauga. ɜ ſagðı þeım huat t́ tıðenða haꝼðı gıorz ıꝼoꝝ ħar. þr letu vel yꝼ̃ ɜ quaðu oꝼ lıtıð munðu at orðıt. þ. la leīgı ı ſarū. ɜ greru vel brín guſarın. en ſu honðın v̂ð ħm hũgı beť t́ takſ en áðr kyrt v̂ nu v̄ vetrīn. en ep ť v̄ varıt kō Jngūn moðer þðar veſtā aꝼ ſkalmar neſı. ħ tok vel v̇ ħı. ħ̊ q̂ vı lıa raðaz vnðer araburð þð́. q. ħ̊ kot kel g̃a ſē vv̂t ı ꝼıar ranū ɜ ꝼıolkyngı. en haꝼa mıkıt trauſt aꝼ hallſteını. goð`a´ .þ. veıkz ſkıott v̇ þta mál ɜ q̂ haꝼa ſkyllð`v´ rett aꝼ þıoꝼū þeī þott hallſteīn v̂ı at mótı. ſnaraz þegar t́ ꝼ̃ðar v̇ .x. mān .J. ꝼór ɜ veſtr m; ħm. ħ haꝼðı ꝼ̃ıu. or tıa´ll` ðaneſı. ſıðan hellðu þau veſtr t́ ſkalma`r´ neṡ. þ. lıet ꝼlytıa t́ ſkıpſ allt lauſa ꝼıe þ er moðer ħ attı þar en ſmala ſkyll ðı reka ꝼ̇ īnan ꝼıorðu. xıȷ. v̊ þau allz a ſkıpı. þar var Jng̃. ɜ ōnur kona. þ. kō t́ bæıar kotkelſ m; x.`ða´ mān. ſyn̄ þra kotkelſ v̊ ė. heıma. Sıðan ſteꝼnðı ħ þeī kotkelı ɜ grımu. ɜ ſonū þra v̄ þıoꝼ nat ɜ ꝼıolkyngı. ɜ lıet varða ſkoggang ħ ſteꝼnðı ſokū þeī t́ alþīgıṡ. ɜ ꝼor t́ ſkı pſ epť þ. þa komu þr hallbıorn ɜ ſtıgā ðı heī ē. þ. var kōın ꝼra lðı ɜ þo ſkamt ſagðı kotkell þa .ſſ. ſınū huat þar haꝼ ðı ı gıorz meðan þ v̊ ė heıma. þr bræðr vrðu oðer v̇ þta. ɜ q̄ðu m̄n eckı haꝼa ꝼyʀ̇ gengıt ı berhauɢ v̇ þau v̄ ſua mı kın̄ ꝼıanðſkap Sıðan kotkell g̃a ſeıð hıall mıkīn. þau ꝼærðuz þar á vpp oll þau q̄ðu þar ꝼræðı ſın. en þ v̊ gallðrar þ́ næſt lauſt a hrıð mıkıllı. þ ꝼān .þ.J.ſ. ɜ ħ ꝼaurunatar. ɜ t́ ħ v̂ gort veðrıt. key ř ſkıpıt veſtr ꝼ̇ ſkalmar neſ. þ. ſynðı mıkīn hrauſtleık ı ſælıðı. þ ſa þr m̄n ē̃ a lðı v̊ at ħ kaſtaðı þ́ ollu ē̃ t́ þunga v̂ vtan m̄̊. vıæntu þr m̄n ē̃ a lðı v̊ þðı þa lðtoku. þt þa v̂ aꝼ ꝼarıt þ ſē ſkerıotť v̂ Sıðan reıſ boðı ſkāt ꝼ̃ lðı. ſa er engı m̊ munðı at ꝼyʀ̇ı heꝼðı vꝼpı v̂ıt. ɜ lauſt ſkıpıt ſua at þeg̊ horꝼðı vpp kıolrīn. þ́ ðruknaðı .þ. ɜ allt ꝼoruneytı ħ en ſkı pıt braut ı ſpon. ɜ rak þ́ kıolīn er ſıðan heıť kıalar ey. Skıollð .þ. rak ı þa ey. er ſkıallðar ey er kollut. lık .þ. rak þar þe g̊ a lð ɜ ħ ꝼorunauta. var þ́ haugr vorp īn at lıkū þra. ´þ́` ē̃ ſıðan heıť haugſ neſ. **aꝼ**

36

Þeṡı tıðenðı ꝼpyrıaz **kotkelı ɜ g̊mv** vıða ɜ mælaz ılla ꝼ̇. þottu þ vlıꝼ ıſſ m̄n ē̃ ſlıka ꝼıolkyngı ꝼrom ðu ſē þau kotkell hoꝼðu þa lyſt. Mıkıt þottı .G. at v̄ lıꝼlat þðar. ɜ var ħ̊ þa ė heıl ɜ mıog ꝼ̃mat. G. ꝼæððı ſueın ſa v̂ vatnı auſīn ɜ kallaðr þðr. J þna tıma b io ſnorrı goðı at helgaꝼellı. ħ var ꝼrēðı óſ̄. ɜ vín. attu þau .G. þar mıkıt trauſt þangat ꝼor ſnorrı goðı at heīboðı. þa tıaðı .G. þta vāquæðı ꝼ̇ ſnorra. en ħ q̂ munðu veıta þeī at malū. þa ē̃ ħm ſynðız. en bauð .G. barn ꝼoſtr t́ hug ganar v̇ hana. þta þa G ɜ q̂ ħ ꝼorſıa hlıta munðu. ꝥı þðr v̂ kallaðr kauttr ꝼaðer ſtuꝼſ ſkallðz. Sıða ꝼeʀ̇ Geſtr .o.ſ. a ꝼunð hallſteıſ̄ .G. ɜ g̃ðı ħm .íȷ́. koſ tı at ħ ſkyllðı reka ı b̊tt ꝥa ꝼıolkun nıgu m̄n. ella q̂ ħ munðu ðrepa þa. ɜ ē̃ þo oꝼſeınat. hallſť kauſ ſkıott. ɜ bað þau hellðr ı brott ꝼara. ɜ nema hũgı ſtaðar ꝼ̇ veſtan ðalaheıðı ok quað rıettara at þau v̂ı ðrepın Sı

ðan ꝼoru þau kotk̄. ı b᷎tt ꝫ hoꝼðu ė meıra
ꝼıe. en ſtoð hroẛ .ıííj. ṽ heſtrīn ſuartr. ħ va`r´
beðı mıkıll ꝫ vēn ꝫ reynðr at vígı. eckı ē
getıð v̄ ꝼ̄ð þra aðr þau kōa a kābſneſ ť
þorleıkſ .ħ.ſ. ħ ꝼalar at þeī hroſſın. þt ħ
ſa at þ ṽ aꝼrekſ grıpır. kotk.ſ. g̃a ſĪ ꝥ̄
koſt a ꝥ. tak ṽ hroſſunū en ꝼa m̄ buſt
að nockurn ħ̄ ı nanð ꝥ̄. þĪ. mħ. Munu þ
a ė hellðr ðẏꝛ hroſſın. þt ek heꝼı þ ſꝑt
at ꝥ munut e`ı´ga hellðr ſaukott ħ̄ ı ħa
ðı. kotk.ſ. þta muntu mæla ť lauga m̄
þĪ.q. þ ſatt ṽa. þ horꝼ̄ þo nockut ānan v
eg ṽ v̄ ſak̄ ṽ Guðrunu. ꝫ bræðr ħar en ꝥ̄
heꝼ̄ ſagt ṽıt. haꝼa m̄n auſıt hropı a oẛ
ꝼ̇ enga ſok. ꝫ þıɢ ſtoðhroſſın ꝼ̇ ꝥar ſakır
ganga ꝫ þær eínar ſogur ꝼ̄ ꝥ̄. at ṽ munī
eıgı vppı orpın ꝼ̇ ſueıtar m̄m ħ̄ eꝼ ṽ ho
ꝼū þıtt trauſt. þĪ. ſlæz nu ı malınu ꝫ þot
tu ħm ꝼogr hroſſın. en kotk. ꝼluttı kæn
lıga malıt. þa tok þĪ. ṽ hroſſunū. ħ ꝼieck
þeī buſtað a leıðolꝼſſtoðū ı laxár ðal ħ
byrgðı þau þaꝛ þau ꝫ v̄ buꝼe. þta ſpyr
ıa laugam̄n ꝫ vılıa ſyñ oſ̄. þeg̃ g̃a tıl
þra kotk. ꝫ .ſſ. ħ. Óſ̄. mħ. hoꝼū ṽ nu ráð
Snorra .G. ꝫ ſpoꝛ þta ṽk oðꝛ. þt ſkamt
m̄ lıða aðr buar kotk. munu eıga ſpa
nyıar ſak̄ ṽ þa. ꝫ mun ſē ṽt ē þleıkı
meſt meın at þeī. munu þr marg̃ ħ vuí
nır aꝼ ſtunðu ē ħ heꝼ̄ aðr haꝼt ſtunðā
aꝼ en ė mun ek letıa yðr. at g̃a ſlıkt m
eín þeī kotk. ſē yðr lıkar eꝼ ė ṽða aðrer ť
at ellta þau ór ħaðı eða taka aꝼ lıꝼı
m; ollu v̄ þ ē .ííj vetr ēo lıðñ. G. ꝫ bręðr ħ
ar ſogðu ſua ṽa ſkylldu. eckı v̄nuz þaꝛ
kotkell mıog ꝼ̇ en huarkı þurptu þau
v̄ vetrīn at kaupa hey nıe mat. ꝫ ṽ ſv
bygð vuınſæl. ė treyſtuz m̄n at raſka

37 Þat ṽ eıtt **capıtulm** [koſtı þra ꝼ̇ þĪ.
ſum̄ a þīgı ē þĪ. ſat ı buð ſīnı. at m̄
eīn mıkıll geck ı buðına īn. ſa q̄ððı þleık
en ħ tok queðıu þa m̄. ꝫ ſꝑðı hūr ħ verı
eða huat ħ hıetı ħ q̇ ellðg̃mr heıta
ꝫ bua ı b̄gar ꝼırðı a þeī bıæ ē heıta ellð
g̃mſ ſtaðer. en ſa bıæꝛ̄ ē ı ðal þeī ē ſk̄ſt
veſtr ı ꝼıoll mıllı mula ꝫ g̃ſartungu ſa
ē nu kallaðr g̃mſ ðalr. þĪ.ſ. heyrt heꝼı
ek þín getıð at ꝥ at þu ſıer eckı lıtılm̄nı
ellðg̃mr mħ. þ er erenðı mítt ħegat at
ek vıl kaupa at ꝥ̄ ſtoð hroſſın þau en
ðyru ē kotk. gaꝼ ꝥ̄ ı ꝼyꝛ̄a ſum̄. þĪ.ſ. ė.
ēo ꝼaul hroſſın. ellð g̃mr mħ. ek byð ꝥ̄
ıāmorg ſtoð hroẛ ṽ ꝫ meðalauka noc
kurn. ꝫ munu marg̃ mæla at ek bıoða
ṽ tuēn ṽð. þĪ. mħ engı em ek mangſ m̄
þt ꝥı hroſſ ꝼær þu allðregı. þottu bıo
ðer ṽ þrēn ṽð. ellðg̃. mħ. ė mun þ logıt
at þu munt ṽa ſtoṙ. ꝫ eīraðr. Munða ek
þ ꝫ vılıa at þu heꝼð vrıꝼlıgra ṽðıt en
nu heꝼ̄ ek ꝥ̄ boðıt. ꝫ lıetır þu hroſſın
ė at ſıðr. þĪ roðnaðı mıog ṽ ꝥı orð ꝫ mħ
þurꝼa muntu ellðg̃. at ganga næꝛ̄ eꝼ
þu ſĪt kuga aꝼ m̄ hroſſın. ellðg̃.m. vlık
lıgt þıkı ꝥ̄ þ at þu muñ ṽða hallokı ꝼ̇
m̄. en þta ſumar mun ek ꝼara at ſıa
hroſſın huaꝛ ockaꝛ̄ ſē þa hlytr þau
at eıga þáðan ı ꝼ̄. þĪ.ſ. g̃ ſē þu heıtr.
ꝫ bıoð m̄ engan lıðſ mun. ſıðan ſkılıa
þr talıt. þ mĪtu m̄n ē heyrðu. at ħ̄ ṽı
maklıga v̄ þra ſkıptı. Sıðan ꝼoru m̄n
heī aꝼ þīgı ꝫ var allt tıðenðalauſt. þ
ṽ eīn morgın ſnīma at m̄ ſa ṽt a hrut
ſtoðū. at hrutz bonða ħ̄ıolꝼ.ſ. en er
ħ kō īn ſpurðı hrutr tıðenða. ſa quez
engı tıðenðı kūna at ſegıa aunur en
ħ quez ſıa mān rıða hanðan v̄ vað
la ꝫ ꝥ ť er hroſſ þĪ. ṽ ꝫ ſtıe maðrīn aꝼ
bakı ꝫ haunðlaðı hroſſın. hrutr ſꝑ
ðı huar hroſſın ṽı þa ħk̄l mħ. vel
hoꝼðu þau ēn hallðıt haganū. þau
ſtoðu ı eīgıū þınū ꝼ̇ neðan g̃ð. hrutr
.ſ. þ ē ſatt at þĪ. ꝼ̄nðı ē ıaꝼnan omeſ
kıñ v̄ beıtīgar. ꝫ ēn þıkı m̄ lıkara at

ė ſıe at ħ raðı hroſſın rekín a b᷑t. Sıðan
ſꝓtt hrutr vpp ı ſkyrtu ⁊ lınbrokū ok
kaſtaſtaðı yꝭ ſık grā ꝼellðı. ⁊ haꝼðı ı
ħðı bryntraull gullrekıt. ē haꝛ̄. ƙgr
gaꝼ ħm. ħ geck ꝩt nockut ſnuðıgt. ⁊
ſa at ꝳ reıð at hroſſū ꝼ neðan garð
hrutr geck ı motı ħm. ⁊ ſá́ at ellðg̃.
rak hroſſın. hrutr heılſaðı ħm. ellðg̃mr
tok .q.ħ. ⁊ hellðr ſeınt. ħͮtr ſꝑðı huert ħ ſ
kyllðı reka hroſſın. ellð.ſ. eckı ſ̄ þık þuí
leyna. en veıt ek ꝼnðſēı m; yckr ꝥ. enſ̃
em ek epꝭ ħſſunū kōīn at ek ætla ħmþ
au allð ſıðan heꝼı ek ⁊ ꝥ eꝼnt ſē ek het ħm
a þīgı at ek heꝼı eckı m; ꝼıolm̄nı ꝼarıt
epꝭ hroſſunū. ħ .ſ. engı ē ꝥ ꝼmí þottu taꝶ
hroſ ı b᷑tt. en ꝥ. lıggı ı reckıu ſīnı ⁊ ſoꝼı eꝼ
ñ þu ꝥ þa bezt ē þıt vrðut aſatꝭ eꝼ þu hıt
ꝭ ħ aðr þu ríðr ór ħaðı m; hroſſın. ellð.m.
g̃ þu ꝥ. varan ꝩ eꝼ þu vıll ꝥt þu matt ſ
ıa at ek heꝼı ſua heıman buız at ꝳ þot
tı vel at ꝼunð ockarn ꝥ. bærı ſaman.
⁊ hrıſtı ƙka ſpıotıt ē ħ haꝼðı ı ħðı. ħ haꝼðı ⁊
hiálm a hoꝼðı. ⁊ ꝩ gyrðr ſūðı. ſkıollð a hlıð
ħ ꝩ ı brynıu. ħ.m. hellðr mun ek añarſ `a´ leıta
en ꝼara a kābſ neſ. ꝥt ꝳ ē ꝼotr þungr. en ė
mun ek lata ræna. ꝥ. eꝼ ek heꝼı ꝼong
a ꝥ. þott ė ſıe mart ı ꝼnðſemı ockarrı. e.
mꝉ. ē ė ꝥ at þu ætlır at taka aꝼ ꝳ hroſ
ſín. ħ.ſ. Geꝼa vıl ek ꝥ ōnur ſtoð hroſ ꝉ ꝥ
at þu laꝭ ꝥı lauſ. þott þau ſıe ė ıāgoð ſē
ꝥı. bezta talar þu ħtr. en m; ꝥ at ek heꝼı
kōıt honðū a hroſſın ꝥ þa muntu þau
huarkı plocka aꝼ ꝳ m; mutu gıoꝼū níe
heıtan. þa .ſ.ħ. ꝥ hyɢ ek at þu kıoſır ꝥn
hlut ꝉ handa baðū ockr ē v᷑ munı geg
na. e. vıll nu ſkılıa. ⁊ hrauckr heſtīn. en
ē ħ. ſáá ꝥ reıððı ħ vpp bryntrollıt. ⁊ ſetr
mıllı ħða ellð. ſ̃ at þeg̃ ſlıtnaðı brynıan
ꝼ en brynꝭllıt hlıop vt v̄ brınguna ꝼell
.e. ðauðr aꝼ heſtınū. ſē van ꝩ. Sıðan hul
ðı ħ. hræ ħſ. þar heıꝭ ellð g̃mſ hollt ſuðr

ꝼ kābſneſı. epꝭ ꝥta rıðr ħtr oꝼan a kābſne`s´
⁊ ſeg̃ ꝥ. ꝥı tıðendı. ħ braz reıðr ꝩ ⁊ þottız v᷑a
mıog ſuıuırðr ı ꝥu ꝉbragðı. en ħ. þottız ha
ꝼa ſynt ꝩ ħ mıkīn vınſkap. ꝥ.q. ꝥ bæðı v᷑a
at ħm haꝼðı ıllt gēgıt enða munðı ė gott í
motı kōa. ħ.q. ħ munðu ꝥ raða. ſkılıaz ꝥr
m; eng̃ blıðu. ħ. ꝩ þa attræðr ē ħ ðrap .ellð.
⁊ þottı ħ mıkıt haꝼa vaxıt aꝼ ꝥu v᷑kı ec
kı þottı ꝥ.ħ. ꝥ betra aꝼ v᷑ðr at ħ v᷑ı mık
laðr aꝼ ꝥu v᷑kı. þottız ħ glaugt ſkılıa at
ħ munðı haꝼa borıt aꝼ ellð. eꝼ ꝥr heꝼðı
reynt m; ſ̃. ſ̃ lıtıð ſē ꝼ ħ lagðız. ꝼor ꝥ.
nu a ꝼunð lð ſeta ſīna. kotƙ. ⁊ g̃mu ok
bað þau g̃a nockurn hlut þān ē hrutı
v᷑ı ſuıuırðıng at. þau toku vnðer ꝥta
lıettlıga. ⁊ q̃ðuz ꝥ v᷑a albuın. Sıðan ꝼeꝶ
ꝥ. heī. en lıtlu ſıðaꝶ g̃a þau heıman ꝼð
ſína. kotƙ. ⁊ g̃ma. ⁊ .ſſ. ꝥra. ꝥ ꝩ v̄ nótt. þau
ꝼoru a bæ ħz. ⁊ g̃ðu þar ſeıð mıkīn. en ē
ſeıð lætın kōu vpp. þa þottuz ꝥr ė ſkılıa
er ıñı v᷑ ħūıu gegna munðı. en ꝼaugr
ꝩ ſu queðandı at heyra. ħ. eīn kēðı ꝥı
lætı. ⁊ bað engan man ꝩt ſıá́ a ꝥrı n
ótt. ⁊ hallðı ħūr voku ſıñı ē ma ⁊ mv̄
oſſ þa eckı ꝉ ſaka eꝼ ſ̃ ē m; ꝼarıt. en
þo ſoꝼnuðu aller m̄n. ħ. vaktı leīgſt
⁊ ſoꝼnaðı þo. karı ħ .ſ. ħz ē þa ꝩ .xíj.
vetra gamall. ⁊ ꝩ ħ eꝼnılıgaztr ſona
ħtz. ħ v̄nı ħm mıkıt. karı ſoꝼnaðı næꝶ
eckı. ꝥt ꝉ ħ ꝩ leıkr gıoꝛ̇. ħm gıorðız eckı
mıog v᷑t karı ſpratt vpp ⁊ ſá́ ꝩt. ħ geꝶ
a ſeıðīn ⁊ ꝼell þegar ðauðr nıðr. ħ. vak
naðı v̄ morgınīn ⁊ ħ heıma m̄n ok
ſaknaðı ſonar ſínſ. ꝼanz ħ erenðr ſ
kāt ꝼ ðyrū. ꝥta þottı hrútı eñ meſtı ſ
kaðı ⁊ lıet v᷑pa haug epꝭ .k. Sıðan rıðr
ħ a ꝼunð .O.ħ.ſ. ⁊ .ſ. ħm þau tıðendı ē ꝥ
hoꝼðu gıorz. O. v᷑ð oðr ꝩ ꝥı tıðendı. ⁊ .ſ.
v᷑ıt haꝼa mıkla van hyggıu ē ꝥr hoꝼ
ðu latıð ſıtıa ſlık ıllmñı et næſta ſ̃
ſē þau kotƙ. v᷑ Sagðı ⁊ .ꝥ. haꝼa ſ̃ ıllā

hlut aꝼ ꝺeıllt. aꝼ malū ᵛ hrut. ēn .q. þo
meıra at orꝺıt en ħ munꝺı vılıa. O.q. þa
þeg̃ ſkyllꝺu ꝺrepa þau kotk̄ ɜ konu ħſ
ɜ .ſſ. ē̃ þo oꝼſeınat nu. þr .o. ɜ hrutr ꝼara
m; .xv. m̄n. en ē̃ þau kotk̄ ſıa māna reıð
at bæ ſınū. þa taka þau vnꝺan ı ꝼıall
vpp. þar v̊ð hallbıorn ſlıkı ſteīſ auga
tekīn ɜ ꝺregīn belgr a hoꝼut ħm. þeg̃
v̊ þa ꝼengner m̄n t̄ gæzlu ᵛ ħ. en ſum̄
ſottu ept̄ þeī kotk̄. ɜ grımu. ɜ vpp a ꝼıa
llıt. þau kotk̄. ɜ g̊ma vrðu ahenꝺ a h
alſınū mıllı hauka ꝺalſ. ɜ laxar.ꝺ. voru
þau þ̅ barın grıotı ı hel ɜ v̊ þar g̃ at þeī
ꝺyſ or gríotı. ɜ s̃ þ̅ m̄kı ɜ heıt̃ þ ſkratta
varꝺı. Stıganꝺı tok vnꝺan ſuꝺr aꝼ hal
ſínū t̄ hauka.ꝺ. ɜ þar huarꝼ ħ þeī .ħ̊. ɜ
.ſſ. ñ ꝼóru t̄ ſıaꝼar m; hallƀ. þr ſettu ꝼ̃
m̄ ſkıp ɜ reru ꝼ̃ lꝺı m; ħ. Sıðan toku þr
belg aꝼ hoꝼðı ħm. en bunꝺu ſteın ᵛ halſ
īn. hallƀ rak þa ſkygnūr a lꝺıt. ɜ v̊ aug
nalag ñ eckı gott. þa m̄lı hallƀ. ekkı v̊
ɜ þ tıma ꝺagr ē̃ v̊ ꝼrænꝺr komū a kābſ
neſ þta t̄ motz ᵛ þleık. þ mælı ek v̄
.ſ. ħ. at þ̄ eıgıþ̅ ꝼa ſkētanar ꝺaga heðāı
ꝼ̃ ɜ ollū v̊ðı þungbyllt þeī ſē ı ñ rū ſetıaz
Mıog þıkır þta atqueðı a haꝼa hrınıt.
ſıðan ꝺrektu þr ħm ɜ reru t̄ lꝺz. lıtlu ſı
ꝺaꝶ ꝼeꝶ ħ̊ áꝼunꝺ .O. ꝼrænꝺa ſınſ. ɜ ſeg̃
ħm at ħ vıll ė haꝼa ſua buıt ᵛ þ̄. ɜ bað
ħ ꝼá s̃ m̄n t̄ at ſekıa heī þ̄.O.ſ. þta ſa
mer ė at þ̅ ꝼrænꝺr leggız henꝺr á. heꝼ̃
þta tekız vgıptuſālıga þ̄. hanꝺar vıl
ıū v̊ hellꝺr leıta v̄ ſætt̃ m; yk̄r heꝼ̃ þu
opt þınſ hluta beðıt vel ɜ leīgı. ħ .ſ. eckı er
ſlıkſ at leıta. allꝺrı mun v̄ heıllt m; ockr
groa. ɜ þ munꝺa ek vılıa at ė byggī v̊ bá
ꝺer lengı ı laxár ꝺal heðanıꝼ̃. O.ſ. ė mun
þ̅ þ v̊ꝺa hlyðıſāt at gánga ꝼramaꝶ a h
enꝺr þ̄ en mıt̄ leyꝼı ē̃ t̄. en eꝼ þu g̃ır þ
þa ē̃ ė vlıklıgt at mætı ꝺalr holı. ħ̊. þı
kız nu ſkılıa. at ꝼaſt mun ꝼ̇ v̊a. ꝼ̃r heī

ɜ lıkar ſtorılla. ɜ ē̃ kyrt at kalla ɜ
ſıtıa m̄n v̄ kyrt þau mıſſarı. **aꝼ ſtı**
38 Nv ē̃ at ſegıa ꝼ̃ ſtıganꝺa **ganꝺa**
ħ g̃ðız vtılegumaðr. ɜ ıllr vıðreıg
nar. þðr ħ̊ m̄ ħ bío ı hunꝺaꝺal.
ħ v̊ auðıgr m̄ ɜ eckı mıkıl m̄nı. þ v̊ð
t̄ nylunꝺu v̄ ſumarıt. ı hunꝺaꝺal at
ꝼíe nytıaðız ılla. en kona gıættı ꝼ
ıar þar. þ ꝼunꝺu m̄ at ħ̊ varð g̊pa
auðıg ɜ ħ̊ v̊ longū horꝼín s̃ at m̄n
vıſſu ė huar ħ̊ v̊. þðr bonꝺı lætr ħı
nauðga t̄ ſagna ɜ ē̃ ħ̊ v̊ðr hræꝺꝺ þa
ſeg̃ ħ̊ at m̄ kēr t̄ ꝼunꝺar ᵛ hana ſa
ē̃ mıkıll. ſ. ħ̊ ɜ ſynız m̄ venlıgr. þa ſp
yꝶ þðr huerſu bratt ſa m̄ munꝺı ko
ma t̄ ꝼunꝺar ᵛ hana. ħ̊ q̊ venta at þ
munꝺı brátt v̊a. Ept̄ þta ꝼ̃r þðr a ꝼ
vnꝺ .O. ɜ ſeg̃ ħm at ſtıganꝺı mun ė
lāg`t´ þaðan ı ƀtt. bıðr ħ t̄ ſín ꝼa
m; ſına m̄n ɜ na ħm. O. bregðr
ᵛ ſkıott ɜ ꝼeꝶ ı hunꝺaꝺal er þa am
battın heīt t̄ talſ ᵛ ħ. ſpyꝶ þa .O. ſpyꝶ
þa .O. huar bælı ſtıganꝺa v̊ı. ħ̊ q̊ þ ė vı
ta. O. bauð at kaupa at ħı eꝼ ħ̊ kemı
ſtıganꝺa ı ꝼærı ᵛ þa. þu kaupa þa
ſaman. v̄ ꝺagīn ꝼ̃r ħ̊ at ꝼıe ſınu kēr
þa ſtıganꝺı t̄ motz ᵛ hana. ħ̊ ꝼagn̄
ħm vel ɜ byðr at ſkoða ı hoꝼðı ħm. ħ
leGr hoꝼuðıt ı knıe ħı ɜ ſoꝼnar ſkı
otlıga. þa ſkreıðız ħ̊ vnꝺan hoꝼðı
ħm. ɜ ꝼ̃r t̄ motz ᵛ þa .o. ɜ ſeg̃ þeī hua`r´
þa v̊ komıt. ꝼara þr t̄ ſtıganꝺa ok
ræða v̄ m; s̃. at ħ ſt̄ ė ꝼara ſē broðer
ñ at ħ ſkyllꝺı þ mart ſıa ē̃ þeī yrðı
meın at. taka nu belg ɜ ꝺraga nu á
hoꝼut ħm. Stıganꝺı vaknaðı ᵛ þta.
ɜ bregðr nu engū ᵛbrogꝺū. þt marg̃
m̄n v̊ nu v̄ eīn. rauꝼ v̊ a belgnū ɜ getr
ſtıganꝺı ſıéét oðꝫ megın ı hlıðına. þ̅
var ꝼagrt lꝺz leg ɜ graſ loðıt. en þ̅ v̊
lıkaz ſē huırꝼılvınꝺr kōı at. ſñı vm

ıorðūnı s̋ at allðregı ſıðan kō þ᷑ graſ vpp. þ᷑
heıt̄ nu a brēnu. Sıðan b᷑ıa þr ſtıganða grıo
tı ı hel. ꝫ þ᷑ v᷑ ħ ðyſıaðr. O. eꝼn̄ vel v᷑ ābat
tına. ꝫ gaꝼ ħı ꝼ̊lſí. ꝫ ꝼór ħ᷒ heī ı hıarðar h
ollt. hallƀ ſlıkıſteīſ auga rak vpp or b᷑mı
lıtlu ſıðaꝛ̇ lıtlu ſıðaꝛ̇ en ħm var ðrekt.
þar heıt̄ knarꝛ̄ neſ. ſē ħ var kaſaðr. ok
geck ħ aptr mıog. Sa m̄ ē neꝼnðr er
þkell ſkallı ħ᷑. ħ bıo ı þyckuaſkogı á
ꝼoðurleıꝼð ſīnı. ħ v᷑ ꝼullhugı mıkıll
ꝫ rāmr at aꝼlı. eıtt quellð vár vant
kyr ı þyckua ſkógı. ꝼór þk̄ at leıta ꝫ
ħkarl ħ m; ħm. þ v᷑ ept̄ ðagſetr. ent
ungl ſkín v᷑ á. þk̄. var eīn ſaman ſt
aððr. þa þottız ħ ſıa a holltınu ꝼ᷑ s̄ ku
ꝫ ē ħ kēr at. þa v᷑ þ ſlıkıſteīſauga.
en ė kyr. þr ruñuz a all ſterklıga ꝼór
hallƀ. vnðan. ꝫ ē þk̄ varðı mınzt þa
ſmygr ħ nıðr ı ıorðına. or hōðū
ħm. Ept̄ þ ꝼór þórk̄. heī. ħk᷑lınn var
heī komīn ꝫ haꝼðı ħ ꝼūðıt kuna. ec
kı v᷑ð ſıðan meín at hallƀ. þbıorn ſkr
ıupr v᷑ þa anðaðr. ꝫ ſua melkorka. þaᴗ
lıggıa bæðı ıkūlı ı laxar ðal. en lābı
ſon þra bıo þ᷑ ept̄. ħ v᷑ garpr mıkıll ꝫ haꝼ
ðı mıkıt ꝼíe. ᴍeıra var lābı vırðr aꝼ m̄
en ꝼaðer ħſ ꝼ᷑ ſak᷑ moður ꝼrænða ſīna
vel var ı ꝼrænðſemı þra. O. lıðr nu ēn
næſtı vetr ept̄. Vm varı ept̄. hıttuz þr
bræðr .O. ꝫ þl̄. ſpurðı .O. ðráp kotk̄ huart
þl̄ ætlaðı at hallða buí ſınu. þl̄.ſ. at s̋
var. O. mł̄ı. hınſ vıllða ek beıða yðr ꝼr
ænðı at þ᷑ breytıð raða hag yðꝛ ꝫ ꝼærıt
vtan. muntu þar þıkıa ſoma m̄ ſē þu
kēr. en ek hyɢ v̄ ħ᷑t ꝼrænða ockarn at
ħ þıkız kulða aꝼ kēna aꝼ ſkıptū yðꝛ.
ē m̄ lıtıð v̄ at hætta t᷑ lengr at þıð ſıt
ız s̋ næꝛ̇ er ħ᷑. aꝼla mıkıll. en ſyn̄ ħſ
oꝼſa m̄n eın̄ ꝫ garꝑ. þıkıūz ek vant v᷑
komīn ꝼ᷑ ꝼrænðſemıſſak᷑ eꝼ þ᷑ ðeılıt
ıllðeıllðū ꝼrænðr mıner. þl̄. mł̄ı. ec
kı k᷑ðı ek þ᷑ at ek geta ė hallðıt m̄ rıet
tū ꝼ᷑ hrutı ꝫ ſonū ħ ꝫ mun ek ė ꝼ᷑ þ᷑ aꝼ
lðı ꝼara. en eꝼ þ᷑ þık᷑ mıklu malı ſkıp
ta ꝼrænðı. þa vıl ek g̃a ꝼ᷑ þín orð. þt
þa vnða ek bezt mınu raðı ē ek v᷑
var vtanlenðıſ. veít ek ꝫ at þu munt
eckı at veꝛ̇ g̃a t᷑ bolla ſonar mınſ þo at
ek ſıa huergı ı nanð. ꝫ ħm ān ek meſt m̊.
.O.ſ. þa heꝼ᷑ þu vel aꝼ þu malı eꝼ þu g̃ır
ept̄ bǽn mīnı. ætla ek m̄ þ at g̃a heðan
ı ꝼ᷑ ſē hegat t᷑ ē t᷑ bolla kēr. ꝫ v᷑a t᷑ ħ eıḡ
v᷑r. en t᷑ mīna .ſſ. ept̄ þta ſkılıa þr bræðr
m; mıkıllı blíðu þl̄. ſelr nu ıarðer ſın̄
ꝫ v᷑r ꝼíenu t᷑ vtanꝼ᷑ðar. ħ kauꝑ ſkıp ē
vppı ſtoð ı ðaug̃ðarneſı. en ē ħ v᷑ buīn
m; ollu ſtíe ħ a ſkıp ẃt. ꝫ kona ħ ꝫ an
nat ſkullðalıð. Skıp þ v᷑ðr vel reıðꝼ᷑a
ꝫ taka noreg v̄ hauſtıð þaðan ꝼ᷑r ħ ſuðr
t᷑ ðanm̄kr. þt ħ ꝼeſtı eckı ynðı ı noregı
v᷒ latn̄ ꝼrænðr ħ ꝫ vın̄ en ſum̄ or lðı rek
n̄. Sıðan hıellt þl̄ t᷑ gautlðz. þ ē ꝼleſt̄
m̊ ſaugn at þl̄. ęttı lítt v᷑ ellı at ꝼááz. ꝫ
þóttı þó mıkılſ v᷑ðr meðan ħ v᷑ vppı ok
lukū v᷑ þ᷑ ſogu ꝼ᷑ þleıkı. **aꝼ kıartanı ꝫ bolla**

39 Þat v᷑ þa ıaꝼnan tıðhıalat ı breı
ða.ꝼ.ðolū v̄ ſkıptı þra ħ᷑tz. ꝫ þl̄.
at .ħ᷑. heꝼðı þungt aꝼ ꝼengıt k
otk̄ ꝫ ſonū ħ. þa mł̄ı Oſv᷑ t᷑ guðr̄. ꝫ bræð
ra ħar. bað þau a mīnaz huart þa v᷑ı
bætr raðıt at haꝼa þar lagıt ſıalꝼa ſ
ık ı hættu v᷑ helıar m̄n ſlıka ſē þau
kotk̄. v᷒. Guðr̄. mł̄ı. ė ē ſa rað laus ꝼað᷑
ē þīna raða á koſt. O. ſat nu ı buı ſínu
m; mıklū ſoma. ꝫ ero þ᷑ aller ſyn̄ ħ heı
ma. ꝫ ſua bollı ꝼrænðı þra. ꝫ ꝼoſtb᷒
ðer. kıart̄. var mıog ꝼ᷑ ſonū .O. þr kıart̄
ꝫ bollı v̄nvz meſt. ꝼor kıart̄. hűgı þṡ
er ė ꝼylgðı bollı ħm. kıart̄. ꝼór opt tıl
ſælīgſ ðalſ laug̃. Jaꝼnan bar s̋ t᷑ at G
vðrun var at laugu. þottı kıart̄ got
at tala v᷑ Gvðr̄. þt ħ᷒ v᷑ bæðı vıtr ok

víæn. ꝫ malſnıoll. þ v̇ allra m̄ mal. at m;
þeī kıarẜ. ꝫ Gvðꝛ̃. þættı v̄a meſt ıāræðı. þa
þra m̄ ē þa oxu vpp. vınatta v̇ ꝫ mıkıl meðr
þeī olauı ꝫ Oſv̇. ꝫ ıaꝼnan heībođ. ok eckı ꝥ
mīnr at kært g̃ðız m; enū yngrū m̄m.
eıtt ſīn ræððı .O. v̇ kıarẜ. ė veıt ek ſeg̃ ħ h̓
m̄ ē ıaꝼnan s̃ hvgþungt ē þu ꝼ̃r ₜ lauga
ꝫ talar v̇ .G. en ė ē þ ꝼ ꝥ at ė þættı m̄ .G. ꝼ ol
lū konū oðrū. ꝫ h̓ eín er s̃ quēna. at m̄ þı
kı ꝥ ꝼullkoſta. nu ē þ hug boð mıtt en eıg̃
vıl ek ꝥ ſpá at v̄ ƀım ė alſendıſ gæꝼu tıl
v̄ var ſkıptı kıarẜ. q̇ ė vılıa g̃a ımot vılıa
ꝼeðr ſínſ þ ē ħ mættı v̇ g̃a en q̇ vıænta at
þa mundı betr takaz en ħ gat ₜ. helldr .k.
teknū hættı v̄ ꝼ̃ðer ſínar. ꝼór bollı ıaꝼnā
m; ħm. lıða nu þau mıſſarı. **aꝼ aſgeırı æðı koll**

40 Asgeıꝶ h̓ m̄ ꝫ v̇ kallaðr æðı kollr. ħ
bıo at aſgeırſ áá ı vıðıdal. ħ v̇ ſon
auðunar ſkokulſ. ħ kō ꝼyſt ſīna
kynſ m̄ ₜ ıſlđz. ħ nā vıðıdal an̄aꝶ ſon au
ðunar h̓ þg̃mr hæru kollr. ħ var .ꝼ. aſm̄
ðar .ꝼ. grettıſ. aſgeıꝶ æðıkollr attı ꝼīm
born ſon ħ h̓ auðun .ꝼ. aſgeırſ .ꝼ. auðu
nar .ꝼ. egılſ. ē áttı vlꝼeıðı .ð. eyıolꝼſ enſ
hallta. þra .ſ. v̇ eyıolꝼr ē vegīn v̇. a alþın
gı. ānaꝶ ſon aſgeırſ. h̓ þvallðr ħ ð. ðalla
er attı Jſleıꝼr bp. þra .ſ. v̇ Gızoꝛ̇ bp. ēn ꝥ
ðı ſon a`ſ´geırſ h̓ kalꝼr. aller v̊ .ſſ. aſgeırſ
vıænlıg̃ m̄n. kalꝼr aſg̃ſ .ſ. v̇ þān tıma ı
ꝼorū ꝫ þottı ēn nyztı m̄. ð. aſg̃ſ. h̓ þurıð
h̓ v̇ gıpt þkelı kugga .ſ. þðar gellıſſ. þr
ra ſon var þſẜ. ōnur .ð. aſg̃ſ. h̓ hreꝼna. h̓ v̇
vıænſt quēna norðr þar ı ſueıtū. ꝫ vel vınſ
æl. þt aſg̃. v̇ mıkıll m̄ ꝼ s̃. þ ē ſagt eıt ſī
ní at kıarẜ.o.ſ. byrıaðı ꝼ̃ð ſína ſuðr tıl
ƀg̃.ꝼ. ₜ ƀg̃. ꝥ bıo þa þſẜ egılſ .ſ. moður ƀ
ðer. bollı var ıꝼ̃ð m; ħm. þt ſua v̇ aſtuð
ıgt m; þeī ꝼoſtbræðrū. at huargı þottız
nyta mega at þr v̄ı ė aſāt. þſẜ. tok v̇ .k.
m; allrı blıðu. q̇ þauck kūna at ħ v̄ı
ꝥ lengr en ſkēr. k. ðuelz at ƀg v̄ hrıð

þta ſumar ſtoð ſkıp vppı ı guꝼuar óſı þ
ſkıp attı kalꝼr aſg̃ſ .ſ. ħ haꝼðı v̄ıt v̄ vetṅ
a vıſt m; þſteını .e.ſ. k.ſ. þſẜı. ı hlıoðı at
þ v̇ meſt erēðı ħ. ſuður þangat at ħ v
ılldı kaupa ſkıp halꝼt at kalꝼı. ē m̄ a
ꝥ hugr at ꝼara vtan. ꝫ ſpyꝶ þſẜ. hůſu
ħm vırðız kalꝼr. þſẜ. q̇ hyggıa at ħ v̄ı
góðr ðreīgr. ē þ varkun̄ mıkıl ꝼ̃ndı. ſ. þſẜ.
at þık ꝼyſı at kāna ānaꝶa m̄ ſıðu. mv̄
þín ꝼ̃ð v̄ða m̄kılıg m; nockuru motı.
eıga ꝼ̃ndr þın̄ mıkıt ı hættu hůſu ꝥ.te
kz ꝼ̃ðın. k.q. vel takaz munu. Sıðan
kauꝥ .k. ſkıp halꝼt kalꝼı ꝫ g̃a helmī
gar ꝼelag. ſl .k. kōa ₜ ſ`c´ıpſ. þa ē .x. vıkur
ēo aꝼ ſūrı. Gıoꝼū v̇ .k. vt leıððr. ꝼ̃ ƀg.
ríða þr bollı heī ſıðan. en ē .O. ꝼ̃ttı þa
raðabreytnı þa þottı ħm .k. ꝥu haꝼa
ſkıott raðıt ꝫ q̇ þo ė bregða munðu.
lıtlu ſıðaꝶ rıðr .k. ₜ lauga. ꝫ ſeg̃ .Guðꝛ̃
vtan ꝼ̃ð ſına. Guðꝛ̃ mlı. Skıott heꝼ̃ þv
þta raðıt .k. heꝼ̃ h̓ ꝥ v̄ nocꝶ orð þa
ē .k. mattı ſkılıa at .G. líet s̃ vgetıð at ꝥv
.k. mlı. lát ꝥ ė þta mıſlıka. ek ſl g̃a an
nan lut s̃ at ꝥ þıkı vel. G. mlı. entu þta
þt ek mun bratt yꝼ̃ ꝥ lyſa. k. bað hana
ſua g̃a. G. mlı. þa vıl ek ꝼara vtan m;
ꝥ ı ſumar. ꝫ heꝼ̃ þu þa ıꝼ̃ bætt v̇ mık. þta
braðræðı. þt eckı an̄ ek ıſlðı. þ ma eıg̃
v̄a. ſ.k. bræðr þın̄ ēo oraðn̄ en ꝼaðer
þīn gamall ꝫ ero þr allrı ꝼorſıá ſuıpẜ
eꝼ þu ꝼ̃r aꝼ lðı a brott. ꝫ bıð mın .ííj. v
etr. G.q̇ v̄ þ munðu engu heıta ꝫ þottı
ſīnueg huaru þra. ꝫ ſkılðu m; ꝥ. reıð
.k. heī. O. reıð ₜ þıngſ v̄ ſumarıt. k.
reıð m; ꝼeðr ſınū veſtan or hıarðar
holltı ꝫ ſkılðuz ı norðr ár ðal þaðā
reıð .k. ₜ ſkıpſ ꝫ bollı ꝼ̃ndı ħ. var ı
ꝼor m; ħm. x. v̊ þr ıſlenzꝶ m̄n ſamā
allz. ē engı vılldı ſkılıaz v̇ .k. ꝼ aſ
tar ſaker. rıðr .k. ₜ ſkıpſ v̇ þta ꝼoru
neytı. kalꝼr .aſg̃.ſ. ꝼagnar þeī vel.

mıkıt ꝼıe hoꝼðu þr vtan .k. ꝫ bollı. hallða
þr nu a bunaðı ſınū ꝫ þeğ ꝫ byr gaꝼ ſıgla þr
ẃt epꞇ̃ ƀgar.ꝼ. lıettan byr ꝫ goðan. ꝫ ſıðan
ı haꝼ. þeī byrıaðı vel. toko noreg norðarla
ꝫ hallða ıñ ꞇ́ þranðheīſ. ꝫ hıttu þar m̄n at
malı. ꝫ ſpurðu tıðenða. þeī v́ ſagt at hoꝼ
ðıngıaſkıptı v́ orðıt. ılðınu. var hakon .J.
ꝼ̃ ꝼallīn. en .O. ǩr .t.ſ. ꞇ́ komīn. ꝫ haꝼðı
allr noregr ꝼallıt ı ħ vallð. O.ǩ. bauð ſıð
a ſkıptı ı noregı. gengu m̄n allmıſ ıāt vǒ
þ. þr .k. logðu īn ꞇ́ nðar oſſ ſkıpı ſínu. J þ
na tīa v̊ marğ m̄n ıſlenðzkır ı noregı þr
ẽ v́ðíngam̄n v̇. lagu þ́ ꝼ̇ bryggıunū .ííj. ſ
kıp ẽ ıſlēðzǩ m̄n attu oll. eıtt ſkıp áttı b
ranðr ēn auruı ſon v̊m̄ð þğmſ .ſ. Añat ſk
ıp attı hallꝼ̊ðr vanðræða ſkallð .ííj. ſkıp at
tu bræðr íȷ́. ħ ānaꝭ bıarnı en añaꝭ. þhall\`r´
þr v̊ ſyñ breıðár ſkeggıa. auſtan ór ꝼlıoz
hlıð. þır m̄n aller. hoꝼðu ætlat v̄ ſum̄ıt
vt ꞇ́ ıſlðz en ǩr haꝼðı lagt ꝼarbān ꝼ̇ ſ
kıp þı oll. þt þr vıllðu ė taka v́ ſıð þeī ẽ ħ
bauð. aller ıſꞁ. m̄n ꝼagna vel .k. en þo br
anðr beuzt þt þr v̊ mıog kūñ aðr. baru nv
ıſlēðıngar ſaman ráð ſín. ꝫ kō þ a ſāt með
þeī at nıta ſıð þeī ẽ ǩr bauð. ꝫ hoꝼðu þır al
ler ſābanð þr ſē ꝼyꝭ v̊ neꝼnðer. þr .k. log
ðu nu ſkıpınu vıð bryggıur. ꝫ ruððu ſkı
pıt. ꝫ ſtoꝼuðu ꝼ̇ ꝼıe ſínu. O. ǩr v́ ı benū. ħ
ſpyꝭ ſkıpkuamu þa. ꝫ þ m; at þ́ munu
þr m̄n marğ a ſkıpı ẽ mıkılæꝼ̃ ero. þ v́
v̄ hauſtıt eīn goðan veðr ðag at m̄n ꝼor
v or bę́nū ꞇ́ ſunðz. a ána nıð. þr .k. ſıa
þta. þa m̄ı .k. ꞇ́ ſıña ꝼelaga at þr mun
ðu ꝼara ꞇ́ ſunðzınſ. at ſkēta ſ̃ v̄ ðagīɴ
þr ğa ſ̃. eīn m̄ lıek þar mıklu bezt. þa ſ
pyꝭ .k. bolla eꝼ ħ vılı ꝼreıſta ſunðz vıð
bæıar mānīn bollı .ſ. eckı ætla ek þ mıtt ꝼe
rı. ė veıt ek huar kapp þıtt ẽ nu kōıt. ſ.k. ok
ſꞁ þa ꞇ́. bollı .ſ. þ mattu ğa eꝼ þ́ lıkar. k. ꝼl
eyğ ſ̃ nu ẃt a ána. ꝫ at þū mānı ẽ bezt er
ſunðꝼæꝭ. ꝫ ꝼæꝛ̃ nıðr þeğ. ꝫ hellðr nıð vm
hrıð. lætr .k. þna vpp. ꝫ ẽ þr haꝼa ė leīgı vppı
v̊ıt. þa þ́ꝼr ſa m̄ ꞇ́ .k. ꝫ keyꝛ̃ ħ nıðr ꝫ ẽo nıð
eckı ſkēr. en .k. þottı hóꝼ at. kōa ēn vpp.
engı hoꝼðuz þr orð v́. et þ́ðıa ſīn ꝼara þr
nıðr. ꝫ ero þr þa mıklu leīgſt nıðrı. þıkız
.k. nu ė ſkılıa. hűſu ſıa leıkr mun ꝼara ꝫ
þıkız .k. allð kōıt haꝼa ıārackan ſtað ꝼ
yꝭ. þ́ kēr at lyktū at þr kōa vpp ꝫ legıaz
ꞇ́ lðz. þa m̄ı bæıar maðrīn. hűr er þı m̄. k.
ſagðı naꝼn ſıtt. bæıar m̄ m̄ı. þu ẽt ſunð ꝼæꝭ
vel. eða ertu at oðꝛ ıþrottū ıā vel buīn ſē
at þı. k.ſ. ꝫ hellðr ſeınt. þ v́ orð a þa ẽ ek
v́ a ıſlðı at þ́ ꝼærı aðrar epꞇ̃. en nu ẽ lítılſ
v̄ þa v̊t. bæıar m̄ m̄ı. þ ſkıpꞇ̃ nockuru
v́ hűn þu heꝼ̃ átt .e. ħ ſpyꝭ þu mık ēgıſ.
.k. m̄ı. eckı hırðı ek v̄ naꝼn þıtt. bæıar
m̄ .ſ.. bæðı ẽ at þu ẽt ğuılıgr m̄. enða lætr
þu allſtorlıga. en ė þ́ ſıðr ſꞁtu vıta naꝼn
mıtt .e. v́ hűn þu heꝼ̃ ſunðıt þreytt. ħ
ẽ .O.ǩr.t.ſ. k.ſ. engu ꝫ ſnyr þegar ı ƀtt ſk
ıckıulauſ. ħ var ı ſkarlaz kyrtlı rauðū.
.ǩr. v́ þa mıog klæððr. ħ kallar a .k. ꝫ bað
ħ ė ſua ſkıott ꝼara. k. vıkr aptr. ꝫ hellðr
ſeınt. þa tekr .ǩr. aꝼ ħðū ſ̃ ſkıckıu goð
a. ꝫ gaꝼ .k. q. ħ ė ſkıckıu lauſan ſkyllðu
ganga ꞇ́ ſıña māna. k. þackᷓ ǩgı gıoꝼına
ꝫ geīgr ꞇ́ ſīna m̊ ꝫ ſyñ þeī ſkıckıuna ec
kı lıetu ħ m̄n vel yꝼ̃ þu. þottu .k. mıog
haꝼa gengıt a ǩgſ vallð. ꝫ er nu kyrt veð
rattu ğðı harða v̄ hauſtıð. v̊ ꝼroſt mık
ıl. ꝫ kulðar. heıðñ m̄n ſegıa þ ė vnðar
lıgt at veðr atta lıetı ılla v̄ hauſtıt. g
ellðr at nybreytnı .ǩ. ꝫ þa enſ nyıa ſıða\`r´
er goðın haꝼa reıðzt. Jſlenðıngar v̊
aller ſaman v̄ vetrīn ı bıenū. var .k.
mıog ꝼ̇ þeī. veðrat batnar. ꝫ komu m̄n
ꝼıolm̄nt þa þa ꞇ́ bæıarınſ at orðſenð
ıng .o.ǩ. Marğ m̄n hoꝼðu v́ ǩſtnı tek.
ı þranðheımı. en hıñ v̊ þo mıklu ꝼleırı
ẽ ı motı v̊. eīn hűn ðag attı ǩr þıng í
bıenū vt a eyrū ꝫ talaðı tru ꝼ̇ m̄m lāgt

erēðı ꝫ ſnıallt. þrænðer hoꝼðu hoꝼðu h̃
m̃. ꝫ buðu k̄gı barðaga ı mót. k̄r.q. þa
vıta ſkylldu at ħ þottız átt haꝼa vıð
meıra oꝼreꝼlı. en b̃ıaz þar v̇ þorꝼ̃a.
ı þranðheımı. ſkaut þa bonðū ſkelkı b
rıngu ꝫ logðu allt a k̄. vallð. ꝫ v̂ mart ꝼ
olk þa ſkırt. en ſıðan v̂ ſlıtıð þīgınu. þta
ſama kuelld. ſenðer k̄r m̄n t̀ herbergıſſ
ıſlðınga. ꝫ bað þa v̂ða vıſa huat þr tala
ðı þr ĝa s̃. var þar īn at heyra glaūr mı
kıll. þa tok .k. t̀ orða ꝫ m̄lı ʼt̀ʼ bolla. hu̇ſu ꝼuṡ
ē̃tu ꝼrænðı at taka v̇ t̃ þrı ē̃ k̄r byðr. eckı
em ek þ̄ ꝼuṡ .ſ. bollı. þ̇ at m̄ lıtz ſıðr þra.
veyklıgr mıog. k.ſ. þottı yðr k̄rīn ı engū
hotū haꝼa v̇ þa. ē̃ ė vılldu vnðer ganga
ñ vılıa. bollı .ſ. at vıſu þottı oſſ k̄r gang
a or ſkugga b̃lıga v̄ þ. at þr munðu m
ıklū aꝼarkoſtū mæta aꝼ ħm. engıſſ m̄ na
uðungar m̄ vıl ek v̂a. ſ.k. meðan ek ma
vpp ſtanða. ꝫ vapnū vallða. þıkı m̄ þ ok
lıtılmānlıgt at v̂a tekīn ſē lāb or ſteck
eða melracka or gıllðru. þıkı m̄ hīn koſtʼrʼ
mıklu bet̃ eꝼ m̄ ſt̄ þo ðeyıa at vīna þ noc
kut aðr ē̃ lengı ſıe vppı haꝼt ſıðan. b.ſ.
huat vılltu ĝa. eckı mun ek þ̇ leyna. ſ.k.
brēna k̄gīn īnı. eckı kalla ek þta lıtılm
ānlıgt. ſ.b. en ė mun þta ꝼrā geīgt v̂ða.
at þ̇ er ek hyɢ. mun k̄r v̂a gıptuðrıugr
ꝫ hamīgıu mıkıll. ħ heꝼ̃ ꝫ auruɢ v̂ð hollð
ðag ꝫ nott. k.q. aræðıt ꝼleſtū bıla þoi̇
allgoðer karlm̄n v̂ı. b.q. þ vant at ſía
huerıū huġ þyrꝼtı at ꝼryıa. en mar
ĝ toku vnðer at þta v̂ı þarꝼleyſu tal.
ꝫ er .k. m̄n hoꝼðu þſa var̃ orðıt. þa ꝼor
v þr ı brott ꝫ ſegıa k̄gı þta tal allt. v̄ mor
gınīn ept̃. vıll k̄r þıng haꝼa. er nu t̀ ſte
ꝼnt ollū ıſlðzkū m̄m ok ē̃ þīgıt v̂ ſett þa
ſtoð k̄r vpp. ꝫ þackaðı m̄m þangat kua
mu. þeī er ñ vıñ vılldu v̂a. ꝫ v̇ tru hoꝼ
ðu tekıt. ħ heītı t̀ talſ v̇ ſık ıſlðīga. k̄r.
ſpyꝛ̄ eꝼ þr eꝼ þr vılldı ſkırn taka. þr
ræma þ lítt. k̄r.ſ. at þr munðı þān koſt
velıa ſıer t̀ hanða ē̃ þeī gegnðı v̂r. eða
hu̇ıū yðꝛ þottı þ raðlıgaz at brēna m
ık īnı. þa .ſ.k. þ munu þ̄ ætla at ſa mu
nı ė eınurð t̀ haꝼa v̇ at ganga. er þat
heꝼ̃ m̄lt. en ħ mattu þān ſıa Sıa má ek
þık. ſ.k̄r. ꝫ ė ſmáraðan. en ė mun þ̄ þṡ
auðıt v̂ða at ſtanða yꝼ̃ hoꝼuðſuorðū
mínū. ꝫ ærna heꝼ̃ þu ſauk t̀ þ þóttu
heıtaðız ė v̇ ꝼleırı k̄ga. īnı at brēna ꝼ̇
þa ſok ē̃ þ̄ v̂ı et betra kēt. en ꝼ̇ þ ē̃ ek
vıſſa ė huart hugr ꝼylgðı malı þínu en
ðreīgılıga v̇ gengıt. þa ſt̄ þık ė aꝼ lífı ta
ka ꝼ̇ þa ſauk. kān ꝫ vera at þu hallðer þ̇
betr truna ſē þu mælır meıꝛ̄ ı motı ħı en
aðrer. kān ek ꝫ þ at ſkılıa at þ mun ſkı
pſ hauꝼnū ſkıpta at þān ðag munu v̇ t̃
taka. ē̃ þu lætr onauðıgr ſkıraz. þıkı m̄
ꝫ a þ̇ lıkenðı at ꝼ̃nðr yðrer ꝫ vınır mu
nı mıog a þ hlyða. huat þ̄ talıt ꝼ̇ þeī ē̃ þ̄
kōıt vt t̀ ıſlðz ē̃ þ ꝫ næꝛ̄ mınu hugboðı
at þu k. haꝼ̃ bet̃ ſıð ē̃ þu ſıglır aꝼ noregı
en þa ē̃ þu kōt hegat. ꝼarıt nu ı ꝼ̇ðı ꝫ ı
ġðū. hu̇t er þ̄ vılıt aꝼ þum ꝼunðı. ſt̄ ė p
ynða yðr t̀ k̇ſtnı at ſīnı. þt guð mælır
s̃. at ħ vıll at engı kōı nauðıgr t̀ ħ. var
goðr rōr ĝr at malı k̄. ꝫ þo meſt aꝼ k̇ſt
nū m̄m en heıðñ m̄n matu v̇ .k. at ħ
ſkyllðı ſuara ſē ħ vıllðı. þa m̄lı .k. þac
ka vılıū v̂ yðr. k̄r. ē̃ þ̄ geꝼıt oſſ goðan
ꝼ̇ð. ꝫ þāneg mattu oṡ meſt teygıa atta
ka v̇ trūnı at geꝼa oṡ vpp ſtor ſak̃. en
mælır t̀ allz ı blıðu. þar ſē þ̄ haꝼıt þān
ðag allt ráð v́art ı henðı ē̃ þ̄ vılıt. ꝫ þ æt
la ek m̄ at taka þ̇ at eīſ v̇tru ı noregı.
at ek meta lıtılſ þór ēn næſta vetr ē̃ ek
kē t̀ ıſlðz. þa .ſ.k̄r. ꝫ broſtı at. þ ſıer a y
ꝼ̃bragðı .k. at ħ þıkız eıga meıra trauſt
vnðer aꝼlı ſınu ꝫ vapnū hellðr en þ̇ ſē
ē̃ þorr ꝫ oðīn. Sıðan v̂ ſlıtıð þīgınu. m̄ġ
m̄n eggıuðu k̄g ē̃ ſtunð v̂ ı mıllı at naꝺ

ga þeī .k. t̾ t̾arıñar. ꝫ þottı vraðlıgt at haꝼa s̃ marga heıðna m̄n næꝶ s̃. k̄r.ſ. reıðulıga. q̊ þ hyggıa at marg̃ mun ðe þr k̾ſtn̄ ẽ ė munðu þr ıā hattagoðer ſē .k.e. ſueıt ñ. ꝫ ſt ſlıkra māna leīgı bıða. k̄r. lætr mart nytſālıgt vīna þn vetr lætr h̄ k̾kıu g̃a. ꝫ auka mıog ka vpſtaðīn. Sv k̾kıa v̊ gıor at Jolū. þa m. .k. at þr munðı at þr munðı s̃ næꝶ k̾k̾ at þr mættı ſıa at ꝼ̃ðı ſıðar þ ẽ k̾ſtner m̄n hoꝼðu. toku marg̃ vnðer. ꝫ ſogðu þr v̊a munðu mıkla ſkētan. geīgr .k. nu m; ſína ſueít ꝫ bollı. þar ẽ ꝫ hallꝼ̃ðr ı ꝼaur ꝫ mart m̄. aꝼ ıſlðıngū. k̄r talaðı t̾ ꝼ m̄ beðı langt erenðı ꝫ ſnıallt. ꝫ g̃ðu k̾ſtn̄ m̄n goðan rō at ñ malı. en er þr .k. v̊ gengn̄ ı h̄b̃gı ſín. tekz v̄ræða mıkıl hu̅neg þeī heꝼðı alıtız k̄gīn. nu ẽ k̾ſt n̄ m̄n kalla næſtn̄ m̄n kalla næſt en nı meſtı hátıð. þt .k̄r.ſ. s̃ at v̊ mattū heyra at ſá hoꝼðıngı haꝼı ı nott bor īn v̊ıt ẽ v̊ ſīm nu a t̾a eꝼ v̊ g̃um ep̃ þ ſē k̄r byðr oſſ. k.ſ. Sua leız m̄ vel a k̄g et ꝼyrſta ſīn er ek ſa h̄ at ek ꝼıek þ þe g̃ ſkılt at h̄ v̊ ēn meſtı agætıſſ maðr ok þ heꝼ̃ hallðız ıaꝼnan ſıðan ẽ ek heꝼı h̄ a mān ꝼunðū ſéét. en mıklu bezt le ız m̄ þo ı ðag a h̄. ꝫ oll ætla ek oſſ þarv̊ lıggıa vár malſkıptı at v̊ truī þān v̊a ſañan guð. ſē k̄r byðr ꝫ ꝼ engan mun má k̄gı nu tıðara t̾ v̊a at ek taka v̊ t̾n nı. en m̄ ẽ at lata ſkıraz. ꝫ þ eına ðuel r ẽ ek geīg nu ė þeg̃ a .k̄. ꝼunð. ẽ ꝼ̃m or ðıt er ðagſ. þ nu mun k̄r yꝼ̃ borðū vera en ſa ðagr mun ðuelıaz er v̊ ſueıtung̃ latū aller ſkıraz. bollı tok vel vnð̃ þta ꝫ bað .k. eīnraða. þra malı. v̊ræðu þra .k. haꝼðı k̄r. ꝼyꝶı ſpurt en borðın v̊ı ı b̃ttu þt h̄ attı t̾nat ı hu̅ſ þra h̄b̃gı ēna heıðn v m̄. k̄rīn v̊ðr allglaðr v̊ þta. ꝫ mlı. San nat heꝼ̃ .k. orz kuıðīn. at hatıðer ero t̾ heılla bezt̾. Ok þeg̃ v̄ morgınīn ſnīma er k̄r geck t̾ k̾kıu mættı .k. h̄m a ſtrætınu m; mıkıllı ſueıt m̄. k. kuaððı k̄g. m; mıkıllı blıðu. ꝫ q̊ eıga ſkyllð erenðı v̊ h̄. k̄r tok v el q.ñ. ꝫ q̊ haꝼa ſpurt aꝼ et lıoſazta v̄ ñ erenðı. ꝫ mun þ̃ þta mal auðſott. k. bað þa eckı ðuala v̊ at leıta at vatnınu. ꝫ q. þo mıkılſ munðu v̊ þurꝼa. k̄r.ſ. ꝫ broſtı vıð. Ja .k. ſ. h̄. ė munðı ockr ſt̄ v̄ harðꝼærı ſkıl ıa. þottu v̊ır nockuru kaupðyꝶı. Sıðan v̊ þr .k. ꝫ bollı ſkırðer. ꝫ oll ſkıpſ hoꝼn þra. ꝫ ꝼıolðı ānaꝶa m̄. þta v̊ ānan .ð. Jola ꝼ tıðır Sıðan bauð .k̄r.k. ı ıolaboð ſıtt. ꝫ ſua bolla ꝼ̃nða ñ. þ ẽ ſogn ꝼleſt̾ māna at .k. haꝼı þn ðag gıorz hanðgengīn .O. k̄ı. ẽ h̄ v̊ ꝼærðr ór huıta váðū ꝫ þr bollı baðer. hallꝼ̃ðr v̊ ė ſkırðr þān ðag þt h̄ ſkılðı þ t̾ at k̄r ſıalꝼr ſkyllðı hallða h̄m vnð̃ ſkırn. k̄r. lagðı þ t̾ ānan ðag ep̃. k. ꝫ bollı v̊ m; O.k̄ı. þ ẽ ep̃ v̊ vet̾rınſ. k̄r. mat .k. v̄ꝼ̃m alla m̄n ꝼ ſa k̄ æt̾ ſīnar. ꝫ atg̃uı. ꝫ ẽ þ alſagt at .k. v̊ıþ̃ s̃ vínſæll at h̄ áttı s̃ engan auꝼunðar mān īnan hırðar. v̊ þ ꝫ allra m̄ mal at ē gı heꝼðı ſlıkr m̄ kōıt aꝼ ıſlðı. ſē .k. bollı v̊ ꝫ eñ vaſkaztı m̄. ꝫ metīn vel aꝼ goðū m̄. lıðr nu vetr ſıa ꝫ ẽ várar buaz m̄n ꝼ̃ða ſīna ſua hu̅r ſē ætlaðı. **aꝼ kalꝼı aſgeırſ ſ.**

41 Calꝼr aſg̃ſ .ſ. geīgr t̾ ꝼunð̃ v̊ .k. ꝫ ſpyꝶ huat h̄ ætlaðı raða ſīna v̄ ſumarıt .k.ſ. þ ætlaða ek hellðzt at v̊ mūðī hallða ſkıpı ockru t̾ eīglðz þt þangat ẽ nu góð kaupſteꝼna k̾ſtnū mm. en þo vıl ek ꝼīna k̄g aðr en ek raða þta t̾ ſtaðar þt h̄ tok lítt a v̄ꝼ̃ð mına. þa ẽ ockr v̊ð v̄ ræðt a várı. Sıðan geck kalꝼr a brott en .k. t̾ malſ v̊ k̄g. ꝫ ꝼagn̄ h̄m vel. k̄r tok h̄ m; blıðu ꝫ ſpurðı. huat ıtalı heꝼðı v̊ıt. m; þeī ꝼelugū. k. ſeg̃ huat þr heꝼðı hel lzt ætlat. en q. þo þ ſıtt erenðı t̾ k̄gſ at bıðıa s̃ orloꝼſ v̄ ſına ꝼ̃ð. k̄r.ſ. þn koſt m̄ ek þ̃ g̃a a þ .k. at þu ꝼar̃ t̾ ıſlðz vt ı ſum̄ ꝫ

brıoꞇ̃ m̄n ꞇ̇ kˡſtnı ꝥ̃. ānat huart m; ſtyrk
eða raðū. en eꝼ ꝥ̃ þık̃ ſu ꝼór torſotlıg.
þa vıl ek ꝼ̇ engan mun lata henðr aꝼ þíer
ꝥt ek vırðı at ꝥ̃ ſıe betr henðt at þıonat
ıgnū m̄ᴹ. hellðr en g̃az h̄ at kaupm̄ kıa`r´.
kauſ hellðr at v̄ᵃ m; .k̄ı. en ꝼara ꞇ̇ ıſlðz
ꝫ boða þeī ꞇ̄na. q̇ ė ðeıla vılıa oꝼrkap
pı. v̇ ꝼ̄nðr ſına. ē̃ þ ꝫ lıkara v̄ ꝼeðr mīn.
ꝫ aðra hoꝼðıngía. þa ſē ꝼ̄nðr mıñ ē̃o nañ at
þr ſíe ė at ſtrangarı ı at g̃a þīn vılıa. at ek
ſıa ı yðru vallðı. ı goðū koſtū. k̄r.ſ. ꝥta ē̃ k
eyrıt hyggılıga ꝫ mıkılmānlıga. k̄r gaꝼ .k.
oll klæðı. nyſkorın aꝼ ſk̄latı. ſaūðu h̄m
þau. ꝥt þat ſaugðu m̄n at þr haꝼı ıā
mıklır m̄n v̄ıt þa ē̃ þr gengu vnðer m
al .o.k̄r. ꝫ k. O.k̄r ſenðı ꞇ̇ ıſlðz hırðꝑſt
ſīn ē̃ þangbranðr h̄ˡ. h̄ kō ſkıpı ſínu ı alꝼ
ta.ꝼ. ꝫ v̇ m; ſıðvhallı v̄ veꞇ̇ñ. at þuatt a
ꝫ boðaðı m̄m ꞇ̃. bæðı m; blıðū orðū ꝫ horð
v̄ reꝼſıngū. þangb̄nðr ýa .ıȷ́. m̄n þa ē̃ meſt
mꞇ̄u ı motı. hallr tok ꞇ̃ v̄ varıt ꝫ v̇ ſkı
ırðr þuatt ðagīn ꝼ̇ paſka. ꝫ oll hıon h̄ſ
ꝫ þa lét Gızoꝛ̄ huıtı ſkıraz. ꝫ hıalltı ſ
keggıa .ſ. ꝫ m̄g̃ aðrer hoꝼðıngıar. en þo
v̊ þr mıklu ꝼleırı er ı motı mꞇ̄u. ꝫ g̃ðız
þa trautt vhætt m; heıðnū m̄m ꝫ kˡſtn
v̄. g̃ðu hoꝼðıngıar rað ſıtt at þr munðu
ðrepa þangbranð. ꝫ þa m̄n ē̃ h̄m vılløv
veıta ꝼorſtoð. ꝼ̇ ꝥū oꝼ̇ðı ſtock þangbr
anðr ꞇ̇ noregſ. ꝫ kō a ꝼunð .o.k̄. ꝫ ſagðı
h̄m huat ꞇ̇ tıðenða haꝼðı borıt ı ſīnı ꝼ̃ð
ꝫ q̇ þ hyggıa at ė munðı kˡſtnı v̇ gāgaz
a ıſlðı. k̄r v̄ðr ꝥu reıðr mıog. ꝫ q̇ þ ætla
at marg̃ ıſlenðīgar munðu kēna a
ſınū hlut. nema þr rıðı ſıalꝼ̃ a vıt ſī.
þ ſama ſumar v́ð hıalltı ſkeggıa .ſ.
ſekr a þīgı v̄ goðga. Runolꝼr vlꝼſ .ſ.
ſottı h̄ ē̃ bıo ı ðal vnðer eyıa ꝼıollum
ēn meſtı hoꝼðıngı. þ ſum̄ ꝼór Gızoꝛ̄ vt
an ꝫ hıalltı með h̄m. taka noreg ok
ꝼara þeg̃ a ꝼun`ð´ .O.´k̄`. k̄r tekr þeī vel. ꝫ
.q. þa haꝼa `vel´ or raðıt ꝫ bauð þeī m; ſ̃ at v̇
a. ꝫ þ þıggıa ꝥr. þa haꝼðı ſuertīgr ſon run
olꝼſ or ðal v̄ıt ı noregı v̄ vetrīn ꝫ ætlaðı tıl
ıſlðz v̄ ſumarıt. ꝼlaut þa ſkıp h̄ ꝼ̇ bryg
gıū albuıt. ꝫ beıð byrıar. k̄r. bānaðı h̄m
ꝥ̃ıꝼ̃ð .q. engı ſkıp ſkyllðu ganga ꞇ̇ ıſlðz
þ ſum̄. Suertīgr geck a k̄gſ ꝼunð. ꝫ ꝼlut
tı mál ſıtt. bað ſ̃ orloꝼſ. ꝫ q. ſıer mıklu m
alı ſkıpta at þr bærı ė ꝼarmīn aꝼ ſkıp
ínu. k̄r. mꞇ̄ı ꝫ var þa reıðr. Vel ē̃ at ꝥ̇ ſıe
ſon blot m̄ıſ̄ ē̃ h̄m þıkır v̄ra. ꝫ ꝼór ſu̅t
īgr hūgı. v̇ þān vetr allt tıðenða lauſt
v̄ ſumarıt epꞇ̃ ſenðı k̄r. þa Gızor h̄ta
ꝫ hıallta ſkeggıa .ſ. ꞇ̇ ıſlðz at boða tru
ēn aꝼ nyíu. en h̄ tok .íííȷ. m̄n at gıſlum
epꞇ̃. kıarꞇ̃.O.ſ. halldór .ſ. Guðm̄ðar ēſ rí
ka. ꝫ kolbeī .ſ. þðar ꝼreyſgoða. ꝫ ſu̅tīg .ſ.
ʀunolꝼſ or ðal þa ræz ꝫ bollı ꞇ̇ ꝼaꝛ̄ með
þeī ´G` hıallta. Sıðan geīgr h̄ at hıtta. kıaꝛ̄
ꝼ̄nða ſīn. ꝫ mꞇ̄ı. Nu em ek buīn ꞇ̇ ꝼ̃ðar.
ꝫ munða ek bıða þín ēn næſta vetr eꝼ
at ſūrı v̄ı lauſlıg̃ v̄ þına ꝼ̃ð en nu. en
v̄ þıkıūz hıtt ſkılıa at k̄r vıll ꝼ̇ ēgan
mun þık lauſan láta. en hoꝼū þ ꝼ̇ ſatt
at þu muñ ꝼátt þ ē̃ a ıſlðı er ꞇ̇ ſkētañ.
þa er þu ſıtr a talı v̇ Jngıbıorgu k̄. ſyſꞇ̃
h̄ v̄ þa m; hırð .O.k̄. ꝫ þra kuēna ꝼ̇ðuz
ē̃ þa v̊ ı lðı. k.ſ. haꝼ eckı ſlıkt v̇. en bera
ſꞇ̄tu ꝼ̄nðū varū .q. mına. ꝫ ſua vınū. **aꝼ**

42 **þ kıarꞇ̃. ꝫ bolla**

Epꞇ̃ þ ſkılıaz þr kıarꞇ̃. ꝫ
bollı. Gızoꝛ̄ ꝫ hıalltı ſıgla aꝼ noregı
ꝫ v̄ða vel reıðꝼara. kōa at þīgı ı veſt
m̄ᵃ eyıar. ꝫ ꝼ̄a ꞇ̇ megī lðz. eıgu þar ſteꝼ
nur ꝫ tal v̇ ꝼ̄nðr ſına. Sıðan ꝼ̄a þr tıl
alþīgıs ꝫ tolðu ꞇ̃ ꝼ̇ m̄m. bæðı langt ē̃en
ðı ꝫ ſnıallt ꝫ toku þa aller m̄n tru a
ıſlðı. bollı reıð ı hıarðar hollt aꝼ þīgı
m; O. ꝼ̄nða ſınū. tok h̄ v̇ h̄m m; mıkıl
lı blıðu. bollı reıð ꞇ̇ lauga at ſkēta ſ̃ þa
ē̃ h̄ haꝼðı lıtla hrıð v̄ıt heıma v̄ h̄ᴺ ꝥ̇ vel
ꝼagnat. Guðꝛ̄ ſꝑðı vanðlıga v̄ ꝼ̃ð h̄ en ꝥ̇

næſt at .k. bollı leyſtı oꝼlıetılıga. ór þ ollu ē .G. ſp̄ðı .q. allt tıðenða lauſt v̄ ꝼ̄ð ſıń. en þ ē kēr t .k. þa ē þ m; mıklū agætū. at ſegıa ſatt ꝼ̄ ñ koſtı. þt h ē ı hırð .O.k̄. ⁊ metīn þ v̄ ꝼ̄m hůn mān. en eckı kēr m̄ at vuorū þo at ñ haꝼı h̄ı lðı lıtlar nytıar. ena næſtu ve tr. G. ſp̄. þa. huart nockut hıellðı t þ ānat en vınatta þra k̄. b.ſ. hůt orðtak māna v a v̄ vınattu þra kıarī. ⁊ Jngıbıarǵ .k̄. ſyſt ⁊ q. þ næk ſīnı ætlan at k̄r. mundı hellðr gıpta hm Jngıbıorgu. en lata h lauſan eꝼ þ v̄ı at ſkıpta. G.q. þ goð tıðendı. en þ at eınſ ē .k. ꝼullboð eꝼ h ꝼær goða konu ⁊ lıet þa þegar ꝼalla nıðr talıt. geck aſ̄t ⁊ v allrauð. en aðrer g̃nuðu huart hı þæt tı þı tıðendı s̄ goð ſē h lıet vel yꝼ̄. b. ē heīa ı hıarðh. v̄ ſūarıt. ⁊ haꝼðı mıkīn ſōa ꝼen gıt ı ꝼ̄ð þı. þottı ollū ꝼ̄nðū ñ ⁊ kūnīgıum mıkılſ v̄ v̄t ñ vaſkleık. b. haꝼðı ⁊ mıkıt ꝼıe vt haꝼt. h kō opt t lauga. ⁊ v a talı v .G. eítt ſīn ſp̄.b.G. hůſu h mundı ſuara eꝼ h bæðı har. þa .ſ.G. ſkıott. eckı þarꝼtu ſlıkt at ræða bollı. engū m̄ mun ek gıp taz meðan ek ſpyr kıarī. a lıꝼı. b.ſ. þ hy ggıū v̄ at þu v̄ðır at ſıtıa nockura vetr. mānlauſ eꝼ þu ſīt bıða .k. mundı h ⁊ koſt haꝼa átt at bıóða m̄ þ v̄ nockut erendı eꝼ hm þættı þ allmıklu malı ſkıpta. Skıpt þau nockurū orðū v ⁊ þottı ſıñueg hua ru. ſíðan rıðr bollı heī. **kvanꝼáng bolla**

43 Nockuru ſıðak ræðır .b. v .O. ꝼ̄nða ſín ⁊ mlı a þa leıð ē ꝼ̄nðı kōıt at m̄ v̄ı a þ hugr at ſtaðꝼeſta rað mıtt. ok kuangaz. þıkıūz ek nu v̄a ꝼullkōīn at þroſka. vıllða ek t haꝼa þa malſ. þıt orð a ꝼulltīg ⁊ ꝼ̄m kuæð. þt þr ēo h ꝼleſt m̄n at mıkılſ munu v̄ða þín orð. O.ſ. þær ēo ꝼleſt koñ at v̄ munū kalla at þeī ſíe ꝼu llboðıt þ ē þu ert. muntu ⁊ é haꝼa þta ꝼ yk vpp queðıt. en þu munt haꝼa ſtatt ꝼ þ. huar nıðr ſī kōa. b.ſ. eckı mun ek meık

ór ſueıt a brott bıðıa konu. meðan s̄ nalæ g̃ ēo goðer raðakoſt. ek vıl bıðıa .G.ó́ſ.ð. h ē nu ꝼrægſt q̄na. O.ſ. þ ē þ mál at ek vılē gan hlut at eıga. ē þ .b. þ ı engan ſtað okū nara en m̄ hůt orðtak a v m; þeī .k. ⁊ .G. en eꝼ þ þık þta all mıklu malı ſkıpta. þa mun ek leggıa engan meīleıka t. eꝼ þta ſēz m; yðr. eða heꝼ̄ þu þta mál nockut ræðt v .G. b. q̄ haꝼa a vıkıt v̄ ſīnſak. ⁊ q. hana haꝼa eckı mıog a tekıt vıentı ek þo at ó́ſ. munı meſtu v̄ raða þta mál. O.q. h m; mundu ꝼ ſē hm lıkaðı. é mıklu ſıðak rıðr bollı heı man. ⁊ m; hm ſyñ .O. halldorr ⁊ ſteī þoṙ v̄ þr .xíj. ſaman. þr rıða t lauga. Ó́ſ. ꝼagń þeím vel ⁊ .ſſ. ñ. bollı quaððı .Ó́ſ. t malſ v ſık. ⁊ heꝼr vpp bonorð ſıtt. ⁊ bað .G.ð.ñ. en .Ó́ſ. ſuaꝛ a þa leıð Sua ē ſē þu veızt .b. at .G. ē eckıa. ⁊ a h ſıalꝼ ſuor ꝼ s̄. en ꝼyſa mun ek þa. Geīgr nu ó́ſ. t ꝼundar v .G. ⁊ ſeg̃ hı at þ ē kōīn .b. þī.ſ. ⁊ bıðr þín. attu nu ſuor þa malſ. mun ek h v̄ ſkıott bırta mīn vılıa. at .b. mun é ꝼ̄ hnekt eꝼ ek ſī ráða. G.ſ. Skıotlıtıð g̃ır þu þta mal. ⁊ ræððı .b. eıtt ſīn þta mál ꝼ m̄. ok veık ek hellðr aꝼ. ⁊ þ ſama ē m̄ ēn ı hug. þa .ſ.ó́ſ. þa munu marǵ m̄n mæla at þta ſıe meık aꝼ oꝼſa mīt en mıkıllı ꝼıꝛ hyggıu eꝼ þu neıt ſlıkū m̄ ſē bollı ē. en meðan ek ē vppı þa ſī ek haꝼa ꝼorſıa ꝼ yðr bornū mı nū v̄ þa lutı ē ek kañ gıorr at ſıa en þ. ok ē .Ó́ſ. tok þta s̄ þůt. þa ꝼ tok .G. é ꝼ ſınahōð ⁊ v þo en tregazta ı ollu. ſſ. ꝼyſa þa mıog. þıkır ſua mıkıl ſlægıa t mægða v bolla. ⁊ huart ſē at þum malū v ſetıt lengr .e. ſkēr þa rıez þ aꝼ at þar ꝼ ꝼeſt ꝼ̄m. ok queðıt a brullaupſ ſteꝼnu v̄ vetr natta ſkeıð. Sıðan rıðr bollı heī ı hıarðh. ⁊ ſ.O. þa raðaſtoꝼnun. h lætr s̄ ꝼatt v̄ ꝼınaz ē .b. heīa þ t ē h ſī boðıt ſækıa. b. bauð .O. ꝼ. ſınū. en .O. v þ eckı ꝼlíotr. ⁊ ꝼór þo. at bæn .b. veızla v v̄ðulıg at laugū. b. v þ ept v̄ vetń. eckı v mart ı ſāꝼaurū þra .b.

aꝼ Gvðꝛ̄ hendı. en ē ſum̄ kō. þa gengu ſkıp
lða ı mıllı. þa ſpurðuz þau tıðendı t̉ norē.
aꝼ ıſlðı at þ var alk̉ſtıð. varð .O. k̄r. v̇ þ
allglaðr. ꝫ gaꝼ leyꝼı ollū t̉ ıſlðz þeī m̄ er h̄
haꝼðı ı gıſlīgū haꝼt. ꝫ ꝼara huert ē þeīlí
kaðı. kıart̄.ſ. þt h̄ v̉ ꝼ̄ þeī m̄ ollū erıg
ıſlıngu hoꝼðu v̄ıt hallðn̄ haꝼıt mıkla
þock. ꝫ þān munū v̄ aꝼ taka at vıtıa
ıſlðz ı ſum̄. þa .ſ.o.k̄r. é munū v̄ þı orð
aptr taka. kıart̄. en þo mīltū v̄ þta ec
kı ſıðr t̉ ānaka m̄ en t̉ þín þ̉ at v̄ vırðū
ſua. kıart̄ at þu haꝼ̄ h̄ ſetıð meık ı vī
gan en gıſlıngu. vıllða ek at þu ꝼyſtız
é vt t̉ ıſlðz. þo at þu eıḡ gauꝼga ꝼrænðr
þt koſt muntu eıga at taka þan̄ raða
koſt ı noregı er engı mun ſlıkr a ıſlðı.
þa ſ.k. vak h̄ra launı yðr þān ſoma ē
haꝼıt t̉ mın gort. ſıðan ē ek kō a yðút
vallð. en þ vıen̄ ek at þ̄ munıt é ſıðr geꝼa
m̄ orloꝼ en þeī oðꝫ ē þ̄ haꝼıt h̄ hallðıt vm
hrıð. k̄r.q. ſ̄ v̄a ſkyllðu. en ſeḡ ſ̄ torꝼeīgā
ſlıkan mān otıgīn ſē kıart̄ v̄. þān vetr
haꝼðı kalꝼr aſḡ.ſ. v̄ıt ı noregı ꝫ haꝼðı aðr v̄
hauſtıð kōıt veſtan aꝼ eīglðı m; ſkıp þr
ra kıart̄. ꝫ kaupeyrı. ꝫ ē kıart̄. haꝼðı ꝼēgıt
orloꝼıt t̉ ıſlðz ꝼerð. hallða þr kalꝼr a bu
naðı ſínū. ꝫ ē ſkıpıt v̄ albuıt. þa gengr .k.
a ꝼunð Jngıbıargar k̄ ſyſt̄. h̄ ꝼagnaðı h̄
vel ꝫ geꝼr rū at ſítıa hıa ſ̄. ꝫ taka þau
tal ſaman. ſeḡ .k. þa Jngıb. at h̄ heꝼ̄ bu
ıt ꝼ̄ð ſına t̉ ıſlðz þa .ſ. h̄. meık ætlū v̄ kıā.
at þu haꝼ̄ gort þta v̇ eīræðı þıtt. en m̄n
haꝼı þık þa eggıat at ꝼara ı b̄tt aꝼ nore
gı. ꝫ t̉ ıſlðz. en ꝼáátt v̄ð þeī at orðū þaðan ı ꝼ̄
J þu bılı tekr Jngıbıorg t̉ mıoð ðrecku ē ſtēðr
hıa h̄ı. h̄ tekr þ̉ ór motr huıtan. gull uoꝼīn
ꝫ geꝼr .k. ꝫ q.G.ó́ſ.ð. haullztı gott at veꝼ
ıa h̄m at hoꝼðı ſ̄. ꝫ muntu h̄ı geꝼa mo
t̉n̄ at beckıargıoꝼ. vıl ek at þær ıſlenðın
ga kon̄. ſıáe þ at ſu kona er é þræla ætt̄
ē þu heꝼ̄ tal átt v̇ ı noregı. þar v̄ guðve
ꝼıar pokı v̄ vtan. v̄ þ ēn agætaztı ġpr. hu̇
gı mun ek leıða þık. ſ.J. ꝼar nu vel ꝫ heıll.
Epꝼ̄ þ ſtenðr .k. vpp. ꝫ huarꝼ t̉ .J. ꝫ hoꝼðu
m̄n þ ꝼ̄ ſatt at þeī þættı þa ꝼ̄ at ſkılıaz
geīgr nu .k. ı brott. ꝫ t̉ .k̄. ſagðı .kı. at h̄ er
þa buīn ꝼ̄ðar ſıñar. O.k̄r leıððı .k. t̉ ſkıp\`s´
ꝫ ꝼıolðı m̄ m; h̄m. ꝫ ē þr komu þar ſē ſkı
pıt ꝼláut. ꝫ var þa eín bryggıa a lð. þa
tok k̄r t̉ orða. h̄ ē ſu̅ð .k. ē þu ſl̄t þıggıa
aꝼ m̄ at ſkılnaðı ockrū. láttu þ̄ vápn
þta ꝼylgıuſāt v̄a. þt ek væntı þ at þu
v̄ðır é vapnbıtīn m̄ eꝼ þu b̄r þta ſuerð. þ
v̄ ēn vırðulıgſtı ġpr ꝫ buıt mıog. k. þack̄
kı m; ꝼogꝫ orðū. alla þa ſıēð ꝫ vırðıng ē
h̄ haꝼðı h̄m veítt. meðan h̄ haꝼðı v̄ıt ı no
regı. þa mlı k̄r. þ vıl ek bıðıa þık .k. atþv
hallðer vel truna. epꝼ̄ þ ſkılıaz þr k̄r
ꝫ .k. m; mıkū kærleık. gēgr þa .k. vt a ſk
ıp. k̄rın̄ leıt epꝼ̄ h̄m ꝫ mlı. Mıkıt ē at .k.
queðıt ꝫ kynı h̄. ꝫ mun ohægt v̄a at ḡa v̇

44 Þeır .k. ꝫ **aꝼ kıartanı ꝫ** [ꝼorlogū þra. **kalꝼı**
kalꝼr ſıgla nu ı haꝼ. þeī byrıaðı
vel. ꝫ v̊ lıtla hrıð vtı. toku h̄ta ı
b̄ḡ.ꝼ. þı tıðendı ſpyrıaz vıða vtq̄ma .k.
þta ꝼ̄t̄ .O.ꝼ.h̄. ꝫ aðrer ꝼ̄nðr h̄. ꝫ v̄ða ꝼeg
n̄ mıog. Rıðr .O. þegar veſtan or ðolū.
ꝫ ſuðr t̉ b̄ḡ.ꝼ. v̄ðr þar mıkıll ꝼagnaꝼ
unðr m; þeī ꝼeðgū. byðr .O.k. t̉ ſın v̇ ſ̄ m̄
ga m̄n ſē h̄ vıllðı. k. tok þ̉ vel q̄ ſ̄ þa vıſt
ætla at haꝼa. rıðr .O. nu heī ı hıarðar h̄.
en .k. ē at ſkıpı v̄ ſum̄ıt. h̄ ſpyk nu gıaꝼ
orð .G. ꝫ bra ſ̄ eckı v̇ þ. en morgū v̄ a þ̉ kuı
ðu ſtaðr áðr. Guðmunðr ſaulmunðar .ſ.
mágr .k. ꝫ þur\`ı´ðr ſyſt̄ h̄ komu t̉ ſkıpſ. k.
ꝼagn̄ þeī vel. Aſḡr æðıkollr kō ꝫ t̉ ſkıp\`s´
at ꝼīna kalꝼ ſon ſıñ. þar v̄ ı ꝼ̄ð m; h̄m
hreꝼna .ð.h̄. h̄ v̄ en ꝼ̄ðazta kona. k. ba
vð þurıðı ſyſtur ſīnı at haꝼa ſlıkt aꝼ
varnīgı ſē h̄ vıllðı. Slıkt ıt ſama mlı.
kalꝼr v̇ hreꝼnu. kalꝼr lykr nu vpp eīnı
mıkıllı kıſtu. ꝫ bað þ̄ þ̉ t̉ ganga. v̄ ðagīɴ

g̃ðı a huaſt veðr ⁊ hlıopu þr .k. þa ýt at ꝼeſ
ta ſkıp ſıtt. ⁊ ē þr hoꝼðu lokıt. ganga þr heī
ť buðāna. þær þurıðr ⁊ hreꝼna. haꝼa mıog
borıt ór kıſtūnı. þa þrıꝼr hreꝼna vpp motṅ
⁊ rekr ı ſundr. tala þær v̄ at þ ſıe en meſta
g̃ſemı. þa .ſ. hreꝼna at h̛ vıll ꝼallða ſ̃ v̇ mo
trīn. þurıðr .q. þ raðlıgt. ⁊ nu g̃ır hreꝼna
s̃. kalꝼr ſ̃ þta. ⁊ lıet ė haꝼa vel ť tekız þ̛
at ſıa eīn ē s̃ lutr. at v̊ .k. eıgū ė baðer ſa
man ⁊ ē þau tala þta þa kēr .k. īn ı buðı
na. ħ haꝼðı heyrt tal þra. ⁊ tok vnð̃ þe
g̃. ⁊ q. eckı ſaka. hreꝼna ſat þa ēn með
ꝼallðınū. k. hyɢr at hı vanð lıga. ⁊ mlı.
vel þıkı m̃ ſama motṅ hreꝼna. ſ. ħ ætla ek
⁊ at þ ſıe bezt ꝼallıt at ek eıga allt ſam
an motr ⁊ mey. þa .ſ. hreꝼna. þ munu
m̄n ætla. at þu mun̄ ė q̄ngaz vılıa b̃ð
enðıſſ. en geta þa konu er þu bıðr. k.ſ. at
ė munðı mıkıt vnðer hu̅ıa ħ ǽttı. en líez
eng̃r ſkyllðu leīgı vanbıðıll v̊a. hreꝼna
tekr nu oꝼan ꝼallðıṅ. ⁊ ſelr .k. motrīn.
⁊ ħ v̊ðueıtır. Guðm̄ðr ⁊ þau þurıðr buðu
.k. norðr þangat ť ſín ť kyṅıs vıſť v̄ vetṅ.
.k. h̛ ꝼ̃ð ſıñı. kalꝼr aſg̃.ſ. rıez norðr með
ꝼeðr ſınū. Skıpta þr .k. nu ꝼelagı ſínu ⁊
ꝼor þ allt ı makenðı. ⁊ vınſkap. k. rıðr
⁊ ꝼ̃ ſkıpı ⁊ veſtr ı ðalı. þr v̊ .xíȷ́. ſaman.
kēr .k. heī ı hıarðħ. ⁊ v̊ða aller m̄n ħm ꝼ
egñ. k. lætr ꝼlytıa ꝼıe ſıtt ſūnan ꝼ̃ ſkı
pı v̄ hauſtıð. þır .xıȷ. m̄n v̊ aller ı hıarð̃
holltı v̄ vetṅ. þr .O. ⁊ óſ. hıellðu enū ſam
a hættı v̄ heīboð. ſkyllðu ſıtt hauſt. h̛r̃
aðra heī ſækıa. Guðr̃. mlı nu v̇ bolla at hı
þottı ħ ė haꝼa s̃ allt ſatt ť ſagt v̄ vtkua
mu .k. bollı q̇ þ ſagt haꝼa. ſē ħ vıſſı þ̛ aꝼ
ſānaz. G. talaðı ꝼátt ť þa eꝼnıſ. en þ v̊
auðꝼynðt at hı lıkaðı ılla. þt þ ætluðu
ꝼleſter m̄n at hı v̊ı ēn mıkıl epť ſıa at
v̄ .k. þo at h̛ hylðı yꝼ̃. þta hauſt ſkyllðı v̊
a heī boð at laugū. ſkyllðı .O. ⁊ þr hıarð
hylltıg̛ ť ſækıa. lıðr nu þ̛ ť ē hauſt boðıt
ſkyllðı v̊a at laugū. O. bıoz ť ꝼ̃ðar ⁊ bað .k.
ꝼara m; s̃. k.q̇ munðu heīa v̊a at gæta
bus. O. bað ħ ė þ g̃a. at ſtyggıaz v̇ ꝼrǽðr ſı
na. mınztu a þ.k. at þu heꝼ̃ engū m̄ ıam
mıkıt vnt ſē.b. ꝼoſtbroður þınū. er þ mīn
vılı at at þu ꝼar̃. mun ⁊ bratt ſēıaz með
ykr ꝼ̃nðū eꝼ þıð ꝼīnız ſıalꝼ̃. k. g̃ır ſua ſē
ꝼað̃ ħ beıðız ⁊ tekr ħ nu vpp ſkarlatz klæ
ðı ſín þau er .O. kr gaꝼ ħm at ſkılnaðı. ok
bıo ſık v̇ ſkart. ħ gyrðı ſık m; ſuerðınu k̃
naut. ħ haꝼðı a hoꝼðı hıalm gullroðīn.
⁊ ſkıollð a hlıð rauðan ⁊ ðregīn a með
gullı k̛ſſīn helgı. ħ haꝼðı ı henðı ſpíot
⁊ gullrekīn ꝼalrīn a. aller m̄n ħ v̊ ı lıt
klæðū. þr v̊ allz a þ̛ðıa tıgı m̊. þr rıða nu
heıman ór hıarðħ. ⁊ ꝼ̊ þar ť ē þr komu
ť lauga. v̊ þ̛ mıkıt ꝼıolm̄nı ꝼ̇. **aꝼ kıartanı ⁊ bolla**

45 Bollı geck í motı þeī .O. ⁊ .ſſ.óſ.
⁊ ꝼagna þeī vel. b. geck at .k. ⁊ mī
tız ť ħ k. tok queðıu ħ. Epť þ v̊ þeī
īn ꝼylgt. bollı er v̇ þa eñ katazta. O. tok þ̛
eīkar vel en .k. hellðr ꝼalıga. veızla ꝼor v
el ꝼ̃m. bollı áttı ſtoð hroſ þau ē bezt voru
kollut. heſtṅ v̊ mıkıll ⁊ vıēn. ⁊ haꝼðı all
ðregı brugðız at vígı. ħ v̊ huıtr at lıt ⁊ r
auð eyrun ⁊ toppṅ. þa`r´ ꝼylgðu .ííȷ́. m̄hryſ
ſı m; ſama lıt ſē heſtrıṅ. þı h̛s vıllðı .b.
geꝼa .k. en .k. q̇ engı v̊a hroſſam̄ ⁊ vıllðı
ė þıggıa. O. bað ħ v̇ taka h̛ſſunū. ⁊ ēo þta
enar v̇ðulıgſtu gıaꝼ̃. k. ſettı þűt neı ꝼ̇.
ſkılðuz epť þ m; eng̛ blıðu. ⁊ ꝼ̃ hıarðhyll
tıg̛ heī. ⁊ er nu kyrt. v̊ .k. hellðr ꝼaŕ v̄
vetṅ. ɴutu m̄n lıtt talſ ħ. þottı .O. a þ̛ mı
kıl meín. þān vetr epť Jol byz .k. heīan
⁊ þr .xíȷ́. ſaman. ætluðu þr norðr ť h̛aða.
rıða nu leíð ſína þ̛ ť ē þr kōa ı vıðı ðaln
orðr ı aſbıarnarneſ. ⁊ er þar tekıt vıð k.
m; ēnı meſtu blıðu. ⁊ auluð. v̊ þar hyby
lı en veglıgſtu. hallr .ſ. Gvðm̄ð̃ v̊ þa a ť
tugſ allð̃. ħ v̊ mıog ı kyn þra laxðæla þ ē
alſagt at ė haꝼı v̊ıt aluaſklıg̛ m̄ ı ollum

norðlenðīga ꝼıorðūgı. hallr tok v̇ k. ꝼ̄nða ſínū
m; mıkıllı blıðu. ē͛o þa þeg̃ leık͛ lagðer ı aſbn̄ n̄e
ꝫ ſaꝼnat vıða t̕ v̄ h̄ut. kō t̕ ór vıðıðal ꝫ mıð.ꝼ.
ꝫ aꝼ vaz neſı ꝫ ór vaz ðal. ꝫ allt vtan or langa
langa ðal. v͛ð þ̇ mıkıt ꝼıolm̄nı. aller m̄n hoꝼ
ðu a malı. hu͛ſu mıkıt aꝼbragð .k. v͛ ānak͛a
m̄. Sıðan v͛ aꝼlat t̕ leıkſ ꝫ beıtız hallr ꝼ̇. h̄
bað .k. t̕ leıkſ. vıllðī v͛ ꝼ̄nðı at þu ſynð͛ kur
teıſı þına. ı ꝥu. k.ſ. lítt heꝼı ek tamıt mık
t̕ leıka. nu ıt næſta. ꝥt ānat v͛ tıðara m; .O.kı.
en ė vıl ek ſynıa ꝥ v̄ ſīnſak͛. ꝥa. byz nu .k. t̕
leıkſ v͛ þeī m̄m at motı h̄m ſkıpt ē þ̇ v͛ ſt͛k
azt͛. ē nu leıkıt v̄ ðagīn. haꝼðı þar engı m̄ v̇
.k. huarkı aꝼl nıe ꝼīleık. Ok v̄ kuellðıt er
leık v͛ lokıt. þa ſtenðr vpp hallr .G.ſ. ꝫ ml̄ı. þ
ē boð ꝼoður mīſ ꝫ vılı vm alla þa m̄n ē hī
gat haꝼa leīgſt ſótt. at þr ſíe h̄ aller nátt
langt. ꝫ takı h̄ a morgın t̕ ſkētan̄. ꝥta ē͛en
ðı rémðız vel ꝫ þóttı ſtormānlıga boðıt.
kalꝼr aſg̃.ſ. var þar kōīn. ꝫ v͛ eınkar kǽrt
m; þeī .k. þ̇ v͛ ꝫ hreꝼna ſyſt͛ h̄ ꝫ hıellt all
mıog t̕ ſkartz. þ̇ v͛ aukıt .c. m̄. a buı v̄ nót
nína. v̄ ðagīn ept͛ v͛ þar ſkıpt t̕ leıkſ. k.
ſat þa hıa leık ꝫ ſa á. þurıðr ſyſtır h̄ gek͛t
málſ v̇ h̄. ꝫ mlı ſ͛. þ ē m̄ ſagt ꝼ̄nðı at þu
ſ͛ hellðr hlıoðr vetrlangt tala m̄n þ at
ꝥ munı v͛a ept͛ ſía at v̄ .G. ꝼæra m̄n þ t̕
ꝥ at engı blıða v͛ðr a með ykr bolla. ꝼræ
ðū ſ͛ mıkıt aſtrıkı ſē m; yk͛r heꝼ͛ v͛ıt alla'r'.
ſtunðer. Gıor ſua vel ꝫ hæꝼılıga at þu
lat ꝥ eckı at ꝥu þıkıa. ꝫ v̄n ꝼrænða þı
nū goðſ raðſ. þættı oſſ þ raðlıg̃ at þu q̄n
gaðız ept͛ þ̇ ſē þu mlt͛ ı ꝼyrra ſumar þ
oṫ ꝥ ſíe ė þar m; ollu ıāræðı ſē hreꝼna
er. ꝥt þu matt ė þ ꝼīna īnan lðz. aſg̃r ꝼa
ðer h̄ar ē gauꝼugr maðr ꝫ ſtorættaðr. h̄
ſkort͛ ꝫ ė ꝼıe at ꝼ̇ða ꝥta ráð. ē ꝫ ōnur .ð.h̄
gıpt rıkū m̄. þu heꝼ͛ ꝫ m̄ ſagt at kalꝼr
.a.ſ. ſíe en̄ rauſkuaztı m̄. er þra raða
hagr ēn ſkorulıgſtı. þ ē mīn vılı at þu
tak͛ tal v̇ hreꝼnu ꝫ víænt͛ mık at ꝥ þı

kı þ̇ ꝼ͛ vıt ept͛ vænleık. k tok vel vnð͛
ꝥta ꝫ q̄ð hana vel mala leıta. ept͛ ꝥta
ē kōıt ſaman talı þra hreꝼnu. tala þau
v̄ ðagīn. v̄ quellðıt ſp̄ðı þurıðr .k. hu͛ſu
h̄m heꝼðı vırðz orðtak hreꝼnu h̄ lıet v
el ıꝼ͛ q̇ kona þıkıa v͛a en ſkorulıgſta at
ollu þ̇ er h̄ mattı ſıa aꝼ v̄ morgınīn ep
t͛ v͛ m̄n ſenðır t̕ aſg̃ſ. ꝫ boðıt h̄m ı aſbn̄.
tokz nu v̄ræða v̄ mal þra. ꝫ bıðr .k. nu
hreꝼnu .ð. aſg̃ſ. h̄ tekr þ̇ malı lıklıga
ꝥt h̄ v͛ vıtr m̄. ꝫ kūnı at ſıa hu͛ſu ſæmı
lıga þeī ē boðıt. kalꝼr. ē ꝥa malſ mıog
ꝼlytanðı. vılek eckı lata t̕ ſpara. hreꝼ
na veıttı ꝫ ė aꝼſuor ꝼ̇ ſına honð. ꝫ bað
h̄ ꝼeðr ſīn raða. ē nu ꝥu malı a leıð ſnu
ıt. ꝫ vattū bunðıt. eckı lætr .k. ſ͛ an̄at
lıka. en brullaup ſıe ı hıarðarh̄. þr .aſg̃.
ꝫ kalꝼr. mæla eckı ꝥu ı mot. ē nu aq̇
ðın brullaupſteꝼna ı hıarðh̄. þa ē .v. vı
kur ē͛o aꝼ ſūrı. Ept͛ þ reıð .k. heī með
ſtorar gıaꝼır. O. lıet vel yꝼ͛ ꝥū tıðen
ðū. ꝥt .k. var mıklu katarı en aðr h̄
ꝼór heıman. k. ꝼaſtaðe þurt langa ꝼ
oſtu ꝫ g̃ðı þ at engıſſ m̄ ðæmū. þottı
m̄m þ vnðarlıgr hlutr at .k. lıꝼðı ſua
lēgı matlauſ at m̄n ꝼ͛ langar leıðır
at ſıa h̄. Meðr ſlıku motı v͛ aðrer hæt
t͛ .k. v̄ꝼ̄m aðra m̄n. Sıðan gēgu aꝼ p
aſkarn̄. Ept͛ þ lata þr .k. ꝫ .O. ſtoꝼna
t̕ veızlu mıkıllar. kōa þr norðan aſ.
ꝫ kalꝼr at aq̇ðīnı ſteꝼnu. ꝫ Guðm̄ðr
ꝫ hallr. ꝫ hoꝼðu þr aller ſaman .lx.
māna. þr .k. hoꝼðu ꝫ mıkıt ꝼıolm̄nı
ꝼ̇. v͛ ſu veızla agıæt. ꝥt vıku v͛ at bo
ðınu ſetıt. k. gaꝼ hreꝼnu at línꝼíe
motṅ ꝫ var ſu gıoꝼ allꝼræg. ꝥt en
gı var þar ſua vıtr .e. ſtor auðıgr at
ſlıka g̃ſemı heꝼðı ſéét .e. átta. en þ ē
vıt͛ māna ꝼ̄ſogn at .vííȷ́. aurū gullz
v͛ı oꝼıt ı motrīn. k. v͛ ꝫ ſ͛ katr at bo
ðınu at h̄ ſkētı þ̇ huerıū m̄ ı talı ſınu

ꝫ ſagðı ꝼ ꝼðū ſınū. þottı m̄m nu ꝥ mıkılſ
v̄ þ v̄t hv̄ſu mıkıl eꝼnı ꝥ v̄ t ſellð ꝥt h
haꝼðı leīgı þıonat enū agætazta hoꝼðī
gıa .O.kı.t.ſ. ēn þa ē boðenu v ſlıtıð val
ðı .k. goðar gıaꝼ Guðm̄ðı ꝫ hallı ꝫ oðru
ſtorm̄nı. ꝼēgu þr ꝼeðg mıkīn orðſtır aꝼ
ꝥı veızlu. tokuz goðar aſt m; þeī k. ꝫ hr

46 Þeır .O. ꝫ Óſ **ſtolıt ſuerð.ks nav** [eꝼnu. **tr**
helldu ſīnı vınattu þott nockut
v̄ı þuſtr a m; enū yngrū m̄. þ ſu
mar haꝼðı .O. heīboð halꝼū manaðı ꝼ ve
tr. óſ. haꝼðı ꝫ boð ſtoꝼnat at vetrnottū
bauð þa huaꝛ þra oðꝛ t ſın. með ſ marga
m̄n ſē þa þættı huarū meſtr ſomı at v̄a.
óſ. attı þa ꝼyʀı boð at ſækıa t .O. ꝫ kō h
at aqueðīnı ſtunðu ı hıarðh. J þrı ꝼerð
v bollı ꝫ G. ꝫ ſſ.óſ. v̄ morgınīn epᷠ ræð
ðı kona eın v̄ ē þær gēgu ut epᷠ ſkal
anū. hu̅ſu konū ſkyllðı ſkıpa ı ſætı. þ
bar ſaman. ꝫ Guðr. ē kōın gegnt reckıu
þrı at .k. v vanr at lıggıa ı. k. v þa at. ꝫ
klæððız. ꝫ ſteyptı yꝼ ſık ſkarlaz kyrtlı
raðū. þa mlı .k. t konu þrar ē v̄ kuēna
ſkıpunına haꝼðı ræðt. ꝥt engı v ānar
ſkıotarı t at ſuara. hreꝼna ſſ ſıtıa ı onð
vegı ꝫ v̄a meſt metın at ǵuollu a meðan
ek ē a lıꝼı. en .G. haꝼðı þo aðr auallt ſkı
pat aunðvegı ı hıarðarh. ꝫ ſ ānarſ ſta
ðar. G. heyrðı ꝥta ꝫ leıt t .k. ꝫ ƀ lıt
en .ſ. engu. añan .ð. epᷠ mlı .G. v hreꝼnu
at h ſkyllðı ꝼallða ſ m; motrınū ꝫ ſyna
m̄m en̄ bezta ǵp ē kōıt haꝼðı t ıſlðz. k. v
hıa ꝫ þo ė allnæꝛ ꝫ heyrðı huat G. m.
h v̄ð ſkıotarı t at ſuara ēn hreꝼna.
eckı ſſ h ꝼallða ſ m; mot at ꝥu boðı
ꝥt meıra þıkı m̄ ſkıpta at hreꝼna ė
ena meſtu ǵſemı hellðr en boðſm̄n
haꝼı nu augna gaman aꝼ at ſıñı.
vıku ſkyllðı hauſt boð v̄a at .O. ān
an ð. epᷠ ræððı .G. ı hlıoðı t hreꝼnu
at h ſkyllðı ſyna hı motṅ. h q. ſua v̄

a ſkyllðu v̄ ðagīn epᷠ ganga þær ı vtı b
vr þ ē ǵpñ v̄ í lauk hreꝼna vpp kıſtu ok
tok ꝥ vpp guðueꝼıar poka. en or pokāū
tok h motrīn. ꝫ ſynðı .G. h raktı motn ok
leıt a v̄ hð ꝫ ræððı huarkı v̄ lauſt ne loꝼ
Sıðan hırðı hreꝼna motṅ ꝫ gēgu þær
t ſætıſſ ſınſ. epᷠ þ ꝼór ꝥ ꝼm̄ gleðı ꝫ ſkēt
an. en þān .ð. er boðſm̄n ſkyllðu ı brot
rıða geck .k. mıog v̄ ſyſlur at añaz m̄
heſta ſkıptı. þeī er langt v̄ at kōñ ok
ſlıka ꝼararbeına ſē haꝼa þurꝼtı. ė haꝼ
ðı .k. haꝼt ſuerðıt ꝁ naut ı hēðı þa ē h
haꝼðı at ꝥu gēgıt. en þo v h ſıallðan v
anr at lata þ hðı ꝼ ganga. Sıðan gec h t
rūſ ſínſ. þar ſē ſu̅ðıt haꝼðı v̄ıt. ꝫ v þa
a ƀttu. h geꝁ þeǵ at ſegıa ꝼeðr ſınū. O.
mlı. h ſſm v̄ ꝼara m; ſē hlıoðaz ꝫ mun
ek ꝼa m̄n t nıoſnar ı huern ꝼlock þra ē
a ƀtt rıða. ok ſ ǵðı h. án ēn huıtı ſkyllðı
rıða m; lıðı óſ. ꝫ hugleıða aꝼhuarꝼ m̄
.e. ðualar. þr rıðu īn hıa lıarſkogū. ꝫ hıa
bæıū þeī er ı ſkogū heıta ꝫ ðuolðuz hıa
ſkogū ꝫ ſtıgu þar aꝼ bakı. þolꝼr .ſ.óſ.
ꝼór aꝼ bænū ꝫ nockuꝛ aðrer m̄n með h
þr hurꝼu ı ƀtt ı hrıſkıorr nockur a meðā
þr ðuolðuz ı ſkogū. án ꝼylgðı þeī t laxar
ē ꝼellr or ſælīgſ ðal. ꝫ q h þa munðu apt`r´
hu̅ꝼa. ė talðı þolꝼr meın a ꝥ þot h heꝼ
ðı hu̅gı ꝼarıt. þa nott aðr haꝼðı ꝼallıt
lıtıl ſnæꝼaulua ſ at ſporrækt v. an reıð
aptr t ſkogar ꝫ raktı ſpor þolꝼſ t kıellð
v eīnar .e. ꝼenſ. h þreyꝼaðı ꝥ nıðr ꝫ ǵıp
þar a ſu̅z hıolltū. an vıllðı haꝼa vıt
ní m; ſ v̄ ꝥta mal. ꝫ reıð epᷠ þarnı í
ſælīgſ ðalſ tungu ꝫ h ꝼor t m; ane at
taka vpp ſuerðıt. Epᷠ þ ꝼærðı añ.k. ſu̅
ðıt. k. vaꝼðı v̄ ðukı. ꝫ lagðı nıðr ı kıſtu.
ꝥ heıᷠ ſu̅z kıellða ſıðan þolꝼr ſtak ꝥ ı
ſu̅ðınu .ꝁ naut. var nu latıð kyrt yꝼ
ꝥu. en v̄ gıorðın ꝼānz allðregı ſıðan
.k. haꝼðı ıaꝼnan ´mīnı` mæᷠ a ſu̅ðınu ſıðan

en aðr. þta lıet .k. a ſık bíta ⁊ vıllðı é haꝼa
ſuabuít. O. mꝉı. lattu þta eckı a þık bıta. ha
ꝼa þr ſynt eckı goðan prett en þık ſak̾ ec
kı. latū é aðra eıga at þ᷃ at hlæıa. at vær
leggī ſlıkt ꞇ ðeılu. þ᷃ ē ꞇ motz ēo vıñ ⁊ ꝼ̄nðr
⁊ v᷃ ꝧar ꝼortolur .O. lıet .k. kyrt v᷃a Epꞇ̄
þta bıoz .O. at ſækıa heīboð ꞇ lauga at
vetr nottū. ⁊ ræððı. ħ. v᷃ .k. at ħ ſkyllðı
ꝼara. k. v᷃ trauðr ꞇ ⁊ h᷃ þo ꝼ̄ðīnı at bæn
ꝼeðr ſınſ. hreꝼna ſkyllðı ⁊ ꝼara ⁊ vıllðı
he\ı/ma lata motṅ. þg̃ðr ħpreyıa ſpurðı
huenar ſkalltu vpp taka ſlıkan agætıſ
g̃p eꝼ ħ ſꝉ ı kıſtū lıggıa þa ē þu ꝼ̄r ꞇ bo
ða. hreꝼna .ſ. Marg̃ m̄n mæla þ. at é ſıe
auruæna at ek kōa þar. at ek eıga ꝼærı
auꝼunðar m̄n en at laugū. þ.ſ. eckı leg
gıū v᷃ mıkīn ꞇnað a þa m̄n er ſlıkt tala
ħ ı mıllı ħa. en m; þ᷃ at .þ. ꝼyſtı akaꝼt þa
haꝼðı hreꝼna motṅ. en .k. mꝉı. þa eıgı
ı mót er ħ ſa hūſu moðer ħ vıllðı. epꞇ̄
þta raðaz þau ꞇ ꝼ̄ðar ⁊ kōa þau ꞇ lau
ga v̄ kuellðıt. ⁊ var þeī þ᷃ vel ꝼagnat
.þ. ⁊ hreꝼ̄ ſelıa klæðı ſín ꞇ varðueızlv
en v̄ morgınīn er konur ſkyllðu taka
bunat ſıñ. þa leıꞇ .h. at motnū ⁊ v᷃ þa
ı brottu þaðan ſē ħ᷃ haꝼðı varð veıtt
⁊ var þa vıða leıtað ⁊ ꝼanz é. G. q̃ð þ
lıkazt at heīa munðı ep haꝼa orðıt
motṅ .e. ħ᷃ munðı haꝼa buít v̄ vvarlı
ga ⁊ ꝼellt nıðr. h.ſ. nu .k. at motrīn v᷃
horꝼīn. ħ .ſ. ⁊ q. é hægt lut ı at eıga at
gæta ꞇ m; þeī. ⁊ bað hana nu lata v᷃a
kyrt. ſeg̃ ſıðan ꝼauður ſınū v̄ huat at
leıka v᷃. O.ſ. Eñ vıllða ek ſē ꝼyꝛ at þv
lıeꞇ̄ v᷃a ⁊ hıa þ᷃ líða þta vanðræðı. mun
ek leıta epꞇ̄ ꝧu ı hlıoðı. þt þ᷃ ꞇ vıllða ek
allt vīna at yk᷃r bolla ſkılðı é a. ē vm
heıllt bezt at bında ꝼ̄nðı. ſ. ħ. k.ſ. auð
vıtað ē þ .ꝼ. at þu munðer v̄na ollū ħ᷃
ħ᷃ aꝼ goðſ hlutar. en þo veıt ek é hu
art ek nēnı at aka ſ̃ haullu ꝼ lauga

m̄. þān ðag ē m̄n ſkyllðu a b᷃tt rıða ꝼra
boðınu tekr k ꞇ malſ. ⁊ .ſ. ſ̃. þık q̃ð ek
at ꝧu bollı ꝼ̄nðı. þu munt vılıa g̃a tıl
v́ar ðrēgılıgaꝛ. heðan ı ꝼ̃ en hīgat tıl.
mun ek þta eckı ı hlıoðmælı ꝼæra þ᷃
at þ ē nu at marg̃ m̄ vıtı v̄ huaꝛꝼ þa
ē ħ᷃ haꝼa orðıt ē v᷃ hyggıū at ı yðvarn
g̃ð haꝼı rūnıt. a hauſtı ē v᷃ veıttū veız
veızlu ı hıarðarħ v᷃ tekıt ſūð mıtt. nu
kō þ aptr en é v̄gıorðın. Nv heꝼ̄ ħ᷃ ēn h
orꝼıt ſa g̃pr er ꝼıemætr m̄ þıkıa. þo v
ıl ek nu haꝼa huarntueggıa. þa .ſ. bollı
é ēo v᷃ ꝧa vallð .k. ēþu b᷃r a oṡ. munðı oṡ
allz ānarſ aꝼ þ᷃ vara. en þ at þu munðer
oṡ ſtulð kēna. k.ſ. þa m̄n hyggıū v᷃ ħ᷃ ıra
ðū haꝼa v᷃ıt v̄ þta at þu mátt bætr a
raða eꝼ þu vıll. gangı þ᷃ þaurꝼū meıꝛ
a ꝼang v᷃ oṡ. hoꝼū v᷃ leīgı vnðan eırt ꝼ
ıanðſkap yðꝛ. ſꝉ nu þ᷃ lyſa at é mun ſ̃
buıt hlyða. þa .ſ.G. malı ħ. ⁊ mꝉı. þān ſ
eyðı rauꝼar þu þar .k. at betr v᷃ı at é
rykı. Nu þo at ſ̃ ſíe ſē þu ſeg̃. at þr m̄n
ſíe ħ᷃ nockuꝛ ē rað haꝼı ꞇ þ ſeꞇ at mo
ꞇn ſkyllðı hūꝼa. þa vırðı ek ſ̃ at þr ha
ꝼı at ſínu gengıt. haꝼı þ᷃ nu þ ꝼ ſatt
þar v̄ ſē yðr lıkar. huat aꝼ motrınū
er orðıt en é þıkı m̄ ılla þo at ſua ſıe
ꝼ ħm hagat at .h᷃. haꝼı lıtla bunīgs
bot aꝼ motnū heðan ı ꝼ̃. Epꞇ̄ þta ſkı
lıa þau hellðr þunglıga. rıða þr heī
hıarðhylltīgar. takaz nu aꝼ heī bo
ðın. v᷃ þo kyrt at kalla. Eckı ſpurðız
ſıðan ꞇ motrſınſ. þ hoꝼðu m̄g̃ m̄n ꝼ ſ
att. at þolꝼr heꝼðı brenðan motṅ ı
ellðı at ráðı .G. ſyſtur .ſ. þān vetr on
ðv᷃ðan anðaðız aſgeıꝛ æðı kollr. toku
ſyñ ħ þar v᷃ buı ⁊ ꝼıe. **kıartan ꝼor ꞇ lavga**

47 Epꞇ̄ Jol v̄ veꞇṅ ſaꝼṅ .k. at ſ̃ m̄m
vrðu þr ſaman .lx. m̄. eckı .ſ.k.
.ꝼ. ſınv̄ hūſu aꝼ ſtoz v̄ ꝼ̄ð ꝧa. ſp̄
ðı .O. ⁊ lıtt at. k. haꝼðı m; ſ̃ tıolld ⁊ vıſꞇ̄.

rıðr .k. nu leıð ſına. þ̾ t̾ ē h̄ kēr t̾ lauga.
h̄ bıðr m̄n ſtıga aꝼ bakı. ꝫ mlı at ſum̄
ſkylldu geyma heſta þra. en ſuma bı
ðr h̄ reıſa tıolld. J þān tıma v̾ þ mıkıl
tızka. at vtı var ſalernı. ꝫ ė all ſkāt
ꝼ̾ b\ı/enū ꝫ s̃ v̾ at laugū. k. líet þ̾ taka
ðyꝛ̄ allar a h̄um. ꝫ bānaðı ollū m̄m
vt gongu. ꝫ ðreıttı þau īnı .ííȷ. nætr. ep
t̄ þ rıðr .k. heī ı hıarðarh̄. ꝫ hu̾r ħ ꝼoru
nauta t̾ ſınſ heımılıſ. O. lætr ılla yꝼır
þı ꝼ̄ð. þg̾ðr q̄ð ė laſta þurꝼa. ꝫ ſagðı l
auga m̄n t̾ ſlıkſ g̾t haꝼa .e. meırı ſuı
v̾ðıng̾. þa mlı .hr̄. atr̄ þu .k. v̾ nockura
m̄n tal at laugū. h̄ .ſ. lıtıð v̾ bragð atþ̾
ſeg̾ h̄ at þr bollı ſkıptuz v̾ nockurū or
ðū. þa mlı .hr̄. ꝫ broſtı v̾. þ ē m̄ ſānlıga
ſagt at þıð .G. munıt haꝼa v̾ talaz. ꝫ
s̃ heꝼı ek ſp̄t. hu̾ſu h̾ v̾ buın at h̾ heꝼðı
nu ꝼallðıt ſık v̾ motnū. ꝫ ſēðı eīkar v
el. k.ſ. ꝫ roðnaðı mıog v̾. var m̄m au\t/
ꝼynt at h̄ reıððız v̾. ē h̾ haꝼðı þta ı ꝼle
ymīgı. eckı bar m̄ þ ꝼ̾ augu ē þu ſeg̾
ꝼ̾ hr̄. ſ.k. Munðı .G. eckı þurꝼa at ꝼall
ða s̃ mot t̾ þ at ſama betr en allar
konur aðrar. þa hættı .hr̄. þu talı. þeī
laꝺga m̄m lıkar ılla. ꝫ þottı þta myklu mık
lu mıklu meırı ſuıuırðıng ꝫ v̾rı. en
þott .k. heꝼðı ðrepıt mān eða .ıȷ. ꝼ̾
þeī. v̾ þr .ſſ.ó̄ſ. oðazt̄ a þta mál. en .b.
ſuaꝼðı hellðr. G. talaðı h̾ ꝼærſt v̄. en þo
ꝼunðu m̄n þ a orðū h̄nar at ė v̾ı vıſt
huart oð lægı ı meıra rumı en h̄ı. g̾
ız þu ꝼullkomīn ꝼıanðſkapr mıllı laꝺ
ga māna ꝫ hıarðh̄. ꝫ ē aleıð vetr ꝼæð
ðı .hr̄. barn þ var ſueīn ꝫ var neꝼnðr
Aſg̾r. þorarīn buanðı ı tungu lyſır þ̾
at h̄ vıllðı ſelıa tungungu lð. v̾ þat
bæðı at h̄m þurru lauſaꝼíe enða
þottı h̄m mıog vaxa þuſtr mıllı m̄.
ı h̾aðınu. en h̄m v̾ kært v̾ huaratueg
gíu. bollı þottız þurꝼa at kaupa s̃ ſtað

ſtaðꝼeſtu. þt lauga m̄n hoꝼðu ꝼa lōð
en ꝼıolða ꝼıar. þau bollı. ꝫ G. rıðu ı
tungu. at raðı .Ó̄ſ. þottı þeī ı honð ꝼal
la at taka vpp lð þta hıa s̃ ſıalꝼum.
ꝫ bað þau ė lata ſmatt ſlíta. Sıðan
rıeðu þau þorarēn v̄ kaup þta. ꝫ urðv
a ſátt hu̾ſu ðyrt v̾a ſkyllðı ꝫ s̃ þ ē ı mo
tı ſkyllðı v̾a ꝫ v̾ mlt t̾ kaupſ m; þeım
bolla. en þ̾ v̾ kaupıt ė vattū bunðıt at
ė v̾ m̄n ſua marg̾ hía. at þ þættı v̾a log
ꝼullt. rıða þau .b. ꝫ .G. heī ep̄t þta. en
er .k.O.ſ. ſpyꝛ̄ þı tıðenðı. rıðr h̄ þeg̾ vıð
.xıȷ.\ta/ mān ꝫ kō ı tungu ſnēma ðagſ ꝼag
nar þorarīn h̄m vel ꝫ bauð h̄m þ̾ at v̾
a. k.q̾ heī munðu rıða v̄ quellðıt. en
eıga þar ðuol nockura. þorar̄. ꝼ̄ttı at
v̄ erēðı. k.ſ. þ ē ēenðı mıtt hīgat at
ræða v̄ lð kaup þ nockut. ē þ̾ .b. haꝼı\t/
ſtoꝼnat. þt m̄ ē þ ı motı ſkapı. eꝼ þu
ſelr lð þta. þeī bolla ꝫ .G. þar̄.q. s̃ van
hēta ānat. þt v̾ðıt ſl bæðı rıꝼlıgt þ
ē bollı heꝼ̄ m̄ ꝼ̾ heıtıð lðıt. ꝫ gıallð
az ſkıott. k. mlı. eckı ſl þık ı ſkaða
þo at bollı kaupı ė lðıt. þ̾ at ek mv̄
kaupa þ̾lıku v̾ðı. ꝫ eckı mun þ̾ ðv
ga mıog ı motı at mæla þ̾ ſē ek vıl
v̾a lata. þ̾ þ mun a ꝼīnaz at ek vıl
h̾ meſtu raða ı h̾aðı. ꝫ g̾a þo meıꝛ̄
ep̄t ānaꝛ̄a m̄ ſkaplynðı en̄ lauga
m̄. þar̄.ſ. ðyrt mun m̄ v̾ða ó̊ttīſ orð
v̄ þta mál. en þ v̾ı næſt mınu ſkap
lynðı at kaup þta v̾ı kyrt ſē v̾ .b.
hoꝼū ſtoꝼn̄. k. mlı. eckı kalla ek
þ lðkaup ē ė ē váttū bunðıt. Geyr
nu ānat huart. at þu hanðſala
m̄ þeg̾ lðıt at þ̾lıkū koſtū ſē þu he
ꝼ̄ aſáttr orðıt v̾ aðra .e. bu ſıalꝼr
a lðı þınu ella. þar̄. kauſ at ſelıa h̾
lðıt. v̾ nu þeg̾ vattar at þu kaupı
.k. reıð heī ep̄t lð kaup. þta ſpurðız
v̄ alla breıða.ꝼ.ðalı. et ſama quellð

ſꝑðız þta t̄ lauga. þa mlı .G. s̃ v̇ðız m̄ .b. ſē
ſē .k. haꝼı ꝥ gort .ıȷ́. koſtı nockuru ħð
arı en ħ g̃ðı þorarnı. at þu munt lata
v̄ða ħat þta m; lıtlū ſoma .e. ſyna þık
a eınhū̃ıū ꝼundı ykrū nockuru vſlæ
ra en þu heꝼ̄ ꝼyꝶ v̄ıt. b.ſ. engu ꝫ gek
þegar aꝼ ꝑu talı ꝫ v̄ nu kyrt þ ē epꞇ̄
var langa ꝼoſtu. ēn .ıȷ́. ðag paſka
reıð .k. heıman v̇ ānan mān. ꝼylgðı ħ
án ſuartı. þr koma ı tungu v̄ ðagīn
.k. vıll at þaꝛ̄. rıðı m; ħm veſtr t̄ ſaurb
æıar at ıata ꝥ ſkullðar ſtoðū. þt .k. at
tı ꝥ mıklar ꝼıar reıður. þaꝛ̄. v̄ rıðīn a
añan bíe. k. ðualðız ꝥ v̄ hrıð ꝫ beıð ħ.
þañ ſama .ð. v̄ þar komın þhalla mal
ga ħ ſpyꝶ .k. hū̃t ħ ætlaðı at ꝼ̊. ħ q̄ ꝼara
ſkyllðu veſtr t̄ ſaurbæıar. ħ .ſ. hū̃ıa ſꝉtu
leıð rıða. k.ſ. ek mun rıða veſtr ſælī
gſð. en veſtan ſuína ðal. ħ .ſ. hū̃ſu leī
gı ħ mūðı v̄a. k.ſ. þ ē lıkazt at ek rıða
veſtan .v.ðagīn. ᴍantu reka ēendı mı\`t´
.ſ. þħ. ek a ꝼrænða veſtr ꝼ̇ ħtaðal. ı ſa
vrbæ ħ heꝼ̄ heıtıð m̄ halꝼrı mork vað
malſ. vıllða ek at þu heīꞇ̄ ꝫ heꝼð̄ meðr
ꝥ veſtan. k. híet ꝑu Sıðan kēr þaꝛ̄. heī
ꝫ ræz t̄ ꝼ̄ðar m; þeī. ʀıða þr veſtr
v̄ ſælīgſðalſ heıðı ꝫ kōa v̄ quellðıt ahol
t̄ þra ſyſtkına. k. ꝼær þar goðar v̇toku\`r´
þt þar var en meſta vıngan. þħ. malga kō
heī t̄ lauga v̄ quellðıt. ſpyrıa .ſſ.ó́ſ. huat
ħ hıttı m̄ v̄ ðagīn. ħ q̄ haꝼa hıtt .k.o.ſ. þr
ſpurðu hū̃t ħ ætlaðı. ħ ſagðı ſlıkt aꝼ ſē
ħ vıſſı. ꝫ allðregı heꝼ̄ ħ v̄ıt vaſklıg̃ en
nu. ꝫ ē þ ė kynlıgt at ſlıkū m̄ þıkı allt
lagt hıa ſ̃. ꝫ eñ mlı þħ. auð ꝼynðt þóttı
m̄ þ a at .k. v̄ eckı ānat ıálıett hıalat ſē
v̄ lð kaup þra þaꝛ̄. G. mlı vel ma .k. ꝥ
allt g̃a ðıarꝼlıga þ ē ħm lıkar þt þ ē re
ynt at ħ tek enga þa vſæmð t̄. at neīn þo
rı at ſkıota ſkaptı at mótı ħm. bæðı v̄
hıa talı þra .G. bollı ꝫ .ſſ. Ó́ſ. þr .ſ. ꝼá. ꝫ hellðr

t̄ aleıtnı v̇ .b. ſē ıaꝼnan v̄ vant bollı
líet ſē ħ heyrðı ė ſē ıaꝼnan ē. k. v̄ hallmꝉt
þt ħ v̄ vanr ꝥ ıaꝼn̄. **ðraumr ans hrıſmaga**

48 Kıartan ſıtr eñ .ıȷ́.ð. paſka a holı v̄
þar en meſta ſkētan. ꝫ gleðı vm
nottına epꞇ̄ líet án ılla ı ſueꝼnı.
ꝫ v̄ ħ vakīn. þr ſpurðu huat ħ heꝼðı
ðreymt. ħ .ſ. kona kō at m̄ oꝼeckılıg
ꝫ kıptı m̄ a ſtock ꝼ̄m ħ haꝼðı ı henðı
ſkalm ꝫ hrıſ ı ānaꝶı. ħ ſettı ꝼ̇ brıoſt
m̄ ſkalmına. ꝫ reıſt a m̄ kuıðīn allā.
ꝫ tok a brott ıñyꝼlın ꝫ líet kōa ı ſtaðīn
hríſ. epꞇ̄ þ geck ħ v́t. ſ. án þr .k. hlog
mıog at ðraumınū. ꝫ .q. ħ heıta ſky
llðu án hrıſmaga. þrıꝼu þr t̄ ħ. ꝫ q̊ð
leıta ſkyllðu huart hrıſ v̄ı ı maganū
þa mlı auðr. ė þarꝼ at ſpotta þta ſua
míog. ē þ mıtt t̄lag at .k. g̃ı ānat huar\`t´
at ħ ðuelız ħ lengr. en eꝼ ħ vıll rıða þa
rıðı ħ m; meıra lıð heðan. en hūgat. k.
mlı. v̄a kān at yðr þıkı án hrıſma
gı mıog m̄kı máll þa ē ħ ſıtr a talı v̇
yðr v̄ ðagana ē yðr þıkır allt ſē vıꞇ̄n ſíe
ꝫ ꝼara mun ek ſē ek heꝼı aðr ætlat ꝼ̇
ꝑū ðraū. k. byz ſnīma. v.ð. ı paſka vıkv
ꝫ þk huelpr ꝫ knutr ƀðer ħ at raðı au
ðar. þr rıðu m; .k. a leıð allz .xıȷ. ſamā
.k. kēr ꝼ̇ huıta ðal ꝫ heītı vaðmal þħ.
malgu ſē ħ ħ. Sıðan reıð ħ ſuðr ſuına ð.
þ var tıðenða at laugū ı ſælīgſ.ð. at .G.
var ſnēma a ꝼotū. þeg̃ ē ſolo v̄ oꝼ̄t ħ
geck þangat t̄ ē bræðr ħar ſuaꝼu ħ tok
a oſpakı. ħ vaknaðı ſkıott v́. ꝫ s̃ þr ꝼleí
rı bræðr. ꝫ ē oſpakr kenðı þar ſyſtur ſı
na. þa ſꝑðı ħ huat ħ vıllðı ē ħ v̄ s̃ ſnē
ma a ꝼotū. G.q̄. vıllðv vıta huat þr vıll
ðu at haꝼaz v̄ ðagīn. oſpakr q̄ munðu
kyrru ꝼ̇ hallða. ꝫ ē nu ꝼátt t̄ v̄knað.
.G. mlı. gott ſkaplynðı heꝼðıt ꝥ ꝥ ꝼēgıt
eꝼ ꝥ v̄ıt ðætr eīſ hū̃ſ bonða ꝫ lata ħ
kı at yðr v̄ða gagn níe meın. en ſlı
ka ſuıu̇ðıng ꝫ ſkōm ſē .k. heꝼ̄ yðr g̃t

þa ſoꝼı ꝥ ė at mīna. at ħ rıðı hᷠ hıa ǵ
ðı v́ ānan mān. ꝫ haꝼa ſlıkᷣ m̄n mık
ſuınſ mīnı. þıkı m̄ ꝫ rekın v́an. at ꝥ
þorıt .k. heī at ſækıa. eꝼ ꝥ þorıt ė at
ꝼīna ħ nu ē ħ ꝼᷣr v́ ānan mān .e. eīn
ſaman. en ꝥ ſıtıt heıma. ꝫ latıð væn
lıga. ꝫ erut æ haullztı marǵ. Oſpakr
q̄ð hana mıkıt aꝼ taka. en v͛a ıllt t́
mot mæla. ꝫ ſpratt ħ upp þeǵ ꝫ klæð
ðız. ꝫ hv͛r þra bræðra at oðrū. Sıðan
bıugguz þr at ſıtıa ꝼıᷣ .k. þa bað .G.b.
t́ ꝼᷣðar m; þeī. b.q. ſ͛ ė ſama ꝼ́ ꝼᷣnð ſe
mıſ ſakᷣ v́ .k. ꝫ tıaðı hv͛ſu aſtſālıga .O.
haꝼðı ħ vpp ꝼæððan. G.ſ. Satt ſegır
þu þ. en ė muntu bera gıptu t́ at ǵa ſ͛
at ollū þıkı vel. ꝫ mun lokıt okrū ſā
ꝼoꝵ eꝼ þu ſkᷣſt vnðan ꝼorīnı. ꝫ v́ ꝼor
taulur .G. mıklaðı .b. ꝼ́ ſ͛ ꝼıanðſkap.
allan a henðr .k. ꝫ ſakᷣ ꝫ vapnaðız ſıðā
ſkıott. ꝫ vrðu .ıx. ſaman. v͛ þr .v.ſſ. oſuıꝼᷣ.
Oſpakr ꝫ helgı vanðraðr ꝫ torraðr þol
ꝼr. bollı ēn vı. Guðlaugr ēn .vıȷ. ſyſtur
ſon .ōſ. ꝫ m̄ vıænlıgaztr. ꝥ v́ oððr ꝫ ſteīn
.ſſ. þhollu malgu. þr rıðu t́ ſuına ðalſ.
ꝫ namu ſtaðar hıa gılı ꝥ́ ē haꝼᷣ gıl heıt.
bunðu ꝥ heſtana ꝫ ſettuz nıðr. bollı v́ hl
ıoðr v̄ ðagīn. ꝫ lá vppı hıa gılſ þrēınū. en
er þr .k. v͛ kōn̄ ſuðr v̄ mıoſynðı. ꝫ rymaz
tekr ðalrīn. mlı .k. at þr þk. munðu ſnu
a aptr. þk. q̊ rıða munðu ꝥ t́ ē þrytr ða
līn. ꝫ þa ē þr komu ſuðr v̄ ſel þau ē norðr
ſel heıta. þa mlı .k. t́ þra bræðra at þr
ſkyllðu ė rıða leīgra. ſl ė þolꝼr þıoꝼn̄
at ꝥ́ hlæıa at ek þora ė at rıða leıð m
ına ꝼam̄nr. þk. huelpr .ſ. þ munu v͛ nu
veıta ꝥ at rıða nu ė leīgra. en ıðraz mu
nu v͛ ꝥ. eꝼ v͛ ēū ė v́ ſtaðder eꝼ þu þarꝼt
m̄ v́ ı ðag. þa mlı .k. ė mun bollı ꝼrēðı
mīn ſlá banaraðū v̄ mık. en eꝼ þr ōſ.ſſ.
ſıtıa ꝼ́ m̄. þa ē ė reynt. huaꝛᷣ ꝼᷣ tıðenðū
eıga at ſegıa. þo at ek eıga v́ nockurn lıð\`s´

mun. Sıðan rıðu þr bræðr veſtr aptr. **ꝼall**

49 **N**v rıðr .k. ſuðr epᷣ ðalnū. ꝫ **kıartans**
þr .ííȷ. ſaman. án ſuartı ꝫ þora
rīn. þk. hᷠ m̄ ē bío at haꝼᷣtınðū.
ı ſuınaðal. þar er nu auðn. ħ haꝼðı ꝼᷣıt
t́ hroſſa ſīna v̄ ðagīn. ꝫ ſmalaſueīn ħ m;
ħm. þr ſá huaratueggíu laugam̄n ı ꝼırır
ſatīnı. ꝫ þa .k. ē þr rıðu epᷣ ðalnū .ííȷ. ſam
an. þa mlı ſmalaſueīn. at þr munðu ſnua
t́ motz v́ þa. k.q. þeī þ mıkıt happ. eꝼ þr
mættı ſkırra vanðræðū ſ͛ mıklū. ſē þa v͛
t́ ſteꝼnt. þk. mlı. þegı ſkıott. ſ. ħ. mun ꝼo
lı þīn nockurū m̄ lıꝼ geꝼa eꝼ bana v͛ðr a
vðıt. ē þ ꝫ ſatt at ſegía at ek ſparı huarı
ga t́ at þr eıgınu ſua ıllt ſaman ſē þeī lıkᷣ
Syníz m̄ þ beťť rað at v́ komī ockr ꝥ at o
ckr ſıe v́ engu hætt. en v́ megī þo ſē gıorſt
ſıa ꝼunðīn. ꝫ haꝼī gaman aꝼ leık þra þt
þ ægæta aller at .k. ſıe vígr hv͛ıū m̄ betr.
vıænᷣ mık ꝫ at ħ ꝥꝼı nu ꝥ. þt ockr ē þ kū
nıgt at ærīn ē lıðſmunr. ꝫ varð ſ͛ at v͛a
ſē þk. vıllðı þr .k. rıða ꝼrām at haꝼᷣgılı.
en ı ānan ſtað ǵna þr ōſ.ſſ. hᷠ bollı mun ſ͛ ha
ꝼa ꝥ ſ͛ ſtað leıtað er ħ mattı vel ſía. þa er
m̄n rıðu veſtan. þr ǵa nu ru ráð ſıtt. ok
þottı ſē bollı munðı þeī ė v͛a trukᷣ ganga
at ħm vpp ı breckuna. ꝫ brugðu a glımu ꝫ a
glenz ꝫ toku ı ꝼætr ħm. ꝫ ðrogu ħ oꝼan ꝼ́
breckuna. En þa .k. bar bratt at ē þr rıðu
hart. ꝫ ē þr komu ſyðr yꝼᷣ gılıt. þa ſá þr
ꝼᷣſatına ꝫ kēðu m̄nına. k. ſꝥtt þeǵ aꝼ ba
kı. ꝫ ſn̄í ı motí þeī ōſ.ſſ. ꝥ ſtoð ſteīn eínn
mıkıll. ꝥ bað .k. þa v́ taka. en aðr þr mǽt
tız ſkaut .k. ſpıotınu ꝫ kō ı ſkıollð þol
ꝼſ ꝼ́ oꝼan munðrıðan̄ ꝫ bar aꝼ ħm ſkıo
llðīn v́. ſpıotıð geck ı gegnū ſkıollðīn ok
hanðleggīn ꝼ́ oꝼan olboga. ꝫ tok ꝥ ı ſu
nðr aꝼlvauðvan. líet þol. þa lauſan ſk
ıollðīn ꝫ v͛ ħm onyt honðın v̄ ðagīn. Sıð
an ƀ .k. ſv͛ðınu ꝫ haꝼðı ė kᷣ naut. þ hollu
ſſ. rūnu a þaꝛᷣ. þt þeī v́ þ hlutv͛k æ\`t´lat

vᷣ ſa atgangr harðr þt þar̃. vᷣ rãr at aꝼlı. mattı
þᷣ ⁊ varla ı mıllı ſıa huar̃ þᷣ munðu ðrıugarı
vᷣða. þa ſottu þr .óſ.ſſ. at .k. ⁊ Guðlaugr v̊ þr .vı.
en þr .k. ⁊ án .íj. an varðız vel. ⁊ vıllðı æ gā
ga ꝼm̃ ꝼ .k. bollı ſtoð hía m; ꝼotbít. k. hıo
ſtort en ſuerðıt ðugðı ılla. bra h̃ þᷣ ıaꝼnan
vnðer ꝼót ſ̃. vrðu þa huar̃tueggıu ſar̃ óſ.
.ſſ. ⁊ an en .k. vᷣ þa ēn eckı ſær̃. k. barðız
ſua ſnart ⁊ hrauſtlıga at þr óſ.ſſ. hopuðu
vnðan. ⁊ ſn̄u þa þᷣ at ſē án var. þa ꝼıell án
⁊ haꝼðı h̃ þo barız v̄ hrıð ſ̃ at vtı lagu ıð
rın. J þ̄ı ſvıpan hıo .k. ꝼót aꝼ Guðlaugı. ꝼ
oꝼan kníe. ⁊ vᷣ h̃m ſa au̅kı ærīn t̃ bana. þa
ſækıa þr .Óſ.ſſ.ıííj.k. ⁊ vᷣðız h̃ ſ̃ hrauſtlıga
at hūgı ꝼór h̃ a hæl ꝼ þeī. þa mlı .k. b. ꝼnðı
huı ꝼortu heíman eꝼ þu vıllð kyr̃ ſtanða
hía. ⁊ ē þᷣ nu þ vıænſt at veıta oðrū huarū
⁊ reyna nu hūſu ꝼotbıtr ðugı. b. lıet ſē h̃
heyrðı ė. Ok ē Oſpak`r´ ſá at þr munðu ė bᷣa
aꝼ .k. þa eggıar h̃ bolla á alla vega. q. `h̃´ ė m̃
ðu vılıa vıta þa ſkō epť ſ̃ at haꝼa heıtıð
þeī vígſ gangı ⁊ veıta nu eckı. ⁊ vᷣ .k. oſſ
þa þungr ı ſkıptū ē vᷣ hoꝼðū ė ıáſtort tıl
gort. ⁊ eꝼ .k. ſl̃ nu vnðan rekaz. þa mun
þᷣ bollı ſ̃ ſē oſ ſkāt t̃ aꝼarkoſta. þa bra
bollı ꝼót bıt. ⁊ `ſ´nyr nu at .k. þa mlı .k. t̃ .b.
vıſt ætlar þu nu ꝼnðı nıðıngſ vᷣk at g̃a.
en mıklu þıkı m̃ bet̃ at þıggıa banorð aꝼ
þᷣ ꝼnðı. en veıta þᷣ þ. Sıðan kaſtaðı .k. va
pnū. ⁊ vıllðı þa ė vᷣıa ſık. en þo vᷣ h̃ lítt ſár̃
en akaꝼlıga víg móðr. Engı veıttı .b. ſuor
malı .k. en þo veíttı h̃ h̃m banaſár. b. ſett
ız þeg̃ vnð̃ h̃ðar h̃m. ⁊ anðaðız .k. ı kníā
bolla. Jðraðız .b. þegar vᷣkſínſ ⁊ lyſtı vıgı
a henðr ſ̃. b. ſenðı þa óſ.ſſ. t̃ h̃aðſ en h̃ vᷣ
epť ⁊ þar̃. hıa lıkunū. ⁊ er þr óſ.ſſ. komv
t̃ lauga. þa ſogðu þr tıðenðın. Guðr̃. lıet v
el yꝼ ⁊ var þa bunðıt v̄ honðına þolꝼſ.
⁊ varð h̃m allðregı meınlauſ. lık .k. var
ꝼært heī ı tungu. ſıðan reıð .b. heī t̃ lau
ga. G. geck ı motı h̃m. ⁊ ſpurðı hūſu ꝼm̃

orðıt vᷣı. b.q. þa vᷣa nær̃ nonı ðagſ þ. þa
mlı .G. mıkıl vᷣða h̃mðar vᷣk. ek heꝼ ſpun
nıt .xıȷ. alna garn. en þu heꝼ vegıt .k. b.
.ſ. þo mættı m̃ þ vhapp ſeınt ór hug gan
ga. þottu mıntır mık eckı a þ. G. mlı.
eckı tel ek ſlıkt m; vhauppū. þottı m̃ ſē
þu heꝼðer meırı metorð þān vetr er
.k. vᷣ ı noregı. en nu ē h̃ trað yðr vnð̃ ꝼotū
þegar h̃ kō t̃ ıſlðz. en ek tel þ þo ſıðazt
er m̃ þık̃ meſt vᷣt. at hreꝼna mun ė gā
ga hlæıanðı at ſængīnı ı kuellð. þa .ſ.b.
⁊ vᷣ mıog reıðr. vſynt þıkı m̃ at h̃ ꝼaulnı
meır̃ vᷣ þ̄ı tıðenðı. en þu. ⁊ þ grvnar mık
at þu brygðır þᷣ mın̄r vᷣ. þo at vᷣ lægım
epť a vígvellınū. en .k. ſegðı ꝼ tıðenðū.
.G. ꝼān þa at .b. reıððız. ⁊ mlı. haꝼ eckı
ſlıkt vᷣ. þt ek kān þᷣ mıkla þauck ꝼır̃
vᷣkıt. þıkı m̃ nu þ vıtað at þu vıll eckı
g̃a ımotı ſkapı mínu. Sıðan gengu þr
.óſ.ſſ. ı ıarð h̃ þ ē þeī vᷣ buıt a laun en þr
þhollu.ſſ. v̊ ſenðer vt t̃ helga ꝼellz at ſe
gıa Snorra goða þ̄ı tıðēðı. ⁊ þ með at
þau baðu `h̃´ ſenða ſ̃ ſkıotan ſtyrk t̃ lıð v
eızlu a motı .O. ⁊ þeī m̄m er epť mal
attu epť kıart. þ vᷣð t̃ tıðenða ı ſælīg`s´
ðalſ tungu þa nótt ē vıgıt haꝼðı orðı`t´
v̄ ðagīn at án ſettız vpp ē aller hugðv
at ðauðr vᷣı. vrðu þr hræððer ē voctu
yꝼ lıkınu. ⁊ þottı þta vnðr mıkıt þa
mlı án t̃ þra. ek bıð yðr ı gvðſ naꝼnı.
at þᷣ hræðız mık ė. þt ek heꝼı lıꝼat ⁊
haꝼt vıt mıtt. allt t̃ þrar ſtunðar at r
an̄ a mık omegınſ hoꝼgı þa ðreym
ðı mık en ſama kona. ⁊ ꝼyr̃. ⁊ þottı m̃
h̃ nu taka hrıſıt or maganū. en lıet
kōa ıñyꝼlın ı ſtaðīn. ⁊ varð m̃ gott vᷣ
þ ſkıptı. Sıðan v̊ bunðın ſar þau ē an
haꝼðı ⁊ varð h̃ heıll. ⁊ vᷣ ſıðan kallaðr án
hrıſmagı. En ē .O.h̃.ſ. ſp̄ðı þ̄ı tıðenðı þa
þottı h̃m mıkıt at v̄ vıg .k. en þo bar h̃
ðreīgılıga. þr .ſſ. h̃ vıllðu þeg̃ ꝼ at bolla ⁊

ꝺrepa ħ. o.ſ. þ ſł ꝼiarri ꝼ᷎. ē m̄ eckı ſonr m
īn at bættrı. þo at .b. ſıe ꝺrepīn. ꝫ v̄na ek
.k. v̄ alla m̄n ꝼrām. en ė matta ek vıta
meın .b. en ſıe ek yðr maklıġ ſyſlu. ꝼa
rı ꝥ ᷎ mótz ᷘ þhollu ſſ. ē þr ero ſenðır
᷎ helgaꝼellz at ſteꝼna lıðı at oſſ. vel lıꝃ
m̄ þótt ꝥ ſkapıt þeī ſlıkt vıtı ſē yðr lıꝃ.
Sıðan ſnaraz þr ᷎ ꝼ̄ðar .o.ſſ. ꝫ ḡgu a ꝼ̄ı
v ē .O. attı. ᷣ þr .víj. ſaman roa vt epꞇ̄
huāſ.ꝼ. ꝫ ſækıa knalıga ꝼ̄ðına. þr ha
ꝼa veðr lıtıð ꝫ hagſtæðtt. þr roa ꝥ tıl
er þr kōa vnꝺer ſkorrey. ꝫ eıgu þar ꝺ
vol nockura ꝫ ſpyrıaz ꝥ ꝼ v̄ ꝼ̄ðır m̄.
ꝫ lıtlu ſıðaꝶ ſıa þr ſkıp roa veſtan v̄
ꝼıorðīn. kenðu þr brátt m̄nına. ᷣ ꝥ þħ.
ſſ. leggıa þr hallꝺoꝛ þeġ at þeī. ꝥ ᷣð
engı vıðtaka ꝥt þr .O.ſſ. hlıopu þegar
vt a ſkıpıt at þeī vrðu þr ſteīn hanꝺ
tekñ ꝫ hogñ ꝼ borð þr .O.ſſ. ſnua aptr
ꝫ þottı þra ꝼ̄ð allſkorlıg ᷣa. **kıartan**

50 Olaꝼr ꝼor ı motı lıkı .k. **ꝼærðr tıl ꝁ**
ħ ſenðı m̄n ſuðr ᷎ ƀġ at ſegıa þſ̄ꞇ.
egılſ .ſ. ꝫ þ m; at ħ vılldı haꝼa ſty
rk aꝼ ħm ᷎ epꞇ̄ malſ. eꝼ ſtorm̄nı ſlægız
ı motı m; ꝺ́ſ.ſſ. þa ꝗ ħ allt vılldu eıga
vnꝺ̄ ſ̄. Slık orð ſenðı ħ norðr ı vıðıdal ᷎
Guðmūꝺ̄ magſ ſınſ ꝫ þra aſgeırſ .ſſ. ok
þ m; at ħ haꝼðı lyſt vıgı .k. a henꝺr ollū
m̄m. þeī er ı tılꝼor hoꝼðu ᷣıt nēa oſpa
kı .ꝺ́ſ.ſ. ħ ᷣ aðr ſekr v̄ konu þa ē alꝺıſ
ħ́. ħ̊ var ꝺotꞇ̄ holmgaungu líotz aꝼ ın
gıallꝺz ſanꝺı. þra ſon ᷣ vlꝼr ē ſıðan ᷣ
ſtalları haꞇ̄.ꝁ. ſıḡðar .ſ. ħ attı Jorūnı þ
ƀgſ .ꝺ. þra .ſ. ᷣ Jon ꝼaꝺ̄ erlēꝺz hımall
ꝺa .ꝼ. eyſꞇ̄ ē̄kıƀpſ. O. haꝼðı lyſt vıgſo
kīnı ᷎ þorſ neſ þīgſ. ħ lıet ꝼlytıa heım
lık .k. ꝫ tıallꝺa yꝼ̄. ꝥt þa var engı ꝁ
ıa gıor ı ꝺolū. En er .o. ſpurðı at þſ̄ꞇ haꝼ
ðı ſkıott ᷘ brugðıt. ꝫ haꝼðı mıkıt ꝼıol
m̄nı. ꝫ ſ̄ þr vıð ꝺælır. þa lætr .O. ſaꝼna m̄
ꝼ v̄ alla ꝺalı. ᷣ þ mıkıt ꝼıolm̄ní. Sıðan

ſenðı .O. lıð þ allt ᷎ lauga ꝫ mħ ſ̄. þ ē mīn
vılı at ꝥ ᷣıt bolla eꝼ ħ þarꝼ ė ᷣr en ꝥ ꝼyl
gıt m̄. ꝥt næꝶ ē þ mīní ætlan at þr þıkız
nockut eıga epꞇ̄ ſınū hlut at ſía ᷘ ħ vtā
heraðſ m̄nırñ. ē nu munu bratt kōa a
henꝺr oſſ. ꝫ ē ꝥu ᷣ ſkıpat m; ꝥum hættı
þa kōu þr þſ̄ꞇ. ꝫ ſua vıðꝺælır. ꝫ ᷣ þr enır
oðuztu eggıaðı hallr guðm̄ðar .ſ. meſt
ꝫ kalꝼr aſḡſ .ſ. at ganga ſkyllðı at bolla
ꝫ leıta .ꝺ́ſ.ſſ. þar ᷎ ē þr ꝼynꝺız. ꝫ ſogðu at
þr munðu hūgı ór ħaðı ꝼarñ. En m; ꝥt
.O. lattı mıog at ꝼara. þa ᷣ borın a mıllı
ſatt mal ꝫ var þ auðſott ᷘ bolla. ꝥt ħ
bað .O. eīn raða ꝼ ſına honꝺ. en ꝺ́ſ. ſa
engı ſín eꝼnı at mæla ı motı. ꝥ at ħm
kō eckı lıð ꝼ̄ ſnorra. var þa lagðr ſætꞇ̄
ꝼunꝺr ı lıar ſkogū. komu mal oll oſko
rut vnꝺer .O. ſkyllðı kōa ꝼ víg .k. ſua ſē
.O. lıkaðı ꝼıe ꝫ mānſekꞇ̄. Sıðan ᷣ ſlıtıð
ſætꞇ̄ ꝼunꝺı. ė kō bollı ᷎ ſætꞇ̄ ꝼunꝺarınſ. ꝫ
rıeð .O. ꝥ. gıorðū ſkyllðı vpp luka a þorſ
neſſ þıngı. Nu rıðu þr myram̄n ꝫ vıð
ꝺælır ı hıarðarħ þſ̄ꞇ kugga .ſ. bauð
aſḡı. ſynı .k. ᷎ ꝼoſtrſ ᷎ hugganar ᷘ hr
eꝼnu. en hreꝼna ꝼór norðr m; bræðrū ſı
nū. ꝫ ᷣ mıog harmþrungın. en þo bar ħ̊
ſ̄ kurteıſlıga ſīn harm ꝥt ħ̊ var ᷘ hūn
mān lıett ımalı. engan tok hreꝼna m
ān epꞇ̄ .k. ħ̊ lıꝼðı lıtla hrıð ſıðan ē ħ̊ kō
norðr ꝫ ē þ ſogn m̄ at ħ̊ haꝼı ſp̄ngıt aꝼ

51 Lík .k. ſtoð vppı **kıartā graꝼıṅ** [ſtrıðı.
vıku ı hıarðar hölltı. þſ̄ꞇ egılſ ſon
haꝼðı ḡa latıð ꝁıu at ƀg. ħ ꝼluttı lık
.k. heī m; ſ̄. ꝫ ᷣ .k. at ƀg graꝼīn þa var
ꝁıa nyvıgð. ꝫ ı huıtauaðū. Sıðan leıð
᷎ þorſneſſ þıngſ. ᷣ þa mal ᷎ buın a hēꝺr
þeī .ꝺ́ſ.ſſ. ꝫ vrðu þr aller ſeꝃ ᷣ geꝼıt
ꝼıe ᷎ at þr ſkyllðı ᷣa ꝼ̄ıanꝺı en eıga ė
vt kvæmt meðan nockuꝶ o.ſſ. ᷣı a ꝺo
gū .e. aſḡr .k.ſ. En guðlaugr ſyſꞇ̄ſon .ꝺ́ſ.
ſkyllðı ᷣa vgıllꝺr ꝼ ᷎ ꝼor ꝫ ꝼ ſat ᷘ .k.

ɜ engr̃ ſkyllðı þolꝼr ſæðır haꝼa ꝼ̇ av̂k
a þa er ħ haꝼðı ꝼengıt. ė vıllðı .O. lata
ſækıa bolla. ɜ bað ħ kōa ꝼıe ꝼ̇ ſık. þta
lıkaðı þeī hallðorı ɜ ſteīðorı ſtor ılla.
ɜ ſua ollū ſſ.O. ɜ q̄ðu þungt munðu v
eıta eꝼ .b. ſkyllðı ſıtıa ſā ħaðſ v̇ þa. O.
.q. hlyða munðu meðan h v̄ı a ꝼotū. Sk
ıp ſtoð vppı ı bıarn̄ hoꝼn. ē áttı auðun
ꝼeſtgrār. ħ v̇ a þıngınu. ɜ mlı. þ ē t̔ koſt̔
at ꝥa m̄ ſekt mun ė mīnı ı nor̄. eꝼ vın̄ .k.
lıꝼa. þa .ſ.ðſ. þu ꝼeſthunðr munt v̄ða ė
ſan̄ſpaꝛ. þt .ſſ. mın̄ munu v̄a vırðır
mıkılſ aꝼ tıgnū m̄m. en þu ꝼeſtḡmr m̄t
ꝼara ı traullenðr ı ſum̄. auðun ꝼeſtar
grār ꝼór vtan þ ſum̄ ɜ braut ſkıpıt vıð
ꝼæreyıar. þar tynðız huert manz bꝛn
aꝼ ſkıpınu. þottı þ mıog haꝼa hrınıt ē
ðſ. haꝼðı ſpaıð. ðſ.ſſ. ꝼ̇ vtan þ ſum̄ ok
kō engı þra v́t ſıðan. lauk þar epꝼ̄ma
lı. at .O. þottı haꝼa vaxıt aꝼ ꝥ at ħ lıet
þar m; beínı ganga ē maklıgazt v̇ ꝥ ē
þr v̊ ðſ.ſſ. en hlıꝼðı bolla ꝼ̇ ꝼ̄nðſemıſ ſa
k̄. O. þackaðı m̄m vel lıð uezlu. bollı ha
ꝼðı lðkaup ı tungu at raðı .o. þ ē ſagt at
.O. lıꝼðı .ííȷ. vetr ſıða .k. var vegīn. En ſí
ðan er ħ var allr. ſkıptu þr .ſſ. ħ arꝼı
epꝼ̄ ħ. tok hallðoꝛ buſtað ı hıarðarħ. þ
gerðr moðer þra v̇ m; hallðorı. ħ v̇ mıog
heıptar ꝼīgın t̔ bolla ɜ þottı ſár ꝼoſtr la
vnın ħ. ɜ omaklıga a kōa. **vpphaꝼ Gellıs**

52 Þau .G. bollı gatu ſon þeī ſueını v̇
naꝼn geꝼıt ɜ kallaðr þleıkr. ħ
var vıæn ſueīn ſnēma ɜ vel ꝼlı
otlıgr. hallðorr .O.ſ. bıo ı hıarðħ. ſē ꝼyꝛ
var rıtað. ħ var mıog ꝼ̇ þeī bræðꝝ. þ va'r'
at .k. var vegīn. tok þgerðr egılſ .ð. vıſt ꝼ
rænðſueını ſınū. m; þk at haꝼ̄tınðum
ſueīnīn gıætti ꝥ ꝼıar v̄ ſūarıt. ħm v̇ .k.
mıog harmðauðı ſē auðꝝ. ħ mattı allð ta
la t̔ .k. ẜ at þk v̄ı hıa. þt ħ mlı ıaꝼnan ıl
la t̔ ħ. ɜ q. ħ v̄ıt haꝼa huıtan mān ɜ hug
lauſan. ɜ ħmðı ħ opt epꝼ̄. hūneg ħ haꝼðı
v̇ orðıt auerkān. Sveınınū v̇ð at ꝥu ıl
la getıð. ɜ ꝼ̄r ı hıarðarħ. ɜ ſeḡ t̔ hallðorı
ɜ þḡðı. ɜ bað þau v́toku. þḡðr bað ħ v̄a
ı vıſt ſīnı t̔ vet̄r. Sueīnīn q̇ ė haꝼa ꝥtt
t̔ at v̄a þar lengr. ɜ munðer þu mık ė
bıðıa ꝥa eꝼ þu vıſſer hūſu mıkla ráun
ek heꝼı aꝼ ꝥu. þa gekz þḡðı hugı v̇ har
mtolur ħ. ok q̇ munðu lata ħm vppı vı
ſt ꝼ̇ ſına honð. hallðoꝛ .ſ. geꝼ eckı gaū
ſueını ꝥū. þt ħ ē vm̄kr. þa .ſ. þḡðr lıtılſ
ē ſueīn v̄ðr. ſ. ħ. en þk. heꝼ̇ allz koſtar
ılla ꝼarıt þta mál þt ħ vıſſı ꝼ̇ ſát laug
a m̄ ꝼ̇ .k. ɜ vıllðı ė ſegıa ħm en ḡðı ẜ aꝼ
gaman ɜ ſkētan aꝼ vıðſkıptū þra en
heꝼ̇ ſıðan lagt t̔ morg o vıngıarnlıg orð
mun yðr ꝼıarrı ꝼara .bb. at ꝥ munıt
þar t̔ heꝼnða leıta ſē oꝼreꝼlı ē ꝼ̇. ē ꝥ
getıð ė launat ſín t̔ laug ſlıkū mān
ꝼylū ſē þk. ē hallðorr .ſ. ꝼá ħ v̄ en bað
þḡðı raða vıſt ſueīſ. ꝼá ðogū ſıðaꝛ r
ıðr hallðorr heıman ɜ þr nockuꝛ̄ m̄n
ſaman. ħ ꝼ̄r t̔ haꝼ̄ tında. ɜ tok ħ a þk.
var þk leıððr vt ɜ ðrepīn. ɜ v̇ð ħ vðreī
gılıga v̇ ſítt lıꝼlát. engu líet hallðoꝛ
ræna ɜ ꝼór heī v̇ ſuabuıt vel líet þḡðr
yꝼ̄ ꝥu verkı. ɜ þóttı mīnīg ſıa bet̔ en en
gı. þta ſumar var kyrt at kalla ɜ v̇ þo
et ꝼæſta m; þeī bolla ɜ o.ſſ. lıetu þr
.bb. et olınlıgſta v̇ bolla. en ħ vægðı í ol
lu ꝼ̇ þeī ꝼrænðū. ꝥ er ħ mınkaðı ſık ı
engu. ꝥ at ħ v̇ ēn meſtı kapſm̄. b. haꝼ
ðı ꝼıolm̄nt ɜ hıelt ſık rıkmān lıga. þt
ė ſkortı ꝼıe. Steīðoꝛ .o.ſ. bıo a ðonuſtoðū
ı laxarðal. ħ attı þurıðı aſḡſ .ð. ē att h
aꝼðı þk. kugga .ſ. þra ſon ħ ſteīðoꝛ er
kallaðr var gro ſlappı. **aꝼ þorgerðı .e.ð.**

53 En̄ næſta vetr epꝼ̄ anðlat .o.ħ.ſ.
ꝥa ſenðer þḡðr .E.ð. orð ſteīðorı .ſ.
ſınū at alıðnū vet̔. at ħ ſkyllðı
kōa a ꝼunð har. ɜ er þau mæðgın hıt

taz. ſeḡ h̃ ħm ſkıl a at h̃ vıll ꝼara heīā.
ꝫ veſtr t̉ ſaurbæıar at hıtta auðı vın
konu ſına. h̃ ſeḡ hallðorı at h ſſ̄ ꝼara.
þau v̊ .v. ſaman. halldorr ꝼylgðı moður
ſīnı. ꝼara nu t̉ ꝥ er þau koma ꝼ̉ bæīn
ı ſælıngſ ðalſ tungu. þa ſn̄ı þg̃ðr heſtı
nū vpp at bénū. ꝫ ſpurðı huat heıt̃ beꝶ
ſía. hallð̊ .ſ. ꝥ ſpyꝶ þu ė aꝼ ꝥ moðer at
ė vıt̃ þu aðr. Sıa bæꝶ heıt̃ ıtungu. hũr
byr h̃. ſ. h̃. h .ſ. veıztu ꝥ moð̃. þa .ſ. þg̃ðr ꝫ
blıeſ v̉ veıt ek at vıſu. ſ. h̃ at h̃ byr .b.
broður banı yðuaꝶ. ꝫ ꝼurðu vlık̃ vrð
u ꝥ yðꝫ ꝼ̃nðū gauꝼgū. er ꝥ vılıt ė heꝼ
na ꝥlıkſ broður ſē .k. v̉. ꝫ ė mundı ſua
g̃a egıll moðurꝼaðer yðuaꝶ ꝫ ē̃ ıllt
at eıga ðáð lauſa .ſſ. ꝫ vıſt ætla ek yðr
t̉ ꝥ betr ꝼellða at ꝥ v̊ıt dætr ꝼoður
yðuarſ. ꝫ v̊ıt gıpt̉. kēr h̃ at ꝥ halldoꝶ
ſē mīt ē̃ at eīn ē̃ auð kuıſı ættar hũra\`r´
ok ſu ē̃ m̄ auð ſæſt vgıpta .O. at ħm gl
aptız ſua mıog ſona eıgnī queð ek þıg
at ꝥ at þu hallðoꝛ. ſ. h̃ at þu þıkız meſt
ꝼ̉ yðr bræðꝫ. nu munū v̊ aptr ſnua. ꝫ v̊
þta ē̃endıt meſt at mīna yðr a þta. eꝼ
ꝥ myndıt ė áðr. þa .ſ. hallðoꝶ. eckı mu
nū v̊ ꝥ ꝥ kēna moð̃ þott oſſ lıðı or hug
þta hallðoꝛ .ſ. h̃ ꝼa v̄ ꝫ þo þrutnaðı ħm
mıog moðr t̉ .b. lıðr nu vetr ſía ꝫ ē̃ ſum̄
kēr. þa lıðr ꝼ̃man t̉ þıngſ. halldoꝶ lyſır
þıngreıð ſīnı. ꝫ þr .bb. ħ. rıða þr m; mıkīɴ
ꝼlock ꝫ tıallða bud þa ē̃ O. haꝼðı átt. v̊ þīg
ıt kyrt ꝫ tıðenda lauſt. þr v̊ a þıngı vıð
ðælır .ſſ. Guðm̄ð̊ ſolm̄ðar .ſ. barðı Guðm̄
ðar .ſ. var þa xvííj. vet̃ gamall. h v̊ mık
ıll m̄. ꝫ ſterkr. O.ſſ. bıoða barða ꝼ̃nda ſı
nū heī m; ſ̃. ꝫ leggıa t̉ ꝥ morg orð hall\`r´
.G.ſ. var þa h̃ a lðı. barðı tok ꝥu vel þt aſt
vðıgt v̊ m; þeī ꝼ̃nðū. Rıðr nu barðı veſ
tr aꝼ þıngı með þeī .O.ſſ. koma þr heī
ı hıarðarhollt ꝫ er barðı þar vm ſūa
rıt þat ſem epter v̊. **aꝼ halðorı ꝫ b̃ða**

54 Nv ſeḡ hallðoꝶ b̃ða ı hlıoðı at þr .bb
ætla at ꝼara at .b. ꝫ ſogðuz ė lengr
þola ꝼryıu moður ſıñar. ē̃ eckı ꝥ
at leyna barðı ꝼ̃ndı. at mıog v̊ vnð̃ heībo
ðı v̉ þık. at v̊ vılldī h̃ t̉ haꝼa þıtt lıð ſıñı ok
brauſt̃gı. þa .ſ. b̃ðı. Jlla mun ꝥ ꝼ̉ mælaz at
ganga a ſæt̃ v̉ ꝼ̃nðr ſína. en ı ānan ſtað ſy
nız m̄ .b. torſotlıgr. h heꝼ̃ mart m̄ v̄ ſık. en
ē̃ ſıalꝼr ēn meſtı garpr. ꝥ ſkort̃ ꝫ ė vıtrlı
ğ raðagð̃ır. ē̃ þau ē̃o .G. ꝫ .ðſ. þıkı m̄ v̉ þta
allt ſaman o auð ſóttlıgt. h.ſ. hınſ munu
v̊ ꝥꝼa at toruelða eckı þta mal ꝼ̉ oſſ. he
ꝼı ek ꝫ þta ė ꝼyꝶı vpp queðıt en ꝥ mun
ꝼ̃mgeīgt v̊ða. at v̊ munū t̉ leıta heꝼnð
āna v̉ bolla. véntı ek ꝫ ꝼ̃nðı at þu ſkē̃ız
ė vnðan ꝼ̃ð ꝥı m; oſſ. barðı .ſ. veıt ek at
ꝥ mun oſañlıgt þıkıa at ek vıkıūz v̄ðā.
mun ek ꝥ ꝫ ė g̃a eꝼ ek ſíe at ek ꝼæ ė latt.
þa heꝼ̃ þu vel aꝼ malı. ſ.h. ſē ván v̊ at b̃
ðı ſagðı. at þr mundu v̊ða at at ꝼara. halt̃.
q̊ ſpurt haꝼa at .b. haꝼðı ſendt heī m̄n ſı
na. en ſuma norðr t̉ hruta ꝼıarðar tıl
ſkıpſ. en ſuma vt a ſtronð. ꝥ ē̃ m̄ ꝫ ſagt
at .b. ſıe at ſelı. ı ſælīgſðal. ꝫ ſıe þar ekkı
ꝼleıra m̄. en h̃karlar þr ē̃ þar vīna hey
verk. ſynız m̄ ſua ſē ė munı ı ānat ſīɴ
ſyña at leıta t̉ ꝼundar v̉ .b. en nu. ꝫ þta
ſtaðꝼeſta þr m; ſ̃. hallt̃. ꝫ b̃ðı. Maðr h̉
þſt̃. ſuartı. h bıo ı hunða ðal ı breıðaꝼ.ð.
vıtr m̄ ꝫ auðıgr. h haꝼðı v̊ıt langan tīa
vınr .O. pá. ſyſt̃ þſt̃. hıet ſolueıg. h̃ v̊ gıp\`t´
þeī m̄ ē̃ helgı h̉ ꝫ v̊ harð beīſ .ſ. helgı var
mıkıll m̄ ꝫ ſterkr. ꝫ ꝼarm̄ mıkıll. h var
ny komīn þa vt ꝫ v̊ a vıſt m; þſt̃. magı
ſínū. hallt̃ ſenð̃ orð þſt̃. ſuarta ꝫ helga m
agı ħ. en ē̃ þr kōu ı hıarðar h. ſeḡ .h. þeī
ætlan ſına ꝫ raðagð̃ ꝫ bat þa t̉ ꝼ̃ðar
m; ſ̃. þſt̃. lıet ılla yꝼ̃ ꝥı ætlan. ē̃ ꝥ ēn m
eſtı geıgr at ꝥ ꝼ̃nðr ſſut ðrepaz nıðr a
leıð ꝼrām. ē̃o nu ꝼaer ſlıkır m̄n ı yðv
arrı ætt ſē .b. ē̃. En þo at þſt̃. mlı ſlıkt þa

kō ꝼ eckı. hallꝭ. ſenꝺ̄ orð lāba ꝼauður broꝺ̄
ſınū. ꝫ ẽ h̄ kō a ꝼunꝺ .hallꝭ. þa ſagðı h̄ h̄m
ætlan ſına. lābı ꝼyſtı mıog. at þta ſkyllðı
ꝼ̄m ganga. þg̃ðr h̄preyıa ṽ ꝫ mıkıll hua
ta maðr at þı ꝼerð ſkyllðı takaz. q̄ allð
heꝼnt þıkıa .k. nēa .b. kæmı ꝼ. epꝭ þta b
vaz þr t ꝼ̄ðar. J þı ꝼ̄ð ṽ þr .O.ſſ.ııȷ. en .v.
var barðı. þır ṽ .O.ſſ. hallð'or' ꝫ ſteīð'or'. helgı
ꝫ hauſkullðr en barðı ṽ .ſ. guðm̄ð .vı. lābı.
vıȷ. þſꝭ .vııȷ. helgı mágr h̄ .ıx. án hrıſm
agı. þg̃ðr rıez ꝫ t ꝼ̄ðar m; þeī. hellðr laut
tu þr þ. ꝫ q̄ðu ſlıkt eckı quēna ꝼ̄ð. h̄ q̄
at vıſu ꝼ ſkyllðu. þt ek veıt gıorſt ṽ yðr
.ſſ. mına at þurꝼı þ̄ brynīgına. þr ſegıa h̄

55 Epꝭ þ rıða **aꝼ heím ꝼ̄ð** [raðamūðu.
þr heıman or hıarðh̄ .ıx. ſaman þg̃
ðr ṽ en .x. þau rıða īn epꝭ ꝼıoꝛ ꝫ s̃
t líarſkoga. þ ṽ aunðůða nott. lıetta eı
ꝼyꝶ en þau kōa ı ſælıngſ ðal. þa ẽ nocku't'
var mornat. Skogr þyckr ṽ ıðalnū ı þan
tıð. bollı ṽ þar ı ſelı ſē hallð. haꝼðı ſpurt.
ſelın ſtoðu ṽ ána. þar ſē nu heıta bolla
topꝭ. hollt mıkıt g̃gr ꝼ oꝼanſelıt ꝫ oꝼan
at ſtacka gılı. mıllı hlıðarīnar ꝫ holltzīſ
ẽ engı mıkıt ẽ ı barmı heıꝭ. þ̄ vnu h̄k̄lar
bolla. þr hallꝭ. ꝫ h̄ ꝼorunauꝭ rıðu at auxna
gróꝼ yꝼ̄ ranar vollu. ꝫ s̃ ꝼ oꝼan hamar en
gı. þ er gegnt ſelınu. þr ſtıga aꝼ bakı ꝫ
ætluðu at bıða þ ẽ m̄n ꝼærı ꝼ̄ ſelınu tıl
ṽkſ. ſmalam̄ .b. ꝼór at ꝼıe ſnēma ṽ mor
gınīn. vppı ı hlıðıñı. h̄ ſa m̄nına ı ſkogı
nū. ꝫ s̃ h̄ſſín ẽ bunðın ṽ. h̄ g̃n at þta mu
nı é ṽa ꝼð m̄n. ẽ s̃ leynılıga ꝼ. h̄ ſteꝼn̄ þe
gar heī et gegſta t ſelſınſ ꝫ ætlar at ſe
gıa .b. q̃mu m̄ña hallꝭ var ſkygn m̄ h̄ s̃
at m̄īn hleypr oꝼan ór hlıðīnı ꝫ ſteꝼnðı
t ſelſınſ. h̄ ſeg̃ ꝼorunautū ſínū at þ mun
ṽa ſmalam̄ .b. ꝫ mun haꝼa ſéét ꝼ̄ð vara
ſt̄m ṽ nu g̃a ı motı h̄m ꝫ lata h̄ eng̃ nıoſn
kōa t ſelſınſ. þr g̃ðu ſē h̄ mlı ꝼ. an h̄ſm
agı ṽð þra ſkıotaztr. ꝫ getr ꝼarıt ſueīn.

tekr h̄ vpp ꝫ keyꝼ̄ nıðr. þ ꝼall ṽð a þa leıð
at hrygg̃n brotnaðı ı ſunðr ı ſueınınū. Sıð
an rıðu þr at ſelınu. ſelın ṽ .íȷ. ſueꝼnſel ꝫ
búr. b. haꝼðı ṽıt ſnēma a ꝼotū ṽ morgın
īn. ꝫ ſkıpat t vīnu en lagız þa t ſueꝼnſ
ẽ h̄karlar ꝼ ı brot. þau ṽ .íȷ. ı ſelınu. b. ꝫ G.
þau voknuðu ṽ ðynīn er þr hlupu aꝼ
bakı. heyrðu þau ꝫ ẽ þr ræððu ṽ h̄ũr ꝼ
yſtr ſkyllðı ın̄ ganga ı ſelıt at .b. bollı k
enðı mál hallꝭ ꝫ ꝼleırı þra ꝼauruta. b.
mlı ṽ G. ꝫ bað hana ganga oꝛ ſelınu ı b̄tt
ꝫ ſeg̃ at ſa eīn munðı ꝼunðr þra ṽða er
h̄ munðı eckı gaman at ṽða. G. q̄ hygg
ıa at þau eın tıðenðı munðı þ̄ ṽða. at
h̄ munðı ſıa mega ꝫ quað .b. eckı mū
ðu meın at s̃ þott h̄ ṽı næꝶ h̄m ſtoðð
.b. q̄ þu raða vılıa. ꝫ ſua ṽ at .G. geck vt
or ſelınu. h̄ geck oꝼan ꝼ breckuna t læ
kıar þ ẽ þar ꝼıell ꝫ tok at þua lıerept
ſín. b. var nu eīn ı ſelınu. h̄ tok vápn
ſín ſettı hıalm a hoꝼut s̃. ꝫ haꝼðı ſkı
ollð ꝼ s̃ en ſuerðıt ꝼot bıt ı h̄ðı enga h
aꝼðı h̄ brynıu. þr hallðoꝛ raða nu ṽ m;
s̃ hůſu at ſt orka þt engı ṽ ꝼvs̃ at gāga
īn ı ſelıt. þa mlı án h̄ſmagı. ẽo þr m̄n h̄
ı ꝼ̄ð ẽ .k. ẽo ſkyllð at ꝼrænðſemı en ek.
en engı mun ſa at mīnıſamara munı
ṽa. ṽ þān at burð ẽ .k. lıez en m̄. ṽ m̄ þ þa
ı hug at ek var heī ꝼærðr ı tungu vða
ðr at eínu. en .k. var vegīn at ek mūða
ꝼegīn vīna .b. meín. eꝼ ek kæmūz ı ꝼæ
rı. mun ek ꝼyſtr ın̄ ganga ı ſelıt. þa .ſ.
þſꝭ ſuartı. hreyſtı mānlıga er ſlıkt
mlt. en þo ẽ raðlıgra at raſa é ꝼ rað
ꝼrām. ꝫ ꝼarı m̄n nu varlıga. þt .b. mun
é kyꝶ ꝼ ſtanða er at h̄m er ſott. Nu þoꝛ
h̄ ſıe ꝼalıðr ꝼ. þa munu þ̄ þ̄ van eıga ſ
narpꝭ varnar. þt .b. ẽ beðı ſt̄kr ꝫ vıgꝼ
ımr. heꝼ̄ h̄ ꝫ ſuerð þ er orugt er t vapnſ
Sıðan geīgr án īn ı ſelıt hart ꝫ ſkíott ꝫ
haꝼðı ſkıollðīn yꝼ̄ hoꝼðı s̃. ꝫ ſn̄ı ꝼ̄m enu

mıora. b. hıo ͭ ñ m; ꝼót bıt ꝫ aꝼ ſkıallðͬ
ſporðīn. ꝫ þar m; klauꝼ ħ án ı ħ̅ðar nıðr
ꝼeck ħ þeǵ bana ſē van ṽ. ſıðan geck
lābı īn ħ haꝼðı hlıꝼ ꝼ̇ ſ̃. en ſu̅ð brugðı`t´
ı henðı. ı þͥ bılı kıptı .b. ꝼotbıt or ſarīu
ꝫ bar þa aꝼ ħm ſkıollðīn. þa lagðı lābı
ı lær bolla. ꝫ varð þ mıkıt ſár. b. hıo ı
motı a aux lāba ꝫ renðı ſu̅ðıt oꝼan m;
ſıðūnı. ħ ṽð þeǵ vuıgr ꝫ allð ſıðan ṽð
ħm honðın meınlauſ. meðan ħ lıꝼðı.
J þaꝃı ſuıpan geck īn helgı harðbeīſ
ſon. ꝫ haꝼðı ı ħðı ſpıot þ ē alnar ṽ long
ꝼıoðrín. ꝫ ıarnı vaꝼıt ſkaptıð. en ē .b.
ſ̃ þ þa kaſtar ħ ſuerðınu en tok ſkıoll
ðīn .ıȷ. honðū ꝫ geck ꝼ̅m at ſelſ ðyrun
ū ı motı helga. helgı lagðı ͭ .b. m; ſpıo
tınu. ı gegnū ſkıollðīn ꝫ ſıalꝼan ħ. b.
hallaðız vpp at ſelſ veggınū. Nu þuſ
tu m̅n īn ı ſelıt hallðoꝛ ꝫ .bb. ñ. þǵðr gec
k ꝫ īn ı ſelıt. þa mͥı .b. þ ē nu rað .bb. at
ganga næꝃ en ħ̅ ͭ. ꝗ þ venta at þa m
vnðı ſkōm vorn. þǵðr .ſ. malı ñ. ꝫ ſagðı
ſpara þurꝼa at vīna oruǵlıga at ṽ .b.
bað þa ganga mıllı bolſ ꝫ hoꝼuðſ. b.
ſtoð þa eñ vpp ṽ ſelſ veggīn. ꝫ hıellt atſ̃
kyrtlınū at ė hlypı vt ıðrín. þa hlıop ſ
teīðoꝛ .O.ſ. at .b. ꝫ hıo ͭ ñ m; exı a halſīn
ṽ ħ̅ðarnar ꝫ geck þegar aꝼ hoꝼuðıt
þǵðr bað ħ heılan nıota handa. quað
nu Guðrunu munðu eıga at bua vm
rauða ſkaur .b. ṽ hrıð. Epͭ þta gāga
þr vt ór ſelınu. Guðr̄. gengr þa neðan
ꝼra læknū. ꝫ ͭ talſ ṽ þa hallðor ꝫ ſp̅
ðı huat ͭ tıðenda haꝼðı ǵz ı ſkıptū þra
.b. þr ſegıa ſlıkt ſē ı haꝼðı ǵz. G. ṽ ı nāk
yrtlı ꝫ ṽ veꝼıar vpphlutr þ̅ngr. en ſueı
gr mıkıll a hoꝼðı. ħ̊ haꝼðı knytt ṽ ſık
blæíu ꝫ ṽ̊ ı mork bla. ꝫ trauꝼ ꝼ̇ enða.
helgı harð beīſ .ſ. geck at .G. ꝫ tok blæ
ıu enðān. ꝫ þ̅ðı bloð aꝼ ſpıotınu. þͥ enu
ſama ē ħ laglðı bolla ı gegnū m;. G. leıt

ñ ꝫ b̅ſtı ṽ. þa mͥı hallð`or´. þta ē ıll mānlı
ga gort ꝫ ǵm̅lıga. helgı bað ħ ė þ ħ̅ma
þt ek hyᴄ þ at vnð̃ þu blæıu hornı. buı
mīn hoꝼuðſ banı. Sıðan toku þr heſta
ſına ꝫ rıðu ı brott. G. geck a veg með þeī
ꝫ talaðı ṽ þa ṽ ħ̊ð. Sıðan huarꝼ ħ̊ aptr

56 Þat ræððu þr ꝼorunautar **aꝼ m̅m**
hallðorſ at .G. þættı lıtıð **hallðorſ.**
ðrap bolla. ē ħ̊ ſloz a leıðıorð ṽ þa
ꝫ attı allt tal ṽ þa ſua ſē þr heꝼðı eckı
at gort þ ē hı ṽı ı motı ſkapı. þa .ſ. hall.
eckı ē þ mın ætlan. at .G. þıkı lıtıð lát .b.
hyġ ek at hı gengı þ meıꝃ ͭ leıðı orz ṽ
oſſ at ħ̊ vıllðı vıta ſē gıorſt hu̅ır m̅n heꝼ
ðı ṽıt ı þı ꝼ̃ð ē þ ꝫ eckı oꝼmælı at .G. ė mı
og ꝼ̇ oðrū konū ṽ allan ſkorung ſkap. þ
ē ꝫ epͭ vanū at .G. þıkı mıkıt lat .b. þt þ
ē ſatt at ſegıa at epͭ ſlıka m̅n ē meſtr
ſkaðı ſē .b. ṽ. þo at ṽ ꝼrænðr bærī ė gıp
tu ͭ ſāþyck. Epͭ þta rıða þr heī ı hıar
ðͬhollt. þı tıðenðı ſpyrıaz bratt vıða ꝫ
þottu mıkıl. ṽ .b. et meſta harmðauðı.
.G. ſenðı þeǵ m̅n a ꝼunð Snorra .g. þt þͥ
þottuz þau ő̃ſ. eıga allt trauſt ē Sñ ṽ
Sñ. b̅ ṽ ſkıott orðſenðıng .G. ꝫ kō ı tungu
ṽ .lx. m̊. G. ṽð ꝼegın kuamu ñ. ħ bauðzͭ
at leıta ṽ ſætͭ. en .G. ṽ lıtıð ṽ þ at ıata þͥ
ꝼ̇ honð þͭ. at taka ꝼıe ꝼ̇ vıg .b. þıkı m̅
þu. Sñ. þ lıðſīnı m̅ meſt veıta. ſ.G. at þu
ſkıpͭ buſtoðū ṽ mık. ſua at ek ſıtıa ė
ſātynıſſ ṽ þa hıarðħ. J þna tıma attı sñ.
ðeılur mıklar ṽ þa eyrbyggıa. Sñ.ꝗ þ
ta munðu ǵa ꝼ̇ vınꝼengıſſaꝃ ṽ .G. en þo
muntu .G. þı mıſſarı ṽða at bua ı tun
gu. byz nu sñ. ı b̅tt ꝫ gaꝼ .G. ħm vırðu
lıǵ gıaꝼ̃. rıðr nu sñ heī ꝫ var kyrt at
kalla þau mıſſarı. Eñ næſta vetr ep
ͭ vıg bolla ꝼæððı .G. barn þ ṽ ſueīn ſa
var bollı neꝼnðr ħ ṽ ſnīma mıkıll ꝫ v
ıēn. G. ṽnı ħm mıkıt. ꝫ er vetr ſa lıðr
aꝼ. ꝫ ṽar kō þa ꝼ̃r ꝼ̅m kaup þ ſē ræðt

haꝼðı v᷎ıt. at þau mynðı kaupa v̄ lonð
Sn̄. ⁊ .G. Rıez sn̄. ı tungu ⁊ bıo þ᷎ meðan
h̄ lıꝼðı. G. ꝼeꝛ t᷎ helgaꝼellz. ⁊ þau ǒſ. ⁊
ſetıa þar bu ſaman rıſulıgt. vaxa þ᷎ vpp
.ſſ.G. þſ̄. ⁊ bollı. þſ̄ var þa .íííj. veᷣ gamall
er bollı var vegīn ꝼaðer h̄. **aꝼ þorgılſí**

57 Maðr h᷎ þgılſ ⁊ var haullu .ſ. en þ᷎ v᷎ h̄
kenðr v᷎ moður ſına at h᷎ lıꝼðı lēgr
en ꝼað h̄. h̄ h᷎ snorrı ⁊ v᷎ .ſ. alꝼſ or
ðolū halla moðer þgılſ var ðotᷣ geſtz
oððleıꝼſ .ſ. þgılſ bıo ı haurða ðal a þeī
bıe ē ı tungu heıᷣ. þg̃. v᷎ mıkıll m̄ ⁊ vıæ
⁊ en̄ meſtı oꝼlatı. engı v᷎ h̄ kallaðr ıā
naðar m̄. opt v᷎ hellðr ꝼátt m; þeım
Sn̄. goða. þottı Sn̄. þg̃. hlutgıarn ⁊ a
burðar mıkıll. þg. gaꝼ ſ᷎ mart t᷎ ēenða
vt ı ſueıtına. h̄ kō ıaꝼnan t᷎ helgaꝼel
lz ⁊ bauð ſıg t᷎ v̄ ſyſlu m; G. h᷎ tok a þ᷎
vel at eınſ. ⁊ lıtıð aꝼ ollu. þg. bauð heī
þſ.ſ. h̄ar ⁊ var h̄ laungū ı tungu ⁊ nā
laug at þg̃. þt h̄ var laug kæn maðr.
J þna tıma var ı ꝼoꝝ þk. eyıolꝼſ .ſ. h̄ var
ꝼrægr m̄ ⁊ kynſtoꝛ ⁊ var h̄ mıkıll vın sn̄
.g. h̄ var ⁊ ıaꝼnan m; þſſ kugga .ſ. ꝼ̃nð
a ſınū. þa ē h̄ var vt h᷎. ⁊ eıtt ſīn ē þk. var
vt h᷎ ⁊ attı ſkıp vppı ſtanðanða ı vaðlı a b᷎
ða ſtronð þa varð atburðr ſa ı bgarꝼırðı
at ſon eıðſ ór aſı var vegīn aꝼ .ſſ. helgu ꝼ̃
kppı h᷎ ſa grīr er vegıt haꝼðı en broðer h̄ſ
nıall. h̄ ðruknaðı ı huıtá lıtlu ſıðaꝛ. gm`r´
v᷎ð ſekr ſkog maðr v̄ vıgıt ⁊ la h̄ vtı a ꝼı
ollū ē h̄ var ı ſektın̄ı h̄ v᷎ mıkıll m̄ ⁊ ſtᷣkr
eıðr v᷎ þa mıog gālaðr ē þta var tıðēða
varð aꝼ þ᷎ at þu gıoꝛ engı rekı. mıog l
ogðu mn̄ t᷎ orðz þk. eyıolꝼſ .ſ. ē h̄ rak ė
þa retᷣ. v̄ varıt epᷣ þa ē þk. haꝼðı buı`t´
ſkıp ſıtt. ꝼ̃r h̄ ſuðr v̄ breıða ꝼ̃. ⁊ ꝼær ſ᷎ þa`r´
heſt ⁊ rıðr eī ſaman ⁊ lıetᷣ ė ꝼ̃ðın̄ı ꝼyꝛ ē
h̄ kēr ı áſ t᷎ eıðſ ꝼ̃nða ſınſ. eıðr tok v᷎ h̄m
ꝼegīſālıga þk.ſ. h̄m ſıtt erenðı at h̄ vı
ll leıta t᷎ ꝼunðar v᷎ gm ſkogar mān h̄.

ſpyꝛ þa eıð eꝼ h̄ vıſſı nockut t᷎ huar bæ
lı h̄ munðı v᷎a. eıðr .ſ. eckı em ek þ ꝼúſſ
þıkı m̄ þu mıklu tıl hætta hūſu ꝼ̃ðın
tekz. en at eıga v᷎ helıar mān ſlıkan
ſē gmr ē. Eꝼ þu vıll ꝼara þa ꝼarþu v᷎
marga m̄n ſua at þu eıg allt vnðer
þ᷎. þ þıkı m̄ engı ꝼ̃mı. ſ. þk at ðraga ꝼıol
m̄nı at eınū m̄. en þ vıllða ek at þu lıeð `m̄´
ſūðıt ſkoꝼnung ⁊ væntı ek þa at ek ſ
kyla bera aꝼ eīhleypīgı eınū þoᷣ h̄ ſıe
vel at ſ᷎ buīn. þu munt þu raða. ſ. eıðr.
en eckı kēr m̄ þ a vuart. þottu ıðrız eıᷣ
hūt ſīn þa eīræðıſſ. en m; þ᷎ at þu þıkız
þta ga ꝼ̃ mınar ſaꝁ þa ſſ þ ė þa varna
er þu beıðer. þ᷎ at ek ætla ſkauꝼnung
vel nıðr komīn. þottu b᷎r h̄. en ſu ē nat
tura ſuerzīſ at ė ſſ ſol ſkına a hıolltın.
⁊ h̄m ſſ ė bregða ſua at konur ſıe hía eꝼ
m̄ ꝼær ſár ſár aꝼ ſūðínu þa má þ ſár ė
græða nēa lyꝼſteīn ſa ſíe rıðīn v᷎ er þ᷎
ꝼylg. þk. q᷎ þſa ætla vanðlıga at gæta
⁊ tekr v᷎ ſuerðınu. eıðr q᷎ þ hellzt ætla
at gmr ættı bælı norðr a tuıðægru vıð
ꝼıſkı votn. Sıðan rıðr þk norðr a heıð
ına þa leıð ē eıðr vıſaðı h̄m. ⁊ ē h̄ ſottı a
heıðına mıog langt. ſ᷎ h̄ hıa vatnı eínu
mıklu ſkala ⁊ ſæꝁ þangat t᷎. **aꝼ þorke**

58 Nv kēr þk t᷎ ſkalanſ ⁊ ſ᷎ **lı ⁊ grímı**
h̄ þa. huar maðr ſıtr v᷎ vatnıt v᷎
eīn lækıa óſ ⁊ ðro ꝼıſka ſa haꝼðı
ꝼellð a hoꝼðı þk ſtıgr aꝼ bakı ⁊ bınðr
heſtīn vnð ſkalaveggınū. ſıðan gēgr
h̄ ꝼ̃m at vatnınu þar ſē maðrīn ſat
gmr ſa ſkuggān mānzīſ ē bar a vat
nıt ⁊ ſprettr h̄ vpp ſkıott. þk ē þa ko
mīn mıog ſ᷎ at h̄m. ⁊ legr t᷎ h̄. ⁊ kō a
honðına ꝼ̃ oꝼan vlꝼlıð ⁊ v᷎ þ eckı mı
kıt ſár. Grīr ran̄ þegar a þk. ⁊ takaz
þr ꝼang b᷎gðū. kenðı þar bratt aꝼlſ
munar. ⁊ ꝼıell .þk. ⁊ gmr a h̄ oꝼan.
þa ſp̄ðı gmr hueꝛ þı m̄ v᷎ı. þk q̃ð h̄

engu ſkıpta. Ġ. mlı. Nv heꝼ̃ oðru vıs orðı\`t´
en þu munðer ætlað haꝼaꝼa þ̇ at nu mū
þıtt líꝼ ṽa a mınu vallðı. þk.q̇ eckı mun
ðu s̃ ꝼ̇ðar bıðıa þt m̃ heꝼ̃ vgıptulıga
tekız. Ġ. ſagðı ærın ſın v haupp þott þta
lıðı vnðan mun þ̃ ānaꝁa ꝼorlaga auðıt
ṽða en ðeyıa a okrū ꝼunðı. ꝫ vıl eþ̃ lıꝼ
geꝼa. en þu launa þ̇ ſē þu vıll ſtanða þr
nu vpp baðer ꝫ ganga heī t́ ſkalanſ þk
s̃ at g̊m mæðer bloð rár. tekr þa ſkoꝼ
nugſſteín ꝫ ríðr ꝫ bındr v̇ honð g̊mſ. ꝫ tok
þegar allan ſuıða ꝫ þ̃ta or ſarınu. þr v̊
þ̇ v̄ nottına. vm morgınīn byz þk ı b̃tt
ꝫ ſpyꝁ eꝼ Ġ. vılı ꝼara m; hm. h quez þ at
vıſu vılıa. þk ſnyr þeg̊ veſtr. ꝫ kēr eckı
a ꝼunð eıðſ. lıetẽ ė ꝼy en h kēr ı ſælīgſð.
tungu. Sn̄.g. ꝼagnar hm m; mıkıllı blı
ðu. þk ſagðı hm at ꝼ̃ð ſıa haꝼðı ılla tekız
Sn̄.q. haꝼa vel orðıt. lız m̃ gıptuſālıga a
g̊m. vıl ek ꝫ .ſ. h at þu leyſır h vel aꝼ hen
ðı. ṽı þ nu mıtt rað. ſ.sn̄. at þu lıeẽ aꝼ ꝼ̃ðū
ꝫ ꝼeng̃ þ̃ ſtaðꝼeſtu ꝫ raðakoſt ꝫ g̃ız hoꝼðī
gı ſē þu átt kyn t́. þk.ſ. opt haꝼa m̃ vel
geꝼız yðr rað. ꝫ ſpurðı eꝼ h heꝼðı v̄ hug
ſat. hũrar konu h ſkyllðı bıðıa. Sn̄.ſ. þrar
ſſtu konu bıðıa ė beztr koſtr ė. en þ ė .G.
ȯſ.ð. þk.q. þ ſatt ṽa. at raðagrīn v̇ vır
ðulıgr. en mıkıt þıkı m̃ a lıggıa. oꝼſtækı
har. ſ. h. ꝫ ſtorræðı. h̊ mun vılıa heꝼna la
ta bolla bonða ſınſ. þar þıkız ı raðū ṽa
m; hı þg̃. hollu .ſ. ꝫ ma ṽa at hm getız lıṫ
at þu. en vel ė m̃ guðrun at ſkapı. Sn̄.m.
Ek mun ı þ̇ bınðaz at þ̃ mun eckı meín
ṽða at þg̃. ꝫ meırı van þıkı m̃ at nock̃
v̄ſkıptı ſíe orðın v̄ heꝼnðına .b. aðr þı m
ıſſarı ſıe lıðın. þk.ſ. ṽa kān at þta ſıe ė
tō orð ė þu talar nu. en v̄ heꝼnð .b. ſıe ek
eckı lıklıgra nu en ꝼ̇ ſtunðu nēa þ̇ ſna
rız nockuꝛ̃ en̄ ſtæꝁı m̄n ı bragð. Sn̄.m.
vel lıkar m̃ at þu ꝼaꝛ̃ ēn vtan ı ſumar.
ſıā þa huat v̇ b̃r. þk.q. s̃ ṽa ſkyllðu. ꝫ
ſkılıaz þr v̇ s̃ buıt. ꝼor þk veſtr yꝼ̃ breı
ða.ꝼ. ꝫ t́ ſkıpſ. h ꝼluttı .Ġ. vtan m; s̃. þeım
byrıaðı vel v̄ ſumarıt. ꝫ toku noreg ſūn
arla. þa mlı þk. t́ g̊mſ. kūnıgr ė þ̃ mala
voxtr. ꝫ atburðer v̄ ꝼelagſkap ockarn
þ̇ꝼ þ eckı at tía. engıarna vıllða ek at h
ſellðız m; mīnū vanðræðū v́t en a horꝼ
ðız v̄ hrıð. en at hrauſtū m̃ heꝼı ek þık r
eynt ꝫ ꝼ̇ þ vıl ek þık s̃ aꝼ honðū leyſa ſē
ek haꝼa allð̊ þungan hug a þ̃ haꝼt. ka\`v´p
eyrı mun ek þ̃ ꝼá s̃ mıkīn at þu megır
ganga ı hrauſtra m̊ laug en þu nē eckı ſ
tað h̃ ı lðı. þt ꝼ̃nðr eıðſ ero marg̃ ı kaup ꝼo
rū þr ė þungan hug haꝼa a þ̃. Ġ. þackaðı
hm þı orð. ꝫ q̇ ė beıða munðu kūna ıā ꝼ̃
marla ſē h bauð. at ſkılnaðı gaꝼ h .Ġ.
goðan kaupeyrı. toluðu þ m̃g̃ at þta ṽı
g̃t all ſtormānlıga. Sıðan ꝼór .G. ı vık auſ
tr ꝫ ſtaðꝼeſtız þar. h þottı mıkıllmaðr
ꝼ̇ s̃ ꝫ enða\`z´ þar ꝼ̃ g̊mı at ſegıa. þk. var
ı noꝛ̃. v̄ veṫ ꝫ þottı ṽa mıkılſ hattar m̃
h var ſtor auðıgr at ꝼıe. ꝫ ēn meſtı aka
ꝼa m̃. Nu ṽðr þar ꝼ̃ at hũꝼa v̄ ſtunð. en
taka t́ vt a ıſlðı. ꝫ heyra huat þ̇ g̃ız t́ tı
ðenða. meðan þk. ė vtan. **aꝼ Guðrunu**

59 Gvðrun ȯſ.ð. ꝼór v̄ ſumarıt īn ı ða
lı h̊ reıð ı þyckua ſkog þſ. v̇ þa
ymíſt ı þyckua ſkogı m; þeī arm
oðſ .ſſ. hallðorı ꝫ aurnolꝼı ſtunðū v̇ h ıt
vngu m; þg̃. Saumu nótt ſenðı .G. mann
Sn̄.g. at h̊ vıll ꝼīna h þeg̊ v̄ ðagīn epẽ.
Sn̄. b̃ ſkıott v̇ ꝫ reıð þeg̊ v̇ ānan mān þ̇
t́ at h kom t́ haukaðalſá́r. hamaꝁ ſte
nðr ꝼ̇ norðan ána ė hoꝼðı heıẽ. þ ė ı læk
ıar ſkogſ lðı. J þeī ſtað haꝼðı .G. aq̇ðıt at
þau Sn̄. ſkyllðu ꝼīnaz. þau kōu þar m
ıog ıāſnēma. ꝼylgðı ꝫ eīn m̃ .G. v̇ þ bollı
.b.ſ. h v̇ þa .xíj. veẽ gamall. en ꝼull ko
mīn v̇ h at aꝼlı ꝫ hyggıu ſua at þr v̊ m̃g̃
ė ė bıðu meıra þroſka þo at alroſkn̄ ṽı.
h bar þa ꝫ ꝼotbıt. þau sn̄. ꝫ .G. toku þe

g̃ tal. en bollı ꝫ ꝼorunaut̃ ſnorra ſatu a
hārınū. ꝫ hugðu at m̄ ꝼ̃ðū v̄ ħaðıt. ꝫ ē þ
au Sn̄. ꝫ .G. hoꝼðu ſpurz almælltra tıð
enda. þa ꝼ̃ttı sn̄. at erendv̄ hvat þa he
ꝼðı nylıga v̇ borıt ē ħ ſendı ſua ſkyndı
lıga orð. G. mł̄ı. þ ē ſatt at m̄ ē ꝥı at bðr
ſpánnyk. ē ek mun nu vpp ƀa en þo v̇ð
ħ ꝼ̃ xíȷ́. vetrū. ꝥt v̄ heꝼndına bolla mū
ek nockut ræða ma ꝥ þ ꝫ eckı at vuoꝛ ko
ma. ꝥt ek heꝼı þıg amınt ſtundū. mun
ek þ ꝫ ꝼ̃m̄ bera. at þu heꝼ̃ þar t̃ heıtıð m̄
nockurū ſtyrk. eꝼ ek bıða m; þolınmæ
ðı. en nu þıkı m̄ rekın ván at þu muner
gaum at geꝼa varu malı. Nu heꝼ̃ ek beð
ıt þa ſtund ē ek ꝼæ m̄ ſkap t̃. en þo vıll
ða ek haꝼa heıl ráð aꝼ yðr. huar heꝼnd
ꝥı ſł̄ nıðr koma. Sn̄. ſꝑðı huar ħ heꝼðı h
ellzt ætlat. G. mł̄ı. þ er mīn vılı at þr hall
ðı ė aller heılu. O.ſſ. Sn̄.q̃ þ bāna mundu
at ꝼara a hendr þeī m̄m er meſt v̊ v̇ð̊ ı ħa
ðı. en náꝼrændr þra er næk munu ganga
heꝼndunū. ꝫ ē allt mal at ætt víg ꝥı takız
aꝼ. G. mł̄ı. þa ſł̄ ꝼara at lāba ꝫ drepa ħ. ē
þa aꝼ eīn ſa ē ıllꝼuſaztr ē. Sn̄.ſ. ē ſauk v̇
lāba. þott ħ v̊ı drepīn. en ė þıkı m̄ bolla h
eꝼnt at helldr. ꝫ ė mun þra .b. ſlıkr munr
gıorr ı ſættū ſē v̊t ē eꝼ þeī vıgū ē ſaman
ıaꝼnat. G. mł̄ı. v̊a kān at v̊ ꝼaī eckı ıam
mælı aꝼ þeī laxdælunū. en gıallda ſł̄ nu
eīnhv̊r ı hv̊ıū dal ſē ħ byr. ſł̄ nu ꝥ at ſnu
a ē ꝥſ̃. ſuartı ē. ꝥt engı heꝼ̃ s̃ v̊ra hlut aꝼ
deıllt ꝥū malū en ħ. Sn̄. mł̄ı. Slıkt ē ꝥſ̃. ı
ſokv̄ v̇ yðr ſē þr m̄n ē ı t̃ꝼor v̊ vıgſ .b. ꝫ vn
nu eckı a ħm. en þu lætr þa m̄n ſıtıa hıa
kyka ē m̄ þık̃ ſē ı meıra lagı ſıe heꝼnd ı
en haꝼı þo borıt banorð aꝼ .b. ē helgı ē har
ð beıſ̃ .ſ. G. mł̄ı. Satt ē þ en ė ma ek vıta at
ꝥır m̄n ſıtı v̄ kyrt aller ē ek heꝼı aðr þn
a ꝼıandſkap mıklat a hendr. Sn̄.ſ. ek ſıe
ꝥ gott rað t̃. þr lābı ꝫ ꝥſ̃ ſł̄v v̊a ı ꝼ̃ð m;
.ſſ. þınū. ꝫ ē þeī lāba þ maklıgt ꝼ̃ðkaup.

En eꝼ þr vılıa ė þ. þa mun ek eckı mæ
la þa vndan at ė ſkapı ꝥ þeī ſlıkt vı
tı ſē yðr lıkar. G. mł̄ı. huerneg ſł̄ at ꝼ
ara at kōa ꝥum m̄m t̃ ꝼ̃ðar ē þu he
ꝼ̃ vpp neꝼnt. þ v̊ða þr at ānaz. ē ꝼ̃ ſł̄u
v̊a ꝼ̃ðīnı. G.m. ꝥ munu v̊ haꝼa þına ꝼor
ſıa a ꝥ. hv̄ ꝼ̃ðīnı ſł̄ ſtıorna ꝫ ꝼ̃ v̊a. þa bſ
tı Sn̄. ꝫ m. ħ heꝼ̃ þu kyrıt mān t̃. G.m.
þta muntu tala t̃ þg̃. Sn̄.ſ. s̃ v̊a. G.m.
Ræðt heꝼı ek þta aðr v̇ þg̃. ꝫ ē ſē ꝥ ſıe
lokıt. ꝥt ħ g̃ðı þān eīn koſt a. ē ek vıll
da eckı a lıta. en eckı ꝼór þg̃. vndan at
heꝼna .b. eꝼ ħ næðı raða hag v̇ mık en
ꝥ ē borın van. ꝫ mun ek ꝥ eckı bıðıa ħ
t̃ ꝥarꝼ̃ ꝼ̃ðar. Sn̄. mł̄ı ħ mun ek geꝼa r
að t̃ ꝼ̃ ꝥ at ek ꝼ̃ man þg̃. eckı ꝥſ̃ ꝼ̃ðar.
ħm ſł̄ at vıſu heıta raða hag ꝫ g̃a þ þó
m; vnd̊malū. þeī. at þu s̃ engū m̄ ſālen
dū gıpt oðꝛ en þg̃. ꝫ þ ſł̄ enda ꝥt þk. eyı
olꝼſ .ſ. ē nu ė ħ a ldı. en ek heꝼı ħm ætl
at þna raðahag. G. mł̄ı ſıa mun ħ þna
k̊k. Sn̄.ſ. ſıa mun ħ víſt ė. ꝥt þg̃. ē meık
reyndr at akaꝼa en vıtz munū. g̃ þna
maldaga v̇ ꝼáka māna vıtnı. lat hıa
v̊a halldór ꝼoſt bður ħ en ė aurnolꝼ ꝥt
ħ ē vıſ̃rı ꝫ kēn m̄ eꝼ ė dug̃. Epſ̃ þta ſk
ılıa þau .G. talıt. ꝫ bað huart þra ānat
vel ꝼara. reıð Sn̄. heī. en G. ı þyckuaſk
og. v̄ myrgınīn epſ̃. rıðr .G. or þyckua
ſkogı. ꝫ .ſſ. ħnar m; ħı. ok ē þau rıða
vt epſ̃ ſkogar ſtrond ſıa þau at m̄n rı
ða epſ̃ þeī. þr rıða huatan ꝫ kōa ſkıot̃
epſ̃ ꝫ v̊ ꝥ þg̃.h.ſ. ꝼagna ꝥ huaꝛ̃ oðrum
vel ꝫ ſæmılıga. rıða nu oll ſaman vm
dagīn vt t̃ helgaꝼellz. **eṅ aꝼ Guðrunu**

60 Fám nottū ſıðak en G haꝼðı heım
kōıt heītı ħ .ſſ. ſına t̃ malſ v̇ ſık ı
lauka g̃ð ſın̄. en ē þr kōa ꝥ. ſıa þr at ꝥ v̊
bıðð nıðr línklæðı. ſkyrta ꝫ lınbrækr þaꝛ
v̊ bloðug mıog. þá mł̄ı .G. ꝥı ſomu klæ
ðı ē þıt ſıaıt ħ ꝼryıa ykr ꝼoð̊ heꝼnda.

Nv mun ek eckı haꝼa h̄ v̄ morg orð ꝥt
eckı ē ván at þıð ſkıpız aꝼ ꝼ̄m̄huot or
ða eꝼ þıð ıhugıt eckı v̇ ſlık̄ benðīg̃ ok á
mīnīgar. þeī .bb. ƀ̄ mıog v̇ ꝥta. ē .G. mł̄ı
en ſuoruðu þo a þa leıð at þr haꝼa v̄ıt
vng̃ ł heꝼnða at leıta. ɜ ꝼoryſtu lauſer
q̄ðuz huarkı kūna ráð g̃a ꝼ̇ ſ̃ nıe oð
rū. ɜ muna mættī v̇ huat v̇ hoꝼū lat
ıt. G. q̇ ætla at þr munðu meık̄ hugſa
v̄ heſta víg .e. leıka. Epꝉ̄ ꝥta gengu þr
ı brott. v̄ nottına epꝉ̄ mattu þr .bb. ė ſo
ꝼa. þg̃. v̇ð ꝥ v̊ ɜ ſpurðı huat þeī verı.
þr ſegıa h̄m allt tal þra mæðgına ɜ
þ m; at þr mega ė bera lengr harm
ſıñ. ɜ ꝼryıu moður ſīnar. vılıū v̊ tıl
heꝼnða leıta. ſ. bollı ok hoꝼū v̇ .bb. nu
þān ꝥ̊ſka at m̄n munu mıog aleıta v̇
ockr eꝼ v̇ heꝼıū ė hanða. v̄ ðagīn epꝉ̄.
taka þau tal m; ſ̃ .þg̃. ɜ .G. En .G. hoꝼ ſua
mal ſıtt. ſ̃ þıkı m̄ .þg̃. ſē ſyñ mıñ nēnı
ė kyk̄ſetu ꝥı lengr ſua at þr leıtı ė ł he
ꝼnða epꝉ̄ ꝼoður ſīn. en þ heꝼ̄ meſt ðual
ıt h̄ ł at m̄ þottu þr ꝥl ɜ bollı oꝼ vng̃ h̄
ł at ſtanða ı mānraðū en ærın heꝼır
nauðſyn ł v̄ıt at mīnaz ꝥ nockuru
ꝼyk̄. þg ſ. ꝥ̇ þarꝼtu ꝥta mal eckı v̇ mık
at ræða at þu heꝼ̄ þuert tekıt at gan
ga m; m̄. en allt ē m̄ þ ſāt ı hug ɜ ꝼyk̄
þa ē v̇ hoꝼū ꝥta átt at tala eꝼ ek naı
raðahag v̇ þık. þa vex m̄ eckı ı augu
at ſtīga aꝼ eīnhuern þra eða baða .íj.
þa ē næſt gengu vıgı bolla. G. mł̄ı. ſ̃
þıkı m̄ ſē ꝥl. v̇ðız engı ıā vel ł ꝼallīn a't'
v̄a ꝼ̇ m̄ eꝼ þ ſł nockut vīna ē ł harð
ræða ſıe en þık er eckı ꝥ̇ at leyna at
þr ſueınarñ ætla at ſteꝼna at helga
harðbeınſ .ſ. ƀ̄ſerkınū ē ſıtr ı ſkorra
ðal. at buı ſínu ɜ vgg̃ eckı at ſ̃. þg̃.m.
allðgı hırðı ek huart h̄ heıꝉ̄ helgı eðr
oðru naꝼnı ꝥt huarkı þıkı m̄ oꝼreꝼlı
at eıga v̇ helga eða eīn hūn añan ē v̄

þa mal allt rætt ꝼ̇ mına honð eꝼ þu h
eıtr m; vattū at gıptaz m̄. eꝼ ek kem
heꝼnðū ꝼ̄m̄ m; .ſſ. þínū. G.q̇ þ eꝼna
munðu allt ē h̄ yrðı a ſátt þott þ v̄ı v̇
ꝼák̄a m̄ vıtnı g̃t. ɜ ſagðı h̄ at ꝥta mū
ðı at raðı gort. G. bað þangat kalla hall
ðor ꝼoſtbroður h̄. ɜ þa .ſſ. ſına. þg̃ bað
ɜ aurnolꝼ v̇ v̄a. G.q. ꝥ enga þaurꝼ e
ro m̄ meırı g̃ñ a v̄ ꝉleıka aurnolꝼſ vıð
en ek ætla ꝥ̊ v̄a. þg̃. bað hana raða. Nv
kōa þr .bb. a ꝼunð .G. ɜ þg̃. ꝥ̇ v̇ hallðorr
ı talı m; þeī. G. ſeg̃ þeī nu ſkyn á at þg
heꝼ̄ heıtıð at g̃az ꝼ̇ m̄ ꝼ̄ð þrar at veıta
heīꝼ̄ð at helga .h.ſ. m; ſſ. mınū at heꝼn
a bolla. heꝼ̄ þg̃. þ ł mł̄t ꝼ̄ðarīnar at h̄ ne
ðı raðahag v̇ mık. Nu ſkırſkota ek ꝥ̇ v̇
vıtnı yðru at ek heıt þg̃. at gıptaz en
gū m̄ oðꝛ ſālenðū en h̄m. en ek ætla ec
kı at gıptaz ı ōnur lonð. þg̃. þık̄ nu ꝥta
vel mega ꝼ̇ bıta. ɜ ſ̃ h̄ eckı ı ꝥta. ſlıta þau
nu ꝥu talı. ꝥta rað ē nu ꝼullgort. at þg̃.
ſł ł ꝼ̄ðar raðaz. byz h̄ ꝼ̄ helgaꝼellı ɜ m;
h̄m .ſſ.G. rıða þr īn ı ðalı ɜ ꝼyrſt heī ı tūgv.

61 EÑ næſta ðttīſ ðag v̇ **aꝼ ſnorra ɜ ſonū Guð**
leıð. ɜ reıð þg̃. þangat m; ꝼlockı **ruñ**
ſínū. ſñ.g. var ė a leıð. v̇ ꝥ̇ ꝼıolm̄
nı. v̄ ðagīn heītı þg̃. ł talſ v̇ ſık ꝥſteī ſu
arta ɜ mł̄ı. Sva er ſē ꝥ̊ ē kv̄nıgt at þu
vart ı tılꝼaur m; o.ſſ. þa ē vegīn var
bollı. heꝼ̄ þu þær ſaker vbætt v̇ þa .ſſ.
h̄. Nu þo at ſıðan ſıe langt lıðıt er þr at
burðer vrðu. þa ætla ek þeī ė vr mīnı
lıðıð v̇ þa m̄n ē ı þru ꝼ̄ð v̊. Nv v̇ða þr .bb.
ſ̃ ſē þeī ſamı þ ſızt at leıta a v̇ .O.ſſ. ꝼ̇ ſak̄
ꝼ̄nðſemı. ē nu þ ætlan þra .bb. at venða
tıl heꝼnða. v̇ helga .h.ſ. ꝥt h̄ veıttı .b. bana
ſár. vılıū v̊ þ bıðıa þık ꝥſꝉ̄. at þu ſ̃ ı ꝼ̄ð
ꝥı m; þeī .bb. ɜ kauper þıg ſ̃ ı ꝼ̇ð ɜ ı ſætt
ꝥſꝉ̄.ſ. ė ſam̄ m̄ ꝥta at ſæta veıl ræðū v̇
helga mág mīn. vıl ek myklu hellðr
geꝼa ꝼıe ł ꝼ̇ðar m̄. ſ̃ at þ þıkı goðr ſómı.

þg̃.ſ. lıtıð ætla ek þeī v̄ þ .bb. at g̃a þta t̃ ꝼíar ſ̃. þarꝼtu eckı ı þ᷎ at ðylıaz þſt̃. at þu mūt eıga .íȷ. koſtı ꝼ̇ honðū at raðaz t̃ ꝼ̃ðar eða ſæta aꝼarkoſtū. þeg̃ ē̃ þr megu v̇ kōaz v ıllða ek ꝫ at þu tak̃ þna koſt þott ꝧ ſıe vanðı a v̇ helga. v̄̃ðr hũr ꝼ̇ ſ̃ at ſıa er m̄ɴ kōa ı ſlıkt aung þueıtı. þg̃. mlı. gıoꝛ̄r mun ꝼleırū ſlıkr koſtr þeī ē̃ ı ſokū ēo v̇ ſonu .b. ꝫ ēn mlı þg̃. v̄ ſlıkan koſt mun lābı eıga at kıoſa. þſt̃. q̇ þa beť þık̄ıa eꝼ h̄ ſkyllðı ė v̄̃ða v̄ þta eīlagı. Epꝼ̃ þ kallar þg̃. lāba. t̃ motz v̇ ſık ꝫ bıðr þſt̃ heyra tal þra. ok mlı. Slıkt ſama mál vıll ek v̇ þık ræða lā bı ſē ek heꝼı vpp borıt v̇ þſ̃ hũıa ſæ̃ð vılltv bıoða .ſſ. bolla ꝼ̇ ſakar ſtaðı þa ē̃ þr eıgu v̇ þık. þt þ ē̃ oſſ m; ſōnu ſagt at þu yn̄r a bolla. ꝼ̃r þ ſaman at þu ē̃t ſakbıtīn ı meı ra lagı ꝼ̇ þ᷎ at þu eggıaðer mıog at bollı v̄̃ı ðrepīn. v̇ ꝫ v̇ þık ımeıra lagı várkūn þeg̃ ē̃ leıð .ſſ.O. lābı ſpurðı huerſ beıtt mv̄ ðı v̄̃a. þg̃. ſ. at ſlıkr koſtr munðı h̄m g̃r. ſē þſt̃. at raðaz ı ꝼ̃ð m; þeī .bb. lābı .ſ. Jllt þı kı m̄ ꝼ̇ð kaup ı ꝼ̃u. ꝫ vðreīgılıgt. ē̃ ek vꝼ̃s ꝼ̃ar ꝼarar. þa mlı þſt̃ ė ē̃ eınſætt lābı at ſkeraz ſ̃ ſkıott vnðan ꝼ̃ðīnı. þt h̄ eıga ſt oꝛ̄ m̄n ı hlut ꝫ þr ē̃ mıkılſ ero v̄̃ðır. en þıkıa`z´ lengı haꝼa ſetıð yꝼ̃ ſkorðū hlut. ē̃ m̄ ſagt v̄ ſonu bolla at þr ſıe ꝧſkavænlıg̃ m̄n ꝫ ꝼul ler oꝼrkapſ. en eıgu mıkılſ at reka megv̄ v̄̃ eckı ānat ætla en leyſaz aꝼ nockuru ep t̃ ſlık ſtorvırkı. mvnu m̄n ꝫ m̄ meſt t̃ amæl ıſſ. leggía þta ꝼ̇ ſak̃ teīgða m; ok̄r helga þı kı m̄ ꝫ ſē ſva verðı ꝼleſtū geꝼıt. at allt ꝼıovı ꝼyk̄ı. v̄̃ðr þ᷎ vanðræðı ꝼyrſt at hrınða. er ꝧ̄ ðaz kēr at honðū. lābı mlı auð heyrt er þ hv̄ſ þu ꝼyſer þſt̃. ætla ek þ vel ꝼallıt at þu raðer ꝼ̃u. eꝼ ꝧ ſynız ſua eınſætt. þt lengı hoꝼū v̇ átt vanðræða ꝼelag mıkıt ſaman vıl ek þ t̃ ſkılıa eꝼ ek geīg at ꝼ̃v ꝫ þr ꝼr ænðr mıń .o.ſſ. ſıtı kyrꝛ̄ ꝫ ı ꝼ̃ðı eꝼ heꝼnð gēgr ꝼ̃m̄ v̇ helga. þg̃. ıáttar ꝼ̃v ꝼ̇ honð þra .bb. rıez nu þta at þr þſt̃ ꝫ lābı ſło raðaz m; þg̃. t̃ ꝼ̃ðar q̃ðu a m; ſ̃ at þr ſkyllðu kōa þ᷎ðıa ðag ſnīma ı tungv ı horðaðal epꝼ̃ þta ſkılıa þr. Rıðr þg̃ h eī v̄ quellðıt ı tungu. lıðr nv ſıa ſtv̄ð ē̃ þr hoꝼðu a q̊ðıt at þr ſkyllðv kōa a ꝼunð þg̃. er t̃ ꝼ̃ðar v̊ ætlaðer með h̄m. þrıðıa myrgınīn ꝼ̇ ſol koma þr þſt̃. ꝫ lābı ıtungu. ꝼagnar þg̃. þeī vel.

62 Þorg̃. byz nu heıman **capıtulum** ꝫ rıða þr vpp epꝼ̃ horðal.x ſamā þ᷎ v̇ þg̃.h.ſ. ꝼlockſtíorı þ᷎ v̊ J ꝼ̃ð .ſ. bolla. bollı ꝫ þl̄. þðr kauttr v̇ eñ ꝼıorðı broðer þra .v. ꝧſt̃. ſuartı .vı lābı .vıȷ. ꝫ vííȷ. hallðoꝛ̄ ꝫ aurnolꝼr .ıx. ſveīn .x. hvnbogı þr v̊ ſſ. alꝼſ ór ðolv̄. ꝧır v̊ aller vıglıg̃. þr rıða leıð ſına vpp tıl ſoꝼanða ſkarðz ꝫ yꝼ̃ lauga vaz ð al. ꝫ ſ̃ yꝼ̃ ꝧgarꝼıorð þveran. þr rıðv at eyıar vaðı yꝼ̃ norðr a en at backa vaðı yꝼ̃ huıtáá ſkāt ꝼ̃ bıe oꝼan. rıðv þr reykıar ðal ꝫ ſ̃ yꝼ̃ halſīn t̃ ſkorra ðalſ ꝫ ſ̃ vpp epꝼ̃ ſkogınū ı nanð bænū at v̇ hornı. ſtıga þar aꝼ heſtū ſınū v̇ þa mıog quellðıt alıðıt berrīn at vazhornı ſtenðr ſkāt ꝼ̃ vatnınū ꝼ̇ ſūnan ána. þg̃. mlı þa v̇ ꝼaurunauta ſına at þr munðu þ᷎ v̄̃a v̄ nottına ꝫ mun ek ꝼara heī t̃ bæıarınſ a nıoſn at ꝼorvıtnaz huart helgı ſıe heı ma. M̊ ē̃ ſagt at helgı haꝼı hellðr ꝼam̄nt optaz en ſıe allra m̊ varaztr v̄ ſık ok huılı ı rālıg̃ lokreckıu. ꝼaurunautar þg̃. baðu h̄ ꝼ̇ ſía. g̃ır þgılſ nu klæða ſkıp tı ſteyꝧ aꝼ ſ̃ kapu blak̄ı en tok yꝼ̃ ſık vaſkuꝼl eīn gran h̄ ꝼ̃r heī t̃ bæıarınſ. ꝫ er h̄ var kōīn nalıga at garðı þa ſ̃ h̄ mān ganga ı motı ſ̃ ꝫ ē̃ ꝼīnaz mlı þg̃. ꝧ mun ek þıkıa oꝼ̃ðlıga ſpyrıa ꝼelagı. huar em ek komīn ı ſueıt .e. huat heıꝼ̃ bék̄ ſıa eða hũr byr h̄. Maðrīn .ſ. þv munt v̄̃a ꝼu`r´ðv heīſkr maðr ꝫ ꝼá

vıſſ eꝼ þu heꝼ̃ ė heyrt getıt helga .h.ſ. ēſ
meſta garpſ. ⁊ mıkılm̄nıſ. þg̃. ſpyꝛ̇ þa hű
ſu goðr helgı v̂ı v̇takna. eꝼ o kūn̄ m̄n ko
ma t̍ h̄ ⁊ þr ē mıog ꝥꝼa aſıa. h̄ .ſ. gott er
ꝥ ſatt ꝼ̃ at ſegıa. ꝥt helgı ē ıt meſta ſtor
m̄nı. bæðı v̄ m̄ v̇ tok̃ ⁊ ānan ſkorung ſk
ap. hvart ē helgı nu heıma. ſ. þg̃. ek
vıllða ſkora a h̄ t̍ v̇ toku hīn ſpyꝛ̇ hu
at h̄m v̂ı a honðū. þg̃.ſ. ek v̂ð ſekr ı ſumar
a þīgı. vıllða ek nu leıta m̄ trauſtz nock̃s.
t̍ ꝥ m̄ ē mıkıll v̂ı ꝼ̇ s̃ vıllða ek þar ı mot ve
ıta h̄m ꝼylgð mína ⁊ þıonoſtu ſſtu nu ꝼyl
gıa m̄ heī t̍ bæıarīſ t̍ ꝼvnðar v̇ helga. vel
ma ek ꝥ g̃a. ſ. h̄ at ꝼylgıa ꝥ heī. ꝥt heım
ul mun ꝥ gıſtıng h̃ v̂a nát̍ langt. en eckı
muntu helga ꝼīna. ꝥt h̄ ē ė heıma þa
ſpyꝛ̇ þg̃. hvar h̄ v̂ı. h̄ .ſ. helgı ē ıſelı ſínu
ꝥ ē heıt̃ ı ſarpı. þg̃.ſ. huar ꝥ v̂ı .e. huat m̄
v̂ı m; h̄m. h̄ .q. þar v̂a ſon h̄ harðbeín ⁊ .íj.
m̄n aðra ē ſekır v̂. ⁊ h̄ haꝼðı v̇ tekıt. þg̃.
bað h̄ vıſa s̃ t̍ ſelſınſ. ꝥt ek vıl þeg̃ hıtta
helga ē ek naı h̄m. ⁊ reka ēenðı mıtt h̄ g̃
g̃ðı ſva at h̄ vıſaðı h̄m leıðına. ⁊ ep̃ ꝥ ſkı
lıa þr. ſnyr þg̃. ı ſkogīn. ⁊ t̍ ꝼororunauta
ſína. ⁊ ſeg̃ þeī hu̇ſ h̄ heꝼ̃ vıſſ orðıt v̄ hagı .h.
munu v̂ h̃ ðvelıaz nattlangt. ⁊ venða
eckı ꝼyꝛ̇ t̍ ſelſınſ en a morgın. þr g̃a ſē
h̄ mlı ꝼ̇. v̄ morgınīn rıðu þr eckı ꝼyꝛ̇ t̍ ſel
ſelſınſ. rıðu þr þg̃. vpp ep̃ ſkogınū ꝥ tıl
ē þr kōu ſkāt ꝼra ſelínu. þart̍ ē þr kōv ſ
kamt ꝼ̃ ſelınu. þa bað þg̃. þa ſtıga aꝼ
heſtunū. ⁊ eta ðagv̂ð ⁊ s̃ g̃a þr. ðuelıaz ꝥ v̄

63 Nv ē at ſegıa **aꝼ ſauða manı hel** [hrıð **ga**
huat tıðenða ē at at ſelınu at hel
gı v̂ ꝥ ⁊ þr m̄n m; h̄m ſē ꝼyꝛ̇ v̂ ſagt
helgı ræððı v̄ morgınīn v̇ ſmala mān
ſīn at h̄ ſkyllð ꝼara v̄ ſkoga ı nanð ſelı
nu ⁊ hyggıa at māna ꝼerðv̄ .e. h̃t h̄
ſæı t̍ tıðenða. erꝼıtt haꝼa ðraumar
veıtt ı nott Sveīnīn ꝼ̃r ep̃ þuı ſē hel
gı mlı. h̄ ē horꝼīn v̄ hrıð ⁊ ē h̄ kemr
aptr þa ſpyꝛ̇ helgı. h̃t h̄ ſæı t̍ tıðenða. h̄ .ſ.
ſéét heꝼ̃ ek ꝥ at ek ætla at tıðenðū mūı
gegna. helgı ſpyꝛ̇ huat ꝥ v̂ı. h̄ q̃ ſéét ha
ꝼa m̄n ė allꝼá ⁊ hyg̃ ek v̂a munu vtan h̃
aðſ m̄n. h. mlı. huar v̂ þr ē þu ſátt þa .e.
huat hoꝼðuz þr at. eða hugðer þu nock̃
at klæða bunaðı þra. eða yꝼ̃ lıtū. h̄ .ſ. eckı
v̂ð m̄ ꝥtta ſua mıog v̄ ꝼelmt at ek hugle
ıððag ė ſlıka hlutı. ꝥt ek vıſſa at þu m̄
ð̄ ep̃ ſpyrıa. h̄ .ſ. ⁊ at þr v̂ı ſkāt ꝼra ſelı
nu. ⁊ þr átu þar ðagv̂ð. h.ſ. hvart þr ſe
tı ı huırꝼıngı .e. hueꝛ̇ vt ꝼra oðrū. h̄ q̃ð
þa ı huırꝼīgı ſıtıa ı ſauðlū. h. mlı. ſeg m̄
nu ꝼra ıꝼırlıtū þra. vıl ek vıta eꝼ ek me
ga nockut raða at lıkenðū huat m̄ ꝥta
ſıe. ſueīn̄. mlı. ꝥ ſat m̄ ı ſteīðū ſauðlı ⁊ ı
blaꝛ̇ı kapu. ſa v̂ mıkıll ⁊ ðrengılıgr vık
ottr ⁊ nocku tān b̃r. h.ſ. þna mān kēnı
ek gıorla at ꝼ̃ſogn þīnı. þar heꝼ̃ þu ſéét
þg̃.h.ſ. veſtan or haurða ðal .e. huat mū
h̄ vılıa oſſ. kappīn Sveīn̄. mlı. þar næſt
ſat m̄ ı gyllðū ſoðlı ſa v̂ ı ſkarlaz kyrt
lı rauðū ⁊ haꝼðı gull hrıng a henðı ⁊ v̂
knytt gvllhlaðı v̄ hoꝼuð h̄m. ſa m̄ haꝼ
ðı gult hár ⁊ lıðaðız allt a h̃ðar nıðr h̄ v̂
lıoſlıtaðr ⁊ lıðr a neꝼı ⁊ nockut haꝼıt vpp
ꝼ̃man neꝼıt. eygðr allvel. bla eygr ⁊ ſn
ar eygr en̄ıbreıðr ⁊ ꝼullr at vongū h̄ haꝼ
ðı bruna ſkurð a harı ⁊ h̄ v̂ velvaxīn
v̄ h̃ðar. ⁊ þyckr vnðer honð h̄ haꝼðı all
ꝼagra honð ⁊ ſſ̃klıgan hanðleg̃. ⁊ allt v̂
h̄ látbragð kurteıſlıgt. ⁊ ꝥ orðı lyk ek a
at ek heꝼı engan mān ſéét ıā vaſklıgan
at ollu h̄ var ⁊ vnglıgr m̄ ſua at h̄m v̂
eckı graun vaxín ſynðız m̄ ſē þrutīn m̄
ðı v̂a aꝼ trega. þa .ſ.h. venðılıga heꝼır
þu at ꝥum m̄ hugat. mun ⁊ mıkılſ vm
þna mān v̂t v̂a. en eckı mun ek þna
mān ſét haꝼa. þa mun ek geta t̍ hu̇r
h̄ ē ꝥ hyg̃ ek at þar haꝼı v̂ıt bollı bolla ſ
ꝥt ꝥ er m̄ ſagt at h̄ ſıe eꝼnılıgr maðr.

þa ſat m̄ ı ſmeıttū ſauðlı. ſa v̄ ı gulgr\`æ´nū
kyrtlı h̄ hafðı mıkıt fīgr gull. a hendı.
ſa m̄ v̄ ēn frıðaztı ſynū ⁊ mun ēn v̄a á
vngū allðrı. ıarpr a harſlıt. ⁊ f̄r allvel
hárıt ⁊ at ollu var h̄ ēn kurteıſaztı maðr
helgı .ſ. vıta þıkıūz ek hu̅r þı m̄ mun v̄a
ē þu hef̄ nu f̄ ſagt. þ mun v̄a þl. bolla ſ.
⁊ ertu ſkyk̄ maðr ⁊ glauġ þeckīn. þ næſt
ſat vngr m̄ h̄ var ı blā kyrtlı ⁊ ı ſuortum
bkū ⁊ gyrðr ıbrækr. Sa m̄ v̄ rıettleıtr ⁊ h̄t\`r´
a hár lıt ⁊ vel farīn ı ānlítı grānlıgr ⁊ ku\`r´
teıſlıgr. h.ſ. þna mān kēnı ek ⁊ h̄ mun ek
ſéét hafa. ⁊ mundı þa v̄a maðrīn allv̄gr
þ mun v̄a þðr .þ.ſ. foſt ſnorra .g. ⁊ hafa þr
kvrteıſt lıð mıog veſtfırðıngarn̄. huat ē
ēn þa. þa ſat m̄ ı ſkotzkū ſauðlı hak̄ ı ſ
keggı ⁊ ſkolbrūn mıog. ſuartr á hár ⁊ ſk
ruf hak̄. ⁊ hellðr vſynılıgr ⁊ þo garplıgr.
h̄ hafðı yf̄ s̄ fellıkapu gra. h.ſ. glaugt
ſıe ek huek̄ þı m̄ ē. þar ē lambı þbıar
nar .ſ. or laxarðal ⁊ veıt ek ė huı h̄ ē ı
for þra .bb. Sv̄. mlı þa ſat m̄ ı ſtānſauð
lı. ⁊ hafðı ytzta heklu bla ⁊ ſılfr hrīg a
hendı. ſa var buandlıgr ⁊ hellðr af æſk
v allð ðauckıarpr á hár ⁊ hrauck mıog
h̄ hafðı auk̄ ı ānlıtı. Nv veſnar mıog f̄ſ
ognın. ſ.h. þar muntu ſéét hafa þſteī ſv̄
ta mág mīn. ⁊ vıſt þıkı m̄ vnðarlıge ē
h̄ ē ı þı f̄ð. ⁊ ė munða ek veıta h̄m ſlı
ka heīſokn. eða huat ē ēn þa. h̄ .ſ. þa ſa
tu .íj. m̄n þr v̄ lık̄ ſynū ⁊ mundu v̄a mıð
allðra m̄n ⁊ en̄ knalıgſtu rauð a hárl
lıt. ⁊ feknot̄ ı ānlıtı ⁊ þo vel ſynū. h.m.
gıorla ſkıl ek hu̅ē þır m̄n ēo. þ ēo þr ar
moðſ .ſſ. foſt.bb.þḡ. hallðorr ⁊ aurnolf\`r´
⁊ ētu ſkılvıſſ m̄ .e. huart ēo nu talðer þr
m̄n ē þu ſátt. h̄ .ſ. lıtlu mun ek nu vıð
auka. þa ſat þ næſt m̄ ⁊ horfðı vt ór hrī
gınū. ſa var ı ſpanga bryníu. ⁊ hafðı ſt
alhufu a hofðı. ⁊ var barmrīn þuerar
handar breıðr h̄ hafðı exı lıoſa v̄ avxl.

⁊ mundı v̄a alh̄ f̄ mūn ſıa m̄ v̄ ſuart
eygr. ⁊ ēn vıkīglıgſtı. h.ſ. þna mān kēnı
ek glauġt at f̄ſaugn þın̄ı þar hef̄ v̄ıt hū
bogı en̄ ſterkı ſon alfſ ór ðolū. ⁊ van er
m̄ at ſıa huat þr vılıa. ⁊ mıog hafa þr
valða m̄n t̄ f̄ðar þar. ſv̄. mlı. ⁊ ēn ſat m̄
þ et næſta þū enū ſterklıga m̄. ſa var
ſvartıarpr a hár þyckleıtr ⁊ rauðleıtr
⁊ mıkıll ı brunū hak̄ meðalm̄. h.m. her
þarftu ė leīgra f̄ at ſegıa. þar hef̄
verıt ſueīn ſon alfſ or ðolū broð hun
boga ⁊ betra mun oſſ at v̄a ė raðla
ſū f̄ þvm m̄m þt næk̄ ē þ mīnı ætlā
at þr munı vılıa hafa mīn fund aðr
þr loſnı or h̄aðı ⁊ ēo þr m̄n ı faur þı er
va\`r´n fund munu kalla ſkaplıgan þo at
h̄ hefðı nockuru fyk̄ at hendı kōıt. Nv
ſlu kon̄ þær ſē h̄ eru at ſelınu ſnaraz
ı karlfaut ⁊ taka heſta þa ē h̄ ēo hıa ſe
lınu. ⁊ rıða ſē huataz t̄ vetrhuſa kan v̄
a at þr ſē næk̄ oſſ ſıtıa þeckı ė huart
þ rıða karlar. eða konur munu þr þ
fa lıtılſ tómſ at lıa oṡ áðr v̄ munū kō
a m̄m at os ⁊ ē þa ė ſynt huar\`r´a vıǣna
ē. konurnar rıða ı btt .ııı. ſaman. þḡ.
grvn̄ at nıoſn munı borın v̄a f̄ þeī ⁊ b
að þa taka heſta ſına. ⁊ rıða at ſē tıðaz
⁊ s̄ g̅ðu þr ⁊ aðr þr ſtıgı a bak. reıð maðr
at þeī þıoðſynlıga. ſa var lıtıll vextı ⁊
allkuıklatr. ⁊ hafðı færılıgan heſt. þı
m̄ kuaddı þḡ. kūnlıga. þḡ. ſpyk̄ h̄ at nā
nı ⁊ kynf̄ðı ⁊ s̄ huaðan h̄ v̄ı kōīn. h̄ quez
hrappr heıta ⁊ v̄a breıðfırzkr at moður
kynı. ⁊ þar hefı ek vpp vaxıt hefı ek n
afn vıga hrappſ. ⁊ þ m; nafnı at ek ē en
gı ðællðar maðr þo at ek ſıe lıtıll vextı en
ek ē ſūnlēzkr at foðurkynı. hefı ek nu
ðualız þ nockura vetr. ok alluel hef̄ þta
t̄ borıt þḡ. ē ek hefı þık h̄ ratað. þt ek æt
laða þo þīn fund at ſækıa. þo at m̄ yrðı
v̄ þ nockuru torſottara. en vand kuæðı ēo

m̄ a hendı ec heꝼı orðıt mıſſattr v᷎ h̄boða
mīn. haꝼða ek aꝼ h̄m v᷎ꝼarar eckı goðar
en ek heꝼı ꝥ aꝼ naꝼnı at ek vıl eckı ſıtıa
m̄m ſlıkar hneıſur. ⁊ veıtta ek h̄m t᷑æ
ðı. en þo get ek at ānat huart haꝼı tekıt
lıtt .e. eckı. en lıtla ſtunð v᷎ ek þar t᷑ rauñ
ſıðan. ꝥt ek þottūz hırðr þegar ek kō a
a bak heſtı ꝥū ē ek tok ꝼra bonða. hr
appr ſeǧ mart en ſpy ꝥ᷑ ꝼáſſ at þr v᷎ þa
buñ en þo varð h̄ bratt vaꝛ at þr æt
luðv at ſteꝼna at helga. ⁊ lıet h̄ vel
yꝼ᷑ ꝥ᷑. ⁊ ſagðı at ħ ſl̄ ė a bak at leıta.

64 **Þ**eır þǧ. toku reıð mıkla. **ðrap helga**
þegar þr kōu a bak ⁊ rıðu nu ꝼ᷑m
ór ſkogınū. þr ſá .ííıj. m̄n rıða ꝼra
ſelınu. þr hleyptu ⁊ allmıkıt. þa ml̄tu
ſum̄ ꝼaurunautar þǧ. at rıða ſkyllðı
ep᷑ þeī. ſē ſkıotaz þa ſ.þl̄. bolla .ſ. kōa
v᷎ aðr t᷑ ſelſınſ. ⁊ vıta huat ꝥ᷑ ſıe m̄. ꝥt ꝥ
ætla ek ſıðr at h̄ ſıe helgı. ⁊ ħ ꝼylgðarm̄
ſynız m̄ ſ̄ ſē ꝥta ſıe konur eínar þr v᷎ ꝼ
leírı ē ı motı ml̄tu. þǧ.q.þl̄ raða ſkyll
ðu. ꝥt h̄ vıſſı at þl̄. var māna ſkygnaz
tr ſnua nu at ſelınu. h̄ppr hleyꝑ ꝼ᷑m
ꝼ᷑. ⁊ ðuðı ſpıotſꝑkuna. ē h̄ haꝼðı ı h̄ðı
⁊ lagðı ꝼ᷑m ꝼ᷑ ſık. ⁊ q. þa v᷎a allt mal at
reyna ſık. verða þr helgı þa ė ꝼyꝛ v᷎er
v᷎ en þr þǧ. taka a þeī ſelıt. þr helgı lu
ka aptr hurðına. ⁊ taka vapn ſín h̄pp\`r´
hleypr þeǧ vpp at ſelınu ⁊ ſpurðı huar\`t´
ſkollı v᷎ı īnı. helgı .ſ. ꝼ᷑ ꝥ mun ꝥ᷑ ganga ſē
ſa ſıe nockut ſkæðr ē h̄ byr ıñı. at h̄
munı bıta kūna. næꝛ grenınu. ⁊ þegar
lagðı helgı ſpıotı v᷎t v̄ ſelſ glvggīn ⁊ ı ge
gnū hrapp ꝼéll h̄ ðauðr t᷑ ıarðar aꝼ ſpıo
tınu þǧ. bað þa ꝼ᷑a varlıga ⁊ gæta ſín v᷎
ſlyſū. ꝥt v᷎ hoꝼū ærın eꝼnı t᷑ at vīnaſe
lıt. ⁊ helga þar ſē h̄ ē nu kōıñ. ꝥt ek hyǵ
at h̄ ſe ꝼátt m̄ ꝼ᷑. Selıt v᷎ gort v̄ eīn áſ ok
la h̄ a gaꝼlhlauðū ⁊ ſtoðv v᷎t aꝼ aſēðñ
⁊ v᷎ eınart þak a h̄inu. ⁊ eckı groıt. þa

ml̄ı þǧ. at m̄n ſkyllðu ganga at aſenðu
nū ⁊ treyſta ſua ꝼaſt at b᷑tnaðı eða ella
ǧgı aꝼ īn raptarñ. en ſum̄ ſkyllðu geym
a ðyrāna. eꝼ þr leıtaðı v᷎t. v. v᷎ þr helgı ī
nı ı ſelınu. harðbeīn .ſ.ħ. v᷎ ꝥ᷑. h v᷎ .xíȷ́. vetra
gamall ⁊ ſmalam̄ ħ. ⁊ íȷ́. m̄n aðrer. ē ꝥ ſu
m̄ hoꝼðu kōıt t᷑ ħ. ⁊ v᷎ ſeꝛ h̄ ānaꝛ þgılſ.
en ānaꝛ eyıolꝼr. þſl̄. ſuartı ſtoð ꝼ᷑ ſelſ ð
yrunū ⁊ ſueīn .ſ. ðala alꝼſ. en þr að᷑ ꝼoru
nau᷑ rıꝼu aꝼ ræꝼrıt aꝼ ſelınu ⁊ hoꝼðu
þr ꝥ᷑ ſkıpt lıðı t᷑ tok ānan aſenða hunbo
gı eñ ſterkı ⁊ þr armoðſ ſſ. en þr þgılſ ok
lābı ānan aſenða ⁊ þr ſſ.G. treyſta þr nu
ꝼaſt a aſīn. ⁊ b᷑tnaðı h̄ ı ſunðr ⁊ ı ꝥı ſuıpan
lagðı harðbeīn v᷎t atgeírı. ór ſelınu ꝥ᷑ ſem
hurðın v᷎ b᷑tın lagıt kō ı ſtalhuꝼu
þſl̄. ſuarta ſua at ı ēnínu nā ſtaðar v᷎ ꝥ
mıog mıkıll aūkı. þa ml̄ı þſl̄. ꝥ ē ſatt v᷎
at þar v᷎ m̄n ꝼ᷑. ꝥ᷑ næſt hlıop helgı vt v̄
ðyrñ ſua ðıarꝼlıga ē þr hrucku ꝼ᷑ ē næſ
t᷑ v᷎. þǧ. v᷎ þa næꝛ ſtaððr. ⁊ hıo ep᷑ h̄m m;
ſuerðı. ⁊ kō a auxlına v᷎ð ꝥ mıkıll av᷎kı
helgı ſñız þa ı motı ⁊ haꝼðı hendı vı
ðar exı. helgı ml̄ı ēn ſl̄ ꝥı ēn gālı þora
at ſıa ı mot vapnū ⁊ ꝼleygðı exīnı at
þǧ. ⁊ kō exın a ꝼot h̄m. ⁊ varð ꝥ mıkıt
ſár. ⁊ ē bollı ſá ꝥta þa hleypr h̄ at helga
⁊ haꝼðı ı hendı ꝼótbít ⁊ lagðı ı ǧgnū .h.
var ꝥ bana ſar ħ. þr ꝼylgðar m̄n. helga
hlaupa þeǧ or ſelınu ⁊ ſ̄ harðbeīn. þl̄.b.
.ſ. vıkr ımotı eyıolꝼı. h̄ v᷎ ſl̄kr m̄. þl̄. hıo t᷑
ħ m; ſuerðı. ⁊ kō a lærıt ꝼ᷑ oꝼa kníe ok
tok aꝼ ꝼotīn ⁊ ꝼıell h̄ ðauðr t᷑ ıarðar. en
hunbogı ēn ſterkı hleypr ı motı þgılſı
⁊ hıo t᷑ ħ m; exı. ⁊ kō a hryggīn ⁊ tok
h̄ ſunðr ı mıðıu. þðr kauttr v᷎ næꝛ ſtaððr
þar ē harðbeīn hlıop v᷎t ⁊ vıllðı þegar
raða t᷑ ħ. bollı hleypr t᷑ ē h̄ ſa ꝥta. ⁊ bað
ė veıta harðbeını ſkaða. ſl̄ h̄ engı maðr
vīna klækıs v᷎k. ⁊ ſl̄ harðbeını ǧð geꝼa.
helgı attı ānan .ſ. ē ſkorrı h̄. ſa var at

ꝼoſt́ a englðı ı reykıar ðal enū ſyðra. **heım**
65 Epꞇ̃ ꝥı tıðendı rıða ꝥr ꝥg̃. ı **kuama ꝥra .bb.**
brott ꝫ yꝼ̃ halſīn t́ reykıar ðalſ ꝫ lyſ
tu þar vıgū ꝥum. rıðu ſıðan ena ſomu le
ıð veſtr ſē ꝥr hoꝼðu veſtan rıðıt lıettu ė
ſīnı ꝼ̃ð ꝼyꝶ en ꝥr komu ı haurða.ð. ꝥr ſeg
ıa nu ꝥı tıðendı ẽ g̃ðz hoꝼðu ı ꝼor ꝥra v́ð
ꝥı ꝼ̃ð en ꝼrægſta. ꝫ þottı ꝥta mıkıt ſtor vır
kı. ẽ ſlıkr kappı haꝼðı ꝼallıt ſē helgı v́. ꝥg̃.
þackar m̃ vel ꝼ̃ðına ꝫ ſlıkt et ſama mł̃tu
ꝥr .bb. bolla.ſſ. ſkılıaz ꝥr m̄n nu ẽ ı ꝼ̃ð hoꝼ
ðv v̄ıt m; ꝥg̃. lābı rıðr veſtr t́ laxarðalſ
ꝫ kēr ꝼyrſt ı hıarðar ħ. ꝫ ſagðı þeī ꝼrændū
ſınū īnılıga ꝼ̃ ꝥū tıðendū er orðıt hoꝼðu
ı ſkorra.ð. ꝥr lıetu ılla ıꝼ̃ ħ ꝼ̃ð. ꝫ toldu mıo
g a hendr ħm. q. ħ meıꝶ haꝼa ſagz ı ætt ꝥb̃.
ſkrıupſ en myrkıartanſ ırak̃gſ. lābı reıðð
ız mıog v́ orðtak ꝥra. ꝫ .q. þa kūna ſık vg̃
la er ꝥr veıttu ħm atolur ꝥt ek heꝼı ðreg
ıt yðr vnðan ðauða. ſ. ſkıptuz ꝥr ſıðan ꝼā
orðv̄ v́. ꝥt huarūtueggıū lıkaðı þa veꝶ
en áðr. Ríðr lābı heī t́ buſſ ſínſ. ꝥg̃.h.ſ. ríðr
vt t́ helgaꝼellz ꝫ m; ħm .ſſ.G. ꝫ ꝼoſtbb.ħ.
hallð ꝫ aurnolꝼr. ꝥr komu ſılla v̄ quellðıt
t́ helga.ꝼ. s̃ at aller m̄n v̊ ı reckıū. G. rıſſ
vpp ꝫ bað m̄n vpp ſtanda ꝫ vīna þeī beí
na. ħ̊ gengr t́ ſtuꝼu ꝫ heılſar ꝥg̃. ꝫ ollum
þeī. ꝫ ſpurðı þa tıðenda. ꝥg̃. tok .q.G. ħ ha
ꝼðı þa lagt aꝼ s̃ kapuna ꝫ ſua vapnín ꝫ
ſat þa vpp t́ ſtaꝼa. ꝥg̃. v́ ı rauð brunū ky
rtlı ꝫ haꝼðı v̄ ſık breıðt ſılꝼrbelltı. Gvðꝛ̃
ſettız nıðr ı beckīn hıa ħm. þa .q. ꝥg̃.v. ꝥa.
Sottū heī at helga. ʀaꝼn lıetū na ſuelgía.
ruðū ꝼagr rauðulſ eıkı. þa ẽ ꝼylgðu ꝥlı.
ꝥ́a letū þar ꝼalla. þıoðnyta g̃valla. hıa
lm allkæna þolla. heꝼnt telıū nu bolla.
.G. ſpurðı þa vendılıga at ꝥū tıðendum
ẽ orðıt hoꝼðu ı ꝼor ꝥra. ꝥg̃. ſagðı ſlıkt
er ħ̊ ſpurðı. G.q. ꝼ̃ðına orðna ena ſno
ꝼurlıgſtu ꝫ bað þa haꝼa þock ꝼ̃. epꞇ̃ ꝥ ẽ
þeī beını veıttr. ok ẽ ꝥr v̊ metꝭ. v́ þeım.
ꝼylgt t́ rekna. ſoꝼa ꝥr aꝼ nottına. v̄ ða
gīn epꞇ̃ gengr ꝥg̃. t́ talſ v́ .G. ꝫ mł̄ı. S̃ ẽ hat
tað ſē þu veızt .G. at ek heꝼı ꝼ̃m̄ komıt ꝼ̃
ðīnı ꝥrı ẽ þu baðt mık t́. ventı ek ꝫ at ek
haꝼı ꝥ́ vel vart. þu munt ꝥ ꝫ muna hu̅ı
v̄ hlutū þu heꝼ̃ m̄ heıtıð þar ı mót. þıkıūz
ek nu t́ ꝥ kaupſ kōīn. Þa mł̄ı .G. eckı heꝼ̃
ſıðan ſua langt lıðıt ẽ v̄ ræððūz v́ at m̄ ſıe
ꝥ ór mīnı lıðıt ætla ek. ꝫ ꝥ eına ꝼ̶ m̄ at eꝼ
na v́ þık allt ꝥ ẽ ek v́ð a ſátt. eða hu̅ſ mın
nır þıg v̄ hu̅ſu mł̄t v́ m; ockr. ꝥg̃.q. ha
na muna munðu. G.ſ. ꝥ hyɢ ek at ek
hıeta ꝥ̃ ꝥ́ at gıptaz engū mānı ſā lendū
auðꝫ en ꝥ̃. eða vılltu nockut mæla ımo
tı ꝥu ꝥg̃.q. hana rıett muna þa ẽ vel
ſ.ɢ. eꝼ ockr mīnır eınſ v̄ ꝥta mal vıl
ek ꝫ eckı lengr ðraga ꝥta ꝼ̶ ꝥ̃ at ek æt
la ꝥ ė auðet v̄ða at ek ſıa þín kona.
þıkıūz ek enda v́ þıg oll aqueðın orð
þo at ek gıptūz ꝥkı. eyıolꝼſ .ſ. at ħ er
nu ė ħ̊ a lðı. þa mł̄ı ꝥg̃. ꝫ roðnaðı mıok.
gıorla ſkıl ek huaðan allða ſıa rē vn
ðer. haꝼa m̄ þaðan ıaꝼnan kaullð rað
kōıt. veıt ek at ꝥta ero ráð ſħra .ɢ.
Sp̄ttr ꝥg̃. vpp þegar aꝼ ꝥu talı ꝫ var
ēn reıðaztı g̃gr t́ ꝼorunauta ſınna
ꝫ ſagðı at ħ vıll ı b̊tt rıða. ꝥl. lıkar ılla
ẽ ſua v́ hagat. at ꝥg̃ var ė geð a. en .b.
ſā þyckız ħ̊ v̄ vılıa modur ſīnar. G.
q̊. geꝼa ſkylldv ꝥg̃. goðar gıaꝼ̃ ok
blıðka ħ ſua ꝥl.q. ꝥ eckı tıa munðu
ꝥt ꝥg̃. ẽ myklu ſkapſtæꝶı m̄ en ħ m
vnı ħ̊ at ſmahlutū luta vılıa. G.q. ħ
ꝫ þa heıma hugg̃ ſkylldu ꝥg̃. rıðr v́ ꝥta
ꝼ̃ helga ꝼellı ꝫ m; ħm ꝼoſt.bb.ħ. kēr ħ
heī ı tungu t́ buſſ ſınſ ꝫ vn̄ ſtorılla ſınū
66 Þan̄ vetr tok **anðlat oſuıꝼurſ** [lut
ðſ. ſótt ꝫ anðaðız. ꝥ þottı mān
ſkaðı mıkıll. ꝥt ħ haꝼðı v̄ıt ēn
meſtı ſpekīgr. ðſ. var graꝼīn at hel
ga.ꝼ. ꝥt .G. haꝼðı þa latıð g̃a kırkıu

a þeī ſama vet́ ꝼıeck ſótt Geſtr oððleıꝼſ .ſ.
ok ē at hm̄ leıð ſottın. þa kallaðı h̄ t̉ ſín þð.
laga .ſ. ſıñ ⁊ mł̄ı. Sva ſeğ m̄ hugr v̄. at þı ſótt
munı ſkılıa v́ara ſāuıſtu. ek vıl mık lat
a ꝼæra t̉ helga.ꝼ. þt ſa ſtaðr mun v̊ða meſ
tr h̃ ı ſueítū. þangat heꝼı ek opt lıoſ ſéét
Ept̃ þtta anðaðız Geſtr. vetrīn haꝼðı v̊ıt
kulða ſār. ⁊ v̊ ıſlaug mıkıl. ⁊ haꝼðı langt
lagt v́t b̊ıða.ꝼ. s̃ at ė mattı a ſkıpū kōaz.
aꝼ barða ſtronð. lık geſtz ſtoð vppı .íj. nætr
ı haga. en þa ſomu nótt g̃ðı a veðr s̃ hua
ſt at ıſīn rak allan ꝼ̃ lðı. en v̄ ðagīn ep
t̃ v̊ veðr gott ok lygnt. þðr tok ſkıp ⁊ lag
ðı a lıkık Geſtz. ⁊ ꝼara þr ſvðr v̄ ðagīn yꝼ̃
b̊ıða.ꝼ. ok kōa v̄ kuellðıt t̉ helgaꝼ. v̊ þar
vel tekıt v̇ þðı. ok ē h þ̊ v̄ nottına. v̄ mor
gınīn v̊ nıðr ſett lık geſtz. ⁊ hvıllðu þr ó̊ſ.
ı eīnı groꝼ. kō nu ꝼ̃m̄ ſpa ſagan Geſtz at
ſkēra v̊ ı mıllı þra en þa er ānaꝛ̄ var á
barðaſtronð en ānaꝛ̄ ı ſælıngſðalſ tun
gv. þðr ēn lagı ꝼ̃r heī þeğ h er buīn. ena
næſtu nott ept̃. g̃ðı a æðı veðr. rak þa ıſ
īn allan at lðı. hellt þ̊ lengı v̄ vetrīn
at eckı máttı þar a ſkıpū ꝼara þottu at
þ̅u mıkıl m̄kı. at s̃ gaꝼ t̉ at ꝼara meðr
lık geſtz. at huarkı var ꝼært áðr nıe

67 Þorarēn h̊ m̄. **ðrāp þorgılſ haullv**[ſıðan **ſoń**
ē bıo ı langaðal h v̊ goðorz maðr.
⁊ eckı rıkr. ſon ñ h́ auðgıſl. h var
ꝼralıgr maðr. þg̃.h.ſ. tok aꝼ þeī ꝼeðgv̄
goð orðıt. Auðgıſl ꝼór a ꝼvnð Sñ.G. ⁊ ſag
ðı hm þna vıaꝼnat ⁊ bað h aſıa Sñ.ſ. vel
at eınv. ⁊ tok lıtīn aꝼ ollu ⁊ mł̄ı. Geyr
ız h havlluſlappı nu ꝼrāgıarn ⁊ abur
ðar mıkıll. hvart mun þg̃. enga þa m̄n
ꝼ̇ hıtta. at ė munı hm allt vılıa þola.
er þ vıſt auðſætt. at h ē mıkıll maðr ok
knalıgr. en kōıt heꝼ̃ orðıt ſlıkū m̄m ı he\`l´
ſē h ē. Sñ. gaꝼ avðgıſlı exı rekna er h
ꝼór ı brott. v̄ varıt ꝼorv þr þg̃.h.ſ. ok þſ̃
ſvartı ſvðr t̉ bgarꝼıarðar ⁊ buðv bætr
.ſſ. helga ⁊ oð ꝼ̃nðū ñ v̊ ſæzt a þ mal ⁊ v̊
gıor goð ſæmð. gallt þſ̃ .ıȷ. hlutı bota v
ıgſınſ en þg̃. ſkyllðı gıallða þrıðıung. ok
ſkyllðı greıða a þıngı. þta ſum̄ reıð þg̃. t̉
þıngſ. ok ē þr komv a hraunıt at vollū
sa þr konu ganga ı motı s̃. Sv var mık.
harðla. þg̃. reıð ı motı hní. en h̊ veık vn
ðan. ⁊ q̄ð þta. koſtı ꝼyrðar eꝼ ꝼ̃m̄ þıkı
az. ⁊ varız v̇ ſva velv̄ Snorra. engı mū
v̇ varaz vıtr ē snorrı. Sıðan geck h̊ le
ıð ſına. þa mł̄ı þg̃. ſıalldan ꝼor ſua þa
er vel vıllðı. at þu ꝼær̄ þa aꝼ þīgı ē ek
ꝼór t̉ þıngſ. þg̃. rıðr nu a þıngıt. ⁊ tıl
bvðar ſīnar ⁊ v̊ kyrt aunðuerðt þīg
ıt. Sa atburðr v̊ð eīn hūn ðag v̄ þīgıt
at ꝼeſt v̊ vt klæðı māna t̉ þ̃rıſſ. þg̃. attı
bla heklu. h̊ v̊ breıðð a buðar veggīn m̄
heyrðu at heklan .q. þta. hang̃ v́at a veɢ.
veıt hat̉kılan bragð. þ̊gıt optaꝛ̄ þuꝛ̄ þey
gı ðyl ek at h̊ vıtı tuau. þtta þottı et meſ
ta vnðr. en̄ næſta ðag ept̃ geck þg̃. veſtr
yꝼ̃ ána ⁊ ſkyllðı gıallða ꝼíe .ſſ. helga. h ſez
nıðr a haulknıt ꝼ̇ oꝼan buðernar. meðr
hm v̊ halldorr ꝼoſtbróð̊ ñ. ⁊ ꝼleırı v̊ þr ſa
man. þr .ſſ. helga komu t̉ motſınſ þg̃.
tekr nu at telıa ſılꝼrıt. auðgıſl þorarēſ
ſ. geck þar hıa. ⁊ ı þ̊ er þg̃. neꝼnðı ellıꝼu
þa hıo auðgıſl t̉ ñ ⁊ aller þottuz heyra
at hoꝼuðıt neꝼnðı .xı. ē aꝼ ꝼauk halſı
nū. auðg̃. hlıop t̉ vazꝼırðınga buðar
en halldórr hlıop þeğ ept̃ hm. ⁊ hıo h
ı buðar ðyrunū t̉ bana. þı tıðenðı ko
mu t̉ buðar sñ.g. at þg̃.h.ſ. v̊ vegīn
sñ.ſ. ė mun þ̃ ſkılız haꝼa. þg̃.h.ſ. mun
vegıt haꝼa. maðrıñ .ſ. enða ꝼauk hoꝼu
ðıt aꝼ bolnū. þa ma v̊a at ſatt ſíe. ſ.Sñ.
Sæzt var a víg þı ſē ı ſaugu þg.h.ſ. ſeğ.

68 Þat ſama ſumar ē þg̃. **kuanꝼang þork**
.h.ſ. var vegīn kō ſkıp ı bıarn̄ hoꝼn
þ attı þk. eyıolꝼſ .ſ. h var þa ſua
auðıgr maðr at h attı .íj. knorru ı ꝼorū.

añaꝵ kō ı hrutaꝼ̃. a borðeyrı ꝫ ṽ huar
tueggı vıðı hlaðīn. ꝫ ẽ sñ.ɢ. ſpurðı vt
kuamu þk̅. rıðr h̅ þeǥ̃ t̉ ſkıpſ. þk̅ tok ṽ
h̅m m; allrı blıðu. þk̅. haꝼðı ꝫ mıkīn ðry
ck a ſkıpı ſınu ṽ veıtt allkappſālıga. ṽð þeī
ꝫ mart talað. Spurðı Sñ. tıðenða aꝼ noregı.
þk̅. ſeǥ̃ ꝼ̃ ollu vel ꝫ m̃kılıga. Sñ. ſeǥ̃ ı mot þa
tıðendı ſē h̃ hoꝼðu ǥ̃z meðan þk̅ haꝼðı vtā
ṽıt. Synðız m̃ nu þ ráð. ſ.sñ. ſē ek ræðða ꝼ̇ þ̃.
aðr þu ꝼort vtan at þu tæk̃ þık or ꝼorū ok
ſettız ṽ kyrt. ꝫ aꝼlaðer þ̃ kuanꝼangſ. þeś
enſ ſama ſē þa var orðı a kōıt. þk̅.ſ. Skılek
huar þu ꝼ̃r. ꝫ allt ẽ m̃ ſlıkt ıt ſama nu ı hug
ſē þa ræððū ṽ þt ė ꝼ̇ man ek m̃ enſ bezta r
aðſ ꝫ enſ gauꝼgazta eꝼ þ ma ṽ gangaz. Sñ.
mł̅ı. Tıl þ ſł ek boðīn ꝫ buīn at ganga með
þeī malū ꝼ̇ þına honð. er nu ꝫ aꝼ raðīn hu
artueggı hlutn̈ ſa er þ̃ þottı torſottlıgaztr
eꝼ þu ſkyllðer ꝼá Guðr̃. at bolla ẽ heꝼnt
enða ẽ þǥ̃. ꝼ̃ raðīn. þk̅. mł̅ı. ðıupt ſtanða
ráð þín. Sñ. ꝫ at vıſu vıl ek at vēnða þu ma
lı. Sñ. var at ſkıpı nockurar nætr. Sıðan
toku þr ſkıp teınært ẽ þar ꝼlaut ṽ kaupſ
kıpıt. ꝫ bıugguz t̉ ꝼ̃ðar. halꝼr þ̃ðıtaugr m̃
þr ꝼoru t̉ helga.ꝼ. Gvðr̃. tok ṽ ſnorra agæta
vel. ṽ þeī veıttr allgoðr beíní. ꝫ ẽ þr hoꝼðu
ṽıt þar eına nott þa kallar ſñ. t̉ talſ ṽ ſık
Gvðr̃. ꝫ mł̅ı. Sua er m; vextı at ek heꝼı ꝼ̃ð
þa veıtt þkı. eyıolꝼſ .ſ. vın mınū ẽ h̅ nu. h̃
kōıñ ſē þu s̃. en þ er erendı ñ hıngat at ha
ꝼa bonorð ṽ þık. ẽ þk̅. gauꝼugr m̃. ẽ þ̃ ok
allt kūnıgt ṽ ætt ñ. ꝫ athæꝼı. Skor̃ h̅ ok
ė ꝼıe þık̃ oſſ h̅ nu eīn m̃ lıkaztr t̉ hoꝼðīgıa
veſtr hıngat eꝼ h̅ vıll ſık t̉ þ haꝼa. heꝼ̃ þk̅ mí
kīn ſoma þa er h̅ ẽ vt h̃ en mıklu ẽ h̅ meıra
vırðr þa ẽ h̅ ẽ ı noregı. m; tıgnū m̅m. þa
.ſ.G. ſſ. mıñ munu h̃ meſtu aꝼ ráða. þł. ꝫ
bollı. en þu ẽt s̃ ēn .ííȷ. m̃ ſnorrı. at ek m
vn meſt þau rað vnðer eıga ẽ m̃ þıkıa
allmıklu malı ſkıpta. þt þu heꝼ̃ lengı
heılraðr ṽıt. Sñ.q̇ eınſætt þıkıa at hnec
kıa þkı. ė ꝼ̃. Epꝉ̃ þ lıet Sñ. kalla þang
at .ſſ. G. heꝼ̃ þa vppı ṽ þa malıt. ꝫ tıar
hũſu mıkıll ſtyrkr þeī mættı ṽða at þk̅.
ꝼ̇ ſak̃ ꝼıar aꝼla ñ ꝫ ꝼorſıa. ꝫ taldı þ̃ ṽ mıuk
lıga. þa .ſ.b. Moðer mín mun þta glaug
gazt ſıa kūna. vıl ek h̃ ṽ h̅nar vılıa ſam
þyckıa. en vıſt þıkır oſſ raðlıgt at uır
ða þ mıkılſ ẽ þ̃ ꝼlytıð þta mál Sñ. þt þu he
ꝼ̃ marga hlutı ſtor vel gort t̉ ṽar. þa mł̅ı .G.
mıog munū ṽ hlıta ꝼor ſıa Sñ. ṽ þta mal
þt oſſ haꝼa þín ráð heıl ṽıt. Sñ. ꝼyſtı ı hũ
ıu orðı ꝫ rıez þ aꝼ at raðahagr ſkyllðı
takaz m; þeī .G. ꝫ þkı. bauð Sñ. at haꝼa
boð īnı. þkı. lıkaðı þ vel þt mık ſkor̃ ė
ꝼaun`g´ t̉ at leggıa ꝼ̃m ſua ſē yðr lıkar þa
mł̅ı .G. þ ẽ vılı mıñ at boð þta ſıe h̃ at hel
ga.ꝼ. vex m̃ eckı þ ꝼ̇ augū at haꝼa h̃ koſt
nat ꝼ̇. mun ek huarkı t̉ þ kreꝼıa þk̅ níe
aðra. at leggıa ſtarꝼ a þta. Opt ſyñ þu þ
.G. ſ.Sñ. at þu ẽt ēn meſtı kuenſkauru
ngr. verðr nu þ aꝼ raðıt at brullaup ſł ṽa
at helgaꝼ. at .vı. vıkū ſum̅ſ. ꝼaraþr Sñ
ꝫ þk̅ ṽ þta a b̃tt ꝼór Sñ. heī. en þk̅. t̉ ſkıp`s´
er h̅ ymızt ṽ ſumarıt ı tungu .e. ṽ ſkıp lıðr
t̉ boðſınſ. G. heꝼ̃ mıkīn vıðr bunat ꝫ tıl oꝼ
lun. Sñ.g. ſottı þa veızlu m; þkı ꝫ hoꝼðu
þr næꝵ .lx. m̅. ꝫ ṽ þ lıð mıog valıt. þt ꝼl
eſt̃ aller m̅n ṽ ı lıtklæðū. G. haꝼðı næꝵ
.c. ꝼ̇boðſm̅. þr .bb. bollı ꝫ þł. gengu ı mot
þeī Sñ. ꝫ með þeī ꝼ̇boðſm̅n. er Sñ. allvel
ꝼagnat ꝫ ñ ꝼoruneytı. ẽ nu tekıt ṽ heſtū
þra ꝫ klæðū. ṽ þeī ꝼylgt ı ſtuꝼu ſkıpuðu
þr þk̅. ꝫ Sñ. beck ānan þañ ẽ æðrı ṽ. en b
oðſ m̅n .G. ēn oæðra beck. **boð þkels ꝫ guðr̃**

69 Þetta hauſt haꝼðı Gvñaꝵ þıðranðabanı
ṽıt ſenðr Guðr̃ t̉ trauſtz. ꝫ hallðz. h̃
haꝼðı ꝫ ṽ h̅m tekıt. ꝫ var leynt naꝼ
nı ñ. Gvnaꝵ haꝼðı ſekr orðıt ṽ víg þıðran
geıtıſ.ſ. or k̃ſſa vık ſē ſeǥ̃ ı ſaugu nıarð vık
ınga ꝼor h̅ mıog hulðu hoꝼðı. þt marǥ̃ ſto
rer m̅n. veıttu þ̃ epꝉ̃ ſıar. Et ꝼyrſta kuellð

veızlūń ē m̄n gengu t̉ vatz ſtoð þ͛ m̄ mık.
hıa vatnınu. ſa var ħ̄ðı mıkıll ꝫ brıngu
breıðr. ſa maðr haꝼðı hatt a hoꝼðı. þk.
ſpurðı hueŕ ħ v̄ı ſa neꝼnðız s̄ ſē ħm ſyn
ðız. þk̄.ſ. þu munt ſegıa ė ſatt v̄ır þu
lıkarı Gv̄narı þıðranða bana. ꝫ eꝼ þu
ēt s̄ mıḱ kēpa ſē aðrer ſegıa. þa mū
tu ė vılıa leyna naꝼnı þínu. þa .ſ. Guń.
allkapſālıga mæl̄ þu t̉ þ̄a. ætla ek mık
ꝫ eckı þurꝼa at ðylıaz ꝼ̇ þ͛. heꝼ̄ þu ríett
kenðan mānīn. eða huat heꝼ̄ þu m̄ hu
gat at hellðr. þk q̇ þ vılıa munðu at ħ
vıſſı þ bratt ħ m̄ı t̉ ſīna māna at þr ſky
llðu hanðtaka ħ. en Guðr̄ ſat īnar a þū
pallı. ꝫ þ͛ koń hía ħnı. ꝫ hoꝼðu lın a hoꝼ
ðı. en þeg̉ h̊ v̄ðr vavr v̇. ſtıgr h̊ aꝼ bruð
beckınū. ꝫ heıtr a ſına m̄n at veıta Gū
narı lıð. h̊ bað ꝫ engū mānı eıra. þeī ē
þ͛ vılllðu ouíſu lyſa. haꝼðı Gvðr̄. lıð m
ıklu meıra. horꝼðız þar t̉ ānarſ en æt
lat haꝼðı v̄ıt. Sń.G. geck þar ı mıllı m̊
ꝫ bað lægıa ſtorm þna ē þ͛ þk. eınſǽtt
at leggıa eckı s̄ mıkıt kapp a þta mal.
mattu ſıa hűſu mıkıll ſkorungr Gvðr̄.
ē. eꝼ h̊ beŕ ockr baða raðū. þk lez þuí
haꝼa heıtıð naꝼna ſınū þk. geıtıſſ .ſ.
at ħ ſkyllðı ðrepa .G. eꝼ ħ kæme veſtr a
ſueıt̄ ꝫ er ħ ēn meſtı vınr mīn. S̄. m̄ı
mıklu ē þ͛ meırı vanðı a at g̃a ept̄ ýa
rū vılıa ē þ͛ ꝫ þta ſıalꝼū hoꝼuð nauð
ſyn þt þu ꝼær allð̇ ſlıkr̄ konu ſē .G.
ē þott þu leıt̄ vıða. ok v̇ v̄tolur Sń ꝫ þ
m; at ħ ſa at ħ m̄ı ſatt þa ſeꝼaðız þk
en Gv̄ńı var ı b͛tt ꝼylgt v̄ quellðıt veız
la ꝼor þ͛ vel ꝼ̄m̄ ꝫ ſkorulıga. ꝫ ē boðı v̇
lokıt buaz m̄n ı b͛tt. þk gaꝼ Sń all ꝼe
mıklar gıaꝼ̄ ꝫ s̄ ollū vırðınga m̊. Sń
bauð heī bolla bolla ſ. ꝫ bað ħ v̄a m;
s̄ ollū þeī ſtunðū ē ħm þættı þ betra b.
þıGr þ ꝫ rıðr heī ı tungu. þk. ſettız nu
at helgaꝼ. ꝫ tekr þ͛ v̇ buś v̄ſyſlu þ mat

at ħm v̇ þ ė v̄r hent en kaupꝼ̄ðer. ħ lıet
þeg̉ v̄ hauſtıð taka oꝼan ſkála ꝫ v̄ð vpp
g̃r at vel̉ ꝫ v̇ ħ mıkıll ꝫ rıſulıgr aſt̄ tak
az mıklar m; þeī þk. ꝫ Gvðr̄ lıðr ꝼ̄mm
vetrīn. v̄ varıt ept̄ ſpyŕ .G. huat ħ vılı
ſıa ꝼ̇ Gv̄ńı þıðranðabana. þk.q. hana
munðu ꝼ̇ þ͛ raða. heꝼ̄ þu tekıt þ ſua ꝼ
aſt at þ͛ mun eckı at getaz. nēa ħ ſıe ſæ
mılıga aꝼ honðū leyſtr. G.q. ħ rıett ge
ta. vıl ek. ſ. h̊. at þu geꝼ̄ ħm ſkıp̄. ꝫ þar
með þa lutı ſē ħ ma ė mıſſa at haꝼa.
þk.ſ. ꝫ b͛ſtı v̇. ė ē þ͛ lıtıð ı hug v̄ mart .G.
ſ. ħ. ꝫ ē þ͛ ė hent at eıga veſal mēnı ē þ
ꝫ eckı v̇ þıtt æðı ſl̄ þtta g̃a ept̄ þínū
vılıa. ꝼ̄r þta ꝼ̄m̄ Gvń tok v̇ gıoꝼīnı allþ
ackſālıga. mun ek allð̇ ſua langhenðr v̄ða
at ek ꝼá yðr launat þań ſōa allan ſē þıð
veıtıð m̄ ꝼór Gv̄n. vtan. ꝫ kō v̇ noꝛ̄ ept̄
þ ꝼór ħ t̉ bua ſīna. Gvń. v̇ ſtor auðıgr ok
et meſta mıkılm̄nı. ꝫ goðr ðreīgr. **vtan**

70 Þork eyıolꝼſ .ſ. g̃ðız hoꝼ **ꝼerð þorkelſ**
ðıngı mıkıll. hıelt ħ s̄ mıog t̉ vī
ſælða ꝫ vırðīgar. ħ var m̄ ħ̄aðrıkr
ꝫ mala m̄ mıkıll. þīgðeıllða ń ē her þo
eckı getıð. þk. v̇ rıkaztr m̄ ı breıðaꝼırðı
meðan ħ lıꝼðı þeg̉ ē Snorra leıð. þk. ſat
vel bæ ſīn. ħ lıet g̃a oll h̊ at helgaꝼellı
ſtor ꝫ rālıg ħ markaðı ꝫ grunðvoll tıl
ḱkıu ꝫ lyſtı þ͛ at ħ ætlaðı s̄ at ſækıa ḱ
kıu vıðīn. þau þk. ꝫ .G. áttu ſon. ſa er
neꝼnðr gellır. ħ var ſnēma ēn eꝼnılıg
aſtı. bollı b.ſ. v̇ ymızt ı tungu e. at h
elgaꝼ. var Sń. t̉ ń allvel. þl̄.b.ń v̇ at
helgaꝼellı. v̊ þr bb. mıklır m̄n ꝫ ener kna
lıgſtu. ꝫ haꝼðı b. allt ꝼ̇ vel v̇ þk t̉ ſtı
vpbarna ſıña. b. v̇ nu .xvı. vetra. en þl̄.xx.
þa ræððı þl̄ v̇ þk ꝫ moður ſına at ħ v
ıllðı vtan ꝼara. leıðız m̄ at ſıtıa heıma
ſē konū vıllða at m̄ v̄ı ꝼēgī ꝼar̄ eꝼnı þk
ſ. eckı þıckıūz ek v̄ıt haꝼa motg̃ða ſār
ykr .bb. ſıðan ē teīg̃ð ýarar tokuz þıkı

m̄ ꝥta en meſta varkun̄ at þıg ꝼyſı at
kāna ſıðu ānaꝛ̄a māna. ꝥt ek vıæntı
at þu þıkͥ vaſkr m̄. huar ſē þu kēr með
ðugandı m̄. þl. q̄ eckı munðu haꝼa mı
kıt ꝼíe. ꝥt oſynt ē hu̅ſu m̄ gætız t̄. ē ek
vngr ⁊ ı morgu vraðīn. ꝥk. bað ħ haꝼa
ſ̄ ſē ħ vıllðı. Sıðan kauper ꝥk ı ſkıpı tıl
hanða þl. ē vppı ſtoð ı ðaugðar neſı. ꝼylg̅
ꝥk. ħm t̄ ſkıpſ. ⁊ bıo ħ at ollu vel heımā.
ꝼór þl. vtan v̄ ſumarıt. Sē ħ kēr t̄ nor̄
var þa lðz hoꝼðıngı Olaꝼr k̄r en̄ helgı.
þl. ꝼ̄r þeg̅ a ꝼunð .O.k̄. ħ tok vel v̇ ħm ⁊
kānaðız v̇ kynꝼ̄ðı ħ. ⁊ bauð ħm t̄ ſín.
þl. þektız þ. ē ħ m; k̄gı v̄ vetn̄ ⁊ g̅ðız
hırðmaðr ħ. vırðı k̄r ʹħʹ vel. þottı þl ēn
vaſkaztı maðr. ⁊ v̇ ħ m; O. k̄ı ſua at ve
trū ſkıptı. Nv ē at ſegıa ꝼ̄ bolla .b.ſ.
þa ē ħ var .xvííj. vet̄ gamall. v̄ varıt
ræððı ħ v̇ ꝥk mag ſīn. ⁊ þau moður ſı
na at ħ vıll at þau leyſı ꝼoður arꝼ ħ. G.
ſpyꝛ̄ huat ħ ætlaðız ꝼ̄ ē ħ kallaðı tıl
ꝼıar ı henðr þeī. b.ſ. ꝥ ē vılı mīn at konu
ſíe beðıt t̄ hanða m̄. vıllða ek ꝥk magr. ſ.
.b. at þu v̇ır m̄ ꝥ̄ v̄ ꝼlutnīgſ m̄ at þ g̅gı ꝼ̄
m̄ ꝥk.ſ. hu̅rar konu ħ vıllðı bıðıa. b.ſ.
kona heıt̄ þðíſ. ħ ē ðott̄ Sn̄.g. ħ ē ſ̄ kuen
na at m̄ ē meſt v̄ at eıga ⁊ eckı mun
ek ek kuangaz ı brað eꝼ ek naı ė þu
raðı. þıkı m̄ ⁊ mıkıt vnðer at ꝥta gā
gı ꝼ̄m̄. ꝥk.ſ. heímollt ē þ mágr. at ek gā
ga m; malı þu eꝼ ꝥ̄ þıkır þ malı ſkıp
ta væntı ek at ꝥta mál v̇ðı auð ſott v̇
Sn̄. ꝥt ħ mun ſıa kūna at ħm ē vel bo
ðıt ꝥ̄ ē þu ēt. G. mlı. þ ē ſkıott at ſegıa.
ꝥk at ek vıl t̄ þ lata engan hlut ſpara at
.b. ꝼaı þān raðakoſt ſē ħm lık̄ ē þ bæðe
at ek ān ħm meſt enða heꝼ̄ ħ aurugg
aztr v̇ıt ı ꝥ̄ mīna barna at g̅a at mīv̄
vılıa. ꝥk lıez þ ætla ꝼ̄ ſ̄ at leyſa .b. vel
aꝼ henðı. ē þ ꝼ̄ margſ ſak̄ maklıgt ꝥ̄ at
ek ventı þ at gott v̇ðı mānkaup ı .b.

lıtlu ſıðaꝛ ꝼara þr ꝥk ⁊ .b. ⁊ v̇ ſaman
mıog marg̅ m̄n. ꝼara ꝥ̄ t̄ ē þr koma
ı tungu. Sn̄. tok vel v̇ þeī ⁊ blıðlıga ē̇o
ꝥ̄ enar meſtu auluærðer aꝼ Sn̄. hen
ðı. þðıſ Sn̄.ð. v̇ heıma meðr ꝼeðr ſınum
ħ v̇ vén kona ⁊ m̄kılıg. ⁊ ē þr hoꝼðu ꝼár
nætr v̇ıt ıtungu. þa b̄r ꝥk vpp bonorz
malın. ⁊ mlır t̄ mægðar v̇ Sn̄. ꝼ̄ honð
.b. en t̄ ſāꝼara v̇ þðıſı .ð.ħ. Slıkra ma
la ē vel leıtað ſē m̄ ē at ꝥ̄ ván vılek
ꝥu malı vel .ſ. ꝥt m̄ þık̄ .b. en̄ mān
vænſtı m̄ ⁊ ſu kona þıkı m̄ vel gıpt ē
ħm ē gıpt. en þ mun þo meſtu v̄ ſtyra.
hu̅ſu þðıſı ē v̄ geꝼıt. ꝥt ħ ſl þan̄ eīn
mān eıga at ħı ſıe vel at ſkapı. þetta
mal kēr ꝼ̄ þðıſı en ħ .ſ. a þa leıð at ħ
munðı ꝥ̄ v̄ hlıta ꝼorſıa ꝼoður ſınſ. q̄ ꝼu
ſarı at gıptaz .b. ı ſīnı ſueıt en vkun
nū m̄ leīgra ı brott. Ok ē sn̄. ꝼan̄ at ħı
v̇ eckı ꝥta ı motı ſkapı at ganga með
bolla. þa ē ꝥtta at raðı gort. ⁊ ꝼ̄ ꝼeſtar
ꝼ̄m̄. ſl sn̄ haꝼa boð þ īnı ⁊ ſl v̇a at mıðıu
ſūrı v̇ ꝥta rıða þr ꝥk ⁊ .b. heī t̄ helgaꝼ̄.
⁊ er nu .b. heıma þar t̄ ē at brullaupſ
ſteꝼnu kēr. buaz þr nu heıman. ꝥk. ⁊
b. ⁊ þr m̄n m; þeī ē t̄ þ v̇ ætlaðer. v̇ ꝥ̄
ꝼıolm̄nı mıkıt ⁊ et ſkorulıgſta lıð rı
ða nu leıð ſíına ⁊ koma ı tungu ero
þar allgoðar v̇tokur. v̇ ꝥ̄ mıkıt mı
kıt ꝼıolm̄nı ⁊ veızla en vırðulıgſta. ⁊ er
veızluna þrytr. buaz m̄n ı b̄tt. Sn̄ gaꝼ
ꝥk. gıaꝼar ſæmılıg̅ ⁊ þeī gvð̄r baðv̄
.b. v̇ ıtungu ⁊ tokuz brátt goðar aſt̄
m; þeī þðıſı. Sn̄. lagðı ⁊ mıkla ſtunð
á at veıta .b. vel. ⁊ var t̄ ħ huar betr
en t̄ ſīna barna. b. þektız þ vel. ⁊ er
þau mıſſarı ı tungu ı goðv̄ ıꝼ̄ lætı.
Vm ſumarıt ep̄t kō ſkıp aꝼ haꝼı ı
huıtáá. þ ſkıp attı halꝼt þl.b.ſ. en
halꝼt attu norræn̄ m̄n. ⁊ er .b. ſpyꝛ̄ þ
rıðr ħ þeg̅ ſuðr t̄ ſkıpſ. v̇ðr huaꝛ̄ þra

bb. oðrū ꝼegīn. ē b. ꝥ s̄ at nottū ſkıpť. Sıð an rıða þr baðer .bb. veſtr ť helgaꝼ. þk. tekr v̇ þeī meðr allrı blıðu. ꝫ þau .G. bæ ðı. ꝫ buðu þl. þar at v̄a v̄ vetn̄. ꝫ þ þıGr h̄. þl. ðuelz at helgaꝼ. v̄ hrıð. ʀıðr ſıðan ť ħt áár. ꝫ lætr ſetıa vpp ſkıpıt en ꝼlytıa veſtr varnað ſīn. þl. haꝼðı gott orðıt ť ꝼıar. ok vırðıng. þt h̄ haꝼðı g̃z hanðgēgīn. enū tıgnazta kgı .O. hallðz .ſ. v̄ h̄ nu at helga .ꝼ. v̄ vetn̄. en .b. ı tungu. **vıðr tal þra bræðra**

71 A n̄an vetr epť vtkuamu þl. ꝼın̄az þr .bb. ıaꝼnan ꝫ hoꝼðu tal m; ſíer ꝫ huarkı henðu þr gaman at leık v̄ nıe an̄aꝛkı ſkētan. ꝫ eıt ſīn ē þl. v̇ ı tū gu þa toluðu þr bb. ſua at ðægrū ſkıp tı Sn̄. þottız þa vıta at þr munðu ſtorť nackuað raða. þa geck .Sn̄. a tal þra .bb. þr ꝼaugnuðu h̄m vel. ꝫ lıetu þegar ꝼal la nıðr talıð. h̄ tok vel .q. þra. Sıðan .m. Sn̄. huat haꝼı þıð ı raða g̃ðū ē þıð gaıt hvarkı ſueꝼnſ níe matar. b.ſ. þtta ero eckı raða g̃ðer þt þ tal ē m; lıtlum m̄kıū ē v̇ eıgū at tala. ꝫ ē Sn̄. ꝼān at þr vılløu leyna h̄ ꝥ ollu ē þeī var ıſka pı. en h̄ g̃naðı þo at þr munðu v̄ þ meſt tala ē ſtór vanðræðı munðu aꝼ g̃az. eꝼ ꝼ̄m̄ gengı. Sn̄.m. ť þra. hıtt grunar mık nu ſē þ munı huarkı hegomı nıe gaman mal ē þıð munut lengſtū v̄ ta la. ꝫ vırðı ek ykr ť varkūnar þott ſua ſíe. ꝫ g̃ıt s̄ vel ꝫ ſegıt m̄. ꝫ leynıt mık ė munu v̄ ė aller v̄r kūna v̄ raða þtta mál þt ek mun h̄g̃ı ı motı ſtanða at þ gangı ꝼ̄m̄ ē yckaꝛ ſomı vaxı v̇. þl. þottı .Sn̄. vel vnðer taka. ſagðı h̄ ı ꝼā orðv̄ ætlan þra .bb. at þr ætla at ꝼara at þeī Olaꝼſ .ſſ. ꝫ þr ſkyllðı ſæta aꝼar koſtū. ſegıa ſık þa eckıť ſkorta at h aꝼa ıaꝼnan hlut aꝼ þeī .O.ſſ. ē þl. v̇ hanðg̃g̃īn .O. kı. en .b. kōın̄ ı mægðer v̇ ſlıkan hoꝼðīgıa ſē sn̄. ē. Sn̄.ſ. a þa leıð

ærıt heꝼ̄ kōıt ꝼ̇ víg .b. ē helgı v̇ h̄ð beīſ .ſ. ꝼ̇ gollðīn. ēo haullztı mıkıl vanðræðı man̄a áðr orðın þo at ſtað nēı v̄ ſıðır. .b.ſ. þa. huat ē nu Sn̄. ētu ė ıā huaſſ ı lıð veızlūnı. ſē þu lıezt ꝼ̇ lıtlu. ꝫ ė munðı þl. ꝥ ēn þa ætlan ſagt haꝼa eꝼ h̄ heꝼðı n ockut v̇ mık v̄ raðız. ꝫ ꝥ ē þu telr hel ga haꝼa kōıt ı heꝼnð ꝼ̇ bolla þa ē m̄ þ kū nıgt at ꝼıe kō ꝼ̇ víg helga en ꝼaðer mīn ē v bættr. en ē .Sn̄. ſá at h̄ ꝼıeck þeī ė ta lıt hughuarꝼ. þa byðr Sn̄. ť at leıta vm ſæť. m; þeī O.ſſ. hellðr en mānðrap tæ kız. ꝫ ꝥ ıata þr bb. Sıðan reıð Sn̄ ı hıar ðh. m; nockura m̄n. hallðorr tok vel v̇ h̄m ꝫ bauð h̄m þar at v̄a. Sn̄. q̇ heī munðu rıða. en ek a v̇ þık ſkyllt ēnðı Sıðan taka þr tal ꝫ lyſır Sn̄. yꝼ̄ ēenðū ſínū at h̄ q̇ ꝥ orðīn vaꝛ at þr .b. ꝫ þl. vn ðu ė lengr at ꝼað þra v̄ı bott lauś. aꝼ þeī O.ſſ. en nu vıllða ek leıta v̄ ſæť ꝫ vıta eꝼ enðır yrðı a vgıptu yðvaꝛı ꝼrænða hallðorr tok ꝥu eckı ꝼıaꝛı. ok .ſ. harðla kūnıgt ē m̄ at þgılſ .h.ſ. ꝫ bolla .ſſ. ætlu ðu at veıta m̄ áráſ eða .bb. mınū aðr ē þu ſn̄ır heꝼnðīnı ꝼ̇ þeī s̄ at þaðan aꝼ ſynðız þeī at ðrepa helga h.ſ. heꝼ̄ þu ꝥ ðeıllt goðan hlut aꝼ ꝥū malū huat ſē þu heꝼ̄ ť lagt v̄ en ꝼyrrı ſkıptı vár ꝼrænða. Sn̄.m. Mıklu þıkı m̄ ſkıpta at gott v̄ðı mıtt erēðı ꝫ h̄ kemı ꝥ a leıð at tækız goð ſæť m; yðr ꝼrænðū. þt m̄ ē kūnıgt ſkaplynðı þra m̄ ē malū eíga at ſkıpta v̇ yðr at þr munu þ allt vel hallða er þr v̄ða a ſatť hall.ſ. ꝥu vıl ek ıata eꝼ þ ē vılı .bb. mīna at gıall ða ꝼıe ꝼ̇ víg .b. ſlıkt ſē þr m̄n ðæma ē ť ēo tekn̄ en vnðan vıl e ſkılıa ſekť allar ꝫ s̄ goð orð mıtt s̄ ſtaðꝼeſtu ſlıkt et ſa ma þær ſtað ꝼeſtur ē .bb. mīn̄ bua a. vıl ek ꝫ ť ſkılıa at þr ė þær at ꝼrıalſu ꝼ̇ ꝥa mala lykt. taka ꝫ ſın̄ mān huaꝛ̄

ꝉ g̃ðar. Sn̄.ſ. vel ꝫ ſkorulıga ē ꝥta boðıt.
munu ꝥr .bb. ꝥna koſt taka eꝼ ꝥr vılıa at
nockuru haꝼa mín ráð. Sıðan reıð Sn̄.
heī. ꝫ ſeg̃ þeī .bb. hūt orðıt haꝼðı ħ erēðı.
ꝫ s̃ ꝥ at ħ munðı v̇ ſkılıaz ꝥra mál með
ollu eꝼ ꝥr vıllðı ė ıata ꝥu bollı bað ħ
ꝼ raða ꝫ vıl ek Sn̄. at ꝥ̃ ðæmıt ꝼ vara
honð ꝥa ſenðır sn̄. orð hallðorı orð at ꝥa
var raðın ſættın. bað ħ kıoſa m̄n ꝉ g̃ð
ꝉ motz v̇ ſık hall̃ð kauſ ꝉ g̃ð ꝼ ſına hōð
ſteīðor ꝥlakſ .ſ. aꝼ eyrı. Sættar ꝼunðr ſ
kyllðı v̄a at ðraungū a ſkogaſtronð.
þa ē .ııı. vıkur ēo aꝼ ſūrı. ꝥl b.ſ. reıð ꝉ
helga.ꝼ. ꝫ v́ allt tıðenða lauſt v̄ vetrīn
ꝫ ē leıð at ꝥrı ſtunðu ē aq̃ðıt v́ v̄ ꝼunð
īn. ꝥa kō Sn̄.g. m; ꝥeī .O.ſſ. ꝫ v̊ allz .xv.
ſaman. Jā marg̃ komu ꝥr ſteīðoř ꝉ motz
ınſ. toku ꝥr Sn̄. ꝫ ſteī̃ð. tal ꝫ vrðu aſat
ꝉ̃ v̄ mal ꝥı. epꝉ̃ ꝥ luku ꝥr ꝼıeſætt. en ė
ē aq̃ðıt ħ hūſu mıkıt ꝥr g̃ðu ꝼ̃ ꝥ́ ē ſagt
at ꝼıe galltz vel ꝫ ſætꝉ̃ v̊ vel hallðnar
a ꝥorſ neſ ꝥıngı v̊ gıollð aꝼ henðı ınt.
hall̃ð. gaꝼ bolla. ſuerð gott. en ſteīðoř
O.ſ. gaꝼ ꝥl. ſkıollð v́ ꝥ ꝫ goðr grıpr. ꝫ v́
ſıðan ſlıtıð ꝥıngınu. ꝫ ꝥottu huaꝛ̃tueg
gıu haꝼa vaxıt aꝼ ꝥū malū **raðın vtan**

72 Epꝉ̃ ꝥ er ꝥr hoꝼðu ſæzt **ꝼ̃ð bolla**
ꝫ ꝥa haꝼðı ꝥl.ıȷ. vetr a ıſlðı ꝥ́ lyſtı
.b. ꝥ́ at ħ ætlaðı vtan. Sn̄. lattı ꝥ.
ꝫ mlı. Oſſ ꝥık̃ mıkıt ı hættu hūſu ꝥ̃ tek\`z'
en eꝼ ꝥıg ꝼyſer ꝼleıra at raða en nu
ræðr ꝥu. ꝥa vıl ek ꝼá ꝥ̃ ſtaðꝼeſtu ꝫ g̃a
ꝥ̃ bu. ꝫ ꝥ́ m; ꝼa ꝥ̃ ıhenðr m̄ ꝼorræðı. ok
hallða ꝥ̃ ꝉ v̇ðıngar ı ollu væntı ek at
ꝥ ſıe auð uellt. ꝥt ꝼleſꝉ̃ m̄n leggıa go
ðan hug ꝉ ꝥín. b.ſ. ꝥ heꝼı ek lengı h
aꝼt ı hug m̄ at ganga ſuðr v̄ ſın̄ſak̃.
ꝥık̃ m̄ v̇ ꝥ ꝼauıſſ v̄ða. eꝼ ħ kānar ec
kı vıðara en ħ ıſlð. Ok ē Sn̄. s̃ ꝥ at .b.
heꝼ̃ ſtaðt ꝥta ꝼ s̃. at eck munðı tía
at letıa ꝥa byðr Sn̄. ħm at haꝼa ꝼıe

s̃ mıkıt ſē ħ vıllðı ꝉ ꝼ̃ðarīnar. b. ıaꝉ
ꝥ́ at haꝼa ꝼéét mıkıt vıl ek. ſ. ħ en
gıſſ m̄̀ mıſkun̄ar m̄ v̄a. huarkı her
níe vꝉlenðıṡ. Sıðan rıðr .b. ſuðr ꝉ b̃g̃ꝼ.
ꝫ ꝉ huıtár. ꝫ kauꝥ̃ ſkıp ꝥ halꝼt at ꝥeī
m̄m ē ꝥ attu. Eıga ꝥr .bb. ꝥa ſaman
ſkıpıt. rıðr .b. ſıðan veſtr heī. ꝥau .b.
ꝫ ꝥðıſ attu eına ðotꝉ̃. ſu ħ́ ħ̃ðıſ. ꝥrı m
ey bauð .G. ꝉ ꝼoſtrſ. ħ var ꝥa vetr go
mul ē ħ ꝼór ꝉ helgaꝼ̃. ꝥðıſ v́ ꝫ laun
gū ꝥ́. v́ G. ꝫ alluel ꝉ ħnar. **vtan ꝼerð ꝥra**

73 Nv ꝼoru ꝥr bb. baðer ꝉ ſkıpſ. **bræðra**
.b. haꝼðı mık. ꝼıe vꝉ. ꝥr bıuggu
nu ſkıꝥ̄. ꝫ ē ꝥr v̊ al bun̄ lıetu ꝥr
ı haꝼ. ꝥeī byrıaðı eckı ſkıott ꝫ hoꝼðu
vtı vıſt lánga. toku v̄ hauſtıð noreg
ꝫ komu norðr v̇ ꝥranð heī. O. k̄r v́ auſtr
ı lðı. ꝫ ſat ı vıkīnı. ꝫ haꝼðı ħ ꝥ́ eꝼnat ꝉ
vetr ſetu ꝫ ē ꝥr .bb. ſpurðu ꝥ. at k̄r m̄̆
ðı eckı kōa norðr ꝉ ꝥranðheīſ ꝥ hauſt
ꝥa ſ. ꝥl. at ħ vıll leıta auſtr m; lðı. ꝫ a
ꝼunð .O.k̄. b.ſ. lıtıð ē m̄ v̄ ꝥ at rekaz
mılı kaupſtaða a hauſtðegı ꝥıkı m̄ ꝥ
mık nauð ꝫ oꝼrelſı. vıl ek ħ ſıtıa vetr
langt ı bænū. ē m̄ ſagt at k̄r m̄̆ koma
norðr ı vár en eꝼ ħ kēı ė. ꝥa mun ek ec
kı letıa at v́ ꝼarī a ħ ꝼunð. b. ræðr ꝥv
ryðıa ꝥr nu ſkıp ſıtt ꝫ taka s̃ bæıar
ſetu. bratt ꝼanz ꝥ at .b. munðı v̄a
m̄ ꝼ̃m̄gıarn. ꝫ vıllðı v̄a ꝼ oðrū mōnū
ħm tokz ꝫ s̃. ꝥt maðrīn var aurlatr
ꝼıeck ħ bratt mıkla v̇ðıng ı noꝛ̃. b. hellt
ſueıt v̄ veꝉn̄ ı ꝥranðheımı. ꝫ v́ auð k
ent huar ſē ħ geck ꝉ ſkytnīga at m̄n
ħ v̊ betr bun̄ at klæðū ꝫ vapnū en an
nat bæıar ꝼolk. ħ ſkaut ꝫ eīn ꝼ ſueıt
vnga ſına alla ꝥa ē ꝥr ſatu ı ſkytnī
gū. ꝥar epꝉ̃ ꝼor ānat aurlætı ħ ꝫ ſtor
m̄nzka. ero ꝥr .bb. nu ı bænū v̄ vetrīn
ꝥna vetr ſat .O. k̄r auſtr ıſarpſ b̃g ꝫ ꝥ
ſpurðız auſtan at k̄ v́ eckı auſtan ván.

Snēma v̄ varıt bıuggu þr .bb. ſkıp ſıtt
ꝫ ꝼoru auſtr m; lðı. tokz þeī greıtt ꝼ̄ð
ın. ꝫ komu auſtr ſarpſ bǵ. ꝫ ꝼoru þegar
a ꝼunð .O.ǩ. ꝼagnar ǩr vel þl̄. hırð mā
nı ſínū. ꝫ ħ ꝼorunautū. Sıðan ſp̄ðı ǩr
hűr ſa v̄ı ēn vorpulıgı m̄ ē ı gongu v́
m; þl̄. en ħ .ſ. Sa ē broðer mīn. ꝫ heıẗ bol
lı. at vıſu ē ħ ſkorulıgr m̄. ſ. ǩr. Epẗ þ
bauð ǩr þeī .bb. at v̄a m; s̄. taka þr þ
m; þockū ꝫ ēu þr m; ǩı v̄ varıt. ē ǩr
vel t́ þl̄. ſē ꝼyǩ. en þo mat ħ .b. mıklu
meıra þt ǩı þottı ħ mıǩ. aꝼbragð āna
ǩa m̄. ok er aleıð varıt. þa ræða þr .bb.
v̄ ꝼ̄ðer ſínar. Sp̄ðı þl̄. huart .b. uılı ꝼa
ra v́t t́ ıſlðz v̄ ſumarıt .e. vılltu v̄a ı
noregı lengr. b.ſ. ek ætla m̄ huarkı. ꝫ ē
þ ſat at ſegía at ek haꝼða þ ætlat þa
ē ek ꝼor aꝼ ıſlðı at ė ſkyllðı at ſpyrıa
t́ mín ı næſta ħı. vıl ek nu at þu takır
ꝼrænðı at þu taǩ v́ ſkıpı ockru. þl̄. þ
ottı mıǩ. eꝼ þr ſkılıa. en þu .b. munt þv
raða ſē oðru. þa ſomu ræðu baru þr ꝼ
ǩg. en ħ ſ. a þa leıð. vılltu eckı .b. ðuelı
az m; oſ lengr. ſ.ǩr. þættı m̄ hīn veg b
ezt ē þu ðuelðız m; m̄ v̄ hrıð mun ek
veıta þ þlıka naꝼnbót ſē ek veıtta þl̄.
bð̄ þínū. þa .ſ.b. allꝼuſ væra ek ħra
at bınðaz yðr a hēðı. en ꝼara vıl ek ꝼ
yſt þangat ſē ek heꝼı aðr ætlat ꝫ mık
heꝼ̄ leīgı t́ ꝼyſt. en þna koſt vıl ek gı
arna taka eꝼ m̄ v̄ðr aptr kuamu auð
ıt þu munt raða ꝼ̄ðū þınū .b. ſ. ǩr. þt
þ erut v̄ ꝼleſt eīraðer ıſlēðīǵ. en þo m̄
ek þ orðı a luka at m̄ þıǩ þu .b. haꝼa
kōıt m̄kılıgaztr m̄ aꝼ ıſlðı v̄ mına ða
ga ok ē .b. haꝼðı ꝼengıt orloꝼ aꝼ ǩı
þa byz ħ t́ ꝼ̄ðar ꝫ geck a kuɢ eīn. ē æt
laðı ſuðr t́ ðanm̄kr. b. ē v̄ vetń ı ðan m
orku ħ haꝼðı. ok mıǩ. ꝼíe m; s̄. ꝼoru ok
nockurır m̄n m; ħm aꝼ ħ ꝼorunautū.
þl̄. v́ þa epẗ m; O. ǩı en .b. ꝼor ꝼ̄ðar ſīnar

ꝫ haꝼðı mıkīn ſoma aꝼ rıkū m̄m. hű
ē ħ kō. ok ē .b. haꝼðı v̄ıt eīn vetr ıðā
morku. þa byrıar ħ ꝼ̄ð ſína vt ı lonð ꝫ
létẗ ė ꝼyǩ ꝼ̄ðīnı en ħ kēr vt ı mıklagð
ħ v́ lıtla ħð þ aðr ħ kō s̄ ı v̄ıngıaſetu ho
ꝼū v̄ eckı heyrt ꝼ̄ſagń at neīn norð m̄
haꝼı ꝼyǩ gengıt a mála m; ǵðz ǩı en
.b.b.ſ. v́ ħ ı mıkla ǵðı mıog marga vetr
ꝫ þottı ēn hrauſtaztı m̄. ı ollū mānra
nū. ꝫ geck ıaꝼnan næſt enū ꝼrēſtū. þot
tı v̄ıngıū mıkılſ v̄t v̄ .b. meðan ħ v́ ı mık

74 Nv ē þ t́ mal **vtan ꝼerð þor** [la garðı. **kelſ**
at taka at þǩ. eyıolꝼſ .ſ. ſıtr ı buı
ſínu ꝫ ı hoꝼðīg ſkap ſınū. Geller ſ.
þra .G. óx vpp heıma þ ħ var ſnēma ðren
gılıgr m̄ ꝫ vınſæll. þ er ſagt eıtt ſīn at þǩ.
ſagðı G. ðraum ſıñ þ ðreymðı mık. ſ. ħ. at ek
þottūz eıga ſkeɢ ſua mıkıt at tækı vm
allan breıðaꝼıorð. þǩ. bað hana raða ðra
mīn. G. ſp̄ðı huat ætlar þu þna ðraū þyða.
auðſætt þıkı m̄ þ. at þ mun ſtanða rıkı m
ıtt v̄ allan breıðaꝼ̄. v̄a ma at s̄ ſıe. ſ.G.
en hellðr munða ek ætla at þ munðer
þu ðrepa ſkeggı ı breıðaꝼ̄ nıðr. þ ſama
ſumar ſetr þǩ ꝼ̄m ſkıp ſıtt. ꝫ byr t́ noꝛ̄.
.G.ſ.ħ var þa .xíȷ. veẗ gamall. ħ ꝼór vt̄.
m; ꝼeðr ꝼeðr ſínū þǩ lyſır þ at ħ ætlar
at ſækıa s̄ ǩkıu vıð ꝫ ſıglır þeǵ a haꝼ
ē ħ v́ buīn. ħ haꝼðı hægıa vtıvıſt ꝫ ė all
ſkāma. taka þr noꝛ̄. norðarla. þa ſat .O. ǩr
ı þranðheımı. þǩ ſottı þeǵ á ꝼunð .O.ǩ. ꝫ
m; ħm Gellır .ſ.ħ. þr ꝼengu þ goðar v́
tokur. Sua v́ þǩ. mıǩ. metīn aꝼ ǩı þ
ān vetr at þ ē alſagt at ǩr gaꝼ ħm eıǵ
mīna ꝼıe en .x. tıgı marka brenz ſılꝼ
rſ. ǩr gaꝼ Gellı at ıolū ſkıckıu. ꝫ v́ þ en
meſta ǵſemı ꝫ agætr ǵpr. þān vetr l
ıet .O. ǩr ǵa ǩkıu ı bænū aꝼ vıðı. v́ þ ſto
ꝼnat allmıkıt muſtarı ꝫ vanðat allt
t́. v̄ várıt v́ vıðr ſá t́ ſkıpſ ꝼluttr ē ǩr.
gaꝼ þǩ. v́ ſa vıðr bæðı mıkıll ꝫ goðr þt

ꝥk. geck̄ nærꝛ̄. ꝥ ꝩ̇ eīn morgın ſnēma at
k̄r geck vt ꝩ̇ ꝼa m̄n h̄ ſa mān vppı a k̄kıv
ꝥrı ē̇ ı ſmıð ꝩ̇. k̄r kenðı mānīn. var ꝥ̇ ꝥk.
eyıolꝼſ .ſ. ⁊ lagðı mal ꝩ̇ oll en ſtæſtu ꝼ̇ bæ
ðı bıta ⁊ ſtaꝼlægıur. ⁊ vppſtoðu ꝼ̇. k̄r ſn̄ı ꝥe
gar ꝥangat t̄. ⁊ m̄lı huat ē̇ nu ꝥk. ætlar
ꝥu h̄ epꝼ̇ at ſemıa k̄kıu vıð ꝥān ē̇ ꝥu ꝼly
tr t̄ ıſlðz. ꝥk.ſ. ſatt ē̇ ꝥ h̄ra ꝥa m̄lı O.k̄r. h
auꝿ aꝼ ꝥu ıj. alh̄ hūıu ſtorꝼ̇. ok mun ſu k̄k.
ꝥo ḡ meſt a ıſlðı. ꝥk.ſ. tak ſıalꝼr ꝩ̇ ꝥīn. eꝼ
ꝥu ꝥıkız oꝼgeꝼıt haꝼa. en ek mun eckı alh̄
keꝼlı aꝼ h̄m hauggua. mun ek bæðı t̄ haꝼ
a at ꝼ̊ð ⁊ elıon at aꝼla m̄ ānan vıð. ꝥa .ſ.k̄.
⁊ all ſtıllılıga. bæðı er ꝥk. at ꝥu ēt mıkılſ
ꝩ̇ðr enða ḡız ꝥu nu allſtorr. ꝥt vıſt ē̇ ꝥ oꝼſı
eınū bonða.ſ. at keppaz ꝩ̇ oſſ. en ė ē̇ ꝥ ſatt
at ek ꝼ̇ muna ꝥ̇ vıðarīſ. eꝼ ꝥ̇ ꝩ̇ðr auðıt a͗t'
ḡa ꝥ̇ k̄kıu aꝼ ꝥt h̄ ꝩ̇ðr ė ſ̄ mıkıl at ꝥ̇ munı
oꝼ ꝥıtt allt ı lıggıa. en nærꝛ̄ ē̇ ꝥ mınu hugb
oðı at m̄n haꝼı lıtla nytſēð vıðar ꝥa. ⁊ ꝼarı
ꝥ̇ ꝼıꝛ̄ at ꝥu geꝼ̇ gort neıt manuırkı or vı
ðınū. Epꝼ̇ ꝥ ſkılıa ꝥr ræðuna. ſnyr k̄r ıb̄t
⁊ ꝼanz ꝥ a at h̄m ꝥottı ꝩ̇r. ē̇ ꝥk vıllðı at ē
gu haꝼa ꝥ ē̇ h̄ lagðı t̄. líet k̄r ꝥ ꝥo eckı vıð
veðrı kōaz. ſkılðuz ꝥr ꝥk. m; mıklū kærle
ık. Stıgr ꝥk a ſkıpꝼıol ⁊ lætr ı haꝼ. ꝥeım
byrıaðı vel ⁊ ꝩ̊ eckı lengı vtı. ꝥk. kō ſkıpı
ſınu ı hrutaꝼ. h̄ reıð b̄tt ꝼ̄ ſkıpı. ⁊ heī tıl
helgaꝼ. aller m̄n vrðu h̄m ꝼegn̄. haꝼðı
ꝥk. ꝼengıt mık. ſōa. ı ꝥı ꝼ̊ð. h̄ líet vpp ſe
tıa ſpıp ſıtt ⁊ ꝩ̄ bua. ⁊ ꝼıeck k̄kıu vıðınn
t̄ ꝩ̇ðueızlu. ꝥk. ſıtr nu heıma ꝩ̄ vetrīn
ı buı ſınu. ⁊ heꝼ̇ mık. ꝼıolm̄nı. ⁊ m; ollu h
aꝼðı h̄ mıkla rauſn ꝥān vetr. en G. lattı
ꝥ eckı ⁊ ſagðı t̄ ꝥ ꝼıe nytt ꝩ̇a at m̄n
mıklaðı ſıg aꝼ. ⁊ ꝥ munðı ⁊ a ꝼ̄m̄reıtū.
ē̇ .G. ſkyllðı t̄ ꝼá ꝩ̄ alla ſtormenzku. ꝥk.
mıðlaðı marg goða grıpı ꝥān vetr vın

75 Þ ꝩ̄ ſınū er h̄ haꝼðı ꝩ̇t haꝼt **vıðr tal hall**
ēna vetr epꝼ̇ ıol bıoz ꝥk. heı **ðorſſ ⁊ ꝥor**
man norðr t̄ hrutaꝼ. at ꝼlytıa **kels**

norðan vıðu ſına. rıðr h̄ ꝼyrſt ın̄ ı ðalı. ⁊ ꝥað
an ı lıar ſkoga t̄ ꝥſꝼ̇.ꝼ. ſınſ. ⁊ aꝼlar ſ̄ m̄
⁊ hroſa. h̄ ꝼ̄r ſıðan norðr t̄ hrutaꝼ. ⁊ ðuelz
ꝥ̇ ꝩ̄ hrıð. ⁊ heꝼ̇ ætlan a ꝩ̄ ꝼ̄ðına. ſaꝼn̄ at
ſ̄ heſtū ꝥ̇ ꝩ̄ ꝼıorð. ꝥt h̄ vıllðı ė ꝼleırı ꝼaꝼ̇
at ḡa. eꝼ ſ̄ mættı takaz. ꝩ̇ð ꝥta eckı ſkıoꝼ̇
ꝥk. ꝩ̇ ı ſtarꝼı ꝥu ꝼ̄m̄ a langaꝼoſtu. h̄ kēr
ꝥu ſtarꝼı t̄ veḡ. h̄ ꝺ̊ vıðīn norðan meıꝛ̄ en
a .xx. heſtū ⁊ lætr lıggıa vıðīn a lıaeyrı.
Sıðan ætlaðı h̄ at ꝼlytıa a ſkıpı vt t̄ hel
gaꝼ. ꝥſꝼ̇ áttı ꝼ̊ıu mıkla. ⁊ ætlaðı ꝥk ꝥ ſkıp
at haꝼa ꝥa ē̇ h̄ ꝼærı heīleıðıſ. ꝥk ꝩ̇ ı líar
ſkogū ꝩ̄ ꝼoſtuna. ꝥt áſtuðıgt ꝩ̇ m; ꝥeī .ꝼ.
ꝥſꝼ̇ ræððı ꝩ̇ ꝥk. at ꝥ munðı vel henðt at
ꝥr ꝼærı ı hıarðh̄. Vıl ek ꝼala lð at hallðo
rı ꝥt h̄ heꝼ̇ lıtıð lauſa ꝼıe ſıðan h̄ gallt
ꝥeī bolla.ſſ. ıꝼoðurbætr en ꝥ lð ē̇ ſua at
ek vıllða hellzt eıga. ꝥk bað h̄ raða. ꝼara
ꝥr heıman. ⁊ ꝩ̊ ſaman vel .xx. m̄n. ꝥr kōa
ı hıarðh̄. tók hallð̄. vel ꝩ̇ ꝥeī. ⁊ ꝩ̇ ēn málre
ıꝼaztı. ꝼátt var m̄ heıma ꝥt hallð. haꝼ
ðı ſent m̄n norðr ı ſteīḡmſ.ꝼ. ꝥ̇ haꝼðı ko
mıt hualr ē̇ h̄ attı í. beın̄ ēn ſꝼ̇kı ꝩ̇ heīa
h̄ eīn lıꝼðı ꝥa ꝥra m̄ ē̇ ꝩ̇ıt hoꝼðu m; .O.ꝼ.
ſ̄. hallð. haꝼðı m̄lt t̄ beınıs ꝥeḡ ē̇ h̄ ſáá
reıð ꝥra ꝥſꝼ̇. Gıorla ſıe ek erēðı ꝥra ꝼ̄nða.
ꝥr munu ꝼala lð mıtt at m̄. ⁊ eꝼ ſ̄ ē̇ ꝥa
munu ꝥr heīta mık a tal. ꝥ get ek at
a ſına honð m̄ ſetız huaꝛ̄ ꝥra. ⁊ eꝼ ꝥr
bıoða m̄ nockurn omaka. ꝥa ꝩ̇tu ė ſeī
nı at raða t̄ ꝥſꝼ̇ en ek t̄ ꝥk. heꝼ̇ ꝥu lē
gı ꝩ̇ıt t̄ꝛ̄ oẛ ꝼrænðū. ek heꝼı ⁊ ſent
a ena næſtu bæı epꝼ̇ m̄ vıllða ek at ꝥr
hæꝼðız mıog á at lıð ꝥ kemı. ⁊ ꝩ̇ ſlıtī
talınu. ⁊ ē̇ a leıð ðagīn ræððı ꝥſꝼ̇ ꝩ̇ hallð̄
at ꝥr ſkyllðu ganga aller ſaman a tal
eıgū ꝩ̇ erēðı ꝩ̇ ꝥık. h̄ .q. ꝥ vel ꝼallıt. ꝥſꝼ̇.
m̄lı ꝩ̇ ꝼorunauta ſına. at eckı ꝥyrꝼtı ꝥr
at gāga m; ꝥeī. en beın̄ geck m; ꝥeī ec
kı at ſıðr. ꝥt h̄m ꝥóttı mıog epꝼ̇ ꝥ̇ ꝼara
ſē hallð. gat t̄. ꝥr ḡgu mıog langt a brott

ı tunıð. hallð̃. haꝼðe yꝼ̃ s̃ ſāða ſkıckíu ⁊ a
nıſt laung ſē þa v̇ tıðt. hallð. ſettız nıðr a v
ollīn. en a ſına honð ħm huaꝛ̃ ꝥra ꝼ̃nða ok
ꝥr ſettuz nalıga a ſkıckıuna. en beıñ ſtoð
yꝼ̃ þeī. ⁊ haꝼðı exı mıkla ı henðı. þa ml̄ı.
þſt̃. ꝥ ẽ erēðı mıt hīgat. at ek vıl kaupalð
at ꝥ̃. leɢ ek ꝥta ꝥ̇ nu t̉ v̄ræðu at nu ẽ. þk̃.
ꝼ̃nðı mīn v̇. þættı m̃ ockr ꝥta vel hent ꝥt
m̃ ẽ ſagt at þu haꝼ̃ ognoglıg lauſa ꝼıe en
lð ðyrt vnðer. mun ek geꝼa ꝥ̃ ı motı þa
ſtað ꝼeſtu at ſæmılıg ſíe ⁊ þar ı mıllı ſē
v̇ v̂ðū aſatt̃. hallð. tok eckı s̃ ꝼıaꝛ̃ı ı ꝼyrſ
tu ⁊ ıntuz ꝥr t̉ v̄ kaupakoſtı. ⁊ ẽ þeī þot
tı ħ eckı ꝼıarrı taka. þa ꝼellðı þk̃. ſık
mıog v̇ v̄ ræðuna ⁊ vıllðı ſaman ꝼæra m;
þeī kaupıt. hallð. ð̊ þa hellðr ꝼ̃ þeī. en ꝥr
ſottu epẗ ꝥ̇ ꝼaſtara. ⁊ þar kō v̄ ſıð̃ at ꝥ̃
ꝼıꝛ̃ v̇ ẽ ꝥr gengu næꝛ̃. þa ml̄ı þk̃. sıer
þu ė þſt̃.ꝼ. hu̅ſu ꝥta ꝼ̃r. ħ heꝼ̃ ꝥta mál
ðregıt ꝼ̃ oſſ ıallanðag. en v̂ hoꝼū ſetıð h̃
at hegoma ħ ⁊ gīnīgū. nu eꝼ ꝥ̃ ẽ hugr a
lð kaupı. þa munū v̂ v̂ða at ganga
næꝛ̃. þſt̃. q̃. þa vılıa vıta ſıñ hluta bað
nu hallð or ſkugga ganga huart ħ vıll
ðı v̄na ħm lð kaupſınſ. hallð.ſ. ek ætla
at eckı þurꝼı at ꝼara myrkt v̄ ꝥ at þu
munt kauplauſt heī ꝼara ı quellð. þa
.ſ. þſt̃. ek ætla ⁊ eckı þurꝼa at ꝼreſta ꝥ̇
at queða ꝥ vpp ẽ ꝼ̃ er hugat at ꝥ̃ ero
.íȷ́. koſt̃ hugðer. ꝥt v̂ þıkıūz eıga vnðer
oſſ hæra hlut ꝼ̃ lıðſ muñ ſak̃. ẽ ſa koſtr
ānaꝛ̃. at þu g̃ ꝥta mál m; vıllð. ⁊ haꝼ ꝥ̃ ı
mot vınꝼengı vart. en ſa ẽ ānaꝛ̃ at ſyn
v ẽ v̂rı at þu rıett nauðıgr ꝼ̃m̃ honðína
⁊ hanð ſala m̃ hıarðarħ.lð. En þa ẽ þſt̃.
ml̄ı ſua ꝼ̃mt. þa ſpttr hallð. vpp s̃ hart
at nıſtın rıꝼnaðı aꝼ ſkıckūnı. ⁊ ml̄ı v̂
ða mun ānat ꝼyꝛ̃ en ek mæla ꝥ ẽ ek
vıl ė. huat mun ꝥ. ſ. þſt̃. bol ex mun ſtā
ða ı hoꝼðı ꝥ̃ aꝼ enū veſta mānı ⁊ ſtey
pa s̃ oꝼſ þınū ⁊ vıaꝼnaðı. þk̃.ſ. ꝥta ẽ ılla
ſpáað ⁊ ventū v̂ at ė gangı epẗ. ⁊ ænar
kalla ek nu ſak̃ t̉. þottu hallð̃ laẗ lð þıt
⁊ haꝼ̃ ė ꝼıe ꝼ̃. þa .ſ. hallð̃. ꝼyꝛ̃ muntu ſp
ēna v̄ þaungulſhoꝼuð a breıða.ꝼ. en ek
handſala nauðıgr lð mıtt. hallð̃. g̃gr nu
heī epẗ ꝥta. þa ðrıꝼa m̃n at bænū. ꝥr er
ħ haꝼðı epẗ ſent. þſt̃ v̇ eñ reıðaztı. ⁊ vıll
ðı þegar veıta hallð̃. atgaungu. þk̃ bað
ħ ė ꝥ g̃a. ⁊ ẽ ꝥ en meſta vhæꝼa. a ſlıkū tı
ðū. en þeg̃ ꝥ̃ı ſtunð lıðr aꝼ þa mun ek ec
kı letıa at oſſ lenðı ſaman. hallð̃ q̃ ꝥ ætla
at ħ munðı allð̉ vanbuīn v̇ þeī. Epẗ ꝥta
rıðu ꝥr ı b̃tt ⁊ ræððu mart v̄ ꝼ̃ð ꝥa með
s̃. þk̃ ml̄ı. q̃ð ꝥ ſatt v̂a at ꝥra ꝼ̃ð v̇ en
ðalıgſta. eða huı v̂ð ꝥ̃ ſua bılt þk̃ ꝼ̃nðı
at raða t̉ hallð̃. ⁊ g̃a ħm nockura ſkōm
þk̃.ſ. ſattu ė beını ẽ ħ ſtoð yꝼ̃ ꝥ̃ m;
reıðða exína ⁊ var ꝥ en meſta oꝼæra
ꝥt þeg̃ munðı ħ keyra exına ı hoꝼut
ꝥ̃ er ek g̃ða mık lıklıgan t̉ nockurſ
ʀıða ꝥr nu heī lıðr nu ꝼoſtūnı ⁊ kēr ē

76 A kírðag **ðruknan þorkels** [eꝼſta vıka
ſnēenðıſſ v̄ morgunīn byz þk̃. t̉
ꝼ̃ðar. þſt̃. lattı ꝥ̃ mıog. ꝥt m̃ lız
veðr otrulıgt. ſ. ħ. þk̃.q. veðr ðuga mū
ðu et bezta. ⁊ ſl̃tu nu eckı letıa mık ꝼ̃n
ðı ꝥt ek vıl heī ꝼ̃ paſkana. Nu ſetr þk̃.
ꝼrām̃ ꝼ̃iuna. ⁊ hloð. þſt̃ bar ıāſkıot
aꝼ vtan ſē þk̃ hloð ⁊ ꝥr ꝼorunauẗ ħ
þa ml̄ı þk̃. hættu nu .ꝼ. ⁊ heꝼt eckı ꝼ̃ð
ṽara. ė ꝼærþu nu raðıt. þu at ſīnı þſt̃.
.ſ. Sa ockaꝛ̃ mun nu raða er veꝛ̃ mun g
egna ⁊ mun t̉ mıkılſ ðraga v̄ ꝼ̃ð ꝥa. þk̃.
bað þa heıla hıttaz. g̃gr þſt̃. nu heī ⁊ er
okatr mıóg. ħ g̃gr t̉ ſtuꝼu ⁊ bıðr leggıa
vnðer hoꝼuð s̃ ⁊ s̃ v̇ gort. g̃ðkonan ſa
at tarın rūnu oꝼan a hægınðıt or augū
ħm. en lıtlu ſıðaꝛ̃ kom vınðz gnyꝛ̃ mıkıll
a ſtuꝼuna þa ml̄ı þſt̃. ꝥ̃ megū v̂ nu hey
ra gnyıa bana þk̃. ꝼrænða. Nu ẽ at ſegıa
ꝼ̃ ꝼ̃ð ꝥra þk̃. ꝥr ſıgla v̄ ðagīn vt epẗ breí

ðaꝼ̃. ꝫ ꝟ .x. a ſkıpı. veðrt tok at hueſſa m
ıog ꝫ g̃ðı ēn meſta ſtorm. aðr líettı ꝧr ſot
tu knalıga ꝼ̃ðına. ꝫ ꝟ ꝧr m̄n eñrauſkuz
ꝥk. haꝼðı m; ſ̃ ſuerðıt ſkoꝼnung ꝫ ꝟ ꝥ ı
ſtockı. ꝥ ꝥk. ſıgla ꝥ ꝉ ē ꝧr komu at bıarñ
ey. Sa m̄n ꝼ̃ðına aꝼ huarutueggıa lðınu
en ē ꝧr ꝟ ꝥar kōñ ꝥa lauſt huıðu ı ſeglıt.
ꝫ huelꝼðı ſkıpınu. ꝥk. ðruknaðı ꝥ ꝫ aller
ꝧr m̄n ē m; ħm ꝟ. vıðuna rak vıða v̄ ey
ıar. horn ſtaꝼına rak ı ꝥa ey er ſtaꝼ ey
heıť ſıðan. Skoꝼnungr var ꝼeſtr v ī̄n
vıðuna ı ꝼ̃ıūnı. ħ hıttız v ſkauꝼnung\s/
ey. en ꝥ ſama quellð ē ꝧr ꝥk. hoꝼðu ðr
uknat v̄ ðagīn ꝟð ſa atburðr at helga
.ꝼ̃. at .G. geck ꝉ k̄kıu ꝥa ē m̄n ꝟ ꝼarñ ı
reckıur. ꝫ ē ħ geck ı kkıu g̃z hlıðıt. ꝥa
ſa ħ ðrau ſtanda ꝼ ſ̃. ħ lau\t/ yꝼ̃ hana ok
mł̅ı. Mıkıl tıðendı. Guðr̃. ſagðı ħ. G.ſ. ꝥegı
ꝥu yꝼ̃ ꝥeī ꝥa armı. geck .G. ꝉ kkıu ſ̃ ſē ħ
haꝼðı áðr ætlat. ꝫ ē ħ kō ꝉ kkıūnar. ꝥa
ꝥottız ħ ſıa at ꝧr ꝥk ꝟ heī kōñ ꝫ ſtoðu
vtı ꝼ kkıu. ħ ſa at ſıaꝁ rañ ór klæðū ꝧr
ra. G. mł̅ı. eckı v ꝥa. ꝫ geck ī̄n ı kkıu ok
ðualðız ꝥar ſlıka hrıð ſē ħı ſynðız. g̃gr
ħ ſıðan ī̄n ꝉ ſtuꝼu. ꝥt ħ ætlaðı at ꝧr ꝥk m̄
ðu ꝥangat gengñ. ꝫ ē ħ kō ı ſtuꝼuna ꝥa ꝟ
ꝥ eckı mañа. ꝥa bra .G. mıog ı brun v̄ at
burð ꝥna allan ıāſaman. ꝼoſtuðag ēn
langa ſenðı .G. m̄n ſına at ꝼoruıtnaz vm
ꝼ̃ðır ꝥra ꝥk. ſuma ī̄n a ſtronð. en ſuma
v̄ eyıar. var ꝥa rekīn vıða komīn v̄ ey
ıarnar. ꝫ ſ̃ ꝉ huarꝼ̃tuegıu ſtranð. ꝥuaı
ðagīn ꝼ paſka ſpurðuz tıðendın ꝫ ꝥot
tu ꝟa mıkıl. ꝥt ꝥk haꝼðı ꝟıt mık. hoꝼ
ðıngı. ꝥk. haꝼðı eīn vetr enſ ꝼīta tıga\r/
ꝥa er ħ ðruknaðı. en ꝥ ꝟ .ıííȷ. vetrū ꝼyꝁ
en ēn heılagı .O. k̄r ꝼıell. G. ꝥottı mık.
ꝼ̃ ꝼall ꝥk. en ꝥo bar ſkorulıga aꝼ ſ̃. ꝼáı
eína naðız aꝼ kkıu vıðınū. Gellır ꝟ ꝥa
.xíííȷ. veť gamall. ħ tok ꝥa ꝉ buſ v̄ ſyſlu
m; moður ſīnı ꝫ tok v māna ꝼorraðı. ꝟ
ꝥ brátt auðſætt a ħm at ħ ꝟ vel ꝉ ꝼallīn
ꝉ ꝼ m̄. G. g̃ðız ťkona mık. ħ nā ꝼyſt q̄n
na ſalltara a ıſlðı. ħ ꝟ longū v̄ nætr
at kkıu a bænū ſínū. herðıſ bolla ðotť
ꝼór ıaꝼnan m; ħı v̄ nætrñ. G. v̄nı mık. ħ
ðıſı. ꝥ ē ſagt eınhūıa nott at meyna
ħðıſı ðreymðı at kona kæmı at ħı ſu
var ı veꝼıar ſkıckıu eck ſynðız ħı ko
nan ſuıplıg. ħ tok ꝉ orða Seg ꝥu ꝥ aū
mu ꝥīnı at m̄ hugñ ılla v hana ꝥt ħ
braullť allar nætr a m̄ ꝫ ꝼellır a mık
ðropa ſ̃ heıta at ek brēn aꝼ oll. en ꝥ
ſegı ek ꝥ ꝉ ꝥa at m̄ lıkar ꝉ ꝥín nocku
ru betr. en ꝥo ſuıꝼr eñ nocku\t/ kynlıgt
yꝼ̃ ꝥık en ꝥo munða ek v ꝥık ſemıa
eꝼ m̄ ꝥættı é meırı bota vant ꝥ ſē .G. ē.
Sıðan vaknaðı ħðıſ. ꝫ ſagðı .G. ðraumīn
.G. ꝥottı góðr ꝼırburðrīn. v̄ morgınīn epť
lıet .G. taka vpp ꝼıalar ór kkgolꝼínu ꝥ ſē
ħ ꝟ von at ꝼalla a knıebeð. ħ lıet g̃ꝼa ꝥ
nıðr ı ıorð ꝥ ꝼunðuz vnðer beín. ꝥau vor
u bla ꝫ ıllılıg. ꝥ ꝼanz ꝫ kínga. ꝫ ſeıð ſta
ðr mıkıll. ꝥottuz m̄n ꝥa vıta at ꝥ mun
ðı ꝟıt haꝼa. voluleıðı nockuð. ꝟ ꝥau beī
ꝼærð langt ı brott. ꝥ ſē ſızt ꝟ m̄ vegr **vtkvama**

77 Þa ē .ííí. vetr ꝟ lıðñ ꝼ̃ ðrucnun **bolla .b.ſ.**
ꝥk.ey.ſ. ꝥa kō ſkıp ı eyıaꝼ̃. ꝥ attı
bollı .b.ſ. ꝟ ꝥ a ꝼleſť norræñ ha
ſeť. bollı haꝼðı mıkıt ꝼıe vt ꝫ marga
ðyrg̃pı ē hoꝼðıngıar hoꝼðu geꝼıt ħm.
.b. var ſ̃ mık. ſkarz m̄ er ħ kō vt or ꝼor
ꝥı at ħ vılldı engı klæðı bera nēa ſkl
atz klæðı. ꝫ pellz klæðı. ꝫ oll vápn haꝼðı
ħ gullbuın. ħ ꝟ kallaðr .b. ēn pruðı. ħ
lyſtı ꝥ ꝼ ſkıpuerıū ſınū at ħ ætlaðı veſ
tr ꝉ ħaða. ſīna. ꝫ ꝼıeck ſkıp ſıtt ꝫ ꝟnat
ı henðr ſkıpıpūıū ſínū. b. rıðr ꝼ̃ ſkıpı
v .xıȷ. m̄n ꝧr ꝟ aller ı ſkarlatz klæðum
ꝼylgðarm̄n .b. ꝫ rıðu ı gylldū ſauðlū allť
ꝟ ꝧr lıſtulıg̃ m̄n. en ꝥo bar .b. aꝼ. ħ ꝟ ı p
ellz klæðū ē g̃z k̄r haꝼðı geꝼıt ħm. ħ haꝼ
[ðı.

yzta ſk͛latz kapu rauða. h̅ v͛ gyrðr ꝼot
bıt ⁊ v͛ at h̅m hıollt gullbuın ⁊ meðalk
aꝼlīn gullı vauīn. h̅ haꝼðı gyllðan hıal
m a hoꝼðı. ⁊ rauðan ſkıollð a hlıð ⁊ a
ðregīn rıððarı m; gullı. h̅ haꝼðı glaðel
ı henðı ſē tıðt ē ı vt lonðū ⁊ huar ſē þr to
ku gıſtīgar. þa gaðu koñ engıſ ānarſ
en horꝼa a .b. ⁊ ſkart ħ ⁊ þra ꝼelaga. m;
ſlık͛ kurteıſı rıðr .b. veſtr ı ſueıt allt þ͛
t ē h̅ kō t helgaꝼ. m; lıðı ſınu v͛ .G. all
ꝼegın .b.ſ.ſ. ðualðız .b. þ͛ ė lengı aðr h̅ r
eıð īn ı ſælīgſðalſ tungu. ⁊ hıtt Sñ. mag
ſīn. ⁊ þðıſı konu ſına. v͛ð þ͛ mıkıll ꝼag
naꝼunðr. Sñ. bauð .b. t ſín m; ſ mar
ga m̄n ſē h̅ vıllðı. b. þeckız þ ⁊ ē h̅ með
Sñ v̄ vetn. ⁊ þr m̄n ſē norðan rıðu m;
h̅m. b. varð ꝼrægr aꝼ ꝼ͛ð ꝥı. Sñ. lagðı ė
mīnı ſtunð nu a at veıta .b. m; allrı blı
ðu en ꝼyꝛ ē h̅ v͛ m; h̅m. **anðlat Sñ. goða**

78 Eɴ ē .b. haꝼðı v͛ıt eīn vet'r' a ıſlðı.
þa tok .Sñ.g. ſott. Su ſótt ꝼór eckı
oðt. Sñ. lá mıog lengı. Ok ē ſottın
ox. heītı ſñ. t ſín ꝼrænðr ſına ⁊ nauðley
ta m̄n. þa mlı h̅ t .b. þ ē vılı mīn at þu
tak͛ ħ v͛ buı ⁊ m̄ ꝼorræðı ept͛ ðag mīn. ān
ek þ͛ ė v͛r vırðıng͛ en mınū .ſſ. ē ſa ⁊ nu
mīn ſonr ė ħ a lðı ē ek hyɢ at þra v͛ðı
meſtr m̄ ē hallðorr ē. Sıðan anðaðız Sñ.
h̅ haꝼðı þa .víȷ́. vetr enſ ſıonða tıg͛. þ v͛
eínū vetrı ept͛ ꝼa .o.k̄. enſ helga. Sua
ſagðı arı p̄ſtr ēn ꝼ͛ðı. Snorrı v͛ ı tungu
g͛ꝼīn. b. ⁊ þðıſ toku v͛ buı ı tungu ſē Sñ.
haꝼðı mlt lıetu .ſſ.Sñ. ſ þ vel lıka. v͛ð
.b. mıkılhæꝼr m̄ ⁊ vınſæll. ħðıſ .b.ð. óx
vpp at helgaꝼ. ⁊ v͛ ħ allra q̄na vénſt h̅
nar bað ormr ſon ħmunð. Jlluga ſ. ⁊ v͛ ħ
geꝼın h̅m þra ſon v͛ koðran ē attı guðr
vnu sıgm̄ðar .ð. ſonr koðranſ v͛ ħm̄ðr er
attı vlbeıðı .ð. ʀunolꝼſ ketılſ .ſ. bps. þra
.ſſ. v͛ ketıll ē abotı v͛ at helga.ꝼ. ⁊ ʀeīn ⁊
koðran. ⁊ ſtyrm̄. ðott͛ þra v͛ þorvavr ē at
tı skeggı branðz .ſ. ⁊ ē þaðan komıt ko
mıt ſkogűıa kyn. vſpakr ħ ſon .b. ⁊ þðı
ſar. ðott͛ oſpakſ v͛ Guðrun ē attı þorarī
branðz .ſ. þra .ſ. v͛ branðr ē ſettı ſtað at ħa
ꝼellı. ħ.ſ. v͛ Sıghuatr p̄ſtr ē þ͛ bıo lēgı. Gel
lır þk.ſ. kuangaðız. h̅ ꝼıeck valg͛ðar .ð.
þgılſ ara .ſ. aꝼ reykıaneſı. Gellır ꝼor vt
⁊ v͛ m; magn̄ı k̄ı enū goða. ⁊ þa aꝼ h̅m
.xıȷ. aura gullz ⁊ mıkıt ꝼíe añat. ſſ. Gel
lıſſ v͛ þr þk ⁊ þgılſ. ſonr þgılſ v͛ arı ēn ꝼ͛ðı
ſon ara ħ þgılſ. ħ.ſ. v͛ arı eñ ſt͛kı. Nu tekr
Guðrun mıog at ellðaz ⁊ lıꝼðı v͛ ſlıka har
ma ſē nu v͛ ꝼ͛ ſagt v̄ hrıð. ħ v͛ ꝼyrſt nūna
a ıſlðı ⁊ eınſetukona. ē þ ⁊ almælı at .G.
haꝼı v͛ıt gauꝼguzt ıāborīna q̄na ħ a lðı.
ꝼ͛ þ͛ ē ſagt eıt hűt ſīn at .b. kō t helgaꝼ. þ͛
at .G. þottı a vallt gott ē h̅ kō at ꝼīna ħa.
.b. ſat hıa moður ſīnı longū ⁊ v͛ð þeī m̄t
talat. þa mlı .b. muntu ſegıa m̄ þ moðer
at m̄ ē ꝼoruıtnı á at vıta. hűıū heꝼ͛ þu
mānı meſt vnt. G.ſ. þk v͛ m̄ rıkaztr. ⁊
hoꝼðıngı meſtr. en engı v͛ m̄ g͛uılıgrı
en bollı. ⁊ albetr at ſ. þðr ıngūnar .ſ. v͛
m̄ þra vıtraztr. ⁊ lagam̄ meſtr. þvallðz
get ek at engu. þa .ſ.b. Skıl ek þta gıor
la huat þu ſeg͛ m̄ ꝼ͛ þ͛ hűſu hűıū v͛ ꝼa
rıt bænða þīna. en hıt v͛ðr ēn eckı ſa
gt hűıū þu v̄nır meſt. þarꝼtu nu ec
kı at leyna þ͛ lengr. G.ſ. ꝼaſt ſkorar þv
þta ſonr mīn. ſ.G. en eꝼ ek ſſ þ nocku
-rū ſegıa. þa mun ek þık hellzt velıa
t ꝥ. b. bað hana ſ g͛a. þa mlı .G. þeī v͛
ek veſt ē ek v̄na meſt. þ hyggıū v͛. ſ.
.b. at nu ſıe ſagt alleınarðlıga ⁊ q̄ð ha
na vel haꝼa gort ē ħ ſagðı þta ē h̅ ꝼor
vıtnaðı. G. v͛ð gomul kona ⁊ ē þ ſogn
māna at ħ yrðı ſıonlauſ. G. anðaðız
at helga.ꝼ. ⁊ þar huılır ħ. ē þ mal m̄
at ħ haꝼı v͛ıt et meſta gauꝼugquē
ðı aꝼ ė meırı ætt. Gellır þk.ſ. bío at h
elgaꝼ. t ellı ⁊ ē mart m̄kılıgt ꝼ͛ h̅m

ſagt. ħ kēr ꝫ ᷞ marǵ ſoğ þot ħ ſıe her lítt getıð. ħ lıet ğa ǩkıu a`t´ helga.ꝼ. ᷞðu lıga mıog ŝ ſē arnorr ıarlaſkalld vatſ í ēꝼıðrapu þrı ē ħ ortı v̄ Gellı. ꝫ q̊ðr ꝥ ſkyr t a þta ꝫ er Gellır v́ nockut hnıgıñ a ēn eꝼra alldr þa byr ħ ꝼ̃ð ſına aꝼ ıſlðı. ħ kō t́ noregſ ꝫ ðualðız ꝥ ė lengı. ꝼ̃r þegar aꝼ lðı a ƀtt. ꝫ ğgr ſuðr t́ rōſ. ſækır heım ēn helga petr pla. ħ ðuelz ı þrı ꝼ̃ð mı og lengı. ꝼ̃r ſıðan ſūnan. ꝫ kēr ı ðan mork þa tekr ħ ſott. ꝫ la mıog lengı ꝫ ꝼıeck alla þıonoſtu. ſıðan anðaðız ħ ꝫ huılır ı roıſ kellðu. Gellır haꝼðı haꝼ`t´ ſkauꝼnung m; ŝ. ꝫ naðız ħ eckı ſıðan. en ħ haꝼðı v̊ıt tekīn ór haugı hrolꝼſ kraka. Ok er anðlat Gellıs ſꝑðız t́ ıſlðſ þa tok þk.ſ.ħ ᷞ ꝼoðurleıꝼð ſıñı at hel gaꝼ. en þgılſ añaꝶ .ſ. Gellıſſ ðruknaðı vngr a breıðaꝼ. ꝫ aller þr ē a ſkıpı voru m; ħm. þk Gellıṡ .ſ. v́ et meſta nytm̄nı ꝫ v́ ſagðr māna ꝼroðaztr. **aꝼ bolla .b.ſ.**

79 Jþān tıma ē bollı .b.ſ. bıo ı tungu ꝫ nu v́ aðr ꝼ̃ ſagt. þa bıo norðr ı ſkaga.ꝼ. a mıkla bæ arnorr. ǩlīǵ neꝼ ſon bıarñ þð̑ .ſ. ꝼ̃ hoꝼ ða. þðr ħ́ m̄ ē bıo a marbælı. Gvðrun ħ́ kona ħ. þau v̊ vel at ŝ. ꝫ hoꝼðu gnott ꝼíar. ſon þra ħ́ olaꝼr ꝫ v́ ħ vngr at alldrı ꝫ allra m̄ eꝼnılıgaztr. Gvðᷣ kona þð̑ v́ naſkylld .b.b.ſ var ħ́ ſyſtrungr ħ. O. ſon þra þðar var heıtīn epꞇ .O. pa ı hıarð̑.ħ. þðr ꝫ þualldr hıallta .ſſ. bıuggu at hoꝼı ı hıalltaðal. þr v̊ hoꝼðıngıar mıklır. m̄ ħ́ þolꝼr ꝫ v́ kallaðr ſſtı m̄. ħ bıo ı þuꝼū ħ var vuınueıttr ı ſkapı ꝫ æðı m̄ mıkıll. ħ attı ğðung gran olman. þðr aꝼ marbælı v́ ı ꝼorū með arnorı þolꝼr ſſtım̄ attı ꝼ̃nð konu arnorſ. en ħ var þīg m̄ m̄ hıallta .ſſ. ħ attı ıllt v́ bua ſına ꝫ lagðı þ ı vanða ſīn kō þ meſt t́ þra m̄bælīga ğðungr ħ ğðı m̄ mart meín. þa ē ħ kō ór aꝼrettū. me ıððı ħ ꝼıe m̄ en geck ė vnðan grıotı. ħ bráut

ꝫ anðuırkı. ꝫ ğðı mart ıllt. þðr aꝼ mar bælı hıttı þolꝼ at malı. ꝫ bað ħ varðu eıta ğðung ſıñ. vılıū v̊ ė þola ħm oꝼꝶ þolꝼr lıez ė munðu ſıtıa at ꝼıe ſínu ꝼ̃ꝶ þðr heī v́ ſua buıt. ė mıklu ſıðarr getr þðr at lıta huar ğðunġñ heꝼ̃ ƀt ıð nıðr torꝼſtacka ħ. þðr hleypr þa t́ ꝫ heꝼ̃ ſpıot ı hēðı. ꝫ ē bolı ŝ þ veðr ħ ıorð ſua at vpp tekr v̄ klauꝼ̃. þðr leġr t́ ħ ŝ at ħ ꝼellr ðauðr a ıorð. þðr hıttı þolꝼ ꝫ ſagðı ħm at bolı v́ ðauðr. þta v́ lıtıð ꝼrægð̑ v̊k. ſ. þolꝼr. en ğa munða ek þ vı lıa ē ꝥ þættı ė betr. þolꝼr v́ malóðı ꝫ heıtaðız ı hűıu orðı. þðr attı heıman ꝼ̃ð ꝼ̇ honðū. O.ſ.ħ v́ þa .vıȷ. veꞇ .e.víıȷ. ħ ꝼor aꝼ bænū m; leık ſínū ꝫ ğðı ŝ ħ́ ſē bornū ē tıðt. En þ`o´lꝼr kō ꝥ at ħm ħ lagðı ſueın īn ı gegnū með ſpıotı. Sıðan ꝼor ħ heım ꝫ ſagðı konu ſıñı. ħ́ .ſ. þta ē ıllt v̊k. ꝫ v mānlıgt. mun ꝥ þta ıllu reíꝼa. en ē ħ́ t ok a ħm þungt. þa ꝼór ħ ı ƀtt þaðan ok lıettı ė ꝼyꝶ en ħ kō a mıkla bæ. t́ arn`or´ſ ꝼ̃ttuz þr tıðenða. þorꞇ.ſ. ħm víg .O. ſıe ek ꝥ nu t́ trauſtz ſē ꝥ erut ſaǩ magſēðar ė ꝼ̃þu ſıanðı epꞇ v̄ þna hlut at ek muna vırða meıra magſēð v́ þıg en ᷞðıng mı na ꝫ ſæð ꝫ aſıa attu ħ́ engrar ván aꝼ m̄ ꝼór .þoꞇ. vpp epꞇ hıallta ðal t́ hoꝼſ ꝫ ꝼān þa hıallta.ſſ. ꝫ ſagðı þeī huar kōıt v́ ħ malı. ꝫ ſıe ek ħ́ nu t́ aſıa ſē þıð ēot. þðr .ſ. Slıkt ēo nıðıngſ v̊k. ꝫ mun ek enga aſıa veıta ꝥ. v̄ þta eꝼnı. þvalldr v́ð vm ꝼáʀ ꝼær þolꝼr eckı aꝼ þeī at ſīnı. reıð ħ ı ƀtt ꝫ vpp epꞇ hıalltaðal t́ reykıa. ꝼór ꝥ ı laug. en v̄ kuellðıt reıð ħ oꝼan aptr ꝫ vnð̃ ᷞkıt at hoꝼı. ꝫ ræððız vıð eıñ ſaman. ſua ſē añaꝶ m̄ v̊ı ꝼ̇ ꝫ kue ððı ħ. ꝫ ꝼ̃ttı hűr ꝥ v̊ı kōīn. ek heıtı þoꞇ. .q.ħ. hűt vartu ꝼarīn .e. huat ē ꝥ a hō ðū. ſ. laun m̄ıṅ. þoꞇ.ſ. t́ꝼellı ꝑı oll epꞇ ꝥ́ ſē v̊. bað ek hıallta .ſſ. ſeǵ ħ ſaǩ nauð ſynıa mīna. þı .ſ. ē ꝼ ſkyllðı v̄a. ḡgıt ē nu þa ðan ē þr ḡðu ēꝼıt þ et ꝼıolm̄na ē xíj.h. m̄ ſatu at. ⁊ gāga ſlıꝃ hoꝼðıngıar mıog ſa man ē. nu vılıa ė veıta eınū m̄ nockura a ſıa þvallðr v́ vtı ſtaððr. ⁊ heyrðı talıt h̄ gēgr þangat ꞇ ⁊ tok ı tauma heſtzınſ. ⁊ bað h̄ aꝼ bakı ſtıga. en þo ē ė vırðīḡ væn lıgt v́ þıg at eıga ꝼ ſaꝃ ꝼolſku þīnar. **aꝼ**

80 Nv er at .ſ. ꝼ̄ þðı ē h̄ kō heī ⁊ **þorolꝼı ſter** ꝼ̄ víg ſonar ſínſ. ⁊ harmaðı þ mıog. **tı** Guðr. kona ħ mł̄ı. þ ē ꝥ ráð at lyſa vígı ſueīſınſ a honð þoł. en ek mun rıða ſuðr ꞇ tungu. ⁊ ꝼīna bolla ꝼ̄nða mīn ⁊ vıta hūn ſtyrk h̄ vıll veıta ockr ꞇ epꞇ̄malſ. þau ḡðv ſua. ok ē Gvðr̄ kō ı tungu. ꝼær hō ꝥ v́ tokur goðar. hō ſeḡ .b. víg .O.ſ. ſınſ ⁊ beıððı. at h̄ tækı v́ epꞇ̄malınu. h̄ .ſ. ė þıkı m̄ þta ſ̄ hæglıgt. at ſeılaz ꞇ ſæðar ı hendr þeī norð lenðıngū. ꝼ̄ttız m̄ ⁊ ſ̄ ꞇ ſē maðrīn munı ꝥ nıðr kōīn at eckı munı hægt epꞇ̄ at leıta. .b. tok þo v́ malınu v̄ ſıðer ⁊ ꝼor Guðr. norðr ⁊ kō heī hō ſagðı þðı bonða ſınū ſua ſē nu v́ kōıt. ⁊ lıðr nu ſua ꝼ̄m v̄ hrıð. Epꞇ̄ ıol v̄ vet̄ v́ lagðr ꝼunðr ı ſkaga ꝼırðı at þūa. ⁊ ſteꝼnðı þuallðr þangat guððala ſtarra h̄ v́ vınr þra .bb. þvallðr ꝼór ꞇ þīgſínſ vıð ſína m̄n. ⁊ er þr komu ꝼ vrð ſkrıðu hola þa hlıop or hlıðīnı oꝼan at þeī maðr. v́ ꝥ þoł. rıez h̄ ı ꝼ̄ð m; þeī. þvallðı. ⁊ ē þr attu ſ kāt ꞇ þūár. þa mł̄ı þv̄ v́ þoł. Nu ſl̄tu ha ꝼa m; ꝥ .ííj. m̄kr ſılꝼrſ ⁊ ſetıa hō vpp ꝼ̄ bæ nū at þuerá́. haꝼ þ at markı at ek mun ſnua ſkıllðı mínū ⁊ at ꝥ holınu eꝼ ꝥ ē ꝼ̄t ⁊ mattu þa ꝼ̄m ganga. ſkıollð̄ ē huıtr ī nan ⁊ ē þvallðr kō ꞇ þīgſınſ hıttuz þr ſꞇ̄rı. ⁊ toku tal ſaman. þvallðr mł̄ı. ſ̄ ē m; vextı at ek vıl ꝥ beıða at þu taꝃ v́ .þoł. ſꞇ̄ı m̄ tıl varðueızlu. ⁊ trauſtz. mun ek ꝼa ꝥ ꝥar m̄kr ſılꝼrſ ⁊ vınattu mína. ꝥ ē ſa maðr. ſ. Starrı ē m̄ þıꝃ eckı vınſæll. ⁊ vuıſt at hm̄ ꝼylgı hamīgıa en ſaꝃ ockr̄ vınſkapar þa vıl ek v́ h̄m taka. þa ḡır þu vel. ſ. þvallðr ſn̄ı h̄ þa ſkıllðınū ⁊ ꝼ̄ ſ̄ hualꝼınu ⁊ ē þoł ſ̄ þ gengr h̄ ꝼ̄m ⁊ tok starrı v́ h̄m. ſꞇ̄rı at tı ıarð hō ı guððaulū þt ıaꝼnan v̊ m; h̄m ſ kogarm̄n. attı h̄ ⁊ nockut ſaukott. **aꝼ**

81 Bollı .b.ſ. byr ꞇ vıgſ malıt .o. h̄ byz **bolla** heıman ⁊ ꝼ̄r norðr ꞇ ſkagaꝼ. v́ .xxx. m̄. h̄ kēr a mıkla bæ. ⁊ ē h̄m ꝥ vel ꝼag nat. ſeḡ h̄ hūſu aꝼ ſtoð v̄ ꝼ̄ð ħ. ætla ek at haꝼa ꝼ̄m vıgſ malıt nu a hegra neſſ þīgı a hendr þoł ſtærım̄. vıllða ek at þu v̄ır m̄ v̄ þta mál lıðſīnaðr. A.ſ. eckı þıkı m̄ þu .b. vent ſteꝼna v́t. ē þu ſæꝃ norðr hīgat v́ ſlıka vıaꝼnaðar m̄n ſē hō ē at eíga. mu nu þr þta mal meıꝛ̄ v̄ıa m; kappı en r ettınðū en ærın nauðſyn þıkı m̄ ꝥ a v̄a. munu v̄ ⁊ ꝼreıſta at þta mal gangı ꝼrā. a. ðregr at ſ̄ ꝼıolm̄nı mık. rıða þr .b. ꞇ þīg ſınſ. þr bb. ꝼıolm̄na mıog ꞇ heḡneſſ þīgſ. þr haꝼa ꝼ̄tt v̄ ꝼ̄ðer .b. ætla þr at v̄ıa malıt ⁊ ē m̄n kōa ꞇ þīgſınſ. heꝼ̄ .b. ꝼ̄m ſaꝃ a hēðr þoł. ⁊ ē ꞇ varna var boðıt. ḡgu þr ꞇ þv̄ ok ſtaꝛ̄ı v́ ſueıt ſína ⁊ hugðu at eyða malīu. ꝼ .b. m; ſtyrk ⁊ oꝼríkı en ē þta ſıer arnoꝛ̄ gengr h̄ ımıllı m; ſına ſueít. ⁊ mł̄ı. þ ē m̄ eın ſætt at ꝼæra hō ė ſua marga goða m̄n ı van ðræðı ſē a horꝼız at m̄n ſkylı ė ná laugū v̄ mal ſın ē ⁊ v́ꝼallıt at ꝼylgıa þoł v̄ þt mál. muntu þvallðr ⁊ lıððrıugr v̄ða eꝼ reyna ſl̄ þr þv̄. ⁊ ſtaꝛ̄ı ſa nu at malıt munðı ꝼ̄m ganga. þt þr hoꝼðu eckı lıðſ aꝼla v́ þeī .A. ⁊ líettu þr ꝼ̄. b. ſektı þoł. ſꞇ̄ı mān. ꝥ a hegra nes þıngı v̄ víg .O. ꝼ̄nða ſínſ. ⁊ ꝼór v́ þ heī ſkılðuz þr .A. ꝃleıkū. ſat .b. ı buı ſínu. **aꝼ**

82 Þorḡmr hō m̄ h̄ attı ſkıp vppı ſtā **þorgrımı** ðanða ı hruta.ꝼ. þangat reıð ſꞇ̄rı ⁊ þoł v́ h̄m. Sꞇ̄ mł̄ı v́ ſtyrı m̄ hō ē m̄ at ek vıl at þu taꝃ v́. ⁊ ꝼlyꞇ̄ vꞇ̄. ⁊ hō ēo .ííj. m̄kr ſılꝼr`s´ ē þu ſl̄t haꝼa. ⁊ ꝥ m; vınattu mína. þḡm`r´ mł̄ı. a þu þıkı m̄ nockuꝛ̄ vanðı. hūſu aꝼ h̄ðı v̄ðr leyſt. en v́ aſkoran þına m̄ ek v́ hm̄

taka. en þo þıkı m̄ ꝥı m̄ v̄a eckı gıptu væn
lıgr. þoꝉ. rıez nu ı ſueıt m; kaupm̄. en ſt̄rı
rıðr heı̄ v̇ ſuabuıt. Nu ē at .ſ. ꝼ̄ .b. h̄ hugſ̄
nu eꝼnı þra þoꝉ. ꝫ þık̄ ė v̄ða mıog m; ollu
ꝼylgt. eꝼ þoꝉ ſ̄l ſleppa. ꝼ̄ttı h̄ nu at h̄ ē tıl
ſkıpſ raðı̄n. b. byz heıman. ſetr h̄ hıalm
a hoꝼut ſ̄. ſkıollð a hlıð. ſpıot haꝼðı h̄ ı h̄
ðı. en gyrðr ſuerðınu ꝼot bít. h̄ rıðr norðr
ꝉ h̄ta.ꝼ̄. ꝫ kō ı þ munð. ē kaupm̄n v̄ alb
vn̄. v̄ þa ꝫ vınðr a kōı̄n. ꝫ ē .b. reıð at bu
ðarðyrunū. geck þoꝉ. vt ı ꝥ ꝫ haꝼðı huð ꝼ
at ı ꝼangı ſ̄. b. bregðr ꝼótbıt ꝫ leggr ı geg
nū h̄. ꝼellr þoꝉ. a bak aptr ı buðına ı̄n. en
.b. hleypr a heſt ſı̄n. kaupm̄n hlıopu ſam
an ꝫ at h̄m. b. m̄lı. hıtt ē yðr raðlıgaz at
lat lata nu v̄a kyrt. ꝥt yðr mun oꝼſtyrı
v̄ða at leggıa mık v̇ vellı. en v̄a ma at
ek kuıſta eı̄nhūn yðvarn .e. alla .íȷ́. aðr
ek ē ꝼellðr. ꝥgrı̄r .ſ. ek hyɢ. at ꝥta ſıe ſatt
lıetu ꝥr v̄ kyrt. en .b. reıð heı̄. ꝫ heꝼ̄ ſott
mıkı̄n ꝼrama ı ꝥı ꝼ̄ð. ꝼǽr h̄ aꝼ ꝥu vırð
ıng mıkla. ꝫ þottı m̄m ꝼarıt ſkorulıga.
heꝼ̄ ſektan mānın̄ ı oðrū ꝼıorðungı. en
ſıðan rıðıt eı̄n ſaman ı henðr vuınū ſı
nū ꝫ ðrepıt h̄ þar. **vıðr tal Gvðm̄ð ꝫ bolla**

83 Vm ſumarıt a alþīgı ꝼunðuz ꝥr bollı
ꝫ Guðmunðr en̄ rıkı. ꝫ toluðu mart.
þa m̄lı Guðm̄. ꝥ vıl ek lyſa .b. at ek
vıl v̇ ſlıka m̄n vıngaz ſē ꝥ erot. Ek vıl b
ıoða ꝥ norðr ꝉ mın ꝉ halꝼſ manað veız
lu. ꝫ þıkı m̄ betr at þu kom̄. b.ſ. at vıſu
vıll h̄ þıggıa ſǽðer at ſlıkū m̄ ꝫ h̄ h̄ ꝼ̄ðı̄
nı. þa vrðu ꝫ ꝼleırı m̄n ꝉ. at veıta h̄m ꝥı
vınganar mal. arn`or´ k̄lı̄gneꝼ bauð .b. ꝫ ꝉ
veızlu a mıkla bæ. Maðr h̄ ꝥſ̄. h̄ bıo at
halſı h̄ v̄ ſonr hellunarꝼa h̄ bauð bolla ꝉ
ſın ē h̄ ꝼærı norðan. ꝫ þðr aꝼ m̄bælı bauð
.b. ꝼ̊ m̄n aꝼ þıngınu. ꝫ reıð .b. heı̄. ꝥta ſu
m̄ kō ſkıp ı ðauguꝛðar neſ ꝫ ſettız ꝥ vpp
b. tok ꝉ vıſtar ı tungu .xıȷ. kaupmē̄n.
v̊ ꝥr ꝥ v̄ vetrı̄n. ꝫ veıttı .b. þeı̄ allſtor m̄

lıga. ſatu ꝥr v̄ kyrt ꝼ̄m yꝼ̄ ıol. en epꝉ̄
ıol ætlar .b. at vıtıa heı̄ boðan̄a norðr ꝫ
lætr h̄ þa ıarna heſta. ꝫ byr ꝼ̄ð ſına. v̊
ꝥr .xvííȷ́. ı reıð v̊ kaupm̄n aller vápna
ðer. b. reıð ı blak̄ı kapu. ꝫ haꝼðı ı h̄ðı ſpıo
tıð k̄.naut et goða. ꝥr rıða nu norðr ꝫ ko
ma a marbælı ꝉ þðar v̄ ꝥ alluel v̇ þeı̄
tekıt. ſatu .ııȷ ı mıklū ꝼagnaðı. þaðan
rıðu ꝥr a mıklabæ ꝉ ā. ꝫ tok h̄ agætlıga
vel v̇ þeı̄ v̄ þar veızla en bezta. þa m̄lı
.A. vel heꝼ̄ þu ḡt .b. ē þu heꝼ̄ mık heı̄ ſótt
þıkı m̄ þu haꝼa lyſt ı ꝥ v̇ mık mıkı̄n ꝼe
lag ſkap. ſ̄lu ė epꝉ̄ beꝉ gıaꝼ̄ m; m̄ en̄ þu
ſ̄lt þıggıa mega. mın vınatta ſ̄l ꝥ ꝫ heı
mol v̄a en nocku̇k grunr ē m̄ a at ꝥ ſıe ė
aller m̄n vınholler ı ꝥu h̄aðı. þıkıaz
ſuıpꝉ̄ v̄a ſǽðū. kēr þ meſt ꝉ þra hıall
ta.ſſ. mun ek nu raðaz ꝉ ꝼ̄ðar m; ꝥ
norðr a helıar ðalſ heıðı þa ē ꝥ ꝼarıt
heðan. b.ſ. þacka vıl ek yðr .a. bonðı
alla ſæmð er ꝥ ḡıt ꝉ mín nu ꝫ ꝼyrrū.
þıkı m̄ ꝫ þ bæta varn ꝼlock at ꝥ rıðıt
m; oſſ. en allt hugðū v̄ at ꝼara með ſ
pekt v̄ ꝥı h̄ut. en eꝼ aðrer leıta a os þa
má v̄a at v̄ leıkı̄ þa ē̄n nockut ı mót
Sıðan ræz .a. ꝉ ꝼ̄ðar m; þeı̄ ꝫ rıða nu veg

84 Nv ē at .ſ. ꝼ̄ þvallðı **capıtulum** [ſı̄n.
at h̄ tekr ꝉ orða v̇ þð b̄ðuꝛ ſı̄n. vı
ta muntu at .b. ꝼ̄r heðra at heı̄
boðū. ero ꝥr nu at .A.xvııȷ. ſaman. ꝫ ætla
norðr helıar ðalſ heıðı.´veıt ek þ. ſ. þðr.` þvallðr m̄lı. eckı ē
m̄ þo v̄ þ at .b. hlaupı h̄ ſ̄ v̄ horn oſſ at v̄
ꝼı̄nı̄ h̄ ė. ꝥt ek veıt ė hūr mı̄nı ſæð heꝼ̄
meık̄ nıðr ðrepıt en h̄. þðr m̄lı. Mıog
ertu ı hlutunar ſār. ꝫ meık̄ en ek vıllða
ꝫ vꝼarın munðı ꝥı eꝼ ek rıeða. þıkı
m̄ vvıſt at .b. ſıe raðlauſ̄ ꝼ̇ ꝥ. ė mun
ek letıaz lata. ſ.þv̄. en þv munt raða
ꝼ̄ð þın̄ı. þðr m̄lı ė mun ek epꝉ̄ ſıtıa eꝼ
þu ꝼ̄r broð̄. en ꝥ munu v̄ eıgna alla v̇
ðıng þa ē v̄ hlıotū ı ꝥı ꝼ̄ð. ꝫ ſ̄ eꝼ oðru

vıſ b᷑r t̉. þv̄. ſaꝼnar at s̄ m̄ᷓ. ꝫ v̄ᷓða þr .xvííj. ſam`ā´
ꝫ rıða a leıð ꝼ̇ þa .b. ꝫ ætla at `ſ´ıtıa ꝼ̇ þeī þr .A.
ꝫ .b. rıða nu með ſına m̄n ꝫ ē ſkāt v̄ᷓ ı mıl
lı þra ꝫ hıallta ſſ. þa mlı .b. t̉ .a. mun ė þ nv
rað at ꝥ hu̅ꝼıt aptr. haꝼı ꝥ þo ꝼylgt os et
ðrēgılıgſta. munu þr hıallta.ſſ. eckı ſæta ꝼla
raðū v̉ mık. A. mlı ė mun ek eñ aptr hu̅ꝼa
þt ſua ē ſē añaꝶ ſegı m̄ at þv̄. munı t̉ ꝥ æt
la at haꝼa ꝼunð þīn. eða huat ſıe ek þar
vpp kōa. blıka ꝥ ė ſkıllðır v̉. ꝫ munu ꝥ v̄ᷓa
hıallta.ſſ. en þo mættı nu s̄ v̄ buaz at ꝥı
þra ꝼ̄ð yrðı þeī t̉ eng̅r v̉ðıng̉. en megı me
taz ꝼıorrað v̉ þık. Nu ſıa þr þv̄.bb. at þr .b.
ero hu̅gı lıðꝼærı en þr ꝫ þıkıaz ſıa eꝼ þr
ſyna nockura vhæꝼu aꝼ s̄ at þra koſtr
munðı mıkıt veſna. Synız þeī þ raðlı
gaz at ſnua aptr allz þr mattu eckı ſı
nu vılıa ꝼ̄m̄ kōa. þa mlı þðr. Nu ꝼór
ſē mık v̉ðı at ꝥı ꝼ̄ð munðı v̄ᷓða hæðılıg
ꝫ þættı m̄ eñ be᷑ heıma ſetıð. hoꝼū ſynt os̉
ı ꝼıanð ſkap v̉ m̄n. en kōıt engu a leıð. þr
.b. rıða leıð ſína. ꝼylg̉ .Á. þeī vpp a heıðīa
ꝫ ſkılðı h ė ꝼyꝶ v̉ þa en hallaðı aꝼ norðr
þa huarꝼ h aptr. en þr rıðu oꝼan epter
ſuarꝼaðar ðal. ꝫ komu a bæ þān ē a ſkeıðı .h.
ꝥ bıo ſa m̄ ē helgı. h̉. h v̄ æt̄ ſmaꝶ ꝫ ılla ı ſka
pı auðıgr at ꝼíe. h attı þa konu ē ſıgrıðr h̉.
h̉ v̄ ꝼ̄nð kona þſt̄ hellu n̄ꝼa .ſ. h̉ var þra
ſkorungr meírı. þr .b. lıtu heyg̉ð hıa ſíer
ſtıgu þr ꝥ aꝼ bakı ꝫ kaſta þr ꝼ̇ heſta ſīa
ꝫ v̄ıa t̉ hellðr lıtlu. en þo hellt .b. þeī aptr
at heygıoꝼīnı. veıt ek ė. ſ. h hu̅t ſkaplyn
ðı bonðı he᷑. þr gaꝼu heyvonðul ꝫ lıetu h
eſtana g̉pa ı. a bænū heıma geck vt m̄ ok
þeg̉ īn aptr. ꝫ mlı m̄n ēo v̉ heygarð þın bō
ðı ꝫ reyna ðeſıarn̄. Sıgrıðr h̉preyıa .ſ. þr eın̄
munu ꝥ m̄n v̄ᷓa. at þ mun rað at ſpara ė
hey v̉. helgı hlíop vpp ıoðaꝼarı. ꝫ .q. allð ha
ſkyllðu ꝥu raða. at h lıetı ſtela heyıū ſınū
h hleypr þeg̉ ſē h ſıe vıtlauſ̉ ꝫ kēr ꝥ at ſē
þr aðu. b. ſtoð vpp ē h leít ꝼ̄ðına manzınſ

ꝫ ſtuððız v̉ ſpıotıð ꝶ naut. ꝫ þeg̉ helgı kō
at h̄m ꝫ mlı. hue᷑ ēo ꝥır þıoꝼarn̄ ē m̄ bío
ða oꝼrıkı. ꝫ ſtela mık eıgn mīnı ꝫ rıꝼaı
ſunðr hey mıtt ꝼ̇ ꝼ̄a ſkıota ſına. b.ſ naꝼn
ſıtt. helgı .ſ. þ ē vlıðlıgt naꝼn. ꝫ muntu v̄ᷓa
vréttuıſſ. v̄ᷓa ma at s̄ ſıe. ſ.b. en hınu ſlᷓtu
mæta ē rıett vıſı ē ı. b. keyrðı þa heſtana
ꝼ̄ heyınu ꝫ bað þa ė æıa lengr. helgı mlı.
ek kalla yðr haꝼa ſtolıt mık ꝥu ſē ꝥ ha
ꝼıt haꝼt. ꝫ g̅t a henðr yðr ſkóg gangſ ſok
þu munt vılıa bonðı. ſ.b. at v̄ komī ꝼ̇ oſſ
ꝼıe botū v̉ þíg ꝫ ha᷑ þu ė ſaker a oſſ m̉
ek gıallða tuēn v̄ᷓð ꝼ̇ hey þıtt. þ ꝼ̄r he
llðr ꝼıarrı. ſ. h̄. mun ek ꝼramaꝶ a hyɢıa
v̄ þ er v̄ ſkılıū. b. mlı ero nocku᷑ hlu᷑
þr bonðı ē þu vılır haꝼa ı ſætt aꝼ oſſ. þ
þıkı m̄ v̄ᷓa mega. ſ. helgı at ek vılıa ſpıo`t´
þ et gullrekna ē þu he᷑ ı h̄ðı. ė veıt ek
.ſ.b. huart ek nēnı þ t̉ at t̉ at lata. heꝼı
ānat nockut hellðr ꝼ̇ ꝥ ætlat mattu þ
ꝫ varla tala at beıðaz vapnſ ór henðı
m̄. tak hellðr ānat ꝼıe ſua mıkıt at þu
þıkız vel hallðīn aꝼ. ꝼıarrı ꝼ̄r þ. ſ. helgı
er þ ꝫ bezt at ꝥ ſuarıt ſlıku ꝼ̇ ſē ꝥ ha᷑.
t̉ gort. Sıðan hóꝼ helgı vpp ſteꝼnu ꝫ ſteꝼ
nðı .b. v̄ þıoꝼnat. ꝫ lıet varða ſkoggāg
b. ſtoð ꝫ heyrðı t̉. ꝫ b᷑ſtı v̉ lıtīn þān. En ē
helgı haꝼðı lok̉ ſteꝼnūnı. mlı h. næꝶ ꝼor
tu heıman. b.ſ. h̄m. þa mlı bonðı. þa tel
ek þık haꝼa a oðrū alız meıꝶ en hal
ꝼan manut. helgı heꝼr þa vpp aðra ſ
teꝼnu ꝫ ſteꝼn̄ .b. v̄ v̄ᷓðgáng ꝫ ē ꝥ v̄ lokıt
þa mlı .b. þu he᷑ mık v̉ helgı ꝫ mun
betr ꝼallıt at leıka nockut ı motı vıð
þık. þa heꝼr .b. vpp ſteꝼnu ꝫ ſteꝼnðı hel
ga v̄ ıllmælı v̉ ſık. ꝫ ānaꝶı ſteꝼnu v̄ brek
rað t̉ ꝼıar ſınſ. þr mlᷓtu ꝼaurunau᷑ h̄ at
ðrepa ſkyllðı ſkelmı þān. b.q. þ ė ſkyllðu
b. lıet varða ſkoggang h ſteꝼnuna ꝥ ſlᷓut
ꝼæra heī h̉preyıu helga knıꝼ ꝫ belltı er
ek ſenðı h̄nı. þt m̄ er ſagt at h̉ haꝼı go`t´

eína lagt t́ várra hagá. b. rıðr nu ı brott
en helgı ē̇ ꝥ epꞇ̇. þr .b. kōa t́ þſꞇ̇. a halſ. ꝫ ꝼa
ꝥ goðar ν̇ tokur. ē̇ ꝥ buın veızla ꝼ̇ð **aꝼ hel**
85 Nv ē̇ at .ſ. ꝼ̄ helga at ħ kēr **ga ſels eısta**
heī a ſkeıð ꝫ .ſ. ħpreyıu ſıñı huat
þr .b. hoꝼðu ν̇ ázt. þıkıūz ek ė vıta
.ſ. ħ huat m̄ ν̊ðr t́ raðſ at eıga ν̇ ſlıkā mān
ſē .B. ē̇ en ek er malarm̄ engı. a ek ꝫ eckı m̄
ga þa ē̇ m̄ muní at malū véıta. Sıgrıðr
ħpreyıa .ſ. þu ē̇t orðīn mān ꝼolı mıkıll
heꝼ̇ átt ν̇ ena gauꝼguztu m̄n. ꝫ ḡt þık
at vnð̇. mun ꝥ ꝫ ꝼara ſē maklıgt ē̇ at
þu munt ħ ꝼ̇ vpp geꝼa allt ꝼıe þıtt. ꝫ ſı
alꝼan þık. helgı heyrðı a orð ħar. ꝫ þot
tu ıll ν̊a en grunaðı þo at ſatt munðı
ν̊a. þt ħm var ſua ꝼarıt at ħ ν̊ veſal
m̄ní. ꝫ þo ſkapıllr. ꝫ heīſkr. ſa ħ ſık en
gı ꝼærı haꝼa t́ leıðrıettu. en mīt ſık ı v
ꝼæru. barſt ħ hellðr ılla aꝼ ꝼ̇ þta allt
ıā ſaman. Sıgrıðr lıet taka ſ̊ heſt ok
reıð at ꝼīna þſꞇ̇. ꝼrænda ſīn narꝼa .ſ.
ꝫ ν̊ þr .b. þa kōñ ħ̊ heītı þſꞇ̇. a mal ꝫ ſag
ðı ħm ı hu̇t eꝼnı komıt var. þo heꝼ̇ ſlıkt
ılla t́ tekız. ſ.þſꞇ̇. ħ̊ .ſ. ꝫ hu̇ſu vel .b. haꝼ
ðı boðıt .e. huerſu heīſklıga. helga ꝼór
bað ħ̊ þſꞇ̇ eıga ı allan hlut at þta m
al greıððız. epꞇ̇ þ ꝼór ħ̊ heī. En þſꞇ̇. kō
at malı ν̇ .b huat ē̇ ν̄ vınr. ſ. ħ. hu̇t
heꝼ̇ helgı aꝼ ſkeıðı ſynt ꝼolſku mık
la ν̇ þık. vıl ek bıðıa at ꝥ leggıt nıðr
ꝼ̇ mın orð ꝫ vırðıt þ engıſſ þt v mæt
ero ꝥ aꝼglapa orð. b.ſ. þ ē̇ vıſt at þta
ē̇ engıſſ ν̊t. mun ek m̄ ꝫ eckı ν̄ þta ge
ꝼa. þa vıl ek. ſ. þſꞇ̇ at ꝥ geꝼıt ħm v
pp þta ꝼ̇ mına ſkyllð. ꝫ haꝼıt þar ꝼıꞇ̇
mına vınattu. eckı mun þta t́ neīſ va
ða horꝼa. lıet ek m̄ ꝼátt ν̄ ꝼīnaz. ꝫ bıðr
þ vár ðaga. þſꞇ̇. mlı. þ mun ek ſyna at
m̄ þıꝁ malı ſkıpta at þta gangı epꞇ̇
mınū vılıa. ek vıl geꝼa ꝥ heſt þan ē̇
beztr ē̇ ħ̊ ı ſueıtū ꝫ ero xíȷ́ ſaman

hroſſın. b.ſ. ſlıkt ē̇ alluel boðıt. en
ė þarꝼtu at leggıa ħ̊ ſ̊ mıkla ſtunð
á. ek gaꝼ m̄ lıtıð ν̄ ſlıkt mun ꝫ lıtıð aꝼ
ν̊ða þa ē̇ ı ðō kēr. þ ē̇ ſañaz. ſ.þſꞇ̇ at ek
vıl ſelıa ꝥ ſıalꝼðæmı ꝼ̇ malıt. b.ſ. þ æt
la ek ſañaz at eckı ꝥꝼı ν̄ at leıtaz þt
ek vıl eckı ſættaz a þta mal. þa kyſtu
þ ē̇ ollū oſſ gegñ veſt. ſ.þſꞇ̇. þott helgı ſıe
lıtılſ ν̊ðr þa ē̇ ħ þo ı venðzlū bunðıñ ν̇
oſſ þa munu ν̊ ħ ė vpp geꝼa vnð̊ vapn
yður. ſıðan þu vıll engıſſ mın orð ν̊ða
en at þeī at quæðū at helgı haꝼðı ı ſt
eꝼnu ν̇ þık lız m̄ þ engı ſkēðar aukı. þo
at þ ſıe a þīg borıt. ſkılðu þr þſꞇ̇. ꝫ b. h
ellðr ꝼalıga. rıðr ħ ı ƀtt ꝫ ħ ꝼelag̊ ꝫ ē̇ ec
kı getıt at ħ ſıe m; gıoꝼū ı ƀt leyſtr.

86 Bollı ꝫ ħ ꝼorunauꞇ̇ kōu **aꝼ bolla**
a moðru vollu t́ Guð m̄ð̊ enſ rıka.
ħ gengr ı motı þeī m; allrı blıðv
ꝫ ν̇ ēn glaðaztı. ꝥ ſatu þr halꝼan man
uð ı goðū ꝼagnaðı. þa mlı .G. t́ .b. huat
ē̇ t́ haꝼt ν̄ þ. heꝼ̇ ſunðr þyckı orðıt með
yðr .þſꞇ̇. b.q lıtıð t́ haꝼt ν̄ þ. ꝫ tok ānat
mal. G. mlı. hu̇ıa leıð ætlar þu aptr at
rıða. ena ſomu. ſ.b. G. mlı letıa vıl ek yðr
ꝥ þt m̄ ē̇ ſ̊ ſagt at þıð þſꞇ̇. haꝼıt ſkılıt
ꝼalıga. ver hellðr ħ̊ m; m̄ ꝫ rıð ſuðr ı v
ár. ꝫ latū þa ꝥı mal ganga t́ vegar. b.
lıez ė munðu bregða ꝼ̇ðıñı. ꝼ̇ hot þra.
en þ hugða ek þa er helgı ꝼolıt lıet ſē
heīſklıgaz. ꝫ mlı hu̇t oorðan at oðru ν̇
oſſ ꝫ vıllðı haꝼa ſpıotıð ꝼ̇ naut or ħðı
m̄ ꝼ̇ eīn hey vonðul. at ek ſkyllða ꝼreıſ
ta at ħ ꝼengı aūbun orða ſīna. heꝼı ek
ꝫ ānat ætlat ꝼ̇ ſpıotınu at ek munða
hellðr geꝼa ꝥ. ꝫ ꝥ m; gull hrīgīn þān
ē̇ ſtol ꝁgrīn gaꝼ m̄. hyɢ ek nu at ġꝥñ
ſıe betr nıðr kōñ. en þa at helgı heꝼðı
þa. G. þackaðı ħm gıaꝼ̇ þar. ꝫ mlı ħ̊
munu ſm̄ı gıaꝼ̇ í motı koma. en ν̊ðugt
ē̇. G. gaꝼ .b. ſkıollð gullagðan ꝫ gullħ̊ng

ꝫ ſkıckıu v́ ı hı et ðyrſta klæðı. ꝫ buın oll ꝥ er
bæta þottı aller ꝰ g̊ꝑñ mıog agæt̃. þa mlı
G. ılla þıkı m̃ þu g̃a .b. ẽ þu vıll rıða v̄ ſuar
ꝼaðarðal. b. ſeg̃ ꝥ eckı ſkaða munu rıðu þr
ı ƀtt. ꝫ ſkılıa þr G. v́ enū meſtū kærleıkū þr
b rıða nu veg ſīn vt v̄ galm̃ ſtronð v̄ kuell
ðıt komu þr a þān bæ ẽ at k̊ſſū heıt̃. ꝥ bıo ſa
m̃ ẽ ott̃ het. ħ ſtoð vtı ħ v́ ſkaullottr ꝫ ı ſkīn
ſtackı. ott̃ quaððı þa vel ꝫ bauð þeī ꝥ at v̄a
ꝥ þıggıa þr v́ ꝥ goðr beını. ꝫ bonðı ēn kat
aztı ꝰ þr ꝥ v̄ nottına. v̄ morgınīn ẽ þr .b
ꝰ f̃ðar buñ. þa mlı ott̃ vel heꝼ̃ þu g̃t .b. ẽ
þu heꝼ̃ ſott heī bæ mīn. vıl ek ꝫ ſyna ꝥ lı
tıð t̃lætı. geꝼa ꝥ gullh̃ng ꝫ kūna þauck
at þu þıgg̃. ħ ẽ ꝫ ꝼıngr gull ẽ ꝼylgıa ſt̃. b.
þıggr gıaꝼ̃ñ ꝫ þackar bonða. ott̃ v́ a heſtı
ſınū ꝥ næſt ꝫ reıð ꝼ̃ þeī leıðına. þt ꝼallıt
haꝼðı ſnıorr lıtıll v̄ nottına. þr rıða nu
veg ſīn vt t̃ ſuarꝼað̊ ðalſ. ꝫ ẽ þr haꝼa ė
lēgı rıðıt. ſñız ħ vıð ott̃. ꝫ mlı t̃ .b. ꝥ mn
ek ſyna at ek vıllða at þu v̄ır vın mīn
er ħ añaꝵ gullh̃ngr ẽ ek v́ ꝥ geꝼa v̄a
ek yðr vel vılıaðr ı ꝥ ẽ ek mætta munu
ꝥ ꝫ ꝥ þurꝼa. b.q. bonða ꝼ̃ ſtormānlıga t̃
ſın en þo vıl ek þıggıa hrīgīn. þa g̃ır þu

87 N v ẽ a.ſ.ꝼ̃ **ƀðagı J heſta ne** [vel .ſ. bonðı. **ſı**
þſt̃. aꝼ halſı þeg̃ ħm þık̊ van at .b.
munı norð rıða. þa ſaꝼnar ħ m̄m
ꝫ ætlar at ſıtıa ꝼ̃ b. ꝫ vıll nu at v̄ðı v̄ ſkıp
tı v̄ mal þra helga. þr þſt̃. haꝼa .xxx. m̊. ꝫ
rıða ꝼ̃m t̃ ſuarꝼð.áár ꝫ ſetıaz ꝥ lıotr ħ
m̃ ẽ bıo a vollū ı ſv́ꝼð. ħ v́ hoꝼðıngı mıkıll
ꝫ vınſæll ꝫ malam̃ mıkıll. ꝥ var bunīgr ħ
hůſðaglıga at ħ haꝼðı ſuartan kyrtıl
ꝫ reꝼðı ı henðı. en eꝼ ħ bıoz t̃ vıga þa ha
ꝼðı ħ blan kyrtıl. ꝫ exı ſnaghynða v́ ħ
þa hellðr vꝼrynlıgr. þr b. rıða vt ept̃ ſú
ꝼað̊.ð. ꝼylg̃ ott̃ þeī vt v̄ bæīn at halſı. ꝫ
at ānı v́t. ꝥ ſat ꝼ̃ þeī þſt̃. v́ ſına m̄n ꝫ
þeg̃ ẽ ott̃ ſ̃ ꝼ̃ſatına. bre`g´ðr ħ v́ ꝫ keyrır
heſt ſīn þůſ ı ƀt. þr .b. ů ſınū megın ár ħ̃
rer en aın v́ leyſt m; lonðū. en ıſſ ꝼlaut a
mıðrı. hleypa þr þſt̃ vt a ıſīn. helgı aꝼ ſke
ıðı v́ ꝫ þar ꝫ eggıar þa ꝼaſt. ꝫ q. nu vel
at þr .b. reynðı huart ħ̊ v̄ı kapp ſıtt ꝫ met
naðr eínhlıtt .e. huart nockuꝛ̃ m̄n norðr
ꝥ munðu þora at hallða t̃ motz v́ ħ. þarꝼ
nu ꝫ ė at ſpara at ðrepa þa alla. mun
ꝥ ꝫ leıða oðꝵ. ſ. helgı. at veıta oſſ agang
.b. heyꝛ̃ orð helga. ꝫ ſ̃ huar ħ ẽ kōīn vt a ı
ſīn. b. ſkytr at ħm ſpıotı. ꝫ kēr a ħ mıðı
an. ꝼellr ħ a bak aptr ı ana. en ſpıotıð ꝼl
ygr ı backān oðꝵ megū. ſ̃ at ꝼaſt v́ ꝫ heck
helgı ꝥ a níðr ı ana. Ept̃ ꝥ tokz þar barða
-gı eñ ſkarpaztı. b. g̃gr at ſ̃ ꝼaſt at þr hr
auckua vnðan ẽ næꝵ v́. þa ſottı ꝼ̃m þſt̃.
ı motı. b. ꝫ þeg̃ þr ꝼunðuz. hauġr .b. t̃ þſt̃.
a auxlına ꝫ varð ꝥ mık. ſar añat ſar ꝼe
ck þſt̃ a ꝼætı. Soknī var en harðazta. b.
v́ð ꝫ ſaꝵ nockut ꝫ þo eckı mıog. Nu ẽ at
ſegıa ꝼ̃ ottarı. ħ rıðr vpp a vollu t̃ lıotz ok
þeg̃ þr ꝼınaz mlı .o. ė ẽ nu ſetu eꝼnı lıotr
.ſ. ħ. ꝫ ꝼylg þu nu v́ðīg þīnı ẽ ꝥ lıġr lauſ ꝼ̃.
huat ẽ nu hellzt ı ꝥ .O. ek hyG at þr ƀız
ħ nıðrı v́ ána. þſt̃. aꝼ halſı. ꝫ b. ꝫ ẽ ꝥ en
meſta hamīga at ſkırra vanðræðum
þra. lıotr mlı. opt ſynır þu aꝼ ꝥ mıkıñ
ðreīgſkap. lıotr bra v́ ſkıott ꝫ v́ nock̃a
m̄n ꝫ þr .o. baðe. ꝫ ẽ þr koma t̃ arīnar
berıaz þr .b. ſē oðaz. ꝰ þa ꝼallñ .ííj. m̄n
aꝼ þſt̃. þr lıotr ganga ꝼ̃m ı meðar þra ſ
narlıga. ſ̃ at þr mattu næꝵ eckı at h
aꝼaz þa mlı lıotr. ꝥ ſſut ſkılıa þegar
ı ſtað. ſ. ħ. ꝫ ẽ þo nu ærıt at orðıt vıl ek
eıñ g̃a mıllı yðuar v̄ þı mal. en eꝼ þuı
nıta aðrer huaꝛ̃ þa ſſu v́ veıta þeī atgō
gu. en m; ꝥ at lıotr geck at ſua ꝼaſt þa
hættu þr at ƀıaz. ꝫ ꝥ ıattu huaꝛ̃ tueggıu at
lıotr ſkyllðı g̃a v̄ þta þra ı mıllı. Skılð
vz þr v́ ſua buıt. ꝼor þſt̃ heī en lıotr

byðr þeī .b. heī s̃. ꝫ þ þıggr ħ. ꝼoru þr .b. a vol
lu t̃ lıotz. þ̃ heıt̃ ı heſtaneſı ſē þr hoꝼðu b̃
ız. Ott̃. bonðı ſkılðız ė ꝼyʀı v̇ þa .b. en þr ko
mu heī m; lıotı. gaꝼ .b. ħm ſtormañlıgar
gıaꝼar at ſkılnaðı ꝫ þackaðı ħm vel ſıtt
lıðſıñı. ħ̇ .b. otſı ſīnı vınattu. ꝼor ħ heī t̃ k̃ſ

88 Ept̃ barðagān **aꝼ bolla** [ſa ꝫ ſat ı buı ſīv
ı heſtneſı ꝼor bollı heī m; lıotı a vol
lu. v̇ alla ſına m̄n. en lıotr bınðr ſár þra
ꝫ greru þau ſkıott þt gaumr v̇ at geꝼīn
En ė þr v̊ heılır ſara ſıña. þa ſteꝼnðı lıo
tr þīg ꝼıolm̄nt. rıðu þr .b. a þīgıt. þar kō
ꝫ þſt̃ aꝼ halſı v̇ ſına m̄n. ꝫ ė þīgıt var ſett
mł̄ı lıotr. Nu ſł eckı ꝼ̃ſta vppſaugn v̄ g̃ð þa
ė ek heꝼı ſamıt mıllı þra þſt̃. aꝼ halſ ꝫ .b.
heꝼı ek ek þ vpp haꝼ at g̃ðīnı at helgı ſł
haꝼa ꝼallıt vheılagr ꝼ̇ ıllyrðı ſín ꝫ t̃te
kıu v̇ .b. ſarū þra þſt̃ ꝫ .b. ıaꝼna ek ſamā
en þr .ííȷ. m̄n ė ꝼıellu aꝼ þſt̃. ſł .b. bæta. en
ꝼ̇ ꝼıorrað v̇ .b. ꝫ ꝼıt̃ſat ſł þſt̃ greıða ħm .xv.
hvnðrut .ííȷ. alna aura. ſłu þr at þu alſat
ter. Ept̃ þta v̇ ſlıtıð þīgınu. Seg̃ .b. lıotı at
ħ mun rıða heīleıðıs. ꝫ þackar ħm vel
alla ſına lıðveızlu ꝫ ſkıptuz þr ꝼogrū gı
oꝼū v̇ ꝫ ſkılðu v̇ goðū vınſkap. b. tok vpp
bu ſıġðar a ſkeıðı. þt h̊ vıllðı ꝼara veſtr
m; ħm. rıða þau veg ſıñ þar t̃ ė þau kōa
a mıkla bæ t̃ .A. tok ħ harðla vel v̇ þeım
ðuolðuz þ̃ v̄ hrıð. ꝫ ſagðı .b.A. allt v̄ ſkıptı
þra ſuarꝼðæla. hŭſu ꝼarıt haꝼðı. A. mł̄ı.
mıkla heıll heꝼ̃ þu t̃ borıt v̄ ꝼ̃ð þa v̇ ſlık
m̄ ſē þu att̃ þ̃ ė þſt̃. v. ė þ ſañaz v̄ at tala
at ꝼaē eða aunguer hoꝼðıngıar munu
ſott haꝼa meıra ꝼrama or oðrū h̊uðum
norðr hīgat en þu. þr ſē ıā marga auꝼū
ðar m̄n attu h̊ ꝼ̇. b. rıðr nu ı brott aꝼ
mıkla bæ v̇ ſına mñ. ꝫ heī ſuðr tala þr
.A. t̃ vınattu m; s̃ aꝼ nyıu at ſkılnaðı. En
ė .b. kō heī ı tungu varð þðıſ h̊preyıa ħ
ħm ꝼegın. haꝼðı h̊ ꝼ̃tt áðr nockut aꝼ roſ
tū þra norðlenðīga ꝫ þottı mıkıt ı hæt
tu at ħm tækız vel t̃. Sıtr .b. nu ı buı
ſınu m; mıkıllı v̇ðıngu. þı ꝼ̃ð .b. v̇ g̃ at
nyıū ſogū v̄ allar ſueıt̃ ꝫ toluðu allē
eıñ veg v̄. at ſlık þottı varla ꝼarın
haꝼa v̊ıt nalıga ox v̇ðıng ħ aꝼ ſlıku ꝫ
morgu oðru. b. ꝼıeck Sıgrıðı gıaꝼ orð
gauꝼugt ꝫ lauk vel v̇ hana. ꝫ hoꝼū
v̄ ė heyrt þa ſogu lengrı. **ſaga þormoð**

1 Aðogū hınſ helga **ꝫ þorgeırs**
Olaꝼſ k̄gſ v̊ marg̃ hoꝼðī
gıar vnðer ħ k̄gðæmı. ė
at eínſ ı noregı. hellðr ı ol
lū lonðū þeī er ħ k̄g ðōr
ſtoð yꝼ̇. ꝫ v̊ þr aller meſt
vırðır aꝼ guðı. ė k̄gı lıkaðı bezt vıð.
J þān tıma v̇ hoꝼðīngı agætr a Jſłðı ı
ıſaꝼırðı ė v̊munðr h̊. ħ var þġmſ .ſ. b̃
ðvr vıga ſtyrſ v̊munðr haꝼðı buſtað ı
vaz ꝼırðı. ħ v̇ vıtr ꝫ vınſæll. ħ attı ko
nu þa þbıorg hét. h̊ var kollut .þb̃. ðıg̃
ðott̃ Olaꝼſ pa. h̊ v̇ vıtr kona ꝫ ſtorl
ynð. Jaꝼnan ė v̊munðr v̇ ė heıma
þa rıeð h̊ ꝼ̇ ħaðı. ꝫ ꝼ̇ m̄m. ꝫ þottı huerıū
m̄ ſínu malı vel kōıt ė h̊ rıeð ꝼ̇. þ barſt
at eīhŭıu ſıñı. þa ė v̊munðr v̇ ė heıma
at g̃tt̃ aſmunð .ſ. kōı ıſaꝼ̇. þa ė ħ v̇ ſekr ꝫ
þ̃ ſē ħ kō. haꝼðı ħ þ næʀ aꝼ hŭıū ė ħ kal
laðı ꝫ at ħ kallaðı þ geꝼıt. eða þr ė lauſt
lıetu ꝼeıt. þa v̊ þær gıaꝼ̃ þn veg at marg̃
m̄n munðu ſıtt ꝼıe ė lauſt lata ꝼ̇ ħm eꝼ
þeī ſynðız ė troll ꝼ̇ ðyrū. þ̃ ſauꝼnuðu bæðr
s̃ lıðı ꝫ toku grettı honðū. ꝫ ðæðu ħ t̃ ðrapſ
ꝫ reıſtu ħm galga. ꝫ ætluðu at heīgıa ħ.
ꝫ ė þb̃. veıt þa ꝼ̇ ætlan. ꝼór h̊ m; h̊karla
ſína t̃ þ mānꝼunðar ė grett̃ v̇ ðæmðr. ꝫ þ̃
kō h̊ at ſē ſē galgīn v̇ reıſtr ꝫ ſnaran þ̃ v̇
ꝼeſt. ꝫ g̃tt̃ þeg̃ t̃ leıððr. ꝫ ſtoð þ eıtt ꝼ̇ lıꝼla
tı ħ ė m̄n ſa ꝼaur þb̃. ꝫ ė h̊ kō t̃ mañꝼūð
þ. þa ſpyʀ h̊ huat mñ ætluðuz þ̃ ꝼ̇. þr
ſogðv ſına ꝼ̇ ætlan. h̊ .ſ. oraðlıgt ſynız m̄
þ at þ̃ ðrepıt ħ. þt ħ ė ætt ſtorr m̄ ꝫ m̄ılſ
[v̊ðr

ꝼ aꝼlſ ſaꝁ ꝫ margꝼ atg̃uı þo at ħ ſıe ė gæꝼv
ꝳ ı ollū hlutū ꝫ mun ꝼrænðū ñ þıkıa ſka
ðı v̄ ħ. þott ħ ſıe v̇ marga m̄n oðæll. þr .ſ. olıꝼ
ıſſ ꝳ ſynız oſſ ħ v̊a. þt ħ ē ſkog̃ ꝳ ꝫ ſānr rāſ
ꝳ. þƀ. mlı. ė mun ħ \`nv´ at ſīnı aꝼ lıꝼı tekīn eꝼ
ek ma raða. þr .ſ. haꝼa muntu ꝶ ŧ þ at ħ s\`e´
ė aꝼ lıꝼı tekīn huart ſē þ ē rıett eða rangt.
þa lıet þƀ. leyſa .G. ꝫ gaꝼ ħm lıꝼ. ꝫ bað ħ ꝼ̊
þangat ſē ħ vılldı. aꝼ þū atburð. q.G. q̇ðlīg
þna. Mvnða ek ſıalꝼr ı ſnauru egnða haull
ztı brátt hoꝼðı ſtınga. eꝼ þƀ. þu ſkalldı ħ̊
ē allſnotr ė byrgı. J þū atburðı ma ħ̊ ſynaz
huerſu mıkıll ſkorungr ħ̊ v̇. **ꝼoſtbræðra lag**

2 Havaꝶ ħ́ ꝳ ħ v̇ klepſ .ſ. ħ bıo a bæ þeī
ē heıť at ıokla kellðu. hav̊ v̇ kynı
aðr ſūnan aꝼ altaneſı. ꝫ haꝼðı ꝼarıt það
an ꝼ vıga ſaꝁ. þt ħ v̇ mık. vıga ꝳ ꝫ hav
aða ꝳ ꝫ oðæll. ħ attı konu þa ē þorelꝼr ħ́
ħ̊ v̇ breıðꝼırz at kynı. ħ̊ v̇ .ð. alꝼſ or ðolū
goꝼugſ ꝳ ꝫ agætz. hav̊ ꝫ þelꝼr attv .ſ. þān
er þgeıꝶ ħ́. ħ var brað gıorr maðr ꝫ mıkıll v
extı. ꝫ ſterkr ꝫ kappſꝼullr ħ nā a vnga all
ðrı at hlıꝼa ꝯ m; ſkıllðı ꝫ vega m; vapnū
Beſſı ħ́ ꝳ ē bıo ı íſaꝼırðı. ħ bıo a bæ þeī ē
a ðyrðılmyrı. heıť ħ attı þa konu ē þg̃ðr ħ́
ſon þra het þmóðr. ħ v̇ þeg̃ a vnga allðrı
huatr ꝳ ꝫ hugprúðr. meðal ꝳ vextı ſua
rtr a hárſ lıt ꝫ hrockınhærðr. J þna tīa
bío a reykıa holū a reykıaneſı þgılſ a
ra .ſ. ħ v̇ mıkıll hoꝼðıngı vıtr ꝫ vınſæll
rıkr ꝫ ráð vanðr. Jllugı ħ́ ƀðer ñ. hırð ꝳ
enſ heılaga olaꝼſ .ǩ. ħ var ꝼar ꝳ mıǩ.
ꝫ v̇ ıaꝼnan ānan vetr m; .O.ǩı. en ānan
a reykıa holū. ħ haꝼðı vt ǩkıu v̇. ꝫ ſkala
vıð. þr bræðr þgılſ ꝫ ıllugı v̊ .ſſ. ara olaꝼſ
.ſ. vlꝼſ .ſ. enſ ſkıalga. er nā reykıaneſ h
ogna .ſ. enſ ħta. otrygſ .ſ. oblauðſ .ſ. hıor
leıꝼſ. ſ. konunſ. þg̃ðr ħ́ moðer þra þgılſ ok
Jlluga ħ̊ var ðotť alꝼſ ór ðolū moðer alꝼ\`s´
v̇ hılldr þſť.ð. enſ ravða. Oleıꝼſ .ſ. enſ hvı
ta Jngıallðz .ſ. ꝼ̊ða .ſ. moðer ñ var þora.

ðotť sıg̃ðar ormſ ı auga. moðer sıg̃ðar v̇ aſl
a\`v´g .ð. Sıg̃ðar ꝼaꝼnıſ bana þg̃r hauſ .ſ. var
ſyſtrungr þgılſ ara .ſ. þg̃ ꝫ þmoðr oxu vpp ı
ıſaꝼırðı. ꝫ var ſnēmenðıſ vıngan m; þeī.
þt þr v̊ ı morgu ſkapglıǩ. Snēmēnðıs ſag
ðı þeī ꝯ hugr v̄ ſē ſıðaꝶ bar raun á at þr m
vnðu v́apnbıtñ v̊ða. þt þr v̊ raðñ ŧ at lata
ſīn hlut hūgı .e. vnðer leggıa v̇ hūıa m̄n ſē
þeī ættı malū at ſkıpta. meıꝶ hugðu þrıaꝼ
nan at ꝼrēð þa heīſ líꝼſ. en at ðyrð ānarſ
heīſ ꝼagnaðar. þ́ toku þr þ rað m; ꝼaſtm
ælū. at ſa þra ſkyllðı heꝼna ānarſ ē lengr
lıꝼðı. en þo at þa v̊ı m̄n krıſtñ kallaðer þa
v̇ þo ı þān tíð vng ǩſtnı. ꝫ mıog vang̃ ꝯ at
marg̃ gneıſť heıðnīñ v̊ þo þa epť ꝫ ı v uen
ıu lagðar. haꝼðı ſu ſıðuenıa v̊ıt hoꝼð ꝼ̃gra
m̄ þra ē þ laugmal ſettu ſín ı mıllı at ſa ſk
ylldı ānar heꝼna ē lengr lıꝼðı. þa ſkılldu þr gā
ga vnðer .ííȷ. ıarðar men ꝫ v̇ þ eıðr þra Sa le
ıkr v̇ a þalunð. at rıſta ſkyllðı .ííȷ. torꝼur or
ıorðu langar. þra enðar ſkyllðu aller ꝼaſť
ı ıorðu. ꝫ heīta vpp lyckıurñ ſua at m̄n m
ættı ganga vnðer þān leık ꝼraūðu þr þor
moðr ꝫ þg̃r ı ſınū ꝼaſt mælū. þm̄. v̇ nockuru
ellrı. en þo v̇ þg̃. ſťkarı. vppgangr þra g̃ðız
ƀtt mıkıll ꝼara þr vıða v̄ herut ꝫ voru ė
vınſælır. tolðu marg̃ þa eckı v̊a ıaꝼnaðar
m̄n. hoꝼðu þr halld ꝫ ſtrauſt hıa ꝼeðrū ſı
nū. ſē v́an var at. v̇ðu marg̃ m̄n ſē þr hellðı
þa ŧ rangſ. En þr m̄n ſē vanhluta þottuz
v̊ða ꝼ þeī ꝼoſtbræðrū ꝼ̊ a ꝼunð v̄munð.
ꝫ baðu ħ koma aꝼ ꝯ þū vanðræðv̄. v̄m̄ðr
bauð hauarı ꝫ ƀſa a ſīn ꝼunð. ꝫ ſagðı þeī
at m̄ lıkaðı lıtt ŧ ſona þra ētu haꝼaꝶ vtā
ħaðſ ꝳ. ſ. ħ. ꝫ heꝼ̃ ſetz ħ̊ nıðr at engıſ ꝳ ley
ꝼı. hoꝼū v̊ eckı amaz v̇ bygð þína ħ̊ ŧ. en
nu ſynız ꝳ ſtanða aꝼ þg̃ı .ſ. þínū oroı ok
ſtormr. vılıū v̊ nu at þu ꝼæꝶ buſtað þīn.
ꝫ bygð ƀtt ór ıſaꝼırðı. en ƀſa ꝫ .ſ. ñ munu v̊
aꝼ þ́ ė a ƀtt reka at þr ēo ħ̊ kynıaðer v
ıæntū v̊ ꝫ at mīnı ſtormr ſtanðı aꝼ þmoðı

klæðū. þt þr attu ſaukott v̇ marga m̄n þr h oꝼðu m; ſ̃ .íj. h̄karla. þr h̄klæððuz aller tekr ſıtt ſpıot huaꝶ þra ı honð ſ̃ ganga t̉ hurðar ꝫ luk vpp ſıa m̄nına vtı .vııȷ. ꝫ alla vapna ða ſpyrıa hueꝶ ꝥ sıe ꝼlokſ ꝼorīgı. þg̃.ſ. t̉ ſín. eꝼ ꝥ haꝼıt heyrt getıð þg̃ſ hav̇ſ .ſ. e. þm̄. b̄ſa .ſ. þa megu ꝥ h̄ þa ſía. þbranðr .ſ. ıꝼa lauſt ē þ at v̇ hoꝼū heyrt getıð þg̃ſ hav̇ſ. .ſ. ꝫ þm̄. ꝫ ſıallðan at goðu eða hu̇t er ēenðı yðuart hıngat. þg̃.ſ. þ ē vart ēenðı. hīgat at ſkapa ſkór ꝫ ıaꝼna oıaꝼnat. v̇ vılıū g̃a yðr .íj. koſtı ānat huart at ꝥ gangıt h̄ ꝼra ꝼıe yðru ollu ꝥ̇ ē ꝥ haꝼıt ranglıga ꝼengıt ꝫ kaupıt yðr þān ueg lıꝼ. eða ꝥ v̇ıt ꝼeıt m; k̇lm̄nzku meðan yðr enðız lıꝼ t̉. þbranðr .ſ. v̇ hoꝼū ꝼengıt ꝼeıt m; k̇lm̄nzku ꝫ hrauſ tleık ꝫ munu v̇ ė ānan veg lata en v̇ hoꝼū ꝼēgıt en ek hygg þg̃r at þu neyt̄ ꝼyꝶ ðag v̇ðar a ſpıotı mınu. en a ꝼénv þg̃.ſ. ek em b̄ðreymr ſē ek a kyn t̉. ꝫ heꝼ̄ mık eīkar oryrlıga ðreymt v̄ mık. en allryrlıgt v̄ þık ꝫ mun þ ept̄ ganga. ſē mık heꝼ̄ v̄ þık ðre ymt. ꝫ mun hel h̄preyıa þín leggıa þık ſ̃ ı ꝼaðm ꝫ muntu ſua lata ꝼe þıtt allt. þt ꝼırnū nytr ꝥ ē ꝼırnū ꝼær **ðrap þra ꝼeðga**

5 Nv at ſ̃ mītu. ſækıa þr þg̃. ꝫ þm̄. at þeī ꝼeðgv̄. en bōnuðu ꝼorunautū ſınū at vīna a þeī ꝼeðgū. þt þr vıll ðu ſıalꝼ̄ yꝼ̄ þa ſtıga. þeī þg̃ı v̇ ðımt at ſía īn ı ðyrnar. þt lıtt v̇ lyſt en vt v̇ lıoſara at lıta. ꝫ v̇ þeī hægra at v̇ıaz ē īnı voru en hınū at at ſækıa ē vtı v̇. h̄k̇lar Jng olꝼſ. hlaupa ānat ſkeıð vt ꝫ ſæta av̇kū v̇ ꝼorunauta þg̃. þau vrðu enðalok ꝥa ꝼunðar at þbranðr ꝼıell ꝼ̇ þg̃ı. en Jngolꝼr ꝼ̇ þm̄. ıȷ. m̄n ꝼellu aꝼ lıðı þg̃. h̄k̇lar Jng̃. vrðu ſar̄ mıog. ꝥ at þo batnar þeī ꝥa getr þm̄. ıerꝼı ðrapu .þg̃. Allðr ſpellı k̇ð ek ollu Jngolꝼſ ſonar þīgat ꝼrıett ē vıg ſē ek vıettı. vallðr alꝼauðurſ tıallða ꝼ ıell ꝼ̇ ꝼræknū ſtıllı ꝼıortıon v̇ þ lıona.

lıtt v̇ þ t̉ þrætu. þbranðr ðraſılſ vanðar. þr to ku heſta .íj. þg̃r ꝫ h̄ m̄n. ꝫ klyꝼıuðu þa aꝼ mat. þr raku a brott þrıu naut þau ē hellz v̇ hollð a. ꝼara v̇ ſuabuıt aptr yꝼ̄ ꝼıorðīn. Sıgrꝼ̄. v̇ vtı ē þr kōa heī. h̄ heılſar þeím ꝫ ſpurðı tıðenða þr ſegıa þau ſegıa þau ſē g̃z hoꝼðu. h̄ mlı vel haꝼı ꝥ heıman gēgıt ꝫ haglıgan haꝼı ꝥ haꝼt hualſkurðīn. re kıt ꝫ vel marg̃ m̄ harma. ꝫ ſneypu ꝫ ſuıu̇ ðu. en nu mun ek ꝼara t̉ vaz ꝼıarðar a ꝼv̄ð v̇m̄ðar ꝫ ſegıa ꝥı tıðenðı. en ꝥr ſl̄ut mın h eıma bıða. þr baðu hana ꝼara. h̄ kuaððı t̉ ꝼ̄ðar m; ſ̃ h̄k̇la ſına. þau toku eīn ſex ærīg ē h̄ áttı. ʀoa īn ept̄ ıſa.ꝼ. ꝫ lıetta ė ꝼyꝶ en þau kōa ı vaz ꝼıorð ſıð v̄ aptan. h̄ mlı. v̇ ꝼorunauta ſína. Nu ſl̄u ꝥ v̇a hallðınor ð̃ ꝫ ſegıa eckı ꝼ̄ tıðenðū. þeī ē g̃z hoꝼðu latı mık haꝼa orð ꝼ̇ oſſ. þr ſogðu ſua v̇a ſl̄u. Nu ganga þr t̉ bæıar ꝫ hıtta m̄n at málı. tekr v̇m̄ðr vel v̇ þeī ꝫ ſpyꝶ þau tıð enða þau lıetuz engı kūna at ſegıa. voru þar v̄ nottına ı goðu yꝼ̄lætı. v̄ morgınīn ſagðı sıgrꝼ̄. at h̄ munðı heīleıðıſ ꝼ̇a v̇m̄ðr lattı hana mıog ꝫ ētu hīgat ſıallð ſıen. ſ. h. ꝫ ē þ ráð at ꝼ̇a ė ſ̃ huatlıga h̄ mlı ek á lítt heıman gēgt en nu ē gott veðr ꝫ vıl ek ė ꝥta ꝼærı lata vnðan gāga. vıllða ek v̇m̄ðr at þu ꝼylgð̃ m̄ t̉ ſkıpſ. þa mlı h ꝼorū þa. Nu ꝼara þau t̉ ſk\ı/pſ. þa mlı Sıgrꝼ̄ huart heꝼ̄ þu ſpurt vıgın þau ē g̃ðuz ꝥ ı ıokulſ.ꝼ. v̇m̄ðr. ſ. hu̇ vıg ero þau. h̄ .ſ. þg̃. hav̇ſ .ſ. ꝫ þm̄. b̄ſa .ſ. ðrap þa ꝼeðga Jng̃. ꝫ þ˜b̄nð. v̇m̄ðr mlı. Mıog ganga þr ꝼoſtbrǫðr nu aꝼ ſ̃ ē þr ðrepa m̄n ꝼ̇ oſſ. ꝫ munðu v̇ þ vılıa at þr ðræpı ė vara m̄n marga. h̄ mlı þ ē ſē ván ē at yðr ſíe ſ̃ v̄ geꝼıt en þ munu ſum̄ m̄ mæla at þr haꝼı ė ꝥa m̄ ꝼ̇ yðr ðrepıt hellðr ma hīn veg at queða at þr haꝼı ꝥı vıg ꝼ̇ yðr v̄nıt. en hu̇r ſl̄ heg na oſıðu rán eða h̄nat eꝼ ė vılı ꝥ ē ſtıorn̄ m̄n erut kallaðer h̄aða. Synız oſſ. at þr

þg̃. ⁊ þm̃. hafı þ ṽnıt ē þ̃ ſkykylldut g̃t
hafa. eða lata g̃a ⁊ mun yðr s̃ ſynaz ſē ek
ſegı ef yðr gefr ė mıſſyní. ı þu malı for ek
af þ͛ ayðuarn fund at ek vıllda m̄nına ı
f̶ð kaupa. þa ē vıgın hafa vegıt. en f̶ þa
ſok at þr ſíe bota ṽðer ē vegñ ēo. þt þr
hafa f̶ longu f̶ g̃t lıfı ſínu. ⁊ fıe hellðr
vılıū ṽ g̃a ı ollu þīn ſóma ſē ṽ ēū ſkyllð t͛
⁊ ēo h̃ nu .ccc. ſılfrſ ē ek vıl gefa þ̃ t͛ f̶ð
kaupſ þeī þg̃ı. ⁊ þm̃. Nu tekr h͛ fıeſıoð
vnðan belltı s̃. ⁊ ſteyþ̃ fenu ı kıe ṽm̃ðı
ſılf̶ð var gott. ṽm̃ðr hefr vpp brun vıð
fıegıofına. ſefaz h af reıðīnı. ⁊ heıtr h
þg̃ı ⁊ þm̃. nockurū f̶ðı. ſagðız þo ė vılıala
ngvıſt̃ þg̃ſ þ͛ ṽ ıſa.f. Nu ſkılıaz þau at ſī
nı. f̶ h͛ heī t͛ b̃ſ ſınſ ⁊ .ſ. þeī þg̃ı huerſu f̶ıt
hafðı m; þeī ṽm̃ðı. þr þacka hı ſıtt tıl
lag ē h͛ hafðı þeī veítt. Nu ēo þr m; hı
ṽ vetrīn. ⁊ ē varar ⁊ veðratta batnar þa
flota þr ſkıpı ſınu. ⁊ bua þ ⁊ ē þr ṽ buñ tıl
f̶ðar þa þacka þr hı þaruıſt ſína. ⁊ allan
velg̃nīg þañ ē h͛ hafðı þeī veítt. Slıkan
ðreīgſkap ſē h͛ hafðı þeī ſynt. Skılıaz þ
au vıñ. þr f̶a norðr a ſtranðer. hafaz þ͛ v̇
ṽ ſumarıt ṽðr þeī gott t͛ fıar ⁊ fangſ ha
fa þr þ af hũıū m̄ ſē þr kueðıa ṽ aller
v̇ þa hræððer ſē fenaðr v̇ leon. þa ē h kēr
ı þra flock. b̃ſı fór bygðū a laugabol ıla
gaðal. þt ṽm̃ðr vıllðı ė ſua næř bæ ſı
nū lata ṽa hraſkīn þra þg̃ ⁊ þ̃m̃. V haſ
tıð f̶ þr norðan af ſtronðū t͛ ıſaf. ⁊ ſettv
vpp ſkıp ſıt þ͛ ē þeī þottı vel kōıt ⁊ bua
ṽ feř þm̃. þ'a' t͛ foður ſínſ en þg̃. ætlaðı
at fara ſuðr a reykıaneſ tıl frænða ſın
na. leıtar þa hueř f̶ s̃ þra forunaut
a þangat hueř ſē oðal attı. mælaz þr
þ v̇ ē þr ſkılıaz at þr ſl͛u þ͛ fīnaz ē ſkıp
ıt ſtoð. þa ē vara tækı ⁊ fara þa ēn al
ler ſamt t͛ fangſ norðr a ſtranðer
ſkılıaz nu at ſua m̄tu ⁊ bıðr hueř
þra vel f̶ oðrum. **ðrap butrallða er þorg̃.**
væ

6 Þorkell h͛ m̄ m̄ ē bıo ı g̃uı ðal. h var
vel fıar eıganðı en lıtıll ı þegn ſkap
en eırıñ ı ſkaplynðı huglaus ı hıar
ta h var kuangaðr m̄ ⁊ hafðı ė fleırı hıō
en þrıu. g̃ðkona ṽ ıt þ͛ðıa hıon. Maðr het
butrallðı. h ṽ eīhleypīgr mıkıll m̄ vex
tı rār at aflı lıotr ı aſıanu. harðfeīgr ı ſ
kaplynðı vıga m̄ mıkıll naſbraðr ⁊ heıpt
vðıgr. h hafðı vıſt̃ ṽ ſūrū ⁊ tok kaup en
lıet reıðaz yf̃ a vetrū m; þrıðıa mān. ok
ſettız a bæı nockurū nottū ſaman. h ṽ
nockut ſkyllðr at frænðſemı ṽm̃ðı ı ṽ
.f. ⁊ þ͛ ṽ hm ė ſkıott gollðıt. þ ṽkkaup ſē
h g̃ðı t͛. butrallðı kō m; þ͛ða mañ t͛ gıſtī
gar ı g̃uıðal t͛ þkelſ ṽ kuellð ⁊ þótt þkı
ṽı ſař matr. þorðı h þo ė at ſynıa þeī gıſ
tīgar. ⁊ ē þeī t͛ ſtofu fylgt. ⁊ kueykt lıoſ
ſıtıa þr þ͛ m; vapnū ſınū. en heıma m̄n
ṽ f̃m̃. ı ſkala. þa ṽ nockut kōıñ ſnıorr a f
ıoll ı ſkafla. en mıog ſnıolauſt ı h̃aðınu
votnī vpp g̃ēgın. en þa ṽ f̃ſt vıðrı. ṽ þa
⁊ fıuk nockut. þk̃. kō ı ſtufu at ſpyrıa
þra hluta ē hm ṽ for vıtní a at vıta. h ſpyř
but̃llða hũt h ætlar at f̶a. h q̃ fara ſkylldu
ſuðr yf̃ breıða.f. þkı þottı ė vıſt huart hm
mundı veðr gefa. eñ næſta dag yf̃ heı
ðına. þa ðrap ſtall ór hıarta ħ ⁊ þottı ıll
ſeta þra. þt ħ hıarta mættız ſınka ⁊ lıtıl
menzka. ⁊ ı þ͛ bılı heyr̃ h at ðrepıt er a
ðyř. ⁊ batnar hm eckı v̇ þ. g̃gr h frā ⁊ tıl
ðyra ⁊ lykr vpp hurðūnı. ⁊ s̃ eīn mıkīn
mān ſtanða m; vapnū f̶ ðyrurū þkell
ſpyř þān mān at nafnı. h nefnðız þg̃.
þk̃.ſ. hũſ .ſ. h ṽı. h q̃ ṽa haũſ .ſ. þa kēr
æðra ı brıoſt þkı ⁊ ðattaðı hıarta ħ v̇
þk̃ mlı þa. her ē kōīn butrallðı v̇ .ííj m̄
⁊ veıt ek ė hũn f̶ð h byðr þ̃. hyɢ ek at h
hafı ıllan hug a þ̃. þt h ē vınr ṽm̃ð. ouıñ
yðuarſ. en ek ma ė manz bloð ſıa ⁊ mun
ek ı aunguıt falla ef þ̃ b̃ız a. þg̃.ſ. eckı
mun t͛ ſkaða bonðı þott ṽ ſē h͛ kōner.

ğgr þg̃r īn ꝫ t̆ ſtuꝼu. þk̃. kēr ꝫ ı ſtuꝼu ꝫ k̃
lıng ñ. ħ tekr borð ꝫ ſetr ꝼ̇ buᵵllða ſkāmr
ē ſkutıll mīn. ſ.þk̃. ꝫ gak̃ þu hīgat þg̃. ꝫ ſıt
hıa buᵵllða. þg̃. g̃ır s̃. ğgr v̄ þuert golꝼ ok
ſezt níðr hıa butrallða vnðer borðz enðān
ꝼ̃ v̊ðgetū ē ſagt vanðlıga. ıȷ. ðıſkar v̊ ꝼ̃m̄
borñ þ̷ v̊ eıtt ſkārıꝼſtyckı ꝼornt. a ðıſkınū
hvarū ꝫ ꝼorn oſtr t̆ gnætt̆. B. ſıgnðı ſkāma
ſtunð. tekr vpp ſkārıꝼıt ꝫ ſk̃r ꝫ neyt̆ ꝫ leggr
ė nıðr ꝼyꝶ en allt v̊ ruðt aꝼ rıꝼıū. þg̃ tok vpp
oſtīn ꝫ ſkar aꝼ ſlıkt ē ħm ſynðız var ħ harðr
ꝫ torſottr huargı þra vıllðı ðeıla v̇ ānan kníꝼ
nıe keytſtyckı. en þo at þeī v̊ı lıtt v̊ðr vanða
ðr þa ꝼoru þr þo ė t̆ ſıalꝼ̃ at ſkepía s̃ mat. þt
þeī þottı þ ſkōm ſīnar karlm̄nku. þa v̊ matr
ꝼ̃m̄ ſettr ꝼ̇ þk ꝫ k̃lıngu ñ þau mautuðuz vıð
ellð. þau komu ſtunðū ı ſtuꝼu ꝫ luku vpp h̃
ðu ꝫ ſkygnðu ı ſtoꝼuna all oꝼrālıga ꝫ ē geſt̃
v̊ mett̆. þa kō þk ı ſtuꝼu ꝫ kerlıng ñ ꝫ tekr
h̊ mat aꝼ borðı. en þk. tok t̆ orða þau gıſtīg̃
laun vıllða ek haꝼa at þ̷ ættız eckı ıllt v̇ me
ðan þ̷ erut h̊ amınū bæ. þt m̄ orkar þ m̄g̃ van
ðræða eꝼ þ̷ b̃ız h̊ á. Synız m̄ þ rað at þg̃. ſoꝼı
ꝼrā hıa oſſ ıſkala. en .B. ꝫ ñ ꝼaurutar ſoꝼı
h̊ ı ſtoꝼūnı s̃ g̃a þr soꝼa nu aꝼ nottına. ꝫ
er lyſa tok. var .B. ſnēma a ꝼotū ꝫ þk. þg̃.
v̊ ꝫ ſnēma a ꝼotū. þa v̊ kveykt lıoſ ı ſtuꝼ
u ꝫ borð ꝼ̃m̄ ſett ꝫ matr a borīn̄. með ſama
hættı. ꝫ v̄ kuellðıt haꝼðı v̊ıt. þa tekr þg̃r.
vpp ſkāmrıꝼıt ꝫ ſk̃r. en B. byr þa v̇ oſtīn
ok ē þr v̊ mett̆. þa ꝼ̃r .B. a b̃tt. ꝫ ñ ꝼorunauſ.
ħ ꝼ̃r vpp ep̃t ðalnū. s̃ ſē leıð lıɢr. Nockuru
ſıðaꝶ ꝼ̃r þg̃. ħ ꝼ̃r ꝫ vpp ep̃t ðalnū áá ꝼellr
oꝼan ep̃t ðalnū. brott heıðarbrecka v̊ vpp
or ðalnū g̃uıðal. þ̷ ſē þıoðleıð lıg̃r. J brec
kūnı v̊ þa ſkaꝼl mıkıll ꝫ harðr. þg̃. s̃ þa
huar þr B. ꝼara ꝫ þıkız vıta at þr munu
eıga harðꝼēnı mıkıt ı heıðarbreckūnı ꝫ
toruellða leıð. ſnyr yꝼ̃ ána ꝫ ꝼ̃r vpp oðrū
megın arīn̄. en þr ꝼ̊ vpp a breckuna. ok
ſnyr þa aptr a þıoðleıðına. B. kō at ſ
kaꝼlınū. ꝫ ſkorar m; exı ſīnı ꝼ̇ ſer þg̃. s̃
þa huar .B. ꝼór en þg̃ var þa komīn vpp
a breckūnı. B. m̄lı. þa rān kappīn nu.
þg̃.ſ. ė rañ ek. þ̷ ꝼor ek aðra leıð at ek
þurꝼta ė at ſkora ꝼaūn ꝼ̇ m̄. en nu m̊
ek ė rēna vnðan yðr. þg̃ ſtenðr þa a b̃c
ku brunīnı. en B. ſkorar ꝼōnına ꝫ ē ħ
kō ı mıðıa breckuna. þa ſetr þg̃ ſpıot
ſkeptı ſıtt vnð̃ ſık ꝫ ſnyr ꝼ̃m̄ oððınū en
heꝼ̃ exına reıðða v̄ auxl. rēñ ꝼoñına
oꝼan at buᵵllða. ħ heyꝛ̃ huınīn aꝼ aꝼ
ꝼor þg̃ſ. ꝫ lıtr vpp ꝫ ꝼīnr ė ꝼyꝶ en þg̃
hıo ꝼraman ı ꝼang ħm ꝫ þar a hol ꝼ
ellr ħ a bak aptr. en þg̃ rēnır ꝼ̃m̄ yꝼ̃
ħ. t̆ þ at ħ kēr a ıoꝼnu. s̃ harðt at ꝼo
nunauſ .B. hrıota ꝼ̃ ı brott. v̄ þna at
burð ē þta ēenðı ort. Vel ðug̃ v̊k atte
lıa. vapna hreɢſ ꝼ̇ ſeggıū. opt ꝼlygr g
eıʀ ꝼ̃ gūnı. gıoð butrallða hlıoða. þóı̆
kyñı mun mīnı. marg hroðanða þıoð̊.
níe ek hneckıg þ̷ þackar. þ vıgſ ꝼetıls
ſtıga. ꝼorunauſ .B. þora ė at heꝼna ñ.
nıe raða a þg̃. þt þeī þottı ıllt at eıga
nattbol vnðer vnðer vapnū þg̃ ſtyrma
þr yꝼ̃ .B. en þg̃ ſnyr vpp a heıðına ꝫ ꝼeꝶ tıl
þ ē ħ kēr ſuðr a reykıahola. ħ heꝼ̃ þ̷ goð̊
v̇tokur. v̊ þar v̄ vetrīn ı goðu yꝼ̃ lætı ve
trar rıkı var mıkıt vıða v̄ h̃ut ꝫ ꝼıell ꝼıe
ꝼ̇ m̃. buın ohæg. ſottu marg̃ m̄n norðr a
ſtrāð̃ t̆ hualꝼanga. **ſkılnaðr þra ꝼoſt̆bræðra**

7 Um varıt ep̃t ꝼor þg̃. t̆ ıſaꝼ̃. þāgat
ſē ſkıp þra ſtoð vppı. þar kō ꝫ þm̄.
ꝫ ſkıpūıar þra. þr ꝼ̊ norðr a ſtranðer þe
g̃ þeī gaꝼ byr. þgılſ h̊ m̄ ē bıo at lækıa
motı ı vıðıðal. ħ v̊ mıkıll m̄ ꝫ ſterkr vap
nꝼır goðr buþegn. ħ v̊ ſkyllðr aſm̄ðı hæ
rılang ꝼoður grettıſ. ħ v̊ ꝫ ſkyllðr þſt̃ı
kugga .ſ. þg̃ var márſ .ſ. ħ ꝼór ꝫ a ſtāð̃
ꝫ v̊ a hual þān er kō a almēnīg̃ ꝫ ꝼau

runaut n̄. þg̃ı v̊ðr ė gott ť ꝼangſ þ́ ſē h
var kōīn. b̃r hm engı hualꝼaung ı henðr þ́
ſē h v̊ kōmīn. nıe on̄ur gæðı. Nu ſpyꝶ h hú
þgılſ v̊ a hualſkurðınū ꝫ ꝼara þr þmoðr
þangat ꝫ ē þr kōu þar. þa mlı þg̃. þ́ haꝼıt
mıkıt at g̃t v̄ hualſkurðīn ꝫ ē þ vıænſt at
lata ꝼleırı aꝼ nıota en yðr þ̄a gagnſ mu
na ē h̃ ollū ıāheımollt. þgılſ .ſ. vel ē þ .m.
haꝼı hueꝶ þ ſē ſkorıt heꝼ̃ þg̃. þ́ haꝼıt
mıkīn hluta ſkorıt aꝼ hualnū ꝫ haꝼı þ́
þ ſē nu haꝼa þ́ ſkorıt. ꝫ vıllðū v̊ ānat
huart at þ́ gāgıt aꝼ hualnū. ꝫ haꝼı þ́
þ ſē þ́ haꝼıt aꝼ ſkorıt. en v̊ þān hluta ē
oſkorīn ē eða hua᷑ at helmīgı bæðı ſko
rīn ꝫ oſkorīn. þgılſ .ſ. lıtıð ē m̄ v̄ at gāga
aꝼ hua\`l´nū en v̊ erū raðn̄ ť at lata ė lau
ſan þān hlut ꝼ̇ yðr ē ſkorīn ē meðan v̊
megū a hallða a hualnū þg̃. mlı. þ mu
nu þ́ þa reyna v̊ða hűſu lēgı þ́ hallðıt
a hualnū. ꝼ̇ oſſ. þgılſ .ſ. þ ē ꝫ vel at ſua ſıe
Nu h̃klæðaz hua᷑tueggíu ꝫ bıugguz ť b̃
ðaga ꝫ ē þr v̊ bun̄ þa mlı þg̃. þ ē vıænſt
þgılſ at v̊ ſækıūz þt þu ēt ꝼulltıðı at all
ðrı ꝫ knalıgr ꝫ reynðr at ꝼ̃mgaungu.
ꝫ ē m̄ ꝼoruıtnı a at reyna a þ́ hűr ek em
ſlu aðrer m̄n eckı ť ockarſ leıkſ hlutaz. þ
gılſ .ſ. vel lıkar m̄ at s̃ ſıe. Mıog v̊ þr ıā lıða
Nu ſækıaz þr ꝫ b̃ıaz hua᷑tueggıu þr þg̃. ꝫ
þgılſ lata ſkāt hauggua ı mıllı þt huar
tueggı þt huartuegı þra v̊ vapnꝼīr. en
ꝼ̇ þt þg̃ v̊ þra meıꝶ lagðr ť mānſkaða
þa ꝼıell þgılſ ꝼ̇ hm. ı þeī barðaga ꝼıellu
.ııȷ. m̄n aꝼ þgılſ lıðı. aðrer .ííȷ. ꝼıellu aꝼ
lıðı þra þg̃. Ept̃ þna barða ꝼ̊ ꝼoruna
tar þgılſ norðr ť h̃aðſ m; mıklū har
mı. þg̃ tok vpp allan hualīn ſkorīn ꝫ
oſkorīn. ꝼ̇ vıg þgılſ v̊ð þg̃. ſekr ſkog̃
m̄ ꝼ̇ n̄ ſekt rıeð þſt kugga .ſ. ꝫ aſm̄
ðr hærulangr. þr þg̃r ꝫ þm̄ v̊ þ ſum̄
a ſtronðū ꝫ v̊ þar aller m̄n hræðder
v̇ þa ꝫ gēgu þr eın̄ yꝼ̃ allt ſē lok yꝼ̃

akra. Sva ſegıa ſum̄ m̄n at þg̃. mlı v̇
þm̄. þa ē þr v̊ ı oꝼſa ſınū. ſē meſtū huar
veıztu nu aðra .íȷ. m̄n ockr ıaꝼna ı huatleı
ka ꝫ karlm̄nzku þa ē ıāmıog ſıe reynðer.
ı morgū mānraunū ſē v̇ erū. þm̄.ſ. ꝼīnaz
munu þr m̄n eꝼ at ē leıtað ē ė ēo mīnı kap
par en v̇ erū þg̃ mlı. huat ætlar þu huaꝶ
ockaꝶ munðı aꝼ oðꝛ b̃a eꝼ v̇ reynðī með
ockr þm̄.ſ. þ veıt ek ė en hıtt veıt ek at
ſıa ſpurnīg þın mun ſkılıa ockra ſāvıſtu ok
ꝼoruneytı ſua at v̇ munū ė longū a ſāt v̊a þg̃.
.ſ. eckı v̊ m̄ þta alugat at ek vıllða at v̇ reyn
ðī m; ockr harðꝼēgı. þm̄ mlı ı hug kō þ́ meðā
þu mlır ꝫ munu v̇ ſkılıa ꝼelagıt þr g̃ðv s̃ ꝫ he
ꝼ̃ þg̃ ſkıp en þm̄. lauſaꝼıe meıra. ꝫ ꝼ̃r a lauga
bol en þg̃ haꝼðız v̇ a ſtrornðū v̄ ſumarıt. ꝫ v̊
morgū ṁ anðuara geſtr v̄ hauſtıð ſettı h vpp
ſkıp ſıtt norðr a ſtronðū. ꝫ bıo v̄ ꝫ ſtaꝼaðı ꝼ̇ ꝼıe
ſínu Sıðan ꝼór h a reykıa hola. ť þgılſ ꝫ v̊ þar v̄
veťṅ þm̄. vıkr a nockut ı þg̃ſ ðrapu a mıſ þocka
þra ı þ̄u erenðı. Fríett heꝼ̃ aullð at attu vnð
lınz þa ē ſuık vīna rıoðanða naut e raða rog\`s´
m̄n ſaman gnoga. ēn vıl ēkıs mīnaz auſſı ð
yrſ v̇ ſtyrı rán gat ek ꝼyrða ꝼıona ꝼlıoz nēa
8 Skıp ſtoð vppı **vtan ꝼerð þorg̃ſ** [ockſ goða.
ı nrorðr a ı ꝼloa. þ́ v̊ þa ſkıpa hoꝼn tıð
ı þ́ ſkıpı keyptı þgılſ ꝫ ıllugı b̊ðer n̄ a laun ť
hanða þg̃ı. ꝫ lıetu bua v̄ varnat at þeī hlu
ta ē þg̃ attı ı ſkıpınu. þr þgılſ ꝫ ıllugı rıðu ė
ť aunðuerðz þīgſ v̄ ſumarıt. þt þr vıllðu ė ꝼ
yꝶ ꝼ̃a v̄ breıðaꝼıarðar ðalı. en þſt̃ kugga .ſ.
v̊ı rıðīn ór h̃aðı ť þīgſ þt þr vıllðu þa ꝼylgıa
þg̃ı ť ſkıpſ ſkog̃ ṁ þſt̃. Maðr h́ ſkuꝼr ē bıo
ı hunðaðal ı ðolū. ſkuꝼr v̊ góðr bonðı ꝫ ga
gnſār v̇ m̄n. bıarnı h́ .ſ. skuꝼſ ē þar v̊ heīa
m; hm. ſkuꝼr h́ ꝫ ſauða ṁ ſkuꝼſ ı hunða ðal
Nu ꝼara m̄n ť þīgſ. en þr ꝼ̊ veſtan aꝼ reykıa
holū. þr haꝼa ſenðt m̄n ꝼ̇ ť þīgſ at tıallða
buðer ſınar. þr haꝼa nattverð ı ſaurbæ en
rıða v̄ nottına veſtan ı ðalı ꝫ ætluðu at
haꝼa ðagűð ı hunða ðal. þr kōa ē mornaz

ı mıððalı f̄rm̄ ꝼ þyckuaſkoga. þr eta ꝥ ꝫ ſoꝼa þg̃ heꝼ̃ rauðan heſt ýænan ꝫ reıð goðan ꝫ mık̃ vextı. ꝫ ē lıðīn var mıðr morgīn þa bıoða ꝼoru naut̃ þra at taka heſta. Nu rıſa þr vpp ꝫ ꝼ̊ at hroſſū. heſtr þg̃ ꝼanz ė. þr ꝼ̊ at leıta heſtz ınſ. þt ꝥ v̊ mıklır ſkog̃ v̄ alla hlıðına. Sua l ykr at heſtīn ꝼīnz ė. taka þr þa eīn klyꝼıa heſt. ꝫ ſkıpta klyꝼıū a ꝼleırı heſta. þrg̃ı ē þa ꝼengīn ſa heſtr. geta þa lıta huar eīn m̄ rıðr rauðū heſtı reıðgoðū. ꝫ rekr ſauðı nockura ꝼ ſ̃ vpp ept̃ eyrunū f̄ ſauðaꝼellı. h̄ ellt̃ h̃t ſauðına þt h̄ haꝼðı ſkıotan heſt þg̃ı ſynı`z´ þı heſtr v̊a glıkr ſınū heſtı. Nu lætr h̄ ſē h̄ vıtı ė heꝼ̃ aꝼ auga bragð huert maðrīn rıðr ok ſ̃ h̄ huar m̄īn ellt̃ ſauðına t̃ bæıarīſ ı h vnða ðal. ſkuꝼı hoꝼðu gollðn̄ v̊ıt ær nocku rar veſtan or laxarðal ꝫ hoꝼðu þær gēgıt ı b̊tt ꝫ ꝼór bıarnı ſon ſkuꝼſ at leıta āna ok haꝼðı h̄ tekıt heſt þg̃. Nurıðr ꝼlock̄n t̃ bæ ıarınſ ı hunða ðal. ꝫ bıoða þr bræðr ꝼauru nautū ſınū at þr takı aꝼ heſtū ſınū vtan garz ꝫ lata ė hroſſın ganga ıtunıt en þr bræðr rıðu t̃ h̃ſ m; ꝼa m̄n. þg̃. reıð t̃ kuı āna ꝥ ſē h̄ þottız kēna heſt ſīn. ſkuꝼr ē þa heī kōīn. ꝫ rak ſauðīn ı kuına bıarnı ſıtr a heſtınū ꝫ heꝼ̃ þa rekıt ærn̄ ı k̄na. ꝥ ſē h̄ haꝼðı ꝼundıt. þg̃ ſpyr̄ h̃r ē þı m̄ ē h̃ ſıtr a heſtbakı ſa heıt̃ bıarnı þg̃r .ſ. þu he ꝼ̃ vænlıgan heſt eða h̃r a heſtın̄. bıarnı .ſ. San̄ ſpurt er þ at heſtrīn ē vænlıgr en þ v eıt ek ė h̃r h̄ á. þ.ſ. ꝼ h̃ toktu heſtīn. B.ſ. ꝥ tok ek heſtīn at m̄ þottı bet̃ at rıða en gāga. þg̃ mlı. þ ſynız m̄ nu rað at þu ſtıg̃ aꝼ bakı ꝫ lat̃ heſtīn kōa ı hendr eıganda. B. mlı ek mun nu lıtlu v̇ auka v̄ reıðına ꝥ at ek mun ė leīgra rıða en heī t̃ ðyra þg̃ mlı þ vıl ek at þu ſtıg̃ nu þeg̃ aꝼ bakı. B.ſ. eckı mun heſtīn ſkaða þott ek rıða heī t̃ h̃ſ. þg̃. mlı ek vıl þu raða at þu rıð̃ eıgı leīgra at ſīnı́. B. vıll ſnua heſtınū heī tıl g̃zhlıðſınſ ꝫ rıða heī t̃ hus. en þg̃ leGr ſ pıotínu t̃ h̄ ꝫ þeg̃ ı gegnū ſua at h̄ ꝼıell þeg̃ ðauðr aꝼ bakı. ꝫ ſkūr ſauða m̄ ſa `at´ bī nı ꝼıell aꝼ bakı h̄ hleypr or kuıa ðyru nū þar ſē h̄ v̇ at byrgıa kuıaðyrn̄ h̄ tekr exı ſína. ꝫ hoGr t̃ þg̃ tueī honðū. þg̃ laſt v̇ ſpıotſkaptı ſínu v̇ hogginu ꝫ bar aꝼ ſ̃ en h̄ hıo t̃ ſkuꝼſ ēnı hæg̃ hendı m; exīnı í hoꝼuðıt ꝫ klauꝼ h̄ ı h̃ðar nıðr. ꝫ ðo h̄ þeg̃ ꝼorunaut̃ þg̃ſ ꝼ̃a heī ſkyndılıga ꝫ ſegıa hoꝼðıngıū tıðendín. þeī þottı þta ıll tıðen ðı v̊a ſē þau v̊. ꝼa þr þegar m̄n t̃ at ꝼylgıa þg̃ı ı brot̃ at h̄ gēgı ė ı augſyn ꝼoður enſ vegna eða ꝼrænðū þra er vegn̄ v̊. ept̃ þ ſogðu þr ſkuꝼı tıðendın. þa ſa h̄ ſ̃ engan ſoma ſyn̄a en þıggıa ſıalꝼðæmı. þau ē þr bb. buðu ꝼ uígın ꝫ ꝼıe bǽtr ꝼ m̄n ſına at ſua gauꝼgū m̄m ſē þr bb. v̊ allra hellzt ē ſa var ſekr ē vıgın haꝼðı vegıt. Nv ſæt̃ þr at ſuamltu. þa vıga getr þm̄. ı þg̃ſ ðrapu. Kap`s´ lét haullðr at hepnı. hrıð g̃ðız þa ſuerða. hratt gat hraꝼn at ſlıta hollðı mál oꝼ goll ðıt. en̄ var vıgſ at vıgı. vıgrıðandı ſıðan ꝼ vnð bar greypr at gūnı gıarnan ſkuꝼſ ꝫ bıarna þr þgılſ ꝫ Jllugı atu ðauġurð ı hū ða ðal ꝫ ept̃ þ rıðu þr ſuðr t̃ bg̃.ꝼ. ꝫ ꝼylgðu þg̃ı t̃ ſkıpſ. Sa m̄ v̇ t̃ ſkıpſ komīn ē gau tr h̃. h̄ var ſon ſleıtu. h̄ var naīn at ꝼrænð ſēı. þgılſı marſ .ſ. ē þg̃ haꝼðı vegıt. Gaut`r´ v̊ mıkıll vekſtı ꝫ ſterkr at aꝼlı oðæll ok harðꝼeīgr. h̄ haꝼðı ſ̃ ꝼ̃ı tekıt aꝼ ſtyrımānı́. ꝫ vıſ´ſı` enguar van̄ t̃ ꝥ at þg̃ ætlaðı ꝥ vtā at ꝼara. h̄ ꝼærðı brun a neꝼ v̇ kuamu þg̃. ꝫ ſynðız þeī nackuat vanðræðı v̊a at þr ſıe ſāſkıpa v̇ þ ſkaplynðı ſē huar̄ þra haꝼðı. Skıp v̊ albuıt ꝫ bunðīn bulkı ꝫ v̊a gautz komın ı bulka. Nu ē þg̃. heyrðı gn aðð auſtm̄ v̄ nauıſtu þra gautz. þa mlı h̄. velma ek nyta at v̊a ſāſkıpa v̇ gaut h̃ſu ſıða brun ſē h̄ ſetr. en huat ſē þg̃ ræð ðı v̄ ſāuıſt þra þa v̊ þ rað tekıt at brotīn v̊ vpp bulkīn ꝫ vara Gautz a b̊tt borın re ıð h̄ þa norðr t̃ h̃aða. auſtm̄n leggıa ſkıpí

ſınu oꝼan epᷤ añı ꝫ vt ᷠ ſelıa eyꝛ̄ þr bb. rı
ða ė ꝼyꝶ or ħaðı en ſkıpıt lıet vt ꝫ ı haꝼ ſı
ðan rıðu þr ᷠ þīgſ m; mıklu ꝼıolm̄nı ok
ſættuz ꝼ̇ honð þḡ a vıg þgılſ marſ .ſ. ꝼæra
ꝼ̄m̄ ſyknu ħ. þḡ ꝫ ħ ꝼelaga velktı vtı ı ha
ꝼı nockura hrıð ſıa at lyktū lð ꝼ̇ ſtaꝼnı.
ꝫ kēna auſtm̄n lðıt ꝫ ē þ ırlð synız þeī oſy
ñ ꝼ̇ðrīn eꝼ þa rekr ꝥ. þḡ mlı. þ ē ſyña eꝼ v̄
v̄ıūz vel at v̄ ꝼaī nockurū m̄m ærīn naꝉ
v̄ð aðr v̄ ēv̄ ðrepñ ꝫ ē þa hæꝼt nockut ı v̇
rı vorn. Nv kaſta þr ackꝶū ė allnæꝶ lðı ok
brıota vpp vapn ſın. ꝫ buaz þr ᷠ barðaga
eꝼ ꝥ þyrꝼtı v̇ Sıðan ſıa þr ꝼıolm̄nı mıkıt
a lð vpp ꝫ morg ſpıot ſē a ſkog ſæí. þoat ıꝛ̄
heꝼðı haſkept ſpíot þa toku þau þo ė tıl
þra. Nu hallða þr ꝼıe ſınu ꝫ ꝼıoruı ꝫ ſıgl
ðu a b̄tt þa ē þeī gaꝼ byrı. þr ꝼ̇ þaðan tıl
englðz ꝫ v̊ þar v̄ hrıð. ꝫ heꝼ̄ þm̄ ſua vm
ort at þḡ þægı þar goðar gıaꝼ̄ aꝼ hoꝼðī
gıū epᷤ þ fór ħ ᷠ ðanm̄kr ꝫ ꝼıeck þar
ſua mıkla vırðıng at ðañ tıgnuðu ħ ñr
ſē ꝶg. at ꝥ ſē þm̄ heꝼ̄ v̄ ort Sıðan ꝼór ħ ᷠ
noregſ ꝫ a ꝼunð olaꝼſ ꝶgſ enſ helga ꝫ ḡgr
ꝼ̇ ħ ꝫ kuaððı ħ vel. ꝶr tok vel .q. ħ ꝫ ſp̄ðı
hu̇ ħ v̄ı ħ .ſ. ek er ıſlenðzkr m̄ ꝫ heıtı ek
þḡ ꝶ. mlı huart ētu þḡ haꝼ .ſ. ħ .ſ. ſa ē m̄
eñ ſamı. ꝶr .ſ. heyrt heꝼı ek þíngetıð. þv
ert mıkıll m̄ vextı. ꝫ ðreīgılıgr ıaſıanu ꝫ
munt ė v̄a ıollu gæꝼu m̄. ꝶgr bauð þḡı m;
ſ̄ at v̄a ꝫ þa ḡðız ħ hırðm̄ oſ. ꝶgſ ꝶr lag
ðı mıkla vırðıng a þḡ. þt ħreynðız í ollū
mañraunū eñ rauſkuaztı m̄ ꝫ goðr ðrēgr
þḡ. ꝼór kaupꝼaur ſuðr ᷠ vınðlðz ꝫ v̇ ꝥ
lıtıll ꝼ̇ðr ı þna tıma kaup m̄m norðan ór
londū aꝼ ꝥı ꝼ̄ð v̄ð ħ agætr. þt ħ haꝼðı þ
aꝼ hu̇ıū ſē ħ vıllðı. þḡ haꝼðız þa ı ꝼorū v̇
ꝫ v̇ añan vetr ıaꝼ̄ñ m; oſ. ꝶı ınoregı. en an
nan a ıſlðı a reykıaholū ıaꝼnan kō ħ ſkı
pı ſınu ı b̄gꝼıorð ꝫ hıelldu ꝥ ı ꝼloa ı norðr
áá ꝫ ſettı þar vpp a vetrū ꝼ̇ veſtan ana. ꝥ
ſē nu ē kallat þḡſhróꝼ. þ ē ſuðr ꝼ̄ holltı ꝥ

er ſmıðıu hollt heıᷤ þḡ bío víȷ. ſīnū ſkıp
ſıtt aꝼ ıſlðı. at ꝥ ē þm̄.ſ. Sex lıet ſæꝼ̄ ꝼax
a ſuıprūnr heðan gūnar ſıalꝼr var auꝶ
at ollu. vnðlınz buīn ſīnū ſatt attū réð
ſaᷤ ſueınſ ꝼ̄ka ek þ reına. opt vañ auðar
ſkıpᷤ eꝶīgſ ı haꝼ kñ̄rı. **þormoðr elſkar þorðı**

9 N v ē at ſegıa ꝼ̄ þmoðı huat ħ haꝼðız **ſı**
at meðan þḡ. v̄ ı ꝼoꝛ þm̄. ꝼor ᷠ ꝼoð̄
ſínſ b̄ſa a laugabol. þa ē þr þḡ ſkıl
ðu ꝼelag ſıtt ꝫ var m; ħm mıog marga
vetr ħm þottı longū ðáuꝼlıgt. þt þar v̇ ꝼa
m̄nt kona ħ̇ ġma er bıo a bæ þeī ē ı augrı
heıᷤ ħ̊ v̇ eckıa ꝫ vel ꝼıar eıganðı þ var
mlt v̄ ġmu at ħ̊ kyñı ſ̄ mart. ꝫ þ toluðu
m̄n at ħ̊ v̄ı ꝼıolkūnıg. Nu ꝼ̇ ꝥ at ꝶ̇ſtnı v̇
v̇ vng ꝫ vanḡ. þa ſynðız þ morgū m̄m at
ḡuı at m̄ v̄ı ꝼıolkūnıgr. þðıſ het .ð. ġmu. ħ̊
v̇ vıen ꝫ vīnu goð ꝫ var heıma m; ħı ħ̊
var oꝼlatlıg. Kolbakr ħ̇ þræll Ġmu. ħ va`r´
mıkıll ꝫ ſterkr. ꝫ vıēn yꝼ̄lıtz. ꝫ þo mıog ħ̄ð
lıgr þm̄. lagðı mıog kuam̄ ſınar ı augur
ꝫ ſat laungū a talı v̇ þðıſı .ð. ġmu ꝫ aꝼ ħ
kuamū ꝫ talı v̇ kaſtað orðı ᷠ. at ħ mūðı
ꝼıꝼla þðıſı ꝫ ē ġma vıſſı þær v̄ræður
þa kō ġma at malı v̇ þm̄ eítt hu̇t ſīn
ꝫ tekr ſ̄ ᷠ orðz. þ ē orðtak mıog marḡ m̊
þm̄. at þu ꝼıꝼlır þðıſı .ð. mına ꝫ ē m̄ þ lıꝉ
at ſkapı at ħ̊ hlıotı orð aꝼ ꝥ. ė ꝼ̇ ꝥ at ħı
ſıe varboðıt þar ſē þu ēt hellðr ꝼ̇ þa ſok
at v̄a kañ at þr m̄n ē ᷠ haꝼa gıorz at bı
ðıa ħar eꝼ þr vıſſı at þu ēt nockut rıðıt
v̇ ħar mál ma v̄a at þeī ſynız ꝼ̄ll ſt
anða ꝼ̇ ðyrv̄ þar ſē þu ēt. Nu eꝼ þu vıllt bı
ðıa ħar þa mun ek geꝼa ꝥ hana. þm̄.ſ.
vel ꝼara ꝥ orð v̄ þta mal. ꝫ vıſt ſ̄l ek meta
þín orð en ė ē ſkaplynðı mıtt ᷠ þ at kuā
gaz en þo vættı ek m̄ eckı ꝼ̄maꝶ en eıga
ð. þína en þo mun þ ꝼ̇ ꝼ̄az Nu ſkılıaz þa
at ſua mltu. ꝼ̄r þm̄. heī ꝫ v̇ heıma þ ſke
ıð ē epᷤ var ſum̄ſınſ. ꝫ ē vetra tok þa
ḡðuz ıſlaug mıkıl ꝫ ꝼærð̄ goðar. lagðı ꝫ